U0506147

国际法与国际秩序

张乃根国际法文集 

International Law
and International Order

Zhang Naigen's Collection of Papers
on International Law

张乃根 著

上海人民出版社

目 录

Contents

序

有文字记载的人类社会历史表明:法是规范人类的社会关系不可缺少的制度性要素。从公元前约十八世纪古巴比伦国王下令刻在玄武岩上的《汉穆拉比法典》,到公元约六至七世纪东西方社会最著名的《唐律疏议》和《罗马法大全》,乃至如今各国或地区的法律制度,人类在生活的不同国度内通过各种治理机构及相应的法,建立和维持着一定的社会秩序。相比数以千年的国内法与国内秩序,从1648年欧洲国家为结束三十年战争而达成的《威斯特伐利亚和约》到1945年第二次世界大战后缔结的《联合国宪章》,以及延续至今囊括几乎所有主权国家的联合国大家庭这一国际秩序,国际法与国际秩序的历史还不到四百年。国际社会作为人类社会的一部分,仍处于发展初期。人类吸取二十世纪上半叶两次世界大战"惨不堪言"的教训,初步建立了保障国际和平与安全、保护基本人权、促进经济社会发展的国际法体系及其规范下的国际秩序。虽然国际社会尚无国内社会的政府,但已有许多类似治理机构。今后,国际社会能否形成如同国内法治下人民安居乐业、和睦相处的永久和平秩序,取决于整个人类社会的共同努力。历史会有曲折,人类不会自毁。这是近四十年我从事法学研究,尤其是国际法研究逐步形成的现实与理想并存的观念。

本文集选编了我从1983年,尤其是1998年以来撰写的有关国际法与国际秩序的50篇论文,其中绝大多数已公开发表。相比2015年出版的《国际法与国际秩序》收录20篇论文,本文集增加了近十年发表的30篇论文。近十年正逢世界百年未有之大变局加速演进、全球大流行的疫情和地缘政治、军事冲突叠加,人类社会面临史无前例的严峻挑战。中国日益走向世界舞台中央,提出推进共建人类命运共同体的全球治理中国方案以及"一带一路"倡议、全球发展倡议、全球安全倡议和全球文明倡议等,主张维护以《联合国宪章》为基础的国际法及国际秩序。当代国际法与国际秩序正在发生着许许多多亟待研究的新问题。因而这十年是我在这方面加大学术研究并力求进一步有所创新的时期。真诚希望通过向学界和公众呈现本文集,与同仁和感兴趣的各界朋友加强交流,以促进自己在未来十年,即便已过古稀之年,仍将继续前行,为人类走向光明的未来贡献绵薄之力。

张乃根

于2024年11月5日

第一编　总　论

研究视角、理念与方法

“第一编　总论　研究视角、理念与方法”的10篇论文围绕国际法与国际秩序的主题，从国际法的作用、国际法的体系、国际关系与国际法的“实然”与“应然”、统筹国内法治与涉外法治、人类命运共同体的国际法理念、国际法上的原则问题、国际法与意识形态等视角和理念，以及比较法、国际法的经济分析等方法论出发，展开论述，并探讨当代中国国际法基本理论的传承与创新。

论国际法在国际秩序中的作用　撰写于2009年6月，概要以《简论国际法在规范国际秩序中的作用》为题刊登于《上海市社会科学界第七届学术年会文集》(2009年度)，全文于翌年由《北方法学》发表。该文较全面地论述了国际法与国际秩序的内在关系。1648年欧洲国家为结束三十年战争而缔结的《威斯特伐利亚和约》标志着以现代国际法为规范的国际秩序开始形成；1945年由第二次世界大战的反法西斯联盟国家发起成立的联合国构建了延续至今的当代国际秩序，其基石为《联合国宪章》。可见，近四百年来从欧洲到全世界的国际秩序均建立在实证国际法基础上。首先，该文尝试论述国际法理论对国际秩序的建立和发展所起作用，包括在格劳秀斯国际法理论影响下形成的威斯特伐利亚模式的国际秩序、吸取康德永久和平理论的联合国秩序和凯尔森主张的法律秩序下和平理论揭示的国家间争端解决的司法途径。其次，该文从联合国等国际组织的大量国际立法性工作、国际法院的司法实践和世界贸易组织(WTO)独特的条约法及其争端解决体制等方面考察国际法在维护以《联合国宪章》为基石的国际秩序中不可或缺之作用。再次，该文分析了当代国际秩序中的国际法与国际政治、经济之间的互动作用，探讨了国际政治、经济等因素对于建立和维护基于国际法的国际秩序所具有的制约或促进作用。最后，该文简略回顾了新中国坚持独立自主、和平共处的外交政策及其国际法立场，为面向未来的中国如何更好地发挥国际法在维护国际和平与安全及各国可持续发展的国际秩序中之作用，建言献策。应该说，这是我在新世纪前十年关注和思考国际法与国际秩序问题的一篇代表作，体现了将前人的国际法理论与国际秩序中的实证法律及其实际作用相结合，偏重法律现实，但不失理想目标的学术视角和研究方法。

论新的国际法体系及其影响　撰写于1998年12月，发表于翌年初《当代法学研究》(复旦大学法学院主办)。1996年10月至1997年10月，我以“富布赖特研究学者”(Fulbright Reseach Scholar)的身份在美国密歇根大学法学院从事“海关对知识产权的保护”课题研究(当年的“富布赖特基金”给予复旦大学的申报项目指定为国际海关法，我结合先前在美国乔治华盛顿大学的“比较与国际知识产权法”研究，设计申报了该课题并获准)。除了完成《国际贸易的知识产权法》专著，还开展了 WTO 法以及国际法理论的研究，为回国后推进复旦大学国际法学科的发展打下更扎实的个人学术基础。当时正值新旧世纪交替，1995 年 1 月 1 日起开始运行的 WTO 和 1991 年 11 月 1 日生效的《欧洲联盟条约》和 1999 年元月起启用的欧元区标志了这两个全球性和地区性的国际法新体系成为现实。前者是冷战之后各国各地区经济日趋融合（所谓“经济全球一体化”）的必然结果；后者是冷战之后随着德国统一使得真正的欧洲联盟成为可能之结果。WTO 法和欧盟法都是当代国际法及其国际秩序的重要组成部分。该文首先论述了冷战之后（又称“后战后”）这两个新的国际法体系产生之过程，其次着重分析了两者的互动发展，尤其是欧盟法建立和发展的国际法依据（作为 WTO 法基础的《关税与贸易总协定》第二十四条）所起的关键作用。这充分说明了国际法对于国际秩序的规范作用。最后该文展望了这两个新的国际法体系在新世纪里对国际秩序的影响以及中国的应对，包括应融入 WTO 法体系。

国际关系与国际法的实然与应然　撰写于 2022 年 2 月。这是应《中国社会科学报》约稿，就“国际关系与国际法的跨学科对话”主题而写作，结合世界百年未有之大变局与新冠肺炎疫情的叠加影响，尤其当时爆发的俄乌冲突，凸显后冷战时期国际关系的复杂性和现行国际法体系的缺陷。在关乎人类命运前途的世纪博弈中，如何维护真正的多边主义，改进以《联合国宪章》为基石的国际法体系，推动构建人类命运共同体。这需要从“实然”（实际存在）和“应然”（追求未来）的双重视角去看待和分析。这是这篇短文的核心观点。成文后，在当年 5 月中旬《中国社会科学报》上发表。近年来，我比较注意从“实然”和“应然”的视角观察、研究国际法与国际秩序，辩证地看待危机与机遇，既直面现实，又寄希望于未来。

论统筹国内法治与涉外法治的若干国际法问题　撰写于 2021 年 11 月，参加在复旦大学举办的“统筹推进国内法治与涉外法治基础理论研讨会”，与同行交流。会后，在听取和参考与会专家学者的意见和观点的基础上，加以修改成文，2022 年由《中国国际法年刊（2021）》刊发。这是该年刊自 1982 年创刊以来首次发表论及涉外法治主题的论文。统筹国内法治与涉外法治是习近平法治思想的重要组成部分和新时代中国特色社会主义法治建设的行动纲领。这涉及国内法与涉外法以及国际法之间一系列复杂交叉的理论与实际问题。本文首先从历史和现实的视角探讨统筹国内法治与涉外法治所具有的涉外性与国际性的双重意义，其次就宪法的对内与对外主权的内在统一性，阐释其国际法意义，最后从立法和执法两个方面论述国际法的国内转化及协调相关理论与实际问题。

试探人类命运共同体的国际法理念 撰写于2017年3月，参加当年5月中国国际法学会学术年会，并作专题发言，会后修改，2018年由《中国国际法年刊(2017)》刊发。习近平代表中国先后于2015年9月和2017年1月在联合国的纽约与日内瓦总部，发表《携手构建合作共赢新伙伴，同心打造人类命运共同体》和《共同构建人类命运共同体》的演讲，将推动构建人类命运共同体的理念，作为全球治理的中国方案，向国际社会作了全面阐释。2017年10月，党的十九大通过决议将"构建人类命运共同体"理念作为习近平新时代中国特色社会主义思想的重要组成部分。通过研究习近平2017年1月在联合国日内瓦总部的演讲，结合当时中美关系的国际法问题，萌发了撰写《试探人类命运共同体的国际法理念——兼论新型大国关系》的想法。我在中国国际法学会学术年会上作了交流发言后，又继续修改；在当年11月浙江大学举办的小型专题研讨会上又进行交流，征求意见后最终成文发表，删除了副标题，聚焦主题。这是中国国际法学界关于人类命运共同体的国际法研究的最初成果之一。

论当代中国国际法基本理论的传承与创新 撰写于2022年2月，由《国际法研究》2022年第6期作为专稿发表。进入21世纪20年代，世界百年未有之大变局加速演进，中国已经并将继续发生巨变，因而深刻影响着国际关系的格局变化。中国坚持对外促进世界和平与发展，推动构建人类命运共同体，相应地，创新能体现中国和平外交和人类共同利益的国际法基本理论，势在必行。我在近年来研究人类命运共同体的国际法理论时，思考如何从国际关系与国际法的互动视角，阐释国际法基本理论的创新条件及其规律性，如何守正与创新中国国际法基本理论，以及创新性及其衡量维度。本文是这方面初步研究、思考的结果。党的二十大报告提出守正创新，以新的理论指导新的实践。为促进中国国际法学界的相关研究，2023年1月，我发起举办了"中国国际法理论守正创新研讨会"，以期与同行深入探讨这一问题。

国际法上的原则问题：理论、地位及作用 撰写于2023年5月，以我在同年1月"中国国际法理论守正创新研讨会"上的发言为基础，吸取与会专家学者的看法，进一步研究撰写。2017年至今，我从研究人类命运共同体的国际法理念着手，不断探索具有中国特色的国际法理论创新。这包括第二编分论："国际法与国际政治秩序"中的《试论人类命运共同体制度化及其国际法原则》(简称《原则》)一文。2018年下半年，我应邀参加外交部重大课题《人类命运共同体与国际法》，与课题组成员就如何将人类命运共同体的国际法理念转化为国际法制度，展开深入探讨。

我参与课题成果《人类命运共同体的国际法构建》(载《武大国际法评论》2019 年第 1 期)的统稿、定稿,提出以国际法原则方式归纳该成果核心内容——“人类命运共同体思想的国际法内涵”。为进一步较系统阐述人类命运共同体的国际法理念制度化的理论,我在完成上述《原则》一文基础上,继续探索从理念到原则,再到规则的法生成理论,并将之运用到国际法的生成过程,完成了《国际法上的原则问题:理论、地位及作用》。其核心观点是关于一般法及国际法上的生成理论,通过历史与现实、实然与应然的论证,揭示了人类命运共同体的国际法理念到原则,乃至规则的形成过程,以及具体通过原则的基础性、引领性、建制性和纠正性作用,逐步规则化。该文由《国际法学刊》2024 年第 1 期发表,英文本由 Legal Science, Vol.3, Issue 1, 2024 发表。

论国际法与意识形态的关系　撰写于 2022 年 8 月,为准备复旦大学与吉林大学合作举办公益性国际法学术系列讲座之一“国际法与意识形态”而作。同时,这也是针对近年来欧美国际法学界以所谓民主划分阵营的冷战思维,尝试正本清源。本文运用唯物史观,分析国际法产生于国际社会所具有的经济基础与上层建筑之间关系,现代国际法具有的意识形态特点,剖析历史上的“文明国际法”和如今的“民主国际法”,提出应以《联合国宪章》的包容性、国内与国际法治的普适性和人类命运共同体的兼容性为国际社会新型意识形态。

论国际法的西方法基础及对中国法律现代化的影响——一个比较法的研究　该文的一个基本思路是延续了我发表于《比较法研究》1996 年第 1 期的拙文《论西方法的精神——一个比较法的初步研究》(后编入江平主编:《比较法在中国》第一卷,法律出版社 2001 年版)中对西方社会两大法系的整体性研究路径。1994 年 8 月,我完成在美国乔治华盛顿大学法学院从事的国际与比较知识产权研究课题,回国之后曾为复旦大学法学院国际法专业硕士生讲授以分析美国专利法判例为主要内容的《比较法》,1999 年至 2001 年,我又继续开设该课程,但以西方法的整体比较研究为内容。在该文撰写、修改时,我初步阅读了 1997 年在美国密歇根大学法学院图书馆复印的格劳秀斯《战争与和平法》(1925 年英文版),探究现代国际法体系的理论来源及其基本制度,并比较周鲠生、王铁崖等我国国际法学者的代表作和《奥本海国际法》,以便论证我国学者的国际法理论体系与以西方法为基础的现代国际法基本制度基本吻合,得出“中国在更多方面是接受,而不是改变这些制度”的结论。该文还基于国际法与国内法的关系,论述了自鸦片战争之后作为西方法的组成部分最早引入中国的国际法(1864 年出版的中文本《万国公法》是近代最早被完整地译为中文的西方法学著作)对中国法律现代化,尤其是二十世纪七十年代末之后重建法制的影响。虑及该文可能将编入"中国传统法文化与当代法理学研讨会"文集(后未获悉出版),故未曾另行发表。

论国际法的经济分析 撰写于2005年10月间。当年暑期,我应邀作为客座教授在德国汉堡大学法经济学研究所为欧盟硕士项目学生讲授"国际法的经济分析",回国后将讲课内容整理成文,投给《中国国际法年刊》,旨在评述在欧美学界兴起不久的国际法研究的新视角和方法,可能因一时还得不到认可,该文未被刊用。之后,其中部分内容被纳入我的2008年第四版《西方法哲学史纲》最后一节"作为西方法经济学的晚近发展"加以介绍,英文全文则发表于《加拿大社会科学》2006年第2期。其实,对国际法的经济分析已成为欧美国际法学界的规范研究方法之一,被广泛地运用于各种国际法问题的研究。该研究方法的倡导人之一特拉亨特曼教授(Joel P. Trachtman)于2013年出版的《国际法的未来:全球政府》(牛津版)将他在1999年与另一位美国学者合著的《国际法的经济分析》一文的观点,全面适用于国际法与国际秩序的基本理论及其相关问题的研究。

论国际法在国际秩序中的作用[*]

内容摘要：当代国际秩序随着国际关系多极化和经济全球化，已经并将继续发生前所未有的深刻变化。自十七世纪初，现代国际法产生以来，国际法在威斯特伐利亚模式的国际秩序发展、变化中起着积极的作用。以和谐世界为理念、负责任的中国应发挥国际法在推动国际秩序向永久和平的理想目标迈进中的作用。国际法在国际秩序中的作用可从三个角度或方面分析，其一，可从国际法理论的变化角度分析国际法在规范国际秩序中的作用；其二，可从国际组织的国际法编纂或制定角度分析国际条约法在战后国际秩序的建立和变化中的作用；其三，可结合当代国际秩序中的战争与和平以及可持续发展的重大问题，分析国际法与国际政治经济的互动作用。由此可从国际法角度探求面向未来国际秩序变化的中国立场。

关键词：国际法；国际秩序；国际组织；规范作用；和谐世界

当代国际秩序正在发生前所未有的深刻变化。[①]随着冷战时代的结束与国际关系的多极化，以《联合国宪章》为基础的战后国际政治秩序已经并将进一步朝着变革的方向发展；在网络时代的全球化经济推动下，以《建立世界贸易组织协定》为标志的国际贸易秩序与战后以《国际货币基金条款》为核心的国际金融秩序并存，正经历着战后最严重的全球金融危机的挑战而面临变革的抉择。客观的变化与主观的变革，休戚相关。从国际法理论的产生与发展以及国际组织的现状来看，国际法在国际秩序变化中，过去和现在均起着积极的作用。当代国际秩序变化中的和平与发展两大主题，以及“9·11事件”后美国发动的阿富汗战争与伊拉克战争，依然折射出现行国际法的诸多不足。如何在把握国际法与国际政治、经济的互动中，发挥国际法推动国际秩序向永久和平的理想目标迈进的作用，是国际社会的共同责任。基于以上观点，本文旨在论述国际法在国际秩序中的作用，[②]并对新中国建

---

* 原载《北方法学》2010年第3期，第109—116页。

① 我国常驻联合国副代表、前任中国国际法学会常务副会长刘振民认为：“国际秩序是由国际关系主体、国际关系格局、国际关系基本准则、国际机制构成的统一整体。”在“中国国际法学会2000年学术年会：新世纪国际法展望”上发言，载《中国国际法年刊(2000/2001)》，法律出版社2005年版，第394页。欧美国际法学者一般认为，国际秩序意涵国际法规范下的国际社会秩序。参见[美]路易斯·亨金：《国际法：政治与价值》，张乃根等译，中国政法大学出版社2005年版，第6页。

② 国内学者的相关研究，参见周忠海：《国际法及其在国际关系中的作用》，载《周忠海国际法论文集》，北京出版社2006年版，第28页。该文提出：“国际法的作用，主要是以法律手段维护国际交往的正常秩序，维护国际和平与正义，促进各国和平合作的发展。”

立后的对外关系略作回顾,结合国际法在当代国际秩序变化中的作用,探讨面向未来的中国立场。

一、从国际法理论的变化看国际法在国际秩序中的作用

从国际法理论角度看国际法对国际秩序变化的积极作用,其中的"国际法"包含了自然国际法(以理论形态体现[①])。在现代国际法诞生之初,"国际法"主要就是自然国际法。即便如今,具有理论性质的国际法学说仍是国际法院可适用的法律渊源。[②]

(一) 格劳秀斯的国际法理论与威斯特伐利亚模式的国际秩序

现代国际法及其理论是西方法学的产物。"它之成为一部有系统的规则,则主要有赖于荷兰法学家休果·格劳秀斯。"[③]格劳秀斯(Hugo Grotius)最初在《捕获法》中认为,国际法由"初级自然法"(神学自然法)、"次级自然法"(世俗自然法,即初级国际法或古罗马术语中的"万民法")、"次级国际法"(即实证国际法)三个层次的法律所构成,并归纳了九项规则与十三项法律。[④]但是,他在将该书第十二章以《论海洋自由》为题单独匿名发表时,增加了前言——"致统治者及其基督世界自由独立的国家",强调解决当时荷兰与葡萄牙之间海上航行权的争端,必须依据对西方社会每个人而言"天生就了解、且植于内心的法律",即"所有人依国际法均可自由航行"。[⑤]他认为,这是上帝借自然之口告诉人类的一项最为明确且无可辩驳的国际法原理。显然,他是在不违背基督教义的前提下,试图确立适用于基督世界各个自由独立的国家之间关系的现代国际法原则或规则。为了表明这种新的"世俗自然法"——初级国际法或"万民法"独立于神学而存在,格劳秀斯在代表作——《战争与和平法》中明确指出,"自然法是不可改变的,在这个意义上,上帝也不能改变它"。[⑥]

---

① 在英语世界最早摒弃"万民法",改用"国际法"这一现代术语的边沁,认为国际法实际上是"国际法理学"或"国际法理论"(international jurisprudence)。Jeremy Bentham, *An Introduction to the Principle of Morals and Legislation*, Methuen, 1970, p.296.

② 联合国《国际法院规约》第 38 条第 1 款(d)规定:"在第 59 条规定之下,司法判例及各国权威最高之公法学家学说,作为确定法律原则之补助资料者。"《国际法院规约》中文本,国际法院网站:http://www.icj-cij.org/homepage/ch/icjstatute.php[2010-02-04]。

③ [英]劳特派特修订:《奥本海国际法》上卷第一分册,王铁崖、陈体强译,商务印书馆 1981 年版,第 4 页。

④ [荷]格劳秀斯:《捕获法》,张乃根等译,上海人民出版社 2006 年版,第 11 页至 36 页。

⑤ [荷]格劳秀斯:《论海洋自由》,马忠法译,上海人民出版社 2005 年版,第 6 页。

⑥ Hugo Grotius, *The Law of War and Peace*, the Clarendon Press, 1925.

格劳秀斯的国际法理论对于十七世纪上半叶欧洲三十年战争之后的威斯特伐利亚和会及其当时国际关系的法律秩序化，起到了不可或缺的重要作用。这次和会所达成的近代第一项多边国际条约（实证国际法）——《威斯特伐利亚和约》包括："承认德意志各诸侯国享有独立的主权，承认了荷兰、瑞士为独立国，在实践上肯定了格劳秀斯所提出的国家主权、国家领土与国家独立等原则是国际关系中应该遵守的准则"；"承认新旧两教享有同等的权利，打破了罗马教皇神权下的世界主权论，使国际法脱离神权的束缚"。[①]这些承认（共同同意，即国际法的基础）充分反映了格劳秀斯的国际法理论。

受格劳秀斯的国际法理论影响而形成的威斯特伐利亚模式的国际秩序，以民族国家对外主权的独立性（主权之上无管辖）、平等性（主权之间无等级）为特征。这种主权被称为"威斯特伐利亚主权"。[②]《联合国宪章》第二条（一）款规定："本组织系基于各会员国主权平等之原则。"[③]没有主权独立，谈不上主权平等。可见，当代国际秩序依然以国家主权独立与平等为基础。尽管近十多年来，"威斯特伐利亚主权"受到了这样或那样的质疑，[④]但是，作为现代国际法及其国际秩序的基石，主权的独立与平等性的基本原则并未改变。

（二）康德的永久和平理论与《联合国宪章》的国际秩序

在威斯特伐利亚模式的国际秩序中，没有任何类似国内法意义上的中央权力。这使得各个独立、平等的主权国家拥有对内自治、对外自由的权利（包括开战权）。1648年威斯特伐利亚和会没有带来欧洲各国之间的持久和平，相反，大大小小的战争，接二连三。尽管战后少不了签订和约，如法国与西班牙的1659年《比利牛斯和约》、英国、荷兰、德意志各邦与法国的1713年《乌得勒支和约》、欧洲各国的1763年《巴黎和约》和《胡贝尔图斯堡和约》、法国与普鲁士的1795年《巴塞尔和约》等，但是，作为实证国际法的和约成了战胜国或强国扩张领土和势力范围的法律工具。如何在尊重各国主权平等的前提下，根除战争，建立永久和平的国际秩序？这是自十八世纪末康德的《永久和平论》问世以来，国际法理论中最为重要的问题。

康德从国际人道法的立场出发，极端厌恶当时各国君主将臣民当做实现国家政策的工具，导致人类相互残杀的战火不断。他主张"凡缔结和平条约而其中秘密

---

① 王绳祖主编：《国际关系史：十七世纪中叶——一九四五年》第二版，法律出版社1986年版，第9页。

② John H. Jackson, *Sovereignty, the WTO and Changing Fundamentals of International Law*, Cambridge University Press, 2006, pp.13－15.

③ 《联合国宪章》中文本，见联合国网站：http://www.un.org/zh/documents/charter/chapter1.shtml。

④ 杨泽伟：《主权论——国际法上的主权问题及其发展趋势研究》，北京大学出版社2006年版。

保留有导致未来战争的事项，均不得视为有效”，“任何国家均不得以武力干涉他国宪政或政府”，并且，根除战争，实现各国之间永久和平的必由之路是以各国共和制为基础，联合而成自由国家之联邦，以国际法为准则——“国家相互间关系，由于无法律状态仅仅蕴含着战争，是不可能根据理性再有任何其他方式的，只有是他们也恰好像个体的人那样放弃自己野蛮的（无法律的）自由，使自己适应于公法的强制性，并如此形成由各民族组成而不断成长的国家。”①

相比格劳秀斯，康德仍以自然法学说为基础，但他第一次鲜明地提出废止战争，建立自由国家之间的永久和平联盟。尽管康德自称这些是“空洞无物的观念”，因而政治家们大可不必当一回事，但是，经历了康德之后到二十世纪中叶由欧洲扩展到全世界的愈加惨烈的一系列战争，各国开始真正认识到主权国家间的永久和平联盟之极端必要性。可以说，从国际法理论角度看，康德是包括联合国在内的国际政治组织之父。②

《联合国宪章》开宗明义：“欲免后世再遭今代人类两度身历惨不堪言之战祸”（希望永久和平），并建立维护国际和平及安全的集体保障体制，除安理会授权（第四十二条）和自卫（第五十一条），任何会员国均不得在其国际关系上诉诸武力。这是当今国际秩序的最基本法则。可见，康德的国际法理论及其引导下形成的国际组织法，对于以永久和平为宗旨的联合国体系的建立和发展，具有十分重要的推动作用。

（三）凯尔森主张法律秩序下的和平理论与国际新秩序

回顾近四百多年来，现代国际法和国际组织从无到有，国际秩序随之不断变化（诸如威斯特伐利亚和会、建立联合国此类里程碑式变化标志）的历程，国际法理论的贡献，功不可没。但是，当今国际秩序仍缺少一个国内法意义上的中央权力。联合国不是世界政府。各国依然可自行决定在国际关系上是否使用武力，尽管在法律上往往表现为对《联合国宪章》有关条款的不同解释，因此，国际秩序常常受到战争的冲击。如何将主权国家之间的重大争端纳入国际法程序中和平解决，维护国际秩序的永久和平，是战后国际法理论探讨的基本问题之一。

二战结束前夕，以主张国际法高于国内法的一元论而著名的凯尔森在《经由法律而至和平》一书中系统地阐明了法律秩序下的和平理论。该书序言道：“真理是：战争是集体谋杀，也是我们文化的最大耻辱，因而保障世界和平是我们头等重要的

---

① Kant, *Perpetual Peace*, the Bobbs-Merrill Company, Inc.1957, pp.3－19.

② 虽然美国总统威尔逊的《十四点计划》(1918 年)更清晰地提出“普遍性的国际联合会”(a general association of nations)概念。参见[美]康马杰编辑：《美国历史文献选萃》，香港今日世界出版社 1979 年版，第 99 页。

政治任务,……因为只要尚未建立有效防止地球上国家间战争的国际组织,就不可能有重大的社会进步。”[①]如何根除战争呢?凯尔森认为:世界国家的理想一时难以实现,联合国须有必要权限,但不是国内法上的主权机构。究竟如何解决国与国之间争端呢?“调整国际关系的秩序之特别技巧就是国际法。凡希望以现实方式达到世界和平的目标者,均须冷静地对待这一问题,以逐步和稳定地完善国际法律秩序。”[②]具体地说,凯尔森强烈地主张在联合国体系中建立一个国际司法机构,对任何会员国之间重大争端拥有普遍和强制的管辖权。针对该国际司法机构缺少国内法上的警察执行权这一担忧,凯尔森提出由联合国授权相关当事国执行。

《联合国宪章》体现了凯尔森的国际法理论。根据《宪章》第九十二条建立的国际法院,依据其《规约》第三十六条第二款,可审理解决那些同意接受其强制管辖权的国家之间如下争端:“(一)条约之解释。(二)国际法之任何问题。(三)任何事实之存在,如经确定即属违反国际义务者。(四)因违反国际义务而应予赔偿之性质及其范围。”[③]《宪章》第九十四条第二款规定:若当事国不执行国际法院的裁决,另一国可向安理会申诉,由其决定执行事宜。[④]

凯尔森的国际法理论对于战后国际秩序朝着通过国际司法程序和平解决国际争端的方向迈进起着深远的作用。虽然国际法院的强制管辖权受到很大限制,但是,1995 年成立的世界贸易组织(WTO)通过“一揽子协定”的法律途径,促使所有成员接受该组织争端解决机构的强制管辖权,为探索建立将主权国家间重大争端纳入国际法程序的国际新秩序,提供了可供借鉴的成功经验。

二、从国际组织的工作看国际法在国际秩序中的作用

上文从国际法理论角度看国际法对国际秩序变化的积极作用,其中的“国际法”包含了自然国际法。从国际组织角度看待这一问题,则主要是指实证国际法,

---

① Hans Kelsen, *Peace Through Law*, the University of North Carolina Press, 1944, Preface. 国内学者尚很少关注该论著。

② 前引 Kelsen, *Peace Through Law*, Preface。

③ 该规约条款又称“任择条款”,即凡承认国际法院强制管辖权的国家相互将解决它们之间将来可能产生的这些争端之管辖权,均交给国际法院。但是,五个安理会常任理事国,目前只有英国接受该管辖权。美国和法国曾申明接受,后撤回;俄罗斯(苏联)从未接受;1946 年 10 月 26 日由当时中国政府声明接受,1971 年中华人民共和国恢复在联合国合法席位后宣布不承认该声明。参见王林彬:《国际司法程序价值论》,法律出版社 2009 年版,第 205—206 页。

④ 国际法院的 60 多年历史上唯一由安理会决定执行的案件 *Military and Paramilitary Activities in and against Nicaragua*(Nicaragua v. United States of America), Merit, ICJ Report 1986,因美国行使否决权而无法执行,美国也为此撤回接受“任择条款”的声明。

尤其是条约法的作用。

（一）从联合国及其国际法院的工作看国际法在战后国际秩序中的作用

联合国的基石是作为多边条约的《联合国宪章》。这本身就表明了实证国际法对于建立国际和平与安全新秩序所起的基础性作用。联合国成立六十多年来，在国际立法方面做了大量的工作，[①]史无前例地发挥了国际法在维护国际和平与安全，促进各国经济与社会的可持续发展等各方面的积极作用。联合国国际法委员会、联合国国际贸易法委员会是国际立法主要机构。

国际法委员会制定生效的公约包括：1961年《减少无国籍公约》、1961年《维也纳外交关系公约》、1963年《维也纳领事关系公约》、1969年《维也纳条约法公约》、1969年《特别使团公约》、1973年《防止和惩处侵害受国际保护人员包括外交代表的罪行的公约》、1978年《关于国家在条约方面的继承的维也纳公约》、1982年《联合国海洋法公约》、1998年《国际刑事法院罗马规约》；还有大量尚未生效的公约或原则、草案，如2001年《国际不法行为的国家责任条款草案》、2004年《联合国关于国家及其财产的管辖豁免公约》、2006年《外交保护条款草案》等。[②]国际贸易法委员会制定生效的公约包括：1958年《承认及执行外国仲裁裁决公约》、1978年《联合国海上货物运输公约》、1980年《联合国国际货物销售合同公约》、1995年《联合国独立担保和备用信用证公约》和2008年《联合国全程或部分海上国际货物运输合同公约》；尚未生效的公约或示范法、立法指南等包括：1985年《国际商事仲裁示范法》、1996年《电子商务示范法》、2005年《联合国合同使用电子通信公约》等。[③]

除上述国际立法主要机构的条约编纂，联合国及其专门组织也制定了大量的条约，如已生效的1966年《经济、社会和文化权利国际公约》和《公民权利和政治权利国际公约》、1970年世界知识产权组织《专利合作条约》、1992年《联合国大气变化框架公约》以及1997年《京都议定书》，等等，不胜枚举。

凡是生效的条约均对缔约国产生国际法约束力，这些国家应履行相应国际义务，从而将相关国际关系纳入国际法体系。这对于维护和平与发展的国际秩序，起着无可估量的巨大作用。值得指出，虽然诸条约缔约国数量不等，但是，有些条约规范一旦被公认为国际习惯，也对非缔约国发生国际法约束力。譬如，《维也纳条约法公约》第三十一条的条约解释通则被国际法院和WTO争端解决机构认定为

---

① “国际立法”泛指国际法的编纂和缔结国际条约的活动。刘振民：《从“国际立法”看国际法的未来发展》，载《中国国际法年刊(2000/2001年)》，法律出版社2005年版，第203页。

② 资料来源，国际法委员会网站：http://untreaty.un.org/ilc/guide/gfra.htm[2010-02-04]。

③ 资料来源，国际贸易法委员会网站：http://www.uncitral.org/uncitral/zh/uncitral_texts.html[2010-02-04]。

国际习惯法，[①]从而适用于该公约的非缔约国与其他缔约国之间的争端解决，扩大了国际法效力的主体范围。至于大量未生效公约或无条约效力的条款草案或示范法等，其规定或原则被公认为国际习惯，也具有国际法效力。譬如，国际法院在2007年2月26日作出的“关于适用防止和惩罚灭绝种族公约”一案裁决中，明确将国际法委员会《国际不法行为的国家责任条款草案》有关条款作为习惯国际法，适用于该案。[②]

有192个会员国的联合国作为世界上最广泛、最重要的国际组织，不仅通过条约编纂，而且由近百个附属机构和专门组织，直接或间接地执行上述庞大的国际条约体系，维护国际和平与安全，促进社会经济等发展，使国际秩序不断法治化。[③]

值得关注的是国际法院在强制管辖权受到很大限制的情况下，截至2009年年底，已受理了116起案件，[④]其中涉及领土或海洋划界等争端达30多起，有效地减少了由此可能爆发的边界武装冲突或地区战争。国际法院解决国家之间争端的主要依据是当事国承认之条约，包括双边、数边和多边国际条约。通过司法实践，作为实证国际法的条约在推动当代国际秩序的法治化过程中的重要作用，日益凸显。

（二）从WTO及其争端解决的实践看国际法在当今国际秩序中的作用

WTO因前身《关税与贸易总协定》（GATT）最初系联合国主持制定下多边贸易协定，后演变为独立于联合国体系之外的国际贸易组织，故属于联合国相关组织。自1995年正式运行的WTO管辖《建立WTO协定》以及所有成员须加入的“一揽子协定”，包括《货物贸易多边协定》（含十二项专门协定）、《服务贸易总协定》《与贸易有关的知识产权协定》《关于争端解决规则与程序的谅解》《贸易政策审议机制》，此外，还管辖《民用航空器贸易协定》和《政府采购协定》这两项部分成员加入的数边贸易协定。这是有史以来最复杂、最完整的国际贸易公约体系，调整着日益复杂的国际经济关系，其中，153个成员之间货物贸易占全球总量（2008年15.775

---

① 譬如，国际法院在1999年12月13日作出的“卡斯基利/瑟都杜岛”裁决中明确将《维也纳条约法公约》第31条称为习惯国际法，并适用于非缔约国的该案双方当事国博茨瓦纳与纳米比亚。参阅 *Kasikili/Sedudu Island*（Botswana/Namibia），Judgement，ICJ Report 1999，para.18；又譬如，WTO争端解决机构在1996年4月26日通过的“美国精炼与常规汽油标准案”的上诉报告中，明确认定《维也纳条约法公约》第31条为习惯国际法，并将之适用于非缔约国的三个当事方——美国、委内瑞拉和巴西。*United States—Standards for Reformulated and Conventional Gasoline*，WT/DS2/AB/R（29 April 1996）.

② *Application of the Convention on the Prevention and Punishment of the Crime of Genocide*（Bosnia and Herzegovina v. Serbia and Montenegro），Judgement，ICJ Report 2007，para.385.

③ 饶戈平主编：《全球化进程中的国际组织》，北京大学出版社2005年版，第6页。

④ 资料来源，国际法院网站：http://www.icj-cij.org/docket/index.php?p1=3&p2=2[2010-02-04]。

万亿美元)约95%,50个主要成员的服务贸易量占全球总量(2008年3.730万亿美元)约90%。①

引人瞩目的是,WTO争端解决机制通过对所有成员间涉及贸易协定的任何争端拥有的强制管辖权,截至2010年1月已受理了403起贸易争端,并裁决了一百多起案件,有效维护了正常的国际贸易秩序。“[WTO]争端解决体制已被说成是国际上最重要、最有权力的法律裁判机构,即便有些观察家仍将世界法院(国际法院)列为第一。不过,有些经验丰富的世界法院律师也愿意承认按照某些标准,WTO的争端解决体制该算第一。”②

以完备的国际贸易公约体系为基础,以强有力的争端解决机制为核心的WTO体制是一个以国际法规则为导向的世界贸易体制。③所谓“导向”,首先,通过多边贸易谈判达成一系列协定,规定各成员应承担的国际义务(减让关税、开放市场、保护知识产权)和享有的权利(享受其他成员在贸易方面及相关领域给予的最惠国待遇、国民待遇等),引导各成员通过国内立法,遵循国际法,履行国际义务,减少相互间贸易争端;其次,在发生贸易争端时,禁止任何成员未经WTO争端解决程序而实施贸易报复,各成员须接受WTO的强制管辖权(除非退出WTO,迄今无先例),引导各成员以和平、有序的方式澄清国际义务和权利的内容,督促违约成员履行国际义务,并在必要时授权受损害的成员实施临时性贸易报复措施,促使违约成员切实履行国际义务。总体上,该国际法体制的运行是非常成功的。没有这一体制,当代国际贸易秩序的维护,难以想象。

三、当代国际秩序中的国际法与国际政治、经济之间的互动作用

在近四百多年的国际秩序法治化中,国际法的积极作用,有目共睹。但是,当代国际秩序的深刻变化所反映的国际法本身不足,也毋庸讳言。未来的“大同世界”仍是理想。在各主权国家的共同同意依然是国际法的基础这一前提下,如何把握当代国际秩序中的国际法与国际政治、经济之间的互动作用,值得深入思考。

---

① 参见 *World Trade Report 2009*, WTO网站:http://www.wto.org/english/res_e/publications_e/wtr09_e.htm[2010-02-04]。

② John H. Jackson, *Sovereignty, the WTO and Changing Fundamentals of International Law*, Cambridge University Press, 2006, p.135.

③ [美]约翰·H.杰克逊:《世界贸易体制:国际经济关系的法律与政策》,张乃根译,复旦大学出版社2001年版,第115—123页。

（一）当代国际秩序中的国际法与国际政治之间的互动作用：战争与和平问题

冷战后，对以《联合国宪章》为基础的国际政治秩序的最大挑战，莫过于“9・11事件”以及美国发动的阿富汗战争与伊拉克战争。尽管自二十世纪六十年代起，联合国及专门组织制定并生效执行了包括《飞机公约》（1963年）、《非法劫持公约》（1970年）、《劫持人质公约》（1979年）、《海事公约》（1988年）、《制止恐怖主义爆炸事件的国际公约公约》（1997年）和《制止向恐怖主义提供资助的国际公约》（1999年）等十二项反恐国际公约，但是，国际社会未就“恐怖主义”做出一个统一、普遍的法律界定。即便在“9・11事件”之后8年，除了2005年《制止核恐怖主义行为国际公约》和2006年联合国大会通过《联合国全球反恐战略》协调各国反恐行动，①全面性国际反恐公约的缔结，仍遥遥无期。

为何国际社会无法达成一项全面性国际反恐公约？从国际法角度看，《联合国宪章》第四十二条（授权使用武力）和第五十二条（自卫使用武力）的条款解释是关键。一国或数国在主权管辖领域内采取反恐行动，在国际法上无可争议。但是，“9・11事件”后，美国以塔利班政权庇护基地恐怖团体为由，发动阿富汗战争；继而以“先发自卫”为由，②发动伊拉克战争，推翻萨达姆政权，与《联合国宪章》上述条款相悖，乃至完全背道而驰。安理会第1373号决议确认各会员国按照《联合国宪章》有单独或集体自卫的固有权利，③但是，这并不意味恐怖分子袭击美国等同于国家行为意义上的武力攻击，因而美国可以对庇护恐怖分子的阿富汗发动自卫战争。由于战争是国家与国家间的武力冲突，因此，阿富汗战争是否与一国庇护恐怖分子的“国家恐怖主义”有关，使得一国可据此对另一国采取武力。这在国际法上至今未得到澄清，因此，一项应包括界定“国家恐怖主义”在内的全面性国际反恐公约，就难以出台。至于“先发自卫”，根本不符合《联合国宪章》规定，在国际法上完全站不住脚。美国在伊拉克的所作所为，“无法无天”。④

从国际政治角度看，美国依据超强的经济、军事实力，为所欲为，频频发动战争，已不能单从法律上解释。冷战后，美国急不可待填补苏联留下的势力范围真

---

① 《联合国全球反恐怖战略》，联合国网站：http://www.un.org/chinese/terrorism/strategy-highlights.shtml[2010-02-04]。

② Mohammad Taghi Karoubi, *Just or Unjust War?, International Law and Unilateral Use of Armed Force by States at the Turn of the 20th Century*, Ashgate Publishing Company, 2004.曾令良主编：《21世纪初的国际法与中国》，武汉大学出版社2005年版，第二编“伊拉克战争与国际法：困惑与挑战”。

③ 联合国安理会S/RES/1737(2001)，2001年9月28日。

④ Philips Sands, *Lawless World: America and the Making and Breaking of Global Rules*, Allen Lane, 2005.

空,巩固其唯一超级大国的地位。[①]因此,在“9·11事件”后,利用反恐,不惜一切代价,出兵阿富汗和伊拉克,扶持亲美政权,以实现独霸全球战略。面对如此无视国际法的强权政策,安理会无能为力。

通过改革联合国,尤其是和平解决国际争端的核心机制(国际法院为裁判机构、安理会为执行机构),逐步建立更具代表性和权威性,类似WTO争端解决机构行使强制管辖权的国际司法机构,减少和根除一国单方动武的可能性,是国际政治秩序进一步法治化的合理途径。这需要长时期内国际法与国际政治的互动作用,方可有所实现。

(二)当代国际秩序中的国际法与国际经济之间的互动作用:可持续发展问题

当代国际经济秩序延续了战后以《国际货币基金条款》和《关税与贸易总协定》及后续《建立WTO协定》为基础的国际金融、贸易体制。前者面临战后最严重的全球金融危机,亟待变革;后者处于WTO建立后首轮多边贸易谈判举步维艰的困境。随着美国近年推行穷兵黩武的政策,国内财政高筑债台,国际贸易地位下降,[②]美元作为最主要的国际储备货币地位进一步动摇,美国在国际金融、贸易体系中的核心地位,或迟或早会发生根本变化。以关注全球经济可持续发展为目标,包括国际金融、贸易、环境三大领域的国际经济新秩序将逐步形成,作为条约的国际法对此具有积极推动作用。

国际金融的可持续发展需要更稳定的国际储备货币。战后美国主导制定的《国际货币基金条款》旨在确立美元“一元独大”的国际储备货币地位。二十世纪六十年代后,德国、日本等其他发达国家的经济地位上升,促使国际货币基金组织于1969年、1978年、1990年三次修改《条款》,形成了目前以美元、欧元、日元与英镑作为共同估算长期国际准备金——特别提款权的币值这样一种国际金融体制。如今,中国等发展中国家经济实力的日益增强,在国际货币基金的配额及投票权比例逐步提高,[③]因此,在目前全球金融危机的冲击下,进一步改革国际储备货币体系的要求,不难理解。未来更合理、稳定的国际金融体制需要拓宽合作的基础,并继

---

① 方连庆等主编:《战后国际关系史(1945—1995)》,北京大学出版社1999年版。

② 2008年美国进出口总量占全球份额为21.3%(同上引*World Trade Report 2009*),而十年前则为28.8%(WTO: *Annual Report 1998*, WTO网站:http://www.wto.org/english/res_e/booksp_e/anrep_e/anre98_e.pdf)[2010-02-04]。

③ 中国在国际货币基金的配额及投票权已从2002年的3%和2.95%增加至2009年的3.72%和3.66%,美国的配额及投票权则从分别17.49%和17.16%减至17.09%和16.77。IMF网站:http://www.imf.org/external/np/sec/memdir/members.htm[2010-02-04]。

续修订和完善作为国际条约的《国际货币基金条款》。

国际贸易的可持续发展需要更关注发展中国家的需求。WTO 于 2001 年正式启动的多边贸易谈判以发展为主题，称为"多哈发展议程"，包括农产品贸易、非农产品的市场准入、贸易救济规则、服务贸易四个方面。由于发展中或最不发达国家成员约占 WTO 成员的 4/5，中国、韩国、印度、墨西哥、巴西等发展中国家的贸易地位日益提高，因此在新的多边贸易谈判中拥有越来越多的发言权。譬如，截至 2008 年 12 月参加农产品贸易谈判的 37 个核心成员，包括中国在内的发展中成员有 29 个。①目前该谈判未有突破，但是，面临全球金融危机的各国都希望通过扩大贸易，促进经济恢复和发展，谈判终将取得成功。作为条约的 WTO 协定体系也将得到进一步完善。

相比国际金融贸易，全球环境保护对于人类社会的可持续发展，显得更加迫切。《联合国气候变化框架公约》192 个成员于 2009 年 12 月就 2012 年以后履行《京都议定书》的温室气体减排，达成了一项无国际法约束力的协议，并将于 2010 年继续谈判以求达成有拘束力的新协议。②该新协议能否达成，举世瞩目。其关键在于各国从人类共同利益出发，根据各自经济发展水平，以积极的姿态，承担应有的减排责任。发达国家应向发展中国家转移有关技术，帮助有效实现减排目标。

总之，国际经济新秩序的建立与健全取决于各国经济实力的此长彼消。构成现行国际经济法制的各项多边条约由发达国家主导制定，未充分体现发展中及最不发达国家的利益。随着中国等发展中国家的综合经济实力上升，以可持续发展的人类共同利益为目标，更关注发展中国家利益的国际经济新秩序将以新的国际条约为形式，逐步建立和发展。

四、国际法在当代国际秩序中的作用：面向未来的中国立场

1949 年 10 月 1 日新中国成立后，我国一贯坚持独立自主、和平共处的外交政策，尤其是 1954 年由周总理代表中国政府提出的和平共处五项原则，为当代国际法的发展做出了重大贡献。③但是，美国等西方国家曾长期敌视新中国，使我国处

① [农业组]2008 年主席文本。WTO 网站：http://www.wto.org/english/tratop_e/agric_e/chair_texts08_e.htm[2010-0204]。

② 气候公约秘书处新闻。联合国网站：http://www.un.org/chinese/News/fullstorynews.asp?newsID=12097[2010-02-04]。

③ 宦乡：《为创建新中国的国际法学而努力》，载《中国国际法年刊(1982)》，中国对外翻译出版公司 1982 年版，第 3 页。

于十分困难的外交环境。直至 1971 年第二十六届联合国大会第 2758 号决议恢复了中华人民共和国在联合国的一切合法权利，新中国逐步与包括美国在内的世界上绝大多数国家建立外交关系。1979 年我国实行改革开放政策以来，外交活动日益频繁，因而更加重视对国际法的研究与运用。根据邓小平同志关于“要大力加强国际法的研究”指示，中国国际法学会于 1980 年初成立。30 年来，国际法在我国外交工作中的作用愈显重要。近年来，胡锦涛主席在包括 2009 年 9 月 23 日联合国大会等多次国际场合中强调“建立和谐世界，必须致力于实现各国和谐共处。各国应该恪守公认的国际法和国际关系的基本准则”①，发展了我国倡导的和平共处的国际法理论与基本原则。

当代国际秩序正在发生新的重大变化。最重要的标志就是冷战后的“[美国]一超和[俄、日、德、法、中、英等国]多强”②的国际关系格局，正在逐步演变为[美国、欧盟、中国等]世界政治经济力量的多极化。“随着我国综合国力的增强和国际地位的提高，国际社会对我国的借重与压力同步上升，机遇与挑战并存。”③我们应清醒地认清当代国际秩序的现状及发展趋势，充分地研究和运用国际法，以促进新的国际秩序朝着人类社会永久和平、可持续发展的和谐世界方向不断迈进。

坚持和平与发展是构建和谐世界理念的基础。《联合国宪章》依然是世界和平与发展的国际法基石。但是，《宪章》毕竟是在二战硝烟尚未完全消失之际达成，不可避免地留有战争的痕迹，如第五十三条和第一百零七条的“敌国”（即二战中为《宪章》任何签字国之敌国）规定、第七十五条至九十一条之国际托管制度条款。战后至今，包括安理会常任理事国在内，联合国会员国的政府变更及众多发展中国家的加入，国际秩序的国际法主体已发生翻天覆地的变化，《宪章》的组织结构条款，尤其是第五章安理会的规定，已不适应时代的发展，因此，除了现有改革联合国的建议，④《宪章》的修订及安理会等联合国组织结构的改革，势在必行。我国应在维护自己在联合国应有地位的同时，积极推动修改《宪章》及联合国改革，主张建立一个法治化和体现世界各国各地区的应有地位和权益诉求，和谐共处的联合国大家庭。

一个公平合理、更关注发展中国家利益的国际经济新秩序对于构建和谐世界，极为重要。《国际货币基金条款》是现行国际金融秩序的国际法框架，以会员国的

---

① 2009 年 9 月 23 日，胡锦涛在联合国大会第 64 届会议一般性辩论上发言，全面阐述中国对当前国际形势和重大全球问题的看法，并就如何维护世界和平、促进共同发展、推动互利共赢、实现和谐共处提出中方主张。联合国网站：http://www.un.org/zh/focus/hujintao/index.shtml.[2010-02-04]。

② 刘振民：《国际法与国际秩序》，载《中国国际法年刊(2000/2001)》，第 395 页。

③ 唐家璇：《加强国际法研究与运用，推进构建和谐世界》，载《中国国际法年刊(2007)》，第 3 页。

④ 联合国改革相关报告和材料。联合国网站：http://www.un.org/chinese/reform/[2010-02-04]。

综合经济实力为基础配额及投票权比例，主要反映战后以美国为首的发达国家利益。尽管近年来中国等发展中国家的配额及投票权比例有所提高，但是远不足以改变国际货币基金组织的权益分配结构。因此，我国应在加大改革开放、稳步发展经济的基础上，增强国力，并使人民币逐步国际化，促进改革特别提款权的币值估算制度，将人民币纳入国际储备货币体系。在 WTO 的"多哈发展议程"中，我国应充分利用不断上升的国际贸易地位，争取必要的话语权，积极参与新的国际贸易规则立法，同时善于利用调整国际贸易关系的国际法和 WTO 争端解决机制，维护自己的合法权益。在 2012 年之后履行《京都议定书》的温室气体减排谈判和其他全球环境保护的法治化进程中，我国应在可持续的科学发展观指导下，大力加强国内环境保护，并承担必要的国际义务。

总之，面向未来的中国应更积极利用国际法，促进国际和平与发展的人类共同事业。

On the Roles of International Law in International Order

Abstract: The contemporary international order has been, and will be changed in unprecedented way due to multi-polar international relations and economic globalization. Since the modern international law emerged in early seventeenth century, it has played a positive role to develop the international order based on the Westphalia model. As a responsible country with the ideal of harmonious world, China shall promote international order towards perpetual peace by international law. First, the role of international law would be observed from the perspective of changing theories of international law. Secondly, the role of treaties shall be focused to understand the establishment and development of post WWII order from the viewpoint of international organization. Thirdly, it could be discussed on the roles of international laws and politics as well as influences of each other from a linkage with the essential issues of the war and peace, sustainable development. Based on above analysis, it could be taken to look the history of Chinese foreign relation after founding the PRC and great efforts made to promote peaceful coexistence and harmonious world by international law, and to explores Chinese standings for future development of international order.

Keywords: International law; International order; International organization; Normative roles; Harmonious world

论新的国际法体系及其影响*

内容摘要：在世纪之交的全球化趋势中，世界贸易组织法和欧盟法并行发展而形成了新的国际法体系，对新世纪的世界格局变化具有深远影响。本文着重从国际关系及其国际秩序的演变角度，分析后战后两种新的国际法体系之形成与互动发展，并扼要论述了其政治影响以及中国的对应。

关键词：国际法；新体系；世界贸易组织；欧盟；影响

综观世纪之交的全球化大趋势，可以发现一个极其重要的法律现象，即世界性与区域性国际法并行发展，形成了新的国际法体系。①其中，最令人瞩目的，莫过于世界贸易组织（WTO）法②、欧洲联盟（EU）法③的产生与发展。这两种齐头并进的世界性与区域性国际法是当代国际法领域中发展最快，对未来二十一世纪世界格局变化具有深远影响的法律体系。本文拟对这两种新的国际法体系之形成、互动

---

* 原载《当代法学研究》1999年第1期，第1—16页。

① 关于世界性与区域性国际法的提法，可参见王铁崖主编：《国际法》，法律出版社1981年版。他认为："作为国际关系一部分的国际法律关系也有普遍性的和区域性的，即，一般国际法和区域国际法。"（第2页）但是，他认为当时的欧洲共同体和现在的欧洲联盟法都不是区域国际法。还可参见王铁崖主编的另一本《国际法》，法律出版社1995年版，第6页。周鲠生教授对"地域性国际法"完全持否定观点。见其《国际法》，商务印书馆1976年版，第6—7页。以奥本海为代表的西方国际法学者根据适用范围，将国际法分为普遍的、一般的和特殊的国际法，见［英］劳特派特修订：《奥本海国际法》（第八版）上卷第一分册，商务印书馆1971年版，第3页；［英］詹宁斯、瓦茨修订：《奥本海国际法》（第九版）第一卷第一分册，中国大百科全书出版社1995年版，第3页。关于欧盟法的性质，著名的欧盟法专家弗兰西斯·斯奈德认为："欧洲联盟是部分西欧国家为了实现经济和一定程度的政治一体化，通过条约的形式建立起来的区域性国际组织。"见［英］弗兰西斯·斯奈德：《欧洲联盟法概论》，宋英编译，北京大学出版社1996年版，第1页。因此，欧盟法是区域性的、独特的、新的国际法制度。还可参阅：Josephine Steiner & Lorna Woods, *EC Law*, 6th edition, Blackstone Press Limited, 1998, p.3。本文所谓"世界性与区域性国际法"是指分别以全球性多边国际条约与区域性多边国际条约为根据形成的两种国际法体系。在此，"体系"是指全面的，自成系统的法律制度。西文中，如"systemes"（法语），"system"（英语），可与中文"体系"对应，参见［法］勒内·达维德：《当代主要法律体系》（上海译文出版社1984年版，漆竹生译）的译法。

② 关于世界贸易组织法，可参见John H. Jackson, *World Trade and the Law of GATT*, The Bobbs-Merrill Company, Inc., 1969; John H. Jackson, etc., *Legal Problems of International Economic Relations*, 3rd edition, West Publishing Co., 1995；汪尧田、周汉民：《世界贸易组织总论》，上海远东出版社1995年版；曾令良：《世界贸易组织法》，武汉大学出版社1997年版；尤先迅：《世界贸易组织法》，立信会计出版社1997年版。

③ 关于欧盟法，参见D. Lasok & Bridge, *Law & Institutions of the European Union*, 6th edition, Butterworths, 1994; Bernard Rudden and Berrick Wyatt, *Basic Community Laws*, 6th edition, the Clarendon Press, 1996。

发展及其经济政治影响、与中国的关系等，作一探讨。

一、后战后新的国际法体系

自1648年威斯特伐利亚和会以来，近现代的国际法体系经历了若干发展阶段：第一阶段以1648年《威斯特伐利亚和约》为标志，到1789年法国革命爆发。随着近代主权国家的兴起，以格劳秀斯《战争与和平法》为理论基础的近代国际法，由此产生。该阶段的国际法体系尚非常初步，体现于以法国、英国等为主的一系列瓜分势力范围的国际条约。①第二阶段以1815年维也纳公会为起点，到1914年第二次世界大战烽火燃起。该阶段以"欧洲协作"体系为特征，最初的神圣同盟"强调了大国的甚至国际法上的特权地位"。②同期，肇起于1883年《保护工业产权巴黎公约》和1886年《保护文学与艺术作品伯尔尼公约》，开创了与国际贸易有关的多边国际协调运动。③第三阶段，以英法美等国为主，试图通过巴黎和会，建立以《国际联盟盟约》为核心的国际法体系，但是，第二次世界大战完全打破这一非常脆弱的体系。同时，苏联的崛起，使二十世纪的国际法体系开始呈现多元化。第四阶段是战后以《联合国宪章》为奠基石的国际法体系。本文所论两种新的国际法体系实质上也以此为基石。由于在战后至九十年代初苏联及东欧"社会主义阵营"解体的近半个世纪里，东西方处于"冷战"的对峙状态，因此，人们称冷战后时代为"后冷战"或"后战后"时代。④以中国等为代表的众多发展中国家之兴起，对战后多元化国际法体系的形成和发展，发挥了重要的作用。第五阶段，即目前的后战后阶段，它与前一阶段既有联系，又有区别，因为以联合国为中心的国际法体系尚未根本改变，但是，"经济联合国"——WTO的建立和欧洲一体化的发展，使当今国际法体系具有显著的后战后特点。

---

① 关于《威斯特伐利亚和约》，参见[奥]阿·菲德罗斯等：《国际法》，李浩培译，商务印书馆1981年版，第85页，尤其是该页脚注2所列的一系列关于《威斯特伐利亚和约》的文献；格劳秀斯的《战争与和平法》，见Hugo Grotius, *De Jure Belli Ac Pacis Libri Trss*(The Law of War and Peace) trans. by Franicis W. Kelsey, the Clarendon Press, 1925。

② 前引菲德罗斯等：《国际法》，第90页；关于"欧洲协作"，参见梁西：《国际组织法》修订第四版，武汉大学出版社1998年版，第27页。

③ 根据国际贸易法或国际经济法学界的理解，《巴黎公约》系属最初的"国际贸易工具"(international trade instrument)，参见International Trade Instruments, Form〈http://ra.uit.no/trade law/nav/convention/html〉; *Basic Documents on International Trade*(edited by Chia-Jui Cheng), 2nd revision ed., Martinus Nijhoff Publishers, 1990; *Basic Documents of International Economic Laws*(general editors, Stephen Zamora and Ronald A. Brand), Commerce Clearing House, 1990。

④ 参见*The New World Order*(edited by Mortimer Sellers), BERG, 1996。

本文所谓新的国际法体系是后战后时代，以全球经济一体化为主导的全球化大趋势的必然产物，但是，它们又是战后国际法体系的延续。众所周知，WTO法是从《关税与贸易总协定》(GATT)演变而来的。1946年2月，刚成立的联合国经济与发展理事会(ECOSOC)在第一次会议上通过有关筹备起草国际贸易组织(ITO)宪章会议的决议。随后，《国际贸易组织宪章》起草和GATT的谈判便紧锣密鼓地展开。根据始初设计，由ITO负责GATT的实施，但是，该组织的“夭折”使GATT具有演变为准国际组织的可能性。①1948年1月1日临时生效的GATT旨在通过适用普遍的、无条件的最惠国待遇原则，缔约方之间互减关税，促进自由贸易，加强国际经济合作，减少贸易摩擦，避免因经济利益冲突导致政治冲突，乃至战争。②这是《联合国宪章》宗旨——维持国际和平与安全、发展各国间的友好关系、促进国际合作和协调各国行动——的延伸。③但是，GATT这一战后的国际贸易法律体系，长期受到冷战格局的影响，缺乏对不同经济体制的兼容性。冷战结束后，在GATT的基础上产生的WTO，成员已达134个国家和地区(包括欧共体，截至1999年2月)。中国和俄罗斯等30多个国家和地区正在申请加入。④可以断定，在新世纪里，WTO将成为兼容各种经济体制，名副其实的“经济联合国”。

从战后世界经济发展的轨迹来看，国际贸易总量占各国国民生产总值(GDP)的比重，从五十年代初的8%，发展到九十年代初的近20%，直至目前的25%以上(在包括中国在内的许多发展中国家，国际贸易值占GDP比重高达30%以上)。⑤各国经济的相互依存性(interdependence)日趋加深，成为经济全球化的主要特征。“经济全球化是当今世界发展的客观进程，是在现代高科技的条件下经济社会化和国际化的历史新阶段。”⑥各国经济的相互依存性的逐步加深与国际经济合作的发展成正比关系。以下GATT到WTO的发展过程是很好的说明：

---

① 关于《关税与贸易总协定》的产生，参见John H. Jackson, *The World Trading System: Law and Policy of International Economic Relations*, 2nd ed., the MIT Press, 1997。

② 《关税与贸易总协定》的中文本，可参见《乌拉圭回合多边贸易谈判成果》(总编审汪尧田)，复旦大学出版社1995年版。

③ The Charter of the United Nations of June 26, 1945(text: UNCIOXV, 335)；关于联合国宗旨，可参见前引梁西：《国际组织法》，第72—74页。

④ 上述统计，根据世界贸易组织主页：http://www.wto.org[1999-02-16]。

⑤ 参见世界贸易组织总干事雷纳托·鲁杰罗(Renato Ruggiero)的讲演：《驾驭未来的贸易之路：走向无边界经济》(1997年9月29日)。原文(英文)载于WTO/Press/77(25 September 1997)。

⑥ 《经济全球化与中国经济增长的前景展望》(汪道涵在达沃斯世界经济论坛上的演讲，1999年1月30日)，《解放日报》1999年2月15日第5版。

GATT/WTO的发展过程

发展 时期	世界GDP百万美元(1990年值)	世界贸易占世界GDP	GATT/WTO成员	GATT/WTO调整范围
1948年			23	货物贸易
1950年	5373	8%	38(1951年)	货物贸易
1973年	16064	14.9%	102(1979年)	同上
1990年	27359	19.7%	123(1994年)	同上
1997年	30800	25.9%	132(WTO成员：截至1997年4月28日)	货物和服务贸易、与贸易有关的知识产权和投资措施
1998年	预计比1997年增长2%	预计比1997年增长4%	133(截至1998年底)	同上

资料来源：综合Second Ministerial Conference of the WTO(Geneva, 18 & 20 May, 1988, Press Pack), Overview of Developments in the International Trading Environment(WTO/TPR/OV/4, 30 November 1998)。

WTO的建立与冷战的结束，绝非巧合。第二次世界大战后，以联合国为主导，国际货币基金组织(IMF)和原定成立的ITO，旨在从经济上加筑战后国际合作，保障和平的新体系。ITO最终未能成立，固然有美国国内法的原因，①但是，真正的原因是冷战骤起，使原先的国际经济合作设想难以实现。比如，当时苏联没有加入稍前诞生的IMF，显然也不可能参加拟定中的ITO。②在1964年GATT第六次多边谈判(即"肯尼迪回合")之前，该贸易协定虽已演变为准国际贸易组织，但是，作用很有限。六十年代中后期到七十年代，越来越多的新兴发展中国家开始进入了GATT国际贸易法律体系，然而，冷战严重制约了东西方之间的国际贸易关系。从1986年9月开始的"乌拉圭回合"，在谈判中期(1990年前后)曾陷入僵局，

① 根据美国著名的GATT/WTO专家杰克逊教授的解释，由美国提议和主持起草的《国际贸易组织宪章》(即《哈瓦那宪章》)，却未能获得美国国会的批准，因为国会认为，其授权美国总统在战后与其他国家进行贸易谈判的1945年贸易协定延长法，没有包括谈判建立国际贸易组织的权项。参见前引John H. Jackson, *The World Trading System*, p.37。

② 国际货币基金组织成立时规定由联合国安理会五大常任理事国，即美国、英国、苏联、中国和法国担任常任执行理事，其认缴配额(Quotas)分别为27.5、13、12、5.5和4.5亿美元。苏联没有加入，因而也没有认缴配额；1949年10月1日中华人民共和国成立后，中国台湾地区当局仍窃居该组织的席位，但认缴配额相对下降。1960年，中国原有的常任执行理事席位由德国取代，中国于1980年恢复了在该组织的合法地位，并成为目前执行理事会八个单独执行理事国(美国、德国、日本、英国、法国、沙特、俄罗斯和中国)之一。参见Articles of Agreement of the International Monetary Fund(IMF) of July 22, 1944(716 U.N.T.S.266)；王贵国：《国际货币金融法》，北京大学出版社1996年版，第74—75页。

但是,1992 年以后,“柳暗花明又一村”,谈判进展明显加快,最终,123 个谈判参与方不仅达成了超过预定范围的“一揽子”协议,而且,美国改变初衷,同意建立新的国际贸易组织,并提议为“世界贸易组织”。美国国会则通过“快车道”程序批准了“乌拉圭回合”法案。这一切与冷战的结束有着不可分割的联系,因为包括美国在内的西方发达国家认识到,后冷战的国际竞争重心将从核军备竞争转向各国经济与国际市场的竞争。克林顿总统 1992 年入主白宫的政策导向明显地反映了这一变化。

欧洲联盟法是从欧洲经济共同体法演变而来的。二十世纪上半叶从欧洲大陆燃起的两次世界大战烽火,使欧洲,尤其是西欧各国痛苦地认识到,经济与政治的冲突,结果只是“两败俱伤”;唯有互相合作,才能使整个欧洲走向和平繁荣之路。但是,战后的欧洲一开始便笼罩在冷战的氛围中。1947 年 7 月,美国提出援助欧洲的“马歇尔计划”,可谓“一箭双雕”:重建西欧与抗衡苏联。随后,欧洲经济合作组织(OEEC)成立,负责实施“马歇尔计划”。①这实际上成了战后欧洲一体化进程的起点。1951 年《建立欧洲煤钢共同体条约》(ECSC)和 1957 年《建立欧洲经济共同体条约》(EEC)是战后欧洲经济一体化的最初步骤。1968 年,欧洲经济共同体成员国之间取消了关税,从而逐渐形成了欧洲关税同盟。七十年代以后,共同体成员国日益增多。1986 年《单一欧洲法》的签署,促进了单一欧洲市场的建立。九十年代初以后,随着冷战时代的标志——“柏林墙”的倒下,德国实现统一,欧洲一体化进程大大地加快。1991 年 11 月 1 日,《欧洲联盟条约》(TEU)生效,欧洲联盟正式诞生。1997 年 10 月 2 日签署的,旨在加强 EU 的《阿姆斯特丹条约》(尚未生效)和 1999 年 1 月 1 日起在欧盟 11 个成员国内,欧元的正式启用,是 EU 各成员国求大同存小异,朝着欧洲经济、政治和社会一体化目标迈出的重大步伐。

可以说,冷战不结束,现在的 EU 就不可能产生。1990 年 10 月,东西德国重新统一,为更加名副其实的欧洲一体化铺平了前进道路。《欧洲联盟条约》前言称:“决心在以各欧洲共同体的建立为开端的欧洲一体化进程中开创一崭新的阶段;追溯欧洲大陆结束分裂的历史性意义及为建设未来欧洲奠定坚实基础的必要性;确认为自由、民主及尊重人权与基本自由原则和对法治原则的坚信不渝。”②这表明 EU 的诞生是欧洲一体化过程中的“崭新阶段”。此前,冷战的直接产物——德国

---

① OEEC 在“马歇尔计划”结束后,曾作为西欧各国政府间的区域性国际组织继续存在,直至 1961 年被改为经合发展组织(OECD)。OEEC 的成员曾多达 18 个,其结构包括部长理事会、执行委员会和秘书处。参见 Lasok & Bridge, *Law & Institutions of European Union*, p.7。

② Treaty on European Union, from *Blackstone's EC Legislation 1998 - 1999*, 9th edition(Nigel Foster), Blackstone Press Limited, 1998,中译本见《欧洲共同体条约集》,戴炳然译,复旦大学出版社 1993 年版。

的分裂是实现欧洲一体化的最大障碍。尽管战后欧洲一体化的初衷就是结束欧洲大陆的分裂，但是，如上所说，欧洲一体化又是在冷战的背景下启动的，是美国遏制苏联的步骤。这是历史铸成的矛盾。东欧“社会主义阵营”的瓦解，为真正的欧洲一体化创造了条件。这种一体化完全建立在西方政治理念——“自由（liberty）、民主、人权和基本自由（freedom）以及法治原则”——的基础上。如果说战后欧洲一体化通过经济共同体根除历史上引起西欧各国间战争的“导火线”，那么冷战后欧洲一体化则是在进一步消除东西方意识形态“鸿沟”后发展的。预计在2010年之前，EU成员国将从目前的15个扩大到25个，包括波兰、匈牙利、捷克共和国等。

二、互动发展的国际法体系

上述两种新的国际法体系是互动发展的。根据GATT第二十四条，关税同盟和自由贸易区属于适用最惠国待遇的例外。欧洲历史上的关税同盟可以追溯至十四世纪中叶的“汉萨同盟”①。1947年，在起草《关税与贸易总协定》时，当时竭力主张贸易自由化的美国碰到一个难题，即如何在普遍的和无条件的最惠国待遇框架中容纳关税同盟。如上所述，美国从其战略利益出发，支持战后西欧经济一体化，因此便有条件地同意关税同盟和自由贸易区可作为例外。经各方利益的权衡，GATT第二十四条第一款规定：“本协定诸条款适用于各缔约方本国关税领土。”②这表明，就GATT的空间效力而言，适用于所有缔约方的关税领土。但是，第二十四条第四款规定了空间效力的例外：“各缔约方承认通过自愿的协议，发展协议各方的经济间一体化，增进贸易自由的好处。各方也承认关税同盟或自由贸易区旨在促进其构成的各领土之间贸易，并且不提高其它缔约方与这类领土之间的贸易壁垒。”这说明，GATT框架内的关税同盟是战后欧洲经济共同体的基础，条件是这种关税同盟不得阻碍其他缔约方与该同盟及其协议方之间的自由贸易，实质上，这主要是指与美国的贸易关系。正如当时的美国谈判代表所言：“关税同盟是可取的，条件是：比较同盟建立之前其与同盟外各国的贸易，不损害它国利益。”③

根据第二十四条第八款，在GATT框架内的关税同盟是指“以某单一关税领

---

① 汉萨同盟是欧洲十四世纪中期，在德国北部形成的商人联合组织，曾先后联合了七十至一百六十个城市国家。同盟内部均为独立经营、自负盈亏的城市国家，各成员国间相互给予关税优惠待遇，减免关税，以扩大同盟内部贸易，同盟对外实行贸易歧视，并争取邻近国家的商业特惠。参见徐觉非主编：《海关法学》，中国政法大学出版社1995年版，第15页；陈安主编：《国际经济法学》，北京大学出版社1994年版，第6—7页。

② 由于《关税与贸易总协定》没有正式的中文本，因此，本文所引该协定条款是根据英文本译出，并主要地参考了前引《乌拉圭回合多边贸易谈判成果》一书的中文本。以下所引该协定，出处均略。

③ 转引自Jackson, *Legal Problems of International Economic Relations*, 3rd edition, p.470。

土代替两个或两个以上的关税领土”。这意味着,首先,与同盟内各构成领土之间实质上所有贸易相关的关税和其他相关贸易管制均须取消,除非 GATT 第十一条(一般取消数量限制的例外)、第十二条(为保障国际收支而实施的限制)、第十三条(非歧视性的数量限制)、第十四条(非歧视规则的例外)、第十五条(外汇安排)和第二十条(一般例外)允许的例外。其次,同盟内每个成员对同盟外领土的贸易均适用同样的关税和其他贸易管制。这样,在关税同盟内各领土间可以进行完全自由的贸易,形成类似于内国的统一市场。战后欧洲经济共同体内的关税同盟,是根据 GATT 第二十四条第四款的例外以及第八款的定义而逐步发展起来的。《欧洲共同体条约》第九条规定:“1.共同体以关税同盟为基础。关税同盟应包括一切货物贸易,并涉及在成员国间禁止征收进出口关税和其他所有等同作席的税费,在它们与第三国的关税上采取共同关税。”①根据这一规定,欧洲共同体首先分阶段地消除内部各成员国间的关税和其他相关税费,然后在 1968 年开始实施《共同关税》,②成为真正的关税同盟。如今,欧洲共同体对内实行货物、人员自由流动,对外采用统一关税,并在 WTO 内作为单一实体,参与多边贸易谈判或进行贸易争端解决。

可见,以建立关税同盟为目标之一的欧洲经济一体化是在战后国际贸易法律体系内产生并发展的;没有关税同盟,单一欧洲市场的建立就可能是“海市蜃楼”;而没有单一欧洲市场,单一欧洲货币体系和未来更加紧密的欧洲一体化,更难以想象。可以说,没有 GATT 这一世界性国际条约法的例外条款,就不可能有欧洲经济共同体。“乌拉圭回合”的一揽子协议包括了 1994 年 GATT,确认了 1947 年 GATT。这说明,后战后欧洲经济一体化将继续在 GATT 的允许范围内推进。

欧洲经济一体化客观上促进了 WTO 法的产生。这恐怕是大西洋两岸的人们始料未及的。第二次世界大战不仅使欧洲在政治上瓦解了,也使欧洲处于经济虚脱状态。1946 年西欧的粗钢产量在一千万吨以下,不到 1939 年产量的三分之一,1945 年西欧煤产量为二亿九千万吨,而 1939 年产量为四亿九千万吨。③为此,战后在美国直接援助下启动的欧洲经济一体化,第一步便是建立煤钢共同体,以重建欧洲工业。经过五十年代的恢复和发展,西欧各国,尤其是欧洲一体化“轴心国”——德国和法国重新回到了各自在世界经济中的应有地位。在六十年代之前,国际贸易占世界各国国民生产总值的比例仅为 10%左右,因此 GATT 对于当时国际贸易

① 《欧洲共同体条约》(经《欧洲联盟条约》修改),即《欧洲经济共同体条约》。引自《欧洲共同体条约集》,戴炳然译。

② 从 1988 年元月起,欧洲共同体采用了新的《组合术语》(Combined Nomenclature)。

③ 参见[英]杰弗里·巴拉克拉夫:《泰晤士世界历史地图集》,三联书店 1985 年版,第 274 页。

关系的调整，远不像现在这么重要。1961 年肯尼迪就任美国总统后，面临冷战加剧和美国经济地位相对下降的形势，便发起了 GATT 新一轮多边贸易谈判。这就是在 GATT 历史上具有转折意义的“肯尼迪回合”。这是截至当时，范围最广的一轮谈判，除了再次大幅度全面削减关税，还达成了有史以来第一个国际反倾销协议，为如今的 WTO 法律体系(特别是非关税部分)奠定了基础。1968 年，欧洲经济共同体对外开始实行统一关税。相对单一的欧共体以及日本迅速增长的经济实力，美国的经济地位进一步下降。七十年代初，布雷顿森林体系崩溃，使美国痛感在改革国际货币体制的同时，有必要利用 GATT 的法律体系来调整全球范围的国际贸易关系，于是在制定 1974 年新贸易法之后，[①]又发起了较之“肯尼迪回合”，规模更大的新一轮“东京回合”多边贸易谈判，促成了包括反倾销、反补贴、海关估价、政府采购、对贸易的技术壁垒等有关新协议在内的庞大法律体系。美国国会在通过 1979 年《贸易协议法》的同时，最终确认了新的反倾销协议，为日后 WTO 体系的形成，创造了最重要的条件之一。然而，在美国不断地通过调整全球性的贸易体制，力保其国际地位之时，欧洲共同体克服了内部若干重大分歧之后，成员不断增加，[②]并在 1986 年通过了《单一欧洲法》，旨在推进一体化过程。考虑到原有的 GATT 框架已不适应世界经济的发展与美国国际贸易政策的实施，美国紧接着发起了史无前例的“乌拉圭回合”多边贸易谈判。如上所述，该回合一波三折，最后，为了在世界性国际条约法体系内进一步协调以大西洋两岸发达国家为主的国际贸易法律关系，尤其是在后战后时代维持新的国际经济与政治关系的战略均衡，美国与欧洲共同体各国以及日本等发达国家在结束该回合的一系列关键问题上达成妥协，并最终同意成立 WTO，以替代作为“准国际贸易组织”的 GATT。

因此，也可以说，没有欧洲经济一体化，美国就不大可能积极地推动国际贸易法律体系的改革。近半个世纪以来，这两种国际法体系演变过程中的每一个“里程碑”，如此吻合，绝非偶然。这充分说明两者相辅相成，缺一不可。

三、国际法新体系的影响与中国的对策

WTO 法与 EU 法的产生与发展所带来的影响，现已初显端倪。在国际经济以

---

① 该法是由尼克松总统于 1970 年 5 月批准的美国国际贸易与投资政策委员会，经过四年研究，在长达四百页的政策报告基础上，由国会通过的，被称为“截至当时，美国贸易立法史上最长、最复杂的法规。……在很大程度上，该法是此后美国贸易政策的基石，虽然这一政策经常被修改”。参见前引 Jackson, *Legal Problems of International Economic Relations*, 3rd edition, p.138。

② 截至 1986 年 1 月，欧洲共同体成员国增为 12 个。最近的增加(至 15 个)是在 1994 年底。这说明在“乌拉圭回合”之前，欧共体成员在 1986 年初增至新水平。

及相关法律制度方面，1996 年 1 月 1 日起，随着 WTO 的完全运行和新的国际贸易体制的磨合，全球经济一体化加快。据统计，1996 年世界货物贸易量年增长 4%，其中货物出口值首次超过 5 万亿美元，1997 年世界货物出口量年增长 9%。[①]但是，从 1997 年下半年爆发的亚洲金融危机波及全球，使得 1998 年的世界贸易量年增长速度比 1997 年减半。[②]这告诫人们：贸易、投资与金融密不可分；新的世界性国际贸易法律体系，必须有新的世界性国际金融法律体系，与之配套。这可能是 WTO 法这一新的国际法体系确立后，对其他国经济法律制度产生的主要影响之一。战后以 IMF 为核心的国际货币金融法律体系，显然已不适应后冷战时代经济发展，尤其是国际贸易发展的需要，亟待作重大的改革。1999 年伊始，欧元如期正式启动，由欧共体中十一个成员国构成的欧元区之出现，既是后战后 EU 法体系发展的最新阶段，又可能是引起以美元为中心的现行国际货币金融法律体系变革的前奏。可以预见，在二十一世纪初叶，一场更为深刻的国际经济法律体系革命，势在必行。

应该留意，上述两种并行发展的国际法新体系带来的政治影响。根据世界贸易组织法中的争端解决机制，成员间贸易争端，或与贸易相关的知识产权和投资争端，一旦由 WTO 争端解决机构审理并采纳报告，有关当事方必须在合理期限内实施报告中的建议，否则，就可能面临惩罚性后果。这一国际法所产生的经济强制力迫使迄今为止所有的争端当事方，无例外地服从该争端解决机构的处理决定。这涉及国家主权。美国国会曾以国家主权为由，试图设立专门委员会审查 WTO 的争端解决，最后迫于 EU 的反对，未果，并在该组织内带头实施建议修改美国国内法的有关报告。这是否意味着国家主权的有限让渡？国家主权，原本完全是一个政治概念。WTO 争端解决机制而产生的国家主权新问题，使人们开始重新审视自 1648 年威斯特伐利亚和会以来根深蒂固的国家主权观念及其国际法制度。一般认为，现代国家主权包含了政治主权与经济主权两个主要方面。两者是否可分？如果可分，怎样理解国际经贸争端解决的行政或司法管辖权？政治主权理应包括一个主权国家所拥有的行政或司法管辖权。如果不可分，如何认识 WTO 内国家主权？如果在该组织内存在国家主权的有限让渡，那么在下世纪，国家主权在哪些方面，何种程度上被允许让渡，让渡的程序是什么？这些问题都需要深入细致的，理论联系实际的研究。此外，令人关注的是，在新的 WTO 法体系内，传统的国际

① 参见 World Trade Growth Accelerated in 1997, WTO/Press(19 March 1998)。

② 参见 Overview of Developments in the International Trading Environment(Annual Report by the Director-General), WTO/TPR/OV/4。

法与国内法关系正在发生着前所未有的变化，即由 WTO 争端机构（尤其是上诉机构）负责有关国际法的解释，有关当事方不得不修改其国内法，以符合这种类似于普通法体系中的判例解释。

EU 法的政治影响，不言而喻。需研究的是，在这种区域性国际法体系中，国家主权越来越淡化。如果在下世纪，EU 各成员国的国民具有本国公民与欧盟公民籍（citizenship），如何理解现代意义的国家？当然，不能排除 EU 演变为类似于美国那样的联邦体制国家，果真如此，那么其国家主权亦不可能是传统的回归。

面对世纪之交的全球化大趋势，中国怎么办？经过二十多年的改革开放，中国的综合国力大大增加，已经并将进一步参与全球经济一体化。但是，我们不能不承认现实：中国还没有融入 WTO 法体系。即便融入后，中国仍将在一个十分严峻的环境下，争取自己应有的地位。在二十一世纪，全球化中世界性与区域性国际法将继续存在和发展。中国作为亚太地区的主要国家之一，应该，而且完全可能在已有的亚太经合组织框架内，与其他成员方加强全面的经济合作。包括香港特别行政区、"九九"回归后的澳门特别行政区以及属于中国主权之下的台湾地区在内的中国，在这些世界性与区域性国际法体系内活动所产生的，一系列复杂的国际法问题，亟待研究解决。

On the New Systems of International Law and Their Influences

Abstract: At time of the new century coming with globalization ahead, the parallel development of the laws of WTO and EU emerging as the new systems of international law has significant impacts on the changing world order of the new century. This article is focused on analysis of the emerging systems of international law after the cold war and its political impacts as well as China's respondence.

Keywords: International law; New system; WTO; EU; Impacts

国际关系与国际法的实然与应然*

内容摘要：国际法因国际关系而产生，为调整国际关系而存在、发展。国际关系与国际法有其现实存在的“实然”性，又有未来发展的“应然”性。从“实然”和“应然”两个视角看待当前国际关系与国际法，有助于认识现实的国际关系的复杂性和国际法体系的缺陷，并对改进以《联合国宪章》为基础的国际法体系，推进构建人类命运共同体，充满希望。

关键词：国际关系；国际法；实然；应然；人类命运共同体

当前，在百年未有之大变局与新冠肺炎疫情叠加影响下，乌克兰危机凸显后冷战时期国际关系的复杂性和现行国际法体系的缺陷。在关乎人类前途命运的世纪博弈中，应维护真正的多边主义，改进以《联合国宪章》为基石的国际法秩序，推动构建人类命运共同体。其中，理解国际关系和国际法的实然与应然，十分重要，应加强研究。

一、国际关系的实然与应然

近现代以来，主权国家间政治经济、外交及军事等关系构成的国际关系是历史或现实的存在。国际关系本身是一种实际存在（实然）。关于国际关系的理论作为一种学说，分析国际关系的成因、发展和规制等，重点研究国际关系应该怎样（应然）。

实然的国际关系历史与现实告诉我们，国家间不同利益往往引发冲突。早在十七世纪初，荷兰从西班牙宗主统治下争取独立，并与垄断印度洋航线的葡萄牙发生利益冲突，爆发海战。二十世纪上半叶两次世界大战的根本原因是自由资本主义经济发展到垄断阶段，西方工业化各国争夺市场、资源和势力范围的利益冲突。冷战时期两个超级大国及其集团利益冲突引起一系列地区战争。冷战后美国一超独霸的利益膨胀，主导了近三十年国际关系。实然的国际关系由各国利益交织而成，不以任何个人的主观意志而转移。

应然的国际关系研究因不同流派的国际关系理论解释而呈现各种愿景。现实主义理论主张以国家实力为后盾，维护国家利益，并受制于一定的国际规范，以求

* 原载《中国社会科学报》2022 年 5 月 12 日，第 5 版。

国际合作。其中,国际法是规范和合作的主要手段。理想或自由主义理论,如“威尔逊的十四点计划”所描绘的世界和平方案。新自由主义国际关系理论倾向于建立在国家理性基础上的国际合作机制。国际关系理论两大主要流派殊途同归,都认为国际关系中合作不可或缺。合作而非一味冲突的应然国际关系离不开国际法的支撑。体现国家间合意的条约或默示同意的习惯国际法,是为了一定的应然国际关系而产生。从 1648 年《威斯特伐利亚和约》到 1945 年《联合国宪章》都体现了从欧洲到全世界各国期盼持久和平的共同愿望。因此,应然的国际关系与国际法休戚相关。国际法是为了调整、实现应然的国际关系而必须采用的手段。

二、国际法的实然与应然

调整、实现应然的国际关系之国际法,又具有实然与应然的性质。实然的国际法体现于设置缔约国应履行有关义务的条约或各国应普遍遵循的习惯国际法等,是调整应然的国际关系之可适用法。研究国际法是什么、为什么和应该是什么的国际法理论,更多地具有应然性。

1625 年荷兰格劳秀斯的《战争与和平法》研究战争起源于不同主权下民族或人民之间纷争,正当的战争是为了最终的和平。国际法的“法”渊源于“正当”的理念,是正确理性的启示。根据自然法,所有或许多民族或人民的意志形成的拘束力就是实然的国际法。《威斯特伐亚和约》的缔结与格劳秀斯的国际法理论影响不无关联。1758 年瑞士瓦特尔的《国际法或自然法原则》阐释主权国家应和平享有独立自由的权利,为国际社会最终目的以及有责任尽可能为其他国家的福祉做出贡献的义务。他的学说和 1795 年德国康德主张废止战争的《永久和平论》为二十世纪两次世界大战后的国际联盟和联合国的建立提供了理论引导。《联合国宪章》开宗明义宣布战争为人类社会的祸害,明文禁止任何国家在国际关系中未经安理会授权对他国使用武力,允许只有在受武力攻击时自卫。这体现了追求和平理想的应然国际法。

但是,以《联合国宪章》为基石的国际法体系存在许多实然的缺陷。譬如,联合国安理会五大常任理事国集体保障国际和平及安全的实然机制存在严重缺陷。否则,如何理解联合国成立以来,地区或局部战争接连不断,危及国际和平及安全的传统或非传统因素难以根除。有法(《联合国宪章》)不依,有法难依。再如,联合国促进国际合作发展的宗旨难以落到实处。联合国 2015 年通过《2030 年可持续发展议程》的头号目标是“消除一切形式和表现的贫困,包括消除极端贫困”。但是,该议程设定期限已过去三分之一以上,根据联合国粮农组织统计,全球面临重度粮食不足的人口却继续增加。原因之一在于发达国家远未兑现全面履行官方发展援助承诺，包括向发展中国家提供占其国民总收入0.7%的援助。曾经推行殖民统治和最先实现工业化的发达国家负有道德与法律义务兑现其援助，而实然的国际法尚无任何具有强约束力的机制解决此类问题。

如何解决当代国际法的各种实然缺陷，需要更深入全面的国际法理论研究，以探求应然的国际法及其制度构建。探求的路径必须基于实然的国际关系，将调整、实现应然的国际关系之国际法作为必要手段，针对《联合国宪章》下国际法体系或规则缺陷，提出应然国际法的全球治理方案。

三、国际关系与国际法的应然未来

人类正处于又一个百年未有之大变局中。相比十七世纪欧洲三十年战争及威斯特伐利亚体系、十九世纪拿破仑战争及维也纳体系、二十世纪第一次世界大战及凡尔赛体系，直至第二次世界大战后联合国建立。进入二十一世纪以来，国际关系演进的实然态势，客观地显现了中国和平发展对世界格局变化产生的重大和深远影响。再过二十多年，也就是联合国百年之际，期待人类迈向和平发展的新阶段。中国提出推进构建人类命运共同体的新理念、新主张，不仅揭示了国际关系的应然发展方向，而且涵盖丰富的国际法理论，对于国际关系与国际法的应然未来具有引领性。

推动构建人类命运共同体是在和平共处五项原则、坚持和平发展道路的中国外交政策基础上，新时期中国特色大国外交方略。相对于充满国家间各种矛盾与冲突的实然国际关系，人类命运共同体的应然理念所包含的内容——"持久和平、普遍安全、共同繁荣、开放包容、清洁美丽的世界"是国际社会应当努力实现的目标，因而是国际关系的应然未来。调整、实现应然的国际关系，与国际法密不可分。事实上，推动构建人类命运共同体的应然内容包含了以《联合国宪章》为基础的当代国际法基本原则和规则。人类命运共同体的构建，不是也不可能重建一个全新世界，而是在这种应然理念的指引下，世界各国各地区共商共建共享追求应然国际关系的美好未来。

人类命运共同体的理念指明了国际关系的应然未来，因而也为克服现行国际法体系缺陷的应然国际法提供了方向。从应然角度看，这一具有丰富内容的理念完全可以转化为新的五项国际法基本原则。1.持久和平原则，与《联合国宪章》规定"各会员国应以和平方式解决国际争端，俾免危及国际和平、安全与正义"，"在其国际关系上不得使用威胁或武力，或以与联合国宗旨不符之任何其他方法，侵害任何会员国或国家之领土完整或政治独立”相一致；2.普遍安全原则，其一，基于联合国集体安全机制，国际社会统筹应对传统和非传统安全威胁，其二，致力于全球治理机制改革，由国际社会共商共建共享普遍安全；3.共同繁荣原则，以开放包容为前提，以普惠与平衡为核心，以全球发展为目标；4.文明共存原则，尊重世界上各种文明、文化、宗教，促进交流互鉴，和谐共存；5.可持续发展原则，共建清洁美丽的世界。新的人类命运共同体五项国际法基本原则是对和平共处五项原则的传承和发展。这是中国在当代国际关系的地位变化，日益走近世界舞台中央的需要；标志中国外交重点从双边关系向多边关系的全面发展。这是中国和平发展，大国间不再重蹈近现代史上无数战争之覆辙，国际关系朝应然未来发展的国际法保障。

The International Relation and the International Law as It Is and as It Ought to Be

Abstract: The international law emerged as the international relation developed. The international law is existing and developing for the regulation of international relation. The international relation and international law have the reality as it is, and the future as it ought to be. In the light of two viewpoints of the reality as it is and the future as it ought to be to observe the contemporary international relation and the international law, it would be helpful to understand the complexes of the contemporary international relations and the international laws so as to be hopeful to reform the system of international laws based on the Charter of the United Nations, to promote the building of a human community with a shared future.

Keywords: International relation; International law; As it is; As it ought to be; A human community with a shared future

论统筹国内法治与涉外法治的若干国际法问题*

内容摘要：在习近平法治思想指引下，统筹推进国内法治与涉外法治，有许多亟待全面深入研究的国际法重大理论与实际问题。源于悠久中华文明和立足改革开放现实，统筹国内法治与涉外法治应看到其涉外与国际的双重性以及国际法的重要性。在宪法之下统筹国内法治与涉外法治，应以国内法优先；同时，依据宪法加入条约须承担履约的国际法义务，在这一意义上应以国际法优先。基于这些认识，在百年未有大变局中我国日益走近世界舞台中央之际，应高度关注适应统筹国内法治与涉外法治的时代需求的宪法修改问题，包括条约的国内立法阶位、重要协定的区分、条约的类型及其批准或缔结程序；应理论紧密联系实际，研究统筹国内法治与涉外法治相关立法和执法中，国际法转化与适用的一系列问题，包括条约和习惯国际法或国际惯例的转化、接受与适用，以及涉外法与国际法的协调。

关键词：统筹；国内；涉外；法治；宪法；国际法

引　言

"坚持统筹推进国内法治与涉外法治"是习近平法治思想的重要组成部分和新时代中国特色社会主义法治建设的行动指南。①依据我国《宪法》，"法治"可诠释为"依法治理"。②这与联合国对"法治"的权威解释一致，即，这主要是指"法律至高无上、法律面前人人平等、对法律负责、公正适用法律"的依法治理，③或者说，所有个人和机构包括国家本身"都有责任遵守公正、公平和平等的法律"。④简言之，根据我国《宪法》，"任何组织或者个人都不得有超越宪法和法律的特权"。⑤这是"国内

---

* 原载《中国国际法年刊(2021)》，法律出版社 2022 年版，第 17—45 页。

① 《习近平在中央全面依法治国工作会议上强调坚定不移走中国特色社会主义法治道路，为全面建设社会主义现代化国家提供有力法治保障》，《人民日报》2020 年 11 月 18 日，第 1 版。这次会议明确了习近平法治思想涵盖十二个方面的"坚持"，其中包括"坚持统筹推进国内法治与涉外法治"，内涵丰富。可以说，这是习近平法治思想中的涉外法治思想。

② 《中华人民共和国宪法》(2018 年 3 月 11 日第十三届全国人民代表大会第一次会议通过的《中华人民共和国宪法修正案》修正)第 5 条第 1 款规定："中华人民共和国实行依法治国，建设社会主义法治国家。"

③ 联合国安全理事会：秘书长报告《冲突中和冲突后社会的法治和过渡司法》，S/2004/616，2004 年 8 月 3 日，第 6 段。

④ 联合国大会决议：《国内和国际的法治问题大会高级别会议宣言》，A/RES/67/1，2012 年 11 月 30 日，第 2 段。

⑤ 《中华人民共和国宪法》(2018 年修正)第 5 条第 5 款。

法治”的精髓。国内法治下“涉外”是所涉法律关系的主体、客体或事项含有外国因素。[①]“涉外法治”首先是国内法治的涉外部分，同时与国际法休戚相关。我国国际法学界对此已开展了全面深入的研究。[②]本文认为关键在于如何“坚持统筹推进国内法治与涉外法治”。

本文旨在进一步学习理解习近平法治思想，初步探讨统筹国内法治与涉外法治所涉及的一系列重大国际法理论与实践问题，包括统筹国内法治与涉外法治的涉外性与国际性、体现一国对内主权和对外主权的宪法具有的国际法意义、条约和习惯国际法或国际惯例等国际法的国内立法转化和司法适用，以及涉外法与国际法的协调问题。本文首先从历史与现实的视角探讨统筹国内法治与涉外法治具有涉外性与国际性的双重意义；然后就统筹国内法治与涉外法治中，宪法的对内主权和对外主权的内在统一性，阐述其国际法理论意义，以及从立法角度试论在习近平法治思想指导下相应的宪法修改问题；接着对统筹国内法治与涉外法治中国际法转化与适用，以及统筹相关立法与执法的协调问题，分别加以论述；最后是结论。

一、统筹国内法治与涉外法治的涉外性与国际性

如果说“国内法治”或“国内法”是世界各国各地区的国际法学界熟悉的用语，[③]那么“涉外法治”或“涉外法（律）”可能是具有当代中国特色的用语，或者说，首先在中文语境下创制的法律用语。[④]在我国改革开放初期兴起的国际经济法研

---

① 参见《中华人民共和国涉外民事关系法律适用法》（2010 年 10 月 28 日第十一届全国人民代表大会常务委员会第十七次会议通过）。这是现行唯一的法律名称含有“涉外”用词。《最高人民法院关于适用〈中华人民共和国涉外民事关系适用法〉若干问题的解释（一）》（2012 年 12 月 10 日）规定涉外民事关系的涉外因素包括主体、标的物和法律事实。

② 参见黄惠康：《论习近平法治思想关于国际法治系列重要论述的实践逻辑、历史逻辑和理论逻辑》，《国际法研究》2021 年第 1 期，第 3 页；柳华文：《习近平法治思想中的国际法要义》，《比较法研究》2021 年第 1 期，第 9 页；韩立余：《习近平法治思想的涉外法治观》，载《中国国际法学会 2021 年学术年会论文集（第一卷）2021 年 5 月 22 日》，第 49 页。

③ 参见王铁崖主编：《国际法》，法律出版社 1995 年版，第 27 页，国际法与国内法的关系；[英]詹宁斯、瓦茨修订：《奥本海国际法》第一卷第一分册，王铁崖等译，中国大百科全书出版社 1995 年版，第 31 页，国际法与国内法的关系；[德]沃尔夫刚·格拉夫·魏智通：《国际法》，吴越等译，法律出版社 2002 年版，第 132 页，导论：各国国内法对国际法与国内法关系的规定；[美]路易斯·亨金：《国际法：政治与价值》，张乃根等译，中国政法大学出版社 2005 年版，第 90 页，国际法与国内法。

④ “涉外法律”和“涉外法治”的正式提法分别第一次出现在 2014 年 10 月中国共产党第十八届四中全会通过的《中共中央关于全面推进依法治国若干重大问题的决定》和 2019 年 10 月中国共产党第十九届四中全会通过的《中共中央关于坚持和完善中国特色社会主义制度　推进国家治理体系和治理能力体系现代化若干重大问题的决定》。

究论著评述国外相关理论，虽曾用过“涉外”一词，但这与外文的中译有关，往往与“外部”“对外”混用。①当时我国法律也有“涉外”用语，如《涉外经济合同法》，②相应有“涉外经济法”的学说。③然而，这些都缺乏如今“涉外法(律)”或“涉外法治”用语的一般意义。至少这些一般用语还不是我国国际法学者惯用术语。④

目前学界理解是：“涉外法治在国内法治和国际法治之间发挥着桥梁纽带、互动融通的作用”；⑤“涉外法律与国际法是相互交叉的概念”。⑥从历史和现实的视角看，体现中国特色的这些用语所包含的厚重或丰富的涉外性和国际性含义，值得探讨。本文侧重研究的“涉外性”是指基于本国视角与外国(境外)法律关系的性质，“国际性”是指国家间法律关系的性质。“涉外观”则是涵盖有关涉外性或国际性的观念。“涉外法(律)”虽是国内法涉外部分的法律，但往往又与国际法密不可分。国际法包括条约法、习惯国际法或国际惯例。至于国内法治与涉外法治，涉外法与国际法等相关概念的一般理论性界定及其相互关系的进一步探究，本文存而不论。

(一) 历史视角：从“九夷”到“邦交”的涉外观

在源远流长的中华文明史上，有过从夏朝“九夷”到清朝“邦交”的涉外观。众所周知，源于中原黄河流域的中华文明与古代世界其他文明相互隔绝。夏商周称东方其他氏族称“东夷”，泛称“九夷”；⑦秦汉又有“西南夷”；⑧汉之后也有“东夷南蛮”等对周边其他民族之称。⑨古代所称“夷”或“蛮”等氏族或民族，许多历来且至今仍是中国一部分，中华文明从一开始就是多民族的大家庭。直到唐朝及之后，“东夷”仅指高丽、新罗和日本等，乃至宋元明时期，以“外国”称呼之，这才区别于中国。中华法统以刑法著称，从秦律到清律，各朝代刑法涵盖刑民诸法，⑩根据《唐

---

① 刘丁：《国际经济法》，中国人民大学出版社1984年版，第26页；姚梅镇主编：《国际经济法概论》，武汉大学出版社1989年版，第9页。

② 《中华人民共和国涉外经济合同法》(1985年3月21日第六届全国人民代表大会常务委员会第十次会议通过)。

③ 参见孙南申等：《中国涉外经济法》，南京大学出版社1998年版。

④ 譬如，自《中国国际法年刊》1982年创刊至今，尚无一篇论文以“涉外法(律)”或“涉外法治”为主题。

⑤ 黄进：《坚持统筹推进国内法治和涉外法治》，《光明日报》2020年12月9日，第11版；黄惠康：《统筹推进国内法治与涉外法治》，《学习时报》2021年1月27日，第2版。

⑥ 柳华文：《论进一步加强国际法研究和运用》，《国际法研究》2020年第1期，第3页。

⑦ 参见谭其骧主编：《简明中国历史地图集》，中国地图出版社1991年版，第6页。

⑧ 参见《史记·汉书》，《二十五史》(1)，上海古籍出版社、上海书店1986年版，第356页。

⑨ 参见《后汉书》，《二十五史》(2)，上海古籍出版社、上海书店1986年版，第287—302页。

⑩ 参见蔡枢衡：《中国刑法史》，广西人民出版社1983年版，第41页，根据“睡虎秦简”可知早在战国出现了律；另参见《历代刑法志》，群众出版社1988年版，这是《二十四史》刑法志汇编。

律》,"诸化外人,同类自相犯者,各依本俗法;异类相犯者,以法律论。"[①]这是最早明确以属人法为依据的涉外法律适用规定。显然,涉外法是国内法。这是本国立法角度的涉外观。值得关注的是,清朝开始将外国称为"邦交"。[②]这是基于中国与其他国家的交往,处理国与国之间关系的视角。也正是这时,中国开始接触,并适用产生于调整欧洲近现代国家间关系的国际法来处理与邦交国的关系。这是国际法角度的涉外观。可见,中文语境下的"涉外法(律)"真正具有涉及"外国"的法律适用,大致始于古代唐宋时期;而到清朝之后,尤其是始于鸦片战争前后,此类涉外法既有本国法,也包括适用国家间关系的国际法。概言之,凡是我国制定的涉外法都是本国法,而我国与他国共同制定或各国公认的涉外法则为国际法。在中国,这种涉外性和国际性的产生和演变一点也离不开中华文明发展史。

(二) 现实视角:从改革开放的涉外法到走近世界舞台的国际法

新中国成立后有过对外贸易等方面行政法规。二十世纪七十年代末,改革开放之初的中国出现了调整涉外民商事关系的涉外法。1979 年 7 月由全国人民代表大会通过的新中国第一部涉外经济立法——《中外合资经营企业法》。该法旨在吸收外国(商)在华直接投资,引进急需资金、技术和设备。对资本输入国(东道国)而言,外资法是涉外法;对资本输出国而言,保护在东道国的投资需要双边投资协定或求助于习惯国际法,因而是国际法。譬如,1982 年 3 月,中国与瑞典签订了相互保护投资的协定。[③]当时我国学界引进了在第二次世界大战之后兴起,尤其是二十世纪七十年代开始系统理论化的国际经济法学说。其中,有以条约法为基础的欧洲国际经济法,[④]也有侧重外资法的日本国际经济法,[⑤]更有涉外法和国际法混

---

① [唐]长孙无忌等撰:《唐律疏义》,刘俊文点校,中华书局 1983 年版,第 133 页。

② 《清史稿》(上),《二十五史》(11),上海古籍出版社、上海书店 1986 年版,第 587—617 页。"邦交"包括俄罗斯、英吉利、法兰西、美利坚、德意志、日本等欧洲、美洲和亚洲国家,甚至非洲国家,如刚果(19 世纪 80 年代沦为法国殖民地之前为刚果王国)。

③ 《中华人民共和国政府与瑞典王国政府关于相互保护投资的协定》,1982 年 3 月 29 日签订。

④ 参见[法]卡路、朱依拉和佛罗利:《〈国际经济法〉目录》,石蒂(王铁崖笔名)译,载《国外法学》(北京大学法律学系)1980 年第 6 期,第 1 页。该书法文版 D. Carreau, P. Juillard, T. Floy, *Droit International Economique*, 1976 年第 1 版。

⑤ 参见[日]金泽良雄:《国际经济法的结构》,姚梅镇译,《国外法学》1982 年第 2 期,第 28 页。该书日文版为有斐阁 1979 年版。该书所论双边条约包括相互保护投资协定。姚梅镇先生研究国际经济法侧重于国际投资法,参见姚梅镇:《国际投资的法律保护》,载《中国国际法年刊》(1982),中国对外翻译出版公司 1982 年版,第 115 页;姚梅镇:《国际投资法》,武汉大学出版社 1985 年版。

合的美国国际经济法。①就对我国学界影响而言，美国国际经济法学说为主。这从二十世纪八十年代末至九十年代我国国际经济法学系列教材的内容，涵盖涉外性的国内经济立法和国际性的国际经贸条约和惯例，可窥见一斑。②也有学者将其中的国内涉外经济立法专门作为涉外经济法研究。

经过四十多年改革开放，我国随着综合国力及国际地位的不断提升，日益走近世界舞台中央。在百年未有之大变局中，统筹国内国际两个大局的框架下，我国初步建立了具有中国特色的涉外法律体系。《宪法》（2018 年修订）规定全国人大常委会和国务院分别有权“决定同外国缔结的条约和重要协定的批准和废除”和“管理对外事务，同外国缔结条约和协定”；《缔结条约程序法》（1990 年）具体规定了各类条约和协定的缔结程序；有关涉外管辖权的一般规定包括《刑法》（2018 年修订）下属地、属人、保护和普遍管辖权及其《刑诉法》（2017 年修订）下追究外国人刑事责任适用我国刑诉法的原则和国际司法协助规定，《民法典》（2020 年）下特别法或另有规定原则，包括《涉外民事关系法律适用法》（2010 年）和《民诉法》（2017 年修订）下涉外民事诉讼程度的特别规定；《行诉法》（2014 年修改）下涉外行政诉讼规定；《国家安全法》（2015 年）、《反间谍法》（2014 年）、《反外国制裁法》（2021 年）和《引渡法》（2000 年修订）涉及国家安全等重大利益的涉外立法；《外商投资法》（2019 年）、《外贸法》（2016 年修正）、《海商法》（1992 年）、《民用航空法》（2021 年修改）、《海关法》（2017 年修正）、《出口管制法》（2020 年）和《出入境管理法》（2012 年）等国际经贸、民商等方面一系列涉外立法及其相应的行政法规、部门规章、地方性法规③和司法解释。④

同时，我国缔结或加入的国际条约多达约 30000 项，其中双边条约 25000 余项，多边条约近 500 项。⑤根据《宪法》规定，凡经全国人大常委会和国务院批准或

---

① 参见刘丁：《国际经济法》，第 26 页，提及美国洛文费德等主编的《国际经济法》（6 卷，1975 年第 1 版）包括国内立法、国际条约和惯例。

② 以法律出版社的出版先后为序：沈达明、刘大同《国际贸易法新论》（1989 年），郭寿康主编《国际技术转让》（1989 年），董世忠主编《国际金融法》（1989 年），陈安主编《国际经济法总论》（1991 年），王贵国主编《涉外经济法律文书》（1992 年），余劲松主编《国际投资法》（1994 年），李浩培《国际民事程序法概论》（1996 年），等等。

③ 根据《中华人民共和国立法法》（2015 年 3 月 15 日第九届全国人民大会第三次会议通过修正），国务院行政法规及部门规章和地方性法规及其政府规章，均属立法范畴。根据《中国加入世界贸易组织议定书》第 2 条第 2 款，这些立法均受我国入世承诺义务的约束范围。

④ 《全国人民代表大会常务委员会关于加强法律解释工作的决议》（1981 年 6 月 10 日）授权最高人民法院和最高人民检察院对具体应用法律的问题可进行司法解释。因此，这具有授权立法解释的性质。司法解释在全国司法机关具有普遍法律效力。

⑤ 参见《中国的条约工作及其实践》，载外交部条法司编：《中国国际法实践案例选编》，世界知识出版社 2018 年版，第 81 页。

缔结的条约，与其制定的法律和行政法规具有相同立法阶位。其中很多条约经相关法律和行政法规转化为国内立法。譬如，我国加入世界贸易组织后应履行有关条约义务，为此修订或制定相关法律法规近30部，修订或制定的地方性法规更多。[①]从国内立法角度看，这些都是涉外法；从我国履行国际义务角度看，相关条约是国际法。我国在与世贸组织成员处理经贸关系时，既要实施国内立法，也要履行相关条约义务。因此，无论是我国对外经贸关系的法律调整，还是国内实施这些相关法律法规，均具有涉外性和国际性。这充分印证了统筹国内法治和涉外法治的必要性，也说明就这些国内立法而言，属于涉外法，就其相关条约而言，属于国际法。两者不可偏废。可印证的案例举不胜举。[②]

因此，在统筹国内与涉外法治中，如果将我国批准或缔结的条约人为地排除在包括涉外法在内的中国特色社会主义法律体系之外，那么这是不合适的，有损于"这一法律体系的完整性"[③]。如果简单认为涉外法涵盖国际法，甚至认为统筹国内法治、涉外法治与国际法无关，那么与上述现实及其观察之应有视角乃至历史视角，也不尽吻合。无论在古代还是当代中国，涉外法都是基于国内立法角度，而国际法是我国与其他国家共同接受的条约或公认习惯国际法或惯例等。在处理涉外关系时，两者往往缺一不可，既有相互联系一面，又有各自独立一面。涉外法是国内法律实施的依据，在这个意义上，涉外法治也是国内法治；在国与国关系上共同可适用法应是国际法，而相关国内法也应符合一定的国际法，在这个意义上，国内法治又是涉外法治。在这样双重意义上的统筹国内法治与涉外法治，离不开国际法或应兼顾涉外性和国际性。

二、统筹国内法治与涉外法治中宪法的国际法意义

（一）体现对内和对外主权的宪法

进一步探讨统筹国内与涉外法治，必须分析宪法的国际法意义。宪法在一国法律体系中的地位至高无上，体现了传统国际法至今所公认的"在平等者之间，没

---

① 参见张乃根：《论WTO法下的中国法制变化》，《法学家》2011年第1期，并收入英文版 *Renmin Chinese Law Review*(Selected Papers of the Jurist) Vol.1, Cheltenham: Edward Elgar Publishing, 2013, pp.72－92。

② 譬如，2007年美国在WTO提起"中国知识产权执行案"，涉及我国入世后修订的《著作权法》等有悖WTO有关规则。根据国际惯例，我国有关国内立法（涉外法）在案件解决中属于事实，而可适用法是WTO规则（国际法）。截至2021年10月，我国入世以来涉及国内立法可能与WTO规则抵触的案件累计已达47起。

③ 国务院新闻办：《中国特色社会主义法律体系》（2011年10月），该法律体系未包括我国加入的国际条约。当时就有国际法学者对此提出不同看法。刘楠来：《国际条约是中国特色社会主义法律体系不可或缺的一部分》，赵建文主编：《国际法研究》第四卷，中国人民公安大学出版社2011年版，第3页。

有统治权”①，或者说，一国主权对内最高性的基本原则。宪法统辖一国包括涉外法在内的所有国内立法。我国《宪法》序言明确：本宪法“是国家的根本法，具有最高的法律效力”。《立法法》第八十七条规定：“宪法具有最高的法律效力，一切法律、行政法规、地方性法规、自治条例和单行条例、规则都不得同宪法相抵触。”因此，包括全国人大常委会和国务院批准或缔结的条约，其立法阶位等同于法律法规，毫无疑问，也不得抵触宪法。在宪法居于国内最高法律效力的意义上，这是国内法优先于国际法的“一元论”。在这一意义上统筹国内与涉外法治，也毫无疑问，以国内法优先，也就是以宪法统辖包括涉外法在内的所有国内立法。

从比较的眼光看，世界各国宪法均是如此。譬如，美国《宪法》第六条第二款规定：“本宪法，依本宪法所制定之合众国法律；以及合众国已经缔结及将要缔结的一切条约，皆为全国的最高法律；任何一州的法官，均须予以遵守，即使任何一州的宪法或法律与之有抵触时，亦是如此。”②该条款所规定的宪法、法律与美国缔结之条约，高于各州宪法和法律，体现了美国联邦制的特点。就宪法与法律或条约的关系而言，“如同严格意义上的美国国内法律，作为美国法律的国际法，受制于宪法”。③法国《宪法》第五十四条、第五十五条分别规定：“国际条约条款经宪法委员会应共和国总统、总理，或国会任何一院议长之咨请而宣告与宪法抵触时，在宪法未修改前，不得予以批准或认可。”“国际条约或协议经正式批准或认可并经签约国对方付诸实施者，自公布日起具有优于国会法律之效力。”④一国宪法在国内法体系中具有高于相关国际法的地位，因此，一国在对外关系中以其宪法为准则决定缔结及批准有关条约，除非其宪法明确在一定条件下允许其立法机构批准与宪法抵触的条约。比如，荷兰《宪法》第九十一条第三款规定：“如任何条约之规定与本宪法抵触或引起抵触，只有经议会两院至少三分之二多数投票支持方可通过。”⑤

然而，宪法作为一国意志的集中体现，在国与国关系上又代表国家对外主权。我国《宪法》序言规定坚持独立自主的对外政策、和平共处五项原则和推动构建人类命运共同体。如前所述，我国对外缔结或加入的国际条约数以万计，体现了宪法规定的对外政策和国际法基本原则或理念。根据宪法规定批准和缔结的条约，在

---

① ［奥］阿·菲德罗斯等：《国际法》上册，李浩培译，商务印书馆 1981 年版，第 278 页。

② 《美利坚合众国宪法》（1787 年颁布），载《外国法制史资料选编》（下册），北京大学出版社 1982 年版，第 468 页。

③ Loris Fisher Damrosch, Louis Henkin, etc., *International Law: Cases and Materials*, West Group, 4th edition, 2001, p.164.

④ 译自法国宪法（Constitution of October 4, 1958）英文本。

⑤ 译自荷兰宪法（Constitution of the Kingdom of the Netherlands of August 24, 1815）英文本。

我国处理对外关系的各项事务中，既是国内法上的涉外法，又是国际法上的条约法。宪法既统辖包括涉外法的所有国内法，也是我国适用相关条约法的国内法上根本依据。简言之，这就是体现对内主权和对外主权的宪法。

"条约必须遵守"是国际公认的基本规则，亦即"凡有效之条约对其各当事国有拘束力，必须由各该国善意履行。"[①]就国际法的这一基本原则而言，假如在当事国履约时发生与其宪法冲突时，也应以相关条约为准。这就是国际法优先于国内法的"一元论"。不同于前述一国批准或缔结条约的国内立法意义上，基于宪法具有国内最高法律阶位的国内法优先"一元论"，一国履约时应遵循条约国际法优先"一元论"完全是基于国与国关系的基本准则。在世界各国的履约实践中，同样都是如此。譬如，1994 年 9 月美国国会根据《宪法》规定批准世贸组织"一揽子协定"时，通过了修改相应国内法的《乌拉圭回合法》，包括在不修改其《1974 年贸易法》第 301—310 节对外采取单边贸易制裁规定的同时，通过《政府行政声明》授权其行政机构酌定采取此类单边制裁。这可能有悖美国应遵循世贸组织多边争端解决规则第二十三条的条约义务。经世贸组织争端解决专家组裁定，《建立世贸组织协定》要求各成员应保证其国内法与"所附各协定对其规定的义务相一致"（第十六条第四款），美国接受该协定，却未修改与之不符的有关国内法，但是，鉴于该《政府行政声明》为立法授权，且美国政府在该专家组审理时重申不采取此类单边制裁的承诺。因此，"就国际法而言，美国承诺的效果是预先准备或排除本案审查的国内法在仅由条文构成的情况下，可能引起的国家责任。当然，依此，美国如果以任何方式否定或排除其承诺，美国将招致国家责任，因为其法律将被认为与第二十三条项下的义务不一致。"[②]世贸组织争端解决迄今数以百计的案件无不说明至少在该组织多边机制下国际法优先于成员国内法。

总之，体现对内主权与对外主权的宪法在国内立法意义上优先于国际法，而在条约履行意义上，条约国际法优先于包括宪法的国内法。因此，统筹国内与涉外法治，必须兼顾前者的宪法统辖国内法的涉外性和后者的"条约必须遵守"的国际性。两者如同硬币两面，具有主权对内与对外的内在统一性。

（二）在统筹国内法治与涉外法治的思想指导下的宪法修改问题

由于上述宪法具有的国际法意义，因此在习近平法治思想指导下，建立健全

① Vienna Convention on the Law of Treaties 签署作准本（含中文本），简称 VCLT，第 26 条，又参见《国际条约集（1969—1971）》，商务印书馆 1980 年版，第 42 页。

② "美国—《1974 年贸易法》第 301—310 节案"，DS152/R，第 7.126 段。

具有中国特色，统筹国内与涉外法治的机制中，应探讨我国《宪法》的进一步修改问题。①现行《宪法》关于批准或缔结条约的规定秉承了新中国第一部《宪法》(1954年)第三十一条第十二款关于全国人大常委会“决定同外国缔结的条约的批准和废除”和第四十九条关于国务院“管理对外事务”的规定，并进一步规定最高立法机关、国家元首和最高行政机关依宪行使有关条约或协定的谈判、缔结、批准、废除的权力，乃至决定战争与和平问题。新中国的立宪，尤其是改革开放之初的修宪，适应了当时我国处理对外关系的需要。但是，回顾近四十年来国内涉外立法与国际条约实践，有些突出问题值得关注。

1. 条约的立法阶位问题

根据《宪法》和《立法法》规定，宪法之下全国性立法依次为基本法律、法律、行政法规和部门规章。然而，《宪法》规定全国人大常委会和国务院批准或缔结的条约仅具有法律或行政法规的效力阶位，全国人大“决定战争与和平问题”仅限和平条约。一方面，全国人大未曾批准过和平条约；另一方面，《条约缔结程序法》没有全国人大批准条约的程序规定，而将“友好合作条约、和平条约等政治性条约”的批准及其程序作为全国人大常委会的权限。因此，全国人大实际上不行使批准任何条约的权限。在全国人大制定的基本法律与其常委会或国务院批准或缔结的条约发生冲突时，如欲解决，无法可依。譬如，《民法典》是基本法律，删除了原《民法通则》第一百四十二条有关条约适用规定，且没有明确涉及条约适用的任何相应规定。似乎《民法典》适用不可能发生与全国人大常委会或国务院批准或缔结的条约发生冲突，但是，实际并非如此。以《民法典》第四百六十六条合同解释规定②与《联合国国际货物销售合同公约》(CISG)第七条解释规定③之间可能冲突为例。两者至少条文规定不完全一致。《民法典》的合同解释条款似乎融合了《维也纳条约

---

① 有关我国《宪法》条约款项的修改问题，参见张乃根：《重视国际法与国内法关系的研究》，《政治与法律》1999年第3期，第11页；张乃根：《论条约批准的宪法程序修改》，《政治与法律》2004年第1期，第17页。

② 《中华人民共和国民法典》(2020年5月28日第十三届全国人民代表大会第三次会议通过)第466条：“当事人对合同条款的理解有争议的，应当依据本法第142条第1款的规定，确定争议条款的含义。合同文本采用两种以上文字订立并约定具有同等效力的，对各文本使用的词句推定具有相同含义。各文本使用的词句不一致的，应当根据合同的相关条款、性质、目的以及诚信原则等予以解释。”第142条第1款：“有相对人的意思表示的解释，应当按照所使用的词句，结合相关条款、行为的性质和目的、习惯以及诚信原则，确定意思表示的含义。”

③ 该公约于1980年4月11日在联合国大会授权的外交会议上通过。中国于1986年12月11日递交国务院核准书，因此，该公约具有行政法规的效力阶位。该公约于1988年1月1日起对包括中国在内缔约国生效。该公约第7条：“在解释本公约时，应考虑到本公约的国际性质和促进适用的统一以及在国际贸易上遵守诚信的需要。”第8条是关于当事人行为的解释原则。参见张玉卿编著：《国际货物买卖统一法：联合国国际货物销售合同公约释义》(第三版)，中国商务出版社2009年版。

法公约》(VCLT)条约解释规则[①]和CISG的解释规定。如在我国人民法院或国际商事仲裁庭的实践中,将两者视为实质一致,不存在冲突问题。但是,也不能完全排除冲突的可能性,因为CISG第七条解释规定的关键是以诚信和目的为主原则,而《民法典》合同解释条款首先侧重于合同文本用语,类似于条约解释惯例的约文主义。假如存在冲突,就会碰到何者优先适用的问题。

诚然,从立法阶位看,《民法典》为基本法律,CISG仅由国务院核准生效而只具有行政法规的效力阶位。如有冲突,理应前者优先于后者。然而,在CISG对我国生效之际,最高人民法院向全国各级人民法院发出的有关执行该公约的通知明确:"我国政府既已加入公约,也就承担了执行公约的义务,……发生纠纷或诉讼亦须依据公约处理。"[②]最高人民法院2013年对一起国际货物买卖合同纠纷案的判决重申"当事人未排除该公约的适用,因此本案审理首先适用该公约"[③]。《民法典》施行后,在涉外民商事案件中发生类似情况,与优先适用的CISG发生冲突的问题,根据《民法典》第十二条,"法律另有规定,依照其规定"解决。可是,无论是关于《民法典》(草案)的说明,还是最高人民法院已颁布的《民法典》适用司法解释,均未涉及该第十二条的立法宗旨及其具体适用。有学者认为:如发生此类冲突,全国人大常委会可在批准民商事条约时明确该条约在我国法院的适用。[④]可是,这恰恰忽视了批准条约的立法阶位低于《民法典》,其法律效力低于基本法律。因此,在现行宪法下,全国人大常委会不可通过批准条约来解决与《民法典》的任何可能冲突。更不用说当年CISG的核准生效在我国的立法阶位仅为行政法规。其实,原《民法通则》第一百四十二条[⑤]已存在条约的立法阶位问题,只是《民法典》在删除了该第一百四十二条的同时未规定与我国批准或缔结的条约发生冲突的解决。今后应通过修宪,统筹国内法治与涉外法治,从条约批准或缔结的权限上,期待根本上解决条约的立法阶位以及与基本法律或法律的冲突问题。

---

① 《维也纳条约法公约》第31条第1款:"条约应依其用语按其上下文并参照条约之目的及宗旨所具有之通常意义,善意解释之。"

② 《最高人民法院转发对外经济贸易部〈关于执行联合国国际货物销售合同公约应注意的几个问题〉的通知》(1987年12月10日)。

③ 《中华人民共和国最高人民法院民事判决书》〔2013〕民四终字第35号,2014年4月26日。

④ 参见车丕照:《〈民法典〉颁布后国际条约与惯例在我国的适用》,《中国应用法学》2020年第6期,第1—15页。

⑤ 《民法通则》(1986年)第142条:"中华人民共和国缔结或者参加的国际条约同中华人民共和国的民事法律有不同规定的,适用国际条约的规定,但中华人民共和国声明保留的条款除外。中华人民共和国法律和中华人民共和国缔结或者参加的国际条约没有规定的,可以适用国际惯例。"由于民事法律中的基本法律由全国人大制定,而全国人大常委会和国务院批准或缔结的条约之立法阶位低于基本法律,因此,该条款存在条约的立法阶位问题。

2. 重要协定的区分问题

根据《宪法》规定，全国人大常委会和国务院分别批准或缔结重要协定或协定。根据《条约缔结程序法》第七条，“同中华人民共和国法律有不同规定”者为重要协定。然而，实践中，不少未经全国人大常委会批准的协定存在与法律有不同规定。仅以 2020 年 1 月《中美经贸协议》[①]有关专利保护条款与我国当时《专利法》有不同或尚无规定为例，包括第 1.12 条第一项“双方应延长专利有效期以补偿专利授权或药品上市审批过程中的不合理延迟”（不同于二十年专利有效期规定），第 1.11 条规定对于专利药品的原始试验数据拥有人之外的其他人提交同样数据申请新药上市，则应通知相关人，“让该专利权人在被指控侵权的产品上市之前寻求”有关纠纷的早期解决（尚无规定），第 1.10 条第一项“中国应允许药品专利申请人在专利审查程序、专利复审程序和司法程序中，依据补充数据来满足可专利性的相关要求，包括公开充分和创造性的要求”（尚无规定）。在该协议之后修订的《专利法》（2020 年 10 月）第四十二条第二款和第三款（专利有效期延长）、第七十六条（与药品专利有关纠纷的早期解决机制）和《专利审查指南》（2021 年 1 月）第 3.5 节“关于补交的实验数据”规定，修改或新增了国内专利立法（法律及其部门规章）相关条款或规定。此类根据《宪法》应由全国人大常委会批准的重要协定，为何在实践中却没有呢？原因可能在于根据《条约缔结程序法》第七条，区分协定的重要性以及核审的权力归国务院，而具体核审通常由主管部门及其经办人员负责。显然，这必须通过修宪从根本上建立健全有关重要协定的区分及审核制度。

3. 条约的类型及其批准或缔结程序问题

《宪法》仅规定全国人大常委会和国务院批准或缔结“同外国缔结”的条约和重要协定或协定，缺少同国际组织缔结的条约等规定。实践中不乏我国与国际组织缔结的一类条约。譬如，《中国入世议定书》前言明确：“世贸组织根据其部长级会议按照《世贸组织协定》第十二条通过的决议，与中华人民共和国达成如下协定。”[②]政府间国际组织作为当代国际法公认的缔约主体与有关国家缔结条约早已是普遍实践。1986 年《关于国家与国际组织间或国际组织相互间条约法的维也纳公约》虽未生效，但其完全参照已生效的 1969 年《维也纳条约法公约》，很多规定已成为公认的国际规则。然而，即便我国已有实践，《宪法》至今仍无相关规定。修宪

---

① 《中华人民共和国和美利坚合众国政府经济贸易协议》文本见商务部《关于发布中美第一阶段经贸协议的公告》（2020 年 1 月 16 日）。根据该协议的第 8.6 条，中文和英文“两种文本同等作准”。有关对该协议知识产权条款分析，参见张乃根：《论非多边经贸协定下知识产权新规则》，《武大国际法评论》2020 年第 1 期，第 1 页。

② 《中国入世议定书》，上海人民出版社 2001 年版，第 3 页。

理应增加相关规定。此外，在实践中也发生《宪法》无明文规定的批准或缔结条约的情况。譬如，2001 年 11 月 11 日，时任外经贸部部长石广生代表中国政府签署《中国入世议定书》，并根据全国人大常委会授权决定（2000 年 8 月 25 日，2001 年 11 月 9 日新华社公布），当即递交批准接受加入书。[①]根据《建立世贸组织协定》第十四条第一款，该议定书在接受之日后的第 30 天，也就是 2001 年 12 月 11 日生效。这也就是中国入世之日。如此事先授权批准固然有其特殊原因，但这显然突破《宪法》规定，因为《宪法》及其《条约缔结程序法》没有授权批准的明文规定。由于未经全国人大常委会的批准程序，因此包括《中国入世议定书》这一与世贸组织达成的条约性文件在内中国入世法律文件，至今均无应由全国人大常委会公报公布的中文本。虽然中国入世只有一次，但是，在统筹国内与涉外法治及完善我国法制的新形势下，可以通过修宪增加必要时的授权批准程序，以适应我国日益走近世界舞台中央，面对复杂多边国际关系的需要。

总之，由于宪法在统筹国内法治与涉外法治中具有极其重要的根本大法地位，因此，通过必要修宪建立健全有关统筹机制，势在必行。不同于先前历次修宪，[②]有关统筹机制的修宪涉及条约相关规定，需要更多地从法学尤其是国际法专业角度加以研究。

三、统筹国内法治与涉外法治中国际法的转化与适用问题

一国批准其签署或加入的条约，接受该条约对其国际法约束力，实质是将条约转化为其国内法的前提或直接的组成部分。我国《宪法》虽未明确规定批准或缔结条约之后相应的国内立法程序，但在实践中根据"条约必须遵守"的国际公认规则，一般通过必要的国内立法或国内直接适用以履行有关条约义务。这就是上文论述

① 该决定有关内容："2000 年 8 月 25 日第九届全国人民代表大会常务委员会第十七次会议通过了关于我国加入世界贸易组织的决定。……根据第十五次会议以后我国加入世界贸易组织谈判的新的进展情况，本次会议决定：同意国务院根据上述原则完成加入世界贸易组织的谈判和委派代表签署的中国加入世界贸易组织议定书，经国家主席批准后，完成我国加入世界贸易组织的程序。"见《新闻晨报》（沪）2001 年 11 月 10 日，第 1 版。

② 迄今对现行的 1982 年《宪法》四次修改，包括 1988 年允许私营经济和土地使用权转让；1993 年将"坚持改革开放""社会主义市场经济""家庭联产承包责任制"等写入宪法，县级人大每届任期改为 5 年；1999 年将"邓小平理论"等写入宪法，将"反革命的活动"改为"危害国家安全的犯罪活动"；2004 年将"三个代表""公民合法的私有财产不受侵犯""国家尊重和保障人权"等写入宪法，"戒严"的决定和宣布权改为"紧急状态"，增加国歌规定；2018 年将"科学发展观""习近平新时代中国特色社会主义思想""推动构建人类命运共同体"等写入宪法序言，并对第 1 条第 2 款增加"中国共产党领导是中国特色社会主义最本质的特征"等，删除第 79 条第 3 款国家主席"连续任职不得超过两届"的规定，等等。

国内立法的涉外性与国际性，以及条约批准或缔结规定体现宪法对内与对外的主权性。我国在统筹国内与涉外法治中，如何建立健全包括条约和习惯国际法或国际惯例的国内转化及适用机制，值得全面深入研究探讨。

(一) 统筹国内法治与涉外法治相关立法的国际法转化问题

1. 统筹立法下的条约转化问题

这是指我国批准或缔结的条约后，通过国内立法转化，完成国内履约义务的问题。譬如，改革开放以来我国知识产权立法基本上均为缔约在前，立法在后。1979年7月《中美贸易关系协定》是第一项我国签订包括知识产权保护规定的双边条约，1980年6月和1985年3月，我国先后加入《世界知识产权组织公约》和《保护工业产权巴黎公约》。为了在国内履行这些条约下义务，我国先后制定实施了《商标法》(1982年)、《专利法》(1984年)和《著作权法》(1990年)。这些知识产权立法，既是国内法，也是涉外法，因为外国人在我国的商标注册、专利授予和著作权保护，均以此为依据；同时，这些立法应与相关条约义务相一致，与国际法密切相关，因而具有国际性。此后，我国达成1992年中美《关于知识产权的谅解备忘录》，并于同年加入《保护文学艺术作品伯尔尼公约》，接着修改《专利法》(1992年)和《商标法》(1993年)，制定《反不正当竞争法》(1993年)和《实施国际著作权条约的规定》(1992年)。2001年我国入世前后，根据该组织《与贸易有关知识产权协定》，再次全面修订知识产权法。虽然2008年和2013年修改《专利法》和《商标法》与缔结新条约无关，但是，这与《工业产权保护巴黎公约》下有关原则进一步相符合，不无关系。如尊重该公约规定专利申请人有权自行选择申请专利的国家，废止以前有关在中国国内完成的发明创造须先申请中国专利，后申请外国专利的限制，允许先向外国申请专利(包括依据《专利合作条约》申请多个外国专利)。在2020年达成《中美经贸协议》前后，我国第三次全面修订知识产权法。①诸如此类条约义务在先，国内立法在后的例子，也是举不胜举。

如不通过国内立法转化，我国就可能以国内直接适用条约的方式履行国际义务。这也被称为条约“采纳”(adoption)。②譬如，全国人大常委会于1986年12月批准加入《承认及执行外国仲裁裁决公约》，最高人民法院于翌年4月在关于执行该公约的通知中明确：“根据我国加入该公约时所作的互惠保留声明，我国对在另

① 参见张乃根：《涉华经贸协定下知识产权保护相关国际法问题》，《河南财经政法大学学报》2021年第3期，第44页。

② 刘楠来：《条约在国内的适用与我国的法制建设》，朱晓青、黄列主编：《国际条约与国内法的关系》，世界知识出版社2000年版，第139页。

一缔约国领土内作出的仲裁裁决的承认和执行适用该公约。"①由于这属于统筹执法而非立法的条约适用问题，因而留待下文进一步分析。

2. 统筹立法下的习惯国际法接受问题

与条约不同，国际公法的习惯国际法或民商事的国际惯例，如在我国得到接受，可径直通过立法转化。譬如，2021 年 6 月全国人大常委会通过的《反外国制裁法》第三条第二款规定："外国国家违反国际法和国际关系基本准则，以各种借口或者依据其本国法律对我国进行遏制、打击，对我国公民、组织采取歧视性限制措施，干涉我国内政的，我国有权采取相应反制措施。"该条款所遵循的是 2001 年国际法委员会编纂的《国家对国际不法行为的责任》条款草案所包含的习惯国际法，亦即，对于实行了国际不法行为的国家，且未停止其不法行为或对不法行为导致受害国的损害未作任何补救，受害国在必要时可采取反措施。国际法院在 1997 年"加布奇科沃—大毛斯工程案"中援引了先前多个判例，并以当时起草中该条款草案有关反措施规定为依据，明确指出："采取反措施必须是对另一国家此前一项国际不法行为的回应，并且必须针对该另一国家。"②又譬如，《海商法》的共同海损条款（第一百九十三条至二百零三条），部分将《约克—安特卫普规则》包含的国际惯例转化为国内立法。③

同样，如不采取这样转化而是直接适用国际惯例，如《民法典》第十条规定，"处理民事纠纷，应当依照法律；法律没有规定的，可以适用习惯，但是不得违背公序良俗。"这里的"习惯"没有明确限定于国内范畴。《民法典》第八百三十五条规定可作为佐证。该条规定："货物在运输过程中因不可抗力灭失，未收取运费的，承运人不得请求支付运费；已经收取运费的托运人可以请求返回。法律另有规定的，依照其规定。"该"另有规定"包括《民法典》第十条，亦即，如法无明文规定国际货物运输的预付运费可否返回，按国际惯例，即便遇到不可抗力也可不返回。这部分地是统筹执法的国际惯例适用问题，下文将进一步分析。

3. 统筹立法下涉外法与国际法的协调

统筹的关键在于协调。这既体现于我国批准或缔结条约之后的国内立法，或将已有习惯国际法或国际惯例转化为国内立法，更需要瞻前性地统筹国内立法相

---

① 《最高人民法院关于执行我国加入的〈承认及执行外国仲裁裁决公约〉的通知》1987 年 4 月 10 日法（经）发〔1987〕5 号。

② *Gabcikovo-Nagymaros Project*（Hungary/Slovakia），Judgment，ICJ Reports 1997，p.55，para.83. 联合国国际法委员会《习惯国际法的识别》专题报告援引了该案。参见 Draft conclusions on identification of customary international law，with commentaries，2018，footnote 77。

③ 参见吴焕宁主编：《海商法》（第二版），法律出版社 1996 年版，第 12 页。

关的涉外法与国际法（外转内），或将已有国内立法通过条约提升为国际法（内转外）。这种积极主动地协调内外互相转化，就是以习近平有关国际与国内相关联的法治思想为指导，把握国内法治与涉外法治的协同发展，协调推进国内治理与国际治理。

在瞻前性统筹协调方面，还有不少值得探讨之处。譬如，《区域全面经济伙伴关系协定》（RCEP）生效在即。①以知识产权条款为例，我国虽刚刚全面修订相关国内立法，但仍面临一些国内履约义务。根据“缔约方不得将标志可被视觉感知作为一项注册条件”的规则（第 11.19 条），我国《商标法》第八条关于可作为商标申请注册的要素应增加“气味标志”；根据不影响专利申请时新颖性的“宽限期”（grace period）规定（第 11.24 条），我国《专利法》第二十二条关于在专利申请之日前已公开披露的发明失去其新颖性的规定，应考虑作相应修改，且由于这涉及传统申请在先的专利制度一系列基本规定，可谓“牵一发而动全身”，因此应通盘考虑相关专利制度的完善。虽然 RCEP 的专利宽限期规定还不是应当履行的义务，但是，我国已正式申请加入的《全面与进步的跨太平洋伙伴关系协定》（CPTPP）则将专利申请之前 12 个月内已公开披露的发明不失去其新颖性的宽限期作为应当履行的义务。因此，我国必须考虑修改《专利法》相关规定。此类问题表明：我国在修改相关国内立法时缺乏瞻前性统筹外转内的协调，亟待转变片面的“倒逼”思维，从相关国内立法的涉外性与国际性，全面积极主动地瞻前协调。CPTPP 还有许多需要国内立法的瞻前协调，不必逐一枚举。

在国内立法的国际性方面，应不断拓宽并提升协调水平。如前所述，我国是在清朝末期才引进西方的国际法处理邦交关系。虽然对于以《联合国宪章》为基石的当代国际法，我国作出了许多贡献，包括“和平共处五项原则”的倡议和发展，推动构建人类命运共同体的理念以及维护真正多边主义的国际法秩序，但是，总体上，现行国际法的绝大多数规则是由西方国家创制的。在我国日益走近世界舞台中央，处于百年未有之大变局和统筹国内国际两个大局中，如何统筹国内法治与涉外法治，向国际社会提供具有中国特色并可以为世界所接受的国际法规则，是不可逆转的中华民族复兴之路的重要方面。“国强则国际法强”，这是四百多年来国际关系中一个的客观现象。历史上很多强国都通过国内立法创制规则，再逐步推向世界。这是值得我们深入研究思考的问题。

---

① 2021 年 11 月 2 日，RCEP 保管机构东盟秘书处宣布该协定的 6 个成员国（文莱、柬埔寨、老挝、新加坡、泰国、越南）和 4 个非东盟成员国（中国、日本、新西兰、澳大利亚）已批准加入，根据该协定第 20 章的最终条款第 6 条第 2 款，该协定应当在该日起 60 天后，即 2021 年 1 月 1 日起生效。

(二) 统筹国内法治与涉外法治相关执法的国际法转化问题

1. 统筹执法下的条约适用问题

本文所说“执法”是指相对于立法而言的执行或实施。通常所说“有法可依、执法必严”,指的就是立法和执法或法律实施的两个方面。执法主要包括行政和司法机关的执法。下文限于探讨司法机关的执法。

如前所述,如不通过国内立法转化,我国就可能以国内直接适用条约的方式履行国际义务。这涉及条约适用的司法解释。我国尚未对此类条约解释作出明确规定。2002 年,最高人民法院曾就审理国际贸易行政案件中适用法律法规的具体条文存在两种以上的合理解释,规定应当选择与国际条约的有关规定相一致的解释,①并在 2007 年一起行政提审案件中适用了该一致性解释的规定。②显然,这是针对已将我国加入的条约转化为国内立法的间接适用所引起涉及条约的解释问题,还不是对我国法院直接适用加入的条约解释。③晚近也有学者注意到该一致性解释“涉及到对国际条约的解释”④。2015 年,最高人民法院在有关“一带一路”的司法文件中第一次明确要求在适用我国加入的经贸相关国际条约时,应严格依照 VCLT 的规定,“根据条约用语通常所具有的含义按其上下文并参照条约的目的及宗旨进行善意解释”。⑤至少从最高人民法院发布的指导性案例看,我国已有涉及此类条约解释的司法实践。

譬如,最高人民法院在一起再审的商标注册案中,认定“在申请材料仅欠缺《中华人民共和国商标法实施条例》规定的部分视图等形式要件的情况下,商标行政机关应当秉承积极履行国际公约义务的精神,给予申请人合理的补正机会”⑥。这显然适用了我国加入的《商标国际注册马德里协定》和《商标国际注册马德里协定有关议定书》,因为该协定及其议定书“制定的主要目的是通过建立国际合作机制,确立和完善商标国际注册程序,减少和简化注册手续,便利申请人以最低成本在所需国家获得商标保护。结合本案事实,申请商标作为指定中国的马德里商标国际注册申请,有关申请材料应当以国际局向商标局转送的内容为准”⑦。这虽未采用条约解释的用语,但其实质在于通过解释涉案条约之目的,阐明其规定含义。又如,

---

① 《最高人民法院关于审理国际贸易行政案件若干问题的规定》法释〔2002〕27 号,2002 年 8 月 7 日。

② 《中华人民共和国最高人民法院行政判决书》〔2007〕民二行提字第 2 号,2007 年 3 月 19 日。

③ 张乃根:《国际法原理》(第二版),复旦大学出版社 2012 年版,第 57 页。

④ 彭岳:《一致性解释原则在国际贸易行政案件中的适用》,《法学研究》2019 年第 1 期,第 193 页。

⑤ 《最高人民法院关于人民法院为“一带一路”建设提供司法服务和保障的若干意见》法发〔2015〕9 号。

⑥ 《克里斯蒂昂迪奥尔香料公司诉国家工商行政管理总局商标评审委员会商标申请驳回复审行政纠纷案》(最高人民法院审判委员会讨论通过 2019 年 12 月 24 日发布)指导案例 114 号。

⑦ 前引指导案例 114 号。

在一起海难救助合同纠纷案中，最高人民法院也认为该案虽适用《海商法》，但我国加入了《1989 年国际救助公约》，该公约“所确立的宗旨在本案中应予遵循”①。再如，对于一起国际货物买卖合同纠纷案，最高人民法院明确该案当事各方所在国均为 CISG 缔约国，“应优先适用公约的规定”，并以 CISG 判例法摘要汇编“作为适当的参考资料”，认定“在国际货物买卖合同中，卖方交付的货物虽然存在缺陷，但只要买方经过合理努力就能使用货物或转售货物，不应视为构成 CISG 规定的根本违约的情形”。②

可见，我国司法实践中适用加入的公约或条约，虽未明确援引 VCLT 解释规则，但涉及条约目的或参考资料等，实质上含有条约解释，并通过解释使涉案条约真正转化为国内可适用法。VCLT 解释规则是非常重要的一般国际法，在国际争端解决中已有十分丰富和复杂多样的实践。③各国法院适用 VCLT 解释规则的情况大相径庭。④我国司法实践通过直接适用有关条约，使其成为国内解决涉外案件的可适用法。其中对国内法的解释与适用条约时的解释分别采取什么规则？前文从立法层面探讨《民法典》合同解释条款与 CISG 第七条解释规定时，就指出两者可能存在不同或冲突。如在执法层面上确实有不同或冲突，有无必要统筹？在什么意义上统筹？如何统筹？这需要全面深入的实证研究。

2. 统筹执法下的习惯国际法或国际惯例适用问题

我国法院在国际公法意义上适用习惯国际法的案例鲜为人知，然而，以最高人民法院国际商事法庭公布的案例来看，民商事涉外案件适用国际惯例的案例不少。譬如，在一起涉外合同仲裁条款解释的案件中，该法庭指出：“仲裁条款是当事人就纠纷解决方式订立的合同，应当依照合同解释的一般原则进行解释，即按照仲裁条款所使用的措辞、上下文、目的、交易习惯以及诚实信用原则，确定条款的真实意思。”⑤在另一起涉外合同条款的案件中，该法庭认为：“解释合同条款，应当尽可能赋予其有效性，而不应使其成为冗余或毫无意义的条款。如果没有其他更强有力的理由，涉案仲裁条款不应理解为是对 2012 年贸仲仲裁规则第二十七条的简单重

① 《交通运输部南海救助局诉阿昌格罗斯投资公司、香港安达欧森有限公司上海代表处海难救助合同纠纷案》(最高人民法院审判委员会讨论通过 2019 年 2 月 25 日发布)指导案例 110 号。

② 《中化国际(新加坡)有限公司诉蒂森克虏伯冶金产品有限责任公司国际货物买卖合同纠纷案》(最高人民法院审判委员会讨论通过 2019 年 2 月 25 日发布)指导案例 107 号。

③ 参见张乃根：《条约解释的国际法》(上下卷)，上海人民出版社 2019 年版。

④ See Helmut Philipp Aust and Georg Nolte, *The Interpretation of International Law by Domestic Courts: Uniformity, Diversity, Convergence*, Oxford University Press, 2016.

⑤ 《广州飞机维修工程有限公司与泰国东方航空有限公司留置权纠纷一案民事裁定书》，〔2020〕最高法商初 4 号。

复，否则仲裁条款的约定将变得毫无意义。”[①]这在很大程度上遵循了合同解释的国际惯例。“根据各国立法及合同解释实线，合同解释的一般原则有：不拘泥合同文字的客观性原则、整体性原则、参照习惯或惯例的原则、合法性原则、符合合同目的原则和诚实信用原则。”[②]此类“一般原则”与惯例实质相同。

不同于条约，习惯国际法和国际惯例的识别是非常复杂的国际法问题。联合国国际法委员会从事的《习惯国际法识别》专题研究迄今限于结论草案。[③]国际民商事惯例的识别规则尚无专门国际法文件。上述案例也没有明确涉案解释原则为国际惯例。当然，诸如《国际贸易术语解释通则》此类“被普遍认可的一种国际贸易惯例”，[④]其国际惯例的地位还是很清楚。如果通过我国司法适用，此类国际惯例作为可适用法，那么就像直接适用的条约那样被纳入国内法的范畴，因而也存在统筹国内法治与涉外法治、国内法与涉外法，也离不开国际法或应兼顾涉外性和国际性。

3. 统筹执法下涉外法与国际法适用的协调

这种协调主要体现于司法实践如何统筹涉外法与国际法的适用。这方面有很多值得深入研究的问题。譬如，前述我国入世后，最高人民法院就审理国际贸易行政案件中适用法律法规的具体条文存在两种以上的合理解释，规定应当选择与国际条约的有关规定相一致的解释。实际上，这类似于美国判例法创设的“国会制定法律的解读应尽可能不抵触国际法或美国缔结国际协定”[⑤]这一国内法与国际法的协调规则。

在前述2007年一起行政提审案件中，最高人民法院对涉案《商标法》第十五条“代理人”的多种含义，认为根据与相关国际条约相一致的解释要求，“《保护工业产权巴黎公约》第六条之七第(1)款的权威性注释、有关成员国的通常做法和我国相关行政执法的一贯做法”，应作广义的解释。“代理人”包括“总经销商、总代理商等特殊销售关系意义上的代理人”。[⑥]然而，该判决既没有对比说明狭义的解释，也没

---

① 《张兰、盛兰控股集团(BVI)有限公司与甜蜜生活美食集团控股有限公司申请撤销仲裁裁决一案民事裁决书》〔2019〕最高法民特5号。

② 李双元、温世扬：《比较民法学》，武汉大学出版社1998年版，第727—728页。

③ Draft conclusions on identification of customary international law, with commentaries, 2018, A/73/10.

④ 赵承璧编著：《国际贸易统一法》，法律出版社1998年版，第385页。

⑤ 该规则最早出于1804年美国最高法院的判例 Murry v. Schooner Charming, 6 U.S. (2 Cranch) 64. 美国1987年《对外关系法重述》(第3版)第114节将该规则概括为 Where fairly possible, a United States statute is to be construed so as not to conflict with international law or with an international agreement of the United States。

⑥ 〔2007〕民二行提字第2号。

有提供“权威性注释”“通常做法”“一贯做法”的进一步阐释。这可能是我国司法实践仍有待改进之处,尽管近年来判决文书的说理性已有很显著的进步。有意思的是,2018年最高人民法院在另一起涉及《商标法》第十五条解释的案件中认为:根据该第十五条,“代理人或者代表人不得申请注册的商标标志,不仅包括与被代理人或者被代表人商标相同的标志,也包括相近似的标志;不得申请注册的商品既包括与被代理人或者被代表人商标所使用的商品相同的商品,也包括类似的商品。”①这显然也是广义解释。作为广义上的代理人,涉案被告作为原告的经销商虽根据与原告的销售合同未涵盖涉案商标,但因其销售商品与原告系列酒定制商品相似,且商标(“江”小白)部分含有原告公司名称(“江”津)用语。可是,该判决还是认定涉案商标既不是原告在先使用商标,也不属于双方合同涵盖商标,因此,被告未违反《商标法》第十五条。这不仅严格以双方合同为限,而且与先前根据与我国加入条约相一致的原则对《商标法》第十五条“代理人”的广义解释(涵盖具有特殊销售关系意义上的代理人)和本案对《商标法》第十五条“商品”的广义解释(包括类似的商品)不尽吻合,尤其是本案没有说明如此裁判是否与我国加入条约的解释相一致。此类对国内法(部分系履行我国加入条约的义务而转化的立法)的涉外性和国际法缺乏统筹、协调的问题,恐怕不只是体现于个别案例。

这进一步印证国内立法存在涉外性与国际性的双重性,统筹国内法治与涉外法治应当充分认识这一双重性,以不断加强相关协调,建立健全包括条约、习惯国际法或国际惯例的国际法的司法适用制度。

结 论

学习和理解习近平法治思想,研究统筹我国的国内法治与涉外法治,离不开中国历史与现实。基于此,我们应全面深入研究统筹国内与涉外法治中宪法具有的国际法意义。现行宪法体制中不适应我国在百年未有之大变局下日益走近世界舞台中央的迫切需求,尤其是条约缔结和批准程序存在的问题,包括条约的立法阶位不清楚、重要协定的区分不清晰和条约类型不周全,亟待解决。在统筹国内法治与涉外法治的执法中,如何瞻前性地统筹国内立法相关条约和习惯国际法或国际惯例的转化、如何解决统筹执法下国际法适用的一系列复杂问题,建立健全具有中国特色的社会主义涉外法律体系和执法机制,需要理论联系实际,深入研究,切实解决。

---

① 《重庆江小白酒业有限公司诉国家知识产权局、第三人重庆市江津酒厂(集团)有限公司商标权无效宣告行政纠纷案》(最高人民法院审判委员会讨论通过,2021年7月23日发布),指导性案例162。

On Several Issues of International Law about Coordination of the Rule of Laws for Domestic Affairs and Foreign Relations

Abstract: Under the guidance of Xi Jinping's thought about rule of law to promote coordination of the rule by domestic law and the law of foreign relation, it needs to have the comprehensive and further studies on many significant issues of international laws in theories and practices. Looking back the history of Chinese civilization and rooting in the realty of China's reform and opening up, we should understand the dual nature of this coordination with foreign and international aspects as well as the importance of international laws. The domestic laws should be prevailed in the term of the constitution as the supreme law in domestic legal system to take this coordination, and meanwhile, the international law would be prevailed in the term of having joined the treaties under the constitution to implement them as the obligation of international law. Based on these understandings, we must pay more attentions to the issues of constitutional amendments to respond the requirements to coordinate the rule by domestic law and the law of foreign relations in the time of unknown changes in century and China is moving closely to the center of world forum. These issues include the domestic legislative rank of treaty, the distinction of important agreement, the different types of treaties and the procedures of ratification and conclusions. We also need to study the problems of this coordination in both theories and practices about the transformation of international law and its application including treaty, customary international law or international customs with the harmonized consideration.

Keywords: Coordination; Domestic; Foreign relations; Rule of law; Constitution; International law

试探人类命运共同体的国际法理念*

内容摘要：构建人类命运共同体作为习近平新时代中国特色社会主义思想的组成部分，是在当前复杂多变的新形势下，主张建立公正合理的国际秩序之中国方案。人类命运共同体的理念相对于国际法已有理念，以我国倡导的和平共处五项原则和建设和谐世界为基础，突出和平为基础、包容为核心、互利为功效、绿色为亮点，与中国关于建立"不冲突不对抗、互相尊重、合作共赢"的新型大国关系的主张，休戚相关，是我国对国际法理论与实践的新贡献。人类命运共同体实现永久和平的具体路径包括处理好大国之军事关系、防止地区或局部战争和建立健全联合国人权理事会；不同制度的国家间包容性关键在于摒弃冷战思维和做法；"一带一路"倡议下走合作共赢之路；中美及世界各国加强绿色合作，把握人类命运共同体的未来。

关键词：人类命运共同体；国际法理念；新型大国关系

一、引　言

2017年1月19日，中国国家主席习近平在联合国日内瓦总部发表《共同构建人类命运共同体》重要演讲。①继2015年9月28日习近平主席在第七十届联合国大会所作《携手构建合作共赢新伙伴，同心打造人类命运共同体》重要讲话②之后，该演讲深刻总结了《威斯特伐利亚和约》以来近现代国际法与国际秩序的历史经验教训，进一步阐述了新形势下建立公正合理的国际秩序之中国方案，强调"理念引领行动，方向决定出路"③。该演讲高度概括了"持久和平与普遍安全""合作共赢与共同繁荣""交流互鉴和开放包容""绿色低碳和清洁美丽"的人类命运共同体理念，指明了国际秩序发展的方向。2017年10月24日，中国共产党第十九次全国代表大会通过决议，正式将"构建人类命运共同体，同世界各国人民一道建设持久和平、普遍安全、共同繁荣、开放包容、清洁美丽的世界"理念，作为习近平新时代中国

* 原载《中国国际法年刊(2017)》，法律出版社2018年版，第43—74页。

① 《共同构建人类命运共同体——在联合国日内瓦总部的演讲》(2017年1月19日)，《人民日报》2017年1月20日，第2版。

② 《携手构建合作共赢新伙伴　同心打造人类命运共同体——在第七十届联合国大会一般性辩论时的讲话》(2015年9月28日)，《人民日报》2015年9月29日，第2版。

③ 《共同构建人类命运共同体——在联合国日内瓦总部的演讲》。

特色社会主义思想的重要组成部分。①新时代中国特色大国外交的这一指导纲领对于构建新型国际关系，尤其是新型大国关系，具有重大、深远的意义。国际社会积极评价习近平主席系统阐述的构建人类命运共同体理念。联合国大会、安理会、人权理事会等均以决议方式表示赞同。②在较短的时间内，中国声音引起世界共鸣，充分反映了中国的国际地位提升及其话语权的增强。

本文旨在学习领会习近平新时代中国特色社会主义思想中有关构建人类命运共同体的理念，探讨其与国际法的关系，兼论中国与美国之间新型大国关系对于推动构建人类命运共同体的重要性及其路径。本文认为，构建人类命运共同体的理念与国际法的理论及实践密不可分。习近平主席在阐释该理念时，明确指出："各国有责任维护国际法治权威，依法行使权利，善意履行义务。"③从国际法治的角度看，"持久和平、普遍安全、共同繁荣、开放包容、清洁美丽的世界"的理念涵盖了和平、包容、互利、绿色的国际法理念。《联合国宪章》作为第二次世界大战之后国际秩序与国际法的基石，规定了"维持国际和平及安全"和"促进国际经济及社会合作"以及"不干涉在本质上属于任何国家国内管辖之事件"等一系列国际法基本原则，并以"爱好和平之国家"为联合国会员国之基本条件。④这些基本原则及会员国条件蕴含着和平、包容、互利的国际法理念。中国国际法学者基于《联合国宪章》等国际法文件，曾归纳了 12 项国际法基本原则，包括"和平共处""互不干涉内政""公平互利""国际合作"等。⑤欧美国际法学者通常缺少对基本原则的系统研究。⑥不过，也有学者提及国际法的理念，并基于自然法的观念，认为"凡是社会实际都是从一定的理念形成的"⑦。近几十年来，环境作为人类的"共同物"，日益引起国际法学界的高度重视。"世界环境对国际秩序提出了紧迫的法律议程。"⑧近年来，国内

---

① 《中国共产党第十九次全国代表大会关于十八届中央委员会报告的决议》(2017 年 10 月 24 日)，《人民日报》2015 年 10 月 25 日，第 2 版。

② 联合国安理会决议：《关于阿富汗局势》S/RES/2344，明确采用"构建人类命运共同体"(a community of shared future for mankind)的表述；联合国人权理事会通过决议《食物权》(A/HRC/34/L.21)和《在所有国家实现经济、社会及文化权利问题》(A/HRC/34/L.4/Rev.1)均包含类似表述；联合国大会裁军与国际安全委员会有关决议也采用了"构建人类命运共同体"的表述，参见《"构建人类命运共同体"理念再次写入联合国决议》，《人民日报》2017 年 11 月 3 日，第 21 版。

③ 《共同构建人类命运共同体——在联合国日内瓦总部的演讲》。

④ 《联合国宪章》，载《国际条约集(1945—1947)》，世界知识出版社 1961 年版，第 35 页。

⑤ 王铁崖主编：《国际法》，法律出版社 1995 年版，第 57 页。

⑥ 比如，[英]詹宁斯、瓦茨修订：《奥本海国际法》(第一卷第一分册)，王铁崖等译，中国大百科全书出版社 1995 年版。

⑦ [奥]阿·菲德罗斯等著：《国际法》上册，李浩培译，商务出版社 1981 年版，第 19—20 页。

⑧ [美]路易斯·亨金著：《国际法：政治与价值》，张乃根等译，中国政法大学出版社 2005 年版，第 415 页。

法学界从法理或国际法原理的视角对人类命运共同体的理念有所研究。[①]习近平新时代中国特色社会主义思想中构建人类命运共同体的理念包含了中国对国际秩序与国际法理论的新贡献，亟待深入、系统的研究。本文拟从国际法的基本理论角度，结合中国与美国之间新型大国关系的问题，以国际法已有相关理念和制度为基础，较系统地论述人类命运共同体理念之下和平、包容、互利、绿色国际法理论。

二、人类命运共同体：国际法的新理念

（一）人类共同体：国际法的现有理念

通常认为，1625年问世的格劳秀斯《战争与和平法》[②]“提出了第一个国际法体系”[③]，从而奠定了现代国际法学“一切后来发展的基础”[④]，因此，“格劳秀斯之被称为‘国际法之父’，是不足为奇了。”[⑤]有些国际法学史家对此持不同看法，但也都承认格劳秀斯的该书“使得以后学者可据此进一步发展国际法的现代学说”[⑥]。《战争与和平法》第一卷第一章开宗明义地指出国际法所调整的对象：“在战争或和平时期不是受到国内法的共同约束而生活在一起的这些人之间产生的纠纷。”[⑦]格劳秀斯所说的“这些人”就是近现代国际社会中主权独立的民族国家之人民。从威斯特伐利亚体系到联合国，由主权国家组成的国际社会从欧洲发展到全球，囊括全人类。人类共同体的理念由此产生。《联合国宪章》明示：“欲免后世再遭今代人类两度身历惨不堪言之战祸”，“力行容恕，彼此以善邻之道、和睦相处”，“以促成全球人民经济及社会之进展”。[⑧]这是人类共同体对几百年来相互惨杀的深刻反思和对未来和平与发展的美好憧憬。

在近现代国际社会的发展过程中，比较明确的人类共同体理念可能蕴含于德

---

① 比如，龚柏华：《“三共”原则是构建人类命运共同体国际法基石》，《东方法学》2018年第1期；廖奕：《人类命运共同体的法理阐释》，《法学评论》2017年第5期；李赞：《建设人类命运共同体的国际法原理与路径》，《国际法研究》2016年第6期。

② Hugo Grotius, *The Law of War and Peace*, the Clarendon Press, 1925.根据英译本翻译的中文本，参见[荷]格劳秀斯：《战争与和平法》（第一卷），马呈元译，中国政法大学出版社2015年版；《战争与和平法》（第二卷），马呈元、谭睿译，中国政法大学出版社2016年版。

③ 前引[奥]阿·菲德罗斯等著：《国际法》上册，第127页。

④ 前引[英]詹宁斯、瓦茨修订：《奥本海国际法》，第3页。

⑤ 王铁崖：《国际法引论》，北京大学出版社1998年版，第321页。

⑥ Tetsuya Toyoda, *Theory and Politics of the Law of Nations*, Martinus Nijhoff Publishers, 2011, pp.1－2.

⑦ Grotius, *The Law of War and Peace*, p.33.

⑧ 《联合国宪章》。

国法律哲学家康德于1795年发表的《永久和平论》。[①]他主张"国际法应以自由国家的联盟为基础"[②]。首先，这一理念参照国内社会，即，格劳秀斯所界定的主权国家——受共同的国内法约束的人们组成的国家——为模式，各国均受到以永久和平为宗旨的国际法约束，组成一个"联盟"（federation）。[③]但是，该联盟的成员国仍然保留其主权，如同美国独立后第一个《邦联条例》下的美国不是"统一的国家"。[④]康德的理想中由主权国家组成的联盟，实际上限于当时欧洲人民的共同体（第二次世界大战之后以"促进和平"为主要宗旨的欧洲经济共同体、欧共体、欧盟就是这一理想的实践[⑤]），而不是整个人类的共同体。其次，这一理念受到共和制"自由国家"的政治限制，也就是说，这一欧洲人民的共同体仅限于同样政治体制的国家。尽管当时康德受到法国大革命的影响，推崇共和制的自由国家体制，具有历史的进步性，但是，根据政治体制划定共同体的范围，必然导致意识形态的非包容性。

1944年6月，在美国、英国、苏联和中国政府代表聚会美国华盛顿敦巴顿橡树园拟定《联合国宪章》草案[⑥]的前夕，著名国际法学家凯尔森发表了《经由法律而至和平》一书，提出建立基于国际法的和平解决国家间争端机制这一设想。其核心理念，首先，"这意味着持久和平的问题解决只有在国际法的框架中，也就是说，通过一个具有一定程度的集中化，但不得超越国际共同体的通常模式之组织，予以实现。这些共同体的特征是调整成员国的相互关系之法律保留其国际性而不致成为国内法"。[⑦]这是第二次世界大战之后根据以《联合国宪章》为基石的国际法，由主权平等的世界各国组成的"国际共同体"或"国际社会"（international community）。其次，"必须集中我们的努力缔结一项由尽可能多国家，战胜者及被战胜者，参加的条约，建立一个被赋予强制管辖权的国际法院。这意味着由该条约而构成的联盟的所有国家均有义务放弃战争或报复作为解决冲突的手段，毫无例外地将其所有争端提交该法院解决，并以诚信执行其裁决。"[⑧]然而，设立一个具有非任择性普遍

---

① Kant, *Perpetual Peace*, Edited by Lewis White Beck, Bobbs-Merrill Educational Publishing, 1957. 也可参见[德]康德:《永久和平论》,何兆武译,《历史理性批判文集》,商务印书馆1990年版。

② Kant, *Perpetual Peace*, p.16.

③ 根据德文原著翻译,也是"联盟"。参见《历史理性批判文集》,第110页。

④ 参见[美]康马杰主编:《美国历史文献选萃》,今日世界出版社1979年版,第23页。

⑤ 参见曾令良:《欧洲联盟法总论》,武汉大学出版社2007年版,第28页。

⑥ "Proposals for the Establishment of a General Organization(Dumbarton Oaks, October 7, 1944)",载于 *Documents Pertaining To American Interest In Establishing A Lasting World Peace: January 1941 - February 1946*, the Book Department, Army Information School, 1946, pp.36 - 47。该建议案又称《敦巴顿橡树园建议案》(Dumbarton Oaks Proposals)或《敦巴顿橡树园计划》(Dumbarton Oaks Plan)。

⑦ Hans Kelsen, *Peace Through Law*, the University of North Carolina Press, 1944, pp.12 - 13.

⑧ Kelsen, *Peace Through Law*, p.14.

强制管辖权的国际法院的建议并未被付诸实施。根据《联合国宪章》的主权平等原则以及作为该宪章一部分的《国际法院规约》第三十六条第五款，仍由各国任择接受国际法院的强制管辖权。[①]这就是国际社会的现实。

本文认为，从国际法现有的人类共同体理念发展到中国主张的人类命运共同体理念，实际上体现了近四百年来国际秩序与国际法的发展轨迹及其方向。无论是格劳秀斯、康德，还是凯尔森，都没有明确表述过人类共同体，而是以国际共同体或国际社会等表达这一观念。《联合国宪章》开篇以“我联合国人民”表示全世界一切爱好和平的人们，并以“人类”（mankind）涵盖“全球人民”（all peoples），实质上表达了人类共同体的理念。也正是在这个意义上可以说，人类共同体的理念是国际法的现有理念。

（二）人类命运共同体：中国对国际法理念的新贡献

联合国诞生七十多年，虽无第三次世界大战，局部战争却接连不断，曾经的冷战虽已过去，但冷战阴魂不散。《联合国宪章》明示的愿景远未实现。习近平主席指出：“世界怎么了，我们怎么办？……地球是人类唯一赖以生存的家园，珍爱和呵护地球是人类的唯一选择。……中国方案是：构建人类命运共同体，实现共赢共享。”[②]

从字面上，相比国际法上现有的人类共同体理念，中国方案增加了“命运”两字。这是极富中国元素的用语。中文的“命运”一词是“命”字的含义之一，指的是“吉凶祸福，寿夭贵贱等命运，即人对之以为无可奈何的某种必然性”[③]。就个人而言，消极的人生观笃信听天由命，而积极的人生观坚信事在人为，通过努力可以把握自己的命运；就整个人类而言，地球在茫茫宇宙中自生自灭，有其客观规律，就目前的科学认识和技术能力，人类尚不能改变这一“命运”。但是，在可预见的未来，人类应该，也可以同心协力建立一个有着公平合理的全球治理规则及其秩序，人人安居乐业的共同体。这就是人类把握自己的未来，共享美好未来的人类命运共同体。

尽管在西方法学史上，自然法学派早已揭示了人类这一概念的法律意义，[④]但

---

① 《国际法院规约》，载《国际条约集（1945—1947）》，第 60 页。

② 《共同构建人类命运共同体——在联合国日内瓦总部的演讲》。

③ 《辞海》，上海辞书出版社 1999 年版，第 926 页。

④ 如孟德斯鸠在《论法的精神》中指出：自然法“所以称为自然法，是因为它们完全从我们的身躯和存在中吸取力量”。人类（man）既是“物理的存在物”，又是“理智的存在物”。Montesquien, *The Spirit of Law* (New York: Hafner Publishing Company, 1966), Vol.1, p.3。又参见张乃根：《西方法哲学史纲》（第四版），中国政法大学出版社 2008 年版，第六章“古典自然法学派”。

是，在国际法意义上，人类的概念直到第二次世界大战之后才逐渐被采用。著名国际法学家劳特派特教授于1944年10月完稿的《人类权利的国际法案》，鉴于第二次世界大战中无数惨无人道的行径，尤其是纳粹德国对数以百万犹太人的种族灭绝，阐述了人权保护的极端重要性，认为："对人类基本权利的国际承认与保护是任何合理的世界秩序安排之不可缺少部分。"[①]可是，在1948年《世界人权宣言》之前，西方法学界所说的"人类"仍具有词源上的性别局限性。只有在"不分种族、肤色、性别、语言、宗教、政见或他种主张、国籍或门第、财产、出生或他种身份"的普遍意义上，才有真正的"人类"(human beings)概念。[②]至于国际法意义上的"共同体"(community)，虽在格劳秀斯、康德和凯尔森等人的论著中实质上或实际上早已有之，但在人类共同体的普遍意义上，明确使用这一概念者，鲜为人知。这说明人类命运共同体的新理念不仅增添了"命运"这一极富中国元素的用语，而且在普遍和集合意义上使用的"人类"和"共同体"，也赋予其一定的新意。完全可以说，具有中国特色及丰富内涵的人类命运共同体理念，是前人所没有明确或完整阐述的，对于国际法理论及实践具有崭新的意义。

从新中国成立至今对战后国际秩序与国际法的发展所做出的贡献来看，和平共处五项原则、和谐世界、人类命运共同体理念，三者之间有着内在的历史逻辑发展的关系。

众所周知，在二十世纪五十年代，中国倡导的和平共处五项原则(互相尊重领土主权和领土完整、互不侵犯、互不干涉内政、平等互利、和平共处)"生动反映了《联合国宪章》宗旨和原则，并赋予了这些宗旨和原则以可见、可行、可依循的内涵"[③]。这是新中国对国际法理念的历史性贡献，至今对于公正合理的国际法规则的制定与实施以及国际秩序的建设仍具有现实的指导意义。进入二十一世纪，中国在和平共处五项原则的基础上，又提出了建立以和谐世界理念为核心的国际秩序新目标。[④]和谐世界理念是我国在自身综合国力显著增强的情况下，为了坚定不移地走和平发展道路而提出的一项外交国策，并且与建设和谐社会的国内

---

① Hersch Lauterpacht, *An International Bill of the Rights of Man*, Oxford University Press, 1945; reprinted, 2013, p.xxvii.

② 《世界人权宣言》(中英文本)，载[瑞典]格德门德尔·阿尔弗雷德松、[挪威]阿斯布佐恩·艾德编：《〈世界人权宣言〉：努力实现的共同目标》，中国人权研究会组织翻译，四川人民出版社1999年版，第808—813页。

③ 《弘扬和平共处五项原则，建设合作共赢美好世界——习近平主席在和平共处五项原则发表60周年纪念大会上的讲话》(2014年6月28日)，载《中国国际法年刊(2014)》，法律出版社2015年版，第739页。

④ 2005年，时任国家主席胡锦涛代表中国在多个国际场合建立"和谐世界"的理念。参阅曹建明：《努力运用国际法，为构建和谐世界服务》，载《中国国际法年刊(2006)》，世界知识出版社2007年版，第3页。

政策相一致。①这是中国对国际法理念的重大贡献。

如果说和平共处五项原则是符合《联合国宪章》宗旨及基本原则的"实然法"，那么和谐世界理念或许就是中国提出未来世界发展的"应然法"。由"和平共处"达至"和谐世界"，两者之"和"，本质一致。就国际法而言，和谐世界理念与永久和平理想一致，符合以《联合国宪章》为基础，以永久和平为宗旨的国际法理念。

应该看到，中国主张和谐世界与人类命运共同体的理念，两者之间存在血融于水的关系。2012 年在中国共产党第十八次全国代表大会上，胡锦涛就提出："要倡导人类命运共同体意识，在追求本国利益时兼顾他国合理关切，在谋求本国发展中促进各国共同发展，建立更加平等均衡的新型全球发展伙伴关系，同舟共济，权责共担，增进人类共同利益。"②这与和谐世界理念相贯通的一个基本特点是中国人民从站起来到强起来的发展进程中，具有立足本国、放眼世界的大国风范。这也是在中国共产党第十九次全国代表大会上，习近平又明确提出了"中国特色大国外交要推动构建新型国际关系，推动构建人类命运共同体"③的缘故。中国特色大国外交的两个"轮子"——推动新型国际关系，尤其以建设中国与美国的新型大国关系为重；推动构建人类命运共同体，以和平共处五项原则为基础发展同世界各国各地区的友好合作，共同创造人类的美好未来。两者相辅相成。国际法与双边外交、多边外交密切关联。从中国特色大国外交角度，本文认为，探讨人类命运共同体的国际法理念应与研究新型大国关系相结合。

综上，中国基于和平共处五项原则、和谐世界理念等中国元素的贡献，提出构建人类命运共同体的新理念，兼有"应然性"和"实然性"的法理特征。其内涵全面、丰富，包含主权平等、公平正义、对话协商、普遍安全、合作共赢、交流互鉴、开放包容、绿色低碳等。④相对于人类共同体的现有理念和中国以往对国际法理念和实践的贡献，构建人类命运共同体是中国在新形势下对国际法理念和实践的新贡献，其历史脉络清晰，时代特征鲜明。从国际法基本理论的角度看，可将这一国际法的新理念概括为和平、包容、互利、绿色的国际法。下文将逐一论述。

---

① 参见《中共中央关于构建社会主义和谐社会若干重大问题的决定》(2006 年 10 月 11 日),《求是》2006 年第 20 期。该文件第一次表述了"和谐世界理念",即,"按照和平共处五项原则和其他公认的国际关系准则同世界各国发展友好关系,推动建设持久和平、共同繁荣的和谐世界。"

② 《坚定不移沿着中国特色社会主义道路前进　为全面建设小康社会而奋斗——在中国共产党第十八次全国代表大会上的报告》(2012 年 11 月 8 日),《人民日报》2012 年 11 月 17 日第 1 版。

③ 《决胜全面建成小康社会　夺取新时代中国特色社会主义伟大胜利——在中国共产党第十九次全国代表大会上的报告》(2017 年 10 月 18 日),《人民日报》2017 年 10 月 28 日第 1 版。

④ 《共同构建人类命运共同体——在联合国日内瓦总部的演讲》。

三、人类命运共同体的国际法新理念之基础：和平

（一）人类命运共同体的和平观

自格劳秀斯创立现代国际法及其理论体系以来，和平始终是最重要的主题。虽然他的书题为《战争与和平法》，但是他认为："战争本身最终使得我们达到和平这一终极目标。"[①]由此，他区分了战争的正义性和非正义性。然而，这种区分缺乏相应的国际法保障机制，从而导致《威斯特伐利亚和约》之后，在形形色色的"正义"幌子下，以战争为手段掠取一国私利的惨剧，愈演愈烈，直至二十世纪上半叶发生两次世界大战的空前浩劫，使得人类刻骨铭心地认识到必须铲除人为的战祸。依据《联合国宪章》，没有战争的永久和平才是人类共同体的理想和平。虽然《联合国宪章》没有采用"永久和平"的表述，但是，复数的"后世"(generations)就是"世世代代""永远"的意思。既然是永远地免受战争之祸害，那就意味着永久和平。

人类命运共同体的和平观就是坚持和平发展道路。国际法本质上是和平主义的；肇起于欧洲的现代国际法首先的和主要的内容也是和平国际法。中国提出与世界各国人民共同推动构建人类命运共同体，以和平共处五项原则为基础，并且与时俱进，必将进一步丰富和完善之。人类命运共同体的理念作为习近平新时代中国特色社会主义思想的组成部分，在习近平主席近年来论及国际秩序和国际法的一系列重要演讲中得以完整的体现：2014 年 6 月纪念和平共处五项原则诞生六十周年的演讲全面地、深刻地阐明了弘扬和平共处五项原则，建设合作共赢世界的中国理念、中国方案；2015 年 9 月和 2017 年 1 月先后在全球最具影响的联合国纽约和日内瓦总部，呼吁全世界携手构建人类命运共同体。由此可见和平共处五项原则在新时代的发展和运用所具有的关键意义；毫无疑问，人类命运共同体的理念是以和平共处五项原则为基础。就本文探讨的和平、包容、互利、绿色的国际法而言，和平国际法具有统辖的作用：没有国与国之间和平，不同国家政治社会制度及意识形态之间包容、国际合作共赢和绿色发展，一切都无从谈起。

人类命运共同体理念以和平共处五项原则为基础，尤其是以"互相尊重领土主权和领土完整、互不侵犯"原则为前提。从根本上，这就是主权平等的体现。回顾历史，无论是欧洲三十年战争、拿破仑战争，还是二次世界大战，实质上都与领土之争有关。比如，三十年战争后的《威斯特伐利亚和约》第十二条至三十六条都是有关伐利亚、普法尔茨、美因茨、海德堡、沿莱茵河地区、瓦尔登堡、奥格斯堡、勃兰登

① Grotius, *On the Law of War and Peace*, p.33.

堡、勃艮第、克莱瓦勒、帕萨旺的诸侯领地主权及其战争赔偿、大赦、安置费、宗教信仰等约定。①又比如，拿破仑战争后的《维也纳和会最后议定书》包括的《基本条约》首先就是规定波兰领土的划分（第一条至第十四条）。②再比如，第二次世界大战缘起于日本对中国和亚洲邻国、德国对欧洲国家的侵略。“互相尊重领土主权和领土完整、互不侵犯”原则与《联合国宪章》第二条关于“各会员国主权平等”“各会员国在其国际关系上不得使用威胁或武力，或以与联合国宗旨不符之任何其他办法，侵害任何会员国或国家之领土完整或政治独立”原则完全一致。只有世界各国真正贯彻落实这些最基本的国际法准则，人类才能把握自己的和平命运，构建永久和平的人类命运共同体。

人类命运共同体的和平观与中国主张的新型大国关系密切相关。中国与美国是世界上两个最大的经济体，在经贸关系上高度相互依存，但是，两国的政治经济制度、文化传统截然不同。如何求同存异，和平共处，互相尊重彼此核心利益，不对抗不冲突，合作共赢，携手引领可持续发展的未来，造福两国和惠及全世界。这不仅是中美之间新型大国关系的问题，也关乎构建人类命运共同体的成败。2013 年 6 月，习近平主席与时任美国总统奥巴马会晤时，提出了建立新型大国关系的主张：“面对经济全球化迅速发展和各国同舟共济的客观需求，中美应该也可以走出一条不同于历史上大国冲突对抗的新路……相互尊重，合作共赢，造福两国人民和世界人民。”③

基于“经济全球化”和“各国同舟共济”的客观现实与需求，中美之间新型大国关系的首先就是要秉承“不冲突不对抗”的和平原则。在近四百多年的国际关系中，守成与新兴大国之间曾经演绎了无数次冲突对抗的悲剧。如今中国与美国作为联合国安理会常任理事国，分别为最大的发展中国家与发达国家，在经济全球化的格局中相辅相成，是全人类的命运共同体之主干。中美两国和平相处是构建人类命运共同体的关键。

中美之间新型大国关系的“不冲突不对抗”原则具有广泛、深刻的内涵，包括军事上的“不冲突”，恪守《联合国宪章》与和平共处的基本原则，妥善管控分歧及可能的军事摩擦；政治上的“不对抗”，不将自己的政治制度及意识形态强加于对方；妥善处理经济贸易关系的利益冲突，避免贸易战；在外交上加强各个层面的密切交流，磋商解决有关问题。可见，指导新型大国关系的这一原则为基于《联合国宪章》

---

① 《威斯特伐利亚条约》，载《国际条约集（1648—1871）》，世界知识出版社 1984 年版，第 1—32 页。

② 《维也纳和会最后议定书》，载《国际条约集（1648—1871）》，第 280—330 页。

③ 《杨洁篪谈习近平主席与奥巴马总统安纳伯格庄园会晤成果》，人民网，http://politics.people.com.cn/n/2013/0609/c70731-21803051-2.html[2018-01-22]。

的和平共处基本原则注入了时代的新意，对于构建中美之间乃至整个人类的命运共同体，具有迫切的现实意义和深远的历史意义。

（二）人类命运共同体实现永久和平的路径

古人曰："路漫漫其修远兮，吾将上下而求索。"人类命运共同体的构建，任重而道远。中国不仅要提出新理念，引领时代潮流的发展，而且应与世界各国一起探求实现永久和平的具体路径。

从联合国成立以来的历史经验教训看，危及人类命运共同体生存的最大威胁仍然来自战争。尽管《联合国宪章》已宣布禁止一切战争，仅允许经安理会授权或为自卫而在国际关系中使用武力，[①]但是，当今国际关系中的"战祸"远未被根除。目前的情况表明：大国之间的军事冲突危险依然存在；地区或局部战争时有发生或爆发的可能性极大；国内武装冲突频繁；反恐战事更为严峻。在人类共同生活的地球上，真是很不太平。

针对大国之间的军事冲突危险，中国主张建立的新型大国关系是减少和防止这种冲突危险的有效途径。必须清醒地认识到：美国是世界上军事力量最强大的国家，众所周知，其军费开支、海外驻军和航空母舰数量是包括俄罗斯、中国等大国在内任何国家无法比拟的。美国在中国、俄罗斯的周边所实施的军事"围堵"，也是"司马昭之心，路人皆知"。中国提出中美之间"不冲突不对抗"，首先旨在减少和防止潜在的军事冲突。为此，中美之间已初步建立了新型大国军队关系，[②]并为其他大国间新型军队关系提供了范式。

目前在中东及北非、西亚，各种地区或局部战争、国内武装冲突及反恐战事犬牙交错，对国际和平及安全构成了极大威胁。仅 2017 年前三个月，安理会就接连通过了《中东局势》《阿富汗局势》《维护国际和平和安全》等相关决议。[③]这些战事或缘起美国等以反恐名义发动的阿富汗战争、伊拉克战争，或因所谓"阿拉伯之春"引起的叙利亚冲突、利比亚冲突，或因国内政治斗争导致地区干预的也门冲突。伊斯兰国等恐怖组织乘机作乱，使得这些地区战火纷飞，民不聊生，造成了第二次世界大战以来最严重的人道灾难，并波及欧洲各国。如何在构建人类命运共同体的过程中，缓和这些地区的紧张局势，减少和消除冲突的根源？中国方案尚待细化。

① 参见黄瑶：《论禁止使用武力原则》，北京大学出版社 2003 年版，第六章"宪章第 2(4)条的例外"。

② 2017 年 4 月 6—7 日中美元首会晤达成共识"双方愿加强两军交往，用好将建立的联合参谋部对话机制新平台"，参见《王毅谈习近平主席访问芬兰并赴美国举行中美元首会晤》，外交部网，http://www.mfa.gov.cn/web/zyxw/t1452310.shtml[2018-01-22]。

③ S/RES/2342(2017)，S/RES/2344(2017)，S/RES/2347(2017).

当务之急是发挥联合国的主导作用，促进有关地区与国家的各派政治力量的和解，同时集中力量打击各种恐怖势力；从长计议则须由各个相关国家的人民选择自己的发展道路。晚近安理会《阿富汗局势》的决议充分体现了这些具体路径，包括：国际社会对阿富汗主权、独立、领土完整和国家统一的坚定承诺，支持阿富汗政府和人民重建国家，加强民主体制，开展由阿富汗主导并享有自主权的全面包容性政治进程，本着合作共赢的精神推动区域合作，以促进阿富汗和该区域安全、稳定和经济社会发展，构建人类命运共同体。至于朝鲜半岛长期以来的军事对峙及近来不断升级的对抗，①中国更是身体力行，在切实履行安理会有关决议的同时，努力促使各当事国通过谈判最终解决这一局势。

对于因国内人权保护问题导致的武装冲突或内战，除了上述解决方案，还应从联合国体制改革和建设上寻求出路，尤其是建立健全联合国人权理事会，使其早日成为与安理会、经济及社会理事会并列的三大理事会之一，更好地发挥对人权的国际保护作用，避免今后“重蹈前辙”。②中国作为该人权理事会的四次当选且均为三年任期的会员国，③理应根据国际社会的期望，发挥更大的作用。

四、人类命运共同体的国际法新理念之核心：包容

（一）人类命运共同体的包容观

坚持和平发展道路，推动构建人类命运共同体，离不开各种文明、文化、政治体制和意识形态之间的兼蓄包容。“包容性”(inclusiveness)是人类命运共同体的核心理念，也就是“坚持交流互鉴，建设一个开放包容的世界”；④“以文明交流超越文明隔阂、文明互鉴超越文明冲突、文明共存超越文明优越”。⑤相比国际法上的和平观，包容观具有更深层次的国际法理论与实践问题，因为现代国际法源自于基督教文明下的欧洲各国组成的国际社会。⑥从 17 世纪欧洲社会不同基督教之间

---

① 联合国安理会决议：《不扩散/朝鲜民主主义人民共和国》，S/RES/2375(2017)。

② 参见张乃根：《论联合国“三重”理事会——以改革中的人权理事会为视角》，《国际法研究》2014 年第 3 期，第 16 页；张乃根：《互不干涉内政原则及其在当代国际法实践中的适用》，载《中国国际法年刊(2014)》，第 36 页；Zhang Naigen, “The Principle of Non-interference and its Application in Practices of Contemporary International Law”, (2016) 9 *Fudan Journal of the Humanities and Social Science* 449, p.449.

③ 联合国人权理事会于 2006 年成立，共 47 个会员国席位，由各国申请，联合国大会投票并以得票数决定是否当选，任期 1 年至 3 年，最多连任两次。中国于 2006 年、2009 年、2014 年、2016 年当选，2013 年停任。

④ 《共同构建人类命运共同体——在联合国日内瓦总部的演讲》。

⑤ 《决胜全面建成小康社会　夺取新时代中国特色社会主义伟大胜利——在中国共产党第十九次全国代表大会上的报告》。

⑥ 参见[奥]阿·菲德罗斯等著：《国际法》上册，第五章　“国际法的历史”第三节　“欧洲的基督教国际社会”。

的逐步包容，到二十世纪初欧美各国乃至所谓“脱亚入欧”的日本等，形成具有共同意识形态的所谓“文明国家”①的世界及其可适用的国际法。这是当时西方社会所认同的文明共同体。这种所谓“将文明标准引入国际法，在文明民族与未开化民族间画出了清晰且必要的界限”②之观念，与人类命运共同体的包容观截然对立。

《联合国宪章》开篇以“我联合国人民”为主体，意味着包容了世界上各个民族、文明、文化和制度下的所有人民。前述康德设想的欧洲人民的共同体仅限于同样政治体制的国家。然而，《联合国宪章》摒弃了以政治制度、宗教或意识形态为标准划分不同人民的观念，仅以“爱好和平”和“接受本宪章所载之义务”作为联合国会员国的条件。这一根本改变与联合国源于第二次世界大战时期反法西斯联盟有关。该反法西斯联盟不分任何政治制度或意识形态，同仇敌忾。1943 年 10 月 30 日，美国、英国、苏联与中国政府代表在莫斯科签署了奠定联合国基本原则的《普遍安全的四国宣言》，明确：“根据一切爱好和平国家主权平等的原则，建立一个普遍性的国际组织，爱好和平的国家不论大小均得加入为会员国，以维持国际和平和安全。”③可是，联合国成立不久，以政治制度和意识形态划分的东西方阵营之间的冷战便开始。时任美国总统杜鲁门于 1947 年 3 月 27 日致美国国会的咨文认为，目前有两种截然不同的生活方式，即“基于多数人的意志”之自由制度和“基于强加于多数人之上的少数人意志”之极权制度。④所谓“自由”和“极权”的思想观念包含了所谓的善与恶的意识形态。在这种意识形态支配下，世界各国被划归入“自由”抑或“极权”的两个世界。冷战时期的朝鲜战争、越南战争和阿富汗战争无不伴随着意识形态之争。前车之覆，后车之鉴。在当今世界，坚持《联合国宪章》不分政治制度和意识形态的包容性，对于避免新的冷战，构建人类命运共同体，至关重要。⑤

---

① 《国际常设法院规约》第 38 条第 3 款，后为《国际法院规约》第 38 条第 1 款(c)项规定：法院裁判应适用“一般法律原则为文明各国所承认者”。《国际常设法院规约》(1920 年 12 月 16 日)附《关于修正国际常设法院规约的议定书及修正条文》，参见《国际条约集(1917—1923)》，世界知识出版社 1961 年版，第 544 页。英文本见 Publication of the Permanent Court of International Justice, Series D, No.1 Statute of the Court.《联合国宪章及国际法院规约》签署文本/中文本，参见《联合国条约集》网：https://treaties.un.org/pages/CTC-Treaties.aspx?id=1&subid=A&lang=en[2018-01-22]。

② 乔治・施瓦曾伯格：《前言》，载郑斌著：《国际法院与法庭适用的一般法律原则》，韩秀丽、蔡从燕译，法律出版社 2012 年版，第 1 页。

③ *Declaration of Four Nations on General Security*，又称《莫斯科宣言》(*Moscow Declaration*)，参见《中苏美英四国关于普遍安全的宣言》，载《国际条约集(1934—1944)》，世界知识出版社 1961 年版，第 403 页。

④ 《杜鲁门主义》，载《美国历史文献选萃》，第 113 页。

⑤ 参见张乃根：《论国际法与国际秩序的“包容性”》，《暨南学报》2015 年第 9 期。

（二）新型大国关系中的包容性及其实现路径

中美两国面向未来，应共同培育和发展新型大国关系，造福于两国与世界各国人民。可以说，中美关系所涉制度及意识形态的包容性是构建人类命运共同体的核心问题。

中美之间新型大国关系的建设，应基于不同政治制度及意识形态的包容性，摈弃陈旧的冷战思维。中美两国政治、经济制度截然不同。两国人民在其独特的历史进程中选择了各自发展道路，并将继续走下去。可是，冷战格局中的美国对新中国曾长期持敌视立场。即便是1979年1月中美建交后，美国仍根据其国内法向我国台湾地区出售武器，严重违反中美三个联合公报特别是“八·一七”公报精神，粗暴干涉中国内政，损害中国主权和安全利益。根据“八·一七”公报：“美国政府声明，它不寻求执行一项长期向台湾出售武器的政策，它向台湾出售的武器在性能和数量上将不超过中美建交后近几年供应的水平，它准备逐步减少它对台湾的武器出售，并经过一段时间导致最后的解决。在作这样的声明时，美国承认中国关于彻底解决这一问题的一贯立场。”①近四十年来，美国既没有逐步减少它对台湾的武器出售，也无意彻底解决这一问题。其根本原因在于美国视中国为根本对立的政治制度国家而顽固坚持冷战思维，采取对华“接触＋遏制”战略。

中国一贯主张不同社会制度的国家应和平共处，倡导和谐世界的建设，与世界各国人民共同推动构建人类命运共同体。这凸显了中国元素的包容性。摒弃冷战思维，尊重各自选择的发展道路和社会制度，尊重国际法和国际关系准则，尊重文明的多样性。“条条大路通罗马。谁都不应该把自己的发展道路定为一尊，更不应该把自己的发展道路强加于人。”②这既是新型大国关系的14字内涵中的“互相尊重”(mutual respect)原则，也是和平共处的互不干涉内政原则，所遵循的国际法准则是一致的。

尽管中美两国就建立新型大国关系达成初步共识，但是，期待美国彻底放弃其冷战思维和对华“接触＋遏制”战略，也许是不现实的。唯有采取适当的应对方略，才能促进新型大国关系的健康发展。在战略上，中国应坚持基于《联合国宪章》的包容性这一国际关系的“制高点”，努力增进中美之间政治、经济和军事各领域的来往、合作及人文交流，同时加大国防建设，构筑维护国家和人民利益的坚不可摧的

① 《中华人民共和国和美利坚合众国联合公报》(1982年8月17日)。

② 习近平：《共担时代责任，共促全球发展——世界经济论坛2017年年会开幕式上的主旨演讲》(2017年1月17日，达沃斯)，《人民日报》2017年1月18日第3版。

“底线”，防范一切不测事件。“中国决不会以牺牲别国利益为代价来发展自己，也决不放弃自己的正当权益，任何人不要幻想让中国吞下损害自身利益的苦果。”① 这与推动构建人类命运共同体的理念并行不悖，因为脱离了对本国自身利益的正当维护，也谈不上包容共赢。基于以这样的包容观为指导的战略思想，中国应坚持《联合国宪章》宗旨和原则，坚决维护基于《联合国宪章》的国际法准则与国际秩序，营造世界各国各地区和平共处和经济发展的合作共赢大格局。

总之，中美之间新型大国关系不仅是二十一世纪最重要的双边关系之一，也将在很大程度上决定今后相当长时期国际关系发展的总体方向与人类命运共同体的成败。中美之间新型大国关系的发展道路绝不平坦，为此必须采取软硬结合的战略与策略。在习近平新时代中国特色社会主义思想的人类命运共同体理念指引下，全面、深入研究中美之间制度的现实差异性与包容可能性以及促进合作，避免冲突，尤其是运用《联合国宪章》的基本原则及其国际法规则的具体路径，显得十分重要和必要。

五、人类命运共同体的国际法新理念之功效:互利

(一) 人类命运共同体的互利观

相比前述和平、包容的国际法关注人类命运共同体的和平安全和政治、意识形态包容及文明、文化交流的精神要素，互利的国际法侧重于经贸合作的共赢效应。和平共处五项原则中的“平等互利”是新中国对外经济合作的基本原则。较之《联合国宪章》宗旨之一“促进国际合作，以解决国际间属于经济、社会、文化、及人类福利性质之国际问题”，“平等互利”更加强调平等主权国家之间经济交往与合作的互惠互利。只有“坚持合作共赢”，才能“建设一个共同繁荣的世界”，② 人类共同享有富裕美好的未来，才可能变为现实。这是人类命运共同体赖以存在和发展的经济社会要素。在这个意义上，可以将互利视为人类命运共同体的国际法新理念所产生的物质性效应，亦即“功效”。

在人类共同生活的地球上，各国贫富差别悬殊，南北地区鸿沟巨大，仍然是不可回避的现实。其原因固然错综复杂，但有两个全球性因素，难以否认。其一是，在殖民化时代，包括 1535 年至 1783 年约 250 年间，如今的欧美发达国家对美洲的

---

① 《决胜全面建成小康社会　夺取新时代中国特色社会主义伟大胜利——在中国共产党第十九次全国代表大会上的报告》。

② 《共同构建人类命运共同体——在联合国日内瓦总部的演讲》。

殖民掠夺[①]和同时期“可怕”的奴隶贸易（十六世纪二十年代起，欧洲人开始将非洲人当作奴隶贩卖到美洲，直到1870年为止，共计上千万）。[②]这是地球的南半球（南美洲和非洲）总体上属于发展中或最不发达国家或地区的历史原因。欧美国家的发达离不开当年的殖民掠夺和奴隶贸易。其殖民或半殖民统治还扩张到亚洲。后来“脱亚入欧”的日本步其后尘，更是在中国和东南亚大肆杀戮抢夺，罪恶累累，罄竹难书。其二是，在经济活动，尤其是产业链的全球化中，发达国家利用产业和技术的先发优势（比如美国、日本的国际申请专利高居全球前两位），大多占据产业链的中高端，而发展中或最不发达国家处于中下端，从而导致发达国家的产业及其跨国企业获利远远超过发展中或最不发达国家。发达国家还通过国际规则的制定（比如《与贸易相关的知识产权协定》加强专利技术保护等，却不愿意对技术转让设置强制性义务），千方百计保护其先发优势。

中国在鸦片战争之后曾饱受西方列强的欺凌，对于传统国际经济秩序的不合理，与广大发展中或最不发达国家深有同感。因此，新中国一贯秉承合作互利的立场开展对外经济合作。如今日益强盛的中国更加注重人类命运共同体的构建，主张“合作共赢”。合作是各国或地区走共同繁荣的必由之路，共赢不是零和博弈的那种赢者通吃，而是各有获益。

互利国际法的理念不仅体现于各国间经贸关系中的平等互利和合作共赢，而且要求改革现存国际经贸秩序，尤其是战后由发达国家或地区主导建立和发展起来的一整套国际金融、投资和贸易体制。“中国秉持共商共建共享的全球治理观，倡导国际关系民主化，坚持国家不分大小、强弱、贫富一律平等”。[③]这是推进构建人类命运共同体的重要内容，也赋予和平共处五项原则中的“平等互利”在如今国际经贸格局发生重大变化时的新内涵。

（二）新型大国关系中的合作共赢

中美之间新型大国关系中经济方面的合作共赢尤为重要。中美经济贸易的互补性极强。以2016年为例，美国是中国的第二大货物贸易伙伴。美国对中国的主要出口商品是运输设备、机电、植物和化工产品，中国对美国的主要出口产品是机

---

① 参见[英]杰弗里·巴拉克拉夫：《泰晤士世界历史地图集》，三联书店1985年版，第164—165页，“殖民地美洲1535—1783”。

② 前引《泰晤士世界历史地图集》，第166页，“非洲的贸易和帝国1500—1800”，图示2“奴隶贸易的发展”。

③ 《决胜全面建成小康社会　夺取新时代中国特色社会主义伟大胜利——在中国共产党第十九次全国代表大会上的报告》。

电产品、家具玩具、纺织品及原料等。[①]根据国际贸易专家的研究，自我国加入世界贸易组织以来，接受了美国等发达国家加工组装型产业，尤其是智能手机等被纳入《信息产品协定》的零关税产品组装生产线转移。我国在全球产业链中仍处于所谓“微笑曲线”的底部，出口贸易以低增加值率的加工贸易为主。[②]2016 年中国货物贸易情况提供了印证：一般贸易总值为 20283 亿美元，加工（来料、进料、出料）贸易总值为 11610 亿美元，分别占货物贸易总量 36849 亿美元的 55％、32％，也就是说，中国约三分之一的进出口商品贸易是加工贸易。[③]

中美贸易的两大问题，即美国对华货物贸易的巨额逆差[④]和中国出口至美国产品频频遭遇反倾销反补贴的非关税贸易壁垒阻碍[⑤]，长期困扰着两国经贸合作关系的发展。其原因主要在于两国的产业结构和技术水平的巨大差异以及美国的贸易保护主义。破解这些难题的出路只有合作共赢，中国应加大产业转型升级的力度，增强中国企业在国际国内两个大市场的产品竞争力，进一步扩大中国市场的对外开放度；美国应减少或取消对华出口高科技产品的限制，拓宽对华货物贸易的渠道。中美两国都应维护世界贸易体制的法治，按贸易救济的规则办事。近年来，两国通过世界贸易组织的争端解决机制已经和正在处理一些重大的贸易救济争议。[⑥]

（三）“一带一路”倡议下的合作共赢

中国提出的“一带一路”倡议充分体现了“携手构建合作共赢新伙伴，同心打造人类命运共同体”[⑦]的国际法新理念。在这一新理念的指导下，中国身体力行，积极促进“一带一路”国际合作，努力实现沿线各国各地区的政策沟通、设施联通、贸易畅通、资金融通、民心相通。这对于化解各种区域间经贸安排可能带来的矛盾与

---

① 2016 年，中美货物贸易总量逾 5785.9 亿美元。数据来源：《2016 年美国货物贸易及中美双边贸易概况》，商务部网，https://countryreport.mofcom.gov.cn/record/qikan110209.asp?id=8893[2018-01-22]。

② 参见王新奎：《融入经济全球化之路：中国入世 15 周年回顾与展望》，《国际商务研究》2016 年第 6 期。以 2015 年为例，美国“苹果”智能手机赚取了全球智能手机市场约 92％的利润。

③ 统计数据：海关总署 2016 年 12 月进出口商品贸易方式总值表（累计），2017 年 1 月 13 日发布。

④ 美国对华货物贸易逆差 2016 年为 3470.4 亿美元，约占美国 2016 年货物贸易逆差 7354.6 亿美元的 47％。《2016 年美国货物贸易及中美双边贸易概况》。

⑤ 据统计，1995 年至 2013 年，美国对华发起 117 起反倾销调查案，39 起反补贴调查案。参见商务部：《二十国集团贸易救济调查情况综述》（2015 年 7 月 23 日）。

⑥ 中国加入世界贸易组织后涉案争端解决，作为应诉方涉及法律问题最多的《中国加入议定书》，起诉美国的以贸易救济有关协定为主，包括美国对铜版纸“双反”案（DS379）、美国虾与锯片案（DS422）、美国反补贴案（DS437）、美国对某些产品“双反”案（DS449），美国反倾销方法案（DS471）、美国有关价格计算方法的措施案（DS515）。

⑦ 《携手构建合作共赢新伙伴　同心打造人类命运共同体——在第七十届联合国大会一般性辩论时的讲话》。

冲突，展开各种形式的国际经贸合作，形成更加公平合理的国际经贸新秩序、新规则，具有重大和深远的意义。①

“一带一路”倡议提出以来，已经有 100 多个国家和国际组织积极响应支持，40 多个国家和国际组织同我国签署合作协议。②据商务部统计，2016 年我国与“一带一路”沿线国家经贸合作取得显著进展，进出口贸易总额达 6.3 万亿元人民币，增长 0.6%；在沿线国家新签对外承包工程合同为 1260 亿美元，增长 36%；对沿线国家直接投资 145 亿美元，占我国对外投资总额的 8.5%。我国企业在“一带一路”沿线 20 多个国家建设了 56 个经贸合作区，累计投资超过 185 亿美元，为东道国创造了近 11 亿美元的税收和 18 万个就业岗位。③“一带一路”倡议惠及全球。这是我国努力实践人类命运共同体的真实写照。

与“一带一路”倡议相适应，2013 年 10 月我国发起成立了亚洲基础设施投资银行（“亚投行”）。短短 4 年多来，“亚投行”成员国就已发展为 84 个，遍布全世界，除亚洲国家为主，还包括欧洲的英国等、北美洲的加拿大、大洋洲的澳大利亚和新西兰等发达国家，非洲的埃及和南非、南美洲的巴西等。“亚投行”2016 年全年共计为 7 个亚洲发展中国家的 9 个项目提供了 17.27 亿美元贷款，撬动公共部门和私营部门资金 125 亿美元。这些项目的投资建设，对改善借款国的城市设施、交通、能源供给能力和使用效率，帮助其提升产业承载能力、加快工业化和城镇化进程，推进国际产能合作，促进区域互联互通具有积极意义。④

事实胜于雄辩。“一带一路”倡议的实施是中国践行《联合国宪章》促进国际合作的宗旨，构建人类命运共同体的突出表现，日益赢得了全球越来越多的国家和地区的理解。这不仅极大地促进国际经贸合作，而且随着基础设施的互联互通，有利于各国和地区的人民、文化之间的广泛交流和互鉴。

六、人类命运共同体的国际法新理念之亮点：绿色

（一）人类命运共同体的绿色观及其对于国际法发展的意义

与我国主张的和平共处五项原则、“和谐世界”的理念相比，人类命运共同体的

① 参见张乃根：《“一带一路”倡议下国际经贸规则之重构》，《法学》2016 年第 5 期。

② 参见《携手推进“一带一路”建设——在“一带一路”国际合作高峰论坛开幕式上的演讲》（2017 年 5 月 14 日，北京），《人民日报》2017 年 5 月 15 日，第 3 版。

③ 《2016 年我国与“一带一路”沿线国家进出口总额 6.3 万亿人民币》，中央政府网，http://www.gov.cn/shuju/2017-02/21/content_5169878.htm[2018-01-22]。

④ 亚投行网，https://www.aiib.org/en/news-events/news/2016/annual-report/index.html[2018-01-22]。

新理念中“尊崇自然、绿色发展”①和“坚持绿色低碳，建设一个清洁美丽的世界”②内容，可谓是一大新亮点。《联合国宪章》整篇没有“环境”两字，也许当时环境尚未恶化到危及人类共同体的生存，故没有绿色理念。“‘环境’，就其今天的定义而言，在许多语言中都是一个新词。是从二十世纪六十年代开始，人类才发现环境的恶化已构成对现代社会的挑战。”③直到二十世纪七十年代，国际法体系及理论依然缺乏系统、全面的环境保护内容。④自 1972 年联合国制定《人类环境宣言》以来，包括陆地土壤、水资源、大气以及其中生物多样性环境的国际保护义务以各种法律形式加以确立。⑤以绿色为代表的环境意识开始深入人心。国际环境法开始形成。

从传统的战争与和平为主题的国际法，到重视环境保护的国际合作所形成的国际法分支，人类逐步认识到环境不是一个国家或地区的人民所独自拥有的，而是在不同程度和范围属于人类全体的“共有物”(commonage)。⑥这不仅限于国家主权管辖之外的海洋、极地和外空，而且更重要的是包括了国家领土、领海和领空主权下所有具有环境性质的资源。一国的树林破坏、生物灭绝、近海水域或上空的污染，或多或少，迟早将祸及他国乃至全球的生态环境。这在近半个世纪前才为人类所承认的事实：“人类环境的两个方面，即天然和人为的两个方面，对于人类的幸福和对于享受基本人权，甚至生存权利本身，都是必不可缺少的。”⑦如今已成为世界各国人民的共识。

人类命运共同体的绿色理念强调：“要坚持环境友好，合作应对气候变化，保护好人类赖以生存的地球家园。”⑧这一理念既突出了气候环境对于人类命运共同体的极端重要性，又进一步从“地球家园”的思维角度显现了中国“家”的文化要素，从而将通常所说的“国际大家庭”与“地球家园”结合起来，更加深刻地揭示了国际法

---

① 《携手构建合作共赢新伙伴　同心打造人类命运共同体——在第七十届联合国大会一般性辩论时的讲话》。

② 《共同构建人类命运共同体——在联合国日内瓦总部的演讲》。

③ [法]亚历山大·基斯著：《国际环境法》，张若思译，法律出版社 2000 年版，第 1 页。该书作者是该领域的先驱者，指出：该书“于 1989 年首次在法国出版，是世界上全面介绍这个国际法新分支的第一部专著”。(中译本序)

④ 比如，[英]M.阿库斯特：《现代国际法概论》，汪瑄等译，中国社会科学出版社 1981 年版，该书原英文版于 1978 年出版，整本书没有提及“环境”。但是，该书 1997 年再版时包括了第 16 章“环境”。参见 Perter Malanczuk, *Akehurst's Modern Introduction to International Law*, 7th ed., Routledge, 2002。

⑤ 参见[英]帕特莎·波尼、埃论·波义尔：《国际法与环境》，那力等译，高等教育出版社 2007 年版。

⑥ Louis Henkin, *International Law: Politics and Values*, Martinus Nijhoff Publishers, 1995, p.78.

⑦ 联合国人类环境会议《人类环境宣言》(1972 年 6 月 5 日于斯德哥尔摩通过)。中译本见王曦主编：《国际环境法资料汇编》，民主与建设出版社 1999 年版，第 666 页。

⑧ 《决胜全面建成小康社会　夺取新时代中国特色社会主义伟大胜利——在中国共产党第十九次全国代表大会上的报告》。

的一切规则归根结底应该以全人类的共同利益为最高宗旨。从这一点来说，绿色代表了人类的共同利益。由此，习近平新时代中国特色社会主义思想包涵了国际法理论及实践的一个发展方向，即，将已有的国际环境法理论提升到世界各国人民共同推进构建人类命运共同体的全局性、全球性的国际法基本理论之高度，进而探求二十一世纪乃至一百年、二百年更加久远的年代，人类命运共同体应制定和实施的全球规则体系。

与人类命运共同体理念的整体特征相一致，绿色国际法兼具“应然性”和“实然性”。其中，最为迫切的“实然性”，莫过于应对全球气候变化的严峻挑战。2015 年 12 月 12 日《联合国气候变化框架公约》近 200 个缔约方达成了新的全球气候协定——《巴黎协定》。2016 年 9 月 3 日中国全国人大常委会予以批准。①翌日，在 20 国集团(G20)峰会期间，习近平主席与时任美国总统奥巴马正式宣布两国加入该协定，并与时任联合国秘书长潘基文共同出席批准文书交存仪式，从而推动了以绿色低碳为宗旨的该协定于同年 11 月 4 日正式生效。该协定规定将全球平均气温升幅控制在工业化前水平以上低于 2 ℃之内，并努力将气温升幅限制在工业化前水平以上 1.5 ℃之内，同时认识到这将大大减少气候变化的风险和影响。这是人类命运共同体把握自己未来的一个非常重要的实际行动。

（二）新型大国关系中的绿色合作

《巴黎协定》是深化新型大国关系的合作范例。中国与美国是世界上两个最大的温室气体排放国家。没有中美携手合作，该协定是根本无法达成的。2015 年 9 月 25 日，中美元首共同发表了不同寻常的《气候变化联合声明》，“重申坚信气候变化是人类面临的最重大挑战之一，两国在应对这一挑战中具有重要作用。两国元首还重申坚定推进落实国内气候政策、加强双边协调与合作并推动可持续发展和向绿色、低碳、气候适应型经济转型的决心”。②这为最终达成《巴黎协定》铺平了道路。可以说，这是中美两国为合作构建人类命运共同体所做的历史性贡献。

诚然，《巴黎协定》的真正落实，绝非易事。美国新总统特朗普上台不久就宣布退出《巴黎协定》。③这对于中美之间的绿色合作，促进《巴黎协定》在全球范围的实施，极为不利。可见，新型大国关系中的绿色合作不仅是应对气候变化的问题，而

① 参见《全国人大常委会关于批准〈巴黎协定〉的决定》，《人民日报》2016 年 9 月 4 日第 4 版。

② 《中美元首气候变化联合声明》(2015 年 9 月 25 日于华盛顿特区)，外交部网，http://www.fmprc.gov.cn/web/ziliao_674904/1179_674909/t1300787.shtml[2018-01-22]。

③ 《特朗普宣布美国退出〈巴黎协定〉联合国不为美国再启谈判》，澎湃新闻网，http://www.thepaper.cn/newsDetail_forward_1698946[2018-01-22]。

且也考验着中美双方，尤其美方是否真正放弃损人利己，甚至损人也不利己的传统做法，与倡导合作共赢的中国相向而行。简言之，新型大国关系中的绿色合作，与构建人类命运共同体的历史使命一样，前途光明，道路曲折。

七、结　论

构建人类命运共同体的中国方案是继和平共处五项原则、和谐世界理念，我国提出的又一个充满新时代特征的大国外交方略。作为习近平新时代中国特色社会主义思想的组成部分，人类命运共同体的整体性理念所涵盖的国际法理念是中国对国际法理论及实践的新贡献。构建以和平为基础、包容为核心、互利为功效、绿色为亮点的人类命运共同体，实质上就是倡导与践行和平、包容、互利、绿色的国际法。中美之间新型大国关系应与之并行不悖，且为关键所在。这对于遵循《联合国宪章》宗旨及基本原则，促进更加公平合理的国际新秩序，具有重大的现实意义与深远的历史意义。进一步阐发人类命运共同体理念的深刻内涵和适用范围，有助于我国国际法理论的研究创新和指导对外关系，尤其是“一带一路”倡议的实施和应对全球气候变化等重大挑战。

Exploring the Ideas of International Law for the Community of Shared Future for Mankind

Abstract: As the part of XI Jinping's thoughts on socialism with Chinese characters in the new era, the construction of a community of shared future for mankind is China's solution to the establishment of the international order based on fairness and reasonableness in the new situation with many uncertainties. It has been included in several important documents of the United Nations. Its underlying ideas are based on China's initiative of the five principles of peaceful coexistence and harmonious world. Its basic tenets include peace as the foundation, inclusiveness at its core, mutual benefits being the desired effect and greenness as the highlight. The idea of a community of shared future for mankind is related to China's proposal to establish the new model of Sino-US relation, i. e., non-conflict, non-confrontation, mutual respect, and win-win cooperation. It is China's new contribution to the practice and theory of international law. It is a practical approach to achieve perpetual peace for international community of shared future by appropriately handling the military relation between great powers, avoiding local or regional wars, improving the Human Rights Council of United Nations, giving up idea or practice of cold war, taking the win-win cooperation under "One Belt and One Road", and enhancing the green cooperation among nations.

Keywords: Community of shared future for mankind; Idea of international law; New model of great powers

论当代中国国际法基本理论的传承与创新*

内容摘要：当代中国正迈向民族复兴伟业第二个百年奋斗目标的新征程，亟待创新中国国际法基本理论。近现代以来国际法的创新性基本理论都是一定国际关系变化的时代产物。将开创性或创新性国际法基本理论放在一定的国际关系下，理解其与时代的关联性及其相比前人的新颖性，有助于促进当代中国国际法基本理论的创新。当代中国作为负责任大国，面临百年未有之大变局，需要创新的中国国际法基本理论。在国际法原则的体系中，传承对和平共处五项原则、"三个世界""和谐世界"的国际法基本理论的创新性阐述，须对新的人类命运共同体构建包含的五项国际法原则作全面深入研究。展望未来，应在理论、实践和国际法学界公认的综合维度上进一步创新，阐述中国特色鲜明，内容具体丰富，涵盖持久和平、普遍安全、共同繁荣、文明共存、可持续发展等统辖国际法各领域的基本理论，为共商共建共享更加公正合理的全球治理提供中国智慧、中国方案。

关键词：当代中国；国际法；基本理论；传承；创新

2022年10月16日，中国共产党第二十次全国代表大会召开。习近平代表第十九届中央委员会向大会作了题为《高举中国特色社会主义伟大旗帜　为全面建设社会主义现代化国家而团结奋斗》的报告。习近平指出，从现在起，中国共产党的中心任务就是团结带领全国各族人民全面建成社会主义现代化强国、实现第二个百年奋斗目标，以中国式现代化全面推进中华民族伟大复兴。①

当前，世界百年未有之大变局加速演进，世界进入新的动荡变革期。中国已经并将继续发生巨变，因而深刻影响着世界及其大变局的走向。这是观察当前及今后相当长时期国际关系的客观前提。中国坚持对外促进世界和平与发展，推动构建人类命运共同体，相应地，创新能体现中国和平外交和人类共同利益的国际法基本理论，势在必行。这是研究当代中国国际法基本理论的传承与创新之时代背景。

对当代中国而言，国际法既包括中国对外缔结的双边条约和参加的多边条约，②也包括国际公认的习惯国际法或国际法一般原则。当代中国国际法基本理

---

* 原载《国际法研究》2022年第6期，第3—18页。

① 参见《高举中国特色社会主义伟大旗帜　为全面建设社会主义现代化强国而团结奋斗——在中国共产党第二十次全国代表大会上的报告》(2022年10月16日)，《人民日报》2022年10月26日第1版。

② 参见中华人民共和国外交部条约法律司编：《中国国际法实践案例选编》，世界知识出版社2018年版，第81页。

论的研究对象不仅是对中国而言的国际法，而且涵盖在联合国秘书处登记的双边条约和多边条约，①乃至形成中的习惯国际法和国际法一般原则或规则，以及“强行法”(*jus cogens*)等。②国际法基本理论通常指国际法学的基础性理论，包括国际法的性质、渊源、国际法与国内法的关系、基本原则等。③回顾历史，当代中国国际法基本理论亟待进一步创新。④创新，离不开传承，传承已有四百多年历史的近现代国际法，尤其是七十多年来中国国际法的理论与实践。

当代中国国际法基本理论的传承与创新，关键是守正创新。中华人民共和国成立后就倡导和平共处五项原则，恢复在联合国合法席位之后，中国提出“三个世界”的理论，旗帜鲜明反对一切霸权主义。在进入二十一世纪之初，中国阐明坚持走和平发展道路的和谐世界观。如今，在迈向全面建成社会主义现代化强国的新征程上，中国强调与世界各国人民共同推动构建人类命运共同体。这是中国特色大国外交方略的历史演进，也是新时代要求的中国国际法基本理论创新的守正前提。

为此，本文以中华民族复兴伟业的第二个百年奋斗目标为指引，研究与之相适应的当代中国国际法基本理论的传承与创新。本文首先尝试从国际关系与国际法的互动视角，阐释国际法基本理论的创新条件及其规律性，再论述当代中国国际法基本理论的传承性，进而探讨其创新性及其衡量的维度，最后是初步的结论。

一、近现代国际法的基本理论创新及其启迪

当代中国处于以联合国以及《联合国宪章》为基础的全球性国际关系与国际法体系中。勇于改革开放的中国离不开世界，世界也离不开中国。当代国际关

---

① 参见“United Nations Treaty Collection”，https://treaties.un.org/[2022-10-20]。

② 参见“Identification of customary international law”，*Yearbook of the International Law Commission* 2018，Vol.II，Part Two；还参见《一般法律原则》和《确定国际法规则的辅助手段》，《联合国国际法委员会报告：第七十二届会议》，A/76/10；《一般国际法强制性规范(强行法)》，《联合国国际法委员会报告：第七十一届会议》，A/74/10。

③ 参见王铁崖：《国际法引论》，北京大学出版社 1998 年版，第 1—122、177—249 页。

④ 近十多年来中国国际法学者在这方面的努力，参见何志鹏等著：《国际法的中国理论》，法律出版社 2017 年版，第 5—51 页；罗国强：《国际法本体论》，法律出版社 2008 年版，第 1—35 页；杨泽伟：《国际法析论》(第二版)，中国人民大学出版社 2007 年版，第 3—30 页；潘抱存、潘宇昊：《中国国际法理论新发展》，法律出版社 2010 年版，第 1—44 页；古祖雪：《国际法：作为法律的存在与发展》，厦门大学出版社 2018 年版，第 2—68 页；黄惠康：《中国特色大国外交与国际法》，法律出版社 2019 年版，第 461—495 页；Sienho Yee，*Towards an International Law of Co-progressiveness，Part II：Membership，Leadership and Responsibility*，Brill Nijhoff，2014；Congyan Cai，*The Rise of China and International Law*，Oxford University Press，2019，pp.1 - 40.

系与国际法体系可追溯至十七世纪初。随着欧洲民族国家摆脱中世纪教廷统治而开始形成独立主权者之间国际关系，以及贯通世界各大洲的航海交通兴起，欧洲国际关系及其国际法逐渐影响到世界其他国家和地区。1609 年，荷兰人格劳秀斯发表《论海洋自由》，[①]创新性地将自然法理论从神学枷锁中解放出来，为直至今日的国际法基本理论奠定了最初的基石，被认为"不仅是国际法之父，而且也是自然法之父"[②]。1758 年，瑞士人瓦特尔（Emerich de Vattel）在其《国际法或运用于国家和主权的行为和事务上的自然法原则》（以下简称《国际法或自然法原则》）[③]中系统地阐述了调整主权国家间的国际法原则与规则，将格劳秀斯非神学自然法学派的国际法学说推向一个新阶段，影响持续至二十世纪初。近一百多年来，英美实证国际法的现代学派取代了欧洲大陆自然国际法的古典学派，其中尤以 1905 年英国《奥本海国际法》、[④]第二次世界大战后美国杰塞普（Philip C. Jessup）《跨国法》[⑤]和亨金（Louis Henkin）《国际法：政治与价值》[⑥]等为代表。近现代国际法基本理论究竟有哪些时代新颖性，其理论创新有什么历史条件及其规律性，这些基本理论对当代中国国际法基本理论的创新有何启迪，这些问题值得探讨。

（一）近现代国际法基本理论的时代新颖性

格劳秀斯的时代特点是"西北欧近代国家的兴起"[⑦]。1588 年，荷兰宣布脱离西班牙的宗主统治而独立。1602 年，荷兰成立联合东印度公司，并授权对阻断其海外贸易的葡萄牙开战，引发两国在毗邻中国南海的马六甲海峡附近发生了海战。[⑧]1604 年，格劳秀斯受聘于联合东印度公司，为其处置捕获的战利品而引发的

---

① Hugo Grotius, *The Freedom of the Seas*, trans. Ralph van Deman Magoffin, Oxford University Press, 1916, pp.7 - 9.

② ［英］劳特派特修订：《奥本海国际法》（上卷第一分册），王铁崖、陈体强译，商务印书馆 1981 年版，第 63 页。

③ See Emerich de Vattel, *The Law of Nations or the Principle of Natural Law Applied to the Conduct and the Affairs of Nations and of Sovereigns*, trans. Charles G. Fenwick, Carnegie Institution of Washington, 1916, pp.3 - 27.

④ See Lassa Oppenheim, *International Law*, Longmans, Green and Company, 1905, sections 1 - 4.

⑤ See Philip C. Jessup, *Transnational Law*, Yale University Press, 1956, pp.1 - 34.

⑥ 参见［美］路易斯·亨金：《国际法：政治与价值》，张乃根等译，中国政法大学出版社 2005 年版，第 7—144 页。

⑦ ［英］杰弗里·巴勒克拉夫主编：《泰晤士世界历史地图集》（中文版编辑邓蜀生），三联书店 1985 年版，第 184 页。

⑧ L.E. van Holk and C.G. Roelofsen(eds.), *Grotius Reader*, T.M.C. Asser Instituut, 1983, pp.24 - 28.

案件辩护,由此撰写了《捕获法》,包括嗣后单独发表的第 12 章《论海洋自由》。为了论证当时事实上独立的荷兰与其他欧洲主权国家拥有从事海外贸易的平等权利,且享有公海航行自由,格劳秀斯尝试从“应当允许保护(人们自己的)生命并避免可能造成其伤害的威胁”和“允许为自己取得并保有那些对生存有用的东西”,以及“恶行必纠”“善行必偿”等戒律性自然国际法的规则出发,主张荷兰维护平等权利而战具有正当性。[①]在 1625 年出版的《战争与和平法》,格劳秀斯进一步全面阐述了自然与实证国际法的理论,尤其是第一次宣称上帝也不能改变的一些公理,譬如“不能使得 2 乘以 2 不等于 4,因而也不得使本质上的邪恶不为恶”,并认为基于自然国际法,各国达成“被称为人类共识的”实证国际法。[②]这是当时欧洲最先进的非神学自然法与国际法理论。

瓦特尔身处欧洲列强“争夺欧洲和殖民地霸权”,战争接二连三的时代。[③]自 1648 年经《威斯特伐利亚和约》确认,独立后的瑞士奉行中立,未卷入任何战事。瓦特尔有丰富的外交经历,撰写《国际法或自然法原则》旨在为各国政府提供一本国际法简明手册。然而,此书能够影响长达一个多世纪,不仅在于编纂格劳秀斯之后欧洲国际法的主要原则和规则,而且有所创新,阐明一系列国际法基本理论,[④]包括:“国际法是存在于各民族或国家之间的权利以及相应义务的科学”;[⑤]国际法基本原则是为了国际社会最终目的,每个国家有责任尽可能地为其他国家的福祉做出贡献;每个国家如同个人那样依自然而自由独立,因而应和平享有自然属于其的自由,有自主独立行动的权利;国家受到在先的道德、善的约束,有义务遵循之;实证国际法是分别以假定的、明示和默示的同意为基础的自愿国际法、条约国际法和习惯国际法;战争的正当性是指本国权利受到侵害时,为了自卫和维护其权利,可对加害国使用武力。这些理论充分体现瓦特尔时代的欧洲各国以及后来独立的美国享有绝对平等的主权。不同于格劳秀斯的论著还留有“上帝”此类神学用语,瓦特尔完全以世俗的方式论述国际法,即便他所说的“自然法”也是人性善的理念。

---

① [荷]格劳秀斯:《捕获法》,张乃根等译,上海人民出版社 2006 年版,第 11—36 页。

② Hugo Grotius, *On the Law of War and Peace*, trans. by Francis W. Kelsey, the Clarendon Press, 1925, pp.40 - 42.

③ 王绳祖主编:《国际关系史(十七世纪中叶—一九四五年)》(第二版),法律出版社 1986 年版,第 21 页。

④ Bardo Fassbender and Anne Peters et al. eds., *The Oxford Handbook of the History of International Law*, Oxford University Press, 2012, pp.1118 - 1121.

⑤ Emer de Vattel, *The Law of Nations or the Principle of Natural Law Applied to the Conduct and the Affairs of Nations and of Sovereigns*, trans. by Charles G. Fenwick, Carnegie Institution of Washington, 1916, p.3.

这标志着国际法从近代走向现代。

《奥本海国际法》是"西方据优势地位时世界"[①]之产物。二十世纪初，随着欧美各国以其经济技术和政治文化优势，在世界各地具有统治地位或影响，欧洲或欧美地区的国际法走向全世界。奥本海从德国移居英国后撰写的《国际法》（和平法、战争法）分别于1905年、1906年出版，该书吸取了英国十八世纪末以后占主导地位的实证主义法学思想，形成近一百多年来最有影响的实证国际法理论。"英国之精神，德国之方法，这本书通过其后续的版本已经发展成为一座国际法学真正的气势恢弘的宝座。"[②]以《奥本海国际法》第九版为例，该书基本理论包括：其一，普遍或一般国际法的概念，即对一切或很多国家有法律拘束力的国际法，诸如《联合国宪章》此类多边条约构成的条约法和具有普遍效力的大部分习惯国际法，以及一般法律原则或国际法基本原则。这体现于1922年、1946年先后成立的常设国际法院和联合国国际法院有关可适用国际法的规约条款。其二，国际法的根据或法律基础是主权国家间的"共同同意"，[③]体现于条约的明示同意和习惯的默示同意。相比上述瓦特尔的理论，《奥本海国际法》的基本理论少了人性善之类理念，因而有别于自然国际法学说。然而，1969年《维也纳条约法公约》规定任何条约不得抵触国际社会公认的"强行法"。《奥本海国际法》写道："假定没有任何与此类规则相悖的行为可通过同意、默示或承认而合法化。"[④]这反映了第二次世界大战后国际法的实证理论与自然法学说的某种调和。将国家同意作为国际法唯一基础"与国际社会的客观实际与需要是不符合的"[⑤]。其三，国际法与国内法的关系，这是先前国际法理论所没有明确阐述的新问题。各国处理这一关系的方法有所不同。但是，《奥本海国际法》提出："既然国际法是以各国的共同同意为根据的，一个国家就不至于故意制订与国际法相抵触的规则。"[⑥]这是假定各国主观上使得国内法与国际法相一致的新观点。

美国杰塞普、亨金的国际法理论秉承了《奥本海国际法》的实证主义立场。但是，在二十世纪五十年代"美国霸权地位的确立"[⑦]态势和二十世纪九十年代冷战

---

① ［美］斯塔夫里阿诺斯：《全球通史：1500年以后的世界》，吴象婴、梁赤民译，上海社会科学出版社1992年版，第243页。

② ［美］阿瑟·努斯鲍姆：《简明国际法史》，张小平译，法律出版社2011年版，第214页。

③ Robert Jennings and Arthur Watts ed., *Oppenheim's International Law*, Longman Group UK Limited, 9th edn., 1992, p.9.

④ Ibid., p.8.

⑤ 李浩培：《强行法与国际法》，载《中国国际法年刊（1982）》，中国对外翻译出版公司1982年版，第62页。

⑥ ［英］詹宁斯、瓦茨修订：《奥本海国际法》，王铁崖等译，中国大百科全书出版社1995年版，第46页。

⑦ 方连庆等主编：《战后国际关系史（1945—1995）》，北京大学出版社1999年版，第43页。

后联合国及其国际法有所加强的背景下，[①]杰塞普和亨金的理论有所创新。杰塞普教授出任联合国国际法院法官之前，于1956年发表的《跨国法》延续其先前《现代国际法》[②]的观念，将从事跨国交易领域的公司法人和人权保护对象的个人视为国际法的主体，并强调："'跨国法'的术语涵盖调整超越国界的行为或事件的所有法律。"[③]亨金教授著作等身，其中1995年出版的《国际法：政治与价值》被认为"反映他对国际法学说的最普遍贡献"[④]。该书突出观点之一是提出，冷战后在由美国主导、各国相互依赖的国际体系中，"人权成为联合国的议程和国家间体系不可分割的一部分，个人无可争议成为国际法的一个'主体'。"[⑤]显然，两者都非常看重人权保护在国际法中的地位。这是《奥本海国际法》所没有的新特点，这也说明美国的国际法理论与其对外政策休戚相关。亨金是1987年美国法学会编纂《美国对外关系法重述》的首席报告人。该重述第一条体现两者所代表的美国国际法基本理论的基点："本重述所说国际法由普遍适用于处理国家和国际组织的行为及其相互间关系，且部分地与自然人或法人的关系之规则和原则所构成。"[⑥]

（二）对当代中国国际法基本理论创新的启迪

上述回顾并非仅在于梳理近现代国际法学史，而是将开创性或创新性国际法基本理论放在一定的国际关系或历史条件下，理解其与时代的关联性及其相比前人的新颖性，从中获取对当代中国国际法基本理论创新的启迪。

第一，调整主要为国家间关系的国际法，因特定国际关系而生，又为其所用。上述欧美国际法学家的理论都是为一定国家或地区相关国家的外交服务，由此体现其时代新颖性。格劳秀斯创立非神学的自然国际法理论，旨在为当时实际独立的荷兰争取平等主权和开拓海外贸易，论证欧洲各国平等享有海上航行自由和从事国际贸易的自由，进而主张为维护自身权利，必要时采取武力的正当性。格劳秀斯支持新教的立场迎合了反对神圣罗马帝国权势的法国和瑞典等国需要。他的

---

① 1990年联合国在成立45周年时决定"1990—1999年为联合国国际法十年"。United Nations Assembly, "United Nations Decade of International Law", A/RES/45/40, 28 November 1990.

② Philip C. Jessup, *A Modern Law of Nations: An Introduction*, the Macmillan Company, 1948, pp.15-42.

③ Philip C. Jessup, *Transnational Law*, Yale University Press, 1956, p.2.

④ Jonathan I. Charney, Donald K. Anton and Mary Ellen O'Connell eds., *Politic, Values and Functions: International Law in the 21st Century: Essays in Honor of Professor Louis Henkin*, Kluwer Law International, 1997, p.1.

⑤ Louis Henkin, *International Law: Politics and Values*, Martinus Nijhoff Publishers, 1995, p.176.

⑥ American Law Institute, *The Restatement (Third) of the Foreign Relations Law of the United States*, The American Law Institute Publishers, 1987, § 101.

《战争与和平法》超越一国权益范畴，为《威斯特伐利亚和约》提供了理论基础。时代需要格劳秀斯，也造就了格劳秀斯。瓦特尔生涯并无显赫，出乎预料的是其《国际法或自然法原则》对后世有如此深远的影响。然而，当时欧洲列强纷争，客观上迫切需要改进调整相互间关系的现代国际法。瓦特尔阐释了每个拥有绝对主权的国家也有责任善待他国，以及促进国际社会的共同福祉，国家只有在自卫和维护其权利的必要情况下方可诉诸战争等原理、原则或规则。这在很大程度上为欧洲或欧美主权国家间和平或战争的关系，提供了基于西方道德观念的国际法规则新体系。如同格劳秀斯《战争与和平法》一样印行数十版和被译成多种文字，瓦特尔《国际法或自然法原则》法文再版延续至1863年，并被译成欧洲各国文字发行，在1840年鸦片战争前夕，其少部分内容被译成为中文《各国律例》，[①]可见影响之大。这启示我们：当代中国国际法基本理论的创新必须基于当今世界百年未有之大变局的国际关系态势，立足于中华民族复兴伟业的第二个百年奋斗目标和推动构建人类命运共同体的中国主张、中国方案。

第二，不同时代的国际法及其基本理论创新，都不同程度伴随着国际关系中大国或强国重心的变移。十七世纪的法国替代西班牙，成为欧洲大陆的头号大国；荷兰曾在格劳秀斯时代与法国结盟，取代了葡萄牙成为海外贸易强国，史称"荷兰的黄金世纪"。[②]格劳秀斯在巴黎出版《战争与和平法》，并献辞呈奉法兰西国王路易十三，就理所当然了。格劳秀斯改造了欧洲早期国际法学说，尤其是西班牙伦理神学的国际法学说，创立了"第一个国际法体系"。[③]格劳秀斯提出的理论，服务于荷兰和法国的外交，并为欧洲各国所接受。十八世纪中叶至二十世纪初，英国依仗其在工业革命中的领先地位，成为"日不落"帝国。瓦特尔《国际法或自然法原则》法文第一版在瑞士问世后，首先引起英国的关注，同年在伦敦出版，翌年就有了英文版。这在一定程度上反映了当时欧洲国际关系中英国地位的上升。十九世纪末，英国的综合国力依然最强，但美国已跃升为第一工业大国，在英语世界国家独占鳌头。《奥本海国际法》出乎于作者仅仅写作一本教程的初衷，但其实证国际法理论与编纂性内容"使其成为终结古典国际法时代的成果"，[④]很快风靡欧美及各国国际法学界。这实际上顺应了英美两国处理全球性国际关系中适用普遍的、标

---

① 参见王铁崖主编：《国际法》，法律出版社1981年版，第16—17页。

② L.S. Stavrianos, *The World Since 1500: A Global History*, Prentice-Hall International, Inc., 2nd edn., 1966, p.125.

③ ［奥］阿·菲德罗斯等：《国际法》，李浩培译，商务印书馆1981年版，第127页。

④ Bardo Fassbender and Anne Peters(eds.), *The History of International Law*, Oxford University Press, 2012, p.1154.

准的国际法规则体系的需求。第二次世界大战后美国的国际法理论为其对外关系法服务的特点更加明显。可以说，四百多年来，欧美大国或强国都有其相应的国际法基本理论，并随时代变迁而更新，这是可观察的规律性。如今，中国正朝着全面建成社会主义现代化强国的目标发展，并日益走近世界舞台中央。当代中国国际法基本理论的创新正当其时。这是时代的召唤和中国国际法学界的历史使命。

第三，近现代国际法基本理论的创新性，都得到普遍的公认。理论创新需要自信，而非固步自封。格劳秀斯在《战争与和平法》导论开篇就大胆声称：在国际法领域，“当时还没有人以全面和系统的方式论述过，而人类的福祉要求完成这一任务。”①格劳秀斯虽具有天赋，但也花了二十多年时间才完成这一任务，并很快在欧洲得到公认。瓦特尔在《国际法或自然法原则》序言中也自信地认为，前人对国际法的研究还很不够，包括“误解其真正的起因”②。他所要做的是澄清自然法和实证国际法，实质上就是围绕拥有绝对主权的国家，展开阐述调整国际关系的应有准则。瓦特尔的努力也很快在欧美各国得到公认。尽管奥本海编纂《国际法》教程是抱着“教师写给学生看”这样很单纯的看法，③但是，他是当时将国际法作为社会科学的一个独立学科，并尝试建立起其学术体系与范式的开创性学者之一。④他的书不仅成了后来世界范围通用的经典教材，而且也部分地归功于修订者的更新，是国际司法机构作为辅助的可适用法所援引最多的权威论著。⑤四百多年来，格劳秀斯和瓦特尔等强调主权国家平等，第二次世界大战后修订的《奥本海国际法》和杰塞普、亨金等人的国际法理论，与《联合国宪章》为基础的国际法规则体系有着千丝万缕的关联。否认这一现实，另起炉灶地创新理论，恐怕很难得到普遍公认。这就要

① Hugo Grotius, *On the Law of War and Peace*, trans. by Francis W. Kelsey, the Clarendon Press, 1925, prolegomena, p.vii.

② Emer de Vattel, *The Law of Nations or the Principle of Natural Law Applied to the Conduct and the Affairs of Nations and of Sovereigns*, trans. by Charles G. Fenwick, Carnegie Institution of Washington, 1916, preface, p.3a.

③ Jackson H. Ralston, Book Reviews, International Law, Treaties by L. Oppenheim, *The American Journal of International Law*, Vol.2, No.1(Jan. 1908), p.242.

④ L. Oppenheim, The Science of International Law: Its Task and Method, *The American Journal of International Law*, Vol.2, No.2(May 1908), pp.313 – 356.

⑤ Bardo Fassbender and Anne Peters(eds.), *The History of International Law*, Oxford University Press, 2012, p.1155.《奥本海国际法》的修订者包括阿诺・邓肯・麦克奈尔(Arnold Duncan McNair), 1946年至1955年任国际法院法官且在1952年至1955年期间担任院长；赫希・劳特派特(Hersch Lauterpacht), 1955年至1960年任国际法院法官；以及罗伯特・Y.詹宁斯(Robert Y. Jennings)，1982年至1995年任国际法院法官且在1991年至1994年期间担任院长。

求当代中国国际法基本理论的创新必须“扬弃”而非“抛弃”已有四百多年历史的欧美国际法学说。中国是联合国创始会员国和安理会常任理事国之一，自中华人民共和国恢复在联合国的合法席位以来，坚持和平共处五项原则，与时俱进，不断促进与世界上绝大多数国家或地区的友好合作。随着改革开放和全面融入国际社会大家庭，当代中国进一步提出推动构建人类命运共同体。无论是欧美国际法学说的创新发展史，还是我们自己对外交往的成功经验，都启迪着当代中国国际法基本理论的创新必须以世界的眼光，走推陈出新之路。

二、当代中国国际法基本理论的传承

当代中国国际法基本理论的创新不仅应从近现代国际法基本理论的先前创新中得到启迪，而且离不开自身的历史传承。欧美国际法传入中国，可追溯至距今一百八十年的鸦片战争前后。早年留学海外的周鲠生于 1929 年撰写了《国际法大纲》，该书作为大学教科书由商务印书馆出版，是中国国际法学者的第一本专著。该书说明：“所述原则，大抵依据西方先辈学者的著作，不过偶尔参以作者自己的观察。”①该书的体系及观点虽受欧美国际法理论的影响，但周鲠生明确抨击当时国际社会的强权政治和主张废止领事裁判权等，体现了中国学者的原则立场。中华人民共和国成立时，“我们绝大多数国际法学者，以我们周鲠生先生为首的都是留在大陆的。”②作为新中国第一部国际法专著，1976 年由商务印书馆出版的周鲠生遗著《国际法》（全二册），论证了中华人民共和国是代表全中国人民的唯一合法政府的国际法依据，阐明了和平共处五项原则为现代国际法基本原则，③这些都具有重大的开创性理论与实践意义。可以说，周鲠生的国际法研究及其成果代表了二十世纪二十年代至七十年代中国国际法学者的最高水平，也是中国恢复联合国合法席位半个世纪，以及改革开放四十多年以来，当代中国国际法基本理论的传承基础。这种传承与中国对外关系的大政方针休戚相关，并体现为一定的基本理论。如何看待相关理论的传承性，值得进一步思考。④

① 周鲠生：《国际法大纲》，周莉勘校，中国方正出版社 2004 年版，“序”。

② 端木正：《国际法发展史的几个问题》，黄瑶、赵晓雁编：《明德集：端木正教授八十五华诞祝寿文集》，北京大学出版社 2005 年版，第 495 页。

③ 周鲠生：《国际法》（上册），商务印书馆 1976 年版，第 133、177 页。

④ 参见曾令良等主编：《国际公法学》，高等教育出版社 2016 年版，第 18—27 页；陈泽宪主编：《当代中国国际法研究》，中国社会科学出版社 2010 年版，第 3—11 页。

(一) 和平共处五项原则与国际法

中华人民共和国一贯坚持与其他国家在互相尊重主权和领土完整、互不侵犯、互不干涉内政和平等互利的基础上和平共处。1954 年 4 月,中国与印度在双边条约中第一次明确和平共处五项原则;同年 9 月,“根据平等、互利、互相尊重主权和领土完整的原则同任何国家建立和发展外交关系的政策”成为中国第一部宪法明确的基本国策;到了二十世纪七十年代,这已是公认的国际法基本原则的组成部分。[①]继周鲠生在其《国际法》中第一次阐明了和平共处五项原则后,王铁崖于 1980 年主编并于翌年出版的《国际法》将国际法基本原则单独列为一章,系统阐述和平共处五项原则的国际法学理基础。这是当代中国国际法基本理论的首要、也是最重要的一项历史传承。

王铁崖主编的《国际法》并不是第一次将国际法基本原则列为国际法教程单独一部分的著作。二十世纪七十年代末,苏联的国际法教科书就有国际法基本原则的专章。[②]但实事求是地看,如同周鲠生所著的《国际法》认为国际法具有阶级性的观点受到苏联国际法理论的影响一样,王铁崖主编的《国际法》将国际法基本原则列为一章,在体系安排上不无苏联国际法理论的“影子”。虑及当时的历史条件,这是不难理解的。但应强调,在周鲠生明确和平共处五项原则为国际法基本原则的基础上,王铁崖主编《国际法》加以系统阐述是对国际法基本理论的突出贡献,体现了中国国际法学者的代际传承。

中华人民共和国在成立初期与邻国共同倡导并确立和平共处五项原则,侧重于双边关系。和平共处五项原则的内容虽与《联合国宪章》的宗旨及基本原则实质一致,但作为整体,得到越来越多与中国建交的国家接受而成为有拘束力的条约原则。随着中华人民共和国恢复在联合国的合法席位,和平共处五项原则在该组织及其专门机构的多边外交场合发挥应有作用,也逐渐成为指导中国对外双边与多边等全方面国际关系的基本原则。[③]中国国际法学者也传承前辈,不断深化对和平共处五项原则的阐释。[④]

---

① 参见联合国大会决议:《关于各国依联合国宪章建立友好关系及合作之国际法原则之宣言》,A/RES/2625(XXV),1970 年 10 月 24 日。

② 参见[苏联]Г・В・伊格纳钦科、Д・Д・奥斯塔频科主编:《国际法》,求是等译,法律出版社 1982 年版,第 81—99 页。

③ 参见《中华人民共和国宪法》(2018 年修正),“序言”。

④ 参见魏敏:《和平共处五项原则在国际法上的意义》,载《中国国际法年刊》(1985),中国对外翻译出版公司 1985 年版,第 237 页;《“和平共处五项原则与国际法的发展”国际研讨会专栏》,载《中国国际法年刊(2014)》,法律出版社 2015 年版,第 3—171 页。

(二)“三个世界”的理论与国际法

中华人民共和国在恢复联合国合法席位后曾提出“三个世界”的理论，即，当时美国和苏联两个超级大国是第一世界，发展中国家是第三世界，处于这两者之间的发达国家是第二世界。邓小平代表中国在1974年联合国大会第六届特别会议上加以全面阐述，强调中国作为发展中国家，在和平共处五项原则的基础上，反对任何霸权主义的外交立场。①这一理论基于当时国际关系的变化，既坚持和平共处五项原则，又体现广大发展中国家在后殖民时代要求建立公平合理的国际新秩序。1982年，王铁崖教授撰文，阐释了相关国际法的基本理论，②认为第二次世界大战后的非殖民化运动产生的大量新独立国家是当代国际关系的一个主要特点。包括新独立国家在内的亚非拉所有发展中国家构成第三世界，这对于当代国际法的影响体现在主体的增加，使得国际法的适用范围扩展到全世界，从而明显具有了普遍性。第三世界国家虽没有参加传统国际法的形成，但并不全盘否定之，而是要求改变之，以适应新的时代需要；第三世界国家已经并将继续对国际法作出贡献，包括民族自决、坚持政治和经济等完整主权，而主权原则正是和平共处五项原则的核心和首要原则等。随着苏联解体和冷战对峙的结束，美国“一超独霸”。“三个世界”理论坚持和平共处五项原则和坚定反对任何霸权主义，依然是中国鲜明的外交立场。三个世界理论及其相关国际法，并没有因特定时期两个超级大国相互争斗的一去不复返而失去其存在价值。

从当代中国国际法基本理论的传承来看，“三个世界”相关国际法理论与和平共处五项原则作为国际法基本原则的阐述，两者具有内在关联性，并呈现递进关系。“三个世界”理论认为第三世界发展中国家经过艰苦的斗争才取得独立和建立自己的国家，坚持民族自决和主权不可侵犯。和平共处五项原则将互相尊重主权和领土完整作为国家间和平共处的政治基础；第三世界国家反对任何霸权主义，就是为了维护自己的平等主权，而且进一步扩展到政治、经济等全方位的主权。中国恢复在联合国合法席位后，和平共处五项原则的适用从侧重双边关系向多边关系发展。“三个世界”的提法本身就表明中国外交的世界性新视角。此后，中国外交及相关国际法理论与“世界”“人类命运共同体”愈加紧密。

(三)和谐世界的理论与国际法

跨入二十一世纪的中国，在二十多年改革开放的基础上，通过加入世界贸易组

① 参见《邓小平在联合国大会第六届特别会议上的发言》，人民出版社1974年版，第1—13页。

② 王铁崖：《第三世界与国际法》，载《中国国际法年刊(1982)》，中国对外翻译出版公司1982年版，第9—36页。

织，进一步全面融入国际经贸体系，呈现快速的和平崛起态势。一时间，“中国威胁论”甚嚣尘上。中国向世界重申坚持和平共处五项原则，坚持走和平发展道路；中国的发展不会妨碍任何人，也不会威胁任何人；中国现在和将来都不会称霸，而致力于构建一个持久和平、共同繁荣的和谐世界。[①]从和平共处五项原则到“三个世界”，再到“和谐世界”，中国外交的基本路线没有变，但是，根据中国在国际关系的地位变化，更显示一个负责任大国的担当。中国国际法学者传承前辈对基本理论的上述研究，对中国的和平崛起与构建和谐世界相关国际法理论，进行了探索。[②]譬如，罗国强博士敏锐地注意到新世纪中国外交战略的变化对国际法基本理论的影响，通过深入研读格劳秀斯《战争与和平法》，认为以此探讨和平崛起的国际法基础，不仅在中国“和而不同”的文明中，而且在西方文明中也有共同语言，有力驳斥了“中国威胁论”的攻击。[③]他尝试传承前辈对和平共处五项原则的阐述，从自然法与实在法的结合以及东西方文化的融合角度，分析和谐世界的自然国际法基本原则，包括正义、公平、平等、善意和源自于中国传统文化的“和谐”，回答“什么是国际法”等国际法基本理论问题。[④]

和平共处与和谐世界的内涵是一致的。《联合国宪章》序言要求各国“善邻之道，和睦相处”。中国基于和平共处五项原则，立足自身为发展中国家的第三世界地位，在和平崛起或发展中提出构建“和谐世界”的主张。中国永远不称霸、永远不搞扩张，这将打破在近现代国际关系中，因国家间力量对比变化引起冲突乃至战争的“修昔底德陷阱”定律，将对国际法产生重大和深远影响。和平共处五项原则和三个世界理论侧重于国际法的“实然”性，属于实证国际法，而构建和谐世界的国际法更多具有“应然”性。当代国际法基本原则体系包括“实然”和“应然”原则，其中某项基本原则也兼有“实然”和“应然”性。认识这一点，有助于理解国际法基本原则相关理论传承和创新的路径。

（四）人类命运共同体的理论与国际法

近年来，中国提出推动构建人类命运共同体的新理念、新主张。这是在国际关系中百年未有之大变局加速演进，中国日益走近世界舞台中央之际，提出的具有引

---

① 参见胡锦涛：《努力建设持久和平、共同繁荣的和谐世界——在联合国成立60周年首脑会议上的讲话》（2005年9月15日，美国纽约），《人民日报》2005年9月16日第1版。

② 参见周忠海：《中国的和平崛起需要加强对国际法的研究》，《河南师范大学学报》（哲学社会科学版）2004年第4期，第36页。

③ 参见罗国强：《从〈战争与和平法〉看“和平崛起”的国际法基础》，《比较法研究》2005年第6期，第95页。

④ 罗国强：《国际法本体论》，法律出版社2008年版，第6页。

领性的全球治理新方案。[①]2018年的宪法修正案将“推动构建人类命运共同体”与和平共处五项原则、坚持和平发展道路，共同列为中国外交政策的基本方针。[②]相对于充满各种国家间矛盾与冲突的现实，人类命运共同体是“应然”理念，所包含的内容——“持久和平、普遍安全、共同繁荣、开放包容、清洁美丽的世界”是国际社会应当努力实现的目标。近两年，中国提出的全球发展倡议和全球安全倡议，使得这些基本内容更加丰富，并呈现与联合国相关议程和倡议的高度互动性。同时，这些“应然”内容又与以《联合国宪章》为基础的当代国际法原则和规则密不可分，包含“实然”内容。这进一步表明中国坚持和平共处五项原则、坚持反对霸权，坚持走和平发展道路，推动构建人类命运共同体，不是也不可能重建一个新世界，而是在人类命运共同体的理念指引下，与世界各国各地区共商共建共享追求上述目标的美好未来。

中国国际法学界对人类命运共同体理念所涵盖丰富的国际法理论，作了全面深入的阐释，明确提出：“在当代国际法中，构建人类命运共同体需要进一步倡导和践行和平共处、普遍安全、共同繁荣、开放包容和可持续发展等国际法原则。”[③]这是从国际法原则的思路，传承以国际法基本原则的阐释为中国特色的国际法理论。如何守正创新，进一步阐释人类命运共同体的制度化及其国际法基本原则的理论，是中国国际法学者须尝试的工作。根据初步探究，[④]人类命运共同体的理念可以转化为新的五项国际法原则。一是持久和平原则，与《联合国宪章》规定的“各会员国应以和平方法解决国际争端，俾免危及国际和平、安全及正义”，以及“在其国际关系上不得使用威胁或武力，或以与联合国宗旨不符之任何其他方法，侵害任何会员国或国家之领土完整或政治独立”相一致。二是普遍安全原则。其一，基于现行联合国集体安全机制，国际社会统筹应对传统和非传统安全威胁，其二，致力于全球治理机制改革，由国际社会共商共建共享普遍安全。三是共同繁荣原则。这一原则以开放包容为前提，以普惠与平衡为核心，以全球发展为目标。四是文明共存原则。这一原则尊重世界上各种文明、文化、宗教，促进交流互鉴，和谐共存。五是可持续发展原则，共同保护地球环境，共建清洁美丽的世界。新的人类命运共同体

① 参见习近平：《共同构建人类命运共同体——在联合国日内瓦总部的演讲》（2017年1月19日），《人民日报》2017年1月20日第2版。

② 参见张乃根：《人类命运共同体入宪的若干国际法问题》，《甘肃社会科学》2018年第6期，第81—89页。

③ “人类命运共同体与国际法”课题组：《人类命运共同体的国际法构建》，《武大国际法评论》2019年第1期，第1页。

④ 参见张乃根：《试论人类命运共同体制度化及其国际法原则》，载《中国国际法年刊（2019）》，法律出版社2020年版，第3—29页；Zhang Naigen, Institutionalization of a Human Community with a Shared Future and Principles of International Law, (2020) 15 *Frontiers of Law in China* 84, pp.84 - 106.

五项原则是对和平共处五项原则的传承和发展，适应中国在当代国际关系的地位变化和中国外交侧重点从以往双边关系向多边关系的全面发展，是当今世界不再重蹈近现代史上无数战争之覆辙，向着美好未来发展的国际法保障。应该强调，在当代中国所处国际关系和世界格局中，中国国际法基本理论的创新与国内坚持全面依法治国，推进法治中国建设，统筹国内法治与涉外法治，休戚相关。如何理解和把握世界百年未有之大变局中的国际与国内大局，在统筹国内法治与涉外法治中，研究和发展中国国际法基本理论，应该是本文所说"传承与创新"的题中之义。

综上，从周鲠生、王铁崖等中国国际法界前辈开创性地将和平共处五项原则从国际法理论上阐释，纳入国际法基本原则体系，到三个世界、和谐世界和人类命运共同体的国际法基本原则的进一步探索，最能体现新中国外交特色。虽然国际法基本理论还有其他方面，譬如，在较系统阐述国际组织的决议作为国际法渊源方面也有一定传承，①但是，传承国际法基本原则的学说这一主线，应是当代中国国际法基本理论的进一步创新方向。

三、当代中国国际法基本理论的创新

四百多年来，国际法理论发展至今已具有普遍性。以《联合国宪章》为基础的国际法体系与从欧洲扩展到全世界的国际法理论如水乳交融，很难以完全不同于这种体系和理论的语言或方式说话、行事。上述中国国际法学界几代人努力阐释的国际法基本原则及其理论，并未从根本上离开这种体系及理论，而是从中国主权、安全、发展的利益出发，同时维护《联合国宪章》宗旨及基本原则，强调和平共处五项原则、三个世界、和谐世界，并发展到当今中国主张的构建人类命运共同体新五项国际法基本原则。如何看待当代中国国际法基本理论的创新，很值得深入思考。

（一）创新性及其衡量维度

上文考察近现代国际法的基本理论创新，归纳若干启迪，有助于从理论、实践和公认这三个维度上衡量当代中国国际法基本理论的创新性。诚然，仁者见仁，智者见智。实际上，中国国际法学界迄今也没有对此展开过专门讨论。

1. 创新性的理论维度。理论的创新必然意味着在一定程度有超越前人之处。近现代国际法上格劳秀斯、瓦特尔、《奥本海国际法》及其修订者、杰塞普和亨金的

① 参见王铁崖：《国际法引论》，北京大学出版社 1998 年版，第 106—126 页；饶戈平主编：《国际法》，北京大学出版社 1999 年版，第 16—17 页；曾令良等主编：《国际公法学》，高等教育出版社 2016 年版，第 65 页。

基本理论创新是如此，周鲠生、王铁崖等中国国际法学界前辈对和平共处五项原则的创新性阐释也是如此。近四百年来，中国国际法学者在传承的基础上，不断探索着基本理论的创新。

其一，理论体系的突破。1984年盛愉、魏家驹合著的《国际法新领域简论》中认为："随着国际关系的变化发展，法律秩序的变更实际上已经开始。摆在我们面前的问题是如何利用和改造当代国际法律秩序，推动世界新秩序的建立。"①该书侧重论述以国际发展法为主的"新国际法"。王铁崖教授评价说："无论从政治上，经济上或科学技术上，国际法在过去几十年都有新的发展，而这种发展显然将继续下去，使国际法有完全改观的可能。"②1988年潘抱存的《中国国际法理论探讨》以创造出有中国特色的国际法理论为己任，不满足于对中国国际法理论体系有很大影响的《奥本海国际法》框架，从全人类总体利益原则出发，采用系统科学的方法论研究国际法，尝试构建独特的理论体系。③端木正教授予以高度肯定，认为该书及其后续探索"具有鲜明的中国特色"④。晚近有学者提出"国际法的中国理论"，即，来自中国、表达中国和服务中国的国际法理论。⑤这实质上是具有中国特色的国际法理论。

其二，从哲学范畴、政治学、社会学等出发阐述国际法基本理论。上文提及罗国强博士对中国和平崛起相关国际法的研究，就是从哲学上的本体论角度探讨国际法本质的抽象理论。罗国强博士认为，自然国际法与实证国际法的学说"是关于国际法本质的认识的基本分类，是国际法本体论的基本要素，构建完整的国际法理论就要从扬弃这两大学说入手"⑥。由此，建立新的自然国际法基本原则体系可结合自然国际法与实证国际法学说。何志鹏教授进一步从本体论、认识论、价值论、方法论、运行论等哲学范畴，阐述国际法的性质、价值、履行及秩序等一系列基本理论问题，并称之为"国际法哲学"。⑦还有学者通过评析英国著名法哲学家哈特(Hart)的理论，探讨国际法的法律性质，⑧或探析国际法的政治基础，⑨构建人类命运共同体的国际社会学。⑩这些旨在创新的努力难能可贵。

---

① 盛愉、魏家驹：《国际法新领域简论》，吉林人民出版社1984年版，第5页。
② 同上书，"序言"(王铁崖)，第4页。
③ 参见潘抱存：《中国国际法理论探讨》，法律出版社1988年版。
④ 潘抱存：《中国国际法理论新探索》，法律出版社1999年版，"序"(端木正)，第2页。
⑤ 何志鹏等：《国际法的中国理论》，法律出版社2017年版，第17—20页。
⑥ 罗国强：《国际法本体论》，法律出版社2008年版，第7页。
⑦ 何志鹏：《国际法哲学导论》，社会科学文献出版社2013年版，第1页。
⑧ 古祖雪：《国际法：作为法律的存在与发展》，厦门大学出版社2018年版，第2—11页。
⑨ 杨泽伟：《国际法析论》(第二版)，中国人民大学出版社2007年版，第4—29页。
⑩ 张辉：《人类命运共同体：国际法社会基础理论的当代发展》，《中国社会科学》2018年第5期，第43页。

2. 创新性的实践维度。国际法学作为法学的一部分，具有很强的实践性。国际法历来都是因特定国际关系而生，又为其所用。国际关系的变化，或迟或早地需要相应的国际法，并催生一定的国际法基本理论。黄惠康教授秉承周鲠生等前辈将国际法理论与中国外交实践紧密结合的传统，将其数十年丰富的外交经历与国际法基本理论的创新融为一体，论述了国际法与外交融合的性质、作用与方法。当代中国全面依法治国，包括依法处理外交事务。这是基于国内法的外交与国际法之关系。有外交，就有国际法。“外交与法律的关系随着国际关系的发展而发展，总的趋势是，关系越来越密切。近三十年来，特别是冷战结束以来，国际关系发生了并仍在发生巨大变化，外交中的斗争越来越激烈，外交与法律的关系更趋密切，国际法作为国际关系和国际秩序‘稳定器’的作用更趋重要。”①这些研究成果堪称近四十多年来将中国外交实践与国际法基本理论结合的典范。近年来，外交主管部门非常注重外交实践的总结及其理论提炼，并连续加以编纂出版，填补了中国国际法学者的研究缺少系统的本国案例集这一空白。联合国国际法院前院长史久镛教授认为，《中国国际法实践与案例》是新中国成立以来“第一部较全面、系统论述中国政府对国际法解释和适用的著作”②。

3. 创新性的公认维度。如同自然科学的数学、物理和化学，国际法学作为高度国际化的社会科学，其基本理论的创新应该得到一定程度的国际公认。联合国《国际法院规约》第三十八条规定公认的权威国际法学说可“作为确定法律原则之补助资料者”。其他国际裁判机构，如世界贸易组织争端解决机构在裁决中也援引权威国际法学说。③与此类最高程度的国际公认相比，国际学界同行的认可也是一种国际公认。譬如，易显河教授提出“共进国际法”的新理念，认为国际法的精神在特定的时刻或时期体现于其制度的构成部分（主体、形成、内容及其实施等）；冷战顶峰时的国际法主题是共处，缓和时期是合作，后冷战时期是共进；共进国际法是指“在‘无所不包’（共同）的社会，在道德或伦理方面较之其他方面以适当进度达至人类繁荣为最终目标（进步）”的国际法。④这得到国际学界同行的关注。⑤共进国际法的

① 黄惠康：《中国特色大国外交与国际法》，法律出版社 2019 年版，第 8 页。

② 段洁龙主编：《中国国际法实践与案例》，法律出版社 2012 年版，“序言”（史久镛），第 1 页。

③ 参见张乃根编著：《美国—精炼与常规汽油标准案》，上海人民出版社 2005 年版，第 46 页。

④ Sienho Yee, *Towards an International Law of Co-progressiveness, Part II: Membership, Leadership and Responsibility*, Brill Nijhoff, 2014, p.6.

⑤ Sienho Yee, “The International Law of Co-Progressiveness as a Response to the Problems Associated with ‘Relative Normativity’”, *American Journal of International Law*, unbound, Vol.114, No.2 (2020), p.97.

核心原则包括次级原则或规则以及初级行为规则。前者包括以共进为引导、内在和外在的衡量、决策的价值优先、主体的权利与义务以国际社会共同利益为重等；后者与和平共处五项原则、联合国有关国际法原则宣言相融合。又如，蔡从燕教授基于中国正在和平崛起而中美关系却日趋紧张的国际关系，较系统地阐述了中国与国际法的关系，认为国际法虽在历史上几乎没有限制大国，相反有助于大国追求帝国主义并使之合法化，但二十世纪下半叶国际法发生重大变化，趋向于正义导向，因而“相比旧的大国，国际法对于中国崛起而言更具关联性”①。蔡从燕教授通过对中国社会性质及其国际地位的历史考察，深入分析了中国对于国际规则与组织体系的立场，国内法院对国际法的适用以及中国对国际争端的第三方解决的看法，阐述了中国不会走旧的大国强而霸之的老路，尽管还有很多不确定性，但中国走和平发展道路，推动构建人类命运共同体的“例外主义”值得重视。这是向国际法学界同仁展现中国学者非常积极的，侧重实证的高水平理论研究。因而，这得到了包括现任联合国国际法院德国籍法官诺尔特(Georg Nolte)教授等国际法学界同仁的高度评价。②

（二）中国国际法基本理论亟待进一步创新

以上粗略的评析说明，从理论、实践、公认三个维度看，近四十年来，中国国际法学者在国际法基本理论方面已有许多富有学术价值和不同程度的创新。然而，毋庸讳言，综合这三个维度，在基本理论的体系或观念创新与中国外交实践紧密结合，并得到国际法学界的公认方面，还有待于进一步努力。

第一，在具有中国特色的国际法基本理论方面的进一步创新。从中华人民共和国成立至今的外交大政方针和国际法基本理论创新的代际传承看，最具中国特色的是在国际法基本原则及其体系中阐述从和平共处五项原则到新的人类命运共同体五项国际法原则。何志鹏教授的《国际法的中国理论》篇幅最多的核心内容是围绕和平共处五项原则阐述中国国际法理论的奠基和发展；③易显河教授的共进国际法理论落脚到核心原则的初级规则以和平共处五项原则为基础；④蔡从燕教

---

① Congyan Cai, *The Rise of China and International Law: Taking Chinese Exceptionalism Seriously*, Oxford University Press, 2019, p.39.

② 前引 Congyan Cai, *The Rise of China and International Law: Taking Chinese Exceptionalism Seriously*, “Foreword”(Georg Nolte), p.xi。

③ 参见何志鹏等：《国际法的中国理论》，法律出版社 2017 年版，第 103—174 页。

④ Sienho Yee, *Towards an International Law of Co-progressiveness, Part II: Membership, Leadership and Responsibility*, Brill Nijhoff, 2014, p.15.

授认为中国崛起是近现代国际关系上的国强必霸之“例外”，须运用人类命运共同体理念予以澄清；①黄惠康教授认为人类命运共同体的国际法构建是新时代中国特色大国外交的旗帜，为国际法的进一步发展注入新动力。②

从守正创新的指导思想出发，中国国际法基本理论创新的前提在于坚持和平共处五项原则，而在这一基础上，如何将全面推进中国特色大国外交，推动构建人类命运共同体的中国智慧、中国方案，转化为规范或引导当代国际关系及国际秩序的重构之国际法原则，必然需要相应的国际法基本理论创新。“持久和平”“普遍安全”“共同繁荣”“文明共存”“可持续发展”本身是推动构建人类命运共同体的基本内容，而相应的国际关系及国际秩序应受到一定国际法原则的调整。构建人类命运共同体的基本内容已在不同程度上、用不同方式融入了以《联合国宪章》为基础的国际法规则体系，这如同当年和平共处五项原则，作为整体从倡导、发展到得到国际社会的公认。但是，新的五项国际法原则作为一个整体，则还没有载入中国与其他国家的双边条约或国际法文件，得到国际社会的公认亦尚待时日。守正创新，就是要敢于走前人没有走过的路，以新的理论指导新的实践。在国际法基本理论方面，应对人类命运共同体构建展开全面、深入的创新研究，以引导人类社会共同应对前所未有的时代挑战。

有待全面深入研究的人类命运共同体五项国际法原则涵盖和平共处五项原则、三个世界与和谐世界的国际法原则，其内涵非常宽泛，包括政治、经济、文化、环境等当代国际法的各个领域，并在百年未有之大变局中具有不断丰富的动态性。上文初步研究认为可形成新的人类命运共同体五项国际法原则，既融合《联合国宪章》为基础的当代国际法原则，又突出中国作为负责任大国的引领性担当，很好地将全球治理的中国方案嵌入现行国际法秩序，以推动世界朝着美好未来发展。

根据前述近现代国际法基本理论创新与国际关系中大国或强国重心变移的启迪，为适应时代需要，中国国际法学者已有研究有待进一步深化，达至更鲜明的理论创新；同时紧密结合中国外交实践的新发展，以求用国际法学界同仁熟悉的专业语言、学术方式，逐步得到公认。海牙国际法学院先后于1990年和2011年邀请王铁崖教授和薛捍勤法官作《中国与国际法：历史与当代》③和《对国际法的中国当代

---

① 前引 Congyan Cai, *The Rise of China and International Law: Taking Chinese Exceptionalism Seriously*, pp.324 - 326。

② 参见黄惠康：《中国特色大国外交与国际法》，法律出版社 2019 年版，第 461—490 页。

③ Wang Tieya, International Law in China: Historical and Contemporary Perspectives, 221 *Recueil Des Cours* 195(1990-II).

看法：历史、文化和国际法》[①]的演讲，反映国际法学界期望了解当代中国的国际法观。蔡从燕教授的《中国崛起与国际法》得到国际学界的高度评价，进一步表明中国国际法学者应更多地展现以中国视角看世界，并具有中国特色的国际法基本理论。

第二，在国际社会关注的国际法基本理论方面的进一步创新。国际法基本原则的法律约束力与习惯国际法、一般法律原则等国际法渊源有着内在联系。联合国国际法院曾在 1986 年判决美国违反《联合国宪章》第二条第七款不干涉各国处理其内政事务的原则，提出“本法院认为这是习惯国际法的一部分”[②]的观点。新的人类命运共同体五项原则中哪些已经或正在形成具有习惯国际法性质的原则，值得深入研究，这涉及国际社会关注的习惯国际法识别的相关基本理论问题。根据联合国国际法委员会二读通过，并经联合国大会决议采纳的“习惯国际法的识别”专题报告，[③]在习惯国际法的范畴内，规则和原则虽可互用，但原则更具一般性和基本性。因此，国际法基本原则往往可通过习惯国际法的确认而更具普遍约束力，适用于和平解决国际争端。譬如，各国主权平等是《联合国宪章》规定的首要基本原则，也是上述新的人类命运共同体五项国际法原则的政治基础。基于该原则的主权豁免规则，即，一国及其财产在他国法院的管辖豁免，在国际司法实践中已被确立为习惯国际法。[④]又如，联合国国际法院在 2003 年“石油平台案”中援引各国在国际关系中不应使用威胁或武力的基本原则以及符合自卫权的行使规则，作为解释涉案条约的相关国际法规则，并明确这些武力使用原则和规则可以“理解为具有习惯国际法性质”。[⑤]这正是人类命运共同体的持久和平原则所涵盖的内容。

联合国国际法委员会于 2018 年设立“一般法律原则”研究专题，旨在以《国际法院规约》有关国际法渊源之一的“一般法律原则”规定为基础，并将之扩展到涵盖国内法和国际法的一般原则，以提供识别的指南。与国际法基本原则有所不同，一般法律原则源于各国国内法一般具有的原则，如诚信原则。国际司法实践采

---

① Xue Hanqin, *Chinese Contemporary Perspectives on International Law: History, Culture and International Law*, Martinus Nijhoff Publishers, 2012.

② *Military and Paramilitary Activities in and against Nicaragua* (Nicaragua v. United States of America), Merits, Judgment, I.C.J. Report 1986, p.106, para.202.

③ 联合国大会决议：《习惯国际法的识别》，A/RES/73/203(2018)，2019 年 1 月 11 日。

④ *Jurisdictional Immunities of the State* (Germany v. Italy; Greece Intervening), Judgment, I.C.J. Reports 2012, p.122, para.54.

⑤ *Oil Platforms* (Iran v. USA), Judgment, I.C.J. Reports 2003, p.187, para.51.

用“法律原则与规则”予以表示，譬如，衡平原则是“基于正义与诚信的非常一般的戒律”。[①]上述新的人类命运共同体五项国际法原则的包容、平衡和文明共存等内容与一般法律原则不无关联。此外，该委员会还开展了关于强行法和确定国际法规则的辅助手段等专题研究，尤其是强行法“反映并保护国际社会的基本价值观，其等级高于国际法其他规则且普遍适用”[②]。显然，这与新的人类命运共同体五项国际法原则的关系极为密切。

总之，上述国际社会的关注与国际法的性质、渊源、国内法与国际法的关系、基本原则都有联系，因而非常值得中国国际法学者在国际法基本理论的进一步创新中深入研究，向世界提供具有中国智慧的原创成果。惟有如此，才能守正创新，真正在理论、实践和公认的三个维度的综合水平上，传承前辈，不负时代期望，进一步创新具有中国特色的国际法基本理论。

结　论

在近现代国际关系中，随着大国或强国的重心变移，具有时代新颖性的欧美国际法基本理论应运而生，对于发展至今以《联合国宪章》为基础的国际法体系具有不可磨灭的影响。对此，不应也不可能推倒重来。在当今世界正处百年未有之大变局中，高举中国特色社会主义伟大旗帜，走中国式现代化之路，全面建设社会主义现代化强国，同时日益走近世界舞台中央，需要相适应的中国国际法基本理论。中华人民共和国成立以来，几代中国国际法学者守正创新，对于和平共处五项原则、三个世界、和谐世界和人类命运共同体所含国际法原则的阐释，在不断传承的同时也有显著创新，并在基本理论的创新、与外交实践的紧密联系和得到国际法学界的关注或高度评价方面作出了许多贡献。但是，综合理论、实践和公认三个衡量维度，中国国际法的基本理论还有待于进一步创新，其创新的主要方向是更加全面深入地研究人类命运共同体的基本内容而形成作为整体的、新的五项国际法原则，并结合国际社会关注的国际法渊源等重大问题，在国际法原则的体系中阐述中国特色鲜明、内容具体丰富、涵盖持久和平、普遍安全、共同繁荣、文明共存和可持续发展等统辖国际法各领域的基本理论，为共商共建共享更加公正合理的全球治理提供中国智慧、中国方案。

---

① *North Sea Continental Shelf*, Judgment, I.C.J. Reports 1969, p.47, para.85.

② 《一般国际法强制性规范(强行法)》,《联合国国际法委员会报告:第七十一届会议》,A/74/10,结论3。

Inheritance and Innovation of Basic Theory of International Law in Contemporary China

Abstract: China is now moving towards the new goal to build a great socialist country. It needs the innovation of Chinese theories of international law. The innovative basic theories of modern international law were the results of changed international relation in certain eras. It will be helpful to promote the contemporary Chinese innovative basic theories of international law by taking the pioneer or innovative basic theories of international law in certain situations of international relation to understand their linkages with the particular eras and the novelties in comparison with their predecessors. As a responsible great power, the contemporary China needs the innovative basic theory of international law with Chinese characteristics while facing the unknown changes of a century. It should be further innovated in comprehensive dimensions of theory, practice and recognition of international law academies to continue the innovative expounding of the basic theories of international law about Five Principles of Peaceful Coexistence, the Three World Theory and the Harmonized World so as to have all-inclusive and deep study on the new five principles of international law for a Community with a Shared Future for Mankind including the lasting peace, universal security, common prosperity, coexistence of civilizations and sustainable development. Looking forward the future, we must develop the basic theory as a guidance for different branches of international law and contribute the Chinese ideas and solutions for the fairer and more reasonable global governance through the multilateral construction by all and sharing of benefits by all states.

Keywords: Contemporary China; International law; Basic theory; Inheritance; Innovation

国际法上的原则问题：理论、地位及作用*

内容摘要：从《威斯特伐利亚和约》到《联合国宪章》的现代国际法实践表明，国际法原则具有极其重要的地位和作用。运用法律生成说，探讨国际法的理念经由原则，转化为调整国际法主体间关系的规则及其体系之内在生成逻辑，对于理解不同于国内法，但同样具有法的形成和发展特点的国际法，把握国际法规则的制定规律，对于正在走向国际舞台中央，参与和引领全球治理体制改革的中国，都具有重要的理论与实际意义。从“实然”和“应然”视角看待原则在国际法实践中的地位，《联合国宪章》“实然”原则对于当代国际法秩序具有基础性地位和作用。中国继倡导“和平共处五项原则”，在世界百年未遇之大变局之际，进一步提出“推动构建人类命运共同体”的主张，具有内涵深刻的国际法理念，作为整体应发挥其“应然”原则的引领和建制作用，并通过相应的规则制定，使之成为新型全球治理和解决国际争端的规范。

关键词：国际法；原则；理论；地位；作用；人类命运共同体

引　言

在四百多年的国际法理论与实践中，原则问题始终具有首要或基础的地位。十七世纪初，荷兰法学家格劳秀斯(Hugo Grotius)最初阐述其国际法理论时，首先提出两项自然法的“戒律”(precepts)，①“作为无可争辩的公理”。②该用语源于古罗马法的《法学阶梯》第一卷所称“法的戒律”(the precepts of the law)，③或“基本原则”。④1648年《威斯特伐利亚和约》第六条规定欧洲各国以相互睦邻为“基础”(foundation)，⑤亦即“基本原则”。⑥十八世纪中叶至十九世纪末最有影响的格劳秀斯学派代表人物瓦特尔的《国际法或自然法原则》第一卷导论阐述了将自然法适用

---

* 原载《国际法学刊》2024年第1期，第29—65页，英文发表于*Legal Science*, Selected Papers, Volume 3, Issues 1, 2024。

① Hugo Grotius, *Commentary on the Law of Prize and Booty*, A translation of the original Manuscript of 1604 by Gwladys L. Williams, the Clarendon Press, 1950, p.10.

② [荷兰]雨果·格劳秀斯：《捕获法》，张乃根等译，上海人民出版社2006年版，第14页。

③ *The Institutes of Justinian*, Translated into English by J.B. Moyle. the Clarendon Press, 1913, p.3.

④ [罗马]查士丁尼：《法学总论——法学阶梯》，张企泰译，商务印书馆1989年版，第5页。

⑤ Treaty of Westphalia, 24 October 1648. Yale Law School: https//avalon. law. yale. edu/17th_century/westphal.asp[2023-07-08].

⑥ 《威斯特伐利亚条约》(1648年10月24日)，载《国际条约集(1648—1871)》，世界知识出版社1984年版，第1页。

于各国而产生"必要国际法"(necessary Law of Nations)的这一原则。[①]二十世纪初实证主义学派的奥本海《国际法》严格区分道德与法律,称之为"原则",由此将国际法限于"共同体共同同意最终应诉诸外力"的法律规则。[②]这种学说影响至今国际法院的可适用法主要为"国际协约"和"国际习惯"。[③]第二次世界大战之后的《联合国宪章》第二条规定的原则奠定了当代国际秩序的国际法基础。[④]为什么在国际法理论与实践中,原则问题显得如此重要?原则的本意是什么?在自然法似乎已失去其可适用性的今天,是否存在高于实证国际法的"法源性"(origin of law)原则?[⑤] 国际法上原则与规则的关系如何?原则在国际法上究竟起到哪些作用?这些是本文尝试探讨的问题。

对于这些问题,近些年来国外学者有所论及。譬如,曾长期任职于国际法院书记处的瑟尔韦(Hugh Thirlway)在海牙国际法学院就原则与规则等问题,从国际法渊源角度做过专题演讲。[⑥]美国学者布坎南(Allen Buchanan)有关国际法的"合法性"(legitimacy)的论述,实质上涉及原则问题。[⑦]国内学者也有从中西文化结合角度作过相关研究。[⑧]但是,因时际局限或视角缘故,已有研究尚未深入触及这些问题。尤其在世界百年大变局加速演进,中国提出推动共建人类命运共同体,并在全面建设中国式现代化强国的同时,日益走近国际舞台中央之际,如何将全球治理的中国理念和主张,通过国际法原则的制度化,[⑨]逐步成为国际法的规则?亟待我国学者进一步开展创新性的相关研究。本文以问题为导向,创造性地提出和运用有关从法的理念到原则,再到规则的"法律生成说"(legal embryology),首先阐释原则的国际法一般理论,然后理论与实践相结合,论述原则的国际法地位,接着以

---

① E. de Vattel, *The Law of Nations or the Principles of Natural Law*, Translation of the edition of 1758 by Charles G. Fenwick, The Carnegie Institution of Washington, 1916, p.4.

② L. Oppenheim, *International Law*, Vol.I, Peace, Longmans, Green, and Co., 1905, pp.6 - 7.

③ 《国际法院规约》(1945 年 6 月 28 日),载《国际条约集(1945—1947)》,世界知识出版社 1961 年版,第 60 页。

④ 参见蔡从燕:《论"以国际法为基础的国际秩序"》,《中国社会科学》2023 年第 1 期,第 24—43 页。

⑤ 譬如,罗尔斯从假定的"始初状态"(original position)出发,提出"万民法"(Law of Peoples)的"正义原则"(principles of justice)。John Rawls, *The Law of Peoples*, Harvard University Press, 1999, pp.30 - 37.

⑥ Hugo Thirlway, *Concepts, Principles, Rules and Analogies: International and Municipal Legal Reasoning*, in *Recueil des Cours*, Volume 294(2002), pp.264 - 406.

⑦ Allen Buchanan, *The Legitimacy of International Law*, in Samantha Besson & John Tasioulas (eds.), *The Philosophy of International Law*, Oxford University Press 2013, pp.79 - 96.

⑧ 罗国强:《论自然国际法的基本原则》,武汉大学出版社 2011 年版,第 151—188 页;何志鹏:《国际法哲学导论》,社会科学文献出版社 2013 年版,第 152—203 页。

⑨ 张乃根:《试论人类命运共同体制度化及其国际法原则》,载《中国国际法年刊(2019)》,法律出版社 2020 年版,第 3—29 页。

推动构建人类命运共同体的当代命题为重点，探析原则的国际法作用。

一、关于原则的国际法理论问题

与四百多年前格劳秀斯时代仅限于调整欧洲地区各国间关系的国际法相比，当代国际法普遍地适用于全球范围各国或地区。以联合国为代表的国际组织已成为如今国际社会不可或缺的组成部分。然而，总体上，国际社会仍是一个有法却无中央政府的社会。现代国际社会只有几百年历史。[①]人类在各国或地区的政府之下，如何真正和睦相处，推动共建持久和平、普遍安全、共同繁荣、文明共存、可持续发展的命运共同体？这是研究原则的国际法理论之出发点。

（一）一般法与国际法上的原则

国内抑或国际的社会，都是人类社会。一定社会有其经济基础及其国家、法律等上层建筑，并且相互间具有作用与反作用的辩证关系。[②]一般法与国际法上的原则属于法的形成、制定或确定的“立法”范畴。不同于探究法的经济根源及其意识形态，运用法律生成说，从法的发生及其过程角度研究，更侧重于法的内部生成逻辑。国际法后于国内法而产生，因此研究国际法上的原则，必须回到国内法的层面，先探讨法的一般意义上，究竟什么是原则？

“有社会，就有法”(*Ubi societas, ibi jus*)。[③]不同社会的法因其文明传统而各异。在古希腊文明形态中的城邦国家和法向“希腊化世界”演进时期，[④]柏拉图(Plato)《理想国》和《法律篇》这两部对欧洲的法文化具有深远影响的著作，第一次阐发了“法”和“法治”的原则。《理想国》开卷就讨论何谓“正义”，提出的第一个定义是“有话实说，有债照还”[⑤]。“这个定义立刻被认为是不恰当的而加以放弃了，但是其中的某些成分却一直贯穿到这篇对话的结尾。”[⑥]其实，这个定义并没有被放弃，而是体现苏格拉底式对话不预设前提和不做出结论的特点。贯穿《理想国》

---

① ［美］斯塔夫里阿诺斯：《全球通史：1500年以后的世界》，吴象婴、梁赤民译，上海社会科学出版社1992年版，第2—8页。

② 马克思：《〈政治经济学批判〉序言》，载《马克思恩格斯选集》第二卷，人民出版社2012年版，第1—5页。

③ *International Law being the collected papers of Hersch Lautepacht*, edited by E. Lauterpacht, Volume I, the general works, Cambridge University Press, 1970, p.28.

④ ［英］杰弗里·巴勒克拉夫主编：《泰晤士世界历史地图集》（中文版编辑邓蜀生），三联书店1985年版，第74—75页。

⑤ ［古希腊］柏拉图：《理想国》，郭斌和、张竹明译，商务印书馆1986年版，第6页。

⑥ ［英］罗素：《西方哲学史》上卷，何兆武、李约瑟译，商务印书馆1963年版，第154页。

的正义观旨在探寻执政的“正义原则”(principle of justice),包括但不限于:“在所有国家,有着同样的正义原则,这就是政府的利益;并且,正如政府必须拥有权力,唯一合理的结论是无论在何地,只有一项正义原则,就是强者的利益。”①透过柏拉图的哲理,可以理解:原则是理念转化为规则的“桥梁”。正义的理念是“法”的本源,因而正义原则就是“法则”,或者说“国家的基本法”(the fundamental laws of the State)。②《法律篇》所推崇的法治“立场”(position),其一,立法应为整个城邦的利益,否则就称不上是“法”,③或者说,是“伪法”(bogus law);④其二,统治者应是“法律的仆人”(servants of the laws)。⑤毋庸赘述,这是依法治国的指导原则。据此原则“立场”,《法律篇》逐一阐释了各项具体法律规定,亦即“规则”。脱离原则的规则,就失去了“法治”的生命力。⑥上述“法”和“法治”的原则,经过古罗马法学家西塞罗的继承和传播,融入了古罗马法,乃至欧洲现代法制。

稍早于柏拉图时代,古代中国东周春秋时代末期的孔子《论语》阐述了对后世影响极其深远的执政理念:“道之以政,齐之以刑,民免而无耻;道之以德,齐之以礼,有耻且格。”⑦根据儒家传统的解释:“道,犹引导,谓先之也。政,谓法制禁令也。……刑者,辅治之法,德礼则所以出治之本,而德又礼之本也。”⑧这种崇尚德礼,刑法为辅的理念是中国传统法文化的根本原则。礼和法是原则与规则的关系。中国古代法制范本《唐律疏义》将“君臣父子”关系的“礼”悉数纳入“法”,故有“十恶不赦”之罪,⑨可谓“以礼入法”。⑩这是原则变为规则的古代制度化典型。

可以说,各国或地区的文明形态及法文化传统各异,但是,人类社会需要规范秩序的一定原则和规则,早已为历史和现实所印证。原则体现理念,作为理念制度化的首要步骤,是进一步形成或确立行为规则的基础。在上述中外古典哲理或伦理以及法律文献里可读到的“原则”“立场”“礼”等,共同表达的是某种理念制度化的基础性、根本性涵义,是通向规则形成的必由之路。十八世纪末英国法学家边沁(Jeremy Bentham)《道德与立法原则导论》从功利主义的“原则”,即“自然将人类置

---

① Plato, *The Republic and other Works*, Translated by B. Jowett, Anchor Books, 1973, p.22.

② 前引 Plato, *The Republic and other Works*, p.137。

③ *The Law of Plato*, Translated by Thomas L. Pangle, the University of Chicago Press, 1988, p.101.

④ Plato, *The Law*, Translated by Trevor J. Saunders, Penguin Books, 1970, p.173.

⑤ 前引 Plato, *The Law*, p.174。

⑥ 参见张乃根:《西方法哲学史纲》(第四版),中国政法大学出版社 2008 年版,第 24—25 页。

⑦ [宋]朱熹撰:《四书章句集注》,中华书局 1983 年版,第 54 页。

⑧ 前引[宋]朱熹撰:《四书章句集注》,第 54 页。

⑨ [唐]长孙无忌等撰:《唐律疏义》,刘俊文点校,中华书局 1983 年版,第 6 页。

⑩ 瞿同祖:《瞿同祖法学论著集》,中国政法大学出版社 1998 年版,第 385—387 页。

于痛苦与快乐这两个至高无上的主人统治下”出发，探讨政府如何立法使得人们远离惩罚带来的痛苦，追求快乐与幸福。这是以立法的道德原则为基础，通过强制性的法律规则，引导人们的行为符合“最大多数人的最大幸福”。[①]这也可以说立法或功利“原理”。[②]不过，从法的理念、原则和规则的生成逻辑及其语境看，将英文principle解读为“原则”，更为恰当。二十世纪七十至八十年代，美国学者德沃金(Ronald Dworkin)将判例法国家的法官裁决或对立法的解释背后诸如政治考量、价值取向此类因素称为“原则的问题”，主张“平等的自由观”为“自由主义的神经”。[③]所谓“原则”是对立法(包括判例法)具有指导性的价值规范。

综上，古今中外，就国内法上的一般意义而言，原则体现法的理念，属于制度性和主导性规范，是具体规则的基础。国际法上的原则与之有着某种一致性。其原因在于如今国际社会公认的国际法及其原则，如联合国大会通过的《国际法原则宣言》所称“国际法”及其“原则”以《联合国宪章》为基础，[④]源于《威斯特伐利亚和约》以来逐步形成的国家主权平等、和平解决国际争端等基本原则。这一国际法的创建与罗马法有着千丝万缕的联系，包括国际法最初的拉丁文“万民法”(*jus gentium*)也源于古罗马法。中国从近代才开始接受之，因此，下文讨论国际法上的原则，不涉及中国古代以及与周边国家之间有无国际法的问题，而以本文引言提及的瓦特尔《国际法或自然法原则》为文献依据展开论述。

瓦特尔关于原则的国际法理论，首先试图界定作为国际法主体的国家，认为各国都是由自由独立的人同意组成以保障其相互的福利与安全，具有主权的“政治实体”(political bodies)。[⑤]他推论：这样的实体只要没有自愿隶属于其他人或国家，就保持着绝对自由和独立。换言之，各国自由、独立和平等的主权是绝对的。这是考虑国际法原则的前提。这种理论与罗马法上所说自由人作为民事主体具有独立人格的道理是一样的。虽然瓦特尔不是这种理论的创始人，但是，他进一步阐释拥有绝对主权的国家在与他国的关系中，必须从约束自身做起，担负或履行其义务，并拥有和享受其权利。然后，他提出适用于各国关系的自然法原则。“通过这一原则的适用，以区别合法与不合法的条约或公约，无害和合理的习惯与非正义和应谴责

---

① Jeremy Bentham, *An Introduction to the Principles of Morals and Legislation*, Methuen, 1982, p.11.

② [英]边沁：《道德与立法原理导论》，时殷弘译，商务印书馆2000年版，第57页。

③ Ronald Dworkin, *A Matter of Principle*, Harvard University Press, 1985, p.183.

④ 联合国大会决议：《关于各国依联合国宪章建立友好关系及合作之国际法原则之宣言》，A/RES/25/2625，1970年10月24日。

⑤ E. de Vattel, *The Law of Nations or the Principles of Natural Law*, Translation of the edition of 1758 by Charles G. Fenwick, the Carnegie Institution of Washington, 1916, p.3.

的习惯。"①由此产生"必要国际法"。可见，这是一种"法源性"原则，也是源于上述欧洲法文化传统的"法"的理念与具体的"法（律）"的二元论。按照瓦特尔从国内社会的自由人到"所有国家以其自然而形成的更大社会"（国际社会）中绝对主权国家的如此推理，"在国际社会中可以发现的最终目的，亦即首要的一般法，就是每个国家应尽可能为其他国家的福祉作出贡献。"②然而，他又说，由于各国对其自身的义务优先于对他国的义务，因此，各国优先考虑尽可能增进自身福祉。调和两者内在往往存在的冲突需要通过各国之间的条约或习惯，由此产生各种具体的实证国际法。

从上述一般论述中，可以看到瓦特尔在探讨国际法上的原则时，将国际社会以主权独立和平等的各国共存为前提。尽管在欧洲法文化中，这种国际社会的主体与罗马法上民事主体，有着类似的地位，但是，不同于各国的国内社会通常存在一个中央政府，各国主权独立平等的国际社会是无政府的。因此，无论是格劳秀斯，还是瓦特尔，在主张主权之上无管辖的这一前提下，如何使得独立平等主权的各国可以和睦相处，是国际法理论的基础性问题。即便如今在以联合国为基础的国际社会中，依然存在这一问题。瓦特尔代表的格劳秀斯学派，依据欧洲法文化的二元论，通过确定某种不变的自然法原则，作为约束国家间行为的道德准则，然后各国基于明示或默示同意，达成相互可接受的实证国际法。这种国际法形成理论在二十世纪初之前占据主导地位。然而，之后一百多年来受实证主义学派影响，对国际法上具有"立法"性指导作用的原则探讨，让位于根据国家间的同意而形成的条约、习惯国际法等渊源的研究。尽管《联合国宪章》规定了一系列国际法的基本原则，但是，对"法源性"的国际法原则，至今仍缺乏充分的研究。

（二）国际法上的原则与规则

进一步探讨国际法上的原则，应分析原则与规则的关系。如上所述，国际法源于欧洲法文化，因而离不开西文语境。格劳秀斯认为，拉丁文"法"（*ius*）一词，源于古罗马神话中众神之王"朱庇特"（Jupiter），③有三层含义：法可视为"行动的规则"（a rule of action），"权利的总和"（a body of right），"定义为规则"（defined as a rule），"根据这样的法，在更宽泛的意义上可称为正义。"④可以理解：格劳秀斯认为

---

① 前引 E. de Vattel, *The Law of Nations or the Principles of Natural Law*, p.4。

② Ibid., p.6.

③ Hugo Grotius, *On the Law of War and Peace*, Translated by Francis W. Kelsey, the Clarendon Press, 1925, p.14。

④ Ibid., pp.34 - 38.

规范行动的法，要求人们应或不应做什么，具有权利与义务的关系；规则为行动准则，而规则背后有着应该与否的正义观。这是他诉诸非神学的自然法（连上帝也不能改变的正确理性）之缘故。上文已探讨瓦特尔继承和发扬格劳秀斯学派的国际法原则说，下文在分析规则的基础上，再阐释原则与规则的关系。

在国际法学说史上，无论是自然法学派，还是实证法学派，抑或兼有两者的格劳秀斯学派，通常都将规则视为具体的行为规范。著名自然法学家普芬道夫（Samuel Pufendorf）认为道德规则是“根据道德行为应当被要求的标准”①。规则对于人的行为施加一定的义务。如果此类义务要求出自国家最高权力拥有者，且不服从该义务将受到惩罚，那么就成为法律规则。以实证主义著称的奥本海认为国际法是各国在相互交往中具有法律约束力的“习惯和条约规则之总和”②。后来修订的《奥本海国际法》始终没有改变这一基本观点，只是国际法的规则不限于习惯和条约。③格劳秀斯学派的瓦特尔在阐释作为法源的自然法原则后，指出：“我们必须将自然法的规则适用于各国以发现什么是他们的义务和权利；国际法就其起源而言只是适用于各国的自然法。”④一方面主张自然法原则作为约束国家间行为的道德准则，另一方面将具体的自然法规则适用于各国，并经其共同同意而形成实证国际法。总的来说，各学派对待自然法的立场不同，但对于采用规则具体规范各国行为，抱有基本一致的看法。

抛开各种学派之争，从国际法的生成逻辑看，理念是源头，原则是指导，规则是落实。无论国内还是国际社会，个人之间、国家之间的关系，最终需要具体的规则加以规范。因此，不管哪一种学说，在法的语境下，规则不可或缺。

对法的规则作出迄今最有影响的分析者，当属英国分析法学家哈特（H.L.A. Hart）。他在《法律的概念》中开篇就反复强调：对于“原始法”（primitive law）和国际法而言，比较国内法，更难回答“什么是法”的问题。⑤哈特认为：“最需要的是有一个崭新的立法概念，纠正强制性命令或规则的模式，引入或修改由社会普遍遵守的一般行为标准。”⑥这一新的立法规则学说将设定义务的规则称为“初级规则”（primary rules），有关承认、变化和调整的规则是“次级规则”（secondary rules）。其中，承认规则提供确认首要规则的权威标准。可见，这是赋予义务规则的效力之

① ［德］塞缪尔·冯·普芬道夫：《自然法与国际法》，罗国强、刘瑛译，北京大学出版社2012年版，第98页。

② L. Oppenheim, *International Law*, Vol.I, Peace, Longmans, Green, and Co., 1905, p.3.

③ ［英］詹宁斯、瓦茨：《奥本海国际法》，王铁崖等译，中国大百科全书出版社1995年版，第3页。

④ 前引E. de Vattel, *The Law of Nations or the Principles of Natural Law*, p.4。

⑤ H.L.A. Hart, *The Concept of Law*, the Clarendon Press, 1961, p.3.

⑥ Ibid., p.43.

规则。这两类规则的结合是法律制度的核心,而承认规则是"基础"(foundation)。[①]哈特认为国际法缺乏立法机构,很难适应其立法概念,且正处于向国内法律制度结构过渡的阶段,因而没有分析究竟什么是国际法上的承认规则。但是,这一规则说却为联合国国际法委员会在编纂国家责任法所采用,以区分设置国家义务的各种国际法"初级规则"和认定国家违反其应履行义务而构成"国际不法行为"(international wrongful act)的"次级规则"。[②]后者即为如今的《国家责任条款》。"国家责任是国际法中的一个范围广而又复杂的专题。它几乎涉及国际法的各个领域,是国际法的一个重要组成部分。"[③]因此,哈特的规则说对当代国际法的最大贡献,恐怕就是被适用于国家责任法的编纂。

国际法上的原则与规则的关系,以《国家责任条款》为例。该条款第一章为"一般原则"(general principles),第一条规定:"一国的每一国际不法行为引起该国的国际责任。"[④]该原则可追溯至格劳秀斯关于"法"和"正义"的理论。他指出:"我们已明白何为'权利'(法),由此概念而演绎出'不法'或'损害'之定义,这种推论以如下基本信念为指导,即该术语是指任何与权利相悖的行为,相应地,根据很多规则和法律,某一权利理应赋予一当事人,其行为则是正当的,性质相反之行为则是不正当的。"[⑤]可见,对"国际不法行为"的认定,从根本上要回到何谓"法"和"正义"的国际法理念及其制度化的原则,而具体设置国家义务的条约、习惯等国际法规则基于各国对"法"和"正义"的共同同意。按照当代国际法,条约在缔结时与一般国际法上的"强行法"(*jus cogens*)抵触者无效。也就是说,条约规则必须符合国际法的基本原则,如不得违反《联合国宪章》第二条第四款而使用武力,即,"禁止侵略"。[⑥]《国家责任条款》侧重于认定"国际不法行为"的"次级规则",包括"可归于国家的行为"和"违反国际义务"的认定规则。譬如,"在国际一级上可归于国家的唯一行为是国家政府机关,或在其指挥下、指使或控制下其他人(即,作为国家的代理)的行为。"[⑦]

---

① 前引 H.L.A. Hart, *The Concept of Law*, p.97。

② Draft articles on Responsibility of States for International Wrongful Acts, with commentaries, 2001, in *Yearbook of the International Law Commission*, 2001, Vol.II, Part Two, p.31.

③ 贺其治:《国家责任法及案例浅析》,法律出版社 2003 年版,第 1 页。

④ 前引 Draft articles on Responsibility of States for International Wrongful Acts, with commentaries, 2001, p.32。

⑤ [荷兰]雨果・格劳秀斯:《捕获法》,张乃根等译,上海人民出版社 2006 年版,第 35 页。

⑥ Draft conclusions on identification and legal consequences of peremptory norms of general international law(*jus cogens*), with commentaries, in *Yearbook of the International Law Commission*, 2020, Vol.II, Part Two, p.86, para.7.

⑦ 前引 Draft articles on Responsibility of States for International Wrongful Acts, with commentaries, 2001, p.38, para.(2)。

联合国国际法委员会通过专题研究，也已初步得出识别“强行法”的规则，其一，这是“一般国际法强制性规范”，其二，这是“被国家组成之国际社会整体接受和承认为不容克减的规范，此类规范只有由嗣后具有相同性质的一般国际法规范加以变更。”①可见，原则是基本规范，规则是将原则具体化的规范。在国家责任法领域，认定“初级规则”中各种“国际不法行为”必然涉及国际法的原则，而“次级规则”通过具体认定国家违反其应尽国际义务而解决责任归因。后者是前者的具体化。缺少规则的原则，很难落到实处。国际法院在“北海大陆架岸”中提出解决大陆架划界的“衡平诸原则”(equitable principles)作为“正义与诚信的最基本戒律之基础”(a foundation of very general precepts of justice and good faith)与适用原则所要求的“法律规则”(a rule of law)。②这是解决原则与规则之间关系的实践范例。

二、关于原则的国际法地位问题

国际法的生成逻辑表明：有关国家间“应然”(ought to be)行为的国际法理念是源头、根本，通过制度化形成指导性、基础性国际法原则，并落实到具体的“实然”(as it is)国际法规则中去，调整各国间关系，规范其相互行为，乃至宽泛的国际法意义上各类国际法主体间关系及其相互行为。

(一) 原则在国际法实践中的地位

上文讨论国际法的原则时，在不同语境下采用了“法源性”“立法性”“指导性”“主导性”“基础性”的表述。进一步展开探讨，也许从“应然”和“实然”两个视角看待国际法的原则，尤其是在国际法实践中的地位，更加合适。

“历史学家很久以来就已承认从 1648 年威斯特伐利亚到 1919 年凡尔赛的和约形成了欧洲国际宪法的基础。这些及其他和约确定了一些国际秩序的根本原则，譬如宗教中立、各国对于维持和平与稳定的共同责任、大国的特殊作用及其权力平衡。”③这些评论准确与否，另当别论。关键在于通常将结束欧洲三十年战争的《威斯特伐利亚和约》作为肇起于欧洲的国际法实践最初的多边国际条约之起点，恐怕是很少有争议的。

---

① 前引 Draft conclusions on identification and legal consequences of peremptory norms of general international law(*jus cogens*), with commentaries, p.29。

② *North Sea Continental Shelf*, Judgment, ICJ Reports 1969, pp.46 - 47.

③ Bardo Fassbender and Anne Peters, eds., *The Oxford Handbook of the History of International Law*, Oxford University Press, 2012, pp.71 - 72.

《威斯特伐利亚和约》没有"原则"的用语，但是，其序言及前十条实际上含有"理念"和"原则"。在叙述了这场旷日持久的战争起因及交战双方情况之后，序言表达了"双方都产生了建立普遍和平的意愿"。[①]英文"意愿"(thoughts)与"理念"(ideas)的含义相同。[②]该和约第一条至第十条均为原则性规定。譬如，第一条规定："为了基督的普遍和平以及永久、真正和诚挚的和睦"，各缔约方应努力保障他方的福祉、荣耀与利益，因而为双方的和平、友谊与繁荣，增进良好诚挚的睦邻关系。第五条规定涉及双方争端应提名仲裁员解决，或由法国与西班牙缔约或其他友好方式解决，"不得使用武力"。第六条规定缔约各方应以"相互睦邻为基本原则"。[③]可以说，和睦相处与和平解决争端是将和平理念贯穿于该和约的基本原则。该和约第十一条至第一百二十八条都是依据上述原则而规定的具体规则，包括第一百二十三条和第一百二十四条分别规定："缔约各方应有义务维护本和约的每一条款不受任何人损害，不论其宗教信仰如何，如有违约，受害方应首先告诫违约方不得采取敌对行动，并将案件提交给一个友好组成的组织或由正常的司法程序解决。""如三年内经这些方法而无法解决争端，与本和约有关各方都有义务站在受害方，向其提供意见和武力以反击加害方"。[④]可见，原则是将和平理念落实于具体规则的关键。没有原则规定，无从入手贯彻理念，当然也难以落实于规则。对于当时欧洲国际社会具有"立法性"的《威斯特伐利亚和约》提供了国际法上原则的最初实践。

1815年拿破仑战争后的《巴黎和约》及《维也纳会议最后议定书》是继《威斯特伐利亚和约》，包括英国、俄国在内欧洲各世俗国家的君主们缔结的多边国际条约。《巴黎和约》序言表达各缔约方"保证其持久的巩固的和平，务使欧洲的长期动乱和人民的苦难得以结束"这一意愿。[⑤]但是，该和约及议定书的规定以欧洲有关国家领土归属为主，缺乏"应然性"的国际法原则。比较具有一般国际法意义的是该和约第五条及议定书第一百零八条至第一百十七条有关流经不同国家的河流的航运自由原则及其具体规则。该航运自由原则体现贸易自由的理念，是指"河流全程的航行，从其可航行的起点到河口，应完全自由，并不得禁止任何人

---

① 《威斯特伐利亚条约》(1648年10月24日)，载《国际条约集(1648—1871)》，世界知识出版社1964年版，序言。

② Treaty of Westphalia, 24 October 1648. Yale Law School: https//avalon. law. yale. edu/17th_century/westphal.asp, last visited on July 8, 2023, preamble.

③ Ibid., Articles 1, 5 and 6.

④ Ibid., Articles 123 and 124.

⑤ 《法国、奥地利、俄国、英国和普鲁士和平条约》(1814年5月30日订于巴黎)，载《国际条约集(1648—1871)》，世界知识出版社1964年版，第259页。

进行贸易”①。显然，这是“实然”的原则。之前，《威斯特伐利亚和约》已就流经瑞士、奥地利、法国、德国和荷兰的莱茵河的“航运自由”(free navigation)达成协议。该议定书明确规定的航运自由原则适用于欧洲其他国际河流，并就统一的收税制度及其税率、税务所、海关等操作规则作出规定，还要求起草一部共同规章，“章程一经决定，除非全体沿岸国家同意不得更改”。②落实国际河流的航运自由，并非易事。譬如，常设国际法院曾受理多瑙河欧洲委员会的管辖争议案。③这说明国际法上的原则，往往须通过详细的规则以及必要的争端解决加以澄清，方可落实。

1919年第一次世界大战后的《凡尔赛条约》标志着国际法实践进一步从欧洲扩展到全世界。④其中，第一篇《国际联盟盟约》最具一般国际法意义。该盟约序言称：“缔约各国，为增进国际间合作并保持其和平与安全起见，特允承受不从事战争之义务。”⑤这一原则性规定的理念来自美国的战后和平“十四点计划”所贯穿的原则：“使正义遍及一切人民和一切国家的原则，确认他们不论强弱均有权利，在彼此平等的条件之上，享受自由和安全的生活的公平原则。”⑥这是“应然”原则。但是，该盟约缺少将各缔约国保持和平与安全，不从事战争之义务具体化的规则，致使该原则根本无法得到落实。1928年《非战公约》如同其全称所言，各缔约国承诺“废弃战争作为国家政策工具”，并以和平方式解决相互间任何争端，⑦然而，却无任何具体规则。该公约的空洞宣称很快就被第二次世界大战的炮火所淹没。此外，该盟约还明确规定受国际联盟托管人民的“下列之原则，即此等人民之福利及发展成为文明之神圣任务”⑧。这是由多边国际条约第一次提出的“应然”原则。但是，该盟约并无具体规则加以落实。后来《联合国宪章》国际托管制度以此为原则，并具

① 《维也纳会议最后议定书》(1815年6月9日订于维也纳)，载《国际条约集(1648—1871)》，世界知识出版社1964年版，第327页。

② 同上书，第328页。

③ *Jurisdiction of the European Commission of the Danube between Galatz and Braila*, Advisory Opinions, PCIJ Series B, No.14, December 8, 1927.

④ 《凡尔赛和平条约》(1919年6月28日)，董希白编译，载《战后国际政治条约集》，商务印书馆1937年版，第1—129页。

⑤ 《国际联盟盟约》(1919年6月28日)，载《国际条约集(1917—1923)》，世界知识出版社1961年版，第266页。

⑥ [美]威尔逊：《十四点计划》，载[美]康马杰编辑：《美国历史文献选萃》，今日出版社1979年版，第100页。

⑦ 《非战公约》(1928年8月27日)，载《国际条约集(1924—1933)》，世界知识出版社1961年版，第373页。

⑧ 《国际联盟盟约》(1919年6月28日)，载《国际条约集(1917—1923)》，世界知识出版社1961年版，第22条。

体落实于各项规则。

从《威斯特伐利亚和约》到《凡尔赛条约》，应该说，在第二次世界大战后建立联合国之前的国际法实践中，这些主要是结束欧洲有关国家间战争的多边国际条约虽也有“普遍和平”及和睦相处与和平解决争端，或“持久的和巩固的和平”，或“和平与安全”及“不从事战争之义务”等国际法“应然”原则，并居首要地位，且不乏和平解决争端的规则，但总体上看，相关规则较简单，或者根本没有相应规则，因而导致原则流于空洞，无法落实。在联合国之前多边国际条约中，从贸易自由理念，到跨国河流的航运自由原则，再到相关管理机制的具体规则，该“实然”原则的确立是成功的。其“实然性”可能源自于古罗马法已有的“依据自然法而为众所共有的物，有空气，水流，海洋，因而也包括海岸”这一原则。[①]跨国河流相关国家对于航运自由带来的贸易便利和经济效益，有着共同的追求。这是该原则到规则的具体制度化，相对而言，利益冲突较小之根本原因。这也为探讨国际法上的原则到规则之利益最大公约数，提供了一个可供借鉴的思路。

1945 年《联合国宪章》是迄今国际法实践中最为明确和详尽规定一系列国际法原则的全球性多边国际条约。根据 1943 年《莫斯科宣言》确定战后“根据一切爱好和平国家主权平等的原则，建立一个普遍性的国际组织，所有这些国家无论大小，均可加入为会员国，以维持国际和平与安全”这一建议，[②]苏联、美国、英国与中国代表共同起草了《建立一个普遍的国际组织建议案》(《敦巴顿橡树园建议案》)，供 1945 年 4 月 25 日至 6 月 26 日联合国成立大会讨论通过而最终成为《联合国宪章》。建议案第二章规定六项原则，包括“本组织以所有爱好和平的国家主权平等为基础”，“所有会员国履行其依本宪章所担负的义务，以保证全体会员国由加入本组织而产生的权益”，“所有会员国应以和平方法解决其争端，俾免危及国际和平与安全”，“所有会员国应在其国际关系中不得以任何抵触本宪章的方式威胁或使用武力”，“所有会员国对于本组织根据本宪章规定而采取之行动应尽力予以协助”，“所有成员国不得支持任何国家针对本组织采取的预防或实施行动”。[③]《联合国宪章》采纳了其中大部分内容，确定了如今该宪章第二条下“主权平等”“善意履行国际义务”“和平解决国际争端”“禁止使用武力”“协助联合国行动”等五项国际法原

① ［罗马］查士丁尼：《法学总论——法学阶梯》，张企泰译，商务印书馆 1989 年版，第 48 页。

② 《中苏美英四国关于普遍安全的宣言》(1943 年 10 月 30 日于莫斯科)，载《国际条约集(1934—1944)》，世界知识出版社 1961 年版，第 403 页。

③ Dumbarton Oaks Proposals for a General International Organization(For the Use of the Delegates), in *Documents of the United Nations Conference on International Organization*, San Francisco, 1945, Volume III, United Nations Information Organizations, 1945, p.2.

则，并增加在联合国“维持国际和平及安全之必要范围内，应保证非会员国遵守上述原则”和不干涉“本质上属于任何国家国内管辖之事件”这两项原则。[①]虑及中国在建议案的起草后期参加并提出三条建议，作为联合国发起国的苏联、美国、英国和中国一致同意将中国建议提交成立大会，其中包括和平解决国际争端“应该适当考虑正义与国际法的原则”，联合国大会应负责“发展与修订国际法规则与原则”。[②]可见，在《联合国宪章》及其起草建议案和中国建议中，国际法原则占据极其重要的地位。这是国际社会总结自《威斯特伐利亚和约》以来国际关系的历史经验和教训，尤其是两次世界大战给人类带来深重灾难的惨痛教训，将和平理念融入《联合国宪章》，并确定了调整国际关系的一系列基本原则。

从“应然”和“实然”的视角看，《联合国宪章》规定的国际法原则更多地具有“实然性”。譬如，“主权平等”原则在《威斯特伐利亚和约》以及之后欧洲国家间的国际法实践中就已经有所体现。该和约虽没有明确规定这一原则，但从其文本中可以看出。该和约序言表明缔约双方是神圣罗马帝国皇帝与法兰西国王以及他们各自的同盟者。神圣罗马帝国是以复兴于 476 年灭亡的东罗马帝国的名义，于 800 年圣诞节时，以罗马教皇加冕查理曼为新帝国皇帝的方式而建立。“它从一开始就是一种权力不稳定的分裂物，一种要求和论据，而不是一种必要的现实。”[③]在该和约缔结时，作为缔约方的神圣罗马帝国内德意志等各王国已拥有主权。这体现于该和约采用帝国各邦“全权大使”(Plenipotentiary Ambassadors)和“全权代表”(Plenipotentiaries)的表述。[④]这为欧洲国家之间独立主权的关系创立了先例。根据一位参与该和约缔结的法国外交官在 1681 年出版的《大使及其职责》(*L'Ambassadeur et ses Fonctions*)一书确认：“只有在 1648 年结束三十年战争的《威斯特伐利亚和约》建立了国际关系新秩序后，才开始了古典的欧洲外交时代(所有现代外交的直接渊源)。”[⑤]《联合国宪章》的“主权平等”“和平解决国际争端”“禁止使用武力”等“实然”原则，相比以前多边国际条约已有原则，也具有一定“应然

① 《联合国宪章》(1945 年 6 月 26 日)，载《国际条约集(1945—1947)》，世界知识出版社 1961 年版，第 36 页。

② Chinese Proposals on Dumbarton Oaks Proposals, in *Documents of the United Nations Conference on International Organization*, San Francisco, 1945, Volume III, United Nations Information Organizations, 1945, p.25.

③ [英]赫·乔·韦尔斯：《世界史纲》，吴文藻等译，人民出版社 1982 年版，第 701 页。

④ Treaty of Westphalia, 24 October 1648. Yale Law School: https//avalon.law.yale.edu/17th_century/westphal.asp, last visited on July 8, 2023, preamble, Article 119.

⑤ Sir Ivor Roberts ed., *Satow's Diplomatic Practice*, Sixth edition, Oxford University Press, 2009, p.10.

性”。尤其在“主权平等”方面向前跨进一大步。这不仅表现于该宪章的明确规定，而且从联合国成立大会的实践看，在全部的九次全体大会上，包括联合国四个发起国在内所有参会代表团，均依次发言。[①]这与缔结《凡尔赛条约》的巴黎和会区分“有权出席一切会议”的少数强国和仅“出席讨论与它们有关问题的会议”的大多数国家，[②]形成鲜明对照。

《联合国宪章》第二条第七款规定的不干涉“本质上属于任何国家国内管辖之事件”原则，也许更具有“应然性”。此前多边国际条约没有规定不干涉原则，实际上包含一些涉及一国内政的规定。如《威斯特伐利亚和约》规定神圣罗马帝国的各王国内“如果应予归还的产权的所有人认为存在某些合法的例外，也不得妨碍恢复原有产权；在恢复产权以后，他们提出的理由和例外情况可提交主管法官审理，由法官作出裁定”[③]。这与当时各王国形式上仍受该帝国管辖有关，因而还难以区分何谓“本质上属于任何国家国内管辖之事件”。又如《维也纳会议最后议定书》在将波兰划给俄罗斯帝国的同时，规定作为自由城的克拉科夫的“宪法、学院和主教区”[④]。《凡尔赛条约》也存在类似上述区分不清的问题。由于《联合国宪章》规定的不干涉内政原则是一项新的“应然”原则，因此在实践中发生如何认定“本质上属于任何国家国内管辖之事件”的国际争端。国际法院于 1950 年曾就此提供咨询意见，认定涉案条约的解释属于其管辖权范围，但回避一国被指控抑制人权及基本自由的问题本身是否“本质上属于任何国家国内管辖之事件”[⑤]。然而，国际法院在 1986 年“尼加拉瓜案”中明确指出：“不干涉原则包含了每个主权国家不受外来干预处理自己事务的权利，虽然违反该原则的例子不少，但是，本法院认为这是习惯国际法的一部分。”[⑥]这实际上是通过该案适用的习惯国际法，澄清了《联合国宪章》下的不干涉原则的含义。[⑦]

---

① Plenary, in *Documents of the United Nations Conference on International Organization*, San Francisco, 1945, Volume I, United Nations Information Organizations, 1945, pp.111 - 685.

② 王绳祖主编：《国际关系史（十七世纪中叶——九四五年）》（第二版），法律出版社 1986 年版，第 323 页。

③ 《威斯特伐利亚条约》（1648 年 10 月 24 日），载《国际条约集（1648—1871）》，世界知识出版社 1964 年版，第七条。

④ 《维也纳会议最后议定书》（1815 年 6 月 9 日订于维也纳），载《国际条约集（1648—1871）》，世界知识出版社 1964 年版，第 10 条。

⑤ *Interpretation of Peace Treaties*, Advisory Opinion, first phase, ICJ Reports 1950, p.65.

⑥ *Military and Paramilitary Activities in and against Nicaragua* (Nicaragua v. United States of America), Merit, Judgement, ICJ Reports 1986, p.106, para.202.

⑦ 参见张乃根：《互不干涉内政原则及其在当代国际法实践中的适用》，载《中国国际法年刊（2014）》，法律出版社 2015 年版，第 36—60 页。

(二) 原则在国际法学说中的地位

国际法实践与理论虽不是“对号入座”的关系，但有着不可分割的联系。著名国际法学者劳特派特(Hersch Lauterpacht)作为《奥本海国际法》的修订者，其实证主义立场不言而喻。但是，他在《国际法上格劳秀斯传统》(1946 年)一文中全面梳理了格劳秀斯国际法学说对后世具有恒久、深刻影响的学术传统，①其中不乏国际法上的自然法观点，且丝毫不掩饰其赞同的看法。劳特派特认为格劳秀斯“赋予国际法前所未有的尊严和权威，使其不仅成为普遍的法理学体系，而且是普遍的道德守则”②。事实上，劳特派特在稍前《国际人权法案》(1945 年)一书中认为，“相比较将国际组织作为通过禁止战争保障和平的手段，在强制司法解决与国际立法领域的平行发展，基本人权的国际保护问题更为困难和复杂”。③格劳秀斯对后世影响，乃至当今仍有一定现实意义的学术传统，可能主要体现以下两方面。

其一，确定涵盖国际法原则的导论在国际法学说体系中的地位。格劳秀斯时代所要解决的主要问题是如何调整文艺复兴后逐步形成的各个主权独立平等的欧洲国家间在和平与战争时期的相互关系，尤其是如何判断战争的合法性。正如劳特派特所言，格劳秀斯不是国际法的第一位作者，在他之前，没有人尝试对该主题做完整的研究。他的《战争与和平法》“是第一部完整和系统的国际法著作”④。该书第一卷论述战争与法的一般问题，具有国际法导论的性质，包含国际法原则的学说。

其二，阐述国家行为的合法性原则。格劳秀斯在导论中除提出“正确理性的命令”这一自然法，“是不可改变的——甚至从某种意义上说，上帝也不能改变”，⑤主要论述战争的合法性问题。他认为回答这一问题，首先必须依赖自然法。他以古罗马西塞罗的理论为依据，论证：“首要的自然原则”(first principles of nature)是自我保存，⑥这与理性也是相符合的。在这种符合性中，道德善成为最高的目标，应该考虑其比本能更为重要，因为该首要原则要求人们求助正确的理性。这是从自然法的非神学理念到首要或基本原则的“立法”逻辑。以此论证符合自然法的战

① Hersch Lauterpacht, The Grotian Tradition in International Law, *British Yearbook of International Law*, 23(1946), pp.19 - 51.

② 前引 Hersch Lauterpacht, The Grotian Tradition in International Law, p.51。

③ Hersch Lauterpacht, *An International Bill of the Rights of Man*, Columbia University Press, 1945, Preface, p.v.

④ 前引 Hersch Lauterpacht, The Grotian Tradition in International Law, p.19。

⑤ [荷兰]雨果・格劳秀斯:《战争与和平法》第一卷，马忠法等译，上海人民出版社 2022 年版，第 49 页。

⑥ Hugo Grotius, *On the Law of War and Peace*, Translated by Francis W. Kelsey, the Clarendon Press, 1925, p.51.

争（使用武力的国家行为）合法性，直到《联合国宪章》废止一切未经授权或非为自卫而使用的武力，即，只有经联合国安理会根据全体会员国授权为维护国际和平与安全而授权使用武力，或在受武力攻击时采取自卫而使用武力。在国际法学说中，格劳秀斯通过导论来确立某些"应然"原则，主导其整个学说体系的学术传统，为后世所传承。前述瓦特尔的国际法学说就是在其导论中首先提出适用于各国的自然法原则，依此区分合法与不合法的国家行为（条约或习惯），由此产生他所说的"应然"的必要国际法。

问题在于：仅有"应然"国际法原则，而缺乏"实然"的国际法规则，各国似乎就可以自行其是，即所谓"法无明文规定不违法"。1927 年常设国际法院在"荷花号案"中针对是否存在任何国际法规则禁止一国因其船舶在公海上行驶，由于他国船舶上船员过失而致碰撞沉没及船员死亡，以该行为结果于本国船舶为理由，在本国法院起诉该失职的他国船员，追究其刑事责任，指出："只有证明存在关于船旗国行使专属管辖权的习惯国际法规则，方可推翻该结论。"①由于常设国际法院认定当时尚无此类明示或默示的条约或习惯国际法，因此土耳其法院将涉事法国国籍船员诉诸刑事程序，并不构成违反国际法的行为。与和平时期的国家行为不同，如果一国对他国使用武力的行为，也以"荷花号案"为例，自行其是，那么国际和平与安全就难以保障。如前所述，《国际联盟盟约》序言称："缔约各国，为增进国际间合作并保持其和平与安全起见，特允承受不从事战争之义务。"1928 年《非战公约》缔约国也承诺"废弃战争"。然而，在第二次世界大战中，日本军国主义于 1931 年对中国东北地区的侵略采取不宣而战的手段，居然借口不是"战争"而开脱其侵略罪行。甚至 1937 年日本以同样借口发动侵华全面战争，实际上构成第二次世界大战的开端，但是，有些西方史学家论述二战，却对此只字不提。②诚然，战后对德国战犯的"纽伦堡审判"和对日本战犯的"东京审判"澄清了"废弃战争"的含义："庄严地宣布放弃战争作为国家政策手段就必然导致这一立场，即此类战争在国际法上是非法的。"③《联合国宪章》将战争斥为"战祸"，决心"接受原则，确立方法，以保证非为公共利益，不得使用武力"。该原则的主要涵义就是"各会员国在其国际关系上不得使用威胁或武力"，并通过联合国集体保障国际和平与安全的具体规则，成为"实然"的国际法。

① *The Case of the S.S. "Lotus"*(France v. Turkey), PCIJ, Series A. No.10, 1927, p.25.

② ［美］斯塔夫里阿诺斯：《全球通史：1500 年以后的世界》，吴象婴、梁赤民译，上海社会科学出版社 1992 年版，第 748—781 页。

③ Judgment of the International Military Tribunal for the Trail of German Major War Criminals; The Law of the Charter, Yale Law School: https//avalon.law.yale.edu/mt/judlawch.asp[2023-03-08].

如何看待国家行为，尤其是使用武力的合法性，依然是当今国际法领域的根本问题之一。是否允许未经联合国安理会明确授权，以一国“先发制人的自卫”（pre-emptive self-defense），①或部分国家以国际社会“保护的责任”（responsibility to protect）②为由，对他国使用武力。上文提及美国学者布坎南，曾以“人道干预”（humanitarian intervention）为例分析国际法的合法性，认为这可能“超出联合国的范围，并且违反联合国为基础的法”③。这表明：在这些问题讨论中的合法性之“法”是主张这些理由者所认为的“应然”法。因此，如今讨论国际法的合法性或应然法，实质上触及国际社会，或者更一般地说，人类社会应该有什么法的理念、原则和规则。下文将进一步从原则的国际法作用角度，探讨“法源性”的国际法原则。

三、关于原则的国际法作用问题

在人类经历二十世纪上半叶两次“惨不堪言”的战祸之后，《联合国宪章》将国际法原则置于首要地位，明确规定主权平等、善意履行国际义务、和平解决国际争端、禁止使用武力、协助联合国行动、在维持国际和平及安全之必要范围内，应保证非会员国遵守上述原则和不干涉原则。相对《威斯特伐利亚和约》而言，这是历史螺旋式上升演进的结果。

然而，由于实证国际法学派的影响，国际法原则在《联合国宪章》的地位并没有充分反映到以《奥本海国际法》为代表的国际法学说中。直至今日，重规则、轻原则的倾向在美国等西方国际法学界仍十分突出。甚至有学者针对美国主张的“基于规则的国际秩序”所言：“看来这也许是美国将国际法屏蔽起来，根据其国家利益解释，替代国际法的秩序。”④实际上，这就是将以《联合国宪章》宗旨及原则为基础的国际法抛在一边，自行规定符合自身利益的所谓规则。即便像布坎南那样的学者探讨国际法合法性的道德基础，也是为了论证可能突破《联合国宪章》的限制。在这样的背景下探究“法源性”国际法原则及其作用，应强调以该宪章的原则为基础。

---

① Theresa Reinold, State Weakness, Irregular Warfare, and the Right to Self-Defense Post-9/11, *The American Journal of International Law*, Vol.105, No.2(April 2011), pp.244－286.

② Alex J. Bellamy, *Responsibility to Protect: The Global Effort to End Mass Atrocities*, Polity Press, 2009, p.6.

③ Allen Buchanan, *Justice, Legitimacy and Self-Determination: Moral Foundation of International Law*, Oxford University Press, 2004, p.59.

④ John Dugard, The choice before us: International law or a ‘rules-based international order’?, *Leiden Journal of International Law*(2023), pp.1－10, at 4.

（一）国际法原则的基础性作用

在《联合国宪章》之后修订的两版《奥本海国际法》均忽视国际法的原则，认为国际法是对各国在交往关系中具有法律拘束力的规则总和，[①]以国家间共同同意为“根据”或“基础”(basis)。[②]同时期欧美国际法通论具有相似特点。譬如，布朗利教授的《国际法原理》在讨论“国际法一般原则”时没有提及《联合国宪章》规定的原则，而认为“有一些基本原则近来已作为强行法这种压倒一切的原则被单列出来，其效力高于一般规则。”[③]修订该书的克劳福德教授持同样看法，并在国家责任法下论述“强行法”时包括该宪章禁止使用武力的规定。[④]亨金教授在摒弃他认为过时的主权概念时，主张“分解”这一概念，确定属于“主权”内在的因素，“决定其中哪些对于在二十一世纪到来之际的国家体系中的‘国家’来说，是合适的、可用的。”[⑤]这些主权因素包括独立、平等、自治、作为“人”的国家、领土完整和权威性、不干涉性，而这些因素的依据包括《联合国宪章》。可见，近二十年欧美学者已在该宪章的框架下讨论主权、强行法等问题，但是，有关国际法原则的专门论述不多。英国有学者基于联合国大会《国际法原则宣言》，阐述了 9 项原则，包括禁止武力威胁或使用，和平解决争端的义务，不干涉的义务，平等权利与人民自决权原则，各国主权平等原则，诚信原则，国家责任及其实施，人格及其国际法适用范围，对其国民的外交保护，认为：“这些是原则而非规则。……它们是得出结论时的理由，支持某一特殊决定的权衡因素。”[⑥]换言之，国际法原则不是可适用法。似乎只有在被认定为习惯国际法时，才具有可适用法的性质。这是根深蒂固的实证国际法学派的观点。

《联合国宪章》的国际法原则对于当代国际法秩序的构建具有基础性作用。该宪章下首要的原则为“各会员国主权平等”。从《威斯特伐利亚和约》实际上确立主权国家平等的原则以来，这是第一次以多边国际条约的明示方式规定这一原则。这反映了当时经历约三百年战争与和平交替的国际关系从欧洲到全世界的变化，尤其是两次世界大战之后的国际社会对国际法秩序的抉择。尽管如今有学者称之为“旧范式”(old paradigm)，主张取而代之以“国际宪政”(以共同体每个成员均应

---

① ［英］劳特派特修订：《奥本海国际法》上卷第一分册，王铁崖、陈体强译，商务印书馆 1981 年版，第 3 页。

② Sir Robert Jennings and Sir Arthur Wates, eds., *Oppenheim's International Law*, Ninth edition, Volume 1 Peace, Longman Group UK Limited, 1992, p.14.

③ ［英］伊恩·布朗利：《国际公法原理》，曾令良等译，法律出版社 2003 年版，第 14 页。

④ James Crawford, *Brownlie's Principles of Public International Law*, 8th edition, Oxford University Press, 2008, p.595.

⑤ ［美］路易斯·亨金：《国际法：政治与价值》，张乃根等译，中国政法大学出版社 2005 年版，第 11 页。

⑥ Vaughan Lowe, *International Law*, Oxford University Press 2007, p.101.

遵循而不论其个别成员是否同意为基本规则）的“新范式”，[①]但是，无论该宪章起草之时，还是今天，主权平等原则等对于国际社会都具有基础性作用。正如著名国际法学者凯尔森（Hans Kelsen）在《敦巴顿橡树园建议案》的谈判起草前夕所说：类似于国内政治架构的世界国家与《莫斯科宣言》确定“作为战后将要建立的国际组织之基础的‘主权平等原则’不相符合”[②]。2020年联合国成立七十五周年之际，联合国大会高级别会议宣言称：代表世界各国人民的国家元首和政府首脑重申《联合国宪章》的国家主权平等原则等“作为国际法的基石”。[③]如前所述，这些原则更多具有“实然性”。换言之，这是国际法及其秩序现实的基础。

中华人民共和国成立后，作为联合国创始国之一的中国唯一合法代表，虽因美国等西方国家的阻扰，曾被人为地排斥在联合国之外，但倡导并在1955年4月亚非会议（万隆会议）上得到新兴民族独立国家支持的“和平共处五项原则”（互相尊重主权和领土完整、互不侵犯、互不干涉内政、平等互利、和平共处），[④]是对当代国际法及其学说中的国际法原则体系所作重大贡献。周鲠生教授在二十世纪六十年代撰写的《国际法》最先结合《联合国宪章》规定的国际法原则，从国家基本权利和义务角度，阐明“和平共处五项原则”，包括国家主权原则、不干涉原则、互不侵犯原则、平等互利原则，尤其指出：“中华人民共和国倡导的和平共处五项原则之中，有平等互利一项原则，互利同平等联系起来成为一项原则，可说是标志着国际上平等原则的发展。国家间的关系只有建立在平等的基础上才能做到互利，也只有实行互利才是真正的平等。”[⑤]1980年王铁崖教授主编并于翌年出版的《国际法》将国际法基本原则作为单独一章，并系统阐释“和平共处五项原则”及其在国际法基本原则体系中的地位，指出该五项原则与《联合国宪章》宗旨及原则相一致，是“国际法基本原则的核心”和“新发展”。[⑥]五项原则之首的“互相尊重主权”实质就是主权平等。各国主权平等的国际法地位是相互尊重主权的前提，而相互尊重使得主权平等真正体现于国家间关系。“互不干涉内政”是主权平等独立的必然延伸。“领土

---

① Bardo Fassbender, *The United Nations Charter as the Constitution of the International Community*, Martinus Nijhoff Publishers, 2009, p.8.

② Hans Kelsen, *Peace Through Law*, The University of North Carolina Press, 1944, p.12.

③ 联合国大会决议：《纪念联合国成立七十五周年宣言》，A/RES/75/1，2020年9月21日。

④ 1953年12月，中国和印度开始就中国西藏与印度之间的通商和交通协定进行谈判。周恩来总理首次提出和平共处五项原则，并经双方同意，将五项原则写入该协定。参阅《关于中国西藏地方与印度之间的通商和交通协定》（1954年4月29日），《中华人民共和国条约集》（第三集1954），法律出版社1958年版，第1页。1955年4月，五项原则被纳入《万隆宣言》，参阅《关于促进世界和平和合作的宣言》，《中华人民共和国对外关系文件集》1954—1955（3），世界知识出版社1958年版，第261—262页。

⑤ 周鲠生：《国际法》，商务印书馆1976年版，第213页。

⑥ 王铁崖主编：《国际法》，法律出版社1981年版，第82页。

完整”是国家主权的具体化，否则就谈不上主权的存在及其完整性。互相尊重领土完整和“互不侵犯”就是禁止在国际关系中任何违反《联合国宪章》的威胁或武力使用。“平等互利”原则更多体现于国际经济合作领域，是中国对基于《联合国宪章》的国际法原则的突出贡献。“把五项重要国际法原则放在一起，形成一个有系统的和结合在一起的整体”，[①]从而与该宪章规定的原则相融合，并加以充实，共同构成当代国际法及其秩序的基础。不同于苏联提出的社会主义与资本主义两种制度相互斗争，具有“冷战”色彩的和平共处原则，[②]中国倡导的“和平共处五项原则”不仅适用各自于政治、经济及社会制度不同的国家间关系，也适用于制度相同的国家间关系，因而是普遍的，对于整个国际关系具有基础性的作用。

作为整体的“和平共处五项原则”不仅已载入我国宪法，并与时俱进，与“坚持和平发展道路”“坚持互利共赢开放战略”“推动构建人类命运共同体”的主张一起，成为我国独立自主和平外交政策，[③]而且与我国建交的182个国家在建交公报或双边协定中均明确在五项原则的基础上发展双边友好关系，业已成为一般的国家实践和法律确信，因而实际上成为习惯国际法上的原则。

（二）国际法原则的引领性作用

从法的存在“实然”角度看，《联合国宪章》规定的国际法原则以及与之相一致，作为整体的“和平共处五项原则”是当代国际法及其秩序的基础。从法的生成“应然”角度看，作为理念与规则之间的“桥梁”，国际法原则在历史上曾对国际法治起过引领作用，在当代国际关系面临百年未遇大变局时，仍将对国际秩序朝着公正合理的方向发展，发挥引领作用。

国际法原则在历史上的引领作用，突出地体现于格劳秀斯、瓦特尔等人的国际法学说对《威斯特伐利亚和约》和《维也纳会议最后议定书》等多边国际条约的影响。譬如，格劳秀斯在包括后来单独发表的《论海洋自由》在内的《捕获法》中提出“应当允许保护（人们自己的）生命并避免可能造成其伤害的威胁”和“应当允许为自己取得并保有那些对生存有用的东西”这两项自然法戒律（基本原则）。[④]这包含了行为主体的平等性原则。他以此论证与葡萄牙等欧洲国家一样，“依据初级

---

① 王铁崖：《国际法引论》，北京大学出版社1998年版，第231页。

② [苏联]Ф·И·科热夫尼科夫主编：《国际法》，刘莎等译，商务印书馆1985年版，第41页。

③ 《中华人民共和国宪法》（2018年3月11日第十三届全国人民代表大会第一次全体会议通过修正案），序言。

④ [荷兰]雨果·格劳秀斯：《捕获法》，张乃根等译，上海人民出版社2006年版，第14页。

国际法的权威及其放之四海、永恒不变的基本原则,荷兰有权与任何一国进行贸易。”[①]他的《战争与和平法》不仅明确自然法连上帝也不能改变,而且认为国际法是“源自所有国家或很多国家意志的强制性力量/义务性效力的法律”,[②]从而创立以承认非神学自然法与实证国际法为特色的格劳秀斯学派。这些主权平等和建立在各国同意基础上的实证国际法的原则成为《威斯特伐利亚和约》的理论先导。如前所述,瓦特尔强调绝对主权及其平等原则,并以实证国际法协调各国有权追求本国利益与有义务为国际社会(实际上为欧洲各国)的共同利益作出贡献之间冲突。这也在一定程度上为拿破仑战争后欧洲主要国家君主间协调相互关系而缔结维也纳和约起到了引领作用。国际法原则在历史上最典型的引领作用,莫过于康德的永久和平理念及其原则。康德于1795年发表的《永久和平论》跨越时代的影响,对二十世纪两次世界大战后的全球性国家间政治组织,尤其是联合国的建立,具有引领作用。不同于十八世纪初法国的圣皮埃尔(Saint-Pierre)主张建立一个凌驾于各国主权之上的强制性国际机关以保障永久和平这种乌托邦理想,[③]康德的永久和平论以人道主义的道德哲学为基础,以建立基于和平为宗旨,永久的和平国际联盟为保障的自由国家的联邦。“这是各民族的联盟(league),而不是由各民族组成的一个国家。和平联盟与和平条约的区别在于:后者企图结束一次战争,而前者却要永远结束一切战争。”[④]这是永久和平论的核心原则。这也是后来联合国作为战后维持世界和平的国际组织宣布战争为“战祸”之原因,因为只有从根本上根除战争,才能求得人类的永久和平。

探讨国际法原则的当代引领性作用,势必应该研究如今是否存在高于实证国际法的“法源性”原则?《联合国宪章》规定的当代国际法原则多为“实然”性,并且如前所述,即便在战后开始形成的不干涉原则具有一定的“应然”性,在国际法院阐明的习惯国际法意义上也是“实然”的。如果不是因循格劳秀斯学派或自然法学派所主张的法生成理论,那么如何以《联合国宪章》的原则为基础,在百年未遇大变局中,将中国主张的全球治理方案转化为对于建立更加公正合理的国际秩序具有引领性作用的国际法原则呢?也许遵从“应然”法的理念,经过“应然”原则的制度化,落实到“实然”规则的国际法生成逻辑,可以有所“破局”。

---

① [荷兰]雨果·格劳秀斯:《捕获法》,张乃根等译,上海人民出版社2006年版,第240页。

② 前引[荷兰]雨果·格劳秀斯:《战争与和平法》第一卷,第56页。

③ Amanda Perreau-Saussine, Immanuel Kant on International Law, in Samantha Besson & John Tasioulas(eds.), *The Philosophy of International Law*, Oxford University Press 2013, p.53.

④ Immanuel Kant, *Perpetual Peace*, edited by Lewis White Beck, Robbs-Merrill Company, Inc., 1957, p.18.

近年来，中国在"和平共处五项原则"的基础上进一步提出"推动构建人类命运共同体"，作为中国特色大国外交方略。尤其是中国国家主席习近平2017年1月在联合国日内瓦总部发表《共同构建人类命运共同体》的演讲，引起国际社会的高度关注。[①]一个具有本国特色的国际法主张及其理论，不应也不可能与该国外交大政方针完全脱离。譬如，在1945年4月25日联合国成立大会开幕式上，时任美国总统杜鲁门阐述了经历两次世界大战的人类社会对战后生活的期待和美国的外交主张，概言之，就是"公正与持久的和平""合作""和平解决争端"和"尊重人的内在尊严"。[②]随后，美国国际法学者杰瑟普在《现代国际法导论》中明确："《联合国宪章》的哲理显然包涵影响国际和平问题的共同体利益观。……本书旨在审视传统国际法，以便为发展的国际法律制度，建议可适用的共同体利益概念。"[③]这种"共同体利益"(community interest)的国际法理论与国际和平及安全的集体保障机制相吻合。当代中国国际法学者应以研究人类命运共同体的国际法理念及其制度化为己任，以利于中国主张的国际法原则引领国际秩序朝着更加公正合理方向发展。

"推动构建人类命运共同体"既是当代中国致力于促进世界和平与发展的外交政策，也是针对百年未有之大变局的现实，进一步促使"实然"的《联合国宪章》原则及"和平共处五项原则"与时俱进的"应然"理想，具有深刻内涵的国际法理念，[④]并具有制度化内在要素。[⑤]就其可形成国际法原则的内容(持久和平、普遍安全、共同繁荣、文明共存和可持续发展)，作为一个整体而言，具有"法源性"原则的性质。

第一，生活在世界上所有的每一个国家或地区的人所组成的"人类共同体"(human community)理念，因其普遍性和包容性而超越以往欧美国际法理论，具有"应然性"。直到《联合国宪章》问世之前，欧美国际法学家都以"男人"(man)指代"人类"(mankind)或"人"(human)，例如上文提及劳特派特《国际人权法案》一书的

---

① 习近平：《共同构建人类命运共同体——在联合国日内瓦总部的演讲》(2017年1月19日)，《人民日报》2019年1月20日，第2版。

② Plenary, in *Documents of the United Nations Conference on International Organization*, San Francisco, 1945, Volume I, United Nations Information Organizations, 1945, pp.111 - 115

③ Philip C. Jessup, *A Modern Law of Nations: An Introduction*, the Macmillan Company, 1948, pp.12 - 13.

④ 张乃根：《试探人类命运共同体的国际法理念》，载《中国国际法年刊(2017)》，法律出版社2018年版，第43—72页。

⑤ 张乃根：《试论人类命运共同体制度化及其国际法原则》，载《中国国际法年刊(2019)》，法律出版社2020年版，第3—29页。

“人权”(rights of man)。这不只是词语的习惯用法,在欧美政治生活中也曾长期存在公民与政治权利的性别歧视。如法国、西班牙、意大利等国至少在 1923 年之前,“不承认妇女的选举权”。[①]1919 年美国宪法修正案第十九条才规定:“合众国或任何州不得以性别为由拒绝或剥夺美国公民的选举权。”[②]不仅如此,而且在联合国成立之前,欧美国际法实践及理论中的“共同体”(community),主要指适用其国际法的所谓“文明国家”俱乐部。这种非包容性仍体现于未修改的《国际法院规约》第三十八条第一款第三项有关“一般法律原则为文明各国所承认者”的规定,[③]尽管联合国国际法委员会已建议以“国际社会”替代过时的“文明各国”用语,不再以文明和非文明来划分不同世界或国家。[④]与这些已经或必将被时代进步所淘汰的做法截然不同的人类命运共同体理念,以人类生活在一个地球上为前提。现在和可预见的将来,也惟有地球可供人类生存,因此,具有普遍性和包容性的“人类命运共同体”理念是一种新的“应然”法概念。其显明道理是地球如同在茫茫宇宙“大海”中艰难前行的小舟。人类虽生活在社会制度和经济发展水平不同、文化历史各异的各个平等主权国家,但像行舟上的每个人,都应同舟共济,鼎力相助,驶向美好前方,否则就可能覆舟共亡。从法的理念上看,这具有正当性。大海行舟上的每个人命运与共,安全前行是最大的共同利益和行为的共同准则。在这一法的理念意义上,这具有“法源性”作用,可引领人类在动荡不定的局势中牢牢把握前进方向。很有说服力的佐证之一是最先明确采用“人类命运共同体”(a community of shared future for mankind)的国际法文件是旨在促进阿富汗和平与稳定的联合国安理会 2017 年 3 月《关于阿富汗局势》决议。[⑤]

第二,“人类命运共同体”的理念,尤其是“命运”(shared future)这一极富中国文化特点的表述及其内涵,未曾在以前相关国际法理论中出现过,具有始创的“应然性”,并以其原则性内容作为一个整体而成为“法源性”原则。国际法是“舶来货”,因而中国以往被动接受多,主动创制少。如今中国正日益走近世界舞台中央,应该提供能够引领国际秩序朝着更加公正合理方向发展的新理念、新原则和新规则。中文语境下的“命”在不同学说中,有着不同内涵。儒家主张消极“知命”,墨家

---

① [法]莱昂·狄骥:《宪法学教程》,王文利等译,辽海出版社 1999 年版,第 116 页。原著出版于 1923 年。

② Amendment of the Constitution of the United States, Article 19 proposed by the Congress on June 4, 1919.

③ 《国际法院规约》(1945 年 6 月 28 日),载《国际条约集(1945—1947)》,世界知识出版社 1961 年版。

④ 国际法委员会:《一般法律原则:起草委员会暂时通过的结论草案》,A/CN.4/L.955, 2021 年 7 月 28 日。

⑤ 联合国安理会决议:《关于阿富汗局势》,S/RES/2344, 2017 年 3 月 17 日,序言第 8 段。

反对听任命运而"非命"，明清之际王夫之提出"造命"，认为认识和遵循事物的必然性，人可以主宰命。[①]"命运"含有"机遇"之义。[②]结合两者，可见，"人类命运共同体"中"命运"用语富有积极主动之义。人类应携手共进，推动构建造福每个人的命运共同体。回顾近四百年来国际法实践与理论，不难发现：从《威斯特伐利亚和约》到《联合国宪章》，其缔约缘故来自欧洲国家之间或主要由它们（包括所谓"脱亚入欧"的日本）之间宗教纷争，或争夺领土和海外殖民地、扩张势力范围或"蓝天下的市场"，以致最终酿成两次世界大战。尽管每一次欧洲或全球的大战之后达成的多边国际条约都以和平为宗旨，包括格劳秀斯、瓦特尔和康德等人的国际法理论对推动国际关系及其秩序在主权平等的基础上逐步法治化、组织化起到引领作用，但是，历史和现实都表明以往关于人类如何和睦相处的实践和学说及其形成的国际法秩序，应与时俱进。《联合国宪章》脱胎于第二次世界大战的反法西斯联盟，对于步入二十一世纪的人类而言，亟待通过改革，以该宪章为基础的全球治理更加公正合理，并惠及各国各地区，尤其是发展中和最不发达国家和地区的所有人。[③]"推动构建人类命运共同体"的中国方案以其新理念和新原则，可望引领人类在新的历史十字路口，走向和平发展、共同幸福的正确道路，保障世界的持久和平、普遍安全、共同繁荣、文明共存和可持续发展。

（三）国际法原则的建制性作用

根据上文阐述，仅以共同同意作为实证国际法的基础是不够的，其弊端在于阻断"应然"到"实然"的国际法生成路径。当代国际法及其秩序不仅应以《联合国宪章》的原则为"实然"基础，而且应以"推动构建人类命运共同体"的国际法理念为"应然"法的源头，将其内容制度化为一个整体的"法源性"原则，引领人类实现这一理念。然而，对于国际法所调整的国家间及各类主体间关系而言，不仅应有基础性、引领性的国际法原则，而且应发挥国际法原则的建制性作用，将其进一步具体化为规制国际法上各种行为的"实然"规则。这对于迄今仍主要为现有国际法规则的接受者而非建制者的中国来说，尤为重要。一国外交大政方针本身属于内政，如同中国将"推动构建人类命运共同体"写入宪法一样；同时，一国外交必然体现于与其他国家或地区、国际组织等国际法行为主体的各种关系，因而成为国际法问题。[④]

---

① 夏征农主编：《辞海》，上海辞书出版社 2000 年版，第 926 页。

② 前引夏征农主编：《辞海》，第 2958 页。

③ 联合国大会决议：《2005 年世界首脑会议成果》，A/RES/60/1，2005 年 9 月 16 日，第 19 段。

④ 参见张乃根：《人类命运共同体入宪的若干国际法问题》，《甘肃社会科学》2018 年第 6 期，第 81—89 页。

将“推动构建人类命运共同体”作为全球治理的中国方案，应落实到制度化的国际法及其秩序中去。

在将“应然”的国际法理念制度化为国际法原则及规则方面，二十世纪上半叶美国的经验值得借鉴。前述第一次世界大战后，美国的和平“十四点计划”包含“正义”“平等”“自由和安全”的理念，并以国际法原则的方式表述。1941 年，美国在参加第二次世界大战前夕宣称“在外交事务上，我们的国策，也以敬重所有大小国家的权利与尊严为依归。而道德的公义最后必须，也必然会战胜的”①。接着，美国与英国达成以消灭法西斯为目标的《大西洋宪章》，宣布“在纳粹暴政最后消灭之后，他们希望看见建立一种可以使所有的国家能够在它们国境内安全生活，可以保障所有地方的所有人免于恐惧和不虞匮乏的自由中，安度他们一生的和平”②。在美国主导下，与英国、苏联和中国共同起草的《敦巴顿橡树园建议案》，将这些“应然”的国际法理念制度化为一系列国际法原则与规则。尤其在维护国际和平及安全方面，该建议案提出“所有会员国应在其国际关系中不得以任何抵触本宪章的方式威胁或使用武力”，最终被采纳为《联合国宪章》第二条第四款“禁止使用武力”原则，并通过第七章“对于和平之威胁、和平之破坏及侵略行为之对付办法”的具体规则，加以落实。

中国倡导的“和平共处五项原则”通过《万隆宣言》和《国际法原则宣言》，成为国际公认的国际法原则，并经过与我国建交的 182 个国家的双边条约，形成了制度性的国际法原则体系和实际上具有习惯国际法的性质。这是国际法原则的建制性作用之范例。中国自 1971 年 10 月恢复在联合国的合法席位以来，积极参加联合国国际法委员会有关国际法的编纂与发展。③但是，国际法委员会中国籍委员至今尚未提议具体专题或担任特别报告员。这说明对于国际法的编纂与发展，中国的话语权和深层次参与，还十分有限。④

与“和平共处五项原则”一开始就明确载入条约而形成制度性国际法原则不同，“推动构建人类命运共同体”在国际上的提出，主要体现于中国的宣示性立场。虽然联合国安理会等通过决议，将此写入，但是，迄今尚无任何条约加以明文规定。如前所述，“推动构建人类命运共同体”的内容（持久和平、普遍安全、共同繁荣、文

---

① 罗斯福：《“四大自由”演讲词》，载［美］康马杰编辑：《美国历史文献选萃》，今日出版社 1979 年版，第 103 页。

② 《大西洋宪章》，载［美］康马杰编辑：《美国历史文献选萃》，今日出版社 1979 年版，第 107 页。

③ 参见黄惠康：《论国际法的编纂与逐渐发展——纪念联合国国际法委员会成立七十周年》，《武大国际法评论》2018 年第 6 期，第 1—32 页。

④ 参见张乃根：《试析人类命运共同体视野下的国际立法——以联合国国际法委员会晚近专题为重点》，《国际法学刊》2020 年第 1 期，第 13—32 页。

明共存和可持续发展）具有丰富的国际法理念，且作为一个整体而言，具有“法源性”原则的性质。然而，国际法的理念是理论范畴，如制度化为“法源性”原则，以起到建制性作用，需要在国际法实践中有所体现。只有体现于国际法实践，通过建制，反过来印证由理念到原则，具有“法源性”。因此，国际法原则的建制性作用，至关重要。从一般法和国际法的原理看，并且，在国际法的实践与学说中，原则确实起到从理念到规则的连接作用，亦即具有建制性。然而，如何将“推动构建人类命运共同体”的国际法理念转化为国际法原则，乃至规则，检验着全球治理的中国方案是否真正具有制度化的内在要素，可否作为公认的国际法原则真正起到引领作用，并最终真正成为调整国际法上各种主体间关系的规则。为此，应清醒地看到中国从国际法规则的接受者变为建制者之路，尤其是在多边领域还刚起步。从理念经由原则到规则，新的国际法生成，绝非一蹴而就，必然经历或长或短的过程。

国际法规则的建制者应充分认识到国际法生成逻辑及其原则的地位与作用。相应的国际法理论应探讨有关原则的理念“源头”以及内在制度性要素、转化为规则的建制路径。“推动构建人类命运共同体”包含深刻的国际法理念，并具有制度化内在要素，已经并将进一步显示其引领作用。问题在于如何进一步建制？中国近年来提出四大倡议，即“一带一路”倡议①、全球发展倡议②、全球安全倡议③及其概念文件④、全球文明倡议⑤。这些倡议包含了一些原则性表述及建制性内容。譬如，中国提出共建“一带一路”以《联合国宪章》宗旨和原则及“和平共处五项原则”为基础，具体以“开放合作”“和谐包容”和“市场运作”为原则，⑥并进一步提出“共商、共建、共享”的合作原则，丰富“一带一路”共建原则，增加“平等协商”“互利共赢”和“平衡和可持续”原则。⑦又如，进一步提出“共同、综合、合作、可持续”安全

① 参见国家发展改革委、外交部、商务部：《推动共建丝绸之路经济带和21世纪海上丝绸之路的愿景与行动》（经国务院授权发布），2015年3月。

② 参见习近平：《坚定信心　共克时艰　共建更加美好的世界——在第七十六届联合国大会一般性辩论上的讲话》，《人民日报》2021年9月22日第2版。

③ 参见习近平：《携手迎接挑战，合作开创未来——在博鳌亚洲论坛2022年年会开幕式上的主旨演讲》，《人民日报》2022年4月22日第2版。

④ 参见《全球安全倡议概念文件》（全文），2023年2月21日发布，外交部网站：https//www.mfa.gov.cn/web/ziliao_674904/1179_674909/202302/t20230221_11028322.shtml[2023-04-06]。

⑤ 参见习近平：《携手同行现代化之路——在中国共产党与世界政党高层对话会上的主旨讲话》，《人民日报》2023年3月16日，第2版。

⑥ 国家发展改革委、外交部、商务部：《推动共建丝绸之路经济带和21世纪海上丝绸之路的愿景与行动》（经国务院授权发布），2015年3月，“二、共建原则”。

⑦ 《“一带一路”国际合作高峰论坛圆桌峰会联合公报》（全文），2017年5月15日，中央人民政府：http://www.gov.cn/xinwen/2017-05/15/content_5194232.htm[2023-04-06]。

观，具体为“秉持共同安全理念”，“重视综合施策，统筹维护传统和非传统领域安全，协调推进安全治理”，“坚持合作之道，通过政治对话、和平谈判来实现安全”，“寻求可持续安全，通过发展化解矛盾，消除不安全的土壤”。[①]应该说，这使得“推动构建人类命运共同体”的内容逐步深化，朝着建制方向发展。可谓“任重而道远”。

（四）国际法原则的纠正性作用

国际法原则的建制性作用在于通过从原则到规则，起到约束国际法主体行为的作用。进而言之，国际法原则的纠正性作用是在国际法主体间发生争议时，解决争议，纠正可能存在对行为规则的违反或解决相关程序争议。从国际司法实践来看，在缺少规则的情况下，原则也具有一定可适用性。譬如，1924 年常设国际法院审理“特许案”时，在缺乏有关管辖权先决程序规则的情况下，决定：“本法院因而酌定采纳该原则，即为确保正义的执行起见而调整国际法庭的程序之最佳考虑，并符合国际法的各项基本原则。”[②]这既是 1926 年该法院修订其《规则》，新增“初步反对意见”（preliminary objection）程序规则的起因，[③]也是国际司法机构第一次在其裁决中援引国际法原则。如前提及，联合国国际法院在“北海大陆架案”和“尼加拉瓜案”中曾提出解决大陆架划界的“衡平诸原则”和确认“不干涉原则包含了每个主权国家不受外来干预处理自己事务的权利”作为习惯国际法对涉案争端解决具有可适用性。然而，在这些案件中，国际法原则还没有作为可适用法直接解决涉案实体性法律问题。联合国国际法委员会在 2022 年审议通过的《一般法律原则》专题第三次报告，认为《国际法院规约》第三十八条第一款第三项“一般法律原则”包括“源自国家法律体系的原则”和“可在国际法律体系内形成的原则”。[④]前者作为国际社会公认存在于各国法律制度中的一般法律原则，在国际司法实践中得到确认，[⑤]如“可以根据事实推断进行证明”的间接证据原则；[⑥]后者作为独立于前者而是否存在，国际法委员会内部对此尚有不同看法，因而仅是暂时通过，“以便完成一

---

① 参见前引《全球安全倡议概念文件》。

② *The Mavromatis Palestine Concessions* (Greece v. United Kingdom), Objection to the Jurisdiction of the Court, Judgment of 30 August 1924, PCIJ, Series A. No.2, p.16.

③ 参见张乃根：《试析国际法院的管辖权先决程序规则》，《国际法学刊》2021 年第 2 期，第 1—33 页。

④ 联合国大会：《国际法委员会报告》，A/77/10，2022 年 4 月 18 日至 6 月 3 日和 7 月 4 日至 8 月 5 日，第八章一般法律原则，第 306 页，结论 3。

⑤ 参见郑斌：《国际法院与法庭适用的一般法律原则》，韩秀丽、蔡从燕译，法律出版社 2012 年版。

⑥ Corfu Channel case, Judgment of April 9th, 1949, ICJ Reports 1949, p.18.

读之前征求各国对这一事项的进一步意见。”[①]虽然该委员会在讨论时提及各国主权平等原则、领土完整原则、依法保有原则、不干涉他国内政原则、同意国际性法院和法庭管辖权的原则、基本的人道考虑、尊重人的尊严、纽伦堡原则和国际环境法的各项原则，[②]但是缺乏国际司法实践的印证。

除了国际法院，国际法原则在其他国际裁判或争端解决机构发挥纠正性作用的实践不容忽视。譬如在一起国际投资争端仲裁中，仲裁庭为了解释涉案投资协定的必要性例外时，通过援引《维也纳条约法公约》有关条约解释规则，将联合国国际法委员会 2001 年二读通过的《国家责任条款草案》有关危急情况下国际不法行为认定规则，作为应与解释的上下文一并加以考虑的“适用于当事国间关系之任何有关国际法规则”，并进一步分析该草案的有关规则是否构成《国际法院规约》第三十八条第一款第三项“一般法律原则”。[③]该仲裁庭还以联合国国际贸易法委员会有关国际商业合同原则为例，认为：“在某些情况下排除不法行为性的一般原则是很难质疑的。”[④]此例说明国际裁判机构没有严格区分国际法原则与一般法律原则。如确有类似“可在国际法律体系内形成的原则”，且实际上也被认为是国际法原则，那么至少在该案中被适用于条约解释以及进一步解决涉案实体性法律问题。又如在人权的国际保护领域，诸如《儿童权利公约》及其《关于设定来文程序的任择议定书》规定“儿童最大利益的原则”，作为儿童权利委员会行使其职权，处理对缔约国侵犯儿童权利的申诉之“一般原则”。[⑤]但是，迄今没有相关申诉报告披露。

总的看来，国际法原则的纠正性作用主要不是体现于国际争端解决，而是转化为规则，作为可适用法起到纠正作用。因此，本文运用法律生成说，所研究的国际法生成逻辑是从国际法的理念，经由原则，落实到规则的过程。国际法原则的基础性在于构建国际秩序的“实然”基础，其引领性原则及其包含的理念所体现的“应然性”，其建制性是将具有制度化因素的原则变为规则，而纠正性是指在缺少规则时具有一定适用性，更多地通过落实为规则以起到解决国际争端的作用。

---

① 前引联合国大会：《国际法委员会报告》，第 312 页，结论草案 7 评注，(5)。

② 同上，A/77/10，脚注 1202。

③ *El Paso Energy International Company v. Argentine*, ICSID Case No.ARB/03/15, Award, 2011, p.228, para.621.

④ 前引 *El Paso Energy International Company v. Argentine*, p.623, para.623。

⑤ 联合国人权理事会决议附件：《儿童权利公约关于设定来文程序的任择议定书》，A/HRC/RES/17/18, 2011 年 7 月 14 日。

结 论

运用法律生成说，通过对原则的国际法理论探讨，可见国际法的理念经由国际法的原则，落实于具体的国际法规则，通常有一个形成、发展的过程。这可称为国际法的生成说。如同国内法在一般意义上的生成，原则是理念转化为规则的“桥梁”，国际法的原则体现一定的理念，对规则制定或形成具有指导意义。“应然”的国际法原则对于未来的国际法规则具有“法源性”作用。近四百年来国际法的实践表明，从《威斯特伐利亚和约》到《联合国宪章》，国际法的原则性规定均具有基础性的地位。相关国际法学说对于国际法原则的确立，有着不可分割的联系，尤其是格劳秀斯的学说仍具有一定现实意义。从国际法原则在当今国际法体系中的作用看，不仅应坚持《联合国宪章》的国际法原则，而且需要引领国际社会未来的“应然”国际法原则。中国提出的“推动共建人类命运共同体”主张，具有内涵深刻的国际法理念，并作为整体具有“法源性”原则的性质。进一步发挥其引领和建制性作用，转化为促进更加公平合理的全球治理规则，必将经历一个国际法的生成过程。国际法原则的纠正性作用更多地是通过落实为规则以起到解决国际争端的作用。

The Matter of Principles in International Law：Theories，Status and Roles

Abstract：It has been demonstrated by the practices of modern international law from the Peace of Westphalia to the Charter of United Nations that the principles of international law have the critical important status and roles. By application of the legal embryology to explore the inherent logic of the ideas of international law to be the rules through the linkage of principles as the regulatory system of international relations，it is significant from the perspectives of theory and practice to understand the international law distinguished from the domestic law，but with the similar character of formation and development of law in general，to hold the indispensable approach of the rule-making of international law for China's participation and leading of the reform of the global governance while moving towards the center of the international arena. Taking the viewpoints of the status of principle in the practice of international laws “as it is” and “as it ought to be”，the principle “as it is” under the Charter of United Nations has the fundamental status and roles. China insists in “the Five Principles of Peaceful Coexistence” while putting forward a solution “to promote the building of a Human Community with a Shared Future” in the time of an unknown change in century. It embodies the profound ideas of international law, and should be institutionalized as whole as the principle “as it ought to be” to have the roles of leadership and construction in order to be made as the new rules for the global governance and the settlement of international disputes.

Keywords: International law; Principles; Theories; Status; Roles; A human community with a shared future

论国际法与意识形态的关系*

内容摘要：当前西方学者提出以“民主”和“威权”划分阵营的国际法理论，并打着以康德的政治法律哲学为基础的幌子，极具迷惑力，对此应该引起高度关注。按照唯物史观，现代国际法源起于西方资本主义兴起并向海外扩张初期，具有非神学的意识形态性。在国际法从欧洲传播到其他地区时，曾出现过西方意识形态浓厚的“文明国际法”。但是，根据《联合国宪章》，各会员国主权平等，已初步摒弃这种歧视性意识形态。如今西方又出现与《宪章》背道而驰，具有新冷战思维的“民主国际法”，应予以剖析。阐发基于《宪章》的当代国际法及其法治的包容性和普遍性，尤其是推进构建人类命运共同体的国际法兼容性，包括和平共处、普遍安全、共同繁荣、开放包容和可持续发展五项国际法原则，十分必要。

关键词：国际法；意识形态；唯物史观；文明；民主；人类命运共同体

近年来，西方国际法学界呈现某种意识形态浓厚的理论倾向，强调诸如“民主国际法”①“威权国际法”②此类与以《联合国宪章》为基础的当代国际法相悖的观点。与三十年前冷战后初期兴起的“民主国际法”思潮③主张其普世性有所不同，如今以“民主”和“威权”划分阵营的国际法理论，充斥干涉他国内政和服务于“拉帮结伙”外交的新冷战思维。④必须加以揭露、驳斥。

从文艺复兴后调整欧洲民族国家之间关系的现代国际法，到第二次世界大战后以《联合国宪章》为基础，调整全球各国或地区间国际关系的当代国际法，已有四百多年的历史。如何运用马克思主义关于经济基础与包括法律在内上层建筑的意识形态之间关系的唯物史观，正确阐释国际法的意识形态性，剖析从西方社会，或者说，主要从欧洲与北美地区的基督教文化中生长和发展而来的国际法，曾经或者

---

* 原载《甘肃社会科学》2023年第4期，第138—146页。

① 参见 Tom Ginsburg, *Democracies and International Law*, New York: Cambridge University Press, 2021; Jan Klabbers, etc., International Law and Democracy Revisited: Introduction to the Symposium, *EJIL* (2021), Vol.32, No.1, pp.9－15。

② 参见 Katerina Linos, Introduction to the Symposium on Authoritarian International Law: Is Authoritarian International Law Inevitable?, 114 *AJIL* Unbound 217(2020)。

③ 参见 Thomas M. Franck, The Emerging Right to Democratic Governance, 86 *AJIL* (1992) 46; James Crawford, Democracy and International Law, 64 *BYIL* (1993) pp.113－133; Christina M. Cerna, Universal Democracy: An international Legal Right or the Pipe Dream of the West?, 27 *N.Y.U. J. Int'l L & Pol* 289(1994－1995)。

④ Tom Ginsburg, Authoritarian International Law, 114 *AJIL* Unbound 221(2020).

至今仍流行的，具有强烈意识形态观念的“文明国家”和“民主国家”观及其在国际法中的体现；如何进一步认识当代国际法“实然”（现实存在）和“应然”（将来发展）的意识形态性，尤其是作为当代国际法基石的《联合国宪章》的包容性，近二十年联合国强调的国内与国际法治的普适性；最后，如何向国际社会讲好当代中国的国际法观，阐释推进构建人类命运共同体的兼容性。这是摆在中国国际法学人面前一项十分重要和紧迫的工作。[①]

本文旨在正本清源，首先基于法的一般原理，阐明作为国内社会的法是社会上层建筑的意识形态组成部分，而现代国际法产生于十七世纪初期的欧洲各主权国家间的国际社会，反映了当时欧洲社会的经济、政治、文化发展的要求所具有的非神学意识形态性；然后分析在二十世纪上半叶以及之前主要适用于欧美地区的国际法所具有西方文化意识形态特征的“文明国家”观，并着重对如今一些西方国际法学者宣扬的“民主国家”观以及“民主国际法”理论及其实质加以剖析；接着从《联合国宪章》的包容性、国际与国内法治的普适性和人类命运共同体的兼容性三方面论述当代国际法的新型意识形态性；最后是简短的结论。

一、作为意识形态范畴的国际法

法是一定社会的产物。古罗马谚语曰：“有社会，就有法。”（*Ubi societas*，*ibi jus*）[②]西方社会的自然法与民法观念从古希腊的荷马时代（公元前1200—800年）第一位个人作家赫西俄德的传世作品中所言“宙斯”为正义化身，[③]“待人以诚”[④]等戒律中可寻端倪。中国古代社会以刑法为主的法制传统[⑤]萌生于夏朝（公元前2100—1600年）流传后世的《甘誓》中“行天之罚”[⑥]的理念。不同文明的法文化各

---

①　国内学界从国际政治等角度研究的相关成果较多，如王振华：《论意识形态在国际关系中的作用——国际关系非意识形态化剖析》，《西欧研究》2000年第1期，第1页；刘须宽：《世界百年未有之大变局的意识形态分析》，《马克思主义研究》2020年第12期，第138页。国际法方面相关研究鲜为人知。相近研究，如韩逸畴：《从欧洲中心主义到全球文明——国际法中“文明标准”概念的起源、流变与现代性反思》，《清华大学学报》（社会哲学科学版）2020年第5期，第3页。

②　*International Law being the collected papers of Hersch Lautepacht*, edited by E. Lauterpacht, Volume I, the general works, Cambridge: Cambridge University Press, 1970, p.28.

③　［古希腊］赫西俄德：《工作与时日、神谱》，张竹明、蒋平译。商务印书馆1991年版，第1页。拉丁文“法”（*ius*）这一术语是从古罗马神话中类似希腊神话诸神之王“宙斯”的“朱庇特”（*Iovis*［Jove］）一词中推演而来。参阅［荷］格劳秀斯：《捕获法》，张乃根译，上海人民出版社2006年版，第11页。

④　前引赫西俄德：《工作与时日、神谱》，第21页。古罗马法的三大基本原则，第一是“为人诚实”；［罗马］查士丁尼：《法学总论——法学阶梯》，张企泰译，商务印书馆1989年版，第5页。

⑤　参阅《历代刑法志》，群众出版社1988年版。

⑥　李民：《尚书与古史研究》，中州书画社1981年版，第79页。

异。与国内社会存在国家及其法律等上层建筑不同，国际社会是各个主权国家组成的一个共同体，没有国家之上的中央政府及其立法和执法机构。如何正确认识作为国内法的法是国内社会上层建筑的意识形态组成部分，以及文艺复兴之后调整欧洲民族国家间关系的现代国际法的意识形态性，是理解国际法与意识形态的关系的前提。

（一）法是社会上层建筑的意识形态组成部分

马克思和恩格斯在《德意志意识形态》一书中从他们创立的唯物史观出发，阐述了人类通过劳动将自己和动物区别开来，以生产自己所需的生活资料的方式为基础，形成一定的所有制等社会关系和政治关系。“观念、思维、人们的精神交往在这里还是人们物质关系的直接产物。表现在某一民族的政治、法律、道德、宗教、形而上学等的语言中的精神生产也是这样。”①这就是马克思主义关于生产力与生产关系的经济基础决定包括法律在内意识形态的上层建筑的基本观点。

根据马克思主义的观点，法是社会上层建筑的意识形态组成部分。马克思晚年给予高度评价的美国历史学家摩尔根《古代社会》一书研究了人类从蒙昧时代经过野蛮时代到文明时代的发展过程。②恩格斯在马克思对该书摘要的基础上进一步研究完成的《家庭、私有制和国家的起源》，分析了雅典国家的产生，认为公元前594年著名的“梭伦改革”(Solon's reform)③导致之前氏族制度的崩溃和新的城邦国家产生，其根源在于当时“货币的胜利进军”，亦即商品经济的发展。④历史有惊人相似之处。公元前356年中国战国时期为后来一统皇朝——秦朝奠定法制基础的“商鞅变法”，⑤其经济根源在于“商业勃兴，社会人士为生计压迫，就做出许多不同的动作，使生活状况日趋复杂”⑥。

唯物史观关于国内法是国内社会上层建筑的意识形态组成部分这一观点，已为中外史实所印证。意识形态是依附于一定社会经济基础的制度性观念。源于古希腊罗马的法及其观念以抽象的“正义”(如“法”的本源来自神话中正义的化身——宙斯、朱庇特)为核心。中国古代法及其观念则以具体的“王令”(如《甘誓》

---

① 马克思、恩格斯：《费尔巴哈：唯物主义和唯心主义观点的对立》(《德意志意识形态》第一卷第一章)，载《马克思恩格斯选集》第一卷，人民出版社1972年版，第30页。

② [美]路易斯·亨利·摩尔根：《古代社会》，杨东莼等译，商务印书馆1977年版。

③ 参见Aristotle, *The Athenian Constitution*, Penguin Books, 1984。梭伦改革“创立一个新的宪法、制定了一些新的法律”(p.42)。

④ 恩格斯：《家庭、私有制和国家的起源》，载《马克思恩格斯选集》第四卷，人民出版社1972年版，第109页。

⑤ 《商子译注》，齐鲁书社1982年版，第1—4页，“更法第一”。

⑥ 杨鸿烈：《中国法律发达史》上，载《民国丛书》，上海书店出版社1990年版，第72页。

的夏王之令、商鞅变法的秦孝王之令)即法为特征。直至今天,延续西方法文化传统的美国联邦最高法院"法官"的实际用语是"正义"。①不过,当代中国法制早已现代化,全国和地方各级人民代表大会作为权力机关行使其宪法规定的立法权限,相应的行政和司法机关履行执法职责,与社会主义市场经济的基础相适应。②

(二)现代国际法的意识形态性及其经济根源

国际社会及其国际法虽不同于主权国家的国内社会及其国内法,但同样适用于马克思主义所揭示的"生产关系的总和构成社会的经济结构,即有法律的和政治的上层建筑竖立其上并有一定的社会意识形态与之相适应的现实基础"③这一人类社会的"牛顿定律"。

一般认为,十七世纪初期的荷兰法学家格劳秀斯创立了现代国际法。"他所著的《战争与和平法》(3卷)出版于1625年,并成为一切后来发展的基础。"④该书开宗明义:"不是由国内法的共同纽带而生活在一起的人们之间纷争或与战争,或与和平时期有关。"⑤格劳秀斯根据其在1604年撰写的《捕获法》⑥,历经二十年研究完成这部现代国际法的开山之作。《捕获法》的写作背景及原因是:当时已摆脱宗主统治,取得事实上独立地位的荷兰,因在欧洲大陆上的商业活动遭到西班牙等封杀,不得不远渡重洋到东南亚,乃至中国从事商业冒险。由于从欧洲到亚洲的航线早已被葡萄牙控制,因此荷兰与其发生冲突,乃至海战。为了阐明荷兰与欧洲其他主权国家一样享有在海上"公路"(high road)⑦自由航行的权利,格劳秀斯吸取古

---

① 《美国宪法》第3条第1款规定最高法院的"法官"(judge),在实践中被称为"正义"(justice),如"首席法官"(Chief Justice)。See *Marbury v. Madison*, 5 U.S.(1 Cranch)137(1803).

② 潘汉典:《比较法在中国:回顾与展望》,载江平主编:《比较法在中国》第一卷,法律出版社2001年版,第7—30页。作者强调"中国作为一个社会主义国家,有着中国特定的国情"(第25页)。

③ 马克思:《〈政治经济学批判〉序言》,载《马克思恩格斯选集》第二卷,人民出版社1972年版,第82页。

④ [英]詹宁斯、瓦茨修订:《奥本海国际法》第一卷第一分册,王铁崖等译,大百科全书出版社1995年版,第3页。格劳秀斯之前,维多利亚(Francisco de Victoria)、真提利(Alberico Gentili)等人有过战争法的论著,但格劳秀斯最先论述了战争法与和平法的完整国际法学说。

⑤ Hugo Grotius, *On the Law of War and Peace*, trans. by Francis W. Kelsey, Oxford at the Clarendon Press, 1925, p.33.

⑥ 格劳秀斯生后直到1868年,该书手稿才被发现,并出版。但他在1609年将该书第12章以《论海洋自由》匿名单独发表。参见[荷]格劳秀斯:《论海洋自由或荷兰参与东印度贸易的权利》,马忠法译,张乃根校,上海人民出版社2005年版。

⑦ 格劳秀斯认为海上航线如同"公路",应对任何人、任何国家开放。现代海洋法上"公海"(high seas)一词由此演变而来。参见Hugo Grotius, *The Freedom of the Seas, or the right which belongs to the Dutch to take part in the east Indian trade*, Translated by Balph van Deman Magoffin, Oxford University Press 1916, p.10。

希腊罗马以调整个人为民事主体的法律关系的自然法思想和罗马法学说，将之创造性地运用于世俗国家为主体的新型国际关系，从而奠定了现代国际法的理论基础。这说明现代国际法的产生最初与欧洲国家的海外贸易有关。1514 年，葡萄牙商人在中国广州与当地人通商，1577 年又在澳门“设立了永久的商业根据地”。[①]不久，荷兰人和英国人向葡萄牙对中国贸易的垄断挑战，将欧洲国家间商业竞争扩展到亚洲。其背后的经济原因就是“欧洲有一个强大的推动力——一个牟利的欲望和机会、一个使牟利得以实现的社会和体制结构”[②]。这就是早期资本主义的推动力。有学者将之归结为国际贸易领域的“私法行为公法化”[③]。其实直白地说，本质上这是现代国际法（国际公法[④]）体现或保护资本主义条件下私人经济利益的要求。格劳秀斯时代的荷兰最早发生资产阶级革命，是早期资本主义经济的代表之一。其海外贸易的主体——1602 年成立并获得国家授权的荷兰东印度公司前身是多个股份制“私人贸易公司”[⑤]。此后，欧洲各国纷纷成立类似海外贸易公司，将欧洲的市场竞争扩大到海外。可见现代国际法产生与当时欧洲社会资本主义兴起和发展休戚相关。

现代国际法的产生还反映了当时欧洲社会的政治、文化发展的要求。众所周知，1618—1648 年的欧洲三十年战争是当时德国内部新教与旧教之争引起并演变为支持新教的法国、荷兰和瑞典等国，与维护旧教势力的西班牙及名义上的神圣罗马帝国之间的欧洲大战。[⑥]格劳秀斯坚定站在新教一边，其创立的现代国际法被认为是“使自然法世俗化并使它从纯粹神学学说里解放出来的决定性步骤”[⑦]。这种非神学的意识形态作为当时欧洲新兴法律政治制度的上层建筑一部分，显然有助于世俗的主权国家从教会统治下分离出来。

---

① [美]斯塔夫里阿诺斯：《全球通史：1500 年以后的世界》，吴象婴、梁赤民译，上海社会科学院出版社 1992 年版，第 77 页。

② 同上书，第 32 页。

③ 马忠法：《论国际贸易领域中的“私法行为公法化”》，《政法论丛》2022 年第 1 期，第 42 页。

④ 与调整跨国民商事法律关系的“国际私法”（private international law）或“冲突法”（conflict of laws）不同，“国际公法”（public international law）调整对象是主权国家间关系，参见 James Crawford, *Brownlie's Principles of Public International Law*, Oxford University Press, 2008, p.474。

⑤ L.S. Stavrianos, *A Global History Since 1500*, Prentice-Hall, Inc., 1971, p.127. 这些“私人贸易公司”（private trading companies）采取股份制，以分担海外贸易风险，同时分享贸易受益。国家授权海外贸易的统一东印度公司仍沿用私人股份制，于是产生荷兰与葡萄牙发生海战并获胜取得战利品后引起的分派争议。格劳秀斯的《捕获法》是为解决该争议而撰写的。

⑥ 王绳祖主编：《国际关系史（十七世纪中叶——一九四五年）》（第二版），法律出版社 1986 年版，第 7 页。

⑦ [英]劳特派特修订：《奥本海国际法》上卷第一分册，王铁崖、陈体强译，商务印书馆 1971 年版，第 63 页。

二、欧美国际法的意识形态观

在欧洲资本主义兴起的新旧时代交替阶段，格劳秀斯创立的现代国际法虽具有非神学的意识形态性，但这毕竟根植于西方的古希腊罗马文明，尤其是公元313年罗马帝国颁布《米兰敕令》（Edict of Milan）①之后逐渐成为基督教文明②之中。因而，现代国际法的适用从欧洲逐渐扩展到世界其他地区的过程中，带有西方文明中心的显著特征。这突出地体现于1920年《国际常设法院规约》第三十八条第一款第三项所规定的可适用法之一为“一般法律原则为文明各国所承认者”③。尽管《联合国宪章》第四条规定其会员国资格为“爱好和平”和“接受本宪章所载之义务”，④具有文明包容性，但是欧美学者认为国际法与国际秩序主要是由西方民主国家的创立的，凡与其价值观不相符合的国家，都是非民主国家。显然，无论是“文明国家”观，还是“民主国家”观，都具有强烈的意识形态色彩。

（一）欧美国际法的“文明国家”观

根据西方学者的梳理，西班牙通过十五世纪末、十六世纪初的地理大发现，在美洲建立殖民地之后，具有神学倾向的西班牙学者认为“新世界”被称为“印第安人”的原住民是“野蛮人”，与西班牙“自己的世界”是两个世界，因而基督教的法律不适用于印第安人。⑤这可能是最早蕴含“文明国家”观的看法。这种文明与非文明、基督教与非基督教两个世界的划分，后来变成了西方文明“俱乐部”的做法，亦即，凡适用西方的国际法，加入其“俱乐部”，须得到西方国家的承认。譬如，1900年美国联邦最高法院在一起涉及捕获法的案件中论证交战国任何一方不应捕获另一方渔船的习惯国际法，列举了英国、法国、荷兰、德国、美国等欧美国家的交战惯

---

① 参见 Moses Hadas ed., *Gibbon's Decline and Fall of the Roman Empire*, Fawcett Premier, 1962, p.307, Indexed Chronology, A.D.313, Edict of Milan, which makes Christianity lawful.

② ［英］汤因比：《历史研究》，曹未风等译，上海人民出版社1959年版，第291—301页。该书在“西方文明”“西方社会”的语境下论述“西方基督教世界”，因而基督教文明和古希腊罗马文明都属于西方文明的范畴。

③ 《国际常设法院规约》（1920年12月16日），中译本载《国际条约集》（1917—1923），世界知识出版社1961年版，第544页。1945年作为《联合国宪章》一部分的《国际法院规约》第38条第1款（c）项原封不动地照搬该规定。

④ 《联合国宪章》，中文本载《国际条约集（1945—1947）》，世界知识出版社1961年版，第36—59页。

⑤ Liliana Obregón, The Civilized and Uncivilized, at Bardo Fassbender, *The Oxford Handbook of the History of International Law*, Oxford University Press 2012, Chapter 38, p.920.

例，并将日本视为“被承认具有文明国家地位的最后一个国家”。[①]在欧洲国家数个世纪的海外扩张中，其殖民地曾遍布亚、非、拉美等世界各地。有西方学者认为“伴随西方规则的传播而来的是暴力、残忍和傲慢，而且这种传播导致其他法律文化的毁灭”[②]。欧美国际法的“文明国家”观在给其“俱乐部”成员带来势力范围和资源财富的同时，其他国家或地区及其人民却遭受被奴役、压迫和掠夺。最终在二十世纪上半叶，这些“文明国家”之间为争夺“蓝天下的市场”，两度给整个世界带来“不堪言之战祸”。

可见，现代国际法的产生对于欧洲各国关系的调整而言，是历史的进步，但是，由此划分文明和非文明的世界这种建立在西方资本主义对外扩张基础上的意识形态，对整个人类社会而言，更多的是灾难。这是国际社会应吸取的历史教训。

近年来，联合国国际法委员会在研究《国际法院规约》第三十八条第一款第三项“一般法律原则”的识别问题时，也反思了该条款的“文明各国”（civilized nations）用语。“委员会成员一致认为，‘文明国家’一词过时，不应再使用。在当今世界，所有的国家都必须被认为是文明的”。[③]2021 年该委员会拟定的《一般法律原则》结论草案明确：“一般法律原则须为国际社会承认才会存在。”[④]以“国际社会”（the community of nations）替代过时的“文明各国”用语，不再以文明和非文明来划分不同世界或国家，这与《联合国宪章》第二条第一款“各会员国主权平等”基本原则相一致。然而，一百多年前负责起草《国际常设法院规约》的法学家咨询委员会（1920 年）在将“一般法律原则为文明各国所承认者”作为法院适用的国际法主要渊源之一时，争论的焦点是一般法律原则的涵义及其实质内容，而对于“文明各国”用语及其经“文明国家”承认才是可适用的一般法律原则，却没有留下任何争议的记录。[⑤]这是一点不奇怪的，因为当时国际法就是文明国家“俱乐部”说了算。即便在 1945 年联合国法学家委员会起草《国际法院规约》时，对“一般法律原则”措辞及其可能修改，略有讨论，也完全没有对“文明各国”用语的议论或不同看法。[⑥]这与当时欧美国际法学界主流依然持“文明国家”观有关。譬如，1953 年英国著名国际法学者施瓦曾伯格为一本题为《国际法院与法庭适用的一般法律原则》的专著写

---

① *The Paquete Habana*, the Supreme Court of the United States, 175 U.S. 677(1900).

② Anne Peters, Introduction: Towards a Global History of International Law, at Bardo Fassbender, *The Oxford Handbook of the History of International Law*, p.2.

③ 国际法委员会：《关于一般法律原则的第二次报告》，A/CN.4/741，2020 年 4 月 9 日，导言第 2 段（d）。

④ 国际法委员会：《一般法律原则：起草委员会暂时通过的结论草案》，A/CN.4/L.955，2021 年 7 月 28 日。

⑤ 国际法委员会：《关于一般法律原则的第一次报告》，A/CN.4/732，2019 年 4 月 5 日，第 90—102 段。

⑥ 前引国际法委员会：《关于一般法律原则的第一次报告》，第 106—109 段。

序，认为《国际常设法院规约》的起草人将"一般法律原则为文明各国所承认者"对国际法做出了卓越贡献，其中之一是"将文明标准引入国际法，在文明民族与未开化民族间画出了清晰且必要的界限"。[①]甚至如今联合国国际法委员会概述现有相关文献时也指出，少数学者认为《国际法院规约》的"文明各国"一词仍有一定意义，"例如，有人建议，只有国家法律体系符合基本人权标准或'民主'国家才应被视为'文明'国家。"[②]这表明在国际法委员会之外的学界并非对摒弃"文明各国"用语都持赞同立场。事实上，本文开头提及和下文将着重分析的"民主国家"观，就是明证。

（二）欧美国际法的"民主国家"观

当前欧美国际法的"民主国家"观以美国芝加哥大学国际法教授金斯伯格为代表，他首先界定国内政治体制下所谓"民主"（democracy）标准的三要素："（1）以竞争性选举为特征的政府，在选举中，一定的成年人可以投票，败选人应放弃；（2）最低限度的言论自由、集会自由和保护所有人基于平等的从政能力；（3）以法治管理行政。"[③]然后对照《世界人权宣言》和《公民与政治权利国际公约》有关规定，譬如，人人有权直接或自由选举之代表参加其本国政府；在真正、定期之选举中投票及被选；以一般平等之条件，服本国公职，认为"我在此的立场如在其他场合一样，即，要回答国际法应该做什么的问题，必须是经验上可获知的。我将道德中立事业的国际法作为工具；只有国际法能够以持续方式推进民主，这才是应该尽力去做的事"。[④]这种"民主国家"观及其国际法的"民主性质"虽有很复杂的理论论证，但实质上就是以西方传统民主制，尤其是选举制为标准，将国际人权法中公民选举与被选举权规定为国际法依据，然后推论凡是符合民主观的国际法就是"具有民主性质的国际法"（the democratic nature of international law），或者简单地说，就是"民主国际法"。与此相反，非民主国内政治体制就是"独裁制"（dictatorship），由此产生的"威权国际法"（authoritarian international Law）"可简单定义为威权国家之间的国际法律交往。"[⑤]这种毫不掩饰地以国内宪政的民主性或非民主性来划分国际阵

---

① 郑斌：《国际法院与法庭适用的一般法律原则》，韩秀丽、蔡从燕译，法律出版社 2012 年版，施瓦曾伯格（Georg Schwarzenbeeger）撰写的前言。

② 国际法委员会：《关于一般法律原则的第一次报告》，第 186 段。

③ Tom Ginsburg, *Democracies and International Law*, p.21.这是金斯伯格在 2018 年出版的《如何拯救宪政民主》一书的观点。参见 Tom Ginsburg and Aziz Z. Huq, *How to Save a Constitutional Democracy*, University of Chicago Press, 2018。

④ 前引 Tom Ginsburg, *Democracies and International Law*, p.27。

⑤ Ibid., p.192.

营，从而界定民主国际法是民主国家之间的国际法，威权国际法是威权国家之间的国际法，较之冷战时期划分东西方阵营及其国际法的那一套说法，①有过之而无不及，充满了新冷战的意识形态思维。

这种"民主国家"观的国际法理论与《联合国宪章》的宗旨及原则格格不入。"第二次世界大战后，1945 年建立的联合国代替国际联盟，旨在维护和平与安全，防止国家间战争，促进经济及社会发展，增进对人权的尊重和提高对话的论坛。"②这是一位长期任职于联合国的西方资深学者对该组织宗旨——和平与安全、经济与发展、人权与对话——最简练的说明。由此看不出一点点金斯伯格教授的民主划线痕迹。毋庸赘述，从联合国出发考虑当代国际法及其秩序，所谓"民主国际法"与"威权国际法"的划分是完全站不住脚的。问题在于这种划分是从国内宪政的性质而非联合国宗旨及原则出发。金斯伯格认为他的研究新颖之处在于"探讨民主与国际法的经验性关系。这不是始于规范性研究的假定，即，民主是重要的，并且必须在国际法内或通过国际法，加以推进，而是首先回答实证的问题：民主行为是否、如何和为何不同于非民主对国际法律体制的利用"③。其理论起点是康德《永久和平论》关于"国际法以自由国家联盟为基础"的观点，并由此论证民主国家更多偏好于利用国际法，而国际法也有助于保护民主，与此相反，威权国家偏重主权观念，但事实上也开展国际合作，只是为了在其合作的国家维持威权统治，并以美国、中国作为其比较研究的两类国家及其国际法的典型。显然，康德的观点对其理论的证成极为重要。

十八世纪末，康德是在什么历史条件下和以什么方式论述"国际法以自由国家联盟为基础"的观点？金斯伯格是否曲解了康德观点？康德身处法国大革命时期，而当时德国仍在普鲁士为主的封建君主统治下，因此，康德在 1795 年发表的《永久和平论》序言以隐晦的语调说"在理论家侥幸胆敢公开发表的意见背后"，统治者不必当真，"嗅出来对国家有什么危害"。④不同于轰轰烈烈的法国政治革命，始于康

---

① 1947 年标志冷战开始的"杜鲁门主义"划分"自由国家"(the free states)和"极权国家"(totalitarian regimes)的两个对立阵营。参见《哈里·杜鲁门：杜鲁门主义》，载[美]康马杰编辑：《美国历史文献选萃》，今日世界出版社 1979 年版，第 110 页。美国哥伦比亚大学杰塞普教授 1948 年《现代国际法》一书初步显现西方学界与当时苏联学者对于国际法与国际秩序的不同观点。参见 Philip. C. Jessup, *A Modern Law of Nations: An Introduction*, the Macmillan Company, 1948, p.13。

② Joachim Müller ed., *Reforming the United Nations: the Challenge of Working Together*, Martinus Nijhoff Publishers, 2010, p.2.

③ 前引 Tom Ginsburg, *Democracies and International Law*, p.6。

④ [德]康德：《永久和平论》，载[德]康德：《历史理性批判文集》，何兆武译，商务印书馆 1990 年版，第 97 页。

德的德国古典哲学，更多地体现于思想革命。[①]《永久和平论》认为以往的和平条约仅仅是结束一次战争，却都不提战争原因，因而只是下一次战争之前的间隙（永久和平的初步条款1）；主张以“和平联盟”（*foedus pacificum*，a league of peace）取代“和平条约”（*pactum pacis*，treaty of peace），[②]并受法国大革命的影响，提出该联盟由共和宪制的自由国家组成，并受到调整其相互间平等关系的国际法制约（永久和平的确定条款1、2）；在此基础上，应有“世界公民的法”（the law of world citizenship）规定普遍友善的条件，以实现世界永久和平（永久和平的确定条件3）。1796年，康德的《法哲学》出版，全面阐述基于道德哲学的法律三层论：国内“外在颁布”的立法，国家的立法权属于人民的联合意志；这作为国家公权，与其他国家公权发生关系，产生国际法，国家间永久和平需要建立永久性国际议会（某种国际组织）；由此形成整个人类的权利——世界法。“通过一个不断接近的过程，可以引向政治上至善的境地，并通向永久和平。”[③]可见，在当时历史条件下，康德以其独特理论阐明了国家、国际与世界三个层面的法律，以达到人类永远和平相处的理想目标。这与金斯伯格的“民主国际法”没有什么关系。英国著名哲学家罗素甚至认为《永久和平论》“对民主制抱着怀疑”[④]。因此，脱离一定历史条件和康德理论的系统性，断章取义地将他所说“国际法以自由国家联盟为基础”作为“民主国际法”的理论出发点，显然是一种曲解。其背后的新冷战思维与美国将和平发展的中国作为战略竞争对手，“拉帮结伙”加以围堵的外交政策，高度契合。

三、当代国际法的新型意识形态

综上根据马克思主义唯物史观，对现代国际法的非神学意识形态性产生之经济基础和政治及文化等历史条件的分析，对伴随资本主义对外扩张而根深蒂固的欧美国际法中“文明国家”观，以及当前以金斯伯格为代表的欧美国际法中“民主国家”观的意识形态性所作分析，可见根植于西方文化土壤的欧美国际法一旦适用于世界各国或地区的全球性国际关系时，如以西方为中心的视角看世界，就会形成诸如文明与非文明、民主与非民主（威权）此类歧视性意识形态的国际法观。应该说，

---

① 参见恩格斯：《路德维希·费尔巴哈与德国古典哲学的终极》，载《马克思恩格斯选集》第四卷，人民出版社1972年版，第210页。

② Immanuel Kant, *Perpetual Peace*, edited by Lewa White Beck, Bobbs-Merrill Educational Publishing, 1982, p.18.

③ Kant, *The Philosophy of Law*, translated by W. Hastie, T. & T. Clark, 1887, p.231.

④ [英]罗素：《西方哲学史》下卷，马元德译，商务印书馆1963年版，第255页。

西方学界出于其文化传统对宪政制度的无数论证,不足为奇。[①]存在决定意识。只要存在西方社会的经济基础及其政治文化,这种意识形态就不可能退出历史舞台。然而,在以《联合国宪章》为基础的当代国际法中,对于以西方意识形态来划分阵营、划分世界的冷战思维和做法,应予以揭露、驳斥,同时应维护、阐释符合国际社会的共同利益和人类未来发展方向的国际法及其理论。当代国际法的新型意识形态,就是要去除这种冷战思维的意识形态性,坚持《联合国宪章》的包容性,坚持联合国主张的国内和国际法治的普适性,推进构建人类命运共同体的兼容性。

应该看到马克思主义的唯物史观是辩证的,即:经济基础决定包括法律在内意识形态的上层建筑,后者对前者又具有反作用。新的意识形态往往在旧的经济基础尚未完全改变前就已经呈现,对整个上层建筑及其经济基础的变化具有促进作用。中国近年来提出推动构建人类命运共同体,有助于形成当代国际法的新型意识形态。

(一)《联合国宪章》的包容性

以《联合国宪章》为基础的当代国际法体系具有"实然"性,联合国体制的改革具有一定的"应然"性。不同于1648年限于欧洲部分国家(不包括大陆外英国)的《威斯特伐利亚和约》和1815年包括全欧洲各国的《维也纳和约》以及1919年欧美"文明国家"为主的《凡尔赛和约》,[②]由第二次世界大战反法西斯联盟各国,尤其是当时世界上唯一社会主义国家苏联、美国、英国、中国,这四个联合国发起国起草的《联合国宪章》以"爱好和平"和"接受本宪章所载之义务"为会员国的资格,具有对不同社会制度的最大包容性。[③]

首先,该宪章本身通篇没有"文明国家"的用词,只是该宪章第九十二条规定"以国际常设法院之规约为根据,并为本宪章之构成部分"的《国际法院规约》第三十八条第一款第三项,如上所析,体现"文明国家"观。如今由联合国国际法委员会起草,并经联合国大会决议[④]采纳的《一般法律原则》结论草案,已摈弃了这一过时的,不符合宪章第二条第一款"各会员国主权平等之原则"的用语。正如国际法委

---

① 譬如,美国著名思想家约翰·罗尔斯对西方"宪政民主制"(constitutional democracy)以及以此为基础的"万民法"(the law of peoples)的论证。参见John Rawls, *The Law of Peoples with "the Idea of Public Reason Revisited"*, Harvard University Press 1999。

② 《威斯特伐利亚和约》和《维也纳会议最后议定书》中译本载《国际条约集(1648—1871)》,世界知识出版社1984年版,第1—33、278—279页;《协约及参战各国对德和约(凡尔赛条约)》中译本载《国际条约集(1917—1923)》,世界知识出版社1961年版,第72—265页。

③ 参见张乃根:《论国际法与国际秩序的"包容性"》,《暨南学报》(哲学社会科学版)2015年第9期,第112页。

④ 联合国大会决议:《国际法委员会第七十二届会议工作报告》,A/RES/76/111,2021年12月17日。

员会有关报告强调“区分‘文明’国家和‘不文明’国家可能导致做出主观、武断的选择，而且有悖于主权平等的基本原则”[①]。同样，区分“民主”国家和“不民主”国家，也会导致主观、武断的选择，有悖主权平等原则。

其次，该宪章的宗旨及原则充分体现了对不同社会制度的包容性。该宪章第一条规定的三大宗旨——和平与安全、经济与发展、人权与对话，都是以国际社会的共同利益、各国共同发展和普遍尊重人权为处理国际关系的行动指南，不允许任何以文明或民主的标准来划分不同国家或阵营的做法。该宪章第二条，除第一款确立主权国家平等原则，第二条第七款规定“本宪章不得认为授权联合国干涉在本质上属于任何国家国内管辖之事件”，而一国社会政治经济制度的选择是典型的“国内管辖之事件”，因而在《联合国宪章》为基础的当代国际法及其国际秩序中，对不同社会制度的包容性是抵制、去除那种以所谓“民主”标准划分阵营的做法的国际法律保障。正如国际法院所明确的：“不干涉原则包含了每个主权国家不受外来干预处理自己事务的权利，虽然违反该原则的例子不少，但是，本法院认为这是习惯国际法的一部分。”[②]因此，这种包容性具有普遍的国际法效力。

再次，联合国改革的方向进一步强化而不是削弱对不同社会制度的包容性。2005 年联合国成立六十周年之际，世界首脑会议通过决议，首先重申“对《联合国宪章》的宗旨和原则以及对国际法的承诺，它们都是一个更和平、更繁荣、更公正的世界不可或缺的基础”，并为此在四个领域采取具体措施，亦即发展、和平与集体安全、人权与法治、加强联合国。其中与民主有关的是“承诺积极保护和促进所有人权、法治和民主，认识它们彼此关联、相互加强，属于联合国不可分割的普遍核心价值和原则”[③]。在这里，我们看不到任何以文明或民主标准来划分世界的字眼，而是整个国际社会期待联合国“应然”的未来，能够更加有效地维护和平、安全，促进发展和加强作为整体的所有人权以及作为保障的法治与民主。其中，人权不只是“民主国际法”所说的三要素，而是所有人权，且是普遍、不可分割、相互关联、相互依存和相互加强的，须以公正、公平的方式平等对待。在联合国七十周年时，世界首脑会议又通过可持续发展的决议，强调经济、社会和环境的可持续发展，“让所有人享有人权，实现性别平等，增强所有妇女和女童的权能。”[④]显然，国际社会的声

---

① 国际法委员会：《关于一般法律原则的第一次报告》，第 182 段。

② *Military and Paramilitary Activities in and against Nicaragua*，(Nicaragua v. United States of America)，Merits，Judgment，ICJ Report 1986，p.106. para.202.

③ 联合国大会决议：《2005 年世界首脑会议成果》，A/RES/60/1，2005 年 10 月 23 日，第 2 段、第 119 段。

④ 联合国大会决议：《变革我们的世界：2030 年可持续发展议程》，A/RES/70/1，2015 年 10 月 21 日，序言。

音基调是包容,绝非对立。西方学者如只是论证其民主制度,作为一家之说,倒也罢了;如以其所谓民主观为标准,划分“民主”和“威权”国家及其国际法,那就与上述世界首脑会议体现的国际社会共同意志背道而驰了。

(二) 国内与国际法治的普适性

自 2005 年世界首脑会议提出“需要在国家和国际两级全面遵守和实行法治”,以“维护《宪章》的宗旨和原则以及国际法,并维护以法治和国际法为基础的国际秩序”,①2006 年以来,联合国大会每年都将“国内和国际的法治”(the rule of law at the national and international levels)列为议程,并通过相应决议。②2012 年联合国大会还为此举行首脑会议和发表宣言,明确:“法治原则平等地适用于所有国家”,“所有个人、机构和实体,无论是公共还是私营部门,包括国家本身,都有责任遵守公正、公平和平等的法律,并有权享受法律的平等保护,不受任何歧视。”③根据历年来联合国关于法治的一系列文件,国际法治依据《联合国宪章》宗旨与原则为基础的一般国际法规则,具有普遍适用性;国内法治以各国宪法为准则,并在其宪制下履行应尽国际法义务和享有权益。国内法治的标准就是上述应平等地适用于所有国家的“法治原则”。④显然,联合国主张体现国际社会共同意志的“法治”,具有普遍性,其中包括“民主是一种普遍价值观”。这就是“人民决定自己的政治、经济、社会和文化制度的自由表达意志”以及“人民对其生活所有方面的全面参与”,因此,“虽然民主整体具有共同特点,但不存在唯一的民主模式,民主并不属于任何国家或区域”。⑤无论从“实然”,还是“应然”角度看,民主绝不是,也不应该是某个或某些国家的“专利”。普遍性的法治原则下民主具有共同价值观,但对不同模式的民主具有包容性。将西方,甚至美国一家的宪政民主奉为唯一的民主模式,将其他不同宪政及其民主模式斥为“威权”,加以歧视对待,与联合国的法治原则下民主观及其普遍性是根本抵触的。

(三) 人类命运共同体的兼容性

近年来中国提出的人类命运共同体理念,可通过国际法上的制度化,成为指引百年未有之大变局中全球治理的“应然”原则。这种理念、制度化及其原则具有鲜

---

① 联合国大会决议:《2005 年世界首脑会议成果》,第 134 段。

② 联合国大会决议:《国内和国际的法治》,A/RES/61/39, 2006 年 12 月 18 日。

③ 联合国大会决议:《国内和国际法治的问题大会高级别会议宣言》,A/RES/67/1, 2012 年 11 月 30 日,第 1 段。

④ 参见张乃根:《人类命运共同体视角的国际法治论》,《国际法学刊》2022 年第 1 期,第 5 页。

⑤ 联合国大会决议:《2005 年世界首脑会议成果》,第 135 段。

明的兼容性。[①]

首先，推进构建人类命运共同体，旨在“使和平的薪火代代相传，发展的动力源源不断，文明的光芒熠熠生辉，为使人类更好地适应这个‘大发展大变革大调整时期’而提出的‘中国方案’”[②]。这与上述联合国改革的方向——“更和平、更繁荣、更公正的世界”完全一致，更具时代特性。

其次，人类命运共同体的国际法内涵，包括和平共处、普遍安全、共同繁荣、开放包容和可持续发展五项国际法原则。[③]这不仅与《联合国宪章》的宗旨与原则相融合，而且在中国倡导的和平共处五项原则基础上，与时俱进，增加了符合时代需要和发展的“应然”内容。譬如，人类命运共同体的构建包含真正多边主义的观念。这包括多边主义的和平观，坚持联合国体制下承认的国家享有平等独立主权，各国和平共处，互不干涉内政，禁止未经联合国授权的使用武力；多边主义的共赢观，本着在走向共同繁荣之路上不让一个人掉队的出发点，坚持给予发展中国家及最不发达国家更多优惠的区别原则，在普惠的基础上兼顾各方的权利与义务，并将这种区别和互惠体制化、多边化；多边主义的包容观，将和平共处、共享普遍安全、合作共赢和文明共存这四个“共”——共处、共享、共赢、共存，作为构建人类命运共同体“大厦”的四根“顶梁柱”；多边主义的发展观，通过联合国的协调，保护好我们人类的共同家园——地球。[④]

再次，构建人类命运共同体的具体措施与联合国近年来推出的一系列议程目标相吻合。譬如，联合国于 2015 年、2018 年先后提出《2030 年可持续发展议程》《联合国维和行动共同承诺宣言》。前者有 17 项目标，其中，首先是“消除一切形式和表现的贫困，包括消除极端贫困”，这是“世界最大的挑战，也是实现可持续发展必不可少的要求”。[⑤]后者由联合国秘书长提议，各会员国核准并承诺“支持秘书长关于改革联合国秘书长和平与安全支柱的愿景，支持秘书长决心通过管理改革改善联合国履行任务的能力，从而提高维和效果”[⑥]。中国是联合国这些议程的坚定

---

① 参见张乃根:《试论人类命运共同体制度化及其国际法原则》，载《中国国际法年刊》(2019)，法律出版社 2020 年版，第 3 页。

② 李适时:《夯实人类命运共同体的国际法治基础》，载《中国国际法年刊》(2017)，法律出版社 2018 年版，第 15 页。

③ “人类命运共同体与国际法”课题组:《人类命运共同体的国际法构建》，《武大国际法评论》2019 年第 1 期，第 1 页。

④ 参见张乃根:《国际法上的多边主义及其当代涵义》，《国际法研究》2021 年第 3 期，第 3 页。

⑤ 联合国大会决议:《变革我们的世界:2030 年可持续发展议程》，序言。

⑥ 《以行动促维和:联合国维和行动共同承诺宣言》(2018 年):https://www.un.org/en/A4P/[2022-10-2]，第 2 段。

支持者，并且，还提出相应的《全球发展倡议》(2021 年)①和《全球安全倡议》(2022 年)②。前者突出“发展优先”“以人民为中心”“普惠包容”“创新驱动”“人与自然和谐共生”“行动导向”六大坚持；后者主张以“坚持共同、综合、合作、可持续的安全观，共同维护世界和平和安全”为指导原则，涵盖尊重主权、摒弃冷战思维、构建均衡有效及可持续的安全架构、和平解决争端和共同应对地区争端和恐怖主义等全球性问题的行动准则。中国不仅提出进一步实施联合国有关议程的提倡，而且身体力行，在国内完成全面脱贫和建设小康社会的目标，在国际上成为联合国维和的中坚力量，将中国人民的命运与世界人民的命运紧紧连在一起，为推进构建人类命运共同体做出了实实在在的贡献。

结 论

国际法不同于主权国家制定和执行的国内法，但是，经济基础决定上层建筑及其法律等意识形态，后者对前者具有反作用的唯物史观，同样适用于国际法与意识形态的关系。在西方资本主义兴起和向外扩张初期产生的现代国际法依附其社会的一定经济基础，并与其政治法律文化等一起构成相应的意识形态。西方曾有过的“文明国际法”和如今的“民主国际法”都具有以西方为中心的意识形态歧视性，必须摒弃。以《联合国宪章》为基础的当代国际法和联合国主张的国内与国际法治具有包容性和普适性。中国提出的人类命运共同体理念包含丰富的国际法内容，具有与当代一般国际法的兼容性。这一当代国际法的新型意识形态将指引未来国际法与国际秩序的发展。

On the Relation between International Law and Ideology

Abstract: At present, the West scholars have made a theory of international law to divide the groups based on “democracy” and “authoritarian” criteria, which is very attractive with the Kantian political and legal philosophy, therefore it shall be deserved to pay attention for. In accordance with the historical materialism, the modern international law originated in early time when the west capitalism

① 习近平：《坚定信心，共克时艰，共建更加美好的世界——在第七十六届联合国大会一般性辩论上的讲话》，《人民日报》2021 年 9 月 22 日第 2 版。

② 习近平：《携手迎接挑战，合作开创未来——在博鳌亚洲论坛 2022 年年会开幕上的主旨演讲》，《人民日报》2022 年 4 月 22 日第 2 版。

emerged and spread oversea with an ideology of non-theology. There were so-called "civilized international law" with the west ideology in its spreading from Europe to other regions. However, the UN members have equal sovereignties under the UN Charter which gives up the ideology of discrimination. Today, the "democratic international law" is arising with the new mind of cold war against the UN Charter, which must be analyzed critically. It is very necessary to expound the contemporary international law and rule of law with inclusiveness and universality, in particular to promote a human community with a shared future including the five principles of international law of peaceful coexistence, universal security, common prosperity, open inclusiveness and sustainable development.

Keywords: International law; Ideology; Historical materialism; Civilization; Democracy; A human community with a shared future

论国际法的西方法基础及对中国法律现代化的影响*

——一个比较法的研究

内容摘要：中国法律现代化移植或吸收了西方法。现代国际法的创立也是基于以罗马法为共同渊源的西方法。改革开放的中国与各国的交往与日俱增，国际法是调整各国关系的法律制度。本文旨在进一步采用比较法的研究方法，探究国际法的西方法基础，以及国际法转变为国内法，从而对目前中国法律现代化的影响。

关键词：法律现代化；国际法；西方法；比较法；影响

十九世纪下半叶之后，渐渐兴起的中国法律现代化过程，具有移植西方法的特点，①而最初我们了解的西方法是国际法。②清末民初，西方列强的欺凌，迫使国人

---

* 本文第一稿完成于1998年10月，第二稿完成于1999年10月，并递交1999年10月在清华大学法学院举行的"中国传统法文化与当代法理学研讨会"交流。未曾公开发表。

① 关于鸦片战争之后，清末至民国初期的中国法律现代化，参见杨鸿烈：《中国法律发达史》（商务印书馆1930年版），载《民国丛书》，上海书店出版社1990年版，第二十六章，清——欧美法系侵入时期；第二十七章，民国时代。杨鸿烈先生以"欧美法系侵入"为题，说明：就地域而言，侵入的法系源于欧（以大陆为主）、美（北美）；就法系而言，包括大陆的罗马法系和英美的普通法系。"中国法系，到了清代中叶，就呈现动摇倾覆的预兆。……直到乾隆中年欧美各帝国主义者欲占领此一块大市场，就我国与之周旋，于是此近世纪最进步的罗马法系和英美法系的国家就与东方唯一的中国法系起了直接的接触，很露不安的状态。"该书第868页至第869页。30年代一位著名中国法律史学家的这番话，至今值得吾辈深思。有关清末变法，还参见张晋藩：《清律研究》，法律出版社1992年版。其中"晚清修律"，该书第189—221页。有关民国法制，参见叶孝信主编：《中国民法史》，上海人民出版社1993年版。该书第八章将清末法制变革后的民法与民国（1911—1949年）的民法合并论述，认为："这一时期的民法，体现了西方现代民法体系与中国传统礼教相混杂的时代特色。"（第600页）由于西方法以民法为主，因此研究清末民初的民法制度变化，具有特殊意义。关于新中国时期的法律现代化，参见武树臣等：《中国传统法律文化》，北京大学出版社1994年版，第十五章，中国法律文化的现代历程。关于清末变化中的西方文化影响，参见马作武：《清末法制变革思潮》，兰州大学出版社1997年版。西方学者对中国法律现代化的评述，参见高道蕴、高鸿均、贺卫芳编：《美国学者论中国法律文化》，中国政法大学出版社1994年版；[美]D.布迪、C.莫里斯：《中华帝国的法律》，朱勇译，江苏人民出版社1995年版。西方法的概念，参见[美]哈罗德·J.伯尔曼：《法律与革命——西方法律传统的形成》，贺卫芳等译，中国大百科全书出版社1993年版。一般地在西方法范畴内论述欧美法系的代表作，参见[德]K.茨维格特、H.克茨：《比较法总论》，潘汉典等译，贵州人民出版社1992年版；[法]勒内·达维德：《当代主要法律体系》，漆竹生译，上海译文出版社1984年版。

② 关于西方法通过国际法书籍的翻译传入中国的史实记录，参见吴宣易：《京师同文馆史略》、钱实甫《清代的外交机关》、丁韪良《花甲记忆》，均可参见张晋藩：《清律研究》，第210—211页。据史料，同治二年（1863年），美国传教士丁韪良将其所译《惠顿万国公法》呈送清朝总理衙门，经核对校刊，于次年由京师同文馆出版。我国国际法代表论著均有提及。如周鲠生：《国际法》，商务印书馆1976年版，第一章导论（转下页）

不得不从国际法开始，了解西方，并进而尝试变法强国。本世纪七十年代末以来，在新的历史条件下展开的中国法律现代化事业，也吸收了许多西方法的制度。如今，跨向二十一世纪的中国，与西方各国的交往，与国际社会的各方面关系，越来越密切。调整当代各种国际关系的国际法，与西方法有什么联系，对现行或未来的中国法有什么影响？值得探讨。笔者曾撰文从比较法视角，探析西方法的精神及其移植问题。①本文旨在进一步采用比较法的研究方法，探究国际法的西方法基础，以及国际法转变为国内法，从而对目前中国法律现代化的影响。

一、论题的限定与研究方法

什么是国际法？这个问题与近代西方社会的法律观直接相关。在西方，历来有自然法与实证法之分。②文艺复兴之后，自然法通常是指"正确理性的启示"（格劳秀斯语）③；或者说，"人类理性所发现的普遍规则"（霍布斯语）④。格劳秀斯时代，人们为了结束国际社会无法可依的状态，试图从自然法方面寻找作为国际人格

（接上页）附注12，特此转引："中国前清时代，特别是1860年《北京条约》订立之后，所谓'洋务'派的人感觉有研究西方公法（国际法）的必要，甚至认为公法是外交的至宝。因此，在北京设同文馆，教授外文和国际法，并且在同文馆总教席美国人 William Martin（丁韪良）监订下，翻译美国 Wheaton, Elements of International Law（《惠顿万国公法》，同治三年）"（第57页）；又如王铁崖主编：《国际法》，法律出版社1981年版，在论述中国与国际法的关系时，认定：1964年出版的惠顿《国际法原理》（1836年版）是"第一次正式地、全面地把国际法介绍到中国来"（第16页）。可见，当时清政府的初衷是了解西方国际法，以处理与西方列强的外交关系，但是，客观上在国门打开之时，这起到了引进西方法的先河作用，其历史意义，是当时人们始料未及的。补注：[美]惠顿著、[美]丁韪良译：《万国公法》，京都崇实馆同治三年，何勤华点校，中国政法大学出版社2003年版。

① 拙文：《论西方法的精神——一个比较法的初步研究》，载 *Journal of Chinese and Comparative Law*（《中国法与比较法研究》，香港城市大学中国法与比较法研究中心主办），1995, Vol.1, No.2，第72—102页，后稍作修改，发表在《比较法研究》1996年第1期。补注：又被选编入江平主编：《比较法在中国》第一卷，法律出版社2001年版，第197页。

② 关于西方法律文化中的"法"之意义，参阅梁治平：《"法"辩》，《中国社会科学》1986年第4期，该文后收入梁治平编：《法律的文化解释》，三联书店1991年版。"拉丁语中的'*Jus*'与'*Lex*'在中文里或可译作法和法律。但实际上，即便是法学专门人才在使用'法'和'法律'两个词时，也很难说能意识到其中如 *Jus* 与 *Lex* 那样的含义和对立。"（第282页）就本文的任务而言，无意严格区分一般意义上的"法"与"法律"。关于西方的自然法与实证法之分及其演变过程，可参见张乃根：《西方法哲学史纲》，中国政法大学出版社1997年修订版，《当代西方法哲学主要流派》，复旦大学出版社1993年版；沈宗灵：《现代西方法理学》，北京大学出版社1992年版；张文显：《二十世纪西方法哲学思潮研究》，法律出版社1996年版。

③ 出自 Hugo Grotius, *On the Law of War and Peace*, translated by Francisco W. Kelsey, the Clarendon Press, 1925, p.38。

④ Thomas Hobbes, *Leviathan*, Collier Books, 1962, p.103.中文版霍布斯《利维坦》（商务印书馆1995年版）将之译为"自然律是理性所发现的诫条或一般法则"。（第97页）其中"自然律"的译法不同于我国法学界约定俗成的"自然法"。

的主权国家行为规则。以追求和平与正义为宗旨的自然法原则成为近代国际法的基础，说明国际法的“法”包含了自然法的意义。①如今，这些行为规则多半已写进了各种国际条约，即国际成文法。但是，联合国《国际法院规约》第三十八条第一款第三项仍将“文明各国承认的一般原则”作为国际法渊源之一。②这“等于接受了曾经被称为格劳秀斯学派的观点”③。至于第三十八条第二款规定“经当事国同意，本法院有权根据正义与公平（*ex aequo etbono*）判案”④，则进一步承认自然法原则是国际法的渊源。与自然法相对立的实证法，是人制定的法，又称“实定法”或“实在法”。国际法上的实证法包括《国际法院规约》第三十八条第一款第一项、第二项规定的条约法和习惯法。⑤实证国际法的“法”是比较具体的行为规范，调整着国际法上各种主体之间的法律关系。

无论是一般的国际法原则，还是具体的条约法或习惯法规范，都具有法的一定约束力。西方实证主义法学派鼻祖奥斯丁将国际法定义为“实证道德”，理由是国际法缺乏主权之下国内法的强制力。⑥规范学派代表凯尔森试图否认主权存在的

---

① 近代国际法的创始人格劳秀斯被公认为西方文艺复兴后的“自然法之父”。“格劳秀斯所建立的，而且他在开始建立国际法时当作出发点的自然法体系，成了最重要的自然法体系，而且发生最大的影响”。引自[英]劳特派特修订，王铁崖、陈体强译：《奥本海国际法》，商务印书馆1971年版，上卷第一分册，第63页。

② 《联合国宪章及国际法院规约》签署文本，中文本：《联合国条约集》(UN Treaty Collection)网站：http://treaties.un.org。

③ 前引[英]劳特派特修订：《奥本海国际法》，王铁崖、陈体强译，第21页。

④ 《联合国宪章及国际法院规约》签署文本，Article 38(2)。*ex aequo etbono* 是渊源于罗马法的术语，意思是“正义与公平”(justice and fairness)。据此判断什么是“正当与善”(just and good)，“衡平与良知”(equity and conscience)。我国国际法论著将这一术语译为“公允及善良”，如王铁崖主编：《国际法》，法律出版社1995年版，第11页。从权威的《布莱克法律词典》的解释来分析，应该是先确定其原意，即“正义与公平”，然后，再据此判断人们行为的正当与善。原则本身与判断结果，不能本末颠倒。至于衡平与良知的概念，则渊源于罗马法之后的英国判例法中的衡平法。无论从柏拉图对正义原则的最初阐述，还是《尤士丁尼法学阶梯》对“正义与法”的定义来看，都应将该术语理解为“正义与公平”。尤其对罗马法文本分析而知，正义是西方“法”的根本含义。由于该术语的解释，可能涉及对以西方法为基础的国际法之根本理解，因此稍加注释。关于柏拉图的正义说，参阅《西方法哲学史纲》，第10—16页。罗马法文本，见 *The Institutes of Justinian* (Translated by J.B Moyle), 5th edition, the Clarendon Press, 1913，中文版，见[罗马]查士丁尼著：《法学总论——法学阶梯》，张企泰译，商务印书馆1989年版，[意]桑德罗·斯奇巴尼选编：《民法大全选译——正义与法》，黄风译，中国政法大学出版社1992年版。关于 Justinian 的译音，本文从后者，即为“尤士丁尼”。

⑤ 《联合国宪章及国际法院规约》签署文本，Article 38(1)(a)(b)。应留意，(a)规定的国际条约，无论是普遍的或是特别的，均须争端当事国明示承认；(b)规定的国际习惯，须存在普遍被实践的证据，方可接受为法律。

⑥ 参见 John Austin, *Lectures on Jurisprudence, or the Philosophy of Positive Law*, Scholarly Press, Inc., Republished, 1977, p.6. Part I Definition。关于奥斯丁的国际法观点，参见前引《西方法哲学史纲》，第196页。

意义,纯粹从规范的等级效力出发,确定国际法的法律性质。[①]实际上,迄今为止,由于主权国家存在的根本原因,因而国际法始终区别于国内法。但是,这并不意味国际法没有法律约束力。战后半个多世纪,我们这个地球没有遭受新的世界大战,国际生活各个方面,逐渐被纳入规则范围,说明国际社会确实存在着具有法律约束力的国际法。本文将基于这一现实,探讨国际法的西方法基础。

什么是西方法?笔者在《论西方法的精神》一文中,已经较详尽地分析了根植于西方文明的西方法概念,并通过纵向比较各个时代的西方法律制度内在的观念,横向比较现代国际法与自然法、现代宪法与自然法以及法典与判例法,证明两大法系同属西方法的范畴。[②]在人类文明史上,延绵不断,自成传统,最具生命力的两大文明形态,当属中华文明与西方文明。以中国人的眼光,看待作为整体的西方法。这包含了对于中国法律传统的内省,以及建立体现中华文明特点的现代化法律制度的期望。

所谓"基础",系指国际法的基本制度及其理论阐述。[③]如同建筑一般,万丈高楼平地起,没有奠基石和基础是不可能的。当代国际法调整的范围,大至《联合国宪章》调整的国家政治关系,小到《联合国国际货物买卖合同公约》调整的货物买卖合同关系;从政治、军事和外交,到经济、文化和社会各个领域;从陆上,到海洋、天空,乃至外空。现在国际社会的法律规范之触角,可谓无所不及。这说明一个不容争辩的事实:当代科学技术的发展,使我们的地球变得越来越"小";各国政府间或

---

① 参见 Hans Kelsen, *Pure Theory of Law* (Translated by Max Knight) University of California Press, 1967. VII State and International Law。关于凯尔森的国际法理论,还可参见[美]凯尔森著:《国际法原理》,王铁崖译,华夏出版社 1989 年版;[奥]凯尔森:《法与国家的一般理论》,沈宗灵译,中国大百科全书出版社 1996 年版;顺便提及,上述不是[美]国与[奥]地利的两位"凯尔森"。1945 年后任加州伯克利分校政治科学教授的凯尔森已入美国籍,因此,他在 1946 年发表《法与国家的一般理论》时,已是美国公民。

② 同前引拙文:《论西方法的精神——一个比较法的初步研究》。

③ 国际法的"基础"这一提法,借鉴了如下国际法论著:Amos S. Hershey, *The Essentials of International Public Law*, the Macmillan Company, 1919。该书第二章"国际法的基础或渊源"第一节在讨论国际法的"基础"(basis)或"根据"(foundation)时,指出:"如同国家本身,国际法最终以人类固有的,追求特定需求和利益的社会性为基础。"(第 17 页)这是以十九世纪下半叶流行欧洲的社会连带说来解释国际法存在的根据。[奥]阿·菲德罗斯等:《国际法》,李浩培译,商务印书馆 1981 年版,第一卷"国际法的基础和在发展"在论述"基础"问题时认为:须从社会学基础出发,了解实定国际法。实定国际法规范的基础"是同人类的关于追求目的和社会的天性具有紧密的关系的。"(第 19 页)。显然,这与上述观点如出一辙。[英]詹宁斯、瓦茨修订:《奥本海国际法》,王铁崖等译,中国大百科全书出版社 1995 年版,第一章"国际法的基础"讨论的是国际法的性质、渊源、国际法与国内法的关系、国际法的普遍性及其法典编纂,阐述了对国际法基本制度的看法及理论根据。[苏联]Г·В·伊格纳钦科、Д·Д·奥斯塔频科主编:《国际法》,求是等译,法律出版社 1982 年版,认为"和平共处是共同国际法的基础"。(第 35 页)可见,"基础"是国际法学说中的一个常用术语,虽有不同含义。本文借鉴"基础"一词,意指国际法的基本制度及其理论根据。

民间的交往之多、之广，使得“地球村”的国际社会规范日益增多。庞大的当代国际法规范体系赖以存在的基础究竟是什么？从当代国际法的历史演变过程、基本制度框架来看，这一基础属于西方法的范畴。

本文所说的“中国法律现代化”，限于立法。清末由沈家本、伍廷芳等开明人士领衔主持修订新律，是中园历史上第一次大规模引进西方法，改革传统法律制度的尝试。尽管时值清王朝病入膏肓，日薄西山，此番修律，除了留下一大堆草案性质的法律文件，并没有从根本上触动腐朽没落的清朝法律制度，倒是“辛亥革命”推翻了清王朝，结束了数以千年的中国封建历史。但是，后人回首，不禁感叹，清末修律毕竟从立法上拉开了中国近百年来法律现代化的序幕。民国时期所谓“六法全书”，以日本、德国法为蓝本，至少在形式上已西方化。从此，以《唐律疏义》为标志的传统中国法典正式被西方成文法典形式所取代。中华人民共和国成立之后，“六法全书”等被彻底废除，但是，新的社会主义法律制度的建设，历经曲折，直至七十年代末以来，方才全面起步。而今，我国成文法的形式和内容，都已趋同于西方法。中国法律传统，或者说中华法系，已成历史，中国法律现代化，或者说西方化的过程，仍在进行中。本文将在研究国际法的西方法基础这一前提下，从国际法转化为国内法这一视角，举例分析西方法对中国法律现代化的影响。

至于“比较法”的意义，一般认为：“比较法首先是世界上各种不同的法律秩序的相互比较。……因此，我们可以将之定义为：比较法是不同法律制度的精神或风格的比较，或者是可比较的法律制度或在不同制度中可比较的法律问题解决的比较。”[①]在这个意义上，比较法就是对各种法律制度进行比较的方法，或者“更确切地，应该说，‘法律和法律制度的比较’”[②]。

许多比较法学家都以为，国际法的研究，离不开比较法的方法。比如，法国比较法学权威人物勒内·达维德在谈到比较法的作用时，指出：“比较法有助于了解外国人民，有助于为国际生活中的各种关系提供更好的制度。比较法的这层意义在今天可能已成为主要的了。”[③]在这方面，比较法的研究有助于国际社会协调各种法律制度的冲突，促成世界范围的法律统一。任何国际法意义上的法律协调或统一，都意味着这种协调或统一的成果包含了各种法律制度的因素。

本文探讨的“国际法的西方法基础”，可以理解为国际法中包含的具有基础性质的西方法因素。这自然地需要比较法的研究方法。至于国际法的西方法基础对

---

① Konrad Zweigert and Hein Kotz, *An Introduction to Comparative Law*, Vol. I: The framework (Translated by Tony Weir), North-Holland Publising Company, pp.1 - 3.

② Rudolf B. Schlesinger, *Comparative Law*, Foundation Press, 1980, p.1.

③ [法]勒内·达维德：《当代主要法律体系》，漆竹生译，上海译文出版社 1984 年版，第 13 页。

中国法的影响，更需要采用比较法的方法，加以分析。

二、国际法的西方法基础

一般认为，具有独立体系的近代国际法产生于 1648 年的威斯特伐里亚公会。“这个公会表明独立主权的近代国家建立了，近代国际法的主要原则——主权平等、领土主权原则确立了。”[①]稍前，第一部有完整体系的国际法著作——格劳秀斯的《战争与和平法》问世，为近代国际法的建立奠定了基础。下文将从格劳秀斯这部经典之作的分析着手，论述国际法的西方法基础。

（一）近代国际法的理论来源

格劳秀斯的《战争与和平法》是在当时西方各主权国家之间缺乏公认的国际关系准则这一背景下产生的。格劳秀斯试图以古希腊和古罗马法律文化，以及基督教律法为基础，寻求、并阐明“正确理性的命令”，作为规范国家行为及其相互关系的准则。

他首先探讨了战争、和平与法的关系，指出，各国的公民或统治者在战争或和平时期，都会有各种分歧。战争因分歧而引发，其最终目的是达到和平。根据古罗马大政治家和法学家西塞罗的定义，战争是一种武力竞争。战争法研究的是战争的正义或非正义，“因为在此我们使用的这个术语——法律不是指其他什么，而是指何谓正当(just)，并且多半从否定的角度看，凡不是非正当的，即为合法。”[②]这是源于古希腊和古罗马法哲学的法律观。西方文明史上第一个系统阐述正义观的思想家——柏拉图认为，正义观首先涉及的是“适当”(due)的理念，即如何使每个人各得其所(give everyone his due)。这种理念支配着古希腊和古罗马社会的法律观。正如西塞罗所说：“依据希腊人的观念，法律的名称意味着公平的分配。……根据罗马人的观念，这意味着平等的选择。”[③]无论是公平的分配，还是平等的选择，归根结底，都是指文明社会的每一个人所作所为应该符合某种“适当”或“正当”的规则。

---

① 王铁崖主编：《国际法》，法律出版社 1981 年版，第 12 页。

② 前引 Hugo Grotius, *On the Law of War and Peace*, p.34。

③ Cicero, *The Treaties of M.T. Cicero: On the Laws*, Literally translated, chiefly by the editor, C.D. Yonge, B.A., London: George Bell and Sons, 1876, p.406.值得高兴的是，西塞罗这一重要论著的姐妹篇《论共和国》已直接从拉丁文译成中文，见[古罗马]西塞罗：《论共和国论法律》，王焕生译，中国政法大学出版社 1997 年版。译者对该观点的注释是：“西塞罗认为，希腊文中‘法律’(nomos)一词源自动词‘分配’(nemo)，拉丁文中‘法律’(lex)一词源自动词‘选择’(lego)。”(第 190 页注)

格劳秀斯认为,法律可划分为自然法和意志法。“自然法是正确理性的命令,它指出某行为是否符合理性的自然,是否具有道德的基础或道德的必要性;于是,某行为要么是自然的作者——上帝禁止的,要么是指令的。……为了理解自然法,我们必须注意到,有些事符合自然法,并不是指自然而然这一意义,而是如学者喜欢说的,是指根据推演,自然法与这些事不抵触。正如我们所说,某事物被称为正当,是因为它脱离了非正义。……有必要进一步理解,自然法处理的事情不仅是在人的意志领域之外的,而且是许多由人的意志行为产生的事情。比如,现在取得的所有权是人的意志所产生的。根据自然法,违背你的意志,掠取属于你的所有物,是错误的。因而法学家保罗说过,根据自然法,禁止盗窃;乌尔比安认为,这是基于自然而定;并且,尤里帕德以海伦娜的诗句为依据,宣称这是上帝所讨厌的”。[①]格劳秀斯是将自然法的观念从中世纪神学的笼罩下解放出来的第一人,因为他明确地指出:“自然法是不可改变的,在这个意义上,上帝也不能改变它。”[②]

显然,格劳秀斯努力将国际关系准则体系建立在一个非常坚实的,连上帝也不能改变的基础上。如何证明某些事符合自然法呢?他提出人类的“共同意识”(common sense)是一种证明。正如亚里士多德所说,“最有力的证明是所有人都同意我们所说的”[③];或者按西塞罗的说法:“所有民族对某问题达成的协议应该被认为是自然法”[④]。根据“一致同意”,或“共同约定”来证明与自然法相符合,是格劳秀斯自然法理论以及国际法学说的特点。在他看来,自然法是客观存在的、连上帝也不能改变的,因而完全是人类意志范畴之外的法则。可以说,这是源于柏拉图客观理念论的思想。对于格劳秀斯在自然法理论基础上创立现代国际法学说,具有决定意义的是,他将人类意志范畴内,诸如“一致同意”,或“共同约定”此类观念与自然法的存在相联系。应该说,这是具有原创性的思想,也是其国际法理论区别于以后“自然法学派”和“实在法学派”的主要标志。

众所周知,罗马私法由罗马市民法、万民法、自然法三重法源所构成。当时的“万民法”(the law of nations)是指“一切民族所使用的法”,或者说,“根据自然原因在一切人当中制定的法为所有的民众共同体共同遵守”。[⑤]罗马法学家没有说过,万民法是由所有民族共同约定的。事实上,罗马的万民法主要是由罗马的外事裁判官在司法实践中,根据罗马市民法的原则或其他民族的法律规范,逐渐形成

---

① 前引 Hugo Grotius, *On the Law of War and Peace*, pp.38－40。

② Ibid., p.40.

③ Ibid., p.42.

④ Ibid., p.43.

⑤ [古罗马]盖尤斯:《法学阶梯》,黄风译,中国政法大学出版社 1996 年版,第 2 页。

的。[①]它是罗马法的三重法源之一，属于罗马共和国或帝国的内国法，而不是现代意义的国际法。

在格劳秀斯时代，西方人观念中各主权民族国家的产生，客观上既需要一种符合理性的自然法作为指导各国交往关系的准则，又要求平等主权国家之间对这种自然法规则的一致认同。格劳秀斯的伟大贡献在于，将西方传统的自然法理论与现代国际关系准则形成的共同约定说相结合，提出了一整套新的自然法与国际法学说。

根据格劳秀斯的观点，经各文明国家一致同意而证明存在的自然法，不属于"意志法"（volitional law）。意志法是人定法，首先是由国家制定的。"国家是自由人们的完全合作体，旨在结合起来享受权利，谋求共同利益。"[②]范围大于国内法的就是万国法。由于主权至上，国家之上没有国内那种立法机关，因此，作为意志法的万国法只能通过时间与习惯的创造而形成。这只是现在我们所说的国际习惯法。格劳秀斯没有明确提到条约法。实际上，国际条约无不通过各有关国家共同约定而成。这种共同约定，既可以说是对自然法——理性准则的公认，也可以说是各国主权者的意志体现。在这一点上，自然法与意志法的界限并非泾渭分明。格劳秀斯还认为神法属于意志法，包括《圣经》中的"摩西律法"（the law of Moses）。根据《圣经》的解释，"摩西律法"体现了上帝的意志，是上帝与以色列人的"西奈盟约"——特殊的条约法。[③]

可见，近代国际法的理论来源于格劳秀斯的自然法学说。这种学说创造性地继承了古希腊和古罗马的自然法理论传统，为以后的条约法、国际习惯法和一般法律原则等国际法渊源的确立奠定了基础。应该留意，近代国际法最初调整的是西方列强之间的关系，而后，随着列强在全世界的势力扩张，逐渐变成调整世界各国

---

① 被誉为"本世纪意大利以及欧洲最伟大的罗马法学家之一"的朱塞佩·格罗索认为：万民法起源于法的属人主义原则，据此，罗马人根据罗马法生活，异邦人根据自己城邦的法而生活。但是，这不妨碍罗马执法官对异邦人颁布一些规范并调整他们间关系。随着罗马的扩张，地中海地区的国际贸易扩展，出现了以"诚信"原则为核心的，被各民族理解为有拘束力的商业规范。在公元前242年，罗马设立了外事裁判官，负责审理异邦人之间以及罗马人与异邦人的争议。这表明，由于这类争议增多，罗马开始对这类关系作统一评估。由此形成万民法。这一概念具有双重含义：其一是理论含义，即它的根据是存在一种所有民族共有的法并且认为自然理由是这种普遍性的基础；其二是实在的和具体的含义，它指的是产生于罗马人与异邦人之间关系的那种罗马法体系。这一描述的根据是[意]朱塞佩·格罗索：《罗马法史》，黄风译，中国政法大学出版社1994年版，第十四章。另参见 Paul Frederic Girard, *A Short History of Roman Law* (Translated by H.F. Lefroy & J.H. Cameron), Hyperion Press, Inc., 1906。吉拉尔（Girard）是十九世纪法国著名的罗马法家，他整理的《十二表法》得到国际公认。参见周枏：《罗马法原论》，商务印书馆1994年版，附录二《十二表法》注1。

② 前引 Hugo Grotius, *On the Law of War and Peace*, p.44。

③ *The Holy Bible* (King James Version), IVY Books, 1991, Exodus 19:1－20:26.

间关系的法律基础。国际法的西方法基础是历史造成的客观事实。尽管在二十世纪下半叶，国际关系的性质发生了一系列重大变化，但是，当代国际关系格局依然以西方发达国家为主导，国际法的西方法基础尚未根本变化。

（二）现代国际法的基本制度

国际法的西方法基础不仅体现于其理论基础，而且表现在其基本制度的主要方面。格劳秀斯的《战争与和平法》从国家的主权到领土的拥有、转让、继承；从国家间争端乃至战争，到战争法的各项规则，阐述了一系列后来得到国际社会公认的国际法基本制度。这些制度的原型是罗马私法——整个西方法的基础。

比如，关于国家主权。格劳秀斯在区分公战与私战时，给“主权”（sovereignty）下了一个定义：“称为主权的权力是指其行为不受他人法律控制，因此不可能由于他人意志的活动而失出效力。”[①]这种主权包括属人管辖权和属地管辖权，在国际交往中，这包含了主权国家之间的独立自主权、平等权和自卫权等。在《联合国宪章》《国际法原则宣言》和《各国经济权利与义务宪章》等现代国际法的纲领性文件中，国家主权原则得到了进一步的确认和延伸。[②]

主权国家对其领土的主权以及由此而生的经济主权，具有明显的财产权特点。按照意大利著名学者彼得罗·彭梵得对罗马法中所有权概念的解释：“所有权可以定义为对物最一般的实际主宰或潜在主宰。……所有权相对于其他物权也被称为对物显要的主宰。一切其他物权均从属于所有权，并且可以说它们体现所有权。”[③]原始形态的所有权具有绝对的排他的权力，因此，在民法理论中，财产所有权又称对世权。领土主权是主权国家作为国际法上的人格，对其域内领土、领水和领空的全方位所有权。一国领土主权神圣不可侵犯，好比西方社会人们所说的“私有财产神圣不可侵犯”。格劳秀斯认为主权是其行为不受他人法律控制，因而也不因他人意志的活动而失去效力的权力。这意味着完全的自主权。完整的财产权是所有权人对其所有物占有、使用、处置和收益的组合权利。其中，处置权最能体现所有权人的自主权，即自主决定自己行为，不受他人控制，并且不因他人意志的活动而失效。这是合同等民事法律关系的前提。同样，领土主权也是各国间国际交

---

① Hugo Grotius, *On the Law of War and Peace*, p.102.

② 《联合国宪章》第2条第1款规定：“本组织以所有会员国的主权平等原则为基础。”《关于各国依联合国宪章建立友好关系及合作之国际法原则之宣言》重申了“各国主权平等之原则”。《各国经济权利和义务宪章》第一章规定的基本原则包括：“(a)各国主权、领土完整和政治独立；(b)所有国家主权平等。”这些文件，可查阅联合国主页(www.un.org)。

③ ［意］彼得罗·彭梵得：《罗马法教科书》，黄风译，中国政法大学出版社1992年版，第194页。

往关系的前提。

格劳秀斯根据罗马财产法原理推演出的“先占”(occupation)制度，至今仍是解决国家之间领土争端的国际法制度。比如，在论证中国对南沙群岛的领土主权时，著名国际法专家赵理海教授曾援引国际法的先占制度，并指出，对先占的解释，应该受“时际法”(intertemporal law)的限制，即根据先占行为发生时的法律来决定该先占的有效性。[①]格劳秀斯在谈到对诸如未开发地、海洋上的岛屿、野生动物、鱼类和鸟此类无主物的先占时，指出：“占有(possession)，可以采取两种方式，即整体的占有，或通过个人定居的方式占有。第一种方式通常由群体人，或其统治者采用：第二种方式则由个人实施。然而，个人定居的占有，常常是由于授权而非自由占领而产生的。如果作为整体被先占的任何物还没有转让给个人所有者，不应被视作未占物，因为这依然属于最先占有的所有权，不论这是由某群体人或某君主。这类物一般包括河流、湖泊、池塘、森林和山脉等所有物。”[②]这种理论直接来源于罗马私法。优士丁尼《法学阶梯》第二卷第一篇“物的分类”规定：“物以许多方式成为个人的。事实上，我们根据自然法——如朕说过的，它被称为万民法——取得某些物的所有权；我们根据市民法取得某些物的所有权。……野兽、鸟类、鱼类，换言之，一切出自大地、海洋、天空的动物，一旦被某人捉住，它们立即按照万民法开始成为他的。事实上，先前不为任何人所有的物，根据自然理性，它被给予先占者。”[③]彭梵得在解说罗马法的先占制度时，对先占定义为：“以据为己有为意图获取或者占有不属于任何人所有的物(无主物[res nullius])。这种事实上的占据(或占有[possession]，罗马人就是这样地理解这个词)被法律承认为合法占据，由于物是无主的，因而不会侵害任何人。先占是自然法方式的典型代表。”[④]这充分说明，主要是在格劳秀斯学说影响下形成的现代国际法，很大程度上以罗马私法为基础。

又如，格劳秀斯主张的公海自由论及其国际公海制度，现已成为《联合国海洋法公约》的基础。格劳秀斯在1609年发表了《论海洋自由》，认为海洋在实际上是不能占有的，因而海洋不能成为任何国家的所有物，并且不受任何国家主权的控制。在《战争与和平法》中，他进一步概述了这一基本观点，指出：“必须承认，在曾经与罗马帝国相联系而存在的世界里，从最初时代到优士丁尼时代，根据万民法一直不允许各国通过占领来获取海洋，即便是在捕鱼权方面。”[⑤]优士丁尼《法学阶

① 赵理海：《海洋法问题研究》，北京大学出版社1996年版，第2—10页。

② 前引Hugo Grotius, *On the Law of War and Peace*, p.192。

③ [古罗马]优士丁尼：《法学阶梯》，徐国栋译，中国政法大学出版社1999年版，第115页。

④ 前引[意]彼得罗·彭梵得：《罗马法教科书》，第198—199页。

⑤ 前引Hugo Grotius, *On the Law of War and Peace*, p.209。

梯》中有明文规定，即“按照自然法，为一切人共有的物是这些：空气、水流、海洋以及由此而来的海岸”[①]。现代海洋国际法承认各国享有其领海主权以及对大陆架的主权权利，同时确立了广泛的公海自由原则，即《联合国海洋法公约》第八十七条规定的航海自由、飞越自由、铺设海底电缆和管道的自由、建造国际法所允许的人工岛屿和其他设施的自由、捕鱼自由和科学研究自由等六大公海自由。[②]可以说，基于罗马法的人类共有财产原则，并通过格劳秀斯的阐发，以及近三百多年国际社会的不懈努力，公海自由原则真正地成为现代海洋法的基石。

再如，国际条约的“解释”(interpretation)是条约法的重要内容。1969 年《维也纳条约法公约》第三十一条第一款规定：“条约应以其用语按其上下文并参照条约之目的及宗旨所具有之通常意义，善意(good faith)解释之。”[③]这一规定被公认为是关于国际公法解释的习惯国际法。格劳秀斯在《战争与和平法》第十四章，专门论述了条约的解释问题。他说：“如果我们只是考虑已根据其自由意志作出许诺者，那么他就负有义务履行其自我约束所要做的事。正如西塞罗所言‘根据诚信来考虑你的意涵，而不是你所说的。’但是，由于内在行为本身是看不见的，而某种程度的确定性又必须建立，除非不存在任何约束力，因此，如果每个人可以通过发明他期望的意思来解除对自己的约束，自然理性本身就会指令，凡已得到许诺者有权要求许诺者实施正确解释的事情。”[④]这说明，解释是契约，或者说条约的实施过程中问题。“在此可适用的也是李维提出的古代条约公式：‘没有邪恶的欺骗，并且，如同这些用词现在被最正确理解的。’正确的解释是从最有可能的启示中推断意图。这些启示有两种，即词语和内涵；这可以分开或结合起来考虑。”[⑤]显然，《维也纳条约法公约》的解释制度来源于格劳秀斯的条约解释学说。据我国民法学者梁慧星的研究，将善意(诚信)原则运用法律解释，出自罗马法的一般恶意抗辩诉权制度。[⑥]如此看来，现代国际公法解释的习惯国际法最终也是来源于罗马法。

以上数例，从纵向比较的角度，将现代国际法的若干基本制度与格劳秀斯的国际法理论(实际上反映了当时的国际法制度)，乃至罗马私法的渊源(尤其是万民

---

① 前引[古罗马]优士丁尼：《法学阶梯》，第 111 页。

② 有关《联合国海洋法公约》规定的公海自由原则。参见魏敏主编：《海洋法》，法律出版社 1987 年版，第七章第二节“公海自由原则”。

③ Vienna Convention on the Law of Treaties(Vienna, 23 May 1969) 1155 UNTS 331.该规定被称为国际法解释的“黄金规则”(Golden Rule)。See Louis Henkin, *International Law*, West Publishing Co., 1980, p.628.

④⑤ 前引 Hugo Grotius, *On the Law of War and Peace*, p.409。

⑥ 梁慧星：《民法解释学》，中国政法大学出版社 1995 年版，“在罗马法上，诚实信用观念体现在一般恶意抗辩诉权中。”(第 301 页)“诚实信用原则具有以下三项功能：……其三，解释和补充作用的功能。”(第 308 页)

法）相比较，由此推论，三者具有内在的、递进的承受关系。如果对现代国际法的基本制度作更全面的比较分析，相信这一结论会更具说服力。

（三）当代国际法学说的比较

上文仅仅围绕格劳秀斯的国际法理论展开，试图论证“国际法的西方法基础”。这似乎有失偏颇，因为尽管作为“国际法之父”，格劳秀斯的理论为以后的国际法制度及其各种学说发展指明了方向，但是，过去几个世纪，人类在阔步前进。当代的国际社会与格劳秀斯时代相比，无论是国际法主体（包括主权国家、国际组织）的数量和分布范围，还是国际关系（包括双边、数边、多边，或全球性、区域性）的多样性和复杂性，以及国际法规范的增加程度，都已发生巨变。尤其是中华民族的振兴，对当代国际关系的发展产生了深远的影响。然而，这是否意味着国际法的西方法基础已经消失？下文将选择我国有代表性的国际法学者对国际法基本制度的认识，横向比较目前西方权威性的国际法学说，由此进一步寻找这一问题的答案。

八十年代初问世的周鲠生教授遗著《国际法》是新中国建立后，由我国学者撰写的，反映五十和六十年代中国处理国际关系的基本准则，具有代表性的国际法学术论著。这部论著对许多国际法基本问题表明了看法。比如，关于国际法的渊源，该书认为国际法的渊源是惯例和条约，至于《国际法院规约》第三十八条所列“一般法律原则”不能另成一个国际法渊源，“只能认为是准许法院审判某种案件，在从惯例或条约中都找不到适当的规范之场合，比照适用一般法律原则，作为变通解决办法；而那并不是具有新创一种国际渊源的作用。”①又如，关于国际法与国内法的关系，该书断言：“国际法和国内法按其实质来看，不应该有谁属优先的问题，也不能说是彼此对立。作为一个实际问题看，国际法和国内法的关系归根到底，是国家如何在国内执行国际法的问题，也就是国家履行依国际法承担的义务的问题。……从法律和政策的一致性的观点说，只要国家自己认真履行国际义务，国际法和国内法的关系总是可以自然调整的。”②再如，关于国际法的主体。该书坚决主张中国作为国际法主体的权利，因为中国是一个统一的主权国家，在国际关系上具有完全国际法主体的资格；坚决反对任何制造“两个中国”的企图。在国家主权原则、国籍、领土、公海、外交关系、条约和国际组织及国际争端解决等问题上，该书都阐述了五十至六十年代我国政府的鲜明立场。

正如该书“出版说明”所言：“本书写成（注：指 1964 年）后十六年（注：指该书于

---

① 周鲠生：《国际法》，商务印书馆 1976 年版，第 14 页。

② 前引周鲠生：《国际法》，第 20 页。

1980年出版)来,国际关系发生了重大变化,我国对外关系比十六年前也有了更大的发展,本书对国际形势和我国对外关系的阐述以及对一些国际事件的估价和提法,都有不少落后于目前形势的地方。"①比如,当时,中国在联合国的合法席位尚未恢复,中美两国尚未建交,所谓两大"阵营"的对峙,这些情况直接影响到该书的许多基本观点。这是完全可以理解的。此外,周鲠生关于国际法的定义,把国家统治阶级的意志包括在内,试图说明国际法的阶级性,"显然是受了当时一些前苏联学者的影响的"。②

尽管该书反映了特定历史时期的中国对外关系准则,并在国际法的定义等若干基本理论方面受到苏联国际法学说的影响,但是,从全书的理论框架和基本原理来看,仍然是在以西方法为基础的现代国际法学体系乏上,阐明中国学者的看法。

在理论框架方面,该书包括第一章导论(国际法的概念、渊源及国际法和国内法的关系,等)、第二章国际法的主体——国家、第三章国家的承认和继承、第四章国家的基本权利和义务、第五章居民、第六七章领土、第八章公海、第九章外交关系、第十章条约、第十一章国际组织和第十二章国际争端的和平解决,类似于西方国际法学界奉为权威的《奥本海国际法》上卷"和平法"的体系:绪论国际法的基础和发展(国际法的概念、根据、渊源、国际法和国内法的关系、国际法的领域、国际法的发展和国际法学)、第一编国际法主体(国际人格者、国家在国际法上的地位、国家的责任和国际社会的法律组织)、第二编国际法的客体(国家领土、公海、个人)、第三编国家的对外关系机关、第四编国际交往行为,即条约法。

在基本原理方面,比如,关于国际法的效力根据是国际法的根本问题。周鲠生在论述国际法的渊源时指出:"国际法是国家间公认的国际关系上的行为规范,表现各国统治阶级的意志;这里所说的各国统治阶级的意志不可能是如资产阶级国际法学家所谓各国的共同意志,而只能是各国,简言之,即各国的统治阶级的协调的意志。赋予公认的国际行为规范以法律的效力的,就是各国这种协调的意志,因此,可说各国统治阶级的协调的意志,就是国际法的效力所自出,换句话说,就是如西方资产阶级学者所说的国际法的根据。"③

我们来比较《奥本海国际法》的观点。该书1955年第八版解释:"共同同意是国际法的根据。国际法的习惯规则是依据各国的共同同意——即各国作行为以表现对这些规则的默示同意——而逐渐成长的。……其后,尤其是在十九世纪,单有

① 前引周鲠生:《国际法》,出版说明。

② 王铁崖:《国际法引论》,北京大学出版社1998年版,第24页。

③ 前引周鲠生:《国际法》,第10—11页。

习惯和惯例显然已经不够，或者不够明确，于是新的规则通过造法性条约的订立而创造出来了。”①与习惯国际法的形成不同，国际条约是由各国的明示共同同意而产生的。

该书 1992 年第九版重申这一观点，并强调：“国际社会各成员的共同同意认为应该有一组法律规则——国际法——以支配它们作为该社会成员的行为。在这个意义上，‘共同同意’可以说是国际法作为法律体系的根据。”②

显然，这里所说的“共同同意”是指各国对国际法规则“默示”或“明示”的同意。这种“共同”并不是单一的意义，而是指在某一问题上，不同意志的趋同，或者说协调，即认为（通过默示或明示）应该有某种国际法规则。因此，共同同意与协调的意志并无实质区别，周鲠生突出所谓“各国统治阶级意志”的协调，倒是西方学者未曾，也不可能认同的观点。而这一观点，如王铁崖教授所说：“无论在理论上或在实践中都是一个无法解决的难题。”③如果撇去周鲠生观点中“无法解决的难题”，其“协调意志”说在很大程度上是以“共同同意”理论为基础的。

与周鲠生遗著相比，1981 年出版的由王铁崖教授主编的《国际法》在理论体系上增加了国际法的基本原则（第二章）、空气空间和外层空间（第六章）、国际经济法（第十一章）和战争法（第十三章）。与《奥本海国际法》等西方国际法论著相比，主要的区别是在关于国际法的基本原则论述中，强调了和平共处五项原则的重要性以及中国对此所作出的贡献，并解释：这五项与《联合国宪章》的宗旨是一致的。“为了实现《联合国宪章》的各项宗旨，必须反对帝国主义，新老殖民主义和霸权主义，和平共处五项原则正是反帝、反殖、反霸的原则。”④1995 年由王铁崖教授主编的另一本《国际法》已不再作“反帝、反殖、反霸”的解释，而认为和平共处五项原则的宣告“对于国际法基本原则的发展作了有意义的贡献”⑤。与 1981 年版《国际法》的理论体系相比，1995 年版《国际法》又新增了人权的国际保护（第七章）和国际环境保护（第十四章）。综观这两本自八十年代初以来，代表我国国际法学理论的著作，其理论体系基本上以《奥本海国际法》为基础。这说明虽然新中国建立后对完善现代国际关系的基本原则等作出了重大的，或者说有意义的贡献，但是，从总体上说，以西方法为基础的国际法基本制度已经形成。中国在更多方面是接受，

---

① ［英］劳特派特修订：《奥本海国际法》，上册第一分册，王铁崖、陈体强译，商务印书馆 1981 年版，第 12—13 页。

② ［英］詹宁斯、瓦茨修订：《奥本海国际法》第一卷第一分册，中国大百科全书出版社 1995 年版，第 8 页。

③ 王铁崖主编：《国际法》，法律出版社 1995 年版，第 2 页。

④ 前引王铁崖主编：《国际法》，1981 年版，第 81 页。

⑤ 前引王铁崖主编：《国际法》，1995 年版，第 62 页。

而不是改变这些制度。同样地，这也反映在上述三本代表性论著中。

三、国际法对中国法律现代化的影响

如上文所限定，本文将在研究国际法的西方法基础这一前提下，着重从国际法转化为国内法这一方面，扼要分析西方法对七十年代末以来中国法律现代化的影响。

（一）国际法与国内法的关系

在具体分析以西方法为基础的国际法，对近二十年来中国法律现代化的影响时，首先必须研究1982年《中华人民共和国宪法》（简称1982年《宪法》）以及其他基本法律关于国际法与国内法的关系之规定。①

1982年《宪法》第六十二条第（十四）款规定：全国人民代表大会的职权包括"决定战争与和平的问题"。根据第六十七条第（十八）款规定，全国人民代表大会常务委员会的职权包括："在全国人民代表大会闭会期间，如果遇到国家遭受武装侵犯或者必须履行国际间共同防止侵略的条约的情况，决定战争状态的宣布。"比较这两项条款，可见，前者的"决定战争"权，就是后者的"决定战争状态的宣布"权。这包括最高权力机关直接根据宪法权力宣战，以及根据国际条约的义务宣战。至于前者的"决定和平"权，可以理解为直接决定停战，和通过缔结和平条约结束战争状态。由于1982年《宪法》生效以来，尚未发生过援引这两项条款的情况，因此不能够从这方面了解国际法与国内法的转化关系。

1982年《宪法》第六十七条第（十四）款规定，全国人大常委会有权"决定同外国缔结的条约和重要协定的批准和废除"。第八十一条规定：中华人民共和国主席的职权包括根据全国人民代表大会常务委员会的决定，"批准和废除同外国缔结的条约和重要协定"。第八十九条规定国务院的职权包括："（九）管理对外事务，同外国缔结条约和协定。"这三项相互联系的条款是指和平时期，我国最高立法机关常设机构、国家元首和最高行政机关在有关国际法方面的分工合作。就宪法程序而言，首先是国务院有权缔结国际条约和协定，然后全国人大常委会决定批准和废除国际条约和重要协定；最后由国家主席根据该决定，予以批准和废除。其中，有些

① 《中华人民共和国宪法》（1982年12月4日中华人民共和国第五届全国人民代表大会第五次会议通过），以下凡引1982年宪法条款，注略；其他基本法律指《中华人民共和国民法通则》（1986年4月12日第六届全国人民代表大会第四次会议通过），以下凡引民法通则条款，注略。

问题尚有疑问。比如“协定”与“重要协定”有什么具体区别？国家主席的“批准和废除”是否仅具有公布之意义？

从实践情况来看，我国缔结或加入国际条约（实际上，广义的“条约”包括了公约、协定等，如果仅列条约和协定，是否意味条约包括了公约，而不包括协定？或者，条约只指其本身，不包括公约、协定之类，那么为何在宪法规定里没有列出公约？）的程序是：第一，由国务院代表中国政府进行有关缔结或加入国际条约的谈判并作出承诺，或者，缔结有关国际条约；第二，在前一种情况下，全国人大常委会先作出决定，然后国务院代表政府正式表示缔结或加入国际条约。比如，中国加入《保护工业产权巴黎公约》，是由全国人大常委会于 1984 年 11 月 14 日作出决定，然后，同年 12 月 19 日，中国政府向世界知识产权组织递交了该公约的加入书；[①]在后一种情况下，全国人大常委会是事后批准国务院缔结的条约。

一旦国际条约对我国而言，已经生效，会产生与国内法的关系。本文所谓国际法与国内法的关系，仅指我国如何在国内履行国际条约规定承担的义务，或者说国际法在国内的效力问题。1982 年《宪法》只规定了如何缔结、批准或废除国际条约的职权。严格地说，连全国人大常委会与国家元首、国务院之间的程序也未作专门的、明文的规定。至于国际条约生效后，对国内法的效力，更未逮及。这是修宪时应补充修改的。

就国际条约，或广而言之，任何对我国生效的国际法而言，在法律的效力等级上分为：第一，凡由全国人大常委会决定批准的，均具有与“法律”同等的效力——低于宪法和全国人大制定的法律；第二，凡由国务院缔结的，而不需要全国人大常委会决定批准的，均具有行政法规的效力——低于宪法、全国人大制定的法律和全国人大常委会制定的法律。这里，有一个问题，即上文提到的协定与重要协定的区别。是否可以推论，凡是实际上未经全国人大常委会决定批准的协定，均为非重要的协定。比如，经过长达 20 个月的中美两国与贸易有关的知识产权保护的九轮磋商，1995 年 3 月 11 日，中美两国政府代表在北京以换函形式，即中国对外贸易经济合作部部长于 1995 年 2 月 26 日致函美国贸易代表，该信函包括附件《有效保护即实施知识产权的行动计划》，然后，美国贸易代表于 1995 年 3 月 11 日复函，予以确

① 全国人大常委会关于我国加入《保护工业产权巴黎公约》的决定（1984 年 11 月 14 日通过）。该决定全文如下：“第六届全国人民代表大会常务委员会第八次会议决定：中华人民共和国加入《保护工业产权巴黎公约》（1967 年斯德哥尔摩文本）。同时声明：中华人民共和国对公约第二十八条第一款予以保留，不受该款约束。”关于中国加入该公约的情况，见《中国知识产权保护状况》（国务院新闻办公室，1994 年 6 月 16 日）。该官方文件称：“1984 年 12 月 19 日，中国政府向世界知识产权组织递交了《保护工业产权巴黎公约》（简称“巴黎公约”）的加入书。从 1985 年 3 月 19 日起，中国成为巴黎公约缔约国。”

认。中国政府代表的该信函及附件构成了1995年中美知识产权协定。[①]该协定没有经过全国人大常委会的"决定批准"程序。如果根据推论,这是非重要协定。实际上,这是涉及中美两国贸易关系,乃至政治关系的重要协定。

对我国生效的国际法,按照其效力等级,如果与同等的国内法发生抵触,怎么办?1982年《宪法》对此没有规定。1986年《中华人民共和国民法通则》(简称《民法通则》)第一百四十二条对有关涉外民事关系的法律适用,规定:"中华人民共和国缔结或者参加的国际条约同中华人民共和国的民事法律有不同规定的,适用国际条约的规定,但中华人民共和国声明保留的条款除外。中华人民共和国法律和中华人民共和国缔结或参加的国际条约没有规定的,可以适用国际惯例。"王铁崖教授在解释该规定时,认为:"中华人民共和国缔结或者参加的条约在国内是有直接的效力,同时,它们的规定如果与国内法律不同应优先适用。"[②]这是值得商榷的。首先,该规定所谓"国际条约"是否包括1982年《宪法》有关条款中的"重要协定"和"协定"?如不包括,会出现不可思议的法律"空白",因此,应理解这包括了国际协定(这是立法上的不精确之处)。本文以"国际法"泛指1982年《宪法》有关条款中的国家"条约""重要协定""协定"。其次,在解决对我国已生效的国际法与国内法的效力抵触时,应确定该国际法在国内的法律效力等级。所谓"抵触"只能发生在同等级的法律之间。如果该国际法在我国只具有行政法规的效力等级,就不能优于全国人大常委会通过的法律;如该国际法具有法律的等级效力,就不能优于全国人大通过的基本法律。因此,笼统地说有关国际法与国内法不同应优于适用,欠准确,这是其一;其二,《民法通则》的规定仅限于民事法律范畴,根据上述规定得出一般结论,也欠准确。

(二)国际法转化为国内法:西方法的影响

根据《民法通则》规定,在我国生效的国际法将优先于国内有关民事法律而得到适用。这意味着有相当一部分涉及民事关系的国际法已经,或将要通过适用而成为国内法。并且,在法律抵触的情况下,迟早要通过有关立法程序,修改原有的国内法,或补充、制定新的法律规范。

比如,全国人大常委会于1990年9月7日通过的《中华人民共和国著作权法》(简称《著作权法》)第二条第二款规定:"外国人的作品首先在中国境内发表的,依

① 关于1995年中美知识产权协定,参见拙著:《国际贸易的知识产权法》,复旦大学出版社1999年版,第218页。

② 前引王铁崖主编:《国际法》,1995年版,第33页。

照本法享有著作权。”[①]这就是说，外国人的作品只有首先在中国发表，才享有著作权保护的国民待遇。1992 年 7 月 10 日中国政府向世界知识产权组织递交了《保护文学和艺术作品伯尔尼公约》（简称《伯尔尼公约》）的加入书。[②]因此，这是《民法通则》规定的，可优先适用的国际法，并且是与著作权法属于同一等级效力的法律。《伯尔尼公约》第三条规定：“本公约的保护将适用于：(1)(a)作者为本联盟成员国的国民之作品，无论该作品是否发表；(b)非本联盟成员国的国民之作品，在联盟成员国内首次发表，或在非联盟与联盟成员国内同时发表；(2)非联盟成员国的国民，但是常住在某联盟成员国内，就适用本公约而言，将被视为该国国民。”根据这一国民待遇原则，在任何一个《伯尔尼公约》成员国产生的作品，即作者为(或被视为)任何一个成员国国民的作品，或在任何一个成员国首次发表的作品，在其他任何成员国内将受到该成员国给予本国国民的作品同样保护。

显然，在这方面，《著作权法》与《伯尔尼公约》相抵触。由于我国加入了《伯尔尼公约》，该公约在我国的生效，具有与“法律”同等的效力，实际上对《著作权法》有关条款构成了修订，《著作权法》第二条第二款由此失效。为此，国务院颁布，并于 1992 年 9 月 30 日起施行了《实施国际著作权条约的规定》（简称《实施规定》）[③]。其第二条规定：对外国作品的保护，适用著作权法和有关著作权法实施条例；第四条规定：外国作品包括凡是作者为《伯尔尼公约》成员国的国民或在该公约成员国有经常居所的居民的作品，或者，凡是作者不是《伯尔尼公约》成员国的国民或在该公约成员国有经常居所的居民的作品，但是在该公约成员国首次或者同时发表的作者之作品，均可在中国享受我国国民待遇。这样，《实施规定》作为新的著作权规范之实施条例，修改了原实施条例有关条款。

七十年代末以来，通过国际法转化为国内法，西方法对中国法律现代化发生显著影响的，莫过于知识产权法领域。根据《民法通则》的规定，知识产权属于民事权利。在中华人民共和国建立后的三十多年时期里，对人们智力成果的保护，仅限于发明奖励、商标管理和稿酬制等，知识产权立法可以说是一片空白。1980 年 3 月 3 日，中国政府向世界知识产权组织递交了《建立世界知识产权组织公约》

---

① 《中华人民共和国著作权法》(1990 年 9 月 7 日第七届全国人民代表大会常务委员会第十五次会议通过)，以下凡引著作权法条款，注略。

② 《保护文学艺术作品伯尔尼公约》(简称《伯尔尼公约》)，1992 年 7 月 10 日，中国政府向世界知识产权组织递交《伯尔尼公约》的加入书，从 1992 年 10 月 15 日起，中国成为该公约成员国。见《中国知识产权保护状况》。以下凡引《伯尔尼公约》条款，注略。

③ 《实施国际著作权条约的规定》(1992 年 9 月 25 日中华人民共和国国务院第 105 号令发布)，1992 年 9 月 30 日起施行。根据该规定第三条：所称国际著作权条约，是指《伯尔尼公约》和中国与外国签订的有关著作权的双边协定。以下凡引实施规定条款，注略。

的加入书。[①]这是我国加入的第一项知识产权保护国际条约。随后，我国开始了全面的知识产权立法，在不到二十年时间里，基本完成了该领域的法律现代化进程。[②]

众所周知，现代知识产权保护的法律制度，包括对专利、商标权、版权(即著作权)的法律保护，主要起源于文艺复兴后的西欧，自然地属于西方法的范畴。1883年以来逐渐形成的一整套国际知识产权法，主要地亦建立在西方法的基础上。恐怕这是毋庸赘述、论证的事实。下文仅考察我国的专利立法，旨在认识通过国际法转化为国内法，西方法如何影响中国知识产权法律现代化。

我国加入的《建立世界知识产权组织公约》第二条(viii)款规定："知识产权包括如下相关权利：——文学、艺术和科学作品；——表演艺术家的表演、录音及广播；——在所有人类活动领域里的发明；——科学发现；——外观设计；——商标、服务标志即商号和牌号；——反不公平竞争的保护；以及在工业、科学、文学或艺术领域产生于一切智力活动的权利。"为了履行该公约关于成员国应给予发明专利保护的义务，全国人大常委会于1984年3月12日通过了新中国第一部专利法(简称1984年《专利法》)[③]，并在该法生效施行之前，于1984年12月19日，向世界知识产权组织递交了《保护工业产权巴黎公约》(简称《巴黎公约》)的加入书。由于《巴黎公约》是包括专利在内的工业产权保护的基础性国际条约，因此，1984年《专利法》的制定以《巴黎公约》的一系列基本原则为基础，将其中关于专利保护的国际法具体地转化为国内法。比如，专利申请的优先权原则。《巴黎公约》第四条规定："在本联盟的一个成员国内已经正式提出一项专利、实用新型、外观设计申请或商标注册的个人，或者其权利继承人，均可在本公约以下规定的期限内，享受在其他成员国提出同一申请的优先权。……上述优先权期限，对专利和实用新型为十二个月，对外观设计与商标为六个月。"1984年《专利法》第二十九条规定："外国申请人就同一发明或者实用新型在外国第一次提出专利申请之日起十二个月内，或者就同一外观设计在外国第一次提出专利申请之日起六个月内，又在中国提出申请的，依照所属属国与中国签订的协议或者共同参加的国际条约，或者依照相互承认优先权的原则，可以享有优先权，即以其在外国第一次提出申请之日为申请日。"

---

① 从1980年6月3日起，中国成为世界知识产权组织的成员国。见《中国知识产权保护状况》，以下凡引《建立世界知识产权组织公约》条款，注略。

② 参见张乃根主编：《中国知识产权法》，香港三联书店有限公司1998年版。

③ 《中华人民共和国专利法》(1984年3月12日第六届全国人民代表大会常务委员会第四次会议通过，1992年9月4日第七届全国人民代表大会常务委员会第二十七次会议修正)，以下凡引1984年专利法(包括修正)条款，注略。

1992 年修改后的《专利法》第二十九条第二款将该优先权原则，进一步适用于有关本国申请享有优先权的规定："申请人自发明或者实用新型在中国第一次提出专利申请之日起十二个月，又向专利局就相同主题提出专利申请的，可以享有优先权。"

应指出，1984 年《专利法》的制定，不仅遵循了以西方法为基础的《巴黎公约》诸基本原则，而且受到了当时经修改后生效的德国 1981 年《专利法》的影响。[①]比如，该德国《专利法》第一节第(2)条以排除方式规定了不符合授予专利的四项主题，1984 年专利法第二十五条以此为参照，规定了七项不授予专利权的主题。

1984 年《专利法》于 1985 年 4 月 1 日起施行。不久，美国在与中国进行的与贸易有关的知识产权谈判中，美国政府就提出要求中国修改专利法。经过旷日持久的谈判，中美两国在 1992 年 1 月 17 日达成了《关于知识产权保护的谅解备忘录》(简称《备忘录》)[②]。根据中方应履行的义务，我国于 1992 年 9 月 4 日修改了《专利法》，将《备忘录》的规定(生效后成为优先于专利法的国际法)转化为国内法规定。这包括将可取得专利的主题扩大到药品和所有化学发明，而不论是产品或方法；专利权人有权阻止他人未经其许可而制造、利用或销售该专利主题，在方法专利的情况下，专利权人有权阻止他人未经其许可利用该方法和利用、销售或进口直接由该方法取得的产品；中国的发明专利之保护期为自专利申请之日起二十年；专利的享用不应有对发明地、发明领域的任何歧视，也不论产品是进口或当地生产的，以及专利强制许可利用的限制条件，等等。这些规定类似美国专利法的有关条款。比如，美国 1952 年《专利法》(经多次修改，仍为美国现行专利法)第一百零一节规定："任何人发明或发现任何新颖和实用的工序、机械、产品，或合成物，或任何上述各项新颖的和实用的改进，符合本法规定之条件与要求，均可取得专利权。"[③]其实质是最大限度地包容可取得专利的主题，包括药品和所有化学发明，而不论是产品或方法。

在专利立法方面，除了根据《巴黎公约》和《中美知识产权保护协议》，我国制定、修改了专利法，还加入了几乎所有涉及专利保护的国际条约，如《专利合作条约》《旨在专利申请进行微生物存放的国际承认布达佩斯条约》《关于国际专利分类的斯图堡协议》《建立外观设计国际分类洛迦诺协议》和最近刚加入的《植物新品种保护的国际公约》。与所有这些国际条约相符合的中国专利制度，已基本达到美国等西方发达国家专利保护的水平，是现代化的法律制度。

---

① *The New German Patent Law* (1981) in English and German, Verlag Chemie, 1981.

② *People's Republic of China-United States of America Memorandum of Understanding on the Protection of Intellectual Property*, January 17, 1992, 34 International Legal Materials 671.

③ *Patent Act*, 35 U.S.C.A. Section 101.

综上，西方法对中国法律现代化的影响，并不限于国际法转化为国内法这一方面，更不限于上文论述的知识产权法领域。细心地比较近十来年我国颁布施行的许多法律，如海商法、票据法等，与有关国际条约，如关于提单的三项规则，即海牙规则、维斯比规则和汉堡规则，关于票据的日内瓦票据法公约、联合国国际汇票和国际本票公约等，不难发现，虽然中国还没有加入这些国际公约，但是在有关立法中参照了这些以西方法为基础的国际法。至于根据中国已加入的国际条约，进行新的立法活动，还可举出不少例证，如在修订统一合同法时依据《联合国货物买卖合同公约》。西方法对中国法律现代化的影响是多方面的和复杂的。本文仅侧重从中国缔结或加入的国际法，通过立法方式，明示地转化为国内法这一视角，初步地考察这种影响。

The International Law Based on Western Law and Its Impact on Modernization of Chinese Law —from the Perspective of Comparative Law

Abstract: The modernization of Chinese Laws is taken through transplanting from or adopting the western laws. Modern international law was created also with the Roman laws as the common laws for the western laws. The intercourse between China and other nations is increasing as time being, and the international law regulates the relationships between or among nations. This article has the aim to explore the western law as the basis of international law, and the transformation from international law to domestic law with impacts on current modernization of Chinese laws.

Keywords: Modernization of law; International law; Western law; Comparative law; Impacts

论国际法的经济分析*

内容摘要：国际法的经济分析是近十多年来国际法理论研究的新发展。本文旨在吸收前人研究成果，推进对国际法的经济分析，促进中国的国际法研究方法多元化（政治学、法学、经济学的方法等），加深对当代国际法问题的理解，力求国际法的研究有所创新。本文第一部分将略微比较国内法与国际法的经济分析对象，阐述经济分析在国际法研究的可适用性及其理论与实际意义；第二部分将论述以科斯的法经济学为核心的国际法的经济分析原理；第三至第五部分将对国际经济组织法、国际环境法与国际人道法作扼要的经济分析，最后是结论。

关键词：国际法理论；经济分析；国际经济组织法；国际环境法；国际人道法

引 论

在国内法研究中运用经济理论和方法，可追溯到上世纪三十年代；①从美国著名法学家波斯纳的《法律的经济分析》问世算起，亦有三十多年。②但是，将经济分析运用于国际法研究，却是近十年来的新发展。1995 年春，由美国杜奎斯尼大学和乔治马省大学主办了一次关于国际法的经济分析研讨会，会后出版了题为《国际法的经济特性》一书。③该书汇编的 17 篇论文尝试运用实证的微观经济分析、规范经济分析、博弈论、公共选择理论等经济分析理论和方法，研究国际法，尤其是国际贸易法问题。事实上，在世界贸易组织（WTO）于 1995 年开始运行前后，由于国际社会加强了对各国或地区政府管制进出口贸易的法律协调这一缘故，因此战后在发达国家的管制经济政策中具有重大影响力的法经济学理论，开始被人们运用于 WTO 框架下的国际经济与法律分析。譬如，1995 年，因提出 WTO 的组织理念而享有“WTO 之父”声誉的约翰·杰克逊教授在他主编的《国际经济关系的法律问题》一书中，不仅将传统的国际贸易“比较利益论”作为理论前提，而且主张从市场

* 本文的中文版未曾发表，英文版发表于《加拿大社会科学》（*Canadian Social Science*），Vol.2，No.4，2006，pp.1-10。

① 参见 Edmund W. Kitch ed.，“The Fire of Truth：a Remembrance of Law and Economics at Chicago，1932-1970”，*Journal of Law and Economics* Vol.26（April 1983）。

② 参见 Richard A. Posner，*Economic Analysis of Law*，Little，Brown and Company，1973；［美］理查德·A.波斯纳：《法律的经济分析》，蒋兆康等译，中国大百科全书出版社 1997 年版。

③ 参见 Jagdeep S. Bhandari and Alan O. Sykes ed.，*Economic Dimensions in International Law：Comparative and Empirical Perspective*，Cambridge University Press 1997。

失灵与经济效益角度看待管制经济的各种法律问题，包含了明显的经济分析观点。[①]杰克逊教授近年来在考虑世界贸易体制的发展时，进一步吸取了以经济学诺贝尔奖得主罗纳德・科斯、道格拉斯・诺斯等为代表的新制度经济学。[②]人们将这种包含交易成本和制度变迁理论的国际经济与法律思想称为“国际经济法的革命”。[③]1999年，两位思想活跃的美国国际法学者杰弗里・L.邓诺夫和乔尔・P.特拉亨曼在《国际法的经济分析》一文中将交易成本经济学、博弈论和信息经济学等较全面地运用于国际条约法、国际组织法等领域。[④]虽然他们主要研究的是国际经济关系的法律问题，但是，该论文的分析已延伸到整个国际法领域，因而在国际法的经济分析方面具有开创性意义。2004年7月，在“法经济学”发祥地的芝加哥大学法学院举办的研讨会上，曾参与编撰上述《国际法的经济特性》和《国际经济关系的法律问题》的艾伦・O.赛克斯教授发表了《国际公法的经济学》，将经济分析扩展到人权法等典型的公法领域。[⑤]可见，在法经济学家看来，经济分析几乎可以适用于所有的国际法领域。

在中国，对法律的经济分析研究已有近二十年。1988年春在北京召开的法经济学研讨会标志着中国学者开始真正涉足这一交叉学科的领域。[⑥]上世纪九十年代初，由上海三联书店出版了一批相关作品，包括科斯《企业、市场与法律》(1990年版)和《论生产的制度结构》(1994年版)、考特与尤伦合著的《法和经济学》(1991年版)等译著、盛洪《分工与交易》(1992年版)和张军《现代产权经济学》(1991年版)等专著，以及拙著《经济学分析法学》(1995年版)等专著。近年来，中国一些具有经济学和法学双重学术背景的青年学者在将经济理论与分析方法运用于法律研究方面，做出了新的贡献。[⑦]一批侧重部门法的经济分析译著也已面世。[⑧]但是，国

① John H. Jackson, William J. Davey and Alan O.Sykes ed., *Legal Problems of International Economic Relations*, 3rd edition, West Publishing Co., 1995, pp.7 - 37.

② John H. Jackson, International Economic Law in Times That are Interesting, *Journal of International Economic Law*, Vol.3, No.1(March 2000), p.5.

③ 参见 Joel P. Trachtman, The International Economic Law Revolution, 17 *UPJIEL*. 33(1996)。

④ Jeffrey L. Dunoff and Joel P. Trachtman, Economic Analysis of International Law, *The Yale Journal of International Law*, Vol.24:1(1997).

⑤ Alan O. Sykes, "The Economics of Public International Law", Chicago John M. Olin Law & Economic Workshop Paper No.216(2D Series), July 2004. http://www.law.uchicago.edu/Lawecon/index.html.

⑥ 有关会议的报道，见中国法学会编:《法学研究动态》1988年6月号。

⑦ 如张建伟:《转型、变法与比较法律经济学:本土化语境中法律经济学理论思维空间的拓展》，北京大学出版社2004年版。

⑧ 如[美]弗兰克・伊斯特布鲁克、丹尼尔・费希尔:《公司法的经济结构》，张建伟等译，北京大学出版社2005年版;[美]威廉・M.兰德斯、理查德・A.波斯纳:《知识产权法的经济结构》，金海军译，北京大学出版社2005年版。

际法的经济分析论著，鲜为人知。本文旨在吸收前人研究成果，推进对国际法的经济分析，促进中国的国际法研究方法多元化（政治学、法学、经济学的方法等），加深对当代国际法问题的理解，力求国际法的研究有所创新。本文第一部分将基于国内法与国际法的经济分析对象比较，阐述经济分析在国际法研究的可适用性及其理论与实际意义；第二部分将论述以科斯的法经济学为核心的国际法的经济分析原理；第三至第五部分将对国际经济组织法、国际环境法与国际人道法作扼要的经济分析，最后是结论。

一、国际法的经济分析：可适用性及其意义

对国际法的经济分析可适用性，盖源于国际法与国内法的可比拟性。国际法与国内法，究竟是一元体系，抑或二元体系？在国际法学界，历来众说纷纭。纯粹法学派认为国际法与国内法都具有一定的法律效力，同属法律规范体系，并以某种方式互相补充，因而主张将各国法律联合成统一的、普遍的、以国际法优先的法律体系。①这种国际法优先的极端一元论完全排斥各国主权，是不现实的。持二元论的学者认为："国际法与国内法是法律的两个体系"，但是，"这两个法律体系彼此之间有密切的联系——互相渗透和互相补充。"②中国的国际法学者比较认同这种二元论。譬如，邵津教授主编的《国际法》认为："从认识的角度看，二元论是比较符合实际的。"③梁西教授强调："国际法与国内法是相互联系的两个法律体系。"④国际法与国内法的关系，理论上的讨论仍在继续，在实践中，各国或地区的制度不尽相同。美国著名国际法学家亨金指出："如今的国际体系原则上主要是二元论的，但是，在实践中又缓慢地向一元论靠近了一点。一个国家可能还会坚持其自治和不可干涉性，但是，各国又不可避免地要求其国内体系有利于履行其国际义务。"⑤

本文所指的国际法与国内法的可比拟性，是基于二元论的一种解释国际法的方法。从政治形态角度看，国内法是一国宪政体制下的法律制度之总和，而国际法主要是由各国政府明示同意（条约法）或通过国家实践的默示认可（习惯法）而形成的。在各国交往日益增多乃至全球化趋势逐渐从经济领域扩展到政治关系的今

① 参见 Hans Kelsen, *The Pure Theory of Law*, trans. by Max Knight, University of California Press, 1967。

② 王铁崖主编：《国际法》，法律出版社 1981 年版，第 44 页。

③ 邵津主编：《国际法》，北京大学出版社、高等教育出版社 2000 年版，第 24 页。

④ 梁西主编：《国际法》，武汉大学出版社 1993 年版，第 41 页。

⑤ ［美］路易斯·亨金：《国际法：政治与价值》，张乃根等译，中国政法大学出版社 2005 年版，第 95 页。

天，国内法与国际法的互动性也是完全可以观察到的法律现象。譬如，在 WTO 法律框架下的各成员国（域）内法与"一揽子协定"的关系；①又譬如，国际人权法对各国或地区法律制度产生的越来越深刻的影响。"各国政府的行为乃至体制都正在经受《世界人权宣言》所确立标准的检验。没有一个政府可以无所顾忌地忽视这些标准，所有国家的政府在内政和对外关系上都能感受到这些标准的影响和约束。"②

从现代国际法产生的法律文化背景来看，如今国际法与国内法之间的相互渗透性，根源于两者的法律理念（idea）和概念（conception）之间的内在关系。"国际法之父"格劳秀斯创立国际法理论时，充分地吸取了古罗马法学家的学说。譬如，在《论海洋自由》中，他无可辩驳地论证了葡萄牙人无权以"先占"为由将印度洋及其航海权归为己有，指出："无论如何，对此最具结论性的论点是：我们基于著名法学家们的观点而提出的看法，即，哪怕已被国家或个人占为己有的陆地，也不应当拒绝任何国民的非武装的无害通过，恰如不应该拒绝人们饮用河水的权利一样。原因很清楚，根据自然，某一同样的物允许有不同的用途，一方面，各国似乎在它们之间分配了那些除私有权外不便维持的用途；另一方面，在不损害所有权人的前提下保留了那种用途。所以，对每个人来说，很清楚，阻止他人在海上航行，在法律上得不到任何支持。"③现代国际法的调整对象主要是主权国家之间的关系，因此又被称为国际公法。公法的概念本身来自罗马法，即与国家管理职能有关的法律制度。相对立的罗马私法是调整个人之间民事关系的法律制度。罗马私法如此之发达，以至于其核心理念，即法源于正义（优士丁尼《法学阶梯》开宗明义解释"正义"）④，也深深影响到其公法，正如西塞罗在阐述罗马人的国家观时，指出："倘若不能证明没有非正义就不能管理国家的说法是荒谬的，并且也不能证明高水准的正义对于国家发挥其所有职能至关重要的观点是正确的，那么我不得不说，我们此前有关国家问题的全部谈话毫无意义。"⑤

如将国际公法与国内民法的理论框架及其概念略加比较，不难发现诸多相似之处：前者包括国际法的主体、客体、条约和争端解决，这与后者的人法、物法、债法

---

① 参见张乃根：《论 WTO 法与域内法的关系：以 WTO 争端解决机制为例》，载朱晓青、黄列主编：《国际条约与国内法的关系》，世界知识出版社 2000 年版，第 111 页。

② ［瑞典］格德门德尔・阿尔弗雷德松、［挪威］阿斯布佐恩・艾德编：《〈世界人权宣言〉：努力实现的共同标准》（中译本），四川人民出版社 1999 年版，第 1 页。

③ ［荷］雨果・格劳秀斯：《论海洋自由》，马忠法译，上海人民出版社 2005 年版，第 45—46 页。

④ ［古罗马］优士丁尼：《法学阶梯》，徐国栋译，中国政法大学出版社 1999 年版，第 11 页。

⑤ Cicero, *On the Commonwealth* (trans. by Gerge Holland Sabine and Stanley Barney Smith), Macmillan/Library of Liberal Arts, 1976, p.194.

和诉讼法有着十分密切的关系。

国际法上的主体又称为“国际人格者”。“国际人格者在国际法上具有法律人格，是指它是国际法的主体，从而它本身享有国际法上所确定的权利、义务或权力”。[①]国际法上拟制主体的法律人格理论可以在国内民法中发现其原型。在罗马法上，作为民事主体的人是指能够行使及承担权利和义务的自由人。在现代各国民法中，已不存在自由人与非自由人的区分。任何一个自然人，在其成年后通常就享有完全的民事权利，并承担相应的权利；公司等拟制法人则享有或承担法定的权利和义务。所谓“人格”是指作为人（自然人或拟制人）存在而具有的法律地位。国家、国际组织乃至一定条件下（如人权保护）的个人作为“国际人格者”，首先也有一个存在而产生的国际法地位问题。

国际法上的客体是指国际法上的主体（仅限国家）行使其权利或权力的空间，包括国家领土、领海和领空。这些物理意义上的领域构成了国家主权管辖的范围，如同民法上的“物”，本质上就是财产，即民事主体享有的权利（对权利人）和承担的义务（对非权利人）所指向的客体。按照罗马法的分类，物归个人（私有财产）、归所有人（共有财产）、归团体（公共财产）或不归任何人（无主物，可通过先占成为有主物）。凡有主物产生的权利是排他性的。“国际法承认国家在其领土上行使排他的管辖权”。[②]

条约法与契约法的原理如出一辙。“条约是至少两个国际法主体意在原则上按照国际法产生、改变或废止相互间权利义务的意思表示的一致。”[③]《维也纳条约法公约》序言明确指出：“鉴悉自由同意和善意之原则以及条约必须遵守规则乃举世所承认。”[④]比较《拿破仑法典》第一千一百零一条“契约为一种合意，依此合意，一人或数人对于其他一人或数人负担给付、作为或不作为的债务”和第一千一百三十四条“契约应以善意履行之”，[⑤]两者的理念及规则，几乎没有什么区别。

格劳秀斯在创立国际法理论体系时，先分析战争（解决国家间争端的方法）法，而后讨论和平法。这与罗马人最初制定《十二表法》时，以诉讼程序为先（传呼、审理和执行），实体规则在后（家长权、继承与监护、所有权和占有、土地和房屋、私犯、公法和宗教法），[⑥]十分相似。当罗马法成熟后，则将实体法（人法、物法、债法）置

---

① [英]詹宁斯、瓦茨修订：《奥本海国际法》第一卷第一分册，王铁崖等译，中国大百科全书出版社1995年版，第91页。

② 王铁崖主编：《国际法》，法律出版社1981年版，第135页。

③ 李浩培：《条约法概论》，法律出版社2003年版，第3页。

④ 《维也纳条约法公约》中文作准本，李浩培：《条约法概论》，法律出版社2003年版，第494页。

⑤ 《拿破仑法典》（法国民法典中译本），商务印书馆1981年版，第148页。

⑥ 参见周枏：《罗马法原论》，商务印书馆1994年版，附录二。

于诉讼法之前，国际法体系逐渐成熟后也是和平法在先，战争法或和平解决国际争端法在后。

无须作太多的比较，人们可以相信，源于西方法律文化的国际法与以民法为基础的国内法体系有着不可分割的联系。这也是将源于对国内法的经济分析运用于国际法研究的可靠根据。

国际法的经济分析包含了国际法理论观念和研究方法的某种变革。在十七世纪初，格劳秀斯吸取罗马法的正义理念，阐述以和平为最终目标的战争之正义性，由此展开其宏大的国际法理论体系。这种理论的研究方法具有鲜明的法学(兼有自然法学与实证法学)特点。十九世纪末，康德试图克服这种国际法理论及其规范体系不能解释和终止战争与和平不断循环的缺陷，从彻底的人道观念出发，提出“永久和平”的理念和初步的规范框架，①其研究方法侧重于哲学和伦理学的。二十世纪中叶以来，随着人类对两次世界大战的深刻反思，旨在协调各国或地区的政治、经济、文化等各方面关系，保障世界和平与安全，促进经济与贸易发展，增进人民间各种交流与往来为宗旨的多边国际组织日益增多。“国际社会需要共同管理的事务从来没有像今天这样繁多，要求加强国际治理的呼声更加高涨，国际组织的管理职能被赋予更高的期待。”②如同政府加强对市场经济的法律管制催生了对法律的经济分析理论，国际组织的发展对当代国际法的革命性作用，迫切需要人们从经济角度进行分析。于是，将科斯的法经济学(也称新制度经济学)③等经济理论和方法运用于当代国际法(首先是国际经济组织)研究，就不难理解其理论与实践的意义了。尽管“9·11”之后，美国的单边主义甚嚣尘上，但是，通过合作与和平手段解决国际争端，仍是国际关系的基本准则；从长远看，国际组织的作用不会被减弱，反而将进一步得到加强。

二、国际法的经济分析基础

尽管迄今国外学者对国际法的经济分析采用了微观经济分析、规范经济分析、博弈论、公共选择理论、交易成本经济学、信息经济学等许多经济学理论与方法，但是，在我看来，科斯以交易成本学说为基础的法经济学理论和方法最适用于国际法的经济分析。

---

① 参见 Kant, *Perpetual Peace*, ed. by Lewis White Beck, Bobbs-Merrill/Library of Liberal Arts, 1957。

② 饶戈平主编:《全球化进程中的国际组织》,北京大学出版社 2005 年版,第 3 页。

③ 参见张乃根:《法经济学》,中国政法大学出版社 2003 年版。

科斯的法经济学集中体现在他赖以获得 1991 年经济学诺贝尔奖的两篇论文《企业的性质》和《社会成本问题》。[①]前者运用交易成本理论分析企业、市场与法律的关系，后者则进一步将交易成本理论运用于英美侵权法中的妨害法分析，从而为法律的经济分析拓展了广阔的领域。时至今日，这些理论与运用早已为人们公认，本文不必赘述。[②]下文将着重从比较的视角，尝试说明科斯理论对国际法的经济分析基础。

根据科斯的理论，企业与市场是相对应的两种组织生产的制度结构。假定企业管理成本为 MC（Management Costs），市场交易成本为 TC（Transaction Costs），那么可以得出两个公式：（1）企业存在的基本条件为 MC＜TC；（2）企业规模的极限条件为 MC＝TC。这就是说，对于某一产品的生产而言，只要企业管理成本小于市场交易成本，就会存在单个企业，而当企业管理成本等于市场交易成本时，再扩大该单个企业的生产规模，就是不经济的。企业的性质在于它是节约市场交易成本的组织生产形式。该理论的方法论核心在于将交易成本引入经济分析，并且，这种交易成本与法律有内在联系，因为在科斯看来，企业纵向管理以雇主与雇员的劳动契约为前提，而市场横向交易更一点儿也离不开企业与企业之间的契约关系。契约法天然地包含了交易成本的经济逻辑。

以科斯的法经济学观点看待当今国际法的世界，可发现：该世界中也存在类似企业和市场的两种调整国际关系的制度结构。在分散型的国际社会（市场），各国作为政治独立、主权平等的国际人格者可以通过明示（条约）或默示（习惯）的合意（契约），组织各种政治、经济和文化活动。其中，尤以国际条约的达成及实施，与市场交易中企业间的合约过程一样，需要一定的交易成本。在国际关系多边化、全球化的条件下，将分散的合约集中到一个国际组织的制度结构中，有利于减少交易成本，特别是合约过程中断而浪费的交易成本。但是，应该留意，当今政府间的国际组织本质上仍是各主权国家之间合意的产物。这类似有限合伙制的企业形式。各国在这类组织内根据多边条约而承担有限的义务及享有相应的权利。目前还不存在像组织生产的权力集中于雇主的企业型国际组织，因此，国际社会往往呈现出“半无政府”状态。从国内社会政府化的一般过程来看，由于技术与生产方式的发展等经济因素的客观作用，导致私有财产制度代替原始的公有制，并产生相应的国家政治形态。当代科学技术的飞速发展以及经济活动全球化的加剧，使得 WTO

---

① 参见[美]罗纳德·哈里·科斯：《企业、市场与法律》，盛洪等译，上海三联书店 1990 年版。

② 参见前引张乃根：《法经济学》，对科斯理论的详细评述，第四章芝加哥学派和法经济学，第五章企业、市场与法律，第六章社会成本中的法律现象。

此类国际经济组织开始对成员间贸易争端解决具有强制管辖的权限。这是国际社会政府化的一个重要进步，意味着管理国际事务的权力“资源”正在得到一定程度上的重新配置，如同组织生产的市场要素被企业要素所代替，制度结构的“资源”得以有效益的配置一样。未来的国际社会将会要求越来越多的组织化治理，以有秩序地解决各国和地区的各种矛盾关系。虽然，人们不能机械地将科斯的法经济学理论运用于国际法的经济分析，但是，国际组织的制度演变背后的原因究竟何在，发展趋势如何，值得人们采用经济分析的方法去探索。

科斯在《社会成本问题》中，不仅运用交易成本学说阐明了法律制度对资源配置最优化的决定作用，而且从妨害行为的外部性角度分析了社会成本中的法律问题，为国内法的经济分析奠定了如此坚实的基础，以致后人将之誉为“科斯定理”。科斯指出：“‘科斯定理’这一术语并非我的首创，我亦未曾对这一定理作过精确的表述。该术语的提出及其表述应归功于斯蒂格勒。然而，他对该定理的阐述确实是建立在我的研究工作基础上的。”①他强调，权利的界定是市场交易的基本前提，如果交易成本为零，促进产值最大化的最终结果与法律决定无关，“这是科斯定理的实质”。②如同国内社会中，个人或企业的妨害行为会产生外部性效应，国际社会中国家的妨害行为也会导致类似结果，要求人们从社会成本最小化角度去寻找解决方案。国际环境法是缺乏国际组织框架基础的法律体系，因此在跨国污染事件发生后，或者为了预防可能的跨国污染，需要通过补救措施来解决国际社会的总成本问题。在这方面，经济分析提供了很好的理论依据。同样地，某个国家内部的人道灾难，往往会导致大量难民外逃，对邻近国家和地区造成类似跨国污染的外部性效应。国际社会可否采取“人道干预”措施？如何采取？社会成本的分析也不失为可以尝试的方法。

总之，本文认为，“交易成本”和“外部性”是两个关键的经济概念，以此考虑处理国际事务的权力“资源”效益配置与社会总成本最小化，构成了本文对国际法的经济分析基础。

三、国际经济组织法的经济分析

康德在 1795 年发表的《永久和平论》中最早提出了政治性国际组织（自由国家

---

① ［美］科斯：《“社会成本问题”的注释》，载《论生产的制度结构》，盛洪等译，上海三联书店 1994 年版，第 303 页。

② 前引张乃根：《法经济学》，第 304 页。

的联盟)构想。但是,直到1920年1月,第一个政治性国际组织——国际联盟才得以宣告成立。由于该国际组织未能有效地制止第二次世界大战的爆发,因而在战后必然被1945年10月新成立的联合国所取代。值得注意的是,在联合国诞生前后,以经济功能为主的国际组织相继成立(如1944年12月和1945年12月先后成立的世界货币基金组织和世界银行)或酝酿成立(如根据1948年3月通过的《哈瓦那宪章》拟定建立,后夭折的国际贸易组织)。这些国际经济组织具有很强的政治功能。正如杰克逊教授所指出的:"在第二次世界大战后,战胜国开始筹划战后的国际经济体制的轮廓,人们可以从许多演讲和文件中发现当时的经济考虑带有强烈的政治目标。这种政治目标来自这一看法,即第二次世界大战的原因之一是两次大战之间的经济问题。经济大萧条、第一次世界大战后处理德国问题的政策不当和其他类似的两次战争间的情况,极大地影响到构设战后体制以避免重蹈前辙的政策制定者的思想。"①这些带有政治性的国际经济组织沿着不同于联合国的体制轨迹发展,尤其是从当初构设的国际贸易组织框架中演变而成的《关税与贸易总协定》(GATT)这一事实上的准国际贸易组织,一直到1995年正式建立的WTO,突出体现其内在的经济逻辑。本文将以GATT到WTO的世界贸易体制为经济分析对象,因为这一体制可以有力地印证了科斯的交易成本理论。

战后世界贸易体制的基石是多边贸易关系中的最惠国待遇原则。在GATT之前,国际贸易中的最惠国待遇都是双边、互惠的。最典型的莫过于美国在1934年至1945年期间,由总统根据国会授权与其他国家谈判互减关税,达成了32项以互惠的最惠国待遇为基础的双边贸易协定。②这些双边贸易协定如同国内市场上的企业间商业契约,其谈判、合约、履约的交易成本是很高的,尽管没有统计确切的成本。但是,美国及其盟国在战后希望达成一项以普遍的、无条件的最惠国待遇为基础而减让各自关税的多边贸易总协定,表明富有经济理性的人们想通过这样的方式,最大限度地减低交易成本,因为,按照这种最惠国待遇原则,只要该总协定的某一成员与另一成员达成关税减让协定,就必须立即无条件地给惠于其他所有成员同样待遇,而不必逐一进行谈判。这种总协定类似于将国内市场上的相关企业间商业契约标准化,并在所有缔约方的企业中平等地适用,从而形成"半企业"性质的统一商业网络。GATT的最惠国待遇吸引了越来越多的缔约方,并促进了一轮又一轮的多边贸易谈判,最终使WTO成为现实。事实上,早在上世纪八十年代

① [美]约翰·H.杰克逊:《世界贸易体制》,张乃根译,复旦大学出版社2001年版,第14—15页。

② John H. Jackson, William J. Davey and Alan O. Sykes ed., *Legal Problems of International Economic Relations*, 3rd edition, West Publishing Co., 1995, p.80.

末，杰克逊教授在论证推进世界贸易体制从 GATT 向 WTO 发展时，列举了最惠国待遇的 4 项经济理论依据，其中第 3、4 项显然受到法经济学的影响："第三，最惠国观念强调可适用于所有参与国的普遍原则，这可以使规则形成的成本最小化(譬如难以谈判达成诸多双边协定)，有些涉及'囚犯困境'的理论还认为，避免互相拆台行为的最佳途径是达成一项有效限制任何一方'损人利己'行为的协定。在当事方很多(如 GATT 有 96 个缔约方——引注：当时统计)的情况下，普遍化就是最佳途径。此外，当然必须注意将规则制定得有效。最后，最惠国有利于交易成本最小化，因为边境海关人员在涉及最惠国待遇项下进口物时，也许不必确定'货物原产地'。"①正是这种最惠国待遇具有明显的经济逻辑，因而最早进入了国际法的经济分析视野，譬如，前述第一本有关文集《国际法的经济特性》中开篇之作就是"最惠国待遇条款的经济学"②。

值得深入研究的是，虽然 WTO 的基石仍是这种最惠国待遇体制，但是，近十年来，在 WTO 框架下蓬勃发展的自由贸易区(已近 300 个③)奉行的优惠贸易待遇，对该体制构成严峻挑战。WTO 的一份权威报告指出："对可能将 WTO 引向歧路的某些'优惠贸易待遇'(PRT)议程须予以关注，但是，这种风险不应被用于否认某些潜在好处。"④这种好处包括在多边贸易体制下，以不损害其他成员已享有的最惠国待遇为前提，部分成员获得自由贸易区内更多的优惠，从而区别于该体制之前或之外的双边或数边 PRT；同时，随着 WTO 成员日益增多，多边贸易谈判的交易成本居高不下，依据最惠国待遇的预期关税减让和市场开放利益可望而不可即，部分成员通过 PRT 而较早相互受益。其中不乏可供经济分析的问题。这是在新的历史条件下，对国际法的经济分析新课题。

WTO 的核心体制是争端解决机制。该机制运行十一年，已受理成员间贸易争端 335 起，通过专家组和上诉机构的争端解决报告 95 份，由争端解决机构授权实施贸易报复 15 起。⑤其效率之高，是国际法历史上从未有过的。该机制最显著的特征是从受理争端的管辖权，到成立专家组审理和当事方提起上诉复审，乃至争

---

① John. H. Jackson, *The World Trading System*, The MIT Press, 1989, pp.134 - 135.

② Warren F. Schwartz and Alan O. Skeys, The economics of the most favored nation clause, at Jagdeep S. Bhandari and Alan O. Sykes ed., *Economic Dimensions in International Law*: *Comparative and Empirical Perspective*, Cambridge University Press 1997, p.43.

③ 参阅 WTO website: Regional trade agreements, http://www.wto.org/english/tratop_e/region_e/region_e.htm。

④ The Future of the WTO: Addressing institutional challenges in the new millennium, Report by the Consultative Board to the former Director-General Supachi Panitchpakdi, 2004, p.19.

⑤ 参见 Update of WTO Dispute Settlement Cases(WT/DS/OV/25, 12 December 2005)。

端解决报告的通过程序，都类似国内的民事诉讼。也就是说，根据《关于争端解决规则与程序的谅解》(DSU)，WTO争端解决机构对成员提起的贸易争端拥有强制管辖权；被诉方不可能阻止专家组的成立；任何一当事方都不可能阻止另一方上诉；败诉方也不可能阻止争端解决机构通过有关裁决报告；最后，未执行裁决一方不可能阻止该机构作出授权利益受损方实施贸易报复的决定。这一系列"不可能"表明WTO争端解决机制具有很强的国际法约束力，也说明该机制的构思已接近国际社会政府化的理念。我曾经撰文分析过这一问题。[①]在WTO内，各成员根据约定，承诺放弃单边贸易报复行动，将约定范围的贸易争端解决交由该组织的争端解决机构。这类似在一个企业内由某个领导者统一组织生产。因为"市场的运行是有成本的，通过形成一个组织，并允许某种权威('企业家')来支配资源，就能节约某些市场运行成本"[②]，所以按照交易成本理论，在一定条件下，由一个高度权威的机构依据既定的规则处理有关事宜(纵向一体化)，较之分散个体在同一事务领域各行其是(横向一体化)，更符合经济逻辑。如果将WTO成员处理有关对外贸易争端的主权看作是一种"资源"，那么WTO争端解决机制的高效率运行似乎已经证明：应在该组织内统一配置此类"资源"。当然，这类"资源"一旦配置后，如同经济组织的"资产专用性"("指在不牺牲生产价值的条件下，资产可用于不同用途和由不同使用者利用的程度。"[③])，重新加以配置须付出一定交易成本。目前，WTO争端解决机制也存在诸多弊端，譬如，某一成员的国内措施被裁定违反WTO规则，另一利益受损方只有在该成员未履行裁定取消该措施的情况下，才可能启动补偿与中止减让的程序，否则，已经受到的损失得不到任何补偿。这在一定程度上鼓励了某些成员频频采取此类措施。但是，该机制的"资产专用性"已发展到如此地步，以至于要改变，极为困难。

WTO内可作经济分析的法律制度很多，如反倾销、反补贴法。上述以WTO最重要的制度为例，进一步说明经济分析可适用于国际经济组织的研究。

四、国际环境法的经济分析

美国与加拿大之间的"特雷尔熔炉仲裁案"是一起经多次仲裁，对于确定国际

---

① 张乃根：《试析WTO争端解决的国际法效力》，《复旦学报》(社科版)2003年第6期，转载于《中国国际法学精萃》(2004年卷)，高等教育出版社2004年版，第356—374页。

② Ronald H. Coase, The Nature of Firm, from *The Nature of Firm: Origins, Evolution, and Development* (ed. by Oliver E. Williamson, Sidney G. Winter), Oxford University Press, 1993, p.22.

③ [美]奥利弗·威廉姆森：《经济组织的逻辑》，载前引陈郁：《企业制度与市场组织》，上海三联书店、上海人民出版社1996年版，第70页。

环境法原则具有重大影响的跨国空气污染案件。[①]该案缘起二十世纪初开始，加拿大境内的特雷尔锌冶炼厂每天散发的大量硫磺/二氧化碳，沿着邻近美加边境的哥伦比亚河谷，进入美国境内华盛顿州，导致当地的土地资源及其他利益的严重损害。美国要求加拿大承担损害赔偿的国家责任。在两国谈判解决未成后，双方同意递交根据1909年两国《界水条约》成立的三人仲裁庭解决。1931年，该仲裁庭认定损害事实，并裁决损害赔偿为35万美元。加拿大对承担该赔偿责任没有异议，但此后，特雷尔锌冶炼厂并未关闭，跨国污染依旧。1938年，美国又要求仲裁赔偿200万美元，该仲裁庭基于1931年后损失，仅裁决7万8千美元的损害赔偿。由于污染根源没有消除，因此，1941年应美国请求，该仲裁庭第三次裁决涉及特雷尔锌冶炼厂的限量排污问题。该案件与科斯在《社会成本问题》中列举的一系列妨害法案件(譬如，嘈声引起侵权的"斯特奇斯诉布里奇曼案"、生产排放的硫酸氨气造成损害的"库克诉福布斯案"、被告新建房导致邻居房屋烟囱烟雾倒灌损失的"布赖恩特诉勒菲弗案"、因关闭旧井造成原告的酿酒地窖无法通风的"巴斯诉格雷戈里案"[②])，本质上是一致的：被告的妨害行为引起了外部性(对他人的损害)。按照科斯定理，外部性是相互的，消除被告的妨害行为可能会引起其他外部性效应，譬如关闭被告工厂造成工人失业，当地财政收入减少。如果交易成本为零，原被告会设法寻找最有效益的解决方案；但在现实世界，交易成本不可能为零，因此，法律对相关责任的规定，具有头等重要的意义。

1941年，"特雷尔熔炉仲裁案"仲裁庭在裁决特雷尔锌冶炼厂的限量排污时，碰到的难题是缺乏可适用的国际法具体规则。仲裁庭依据国际法一般原则，并参考了美国最高法院的判例，指出："根据国际法以及美国法的原则，任何国家都无权以这样方式利用或允许利用其领土，以致因烟污而造成他国领土上的财产和人员损害，且后果严重、损害证据确凿。"[③]这是国际环境法的基本原则。1972年联合国《人类环境宣言》第二十一条规定："按照联合国宪章与国际法原则，各国有按自己的环境政策开发自己的资源的主权，并且有责任保证在其管辖或控制下的活动，不致损害其他国家的或在国家管辖之外地区的环境。"[④]应该说，在"特雷尔熔炉仲裁案"中，加拿大对承担责任赔偿本国领土上企业排污造成他国领土上财产及其他利益严重损害，并无异议，问题在于如何标本兼治，减少或消除污染根源。该案裁决

---

① *Trail Smelter Arbitration*, *U.S. v. Canada*(1938 and 1941), 3 R. I. A. A. 1905.

② 参见[美]科斯：《社会成本问题》，载前引《企业、市场与法律》，上海三联书店1990年版，第83—91页。

③ 前引Trail Smelter Arbitration, U.S. v. Canada。

④ Stockholm Declaration on the Human Environment(June 16, 1972), UN Doc.A/Conf.48/14/Rev.1 (UN Pub. 73. II.A.14).

要求特雷尔锌冶炼厂采取有效措施将排污控制在可以接受的水准。根据当时的技术条件，达到这一要求至少要耗费2000万美元。作为在当地经济中具有重要地位的一家私人企业，特雷尔锌冶炼厂投入巨资改进生产设备，采用减少排放硫磺/二氧化碳量的烟囱，并间歇性停止生产，以达到裁决要求的水准。于是，在明确国际环境法的责任规则基础上，以可接受的污染水准为条件，此争端终于得以解决。这也在相当程度上印证了上述科斯定理。

二十世纪下半叶，随着各国或地区的经济日趋全球化，国际环境保护的重点从控制跨国或地区性污染以及补救措施，转向全球范围的环境保护。但是，在全球多边环境协定日益增多的今天（据联合国环境署统计，战后至2001年共有近百项此类协定），①却没有一个类似WTO的全球环境组织。早在WTO成立前，就有学者从经济分析角度，指出这导致了两个后果："（1）经济上未能将环境成本内部化，使得消费者和厂商为其引起的环境外部负效应支付了完全的经济价格；（2）政治上未能克服特殊利益，以采纳成本国际化的政策，在鼓励贸易的同时保护环境。"②缺乏全球环境组织，使得数以百计的全球多边环境协定如同市场中分散的契约，其谈判、订约和履行取决于各契约当事方的行为。某一当事方的不合作，就可能影响到整个契约过程。譬如，于1994年8月21日正式生效的《联合国气候变化框架公约》③旨在全面控制二氧化碳等温室气体排放，以应对全球气候变暖给人类经济和社会带来不利影响。于2005年2月16日生效的该公约《京都议定书》④旨在限制发达国家温室气体排放量以抑制全球气候变暖，但是，作为全球温室气体排放量最大的美国却以本国利益至上，拒绝批准该议定书，使得该多边环境协定难以真正实施。同时，由于没有全球环境组织，有些与贸易有关的环境保护争端不得不被提交WTO解决，而WTO体系内尚缺乏专门的环境协定，因此，迄今为止，除了在"加拿大诉欧共体禁止石棉制品措施案"⑤中，欧共体的限制进口措施符合GATT第二十条（b）款关于保护人类生命或健康的必要性例外，其他两起美国作为进口成员以环境保护例外限制贸易的抗辩理由，均未获WTO争

---

① 参见UNEP/Environmental Law Programe/Global Environmental Agreements，http://www.un.org。

② Daniel C. Esty, "Greeting the GATT: Trade, Environment and the Future"(1994), from Jeffrey L. Dunoff, "From Green to Global: Toward the Transformation of International Environmental Law", *Harvard Environmental Law Review*, Vol.19:24(1995).

③ 《联合国气候变化框架公约》（中译本），见王曦主编：《国际环境法资料选编》，民主与建设出版社1999年版，第246页。

④ 《联合国气候变化框架公约京都议定书》（中译本），同前引《国际环境法资料选编》，第330页。

⑤ See European Community-Measures Affecting the Prohibition of Asbestos and Asbestos Products, WT/DS135/AB/R(5 April 2001).

端解决机构的支持。[①]WTO 成立时就设立了贸易与环境委员会；2001 年 WTO 多哈部长级会议启动新的多边贸易谈判时也明确包括了贸易与环境议题，并有建议修改 GATT 第二十条关于环境例外的(b)款、(g)款，将相关的多边环境协定作为有法律拘束力的附件，以便正式将与贸易有关的环境保护纳入 WTO 体系，[②]但是，由于农产品出口补贴和对最不发达成员的优惠待遇等议题更加迫切，因此，环境问题尚不可能有所突破。[③]可以相信，在不远的未来，完全可能由 WTO 统辖与贸易有关的全球环境保护事宜。

五、国际人道法的经济分析

国际人道法是旨在限制战争或武装冲突中暴力使用的国际法。"国际人道法适用于两个很不相同的情形：国际武装冲突和非国际武装冲突。"[④]后者又称为"内战"。传统国际法不适用于内战，但是，1991 年在前南斯拉夫境内种族武装冲突和 1994 年在卢旺达内战中先后发生了践踏国际人道法的暴行，引起了国际社会的严重关切。联合国安理会先后于 1993 年 5 月 25 日、1994 年 11 月 8 日作出相关决议，认定这类非国际武装冲突引发的国际人道法灾难"构成对国际和平与安全的威胁"[⑤]，并根据《联合国宪章》第七章授权决定成立关于前南斯拉夫问题国际刑事法庭(ICTY)和关于卢旺达问题国际刑事法庭(ICTR)。可见，这两个特设国际司法机构在国际法上的合法性不容置疑。对国际人道法这种新发展的经济分析，有助于理解其国际法的合法性及合理性。

上述安理会决议认定在一国境内发生的种族灭绝、反人类的罪行等引起的严重后果，"构成对国际和平与安全的威胁"。这种威胁具有损害邻国利益及国际社会共同利益的负效应之"外部性"，包括迫使该国境内大量难民外逃，涌向无法承受难民潮的邻国，或可能使该国内战蔓延到邻国，造成对邻国的财产或人员严重损害。这如同前述跨国污染，引起他国经济损失。但是，安理会所称"国际和平与安全"具有全球性，而不仅仅是邻国或邻近地区和平与安全的问题。这说明国际人道

---

① 参见张乃根编著：《美国——精炼与常规汽油标准案》，上海人民出版社 2004 年版；赵维田主编：《美国——对某些虾及虾制品的进口限制案》，上海人民出版社 2003 年版。

② 参见 Chantal Thomas, Trade-related Labor and Environment Agreement, *Journal of International Economic Law*, Vol.5 No.4(December 2002), p.813。

③ 参见 Ministerial Declaration(Adopted on 18 December 2005), WT/MIN(05)/DEC(22 December 2005), para.30。

④ Maroc Sassoli and Antoine A. Bouvier, *How Does Law Protect in War?*, ICRC, 1999. p.88.

⑤ Resolution 827(25 May 1993), Resolution 955(8 November 1994).

法上这类负效应的“外部性”不仅包含了邻国或邻近地区的财产或人员损失，而且引发了国际社会的道德担忧。正如安理会决议所述在前南地区发生的“集体屠杀，大规模、有组织和有系统地拘禁和强奸妇女，持续的‘种族清洗’做法，包括领土兼并与占有”，在卢旺达的“种族灭绝与其他系统的、大规模的严重违反国际人道法”，[①]显然是国际社会所不能容忍的。只有将那些对如此严重违反国际人道法的罪行负有责任的个人绳之以法，才能在一定程度上补救国际社会所受到的道德损害。与跨国污染责任追究原则上适用民事补救不同，国际人道法上的归责属于国际刑法范畴，其立足点不是金钱赔偿，而是通过追究罪犯的刑事责任，维持国际社会和平与对人类自身的尊重。

与 ICTY、ICTR 一样基于国际人道法而于 2002 年 4 月 11 日正式成立的常设国际刑事法院(ICC)，弥补了在个案(如在前南地区或卢旺达)基础上特设国际刑庭带来的“选择性正义”问题。[②]其实，从科斯的交易成本理论来看，ICC 采用类似“企业性契约”(《ICC 罗马规约》)的组织方式来代替分散的“市场性契约”(《ICTY 规约》、《ICTR 规约》)，具有内在的经济逻辑。联系到前述国际贸易领域的 WTO(尤其是争端解决机制)趋向国际社会政府化，而缺乏全球环境组织使国际环境法难以实施，新的常设 ICC 有利于国际人道法的实施。这是人类社会进入全球化时代后，迫切要求加强全球治理的必然发展。

《ICC 罗马规约》强调该法院“对国内刑事管辖权起补充作用”[③]。这一重要原则旨在约束缔约国通过国内程序追究本国境内发生的该规约所指严重违反国际人道法的犯罪行为人责任，促使前述“外部性”尽可能地“内在化”。“这就是说，如果本国没有起诉，它将留给外国或国际法庭提起指控。普遍管辖或国际法庭强制管辖的选择也许促使产生国内法庭起诉的激励动机。”[④]从经济分析的角度看，这样的管辖权“资源”配置是合理的。

结　论

从 1648 年威斯特伐利亚和会形成的欧洲国际法体系，到 1945 年联合国成立

① 前引 Resolution 827(25 May 1993)，Resolution 955(8 November 1994)。

② 《国际法委员会 1996 年的报告》，转引《国际刑事法院概述》，http://www.un.org/chinese/law/icc/overview.htm。

③ 《ICC 罗马规约》(中译本)，http://www.un.org/chinese/work/law/Roma1997.htm。

④ Jeffery L. Dunoff and Joel P. Trachtman, The Law and Economics of Humanitarian Law Violation in Internal Conflict, *The American Journal of International Law*, Vol.93: No.2, (April 1999), p.405.

后延续至今的全球国际法体系；从当初人们要求海洋自由（实质是贸易自由）而促使格劳秀斯创立现代国际法理论，到如今经济全球化要求加强全球治理，或者说国际社会政府化，促成了 WTO、ICC 等新的全球治理机构，使得国际法的经济分析有用武之地。新的时代呼唤新的理论，新理论需要新方法。相比传统的国际法研究方法（法学、政治学、哲学或伦理学），经济学的分析会给国际法理论的创新注入一定的活力。本文着力从原理（国际法的经济分析基础）和范例（国际经济组织法、国际环境法和国际人道法）两方面，扼要说明对国际法的经济分析不仅是可能的，而且对于构设国际法体制是非常必要的。诚然，任何研究方法都不可能十全十美，国际法的经济分析也有其局限性，尤其是在国际关系领域，许多国家利益本质上具有非交易性，因而不可能经济化。因此，在复杂多变的国际法领域，需要我们从各个视角加以观察、分析。国际法的经济分析旨在提供新的视角而已。

On the Economic Analysis of International Law

Abstract: The economic analysis of international law is the new development of international law theories in last decade. Based on existing references, this thesis intents to promote application of economic analysis of international law in China with pluralistic ways of research(for examples, political, legal and economic) in order to understand the contemporary issues of international law and to create new ideas. The part I is a brief comparison between domestic and international laws from economic perspective, and then a description of applicable economic analysis for international law with an emphasis of its theoretical and practical significances. The part II is focused on Coase's Law & Economics as the basis of economic analysis of international law. The part III to V provide with a few examples of economic analysis of international laws, i.e., law of international economic organization, international environmental law and international humanitarian law. The conclusion is given finally.

Keywords: Theory of international law; Economic analysis; Law of international economic organization; International environmental law; International humanitarian law

第二编　分　论

国际法与国际政治秩序

第二编分论“国际法与国际政治秩序” 共11篇论文。这些论文依据《联合国宪章》及其当代国际法的基本原则，运用第一编总论部分论文所阐释的视角、理念和方法，对国际法与国际政治秩序的关系以及若干重大问题，做了较深入的研究。联合国是在第二次世界大战后建立，以集体保障国际和平与安全、禁止“战祸”和保护基本人权、促进各国合作为基本宗旨，囊括世界上几乎所有主权国家的最大政治性国际组织。践行该宪章并加以改进是建立和健全公正合理的国际政治秩序的需要。互不干涉内政原则、国际法与国际秩序的“包容性”、人类命运共同体载入我国宪法的国际法问题、人类命运共同体的制度化及其国际法原则、人类命运共同体视野下的国际立法（造法）、国际法治和多边主义以及人类卫生健康共同体等，都是近年来世界百年未有之大变局加速演进与世纪疫情大流行的叠加影响下，当代国际法与国际秩序的热点、难点或重点问题。

试析联合国宗旨下的国际秩序及其演变 撰写于2011年12月，曾递交2012年中国国际法学会年会交流，并于当年公开发表。这是二十一世纪进入第二个十年之初，我思考、研究国际法的宏观理论问题的一个重要阶段性成果。当代国际法的研究与联合国宗旨下国际秩序的问题休戚相关。我在《论国际法在国际秩序中的作用》一文强调“近四百年来从欧洲到全世界的国际社会秩序均建立在实证的国际法基础上”。战后国际秩序以《联合国宪章》为基石。如何完整地解读该宪章规定的基本宗旨？2006年联合国决定新设的人权理事会今后能否成为与安理会、经社理事会并列的三大理事会之一？国际法学界对此尚有分歧，实践也未给予足以解惑的结论。国内学界对战后迄今的国际秩序之历史轨迹、现实与未来还有不同看法。该文结合战后，特别是冷战后国际秩序的一系列重大变化，着重从制度性视角论述《联合国宪章》规范下的国际秩序及其演变，得出一个基本结论：“战后的国际秩序是建立在《联合国宪章》这一基石之上的。国际秩序的任何显著变化都与联合国有着直接或间接的联系。迄今《联合国宪章》没有被根本改变，联合国宗旨也没有发生质变，只是国际社会进一步认识到安全、人权和发展作为联合国的三大宗旨，缺一不可。脱离联合国宗旨而主张‘重构’、‘建构’或‘变革’现存国际秩序，恐怕都难以实现。”由此，本文提出构建具有中国特色的国际法理论体系的若干要素。

论联合国“三重”理事会——以改革中的人权理事会为视角 撰写于2013年8月，发表于《国际法研究》2014年第3期。这是上篇的续篇，旨在进一步深入研究联合国2006年新设的人权理事会今后如何成为与安理会、经社理事会并列的三大理事会之一。该文试图从“三重性”（某一事物内在不可分离的三方面）角度研究联合国的体制改革问题。考察从古罗马比较完备的私法体系到现代西方的宪政体制，可以发现“三重性”的共同特点。如同机械物理世界的牛顿定理，西方法制传统包含了一个“三重性”的法治定理，即：“法治所需要的法制既包括调整不同主体之间法律关系的各方面法律，又是一个统一的整体。缺乏统一性的法制是不健全的法治。”基于西方法治理念所构建的联合国体制，依据安全、人权和发展的联合国三大不可分割的基本宗旨，理应建立具有“三重性”的安理会、人权理事会和经济及社会理事会。但是，由于历史局限，直至2006年联合国才决定建立新的人权理事会，旨在其发展为并列的三大理事会之一。本文在分析这一问题时还考虑一个更基本的国际法问题，即国际社会如何真正地实现联合国的基本宗旨，逐步演进为国际法治下国家化的共同体，并认为应成为三重理事会之一的人权理事会建设具有关键的作用。中国是联合国安理会五大常任理事国之一，对于联合国改革和人类社会的进步负有重大的责任，应从自身做起，为人权理事会的建设作出应有贡献。

互不干涉内政原则及其在当代国际法实践中的适用　撰写于2014年4月，递交同年5月中国国际法学会年会交流，收录于2015年出版的《中国国际法年刊(2014)》，作为纪念“和平共处五项原则”六十周年专栏论文发表。互不干涉内政原则是“和平共处五项原则”之一。联合国国际法院在1986年审案时认为《联合国宪章》第二条第七款尚“不能严格地解释为适用于不干涉各国处理其内外事务的原则”，但“认为这是习惯国际法的一部分”。如何理解当代国际法的互不干涉内政原则以及在实践中的适用，是一个重大的国际法理论与实践问题。本文对作为国际法基本原则和习惯国际法的互不干涉内政原则由来和发展，结合“保护的责任”及其互不干涉内政原则的例外，作了深入的阐释。我就本文的主要观点在英国皇家国际事务研究所(The Royal Institute of International Affairs)举办的研讨会等，与国外学者交流，英文版于2016年由《复旦人文社会科学论丛(英文刊)》(*Fudan Journal of the Humanities and Social Science*)发表。

论国际法与国际秩序的“包容性”——基于《联合国宪章》的视角　撰写于2015年4月，递交同年5月中国国际法学会年会(主题“纪念联合国成立暨世界反法西斯战争胜利70周年”)交流，会后由《暨南学报》(社科版)刊用发表。《联合国宪章》酝酿和诞生于世界反法西斯战争之中。相比先前《威斯特伐利亚和约》《维也纳和会最后议定书》和《凡尔赛和约》等，该宪章确立各主权国家平等的基本原则，并在新会员加入的条件等方面，体现了对不同社会制度或文明的最大限度“包容性”。这是国际法与国际秩序的突出进步之一。在欧美根深蒂固的西方文明中心观仍很有影响和新冷战抬头的当代，有必要深入研究基于《联合国宪章》视角的国际法与国际秩序的“包容性”，维护以宪章为基础的国际法规则和秩序。本文是近年来我研究人类命运共同体相关国际法所含“包容性”问题的第一篇。

人类命运共同体入宪的若干国际法问题　撰写于2018年4月，同年5月在中国国际法学会年会上交流，会后由《甘肃社会科学》刊用发表。2018年3月全国人大通过《宪法修正案》，在序言关于我国外交政策的部分增加“构建人类命运共同体”。这也可以称为“人类命运共同体入宪”。宪法是国内法体系中具有至高无上的地位。将作为新时代中国特色大国外交方略的“构建人类命运共同体”作为宪法宣示的外交大政方针之一，必然产生一系列值得研究的国际法问题，包括“人类命运共同体入宪”的国际法意义、与国内法体系中条约的关系、与国际法在国内适用的问题。本文理论结合实际，对这些问题作了初步的分析。

试论人类命运共同体制度化及其国际法原则　撰写于2019年4月，与2017年、2018年先后撰写《试探人类命运共同体的国际法理念》《人类命运共同体入宪的若干国际法问题》一样，首先都是为了在当年中国国际法学会年会上交流。如第一编总论介绍，2018年下半年，我应邀参加外交部重大课题《人类命运共同体与国际法》，与课题组成员就如何将人类命运共同体的国际法理念转化为国际法制度，展开深入探讨。受到讨论的启发，我在此后进一步展开研究，从中国国际法理论的创新与人类命运共同体学说、国际法理论对现代国际法制度建设的引领作用、通过国际法原则的路径将人类命运共同体制度化、人类命运共同体的五项国际法原则及其与和平共处五项原则的关系，进行较系统全面的深入阐述。经过年会交流和会后修改，该文由《中国国际法年刊(2019)》刊用发表。为了准备2019年4月为中国法学会组织的“中国与拉美国家法学研讨班”授课，我就本文主题撰写了英文稿。嗣后经修改，2020年由《中国法学前沿》(*Frontiers of Law in China*)发表。

试析人类命运共同体视野下的国际立法——以联合国国际法委员会晚近议题为重点　撰写于2020年2月，递交3月外交学院召开的“变动世界中的国际法：进展与影响”学术研讨会交流，并由创刊后的《国际法学刊》2020年第1期发表。本文旨在理论联系实际，探讨在人类命运共同体的视野下，中国如何身体力行，积极主动参与国际立法，推动全球治理的法治化。将人类命运共同体的国际法理念制度化，除了以国际法原则的方式加以阐述，逐步得到国际社会的接受，还应通过联合国国际法委员会对国际法的编纂与发展，推动构建人类命运共同体的制度化。

本文是我近年来考虑人类命运共同体与国际立法(造法)、国际法治的系列论文之一。

论国际法渊源的编纂与发展——基于国际“造法”的视角　撰写于2023年3月,应《学海》约稿(主题“国际造法的新趋势与中国方案”)而作,并先后递交同年4月外交学院举办的“中国特色大国外交与国际法”研讨会和5月中国国际法学会年会交流。这是在《试析人类命运共同体视野下的国际立法》一文的基础上,进一步聚焦国际法渊源(条约、习惯国际法和一般法律原则等)的编纂与发展,以深入了解和客观评估联合国国际法委员会的“造法”效果。这对于推动构建人类命运共同体,尤其是以国际法渊源方式将全球治理的中国主张、中国方案落到实处,成为国际关系的共同准则,极为重要。

人类命运共同体视角的国际法治论　撰写于2021年11月,递交同年12月由复旦大学举办的“构建人类命运共同体理念下的全球发展倡议国际法治问题”学术研讨会和翌年5月中国国际法学会年会交流。本文由《国际法学刊》2022年第1期发表。自2005年为纪念联合国成立60周年而召开的世界首脑会议明确提出“国际法治”,并决定此后每年联合国大会议题均应包括“国内和国际的法治”(The rule of law at the national and international levels),国际法治已成为国际社会持续关注的重点。如何从人类命运共同体视角看待联合国的国际法治议题,尤其是联合国通过的一系列相关决议等国际法文件,据此探讨国际法治的含义,并从“实然”和“应然”的角度,分析国际法治现行体制的“实然”缺陷,将人类命运共同体制度化与国际法治的“应然”未来结合,是本文的主要内容。

国际法上的多边主义及其当代涵义　撰写于2021年2月,初衷是针对国外政界和学界近年来对中国对外关系的立场扣上所谓“选择性”(selective)多边主义的帽子,主张概念模糊的“有效性”(effective)多边主义,从历史和现实的国际关系和国际法的联系中,澄清国际法上的多边主义之由来和发展,并尝试运用人类命运共同体的国际法理论阐释中国主张真正的多边主义,辨析国外的多边主义说法。本文递交2022年中国国际法学会年会交流,经修改由《国际法研究》刊用发表,并得到《中国社会科学文摘》转载。为了参加同年10月耶鲁大学和浙江大学合作举办的“纽黑文学派国际学术会议”,我就相同主题撰写了英文论文,与国际同行交流。会后经修改,翌年由《中国法学》英文版发表。

构建人类卫生健康共同体的若干国际法问题　撰写于2020年6月，这是新冠肺炎疫情爆发后的第一年。我国是第一个受到疫情冲击的国家，并最先向国际社会提出团结合作战胜疫情，共同构建人类卫生健康共同体的主张。这涉及很多新的国际法问题。针对当时美西方有人在国内和企图在国际上诬告中国违反其国内法或世界卫生组织相关国际法，本文着重分析各国如何履行应尽的全球卫生健康国际合作的义务，如未履行而应承担什么国家责任，可否适用国家豁免原则。本文部分内容以《美国国内恶讼违背习惯国际法》为题（主要涉及国家豁免法，列入第四编分论），由《人民日报》于2020年6月27日发表。全文递交同年11月中国国际法学会年会交流，会后经修改，翌年由《甘肃社会科学》发表。该文英文稿于2021年由美国《科学与定量分析国际杂志》（*International Journal of Science and Qualitative Analysis*）发表。

试析联合国宗旨下的国际秩序及其演变*

内容摘要：当今国际秩序复杂多变。结合后冷战时期国际秩序的重大变化，分析第二次世界大战后以《联合国宪章》为基石的国际秩序及其演变，把握其发展趋势，对于构建具有中国特色国际法理论体系，至关重要，必须在继承、发展已有国际法理论的前提下去创建、完善。国际法院在解决国际争端和维护国际和平方面起着重要作用，中国应当必要时在国际法院解决与其他国家的有关争端。中国如何进一步建立和完善在国内履行人权保护的国家义务的机制，以便在人权理事会更加充分地发挥应有作用，并推动《联合国宪章》的修改，最终促使人权理事会成为与安理会、经社理事会并列的联合国主要机构，需要深入研究。

关键词：联合国宗旨；人权理事会；国际法院；联合国宪章

对于当今国际秩序而言，2011 年不同寻常。埃及政局剧变，利比亚内战导致北约国家再次以人道干预为幌子军事介入推翻卡扎菲政权，以及目前仍在阿盟主导下试图解决的叙利亚危机；美国正式结束伊拉克战争，伊朗与西方国家矛盾再次尖锐化；美国高调重返太平洋地区和对中国实施战略围堵；席卷美国各地的占领华尔街之类抗议以及欧洲债务危机引发各国民众纷纷上街游行示威。如何看待国际秩序的这些新变化，尤其结合后冷战时期国际秩序的一系列重大变化，分析第二次世界大战后以《联合国宪章》为基石的国际秩序及其演变，把握其发展趋势，对于构建具有中国特色的国际法理论体系，至关重要。本文尝试从制度性视角分析联合国宗旨下的国际秩序及其演变。

一、对联合国宗旨的解读

《联合国宪章》第一条明文规定联合国的宗旨为："一、维持国际和平及安全；并为此目的：采取有效集体办法，以防止且消除对于和平之威胁，制止侵略行为或其他和平之破坏；并以和平方法且依正义及国际法之原则，调整或解决足以破坏和平之国际争端或情势。二、发展国际间以尊重人民平等权利及自决原则为根据之友好关系，并采取其他适当办法，以增强普遍和平。三、促成国际合作，以解决国际间属于经济、社会、文化，及人类福利性质之国际问题，且不分种族、性别、语言、或宗

---

* 原载《东方法学》2012 年第 1 期，第 96—109 页。

教，增进并激励对于全体人类之人权及基本自由之尊重。四、构成一协调各国行动之中心，以达成上述共同目的。”①

权威的国际法通说认为：“联合国的宗旨详细规定于宪章的序文和第一条中。”②《联合国宪章》序言载明：“我联合国人民同兹决心，欲免后世再遭今代人类两度身历惨不堪言之战祸，重伸基本人权，人格尊严与价值，以及男女与大小各国平等权利之信念，创造适当环境，俾克维持正义，尊重由条约与国际法其他渊源而起之义务，久而弗懈，促成大自由中之社会进步及较善之民生，并为达此目的，力行容恕，彼此以善邻之道，和睦相处，集中力量，以维持国际和平及安全，接受原则，确立方法，以保证非为公共利益，不得使用武力，运用国际机构，以促成全球人民经济及社会之进展。”

但是，序文与第一条关于联合国宗旨的表述并不完全一致，尤其是人权保护的内容有着明显差异。序文将“重伸基本人权”作为与“免遭战祸”休戚相关，且以另起一行的并列方式（英文均为动词不定式③）表达其独立性的联合国宗旨（目的）；④第一条规定的联合国宗旨所采用的四个英文动词不定式，则为“维持国际和平及安全”“发展各国间的友好关系”，“促进国际合作”“协调各国行动”，⑤并没有“重伸”或“保护”人权的总括性并列规定。因此，对联合国宗旨的传统解读，通常不明确包括保护人权这一项。⑥有的认为：“联合国的宗旨，可以用宪章序文的精神归纳为‘维持国际和平及安全’‘促成全球人民经济及社会之进展’。”⑦也有的认为：“联合国这个名称表现了这个新组织起源于一个范围广大的同盟，这个同盟的继续旨在建立具有双重宗旨的联合国，即今后***维持国际和平和安全***，并且在和平被破坏的场合，***恢复***国际和平和安全。”⑧如此解读，实际上割裂了《联合国宪章》序文与第一条

---

① 《联合国宪章及国际法院规约》签署文本（英、法、中、俄、西班牙文本）：《联合国条约集》（UN Treaty Collection）网站：http://treaties.un.org[2012-01-06]。以下凡援引《联合国宪章》及《国际法院规约》，出处相同，略。

② ［英］劳特派特修订：《奥本海国际法》上卷第一分册，王铁崖、陈体强译，商务印书馆 1971 年版，第 297 页。

③ 《联合国宪章》英文本序言有关“目的”表述为四个动词不定式（to save, to reaffirm, to establish, to promote）。

④ 《联合国宪章》序言采用了“目的”（ends），与第一条“宗旨”（purposes），含义相同。第一条第一款也将“维持国际和平与安全”的宗旨表述为“目的”。

⑤ 《联合国宪章》英文本第 1 条有关“宗旨”表述为四个动词不定式（to maintain, to develop, to achieved, to be）。

⑥ 参见 Peter Malanczuk, *Akehurst's Modern Introduction to International Law*, seventh revision edition, Routledge, 1997, p.368；参见王铁崖主编：《国际法》，法律出版社 1981 年版，第 54 页。

⑦ 梁西：《国际组织法》，修订第四版，武汉大学出版社 1998 年版，第 72 页。

⑧ ［奥］阿·菲德罗斯：《国际法》下册，李浩培译，商务印书馆 1981 年版，第 600 页。引语的加重号（斜体）为原作。

之间的内在联系。因此，根据《联合国宪章》第一条，联合国宗旨似乎很清楚，但是，如何结合序文解释，就不太清楚了。然而，《联合国宪章》未明文规定宪章的解释权，安理会和联合国大会也未曾通过明确解释宪章的决议（这些决议是在其职责下对宪章规定的阐明，而非解释）。[①]即便是国际法院在司法实践中对宪章的一些解释，也没有触及有关人权保护的联合国宗旨。[②]

2006 年 3 月 15 日联合国第六十届大会通过的第 251 号决议《人权理事会》，向世人传递了一个明确信号。在我看来，这具有改变上述对联合国宗旨的传统解读的意义。该决议"重申《联合国宪章》所载的宗旨与原则，包括发展国际间以尊重人民平等权利及自决原则为根据之友好关系，促成国际合作，以解决国际间属于经济、社会、文化，及人类福利性质之国际问题，增进并激励对于全体人类之人权及基本自由之尊重。……认知到和平与安全、发展和人权是联合国系统的支柱，也是集体安全与福祉的基础，并确认发展、和平与安全以及人权是相互联系和相辅相成的。决心加强联合国人权机制，以确保人人切实享有公民、政治、经济、社会和文化权利等所有人权，包括发展权，并为此目的，决定设立一个人权理事会"[③]。该决议将人权、和平与安全、发展并列为联合国的三大支柱，实质上是将《联合国宪章》序文有关"目的"之"免遭战祸""重伸人权""促进社会进步"重述为三大支柱。其中的尊重和保护人权已不再是从属于社会进步或国际合作的宗旨，而是具有独立性的"目的"或宗旨之一。因此，新设立的人权理事会不再隶属于联合国经济及社会理事会，而是作为隶属联合国大会的专门机构负责全面促进人权保护的国际合作与对话，并且，今后将成为与安理会（维持国际和平与安全）、经济及社会理事会（促进社会进步和国际合作）并列的三大理事会之一。正如时任联合国秘书长安南在提议设立新的人权理事会时所说：这"将把人权提升到《联合国宪章》原本赋予的优先地位。此种结构将使架构和构想清晰明了，因为联合国已经设有处理其他两大宗

---

① 有学者以对《联合国宪章》第 27 条第 3 款的解释为例，认为，"如果[联合国]会员国对《宪章》的正确解释达成一致意见，这种解释就成为权威解释。"黄瑶：《联合国宪章的解释权问题》，载饶戈平主编：《全球化进程中的国际组织》，北京大学出版社 2005 年版，第 148 页。这恐怕仅为理论判断，而无明确的实证。国际法院对"纳米比亚问题"咨询意见认为：某安理会常任理事国自愿的弃权票或缺席投票，不构成《宪章》第 27 条第 3 款的否决票的做法"已经被联合国会员国所普遍接受，且证明是该组织的一般做法"。*Legal Consequences for States of the Continued Presence of South Africa in Namibia (South West Africa) notwithstanding Security Council Resolution 276 (1970)*, Advisory Opinion, ICJ Reports, 1971, p.22, para.22.这恰恰是国际法院的司法解释，而不是联合国全体会员国的权威解释。至于该学者认为安理会和大会的诸多决议均为对《宪章》的解释，这与《维也纳条约法公约》第 31 条等条款所规定的条约解释，已不是一回事了。

② 国际法院在"联合国的求偿权问题"咨询意见中涉及对《宪章》第 1 条第 4 款的解释。*Preparations for Injuries Suffered in the Service of the United Nations*, Advisory Opinion, ICJ Report 1949.

③ 联合国大会决议：《人权理事会》(A/RES/60/251)，2006 年 3 月 15 日。

旨(安全和发展)的理事会”①。显然,人权理事会的使命是努力实现联合国的另一宗旨,即尊重和保护人权。

人权理事会的创建表明国际社会已充分认识到:根据《联合国宪章》序文,人权保护本来就是联合国不可缺少的宗旨(目的)之一。实践已经,并将继续纠正人们以往对序文和第一条的割裂解读,以致片面理解联合国的宗旨。因此,完全有理由说,维护国际和平与安全、人权保护、促进各国经济社会进步的国际合作,这三者都是联合国的宗旨。

二、联合国宗旨下的国际秩序:制度性视角

基于上文结合人权理事会的创建,对联合国宗旨的重新解读,本文尝试从制度性视角来分析联合国宗旨下的国际秩序及其演变。按照著名国际法学家凯尔森的观点,“法是人的行为的一种秩序(order)。”②“国际法是一个规范性秩序,而规范性秩序是一个有效的规范体系。”③联合国宗旨下的国际秩序是一种国际法意义上的秩序。从制度性视角看,这种法律秩序具体表现为根据《联合国宪章》建立的三大国际秩序及其联合国主要机构。这些秩序及其机构已经并将继续发生变化。下文将扼要地逐一分析维护国际和平及安全秩序的安理会及国际法院、尊重和保护人权的国际秩序的人权理事会和其他国际人权机构、促进各国经济社会进步及国际合作秩序的经社理事会,尤其是在这些机构中已有的不同程度变化所折射的国际秩序演变。

(一)国际和平及安全秩序:安理会、国际法院

《联合国宪章》开宗明义:我们联合国的人民决心“欲免后世再遭今代人类两度身历惨不堪言之战祸”;第一条第一款规定:联合国的首要宗旨是“维护国际和平和安全”。可见,在第二次世界大战的烽火中孕育诞生的联合国首先是为了解决战争与和平问题,实现人类社会的永久和平。《联合国宪章》宣布战争为祸害,意味着从此以后,任何战争都不存在正义或非正义之分,一律予以废止,因为任何战争都不可避免地给人类带来惨不堪言的痛苦。这一理念的渊源可以追溯到康德的人道主

---

① 联合国秘书长报告:《大自由:实现人人共享的发展、安全和人权》增编1:人权理事会(2005年4月14日)中文本:http://www.un.org/chinese/largerfreedom/add1.htm[2012-01-03]。

② [奥]凯尔森:《法与国家的一般理论》,沈宗灵译,中国大百科全书出版社1996年版,第3页。

③ [美]汉斯·凯尔森:《国际法原理》,王铁崖译,华夏出版社1989年版,第76页。《国际法原理》(*Principles of International Law*)出版于1952年,当时凯尔森已入美国籍。

义思想，①而永久和平的理想同样最早出自康德的《永久和平论》。②虽然《联合国宪章》没有采用"永久和平"的表述，但是，西文复数的"后世"（英文 generations，法文 générations）就是"世世代代""永远"的意思，既然是永远地免受战争之祸害，那就意味着永久和平。

根据康德的永久和平理论，国际和平必须被建立起来，并且通过国际组织加以维持。联合国的建立就是如此。这是吸取了自 1648 年威斯特伐利亚和会之后的欧洲，乃至世界历史上一个最重要的教训：当缺乏以永久和平为宗旨的国际组织时，必然出现的恶性循环，即，一次大战之后，开一次和平会议，然后，过一段时间又爆发一次大战，战后再开一次和平会议，周而复始，战火不断。联合国的首要宗旨就是废止一切战争，维持被建立的国际和平。和平没有被建立，就谈不上维持。因此，建立联合国，就是建立国际和平，联合国的存续与国际和平的维持，休戚相关。

《联合国宪章》序言和第一条第一款所说的"安全"（security）是一个多义词。首先，这意味着人类的生命安全。在战争条件下，任何人的生命都可能受到威胁。从人道主义出发，人的生命是最宝贵的。对于人类而言，没有任何其他价值高于生命的价值。为了人类，为了每一个人的生命安全，必须废止一切战争。只有这样，人类才能和平共处。其次，《联合国宪章》所谓"安全"包含了警察式"保障"的意义。本来，警察是保障国内社会公共安全的执法人员。国际安全意味着国际和平需要某种警察式的保障。于是，联合国体系中就产生了五大国一致保障国际和平与安全的机制。《联合国宪章》第一条第一款明确：为了维持国际和平及安全这一目的，"采取有效集体办法，以防止且消除对和平之威胁，制止侵略行为或其他和平之破坏"。《联合国宪章》第二十四条规定："为保证联合国行动迅速有效起见，各会员国将维持国际和平及安全之主要责任，授予安全理事会，并同意安全理事会于履行此项责任之下职务时，即系代表各会员国。"显然，安理会充当了维持国际和平的"集体警察"角色。

安理会的集体保障国际和平及安全秩序的原则最早见诸 1944 年 8 月 27 日至 10 月 7 日在美国华盛顿举行的"关于国际和平与安全组织"会议上，由美国、英国、苏联和中国政府代表起草的《建立一个普遍的国际组织建议案》（即《联合国宪章》建议案）第四章 C 节第三条第一句话："所有其他[非程序]问题的安理会决定应以

---

① 参见张乃根：《试论康德的国际人道法理论及其现实意义》，载上海市社会科学联合会编：《当代中国：发展、安全、价值》（上），上海人民出版社 2004 年版，第 279 页。

② Kant, *Perpetual Peace* (edited by Lewis White Beck), The Bobbs-Merril Company, Inc., 1957.

七理事国可决票包括常任理事国的同意票表决。”[①]这涉及该建议案第四章 A 节已确定的安理会四个常任理事国席位（美国、英国、苏联、中国）和“经适当过程”（in due course）后的法国，在事关决定国际和平与安全的重大问题上均将拥有史无前例的否决票。这是吸取国际联盟未能阻止第二次世界大战而失败的历史教训，建立联合国的初衷——以大国一致为基础的集体保障安全体制——实质所在。1945 年 2 月 4 日至 11 日在苏联（现乌克兰）克里米亚半岛的雅尔塔举行的美国、苏联和英国三国首脑会议决定采纳上述建议案的安理会投票机制，并同意除明例事项外的其他一切非程序性事项，常任理事国为当事国之一，亦可行使否决权。[②]《联合国宪章》第二十七条具体规定了这一投票机制：“一、安全理事会每一理事会有一投票权。二、安全理事会关于程序事项之决议，应以七国理事国之可决票表决之。三、安全理事会对于其他一切事项之决议，应以七理事国之可决票包括全体常任理事国之同意票表决之；但对于第六章[争端之和平解决]及第五十二条第三项[对于区域办法或由区域机关而求地方争端之和平解决]内各事项之决议，争端当事国不得投票。”

安理会投票机制对于战后国际和平及安全秩序的维持或恢复，起到了什么实际作用呢？回眸战后历史，可以说，其主要作用在于维持美国与苏联及其两大阵营之间近半个世纪的“冷战”（cold war，即双方之间相互的战略性军事遏制及不诉诸武力的对峙）以及近二十年美国及其盟国与俄罗斯、中国之间的“冷和平”（cold peace，即美国对俄罗斯、中国实施遏制与接触并举战略下大国间有距离的和平）。在涉及安理会常任理事国之间根本利益的问题上，五大国一致原则有效制约了相互间军事冲突。战后美国与苏联争霸，但毕竟未发生直接军事冲突，新的世界大战也未爆发。美国在朝鲜战争、越南战争中与中国发生直接或间接的军事冲突。首先，在这两场战争爆发时，作为中国在联合国的唯一合法代表——中华人民共和国政府因美国等采取不承认政策而未能行使安理会常任理事国的投票权。其次，苏

---

① *Proposals for the Establishment of a General Organization*（Dumbarton Oaks，October 7，1944），载于 *Documents Pertaining To American Interest In Establishing A Lasting World Peace：January 1941—February 1946*，Carlisle Barracks：the Book Department，Army Information School，1946，pp.36－47。该建议案又称《敦巴顿橡树园建议案》（Dumbarton Oaks Proposals）或《敦巴顿橡树园计划》（Dumbarton Oaks Plan）。

② *Protocol of Proceedings of Crimea Conference*（February 11，1945）：http://avalon.law.yale.edu/wwii/yalta.asp[2012-01-08]。这一投票规则亦被称为“雅尔塔规则”（Yalta Formula）。参见周鲠生：《国际法》，商务印书馆 1976 年版，第 708 页；赵理海：《论联合国安全理事会常任理事国否决权》，载《中国国际法年刊(1982)》，中国对外翻译出版公司 1982 年版，第 145—150 页。

联在朝鲜问题上为了维持其背着朝鲜人民与美国擅自划定分裂朝鲜民族的“三八线”，[①]而不愿与美国直接对抗，因此在朝鲜人民要求统一而引起的南北武装冲突时，采取缺席安理会投票的立场，以致安理会按照美国意愿于1950年6月25日通过所谓“大韩民国遭受侵略之控诉决议”，[②]继而在同年7月7日、7月31日，同样由于苏联缺席投票而通过两决议，授权美国把持“联合司令部”，以联合国与各参战国名义对北朝鲜部队作战。[③]在中国人民志愿军参战后，苏联为维持原先的势力范围划分，才在安理会建议以“三八线”为界停战，安理会于1951年1月31日通过决议，称，“自理事会所据事项中撤除‘大韩民国遭受侵略之控诉’一项目”。[④]至于越南战争(侵越美军最多达到50多万人)，[⑤]安理会却未通过任何决议。中国恢复在联合国及其安理会的合法席位后迄今，安理会常任理事国未投否决票而通过明确授权采取武力以维持或恢复国际和平及安全的决议只有一项，即1990年11月29日关于伊拉克与科威特局势的第678号决议。[⑥]可见，安理会的集体保障安全体制除了防止大国之间世界大战，对于阻止地区或局部战争，几乎不起什么作用。

战后近七十年，尽管安理会的集体保障安全体制未发生质变，安理会的投票规则还是有一些变化。首先，《联合国宪章》第二十七条对某事项是否属于程序性的先决问题未作明文规定，因此，五大常任理事国实际上亦可行使“否决权”，以致形成“双重否决权”(double-veto)。不过，根据安理会第一次会议通过并经多次修订的《暂行议事规则》第三十条，安理会当月轮值主席可初步裁定该事项为程序性，除非该认定被安理会表决否定，以免某常任理事国滥用“双重否决权”。[⑦]其次，该第二十七条也未明文规定常任理事国自愿缺席或弃权是否等于投否决票，根据国际法院在1970年“纳米比亚问题”咨询意见中的看法，“长期以来的安理会程序中有许多证据表明安理会理事国，尤其是常任理事国所采取的主席规则及立场一致地解释了某常任理事国自愿弃权的做法并不构成反对通过决议。某理事国弃权不意味反对所建议的通过；为了阻止某项须经常任理事国全体一致通过的决议，某理事国只有投否决票。安理会所遵循的这一程序在1965年修改宪章第二十七条之后

① 参见方连庆等主编：《战后国际关系史(1945—1995)》，北京大学出版社1999年版，第180—181页。

② 安理会第82号决议[S/RES/82]。

③ 安理会第84号决议[S/RES/84]，第85号决议[S/RES/85]。

④ 安理会第90(1951)号决议[S/RES/90]。

⑤ 前引《战后国际关系史(1945—1995)》，第414页。

⑥ 安理会第678(1990)号决议[S/RES、678]。中国投弃权票。1979年12月苏联入侵阿富汗、1999年3月，以美国为首的北约(NATO)对前南盟实施“人道主义干预”的军事行动、2001年10月和2003年3月，美国以反恐为由，先后发动阿富汗战争和伊拉克战争，均未获安理会明确授权，或者安理会未通过任何决议。

⑦ 根据《安全理事会暂行议事规则》(S/96/Rev.7)。

仍无改变,已经成为被联合国会员国普遍接受并证明为该组织的一般做法。"①再次,1965 年 8 月 31 日生效的《联合国宪章》第二十七条修正案规定:"安全理事会关于程序事项的决定应由九个理事国(原先为七个)的可决票作出,关于一切其他事项的决定则由九个理事国(原先为七个)的可决票,其中包括安全理事会五个常任理事国的同意票作出。"②其主旨是增加安理会中亚洲、非洲和拉丁美洲的非常任理事国席位。此后的十个非常任理事国席位分配:非洲及亚洲国家五个、东欧国家一个、拉丁美洲国家两个、西欧及其他国家两个。这是安理会体制中最有意义的演变,对于充分发挥发展中国家在维护国际和平及安全秩序方面的作用,具有积极作用。

除了安理会,国际法院在维护国际和平及安全方面也负有重要职责。《联合国宪章》第一条第一款强调:为了维护国际和平及安全这一目的,除了采取"有效集体办法"(包括安理会授权使用武力保障国际和平及安全),还应"以和平方法且依正义及国际法之原则,调整或解决足以破坏和平之国际争端或情势"。这是参与《联合国宪章》起草的中国代表团在敦巴顿橡树园会议上提出的三点建议之一。③实质上。这是主张和平解决任何国际争端,而非仅仅依靠"集体警察"的武力行动。凯尔森在《经法律而达到和平》中谈到当时反法西斯联盟国家正在谋划的联合国蓝图时也主张通过强制性的司法解决国际争端以保障国际和平。"只要还不可能排除利益当事国才有权回答法律问题而将这个问题移交给一个公平的机构,即国际法院,那么在促进世界和平之路上,任何进步都将无法实现。"④然而,中国代表关于"集体有效办法"与"和平方法"并举的建议虽被《联合国宪章》采纳,凯尔森提出的普遍强制管辖权的国际法院设想,迄今却仍然是一个法学家的崇高理想。

《联合国宪章》第九十二条规定:"国际法院为联合国之主要司法机关,应依所附规约执行其职务。该项规约系以国际常设法院之规约为根据,并为本宪章之构成部分。"根据《国际法院规约》第三十六条第二款(任择条款),由各当事国选择声明关于法律争端,承认国际法院的强制管辖权,如果其他国家也接受同样义务,并且,根据该规约三十六条第五款,凡曾声明接受国际常设法院的同样强制管辖权,

---

① 前引 *Legal Consequences for States of the Continued Presence of South Africa in Namibia (South West Africa) notwithstanding Security Council Resolution 276 (1970)*。

② 联合国大会第 1991(XVIII)号决议。

③ 中国的三点建议是:(1)在和平解决争议上,国际组织应该适当考虑正义和国际法,不应该只顾及政治的便利;(2)大会应承担促进国际法的编纂和发展的任务;(3)经济及社会理事会的活动应扩大到教育和其他文化活动。参见周鲠生:《国际法》,商务印书馆 1976 年版,第 694 页。

④ Hans Kelsen, *Peace Through Law*, The University of North Carolina Press 1944, p.14.

只要尚未届满，依然有效。这仍然是国际常设法院采用的任择强制管辖权，取决于当事国的意愿，而不是一般强制管辖权。近七十年来，总体上，接受任择条款下强制管辖权的国家与国际法院当事国之比呈下降趋势。[①]尤其是安理会五大常任理事国的四个国家——中国、美国、法国和苏联及继承者俄罗斯如今均不接受国际法院的任择强制管辖权。其中，中国、美国和法国曾声明承认任择条款下强制管辖权。1972 年 12 月 5 日，中华人民共和国恢复在联合国的合法席位之后，致函联合国秘书长，宣布不承认“过去中国政府”的声明，不接受国际法院该项强制管辖权。[②]1985 年 10 月 7 日，因不满国际法院受理“尼加拉瓜的军事及准军事行动案”，美国宣布终止承认国际法院的强制管辖权。法国也因不满国际法院受理澳大利亚和新西兰起诉法国在南太平洋地区进行核试验的案件，在其声明承认任择条款下强制管辖权有效期至 1974 年 1 月 10 日终止后不再续期。

可见，与《联合国宪章》宗旨下的神圣使命相比，国际法院在和平解决国际争端方面所发挥的作用还很不够。但是，应看到国际法院迄今已受理 123 起诉讼案件和 23 起咨询意见案件，[③]而且，多数诉讼案件的管辖权是依据事先条约，[④]或事后达成的特别协议诉诸国际法院，解决了大量国家之间涉及条约解释、领土划分、领海及大陆架等划界、外交或领事关系、外交保护的国际争端以及联合国地位等国际法问题。尤其近二十年受理的诉讼案件数明显增多，[⑤]表明各国及国际社会对国际法院的地位与作用有了较以前更加积极的认识。正如国际法院 2010 年度报告所言：“欣见各国重申对法院解决争端的能力具有信心。”[⑥]

综上，在《联合国宪章》宗旨下维护国际和平及安全秩序的安理会及国际法院体制本身，迄今未发生根本变化。该体制下国际秩序以“冷战”或“冷和平”为基本特征。安理会增加发展中国家席位是该体制最有意义的变化，中国在内的广大发展中国家在维护国际和平及安全秩序方面发挥日益重要的作用。这是战后国际秩

---

① 据统计，接受任择条款下强制管辖权的国家与国际法院当事国之比 1950 年为 57.3%，1960 年为 44.1%，1970 年为 35.6%，1980 年为 29.6%。参见[日]杉原高嶺：《国际司法裁判制度》，王志安等译，中国政法大学出版社 2007 年版，第 130 页。2010 年回升至 34.4%(66:192)，但是，这仍低于 1970 年的水平。

② Original Chinese, Circulated in C.N. 232. 1972, Treaties-2 dated 8 December 1972.

③ 截至 2012 年 1 月，未结案的诉讼案件 16 起。ICJ 网站案件(Cases)http://www.icj-cij.org/docket/index.php?p1 = 3&p2 = 2[2012-01-10]。

④ 约有 300 项现行有效的多边和双边公约规定国际法院具有管辖权。ICJ 网站管辖权(Jurisdiction)http://www.icj-cij.org/jurisdiction/index.php?p1 = 5[2012-01-10]。

⑤ 国际法院在 1947—1959 年期间、1960—1989 年期间、1990—2010 年期间的受理案件的数量分别为 32 起、27 起、52 起。参见 ICJ 网站案件(Cases)。

⑥ 联合国大会第六十五届会议《国际法院的报告》(2009 年 8 月 1 日至 2010 年 7 月 31 日)，A/65/4(SUUP)，第 5 页。

序演变的趋势之一。

(二) 人权保护的国际秩序:从人权委员会到人权理事会

《联合国宪章》序言在阐明联合国的永久和平使命之后,便强调人权保护这一联合国的又一宗旨,重申在西方文艺复兴之后早已确立,但在两次世界大战中荡然无存的信念,即每个"人"(英文 the human person,法文 la personne humaine,宪章采用西文这一词汇,兼顾了人类学意义与法律学意义上的"人")享有的"基本人权,人格尊严与价值,以及男女与大小各国平等权利"。显然,这是将自然人的权利推广到了拟制人——国家这一国际人格者的权利。这本身也是针对战争而言,因为在战争中,自然人的这些权利,尊严与价值都无法得到保障与实现,特别是在第二次世界大战中,德国、意大利法西斯,日本军国主义对待其他被侵略国家人民的残暴行为,是对人权的最严重践踏,同时,对小国、弱国的侵略,完全破坏了主权国家间平等关系。应该看到,《联合国宪章》只提到了国家的大小平等,却没有提到"国家的强弱平等"。事实上,国家虽大,往往却是弱国,中国在近代历史上曾经就遭到西方列强的欺凌,有些西方国家是相对较小的,但又相比当时中国却是较强的。现在,世界上还存在以强欺弱的情况。《联合国宪章》没有强调"强弱国家间平等",实在是一个缺憾。

《联合国宪章》第一条第二款在序言的基础上,规定:"发展国际间以尊重人民平等权利及自决原则为根据之友好关系,并采取其他适当办法,以增强普遍和平。"这涉及两个问题,一是"国家间"与"人民"。在很大程度上,英文"nation"与"people"是同义的,因为无论在罗马法上,还是在《联合国宪章》的用词上,这两个词是互换使用的。但是,从宪章的开头语"我联合国人民同兹决心"(We the Peoples of the United Nations determined)来看,"人民"一词更侧重组成国家的人们,即个人的集合体,而不是强调民族性。这在一个多民族的国家内,特别重要。二是人民"自决权",这是国际人权保护的始初内容之一。1948 年联合国《世界人权宣言》只要求保护个人的权利,而没有提及人民或民族的自决权,这是一大缺陷,因为人权包括作为个人单独享受的权利与作为个人集合体拥有的权利。1966 年《经济、社会和文化权利国际公约》和《公民和政治权利国际公约》都在第一条明文规定民族自决权为人权保护内容,完全符合《联合国宪章》。①

《联合国宪章》第一条第二款还特别规定,国际法对集合意义上的人权保护之目的在于加强普遍的国际和平。这是人权保护与和平目的之间关系。从联合国的

① 有关民族自决权,参见白桂梅:《国际法上的自决》,中国华侨出版社 1999 年版。

最高宗旨看，任何人权保护都不能与和平目的相抵触，而联合国所建立和维持的国际和平是以尊重各国主权及人民平等权利为前提的。因此，人权保护与国际和平应该是一致的。该宪章第一条第三款在规定联合国促进经济及社会等方面国际合作的宗旨时特别强调了“且不分种族、性别、语言或宗教，增进并激励对于全体人类之人权及基本自由之尊重”。这是指个体意义上的人权。只要是一个自然人，不分种族、性别、语言或宗教，其人权及基本自由均应得到尊重。这是一个普遍的、全面的人权观。尽管这是在该宪章第一条第三款关于经济及社会等方面的联合国宗旨之下的人权保护，但是，这不仅仅是经济、社会及文化方面的人权，而且也包括公民和政治权利。由此，联合国制定了“国际人权宪章”，即《世界人权宣言》(实际上，“世界”一词也可以译为“普遍的”universal，以示其全面性)和两项保护人权的国际公约及其任择议定书。

为了建立和维护旨在人权保护的国际秩序，《联合国宪章》第六十八条规定：应在经社理事会下设立“以提倡人权为目的之各种委员会”。1946 年 6 月 21 日，经社理事会第二次会议通过成立人权委员会的决议。[①]该委员会成立后，在促进战后各国对人权保护的合作(包括负责起草《世界人权宣言》和许多国际人权公约)起到了积极的作用。但是，该委员会长期受西方国家主导，奉行人权保护的双重标准，逐渐失去其应有作用。正如 2004 年 12 月由联合国秘书长任命的高级别专家委员会在其关于《威胁、挑战与变化》的报告中所作的历史性评述：“近年来，该委员会履行其使命的能力因其可信性与专业性削弱而受到损害。它所制定的加强人权的标准也无法得到那些缺乏促进和保护人权承诺的国家之履行。我们关切有些国家近年来谋求该委员会成员国资格不是为了加强人权保护，而是为了保护其不受批评或批评他国。该委员会如继续奉行其人权问题上的双重标准，势必丧失其可信性。”[②]因此，成立一个新的人权理事会替代该人权委员会，势在必行。如上文所述，2006 年 3 月 15 日联合国第六十届大会通过的第 251 号决议，决定成立目前隶属联合国大会，今后应与安理会、经社理事会并行的人权理事会，成为统筹人权国际保护的最高权威机构。这是联合国宗旨下人权保护的国际秩序一个重大变化。

新的人权理事会所体现的重大变化，首先在于其成员国是由联合国大会所有会员国投票产生，当选者必须获得联大 192 个会员国半数以上支持，而人权委员会由拥有 54 个成员国的经社理事会出席并投票的成员国半数以上支持选举产生。

---

① 经社理事会决议[E/RES/9(II)]。

② Transmittal letter dated 1 December 2004 from the Chair of the High-level Panel on Threats, Challenges and Change addressed to the Secretary-General. (Distr: General, 2 December 2004). Para.283.

可见,新的人权理事会具有最广泛的代表性,充分体现联合国宗旨下人权保护的普遍性、全面性,有利于摈除西方国家主导的片面性、双重性。根据 2006 年 3 月 30 日联合国第六十届大会秘书处关于首届人权理事会的选举说明,①该理事会由 47 个会员国组成,以公平地域分配席位,其中非洲和亚洲集团各 13 个,拉丁美洲和加勒比海集团 8 个,东欧集团 6 个,西欧和其他集团 7 个。联合国所有会员国均可申请为人权理事会候选国,联合国大会在选举理事会成员国时"应考虑候选国在促进和保护人权领域的贡献以及就此作出的自愿誓言和承诺"②。首届人权理事会的选举结果表明,包括中国在内的人权理事会构成体现了人权保护的国际秩序的制度性变化。一向以人权保护"卫士"自居的美国没有要求作为候选国,直到 2009 年才申请,并被选为该理事会成员国。其次人权理事会开始了一项全新的工作,即"普遍的定期审查"(Universal Periodic Review, UPR),每 4 年一次对联合国 192 个会员国的人权记录进行独立、全面、客观的审查,以促进各国充分尊重所有人权及基本自由,并履行其保护的责任。UPR 下被审查会员国的国际义务根据包括《联合国宪章》《世界人权宣言》、该会员国为缔约国的人权公约、该会员国自愿承诺和可适用的国际人道主义法。可见,《世界人权宣言》已被赋予了习惯国际法的地位。被审查会员国有义务履行 UPR 产生的最终国别报告有关改善人权保护的建议,并在下一次 UPR 时审查建议是否得到履行。人权理事会对任何不予合作的会员国有权采取必要措施。迄今所有联合国会员国均经过第一轮 UPR(2008—2011 年),第二轮 UPR(2012—2016 年)即将进行。③在 UPR 中,各国平等地按照同一标准接受人权理事会对其人权纪录的审查,以往的人权保护"卫士"再也不能在人权理事会一味对他国横加指责。这是人权保护的国际秩序的显著变化。

但是,欲将人权理事会提升为与安理会、经社理事会并列的联合国主要机关,涉及《联合国宪章》的重要修改,绝非易事。首先,这取决于对人权理事会的评估。2011 年 4 月 12 日,人权理事会通过了第一份全面的评估报告,④同年 12 月 19 日,联合国第六十六届大会通过了《人权理事会报告》的决议。⑤该报告指出,该理事会已对联合国所有会员国的人权纪录开展了 UPR,并设立了自愿的信托基金以帮助发展中国家,尤其是最不发达国家和小岛屿国家参加 UPR。切实执行第一轮 UPR

① 联合国大会第六十届会议秘书处的说明:《人权理事会的选举》[A/INF/60/6]。

② 前引《人权理事会的选举》。

③ 参见人权理事会 UPR 网站:http://www.ohchr.org/EN/HRBodies/UPR/Pages/UPRMain.aspx [2012-01-12]。

④ 参见 Resolution adopted by the Human Rights Council, 16/21 Review of the work and functioning of the Human Rights Council, [A/HRC/RES/16/21]。

⑤ Report of the Human Rights Council[A/RES/66/136].

向有关国家提出人权保护的建议，至关重要。这将是 2012 年 6 月开始第二轮 UPR 的重点，因此，目前还很难评估人权理事会这一全新职能的实效。人权理事会接管人权委员会的“特别程序”正在得到改进，在利用该特别程序方面，人权理事会“依然作为一个公开的、建设性和透明的论坛以便有关国家与特别程序之间的合作，认定和交换良好做法和学到的经验”①。人权理事会的咨询委员会旨在提出促进和加强人权保护的实施措施建议，尚待进一步充分发挥其作用。该报告建议在现有资源基础上设立“人权理事会主席办公室”②，以便更好地履行其职责。可见，新的人权理事会工作不久，与提升为联合国主要机关的要求尚有相当距离。其次，关键在于人权理事会是否能够成为统筹人权保护的最高国际权威机构。目前，除了直属联大的人权理事会，还有 1993 年联合国设立的人权事务高级专员办公室以及基于各项人权公约设立的专门机构，包括人权事务委员会，经济、社会及文化权利委员会，消除种族歧视委员会，消除对妇女歧视委员会，禁止酷刑委员会，儿童权利委员会，移徙工人委员会，残疾人权利委员会。③由于 1946 年设立的人权委员会是隶属经社理事会的诸多专门委员会之一，加上之后的大量人权公约均设立各自的监督机构，形成了“碎片化”的人权保护实施机制。如今，国际社会希望有一个统辖所有人权机构的最高权威机构，尚待时日。目前，联合国的人权保护机制存在的困境，可谓“冰冻三尺非一日之寒”。走出困境，也难以“毕其功于一役”。因此，期待由人权理事会统筹人权保护事务的国际秩序将逐步改变。这也是今后人权保护的国际秩序演变的趋势。

从根本上说，应修改《联合国宪章》第一条，根据序言的精神，将人权保护明确地列为该组织的宗旨，以便为人权理事会提升为与安理会、经社理事会并列的三大主要机关提供宪政依据。同时，应将实施人权公约的各种争议作为“人权保护”主题，在人权理事会之下解决，以区别于涉及国际和平与安全而应由安理会负责解决的因国内武装冲突引起的人道主义灾难。

（三）促进各国经济社会合作的秩序：经社理事会、全球性“市民社会”

根据《联合国宪章》第一条第三款，“促进国际合作以解决国际间属于经济、社会、文化及人类福利性质之国际问题”是经社理事会的首要宗旨。鉴于人权保护应

① 前引[A/HRC/RES/16/21]，Review of the work and functioning of the Human Rights Council，para.27。

② Ibid.，paras.54－56.

③ 参见 OHCHR 网站：http://www.ohchr.org/ch/HRBodies/Pages/HumanRightsBodies.aspx，2012 年 1 月 13 日。

该是一个独立于各国经济社会合作的联合国宗旨，并且，联合国已成立新的人权理事会以实现这一宗旨，因此，下文讨论促进各国经济社会合作的秩序将聚焦于经社理事会的制度变化，尤其是政府间国际组织和非政府组织的发展。

首先，经社理事会的专门机关不断增加。《联合国宪章》第五十七条第一款规定："由各国政府间协定所成立之各种专门机关，依其组织约章之规定，与经济、社会、文化、教育、卫生，及其他有关部门负有广大国际责任者，应依第六十三条之规定使与联合国发生关系。"自 1946 年 5 月 30 日国际劳工组织率先与联合国缔结协定成为其专门机关，[①]到 2003 年 7 月 10 日世界旅游组织根据与联合国协定成为专门机关体系中最年轻的成员，[②]迄今已有十五个政府间国际组织成为联合国专门机关。这些专门机关大致有四个特点：其一，悠久性，除了个别专门机关是在二十世纪六十至七十年代为适应发展中国家兴起而建立（如联合国工业发展组织、国际农业发展基金），其余组织本身或其前身在联合国诞生之前成立的（如国际电信联盟、万国邮政联盟、世界气象组织、世界知识产权组织、国际劳工组织、国际民用航空组织、世界旅游组织），有些在战后初期成立，且与联合国关系非常密切（如联合国粮农组织、国际海事组织、国际货币基金、联合国教科文组织、世界银行集团、世界卫生组织）；其二，专门性，这些组织均在国际经济、社会、文化、教育、卫生等方面具有公认的权威性，负责协调有关技术标准、行业规范，或实施有关国际公约，具有不可替代性；其三，独立性，这些组织与联合国"志同道合"，旨在促进国际经济及社会合作、世界和平，但是，均根据有关国际公约或组织法而成立，具有独立的国际人格性，依其组织章程从事各项活动，不受包括联合国在内的任何其他国际组织的干预，而通过与联合国的协定以及经社理事会的协调，与联合国发生关系；其四，广泛性，这些组织的成员国数量与联合国相同或接近，有些组织还允许单独关税区政府成员征得其主权国家同意而参加，或由相关的私营部门、科研机构、雇主和工人代表等参加，以便处理有关全球性专门事务时，充分体现代表性。此外，世界贸易组织前身——关税及贸易总协定是联合国成立之初拟建立的国际贸易组织（后未成）管辖条约（后演变为实际的国际组织），[③]因此属于联合国相关组织。可见，联合国专门或相关的国际组织已覆盖经济、社会、文化、教育、卫生等各个领域，成为维护、规制相关国际秩序的主导性制度因素。

---

① *Agreement between the United Nations and the International Labour Organization*(30 May 1946)，1946 年 12 月 14 日生效。

② 经社理事会决议(E/2003/60)：《联合国与世界旅游组织之间的协定》(2003 年 7 月 10 日)。

③ 参见[美]约翰·H.杰克逊：《世界贸易体制——国际经济关系的法律与政策》，张乃根译，复旦大学出版社 2001 年版。

事实上，上述国际组织本身的制度已经并将继续发生不同程度的变化，构成了战后国际秩序演变的重要内容。譬如，国际货币基金（IMF）是战后最早成立的国际经济合作组织，旨在促进各国货币政策的协调，尤其是汇兑稳定，通过基金向成员国提供临时性资金援助，纠正国际收支平衡，在维护国际金融与贸易正常秩序方面起着关键作用。中国是 IMF 创始成员国，1980 年 4 月 1 日恢复在该组织的地位。近三十年来，中国等发展中国家随着自身综合经济力量的壮大，在 IMF 的配额和投票权比重不断提高。中国目前为该组织的第六大成员国，2013 年起将跃升为第三大成员国。①

其次，全球性“市民社会”（civil society，也可称为广义的“非政府组织”）在促进各国经济社会合作方面起着越来越重要的作用。《联合国宪章》第七十一规定：“经济及社会理事会得采取适当办法，俾与各种非政府组织会商有关本理事会职权范围内之事件。”1946 年 6 月 21 日，经社理事会通过决议，建立“非政府组织事宜委员会”②，同年 10 月 1 日又通过“与非政府组织之咨商办法”决议及报告，③规定：“此类组织须具备相当资望（合于取得咨商地位之条件），并应能代表各该业务范围内有组织人员之多数。”该理事会于 1950 年通过第 288 号决议，④并先后经 1968 年第 1296 号决议和 1996 年第 1996/31 号决议修订，⑤规定该理事会与非政府组织建立咨商关系时，应适用下列原则：1.该组织处理事项应属经社理事会及附属机关之主管范围；2.该组织目的及宗旨应与《联合国宪章》之精神、宗旨、原则相符；3.该组织应承诺支助联合国之工作，并促进对联合国之原则与活动之认识；4.该组织应在其主管特殊部门内具有公认地位或代表性；5.该组织应有确定的总部及执行干事；6.该组织应有受权代表为会员发言之权；7.该组织应有一代表机构并具有对其成员负责的适当机制；8.该组织之基本资源主要部分应来自各国内分会或其他组成部分或来自个别会员之缴款。按照该办法，“凡非经任何政府实体或政府间协议建立的此类组织，均应视为非政府组织。”⑥

---

① 目前根据 2011 年 3 月 3 日生效的新配额及投票权，中国拥有该组织的配额和投票权分别为 4%、3.81%，在 187 个成员国中位居第六。参见 IMF 网站：http://www.imf.org/external/np/sec/memdir/members.aspx。2010 年 12 月 15 日 IMF 理事会决定，在 2013 年完成新的调整，中国将成为第三大成员国。

② 1946 年 6 月 21 日《理事会核定之非政府组织咨商办法委员会报告》，E/43/Rev.2。中文本载《联合国经社理事会 1946—2000 年决议与决定》。

③ 1946 年 10 月 1 日决议案与报告《与非政府组织之咨商办法》，E/189/Rev.2.。

④ 1950 年 2 月 27 日决议案《理事会与非政府组织咨商办法之检讨》，E/1661。

⑤ 第 1296(XLIV)号决议《与非政府组织之咨商办法》，E/4548，Suppl.no.1；第 1996//31 号决议《联合国与非政府组织之间的咨商关系》，E1996/96。

⑥ 前引第 1996//31 号决议《联合国与非政府组织之间的咨商关系》。

在1996年修订之前，此类取得经社理事会咨商地位的非政府组织是指非政府国际组织，譬如，1968年1296号决议《与非政府组织之咨商办法》的适用原则之四明确“该组织应具有代表性及公认国际地位”，原则之七也明确：“依本办法规定。凡非政府间协议建立之国际组织，均应视为非政府组织”。[①]1996年修订后，将此类组织扩大为“国家、区域和国际各级上非政府组织”。由于认定范围扩大，因此在1996年修订之前只有700多个非政府国际组织取得此类地位，而目前已有3500多个。[②]这些非政府组织可以参加经社理事会下几乎所有政府间国际组织的会议，反映全球“市民社会”对讨论事项的意见。譬如，在环境保护的国际合作领域，非政府组织的积极参与已成为不可或缺的制度性因素。截至2011年12月，具有《联合国气候变化框架公约》缔约国大会的“观察员组织”(Observer Organization)身份的非政府组织就有1409个。[③]正如联合国前秘书长安南在他任职届满时所说：“宪章序言称‘我联合国人民’，而非‘各国’。十年前对我而言，这是清楚的，现在，变得更清楚，即，国际关系不仅仅是国家间，也是人民间事务。在国际关系中，所谓‘非国家者’起着至关重要的作用，也可以做出至关重要的贡献。”[④]

总体上，联合国旨在促进的经济及社会等事宜的国际合作方面缺少像在国际和平及安全方面通过安理会行使的决定权，但是，经社理事会以及下属委员会，尤其是通过该理事会与联合国其他机构协调工作的各专门组织和日益增多的非政府组织，构成了联合国体系内最活跃、相对工作阻力较少的部分，极大地促进各国间的经济、社会及文化等范围极为广泛的国际合作，并且为维护国际和平与安全、人权保护的国际秩序，做出了重要贡献。可以说，在促进各国经济社会合作方面呈现的组织化趋势是战后国际秩序演变的显著特点。

三、对国际秩序演变抑或重构的看法

我写本文的动因，除了多年来研究国际法与国际秩序问题的兴趣所在，[⑤]2011年12月3日，我应邀参加复旦大学社会科学高等研究院主办的“转型社会的社会

---

① 前引第1296(XLIV)号决议《与非政府组织之咨商办法》。

② *List of non-governmental organizations in consultative status with the Economic and Social Council of 1 September 2011*, E/2011/INF/4(15 November 2011).

③ 《联合国气候变化框架公约》网站：http://unfccc.int/parties_and_observers/items/2704.php，[2012-01-05]。

④ Kofi A. Annan, 10 years after—a farewell statement to the General Assembly(19 September 2006).

⑤ 参见张乃根：《论新的国际法体系》，《当代法学研究》1999年第1期；张乃根：《简论国际法在规范国际秩序中的作用》，载《新中国对外关系60年：理论与实践》，上海人民出版社2009年版，第151页。

正义:中国与世界”,就“转型中的中国和世界秩序”问题与海内外专家学者交流有关看法,促使我进一步思考、归纳。有学者主张“重构”国际秩序。我对此有不同看法。我的基本观点是:对联合国宗旨应作全面的、完整的解读;联合国维持国际和平及安全、保护人权、促进各国间经济社会的国际合作这三大宗旨是构成战后国际秩序的基石,不应改变;联合国宗旨下的安理会、人权理事会(目前暂时隶属联合国大会)和经社理事会的体制已经,并将发生变化;不过,这不是根本改变,而是一种渐进的演变。总之,战后国际秩序处于演变过程中,没有发生根本变化,也很难“重构”。

其实,关于当代国际秩序的变化,国内学界已有不少研究。譬如,曾令良教授在论述二十一世纪国际法与国际秩序的应有建构时,列举了国际和平与安全体制、国家责任制度、国际人权保护、人道主义法问题、区域集团化趋势、全球问题、海洋和外空新秩序七方面,并在谈到各种全球问题——从战争的威胁、南北差距的扩大到对自然资源的掠夺性开发、国际恐怖主义的盛行时,认为这些“都与旧的国际秩序有着千丝万缕的联系。因此,全球问题的最终解决,需要对现存国际秩序进行根本变革,建立以维护世界和平、促进人类发展为目标的国际新秩序”①。我认为,无论是针对这里所说“全球问题”的解决,还是泛指“旧的国际秩序”或“现存国际秩序”的变革,都是一种诉求,而不是实证的变化,或者说,不是基于联合国宗旨的制度性变化。一个最基本的国际法事实是:战后的国际秩序是建立在《联合国宪章》这一基石之上的。国际秩序的任何显著变化都与联合国有着直接或间接的联系。迄今《联合国宪章》没有被根本改变,联合国宗旨也没有发生质变,只是国际社会进一步认识到安全、人权和发展作为联合国的三大宗旨,缺一不可。脱离联合国宗旨而主张“重构”、“建构”或“变革”现存国际秩序,恐怕都难以实现。

诚然,1974 年 5 月 1 日联合国第六届特别会议曾通过《建立新的国际经济秩序宣言》和《建立新的国际经济秩序的行动纲领》,强烈呼吁“纠正不平等和现存的非正义并且使发达国家与发展中国家之间日益扩大的鸿沟有可能消除,并保证目前一代和将来世世代代在和平和正义中稳步地加速经济和社会发展”②。这种新的国际经济秩序的核心是在各国主权平等、独立、领土完整和不干涉他国内政的原则(或政治主权)的基础上,各国享有上述各项经济权利。发展中国家所要求建立的新的国际经济秩序涵盖原料及初级商品、粮食、一般贸易、运输和保险、国际

① 曾令良主编:《21 世纪初的国际法与中国》,武汉大学出版社 2005 年版,第 24 页。

② 《建立新的国际经济秩序宣言》[3201(S-VI)]。

货币和发展援助、工业化、技术转让、跨国公司、发展中国家间(南南)合作、自然资源主权、联合国系统在国际经济合作的作用等各方面体制性问题。①但是,应该看到,要求建立新的国际经济秩序,首先针对传统的主权概念侧重于政治方面,因为在二十世纪六十年代之前,人们几乎没有谈及国家的经济权利。战后,尤其是六十年代之后,一大批从原先西方殖民统治下独立的新兴国家,要求不仅在政治上,而且在经济上独立,真正享有经济上的主权。联合国大会于 1962 年、1974 年先后通过《天然资源之永久主权》决议和《各国经济权利与义务宪章》,强调"各民族及各国族行使其对天然财富与资源之永久主权"②,"重申联合国的基本宗旨,尤其是,维持国际和平与安全,发展各国间的友好关系,实现国际合作以解决经济及社会领域的国际问题",并规定"每个国家有依照其人民意志选择经济制度以及政治、社会和文化制度的不可剥夺的主权权利,不容任何形式的外来干涉、强迫或威胁"。③

应该说,上述有关建立新的国际经济秩序的国际法文件突出反映了发展中国家的诉求。然而,联合国宗旨下的促进各国经济社会的国际合作应体现于实证国际法上的制度或体制变化。恰恰在具有制度性意义的两项条约——《跨国公司国际守则》和《技术转移国际守则》——起草方面,联合国贸易与发展会议经过十多年的努力,依然未取得成功。战后近七十年来,由发达国家主导的国际经济秩序尚未根本改变,即便像中国、印度、巴西等近二十、三十年经济发展迅速,在全球经济事务中的话语权日益增多,促使诸如包括主要发达国家与发展中国家的 20 国集团(G20)④此类全球经济协商机制的形成,中国等发展中国家在国际货币基金组织(IMF)的投票权份额亦已明显增多,但是,美国等发达国家的支配地位仍十分牢固。⑤国际经济秩序的变化,至多只是演变,而非变革。或许,从长远的眼光看,这种演变到了一定程度会发生质变,即"水到渠成",而非一场"大洪水"改变一切。

同样,在最具政治性的安理会改革问题上,也很难"重构"。今后,安理会可能

---

① 参见《建立新的国际经济秩序的行动纲领》[3202(S-VI)]。

② 联合国大会决议《天然资源之永久主权》(A/RES/17/1803)。

③ 联合国大会决议《各国经济权利和义务宪章》(A/RES/29/3281)。

④ G20 是为了应对 1998 年亚洲金融危机,于 1999 年 12 月 15—16 日在德国柏林举行的 20 国财长和央行行长会议上成立的国际经济合作论坛,除西方七国集团成员(即美、日、英、德、法、意、加)之外,还包括欧盟、中国、巴西、印度、俄罗斯、韩国、阿根廷、澳大利亚、印度尼西亚、墨西哥、沙特阿拉伯、南非和土耳其。参见 http://www.g20.org/[2012-01-15]。

⑤ 目前美国仍拥有 16.73%的投票权份额,足以否决该组织的任何重大决定。参见 http://www.imf.org/external/np/exr/ib/2008/040108.htm[2012-01-15]。

会进一步增加非常任理事国席位，甚至在五大常任理事国一致同意的前提下增加若干常任理事国，以最大限度缓和主权平等原则与大国集体保障体制的矛盾，充分反映战后近七十年国际社会发生的巨大变化，消除战争痕迹，但是，大国集体保障体制本身不会发生根本变化。①

总之，至少在二十一世纪上半叶，联合国宗旨下的国际秩序将延续战后国际秩序演变的基本趋势，即，维持和恢复国际和平与安全的大国集体保障体制下爆发新的世界大战的可能性极小，美国与中国、俄罗斯之间将维持"冷和平"的状态。美国不会从根本上放弃其遏制与接触并举战略，中国即便进一步强大，也无意与美国争霸，俄罗斯恐怕欲争霸也心有余而力不足。美国千方百计维持其全球霸权利益，不可避免地会引发局部战争，但是，在大国集体保障体制下，此类局部战争很难演变为大国间的世界大战。换言之，美国已不再能够在联合国为所欲为，但是，联合国也无法从根本上制约美国。这就是"冷和平"下的国际秩序。随着中国的和平崛起，美国的霸权将越来越多地受到制约。当美国即便想遏制，也无法遏制中国时，国际秩序才有可能摆脱"冷和平"，联合国的永久和平宗旨才能真正实现。国际秩序这一历史演变将取决于中国真正的和平崛起。同时，新的人权理事会将遵循人权保护之普世理念，实践联合国本来就有的基本宗旨之一，吸取二十世纪上半叶两次世界大战的惨痛教训，以人权保护为己任，促进各国在各项人权保护方面的国际合作，并在 UPR 的基础上逐步建立更有约束力的全球审查和监督体制，最终通过修改《联合国宪章》而建立一个统辖人权事务的最高权威机关，与安理会分工合作，各司其职处理人权争端与危及国际和平及安全的人道主义灾难。各国经济社会发展是联合国宗旨下国际秩序演变的主轴线。在经社理事会及其专门机关和全球性"市民社会"的组织和推动下，全球化中的组织化治理将进一步发展。中国等发展中国家在未来二三十年的持续发展，必将最终改变世界力量的对比，从而为人类的

---

① 中国对于安理会改革的基本立场包括：1.坚持《联合国宪章》的宗旨和原则，加强联合国的权威和能力，维护安理会作为集体安全体系核心的地位；2.提高安理会的权威和效率，增强其应对全球性威胁和挑战的能力；3.优先增加发展中国家的代表性；4.应由更多国家，特别是中小国家有更多的机会轮流进入安理会，参与其决策；5.坚持地域平衡原则，并兼顾不同文化和文明的代表性；6.涉及各地区的改革方案应首先在有关地区组内达成一致；7.坚持协商一致，反对人为设时限，反对强行表决尚有重大分歧的方案。参见《中国关于联合国改革问题的立场文件》(2005 年 6 月 7 日)。外交部网站 http://www.mfa.gov.cn/chn/gxh/zlb/zcwj/t199083.htm，[2012-01-15]。显然，中国将在安理会对"人为设时限"和"强行表决尚有重大分歧的方案"行使否决权。关于联合国的改革，可参见 Chadwick F. Alger, *The Future of the United Nations System: Potential for the Twenty-first Century*, the United Nations University Press, 1998; Paul Taylor, Sam Daws and Ute Adamczick-Gerteis, *Documents on Reform of the United Nations*, Dartmouth Publishing Company Limited, 1997。

永久和平奠定最扎实的基础。在这个意义上，中国自身的可持续发展是联合国宗旨下国际秩序朝着永久和平方向演变的关键。

四、适应国际秩序演变的中国特色国际法理论体系构建

基于上述对联合国宗旨下国际秩序及其演变的看法，我认为，经过三十多年改革开放的中国已经并将进一步成长为维护国际和平与安全、促进人权保护和各国经济社会发展的国际合作之关键角色。为了适应战后至今国际秩序演变的基本趋势，并积极地影响国际秩序朝着有利于世界各国人民的和平发展、有利于中国和平崛起与可持续发展的方向演变，中国必须坚持改革开放的基本国策，牢牢把握和平崛起的大方向，决不与美国争霸，避免"冷和平"演变为"冷战"，而力争在自身持续可发展的基础上，推进国际秩序朝永久和平方向演变。根据这样一个大战略，中国特色国际法理论体系构建，至少应包括如下要素：

第一，中国特色的国际法基本理论。"适应国际秩序演变"意味着当代中国已经并将进一步融入和影响战后国际秩序的演变进程，而没有也不可能在可预见的将来重构或变革这一秩序。这也意味着中国特色的国际法理论必须在继承、发展已有国际法理论的前提下去创建、完善。二十世纪上半叶，美国国际法学界做了一件了不起的工作，将前三百年最主要的国际法经典论著翻译成英文，并提出了与国际联盟和联合国等相关的国际组织法理论，尤其是战后在国际关系与国际法理论、跨国法、人权法、国际经济法等领域做出一系列开创性理论贡献，形成了无可争议的美国特色国际法理论体系。中国特色国际法理论体系的创建必须做承前启后的工作，尤其是研究和平崛起、和谐世界的国际法理论与格劳秀斯的战争与和平法理论、康德的永久和平理论、凯尔森的经法律达到和平理论等以及新中国的和平共处理论等之间的承继与发展联系。

第二，中国特色的国际关系理论。国际法是调整全球性国际关系的法律制度的总和。虽然现代国际法是从开始调整欧洲独立国家之间关系的欧洲国际法，逐步发展为调整世界所有民族主权国家之间关系的全球国际法，但是，随着 1500 年前后欧洲人的"地理大发现"而使地球上各地区民族的来往关系逐渐经常化，现代国际法本质上注定将成为全球国际法。格劳秀斯的《论海洋自由》成为现代国际法的开山之作，也就不难理解了，因为只有占地球表面 70％以上的浩瀚海洋才能真正将全球各地区连接起来。诚然，《论海洋自由》主要针对解决荷兰与葡萄牙之间因海外贸易及航行自由的关系，但是，海洋自由的论题本身已超出欧洲国家之间关系的范畴，而具有全球性。因此，就调整民族主权国家之间的国际关系而言，现代

国际法具有全球性的本质特点。如今，全球化更成为不可逆转的时代潮流。如何创建具有中国特色的国际关系理论，包括中国与其他大国关系、中国与周边国家的关系、中国与其他国家的关系，国际关系中的政治与经济、外交与军事以及文化等各方面关系，与中国特色的国际法理论相辅相成。美国战后像摩根索那样的国际关系理论大师为美国特色国际法理论提供丰富养料，值得关注。如同中国国际法理论需要创新，国际关系理论也亟待创新。

第三，中国特色的国际和平与安全理论。中国作为第二次世界大战中反法西斯联盟《联合国宣言》（或《联盟国家宣言》）26 国之一，并与美国、苏联和英国共同签署《普遍安全的四国宣言》（或《莫斯科宣言》），参与《联合国宪章》的起草和共同发起召开联合国成立大会。中国是联合国安理会五大常任理事国之一，因此，中国应当，而且必须维护联合国，尤其是安理会在国际和平与安全的国际秩序中的核心地位与作用。如何全面地、深入地研究《联合国宪章》以及联合国体系的法律问题，包括《联合国宪章》的解释、修改，联合国的宗旨与原则，联合国的会员与机构以及对联合国的评价、联合国体系的改革，是中国国际法学界义不容辞的任务。国际法院在解决国际争端和维护国际和平方面起着重要作用，中国应当必要时在国际法院解决与其他国家的有关争端。如何体现一个对国际和平与安全负有重大责任的中国特色和风范，非常值得研究。

第四，中国特色的人权保护理论。中国自 1980 年以来，先后加入了十多项人权保护的主要国际公约及相关议定书。2006 年 5 月 9 日中国当选为新成立的人权理事会成员，并在 2009 年再次当选连任，①表明国际社会绝大多数成员对我国的人权保护承诺和促进人权事业的努力，给予高度的肯定。显然，中国以积极的姿态与国际社会一起，努力促进人权保护的国际合作。同时，中国不断加强对国际人权公约的国内实施。②但是，中国与国际人权保护体系的基本关系中若干问题值得关注。其一，中国加入国际人权公约时的保留或说明。由于部分公约规定缔约国之间有关公约的解释或适用的任何争端，如不能通过谈判或仲裁解决，任何一方均可起诉至国际法院，因此中国对此类争端解决条款一般采取保留，即原则上不接受国际法院的管辖权。对于公约与国内法有所抵触之处，考虑到在国内司法实践中以《中华人民共和国民法通则》第一百四十二条为基本原则，即在两者冲突时条约优

① 2006 年 5 月 9 日，在联合国大会举行新成立的人权理事会成员的首次选举中，中国当选，任期 3 年自 2006 年 6 月 19 日起；2009 年 5 月 12 日，中国再次当选连任。根据联合国大会第 60/251 号决议第 7 条：理事会成员任期为 3 年，在连续两任后没有资格立即再次当选。

② 参见《国家人权行动计划（2009—2010 年）》：http://www.humanrights.cn/cn/dt/gnbb/t20090413438873.htm[2012-01-15]。

先适用，故对于这部分公约条款采取保留，或说明以国内现行法律为准。[①]其二，对于规定个人来文程序的任择议定书，[②]中国均不加入，对某些公约中包括的个人来文程序条款，也未声明接受，[③]从而表明原则上不愿意接受国际人权公约的实施机构对传统上为国内管辖事项的干预。其三，中国对国内尚未具备制度性条件的国际人权公约，采取暂不加入的立场。譬如，中国于 1998 年 10 月 5 日签署《公民和政治权利国际公约》，迄今未批准加入。原因是多方面的，其中，诸如结社法此类国内立法的缺失是影响加入后履行该公约的主要障碍，亟待解决。[④]在国际社会充分认识到人权保护本来就是联合国的宗旨之一，并创建人权理事会这样的体制性显著变化的形势下，中国如何进一步建立和完善在国内履行人权保护的国际义务的机制，以便在人权理事会更加充分地发挥应有作用，并推动《联合国宪章》的修改，最终促使人权理事会成为与安理会、经社理事会并列的联合国主要机构，需要深入研究。

第五，中国特色的经济社会发展国际合作理论。如前所说，促进各国经济社会合作方面呈现的组织化趋势是战后国际秩序演变的显著特点。但是，中国学者对于国际组织法的研究还不够。近三十年来，有关国际组织法的专著很少，总论方面，除了梁西教授《国际组织法》、饶戈平教授主编《国际组织法》，几乎就看不到其他学者的论著，经济、社会、文化、教育、卫生等领域的相关政府间国际组织研究，更是鲜为人知。中国加入世界贸易组织前后，学界掀起了一股研究热潮，有关论著大有铺天盖地之势，但是，时过境迁，如今真正沉下心来，进一步深入、细致地研究世界贸易组织各方面的法律问题的论著很少面世。至于在战后国际经济合作中起着支柱作用的 IMF 等组织研究，问津者甚少，尽管这本身属于在中国认知程度很高的国际经济法范畴。此外，中国国际法学界对于全球性"市民社会"也关注很不够，缺乏系统的专门研究。由于中国业已成为世界上最重要的经济体之一，在各国经济社会合作方面已经并将担当更多的国际责任，因此，中国特色的经济社会国际合作理论建设是摆在我们面前的一项极其重要的工作。

---

① 中国声明：《经济、社会和文化权利国际公约》第 8 条第 1 款第 1 项关于组织与选择参加工会的权利行使以中国宪法有关条款、工会法和劳动法为准，《儿童权利公约》第 6 条的儿童固有生命权的行使以中国宪法第 25 条有关计划生育规定为准。

② 中国未加入规定个人来文程序的《消除对妇女一切种族歧视公约任择议定书》。

③ 中国未声明接受《消除一切形式种族歧视国际公约》规定个人来文程序的第 14 条。

④ 《国家人权行动计划(2009—2010 年)》明确：中国已签署《公民和政治权利国际公约》，"将继续进行立法和司法、行政改革，使国内法更好地与公约规定相衔接，为尽早批约创造条件。"

The International Order and Its Evolution under the UN Charter Purposes

Abstract: The contemporary international order is complicated and changing in different aspects. This article analyzes the international order and its evolution under the UN Charter as the cornerstone after the World War II, and in particular, the significant changes post-Cold War, in order to understand the developing trend. This analysis is very important for contribution of theories with Chinese characteristics based on developing the existing theories. The International Court of Justice(ICJ) plays an important role to settle international disputes and to maintain international peace. China shall settle disputes with other countries at the ICJ if it is necessary. The further research must be taken to explore how China improves its domestic mechanism to implement its international obligations of protection for human rights so as to play more active roles in the Human Rights Council(HRC) and to promote the revision of the UN Charter with the aim to make the HRC as one of the triple main organs of the UN.

Keywords: Purposes of the UN; Human Right Council; ICJ; UN Charter

论联合国“三重”理事会*

——以改革中的人权理事会为视角

内容摘要:2006 年成立的联合国人权理事会与安理会、经社理事会将最终形成与《联合国宪章》的和平与安全、发展和人权“三重”宗旨相吻合的“三重”理事会。这是近年来联合国改革新路径的目标,体现了健全的国际法治理念。“三重性”的概念源于古罗马私法,并渗透于现代西方法治,也深深影响了格劳秀斯、康德等创立、发展的国际法理论及其实证国际法体系。联合国的创建体现了健全的国际法治理念,因受制于历史条件而难以构建和平时期应有的健全法治体系。改革中的联合国“三重”理事会是健全的国际法治理念下相对新的全球治理机制。尽管联合国改革面临许多严峻挑战,但是,人类社会走向健全国际法治的步伐不会停止。

关键词:联合国;人权理事会;三重性;国际法治

《联合国宪章》序言及第一条所载明的维护国际和平及安全、促成国际合作以增进全球人民经济及社会之进步、人权保护的三大宗旨是不可分割的整体之三方面。同样,与之相吻合的联合国安全理事会(以下简称安理会)、经济及社会理事会(以下简称经社理事会)和 2006 年新成立人权理事会(最终应成为联合国主要机构之一)已经初步形成,并将最终成为实现联合国三大宗旨的“三位一体”之机构。本文所说的“三重”或“三重性”指的就是这种作为整体的三方面,强调其不可分割性。通过对渊源于罗马私法的“三重性”观念及其内在的健全法治理念以及西方近代宪政中“三权分立与制衡”的体制分析,本文试图说明“三重性”体现了国内法上具有内在统一性的健全法治理念以及对国际法理论与实践的影响,从而进一步论证联合国的创建体现了“三重性”的国际法治理念以及历史局限性。应该指出,联合国体制中的“三重性”不仅在一定程度上体现于类似国内宪政三权分立的现行联合国组织结构,而且更展现于已经初步形成并将最终成为实现联合国三大宗旨的“三重”理事会。本文认为,将人权理事会最终提升为与安理会、经社理事会并立的联合国“三重”理事会之一是实现健全的国际法治理念的关键。

---

* 原载《国际法研究》2014 年第 3 期,第 16—28 页。

一、联合国安理会、经社理事会和人权理事会的“三重”性

（一）联合国改革中的“三重”理事会

2006 年 3 月 15 日联合国大会通过决议，并于同年 6 月 19 日正式成立的人权理事会是联合国大会的一个附属机构。它对于联合国的组织结构体系改革，具有特殊的意义。正如该决议明确地“认知到和平与安全、发展和人权是联合国系统的支柱，也是集体安全与福祉的基础，并确认发展、和平与安全以及人权是相互联系和相辅相成的”[①]。新的人权理事会与安理会、经社理事会构成与《联合国宪章》序言及第一条所载明的维护国际和平及安全、促成国际合作以增进全球人民经济及社会之进步、人权保护的“三重”宗旨相吻合的“三重”理事会。

2005 年世界首脑会议在“决意创建人权理事会”时表明：“支持进一步将人权置于整个联合国系统的主要位置”，“负责促进普遍尊重对所有人的所有人权和基本自由的保护”，“处理各种侵犯人权的情况，包括粗暴、蓄意侵犯人权的事件”，“促进联合国系统内部的有效协调，推动将人权纳入主流”。[②]因此，人权理事会作为联合国大会的一个附属机构是联合国改革的过渡安排。2011 年联合国大会通过对人权理事会的第一次审查决议，决定继续保持该理事会的暂时地位，“并在适当时候而且在最早十年最晚十五年的时间内再次审议是否保持这一地位的问题”。[③]

2004 年有关联合国改革的高级别小组报告最初提出创建人权理事会，并就其最终地位问题建议：“从长远来看，会员国应考虑把委员会提升为‘人权理事会’，这就是说，它不再是经济及社会理事会的附属机构，而是与理事会和安全理事会同等并列的一个宪章机构，以此体现在《宪章》序言中，人权问题与安全和经济问题一样，同样得到了重视。”[④]时任联合国秘书长安南在阐明创建人权理事会的初衷时强调：隶属于经社理事会的“人权委员会升格为一个全面的理事会，将把人权提升到《联合国宪章》原本赋予的优先地位”[⑤]，成为与安理会、经社理事会“三位一体”的联合国体系新的“三驾马车”。这不同于 2005 年之前围绕扩大安理会的

---

① 联合国大会决议《人权理事会》(A/RES/60/251)，2005 年 3 月 15 日。

② 联合国大会决议《2005 年世界首脑会议成果》(A/RES/60/1)，2005 年 9 月 16 日，第 157—159 段。

③ 联合国大会决议《审查人权理事会》(A/RES/65/281)，2011 年 6 月 17 日，第 3 段。

④ 威胁、挑战和改革问题高级别小组的报告《一个更安全的世界：我们的责任》(A/59/565)，2004 年 12 月 2 日，第 291 段。

⑤ 秘书长报告《大自由：实现人人共享的发展、安全和人权》增编 1：人权理事会(2005 年 4 月 14 日)。

改革,而作为近年来侧重于联合国能力建设的改革一部分,[①]"可能构成了该改革努力的基石"[②]。

(二)"三重"性的罗马法渊源及法治理念分析

"三重"(threefold)一词源自于古典罗马私法理论。根据《优士丁尼学说汇纂》,"私法有一个三重划分,它部分地源自于自然法的规则,部分地源自于万民法的规则,部分地源自于市民法的规则。"[③]这是出自古罗马五大法学家之一乌尔比安《法学阶梯》关于罗马私法规则来源的解释,经汇纂而成为一种标准学说,流传后世。[④]国内学者较早根据英文版《优士丁尼法学阶梯》将"三重划分"(threefold division)译为"三部分"。[⑤]其后,国内学者根据意大利学者选编的拉丁文《民法大全》或选定的优士丁尼《法学阶梯》,也都将"三重划分"(tripertium)译为"三部分"。[⑥]这一沿袭至今的翻译可能无意地忽略了"三重"一词所反映的罗马私法"三重划分"的特征,即自然法、万民法与市民法是构成罗马私法整体的三个方面。这种法律体系中部分与整体的内在关系是自古典罗马私法之后逐步发展起来的西方法制,乃至不同程度上影响其他法域的一个法治特征。人类社会的自我治理应该建立在依法治理的基础上。这种理念在西方古希腊时代,经过柏拉图从《理想国》所主张的人治观到《法律篇》彰显的法治观之转变,就已初步确立了。古罗马时代以私法为核心的法治观及其法制基本上解决了个人之间关系的法律调整问题。"各国现行法制都与罗马法存在不同程度的历史联系,从而使罗马法成为各国民法典编纂的共同基础,"[⑦]就是明证。法治所需要的法制既包括调整不同主体之间法律关系的各方面法律,又是一个统一的整体。缺乏统一性的法制是不健全的法治。罗马私法的"三重划分"特征孕育了健全法治的理念。

在现代西方法制中,以美国宪法为代表的"三权分立与制衡"体制包含了类似罗马私法"三重划分"的法治理念。作为美国法制基石的1789年《合众国宪法》是

---

① 参见杨泽伟:《联合国改革的国际法问题研究》,武汉大学出版社2009年版,第十三章。

② Joachin Muller, *Reforming the United Nations: The Challenge of Working Together*, Leiden: Martinus Nijhoff Publisher, 2010, p.24.

③ *The Digest of Justinian*, Trans. by Charles Henry Monro, Vol.I, Cambridge: At the University Press, 1904, p.4.

④ 参见Paul Frederic Girard, *A Short History of Roman Law*, Trans. by Augustus Henry Frazer Lefroy, and John Home Cameron, Toronto: the Canada Law Book Co., 1906, Preliminary Chapter。

⑤ [罗马]查士丁尼:《法学总论——法学阶梯》,张企泰译,商务印书馆1989年版,第6页。

⑥ [意]桑德罗·斯奇巴尼选编:《民法大全选译 正义和法》,黄风译,中国政法大学出版社1992年版,第35页;[古罗马]优士丁尼:《法学阶梯》,徐国栋译,中国政法出版社1999年版,第11页。

⑦ 李双元、温世扬主编:《比较民法学》,武汉大学出版社1998年版,第1页。

现代国家的第一部成文宪法，对于理解健全法治的理念，不可或缺。尤其重要的是美国最高法院关于宪法的司法解释对于建立健全法治起到了“强有力的作用”。①美国宪法规定联邦政府的权力划分为立法权、行政权和司法权，但并无明确授予最高法院对于违宪行为的司法审查权。1803 年美国最高法院在著名的“马伯里诉麦迪逊”案中指出：“合众国的政府已经被明确地规定为一个法治的，而非人治的政府。”②最高法院依据宪法、法律和对美国生效的条约审理有关案件，包括依据法律任命的联邦地区法院法官而引起争议所提起的案件。如果所涉及的法律本身与宪法抵触，则该法律无效。该案阐明了“违宪的法律不是法律”③这一宪政体制下的法制统一性原则，并认为违宪审查权是最高法院的“司法职责的核心所在”，④“从此，开创了美国联邦最高法院审查国会法律的先例”。⑤其根本意义在于建立健全“三权分立与制衡”的法治体制，进一步强化宪法对于维护美国法制统一性的关键作用。换言之，宪法之下三权分立是统一宪政的相辅相成、相互作用的三个方面，也可以称为“三重划分”的宪政权力。

（三）“三重”性的国际法理论渊源与实践考察

“国际法治”(rule of international law)的理念与模式深受罗马法和美国宪政等欧美法治的影响。这是不争的历史事实。十七世纪初，格劳秀斯“把国际法分为万国法，即习惯国际法——他称它为意志法——和关于国际关系的自然法——后来被称为自然国际法”，⑥渗透了罗马法的术语、观念。十八世纪末，康德主张“以自由国家的联盟制度为基础”的国际法，而“每个国家的公民体制都应该是共和制”，奉行“行政权力(政府)与立法权力相分离的国家原则”。⑦“这一联盟以保持完全独立的国家间法治为基础”。⑧这种以分权为宪政原则的国家联盟之间的国际法治必然发展为类似共和制的国际组织。二十世纪初，美国威尔逊总统提出了世界和平“十四点计划”，主张建立“一个普遍性的国际联合会”(a general association of

---

① Alan B. Morrison, *Fundamentals of American Law*, Oxford University Press, 1996, p.56.

② Marbury v. Madison, 5 U.S. 137(1803), p.163.

③ 前引 5 U.S. 137(1803), p.177。

④ Ibid., p.178.

⑤ 龚祥瑞：《比较宪法与行政法》，法律出版社 1985 年版，第 118 页。

⑥ [英]劳特派特修订：《奥本海国际法》上卷第一分册，王铁崖、陈体强译，商务印书馆 1971 年版，第 64 页。

⑦ [德]康德：《永久和平论》，载《历史理性批判文集》，何兆武译，商务印书馆 1990 年版，第 105—110 页。

⑧ Georg Cavallar, *Kant and the Theory and Practice of International Rights*, University of Wales Press, 1999, p.121.

nations)，以“大小各国同样获得政治独立和领土完整的相互保证”为宗旨，[①]并亲自担任《国际联盟盟约》起草委员会主席。[②]

1919年在巴黎和会上作为《凡尔赛和约》一部分而签署的《国际联盟盟约》“是国际社会在正式意义上的第一个宪法”。[③]国联的组织结构为大会、行政院和秘书处，[④]以及根据该盟约第十四条筹拟，并另行签署的规约而成立的国际常设法院，[⑤]基本上仿效立法、行政和司法三权分立的国内共和制宪政模式。

1944年8月至10月间，由美国、英国、苏联和中国政府代表讨论拟定的《联合国宪章》建议案所设计的联合国主要机构为大会、安理会、国际法院和秘书处，其中，大会下设经社理事会。[⑥]虽然，该组织结构形式与国联相似，但是，由于该建议案确定的集体安全保障体制，后经1945年2月雅尔塔会议采纳并决定除明例事项外的其他一切非程序性事项，常任理事国为当事国之一亦可行使否决权，从而使得安理会成为新的联合国体系中职权最大、最重要的机构。[⑦]尽管经过1945年4月至6月举行的联合国成立大会修改和通过的《联合国宪章》将经社理事会与安理会并列，并增加托管理事会，然而，安理会的权力之大、责任之重，使得形式上并列为联合国主要机关的三个理事会缺乏健全法治应有的“三重”性，联合国大会决议原则上对各会员国“不具有法律约束力”，[⑧]以及国际法院对各会员国之间争端也不拥有普遍强制管辖权的特点，使得联合国类似国内宪政三权分立的组织结构实际上也不具有法制统一的“三重”性。其根本原因在于联合国诞生于第二次世界大战的战火尚未熄灭之际。消灭一切战争和维持国际和平与安全是联合国“重中之重”的使命。在这样特殊的历史条件下很难构建和平时期应有的健全法治。

不过，《联合国宪章》序言以美国宪法的方式，开篇为“我联合国人民”。[⑨]以“人

---

① [美]威尔逊：《十四点计划》，载[美]康马斯编辑：《美国历史文献选萃》，今日世界出版社1979年版，第99页。

② 参见梁西：《国际组织法》修订第四版，武汉大学出版社1998年版，第40页。

③ [奥]阿·菲德罗斯等：《国际法》，李浩培译，商务印书馆1981年版，第598页。

④ 参见《国际联盟盟约》(1919年6月28日)，载《国际条约集(1917—1923)》，世界知识出版社1961年版，第266—276页。

⑤ 参见《国际常设法院规约》(1920年12月16日)，载《国际条约集(1917—1923)》，第531—543页。

⑥ Proposals for the Establishment of a General Organization (Dumbarton Oaks, October 7, 1944), Documents Pertaining To American Interest In Establishing A Lasting World Peace: January 1941—February 1946, Carlisle Barracks: the Book Department, Army Information School, 1946, pp.36 - 47.

⑦ 《苏美英三国克里米亚(雅尔塔)会议公报》(1945年2月11日)，载《国际条约集(1945—1947)》，世界知识出版社1961年版，第1—7页。

⑧ 饶戈平主编：《国际组织法》，北京大学出版社1996年版，第162页。

⑨ 《联合国宪章及国际法院规约》作准本(英、法、中、俄、西班牙语)，《联合国条约集》，http://treaties.un.org/doc/Publication/CTC/uncharter-all-lang.pdf[2013-08-18]。

民”(peoples)而非“国家”(states)的口吻表达联合国大家庭的主人意愿，体现了上述康德所提出的以共和制为基础，追求永久和平的国际法治理念。正如美国著名学者罗尔斯在《万民法》中解释为何使用“人民”一词而非“国家”时所说：“我的基本观念是遵循康德在他《永久和平论》(1795)所勾勒的轮廓及其和平联盟的理念。”[①]上述《联合国宪章》序言及第一条所载明“三重”宗旨与美国罗斯福总统作为联合国的发起人之一所主张的言论、信仰(人权)、不虞匮乏(民生)和免除恐惧(和平)的四大自由是一致的。[②]可见，联合国具有健全的国际法治理念，但是，其组织结构受历史条件限制，与该理念存在现实的巨大差距。

(四)“三重”理事会与联合国改革的路径

2006年以来联合国的改革着重于加强安理会和经社理事会的效力(包括进一步加强安理会“效力与合法性”和“需要一个更有效力的”经社理事会)，[③]同时“加强联合国人权机制”，[④]并提高秘书处的效率和协调能力。人权理事会的正式成立是实施这一改革的重要步骤。如上所说，“三重”并列的理事会是联合国组织结构体系改革的目标，体现了联合国改革的新路径，即“集体安全必然延伸到个人层面的人权，以及安全的世界要求每个人、每个行为者共享保护人权的目标。”[⑤]这种新的集体安全观包括“人的安全”：“人民享有在自由、尊严中生活的权利，免受贫困和绝望折磨”和“每个人，尤其是弱势人民，都应有权免于恐惧、免于匮乏，获得平等机会享受其权利，充分发挥自身的潜力”。[⑥]这也是“现代国际法的人本化发展趋势”之一。[⑦]

个人是集体的一分子，国家是一定个人的集体代表。安理会的集体安全保障机制原本所针对的威胁一国或数国的领土主权或政治独立，乃至危及国际和平与安全的任何国际不法行为，尤其《联合国宪章》序言斥之为“祸害”的一切战争。虽然在这一机制下，个人可望免受战祸之害，但是，受保障的国际法主体是国家，而不是个人。这体现了传统国际法区别于国内法的基本界线。如今，这一界线依然存

---

① John Rawls, *The Law of Peoples with "The Idea of Public Reason Revised"*, Harvard University Press, 1999, p.10.

② [美]罗斯福：《“四大自由”演讲词》，载[美]康马斯编辑：《美国历史文献选萃》，第106页。

③ 《2005年世界首脑会议成果》，第152段、第155段。

④ 同上，第122段。

⑤ Peter G. Danghin, and Horst Fischer, *United Nations Reform and the New Collective Security*, Cambridge University Press, 2010, p.345.

⑥ 《2005年世界首脑会议成果》，第143段。

⑦ 参见曾令良：《现代国际法的人本化发展趋势》，《中国社会科学》2007年第1期。

在。但是，一国或数国国内所发生的大规模严重侵犯人权的事件，尤其是灭绝种族等事件已经被国际社会公认为可“通过安理会逐案处理，并酌情与有关区域组织合作，及时、果断地采取集体行动”予以制止的国际不法行为。[①]同时，为了“防患于未然”，新的人权理事会可以处理在一国或数国国内发生的各种侵犯人权的情况，尤其是粗暴、蓄意侵犯人权的事件。安理会与人权理事会共同协作，切实保障国家主权之下的个人享有的基本人权。联合国改革的这一路径反映了上述传统国际法的基本界线有所变化：国际社会公认“所有国家均有责任保护其公民免遭灭绝种族、战争罪、族裔清洗和反人类罪，并准备在有关国家当局显然未能保护其公民免遭这些罪行时采取集体行动”[②]。在这种情况下，个人将成为国际社会集体行动的受保护主体。这一人本化的改革路径也是近年来联合国强调“进一步发展法治与联合国的三个主要支柱，即和平与安全、人权和发展之间的联系”之思路，[③]凸显了健全的国际法治理念与“三重”理事会的内在关系。“虽然国际法治的真正实现存在诸多困难，但是联合国仍有其存在价值和发展的前景，国际法治仍然有改良的可能。”[④]

综上所述，与安理会、经社理事会一起将成为联合国“三重”并列的人权理事会是实现《联合国宪章》“三重”宗旨，体现健全的国际法治理念，推进联合国改革的重要组成部分。

二、联合国“三重”理事会：国际法治理念下的新体系

（一）国际法治理念下向“半政府”的全球治理体系之演进

如同国内社会有一个从史前“无政府”的人类社会逐步向文明时代的“半政府”，乃至“政府”统治下政治社会的发展过程，全球范围的单一国际社会也正经历着一定的政治形态演变。尽管世界各国各地区的文明形态各异，但是，史料证明：“大约公元前四千年代中期，在少数农业特别集约的地区，新石器时代人类的分散的农村为比较复杂的社会所代替。这就是最初的文明。”[⑤]这主要是指各自独立兴

---

① 《2005 年世界首脑会议成果》，第 138—139 段。

② Alex J. Bellamy, *Responsibility to Protect: Global Effort to End Mass Atrocities*, Polity Press 2009, p.2.

③ 联合国大会决议《国内和国际的法治问题大会高级别会议宣言》(A/RES/67/1)，2012 年 9 月 24 日，第 41 段。

④ 何志鹏、孙璐：《国际法治与联合国的未来》，载赵建文主编：《国际法研究》第四卷，中国人民公安大学出版社 2011 年版，第 239 页。

⑤ ［英］杰弗里·巴勒克拉夫主编：《泰晤士世界历史地图集》，三联书店 1985 年版，第 51 页。

起的古埃及、古巴比伦、古印度和古中国四大文明以及肇起于地中海克里特岛上米诺文明的古希腊罗马文明。以中西文明对比为例。

中国最早的古书《尚书》"甘誓"记载了约距今四千年之前，夏王启登上王位之后，讨伐不服其统治的有扈氏，在今日陕西户县处的甘地决战前，夏王出兵前的宣誓词："有扈氏威侮五行，怠弃三正。天用剿绝其命。今予维共行天之罚。"①《史记》对此也有记载："启遂即天子之位，是为夏后帝启"，"有扈氏不服"，"启伐之大战于甘，将战作《甘誓》"。②当时乃至商、周时代，诸侯林立，一朝天子讨伐不服从其统治的诸侯，还得打着"替天行道"的旗号。这表明从氏族社会向具有国家形态的政治社会转变过程中，当时皇朝的统治力只能算是"半政府"。最早描述古希腊国家形态的《雅典政制》记载了公元前约六百年的"梭伦立法"："这些法律被颁写在木板上，竖立在王室柱廊里，所有人都发誓恪守它们，9 名执政官还要在那块石头跟前起誓"。③同样的宣誓，前者是"行天之罚"，王令即法；后者是包括执政官在内的每个公民发誓遵守成文法。这是中西文明对比下治理传统的根本差异。据说当时古希腊有一百五十八个城邦，远多于同时期中国东周列国。在古雅典最强盛的伯里克利时代（公元前 461—前 429 年），各希腊城邦之间的"提洛同盟"旨在防备波斯人的侵入，"确保盟邦的共同安全"，"原则上各盟邦地位平等"，"每一加盟城邦各只有一票表决权"。④这大概也算是一个"半政府"的政治同盟。在这个意义上可以说，"半政府"是缺乏强有力的中央化统治的过渡性政治形态。

与公元前二十、十九世纪至公元前五六世纪的中西文明演进过程中的"半政治"治理形态相仿，二十世纪中叶至今以联合国为核心的国际社会治理体系也具有"半政府"特征。《联合国宪章》是国际社会的一部成文"宪法"，但是，各会员国是主权平等、政治独立的国际法主体，原则上没有哪个国家可以居高临下，对他国发号施令；安理会根据《联合国宪章》可酌情决定为了国际社会的"公共利益"而使用武力，但是，这必须得到安理会五个常任理事国的一致同意；经社理事会和联合国大会（包括隶属的人权理事会）的决议原则上不具有国际法上的约束力。"三重"理事会为了实现联合国的"三重"宗旨，依《联合国宪章》之法议事、办事，体现了当前全球治理体系中源于西方文明的法治理念。不过，安理会为公益而使用武力，则与古

① 《尚书・甘誓》，转引李民：《尚书与古史研究》（增订本），中州书画社 1981 年版，第 79 页。

② 《夏本纪》，《史记》（二），《史记・汉书》，《二十五史》（1），上海书店出版社、上海古籍出版社 1986 年版，第 13 页。

③ ［古希腊］亚里士多德：《雅典政制》，颜一译，载苗力田主编：《亚里士多德全集》第十卷，中国人民大学出版社 1997 年版，第 8 页。

④ ［美］斯塔夫里阿诺斯：《全球通史：1500 年以前的世界》，吴象婴、梁赤民译，上海社会科学院出版社 1988 年版，第 209 页。

代中国文明特有的“行天之罚”颇为相似。著名法学家凯尔森曾认为：“宪章所确立的集体安全是以联合国组织的集中化的武力垄断为特征的。”①这是向国家化的共同体演进的最初步骤。

从十七世纪初格劳秀斯创立现代国际法理论，以及在其影响下形成的以条约法、习惯法为主的欧洲国际法体系，发展到以《联合国宪章》为基础的全球国际法体系。如今国际法治理念下的全球治理体系还只有约四百年的演进历史，国际社会能够进步到“半政府”的政治形态，已经是相当不容易了，其中包含了二十世纪上半叶“人类两度身历惨不堪言之战祸”所付出的无比代价。有学者在讨论国际法的未来时认为：“国际法是国际政府的先驱，而国际政府只是国际法的强化。”②也有学者认为国际法是有局限性的，“国际法产生于各国基于对他国利益及国家间权力分配的认知，理性地追求利益最大化的行为。”③历史和现实告诉我们：人类社会发展有其内在逻辑。国际社会的全球治理体系的演进是逐步的、漫长的。在这过程中，既要重视法治理念下的国际法作用，又要注意国际法的局限性。现在谈论国际政府或世界国家，都还远远为时过早。

（二）改革中的“三重”理事会：新体系的相对性

《联合国宪章》自 1945 年 10 月 24 日生效至今，已快七十年，只有三项涉及安理会非常任理事国的增加（第二十三条与第二十七条）④与经社理事会的成员国增加（第六十一条）⑤以及相应的该宪章修正表决（第一百零九条）⑥的修正案通过、生效。这些修正适应了二十世纪六十年代非殖民化运动之后大量新兴独立国家加入联合国，应发挥其在安理会、经社理事会中的作用之需要。但是，安理会的集体保障安全体制未发生实质性改变；经社理事会的职权也无变化。在 2005 年世界首脑会议上，各国承认改革安理会是联合国改革的一项基本内容，旨在“使之具有更广泛的代表性、更高的效率和透明度，从而进一步加强其效力与合法性，加大其决定的执行力度”⑦，但未能就扩大安理会的关键事项达成一致意见；各国也承诺进一

---

① ［美］汉斯·凯尔森：《国际法原理》，王铁崖译，华夏出版社 1989 年版，第 38 页。

② Joel P. Trachtman, *The Future of International Law: Global Government*, Cambridge University Press, 2013, p.1.

③ ［美］杰克·戈德史密斯、埃里克·波斯纳：《国际法的局限性》，龚宇译，法律出版社 2010 年版，第 1 页。

④ 联合国大会决议《安全理事会及经济暨社会理事会席位之公匀分配问题》(A/RES/1991)，1963 年 12 月 27 日。

⑤ 联合国大会决议《扩大经济暨社会理事会》(A/RES/2847)，1971 年 12 月 20 日。

⑥ 联合国大会决议《修正联合国宪章第一百零九条》(A/RES/2101)，1965 年 12 月 20 日。

⑦ 《2005 年世界首脑会议成果》，第 153 段。

步发挥经社理事会“就经济和发展问题进行协调、政策审查、政策对话并提出建议，落实联合国各次主要会议和首脑会议商定的国际发展目标”等方面的更有效力之作用，[①]并通过新设隶属联合国大会的人权理事会代替原隶属经社理会的人权委员会，实际上克服了《联合国宪章》第十三条第一款第二项（大会职权）和第六十二条第二款（经社理事会职权）关于人权保护的重复；[②]各国虽然未就新的人权理事会最终地位达成一致，但是，随后的联合国大会通过的《人权理事会》决议明确：“应在成立五年后审查其工作和运作情况”，[③]为其可能提升为“三重”并列的理事会创造了必要条件。

改革中的“三重”理事会相对于旧的安理会、经社理事会和托管理事会，具有新体系的特点。在2005年世界首脑会议上，各国就《联合国宪章》有关条款的删除达成一致，即“考虑到托管理事会已不再开会，各项职能都已履行完毕”和“铭记创立联合国的渊源，展望共同的未来，”应删除有关托管理事会的第十三章及第十二章有关条款，决意删除有关“敌国”条款。[④]尽管这些删除均未实施，但是，这些删除建议连同新设人权理事会，确实说明国际社会期待联合国经改革而有别于战后国际治理体系，以更好应对二十一世纪各种新挑战。“1945年由主权国家建立的联合国是为了针对外部侵略，而不是为了应对当今世界面临的挑战。”[⑤]因此，改革是应然的趋势。

虽然维持国际和平和安全是联合国的首要宗旨，但是，二十一世纪的国际社会对发展和人权的关注胜过以往任何时候。事实上，进入新世纪以来，安理会通过的决议，除了维持国际和平及安全的传统事项，还包括了“打击恐怖主义”“妇女与和平及安全”“武装冲突中保护平民”“艾滋病毒/艾滋病流行病对国际和平与安全的影响”等非传统的事项。2004年联合国改革的高级别小组报告将目前及未来几十年对国际和平及安全的威胁归纳为6类，即“经济和社会威胁，包括贫穷、传染病及环境退化”，“国家间冲突”，“国内冲突，包括内战、种族灭绝和其他大规模暴行”，“核武器、放射性武器、化学与生物武器”，“恐怖主义”和“跨国有组织犯罪”。[⑥]这实际上涵盖了和平、发展与人权这三个联合国宗旨下休戚相关的方面，其中与人权保

① 《2005年世界首脑会议成果》，第155段。

② 《联合国宪章及国际法院规约》作准本。

③ 《人权理事会》，第16段。

④ 《2005年世界首脑会议成果》，第176—177段。

⑤ Thomas G. Weiss, *What's Wrong with the United Nations and How to Fix It*, Polity Press, 2009, p.19.

⑥ 《一个更安全的世界：我们的责任》，第二部分集体安全与预防方面的挑战。

护的新威胁显得非常突出。"从规范角度看，国际法是否适应对国际安全的'新'威胁？从制度角度看，1945年的联合国设计能满足我们时代的需要吗？"①这些考虑促使国际社会决意建立新的人权理事会，希望在预防与人权保护的新威胁方面担当起越来越重要的作用，不再仅仅是先前依附于经社理事会的一个机构，也不是目前暂时为联合国大会的一个附属机关，而是与安理会并列，携手应对新威胁并侧重于预防功能。

（三）人权理事会的新机制及其运行的评估

新的人权理事会最终能否成为联合国改革目标中的"三重"理事会之一，取决于国际社会对该理事会新机制运行及其效果能否达成比较一致的满意，尤其涉及《联合国宪章》的重大修正，因此实质上取决于安理会五个常任理事国是否一致同意。

除了改进人权委员会已有国别访问和专题报告的"特别程序"（Special Procedures）和接受个人或团体保密的"申诉程序"（Complaint Procedure，即1503程序②），人权理事会的新机制包括对所有联合国会员国的人权保护情况逐个进行"普遍定期审议"（Universal Periodic Review，UPR）和设立由18位专家组成的咨询委员会向人权理事会提出以研究、调研为基础的建议，促进和加强人权保护的实施措施。③其中，UPR每四年一次对联合国所有会员国的人权记录进行独立、全面、客观的审议，以促进各国充分尊重所有人权及基本自由，并履行其保护的责任。受审议国应履行的人权保护国际义务包括《联合国宪章》和《世界人权宣言》，其为缔约国的人权公约和自愿承诺及可适用的国际人道主义法的义务。受审议国有义务履行UPR产生的最终国别报告有关改善人权保护的建议，并在下一次UPR时审议建议是否得到履行。UPR"作为一种合作机制，其结果首先应由所涉国落实，但鼓励各国在这方面与所有相关利益攸关方进行广泛协商"。④迄今所有联合国会员国均经过第一轮UPR（2008—2011年），第二轮UPR自2012年6月开始，为期四年半。

---

① Anne-Laurence Graf-Brugere, Book Reviews on United Nations Reform and the New Collective Security(2010) and United Nations Reform: Heading North or South? (2009), *European Journal of International Law*, 22(2011), p.1185.

② 以1970年联合国经济及社会理事会1503号决议《有关侵害人权及基本自由问题通讯文件之处理程序》(1970年5月27日)命名。

③ Human Rights Council, 5/1. Institution-building of the United Nations Human Rights Council, 2007.

④ 《审查人权理事会》，第17段。

人权理事会运行的初步情况表明：实现《联合国宪章》人权保护宗旨的具体路径还很不清晰，缺乏足够的国际法约束力。2007 年人权理事会有关《体制建设》文件明确："理事会在审议普遍定期审议的结果时，将决定是否及何时需要采取具体的后续行动。在竭尽一切努力鼓励一国与普遍定期审议机制合作而未果的情况下，理事会将酌情处理执意坚持不与机制合作的问题。"①目前作为联合国大会的附属机关，人权理事会提请联合国大会通过决议方式，对不履行人权理事会审议结果的义务而采取的任何可能行动，都只是一种"软约束"措施。况且目前还处在"鼓励各国自愿向理事会提交关于所接受落实情况的中期报告"阶段，②因此 2011 年联合国大会第一次《审查人权理事会》的决议及其审查结果的附件和 2012 年人权理事会报告，均没有提及就 UPR 后续必要行动采取的此类"软约束"措施。人权理事会成立以来，经记录表决通过不具法律约束力的国别人权决议，先后涉及以色列、苏丹、朝鲜、刚果民主共和国、斯里兰卡、叙利亚、伊朗、白俄罗斯和厄里特里亚等国家。凡是谴责以色列在巴勒斯坦及其他占领土地上的侵犯人权决议，美国（或在 2009 年前主要是加拿大）均投反对票；而近年来涉及朝鲜、伊朗和叙利亚的人权决议，中国和俄罗斯等均表示反对。这突出反映了人权问题与国际和平及安全的密切关系。下文将对此作进一步的论述。

值得注意的是，人权理事会 2011 年以来连续通过的三项关于白俄罗斯人权状况决议，涉及该国总统和议会选举引起的公民与政治权利问题，认定"白而罗斯存在具有结构性和普遍性的持续侵犯人权的情况，以及系统性和有计划的限制人权的情况，特别是在结社自由、集会自由、见解和言论自由以及正当法律程序和公平审判的保障方面的限制"③，违反其保护人权的国际义务。有关决议的表决情况说明国际社会对此类事项尚存严重分歧。④下文亦将作进一步的论述。

综上所述，国际社会正经历着向"半政府"的全球治理形态发展的过程中。安理会拥有集体安全体制下采取武力维持或恢复国际和平及安全的职权，并开始延伸至涵盖和平、发展与人权这三个联合国宗旨下休戚相关的各方面。新的人权理事会担负保护人权和预防、制止严重侵犯人权事件的职能，与安理会有所协同，经社理事会不再直接管辖人权事务，而更多关注发展问题，从而初步形成国际法治理

---

① Institution-building of the United Nations Human Rights Council, paras.37 - 38.

② 《审查人权理事会》，第 18 段。

③ 《白俄罗斯的人权状况》23/15（2013 年 6 月 13 日），第 2 段。

④ 《白俄罗斯的人权状况》17/24（2011 年 6 月 17 日，美国等 21 票赞成，中国、俄罗斯等 5 票反对，安哥拉等 19 票弃权）；《白俄罗斯的人权状况》20/13（2012 年 7 月 5 日，美国等 22 票赞成，中国、俄罗斯和印度等 5 票反对，安哥拉、孟加拉国等 20 票弃权）；《白俄罗斯的人权状况》23/15（2013 年 6 月 13 日，因中俄两国目前不担任该理事会成员，美国等 26 票赞成，印度等 3 票反对，18 票弃权）。

念下相对新的“三重”理事会体系。但是，严峻的现实表明：实现“三重”理事会的目标，任重而道远。

三、人权理事会在“三重”理事会体系中的不确定性：现实的新挑战

（一）人权理事会预防和制止严重侵犯人权事件所面临的新挑战

2005 年世界首脑会议就人权相关问题达成两项基本共识，其一，国际社会通过联合国有责任保护有关国家的人民免遭灭绝种族、战争罪、族裔清洗和危害人类罪之害；其二，创建人权理事会。前者可能诉诸安理会以采取断然手段制止此类危害，后者则通过人权实施机制，预防和制止严重侵犯人权事件。两者协同保障安全和人权，为和平与发展创造必要条件，实现联合国三大宗旨。这是正在改革中的联合国“三重”理事会体系的努力目标。然而，严峻的现实已经并将继续对这一目标构成挑战。

从国际法治角度看，联合国改革中的“三重”理事会新体系，尤其是安理会与人权理事会，还难以应对新世纪里国际社会面临诸如叙利亚危机此类挑战。目前隶属联合国大会的人权理事会在预防和制止严重侵犯人权事件方面缺少具有强制约束力的职权。假设今后将该理事会提升为与安理会、经社理事会并列的联合国主要机关，赋予其采取除使用武力之外强制措施的职权，是否适用类似安理会的否决制，或者其他特殊投票制，亟待国际社会抉择。

国内的严重侵犯人权事件本身是和平时期的事项，应该区别于安理会职权范围内可能使用武力所制止的那些威胁、破坏国际和平及侵略事件。如今还缺少适应人权领域的有效机制。上述人权理事会两项关于叙利亚人权状况的决议一开始就断定“叙利亚当局涉嫌蓄意杀害、逮捕和平抗议者并施以酷刑”，并先后要求联合国人权事务高级专员派团调查和人权理事会主席派遣国际调查委员会。这是叙利亚政府无法接受的，也是中国和俄罗斯等国反对这两项决议的主要原因。对于一国发生的严重侵犯人权事件，应通过适当的、公正的程序进行调查，避免率先做出当事国违反国际义务的结论，再调查的做法。换言之，健全的国际法治理念应包括正当程序，防止国际政治中的强权因素起作用。美国等在人权理事会通过决议不久，执意将叙利亚危机诉诸安理会，企图根据《联合国宪章》第四十一条制裁叙利亚政府，中国和俄罗斯担心安理会重蹈处理利比亚事件的前辙而予以否决。事实表明：无论是由人权理事会先下结论，还是试图通过安理会采取制裁措施乃至可能以武力干预，均无益于叙利亚危机的妥善解决。有学者认为安理会 2011 年关于利比亚事件的决议是“保护责任的最典型实践”，同时又表示“不能认定对利比亚实施军

事打击是履行保护责任的实践”。[①]嗣后事态表明：急于通过安理会解决利比亚事件的做法本身就是有问题的。归根结底，改革中的联合国“三重”理事会还远远不能适应此类事件对国际社会治理能力的新挑战。

（二）人权理事会加强人权实施机制所面临的新挑战

目前联合国的人权实施机制，首先是“基于《联合国宪章》的机构和机制”[②]，包括人权理事会将酌情处理受审议国执意坚持不与机制合作问题的新机制和改进旧的人权委员会已有国别访问、专题报告的“特别程序”以及接受个人或团体保密的“申诉程序”；其次是《公民权利和政治权利国际公约》和《经济、社会和文化权利国际公约》以及其他五项核心人权公约的实施机制。[③]人权理事会如何协调、加强人权实施机制，面临诸多新挑战。

以白俄罗斯总统和议会选举引起的公民与政治权利问题为例。白俄罗斯是《公民权利和政治权利国际公约》缔约国，并于 1992 年 9 月 30 日声明“承认当时人权委员会有权依据该公约第四十一条接受并审议一缔约国指称另一缔约国不履行本公约义务之来文”[④]，同时批准加入规定个人申诉制度的该公约第一任择议定书。因此，一旦在白俄罗斯发生涉嫌违反该公约的事件，其他缔约国可启动该公约第四十一条的国家间指控程序，其本国的个人也可向该公约下人权事务委员会提出申诉。如前所述，人权理事会 2011 年以来连续通过三项关于白俄罗斯人权状况决议。这些决议均由人权理事会中的美国等发达国家成员以及非理事会成员的欧盟成员国等提出。第一项决议“敦促白俄罗斯政府停止出于政治动机迫害和骚扰反对派领导人、公民社会代表、人权维护者、律师、独立媒体、学生及保护学生的人”等严重侵犯人权的行为，并决定任命一名特别报告员调查有关情况；[⑤]第二项决议对白俄罗斯政府对该理事会的要求不予合作，包括拒绝联合国人权事务高级专员办事处和有关专题程序任务负责人进入该国表示“痛惜”，“促请白俄罗斯政府立即无条件释放所有政治犯兵恢复名誉”；[⑥]第三项决议再次“强烈促请白俄罗斯政府

---

① 李寿平：《论联合国框架下“保护责任”法律制度的构建》，载《中国国际法学会 2012 年学术年会论文集》（西安，2012 年 5 月），第 164 页。

② ［奥］曼弗雷德・诺瓦克：《国际人权制度导论》，柳华文译，北京大学出版社 2010 年版，第 102 页。

③ 参见《人权条约机构》，联合国人权事务网站：http://www.un.org/chinese/hr/issue/tc.htm［2013-08-18］。前引［奥］曼弗雷德・诺瓦克：《国际人权制度导论》，第 74—101 页。

④ Belarus Declarations recognizing the competence of the Human Rights Committee under article 41. United Nations Treaty Collection：http://treaties.un.org/pages/.［2013-08-18］.

⑤ 《白俄罗斯的人权状况》17/24。

⑥ 《白俄罗斯的人权状况》20/13。

立即无条件释放所有政治犯并恢复名誉”①。由于此类决议表决时不像通过上述任择议定书的个人申诉制度向人权事务委员会提起有关申诉案件,②可以采取类似司法程序的审议方式,而是以多数票议决,因此,颇有偏袒一方之词,令人权理事会许多成员无法接受而反对或弃权。结果也无助于问题的解决。

显然,人权理事会新的 UPR 酌情处理有关不合作问题的实施机制尚未启动,目前仍沿用已有的实施机制,不仅缺乏实效,而且依然倾向于人权问题政治化,同时,其他人权公约的个人申诉制度也未得到更有效的利用。面临这些问题和挑战,人权理事会 UPR 的实施机制应有实质性进步(譬如,设立类似人权法庭的司法化制度)。否则,除了“例行公事”般对各国人权状况作一番审议,该理事会与旧的人权委员会没有明显区别,国际社会创建该理事会的期待,难免落空,“三重”理事会的目标实现,亦将遥遥无期。

(三)人权理事会的地位不确定性与联合国改革的未来

如本文开头所说,“三重”理事会承载着实现《联合国宪章》“三重”宗旨,体现健全的国际法治理念,推进联合国改革的历史使命。但是,如果人权理事会难以应对新的挑战,势必导致其地位的长期不确定性,使得 2006 年以来的联合国改革陷入困境。应然的改革必须有实然的路径。联合国改革曾围绕安理会的扩大,因长期争论不休而一事无成。有关联合国改革的高级别小组认为:如果为此“不去关注许多其他必要的改革提案的决定,而这些改革的有效性和可行性并不取决于安理会的扩大,那将铸成大错”③。人权理事会的创建体现了这一看法以及涵盖人权保护的新的集体安全观。但是,与联合国“三重”宗旨吻合的“三重”理事会的真正形成,最终离不开安理会、经社理事会的进一步改革,乃至《联合国宪章》的必要修正。

就实然的联合国改革路径而言,安理会应该而且可以增加不拥有否决权的常任理事国,以提高其代表性和权威性,加强集体安全保障体制的运行效力,关注包括传统或非传统事项的国际和平与安全问题;经社理事会应该扩大对国际经济及社会合作的协调,尤其是与国际货币基金组织及世界银行集团、世界贸易组织的合作,加强全球经济治理能力的建设;人权理事会应该发挥 UPR 的新体制对各国履行人权保护国际义务的监督作用,切实预防和制止严重侵犯人权的事件。可以考虑在 UPR 体制内设立具有类似普遍管辖权的酌情复审机制,对有关国家拒不履行

① 《白俄罗斯的人权状况》23/15。

② 有关案件,参见《人权事务委员会的报告》(A/67/40, Vol.1),2012 年。

③ 《威胁、挑战和改革问题高级别小组主席给秘书长的送文函》(2004 年 12 月 1 日),《千年首脑会议成果的后续行动:秘书长的说明》(A/59/565),2004 年 12 月 13 日。

审议建议的情况进行仅限于申诉方与被申诉方为国家的、公正公平的审理，并逐步成为各人权公约申诉程序的复审机构，从而在一定程度上克服国际人权法“九龙治水”的机制分散弊端。“三重”理事会是一个整体，应为联合国的主人——全体人类实现和平、人权和发展的目标而协同努力。

就应然的国际法治理念而言，全体人类的国际社会或迟或早地要进入某种“有政府”的政治形态。近四百年前，格劳秀斯创立现代国际法理论并影响到实证国际法体系的形成时，欧洲君主林立，全球各地处于相对隔绝的状态；两百多年前，康德提出自由国家联盟和永久和平论时，全世界没有一个国家间常设组织机构；近七十年前，联合国创始人建立集体保障安全机制时，人权问题纯粹是国内事务，而如今国际社会至少一致同意由人权理事会对每个国家的人权状况进行定期审议。如同安理会旨在维持或恢复国际和平及安全而使用武力具有“半政府”的某些特征，人权理事会旨在督促各国履行人权保护的国际义务而进行定期审议以及今后酌情处理拒不履行的情况，体现了国际社会突破国家的“面纱”，为主权国家下的任何个人享有的基本权利与自由提供法律保护，不无“半政府”的色彩。回顾历史，展望未来，应该坚信人类社会将逐步走向健全的国际法治。

综上所述，近年来根据2005年世界首脑会议成果而进行的联合国改革面临现实的严峻挑战。在叙利亚危机中，人权理事会与安理会几乎束手无策；人权理事会新的实施机制尚未启动，在应有的“三重”理事会新体系中可能长期处于不确定的地位。但从长远看，人类社会走向健全国际法治的步伐不会停止。

（四）应对联合国改革新挑战的中国作用

中国一贯主张联合国改革应循序渐进。2005年世界首脑会议之前，中国政府明确表示：“改革应先易后难、循序渐进，有助于维护和增进联合国会员国的团结。”①中国是联合国创始会员国和安理会常任理事国之一，对于维护国际和平及安全负有重大责任。尽管安理会五个常任理事国常常意见相左致使集体安全保障机制无法发挥应有作用，但是不可否认，对于创建联合国的初衷，杜绝再次发生像纳粹德国和日本军国主义发动的大规模侵略战争而言，现行的机制依然是不可替代的。尤其是在日本国内的军国主义阴魂不散，对中国等邻国安全构成威胁并可能危及国际和平的情况下，中国必须维护安理会的权威，反对任何企图颠覆联合国现行基本体制的做法。这是应对联合国改革面临新挑战时必须坚守的底线。对于国际恐怖主义、国内武装冲突、人道主义灾难等危及国际和平与安全的非传统事

---

① 《中国关于联合国改革问题的立场文件》，外交部网站：http://www.fmprc.gov.cn[2013-08-18]。

项,安理会作为联合国"三重"理事会中最有权威的机构,应该在全面、充分听取国际社会各方意见的基础上采取必要的果断行动。这需要而且完全可以参照先前《联合国宪章》的修正,适当扩大安理会,包括新增非洲、拉丁美洲等地区的非否决权常任理事国席位。

安理会的首要职责依然是保障传统意义上的国际和平及安全,而涉及非传统事项的作用发挥更多地有赖于人权理事会的协同。在这个意义上,人权理事会对于实现联合国"三重"宗旨的改革具有基础性作用。冷战之后发生的南斯拉夫和非洲地区的人道主义灾难,近年来北非、中东地区的国内严重侵犯人权事件引发的持续政治动乱乃至内战,无不与联合国缺少类似安理会那样中央化权威统筹的人权机构有关。中国作为新的人权理事会创始成员国之一,并且两次得到联合国大会高票通过连任,即便目前根据规则暂不继续担任该理事会成员国,应该始终支持该理事会发挥应有作用,尤其推进该理事会的实施机制建立和健全。中国一贯反对将人权问题政治化,但是,如上分析,目前人权理事会在处理类似白俄罗斯人权状的问题时依然具有明显的政治化倾向。现实地看问题,仅表示反对,无济于事。中国应致力于建立一个在《联合国宪章》框架下国际社会可接受的 UPR 后续审议机制,对有关国家拒不履行审议建议的情况进行仅限于申诉方与被申诉方为国家的、公正公平的审理,在各方充分陈述意见的基础上,由人权理事会做出有一定拘束力的决议。只有这样,人权理事会才可能逐步具备条件,最终通过《联合国宪章》的重大修正,提升为并列的"三重"理事会之一。中国应从自身做起,大力加强国内人权保护,充分做好相关准备,接受人权理事会的后续审议。

在考虑安理会与人权理事会如何协同应对国际和平与安全的非传统事项的新挑战方面,中国既要有高瞻远瞩的战略眼光,更应提出务实的建设性意见。和平崛起的中国应敢于主动担当维护国际和平与安全,促进发展和人权保护的责任,积极发挥其作用。西方有学者在评论中国日益重要的国际地位时说道:"中国在支持权力转向多极秩序的平衡时不寻求推翻国际体系,而是更多地像温和的改革权力者行事,倾向于国际秩序的逐步改革。"①中国近三十多年的国内改革实际上也是温和的逐步改革。联合国改革应该如此。不改革没有出路,改革须循序渐进。

《联合国宪章》是国际法治的基石。该宪章的"三重"宗旨是健全的国际法治理念,但是,"三重"理事会的新体系还刚刚处于萌芽状态。包括世界各国各地区的可持续发展和减少贫困在内的人类新千年目标与人权息息相关,新体系之路是漫长、

① Alan S. Alexandroff and Andrew F. Cooper, *Rising States*, *Rising Institutions*: *Challenges for Global Governance*, Brookings Institution Press, 2010, p.100.

艰险的。"我联合国人民"是国际社会的主人，各国政府应该为本国人民，也为全世界人民着想，携手共进，建设一个和平安全、保障人权和经济社会可持续发展的和谐世界。这也是中国人民期盼，以及中国政府努力的方向。

On the "Threefold" Councils of the United Nations —the Perspective of the Human Rights Council under Reform

Abstract: The United Nations Human Rights Council was established in 2006, which cooperates with the Security Council and Economic and Social Council as "threefold" Councils to achieve the "threefold" purposes of the United Nations for peace and security, development and human rights. It is the new approach to reform the United Nations, reflecting the ideal rule of international law. The concept of "threefold" is originated from the Roman private laws and has influences on modern western rule of laws including the theories of international law created or developed by Grotius and Kant as well as the positive international laws. The creation of the United Nations was intended to practice the ideal rule of international law, but it was limited to historical reasons with difficulty to realize the ideal. The "threefold" Councils of the United Nations will be finally established toward a new global governing system. Although the reform of United Nations faces great challenges, international community has determined toward the ideal rule of international law.

Keywords: the United Nations; Human Right Council; Threefold; Rule of international law

互不干涉内政原则及其在当代国际法实践中的适用*

内容摘要:互不干涉内政的原则是指平等的主权国家之间应互不干涉他国内政。在互相尊重国家主权和领土完整的前提下互不干涉内政,是当代国际法调整国家间关系的权利与义务相辅相成的一项基本原则。互不干涉内政原则作为与《联合国宪章》宗旨及原则一致的国际法基本原则或习惯国际法之地位业已确立。但是,该原则的适用取决于对一国内政的认定及其相关国际法。在国际关系与国际法的实践中,这往往引起争议。本文着重论述互不干涉内政原则与何谓一国内政的关系,以及在当代国际法实践中有关"保护的责任"问题,并扼要分析互不干涉内政原则的例外问题。

关键词:互不干涉内政;联合国宪章;国际法实践;保护的责任;适用例外

和平共处五项原则是中华人民共和国外交政策的基础。①"和平共处五项原则生动反映了《联合国宪章》宗旨和原则,并赋予了这些宗旨和原则以可见、可行、可依循的内涵"。②多年来,中国国际法学界前辈、同仁对其中第三条"互不干涉内政"原则已做了很多研究。③在纪念和平共处五项原则诞生六十周年的今天,结合当前国际法与国际秩序的新发展、新问题,基于国际法的一般理论与实践,对"互不干涉内政"原则与《联合国宪章》第二条第七款、与"保护的责任"之间关系以及在当今复杂多变的国际关系中适用该原则等国际法问题,有必要做进一步的深入研究。

---

* 原载《中国国际法年刊(2014)》,法律出版社 2015 年版,第 36—60 页;英文载《复旦人文社会科学论丛(英文刊)》(*Fudan Journal of the Humanities and Social Sciences*), Springer, Vol.9, No.3, September 2016, pp.440-464。

① 参见中华人民共和国外交部:《中国外交政策》,载外交部网站:http://www.fmprc.gov.cn/mfa_chn/ziliao_611306/tytj_611312/zcwj_611316/t24782.shtml[2014-09-30](以下访问时间同,略);另参见中国国际问题研究所编:《论和平共处五项原则——纪念和平共处五项原则诞生 50 周年》,世界知识出版社 2004 年版。

② 《弘扬和平共处五项原则 建设合作共赢美好世界——习近平主席在和平共处五项原则发表 60 周年纪念大会上的讲话》(2014 年 6 月 28 日)。

③ 参见周鲠生:《国际法》上册,商务印书馆 1976 年版,第 188—194 页;王铁崖主编:《国际法》,法律出版社 1981 年版,第 74—76 页;赵建文:《周恩来关于互不干涉内政原则的思想》,《郑州大学学报》(哲学社会科学版)1998 年第 2 期;陈一峰:《论当代国际法上的不干涉原则》,北京大学出版社 2013 年版。

一、互不干涉内政原则与何谓一国内政的关系

（一）互不干涉内政原则及其与《联合国宪章》第二条第七款的关系

互不干涉内政的原则是指平等的主权国家之间应互不干涉他国内政。新中国建立伊始，于1950年2月14日缔结的第一项双边条约——《中苏友好同盟互助条约》第五条就明确规定："缔约国双方保证以友好合作的精神，并遵照平等、互利、互相尊重国家主权与领土完整及不干涉对方内政的原则。"①新中国倡导的国家间和平共处五项原则初显雏形。1953年12月31日，周恩来总理在同印度政府代表团谈话时明确地提出，并在翌年6月28日中印发表的联合声明中确认。

在和平共处五项原则的"上下文"解读互不干涉内政原则，可以理解该原则"在肯定一面，它意味着国家行使权力的完全自主"，这是每个国家享有主权独立的基本权利；同时"在否定一面，它意味着国家主权范围的事不允许外来的任何形式的干涉"。②也就是说，"既然一国的主权应该受到尊重，这就意味着，不准以任何手段强迫他国接受另一国的意志，社会政治制度和意识形态。"③"任何国家均不得组织、协助、煽动、资助、鼓动或容许目的在于以暴力推翻另一国政权的颠覆、恐怖或武装活动，或干预他国的内争。"④2005年联合国世界首脑会议通过的文件明确"互不干涉各国内政"是符合《联合国宪章》的国际法准则之一。⑤在互相尊重国家主权和领土完整的前提下互不干涉内政，这已是公认的当代国际法调整国家间关系的权利与义务相辅相成的一项基本原则。

然而，对于互不干涉内政原则与《联合国宪章》第二条第七款之间的关系，尤其是这一关系的嬗变，国内学界已有的权威研究似乎还阐述得不太清楚。譬如，王铁崖教授针对西方学者贬低和平共处五项原则时指出："头三条原则，即尊重主权和领土完整原则，不侵犯原则和不干涉原则，是在1954年中印协定签订前支配国家之间关系的国际习惯或协定法原则。它们都是《联合国宪章》和其他国际法律文件

---

① 中华人民共和国外交部编：《中华人民共和国条约集》（第一集1949—1951），法律出版社1957年版，第2页。

② 周鲠生：《国际法》上册，第188页。

③ 王铁崖主编：《国际法》，第74页。

④ 《"和平共处五项原则与国际法的发展"国际研讨会总结文件》（2014年5月27日，北京），载外交部网站：http://www.mfa.gov.cn/mfa_chn/ziliao_611306/zt_611380/dnzt_611382/hpgc_668028/t1160467.shtml。

⑤ 2005 World Summit Outcome, United Nations World Summit, 16 September 2005. A/60/L. 1, para.5，载 *Reforming the United Nations*, edited by Joachim Muler, Martinus Nijhoff Publishers, 2006, p.445。

所确认的传统原则。”[①]互不干涉内政原则究竟是《联合国宪章》,还是其他国际法律文件所确认的国际法原则?究竟是国际习惯抑或协定法原则?不甚明了。因此,拟有必要再做一点注解式阐明。

《联合国宪章》第二条第七款规定除非在发生危及国际和平的情况(适用第七章内执行办法),“本宪章不得认为授权联合国干涉在本质上属于任何国家国内管辖之事件,且并不要求会员国将该项事件依本宪章提请解决”。[②]显然,这本身既不是权利性也不是义务性规范,而是限制联合国干涉任何国家内政的一般原则,或者说,这是原则上规定联合国不得解决会员国提请的他国内政事项。国际法院在“尼加拉瓜军事与准军事行动案”中指出:“各国庄严声明承认《联合国宪章》确定的诸项国际法原则不能严格地解释为适用于不干涉各国处理其内外事务的原则,因为宪章未明确规定该原则本身。”[③]联合国大会于 1965 年 12 月 21 日通过的《关于各国内政不容干涉及其独立与主权之保护宣言》亦阐明:“鉴于充分遵守一国不干涉另一国内政外交之原则为实现联合国宗旨与原则所必需。”[④]既然互不干涉内政原则是为实现包括《联合国宪章》第二条第七款内的基本原则之必需,那么就不是该条款本身的规定。换言之,《联合国宪章》没有明确地规定互不干涉内政原则。

《联合国宪章》生效后至 1954 年,国际社会曾努力将不干涉内政在内的国际法原则以公约或宣言的形式予以确认。1948 年 4 月 30 日由美洲 21 个国家通过的《美洲国家组织宪章》(也称《波哥大公约》)[⑤]第十五条规定任何国家都无权以任何理由直接地或间接地干涉任何其他国家的内政或对外事务。1949 年 12 月 6 日由联合国大会通过的《国家权利义务宣言草案》明确“依据《联合国宪章》,参照国际法之新发展”[⑥],有必要拟定该草案,并要求各会员国提出意见及建议。该宣言草案第三条规定各国对任何他国之内政外交,有不加干涉之义务。由于提出意见及建议的会员国寥寥无几,因此 1951 年 12 月 7 日联合国大会又通过决议,决定“暂缓审议”该草案,[⑦]实际上此后再也没有审议过。可见,当时很难说互不干涉内政原则已成为习惯国际法。

---

① 王铁崖:《国际法引论》,北京大学出版社 1998 年版,第 231 页。

② 《联合国宪章及国际法院规约》签署文本(英、法、中、俄、西班牙文本),《联合国条约集》(UN Treaty Collection)网站:http://treaties. un.org,下文援引同,出处略。

③ *Military and Paramilitary Activities in and against Nicaragua* (Nicaragua v. United States of America), Merits, Judgment, ICJ Report 1986, p.106. para.202.

④ 《关于各国内政不容干涉及其独立与主权之保护宣言》,A/RES/2321(XX)。

⑤ 《国际条约集(1948—1949)》,世界知识出版社 1959 年版,第 65—85 页。

⑥ 《国家权利义务宣言草案》,A/RES/375(IV)。

⑦ 《国家权利义务宣言草案》,A/RES/596(VI)。

在中国倡导和平共处五项原则之前，苏联于十月革命后主张不同政治、经济和社会体制的国家之间互不干涉内政原则，有别于以前欧美国家在十八世纪末至十九世纪期间以国内立法或政府文件方式提出的各种“不干涉原则”，[①]并在1921年2月26日缔结的《波斯与俄罗斯苏维埃联邦社会主义共和国友好条约》第四条规定：“缔约各方承认每一国家有权自由地并无阻碍地解决其自己的政治命运，兹放弃并严格地避免干涉他方的内政。”[②]前述1950年《中苏友好同盟互助条约》也规定了互不干涉内政的原则。可见，在二十世纪上半叶的国际法实践中，确立互不干涉内政原则的是这些双边条约，而非习惯国际法。

在中国倡导“和平共处五项原则”之后，通过1955年4月在万隆会议上通过的《关于促进世界和平和合作的宣言》扩展的十项原则（其中第四条不干预或干涉他国内政），[③]1957年联合国大会决议《各国间之和平善邻关系》（包括互不干涉彼此内政原则）[④]和前述1965年联合国大会《关于各国内政不容干涉及其独立与主权之保护宣言》，该原则逐步成为多边性国际法律文件明确的国际法原则。

1970年10月24日联合国大会通过的《关于各国依联合国宪章建立友好关系及合作之国际法原则之宣言》[⑤]包括“依照宪章不干涉任何国家国内管辖事件之义务的原则”，即，“任何国家或国家集团均无权以任何理由直接或间接干涉任何其他国家之内政或外交事务”，并宣布“每一国均有选择其政治、经济、社会及文化制度之不可移让之权利，不受他国任何形式之干涉”。这不仅意味着该原则具有国家权利与义务相辅相成的国际法性质，而且似乎也将《联合国宪章》第二条第七款融入了该原则之中。

尽管在该宣言之后，国际法院在“尼加拉瓜军事与准军事行动案”中仍认为：《联合国宪章》第二条第七款“不能严格地解释为适用于不干涉各国处理其内外事务的原则”，然而，鉴于战后五十年代至八十年代，互不干涉内政原则已为大量双边条约和国际法律文件所确认，并有充分的国家实践，国际法院第一次明确指出：“不干涉原则包含了每个主权国家不受外来干预处理自己事务的权利，虽然违反该原则的例子不少，但是，本法院认为这是习惯国际法的一部分。”[⑥]可以说，至此，该原

---

① 譬如，1823年12月2日，美国总统门罗在致国会的第七年度咨文中宣布：“不干涉欧洲任何一国的内政”，“希望其他国家亦采取同样的政策”。参见康马杰编辑：《美国历史文献选萃》，今日世界出版社1979年版，第60—61页。

② 《国际条约集（1917—1923）》，世界知识出版社1961年版，第615页。

③ 《中华人民共和国对外关系文件集（1954—1955）》（3），世界知识出版社1958年版，第261—262页。

④ 《各国间之和平善邻关系》，A/RES/1236（XII）。

⑤ 《关于各国依联合国宪章建立友好关系及合作之国际法原则之宣言》，A/RES/2625（XXV）。

⑥ *Military and Paramilitary Activities in and against Nicaragua*, p.106. para.202.

则的习惯国际法地位基本上得以确立。

（二）互不干涉内政原则的适用与一国内政的认定

如今，互不干涉内政原则作为与《联合国宪章》宗旨及原则一致的国际法基本原则或习惯国际法之地位早已确立。可是，该原则的适用取决于对一国内政的认定及其相关国际法。在国际关系与国际法的实践中，这往往引起争议。

《联合国宪章》第二条第七款与互不干涉内政原则都没有进一步明文规定或说明何谓一国内政。国际法院在"和约解释"咨询意见案中对《联合国宪章》第二条第七款关于"本质上属于任何国家国内管辖之事件"的规定，首次作了间接的解释。联合国大会于 1949 年 4 月 30 日、10 月 22 日先后通过决议，①并提请国际法院就三国与联盟及参战国签订的和平条约有关争端解决条款进行解释。保加利亚、匈牙利和罗马尼亚对此表示异议，认为这不符合《联合国宪章》第二条第七款关于"本宪章不得认为授权联合国干涉在本质上属于任何国家国内管辖之事件"之规定。国际法院认为，联合国大会有关决议依据《联合国宪章》第五十五条第三款"全体人类之人权及基本自由之普遍尊重与遵守，不分种族、性别、语言或宗教"，并提请国际法院就援引和平条约有关争端解决的条款进行解释。"为此目的而对该条约用语之解释不能视为本质上属于国家国内管辖的问题。就其本质而言，这是国际法问题，因而在本法院职责范围之内。"②

"和约解释"咨询意见案缘起于 1947 年 2 月 10 日由苏联和美国、英国主导签署了盟国与保加利亚、匈牙利及罗马尼亚三国的和平条约，规定三国均应保证其国内一切人享有人权及基本自由。③随后，"杜鲁门主义"出台，正式开启了冷战时期。④由于这三国均在苏联控制下，因此，美国、英国指控三国政府破坏和平条约，在国内抑制人权及基本自由，并要求三国指派代表参加条约委员会以解决所谓"人权"争端，遭到三国拒绝。联合国大会提请国际法院提供和平条约解释的咨询意见，其实质是要建立条约委员会以仲裁解决该"人权"争端。尽管国际法院明确其在咨询意见案中的职权范围限于条约解释——国际法问题，不过，有关美国、英国指控三国在国内抑制人权及基本自由的问题，本质上是否属于"一国内政"，是否应

① 《保加利亚及匈牙利国内遵守人权及基本自由问题》，A/RES/272(III)；《保加利亚、匈牙利、及罗马尼亚国内对于人权及基本自由之遵守问题》，A/RES/294(IV)。

② *Interpretation of Peace Treaties*, Advisory Opinion, ICJ Report 1950, pp.9－10.

③ 《对保加利亚和约》《对匈牙利和约》《对罗马尼亚和约》，载《国际条约集》(1945—1947)，世界知识出版社 1961 年版，第 367—422 页。

④ 参见方连庆等主编：《战后国际关系史》(1945—1995)，北京大学出版社 1999 年版，第 54—56 页。

通过国际仲裁解决，显然系该案关键所在。三国与美国、英国对此看法，截然相反。国际法院认为该争端涉及条约解释的法律问题，因而属于其提供咨询意见的职权范围，但是没有直接回答"人权"争端事项本身是否属于"一国内政"。

事实上，迄今有关人权公约或其任择议定书规定的缔约国之间或个人来文（申诉）程序"通常建立在任择性的基础之上，也就是说，建立在各国通过声明或者批准任择议定书而予以明确承认的基础之上"①，而这些程序均不产生具有法律拘束力的国际裁决。可见，缔约国之间指控，或个人指控本国政府违反人权公约义务的争端事项可否诉诸国际申诉程序，取决于该被控国家是否明确承认接受此类程序。如果没有明确接受，那么意味着这些事项被认定为"一国内政"。联合国和有关人权公约其他缔约国对于此类任择的主权意愿表示尊重，不予干涉。这就是现行的人权公约监督机制。

一国内政的认定往往取决于一定的国际关系及其可适用的国际法。国际常设法院早在1923年"关于突尼斯与摩洛哥国籍法令"咨询意见中就认为：根据国际法（包括习惯国际法、一般或特殊的条约法），"某一事项是否纯属一国管辖内事项，本质上是相对的问题，取决于国际关系的发展。"②"就本意见而言，显而易见，诸如国籍此类事项原则上不是由国际法调整，然而，一国在该事项上行使其自由裁量权也应受制于可能影响他国的义务。在这种情况下，原则上纯属国内管辖内事项受到国际法规则的限制。"③

1955年，国际法院在关于国籍问题的"诺特博姆案"中认为根据一国国籍法决定的国籍与国际法有着密切的关联，主张"真实联系而有效"的国籍原则："根据各国的实践、仲裁与司法判决以及学说上的意见，国籍是一个法律纽带，基于其联接的社会事实，生存、利益与情感的真正联系，以及权利与义务的相辅相成。可以说，这构成了该个人所依据的事实表达的法律意义，即根据法律的直接规定抑或行政行为，实际上与赋予其国籍的国家之人口，较之其他任何国家有着更密切的联系。一国赋予其国籍仅使得该国有权行使针对他国的保护，只要这构成了该个人据以成为其国民的联系之法律条件。"④

2006年联合国国际法委员会在对《外交保护条款草案》关于国籍条款的评注中指出："如果严格适用'诺特博姆案'所要求的真实联系，那么在当今经济全球化

---

① ［奥］曼弗雷德·诺瓦克：《国际人权制度导论》，柳华文译，北京大学出版社2010年版，第97页。

② *Nationality Decrees Issued in Tunis and Morocco*, Advisory Opinion of 7 February 1923, PCIJ, Series B, No.4, p.24.

③ 前引 *Nationality Decrees Issued in Tunis and Morocco*, p.24。

④ *Nottebohm Case* (Liechtenstein v. Guatemala) Second Phase Judgment, ICJ Reports 1955, p.22.

和移民的世界上，对于那些数以百万计离开其国籍国并生活在从未想取得国籍或依出生已取得国籍的国家，或来自与其联系微弱的国家的人们来说，就将得不到外交保护。”①

可见，在不同的国际关系下，国籍问题是否为“本质上属于任何国家国内管辖之事项”，取决于可适用的国际法。至少就外交保护而言的国籍问题而言，国际社会尚未就可适用的国际法达成共识。

在非殖民化时代之后，一国主权之下部分领土上的人民自行宣布独立是否属于一国内政，也取决于一定的国际关系及其可适用的国际法。国际法院在“科索沃单方面宣布独立”咨询意见中认为：非殖民化时代之后，一国主权之下部分领土上的人民自行宣布独立是否属于一国内政，国际法上尚无清楚界定。“在二十世纪下半叶，自决权的国际法以如此方式为非自治领土上的人民和受外国征服、统治和剥削的人民创设了独立权。大量新国家作为行使该权利而诞生。但是，也有一些不属于此类范畴的独立宣言。在后一类情况中的国家实践未说明出现新的国际法规则禁止这类独立宣言。”②正是在这种所谓的国际法“真空”状态下，2008 年 2 月 17 日隶属塞尔维亚的科索沃自治省单方面宣布独立之前，美国和欧盟及其成员国就对独立要求表示支持，并在其宣布独立后很快予以承认。③这既是南斯拉夫解体过程的一部分，又是西方国家与俄罗斯争夺巴尔干地区控制权的结果。在内部解体和外部争夺叠加作用下所爆发的科索沃战争中，在南斯拉夫发生的种族灭绝事件和西方国家以“人道主义”为由的军事干预突出地反映了科索沃独立事件不完全是一国内政。

与科索沃独立事件不同，1998 年 10 月 20 日加拿大联邦最高法院对魁北克独立一案裁决如下：(1)“宪法保障秩序与安定，因而一个省‘根据宪法’的分离不可单方面，即未经与现行宪法体制下其他联邦组成部分的原则性谈判而实现。”(2)“一个其政府代表着居住在其领土上的全体人民或诸民族，奉行平等和无歧视和尊重各民族内部安排的自决原则之国家有权根据国际法维护其领土完整并得到其他国家承认。魁北克既不符合殖民地人民或被压迫人民的标准，也未被拒绝参与国家管理以求其政治、经济及社会发展。在该情势下，‘魁北克国民大会、立法机构或政

---

① Draft Articles on Diplomatic Protection with commentaries (2006), *Yearbook of the International Law Commission, 2006*, Vol.II, Part Two, p.32.

② *Accordance with International Law of the Unilateral Declaration of Independence by the Provisional Institutions of Self-Government of Kosovo*, Advisory Opinion, ICJ Report 2010, p.37, para.79.

③ 美国、英国、法国等西方主要国家于 2008 年 2 月 18 日承认科索沃独立，并与之建交；欧盟其他成员国，除波兰之外，均已与科索沃建交（截至 2014 年 3 月）。信息来源：http://zh.wikipedia.org/wiki/。

府'均无权在国际法上单方面分离出加拿大。"(3)根据以上裁决,"在该案中所涉及国内法与国际法不存在冲突。"[①]因此,根据加拿大宪法,经国内司法程序解决的魁北克要求单方面独立的问题完全是一国内政。事实上,世界上也没有哪个国家对此说三道四。2014 年 9 月 18 日的有关苏格兰独立的公投,依据英国中央政府与苏格兰地方政府所签署的有关协议以及公投法案而举行,[②]也完全是英国内政。

然而,2014 年 3 月因乌克兰国内政治危机导致的克里米亚独立及加入俄罗斯联邦的事件却是继科索沃独立事件之后,西方国家与俄罗斯争夺对乌克兰地区控制权的结果。俄罗斯否决联合国安理会有关声明克里米亚公投无效的决议[③]和联合国大会通过的有关决议[④]表明:克里米亚独立事件前后的乌克兰危机有着不同的性质。下文将对该事件涉及的国际法问题做进一步分析。

二、互不干涉内政原则与"保护的责任"关系

(一) 解决一国人道主义灾难的困境以及可能与互不干涉内政原则的冲突

上文分析说明,互不干涉内政原则的适用取决于对一国内政的认定及其相关国际法。二十世纪九十年代以来,一国境内发生的人道主义灾难被认为是国际法上的问题,而非仅仅为一国内政。譬如,1994 年在卢旺达爆发了对图西族的"百日大屠杀",[⑤]对此,"国际社会的集体失败"导致未能采取及时有效的措施加以制止。[⑥]美国等"世界上最强大的国家毫无政治意愿干预和结束杀戮"[⑦],与其以往动辄干涉他国内政形成鲜明对比。进入二十一世纪,国际社会为吸取这些惨痛教训,提出了"保护的责任",以预防和制止此类悲剧重演。如前所说,互不干涉内政原则的"肯定一面"在于尊重一国主权,其"否定一面"则强调一国主权范围内的内政不容外来干涉。然而,一国境内发生,并且该国当局未能制止的人道主义灾难恰恰需要国际社会的必要干预。这是互不干涉原则在当代国际法实践中适用的新问题。

---

① *Reference re Secession of Quebec*, [1998] 2 S.C.R.217.

② *Official text of the Scottish Independence Referendum (Franchise) Act 2013*,参见英国政府网站:http://www.legislation.gov.uk/asp/2013/14/contents。

③ 参见《未通过的决议草案》(S/2014/189)。

④ 参见《乌克兰的领土完整》(A/RES/68/262)。

⑤ 参见 *100 Days: In The Land of the Thousand Hills*, Written by Bocar Sy, Illustrated by Mark Njoroge Kinuthia, 2014 edition, Nairobi: UNON Publishing Services Section。

⑥ 参见联合国安理会第 7155 次会议(2014 年 4 月 16 日)记录,S/PV.7155,常务副秘书长发言;还参见凌岩:《卢旺达国际刑事法庭的理论与实践》,世界知识出版社 2010 年版,第 13 页。

⑦ Alexl Rellamy, *Responsibility to Protection: The Global Effort to End Mass Atrocities*, Polity Press, 2009, p.1.

有关“保护的责任”之最初表述是：“主张主权国家有责任保护本国公民免遭可以避免的灾难——免遭大规模屠杀和强奸，免遭饥饿，但是当它们不愿或无力这样做的时候，必须由更广泛的国际社会来承担这一责任。”①首先，这是主权国家本身的责任；其次，在主权国家未履行其责任时，国际社会为了人类共同利益不得不加以干预。2005年联合国世界首脑会议文件明确：“国际社会通过联合国也有责任依据《联合国宪章》第六章和第八章，采取适当的外交、人道和其他和平方式帮助平民免遭种族灭绝、战争罪、族裔清洗和危害人类罪之害。”②《联合国宪章》第二条第七款在规定“本宪章不得认为授权联合国干涉本质上属于任何国家国内管辖之事件”时，明确“此项原则不妨碍第七章内执行办法之适用”。可以理解，这是联合国及其会员国原则上不干涉一国或他国内政的例外。

在2005年联合国世界首脑会议召开前夕，联合国秘书长《我们共同的责任》报告进一步认为：“安理会和广大国际社会已逐渐承认，根据宪章第七章的规定，为寻求一个国际社会提供的集体责任新规范，安理会随时可以批准采取军事行动，以纠正一个国家内极为严重的弊害，如果它肯宣布这个局势危及国际和平安全。”③该首脑会议文件对于依宪章第七章解决一国人道主义灾难的条件限定如下：

“在和平方式不足以并且国内当局表现出未能保护其平民免遭种族灭绝、战争罪、族裔清洗和危害人类罪之害，通过安理会依据宪章第七章，个案酌定，与相关地区组织合作，以及时、坚决的方式采取集体行动。”④

相对于传统的危及国际和平安全的局势，一个国家内大规模侵犯人权事件而导致的人道主义灾难是安理会及其国际社会碰到的新问题。如何担当起集体“保护的责任”，更是严峻的挑战。实践表明，国际社会行使“保护的责任”以解决一国人道主义灾难，这本身是互不干涉内政原则的适用例外，但是，如行使不当或滥用，就会违背互不干涉内政原则，与国家主权产生冲突。

譬如，2011年3月17日安理会通过决议，谴责在利比亚发生的“有系统地侵犯人权，包括任意拘留、强迫失踪、酷刑和即决处决”和“针对平民的大规模、有系统的攻击”，根据《联合国宪章》第七章采取行动，授权在利比亚设立禁飞区是国际社会行使保护的责任，旨在“保护平民以及保障运送人道主义援助的安全”。⑤这被认为

---

① 《保护的责任》中文本，http://www.iciss.ca/pdf/Chinese-report.pdf。

②④ 2005 World Summit Outcome, United Nations World Summit, 16 September 2005. A/60/L.1, para.139.

③ *A more secured world*: *Our shared responsibility*. Report of the Security-General's High-level Panel on Threats, Challengers and Changes, A/59/565, 2 December 2004, para.202.

⑤ S/Res/1973(2011).

是国际社会旨在实施“保护的责任”理论而采取的一次集体行动。[①]但是，北约国家滥用授权，将保护平民的禁飞措施变为帮助反政府军推翻卡扎菲政权的军事干预，[②]为“保护的责任”实践开了一个很坏的先例。这说明国际社会在行使“保护的责任”时，还缺乏进一步相应的国际法规范以有效地制约可能的滥用授权，从而导致对一国政权更替此类内部事务的粗暴干涉。

由于国际社会缺乏有效规范，对在解决利比亚的人道主义危机中那些以履行“保护的责任”之名，行干涉一国内政之实的做法加以制约，因此使得随后在叙利亚发生严重的人道主义灾难时，安理会再也无法达成一致。[③]如今该灾难日趋加重，已有三百万叙利亚难民流离失所。[④]对于这一“当代最大的人道主义危机”[⑤]，国际社会难以行使“保护的责任”。“这对联合国及其会员国的地位而言仍将是一个沉重的道德负担，对那些对国际和平与安全负有首要责任的各方和那些以各种方式延续冲突的各方而言尤其如此”。[⑥]可以说，国际社会陷入了史无前例的困境。如联合国难民署高级专员所警告的：就 2014 年难民人数达到 5120 万而言，国际社会正经历第二次世界大战结束以来最严重的人道主义危机，“除了叙利亚的持续危机，中非共和国、南苏丹、乌克兰的新冲突以及最近伊拉克危机造成平民蒙受恐怖伤害和大规模逃难”，国际人道救助机制已无法承担其职责。[⑦]国际社会如何尽早找到解决危机的出路呢？

（二）解决此类困境或冲突的根本途径：联合国体制改革和建设

为了避免因国内严重侵犯人权事件演变为人道主义灾难，国际社会因安理会无法达成一致或某些国家滥用安理会授权而面临的两难困境，应从联合国体制改

① Gary Wilson, The UN Security Council, Libya and Resolution 1973, at *The Arab Spring: New Patterns for Democracy and International Law*, Edited by Carlo Panara and Gary Wilson, Martinus Nijhoff Publishers, 2013, p.107.

② 根据各种信息确认，2011 年 10 月 20 日早晨，卡扎菲企图在包围中逃离苏尔特。他所在的装甲车队在苏尔特以西 3 公里处受到法国空军的袭击，炸毁几辆车并打死几十名效忠他的士兵。此外，车队也受到美国空军的导弹打击。这导致他最终被反政府军围捕、击毙。信息来源：http://zh.wikipedia.org/wiki/。

③ 2011 年 10 月至 2012 年 7 月，中国和俄罗斯共同连续三次行使否决权，否决美国等西方国家谴责、制裁或军事干预叙利亚的决议草案。参见安理会会议记录，http://www.un.org/zh/sc/meetings/records。

④ 截至 2014 年 8 月，Number of Syrian refugees tops 3 million as insecurity grows-UN Agency, UN News Centre: http://www.un.org/apps/news/story.asp?NewsID=48589#.VCUjCnlxmcM。

⑤ Number of Syrian refugees tops 3 million as insecurity grows-UN Agency，援引联合国难民署高专 António Guterres 的声明。

⑥ 秘书长的报告《保护责任问题：国家责任与预防》，A/67/929-S/2013/399, 9 July 2013，第 73 段。

⑦ As global crises multiply, UN official urges rethink for overstretched humanitarian system, UN News Centre: http://www.un.org/apps/news/story.asp?NewsID=48965#.VCvKgXlxmcM.

革和建设上寻求出路。

2013 年联合国秘书长报告《保护责任问题:国家责任与预防》结合先前相关报告,梳理了履行保护责任的路径,包括“三大战略支柱”,即各国应负有保护的“首要责任”,同时,国际社会对各国履行其责任给予帮助,只有在国家显然未能履行其责任时,联合国才应采取“保护的责任”措施,包括依据宪章第七章的行动。①但是,这些路径设计似乎未触及联合国体制的根本改革。联合国在利比亚设立禁飞区的授权被北约国家滥用,在叙利亚问题上无法行动而导致人道主义灾难日益加重,突出反映了联合国体制的缺陷。

应强调,国内的严重侵犯人权事件本身是和平时期的事项,应区别于安理会职权范围内可能使用武力所制止的那些威胁、破坏国际和平及侵略的事件。国际社会亟待建立和健全适应人权保护的有效机制,包括建立健全联合国人权理事会,使其早日成为与安理会、经社理事会并列的三大理事会之一,②更好发挥人权理事会对人权的国际保护作用,防止严重人权事件演变为人道主义灾难,以致事态恶化到不得不由安理会解决的地步。本文建议的有关路径图解如下:

解决人道主义灾难的路径

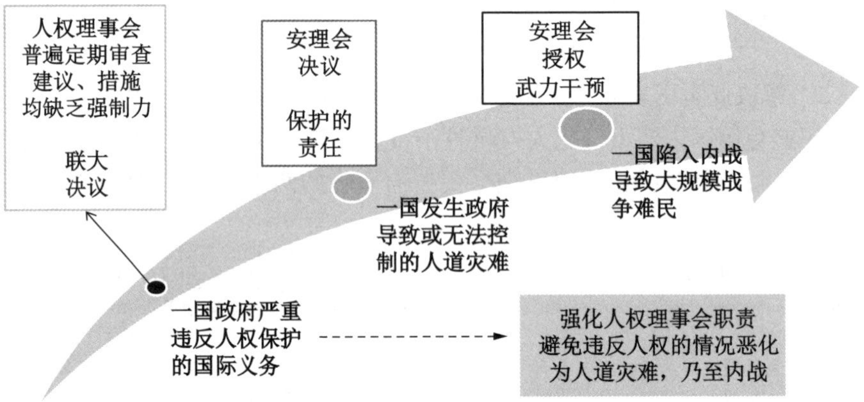

人权理事会
普遍定期审查
建议、措施
均缺乏强制力
联大
决议

安理会
决议
保护的
责任

安理会
授权
武力干预

一国政府严重
违反人权保护
的国际义务

一国发生政府
导致或无法控
制的人道灾难

一国陷入内战
导致大规模战
争难民

强化人权理事会职责
避免违反人权的情况恶化
为人道灾难，乃至内战

在上述图解涉及的现行联合国人权实施机制中,首先是“基于《联合国宪章》的机构和机制”③,包括作为联合国大会附属机关的人权理事会对所有联合国会员国

① 秘书长的报告《保护责任问题:国家责任与预防》,第 2—3 段。

② 参见张乃根:《论联合国“三重”理事会——以改革中的人权理事会为视角》,《国际法研究》2014 年第 3 期。

③ 前引[奥]曼弗雷德·诺瓦克:《国际人权制度导论》,第 102 页。

的人权保护情况逐个进行普遍定期审查的新机制，[①]并“将酌情处理执意坚持不与机制合作的问题”[②]，改进旧的人权委员会已有国别访问、专题报告的“特别程序”以及接受个人或团体保密的“申诉程序”；[③]其次是《公民权利和政治权利国际公约》和《经济、社会和文化权利国际公约》以及其他五项核心人权公约的实施机制。[④]这些实施机制均缺乏强制力。即便人权理事会提请联合国大会通过决议方式，对不履行人权理事会审查结果的义务而采取的任何可能行动，都只是一种“软约束”措施。

由于联合国人权实施机制对于一国政府严重违反人权保护的国家义务缺少强制性约束力，因此严重侵犯人权的事件往往得不到及时、有效的制止，逐步演变为种族灭绝事件，或政府与反政府的对抗乃至内战，最终酿成严重的人道主义灾难，只得由安理会根据《联合国宪章》第六章或第八章，甚至第七章采取必要行动。然而，安理会的集体保障机制要求五个常任理事国一致同意。实践证明在解决一国的人道主义灾难方面，受政治、经济及地缘等诸因素制约，很难取得一致同意。安理会在解决叙利亚内战问题上无法采取必要行动就是例证，由此使得日趋严重的人道主义灾难得不到有效的解决。

如何尽早促成人权理事会提升为与安理会、经社理事会并列的联合国主要机构之一，并加强其职责？如何协调、加强整个联合国的人权实施机制，防止严重侵犯人权事件演变为人道主义灾难？这是联合国体制改革中的难题。上述图解勾勒出有关解决人道主义灾难的路径，实质在于建立一个与安理会、经社理事会并列的、强有力的人权理事会。对一国政府严重违反人权保护的国际义务，人权理事会应以多数票表决做出有关决议和采取相应的措施或行动，并具有一定的强制约束力，以避免人道主义灾难。只有在其决议无法得到落实，且情势恶化时，才应通过安理会采取必要行动。人权理事会这一体制性根本改革的好处在于由一个专司人权保护的联合国主要机构负责解决本身属于和平时期的一个国家内严重侵犯人权的事件，而安理会则承担维持国际和平及安全的主要责任，并在例外情况下行使“保护的责任”。诚然，开辟新路径的这一改革以修改《联合国宪章》为前提，必须得到安理会五个常任理事国一致同意。

---

① 联合国大会 2006 年 3 月 15 日大会决议《人权理事会》A/RES/60/251。

② Human Rights Council, 5/1. Institution-building of the United Nations Human Rights Council, 2007.

③ Human Rights Council: http://www.ohchr.org/EN/HRBodies/HRC/Pages/AboutCouncil.aspx.

④ 参见《人权条约机构》，联合国人权事务网站：http://www.un.org/chinese/hr/issue/tc.htm；前引[奥]曼弗雷德·诺瓦克：《国际人权制度导论》，第 74—101 页。

作为安理会常任理事国之一，中国在寻求解决此类困境或冲突的根本途径方面应发挥更积极的作用。中国是联合国人权理事会的创始成员国，且连任六年(2006 年至 2012 年)后相隔一年再次当选成员国(2014—2016 年)。[①]中国应进一步推动建立《联合国宪章》框架下国际社会可接受的普遍定期审查后续审议机制，对有关国家拒不履行审查建议的情况进行仅限于申诉方与被申诉方为国家的，公正公平的审理，并在各方充分陈述意见的基础上，由人权理事会做出有拘束力的决议。这可能是寻求解决一国人道主义灾难的出路，在新形势下适用互不干涉内政原则的第一步。只有这样，人权理事会方可逐步具备条件，最终通过《联合国宪章》的重大修正，被提升为并列的联合国三大理事会之一。

三、互不干涉内政原则的适用例外

(一)“保护的责任”与互不干涉内政原则的适用例外

如上所述，互不干涉内政原则作为与《联合国宪章》宗旨及原则一致的国际法基本原则或习惯国际法之地位业已确立。同时，国际社会通过联合国依据《联合国宪章》履行“保护的责任”是在新形势下适用互不干涉原则的例外。我国倡导的“和平共处五项原则”，核心是互相尊重主权和领土完整，互不干涉内政，包括互不干涉他国在本国事务范围内实施的人权保护。应该说，目前主权国家的存在是现实，联合国的基础依然存在，否则就完全是另一个世界。

但是，近二十年来，作为一国独立自主地处理国内外事务的主权与本质上仍属于一国内政的人权问题之间关系，确实发生了新的变化。“虽然主权与不干涉原则依然是国家社会赖以组织和运行的基本准则，这也是‘保护的责任’所一再确认和强调的，但是，国家主权必须结合人权保护责任予以诠释，并且应当以与人权保护责任相符合的方式予以行使。”[②]

如何诠释“保护的责任”与互不干涉内政原则的适用例外之间关系，是当代国际法理论与实践中存在重大争议的新问题之一。

根据前述联合国世界首脑会议文件，“在和平方式不足以、且国内当局表现出未能保护其平民免遭种族灭绝、战争罪、族裔清洗和危害人类罪之害，通过安理会依据宪章第七章，个案酌定，与相关地区组织合作，以及时、坚决的方式采取

---

① Human Rights Council Membership: http://www.ohchr.org/EN/HRBodies/HRC/Pages/Membership.aspx.

② 赵洲:《“保护的责任”与国家主权》，载《中国国际法年刊(2013)》，法律出版社 2014 年版，第 146 页。

集体行动。”①这种由安理会授权以武力方式行使国际社会“保护的责任”与传统的“人道主义干预”有所不同。尤其是针对诸如卢旺达“百日”大屠杀此类情况，国际社会应及时、有效地行使“保护的责任”而不论一个主权国家当局是否允许。在传统的“人道主义干预”情况下，通常被干预的国家当局否认其境内发生人道主义灾难，或者认为自己仍可控制国内局势而拒绝外部干预。一旦他国干预，就会侵犯被干预的国家主权。按照西方学者的解释，“干预是由某一国家在另一国家管辖范围内未经其允许而行使权威。说到武装干预，那就是这种行使动用了武力。某一武力干预旨在保护被干预国家的国民免受被干预国政府施行的或允许的暴力，则是人道的。”②这种采取武力去保护他国国民人权的做法，就是美国等西方国家在南斯拉夫实施的“人道主义干预”③。联合国世界首脑会议文件摈弃了“人道主义干预”的说法，取而代之为“保护的责任”。

但是，以武力方式行使“保护的责任”与先前的“人道主义干预”一样，“无论在什么情况下，在采取任何军事干预行动之前都应事先得到安理会的授权。”④国际社会已达成共识：得到安理会授权行使“保护的责任”属于互不干涉内政原则的适用例外，体现了国际社会为一个主权国家之下的人民提供保护的集体责任。关键在于依据现行体制，安理会的全体理事国，尤其是五个常任理事国对于一国境内发生的本质上仍在其主权管辖下的事件，是否有必要根据《联合国宪章》第七章采取干预行动，很难达成一致。唯一在中国和俄罗斯弃权的情况下，于 2011 年 3 月 17 日通过授权在利比亚设立禁飞区的安理会决议，却被美国等西方国家滥用。有学者认为安理会 2011 年关于利比亚事件的决议是“保护责任的最典型实践”，同时又表示“不能认定对利比亚实施军事打击是履行保护责任的实践”。⑤嗣后事态表明：急于通过安理会解决利比亚事件的做法本身就是有问题的。因此，严格地说，在《联合国宪章》项下，尚无一起以“保护的责任”为合法理由，作为互不干涉内政原则的例外实证。

从理论与实践结合的角度看，各国和国际社会依照《联合国宪章》宗旨及原则履行“保护的责任”，必须正确地诠释和贯彻宪章的三大宗旨。

---

① 2005 World Summit Outcome, United Nations World Summit, 16 September 2005. A/60/L.1, para.139.

② Terry Nardin and Melissa S. Williams, *Humanitarian Intervention*, New York: New York University Press 2006, p.1.

③ 前引 Terry Nardin and Melissa S. Williams, *Humanitarian Intervention*, p.21。

④ 《保护的责任》中文本，保护责任：军事干预的原则(3)B。

⑤ 李寿平：《论联合国框架下“保护责任”法律制度的构建》，载《中国国际法学会 2012 年学术年会论文集》(西安，2012 年 5 月)，第 164 页。

"联合国的宗旨详细规定于宪章的序文和第一条中。"①但是,序文与第一条关于联合国宗旨的表述并不完全一致,尤其是人权保护的内容有着明显差异。序文将"重伸基本人权"作为与"免遭战祸"休戚相关,且以另起一行的并列方式(英文均为动词不定式 ②)表达其独立性的联合国宗旨(目的);③第一条规定的联合国宗旨所采用的四个英文动词不定式,则为"维持国际和平及安全"、"发展各国间的友好关系","促进国际合作"和"协调各国行动",④并没有"重伸"或"保护"人权的总括性并列规定。因此,对联合国宗旨的传统解读,通常不明确包括保护人权这一项。⑤

2006 年联合国大会的《人权理事会》决议"重申《联合国宪章》所载的宗旨与原则,包括发展国际间以尊重人民平等权利及自决原则为根据之友好关系,促成国际合作,以解决国际间属于经济、社会、文化,及人类福利性质之国际问题,增进并激励对于全体人类之人权及基本自由之尊重。……认知到和平与安全、发展和人权是联合国系统的支柱,也是集体安全与福祉的基础,并确认发展、和平与安全以及人权是相互联系和相辅相成的。决心加强联合国人权机制,以确保人人切实享有公民、政治、经济、社会和文化权利等所有人权,包括发展权,并为此目的,决定设立一个人权理事会"⑥。该决议将人权、和平与安全、发展并列为联合国的三大支柱,实质上是将《联合国宪章》序文有关"目的"之"免遭战祸""重伸人权""促进社会进步"重述为三大支柱。其中,尊重和保护人权已不再是从属于社会进步或国际合作的宗旨,而是具有独立性的"目的"或宗旨之一。因此,新设立的人权理事会不再隶属于经社理事会,而作为隶属联合国大会的专门机构负责全面促进人权保护的国际合作与对话,并且,今后将成为与安理会(维持国际和平与安全)、经社理事会(促进社会进步和国际合作)并列的三大理事会之一。

"保护的责任"旨在尊重和保护人权,促进和实现联合国的崇高宗旨。各主权国家负有保护人权的首要责任。如果某一主权国家未能履行其这一责任,应根据

---

① [英]劳特派特修订:《奥本海国际法》上卷第一分册,王铁崖、陈体强译,商务印书馆 1971 年版,第 297 页。

② 《联合国宪章》英文本序言有关"目的"表述为四个动词不定式(to save, to reaffirm, to establish, to promote)。

③ 《联合国宪章》序言采用了"目的"(ends),与第一条"宗旨"(purposes),含义相同。第一条第一款也将"维持国际和平与安全"的宗旨表述为"目的"。

④ 《联合国宪章》英文本第一条有关"宗旨"表述为四个动词不定式(to maintain, to develop, to achieved, to be)。

⑤ 参见 Peter Malanczuk, *Akehurst's Modern Introduction to International Law*, seventh revision edition, London: Routledge, 1997, p.368;另参见王铁崖主编:《国际法》,法律出版社 1981 年版,第 54 页。

⑥ 联合国大会决议《人权理事会》(A/RES/60/251)。

其导致的后果轻重，首先经由人权理事会（如前文所述，应能够采取具有强制约束力的措施）多数票决议促使其履行保护人权的责任，而不是通过具有否决机制的安理会来解决，除非发生严重的人道主义灾难，危及地区和国际和平与安全。一旦不得不由安理会行使集体保障职权，就必须严格依照经包括五个常任理事国同意，才能采取授权范围内的军事行动，并且应对可能的越权或滥用授权的行为做出必要的规约。

当一个主权国家未履行其保护人权的责任，国际社会通过人权理事会具有强制约束力的措施或安理会授权使用武力，共同行使“保护的责任”都是为了维护联合国宗旨。只有符合联合国宗旨的干预一国人权事务，才能构成互不干涉内政原则的合法例外。借“保护的责任”名义，绕过联合国或滥用安理会授权，行推翻一个主权国家合法政权之实，与联合国宗旨完全背道而驰，不具有任何合法性。

（二）乌克兰危机与互不干涉内政原则的适用例外

乌克兰危机是当今国际关系中一个重大事件，起因于 2013 年 11 月 21 日乌克兰政府决定暂停与欧盟签署联系国协定引发大规模反政府示威，继而政府更迭和时任总统被迫出走俄罗斯，随即克里米亚地区于 2014 年 3 月 16 日公投独立、并入俄罗斯，乃至乌克兰东部爆发持续动乱和武装冲突，直至同年 9 月 5 日冲突方达成停火协议。这是冷战结束后，美国为首的西方国家与俄罗斯围绕乌克兰对外政策变化而展开的地缘政治博弈之最新结果，凸显了互不干涉内政原则在实践中所面临的严峻挑战。①

中国对解决该危机的立场是坚持不干涉内政原则，尊重国际法和公认的国际关系准则，同时考虑到乌克兰问题的历史经纬和现实的复杂性。2014 年 3 月 15 日，在联合国安理会表决乌克兰克里米亚公投问题决议草案时，中方投了弃权票。中国政府重申：“中国历来尊重各国主权和领土完整。这是中国始终坚持的外交基本方针。我们也认为，乌克兰局势有着复杂的历史经纬和现实因素，处理起来需要全面权衡和考量。”②

众所周知，乌克兰在历史上曾先后是沙皇俄国和苏联的一部分，1991 年随苏联解体而独立。乌克兰因其特殊地缘而与俄罗斯、欧盟有着千丝万缕的联系。在

---

① 我国国际法学界对乌克兰危机多关注克里米亚公投与民族自决权的问题，参见曾令良：《克里米亚“脱乌入俄”引发的国际法问题》，孙世彦：《克里米亚公投入俄的国际法分析》，均载于《中国国际法学会 2014 年学术年会论文集》（重庆，2014 年 5 月），未论及该危机与互不干涉原则的关系。

② 外交部发言人秦刚就安理会表决乌克兰克里米亚公投问题决议草案答记者问：http://www.mfa.gov.cn/mfa_chn/fyrbt_602243/dhdw_602249/t1137691.shtml。

苏联时期，克里米亚被划归乌克兰，在这次危机中经地区公投而独立，并加入俄罗斯。这就是乌克兰危机的历史经纬和现实因素。

在“克里米亚独立事件”之前，乌克兰内部围绕其对外政策引发的政治危机本质上属于国内管辖的事项，联合国及其会员国不应干预。事实上，联合国安理会或大会此前也未议决或通过任何有关乌克兰危机的决议。但是，该独立及结果涉及乌克兰的主权和领土完整，因而演变为国际法上的问题。①

在乌克兰危机中，美国、欧盟和俄罗斯在不同程度上都干涉了乌克兰内政。譬如，2013 年 12 月 15 日，乌克兰反政府示威者在基辅独立广场集会，美国多名参议员在集会上公开表示支持。②欧盟站在美国一边，支持乌克兰的反俄势力。俄罗斯为维护其战略利益，则从各方面援助乌克兰的亲俄力量。乌克兰成了双方干预的博弈场。这是互不干涉内政原则的适用所面临的困境，再次凸显了建立和维持符合《联合国宪章》原则的国际法秩序之艰难性。

尤其值得关注的是俄罗斯杜马上院于 2014 年 3 月 1 日曾通过《关于在乌境内动用俄罗斯武装力量》的决议。③俄罗斯认为，美国和北约在阿富汗、伊拉克和利比亚未经安理会授权采取军事行动，无权指责俄罗斯；如果乌克兰东部出现违法现象，为保护在乌的俄公民，俄罗斯可以使用包括武力在内的所有手段。

综上所述，在和平共处五项原则诞生六十周年之际，当今国际法与国际秩序的现状表明，坚持适用互不干涉内政这一国际法的基本原则，仍面临极其严峻的挑战和一系列亟待国际社会共同努力解决的新问题。中国作为和平共处五项原则的倡导者、联合国安理会常任理事国之一，有责任继续大力弘扬“和平共处五项原则”，为维护世界和平与安全，建立各国人民和睦相处的国际关系新秩序，作出应有贡献。

The Principle of Non-Interference and Application in Practices of Contemporary International Law

Abstract：The principle of non-interference is that the equal sovereign states shall not intervene in each other’s internal affairs. It is the general principle of contem-

① 参见《未通过的决议草案》(S/2014/189)、《乌克兰的领土完整》(A/RES/68/262)。

② 参见王宪举：“美国在乌克兰危机中扮演了什么角色?”，载光明网：http://guancha.gmw.cn/2014-03/04/content_10570729.htm。

③ 2014 年 6 月 24 日，俄罗斯杜马上院根据普京总统建议废止了这一决议。参见报道《普京建议俄议会撤销在乌克兰动武授权》：http://www.chinadaily.com.cn/hqgj/jryw/2014-06-25/content_11891319.html。

porary international laws that the non-interference in each other's internal affairs is based on respect of states' sovereignty and territorial integration, which governs the relations between states in regard of their rights and obligations. It has been established as the general principle of international law or the customary law in compliance with the purposes and principles of the UN Charter. However, its application depends on determination of the matter essentially within the domestic jurisdiction and of applicable international laws accordingly. It was and is still controversial in practices of international laws to make such determination. This article is focused on analysis of the principle of non-interference and its relation to determination of domestic affairs, the relation between the principle of non-interference and the R2P, and the issues of exception of the non-interference.

Keywords: Non-interference in each other's internal affairs; the UN Charter; Practices of international laws; R2P; Exception of the non-interference

论国际法与国际秩序的“包容性”*

——基于《联合国宪章》的视角

内容摘要:《联合国宪章》是战后国际法与国际秩序的基石。以“我联合国人民”的名义制定的该《宪章》涵盖了一定的“包容性”。联合国从51个创始会员国发展为全世界193个主权国家组成的国际社会大家庭这一事实表明,其所基于的《宪章》具有对不同文明、文化和制度的“包容性”。但是,这种“包容性”存在许多问题。深入研究国际法与国际秩序中的文明、文化和制度的“包容性”及其实现的路径,尤其是将面向二十一世纪新形势下的中美关系置于国际法与国际秩序的“包容性”大框架下加以思考,谋划相应战略策略,紧密结合中国的国际法实践,创新具有中国特色的国际法理论,是摆在中国国际法学界面前的一项十分紧迫和重要的工作。

关键词:《联合国宪章》;文明;文化;制度;包容性

一、引 言

国际法是调整一定国际关系的法律制度总和,由此形成国际法规约下的国际秩序。1945年6月26日签署的《联合国宪章》(简称《宪章》)①被公认为是“国际社会的基本法律文件”②(也有称之为“宪法”③)和“更和平、更繁荣、更公正的世界不可或缺的基础”④。七十年后的今天,“《宪章》的原则依然是指导当代国际关系的基石”。⑤《宪章》开篇以“我联合国人民”(We the Peoples of the United Nations)为

* 原载《暨南学报》2015年第9期,第112—124页。

① Charter of the United Nation, 1 U.N.T.S. XVI.《联合国宪章》英、法、中、俄、西班牙文签署文本原件,参见 UN Treaty Collection: https://treaties.un.org/doc/Publication/CTC/uncharter-all-lang.pdf[2015-03-28]。以下访问时间同,均略。中文本也可参见《国际条约集(1945—1947)》,世界知识出版社1959年版,第35页。根据《联合国宪章》第111条,5种文字的作准本具有同等的国际法效力。下文援引《联合国宪章》,均以签署原件中文本为准,并参考英文本,出处略。

② Robert Jennings and Arthur Watts(eds.), *Oppenheim' International Law*, Longman Group UK Limited, 9th ed., 1992, Volume 1, p.31.

③ Bardo Fassbender, *The United Nations Charter as the Constitution of the International Community*, Martinus Nijhoff Publisher, 2009).

④ 《2005年世界首脑会议成果文件》,A/RES/60/1(2005),第1页。

⑤ Wang Yi, “United Nations Charter should be Used instead of being Worshiped”, http://www.fmprc.gov.cn/mfa_eng/zxxx_662805/t1240732.shtml.

第一(集体)人称，意味深长。从当年51个签署国[①]到如今193个会员国，《宪章》代表着正义战胜邪恶，体现了一切爱好和平的人们共同利益。同时，从现代国际法与国际秩序的演变来看，以“我联合国人民”的名义制定的《宪章》涵盖了一定的“包容性”(inclusiveness)。

通常，人们将十七世纪中叶至1945年的国际关系史划分为“近代”和“现代”，[②]其后为“战后”(其中可分“冷战”与“冷战后”)。[③]也有西方学者赞同从“全球化”(Globalization)角度，将地理大发现之后的历史分为“打开”(open up)世界的“全球化1.0”时代(十五世纪末至1800年)、“多国合作”(multinational cooperation)“全球化2.0”时代(1800—2000年)和“全球化3.0”的当代(2000年—　)。[④]但是，从格劳秀斯创立的国际法学说及其影响下形成的威斯特伐利亚体系演变至今的历史来看，特别是以《宪章》为视角，看待当代国际法与国际秩序及其发展趋势，可见《宪章》的诞生标志着国际法从欧洲国家间法，最终真正成为全球性法律制度；以《宪章》为基础的联合国已从第二次世界大战时反法西斯的国家联盟发展为战后国际社会最广泛、最具代表性的“大家庭”。因此，近四百年的国际法与国际秩序的形成与发展，也不妨以《宪章》为分界线划分“之前”和“之后”。这些不争的事实亦表明：基于《宪章》的国际法与国际秩序，本质上有着独特的“包容性”。

以“我联合国人民”为主体的《宪章》涵盖的这种“包容性”意味着人类社会的各种文明、文化和制度的包容。惟有这种包容达至理想的境地，人类社会的永久和平才具有坚实的基础。在纪念《宪章》七十周年之际，探讨这种“包容性”及其实现的路径，具有特别重要的理论与实际意义。

二、国际法与国际秩序中的文明“包容性”

(一)什么是“文明”或“文明国家”?

《宪章》本身通篇没有“文明”(civilization)一词，但是，根据《宪章》第九十二条，连同《宪章》一起签署的《国际法院规约》(简称《规约》)“系以国际常设法院之规约

① 波兰当时未签署《宪章》，1945年10月15日以联合国创始会员国的资格签署。参阅UN Founding Member States: http://www.un.org/depts/dhl/unms/founders.shtml。

② 参见王绳祖主编：《国际关系史(十七世纪中叶——一九四五年)》，法律出版社1986年版。

③ 参见方连庆等主编：《战后国际关系史(1945—1995)》，北京大学出版社1999年版。

④ 这是托马斯·弗里德曼在《共同的世界》(*Plat World*)中提出的划分法。有关评述，参见Daniel Bethlehem, The End of Geography: The Changing Nature of the International System and the Challenge to International Law, *The European Journal of International Law*, Vol.25, No.1(2014), p.19。

为根据,并为本宪章之构成部分”[①]。该《规约》第三十八条第一款第三项规定:“一般法律原则为文明各国所承认者”是法院裁判的可适用法之一。这不仅是《规约》,而且因其为《宪章》不可缺少“之构成部分”(an integral part),故可视为《宪章》唯一采用“文明”词语之处。尽管《规约》这一规定本身有悖于《宪章》的主权国家平等原则,[②]但是,这毕竟已成为《宪章》的一部分。因此,有必要从国际法与国际秩序中的文明“包容性”角度加以分析。

郑斌教授在最初作为博士论文于1950年完成的《国际法院与法庭适用的一般法律原则》中,对《规约》第三十八条第一款第三项做了堪称后人叹为观止的全面、深入研究,[③]尽管国际常设法院(PCIJ)和国际法院(ICJ)从未直接以“一般法律原则”作为裁判的可适用法,而是“采用这些原则作为其推理或支持其基于其他依据所做裁决的一部分”,[④]本文亦无意探讨这个问题。值得研究、思考的是:郑斌教授作为具有华裔背景的著名国际法学者,无论是他发表于二十世纪五十年代初的原著,还是在2009年撰写的该书中文版序言,均未对“一般法律原则”之限定用语——“文明各国”(civilized nations),尤其是“文明”一词,作比较详尽的专门论述。似乎,这是不言自明的,“因为任何国家作为国际社会的成员必然被认为是文明的”。[⑤]问题恰恰在于从欧洲为中心到以《宪章》为核心的国际法与国际秩序演变过程中,哪些国家有资格,以及如何成为国际社会的成员,本身就充满了争议和冲突。正如郑斌的导师施瓦曾伯格教授坦言:“依然有许多事情要做。首先,确定文明民族这一术语之含义的切实可行的标准是国际法社会学的责任。”[⑥]

什么是文明国家或民族呢?这取决于回答问题的视角。基于《宪章》及其实践的国际法视角,凡是联合国会员国或永久观察员国,均为文明国家或民族。诚然,

---

① Statute of the International Court of Justice, 1 U.N.T.S. XVI,《国际法院规约》英、法、中、俄、西班牙文签署文本原件,参阅 UN Treaty Collection: https://treaties.un.org/doc/Publication/CTC/uncharter-all-lang.pdf,下文援引《国际法院规约》,均以签署原件中文本为准,并参考英文本,出处略。

② 参见 Separate Opinion of Judge Fouad Ammoun(translation), *North Sea Continental Shelf*, Judgment of 20 February 1969, ICJ Reports 1969。该单独意见谈及如对大陆架划界存有异议,是否存在《规约》第38条第1款(c)项下的各国公认一般法律原则时,特别指出:“首先重要的是看到《规约》第38条第1款(c)项所指‘文明国家承认之一般法律原则’在其制定的形式上是不适用的,‘文明国家’的用语与《联合国宪章》相关规定相悖,因而是对一般法律原则的不当限定。”(Sep.op. Ammoun, p.133. Para.33)

③ 郑斌:《国际法院与法庭适用的一般法律原则》,韩秀丽、蔡从燕译,法律出版社2012年版。该书中文版序言介绍“本书系统分析了1794年现代国际仲裁开始至1953年本书第一版出版之际,约130个国际法院于法庭的600余个曾适用国际法‘一般法律原则’的裁决”(第1页)。

④ Vladimir Degan, *Sources of International Law*, Kluwer Law International, 1997, p.53.

⑤ 前引郑斌:《国际法院与法庭适用的一般法律原则》,第27页。

⑥ 同上书,前言,第2页。

获得这样的国际法地位本身是非常复杂的过程。这正是国际法与国际秩序的“包容性”所涉及的问题。从历史的视角看，“文明”和“社会”这两个术语可以互换使用。英国历史学家汤因比在《历史研究》绪言中列举的古代希腊社会以及源于天主教会的西方基督教社会和东正教社会、伊朗和阿拉伯社会及叙利亚社会（伊斯兰教社会）、古代印度社会、古代中国社会、米诺斯社会、苏末社会、赫梯社会和巴比伦社会、埃及社会、安第斯社会、尤卡坦社会、墨西哥社会和马雅社会[①]是西历公元前至公元约1000年在地球上形成的主要文明形态。[②]汤因比反对“文明统一”的错误概念，并指出“自我中心”的错觉在中国清朝乾隆皇帝时期也非常突出。[③]

（二）具有基督教文明内部“包容性”的欧洲国际法及其演变

现代国际法肇起于西方基督教社会。格劳秀斯在1608年11月匿名发表的《海洋自由论》[④]中开宗明义，指出：“所有人依国际法均可自由航行。”为论证这一“国际法”（Law of Nations）的公理，格劳秀斯以创世的“上帝自己借自然之口道出此原理”为出发点，认为“上帝赐予人类环抱整个地球，且在其上可到处航行的海洋”，并援引在《旧约圣经》代上帝之言的摩西（Moses）史上的故事，说明海洋如同“公路”（high roads）一样是对全人类开放。后来的“公海”（high seas）由此得名。显然，格劳秀斯将之作为自然法的国际法理念是基督教社会的产物。“特别是近代国际法。其本身的存在应归功于自然法学说。”[⑤]

但是，格劳秀斯采取了将自然法学说从神学中解放出来的“决定性步骤”。[⑥]这首先体现在他对于神学的创新解读。譬如，在《捕获法》中，为了回应当时荷兰东印度公司部分股东质疑采用武力取得葡萄牙商船的货物作为战利品补偿股东的做法，格劳秀斯强调：“无论采取何种推理思路，无论接受什么权威论述，我们都必须得出这一结论：从所有的法律角度看，对基督徒而言，有些针对基督徒的战争是正

---

① ［英］汤因比：《历史研究》上，曹未风等译，上海人民出版社1966年版，第15—43页。

② 《泰晤士世界历史地图集》，三联书店1985年版，第16—20页。

③ 前引［英］汤因比：《历史研究》上，第45—47页。

④ Hugo Grotius, *The Freedom of the Seas*, (New York: Oxford University Press, 1916), Introductory Note, p.v. 该英译本的拉丁文版封面出版年为1608。也有学者考证认为：荷兰东印度公司于1608年10月要求格劳秀斯匿名发表其为该公司所涉“凯萨琳号案”辩护所写《捕获法》第十二章（即《论海洋自由》），因当时荷兰与西班牙正在谈判签署《安特卫普休战协定》，故推迟至1609年4月底发表。参见Gugo Grotius, *Mare Liberum* 1609-2009, Edited and Annotated by Robert Feenstra, (Leiden: Brill, 2009), Preface, p.ix. 下文均援引［荷］雨果·格劳秀斯：《论海洋自由》，马忠法译，上海人民出版社2005年版，并参考英译本，出处略。

⑤ ［英］劳特派特：《奥本海国际法》上卷第一分册，王铁崖、陈体强译，商务印书馆1971年版，第63页。

⑥ 前引［英］劳特派特：《奥本海国际法》上卷第一分册，第64页。

当的。”①这包含了新教思想。格劳秀斯的代表作《战争与和平法》更是直截了当地说：“上帝的权力是无限的，但是，可以说世上有些事情连这种权力也无法逮及，因为此类事情仅仅说过，而无现实回应及自相矛盾。就如同上帝也不能使 2 加 2 不等于 4，他也不能使本质上邪恶者不邪恶。”②没有这种世俗化的新教思想，不可能催生相对于格劳秀斯之前时代而言，新的国际法与国际秩序。

新的国际法具有包容新教观念的特点。格劳秀斯时代正是欧洲因新、旧教冲突引起的 30 年战争时期。“1648 年威斯特伐利亚和约结束了 30 年宗教战争，标志着接受新的欧洲政治秩序。”③该和约第二条规定：“永远宽恕在战争中各自无论何时何地所作所为，不再以任何方式加害或不允许加害他方，并完全废止战前或战时所为。”④这一新的欧洲政治秩序仍是一个基督教文明的社会，但以法国等西欧世俗国家为中心，承认独立的各民族国家主权平等、新旧教的平等，最大限度地包容了当时欧洲的 16 个国家和 66 个神圣罗马帝国名义下享有主权的王国。⑤这就是十七世纪中叶具有基督教文明内部“包容性”的欧洲国际法与国际秩序，也是欧洲人视野中的国际社会。

此后，欧洲人的这一国际社会逐步扩展到美洲、澳洲、亚洲和非洲等地区。十九世纪末、二十世纪初，有许多事件可以佐证这一发展。譬如，1883 年《保护工业产权巴黎公约》于翌年生效时有法国、比利时、西班牙、意大利、荷兰、葡萄牙、塞尔维亚、瑞士、英国、丹麦等欧洲 10 国，巴西、危地马拉、美国、萨尔瓦多、厄瓜多尔、多米尼加等美洲 6 国，新西兰、昆士兰（澳大利亚）和亚洲国家日本以及最靠近欧洲的北非国家之一突尼斯；1900 年该公约又增加德国、奥地利、匈牙利、卢森堡、挪威、瑞典和俄罗斯等欧洲 7 个缔约国。⑥这大致是当时的国际社会情况。又譬如，1900 年美国联邦最高法院在审理一起捕获法案件时，为了论证战时不得抓捕敌方渔船及船员这一习惯国际法的存在，先后列举了十五世纪以来英国、法国、荷兰、美国、普鲁士（德国）、墨西哥、奥地利和日本等“文明国家”（civilized nations）战时区分渔船与军用船只的惯例，并特别说明日本是“最后一个加入文明

---

① ［荷］雨果・格劳秀斯：《捕获法》，张乃根等译，上海人民出版社 2006 年版，第 49 页。

② Hugo Grotius, *On the Law of War and Peace*, the Clarendon Press 1925, p.42.

③ Andrew Clapham, *Brierly's Law of Nations*, Oxford University Press, 2012, p.5.

④ Peace Treaty between the holy Roman Emperor and the King of France and their respective Allies.英文本来源：Treaty Text(Yale Law School)http://avalon.law.yale.edu/17th_century/westphal.asp, [2015-03-15].《威斯特伐利亚和约》中文本，可参见《国际条约集（1648—1871）》，世界知识出版社 1984 年版，第 2 页。

⑤ 参见 http://en.wikipedia.org/wiki/Peace_of_Westphalia。

⑥ *Union internationale pour la protection de la propriété industrielle*, Paris, A. Pedone, Éditeur, 1901, p.8. 载于法国网：http://gallica.bnf.fr/ark:/12148/bpt6k6105575f/f5.image。

国家行列的国家"①，还以当时美国、英国、阿根廷和德国的国际法学说作为学理依据。可见，国际社会仍具有显著的基督教文明特征，虽已不限于基督教社会。第一次世界大战结束后于 1919 年签署的《凡尔赛和约》及 1920 年成立的国际联盟包括了更多的非基督教社会成员，尤其是中国作为国际联盟 44 个创始会员国之一，进入了当时仍以欧洲为中心的国际社会成员行列。纵观《宪章》及联合国诞生之前约三百年的历史，以欧洲为中心的国际法与国际秩序包容了基督教文明内的几乎所有国家和民族，甚至"当时欧洲在确定国际体系成员资格时没有沙文主义。譬如，奥斯曼帝国通过 1649 年缔约被接受为[国际体系]成员"②。然而，对于非基督教文明的各国或地区而言，该国际法与国际秩序缺乏本质上的"包容性"。

（三）基于《宪章》而具有文明"包容性"的全球国际法与国际秩序

基于《宪章》的国际法与国际秩序具有本质上的"包容性"。

首先，《宪章》源于第二次世界大战中反法西斯联盟的一系列主要国际法文件。这包括 1941 年 6 月 12 日在伦敦圣詹姆斯宫通过的 14 国《联盟国宣言》，③同年 8 月 14 日美英首脑《联合宣言》，④1942 年 1 月 1 日由美国、英国、苏联和中国等 26 个世界反法西斯联盟的国家代表签署的《联合国家宣言》。⑤这些国际法文件道出了善良正义的人类处于生死存亡之际发自内心的肺腑之言："持久和平的唯一真正基础是摆脱了侵略威胁，人人享有经济与社会安全的世界上自由人民之自愿合作"（《联盟国宣言》）；"待纳粹暴政被最后毁灭后，两国希望可以重建和平，使各国俱能在其疆土以内安居乐业，并使全世界所有人类悉有自由生活，无所恐惧，亦不虞匮乏的保证"（《联合宣言》）；"深信完全战胜它们的敌国对于保卫生命、自由、独立和宗教

---

① *The Paquete Habana*, 175 U.S. 677(1900).

② Instrument for the Prolongation of the Peace between the Emperor of the Holy Roman Empire and the Sultan of Turkey, 1 July 1649, 1 CTS 457.参见 James Crawford, ed., *Brownlie's Principles of Pubic International Law*. 8th edition(Oxford: Oxford University Press, 2012), p.4。

③ 该决议又称《圣詹姆斯宫宣言》(*The Declaration of St. James's Palace*)，由英国与英联邦成员（加拿大、澳大利亚、新西兰和南非）以及被德国和意大利侵占的欧洲国家而被迫流亡英国的比利时、希腊、卢森堡、荷兰、挪威、波兰和南斯拉夫等国政府和捷克斯拉伐克临时政府以及自由法国领导人戴高乐将军的代表签署。参阅"《联合国宪章》历史"：http://www.un.org/aboutun/charter/history/index.shtm。通常，这被称为《联盟国宣言》，或《伦敦宣言》，参见饶戈平主编：《国际组织法》，北京大学出版社 1996 年版，第 34 页。

④ 又称《大西洋宪章》(*The Atlantic Charter*)，影印件原文《联合宣言》(Joint Declaration)参阅《美国历史文献选萃》([美]康马杰编辑)，今日世界出版社 1979 年版，第 107 页；中文本参阅《国际条约集(1934—1944)》，世界知识出版社 1961 年版，第 337 页。

⑤ *Declaration by United Nations*(January 1, 1942)，载《〈联合国宪章〉历史》：http://www.un.org/en/aboutun/history/declaration.shtml。中文本参阅《国际条约集(1934—1944)》，世界知识出版社 1961 年版，第 342 页。

自由并对于保全其本国和其他各国的人权和正义非常重要”(《联合国家宣言》)。字里行间没有任何基督教文明色彩，甚至于没有任何特定文明的印记，只有人类企求和平自由、安居乐业的呼声。这代表了全人类(那些无比残暴对待善良人类的纳粹主义者、军国主义者只有兽性，毫无人性可言，必须除外)的共同利益，因而本质上具有最大的包容性。上述宣言的核心理念与《宪章》序言及第一条所表明的三大宗旨相吻合：维持国际和平及安全；促进国际间合作以解决国际间属于经济、社会、文化、及人类福利之国际问题；尊重和保护个人、人民的人权。①2006 年联合国大会关于成立新的人权理事会决议进一步明确这三大宗旨：“和平与安全、发展和人权是联合国系统的支柱，也是集体安全与福祉的基础。”②同样，这些宗旨构成了当代国际法与国际秩序的“包容性”之基础。

其次，《宪章》的首要基本原则——各国主权平等——第一次在国际法上明确“大小各国平等”而无文明之不同或差别，从而消除了先前以基督教文明国家为限(如威斯特伐利亚体系)或为中心(如国际联盟)的旧痕迹，为包容国际社会的所有成员提供了法律保障。《宪章》的这一基本原则源于 1943 年 10 月 30 日由中国、苏联、美国和英国政府代表在莫斯科签署的《普遍安全的四国宣言》(《莫斯科宣言》)。③该宣言第一次明确提出“根据一切爱好和平国家主权平等的原则，”建立一个全新的联合国。“所有这些国家无论大小，均得加入为会员国，以维持国际和平与安全”。签署《宪章》的联合国创始会员国不分大小，先由中苏美英四国以联合国会议的发起国身份按字母顺序，法国作为安理会常任理事国其后，其余均严格按字母顺序，由本国代表团成员签名。这与先前的国际联盟规定可加入的成员国分为“完全自治国家”(full self-governing State)、“领地”(Dominion)和“殖民地”(Colony)④形成鲜明对比。1970 年联合国大会关于国际法原则的宣言进一步诠释了“各国主权平等”的要素，包括“各国法律地位平等”；“每一国均享有充分主权之固有权利”；“每一国均有义务尊重其他国家之人格”；“国家之领土完整及政治独立不得侵犯”；“每一国均有权利自由选择并发展其政治、社会、经济及文化制度”；“每一国均有责任充分并一秉诚意履行国际义务，并与其它国家和平共处”。⑤新的联合国人

---

① 参见张乃根：《试析联合国宗旨下的国际秩序及其演变》，《东方法学》2012 年第 2 期。

② 联合国大会决议《人权理事会》A/RES/60/251(2005 年 3 月 15 日)。也可参见张乃根：《论联合国“三重”理事会——以改革中的人权理事会为视角》，《国际法研究》2014 年第 3 期。

③ *Declaration of the Four Nations on General Security*(*Moscow Declaration*)，中文本参见《中苏美英四国关于普遍安全的宣言》，载《国际条约集(1934—1944)》，世界知识出版社 1961 年版，第 403 页。

④ 《国际联盟盟约》第 1 条。《国际条约集(1917—1923)》，世界知识出版社 1961 年版，第 266 页。

⑤ 《关于各国依联合国宪章建立友好关系及合作之国际法原则之宣言》A/RES/2625(1970 年 10 月 24 日)。

权理事会更是体现了各国主权平等的包容原则。按照《人权理事会》决议，该理事会成员资格“向联合国所有会员国开放”；“由大会通过无记名投票，以会员国过半数直接选举产生”“以公平地域分配为基础”的 47 个成员。“理事会成员任期三年，在连续两任后没有资格立即再次当选”。[①]自诩为“人权卫士”的美国等不再享有以往在人权委员会的不断连任特权，以致美国不仅是反对新的人权理事会成立的 4 个国家之一，而且在该理事会运行后 3 年才不得不申请入选该理事会。

总之，基于《宪章》的国际法与国际秩序，更趋向于对各种文明的“包容性”，亦即“不同文明兼容并蓄、交流互鉴”。[②]诚然，这种包容远未达到理想境地。譬如，战后至今，巴勒斯坦与以色列的对立除了受制于地缘政治的影响，凸显了伊斯兰教与犹太教这两大文明之间的冲突，以致在以色列占领区的巴勒斯坦国至今无法建都，并因美国和以色列的坚决反对而未成为联合国会员国。这是中东地区局势长期动荡不定的根本原因之一。

三、国际法与国际秩序中的文化“包容性”

（一）文化的含义及其意识形态的包容

《宪章》多项条款涉及“文化”。第一条第三款规定：联合国宗旨之一是：“促成国际合作，以解决国际间属于经济、社会、文化、及人类福利性质之国际问题，且不分种族、性别、语言或宗教，增进并激励对于全体人类之人权及基本自由之尊重。”第六十二条第一款规定：“经济及社会理事会得作成或发动关于国际经济、社会、文化、教育、卫生及其他有关事项之研究及报告。”第七十三条第一款关于非自治领土的规定：“充分尊重关系人民之文化下，保证其政治、经济、社会及教育之进展，予以公平待遇，且保障其不受虐待。”上述条款中的“文化”的英文为“cultural”或“culture”。但是，作为《宪章》构成部分的《国际法院规约》第九条规定：法官“选举人不独应注意被选人必须各具必要资格，并应注意务使法官全体确能代表世界各大文化及各主要法系”。其中“文化”的英文为“civilization”。可见，在不同的上下文，文化的含义有所不同。狭义者与经济、社会的要素并列；广义者指某一人民的文化或文明。

紧接着联合国成立，于 1945 年 11 月 16 日创建，并在其《组织法》明文规定为联合国专门机构的教育科学文化组织（UNESCO）强调：“文化之广泛传播以及为

---

① 联合国大会决议《人权理事会》A/RES/60/251（2005 年 3 月 15 日）。

② 习近平：《迈向命运共同体，开创亚洲新未来》（2015 年 3 月 28 日），载外交部网站：http://www.fmprc.gov.cn/mfa_chn/ziliao_611306/zyjh_611308/t1249640.shtml。

争取正义、自由与和平对人类进行之教育为维护人类尊严不可缺少之举措，亦为一切国家关切互助之精神，必须履行之神圣义务”；[①]“致力于在尊重共同价值观的基础上为不同文明、文化和民族之间开展对话创造条件”。[②]UNESCO《世界文化多样性宣言》“重申应把文化视为某个社会或某个社会群体特有的精神与物质，智力与情感方面的不同特点之总和；除了文学和艺术外，文化还包括生活方式、共处的方式、价值观体系，传统和信仰”[③]。显然，这是广义的文化。

无论是狭义或广义的文化，均与人类的精神世界休戚相关。文化的本质在于思想观念。作为具有最高思维能力的自然生物，人类的吃穿住行及其手段的创造、使用属于物质生活或活动；相对应的是人类的思想与相互交流的外化形式，包括语言及表述、艺术创作及表现等。思想的最高境界是哲学，这是人类对自己社会及其自然界的存在与各种物质、精神生活的根本性思考。可以说，哲学是文化的灵魂。“自从人类能够自由思考以来，他们的行动在许多重要方面都有赖于他们对于世界与人生的各种理论，关于什么是善、什么是恶的理论。”[④]这种理论是人类思想、观念和意识的核心。这些产生于人类物质生活的这些思想、观念和意识可统称为“一般意识形态”。[⑤]从思想观念角度看待文化，国际法与国际秩序中的文化“包容性”离不开意识形态的要素。

（二）冷战的历史教训：国际法与国际秩序中的意识形态“包容性”

如前文所述，近四百年来的国际法与国际秩序的形成与发展，可以《宪章》为分界线划分“之前”和“之后”。尽管基于《宪章》的国际法与国际秩序具有本质上的“包容性”，但是，这种应然的“包容性”在联合国成立后长达近半个世纪的冷战时期，受到东西方两大阵营的排他性意识形态的严重制约。美国总统杜鲁门于 1947 年 3 月 12 日在美国国会声称：“目前几乎每个民族度必须在两种生活方式之中选择其一。”[⑥]他所说的“两种生活方式”是“自由国家”与对立的“极权国家”中人民的不同生活方式。“自由”和“极权”的思想观念显然包含了善与恶的意识形态。在这种意识形态支配下，各国被划归“自由”抑或“极权”的两个世界。与此相反，苏联的

---

① 《联合国教育、科学及文化组织组织法》，《联合国教育、科学及文化组织基本文件》，2014 年。

② 《何为教科文组织?》，教科文组织 2009 年，载于 http://www.unesco.org/new/zh/unesco/about-us/who-we-are/introducing-unesco/。

③ 《世界文化多样性宣言》(2001 年 11 月 2 日)。

④ [英]罗素:《西方哲学史》上卷，何兆武、李约瑟译，商务印书馆 1963 年版，第 12 页。

⑤ [德]马克思、恩格斯:《费尔巴哈》，载《马克思恩格斯选集》第一卷，人民出版社 1972 年版，第 22 页。

⑥ [美]哈里·杜鲁门:《杜鲁门主义》，载[美]康马杰编辑:《美国历史文献选萃》，香港今日世界出版社 1979 年版，第 113 页。

国际法学者认为当时“以诽谤社会主义制度，歪曲共产党的目标和政策以及整个马列主义学说为主要内容的反共政策成为帝国主义的主要思想武器”①。敌对的意识形态导致了对峙的两大体系：“在人类从资本主义过渡到社会主义和共产主义的时代，两种相互对立的社会经济体系——社会主义和资本主义——的相互作用是国际关系的决定因素。”②冷战时期的国际法与国际秩序充满了此类意识形态的敌意或阴影。战后五十年代的朝鲜战争、六十至七十年代的越南战争和八十年代的阿富汗战争都是冷战的产物。在这样的历史背景下，联合国难以按照《宪章》发挥其维护国际和平与安全，促进国际合作和保护人权的应有作用。这是冷战的历史教训。正如UNESCO《保护和促进文化表现形式多样性公约》序言所强调的：“忆及在民主、宽容、社会公正以及各民族和各文化间相互尊重的环境中繁荣发展起来的文化多样性对于地方、国家和国际层面的和平与安全是不可或缺的”。③

前车之覆，后车之鉴。在当代国际法与国际秩序中，冷战思维依然阴魂不散。尽管中国一贯坚持独立自主的和平外交政策，倡导并身体力行地实践“互相尊重主权和领土完整、互不侵犯、互不干涉内政、平等互利、和平共处”这一“开放包容的国际法原则”，④但是，在国际关系中将中国视为“共产主义国家”“非市场经济”，采取带有浓厚意识形态色彩的歧视性政策或措施，远未销声匿迹，甚至拉帮结伙，在军事上企图围堵中国。

面对严峻的挑战，中国更应坚定地走和平发展道路，强调国际法与国际秩序中的意识形态“包容性”，以柔克强，外交上不打意识形态战，善于超越意识形态分歧，寻求可接受的共同理念，促进相互理解，合作共赢。

（三）国际法理论中的意识形态“包容性”问题探析

在强调国际法与国际秩序中的意识形态“包容性”这一前提下，下文扼要地探析国际法理论中的相关问题。自鸦片战争前后欧美国际法论著经翻译传入中国，至1932年由周鲠生教授出版中国学者编写的第一本《国际法大纲》⑤（这也是民国

---

① ［苏联］Ф·И·科热夫尼科夫主编：《国际法》，刘莎等译，商务印书馆1985年版，第9页。

② ［苏联］Г·В·伊格纳钦科、Д·Д·奥斯塔频科主编：《国际法》，求是等译，法律出版社1982年版，第2页。

③ 《保护和促进文化表现形式多样性公约》（2005年10月20日），中国于2006年12月29日决定批准加入。

④ 《习近平在和平共处五项原则发表60周年纪念大会上的讲话》（2014年6月29日），载外交部网站：http://www.fmprc.gov.cn/mfa_chn/ziliao_611306/zt_611380/dnzt_611382/hpgc_668028/t1169582.shtml。

⑤ 周鲠生：《国际法大纲》，商务印书馆1932年版。“此书是我国第一部由中国人编写的有关国际法学的专著”。引自该书勘校本，周鲠生：《国际法大纲》，周莉勘校，中国方正出版社2004年版，“勘校者序”。

时期“出版的、发行量最大的一本国际法教科书”[①]),清末民初深受西方国际法学说的影响。如周鲠生教授所言:“书中所述原则,大抵依据西方先辈学者的著作。”[②]新中国成立后相当长时间里,苏联的国际法理论在不同程度上又影响了中国学者,加上当时极左思潮严重,国际法论著也难免留有意识形态冲突的痕迹。譬如,1976 年出版的周鲠生教授遗著《国际法》援引苏联国际法教科书的观点,认为国际法具有阶级性,“同时代表着各国的统治阶级的意志”。[③]1981 年出版的王铁崖教授主编《国际法》集当时中国国际法学界之精华而成,仍然认为:“国家的意志就是国家的统治阶级的意志。由于国际法的效力的根据在于国家,在于国家的意志,这就表现了国际法的阶级性。”[④]直到二十世纪八十年代末、九十年代初,中国国际法学界才开始抛弃这种观点,同时也探索具有中国特色的国际法理论。[⑤]

近十多年,随着中国加入世界贸易组织,综合国力显著增强,中国的国际法理论创新愈加成为一项十分重要的工作。这包括“运用国际法主张在多样性中和谐共处,在差异性中求同存异,建设一个开放、包容的和谐世界”[⑥];“研究提出适合我国和平发展需要的系统的国际法观,向世界宣示中国对国际法律事务的基本理念和原则,争取更大的国际规则制定话语权。”[⑦]中国学者已经在这方面做出了可喜的努力。老一辈国际法学者潘抱存教授在《中国国际法理论新发展》中提出:中国和平发展的国际法律观包括的主要内容是:“维护世界和平”;“维护全人类共同利益”;“维护国际秩序,倡导国际社会组织化”;“树立新的世界安全观”和“和谐世界的理念”。[⑧]年青国际法学者罗国强教授在《国际法本体论》等论著中试图将新形势下的东方和谐观与西方的正义、公平、平等、善意等原则结合,构建新的自然国际法基本原则与学说。[⑨]何志鹏教授在《国际法哲学导论》中初步提出了

---

① 端木正:《国际法发展史的几个问题》,载黄瑶、赵晓雁编:《明德集:端木正教授八十五华诞祝寿文集》,北京大学出版社 2005 年版,第 494 页。

② 周鲠生:《国际法大纲》,序。

③ 周鲠生:《国际法》,商务印书馆 1976 年版,第 8 页。

④ 王铁崖主编:《国际法》,法律出版社 1981 年版,第 9 页。

⑤ 参见潘抱存:《中国国际法理论探讨》,法律出版社 1988 年版;潘抱存:《中国国际法理论新探索》,法律出版社 1999 年版。

⑥ 曹建明:《努力运用国际法,为构建和谐世界服务》,载《中国国际法年刊(2006)》,世界知识出版社 2007 年版,第 5 页。

⑦ 李适时:《将中国国际法事业不断推向新台阶》,载《中国国际法年刊(2012)》,法律出版社 2013 年版,第 5 页。

⑧ 潘抱存、潘宇昊:《中国国际法理论新发展》,法律出版社 2010 年版,第 6—10 页。

⑨ 罗国强:《国际法本体论》,法律出版社 2008 年版;罗国强:《论自然国际法的基本原则》,武汉大学出版社 2011 年版。

国际法的中国理论构想,包括国际法的本体论、价值论、方法论和运行论。[①]易显河教授提出的国际法"共进"(co-progressivenenss)理论也引起了国内外学界的关注。[②]

中国的国际法理论创新需要我们进行长期坚忍不拔的努力。国际法院前院长史久镛教授在为外交部条法司编写的《中国国际法实践与案例》序言中指出:"由于种种原因,中国法学界对自己本国国际法理论实践缺乏系统研究和著作"。[③]这为我们创新中国的国际法理论指明了方向,即,在密切结合并善于总结中国的国际法实践的基础上系统研究国际法理论。近代中国在鸦片战争之后逐步了解源于欧洲的国际法,并引进了有关理论;新中国之后相当长时期又受到苏联国际法学说影响;近三十多年来开始探索中国的国际法理论。但是,当前仍以欧美国际法学说为主导。在一定程度上,这与国际关系与国际秩序的现实有关。中国的国际地位提升及影响扩大,正在显著地加快。我们应该贡献与之相适应的国际法理论。二十世纪初之后,美国开始在世界舞台上发挥主导作用。同时,在卡内基研究院的赞助下和时任《美国国际法学刊》主编及美国国务院法律顾问詹姆斯·布朗斯考特(James Brown Scott)教授的主持下,一套完整翻译欧洲最有代表性的古典国际法论著英译本文库问世。[④]其目的是为了让美国政府和学界全面、深入地了解国际法理论。这也为以后美国的国际法理论创新提供了很好的学理基础。同属西方文化的"后起之秀"美国况且这样。这启示我们:一方面应结合中国的国际法实践,另一方面应进一步了解当今"仍占绝对优势"[⑤]的西方国际法理论。"知己知彼,百战不殆。"打战如此,理论创新也是这样。

中国的国际法理论创新应在紧密结合中国的国际法实践的基础上,对国际法各个领域进行系统、深入的研究,包括对西方国际法理论的研究、吸取,提炼而成。如同在国际法与国际秩序中应强调意识形态的"包容性",善于超越意识形态的分歧,中国的国际法理论创新也应如此。中国特色的国际法理论应具有含蓄的意识

① 何志鹏:《国际法哲学导论》,吉林大学出版社2013年版。

② Sienho Yee, *Towards an International Law of Co-progressiveness*, *Part II*, Brill Hijhoff, 2014.

③ 史久镛:"序言",载段洁龙主编:《中国国际法实践与案例》,法律出版社2011年版。

④ The Classics of International Law(1912–1950),包括:阿亚拉·巴尔萨泽(Ayala Balthazar)《战争的权利和职务与军纪》;科尔内科斯·范宾刻舒克(Cornelius van Bynkershoek)《海洋主权论》;阿尔贝里科·真蒂利(Alberico Gentili)《使节法》和《为西班牙辩护》;雨果·格劳秀斯(Hugo Grotius)《战争与和平法》《海洋自由论》和《捕获法》;乔瓦尼·达勒格那诺(Giovani da Leguano)《论战争、报复与交战》;E.德瓦特尔(E. de Vattel)《万国法》;萨穆埃尔·冯普芬道夫(Samuel von Pufendorf)《自然法上人和公民的义务》;理查德·苏支(Richard Zouche)《国际法与法院》;克里斯蒂安·冯沃尔夫(Christian von Wolff)《国际法方法论》。

⑤ 史久镛:"序言"。

形态基调，即，中国视野下的善恶观、正义观等，并包容不同意识形态，是为世界各国能够接受的国际法理论。[①]

四、国际法与国际秩序中的制度“包容性”

（一）康德的《永久和平论》及其对制度“包容性”的思考

七十年前在反法西斯战争的全面胜利前夕通过的《宪章》宣布：“我联合国人民同兹决心，欲免后世再遭今代人类两度身历惨不堪言之战祸。”复数“后世”（generations）表明了人类企盼永久和平的呼声。康德在1795年发表的《永久和平论》针对当时欧洲国家之间战争不断与和平条约订而又废的恶性循环，提出建立一个永久的和平国际联盟，即“自由国家的邦联”（a federation of free states）。[②]“这是各民族的联盟，而不是由各民族组成的一个国家。和平联盟与和平条约的区别在于：后者仅仅企图结束一次战争，而前者却要永远结束一切战争。”[③]这是永久和平论的核心思想。以《宪章》为基石的战后国际法与国际秩序以永久和平为宗旨，这是不同于以前的国际法与国际秩序之根本区别。为此，《宪章》第四条第一款规定：“凡其他爱好和平之国家，接受本宪章所载之义务，经本组织认为确能并愿意履行该项义务者，得为联合国会员国。”国际法院对“联合国会员加入条件（《宪章》第四条）”的咨询意见认为：《宪章》第四条第一款包括了5项“穷尽”（exhaustive）条件，即，“（1）一国家；（2）爱好和平；（3）接受宪章的义务；（4）能履行这些义务；（5）愿意履行。”[④]其中，“爱好和平”（peace-loving）是加入联合国的国家之对外关系要求，而不论其国家内部的政治、经济和社会制度如何。这体现了《宪章》所具有的制度“包容性”。

然而，在新中国恢复联合国合法席位的问题上，美国等西方国家曾抱着对“共产主义中国”（communist China）的敌对立场，不仅违背了《宪章》第四条第一款明文规定，即，加入联合国的是“国家”，而非“政府”，将新中国作为全中国唯一合法政府在联合国的合法席位与新会员加入混为一谈，而且攻击新中国不符合“爱好和

---

① 中文虽是联合国官方语言之一，但英文是当今国际通用的工作语言，因而中国学者贡献的，为世界各国能够接受的国际法理论，至少应具备英文版。迄今中国学者撰写的，有国际影响的国际法通论英文版鲜为人知。

② Kant, *Perpetual Peace*, edited by Lews White Beck, Bobbs-Merrill Educational Publishing, 1957, p.16.

③ Ibid., p.18.

④ Admission of a State to the United Nations(Charter, Art.4), Advisory opinion, ICJ. Reports 1948, p.62.

平"的会员国条件。[①]

上述文明、文化的"包容性"讨论侧重广义,亦即,"文明"和"社会"可互换使用;"文化"指某一人民的文化或文明,包含意识形态要素。制度的"包容性"则特指一个国家内部的政治、经济和社会制度。新中国从诞生第一天起至今始终是共产党领导下的社会主义国家。事实上,作为联合国发起国和安理会常任理事国之一的苏联也是共产党领导下的社会主义国家。《宪章》对于会员加入不设置任何国内制度的先决条件,而要求"爱好和平",本身就反映了由第二次世界大战中形成的反法西斯联盟演变而来的联合国,超越了联盟国或会员国的国内政治、经济和社会制度的差别障碍。正如凯尔森在 1944 年发表的《经由法律而至和平》一书中所言:"根除战争是我们头等重要的问题。这是国际政策的问题,且最重要的国际政策手段就是国际法。"[②]七十年前如此,今天依然没有过时。追求和达到人类社会的永久和平,这是联合国首要的崇高宗旨。为了实现到这一共同目标,世界各国人民应该也完全可以超越不同的政治、经济和社会制度。这就是《宪章》具有制度的"包容性"之根本原因。

在新中国恢复联合国合法席位的问题上,美国等曾严重违背《宪章》的宗旨及明文规定。这折射了有关制度的"包容性"所涉许多深层次的理论与实践问题。限于篇幅,下文仅对源于康德的国际组织理论作扼要剖析。如上所述,康德在《永久和平论》中提出建立一个"自由国家的邦联"作为永久和平的国际法之基础。他认为:在这个邦联中,"每个国家的政治宪法应该是共和制。"[③]"政治宪法"(civil constitution)也有翻译为"公民体制"。[④]"共和制主义是行政权(管理)和立法权分离的政治原则"。[⑤]"政府人员越少(统治者人数越少),其代表性就越大,并且越接近于共和制主义可能性的宪法路径"。[⑥]有学者对此评论:在康德看来,"共和制宪法不仅是政治宪法的合法形式,而且是源自于建立国家的始初契约的观念这一隐含的宪法原则。这也是致力于建立持久国际和平的那些国家所采纳的宪法。"[⑦]显然,

---

① 1950 年 9 月 19 日,美国操纵联合国大会通过所谓"谁应代表中国出席大会问题"的第 490 号(V)决议,公开地阻扰中华人民共和国作为中国唯一合法政府行使在联合国的代表权。有关美国攻击中国不符合"和平条件",参阅 Peter Malanczuk, *Akehurst's Modern Introduction to International Law*, 7th ed., Routledge, 1997, pp.371－372。

② Hans Kelsen, *Peace Through Law*, the University of North Carolina Press, 1944, p.18.

③ Kant, *Perpetual Peace*, p.11.

④ [德]康德:《历史理性批判文集》,何兆武译,商务印书馆 1990 年版,第 105 页。

⑤ Kant, *Perpetual Peace*, p.14.

⑥ Ibid., p.15.

⑦ Charles Covell, *Kant and the Law of Peace: A Study in the Philosophy of International Law and International Relations*, Macmillan Press Ltd., 1998, p.120.

康德主张永久和平的邦联成员应具有政治“同质”(identified qualities)性，即，均为共和制的自由国家。这既集中体现了他基于人道主义而反对一切战争的观点，也反映了他所受到的当时法国大革命影响。这种政治“同质”性原理也许可以适用于欧洲，但不可适用于全世界。《宪章》作为国际社会“大家庭”——联合国的国际法依据，几乎未提任何政治制度作为组织性构成要素。①这不仅是基于战时的反法西斯联盟之需，而且在一定程度上隐含了《宪章》起草者们的政治性妥协——既然联合国的最重要机制，即大国集体安全保障机制需要苏联和美国这两个政治制度截然不同的国家合作，那么回避政治“同质”性就是最明智的选择。

(二) 基于《宪章》的制度“包容性”及其面临挑战

在回避政治“同质”性的意义上，《宪章》所具有的制度“包容性”与不干涉内政的国际法原则有关。根据《宪章》第二条第七款，除非在发生危及国际和平的情况(适用第七章内执行办法)，“本宪章不得认为授权联合国干涉在本质上属于任何国家国内管辖之事件，且并不要求会员国将该项事件依本宪章提请解决”。国际法院在“尼加拉瓜军事与准军事行动案”中认为:《宪章》第二条第七款“不能严格地解释为适用于不干涉各国处理其内外事务的原则”，然而，鉴于战后五十年代至八十年代，互不干涉内政原则已为大量双边条约和国际法律文件所确认，并有充分的国家实践，国际法院第一次明确指出:“不干涉原则包含了每个主权国家不受外来干预处理自己事务的权利，虽然违反该原则的例子不少，但是，本法院认为这是习惯国际法的一部分。”②

无论是作为条约法的《宪章》第二条第七款，还是作为习惯国际法的不干涉内政原则的适用，都碰到一个棘手的问题:何谓“本质上属于任何国家国内管辖之事件”。国际常设法院在“关于突尼斯与摩洛哥国籍法令”咨询意见中曾认为:根据国际法(包括习惯国际法、一般或特殊的条约法)，“某一事项是否纯属一国管辖内事项，本质上是相对的问题，取决于国际关系的发展。”③譬如，一国国民的国籍首先取决于国内法的规定，但如涉及国籍冲突，尤其在一定国际关系下引起国际法问题，就不是纯属一国内政。又譬如，国际法院在“科索沃单方面宣布独立”咨询意见

① 只有《宪章》第73条第2款关于非自治领土的安排规定:“对该人民之政治愿望，予以适当之注意;并助其自由政治制度之逐渐发展。”这反映了西方国家对此类非自治领土的政治发展之主导。

② *Military and Paramilitary Activities in and against Nicaragua*, (Nicaragua v. United States of America), Merits, Judgment, ICJ Report 1986, p.106. para.202.

③ *Nationality Decrees Issued in Tunis and Morocco*, Advisory Opinion of 7 February 1923, PCIJ, B, 4, p.24.

中认为:非殖民化时代之后,一国主权之下部分领土上的人民自行宣布独立是否属于一国内政,国际法上尚无清楚界定。“在二十世纪下半叶,自决权的国际法以如此方式为非自治领土上的人民和受外国征服、统治和剥削的人民创设了独立权。大量新国家作为行使该权利而诞生。但是,也有一些不属于此类范畴的独立宣言。在后一类情况中的国家实践未说明出现新的国际法规则禁止这类独立宣言。”①事实早已证明科索沃独立事件不完全是一国内政。与科索沃独立事件不同,1998 年加拿大经国内司法程序解决魁北克要求单方面独立的问题,②2014 年依据英国中央政府与苏格兰地方政府所签署的有关协议以及公投法案而举行的苏格兰独立公投,③均为一国内政。

近年来,行使“保护的责任”对《宪章》的制度“包容性”构成了挑战。西方学者将 2010 年底开始在北非突尼斯、利比亚和中东地区的埃及、也门和叙利亚等国发生的政治动荡,冠以“阿拉伯之春”(Arab Spring),与二十世纪八十年代末和九十年代初的东欧剧变相提并论,认为这“说明了自由的必要”。④这些国家的部分民众对本国政治体制以及造成的社会弊端不满是客观事实,然而,这毕竟是这些国家的内政,联合国无权干预,其他国家也不应干涉。值得反思和研究的是:当一国的反政府活动演变为内战时,国际社会能否行使“保护的责任”? 众所周知,“保护的责任”之最初表述是:“主张主权国家有责任保护本国公民免遭可以避免的灾难——免遭大规模屠杀和强奸,免遭饥饿,但是当它们不愿或无力这样做的时候,必须由更广泛的国际社会来承担这一责任”。⑤2005 年联合国世界首脑会议文件明确:“国际社会通过联合国也有责任依据《联合国宪章》第六章和第八章,采取适当的外交、人道和其他和平方式帮助平民免遭种族灭绝、战争罪、族裔清洗和危害人类罪之害。”⑥显然,根据《宪章》行使“保护的责任”与国际社会或他国干预一国制度变革的内政,毫无关系。至于借“保护的责任”为名,行武力干涉之实,更是与《宪章》完全背道而驰。

---

① *Accordance with International Law of the Unilateral Declaration of Independence by the Provisional Institutions of Self-Government of Kosovo*, Advisory Opinion, ICJ Report 2010, p.37, para.79.

② *Reference re Secession of Quebec*, [1998] 2 S.C.R.217.

③ *Official text of the Scottish Independence Referendum(Franchise) Act 2013*,参见英国政府网站:http://www.legislation.gov.uk/asp/2013/14/contents。

④ Carlo Panara and Gary Wilson ed., *The Arab Spring: New Patterns for Democracy and International Law*, Martinus Nijhoff Publishers, 2013, preface.

⑤ 《保护的责任》中文本,http://www.iciss.ca/pdf/Chinese-report.pdf。

⑥ 2005 World Summit Outcome, United Nations World Summit, 16 September 2005. A/60/L.1, para.139.

（三）中美关系所涉制度“包容性”问题

如今作为世界上两个最大的经济贸易伙伴，面向二十一世纪，应共同构建新型大国关系，造福于两国与世界各国人民，避免重蹈历史上守成与新兴大国间冲突。可以说，中美关系所涉制度的“包容性”是当今国际法与国际秩序中的“包容性”所涉及的核心问题之一。

中美两国政治、经济制度截然不同。根据中国现行《宪法》序言和总纲规定，中国是共产党领导下人民民主专政的社会主义国家，实行以生产资料的社会主义公有制为基础的社会主义市场经济体制。①美国联邦《宪法》则规定立法、行政和司法权分立和相应的参众两院议员和总统的选举制度及法官任期终身制等，并通过宪法修正案规定有关公民基本权利。至于生产资料的所有制和市场经济活动，该《宪法》不做任何规定。②美国对于新中国曾长期持敌视立场，即便是1979年1月中美建交后，美国仍根据其国内法向台湾地区出售武器，③严重违反中美三个联合公报特别是“八·一七”公报精神，粗暴干涉中国内政，损害中国主权和安全利益。根据“八·一七”公报：“美国政府声明，它不寻求执行一项长期向台湾出售武器的政策，它向台湾出售的武器在性能和数量上将不超过中美建交后近几年供应的水平，它准备逐步减少它对台湾的武器出售，并经过一段时间导致最后的解决。在作这样的声明时，美国承认中国关于彻底解决这一问题的一贯立场。”④过去三十多年，美国既没有逐步减少它对台湾的武器出售，也无意彻底解决这一问题。其根本原因在于美国视中国为根本对立的政治制度国家而持有冷战思维，采取对华“接触+遏制”战略。⑤

中国一贯主张不同社会制度的国家应摒弃冷战思维，“尊重各自选择的发展道路和社会制度，尊重国际法和国际关系准则，尊重文明的多样性。”⑥然而，期待美国彻底放弃其冷战思维和对华“接触+遏制”战略，可能是不现实的。唯有采取适当的应对战略和策略。在战略上，中国应坚持基于《宪章》的国际法与国际秩序中

---

① 《中华人民共和国宪法》(1982年12月4日通过，2004年3月14日修正)。

② 《合众国宪法》《权利法案》，参阅[美]康马杰编辑：《美国历史文献选萃》，第23—38页。

③ 2014年12月，美国再次决定向台湾出售武器装备。参阅2014年12月19日外交部发言人主持例行记者会答记者问。载外交部网站：http://www.fmprc.gov.cn/mfa_chn/fyrbt_602243/jzhsl_602247/t1220992.shtml。

④ 《中华人民共和国和美利坚合众国联合公报》(1982年8月17日)。

⑤ 根据最近对美国158位中国问题专家的观点调查，主张对华以遏制为主占16%，主张接触为主占25%；主张接触+遏制占59%。可见美国对华政策的基点之一是遏制。参阅《美国中国问题专家怎么看中美关系?》，《中国社会科学报》2015年4月1日A04版。

⑥ 外交部长王毅：《弘扬联合国宪章宗旨和原则，构建合作共赢新型国际关系——在安理会公开辩论上的发言》，载外交部网站：http://www.fmprc.gov.cn/mfa_chn/ziliao_611306/zyjh_611308/t1239932.shtml。

文明、文化和制度的“包容性”这一国际关系的“制高点”，努力增进中美之间政治、经济和军事各领域的来往、合作及人文交流，同时抛弃期望美国彻底放弃对华“接触＋遏制”战略的幻想，加大国防建设，构筑维护国家和人民利益的坚不可摧的“底线”，防范一切不测事件。作为这一战略的组成部分，中国应坚持《宪章》宗旨和原则，坚决维护战后基于《宪章》的国际法与国际秩序，营造世界各国各地区和平共处和经济发展的合作共赢大格局，逐步削弱美国的霸权，迫使其欲为而不能为或不敢为。在经济贸易和投资领域，中国应尽最大努力促进中美交往，给两国人民带来实实在在的好处；在有利于双方共同利益的全球或地区事务中，加大中美合作，引领国际关系朝着符合《宪章》宗旨和原则的方向发展。

总之，中美关系不仅是二十一世纪最重要的双边关系之一，也是在很大程度上决定了今后相当长时期国际关系发展的总体方向。为此，研究人类社会的各种文明、文化和制度的包容，尤其是中美之间制度的包容性以及促进合作，避免冲突的路径，是十分重要和必要的。

五、结　论

在纪念反法西斯战争胜利和联合国成立七十周年之际，重温《宪章》和回溯近四百年来，尤其战后国际法和国际秩序的发展，研究基于《宪章》的国际法和国际秩序中的文明、文化和制度“包容性”及其实现人类社会永久和平的路径，将面向二十一世纪新形势下的中美关系置于国际法与国际秩序的“包容性”大框架下加以思考，谋划相应战略策略，紧密结合中国的国际法实践，创新具有中国特色的国际法理论，乃是中国国际法学人义不容辞的时代使命。

On the “Inclusiveness” of International Law and Order —the Perspective of the UN Charter

Abstract: The Charter of the United Nations is the cornerstone of post-war international law and order. The Charter on behalf of “We the Peoples of the United Nations” has the nature of “inclusiveness”. The United Nations has been developed from 51 founding Members to 193 Members as a “family” of international community, which demonstrates that the Charter dose have “inclusiveness” for different civilizations, cultures and systems in the world. But, this “inclusiveness” has many problems. It is very important for Chinese scholars of international law to do more researches on this "inclusiveness" of civilization, culture and system in contemporary international law and order with consideration of the approaches for more "inclusiveness", in particular, the strategic of Sino-US relationship so as to create the Chinese theory of international law based on Chinese practices of international laws.

Keywords: Charter of the United Nations; Civilization; Culture; System; Inclusiveness

人类命运共同体入宪的若干国际法问题*

内容摘要：“推动构建人类命运共同体”与国际法的理论与实践休戚相关。将之载入2018年新修正的《宪法》序言，使其在我国国内法体系中具有最高权威的地位。人类命运共同体入宪具有新时代的国际法意义，赋予了当代国际法以建设“持久和平、普遍安全、共同繁荣、开放包容、清洁美丽的世界”之新涵义，与时俱进地发展了和平共处五项原则，向国际社会宣示了全球治理及国际法治的中国方案。“推进构建人类命运共同体”离不开条约这一国际法的主要手段，涉及条约的缔结、批准、履行和废止的国际法与宪法的关系。我国宪法缺少国家主席的缔约权规定，不适应新时代中国特色“元首外交”对于“推动构建人类命运共同体”的关键作用之发挥，亟待修改；我国宪法及其缔约程序法有关条约的批准规定尚有缺失之处，亟待完善；我国宪法有关条约的废止规定在实践中也产生一些问题，亟待解决。人类命运共同体入宪对于条约的国内履行提出了新的更高要求。我国宪法及民法等基本法律尚未明确规定条约在国内法体系中的效力阶位，对于条约在司法适用中可能发生的冲突也缺乏具体规定；对于条约在国内履行中引起的解释问题，我国尚无相关法律法规，有碍于条约的准确适用。建立健全条约的国内履行相关体制，势在必行。

关键词：人类命运共同体；宪法；国际法；条约

本文所说“人类命运共同体入宪”是指根据《中华人民共和国宪法修正案》(2018年)①，“推动构建人类命运共同体”这一习近平新时代中国特色社会主义思想的重要组成部分被正式载入我国根本大法的序言。这具有重大的国际法意义。“推动构建人类命运共同体”是新时代中国特色大国外交的指导纲领，②与国际法的理论与实践休戚相关。③本文从宪法与国际法的关系角度分析人类命运共同体入宪的重大国际法意义，并探讨由此凸显的我国国内法体系中作为国际法的条约缔结、批准与履行及其司法适用的若干问题。

---

* 原载《甘肃社会科学》2018年第6期，第81—89页。

① 《中华人民共和国宪法修正案》(2018年3月11日第十三届全国人民代表大会第一次会议通过)，载《人民日报》2018年3月12日第1版，简称《宪法修正案》(2018年)，下文援引该修正案，出处略。

② 这是现行宪法自1982年公布施行以来对序言关于我国外交政策的第一次重大修改。参见王毅：《坚定不移走和平发展道路推动构建人类命运共同体》，《人民日报》2018年3月14日第15版。

③ 参见张乃根：《试探人类命运共同体的国际法理念》，载《中国国际法年刊(2017)》，法律出版社2018年版。

一、人类命运共同体入宪的国际法意义

2017 年 10 月召开的中国共产党第十九次全国代表大会通过决议，正式将“构建人类命运共同体，同世界各国人民一道建设持久和平、普遍安全、共同繁荣、开放包容、清洁美丽的世界”理念，作为习近平新时代中国特色社会主义思想的重要组成部分。①如今，人类命运共同体入宪，将中国共产党的主张以宪法序言加以确认，赋予其在我国国内法体系中最高权威的地位。

（一）宪法与国际法的关系

众所周知，宪法是连接一国的国内法体系与其相关国际法的关键所在。现代各国通常以宪法规定国际法在其国内法体系中的地位。比如，作为现代意义上第一部成文宪法，1787 年《美国宪法》第六条第二款规定：“本宪法，依本宪法所制定之合众国法律；以及和合众国已经缔结及将要缔结的一切条约，皆为全国的最高法律。”②1958 年《法国宪法》第五十四条、第五十五条分别规定：“国际条约条款经宪法委员会应共和国总统、总理，或国会任何一院议长之咨请而宣告与宪法抵触时，在宪法未修改前，不得予以批准或认可。”“国际条约或协议经正式批准或认可并经签约国对方付诸实施者，自公布日起具有优于国会法律之效力。”③一国宪法在国内法体系中具有高于相关国际法的地位，因此，一国在对外关系中以其宪法为准则决定缔结及批准有关条约，除非其宪法明确在一定条件下允许其立法机构批准与宪法抵触的条约。比如，《荷兰宪法》第九十一条第三款规定：“如任何条约之规定与本宪法抵触或引起抵触，只有经议会两院至少三分之二多数投票支持方可通过。”④

根据《维也纳条约法公约》，条约是“国家间所缔结而以国际法为准之国际书面协定”（第二条第一款第一项）。⑤学界认为：“条约是至少两个国际法主体意在原则

① 《中国共产党第十九次全国代表大会关于第十八届中央委员会报告的决议》（2017 年 10 月 24 日），《人民日报》2015 年 10 月 25 日，第 2 版。

② 《美利坚合众国宪法》（1787 年颁布），中译本载《外国法制史资料选编》（下册），北京大学出版社 1982 年版，第 468 页。

③ 译自《法国宪法》（Constitution of October 4，1958）英文本。

④ 译自《荷兰宪法》（Constitution of the Kingdom of the Netherlands of August 24，1815）英文本。

⑤ Vienna Convention on the Law of Treaties. U.N.T.S. vol.1155，p.331，签署作准本（含中文本），又参见《国际条约集（1969—1971）》，商务印书馆 1980 年版，第 42—77 页。下文援引该公约，出处略。

上按照国际法产生、改变或废止相互间权利义务的意思表示的一致。”[①]该定义包含了作为国际法主体的国际组织缔结的条约。本文限于讨论国家间条约。一国宪法有关条约的规定，应属于涉及国际法及其与国内法关系的宪法条款。在这个意义上，条约入宪就是国际法入宪，这是现代国家通过制宪行使其主权的必要特征。就宪法与国际法的关系而言，一国主权对内体现于具有最高法律权威地位的宪法；对外通过国家间条约体现其在国际社会中具有独立自主的平等国际法主体地位。两者相辅相成，缺一不可。

自现代国际法上第一项多边条约——1648 年《威斯特伐利亚和约》[②]诞生以来，条约的缔结与履行一直是主权国家间和平交往的主要方式。根据《奥本海国际法》的统计，1914 年第一次世界大战爆发之前已有 8000 多项条约。[③]一战后，根据《凡尔赛条约》的组成部分《国际联盟盟约》[④]第十八条，该联盟任何成员嗣后达成的每一项条约或国际协定，均应在该联盟秘书处登记方可生效。自 1920 年至 1946 年，共 4834 项条约，其中 1920 年 5 月至 1935 年 1 月共 3600 项条约。[⑤]第二次世界大战期间条约数量大幅减少，这说明在相对和平的时期，各国间条约更多。二战后交由联合国秘书长存放的多边条约和秘书处登记公布的条约分别已多达 560 项和 55064 项（截至 2018 年 3 月）。[⑥]可见，条约数量与日俱增。

（二）新中国制宪历史与国际法的关系

中华人民共和国成立之初，作为临时宪法的《中国人民政治协商会议共同纲领》就明确规定新中国外交政策的原则，包括“保障本国独立、自由和领土主权的完整，拥护国际的持久和平和各国人民间的友好合作”（第五十四条）和“可在平等互利的基础上，与各外国的政府和人民恢复并发展通商贸易关系”（第五十七条）。[⑦]新中国第一部《宪法》（1954 年）序言明确：“我国根据平等、互利、互相尊重主权和领土完整的原则同任何国家建立和发展外交关系的政策……在国际事务中，我国

---

① 李浩培：《条约法概论》，法律出版社 1987 年第 1 版，2003 年第 2 版（重印），第 3 页。

② 《威斯特伐利亚条约》，《国际条约集（1648—1871）》，世界知识出版社 1984 年版，第 1—32 页。

③ Oppenheim, *International Law* (McNair's ed.), p. 701 note，转引 Law of Treaties: Introductory Comment, 29 *Am. J. Int'l L*, Supplement(1935). p.666。

④ 《国际联盟盟约》（1920 年 6 月 9 日），《国际条约集（1917—1923）》，世界知识出版社 1961 年版，第 266—276 页。

⑤ League of Nations Treaty Series: https://treaties.un.org/Pages/Content.aspx?path = DB/LoNOnline/pageIntro_ en.xml[2018-03-15].

⑥ United Nations Treaty Collection: https://treaties.un.org/Pages/Home.aspx? lang = en[2018-06-05]。

⑦ 《中国人民政治协商会议共同纲领》（1949 年 9 月 29 日中国人民政治协商会议第一届全体会议通过）。

坚定不移的方针是为世界和平和人类进步的崇高目的而努力”，并分别以条文规定全国人大“决定战争和和平的问题”（第二十七条第十三款），全国人大常委会“决定同外国缔结的条约的批准和废除”（第三十一条第十二款），国家主席根据全国人大常委会的决定“批准同外国缔结的条约”（第四十一条），国务院“管理对外事务”（第四十九条第十三款）。①1982 年《宪法》将新中国外交政策的基石——和平共处五项原则明确载于序言，并延续第一部《宪法》的体例，分别规定全国人大“决定战争与和平问题”（第六十二条第十四款）；全国人大常委会“决定同外国缔结的条约和重要协定的批准和废除”（第六十七条第十四款）；国家主席根据全国人大常委会的决定，“批准与废除同外国缔结的条约与重要协定”（第八十一条）；国务院“管理对外事务，同外国缔结条约和协定”（第八十九条第九款）。②可见，新中国的制宪传统一贯以序言将我国外交政策的基石——和平共处五项原则作为宪法基本原则；并分别规定最高立法机关、国家元首和最高行政机关依宪行使有关条约或协定的谈判、缔结、批准、废除的权力，乃至决定战争与和平问题。应该说，无论是宪法基本原则，还是与条约有关的宪法条款，均直接与国际法有关。因此，在新中国的制宪历史上，国际法早已入宪。

（三）人类命运共同体入宪与新时代的国际法意义

如今，人类命运共同体入宪，具有哪些新的国际法意义呢？

首先，“推动构建人类命运共同体”是步入新时代的中国赋予当代国际法新涵义的宪法基本原则。作为习近平新时代中国特色社会主义思想的重要组成部分，习近平在多个重大国际场合全面、深刻阐述了“推进构建人类命运共同体”的理念。这包括习近平主席先后于 2015 年 9 月在第 70 届联合国大会、2017 年 1 月在联合国日内瓦总部所作《携手构建合作共赢新伙伴，同心打造人类命运共同体》和《共同构建人类命运共同体》的重要演讲。③他强调：“推进构建人类命运共同体”，“各国有责任维护国际法治权威，依法行使权利，善意履行义务。”④从国际法治的角度看，“推动构建人类命运共同体”的基本涵义——建设“持久和平，普遍安全、共同繁荣、开放包容、清洁美丽的世界”至少可归纳为和平、包容、互利、绿色这四个方面的

---

① 《中华人民共和国宪法》（1954 年 9 月 20 日第一届全国人民代表大会第一次会议通过）。

② 《中华人民共和国宪法》（1982 年 12 月 4 日第五届全国人民代表大会第五次会议通过）。

③ 《携手构建合作共赢新伙伴，同心打造人类命运共同体》（2015 年 9 月 28 日），《人民日报》2015 年 9 月 29 日第 2 版；《共同构建人类命运共同体》（2017 年 1 月 19 日），《人民日报》2017 年 1 月 20 日第 2 版。

④ 前引《共同构建人类命运共同体》。

国际法，并且各自具有“应然法”与“实然法”及相互关联的丰富内涵。①如果将习近平主席有关“推动构建人类命运共同体”的阐述放在其重大国际场景下和构成其新时代中国特色社会主义思想重要组成部分的上下文中看，就不难理解人类命运共同体入宪的重大国际法意义。这表明中国在进入社会主义事业新时代之际做出历史性的抉择，即，在现有国际法与国际秩序的基础上，坚持独立自主的对外政策，坚持和平共处五项原则，坚持走和平发展道路，坚持互利共赢开放战略，推动构建人类命运共同体。这四个“坚持”和一个“推动”，不仅是新时代中国特色大国外交方略，也是指导中国与世界各国或地区共同维护国际法治权威和构建符合全人类根本利益的国际新秩序的国际法基本原则。

其次，“推动构建人类命运共同体”与时俱进，是对和平共处五项原则的重大发展。我国倡导的和平共处五项原则，“生动反映了《联合国宪章》宗旨和原则，并赋予了这些宗旨和原则以可见、可行、可依循的内涵”。②近年来，国际和平与安全遇到了新的严峻挑战。其一，美国推行所谓“美国优先”的外交政策，实质就是其一贯“唯我独尊”的霸权政策。尤其是新任美国总统明确将中国作为“挑战美国实力、影响和利益，企图侵蚀美国的安全和繁荣”的头号“竞争对手”(rival actors)。③在这种一切以维护美国利益为准则的独家安全观下，中国坚持独立自主的外交政策与和平共处五项原则，主张建立新型大国关系，依然被美国视为维护其霸权地位的“眼中钉”。面对美国咄咄逼人的势态，我国不仅在联合国等多边场合阐明以和平共处五项原则为基础的人类命运共同体的理念，而且以国家根本大法的方式将四个“坚持”和一个“推动”确认为新时代中国特色大国外交的基本宪法原则，清楚地表明中国坚定不移地走和平发展道路，以全人类的共同利益而非一国绝对“优先”利益为准则，尽最大努力避免与美国正面冲突。“推动构建人类命运共同体”与“美国优先”针锋相对，体现一个负责任大国决心维护新形势下国际持久和平与普遍安全的大国担当。同时，“推动构建人类命运共同体”包含“中国绝不会以牺牲别国利益为代价来发展自己，也决不放弃自己的正当权益，任何人不要幻想让中国吞下损害自身利益的苦果。”④这种互相尊重和互不侵犯或侵害的利益观与全人类的共同利益

① 参见前引《试探人类命运共同体的国际法理念》。

② 《弘扬和平共处五项原则，建设合作共赢美好世界——习近平主席在和平共处五项原则发表60周年纪念大会上的讲话》(2014年6月28日)，载《中国国际法年刊(2014)》，法律出版社2015年版，第739页。

③ National Security Strategy of the United States of America, December 2017, pp.2-3. http://nssarchive.us/wp-content/uploads/2017/12/2017.pdf[2018-03-20].这是特朗普总统根据1947年《美国国家安全法》于2017年12月18日向国会递交的其任期内第一份《美国国家安全战略报告》。

④ 《决胜全面建成小康社会　夺取新时代中国特色社会主义伟大胜利——在中国共产党第十九次全国代表大会上的报告》(2017年10月18日)，《人民日报》2017年10月28日第1版。

是一致的。其二，全球或地区大国之间的地缘博弈、地区冲突、内战和反恐“犬牙交错”，战火中的人民期盼和平。中国将“推动构建人类命运共同体”作为外交基本政策的宪法原则，表明中国将坚定地践行和平共处五项原则，更加强调有关国家或地区的各方政治力量以人民的根本利益为重，最终通过独立自主的政治进程解决有关冲突，铲除恐怖势力的根蒂。这也是联合国安理会《关于阿富汗局势》的决议明确采用“构建人类命运共同体”的表述之缘故。①

复次，“推动构建人类命运共同体”是以国家根本大法形式向国际社会宣示关于全球治理及国际法治的中国方案。二战后，中国作为世界反法西斯战争联盟的主要国家之一，与苏联、美国、英国共同发起创立了以永久和平为宗旨的联合国，依此奠定了当今全球治理与国际法治的基础。维护以联合国为核心的国际秩序，符合全世界一切爱好和平的国家与人民的利益。但是，现行国际秩序存在很多亟待改革之处。近十多年来，国际社会通过 2005 年和 2015 年世界首脑会议②等达成了一定的共识，如成立联合国人权理事会推进国际法治理念下的全球治理机制改革，③将消除贫困、保护地球和确保繁荣作为新的可持续发展议程，等。然而，迄今国际社会的相关努力远未触及全球治理与国际法治体系中诸多根本弊端，如联合国大会缺少具有拘束力的决策权，国际货币基金组织由美国一家独享否决权，世界贸易组织的决策“有法不依”而允许事实上的任何一票否决，联合国国际法院的规约实际上仍是约一百年前的国际常设法院的规约(包括仅限于英文和法文为法院正式文字④)，等等。中国主张“推动构建人类命运共同体”的实施路径之一就是基于“共商共建共商的全球治理观”，“倡导国际关系民主化，坚持国家不分大小、强弱、贫富一律平等，支持联合国发挥积极作用，支持广大发展中国家在国际事务中的代表性和发言权”。⑤这一全球治理观代表着占世界人口大多数的国家与人民的呼声，也符合人类命运共同体的本意——“共享未来”(shared future)的共同利益。作为一个正在走向民族复兴和富强的大国，中国将蕴含上述全球治理观的“人类命

① 联合国安理会《关于阿富汗局势》第 2344(2017)号决议(S/RES/2344)。

② 参见联合国大会决议《2005 年世界首脑会议成果》(A/RES/60/1)，2005 年 9 月 16 日；参见《变革我们的世界：2030 年可持续发展议程》A/69/L.85. 2015 年 8 月 12 日。有关联合国改革，参见 Joachim Müller: Reforming the United Nations, Martinus Nijhoff Publishers, 2010。

③ 参见张乃根：《论联合国“三重理事会”》，《国际法研究》2014 年第 3 期。

④ 《国际法院规约》(1945 年 5 月 4 日)，载《国际条约集(1945—1947)》，世界知识出版社 1961 年版，第 235—260 页；《国际常设法院规约》(1920 年 12 月 16 日)，载前引《国际条约集(1917—1923)》，第 531—543 页，这两个规约的第 39 条第 1 款均规定“法院正式文字为法英两文”。

⑤ 前引《决胜全面建成小康社会　夺取新时代中国特色社会主义伟大胜利——在中国共产党第十九次全国代表大会上的报告》。

运共同体”载入宪法，超越了历史上曾为新兴大国的美国作为其基本国策的全球治理观，如1918年威尔逊总统在美国国会演讲中提出有关世界和平的美国方案——“十四点计划”，①1941年罗斯福总统致美国国会的咨文提出的“四大自由”。②全球治理的美国方案对于二十世纪的世界具有决定性影响。历史证明美国的全球治理观实际上是其称霸世界的蓝图。以永不称霸和永不扩张为前提的中国方案对二十一世纪的世界走向共商共建共享的人类命运共同体，必将产生重大而深远的影响。

二、人类命运共同体入宪与国内法体系中国际法问题

如前所说，宪法是连接一国的国内法体系与其相关国际法的关键所在。人类命运共同体入宪，不仅具有上述重大的国际法意义，彰显了中国对当代国际法的新贡献，而且使得条约等国际法在我国宪法及其统辖的国内法体系中的问题更为突出。自新中国成立以来，尤其是改革开放以来，中国已与世界各国及有关国际组织签订了25000多项双边条约，参加了500多项多边条约。③“推进构建人类命运共同体”离不开条约这一国际法的主要手段。这包括条约的缔结、批准、履行和废止的一系列宪法与国际法问题。本文第二部分侧重于从立法角度探讨条约缔结、批准和废止问题；条约的履行和解释，尤其在国内的司法适用相关宪法与国际法问题，留待本文第三部分讨论。

（一）条约缔结的宪法与国际法问题

现行《宪法》关于条约缔结的规定自1982年以来没有变化，即，国务院的职权包括“管理对外事务，同外国缔结条约和协定”。其他国家机构均无《宪法》明确赋予的缔约权。根据1990年我国《缔结条约程序法》④有关条款，国务院作为中国中央人民政府对外以中华人民共和国名义或授权政府部门与外国谈判和签署条约和

---

① 《十四点计划》，载[美]康马杰编辑：《美国历史文献选萃》，今日世界出版社1979年版，第97—100页。该计划的核心是：“我们所要求的，就是使世界成为适合于人类生存和安居乐业；而尤其要使它成为一个这样的世界：所有爱好和平的国家，像我们的国家一样希望依照自己的方式来生活，自己决定自己的制度，保证获得正义以及得到世界上其他民族的公平待遇而不致受暴力和自私的侵略。”

② 《“四大自由”演讲词》，载前引《美国历史文献选萃》，第101—106页。“四大自由”之目标为“追求的世界秩序是自由国家间的合作，在友好、文明的社会共同工作。”

③ 中华人民共和国外交部条约法律司编著：《中国国际法实践案例选编》，世界知识出版社2018年版，第81页。

④ 《中华人民共和国缔结条约程序法》（1990年12月28日第七届全国人民代表大会常务委员会第十七次会议通过）。下文援引该法，出处略。

协定。这就是说，我国的法定缔约权归于国务院。这如同《美国宪法》第二条第二款第二项规定“总统有权缔结条约”。[①]《维也纳条约法公约》第二编第一节有关条约缔结的第七条规定，国家元首“由于其所任职务，无须提出全权证书，被认为代表其国家”可“实行有关缔结一个条约的一切行为”。但是，我国的国家主席没有法定缔约权，[②]尽管根据《宪法》第八十一条，国家主席“代表中华人民共和国，进行国事活动”。

我国国家主席在“推动构建人类命运共同体”的事业中不仅居于引领地位，而且在实践新时代中国特色大国外交过程中，以“元首外交”方式发挥了不可替代的、极其重要的作用。近年来，这一作用愈发凸显。比如，2017 年 7 月，习近平主席对俄罗斯进行国事访问期间与普京总统签署中俄两国《关于进一步深化全面战略协作伙伴关系的联合声明》。[③]该声明包含了一系列具有双边条约的具体内容：“双方适应新形势下落实《中俄睦邻友好合作条约》和进一步发展两国全面战略协作伙伴关系的需要，制定《〈中华人民共和国和俄罗斯联邦睦邻友好合作条约〉实施纲要(2017 年至 2020 年)》，两国元首予以批准”；“务实合作方面运用中国东北地区和俄罗斯远东及贝加尔地区政府间合作委员会、中国长江中上游地区和俄罗斯伏尔加河沿岸联邦区地方合作理事会机制合作经验，拓展地方合作范围和领域。通过利用中俄地区合作发展投资基金等机制落实重大双边合作项目，建立黑瞎子岛(大乌苏里岛)开发合作机制，包括采取环境保护措施”；“人文交流方面继续支持深圳北理莫斯科大学建设，为各领域务实合作联合培养高层次专业人才；鼓励和支持高校开展合作，共同推动在华俄语研究和在俄汉语研究，致力于在 2020 年前将两国留学交流人员规模扩大到 10 万人”，等。《宪法修正案》(2018 年)修改了国家主席任职方面的有关规定，删去《宪法》原第七十九条第三款的“连续任职不得连续超过两届”的限制。这有利于在“推进构建人类命运共同体”的事业中，根据现行中国领导体制，进一步发挥中国特色“元首外交”的关键作用，但是，由此也会碰到《宪法》有关国家主席的职权规定缺少必要的缔约权这一限制。为了维护《宪法》的权威性，建议应由全国人大常委会履行宪法的解释权，或制定《宪法》下的《国家主席法》对“国事活动”可包括“必要的谈判和缔结条约”，做出明确的解释或规定。

---

① 前引《美利坚合众国宪法》。

② 有学者称谈判及签署条约的缔约权为“主动缔约权”，相应推理，国家主席根据全国人大常委会的决定，批准缔约则成了“被动缔约权”。参见谢新胜：《中国的条约缔结程序与缔约权——以〈缔结条约程序法〉立法规范为中心的考察》，《华东政法大学学报》2012 年第 1 期。这是不合适的，因为《宪法》明确国务院“同外国缔结条约”，这就是《维也纳条约法公约》所明确的缔约权。除此之外，不存在“主动”或“被动”的缔约权。

③ 《中华人民共和国与俄罗斯联邦关于进一步深化全面战略协作伙伴关系的联合声明》(2017 年 7 月 4 日于莫斯科)，《人民日报》2017 年 7 月 5 日第 3 版。

(二)条约批准的宪法与国际法问题

条约批准具有国际法意义。但是,“关于条约的批准(ratification),应当区别国内的和国际的两种程序。”[①]下文主要讨论国内的条约批准问题。现行《宪法》关于条约批准的规定自1982年以来没有变化。

第一,有关战争与和平问题的条约批准程序。如上所述,全国人大有权“决定战争与和平的问题”。这应包括批准有关和平条约的权限。《缔结条约程序法》第七条规定“和平条约等政治性条约”的批准由全国人大常委会决定。其实,这与《宪法》第六十七条第十九款规定全国人大常委会在全国人大闭会期间,如遇武装侵犯或履行共同防止侵略的国际义务时有权“决定战争状态的宣布”并不一致,因为和平条约的批准权不同于战争状态的宣布权。按照《宪法》明文规定,前者仅由全国人大行使。“宪法是《缔结条约程序法》的立法依据。”[②]这是毫无疑问的,也应不折不扣地执行。因此,《缔结条约程序法》应严格依据《宪法》规定。可是,根据《缔结条约程序法实施条例》(征求意见稿)[③],全国人大对和平条约的批准权仍然缺失。这是背离《宪法》的严重问题,应通过修改该条例的上位法,即《缔结条约程序法》加以解决。建议修改《缔结条约程序法》第七条:“与决定战争和和平的问题相关条约的批准由全国人民代表大会决定;其他条约和重要协定的批准由全国人民代表大会常务委员会决定。”

第二,和平时期的条约批准。根据《宪法》规定,非“重要协定”无须全国人大常委会批准。根据《缔结条约程序法》第七条,“重要协定”与非“重要协定”(即协定)的区别可根据主题,如“有关领土和划定边界”“有关司法协助、引渡的”协定是“重要协定”;或根据内容,如与我国法律“有不同规定的协定”是“重要协定”;或根据缔约方特别约定,如“缔约各方议定须经批准的协定”是“重要协定”;或根据“兜底”规定,“其他须经批准的条约、协定”是“重要协定”。按照该第七条的列举,除此以外的协定均不是“重要协定”。《缔结条约程序实施条例》(征求意见稿)第十八条规定,凡不是“重要协定”的所有协定应当由国务院“核准”。由于《宪法》没有“核准”的规定,因此,严格地说,国务院对协定的“核准”均不属于条约批准的范畴。

问题在于:按照《缔结条约程序法》第八条及《缔结条约程序法实施条例》(征求意见稿)有关规定,“重要协定”抑或“协定”的区别均由外交部决定或与国务院有关

---

① 前引《条约法概论》,第65页。

② 前引《中国国际法实践案例选编》,第84页。

③ 《中华人民共和国缔结条约程序法实施条例》(征求意见稿),2017年3月15日至4月15日公开征求意见:http://zqyj.chinalaw.gov.cn/readmore?listType=1&id=1670[2018-03-27],该条例第17条第1款仍然规定:“和平条约等政治性条约”应提请全国人大常委会决定批准。下文援引该条例(征求意见稿),出处略。该条例旨在“更符合中国缔约实践需要,同时推动中国条约管理工作更加科学、规范、有序”。前引《中国国际法实践案例选编》,第86页。

部门会商决定，报请国务院审核，全国人大常委会实际上无权决定。这曾造成诸如1992年《中美政府关于保护知识产权的谅解备忘录》[①]此类实际上的"重要协定"未履行全国人大常委会的批准程序。该备忘录不仅以中华人民共和国政府名义缔结，而且其第一条A款规定中国应准许"所有化学发明，包括药品和农业化学品，不论是产品或方法"申请专利。当时我国《专利法》第二十五条第四款明文规定：对"药品和用化学方法获得的物质"不授予专利，因此也不准许申请专利。[②]按照《缔结条约程序法》规定，如与我国法律"有不同规定的协定"，属于应履行批准程序的"重要协定"。现行《缔结条约程序法》及其条例(征求意见稿)未吸取此类"先斩后奏"，即，先签署与我国法律有不同规定的协定，也不经批准程序，后由全国人大常委会修改法律以履行条约义务的历史教训，亟待修改。[③]建议修改《缔结条约程序法》第七条，增加一款："其他以中华人民共和国名义或者中华人民共和国政府名义缔结须经批准的条约、协定。"这样法定规定有利于杜绝应经批准而未经批准程序的条约、协定的情况。

(三) 条约废止的宪法与国际法问题

根据《宪法》有关规定，全国人大常委会"决定同外国缔结的条约和重要协定的批准和废止"。废止是相对批准而言，指的是已批准的条约、重要协定之废止。一旦某条约、重要协定经废止程序而终止我国所承担的有关义务，该条约、重要协定对我国而言就停止施行。这样的理解符合《维也纳条约法公约》第四十二条："终止条约、废止条约，或一当事国退出条约，仅因该条约或本公约规定之适用结果始得为之。同一规则适用于条约之停止施行。"在条约效力之终止、条约之停止施行的意义上，"经缔约各方协议终止或以新约代替旧约"也属于条约(旧约)的废止。[④]条约的废止具有的国际法意义，不言而喻，且因涉及条约的义务终止，是一个非常复杂的问题。[⑤]下文仅对我国《宪法》下双边条约的废止相关问题做些分析。

---

① 《中美政府关于保护知识产权的谅解备忘录》(1992年1月17日，华盛顿)，英文本：Memorandum of Understanding Between the Government of the United States of America and the Government of the People's Republic of China on the Protection of Intellectual Property(January 17, 1992), at 34 ILM(1995), pp.676－684。

② 《中华人民共和国专利法》(1984年3月12日第六届全国人民代表大会常务委员会第四次会议通过)。1994年9月4日，经全国人大常委会修改《专利法》。

③ 参见张乃根：《论条约批准的宪法程序修改》，《政治与法律》2004年第1期。这是在2004年修宪之前发表的。

④ 前引《中国国际法实践与案例》，第215页。

⑤ 参见 Laurence, Terminating Treaties, at Buncan B. Hollis, ed., *The Oxford Guide to Treaties*, Oxford University Press, 2012, pp.634－650。

虽然,《宪法》有条约废止的程序规定,但是,通常我国在双边条约中规定条约的终止,如《中华人民共和国政府和尼泊尔国王陛下政府关于互免持外交、公务(官员)护照人员签证的协定》第十条规定:"缔约一方如要求终止本协定,应当通过外交途径书面通知缔约另一方,本协定自上述通知发出之日起第九十日生效。"或者,经缔约各方协议终止或以新约代替旧约。如《中华人民共和国政府和蒙古国政府关于中蒙边境口岸及其管理制度的协定》第十三条规定自本协定生效之日,原相关协定"即行失效"。①

问题在于:当新旧条约之间生效与失效的关系并不很清楚时,未经条约的废止程序,可能产生不利后果。比如,中国与比利时—卢森堡经济联盟于2005年缔结,并于2009年12月1日生效的《双边投资协定》(2009年BIT)②取代1986年生效的双方《双边投资协定》(1986年BIT)③。2009年BIT第十条规定:"本协定应适用于缔约任何一方投资者在缔约另一方领土内的所有投资,不论其是在本协定生效之前还是之后作出的。但是,本协定不得适用于在本协议生效前已进入司法或仲裁程序的与投资有关的任何争议或索偿。此等争议和索偿应继续按本条第1款提及的1984年6月4日的协定的规定解决。"2012年9月,中国平安人寿保险公司向"解决投资争端国际中心"(ICSID)提起仲裁,经仲裁庭审理裁定对此案无管辖权,理由是:"该争端产生于2009年BIT生效之前。提起该争端的仲裁是2009年10月14日,比利时也依据该争端产生于2009年BIT生效之前。显然,2009年BIT不明确处理2009年12月1日之前产生的争端、且根据1986年BIT已通知但当时尚未成为司法或仲裁程序的主题(在此类程序已经正式启动的意义上)。"④这一问题的实质是:一方面对于双方投资者而言,应在1986年BIT和2009年BIT下始终得到保护;另一方面投资者可否依据2009年BIT诉诸ICSID,又受到1986年BIT的限制。一旦在2009年BIT生效前,投资者启动东道国的国内投资争端程序,就不得适用2009年BIT诉诸ICSID。正如该案仲裁庭指

① 前引《中国国际法实践与案例》,第214—215页。

② Agreement between the Government of the People's Republic of China and the Belgium-Luxembourg Economic Union on the Reciprocal Protection of Investments dated June 6, 2005.中文本载于商务部网:http://tfs.mofcom.gov.cn/article/Nocategory/201002/20100206791712.shtml[2018-03-28日]。

③ Agreement between the Government of the People's Republic of China and the Belgium-Luxembourg Economic Union on the Encouragement and Reciprocal Protection of Investments dated June 4, 1984.中文本载于商务部网:http://www.mofcom.gov.cn/article/zhongyts/ci/200207/20020700032159.shtml[2018-03-28日]。

④ Ping An Life Insurance and Group Company of China/Kingdom of Belgium, ICSID Case No.ARB/12/29, Award, April 30, 2015, para.205.

出:2009 年 BIT“不明确处理”(dose not expressly deal with)此类争端,因此只得进行条约解释。就此案而言,其结果对该案的中国投资者非常不利。我国与外国缔结的此类协定越来越多。①建议考虑涉及新旧条约的效力,全国人大常委会在批准此类条约、重要协定时,应同时依据《宪法》明确废止旧条约,并作必要说明。

三、人类命运共同体入宪与国际法在国内适用问题

尽管我国有关条约的缔结、批准和废止程序方面还存在一些亟待解决的问题,但是,毕竟《宪法》已有基本规定,并且,我国制定和实施了《缔结条约程序法》及正在起草有关实施条例。相比之下,条约在国内适用的问题更加突出。人类命运共同体入宪对于国际法在国内适用,提出更高的“统筹国内国际两个大局”②的法治要求。《宪法》有关条约的规定没有明确条约在国内法体系中地位及其与国内法的关系,因而“无法从宪法层面找到我国国内法接受条约具体方式的法律依据”③。目前我国有关国际法(条约和国际惯例)在国内适用的基本法律规定仅有 1986 年《民法通则》第一百四十二条等个别条款,且限于涉外民事关系的法律适用。④这与人类命运共同体入宪的新时代国内与国际的法治要求,很不适应。下文仅就条约在国内适用问题略作分析。

(一) 条约的国内法效力阶位及在国内适用的问题

条约的国内法效力阶位是一国政治制度不可缺少的重要组成部分。如前所述,根据《美国宪法》,对美国发生效力的条约与国会通过的法律具有同等的阶位。如在国内适用时,两者发生冲突,依据归纳美国司法实践的《对外关系法重述》,采

---

① 截至 2016 年 12 月,共有 104 项中外双边投资协定。商务部网:http://tfs.mofcom.gov.cn/article/Nocategory/201111/20111107819474.shtml[2018-03-28 日]。

② 前引《决胜全面建成小康社会 夺取新时代中国特色社会主义伟大胜利——在中国共产党第十九次全国代表大会上的报告》。

③ 前引《国际法与国内法关系研究》,第 468 页。

④ 《中华人民共和国民法通则》(1986 年 4 月 12 日第六届全国人民代表大会第四次会议通过),其第 142 条规定:涉外民事关系的法律适用,“中华人民共和国缔结或者参加的国际条约同中华人民共和国的民事法律有不同规定的,适用国际条约的规定,但中华人民共和国声明保留的条款除外。中华人民共和国法律和中华人民共和国缔结或者参加的国际条约没有规定的,可以适用国际惯例。”2017 年 10 月 1 日起施行的《中华人民共和国民法总则》(2017 年 3 月 15 日第十二届全国人民代表大会第五次会议通过),未包括涉外民事关系的法律适用规定。

取“后法优于先法”的规则加以解决。[①]《法国宪法》规定经批准之条约具有高于国会通过法律的阶位。在荷兰，经最高立法机关三分之二多数通过的条约甚至具有高于宪法的最高阶位。这表明各国依据本国国情对条约的国内法效力阶位，有着不同的宪法规定。[②]“在原则上，除了发生在国际法与国内法的冲突以致国家应负责任外，国际法在国内效力是国内法问题”。[③]我国《宪法》虽未像上述国家的宪法那样明确规定条约在国内法体系中的效力阶位，但是，根据《宪法》规定的条约批准权限，全国人大常委会批准的条约、重要协定相当于其制定的法律，其效力阶位低于全国人大通过的基本法律；国务院核准的协定具有其制定的行政法规之效力阶位。为了避免条约与国内法的立法上冲突，我国分别采取暂不批准、保留、修改法律等方式。[④]

对我国发生效力的条约、重要协定或协定在司法适用中可能发生的冲突，原则上按照《民法通则》第一百四十二条解决。然而，该第一百四十二条本身存在不严密的问题，没有考虑《宪法》规定的全国人大及其常委会的立法阶位，即，“基本法律”与“法律”之区别。类似的，2017 年《民事诉讼法》[⑤]第二百六十条规定：“中华人民共和国缔结或者参加的国际条约同本法有不同规定的，适用该国际条约的规定，但中华人民共和国声明保留的条款除外。”其中“本法”为全国人大常委会通过的法律，因此也存在条约高于基本法律的效力错位。鉴于全国人大与其常委会的立法权之阶位不同，在涉外案件中优先适用条约的问题上应严格区分“基本法律”与“法律”。由于《民法总则》不包括涉外民事关系的法律适用条款，因此建议今后《民法典》应以附则的方式明确涉外民事关系的法律适用，而且，从全国人大通过的《民法总则》或《民法典》均为“基本法律”，故应规定：“中华人民共和国缔结或者参加的国际条约同本法有不同规定的，适用本法，除非经全国人民代表大会授权全国人民代表大会常务委员会在批准国际条约时另行规定。”这样，既可避免条约与基本法律的效力错位，维护《宪法》的权威性，又可由全国人大常委会根据授权在批准具体条

---

① 参见 Whitney v. Robertson，124 U.S. 190(1885)，Restatement of the Law Fourth，The Foreign Relations Law of the United States. At ALI：https://www.ali.org/projects/show/foreign-relations-law-united-states/[2018-03-28]。

② 参见张乃根：《正确处理国际法与国内法的关系》，《中国社会科学报》2011 年 3 月 29 日第 8 版。

③ 王铁崖：《国际法引论》，北京大学出版社 1998 年版，第 204 页。

④ 如，我国签署《公民和政治权利国际公约》，因某些国内法尚不符合该公约，迄今未批准；我国批准《经济、社会和文化权利国际公约》，对有关工会条款作了保留；我国加入世界贸易组织后根据《加入议定书》逐一修改有关国内法。

⑤ 《中华人民共和国民事诉讼法》(2017 年 6 月 27 日第十二届全国人民代表大会常务委员会第二十八次会议修正)。

约时决定何者优先适用。

值得关注的是，除了《民法通则》和《民事诉讼法》包含涉外民事关系的法律适用中有关条约的国内适用规定，1995 年由外交部等联合发布的《关于处理涉外案件若干问题的规定》①总则第三条规定："处理涉外案件，在对等互惠的基础上，严格履行我国所承担的国际条约义务，当国内法或者我内部规定同我国所承担的国际条约义务发生冲突时，应当适用国际条约的有关规定（我国声明保留的条款除外）。"该规定与《民法通则》第一百四十二条相同，且适用范围涵盖民商、刑事、行政涉案案件，无不以条约优先为原则。问题在于：这样做不仅同样有上述涉外民事关系的法律适用问题，而且我国《刑法》及《刑事诉讼法》、《行政法》及《行政诉讼法》均无此类明确规定。因而，该规定与《宪法》下的立法阶位不无抵触。这也是亟待解决的问题。

（二）条约在国内适用中的解释问题

一般而言，条约解释属于条约履行、适用中的问题。《维也纳条约法公约》第三编第二节、第三节分别规定"条约之适用"和"条约之解释"。在条约法理论中，有国际法学者所作的条约"学理解释"与条约当事国或其授权的国际机关所作出的"官方解释"这样的区分。②后者可进一步区分为国际法与国内法上的条约解释。不同于国际法上的条约解释应遵循成文的条约或习惯国际法的有关规则，国内法上的条约解释在不同国家可能有不同的方式或规则，并因不同法律制度而具有不同法律效力。"《维也纳条约法公约》并不约束国内法院遵循其全面和穷尽地编纂的解释规则。"③各国法院的条约解释实践及其一贯性存在显著的区别。在普通法系的美国或英国，对立法或条约的解释，一旦构成先例，具有普遍约束力；在包括我国在内的成文法系国家，此类解释的判例仅对当事方有效，不过，最高法院或高等法院的判例亦具有一定的司法指导作用。

我国尚无关于条约解释的法律法规，2002 年，最高人民法院曾为适应我国加入世界贸易组织而颁布了一项司法解释，即，"人民法院审理国际贸易行政案件，适用的法律、法规的具体条文存在两种以上的合理解释的，应当选择与中华人民共和

---

① 外交部、最高人民法院、最高人民检察院、公安部、国家安全部、司法部《关于处理涉外案件若干问题的规定》(1995 年 6 月 20 日外发[1995]17 号)。该规定仍有效，参加司法部网：http://www.moj.gov.cn/index/content/1999-01/01/content_7084140.htm? node=86542[2018-03-29]。

② 前引《条约法概论》，第 334 页。

③ The Interpretation of International Law by Domestic Courts, Edited by Helmut Philipp Aust and Georg Nolte, Oxford University Press, 2016, p.203.

国缔结或者参加的国际条约的有关规定相一致的解释，但依法可以直接适用国际条约或者中华人民共和国声明保留的条款除外”。①根据该规定，法院仅在有关案件中间接适用有关条约（转化为国内法）时，可能发生条约解释。2015年，最高人民法院颁布有关司法文件，要求严格依照《维也纳条约法公约》的规定，“根据条约用语通常所具有的含义按其上下文并参照条约的目的及宗旨进行善意解释，增强案件审判中国际条约和惯例适用的统一性、稳定性和可预见性。”②这是我国第一份明确要求依照《维也纳条约法公约》规定解释涉案条约的法律性文件。

在我国司法实践中，已披露涉及条约解释的案件很少。比如，我国《商标法》（2001年修正）第十五条有关代理活动中的商标异议规定将《保护工业产权巴黎公约》第六条之七（1）款转化为国内法。在2007年一起行政提审案件中，最高人民法院认为：“据该条约的权威性注释、有关成员国的通常做法和我国相关行政执法的一贯态度，《巴黎公约》第六条之七的‘代理人’和‘代表人’应当作广义的解释，包括总经销、总代理等特殊销售关系意义上的代理人或者代表人。”③这虽未对“广义的解释”所依据的解释方法或规则作进一步说明，但明显反映了参照相关学理与惯例的做法，如“同一解释”原则④。但是，源于美国早期判例法的这一原则也称为“查敏·贝齐规则”（Charming Betsy Canon）⑤，仅要求美国国内法院解释国会立法时应尽可能避免与国际法或美国加入的国际协定相冲突，而不涉及条约解释规则本身。因此，最高人民法院对该案的判决并没有表明我国作为《维也纳条约法公约》缔约国，国内法院实际上适用了该公约的解释规则，而2015年以来适用该公约的解释规则的案例鲜为人知。

总括全文，在人类命运共同体入宪的新时代、新形势下，阐明其具有的重大国际法意义，旨在以习近平新时代中国特色社会主义思想为指引，坚持走和平发展道路，以条约为主要手段之一，实施新时代中国特色大国外交方略；并在国内维护《宪法》的权威性，通过宪法解释或制定《国家主席法》，明确赋予国家主席在开展“国事活动”中可进行“必要的谈判和缔结条约”；区分全国人大与战争和和平有关的条约批准权与全国人大常委会在和平时期的条约批准权，并修改《缔结条约程序法》有关规定，尽早完成《缔结条约程序法实施条例》的制定，完善我国条约缔结、批准和

---

① 《最高人民法院关于审理国际贸易行政案件若干问题的规定》（法释〔2002〕27号）2002年10月1日起施行。

② 《最高人民法院关于人民法院为“一带一路”建设提供司法服务和保障的若干意见》（法发〔2015〕9号）。

③ 《中华人民共和国最高人民法院行政判决书》〔2007〕行提字第2号，2007年3月19日。

④ 参见孔祥俊：《WTO知识产权协定及其国内适用》，法律出版社2002年版，第499—503页。

⑤ *Murray v. Schooner Charming Besty*, 6 U.S.(2 Cranch) 64, 2 L.Ed.208(1804).

废止的法定程序;对于条约在国内法中的效力阶位及其在涉外案件中处理条约与国内法的关系问题,应给予高度关注并通过《民法典》等基本法律或法律的编纂或修订,加以解决;对于司法实践中的条约解释经验,应及时总结,并上升到具有一般指导意义的规范性文件,以便切实在《宪法》之下协调国际法与国内法的关系。

The Issues of International Law Related to the Constitution Revision with the Community of Shared Future for Mankind

Abstract: As the essential part of Xi Jinping's thought of Socialism with Chinese characteristic in the new era, "the promotion to build the community of shared future for mankind" has been included in the 2018 revision of China's Constitution. This article first analyzes the significances of international law after including the idea of community of shared future for mankind in Constitution from the perspective of relation between constitutional law and international law, and reviews the relationship between the history of making Constitution since founding the People's Republic of China and international law in order to explain the significances of international law with the idea of community of shared future for mankind in the new era; secondly, based the above analysis, it explores some critical issues regarding treaties as international laws in China's Constitution and domestic legal system and gives some solutions accordingly; thirdly, it looks the legal system and practices of existing judicial application of treaties in China with discussion on improvement to meet the needs of rule of domestic and international laws in the new era after including the idea of community of shared future for mankind in Constitution.

Keywords: Community of shared future for mankind; Constitution; International laws; Treaty

试论人类命运共同体制度化及其国际法原则*

内容摘要：中国国际法理论亟待创新，以适应日益走近国际舞台中央的新时代中国特色大国外交方略及其实施。人类命运共同体的学说包含了丰富的国际法理念，并具备制度化要素，为中国国际法理论创新提供了新视角。现代国际法制度的产生及发展证明国际法理论的引领作用至关重要。人类命运共同体的制度化应该也完全可通过将其核心理念确立为国际法原则作为必要步骤。人类命运共同体的国际法原则可归纳为持久和平、普遍安全、共同繁荣、文明共存和可持续发展。人类命运共同体五项国际法原则相辅相成，将现行国际法基本原则内容与新时代中国的新主张融为一体，不仅是对中国倡导的和平共处五项原则的传承与发展，也是对当代国际法原则体系的新贡献，必将对"百年未有之大变局"朝着有利于全人类共同利益的方向发展起着规范性的指导作用。

关键词：理论创新；人类命运共同体；理念；制度化；国际法原则

一、引言：中国国际法理论的创新与人类命运共同体学说

在世界上独一无二、延绵五千多年的中华文明史上，中国与其他国家的关系自《史记》以来均有文字记载。①其中，历代地理志界定本国疆域，其他为外夷，如西汉初年以阴山、长城为界，以北接壤的匈奴，②宋代之后称为外国，如朝鲜。但是，现代国际法及其理论源于文艺复兴之后的欧洲，直到第一次鸦片战争（1840—1842年）前后传入中国。近一百七十多年以来，从周鲠生先生于1929年撰写《国际法大纲》③，到王铁崖先生于1981年主编《国际法》④，以及如今中国国际法学者致力于理论创新，时代造就一代又一代的国际法学者，也呼唤着中国国际法理论的创新。

中国国际法理论的创新不是，也不可能将四百多年来的国际法理论完全推倒

---

* 原载《中国国际法年刊(2019)》，法律出版社2020年版，第1—29页；英文载《中国法学前沿》(*Frontiers of Law in China*)，Vol.15，March 2020，No.1，pp.85-106。

① 《史记·汉书》上溯五帝夏商周及秦始皇统一中国，至汉武帝。《史记·汉书》，《二十五史》(1)，上海古籍出版社、上海书店出版社1986年版。

② 参见谭其骧主编：《简明中国历史地图集》，中国地图出版社1991年版，第16页。

③ 周鲠生：《国际法大纲》(勘校本)，中国方正出版社2004年版。

④ 王铁崖主编：《国际法》，法律出版社1981年版。

重来,而是在此基础上,根据时代的发展和全球治理新制度的需要,提出具有新意的建设性理论。在当今"百年未遇之大变局"①中,作为习近平新时代中国特色社会主义思想之一的人类命运共同体学说,包含了丰富的国际法理念。②概括而言,根据已有研究,人类命运共同体学说所涵盖的国际法理论指的是,"构建以和平为基础,包容为核心,互利为功效,绿色为亮点的人类命运共同体,实质上就是倡导与践行和平、包容、互利和绿色的国际法";③"其要义是在以主权国家为主体的当今国际社会中,按照'天下一家'的理念和联合国宪章的宗旨和原则,以公平正义和法律规则为基础,以人类共同利益为纽带,通过各国的各自努力和国家间的互助合作,同心协力,创建一个持久和平、普遍安全、共同繁荣、开放包容、清洁美丽的美好世界"。④将这一具鲜明中国特色的国际法新理念转化为全球治理新制度及其过程,将为中国国际法理论的创新提供新的视角,很值得深入探讨。本文尝试在这一视角下论述人类命运共同体制度化及其国际法原则。本文认为,人类命运共同体的制度化是一个历史过程,而将其核心理念确认为国际法原则,则为必不可少的关键步骤。为此,下文将首先论证国际法理论对现代国际法制度建设的引领作用,继而循着国际法原则的路径探析人类命运共同体理念的制度化,然后着重阐述人类命运共同体的制度化与国际法原则的关系,最后论及人类命运共同体五项国际法原则与和平共处五项原则的承接与发展。

二、国际法理论对现代国际法制度建设的引领作用

本文尝试论述人类命运共同体学说所包含的国际法理念,并通过确认其所体现的国际法原则为人类命运共同体学说的制度化奠基,最终使其成为当代国际法的组成部分。由于国际法及其理论源于欧洲并根植于古希腊罗马文化,因此,扼要追溯本文所涉"理念""制度"等概念的理论来源及其法律实践,有助于理解国际法理论对现代国际法制度建设的引领作用。柏拉图被认为是"理念论"是创始人,⑤他在探讨正义的"理念"(idea)时首先得出一个定义:"正义就是给每个人以恰如其

① 参见《习近平在中央外事工作会议上讲话》,《人民日报》2018 年 6 月 24 日第 1 版。

② 参见张乃根:《试探人类命运共同体的国际法理念》,载《中国国际法年刊(2017)》,法律出版社 2018 年版,第 43—74 页;徐宏:《人类命运共同体与国际法》,《国际法研究》2018 年第 5 期,第 3—14 页;人类命运共同体课题组:《人类命运共同体的国际法构建》,《武大国际法评论》2019 年第 1 期,第 1—28 页。

③ 前引张乃根:《试探人类命运共同体的国际法理念》,第 71 页。

④ 前引人类命运共同体课题组:《人类命运共同体的国际法构建》,第 14 页。

⑤ [英]罗素:《西方哲学史》(上卷),何兆武、李约瑟译,商务印书馆 1963 年版,第 143 页。

分的报答。”[①]这一理念成为古罗马法基本原则之一“给予每个人他应得的部分”[②]。这是正义(*jus*,抽象意义的法)“理念”成为制度化法律的典型。“理念”是哲理性观念,通常蕴含于一定的学说或理论,而制度是可观察的系统性社会现象或行为规范。比如,亚里士多德在《雅典政制》中描述的宪政“制度”(institution)包括执政官、立法院和最高法院。[③]罗马法典首先是指法的“制度”(*institutionum*)。[④]现代国际法以罗马法为基础,其产生和演变在很大程度上因循了从法的“理念”到法的“制度”的制度化路径。

俗话说“事实胜于雄辩”。历史表明,国际法理论常常引导制度建设。十六世纪末十七世纪初,在欧洲民族主权国家兴起初期,尚无调整各国间关系的国际公约或公认的习惯国际法。人们通常认为:“十五和十六世纪,在许多彼此绝对独立的国家没有建立起来以前,国际法是不需要的。”[⑤]“国际法之父”格劳秀斯主张自然法理念,试图将战争与和平的国际关系准则建立在一个非常坚实的基础上,以致连上帝也不能改变它。如何证明某行为符合自然法呢?他提出人类的共同意识是一种证明:“因为普世需求的效果是普遍的原因;并且,此类观念的原因不是别的,正是被称为人类共同意识的感觉。”[⑥]现代国际法的基石——“共同同意”[⑦]或者说“协调的一致”[⑧],由此形成。1648年《威斯特伐利亚和约》作为现代国际法第一项多边条约就是经欧洲16个国家、66个神圣罗马帝国下王国,109位参会代表共同同意而缔结,确立恢复欧洲和平和30年战争之后制度安排。[⑨]民族国家主权平等的国际法体系形成与格劳秀斯的国际法理论实际上起到的引导作用密切相关。然而,此后的和平并不能持久。据不完全统计,从1650年到1800年的一个半世纪,欧洲

---

① [古希腊]柏拉图:《理想国》,郭斌和、张竹明译,商务印书馆1986年版,第7页;另参见Plato, *The Republic and other Works*, trans. by B. Jowett, Anchor Press, 1973, p.14。

② [罗马]查士丁尼:《法学总论——法学阶梯》,张企泰译,商务印书馆1989年版,第5页。

③ [古希腊]亚里士多德:《雅典政制》,颜一译,载苗力田主编:《亚里士多德全集》(第十卷),中国人民大学出版社1997年版,第4—5页;另参见Aristotle, *The Athenian Constitution*, trans. by P.J. Rhodes, Penguin Books, 1984, p.48。

④ 参见[古罗马]盖尤斯:《法学阶梯》,黄风译,中国政法大学出版社1996年版。“阶梯”的拉丁文具有制度的词义,参见*Black's Law Dictionary*, the fifth edition, West Publishing Co., 1973, p.179。

⑤ [英]劳特派特修订:《奥本海国际法》上册第一分册,王铁崖等译,商务印书馆1971年版,第55页。

⑥ Hugo Grotius, *on the Law of War and Peace*, trans. by Francis W. Kelsey, the Clarendon Press, 1925, p.42.

⑦ 参见[美]路易斯·亨金:《国际法:政治与价值》,张乃根等译,中国政法大学出版社2005年版,第36—37页。

⑧ 王铁崖:《国际法引论》,北京大学出版社1998年版,第35页。

⑨ 参见*Encyclopedia of Public International Law*, Vol.7, Elsevier Science Publishers B.V. 1984, pp.160-162。

各国之间发生了 67 次大规模战争。①十八世纪末，康德《永久和平论》基于人道主义理念，主张人与人，国与国之间的和平共处，以自由国家的联盟为基础，维护国际和平。"这是各民族的联盟，而不是由各民族组成的一个国家。和平联盟与和平条约的区别在于：后者仅仅企图结束一次战争，而前者却要永远结束一切战争。"②这一永久和平的理念影响到后来国际联盟和联合国的建立。"如果我们正确理解康德，那么他的学说意味着永久和平是不能通过一度建立国际联盟来予以保证，而只是由于联盟成员国的经常和积极的合作，才能得到保证。"③正是在这个意义上，康德的永久和平理念引导了国际社会最终选择了永久性组织的制度。

为什么在现代国际法的历史上，国际法理论可以起到引领制度建设的作用？很大程度归结于国际社会这一共同体的特性。④从现代国际法起源于主权独立的欧洲民族国家间社会（就其共同宗教信仰而言，也称为"基督教世界"⑤），到《联合国宪章》下"各会员国主权平等"⑥的当代国际社会大家庭，有别于国内社会的中央政府类型的治理结构，国际社会迄今仍是平等主权国家间的共同体。相比国内社会数以千年的政治演变而形成"利维坦"⑦（国家为拟制主权者）行使对国内社会的统治权模式，国际社会虽已有组织化机制，但毕竟只有数百年历史，从根本上说还是一个"无政府主义"或"半政府"的人类共同体。一国利益或实力至上的丛林规则往往支配着各国间关系。"当世界政治依然充满着各国为权力、荣誉和财富而在全球无政府状态下进行的斗争，则典型的国际关系观点根本上与修昔底德时代并无二致，而在现代尚未得到超越。"⑧

现代国际法产生之初，从中世纪教廷至高无上的统治下独立的欧洲各主权民族国家信奉主权至上无管辖。诚如《威斯特伐利亚和约》第五条规定，涉及双方争端应约定仲裁员解决，或以条约结束该争端。⑨然而，各国之间关系应适用什么法？人们并不清楚。格劳秀斯主张以非神学的自然法理念为指导，吸取古代罗马法的

---

① 参见 Clive Archer, *International Organization*, 3rd ed., Routledge, 2001, p.4。

② Kant, *Perpetual Peace*, ed. and trans.by Lewis White Beck, Bobbs-Merrill Educational Publishing, 1952, p.18.

③ ［奥］阿・菲德罗斯等：《国际法》，李浩培译，商务印书馆 1981 年版，第 38 页。

④ 参见张辉：《人类命运共同体：国际法社会基础理论的当代发展》，《中国社会科学》2018 年第 5 期。

⑤ 参见［美］斯塔夫里阿诺斯：《全球通史：1500 年以后的世界》，吴象婴等译，上海社会科学出版社 1992 年版，第 11 页。

⑥ 《联合国宪章》，载《国际条约集（1945—1947）》，世界知识出版社 1961 年版，第 35 页。

⑦ 参见［英］霍布斯：《利维坦》，黎思复等译，商务印书馆 1985 年版。

⑧ ［美］约翰・罗尔斯：《万民法》，张晓辉等译，吉林人民出版社 2001 年版，第 30 页。

⑨ 参见《威斯特伐利亚条约》，载《国际条约集（1648—1871）》，世界知识出版社 1984 年版，第 3 页。

“万民法”概念，将各国共同同意达成条约或承认习惯作为调整相互关系的国际法。“‘自然法’所尽的最伟大的职能是产生了现代‘国际法’和现代‘战争法’”。[①]“尽管其基础还不是很完美，但是在十六世纪不可能有其他学说替代之。”[②]这一理论很快为欧洲各国所接受，格劳秀斯的影响是那么大，以致十七世纪和十八世纪的多数国际法学者都是格劳秀斯派，欧洲各国间条约也日益增多。但是，一方面，欧洲各国拥有平等的主权，包括有权发动自以为正义的战争，导致一次又一次的战争，一次又一次的和约；另一方面，欧洲的海外扩张，将不平等的国际关系强加于亚非拉各国，形成极不平等的殖民地、半殖民地统治。十九世纪和二十世纪上半叶，包括“脱亚入欧”的日本在内欧美各国陷入恶战不断的漩涡，不能自拔，两次世界大战给人类带来惨不堪言之灾难；同时，十九世纪以来拉美国家率先发起的反殖民化独立运动，逐步向亚非发展。1945 年 6 月联合国的诞生，标志着禁止一切战争，非经安理会授权或会员国被迫自卫，不得对他国使用武力的战后国际法之确立。这是格劳秀斯的主权平等和康德的永久和平理念之结合的制度，亦即，联合国的各会员国主权平等，并以联合国宗旨为行为准则，维护国际和平与安全，“发展国际间以尊重人民平等权利及自决原则为根据之友好关系”，促进国际合作，“增进并激励对于全体人类之人权及基本自由之尊重”。[③]

二十世纪末二十一世纪初，国际社会刚刚结束长达半个世纪的“冷战”，却又遭遇史无前例的恐怖袭击以及美国随即发动在阿富汗等国的反恐战争，并延续至今。如今“百年未有之大变局”，突出体现在原先两个超级大国之一的苏联已一去不复返，美国作为当今唯一的超级大国在反恐战争的拖累下已显现走下坡路的迹象，同时，国际关系的多极化逐步发展，中国正在和平崛起，走近国际舞台中央。一百年前，人类社会在战火中煎熬，国际关系在枪炮中变动，联合国孕育于反法西斯世界联盟。当时，爱好和平和坚信正义将取得最终胜利的人类唯一选择是：“持久和平的唯一真正基础是摆脱了侵略威胁，人人享有经济与社会安全的世界上自由人民之自愿合作”，[④]并“建立一个更普遍和更持久的全面安全体系”。[⑤]一百年后的今天，“人类社会正处大发展大变化大调整时期”，“同时，人类也处在一个挑战层出不

---

① ［英］梅因：《古代法》，沈景一译，商务印书馆 1959 年版，第 55 页。

② *Briely's Law of Nations: An Introduction to the Role of International Law in International Relations*, seventh edition by Andrew Clapham, Oxford University Press 2012, pp.22 - 23.

③ 《联合国宪章》，载《国际条约集（1945—1947）》，世界知识出版社 1961 年版，第 35 页。

④ 《联盟国宣言》（1941 年 6 月 12 日于伦敦圣詹姆斯宫），引自饶戈平主编：《国际组织法》，北京大学出版社 1996 年版，第 34 页。

⑤ 《大西洋宪章》，载［美］康马杰编辑：《美国历史文献选萃》，香港今日世界出版社 1979 年版，第 108 页。

穷、风险日益增多的时代”。[①]美国竭力维持其全球霸权地位和滥用单边措施维护其一国私利，给整个世界带来极大不确定性；恐怖活动与地区冲突犬牙交错，给国际和平与安全带来极大危害；英国脱欧风波使得欧洲一体化前途未卜；民粹主义或狭隘民族主义势力抬头对于人类共同应对气候变化、消除贫困和促进发展等全球性挑战，极为不利。世界朝何处去？人类社会前途何在？中国主张推进构建人类命运共同体，为未来一百年乃至更长的人类社会发展指明了方向。这一具有中国特色和体现国际社会共同愿景的理念，具有丰富的国际法理论及其制度化要素，必将对今后全球治理体系的制度改革和发展，产生重大和深远的影响。

三、人类命运共同体制度化：国际法原则的路径

当代及今后很长时期的国际社会仍是平等主权国家为主体的人类共同体。推进构建人类命运共同体，是基于尊重各国主权及其自主选择发展道路的权利，推动建设相互尊重、公平正义、合作共赢的新型国际关系和倡导国际关系民主化；促进全球治理体系改革和建设，共同建设持久和平、普遍安全、共同繁荣、开放包容、清洁美丽的世界；建立健全开放、透明、包容、非歧视性的多边贸易体制，推动经济全球化朝着更加开放、包容、普惠、平衡、共赢的方向发展；以共建“一带一路”为重点，同各方一道打造国际合作新平台，为世界共同发展增添新动力。[②]

从国际法原则形成或确认的路径看，推进构建人类命运共同体不仅具有丰富内涵的国际法理论，而且具备现实和未来发展的制度化基础或要素。其中，人类命运共同体的制度化与国际法的原则体系休戚相关。

国际法原则是现代国际法的制度性渊源之一。比如，《威斯特伐利亚和约》第一条至第十条为缔约各方同意的基本原则，包括各方“应保持基督的普遍和平，永恒、真正和诚挚的和睦关系”，“由于敌对行动在任何地方、以任何方式造成的一切，都应永远予以忘却、宽容或谅解”，“一方永远不得在任何名义或借口下，以武器、金钱、军人或任何种类的弹药帮助另一方的现存的或未来的敌人”，“关于洛林的争执应提交双方提名的仲裁人，或由法国和西班牙之间签订一项条约，或采取其他友好的办法来解决”，各方“不得妨碍恢复原有产权”，“神圣罗马帝国下各国君主权利应

① 习近平：《共同构建人类命运共同体——在联合国日内瓦总部的演讲》(2017年1月18日)，《人民日报》2017年1月20日第2版。

② 参见习近平：《在庆祝改革开放40周年大会上的讲话》(2018年12月18日)，《人民日报》2018年12月19日第2版。

予恢复”。[1]这些早期国际法的原则体现了主权与和平、宽容与非战、友好解决争端和恢复原有财产权等欧洲各主权民族国家应遵循的基本准则。又如,《联合国宪章》第二条规定的基本原则为:各会员国“主权平等”,“善意履行本宪章所担负之义务”,“应以和平方法解决其国际争端”,“在其国际关系上不得使用威胁或武力”,“对联合国依本宪章规定而采取之行动,应尽力予以协助”和“在维持国际和平及安全之必要范围内,应保证非联合国会员国遵行上述原则”,“不得授权联合国干涉在本质上属于任何国家国内管辖之事件”。当代国际法的这些基本原则是公认的国际关系准则。毋庸置疑,国际法的基本原则构成各国和平相处之关系赖以维持的制度性基础。同时,这些原则也是和平解决国际争端的可适用法。1922 年 1 月、1945 年 4 月先后设立的国际常设法院和国际法院,均以其规约明文规定:“一般法律原则为文明各国所承认者”[2]是法院裁判之适用的国际法。

作为国际法的制度化基础或要素的国际法原则体系包括了国际法上公认的基本原则和各国通行并可适用于国际关系的一般法律原则。

从十六世纪上半叶的格劳秀斯《战争与和平法》到十八世纪中叶乃至影响到十九世纪下半叶的瓦特尔《国际法或自然法的原则》均以国际法基本原则为基础。前者开篇就以自然法理念为指导,阐述了为和平而战是正义的基本原则:正义战争符合自然法,“因此,足以确立的是并非所有战争与自然法背道而驰,同样也可以说,不违背国际法。”[3]后者被认为“在其后一百多年的国际学者中,没有人能超越之”,[4]专门阐述了国际法的基本原则:为了国际社会最终目的,每个国家应在增进自身福祉时尽可能地为其他国家的福祉作出贡献;“国际自然社会的法律对于每个国家的福祉是如此重要,一旦允许践踏这些法律,那么没有哪个国家可以期待保护其存在及其国内安宁,无论其可能采取什么明智、正当和合适的措施。”[5]简言之,各国应遵循以自然法为基础的国际法,为国际和平既为自身也为他国谋求福祉。

十九世纪末二十世纪初,实证法学派兴起,国际法基本原则的学说随着自然法学派的衰落而遭冷遇。以《奥本海国际法》为代表的国际法理论不再专门讨论

---

① 《威斯特伐利亚条约》,载《国际条约集(1648—1871)》,世界知识出版社 1984 年版,第 3 页。

② 《国际常设法院规约》,载《国际条约集(1917—1923)》,世界知识出版社 1961 年版,第 531 页;《国际法院规约》,载《国际条约集(1945—1947)》,世界知识出版社 1961 年版,第 60 页。

③ Hugo Grotius, *On the Law of War and Peace*, trans. by Francis W. Kelsey, the Clarendon Press 1925, p.57.

④ Tetsuya Toyoda, *Theory and Politics of Law of Nations*, Martinus Nijkoff Publishers 2011, p.161.

⑤ E. de Vattel, *The Law of Nations or the Principle of Natural Law*, Translation of Edition of 1785, Henrry Dunant Institute 1983, p.8.

基本原则,直到1992年第九版才提及《联合国宪章》有关履行国际义务的"善意"原则。①

二十世纪八十年代后,中国的国际法学说以全面阐述国际法的基本原则为重要特点之一。"所谓国际法的基本原则,不是个别领域内的具体原则,而是那些被各国公认的,具有普遍意义的,适用于国际法一切效力范围的,构成国际法的基础的法律原则。"②中国国际法学者普遍认可这一观点,③并以《联合国宪章》及其《国际法原则宣言》④和新中国倡导的和平共处五项原则为主加以阐述。⑤国际法基本原则体系包括各国主权平等、各民族享有平等权利与自决权、各国依照《联合国宪章》彼此合作并应秉诚意履行依据该宪章所负义务、各国在其国际关系上不应使用威胁或武力,各国应以和平方法解决其国际争端、依照该宪章不干涉任何国家国内管辖事件。和平共处五项原则包括互相尊重主权和领土完整,互不侵犯,互不干涉内政,平等互利,和平共处,其中,除平等互利,均与前述基本原则一致。

国际法院曾多次确认国际法基本原则,并认为有些原则也具有了习惯国际法的性质。比如,"尼加拉瓜军事与准军事行动案"判决明确:"不干涉原则包含了每个主权国家不受外来干预处理自己事务的权利,虽然违反该原则的例子不少,但是,本法院认为这是习惯国际法的一部分。"⑥又如,"石油平台案"判决在将《联合国宪章》有关武力使用规定明确为习惯国际法,作为涉案条约解释的上下文,其中包含各国在其国际关系上不应使用威胁或武力的基本原则。⑦

与国际法基本原则有所不同,一般法律原则源于各国国内法一般具有的原则,例如,诚信原则(包括行使权利中的诚信,即,禁止权利滥用),责任(包括过失)原则,司法程序(包括管辖权、回避、举证责任、既判力)。至于国际常设法院和国际法院的规约所谓"文明各国承认者"的"文明"一词并无必要,"因为任何国家作为国际社会的成员必然被认为是文明的。"⑧

推进构建人类命运共同体的具体内容主要融合上述国际法基本原则,而非一

① [英]詹宁斯、瓦茨修订:《奥本海国际法》,王铁崖等译,中国大百科全书出版社1998年版,第23页。

② 王铁崖主编:《国际法》,法律出版社1981年版,第48页。

③ 参见梁西主编:《国际法》,武汉大学出版社1993年版,第48—49页;饶戈平主编:《国际法》,北京大学出版社1999年版,第42—44页。

④ 《关于各国依联合国宪章建立友好关系及合作之国际法原则宣言》(1970年10月24日),A/RES/2625。

⑤ 参见邵津主编:《国际法》,北京大学出版社、高等教育出版社2000年版,第28—34页。

⑥ *Military and Paramilitary Activities in and against Nicaragua* (Nicaragua v. USA), ICJ Reports 1986, p.106. para.202.

⑦ 参见 *Oil Platforms* (Iran v. USA) Judgment, ICJ Reports 2003.

⑧ [英]郑斌:《国际法院与法庭适用的一般法律原则》,韩秀丽等译,法律出版社2012年版,第27页。

般法律原则，从而形成适应新时代全球治理新制度建设的国际法原则新体系。将人类命运共同体的核心理念融入现行国际法的原则体系，并促进其发展，是将其落实到国际法制度层面的必要路径和关键步骤。

四、人类命运共同体制度化与国际法原则的关系

（一）持久和平的国际法原则

建设持久和平的世界是构建人类命运共同体的首要内容。自从人类进入有文字记载的社会，就伴随着战争与和平。据《史记汉书》记载，在中华民族起源之"轩辕黄帝"时代，传说"神农氏世衰，诸侯相侵伐，暴虐百姓"，可见连年战乱，百姓遭殃；"轩辕乃习用干戈吕征不亨，"最终平定天下，"抚万民度四方"，可谓太平世界。[①]据现存最完整的古巴比伦《汉谟拉比王法典》记载，汉谟拉比王宣告"我得以和平统驭世人，以我的智慧保护之"，同时祈祷"愿为我的武器开辟道路的战争与战斗之女王，爱护我的统治的仁爱的庇护女神伊丝达，在其盛怒之下，……在战争与战斗之场中毁灭彼之武器"。[②]显然，和平相伴战争。追求和平生活是人类本性之所向。诚然，人性之善或恶，古今中外哲学家们看法不一。类似中国古代儒家与法家之争，西方也有古希腊亚里士多德认为"人类由于志趋善良而有所成就"[③]和英国资产阶段革命时期的霍布斯断言人类的争斗天性会导致"每一个人对每一个人的战争"[④]。但是，即便霍布斯也相信人类的理性会引导"寻求和平，信守和平"[⑤]，并达成相应的社会契约安排。这同样也适用于国际关系。

从《威斯特伐利亚和约》到《联合国宪章》，近四百年来的国际社会所达成的这些里程碑式公约，其宗旨始终是和平。特别是吸取了两次世界大战的惨痛教训而制定的《联合国宪章》，开篇就是："我联合国人民同兹决心欲免后世再遭今代人类两度身历惨不堪言之战祸，……并为达此目的……接受原则，确立方法，以保证非为公共利益，不得使用武力"。该基本原则包括联合国"各会员国应以和平方法解决其国际争端，俾免危及国际和平、安全及正义"，"在其国际关系上不得使用威胁或武力，或以与联合国宗旨不符之任何其他方法，侵害任何会员国或国家之领土完

---

① 《五帝纪》，《史记》（一）；《史记·汉书》，《二十五史》（1）；上海古籍出版社、上海书店出版社 1986 年版，第 6 页。

② 《汉谟拉比王法典》，载《外国法制史资料选编》（上册），北京大学出版社 1982 年版，第 50 页。

③ ［古希腊］亚里士多德：《政治学》，吴寿彭译，商务印书馆 1965 年版，第 9 页。

④ ［英］霍布斯：《利维坦》，黎思复等译，商务印书馆 1985 年版，第 94 页。

⑤ Thomas Hobbes, *Leviathan*, Collier Macmillan Publishers 1962, p.104.

整或政治独立”。坚持对话协商，建设一个持久和平的人类命运共同体与该基本原则是吻合的，因此可称之为“持久和平”的国际法原则。这是构建人类命运共同体的首要原则。

（二）普遍安全的国际法原则

坚持共建共享普遍安全的世界是构建人类命运共同体的重要内容。不同于相对战争而言的和平，安全以和平为前提，内涵更加宽泛，且在一定条件下具有自身价值。“维持国际和平及安全”是联合国之首要宗旨。在禁止一切战争以求人类持久和平时，“采取有效集体办法”，防止和消除对于和平之威胁以达到各国免受侵略行为或其他破坏和平之行为这样的安全状态，就成为了和平的保障。现代国际法所赖以存在和用于规制的国际社会从一开始就是一个相互依存的共同体，一国在其中往往难以独善其身。第二次世界大战的最大教训之一在于：以欧美为代表的国际社会首先对日本军国主义 1931 年侵占中国东北三省姑息纵容，继而面对纳粹德国日益嚣张的侵略势头，实行绥靖或所谓中立政策，生怕引火烧身，结果都适得其反。战后联合国建立的集体安全机制旨在以大国一致方式，代表国际社会全体，保障国际和平及安全。“在当今国际社会尚无由居上机构始终压倒性地实施着法律的基本方面；这种实施依赖于并非国家的共同体之集体行动。”①这是战后国际法意义上的“集体安全”原则。

共建共享普遍安全的世界，是在这一原则基础上，从两方面加以丰富和发展，其一，基于现行联合国集体安全机制，国际社会应统筹应对传统和非传统安全威胁。仅从近几年联合国安理会决议的若干主题就可看出这两类安全威胁之多、之大：2018 年关于中东局势（4 次）、索马里局势（3 次）、马里和利比亚局势（各 2 次）、阿富汗局势与核不扩散/朝鲜人民民主共和国（各 1 次），这些均事关地区安全或冲突问题；2017 年除了传统安全问题，有关恐怖主义行为对国际和平与安全的威胁（4 次）；2016 年关于前南和卢旺达问题国际法庭及相关问题（4 次）；2015 年关于妇女与和平安全、儿童与武装冲突（各 1 次）。可见，恐怖活动、国内武装冲突引起种族灭绝事件、妇女儿童在武装冲突中的保护，都成为安理会集体保障的国际和平及安全的主题，而这些问题更多涉及人类社会的共同利益。普遍安全涵盖这些传统和非传统安全，甚至粮食安全、公共健康等人类生活能否得到安全保障的全方面问题。其二，普遍安全不仅依靠安理会集体保障机制，而且应由国际社会共同努力，共建共享。这就要求在推进构建人类命运共同体的过程中，应致力于全球治理机

---

① Hersch Lauterpacht, *International Law*, Vol.I, Cambridge University Press 1970, p.264.

制的改革。在战后七十多年的今天,以安理会为核心,应对普遍安全所面临各种威胁的全球治理机制已显得力不从心。中国主张共商共建共享的全球治理观,就是从根本上解决现行机制中决策的非民主化,逐步建立健全包括联合国在内各种全球治理机构的民主化。“民主是依公开平等的方式促进所有人的根本利益。”[①]也就是说,人类命运共同体的大事由大家一起商量着办。这就是当代国际法的“普遍安全”原则,也是构建人类命运共同体的基本原则。

(三)共同繁荣的国际法原则

与持久和平原则、普遍安全原则调整各国之间政治关系有所不同,中国主张推进构建人类命运共同体的共同繁荣,以全球经济日趋一体化为客观条件,以促进贸易和投资自由化便利化,推动经济全球化朝着更加开放、包容、普惠、平衡、共赢的方向发展为目标。《联合国宪章》序言昭示之目的之一为“促进全球人民经济及社会之进展”,并将“促成国际合作,以解决国际间属于经济、社会、文化、及人类福利性质之国际问题”列为三大宗旨之一。在联合国主持下于1946年10月召开拟定成立国际贸易组织的准备会议,并就《关税与贸易总协定》(GATT)展开谈判。最终,该组织未能如期成立,但达成的GATT却通过临时适用而生效。[②]该总协定以“提高生活水平、保证充分就业,保证实际收入和有效需求的大幅度增长,实现世界资源的充分利用研究及扩大货物的生产和交换为目的”[③]。这些目的均含有共同繁荣的原则要素。但是,与七十多年前不同的是,如今经济制度或经济发展水平不同的193个联合国会员国构成的国际社会大家庭,更加需要开放与包容、普惠与平衡。

开放包容是共同繁荣的前提。对于各国,尤其是经济贸易大国而言,对外不断加大开放其货物、服务和投资市场,为其他国家及企业提供更多的商业机遇,是促进本国和世界经济发展的需要。《联合国宪章》各项目的或宗旨及基本原则均不涉及政治与经济及宗教文化等社会制度的异同,而以最大的包容性将所有爱好和平的国家纳入联合国。因各自制度及意识形态的不同而互相敌视所造成的冷战没有给人类带来什么好处。如今建设共同繁荣的世界,应摈弃冷战思维,各国间应互相尊重彼此对本国社会经济发展的制度选择,互相包容,求同存异,寻求大家都能接

---

① Thomas Christiano, Democratic Legitimacy and International Institutions, at *The Philosophy of International Law*, edited by Samantha Besson and John Tasioulas, Oxford University Press, 2013, p.121.

② *Protocol of Provisional Application of the GATT*, October 30, 1947, 55. U.N.T.S.308.

③ 《关税与贸易总协定》中文本,载《世界贸易组织乌拉圭回合多边贸易谈判结果法律文本》[中英文对照],法律出版社2000年版,第424页。

受的合作规则。这应是"共同繁荣"原则的基本要求。这不仅适用于国家间双边经贸关系,也应适用于各类区域或全球性经贸国际组织。以世界贸易组织(WTO)为例。确认 WTO 建立的 1994 年 4 月 15 日《马拉喀什宣言》"决心通过使自己的经济融入建立在开放的市场导向政策及乌拉圭回合协议和决定所列各项承诺基础上的世界贸易体制,以巩固乌拉圭回合的成功结果,……许多发展中国家和原中央计划经济国家采取了经济改革和自主贸易自由化的重大措施。……给予发展中国家差别和更优惠待遇的规定"。[①]可见,WTO 体制秉承"开放的市场导向"(不是清一式的某种市场经济模式),鼓励相应"经济改革和自主贸易自由化"(必要的体制改革或过渡)和承认"发展中国家差别待遇"(经济发展水平不同的客观现实)。这就意味着 WTO 也是一个开放包容的组织。根据"共同繁荣"原则,该组织应沿着开放包容的方向继续发展。

普惠与平衡是共同繁荣的核心。由于历史等原因,亚非拉地区的大多数国家仍处于发展中或最不发达的水平,因此,推进构建人类命运共同体,必须充分考虑这些地区及国家的利益诉求。二十世纪七十年代,经过全球范围的非殖民化运动,广大的新兴发展中国家在政治独立的基础上要求改变旧的国际经济秩序,并经联合国大会 1974 年第六次特别会议通过《建立新的国际经济秩序的宣言》[②]等文件,主张所有国家不论其经济社会制度,应基于公平、主权平等、相互依存、共同利益与合作,纠正已有国际经济秩序的不公平与非正义,努力消除发达国家与发展中国家的巨大鸿沟,以保障稳定的经济增长和社会发展以及今世后代的和平与正义。四十多年过去了,建立新的国际经济秩序,依然进程艰难。2015 年联合国可持续发展峰会承认全世界"几十亿公民仍然处于贫困之中,生活缺少尊严",并承诺"集体努力谋求全球发展,开展为世界所有国家和所有地区带来巨大好处的'双赢'合作。"[③]中国在过去四十多年改革开放中为全世界消除贫困,促进社会经济发展,作出显著贡献的同时主张普惠与平衡的全人类共同繁荣,完全契合建立新的国际经济秩序和联合国 2030 年可持续发展议程的宗旨和原则。"共同繁荣"的国际法原则下的普惠与平衡是国际社会公认的普遍要求,也是构建人类命运共同体的基本原则。

---

① 《1994 年 4 月 15 日马拉喀什宣言》,《世界贸易组织乌拉圭回合多边贸易谈判结果法律文本》,第 iii 页。

② Declaration on the Establishment of a New International Economic Order 3201(S-VI), A/9556.1 May 1974.

③ 《改变我们的世界:2030 年可持续发展议程》,A/RES/70/1, 2015 年 9 月 25 日,第 14 段、第 18 段。

(四) 文明共存的国际法原则

人类社会是一个文明多样性的共同体。推进构建人类命运共同体,除了国家之间和平共处,共享普遍安全,谋求社会经济发展的共同繁荣,各种文明、文化的和谐共存,也是人类的理想生活须臾不可缺少。与共同繁荣原则所含制度性包容有所不同,文明间包容是不同文化思想的共存。现代国际法肇起于基督教文明的欧洲。《威斯特伐利亚和约》"对一些天主教国家和新教国家,规定了国际法上的共存,……对宗教宽容的思想的实现,做出了一些贡献。"[①]这说明最初形成的现代国际法包含对基督教世界的不同宗教思想及其派别的宽容。但是,这仅限于基督教文明自身的包容。在欧洲人眼里,除了其文明及其社会,地球上的其他文明,不属于国际法上的文明。这一狭隘的文明观体现于欧美国家主导制定的国际常设法院及国际法院的规约第三十八条下所谓"一般法律原则为文明各国所承认者"。这是将"文明标准引入国际法,在文明民族与未开化民族间画上清晰且必要的界限"[②]。在这样的文明观下,国际法被片面认为仅适用于基督教文明世界。格劳秀斯最初探讨国际法时也是讲基督徒之间的战争正义与否问题。[③]美国最高法院曾在二十世纪初的一起著名案件中论证习惯国际法的相关国家实践时,先后列举英国、法国、荷兰、德国、美国、奥地利和沙俄,[④]在第二次世界大战中,面对德意日法西斯和军国主义的疯狂侵略,爱好和平的国家和人民打破一切文明界限或政治意识形态的隔阂,组成反法西斯世界联盟,并在此基础上战后建立联合国,其会员国资格不分任何文明或制度,且明确其宗旨在于"不分种族、性别、语言或宗教,增进并激励对于全体人类之人权及基本自由之尊重"。这在现代国际法的历史上初步确立了"文明共存"的国际法原则。

在《联合国宪章》的原则基础上,推进构建人类命运共同体,更加强调各种文明、文化、宗教等意识形态的交流互鉴、和谐共存。冷战后,随着苏联的瓦解,以计划经济为基础的僵化社会主义制度及其意识形态彻底失去影响,西方式的民主制度、市场经济及其理念在全世界流行。然而,对于像中国这样仍坚持自己特色的社会主义制度及其理念,是否允许在国际社会大家庭内共存? 不时地引起争议。美国 2017 年《国家安全战略》将中国列为头号竞争对手,指责中国利用美国帮助建立

---

① [奥]阿・菲德罗斯等:《国际法》,李浩培译,商务印书馆 1981 年版,第 85 页。

② 郑斌:《国际法院与法庭适用的一般法律原则》,韩秀丽等译,法律出版社 2012 年版,施瓦曾伯格所写"前言",第 1 页。

③ 参见[荷]格劳秀斯:《捕获法》,张乃根等译,上海人民出版社 2006 年版,第 31 页。

④ *The Paquete Habana*, 175 U.S. 677(1990), 700.

的国际体制，在国内补贴产业和强制外国技术转让，扭曲市场。[①]美国、欧盟和日本贸易部长2019年年初《三方联合声明》再次提出对所谓非市场的政策、市场导向的条件、产业补贴、国有企业和强制技术转让的关注。[②]这些政策和指责的实质在于认为中国的制度及其理念不同于发达国家，因而不可容忍。除非中国按照其要求改变，否则就被作为竞争或被围剿的对手。正如有学者在十多年前所言："冷战的结束是一个重大的成就，但我们并非就要进入一个太平盛世。"[③]中国在坚持自己选择的社会经济基本制度的前提下，不断努力改革开放，吸取别人的长处，自我改进，同时以"文明共存"的国际法原则作为构建人类命运共同体的基本原则之一。这既符合《联合国宪章》下不同制度、文明的包容原则，也引领国际社会朝着和平共处、包容和谐的方向发展，避免再陷冷战。

（五）可持续发展的国际法原则

坚持可持续发展，建设清洁美丽的世界是与时俱进，推进构建人类命运共同体所不可或缺的方面。茫茫宇宙，地球是人类如今和可预见的将来，也许永远是赖以生存的唯一星球。人们越来越认识到呵护地球这一人类共同家园的极端重要性。自1972年联合国《人类环境宣言》和1992年《关于环境与发展的里约宣言》以来，"可持续发展"已逐渐成为国际环境法的一项基本原则。尽管该原则的含义还有不确定性，[④]但是，一般认为"可持续发展不仅仅是现代国际法的一项原则，它是人类遗产中最古老的思想之一。而且被几千年来的人类智慧不断地加以丰富，它在国际法中起着重要作用"[⑤]。没有几千年来我们的祖先实际上以某种可持续发展的方式生活，地球可能早已不适应人类生存。如果人类不以可持续发展的方式对待地球，那么终将走向自我毁灭。联合国《2030年可持续发展议程》"重申联合国所有重大会议和首脑会议的成果，因为它们为可持续发展奠定了坚实基础"[⑥]。从该议程以及先前的《二十一世纪议程》所确认的承诺看，"国际法看起来的确要求国家

① 参见 *National Security Strategy of the United States of America*, December 2017。

② *Joint Statement of the Trilateral Meeting of the Trade Ministers of the European Union, Japan and United States*, Washington, D.C., 9 January 2019.

③ [美]迈克尔·赖斯曼：《国际法：领悟与构建》，万鄂湘等译，法律出版社2007年版，第142页。

④ Ved P. Nanda, George (Rock) Pring, *International Environmental Law and Policy for the 21st Century*, 2nd revised edition, (Martinus Nijhoff Publishers 2013), pp.25 - 30.

⑤ 1997年《国际法院盖巴斯科夫——拉基玛洛大坝案卫拉曼特雷副院长的个别意见书》，载王曦主编：《国际环境法资料选编》，民主与建设出版社1999年版，第656页。

⑥ 《改变我们的世界：2030年可持续发展议程》，第11段。

和国际机构考虑可持续发展的目标并为实现此目标而确立适当的程序。"①在这个意义上，可持续发展具有一定的国际法义务性质。在可持续发展原则的指导下，联合国《气候变化框架公约》以及2016年生效的《巴黎协定》和2018年后续实施细则，体现了全世界绝大多数国家兑现其承诺的决心与行动。

中国主张推进构建人类命运共同体的一个很重要因素是在国内大力促进粗放型经济形态转变为环境友好型的高科技导向经济和建设良好生态的新农村，同时承诺大幅减少有害环境的气体排放，为全球应对气候变化，自主承担负责任大国的一份义务。所有这些都遵循了可持续发展的国际法原则。

综上，推进构建人类命运共同体的内容不仅与《联合国宪章》以及联合国主持下制定的有关国际法文件中一系列国际法基本原则相一致，而且增加了许多中国的新主张。这包括"持久和平"的表述增强了和平原则所包含的世界和平之长远性，以相对长远的和平，以求永远和平之最终目标；以"普遍安全"为原则改进集体安全体制，共商共建促进全球治理体系的民主化；以"共同繁荣"为原则，坚持和发展开放包容、普惠平衡的国际经济合作；以"文明共存"原则促进不同文明、文化间交流互鉴，以求各国各地区的民心相通；"可持续发展"原则与各国，尤其是发展中国家向环境友好型社会发展的要求相联系，特别是中国作为全球最大发展中国家，身体力行。人类命运共同体的五项国际法原则相辅相成，将现行的国际法基本原则内容与中国的新主张融为一体，是对当代国际法原则体系发展的新贡献。本文的阐述旨在促进人类命运共同体五项原则在制度层面形成或公认为国际法原则，也是对中国国际法理论创新的一种尝试。

五、人类命运共同体五项原则与和平共处五项原则

以上阐述的构建人类命运共同体具有制度化特征的五项国际法原则，是在"百年未有之大变局"的新形势下，对中国倡导的和平共处五项原则之传承和发展。从侧重于新中国双边外交的和平共处五项原则，到如今基于多边外交和着眼于改进全球治理体系的人类命运共同体五项原则。当今时代和中国的国际地位以及对外关系的巨变，迫切需要确立相适应的新时代中国特色大国外交方略。"中国外交要推动构建新型国际关系，推动构建人类命运共同体"②就是这一外交方略的指导思

① ［英］帕特莎·波尼、埃伦·波义尔：《国际法与环境》，那力等译，高等教育出版社2007年版，第92页。

② 《决胜全面建成小康社会　夺取新时代中国特色社会主义伟大胜利——在中国共产党第十九次全国代表大会上的报告》（2017年10月18日），《人民日报》2017年10月28日第1版。

想。“文明创造的外交是防止国际关系完全受制于武力的最佳手段。……直到1648年结束三十年战争的《威斯特伐利亚和约》建立了新关系的秩序,开始了古典欧洲外交的时代(所有现代外交的起源)。”①可见,现代外交与现代国际法相伴而生,国际法是和平外交的必要手段。

新中国成立伊始缔结的第一项双边条约——《中苏友好同盟互助条约》②规定双方保证以友好合作的精神,并遵照平等、互利、互相尊重国家主权与领土完整及不干涉对方内政的原则,初步确立了和平共处五项原则。1953年12月,周恩来总理在与印度政府代表团谈话时明确提出,并且随后的中印双边协定序言规定了“互相尊重主权和领土完整,互不侵犯,互不干涉内政,平等互利,和平共处”五项原则。③1954年6月,周恩来总理先后访问印度、缅甸,与两国分别发表联合声明,倡议将和平共处五项原则作为指导国际关系的准则。“如果这些原则能为一切国家所遵守,则社会制度不同的国家的和平共处就有了保证”。④在新中国初期的特殊国际环境下,和平共处五项原则的提出和实践,既有利于与周边国家建立和发展睦邻友好关系,打破当时美国为首西方国家对新中国的孤立与封锁政策,也促进后来著名的万隆宣言将和平共处五项原则扩展为多边外交的十项国际法原则,乃至1970年联合国《国际法原则声明》也包含了和平共处五项原则的内容。这些原则从根本上讲都与《联合国宪章》的宗旨及基本原则相一致,因而具有公认的国际法规范性或指导性。

根据2018年3月修正的《中华人民共和国宪法》⑤序言规定,中国独立自主的对外政策以和平共处五项原则为基础,以推动构建人类命运共同体为目标。上述人类命运共同体五项原则与和平共处五项原则,既有传承:持久和平与和平共处、普遍安全与互不侵犯、开放包容与平等互惠、文明共存与互不干涉内政;又有创新:可持续发展,建立美丽世界。尽管人类命运共同体五项原则与和平共处五项原则的多数内容实质相同,但是,前者的价值取向更多体现了作为一个日益走向世界舞台中央的中国所主张的多边主义。当代国际法上的多边主义是指以《联合国宪章》为基石,维护联合国在保障国际和平与安全方面的权威,并改进以联合国为核心的多边国际组织体系,包括联合国下专门机构和诸如WTO此类相关国际组织。与

---

① Sir Ivor Robert edited, *Satow's Diplomatic Practice*, sixth edition, Oxford University Press 2011, pp.5 - 10.

② 《中华人民共和国条约集》(第一集1949—1951),法律出版社1957年版,第2页。

③ 《中华人民共和国条约集》(第三集1954),法律出版社1958年版,第1页。

④ 同上书,第13页。

⑤ 《中华人民共和国宪法》(2018年3月11日第十三届全国人民代表大会第一次会议通过修正)。

和平共处五项原则提出之时，中国暂时还未恢复在联合国的合法席位这一情况完全不同，如今，中国作为联合国安理会常任理事国之一，在维护国际和平及安全方面起到举足轻重的作用，比如，中国已是联合国维和部队的最大贡献者。中国与俄罗斯、哈萨克斯坦等国携手建立的上海合作组织，已包括印度、巴基斯坦在内 8 个欧亚国家，为促进地区合作反对恐怖主义，提高普遍安全水平，起到至关重要作用。在推动建立健全开放包容和共同繁荣的全球多边经贸体制方面，中国发起设立的亚洲基础设施投资银行，成员国已达近百个，除了发展中国家，还包括除美国以外的主要发达国家，遍布全世界。中国提出“一带一路”建设倡议得到越来越多的国家地区和国际组织的响应，并已与 122 个国家、29 个国际组织签署了 170 份政府间合作文件。①中国积极推动《联合国气候变化框架公约》的巴黎协定达成，并成为最早签署和批准该协定的国家之一。可以说，在近十多年，随着中国改革开放取得巨大进步，综合国力显著提高，中国推动构建持久和平和普遍安全的新型国际关系，开放包容和共同繁荣的国际合作关系，关乎全人类共同利益的清洁世界建设等全方面的多边主义立场，清晰、坚定。

因此，如同当年和平共处五项原则能够在较短时间得到国际社会的公认，并融入国际法原则体系，当今中国主张的人类命运共同体五项原则，也将或迟或早制度化，被公认为全球治理体系的规范性或指导性的国际法原则。

六、结论：中国国际法理论创新视角下的人类命运共同体

总括全文，在当今“百年未有之大变局”中，挑战与机遇并存，亟待中国国际法学人对国际法理论的创新研究。以推进构建人类命运共同体为新时代中国特色大国外交方略，为传统国际法理论与中国贡献相结合的国际法理论创新提供了新的视角，并具有制度化，尤其是通过国际法原则的形成、确认而逐步制度化的内在要素，应该也完全可以归纳为内涵丰富、具有时代新意的五项国际法原则，即：持久和平、普遍安全、共同繁荣、文明共存和可持续发展的原则。

人类命运共同体五项原则是和平共处五项原则在新时代的发展，既基于《联合国宪章》的基本原则，涵盖和平共处五项原则，又突出了新时代中国与全人类共同利益所追求的全球治理新制度应遵循的国际法原则，必将成为当代国际法原则体系的重要组成部分，指导推进构建人类命运共同体从国际法理念逐步变为惠及全人类的现实制度。

---

① 截至 2018 年 12 月统计，中国一带一路官网：www.yidaiyilu.gov.cn/xwzx/roll/76800.htm[2019-11-06]。

On the Institutionalization of Human Community with a Shared Future and the Principles of International law

Abstract: The Chinese theory of international law should be innovated in order to respond the needs for Chinese diplomatic strategy in the new era moving toward the center of global affairs. The doctrine of human community with a shared future includes plentiful ideas of international law and essential elements of institutionalization, which provides a new viewpoint for innovation of Chinese theory of international law. The origin and development of modern international law demonstrates the critical importance of ideas about international law as guidance for institutional construction. It is necessary and possible to institutionalize the human community with a shared future through setting its ideas as principles of international law. The principles of international law for the human community with a shared future are those of lasting peace, universal security, common prosperity, coexistence of civilizations and sustainable development. The five principles of human community with a shared future are integrated with existing general principles of international law and Chinese new proposals in new era, which is not only the development of Chinese initiated Five Principles of Peaceful Coexistence, but also the new contribution for the contemporary system of principles of international law. It will be the guidance to advance "profound changes unseen in a century" for the common interests of mankind as whole.
Keywords: Theoretical innovation; Human community with a shared future; Ideas; Institutionalization; Principles of international law

试析人类命运共同体视野下的国际立法*

——以联合国国际法委员会晚近专题为重点

内容摘要：国际立法主要指《联合国宪章》下编纂和逐渐发展国际法的活动，是"百年未遇之大变局"中推进构建人类命运共同体的全球治理法治化必由之路。在人类命运共同体视野下，以联合国国际法委员会晚近专题为重点分析国际立法与人类命运共同体的关系以及实际意义或影响，有助于认识具体的国际立法与基于国家主权的人类命运共同体构建之间存在的某些冲突，进而回顾和反思中国在国际法委员会有关国际立法中的积极作用和存在不足，以便以更加积极姿态提高参与度，切实推进人类命运共同体的国际法构建。

关键词：人类命运共同体；国际立法；国际法委员会；晚近专题

推进构建人类命运共同体作为习近平新时代中国特色社会主义思想的组成部分，已载入新修订的《中华人民共和国宪法》序言，与和平共处五项原则共同构成"百年未遇之大变局"下指导中国特色大国外交的基本国策与战略纲要。①近两年来，中国国际法学界对人类命运共同体与国际法理论及实践的关系，已做了多维度的深入研究。②本文旨在进一步理论联系实际，探析在人类命运共同体视野下，中国如何身体力行，积极主动参与国际立法，推动全球治理的法治化，并以联合国国际法委员会(ILC)晚近专题为重点，具体分析以国际法编纂及发展为国际立法途径与人类命运共同体的国际法构建之间关系，同时扼要地回顾、反思中国参与国际立

---

* 原载《国际法学刊》2020 年第 1 期，第 13—32 页。

① 参见黄惠康：《中国特色大国外交与国际法》，法律出版社 2019 年版，第 39—44 页。

② 以 2017 年以来，《中国国际法年刊》等学术刊物发表的论文及同期中国国际法学会学术年会论文为例，包括但不限于：李适时：《夯实人类命运共同体的国际法治基础》，载《中国国际法年刊(2017)》；张乃根：《试探人类命运共同体的国际法理念》，载《中国国际法年刊(2017)》；谢海霞：《人类命运共同体的构建与国际法的发展》，《法学论坛》2018 年第 1 期；罗欢欣：《人类命运共同体思想对国际法的理念创新——与"对一切人的义务"的比较分析》，《国际法研究》2018 年第 2 期；徐宏：《人类命运共同体与国际法》，《国际法研究》2018 年第 5 期；李赞：《建设人类命运共同体的国际法原理与路径》，《国际法研究》2018 年第 6 期；张乃根：《人类命运共同体入宪的若干国际法问题》，《甘肃社会科学》2018 年第 6 期；人类命运共同体与国际法课题组：《人类命运共同体的国际法构建》，《武大国际法评论》2019 年第 1 期。张乃根：《论人类命运共同体制度化及其国际法原则》；何志鹏：《人类命运共同体理念中的底线思维》；马忠法、葛淼：《论"和"文化语境下的国际法治建设——构建人类命运共同体为视角》；彭芩萱：《人类命运共同体思想的国际法制度化及其实现路径》，这四篇载《中国国际法学会 2019 年学术年会论文集：国际公法学(上)》。

法，以求教于国际法学界前辈同任仁。①

一、国际立法对于人类命运共同体的意义：全球治理的法治观

（一）国际立法的含义

“国际立法”（international legislation）的术语源于十九世纪末二十世纪初欧美国际法论著。比如，美国学者阿莫斯·S.赫尔希（Amos S. Hershey）出版于1919年的《国际公法纲论》讨论国际法的渊源时列举了1856年巴黎和会签署的关于海上国际法原则的《巴黎宣言》、1864年和1906年关于战争法的《日内瓦公约》和1899年及1907年海牙和平会议编纂的一系列战争法公约，称之为“国际立法”。②该书还援引当时德国拉萨·弗朗西斯·劳伦斯·奥本海（Lassa Francis Lawrence Oppenheim）《国际法》（1905年）和法国尼斯（Nys）《国际法》（1896年）等，表明实证主义占主导地位的欧美国际法学界③开始将编纂现有国际法规则或创设具有普遍国际法意义的“造法性条约”（law-making treaties）视为国际社会的立法性活动。在1929年完稿的《国际法大纲》中，周鲠生教授沿袭了“造法的条约”及“国际立法”的说法，将之引入中国国际法学界，并同时提醒：这种类似不可过于夸张，“国际条约与国内立法，实有重大的差别，不可视同一律。”④王铁崖教授在他晚年的《国际法引论》认为由于“国际社会没有一个中央立法机关为整个国际社会制定法律，而且在可预见的将来也不可能有一个中央立法机关，因此，在国际法上的‘国际立法’的概念可以说是错误的”⑤。这与詹宁斯和瓦兹修订的《奥本海国际法》所持“不存在任何国际立法机制”⑥的观点吻合。然而，“造法性条约”及“国际立法”依

---

① 中国国际法学界对人类命运共同体与国际立法以及国际法治之间的关系，已有一定研究。前引《夯实人类命运共同体的国际法治基础》指出：“构建人类命运共同体，倡导各国共商国际规则、共担国际责任、共享发展成果，是对现行国际法的发展与完善。”（第19页）这对本文的思考颇有启发。曾令良：《全球治理与国际法的时代特征》，载《中国国际法年刊(2013)》，强调“国际规制突出全球人类共同体利益的价值取向”。（第24页）这是与本文研究密切相关的观点。何志鹏：《国际法治的理论逻辑》，载《中国国际法年刊(2008)》，提及“民主而透明的国际立法进程”。（第132页）这与本文主题最为接近。

② Amos S. Hershey, *The Essentials of International Public Law*, the Macmillan Company, 1919, p.20.

③ 直到19世纪60年代在欧美国际法学界仍具有很大影响的格劳秀斯派代表人物瓦特尔在其《国际法或自然法原则》一书中认为条约国际法仅约束缔约国，因而相对自然国际法，不具有普遍性。参见E. de Vattel, *The Law of Nations or the Principles of Natural Law*, Translation of the edition of 1758, Carnegie Institution of Washington, 1916, p.8。

④ 周鲠生：《国际法大纲》，周莉勘校，中国方正出版社2004年版，第16页。

⑤ 王铁崖：《国际法引论》，北京大学出版社1998年版，第61页。

⑥ Robert Jennings and Arthur Watts, ed., *Oppenheim's International Law*, 9th edition, Vol.I, Longman Group UK Limited, 1992, p.114.

然是当代国际法学界惯用的术语，[①]有学者还从国际组织法视角研究国际造法的问题。[②]

一般而言，“国际立法”指代《联合国宪章》第十三条的联合国大会及其下属机构的职权之一，即“提倡国际法的逐渐发展与编纂”的活动，[③]主要但不限于ILC的“多边国际立法”[④]，也可以“泛指国际法的编纂和缔结国际条约的活动”[⑤]。本文仅以ILC晚近议题为重点，尝试分析人类命运共同体视野下的国际立法。

（二）国际立法与国际法治

联合国框架下的国际立法近年来受益于联合国持续关注国际法治而得以加强。2000年9月联合国举行的各国元首和政府首脑峰会通过《联合国千年宣言》，承诺“在国际和国家事务中加强尊重法制”[⑥]。2005年世界首脑会议“重申致力于基于法治和国际法的国际秩序，认为这对各国间和平共处与合作至关重要。”[⑦]此后，联合国大会每年均讨论并通过加强国际法治的决议，[⑧]一再重申提倡国际法的逐渐发展与编纂之作用，以及各国应遵守国际法规定的所有义务。可见，推动国际法治的建设，有助于各国间和平共处与合作，而通过国际法的逐渐发展与编纂这一国际立法的途径，有利于各国更好地遵守国际法。国际法治与国际立法，休戚相关。联合国关于国际法治的决议强调在大多数国际法领域支持制定、促进和实施国际规范和标准，为此联合国成立专门负责全面协调国际法治的机构（法治协调和资源小组）。新千年以来，ILC完成或继续进行的国际法发展与编纂的专题研究就

---

① 比如：James Crawford, ed., *Brownlie's Principles of Public International Law*, 8th edition, Oxford University Press 2008, p.31; Andrew Clapham ed., *Brierly's Law of Nations*, 7th edition, Oxford University Press, 2012, pp.56－57; Malcolm D. Evans ed., *International Law*, 5th edition, Oxford University Press, 2018, p.91。

② 参见［美］何塞·E.阿尔瓦雷斯：《作为造法者的国际组织》，蔡从燕译，法律出版社2011年版。

③ 参见［英］劳特派特修订：《奥本海国际法》上卷第一分册，王铁崖、陈体强译，商务印书馆1981年版，第46—48页。

④ 前引黄惠康：《中国特色大国外交与国际法》，第100页。

⑤ 刘振民：《从“国际立法”看国际法的未来发展》，载《中国国际法年刊（2000/2001）》，法律出版社2005年版，第203页；还可参见［日］村濑信也：《国际立法：国际法的法源论》，秦一禾译，中国人民公安大学出版社2012年版。

⑥ 《联合国千年宣言》（A/55/L.2）。

⑦ 引自秘书长的报告《汇聚我们的力量：加强联合国对法治的支持》，A/61/636-S/2006/980。

⑧ 如2006年12月4日大会决议《国内和国际的法治》（A/res/61/39），2018年12月20日大会决议《国内和国际的法治》（A/RES/73/207）。

多达 23 项，[①]几乎占 70 多年来 ILC 所有专题一半。[②]这充分反映了进入新千年之后，“国际社会的未来面临着日益增多的、各种复杂的国际合作问题，因而对国际上的法律应对要求也随之增加。”[③]

近年来联合国相关文件所阐明的国际法治与国家层面的法治具有内在联系。可以理解，人类社会无论在国内或国际层面都需要法治作为正义、合理秩序的基础。国际法治在很大程度上依赖于国内法治而得以实施，没有国内法的转化，国际法就难以真正成为国家的实际行为。《联合国宪章》下的法治“指的是这样一个治理原则：所有人、机构和实体，无论属于公营部门还是私营部门，包括国家本身，都对公开发布、平等实施和独立裁断，并与国际人权规范的标准保持一致的法律负责”[④]。尽管本文所研究的国际立法以国际法的编纂和发展为路径，旨在更好地规约国家之间关系，但是，国际与国内层面的法治相辅相成。在全球治理与国家治理的关系上，也是如此。法治应贯穿全球与国家治理的体系建设。

（三）推进构建人类命运共同体的全球治理观

推进构建人类命运共同体绝不是乌托邦式的空想，而是具有丰富国际法内容的全球治理观。无论是持久和平与普遍安全、合作共赢与共同繁荣，还是交流互鉴与开放包容、绿色低碳与清洁美丽，均与《联合国宪章》和其他国际法文件所规定的一般国际法原则有着内在关联，[⑤]并体现了当代人类社会发展与需求的新要求、新特点。在构建人类命运共同体的过程中，“各国有责任维护国际法治权威，依法行使权利，善意履行义务。”[⑥]可以说，国际立法和国际法治是人类命运共同体的基础。

---

① 已完成《国家责任》(2001 年)、《防止跨境有害活动》(2001 年)、《国家及其财产的管辖豁免》(2004 年)、《国际法不成体系问题》(2006 年)、《外交保护》(2006 年)、《适用于国家创设法律义务的单方决定之指导原则》(2006 年)、《跨国蓄水法》(2008 年)、《条约保留》(2011 年)、《武装冲突对条约的影响》(2011 年)、《国际组织责任》(2011 年)、《驱逐外国人》(2014 年)、《或引渡或起诉义务》(2014 年)、《最惠国条款(第二编)》(2015 年)、《在发生灾难时人员保护》(2016 年)、《与国际条约有关嗣后协定与嗣后惯例》(2018 年)、《习惯国际法的识别》(2018 年)、《危害人类罪》(2019 年)等；正进行《条约的暂时适用》《强行法》《一般法律原则》《国家责任方面的国家继承》《国家官员对刑事管辖的豁免》《与武装冲突有关的环境保护》《大气层保护》《海平面上升有关国际法》等。参见 https://legal.un.org/ilc/yexts/texts.shtml[2020-01-04]。

② 国际法委员会 70 年工作成果概览，参见前引黄惠康：《论国际法的编纂与逐渐发展》，表 1。

③ Joel P. Trachtman, *The Future of International Law: Global Governance*, Cambridge University Press, 2013, p.253.

④ 秘书长的报告：《冲突中和冲突后社会的法治和过渡司法》(S/2004/616)，第 5 页，第 6 段。

⑤ 参见前引张乃根：《论人类命运共同体制度化及其国际法原则》。

⑥ 习近平：《共同构建人类命运共同体——在联合国日内瓦总部的演讲》(2017 年 1 月 19 日)，《人民日报》2017 年 1 月 20 日第 2 版。

自1648年《威斯特伐利亚和约》确立现代国际社会的各国主权独立原则，到《联合国宪章》明确“各会员国主权平等之原则”，在“百年未遇之大变局”中构建人类命运共同体仍然应该坚持国际法的这一基本原则。在尊重各国主权平等独立的基础上，各国应该采用共商共建共享的全球治理方式，以国际法治规约各自行为。其中，国际立法起到了不可替代的作用。

从近四百年国际法与国际秩序的演变来看，脱胎于欧洲中世纪教廷至上社会的威斯特伐利亚体系，一开始完全排斥任何凌驾于民族国家主权之上的组织构建，各国“既不接受也不准备承认任何高于其的权威”[①]。规约各国之间关系的条约类似于个人之间的契约，这也是早期国际法学家的条约学说无不吸取罗马私法的契约理论之缘故。[②]自然国际法或习惯国际法与国内社会公认的，而非立法制定的伦理规范或风俗习惯很相似。十八世纪末康德基于永久和平的理念提出国际组织的设想之后，[③]国际社会的尝试从拿破仑战争后维也纳体系的“公会”(Congress)到第一次世界大战后凡尔赛体系的“国联”(league of Nations)，乃至第二次世界大战后雅尔塔体系的联合国，以持久和平为宗旨的全球性国际组织最终得以建立和运行，迄今已七十五年。联合国大会类似国家的立法机关，但仅限于下属ICL等通过编纂和发展国际法，为各国的缔约大会而非联合国大会本身提供条约文本，因此，现行联合国体制下不存在国内法上的立法机构。然而，以编纂和发展国际法的国际立法方式，推进全球治理的法治化，已是不争的制度性存在。加强国际法治是人类社会进步，也是构建人类命运共同体的必经之路。

二、国际立法与人类命运共同体的关系：国际法委员会晚近专题

(一) 人类命运共同体视野下的ILC晚近专题

本文所指ILC晚近专题包括近年来完成的《发生灾难时的人员保护》(2016年)、《与国际条约有关嗣后协定与嗣后惯例》(2018年)、《习惯国际法的识别》(2018年)和《危害人类罪》(2019年)以及正在进行的《条约的暂时适用》《强行法》《一般法律原则》《国家责任方面的国家继承》《国家官员对刑事管辖的豁免》《与武

---

① Bardo Fassbender and Anne Peters, ed., *The Oxford Handbook of the History of International Law*, Oxford University Press, 2012, p.50.

② 如格劳秀斯的条约学说，参见[荷]格劳秀斯：《战争与和平法》第二卷，马呈元、谭睿译，中国政法大学出版社2016年版，第11章至第14章。

③ 参见Kant, *Perpetual Peace*, Robbs-Merrill Educational Publishing, 1957；另参见Georg Cavallar, *Kant and the Theory and Practice of International Rights*, University of Wales Press, 1999, pp.113－131。该作者认为康德设想的国家联盟“基本上是保持完全独立的国家间法治”(p.121)。

装冲突有关的环境保护》《大气层保护》《海平面上升有关国际法》,等等。国内学界对其中若干专题所涉国际法问题已有一定研究或评介,①但是,这些专题与人类命运共同体的构建有什么关联?已有研究限于时际性而尚未触及。应强调的是,选择这些晚近专题,旨在探讨中国提出构建人类命运共同体之时 ILC 的关注点,以及中国对于这些专题持有什么立场,以便为在人类命运共同体的视野下回顾、反思中国参与国际立法,提供实证基础。

本文认为,就研究步骤而言,分析这些专题与人类命运共同体的构建有何关联,首先应探析这些专题本身与人类命运共同体的理念及其有待进一步制度化的内容之间的内在联系,其次从国际立法的角度看这些专题对于推进构建人类命运共同体的实际意义或影响。

(二) ILC 晚近专题与人类命运共同体的内在联系

1. 国际法渊源的专题

这方面专题包括《与国际条约有关嗣后协定与嗣后惯例》《条约的暂时适用》《习惯国际法的识别》《强行法》《一般法律原则》。ILC 近年来对国际法渊源相关专题的高度关注,反映了国际社会对国际法治的迫切需求,与人类命运共同体的理念及其国际法构建是一致的。《与国际条约有关嗣后协定与嗣后惯例》议题是 ILC 建立以来首次设立的条约解释专题。条约解释是条约适用的关键,也是以条约法为主的当代国际法治的核心问题之一。该专题历经前期的"条约随时间演变"专题研究和 2012 年以来的该专题研究,于 2018 年完成二读通过了 13 项结论草案及其评注。②联合国大会于 2018 年 12 月 20 日通过相关决议,认为该专题"在国际关系中具有重大意义","提请各国和所有可能被要求解释条约者予以注意"。③与条约解释专题同时开展并完成,经 ILC 二读通过及联合国大会决议采纳的还有《习惯国际法的识别》专题的 16 项结论草案及其评注。④习惯国际法是《国际法院规约》所明确列为解决国际争端的可适用法之一。尽管习惯国际法依赖各国的普遍实践与公认(法律确信),但是通过编纂有关识别习惯国际法的规则,便于在实践中适用,同

---

① 参见宋天英:《制定防止与惩罚危害人类罪公约——必要性和潜在挑战初探》,载《中国国际法年刊(2014)》,第 519—547 页;商震:《条约暂时适用问题初探》,载《中国国际法年刊(2013)》,第 392—407 页;刘大群:《论国际法上"或引渡或起诉"》和朱利江:《普遍管辖权与或引渡或起诉义务的关系》,载《中国国际法年刊(2012)》,第 19—73 页;回亚茹:《危害人类罪国际刑法规制的新发展——〈防止及惩治危害人类罪公约〉(草案)观察》,《中国国际法学会 2019 年学术年会论文集:国际公法(下)》。

② 参见国际法委员会报告(2018),第 14—15 段以及第四章。

③ 《与条约解释相关的嗣后协定与嗣后实践》(A/RES/73/202)。

④ 参见国际法委员会报告(2018),第 16—18 段以及第五章。

样对于“国际关系具有重大意义”。[①]《条约的暂时适用》专题已完成12项指南草案及评注,并于2018年经ILC讨论和一读通过,送各国政府和国际组织征求意见。[②]该专题旨在以《维也纳条约法公约》相关条款为基础,为条约的暂时适用的法律和实践提供指导,对于规范日益增多的暂时适用条约,具有积极的意义。ILC于2019年5月一读通过的《强行法》专题23项结论草案送各国政府征求意见,体现了国际社会对具有超越条约效力的强行法规范之重视。[③]强行法“体现和保护国际社会的基本价值,本质上优先于其他国际法规则并具有普遍适用性”,[④]因而该专题与构建人类命运共同体的关系极为密切。《一般法律原则》专题是ILC在2018年才设立的,旨在以《国际法院规约》有关作为可适用法之一的“一般法律原则”规定为基础,并将之扩展到涵盖国内法和国际法上的一般原则,提供识别的指南。[⑤]上述有关国际法渊源的议题均以编纂相关国际法规则作为指南性文件,以推动国际法逐渐发展为目的。

2. 国际人道法的专题

这方面专题包括《危害人类罪》《发生灾难时人员保护》《与武装冲突有关的环境保护》。其中,《发生灾难时人员保护》专题于2016年完成18项条款起草,提交联合国大会并建议基于此开展相关公约的谈判与缔结工作。[⑥]该专题旨在编纂有关国际救灾活动中除了可优先适用的已有国际人道主义法规则,其他应对天灾人祸造成重大灾害时的人员保护规则。这与国际社会的普遍利益有关。《危害人类罪》专题于2019年完成二读,ILC建议联合国大会以该专题起草的15项条款为基础,举行外交大会讨论缔结有关公约。[⑦]根据该条款草案序言,危害人类罪危及世界的和平、安全与福祉,禁止危害人类罪是强行法,危害人类罪是整个国际社会关切的最严重罪行之一,必须按照国际法予以预防,并且,每个国家有义务对危害人类罪行使普遍的刑事管辖权。[⑧]显然这与人类命运共同体休戚相关。值得注意,上述两项专题均以最终缔结国际公约为目的,具有典型的国际立法意义。《与武装冲突有关的环境保护》专题在2019年已完成一读,ILC决定将通过的28项原则草案

---

① 《习惯国际法的识别》(A/RES/73/203)。

② 参见国际法委员会报告(2018),第21—22段以及第七章。

③ 参见 Report of the International Law Commission, A/74/10, Chapter V。

④ 前引 A/74/10, p.142, Conclusion 3。

⑤ 参见前引 A/74/10, Chapter IX。

⑥ 参见国际法委员会报告(2016),第6(a)段以及第四章。

⑦ 前引 A/74/10, paras.12 - 13, Chapter IV。

⑧ Ibid., p.11.

送各国政府及国际组织征求意见。[①]该专题旨在适用国际人道法，弥补与环境有关武装冲突法的空白，也具有维护国际社会共同利益的重大意义。该专题限于提供国际法的原则指导。

3. 国家责任与管辖的专题

这方面的两项议专题《国家责任方面的国家继承》和《国家官员对刑事管辖的豁免》，前者于2017年设立，秉承1978年《关于国家在条约方面的继承的维也纳公约》(已生效)和1983年《关于对国家财产、档案和债务的继承的维也纳公约》(未生效)的基本原则，限于国家继承的实际情况所涉国际不法行为引起的国家责任，因而又以《国家对国际不法行为的责任》条款草案为基础，旨在编纂有关国家责任的国家继承方面国际法规则，尽管这方面的实践很有限，[②]后者于2007年设立，虽是目前ILC的议题中历时最长的，迄今已有两任特别报告员共10份报告，但因涉及国家主权的豁免问题，至今尚未进入ILC的一读程序。两者都与国家的基本权利(管辖)和义务(责任)相关。由于人类命运共同体以《联合国宪章》为基础，坚持国家主权的平等独立，因此，如何进一步发展或编纂国家责任与管辖方面的国际法规则，与推进构建人类命运共同体存在内在关联性。

4. 气候变化的专题

目前ILC正在开展的《大气层保护》和《海平面上升有关国际法》专题与人类命运共同体的清洁美丽世界建设具有不言而喻的关系。前者于2013年设立，ILC于2018年一读暂时通过有关指南草案，送交各国政府和各国际组织征求意见，该指南旨在促进各国履行根据国际法已承担的保护大气层的现有义务，"协助国际社会处理与跨国和全球大气层保护有关的关键问题"；[③]后者于2018年设立，并以多位共同负责人的"研究团队"(study group)方式开展活动，以示该议题的特殊性，目前尚无研究结果。[④]

综上，ILC晚近专题在不同程度与人类命运共同体的国际法构建有着内在联系。国际法渊源的专题主要与和平解决国际争端的可适用法有关，包括条约法、习惯国际法、一般法律原则以及强行法；国际人道法的专题与国际和平及普遍安全有关，且其中两项均以编纂为国际公约为宗旨；国家责任与管辖的专题涉及国家的基本权利与义务，与人类命运共同体仍以主权国家为主体有关；气候变化的专题体现了建设清洁美丽世界这一人类命运共同体的目标具有现行国际法义务的软约束及

---

① 前引A/74/10，paras.16－17，Chapter VI。

② Ibid.，para.18，Chapter VII.

③ 联合国国际法委员会报告(2018)，第78段总评注(2)。

④ 前引A/74/10，para.21，Chapter X。

诸多不确定性的特点。

（三）ILC 晚近专题的具体内容对于构建人类命运共同体的实际意义

ILC 晚近专题的设立根据其第五十届会议（1998 年）商定的四项标准，即，应反映各国在逐渐发展和编纂国际法方面的需要；应在国家实践方面处于足够成熟阶段；应具体可行；不局限于传统专题，也可考虑反映国际法新动态和整个国际社会紧迫关切事项。[①]虽然，ILC 设立这些专题本身与中国提出推进构建人类命运共同体，并无直接联系，但是，人类命运共同体的永久和平与普遍安全、合作共赢与共同繁荣，还是交流互鉴与开放包容、绿色低碳与清洁美丽的内容包含了丰富的国际法理念及其制度化要素，与以编纂和发展国际法的国际立法方式推进全球治理的法治化，并行不悖。因此，ILC 晚近专题不仅与人类命运共同体有着不同程度的关联，而且这些专题的具体内容也对人类命运共同体的国际法构建具有一定的实际意义或影响。下文择其若干，略加探析。

1. 识别与适用强行法对于人类命运共同体的意义

自《维也纳条约法公约》明确一般国际法强制性规范（强行法）“指国家之间全体接受并公认为不许损抑且仅有以后具有同等性质之一般国际法规律始得更改之规律”（第五十三条），“任何现有条约与该项规律抵触者即成为无效而终止”（第六十四条），国际法学界已有很多研究。[②]国际法院在 2007 年和 2015 年的两起涉及南斯拉夫境内种族灭绝罪的案件中明确“禁止种族灭绝的规范肯定是强行法”[③]。根据《强行法》专题结论的评注诠释，强行法的规范必须是一般国际法的规范，必须得到国际社会整体的接受和公认而不许损抑，只有被具有同样性质的规范更改。[④]换言之，遵循强行法规范是人类社会对一切人的义务，并具有最高的法律效力。由于

---

① 联合国国际法委员会报告（2018），第 37 段。

② 参见李浩培：《强行法与国际法》，载《中国国际法年刊（1982）》；张潇剑：《国际强行法论》，北京大学出版社 1995 年版；L. A. Alexidze, Legal nature of jus cogens in contemporary international law, *Collected Courses of the Hague Academy of International Law*, Vol. 172 (1981); L. Hannikainen, *Peremptory Norms (Jus Cogens) in International Law: Historical Development, Criteria, Present Status*, Helsinki, Finnish Lawyers' Publishing Company, 1988; S. Kadelbach, Genesis, function and identification of jus cogens norms, *Netherlands Yearbook of International Law* 2015, Vol.46(2016); D. Costelloe, *Legal Consequences of Peremptory Norms in International Law*, Cambridge University Press, 2017。

③ *Application of the Convention on the Prevention and Punishment of the Crime of Genocide* (Bosnia and Herzegovina v. Serbia and Montenegro), Judgement, ICJ, Reports 2007, p.110, para.161; *Application of the Convention on the Prevention and Punishment of the Crime of Genocide* (Croatia v. Serbia), Judgement, ICJ Reports 2015, p.46, para.87.

④ A/74/10, Chapter 5, Conclusion 2, Commentary(3).

任何现行条约(不论双边或多边)均不得与现行的强行法规范相抵触,因此,强行法规范具有整个人类社会(国际社会)的公共秩序赖以存在的支撑作用。毫无疑问,这也是构建人类命运共同体所不可或缺的。

然而,除了禁止灭绝种族、禁止酷刑的强行法规范得到国际法院的确认,其他强行法规范在法理上或实践中都不是那么很清晰。①《强行法》专题旨在提供识别和适用强行法规范的指南。比如,该专题的结论5将习惯国际法作为识别强行法的"确定性的最普遍基础"(is the most common basis),而条约和一般法律原则作为"可能性基础"(may also serve as basis)。②显然,这首先从国家实践的普遍性和公认度,然后根据各国明示的共同同意来识别。国际法院在2007年的种族灭绝罪案中就是先肯定确认种族灭绝为国际法上的犯罪属于习惯国际法,然后明确这也是强行法规范。③在2012年或起诉或引渡案中,国际法院采取同样方式,先承认禁止酷刑为"习惯国际法",然后确认其"已成为强行法"。④此外,国际法院2003年石油平台案的实体问题判决将禁止非法使用武力同时认定为《联合国宪章》规定和习惯国际法,⑤而ILC在《维也纳条约法公约》评注中举例说明时就认为:"宪章有关禁止武力使用的法律本身构成了具有强行法特点的国际法规则之显著例子。"⑥国际法院还曾认为禁止奴隶和种族歧视为强行法,⑦2019年在查戈斯群岛咨询案中还认为民族自决权是"对一切人的义务"(*ergo omnes*),⑧因而ILC推论这也具有强行法的性质。⑨虽然在ILC看来,相对整个国际社会(绝大多数国家,且不适用个别坚持反对)的接受和承认,国际法院的认可是辅助性,但往往"更有影响力"。⑩

尽管ILC尝试发展与编纂识别与适用强行法的规则,但是,仅从国际法院的实践来看,也并不一致。即便可以将习惯国际法作为识别的首要基础,但是由于习惯

---

① 参见《强行法》专题结论草案附件罗列的8项强行法规则:禁止侵略、禁止种族灭绝、禁止反人类罪、国际人道法基本规则、禁止种族歧视与隔离、禁止奴隶、禁止酷刑、自决权。A/74/10, Annex.

② A/74/10, Chapter 5, Conclusion 5.

③ 前引 *Application of the Convention on the Prevention and Punishment of the Crime of Genocide* (Bosnia and Herzegovina v. Serbia and Montenegro), p.110, para.161。

④ *Questions relating to the Obligation to Prosecute or Extradite* (Belgium v. Senegal), Judgement, ICJ Reports 2012, p.457, para.99.

⑤ *Oil Platforms* (Iran v. United States), Judgement, ICJ, Reports 2003, p.183, para.42.

⑥ *Yearbook of the International Law Commission*, 1966, Vol.II, p.247, Art.50(1).

⑦ *Barcelona Traction, Light and Power Company, Limited* (Belgium v, Spain), Judgement, ICJ Reports 1970, p.32, paras.33 - 34.

⑧ *Legal Consequences of the Separation of the Chagos Archipelago from Mauritius in 1965*, Advisory Opinion of 25 February 2019, para.180.

⑨ 前引 A/74/10, Chapter 5, Conclusion 17, Commentary(2)。

⑩ Ibid., Chapter 5, Conclusion 9, Commentary(4).

国际法本身也不得抵触强行法，如何辨析与强行法冲突的习惯国际法，也缺乏实践经验，因此识别强行法仍有很多值得进一步探讨的问题。不过，作为整个国际社会，也是人类命运共同体的公共秩序规则，强行法的识别与适用规则对于人类命运共同体的国际法构建肯定具有非常重要的实际意义。

2. 防止与惩治危害人类罪对于人类命运共同体的意义

《危害人类罪》专题与强行法休戚相关。《强行法》专题报告附件所列强行法包括禁止危害人类罪。"危害人类罪"(crime against humanity，或译反人类罪、反人道罪)源于第二次世界大战后审判纳粹德国战犯的《欧洲国际军事法庭宪章》所列三项罪行之一，[①]而后《远东国际军事法庭宪章》也明列此罪行。二十世纪九十年代设立南斯拉夫国际刑庭和卢旺达问题国际法庭的规约均包括惩治危害人类罪，将原先限于战争条件下的该国际罪行发展为和平时期严重违反国际人道法的罪行。1998 年《国际刑事法院罗马规约》(简称《罗马规约》)进一步将危害人类罪纳入管辖范围。[②]防止与惩治危害人类罪对国际和平与安全极为重要，因而对于人类命运共同体的国际法构建也具有不同寻常的实际意义。

问题在于危害人类罪究竟限于什么范围？与限于战争条件下的危害人类罪相比，根据《罗马规约》第七条第一款，危害人类罪涵盖谋杀、酷刑、强奸、非法监禁或剥夺人身自由等 11 种行为，其范围十分宽泛。这就涉及国际刑事法院与国内法院对这些犯罪行为的管辖权关系。即便前者采取补充性的普遍管辖原则，也会对后者的刑事司法主权产生很大影响。同时，如各国负有对此类罪行的普遍管辖义务，也会因某国未履行该义务而引起国家间争端，甚至诉诸国际法院。[③]这是基于各国主权平等独立的人类命运共同体构建必然面临的巨大挑战。将通过联合国可能提交外交大会讨论缔约的《危害人类罪》条款草案第二条第一款几乎完全照搬《罗马规约》第七条第一款，并且由于《强行法》专题包括禁止危害人类罪，这样产生的叠加效应就是扩大了强行法的范围。这与人类命运共同体构建基于《联合国宪章》基本原则的永久和平与普遍安全是否并行不悖，值得探析。

《危害人类罪》条款草案的评注承认有关危害人类罪的定义及其范围，除了个

---

① 《欧洲国际军事法庭宪章》，载《国际条约集(1945—1947)》，世界知识出版社 1961 年版，第 96—102 页。

② Rome Statute of the International Criminal Court, UNTC vol.2087, No.38544, p.3.参见林欣、刘楠来：《国际刑法问题研究》，中国人民大学出版社 2000 年版，第 52—58 页；另参见 Philipp Kastner, *International Criminal Justice in bello*?, Martinus Nijhoff Publishers, 2012, Chapter 1。

③ 国际法院 2012 年"或起诉或引渡"案就是比利时根据对《反酷刑公约》项下普遍管辖权提起对塞内加尔的诉讼，指控后者未起诉涉嫌犯有酷刑罪者而要求引渡。该公约第 7 条第 2 款规定："缔约国如在其管辖的领土内发现有被指控犯有第 4 条所述任何罪行的人，属于第 5 条提到的情况，倘不进行引渡，则应把该案件交由主管部门进行起诉。"

别用词的必要改动，均照搬了《罗马规约》，并回顾了第二次世界大战后审判战争罪犯的国际军事法庭及南斯拉夫和卢旺达国际刑庭有关危害人类罪的由来和演变，认为该罪行的“首要基本要求是此类行为必须是‘广泛或有系统地’攻击之一部分”①。根据南斯拉夫和卢旺达国际刑庭的实践，这一要求排除了孤立的此类行为，以区别于一般刑事犯罪。同时，这种危害人类罪又属于在国家或有组织的政策下从事的行为，因而不仅涉及具体的犯罪行为人，也涵盖可能归因国家责任的个人行为。“由某一个别犯罪嫌疑人犯下的单一此类行为可以构成危害人类罪，只要这是发生在某一广泛的行动背景下。对于受害人没有起点数目以满足该‘广泛的’要求。”②这样一种在非战时期以国家或有组织政策为行动背景追究作为危害人类罪而由个人从事的谋杀、强奸等罪行，确实可能与一般刑事犯罪产生某种混淆，并可能会将个人犯罪行为归因于国家责任，导致其他国家对此类国家责任行使普遍管辖权。这是许多国家担心这会抵触各国主权平等独立的原则之缘故。③显见，这是构建人类命运共同体过程中如何处理维护全人类利益与各国主权平等独立的关系所需深入研究的问题。

3. 规约国家官员对刑事管辖的豁免对于人类命运共同体的意义

如前所述，《国家官员对刑事管辖的豁免》专题历经十多年仍未进入一读。从目前 ILC 暂时通过的 7 条条文草案及其评注看，《维也纳外交关系公约》和《维也纳领事关系公约》等作为“国际法特别规则”优先于该草案条款的适用（第一条），国家元首、政府首脑和外交部长对外国行使的刑事管辖享有属人豁免（第三条），并在其以此种身份行事时享有相关属事豁免（第四条）。④国际法院“2000 年 4 月 11 日逮捕令案”明确这些外交豁免权及一国官员对他国司法管辖的豁免权“体现了习惯国际法”。⑤换言之，各国不论是否为相关公约缔约国，均应遵循这些习惯国际法。该案涉及在任外交部长被指控犯有国际犯罪，可否作为此类豁免的例外？国际法院认为尚无法从国家实践中得出存在此类例外的习惯国际法。在这样的国际法实践背景下，该专题于 2017 年向 ILC 提交并暂时通过了第七条草案，其中不适用属事豁免的罪行包括“灭绝种族罪，危害人类罪、战争罪、种族隔离罪、酷刑和强迫失

---

① 前引 A/74/10，Chapter 4，Article 2，Commentary(10)。

② Ibid.，Chapter 4，Article 2，Commentary(12).

③ 迄今包括中国在内 70 多个国家未加入罗马规约，表明对该规约有关危害人类罪等定义及范围存有疑虑，因而对基于罗马规约的《危害人类罪》专题及其条款草案持一定的批评立场。

④ 联合国国际法委员会报告(2017)，第七章 C 委员会迄今为止暂时通过的国家官员的外国刑事管辖豁免草案案文。

⑤ *Arrest Warrant of 11 April 2000*(Congo v. Belgium)，ICJ Reports 2002，para.52.

踪"[①]。该条款评注认为外国官员如实施这些罪行,"即使是在任职期间以官方身份实施的,也不得享受刑事管辖属事豁免"。[②]显然,该条款草案突破国际法院判例的限制,以强行法的方式解决卸任甚至在任国家元首等国家官员的刑事管辖问题,并与条款草案第四条冲突。ILC 投票虽暂时通过(21 票赞成、8 票反对、1 票弃权),[③]但分歧明显。尤其值得注意,该条款评注认为"该趋势体现在各国法院的司法裁定中"[④]。这说明在这些问题上,以强行法为名推行的这些国际立法与中国主张国家主权独立原则基础上的人类命运共同体存在根本分歧。ILC 计划 2020 年将暂时通过的 7 条条文和拟定的第八条至第十六条一并提交该委员会一读。不论该专题结论如何,人类命运共同体的国际法构建必须面对这些事关整个国际社会共同利益的重大问题。如何解决国家主权与涉及强行法的国家官员刑事管辖豁免之间关系,连同界定强行法、危害人类罪等国际法问题,都是研究人类命运共同体有关持久和平、普遍安全等具体内容时应深入的领域。

4. 大气层保护对于人类命运共同体的意义

从一读通过的《大气层保护》12 项指南草案来看,在气候变化、臭氧层消耗、远距离跨界空气污染等方面已有相关公约的基础上,该指南草案旨在协助国际社会处理与跨界和全球大气层保护有关"整个国际社会面临的紧迫关切问题"[⑤],强调这是与指南性质相吻合的非规范性词句。大气层对于地球上的人类生存和活动,因而对于人类命运共同体构建的极端重要性,众所周知。但是,与之相关公约的实施依然困难重重。

该指南以不影响已有公约为前提,究竟通过什么方式起到进一步协助国际社会解决大气层保护的作用呢? 指南第三条要求:"各国有义务保护大气层,履行应尽义务,按照适用的国际法规则采取适当措施,防止、减少或控制大气污染和大气层退化。"该条评注认为:这是"本指南草案的核心"。[⑥]由于指南无意创设新的义务,因此可以理解,该义务应是已有公约下义务,指南加以明确,提醒国际社会遵守相关公约的义务。但是,该条评注又认为"对于全球大气层退化而言,这项义务是否存在仍是一个未决问题"[⑦]。换言之,该义务中的一半,即有关防止、减少或控制

① 联合国国际法委员会报告(2017),第七章 C。
② 同上,第七章 C.第 141 段评注(4)。
③ 同上,第七章,第 74 段。
④ 同上,第七章 C.第 141 段评注(5),脚注 762。
⑤ 联合国国际法委员会报告(2018),第八章 C.第 77 段序言。
⑥ 同上,第八章 C.第 78 段第 3 条评注(1)。
⑦ 同上,第八章 C.第 78 段第 3 条评注(7)。

“大气层退化”既不是已有公约义务，也不是确认的习惯国际法义务。如此而言，指南所提醒的实际上只是有关大气污染的国际义务。从指南三派生而来的四“环境影响评估”、五“可持续利用大气层”和六“公平合理利用大气层”，也只能实际限于防止、减少或控制大气污染的义务。指南七“有意大规模改变大气层”本身不具有义务内容。指南八“国际合作”也是“整套指南草案的核心”。[①]换言之，指南提醒国际社会为履行第三条义务应开展国际合作，实际上也只是就大气污染方面而言。指南九“相互规则之间的相互关系”是指与大气层保护相关各种国际法规则的协调，但是，鉴于指南的非约束性，这种协调可能是说明国际社会应注意整体考虑大气层保护，不过，具体路径仍不清楚。指南十“执行”、十一“遵约”和十二“争端解决”在缺乏拘束力的情况下，可能都是流于字面。这实质上反映了国际环境法在很大程度上的软法性。这也说明人类命运共同体的清洁美丽世界建设，必将是任重而道远。

由上可见，近几年 ILC 已完成或正在开展的专题与中国提出人类命运共同体的构建均有联系，尤其是《强行法》《危害人类罪》《国家官员对刑事管辖的豁免》《大气层保护》等专题与持久和平、普遍安全和可持续发展密切相关。但是，从国际立法视角看，传统上由发达国家主导的特点仍比较突出。有些专题内容与中国基于国家主权平等独立的人类命运共同体构建主张不无冲突。这说明如何推动全球治理的法治化，包括促进国际法的逐渐发展和编纂，在 ILC 以及联合国大会积极参与国际立法，争取更多的话语权，促使有关专题的设立、开展和成果有助于推进构建人类命运共同体，是日益走向世界舞台中央，实施大国外交方略的中国必须高度关注的问题。

三、中国参与国际立法：回顾和反思

（一）中国在 ILC 的工作回顾

自联合国恢复中华人民共和国在联合国的合法席位之后，[②]中国政府就开始参加 ILC 的工作，并且中国籍委员担任了该委员会多项重要职位。[③]其中，倪征燠

① 联合国国际法委员会报告（2018），第八章 C.第 78 段第 8 条评注（1）。

② 联合国大会 2758（XXVI）号决议《恢复中华人民共和国在联合国的合法权利》，1971 年 10 月 25 日。

③ 1982 年起，倪征燠（1982—1984）、黄嘉华（1985—1986）、史久镛（1987—1993）、贺其治（1994—2001）、薛悍勤（2002—2010）、黄惠康（2010— ）先后被选任 ILC 委员具体参加该委员会工作。信息来源：https://legal.un.org/ilc/sessions/37/members.shtml[2020-01-19]。另参见黄惠康：《国际法委员的工作与国际法的编纂及发展》，《湖南师范大学社会科学学报》1998 年第 6 期；黄惠康：《论国际法的编纂与逐渐发展——纪念联合国国际法委员会成立七十周年》，《武大国际法评论》2018 年第 6 期；宋杰：《从英美实践来看我国参与国际法律事务的有效性》，《比较法研究》2015 年第 2 期；秦倩、罗天宇：《国际造法：中国在国际法委员会的参与》，《复旦国际关系评论》第 21 辑（2018）。

曾担任起草委员会委员(1982年至1984年)和规划组成员(1984年),黄嘉华曾担任起草委员会委员(1985年、1986年)和规划组成员(1985年),史久镛曾担任ILC主席(1990年)、起草委员会委员(1987年至1990年、1993年)和规划组成员(1988年)及总报告员(1988年),贺其治曾担任起草委员会委员(1995年至2002年)和规划组成员(1994年、1996年至2002年)及总报告员(2001年),薛悍勤曾担任ILC主席(2010年)和副主席(2004年)、起草委员会委员(2003年至2010年)和规划组成员(2003年至2010年)及总报告员(2006年),黄惠康曾担任起草委员会委员(2011年至2019年)和规划组成员(2015年、2018年和2019年)。可见,中国籍委员都非常积极地参加ILC的各项工作,尤其是后被选为国际法院法官的史久镛(曾任院长)和薛悍勤(现任副院长)在ILC工作期间均曾担任主席或副主席,对ILC的国际立法起到领导作用。

(二)中国对于ILC晚近专题的立场与反思

1. 中国对于ILC晚近专题的立场[①]

以上文选析的ILC晚近专题为例。对于《强行法》专题,中国代表从一开始就表示该专题仍缺乏相关国家实践,并认为国际法院的实践有限,"少数几个判决在提及强行法时也非常谨慎,仅是结合具体案情对强行法规则与法院管辖权、国家豁免和官员豁免的关系作了说明,并未触及强行法规则的性质和如何识别。"[②]在审议《强行法》专题第一份报告时,中国表示该专题重在编纂现行法,而非拟议新法;对强行法的概念引进新的核心要素,"实质上是对强行法的更改"。[③]在审议该专题第二份报告时,中国对结论草案提出具体意见,认为结论草案5将一般法律原则作为强行法规范的基础,不仅"国际社会对哪些规范属于一般法律原则缺乏普遍共识,且一般法律原则提升为强行法的国家实践十分匮乏"。此外,结论草案7关于"国家之国际社会全体"即为"大多数国家"的数量标准模糊,"难以区分以该标准识别强行法和识别习惯国际法有何不同"。[④]总体上,中国原则上对该专题持一定的质疑态度,对该专题更改强行法的做法表示反对。

---

① 鉴于中国政府未对ILC晚近专题征求意见提交评论,ILC也未披露具体国籍委员对有关专题的讨论意见,因此,下文仅以中国代表在联合国第六(法律)委员会审议ILC报告有关专题时的发言为依据。

② 《中国代表、外交部条法司徐宏在第70届联大六委关于"国际法委员会第67届会议工作报告"议题的发言(一)》,载《中国国际法年刊(2015)》,第705页。

③ 《中国代表、外交部条法司徐宏在第71届联大六委关于"国际法委员会第68届会议工作报告"议题的发言(二)》,载《中国国际法年刊(2016)》,第712页。

④ 《中国代表、外交部条法司徐宏在第71届联大六委关于"国际法委员会第68届会议工作报告"议题的发言(第二部分:报告第6、7章;第二部分:报告第8、9、10章)》,载《中国国际法年刊(2017)》,第592页。

对于《危害人类罪》专题，中国代表认为“惩治危害人类罪等严重国际罪行是国际社会的共同关切和共同利益”[①]，此对开展该专题以及编纂条款草案持支持立场，并建议编纂时应充分考察各国实践，防止照搬国际社会仍存在分歧的《罗马规约》有关危害人类罪的定义，在列举具体罪行时应充分照顾到各国法律制度的不同。比如，“强迫人员失踪”，在许多国家，尤其是未参加《罗马规约》的国家，其国内法不一定存在这一罪名。对于国家预防危害人类罪的义务也不宜过宽，比如要求国家酌情与其他组织合作的义务，根据评注，“这些组织包括可以在具体国家防止危害人类罪中发挥重要作用的非政府组织”。[②]但是，此类义务缺乏现有国际法上的依据和国家实践。中国对于该专题主要采用整理、归纳其他打击国际罪行公约的有关条款，通过类推进行论证，也曾表示异议，认为“这不是在编纂现行法中关于危害人类罪的规定，而是拟议新法”[③]。由于该专题明确将危害人类罪延伸到非武装冲突之时，同时又与《强行法》专题将禁止危害人类罪纳入强行法范围休戚相关，因此，对于国际法已有实践是否将和平时期发生的“故意造成重大痛苦，或对人体或身心健康造成严重伤害的其他性质相同的不人道行为”确认为强行法禁止的危害人类罪，中国提出了质疑。总体上，如同对于《强行法》专题，中国认为该专题的研究显示脱离各国实践，对“拟议新法”的做法表示不满，主张限于编纂现行国际法。

对于较早设立但尚未一读的《国家官员对刑事管辖的豁免》专题，在近几年讨论时，中国代表强调国家官员豁免是基于国家主权平等原则，体现国家间的相互尊重，属于程序性规则，不应与有罪不罚联系起来。这也是国际法院在“2000 年 4 月 11 日逮捕令案”等明确的习惯国际法。尤其针对该专题拟草条款将严重国际犯罪作为外国刑事管辖豁免的例外，中国主张区分程序性规则与判断行为合法性的实体性规则，“不应因违反实体性规则（包括强行法）而否定程序性规则的适用”，[④]并对 ILC 在未经充分审议，近三分之一的委员反对的情况下，匆匆付诸投票通过有关国家官员属事管辖豁免例外的条款草案 7，表示不满。中国“并不认为条款草案 7 的规定是对习惯国际法的编纂或逐渐发展，不当剥夺官员豁免将严重损害主权平等原则，易沦为政治滥诉的工具，对国际关系稳定带来了严重的负面影响”[⑤]。可

---

① 《中国代表、外交部条法司徐宏在第 70 届联大六委关于“国际法委员会第 67 届会议工作报告”议题的发言(二)》，载《中国国际法年刊(2015)》，第 706 页。

② 前引 A/74/10, Chapter 4, Article 4, Commentary(14)。

③ 《中国代表、外交部条法司徐宏在第 71 届联大六委关于“国际法委员会第 68 届会议工作报告”议题的发言(二)》，载《中国国际法年刊(2016)》，第 711 页。

④ 同上书，第 714 页。

⑤ 《中国代表、外交部条法司徐宏在第 71 届联大六委关于“国际法委员会第 68 届会议工作报告”议题的发言(第二部分：报告第 6、7 章；第二部分：报告第 8、9、10 章)》，载《中国国际法年刊(2017)》，第 591 页。

见，中国对该专题的研究倾向突破现行一般国际法和各国实践，拟定新法而非编纂的方式表示严重关切。

对于《大气层保护》专题，中国代表在近几年有关审议时认为："保护大气层是当前人类面临的共同问题，更是一个集政治、法律、科学于一体的综合问题。"[①]对于该专题将保护大气层定性为"整个国际社会面临的紧迫关切问题"，中国也表示赞同，但是，对该专题拟草的若干指南所设具体问题，提出一些建议。如建议考虑区分不同类型的大气污染情况及相应应对规则，尤其应充分考虑和照顾发展中国家在应对大气层污染方面单方优先事项和能力建设问题。又如对指南草案9"相关规则之间的相互关系"，中国代表认为其协调范围宽泛，缺乏国际实践支持，仅具理论上可能性而实际价值不大，因此建议ILC进一步考虑是否有必要保留该规定。总体上，中国对此持支持立场，但对具体指南草案表示不同看法。

2. 反思中国对于ILC晚近专题的立场及参与度

如上所述，ILC晚近专题与中国提出人类命运共同体的构建均有联系，但是，从中国代表审议这些议题的立场来看，至少体现了相当的保留。为什么这些看上去都是考虑整个国际社会共同利益的专题，其实际内容不少却又与中国的立场不无相悖呢？这也许应该引起如下两点反思：

第一，人类命运共同体与整个国际社会的关系。ILC晚近专题无不提及"国际社会全体"或"整个国际社会"（简称"国际社会"）。譬如《强行法》草案结论2沿用《维也纳条约法公约》第五十三条，界定强行法为"国家之国际社会全体所接受并公认为不许损抑且仅有以后具有同等性质之一般国际法规范使得更改之规范"，《危害人类罪》条款草案序言"申明危害人类罪是整个国际社会关切的罪严重罪行之一"，《国家官员对刑事管辖的豁免》条款草案评注认为该草案第七条所列罪行是"整个国际社会最关切的罪行"，《保护大气层》指南草案序言指出"保护大气层免遭大气污染和大气层退化是整个国际社会面临的紧迫关切问题"。这些专题及其起草文件中基于"国际社会"的出发点很大程度上与前些年引起人们极大关注的"保护的责任"相似。2005年联合国世界首脑会议前夕，以联合国秘书长名义公布的《我们共同的责任》提出对于一个国家内发生种族灭绝、危害人类罪等极为严重的弊害，可经安理会采取军事行动履行国际社会的共同责任。[②]这得到了世界首脑会

① 《中国代表、外交部条法司徐宏在第71届联大六委关于"国际法委员会第68届会议工作报告"议题的发言（二）》，载《中国国际法年刊（2016）》，第713页。

② 参见A more secured world: Our shared responsibility. Report of the Secretory-General's High-level Panel on Threats, Challengers and Changes, A/59/565, 2 December 2004。

议决议的肯定。[①]2011 年安理会通过决议鉴于利比亚发生危害人类罪等情势，决定在该国设立禁飞区。[②]这被视为行使"保护的责任"的一次实践，然而，实际上这被欧美少数国家所利用，成了一次典型的滥用国际社会的名义，导致粗暴干涉一国内政的恶劣后果。[③]这使得中国对此类涉及国际社会的名义可能损害国家主权的做法极为警觉。构建人类命运共同体以和平共处五项原则为基础，因而坚持互不干涉内政的国际法基本原则。可以说，人类命运共同体的表述本身虽未突出作为国际法主体的国家，但实际上完全基于国家主权独立；而国际社会的表述本身虽明确为国家之间关系(国际)，但是更多以超越国家主权的国际社会整体为基点。

问题在于尽管中国等反对或质疑以国际社会为名推行可能干涉一个国家内政的专题或其部分内容，但是，这些专题或其部分内容仍得到 ILC 肯定并继续推进。因此，中国如何在构建人类命运共同体的过程中，将相关主张融入 ILC 专题，而非仅仅停留在质疑或反对，换言之，如何将中国特色大国外交方略落实到国际立法，以促进体现人类命运共同体构建的全球治理法治化及其国际立法，值得深入研究探讨。从目前情况看，对于晚近 ILC 专题，中国除了立场性原则宣示，几乎没有任何进一步的参与，既缺少对有关专题的政府评论，也无中国籍委员担任特别报告员等。这至少表明中国对于 ILC 晚近专题的参与度还不够。这值得反思。

第二，国际立法与逐渐发展国际法的关系。根据《联合国宪章》第十三条，ILC 作为联合国大会下属机构的职责是专门从事国际法的逐渐发展与编纂。国际法的编纂以现有习惯国际法为基础，而国际法的逐渐发展则意味着可能突破包括条约法和习惯国际法的现行国际法。如上所述，就 ILC 晚近专题而言，《强行法》《危害人类罪》《国家官员对外国刑事管辖》等专题都存在不同程度的拟议新法，中国表示异议或反对。

如何对待 ILC 专题所涉编纂抑或逐渐发展所引起的"造法"？推进构建人类命运共同体如何对待国际法的编纂和逐渐发展？从 ILC 晚近专题的授权看，《危害人类罪》和《国家官员对刑事管辖的豁免》均以起草公约条款作为专题成果，而《强行法》和《保护大气层》专题则以结论或指南草案为研究成果。前者可以称为"造法性"专题，就如同先前《条约法》专题的结果最终形成了《维也纳条约法公约》，其中将"强行法"概念引入条约法，代表了该领域国际法的重要发展，也就是在编纂现有习惯国际法的同时创制了新法。如今，像《危害人类罪》草案第二条将和平时期发

① 参见 2005 World Summit Outcome, United Nations World Summit, 16 September 2005, A/60/L.1。

② 联合国安理会第 1973(2011)号决议。

③ 参见张乃根：《互不干涉内政原则及其在当代国际法实践中的适用》，载《中国国际法年刊(2014)》，第 36—60 页。

生的“故意造成重大痛苦,或对人体或身心健康造成严重伤害的其他性质相同的不人道行为”确认为强行法禁止的危害人类罪,《国家官员对刑事管辖的豁免》草案第七条规定国家官员涉嫌强行法禁止的罪行则构成此类属事管辖豁免的例外,突破现行条约法或习惯国际法的“造法”做法,都与强行法的范围扩大有关,而且均在国际社会共同利益的名义之下。

问题在于如何识别强行法或国际社会共同利益?从《强行法》草案结论看,根据习惯国际法来识别,又会碰到习惯国际法本身的识别往往也很困难。可见,ILC晚近专题之间密切相关,聚焦国际社会的共同利益、共同关切,但又充分不确定性。ILC 毕竟不是国际立法机构,其编纂和逐渐发展的国际法,即便是“造法性”公约,也取决于各国的采纳。因此,推进构建人类命运共同体,应支持 ILC 基于国际社会共同利益等开展编纂和逐渐发展国际法的工作,同时必须考虑国际社会的现实,即,以平等独立的主权国家为基础。这也是人类命运共同体的基本立足点,以主权国家间和平共处的共同利益(持久和平、普遍安全、共同繁荣、文明互鉴、美丽清洁)为追求目标。简言之,如何更好地将推进构建人类命运共同体融入 ILC 专题,值得进一步反思和深入研究。

总括全文,构建人类命运共同体是具有丰富国际法内容的全球治理观。虽然还不存在类似国内法上的国际立法机构,但是,以编纂和逐渐发展国际法的国际立法方式,加强国际法治,是人类命运共同体的国际法构建必经之路。在这样的视野下,以 ILC 晚近专题为重点分析国际立法与人类命运共同体的关系,可见有关国际法渊源、国际人道法、国家责任与管辖、气候变化方面的 12 项专题不同程度与人类命运共同体的国际法构建有着内在联系,尤其是《强行法》《危害人类罪》《国家官员对刑事管辖的豁免》《保护大气层》等专题与持久和平、普遍安全和可持续发展关系密切,但是应清醒地看到传统上发达国家主导的特点较突出,有些专题内容与中国基于国家主权平等独立的人类命运共同体构建主张不无冲突。回顾中国参与 ILC 国际立法,在充分肯定中国籍委员积极参与并起到一定领导作用的同时也应反思中国的深层次参与尚有所欠缺。中国如何将人类命运共同体的国际法构建融入或以此引领国际立法,值得进一步深入研究。

The Analysis of the International Legislation from the HCSF Perspective —Focus on the Recent Topics under the UN ILC

Abstract: International legislation mainly refers the activities to codify and to develop progressively international laws under the UN Charter, which is the necessary approach to promote the rule of law for global governance in the course of profound changes unseen for a century to build the human community with a shared future. Under the perspective of human community with a shared future, this paper focuses on the recent topics under the UN ILC to analyze the relation between international legislation and human community with a shared future as well as practical meanings and influences, which may help to understand some conflicts between the particular international legislation and human community with a shared future, and further to review and reflect China's positive role for international legislation of the ILC and existing problems so as to have more participations with more active attitude towards the international legislation and to make concreted promotion of human community with a shared future.

Keywords: Human community with a shared future; International legislation; ILC; Recent topics

论国际法渊源的编纂与发展*

——基于国际“造法”的视角

内容摘要：根据《联合国宪章》，国际法渊源可理解为任何可引起国际法义务的依据，包括条约法、习惯国际法和一般法律原则等。联合国国际法委员会负有编纂和发展国际法的职责，尤其是通过编纂现有国际法渊源的规则和起草有关国际公约，起到国际“造法”作用。通过研究已有国际法渊源的编纂与发展，有助于深入了解和客观评估其实际的国际“造法”效果。这对于推动构建人类命运共同体，尤其是以国际法渊源方式将全球治理的中国主张、中国方案落到实处，成为国际关系的共同准则，具有十分重要的意义。我国应加强相关研究制度的建设，以期更加积极参与和引导国际法渊源的“造法”。

关键词：国际法；渊源；编纂；发展；造法

当前，在世界百年未有之大变局中，在全球疫情和地缘政治的叠加效应下，国际关系与国际法秩序已经并将继续发生深刻变化。在迈向实现中华民族复兴伟业奋斗目标的第二个百年新征程中，中国向国际社会提出推动构建人类命运共同体的“应然”主张。如何将中国的外交和政治主张变为普遍适用的国际关系之行为规范？积极参与和引导国际法渊源的编纂与发展，对于促进人类命运共同体的国际“造法”，不可或缺。本文基于国际“造法”的视角，首先评述国际法渊源及其编纂与发展的由来，其次着重论述国际法渊源的编纂与发展具有的国际“造法”作用及其晚近此类“造法”的若干重点，最后对于中国积极参与和引导此类国际“造法”，建言献策。

一、国际法渊源及其编纂与发展的由来

《联合国宪章》第十三条规定联合国大会的职权之一是“提倡国际法之逐渐发展与编纂”①。联合国为此设立专门委员会，由各会员国指定其代表一人，经大会

---

* 原载《学海》2023 年第 5 期，第 60—71 页。

① 《联合国宪章》(1945 年 6 月 26 日)中文本，载《国际条约集(1945—1947)》，世界知识出版社 1961 年版，第 36—59 页。下文援引《联合国宪章》，出处略。

主席推举及大会选举十七人组成，旨在研究和提出履行该大会职权的组织结构问题。①该十七人委员会经研究，建议成立一个隶属于联合国大会的国际法委员会，并提交了该委员会的规约草案，得到联合国大会的采纳。②1949 年 4 月 12 日，经联合国大会选举的十五名委员组成的首届国际法委员会举行第一次会议，确定了二十五项拟编纂与发展的国际法议题，其中第二项和第二十项分别为“国际法渊源”(sources of international law)和“条约法”(law of treaties)。③

什么是“国际法渊源”？为什么将“国际法渊源”与“条约法”分列？这既涉及国际法基本理论与实践问题，也涉及联合国国际法委员会的工作与先前国际“造法”的相关努力之联系。

(一)“国际法渊源”

就国际法基本理论而言，“渊源”是颇有分歧的用语。现代国际法理论的创始人格劳秀斯在 1625 年问世的《战争与和平法》开宗明义：其研究的“国际法”(law of nations)“涉及各国及其统治者之间相互关系，无论来源于自然，或由神的旨令所确立，或起源于习惯与默示同意”④。他所说的“来源于”(derived)或“起源于”(origin in)，是指法的本源。十八世纪中叶，格劳秀斯学派代表人物瓦特尔在《国际法与自然法原则》一书中认为：“国际法就在其起源上只是适用于各国的自然法。”⑤他所说的“起源”(in origin)，也是指法的本源。他们都没有采用“渊源”(source)一词，其时代也没有任何国际裁判机构。十九世纪末、二十世纪初，以否认自然法为特点的实证法学派之国际法理论逐渐占上风，同时，国际社会也在酝酿设立常设国际裁判机构。奥本海在 1905 年出版的《国际法》第一卷中指出：“不同的国际法学者对于该法律渊源的类别及数量，众说纷纭。……追溯一般意义上‘渊源’用语的意义，是指泉源或水源，并界定为一股水从地面的流出。……既然国际法是以国际大家

---

① 联合国大会决议：《国际法之逐渐发展与编纂》，A/RES/94(I)，1946 年 12 月 11 日。

② 联合国大会决议：《国际法委员会之设置》，A/RES/174(II)，1947 年 11 月 21 日。有关联合国国际法委员会的概述，参见黄惠康：《论国际法的编纂与逐渐发展——纪念联合国国际法委员会成立七十周年》，《武大国际法评论》2018 年第 6 期，第 1—32 页。

③ 参见 Report of International Law Commission on the work of its first Session, 12 April 1949, Official Records of the General Assembly, Fourth Session, Supplement No.10, A/CN.4/13 and Corr.1－3, p.280, para.15。

④ Hugo Grotius, *On the Law of War and Peace*, trans. by Francis W. Kelsey, The Clarendon Press, 1925, p.9.可参见中译本[荷兰]雨果·格劳秀斯：《战争与和平法》，马忠法等译，上海人民出版社 2022 年版，第 9 页。

⑤ E. de Vattel, *The Law of Nations or the Principles of Natural Law*, translation of the edition of 1758 by Charles G. Fenwick, The Carnegie Institution of Washington, 1916, p.4.

庭的成员国家的共同同意为根据的，那么显然能够产生这种共同同意的事实有多少，就有多少国际法渊源。"[①]这主要体现于条约(明示同意)和习惯国际法(默示同意)。这在一定程度上呼应了当时刚成立不久的常设仲裁法院(PCA)[②]解决国家间争端可适用法的要求。可见，在一百多年前的世纪之交，排除了作为"起源"意义上的自然法之后，欧美国际法学界开始探讨"实证的"(positive)国际法"渊源"究竟是什么。奥本海的观点为后人修订的《奥本海国际法》所继承，[③]并为1922年国际常设法院(PCIJ)和1945年国际法院(ICJ)的《规约》有关解决国家间争端"可适用法"(applicable laws)的规定所吸纳，即，"法院对于陈诉各项争端，应依国际法裁判之，裁判时应适用"国际协约、国际习惯、一般法律原则与作为辅助性的司法判决及权威的国际法学说。[④]如今国内外学界一般认为"《国际法院规约》第三十八条规定了国际法的渊源，尽管该规约本身并没有采用[渊源]这一术语。"[⑤]除了该第三十八条规定的国际法渊源，"再则有公平和国际组织的决议问题"。[⑥]

(二) 国际法委员会的"国际法渊源"和"条约法"议题

尽管国际法委员会成立之时，以《奥本海国际法》为代表的实证法学派已将条约为主的国际法院可适用法视为"国际法渊源"，但是，该委员会仍然将之与"条约法"作为不同的议题。

究其原因，首先在于"国际法渊源"不仅可以指国际裁判机构的可适用法，而且更重要的是涵盖任何有关国家义务的国际法。《联合国宪章》序言规定："尊重由条约与国际法其他渊源而起之义务。"《国际法院规约》虽为《联合国宪章》"构成部分"，但实际上沿袭先前国际常设法院《规约》，因而未采用"国际法渊源"的表述，只

---

① L. Oppenheim, *International Law*, *Vol. Peace*, Longmans, Green, and Co. 1905, pp.20－21.

② PCA根据1899年海牙和平会议缔结的《和平解决国际争端公约》而设立，于1902年起受理案件。该公约中译本载《国际条约集(1872—1916)》，世界知识出版社1985年版，第172—185页。

③ 参见[英]劳特派特修订：《奥本海国际法》(上册第一分册)，王铁崖、陈体强译，商务印书馆1981年版，第17—18页；[英]詹宁斯、瓦兹修订：《奥本海国际法》(第一卷第一分册)，王铁崖等译，中国大百科出版社1995年版，第13—14页。

④ 《国际法院规约》(1945年6月26日)，前引《国际条约集(1945—1947)》，第60—73页。根据《联合国宪章》第九十二条，该规约"为本宪章之构成部分"。《国际法院规约》第三十八条第一款有关国际法渊源的规定与先前《国际常设法院规约》第三十八条第一款相同。Statute of the Court，载于PICJ, *Series D*, *Acts and Documents Concerning the Organization of the Court No.1.* (*Fourth Edition—April 1940*) *Statute and Rules of Court*, A.W. Sijthoff's Publishing Company, 1940。

⑤ [美]路易斯·亨金：《国际法：政治与价值》，张乃根等译，中国政法大学出版社2005年版，第35页，星号(＊)脚注。

⑥ 王铁崖：《国际法引论》，北京大学出版社1998年版，第55页。

是学界将该法院可适用法视为“国际法渊源”。然而,《联合国宪章》明确将之与条约等设置国际法义务的依据相联系,因此根据该宪章,“国际法渊源”应理解为“任何可引起国际法义务的依据”。[①]据此,只要能够在国际法实践中引起国际义务的,无论是公认的条约和习惯国际法,还是一般法律原则,乃至涉及禁止灭绝种族等“强行法”(*jus cogens*)规则等实证的国际法,都是“国际法渊源”。

其次在于条约法编纂的优先性。条约法是1926年国际联盟专家委员会最初确定的可能编纂之国际法之一。[②]美洲国家会议于1928年通过了由美洲国际法学会编纂的《关于条约的公约》,[③]1935年哈佛大学国际法研究所也编纂了《条约法公约草案》。[④]这些编纂适应了十九世纪后的条约日益增多,“大多数国家都希望与其他国家的关系建立在条约的基础上”[⑤]这一要求,尤其后者“是朝着编纂国际法的过程中一个里程碑”。[⑥]为了在此基础上尽早完成条约法的编纂,联合国国际法委员会成立后第一次会议不仅将条约法纳入工作议题,而且将之列为优先考虑的三项议题之首。[⑦]为此,将“条约法”从“国际法渊源”中单独出来,以示其重要性,就不难理解了。

(三)国际“造法”

“造法”(law-making),在国内法的意义上,通常指立法机关的“立法”,或者,就普通法系国家的法官或法院的判例对嗣后司法实践具有拘束力的“判例法”而言,这是指法官的“造法”。“造法”和“立法”是同义词。在国际法上,因没有国内法上的立法机关和判例法,而不存在类似“造法”。但是,十九世纪末、二十世纪初以来,在实证法学派占主导的欧美国际法学说中出现了“国际立法”(international legislation)的用语。[⑧]中国国际法学界在二十世纪二十年代也引进了这一用语,但认为“国际条约与国内立法,实有重大的差别,不可视同一律”[⑨]。在区分国际法与国内法的前提下,以国际“造法”或“立法”指代编纂现有国际法规则或创设具有普遍国

---

① 张乃根:《国际法原理》(第二版),复旦大学出版社2012年版,第32页。

② 参见 League of Nations Document C.196. M.70. 1927. V., p.105。

③ 《关于条约的公约》(1928年2月20日),中译本载《国际条约集(1924—1933)》,世界知识出版社1961年版,第349页。

④ Draft Convention on the Law of Treaty, 29 *Am. J. Int'l L*, Supplement(1935), pp.657 - 665.

⑤ Law of Treaties: Introductory Comment, 29 *Am. J. Int'l L*, Supplement(1935), p.666.

⑥ Richard Gardiner, *Treaty Interpretation*, Oxford University Press, 2010, p.56.

⑦ 前引 Report of International Law Commission on the work of its first Session, 12 April 1949, p.281, para.20。三项优先考虑的议题是条约法、仲裁程序和公海制度。

⑧ See Amos S. Hershey, *The Essentials of International Public Law*, Macmillan Company, 1919, p.20.

⑨ 周鲠生:《国际法大纲》,周莉勘校,中国方正出版社2004年版,第16页。该书完稿于1929年。

际法义务性质的多边公约,也未尝不可。[1]

1947 年《国际法委员会规约》第十六条对"国际法之逐渐发展与编纂"界定如下:"就国际法尚未予以规定之事件,或各国已往之法律成例未充分发展之事件草拟公约。就各国已有大规模之成例、成案、学说之国际法规则作更明确之规定并釐定其系统。"[2]该规约第十六条于 1981 年修订为第十五条,条文内容未变,"发展与编纂"是指"草拟公约"(the preparation of draft conventions)和"国际法规则的系统化"(systematization of rule of international law)。[3]可见,"编纂"(codification)"现有法"(*lex lata*)为主,通过"编纂"促进"未来法"(*lex ferenda*)"发展"(development)。[4]在这个意义上,本文采用"国际法渊源的编纂与发展"。应该明确和强调的是,国际法委员会的"编纂"本身并不产生有拘束力的国际法,其草拟的公约或系统化的国际法规则,不仅应递交联合国大会通过,而且是否成为公约或具有拘束力的国际法文件,均取决于有关缔约的外交大会采纳及缔约国的接受,或在国际司法实践中被认定为具有习惯国际法的性质。因此,如同上述国际法学理上对国际法与国内法的区分一样,国际法委员会"提倡国际法之逐渐发展与编纂"也不具有国内"立法"或"造法"功能。本文研究"国际法渊源的编纂与发展"基于国际法学界的国际"造法"之通常说法,是指该委员会通过"编纂"促进国际法渊源的"发展"(成为公约或国际法规则的系统化)。

二、国际法渊源的编纂与发展对国际"造法"之作用

自联合国国际法委员会成立迄今,共开展了近六十项议题的编纂与发展,其中十六项与"国际法渊源"有关。这包括十四项已完成的议题:《条约法》(1949 年立项,1966 年完成,1969 年缔约,并生效)[5],《国家与国际组织间缔结条约》(1970 年立项,1982 年完成,1986 年缔约,未生效)[6],《使习惯国际法的证据更易于考查的

---

① 参见刘振民:《从"国际立法"看国际法的未来发展》,载《中国国际法年刊(2000—2001)》,法律出版社 2005 年版,第 203—211 页;[日]村濑信也:《国际立法:国际法的法源论》,秦一禾译,中国人民公安大学出版社 2012 年版;张乃根:《试析人类命运共同体视野下的国际立法》,《国际法学刊》2020 年第 1 期,第 1—32 页。

② 前引联合国大会决议:《国际法委员会之设置》,附《国际法委员会法规》。

③ Statute of the International Law Commission 1947. Text amended by General Assembly resolution 36/39 of 18 November 1981.

④ 参见 The United Nations, *Seventy Years of the International Law Commission: Drawing a Balance for the Future*, Brill Nijhoff, 2020, pp.26 - 29。

⑤ 参见 *Yearbook of the International Law Commission* 1966, Vol.II. United Nations, 1967。

⑥ 参见 *Yearbook of the International Law Commission* 1962, Vol.II. Part Two, United Nations, 1983。

方法》(1949 年立项,1950 年完成)[①],《多边公约保留》(1950 年立项,1951 年完成)[②],《扩大参加国际联盟主持下缔结一般多边公约》(1962 年立项,1963 年完成)[③],《最惠国条款》(1967 年和 2008 年两次立项,1977 年和 2015 年完成)[④],《多边条约缔约程序审议》(1978 年立项,1979 年完成)[⑤],《条约保留》(1993 年立项,2011 年完成)[⑥],《国际法不成体系的问题》(2000 年立项,2006 年完成)[⑦],《武装冲突对条约的影响》(2004 年立项,2011 年完成)[⑧],《与条约解释相关的嗣后协定和惯例》(2008 年立项,2018 年完成)[⑨],《条约临时适用》(2012 年立项,2021 年完成)[⑩],《习惯国际法的识别》(2012 年立项,2018 年完成)[⑪]和《一般国际法的强制性规范(强行法)》(2015 年立项,2022 年完成)[⑫]。此外,正在开展的两项议题是《一般法律原则》(2018 年立项)和《认定国际法规则的辅助方法》(2022 年立项)。

可见,如上议题绝大多数聚焦条约法及相关问题,说明条约作为最主要的国际法渊源,一直受到国际社会的高度关注。如下文所要论述的,国际法委员会的编纂不仅为最终缔结《维也纳条约法公约》(VCLT)[⑬]提供了完整的文本草案,通过缔约外交大会完成了国际"造法",尤其创设了一定的新规则,而且在这前后开展了大量相关研究,有些为 VCLT 的起草"添砖加瓦",有些"拾遗补缺",旨在进一步完善有关条约法的国际规则。然而,近些年,"国际法渊源"的"造法"领域集中于习惯国际法、一般法律原则和强行法规范,表明《联合国宪章》下作为"任何可引起国际法义务的依据"之"国际法渊源"得到国际社会的全面重视。下文将从"造法"作用和当

① 参见 *Yearbook of the International Law Commission* 1950, Vol.II. United Nations, 1957。

② *Yearbook of the International Law Commission* 1951, Vol.II. United Nations, 1957, pp.1–27.

③ *Yearbook of the International Law Commission* 1963, Vol.II. United Nations, 1964, pp.217–223.

④ See *Yearbook of the International Law Commission* 1978, Vol.II. Part Two, United Nations, 1978;《国际法委员会第六十七届会议(2015 年)工作报告》,A/CN.4/689,第 18—19 页。

⑤ International Law Commission Report, A/34/10,1979, chap. VIII, para.192.

⑥ 参见 Draft report of the ILC on the work of its sixty-third session A/CN.4/3125, Chapter IV。

⑦ 参见 Conclusions of the Work of the Study Group on the Fragmentation of International Law: Difficulties arising from the Diversification and Expansion of International Law, 2006。

⑧ 参见 Draft articles on the effects of armed conflicts on treaties, 2011。

⑨ 参见 Draft conclusions on subsequent agreements and subsequent practice in relation to the interpretation of treaties, 2018。

⑩ 参见 Draft guidelines and draft annex constituting the Guide to Provisional Application of Treaties, 2021。

⑪ 参见 Draft conclusions on identification of customary international law, 2018。

⑫ 参见 Statement of the Chairperson of the Drafting Committee, 17 May 2022. A/CN.4/L.967。

⑬ 《维也纳条约法公约》(1969 年 5 月 23 日)中文本,载《国际条约集(1969—1971)》,商务印书馆 1980 年版,第 42—77 页。下文援引《维也纳条约法公约》,出处略。

前重点两方面，分别加以论述。

（一）条约法的编纂与发展具有的国际"造法"作用

条约不仅是国际法院可适用法的首要渊源，而且是十七世纪主权国家间国际法的最初实证体现——《威斯特伐利亚和约》。[①]在国际法委员会编纂条约法的期间，条约的国际法实践已非常丰富，[②]且如前所述，已有的《关于条约的公约》和《条约法公约草案》提供了极好的基础。然而，即便如此，VCLT 的编纂将近二十年，前后四位著名国际法学家担任特别报告员，[③]总共递交十五份报告，最终得以完成公约草案。VCLT 除了编纂与发展已有国际法实践或文件与条约法有关规则，也创设了一些新规则，具有国际"造法"作用。以该公约的条约解释规则为例。

"条约解释"(interpretation of treaties)是条约履行或适用过程中，尤其是解决国家间相关争端，为澄清涉案某条款项下权利与义务所作的释义。虽然在 VCLT 编纂之前的国际裁判实践中，已有一些条约解释的基本原则，但是，前三位特别报告员均因难以确定是否存在可编纂的条约解释规则而没有将条约解释纳入 VCLT 草案，最后一位特别报告员沃尔多克教授在其第三份报告(1964 年)才第一次提出条约解释款项。不过，他认为："调整条约解释的国际法规则之实用性，乃至其存在仍是不无争议的问题。"[④]最终缔结的 VCLT 关于条约解释的第三十一条至第三十三条主要依据 1956 年国际法学会关于条约解释原则的决议[⑤]和第二位特别报告员菲茨莫里斯教授于 1957 年发表的有关 ICJ 条约解释实践的论文所归纳的条约解释原则。[⑥]这些依据主要反映欧洲国际法学界的看法，因而在 VCLT 缔结外交大会上，美国代表团对该公约草案的条约解释款项提出异议，并基于前述 1935 年哈佛大学《条约法公约草案》有关条款，提交修正案，但经大会表决被否决。[⑦]这充分

---

① 《威斯特伐利亚和约》(1648 年 10 月 24 日)，载《国际条约集(1648—1871)》，世界知识出版社 1983 年版，第 1—32 页。

② 自 1946 年 12 月至 1969 年 1 月，在联合国登记公布的条约达 10046 项(10 部 700 卷)，参见 UN Collection of Treaties/the UNTS Cumulative Index。

③ 布赖尔利(J.L. Brierly)教授、劳特派特(H. Lauterpacht，后任国际法院法官)教授、菲茨莫里斯(G. G. Fitzmaurice，后任国际法院法官)教授、沃尔多克(Humphrey Waldock，后任国际法院法官及院长)教授。

④ Third Report on the law of treaties, by Sir Humphrey Waldock, Special Repporteur, A/CN.4/167, 1964, Articles 70－73, Commentary, para.(1).

⑤ Annuaire de YInstitut de droit international, 1956, pp.364－365，英译文转前引 Third Report on the law of treaties, by Sir Humphrey Waldock, Articles 70－73, Commentary, para.(6)。

⑥ Sir Gerald Fitzmaurice, The Law and Practice of the International Court of Justice 1951－4: Treaty Interpretation and other Treaty Points, 33 *Brit. Y.B. Int'l L*, 203 1957.

⑦ *Official Records*, United Nations Conference on the Law of Treaties, First and second sessions, Vienna, 26 March-24 May 1968 and 9 April 1969, Vol.I, p.152, para.280.

表明,VCLT 的条约解释款项不是对已有公认的相关习惯国际法规则之编纂,而是具有创制性的国际"造法"。对于此类"造法",国际社会的一些成员有权表示不同意。[①]这也是包括美国在内部分国家至今未加入 VCLT 的缘故之一。[②]

由于 VCLT 的条约解释款项是具有创制性的国际"造法",而且国际社会对此存有争议,因此,在该公约缔结,乃至 1980 年生效之后很长时间,ICJ 在其司法实践中一直没有援引该条约解释款项。直到 1994 年,ICJ 在"领土争端案"中第一次援引 VCLT 第三十一条第一款的条约解释通则,并明确认定:该条款"体现"(reflected)习惯国际法。[③]尽管国际法委员会在编纂 VCLT 时并未明确之前存在相关习惯国际法,但是,ICJ 所具有的国际司法权威地位,使得这一认定逐渐为其他国际裁判机构所采用。[④]有学者断言:对这一习惯国际法地位的认定"已不再受任何挑战了"。[⑤]可是,ICJ 的这一判例不无瑕疵,尤其是没有按其惯例在首次认定"体现"或存在某一习惯国际法规则时,应援引先前有关判例及权威国际法学说,并给予必要说理。况且,根据已有对各国解释条约的司法实践比较研究,还很难判断存在普遍适用和公认的相关习惯国际法规则。[⑥]因此,国际法委员会晚近关于识别习惯国际法的研究报告没有提及 1994 年"领土争端案"。[⑦]换言之,VCLT 编纂与发展相关的创制性国际"造法",还有待于国际社会的逐步和普遍接受。

(二)条约法相关规则的编纂与发展具有的国际"造法"作用

《条约保留》《条约暂时适用》《与条约解释相关的嗣后协定和惯例》是 VCLT 生效之后,国际法委员会开展的三项花费时间较长的研究议题。值得注意的是这些议题的成果均是"指南"(guide, guideline)或"结论"(conclusion)此类"软法"(soft law)性质的国际法文件。如上所述,国际法委员会的国际"造法"并不具有国际法拘束力,除非其成果经缔约外交大会谈判最终成为多边公约并对缔约国生效,

---

① 当年有学者在海牙国际法学院发表看法,认为:"对条约解释的不同方法"导致了在维也纳外交大会上出现有关 VCLT 解释条款的公开争论。See Francis G. Jacobs, Varieties of Approach to Treaty Interpretation: with Special Reference to the Draft Convention on the Law of Treaties before the Vienna Diplomatic Conference, 18 *Int'l & Comp. L.Q.* 318 1969.

② 截至 2022 年 10 月,《维也纳条约法公约》的缔约国为 116 个,不包括美国、法国等一些主要国家。

③ *Territorial Dispute* (Libyan/Chad), ICJ Reports 1994, pp.20－21, para.41.

④ 参见张乃根:《条约解释的国际法》(上卷),上海人民出版社 2019 年版,第 17—46 页。

⑤ Richard Gardiner, The Vienna Convention Rules on Treaty Interpretation, at Duncan B. Hollis ed., *The Oxford Guide to Treaties*, Oxford University 2012, p.476.

⑥ 参见 Helmut Philipp Aust and Georg Nolte ed., *The Interpretation of International Law by Domestic Courts: Uniformity, Diversity, Convergence*, Oxford University Press 2016。

⑦ 参见联合国:《国际法委员会报告》,A/73/10, 2018,第五章习惯国际法的识别。

或在国际裁判实践中被认定为习惯国际法，且确实为各国普遍接受。因此，此类“造法”都是国际法学说上的“软法”，即，“无法律拘束力但在当代国际关系中得到各国和国际组织采用的规范性文件”。[①]更何况成果形式冠以“软法”特点的“指南”或“结论”。然而，这并不影响对这些成果具有国际“造法”作用的研究。

VCLT 第十九条至第二十三条为条约保留款项。根据国际法委员会有关这些条款的评注，[②]对双边条约而言，如缔约一方提出保留，实质上是对该条约提起重新谈判，对多边公约而言，如允许保留，会产生诸如对其他缔约方的法律效力此类复杂的法律后果。围绕国际法院 1948 年《防止和惩治灭绝种族罪公约》保留问题的咨询意见，国际社会颇有分歧。虽经 VCLT 协调，条约保留问题仍不少。[③]国际法委员会于 2011 年完成的《条约保留的实践指南》首先说明，有两类指南是针对 VCLT“保持沉默”（silent）和依据实践而发展为 VCLT 的“边缘”（margins）而言。[④]譬如，该指南 4.4.2 规定：“对反映习惯国际法规则的条约规定的保留，并不自动影响该习惯规则下的权利与义务，该习惯规则应继续作为此种规则在保留国或组织与受该规则约束的其他国家或组织之间适用。”[⑤]该规定的评注说明：“如同某保留不影响与保留者相关现行条约，这也不影响对该条约保留者有拘束力的任何其他义务。对于体现习惯国际法的条款之保留而言，尤为如此。”[⑥]由于 VCLT 的条约保留款项未明确涉及保留是否影响体现习惯国际法的条款效力，因此，该指南具有弥补“沉默”而加以明确的作用。再如，该指南 4.2.2.1 规定：“在条约尚未生效时，一旦保留成立，保留的提出者应包括在条约生效所需的缔约国和缔约国际组织数目中。”[⑦]该指南评注说明：“这一结果多半取决于具体情况，尤其是该条约最终条款确定的生效条件，缔约国和缔约组织的数量。”国际法委员会认为除指南 4.2.2.1 确定的原则，很难归纳出这方面的基本规则，因而可以认为该原则是相对 VCLT 第二十条“接受及反对保留”规定而言，新的“边缘”性原则。此类具有一定“造法”作用的指南对 VCLT 具有健全和完善的积极意义。[⑧]

① Malcolm D. Evans ed., *International Law*, fifth edition, Oxford University 2018, p.121.

② Draft articles on the law of treaties: text as finally adopted by the Commission on 18 July 1966, A/CN.4/190, pp.202 - 209.

③ 参见李浩培：《条约法概论》，法律出版社 2003 年版，第 135—153 页。

④ Report of International Law Commission, A/66/Add.1, 2011, Guide to Practice on Reservations to Treaties, p.34, para.(a)(3).

⑤ 《国际法委员会年鉴》2011 年第二卷第二部分，联合国：纽约和日内瓦，2019 年，第 36 页，4.2.2。

⑥ 前引 Guide to Practice on Reservations to Treaties, p.498, 4.4.2. Commentary, para.(1)。

⑦ 《国际法委员会年鉴》2011 年第二卷第二部分，联合国：纽约和日内瓦，2019 年，第 35 页，4.2.2.1。

⑧ 参见王勇：《完善我国条约保留制度研究》，法律出版社 2014 年版，第一章条约保留制度的历史演变与发展。

VCLT之前很少有条约“暂时适用”的实践，因而仅由第二十五条加以规定，且留有“某些含糊不清”之处。[①]2012年国际法委员会在其长期工作方案中决定设立专题研究，2021年完成了同样冠以“指南”（guideline，也译为“准则”）的最终成果，“参考当代实践而寻求阐明和澄清现行国际法规则”。[②]有关“澄清”（clarify）的指南，如该第二十五条未明文规定暂时适用的“法律效果”（legal effect）。该指南六规定：“除条约另有规定或另经协议外，条约或条约之一部分的暂时适用产生有关国家或国际组织之间适用该条约或条约之一部分的具有法律约束力的义务。此种暂时适用的条约或条约之一部分必须善意履行。”[③]根据该指南六的评注，这包括有关缔约方关于暂时适用的协定之法律效果[④]和暂时适用的条约或条约之一部分的法律效果[⑤]。相对于该第二十五条仅规定“条约本身如此规定”和“谈判国以其他方式协议如此办理”，该指南澄清了暂时适用的法律效力等同于条约生效后的法律效力，且同样须遵循“善意履约”（performed in good faith）的基本原则，因而不无国际“造法”之作用。

如前所述，条约解释既是VCLT起草和缔结时颇有分歧，国际“造法”特点明显的条款，又是国际裁判实践不可或缺的重要方面。国际法委员会2018年完成的《与条约解释相关的嗣后协定和惯例》议题报告，提供了十三项结论草案。其中，多项结论将VCLT第三十二条“解释之补充资料”纳入第三十一条第三款作为解释上下文的“嗣后协定”（subsequent agreement）和“嗣后惯例”（subsequent practice）范畴。譬如，结论四“关于嗣后协定与嗣后惯例的定义”认为：“第三十二条项下作为补充解释资料的其他‘嗣后惯例’由某条约缔结后，在适用中由一方或多方的行为所构成。”[⑥]该结论的批注认为：“广义的‘嗣后惯例’（第三十二条项下）涵盖一个

---

① Robert E. Dalton, Provisional Application of Treaties, at Duncan B. Hollis ed., *The Oxford Guide to Treaties*, Oxford University Press, 2012, p.246.

② Draft guidelines and draft annex constituting the Guide to Provisional Application of Treaties, with commentaries thereto, 2021, A76/10, p.69, para.52(3).

③ 《国际法委员会报告》第七十二届会议，联合国：纽约，2021年，第55页。

④ 如1947年《关税与贸易总协定》(GATT)的暂时适用议定书规定GATT“第二部分在最大限度不与现行立法抵触的范围内暂时适用”。参见Protocol of Provisional Application of the GATT, October 30, 1947。

⑤ 如1994年《能源宪章条约》(ECT)第45条(1)款规定：“各签署方同意在本条约等待生效期间暂时适用之，因为此类签署是根据第44条，在与其宪法、法律或法规不抵触的范围内暂时适用。”参见Mahmoush H. Arsanjani and W. Michael Reisman, Provisional Application of Treaties in International Law: The Energy Charter Treaty Awards, at Enzo Cannizzaro ed., *The Law of Treaties Byond the Vienna Convention*, Oxford University Press, 2011, p.90。

⑥ Draft conclusions on subsequent agreements and subsequent practice in relation to the interpretation of treaties, with commentaries, 2018, A/73/10, p.27, Conclusion 4.3.

或多个缔约方对条约的任何适用。"[①]这显然是国际"造法"。可是，该评注援引的国际裁判或无法支持该结论，或混淆了习惯国际法相关国家实践与作为条约解释上下文的嗣后惯例。[②]其"造法"作用令人质疑。

可见，上述条约法相关规则的编纂与发展具有的国际"造法"作用，有些对VCLT的完善具有健全或完善、或澄清的积极意义，有些则有点"牵强附会"。因此，对此类"造法"应作全面、深入和实事求是的分析、评价。

三、晚近国际法渊源的编纂与发展之"造法"重点

国际法委员会晚近完成或启动的《习惯国际法的识别》《一般国际法的强制性规范(强行法)》《一般法律原则》这三项议题表明：其编纂与发展重点转向条约以外的国际法渊源。其重要原因之一是国际裁判实践，尤其ICJ晚近一些判决提出了这些议题所涉诸多亟待全面深入研究的重大问题。譬如，2012年ICJ"或起诉或引渡案"判决认定双方当事国对涉案《反酷刑公约》第六条第二款(缔约国对其领土内被指控涉嫌酷刑罪者"应立即对事实进行初步调查")和第七条第一款(该缔约国如不引渡被指控者，应予以起诉)的解释和适用存在争议。该判决认为根据该公约的宗旨，各缔约国对于反酷刑有着共同利益，该公约项下义务"在各缔约国对于任何特定情况下均有履约之利益这一意义上，可界定为'对国际社会整体义务'"，因而该案原告国有义务行使普遍管辖权要求引渡该涉嫌酷刑罪者，如被告国未起诉。该判决指出："禁止酷刑是习惯国际法的一部分，并已成为强制性规范(强行法)。"[③]尽管ICJ对此案的管辖权依据《反酷刑公约》，但是，该公约项下的缔约国义务又是"对国际社会整体义务"(*ergo omnes partes*)，而且禁止酷刑为习惯国际法和强行法规范。如此而言，似乎该公约下"或起诉或引渡"的义务同时具有条约、一般原则、习惯国际法和强行法的性质。[④]国际法委员会的上述议题成果有助于辨析国际社会高度关注的有关国际法义务及其相互关系。

---

① 前引Draft conclusions on subsequent agreements and subsequent practice in relation to the interpretation of treaties, with commentaries, p.35, para.(35)。

② 参见前引张乃根：《条约解释的国际法》(上卷)，第420—422页。

③ *Questions relating to the Obligation to Prosecute or Extradite* (Belgium v. Senegal), Judgment, ICJ Reports 2012, p.448, para.63, p.449, para.68, p.457, para.99.

④ 参见刘大群：《论国际法上的"或引渡或起诉"》，载《中国国际法年刊(2012)》，法律出版社2013年版，第19—47页。

（一）《习惯国际法的识别》议题的“造法”作用

习惯国际法虽是ICJ可适用法中次于条约的国际法渊源，但在国际裁判实践中往往起到甚至比条约还重要的作用，[①]因为一旦被确定或体现为习惯国际法的规范、规则，不受条约缔约方的限制，对国际社会成员具有普遍拘束力。其效力在于普遍的国家实践以及对于此类实践所形成惯例具有的“法律确信”（*opinio juris*）。[②]然而，国际法委员会的《习惯国际法识别》报告承认“识别习惯国际法的程序并不总是能够精确地描述”[③]，因此需要对相关国际法与国内法实践及其学理进行编纂，以便为识别习惯国际法提供明确的指导。

该报告结论6.2认为可用于识别习惯国际法的“国家实践的形式包括但不限于：外交行为和信函；与国际组织通过的或在政府间会议上通过的决议有关的行为；与条约有关的行为；行政部门行为，包括‘实施’作业行为；立法和行政行为；各国法院的判决”。结论10.2认为：“被接受为法律（法律确信）的证据形式包括但不限于：以国家名义发表的公开声明；官方出版物；政府的法律意见；外交信函；各国法院的判决；条约规定；与国际组织通过的或在政府间会议上通过的决议有关的行为。”其中，“与国际组织通过的或在政府间会议上通过的决议有关的行为”同时可作为识别习惯国际法的证据。根据该报告评注，这是指“各国在国际组织内或政府间会议上与谈判、通过和执行决议、决定以及通过的其他文件有关的行动，不论其名称为何及是否具有法律拘束力”[④]。在此类场合，“多边草案和外交进程可提供关于各国在习惯国际法内容方面的法律信念的宝贵和可获得的证据。”[⑤]该报告对此特别重视，结论12.2专门规定：“国际组织通过的或在政府间会议上通过的决议可为确定一项习惯国际法规则的存在及内容提供证据，或促进其发展。”根据该报告评注，“尽管严格而言，国际组织各机构的决议（与政府间会议的决议不同）源于这些组织，而非成员国，但在本结论草案的范围内，重要的是它们可反映这些国家意见的集体表达”。[⑥]

---

① 参见 Guenther Dahlhoff, *International Court of Justice, Digest of Judgments and Advisory Opinions, Canon and Case Law 1946－2012*, Martinus Nijhoff Publishers, 2012, pp.1767－1814, Pronouncements of the International Court of Justice on Customary International Law。

② Brian D. Lepara, *Customary International Law: A New Theory with Practical Applications*, Cambridge University Press, 2010, p.6.

③ 联合国：《国际法委员会报告》，A/73/10，2018，第五章习惯国际法的识别，第127页，总评注（3）。以下援引该报告，出处略。

④ Draft conclusions on identification of customary international law, with commentaries, 2018, A/73/10, p.13, Conclusion 6, Commentary(5).

⑤ 前引 Draft conclusions on identification of customary international law, with commentaries, p.20, Conclusion 10, Commentary(6)。

⑥ Ibid., p.26, Conclusion 12, Commentary(3).

与习惯国际法的传统学说限于普遍的国家实践相比，该报告多处强调与国际组织通过的或在政府间会议上通过的决议有关的行为作为可识别习惯国际法的重要证据，具有一定的国际"造法"作用。值得注意的是，在所有相关评注中多次援引的唯一案例是 ICJ"以核武器进行威胁或使用核武器的合法性案"咨询意见。[①]这说明，虽有国际法实践，但远远尚未形成此类识别习惯国际法的一般实践，因而国际法委员会"造法"性编纂具有推动、促进这方面国际法发展的作用。

（二）《强行法》议题的"造法"作用

自 VCLT 第五十三条创设"强行法"规范，即"国家之国际社会全体接受并公认为不许损抑且仅有以后具有同等性质之一之一般国际法规律始得更改之规律"，对于此类国际法规范的进一步涵义及其范围，众说纷纭。[②]ICJ 虽在上述 2012 年"或起诉或引渡案"等案认定针对灭绝种族、酷刑等国际犯罪的禁止性规范为"强行法"，但迄今并无任何案件直接援引"强行法"为可适用法。因此，如何识别作为新的国际法渊源之"强行法"，成为近年来国际法领域的热点问题之一。国际法委员会为此设立专题研究，并于 2022 年公布最后报告，对"强行法"的性质、定义、识别及其标准、接受和承认、法律后果以及与其他传统国际法渊源的关系，作了系统的阐明，得出了初步的二十三项结论。[③]其中不乏国际"造法"，譬如，"强行法"与条约、习惯国际法、一般法律原则之间关系的内容。

如上所述，根据"或起诉或引渡案"，似乎禁止酷刑的义务同时具有条约、一般原则、习惯国际法和强行法的性质。这是 VCLT 没有规定的内容。国际法委员会的报告结论 5 认为习惯国际法是强行法的"最常见的基础"；条约规定和一般法律原则"也可作为"其基础。该报告结论 17 认为"强行法"产生"对国际社会整体义务，关乎所有国家的合法利益"。显然，这些结论基于已有国际法实践，作了进一步的"造法"性阐释。根据相关评注，"基础"（basis 或 bases）是十分灵活、宽泛的用词。"该词意在反映各种国际法渊源可能导致产生一般国际法强制性规范（强行法）的一系列方法。"[④]换言之，强行法不是脱离一般国际法而产生的，而是以一定

---

① 前引 Draft conclusions on identification of customary international law, with commentaries, footnotes 758, 761, 764。

② See Alexander Orakhelashvili, *Peremptory Norms in International Law*, Oxford University Press 2008.

③ 参见联合国:《国际法委员会报告》，A/77/10, 2022，第四章一般国际法强制性规范（强行法）。以下援引该报告，出处略。

④ Report of the International Law Commission, A/77/10, 2022, Chapter IV Peremptory norms of general international law(*jus cogens*), text of the draft conclusions and commentaries thereto, p.31, Conclusion 5, Commentary(3).

的习惯国际法、条约和一般法律原则等国际法渊源基础上产生的。譬如,该报告附件罗列"强行法"的非详尽无遗清单中,"禁止灭绝种族""禁止酷刑""禁止种族歧视和种族隔离"均已有国际公约,即,1948 年《预防和惩治灭绝种族罪公约》、1966 年《消除所有形式的种族歧视国际公约》、1973 年《制止和惩治种族隔离罪国际公约》、1984 年《反酷刑公约》。在联合国大多数会员国都是这些公约缔约国的同时,对少数非缔约国而言,这些公约对"灭绝种族""酷刑""种族歧视和种族隔离"等国际犯罪的禁止也是以对其具有普遍拘束力的习惯国际法为基础的"强行法"。按照前述《习惯国际法的识别》议题结论 15.3,对某一习惯国际法的"持续反对者"(persistent objector)规则不适用于基于习惯国际法产生的"强行法"。[①]因此,无论是否为包含"强行法"的公约缔约国,在条约法和习惯国际法上都应履行相关"对国际社会整体义务"。

(三)《一般法律原则》议题可能的"造法"作用

国际法委员会正在进行的该议题研究于 2022 年 7 月公布了初步结论草案,将"一般法律原则"(general principles of law)界定为"源于国家法律体系"或"在国际法律体系内形成"的,并"须为各国承认才会存在"的原则。[②]这是国际法学界已有的观点,很难说有国际"造法"因素。譬如,曾有学者将国际裁判实践中可归纳的"自保原则""诚信原则""作为任何法律秩序中都不可或缺的责任的法律概念,以及这一概念中包含的一般法律原则""某些司法程序中的一般法律原则"视为国际法上一般法律原则。[③]这些原则既在国内法,也在国际法体系中得到各国普遍承认。显然,这不同于前述"对国际社会整体义务"原则。[④]

目前该议题已初步完成的评注均围绕上述源于各国国内和国际法律体系两类一般法律原则展开,认为前者在国际"法院和法庭的判例和学说中得到确立",后者"似乎"也得到了同样支持。然而,有的国际法委员会委员对后者"持怀疑态度",[⑤]

---

① 前引 Draft conclusions on identification of customary international law, with commentaries, p.33, Conclusion 15.3, Commentary(10)。

② Report of the International Law Commission, A/77/10, 2022, Chapter VIII, General principles of law, p.307, footnote 1189.

③ 参见郑斌:《国际法院与法庭适用的一般法律原则》,韩秀丽、蔡从燕译,法律出版社 2012 年版,第 27 页。

④ 参见薛捍勤:《国家责任与"对国际社会整体的义务"》,载《中国国际法年刊(2004)》,法律出版社 2005 年版,第 15—35 页。

⑤ 前引 A/77/10, 2022, Chapter VIII, General principles of law, pp.318 - 319, Conclusion 3, Commentary(3)。

尽管该评注援引的 ICJ 判例提及一般法律原则，譬如 1949 年“科孚海峡案”提及“各国有义务不可故意利用其领土损害其他国家”的一般原则，[①]但是，该海峡的水雷放置者无从查起，因此也就难以适用该原则。如何从《联合国宪章》所规定的引起国际义务的角度识别一般法律原则，应给予足够的重视。从已有初步研究成果看，国际法委员会已经注意到，在各国法律体系中存在的一般法律原则，只有“被移植”(transposition)到国际法律体系内，才是国际法渊源上的一般法律原则。[②]能否从这一视角进一步编纂和发展相关国际法，并有所“造法”，尚待观察。

综上对国际法委员对国际法渊源的编纂与发展所具有的“造法”作用和当前重点的论述，可见此类作用确实在不同程度上存在。但是，对此应做客观、全面的分析，以评估其对国际法渊源的发展所起的真正作用。

四、百年大变局下中国参与国际“造法”及其建议

通过从国际“造法”的视角研究国际法委员会对国际法渊源的编纂与发展，有助于深入思考如何将中国的外交和政治主张变为普遍适用的国际关系之行为规范，以积极参与和引导国际法渊源的编纂与发展，促进构建人类命运共同体的相关国际“造法”。

(一) 推动构建人类命运共同体与国际法渊源编纂与发展的“造法”关系

习近平总书记在中国共产党第二十次全国代表大会上的报告提出：“促进世界和平与发展，推动构建人类命运共同体。”[③]这是中华民族复兴伟业第二个百年奋斗新征程的中国特色大国外交方略和基本方针。人类命运共同体的构建具有极其丰富的国际法涵义，[④]并具有制度化的内在要素，已经并将进一步转化为引领人类社会朝着光明方向前行的国际法原则。[⑤]人类命运共同体的构建包括持久和平、普遍安全、共同繁荣、文明共存、可持续发展。这些内容是否已经或有待融入当代国际法渊源，是否已经或有待体现于国际法委员会编纂和发展国际法渊源的“造法”

---

① *Corfu Channel case*, Judgment of April 9th, 1949, ICJ Reports 1949, p.22.

② 前引 A/77/10, 2022, Chapter VIII, General principles of law, p.323, Conclusion 5, Commentary(7)。

③ 习近平：《高举中国特色社会主义伟大旗帜　为全面建设社会主义现代化强国而团结奋斗——在中国共产党第二十次全国代表大会的报告》(2022 年 10 月 16 日)，《人民日报》2022 年 10 月 26 日第 1 版。

④ 参见张乃根：《试探人类命运共同体的国际法理念》，载《中国国际法年刊(2017)》，法律出版社 2018 年版，第 43—72 页。

⑤ 参见张乃根：《试论人类命运共同体制度化及其国际法原则》，载《中国国际法年刊(2019)》，法律出版社 2020 年版，第 3—29 页。

性文件？亟待系统地梳理和研究。下文略加评述。

其一，“持久和平”这一人类命运共同体的首要内容以和平共处五项原则为基础。众所周知，中国倡导的和平共处五项原则①早已融入当代国际法渊源。其中，“互相尊重主权和领土完整”“互不侵犯”“互不干涉内政”与《联合国宪章》第二条规定的会员国“主权平等”“不得侵害任何会员国或国家之领土完整或政治独立”“不得认为授权联合国干涉在本质上属于任何国家国内管辖之事件”原则，具有高度融合性；“平等互利”与联合国的宗旨之一“促进国际合作”并行不悖；“和平共处”则不仅与该第二条规定的“以和平方式解决其国际争端”契合，而且与联合国之目的“力行容恕，彼此以善邻之道，和睦相处”完全一致。人类命运共同体的构建与时俱进地增加“推动构建新型国际关系，深化拓展平等、开放、合作的全球伙伴关系，致力于扩大同各国利益的汇合点，促进大国协调和良性互动，推动构建和平共处，总体稳定、均衡发展的大国关系格局”②等更多体现当代中国基于《联合国宪章》的真正多边主义主张。

其二，晚近国际法渊源的三项议题与人类命运共同体的关系。前述《习惯国际法的识别》报告多处强调与国际组织通过的或在政府间会议上通过的决议有关的行为作为可识别习惯国际法的重要证据，具有一定的国际“造法”作用。迄今，联合国安理会等机构已多次将“人类命运共同体”载入其决议。譬如，2017 年安理会决议《关于阿富汗局势》明确“本着合作共赢的精神推动区域合作极为重要，作为有效方式以促进阿富汗和该区域安全、稳定和经济社会发展，构建人类命运共同体”③。其中，“合作共赢”和“安全、稳定”与人类命运共同体的“普遍安全”和“共同繁荣”密切相关。又如，2017 年人权理事会决议《食物权》要求“以通过加强国际合作和团结，坚持不懈地作出努力，争取在实现食物权方面取得重大进展，从而建设一个人类共享未来的社会”④。其中，“国际合作”与“合作共赢”有关。同年，该人权理事会《在所有国家实现经济、社会及文化权利问题》的决议也采用了“人类共享未来的社会”(a community of shared future for humanity)⑤，这实际上就是“人类命运共同体”。不过，应清醒地认识到，将“人类命运共同体”纳入的联合国决议还很少，远没有达到足以构成认定习惯国际法的充分证据。同时，近几年关于国际法渊源的

---

① 《中华人民共和国条约集》(第三集 1954 年)，法律出版社 1958 年版，第 1 页。

② 前引《高举中国特色社会主义伟大旗帜　为全面建设社会主义现代化强国而团结奋斗——在中国共产党第二十次全国代表大会的报告》。

③ 安理会：《关于阿富汗局势》，第 2344(2017)号决议，2017 年 3 月 17 日。

④ 人权理事会：《食物权》，A/HRC/RES/34/12，2017 年 3 月 23 日。

⑤ Human Rights Council: Question of the realization in all countries of economic, social and cultural rights, A/HRC/RES/34/4, 6 April 2017.

三项议题报告本身都没有提及人类命运共同体。

（二）中国积极参与和引导国际“造法”以推动构建人类命运共同体的建议

自联合国恢复中华人民共和国的合法席位之后，1982 年起经联合国大会投票选举，中国著名国际法学者倪征（1982 年至 1984 年）、黄嘉华（1985 年至 1986 年）、史久镛（1987 年至 1993 年）、贺其治（1994 年至 2001 年）、薛捍勤（2002 年至 2010 年）、黄惠康（2011 年至今）先后担任联合国国际法委员会委员，并曾选为该委员会的主席、副主席、总报告员或规划组成员，对该委员会的编纂和发展国际法，作出了重大贡献。①但是，也应看到中国籍委员迄今尚未担任过该委员会任何一项议题的“特别报告员”（Special Rapporteur）。根据《国际法委员会规约》，一旦联合国大会建议某项编纂和发展国际法的议题，该委员会应任命其一位委员会为特别报告员；如该委员会讨论决定设立某一议题，同样应任命一位特别报告员。②譬如，晚近国际法委员会关于国际法渊源的议题《习惯国际法的识别》《强行法》《一般法律原则》的特别报告员分别为英国籍委员伍德（Michael Wood）先生、南非籍委员特拉迪（Dire D. Tladi）先生和厄瓜多尔籍委员瓦泽克茨-伯姆德兹（Marcelo Vázquez-Bermúdez）先生。中国籍委员尚未具体负责某一议题的研究，不能不说是一个缺憾。

中国应充分利用国际法委员会，引导和促进有关议题研究，有助于推动构建人类命运共同体。国际法委员会成立至今七十多年，为“国际法之逐渐发展与编纂”作出了巨大贡献，先后为十七项“造法性公约”提供了条款草案，在国际法理论上作出重大突破，如将“强行法”引入条约法，形成了大量“软法”性质的指南、结论。③诚然，也应看到，该委员会的研究成果比较多地转化为国际公约，主要在被称为其“黄金时代”（golden era）④的二十世纪六十年代。此后，尤其是进入新千年以来，该委员会起草的国际公约很少，绝大多数都是“软法”。这使得人们对负责国际“造法”的主要机构作用不免产生了疑问。其中很重要的原因之一，该委员会的许多议题研究及其成果难以取得国际社会的普遍认同。中国对不少议题及其研究，持有一定的保留或批评立场。譬如，对“强行法”议题，中国认为，1993 年国际法委员会缺

① 前引张乃根：《试析人类命运共同体视野下的国际立法》，第 27—28 页。

② 前引 Statute of the International Law Community，1947。

③ 参见前引黄惠康：《论国际法的编纂与逐渐发展——纪念联合国国际法委员会成立七十周年》，第 11 页。

④ 前引 The United Nations，*Seventy Years of the International Law Commission：Drawing a Balance for the Future*，p.14。

乏相关国家实践，未采纳将之列为“备选专题”的建议，“这一情况并没有发生根本转变”；[①]对该议题报告所列“强行法”规则的说明性清单表示反对：“这一清单存在很大问题，委员会没有按照结论草案自身关于强行法的标准，对清单中的规则进行令人信服的论证。”[②]这些倾向性态度或许影响到中国籍委员积极参与该委员会的编纂与发展工作。然而，国际法委员会毕竟是联合国专司“国际法之逐渐发展与编纂”的机构，且如上所述具有国际“造法”作用。中国主张推动构建人类命运共同体，必须更积极参与其中，引导其朝着充分体现中国主张和更全面反映人类共同利益的方向发展。

因此，建议在全面研究国际法委员会的工作及其作用的基础上，以推动构建人类命运共同体为指导思想，深入探讨如何将日益走近世界舞台中央的中国理念、智慧、方案转化为有助于该委员会编纂与发展的国际法渊源。从该委员会担任“特别报告员”负责具体议题研究的情况来看，任何议题都不是个人自己能够单独完成的。譬如，《与条约解释相关的嗣后协定和惯例》特别报告员德国籍委员、现任联合国国际法院法官诺尔特(Georg Nolte)教授所负责完成的这项研究，很大程度上依靠德国有关基金会的支持和科研团队的合作。可见，虽然根据《国际法委员会规约》，该委员会委员均以个人身份任职，而非本国政府代表，但是，当选委员都是本国政府提名，实际上代表了国家在该委员会工作。因此，建议应建立健全国内有关制度，组织有关研究机构或高校等国家级智库，创设若干国家级研究基地，与国家主管部门紧密合作，在“国际法渊源”方面开展持续性高水平、理论联系实际的研究，以支持中国籍委员在该委员会积极参与和引导国际“造法”。

结　论

联合国国际法委员会编纂现行国际法规则的编纂或创设具有普遍国际法义务性质的多边公约，具有国际“造法”的功能。国际法委员会迄今已开展包括条约法、习惯国际法、一般法律原则和强行法在内的“国际法渊源”相关的十六项编纂专题。这表明《联合国宪章》下作为“任何可引起国际法义务的依据”之“国际法渊源”得到国际社会的全面重视。关于“国际法渊源”的各项编纂对于促进国际法发展，起到不同程度的国际“造法”作用。在百年大变局中实现中华民族复兴伟业第二个百年

① 《中国代表、外交部条法司司长徐宏在第70届联大六委关于“国际法委员会第67届会议工作报告”议题的发言(一)》，载《中国国际法年刊(2015)》，法律出版社2016年版，第705页。

② 《中国代表、外交部条法司司长贾桂德在第74届联大六委关于“国际法委员会第71届会议工作报告”议题的发言(一)》，载《中国国际法年刊(2019)》，法律出版社2020年版，第509页。

奋斗目标,亟待研究将中国推动构建人类命运共同体的外交和政治主张变为普遍适用国际关系之行为规范,其中,积极参与和引导国际"造法",极为重要。我国应建立健全相关制度,组织力量全面深入研究,并支持中国籍国际法委员会委员在国际"造法"中发挥更大作用,将全球治理的中国方案转化为"国际法渊源"。

On the Codification and Development of the Sources of International Law —from the Perspective of International "Law-Making"

Abstract: Under the UN Charter, the sources of international law should be any basis from which international obligation arisen including the law of treaties, customary international law and general principles of laws. The UN International Law Commission is responsible for codification and development of international laws, in particular to have the function of international "law-making" by codifying the existing rules in respect of sources of international law and drafting international conventions. It will be helpful to understand international "law-making" and to make the objective assessment on its effect through the research on codification and development of sources of international law made so far. It is critical important to promote the community of a shared future for mankind in order to carry out China's positions and solutions for the global governance with the sources of international law as the common rules of international relation. We must enhance the institutional research so as to actively participant and lead the "law-making" of sources of international law.

Keywords: International law; Sources; Codification; Development; Law-making

人类命运共同体视角的国际法治论*

内容摘要:“国际法治”或类似提法可追溯到半个多世纪以前的联合国文件。2005年以来由联合国大会的一系列原则性文件所明确提出、并持续强调的“国内与国际的法治”议题中的“国际法治”或者“国际层面的法治”,是指联合国的一种核心价值和原则,内涵是以《联合国宪章》为基础,旨在维护国际和平与安全、促进发展与人权保护为三大支柱的国际秩序,并与国内基于法律至上原则的法治相得益彰。但是,联合国的历史与现实表明,国际法治的现行体制存在“实然”缺陷。这正是中国主张推进构建人类命运共同体,提出“应然”未来包括国际法治的全球治理方案之缘故。基于人类命运共同体的视角,既要认识到以《联合国宪章》宗旨及原则为基础的国际法治的“实然”缺陷,又要以人类命运共同体的国际法制度化“应然”原则为引领,朝着未来更加公正合理的国际法治方向发展。人类命运共同体视角下的国际法治理论揭示:持久和平与普遍安全、共同繁荣与可持续发展、文明共存的国际法原则是建立健全国际法治的“应然”基石、核心和保障;遵循《联合国宪章》及其国际法,推进构建人类命运共同体的国际法治对国际社会所有成员具有普遍性,但有别于西方学者的“宪法化”;国内法治具有特殊性,普天之下并无统一模式,而以各国宪法及法律为准则,并与其国际法义务和权益相一致;国际法治应对国内法治具有包容性;惟有如此,人类才能走向国内与国际的法治交相辉映之命运共同体。

关键词:人类命运共同体;视角;国际;国内;法治;实然;应然

“国际法治”或“国际的法治”是2005年9月联合国第59届大会高级别全体会议首次提出①,并载入随后召开的世界首脑会议成果文件②。此后联合国每年都将“国内和国际的法治”(The rule of law at the national and international levels)列入大会议题③。国内外学界在2005年之前所用的“国际法治”(international rule

---

* 原载《国际法学刊》2022年第1期,第5—34页。

① 联合国大会2005年9月13日决议:《大会高级别全体会议成果文件草稿》,A/RES/59/314, 2005年10月26日,第134段。该文件草稿随后被递交世界首脑会议通过。

② 联合国大会2005年9月16日决议:《2005年世界首脑会议成果》,A/RES/60/1, 2005年10月24日,第134段。

③ 参见UN General Assembly Resolution: The rule of law at the national and international levels, A/RES/75/141, 15 December 2019。

of law)[①]或之后继续惯用的这一术语[②]，与联合国提出并一再强调“国际的法治”之内涵及外延有所不同。近年来国内学者结合人类命运共同体的理念探讨国际法治[③]，偏重于将这一理念运用于国际法治，或从国内法治的概念延伸出发，很少结合联合国相关原则性文件。欧美国际法学界有关国际法治的研究与联合国的国际法治议题亦较少关联，或集中于某一方面。[④]

在国内外已有研究的基础上，本文首先从联合国有关国际法治的一系列原则性文件入手，对“实然”的国际层面的法治概念及其制度现实加以论述；然后针对现行国际法治的缺陷，从推进构建人类命运共同体的“应然”视角，重点阐述联合国体系下建立健全国际法治的若干理论与实际问题；接着在国内与国际层面的法治及其相互关系中，进一步讨论人类命运共同体中国际法治的普遍性、国内法治的特殊性以及前者对后者的包容性等具有一般国际法意义的重大问题。从国际法治的“实然”到“应然”的研究路径是基于惟有认识现实，才能进而分析不足和探讨未来的考虑。这就是推进构建人类命运共同体的视角，因为人类命运共同体所建不是空中楼阁，而是在以《联合国宪章》为基础的现行国际法秩序之上，由国际社会共商共建共享未来“应然”之共同体。在讨论国际法治的语域内，这一视角具有从“实然”到“应然”的内在逻辑。

本文认为在百年未有之大变局加速演变，中国日益走近世界舞台中央之际，如何将人类命运共同体的国际法理念[⑤]融入国际法治，应基于“实然”现实，提出“应然”方案；学界有关国际法治的一些不同观点，拟有必要加以讨论。

---

① 参见 Ernst-Ulrich Petersmann, How to Promote the International Rule of Law? Contributions by the World Trade Organization Appellate Review System. *Journal of International Economic Law*, Vol.1, No.1, 1998, p.25。

② 参见何志鹏：《国际法治的理论逻辑》，载《中国国际法年刊(2008)》，世界知识出版社 2009 年版，第 101 页。该文的“国际法治”对应的英文也是“international rule of law”。

③ 参见徐宏：《构建人类命运共同体与国际法治》，《理论动态》2018 年第 18 期，第 25 页；赵俊：《构建人类命运共同体与国际法治变革》，《光明日报》2019 年 5 月 10 日第 11 版；曹刚：《人类命运共同体与全球伦理和国际法治》，《北京大学学报》(哲学社会科学版)2019 年第 2 期，第 33 页；马忠法：《论构建人类命运共同体的国际法治创新》，《厦门大学学报》(哲学社会科学版)2019 年第 6 期，第 21 页。

④ 参见 Steven Wheatley, A Democratic Rule of International Law, *The European Journal of International Law*, Vol.22, No.2, 2011, p.525; Alexandra Huneeus, Human Rights and the Future of Being Human, *American Journal of International Law*, Vol.112, No.4, 2018, p.324。

⑤ 参见张乃根：《试探人类命运共同体的国际法理念》，载《中国国际法年刊(2017)》，法律出版社 2018 年版，第 43 页；徐宏：《人类命运共同体与国际法》，《国际法研究》2018 年第 5 期，第 3 页；人类命运共同体课题组：《人类命运共同体的国际法构建》，《武大国际法评论》2019 年第 1 期，第 1 页。

一、联合国的国际法治议题：由来与发展

（一）联合国提出的国际法治

联合国成立迄今，明确提出国际法治的原则性文件首先见诸第五十九届大会高级别全体会议和世界首脑会议成果文件。2005 年正值联合国成立六十周年，国际社会以世界首脑会议的方式以期回顾以往，展望未来。该文件多处强调国际法的作用，“重申按照国际法建立一个有效的多边体系极其重要”，“和平与安全、发展和人权是联合国的支柱”，“国家和国际的良治和法治，对于持续经济增长、可持续发展以及消除贫困与饥饿极为重要”。[①]在该文件的上下文中可见，“按照国际法”与“国家和国际”并列的“法治”有所区别，后者不限于国际法，但是，国际法治应限于国际法上的法治。2006 年联合国大会第一次通过如下《国内和国际的法治》决议：

“重申决意维护《联合国宪章》的宗旨和原则以及国际法，它们都是一个更和平、更繁荣、更公正的世界所不可或缺的基础，重申决心促使它们获得严格遵守并在全世界建立公正持久的和平，又重申人权、法治和民主相互关联、相互加强，是普遍和不可分割的联合国核心价值和原则的一部分，还重申必需在国内和国际上遵守和实行法治，并重申庄严承诺维护以法治和国际法为基础的国际秩序，连同公正原则，三者是国家间和平共处及合作所不可或缺的，深信推进国内和国际的法治，对实现持续经济增长、可持续发展、消除贫困与饥饿以及保护所有人权和基本自由至为重要。”[②]

从该决议完整的上下文看，“法治”（rule of law）作为“联合国核心价值和原则的一部分”，在国际层面是指以“维护《联合国宪章》的宗旨和原则以及国际法”为基础，此为“国际法治”，并且“必需在国内和国际上遵守和实行法治”，而“实现持续经济增长、可持续发展、消除贫困与饥饿以及保护所有人权和基本自由”显然主要对国内层面的法治而言。

（二）作为联合国核心价值和原则的国际法治

1. 国际法治概念的由来

理解作为“联合国核心价值和原则”的国际法治概念，不仅应看《联合国首脑会

① 《2005 年世界首脑会议成果》，第 5 段、第 9 段、第 11 段。

② 联合国大会决议：《国内和国际的法治》，A/RES/61/39，2006 年 12 月 18 日。

议成果》与《国内和国际的法治》决议的上下文,而且需顾及其由来与发展的"上下文"。1990年联合国在成立四十五周年时决定"1990—1999年为联合国国际法十年",其首要宗旨是"促进人们接受和尊重国际法的原则","考虑到保持国际和平与安全乃是执行联合国国际法十年方案获得成功的基本条件,呼吁各国遵守国际法,特别是《联合国宪章》"。[①]可见,在后冷战时代,联合国呼吁遵守国际法,首先虑及国际和平与安全,这与《联合国宪章》宗旨一致。在新千年前夕,联合国大会回顾十年成果,强调这"有助于加强国际法治",这可能是联合国文件第一次明确提出"国际法治"(the rule of international law),[②]且基于加强对国际法的遵守,说明这涵盖了国际法的"规则"(法制)和"治理"(法治)。翌年的联合国大会通过《千年宣言》,两处提及"法治"。其一在"和平、安全与裁军"部分,决心"在国际和国家事务中加强尊重法治",[③]这与后来"国内和国际法治"的用法很接近。其二在"人权、民主和善政"部分表示"促进民主和加强法治,并尊重一切国际公认的人权和基本自由包括发展权"。[④]显然,两处"法治",分别与国际和国内层面的"和平与安全""人权和善治"有关。

追溯联合国文件中"国际法治"概念的由来,也许还可以将1970年联合国大会纪念成立二十五周年而通过的《国际法原则宣言》作为渊源。该文件确有铭记"联合国宪章在促进国际法治上至为重要"的表述,但是,该"国际法治"的英文是"the rule of law among nations",并且,在同一文件中另一处中文本又将之译为"各国间法治"。[⑤]可见,在联合国文件中,"法治"与"the rule of law"相互对应,除个别文件,总体上没有变化;[⑥]而"国际法治"则有不同表述,尤其是英文。但是,自2006年至今,联合国每年将"国内和国际的法治"列为大会议程并通过相关决议,在"国际层面"的"法治"(the rule of law at international level)或"国际法"的"治理"(the rule of international law)的用法已基本固定化。2006年之前国内外学界惯用的"international rule of law",在联合国文件中已不见其踪影。如下文将进一步论述的,这

① 联合国大会决议:《联合国国际法十年》及附件,A/RES/45/40,1990年11月28日。

② 联合国大会决议:《联合国国际法十年》,A/RES/54/28,2000年1月21日。该决议中文本为"国际法制",但是,英文本采用联合国后来的用语"国际法治"。

③ 联合国大会决议:《联合国千年宣言》,A/RES/54/282,2000年9月18日,第9段。该决议中文本也将英文本"the rule of law"译为"法制"。

④ 《联合国千年宣言》,第24段。其中"法治"的英文是the rule of law,说明该文件的翻译前后不一。

⑤ 联合国大会决议:《关于各国依联合国宪章建立友好关系及合作之国际法原则之宣言》,A/RES/25/2625,1970年10月24日。

⑥ 譬如,联合国大会决议:《加强法治》,A/RES/48/132,1994年2月18日,该"法治"中文与英文"the rule of law"对应。

不仅是术语的差异,而且不无观念的不同。

对于国内学界而言,撇开不同语言的互相转译问题,中文语境下一般而言,“规则”侧重于制度(立法),“治理”更多指实施(执法)。“规则”与“治理”均可对应英文用词“rule”。然而,中文法制的“制”是指“制度”,由此讨论“法制”与“法治”时,两者分别可对应英文“rule of law”和“rule by law”。不过,如上说明,似乎除了 1999 年《联合国国际法十年》和 2000 年《联合国千年宣言》中文本的一处将“rule of law”译为“法制”,以后有关国际法治的文件,全都改译“法治”。从相关国际法文件的上下文看,尤其是国际层面强调对国际法的遵守和国内的善政、经济发展和人权保护来看,显然对“治理”意义上的“法治”而言,而非仅仅是制度上的“法制”。当然,从有法可依(立法意义上的法制)到“有法必依”(实施意义上的法治),相辅相成,缺一不可。不过,国际法治的概念更多强调对已有《联合国宪章》及其他国际法的“遵守”,因而侧重实施意义上的治理,即国际层面的“法治”。

如今对国际法治概念进行追溯和探讨,还应充分注意到国内与国际的法治相提并论。2004 年联合国秘书长向安全理事会递交的报告《冲突中和冲突后社会的法治和过渡司法》是迄今唯一关于侧重国内法治的秘书长报告。该报告对“法治”(the rule of law)概念作了如下比较完整的阐述:

“‘法治’是本组织使命的核心概念。这个概念指的是这样一个治理原则:所有人、机构和实体,无论属于公营部门还是私营部门,包括国家本身,都对公开发布、平等实施和独立裁断,并与国际人权规范和标准保证一致的法律负责。这个概念还要求采取措施来保证遵守以下原则:法律至上、法律面前人人平等、对法律负责、公正适用法律、三权分立、参与性决策、法律上的可靠性、避免任意性以及程序和法律透明。”①

这显然是对国内法治而言。同时,该报告又指出:“我们在推动法治的时候,所依据的规范是《联合国宪章》本身,以及现代国际法的四个支柱:国际人权法、国际人道主义法、国际刑法和国际难民法。”②虽然这是与该报告与国内武装冲突有关,因而有选择地提及四个国际法部门作为“支柱”,其实对当代一般国际法的支柱可能有不同理解,但是,这里所说依据国际法的法治,更多是国际层面的法治。因此,无论是国内的,还是国际的,法治概念是指依法治理。这就是前述自 2006 年至今,每年联合国大会通过的《国内和国际的法治》,均包含的原则:“重申必须在国内和国际

① 秘书长的报告:《冲突中和冲突后社会的法治和过渡司法》,S/2004/616,2004 年 8 月 3 日,第 6 段。
② 《冲突中和冲突后社会的法治和过渡司法》,第 9 段。

上遵守和实行法治，并重申庄严承诺维护以法治和国际法为基础的国际秩序。”[①]

2. 国际法治概念的发展

综上所述，2005 年《世界首脑会议成果》在联合国大会以往相关文件的基础上第一次明确提出，并经 2006 年大会决议《国内和国际的法治》比较完整地阐述了与国内层面相提并论的“国际法治”概念或原则，即在国际层面以《联合国宪章》为基础的国际法为依据，并严格遵守之，以建立和维护持久和平与安全、国际合作发展与人权保护的国际秩序。

近十多年，联合国大会不仅每年就《国内和国际的法治》议题通过决议，还于 2012 年 9 月召开“国内和国际法治问题大会高级别会议”并发表宣言。该宣言首先明确“重申法治对于各国间政治对话与合作来说具有极为重要的意义，对于进一步发展作为联合国立足之本的三大支柱的国际和平与安全、人权和发展来说，也具有极为重要的意义”[②]。这表明了该议题与联合国三大支柱的密切关系，可见其重要性。该宣言接着简明扼要，但又较前更加完整地阐释了国内和国际层面共同适用的“法治”：“我们确认，法治原则平等地适用于所有国家，适用于包括联合国及其主要机关在内的国际组织，尊重和推动法治与正义应当是各国和国际组织各项活动所应遵循的指导原则，同时也对各国和国际组织的行动赋予了可预测性和合法性。我们还确认，所有个人、机构和实体，无论是公共还是私营部门，包括国家本身，都有责遵守公正、公平和平等的法律，并有权享受法律的平等保护，不受任何歧视。”[③]与前述 2006 年首份《国内和国际的法治》决议相比较，该宣言更加强调所有国家、包括联合国在内所有国际组织，均应适用在国际关系中具有指导性的法治原则，即“尊重和推动法治和正义”并使其行为具有“可预测性和合法性”。有关国家层面的法治概念，该宣言沿用了 2004 年联合国秘书长向安全理事会递交的有关国内法治理报告中的表述。该宣言不仅进一步阐释或明确国内和国际层面的法治内涵，而且对相关外延作了较全面的阐述。这包括“按照《联合国宪章》的宗旨和原则在全世界建立公正持久的和平”，“所有国家都有责任以和平方式解决其国际争端”；“促进普遍尊重、遵守和保护所有人的所有人权和基本自由”，“法治与发展密切关联，相辅相成”，等。对这些外延的具体内容，暂存不论。下文将结合人类命运共同体与国际法治的关系，加以论述。应该强调该宣言是迄今由联合国大会高级别会议通过的唯一较详细阐述国内和国际层面的法治原则，因而具有权威性。

---

① 《国内和国际的法治》，A/RES/61/39。

② 联合国大会：《国内和国际的法治问题大会高级别会议宣言》，A/RES/67/1，2012 年 11 月 30 日，序言。

③ 《国内和国际的法治问题大会高级别会议宣言》，第 2 段。

从上述联合国关于国际法治概念的由来和发展这样的"上下文"来看，作为联合国核心价值和原则的国际法治以《联合国宪章》为基础，以维护国际和平与安全、促进发展与人权保护的国际秩序为宗旨，并且与国内层面法律至上的法治，相得益彰。至少就联合国相关文件而言，国际法治概念有着比较清晰的内涵和外延，而不是国内有学者偏重从纯粹的理论思维出发，脱离上述联合国有关文件的"上下文"，抽象地认为"国际法治是法治观念与原则的国际化，以及国际关系与事务的法治化"。①

迄今联合国之所以通过诸如大会决议或秘书长报告此类无强制约束力的"软法"方式，一再强调在国内和国际两个层面的法治原则，因为在现行国际法体制下，通常只有条约、习惯国际法等，而非指导性原则，方可对国家、国际组织等国际法主体设置强制性义务。至于国内法治下，国家自身及其主权管辖下的所有非国家主体均应遵守公正、公平和平等的法律，并有权享受法律的平等保护，不受任何歧视，更是一国宪法下的内政。国际法治与国内法治有所不同。可以说，这就是国际层面的法治概念、原则及其制度之"实然"性质。

二、人类命运共同体与国际法治："实然"与"应然"

众所周知，推进构建人类命运共同体是在国际社会正处于百年未有之大变局，以《联合国宪章》为基础的国际法治面临新的时代挑战，中国作为日益走近世界舞台中央的负责任大国所提出的，事关国际法治的新理念，相比国际法治的"实然"现实，更具"应然"性。基于"实然"现实，如何构建国际法治未来"应然"的人类命运共同体，是下文论述的重点。

（一）国际法治现行体制的"实然"缺陷

虽然上述联合国相关文件已阐明了以国际和平与安全、国际合作发展与人权保护为三大支柱，并与国内法治密切相关的国际法治原则，但是，联合国成立以来的历史与现实表明国际法治的现行体制存在"实然"缺陷。认识这些缺陷与理解联合国有关文件所含国际法治的概念与原则，同样重要。

1. 和平与安全相关国际法治的缺陷

《联合国宪章》规定的首要宗旨是"维持国际和平及安全"②，并采取五大国有效集体办法的安理会机制加以保障。据此，包括五个常任理事国一致由安理会断定存

---

① 何志鹏：《国际法治何以必要——基于实践与理论的阐释》，《当代法学》2014 年第 2 期，第 134 页。

② 《联合国宪章》，载《国际条约集（1945—1947）》，世界知识出版社 1959 年版，第 35 页。

在对国际和平的威胁或侵略行为，并在必要时授权使用武力，以维护或恢复国际和平与安全。这是国际层面的法治基石。然而，历史与现实表明这一国际法治的制度存在缺陷。否则，如何理解联合国成立以来地区或局部战争接连不断，危及国际和平及安全的传统或非传统因素难以根除。

遵守《联合国宪章》，维护其宗旨，其本身就包含嗣后得到明确阐述的国际法治原则。回顾 1990 年联合国在四十五周年时设立"联合国国际法十年"议题，到 2005 年联合国六十周年时《世界首脑会议成果》文件"重申按照国际法建立一个有效的多边体系"及其三大支柱，及 2006 年起每年通过《国内与国际法治》的大会决议，尤其是 2012 年大会高级别会议宣言，国际法治原则早已确立。可是，该原则屡遭践踏。以美国在 2001 年之后接连在阿富汗和伊拉克发动所谓"反恐"战争为例。2001 年"9·11"事件之后，当年安理会接连通过多份决议，没有任何一份决议明确授权美国使用武力，而是"表示安理会准备根据《联合国宪章》规定的职责采取一切必要步骤，对付 2001 年 9 月 11 日发生的恐怖主义攻击，并且打击一切形式的恐怖主义"①；"再次申明《联合国宪章》所确认并经第 1368(2001)号决议重申的单独或集体自卫的固有权利……根据《联合国宪章》第七章采取行动"②，但没有任何"授权使用武力"的明确用语；"申明要打击国际恐怖主义祸害，必须采取持久、全面的办法，由联合国全体会员国积极参与，彼此合作，并按照《联合国宪章》和国际法行事"；③同样也没有任何明确"授权使用武力"。可是，美国在 2001 年 10 月 7 日未经联合国安理会授权，以反恐为由发动了长达二十年之久的阿富汗战争。极具讽刺性的是，二十年之后，当年被美国以武力推翻的塔利班政权又完全恢复在阿富汗的执政。至于美国在伊拉克的战争，更是以子虚乌有的所谓大规模杀伤性武器的威胁为由，完全没有安理会的授权。

这凸显了和平与安全相关国际法治的主要缺陷：在国际层面，有法(《联合国宪章》)不依，有法难依。美国政府及其欧美学界事后以"预防性"(preemptive)自卫或干预为由试图证明发动阿富汗和伊拉克战争的"合法性"。④"许多人认为新的理由强调预防性干预，这是对不干涉原则的致命威胁，反过来又使得在坚持不干涉原则而不是以任何方式削弱主权的其他国家出现了防卫性应对。"⑤有法不依和有法

---

① 安全理事会决议：《打击恐怖主义》，S/RES/1368(2001)，13 September 2001，第 5 段。

② 安全理事会决议：《国际合作防止恐怖主义行为》，S/RES/1373(2001)，28 September 2001。

③ 安全理事会决议：《全球努力打击恐怖主义的宣言》，S/RES/1377(2001)，12 November 2001。

④ Ruth Wedgwood, The Fall of Saddam Hussein: Security Council Mandates and Preemptive Self-Defense, *American Journal of International Law*, Vol.97. No.3(2003), pp.576 - 585.

⑤ Thomas G. Weiss, *What's Wrong with the United Nations and How to Fix It*, Polity Press 2009, pp.26 - 27.

难依的国际法治缺陷根源在于美国的霸权；通过联合国机制的改革弥补相关缺陷的努力，又因“近年来美国对待联合国的政策支配着相关改革”①而几乎一事无成。

2. 国际合作发展相关国际法治的缺陷

《联合国宪章》序言和第一条第三款及第五十五条第一款均明确“国际合作发展”的宗旨：“运用国际机构，以促进全球人民经济及社会之进展”，“促进国际合作，以解决国际间属于经济、社会、文化、及人类福利性质之国际问题”，“应促进较高之生活程度，全民就业，及经济与社会进展”。为此，联合国设立经济及社会理事会负责国际合作发展事项。这是国际合作发展相关国际法治的基石。2012年联合国再次强调“推动国内和国际的法治，对于实现持续和包容性经济增长、可持续发展、消除贫困与饥饿以及充分实现包含发展权在内的所有人权和基本自由来说，至关重要”②。2015年9月联合国成立七十周年的世界首脑会议通过《2030年可持续发展议程》，其头号目标就是“消除一切形式和表现的贫困，包括消除极端贫困”，首要的共同原则是“依循《联合国宪章》的宗旨和原则，充分尊重国际法”。③很清楚，该新议程是国际合作促进可持续发展相关的国际法治一部分。

应该看到，该新议程是国际社会在新千年伊始商定的千年发展目标之延续。④事实上，不仅千年发展目标远远没有实现，而且该新议程设定期限已过去三分之一以上，其头号目标的实现还很困难。在该目标下，必须让所有人的生活达到基本标准，包括消除饥饿、将资源用于发展中国家的农村地区和可持续农业与渔业。可是，根据联合国粮农组织等发布的《2021年全球粮食危机报告》，2020年全球至少有1.55亿人面临重度粮食不安全问题，比2019年增加约2000万人，达到2015年以来最高水平。⑤这表明该新议程实施以来，非但没有朝着消除饥饿这一极端贫困的目标前行，反而后退了。原因之一在于发达国家远未兑现其“全面履行官方发展援助承诺，包括许多发达国家向发展中国家提供占发达国家国民总收入0.7%的官方发展援助，以及向最不发达国家提供占比0.15至0.2援助的承诺”⑥。在对于可

① Joachim Müller, ed., *Reforming the United Nations: The Struggle for Legitimacy and Effectiveness*, Martinus Nijhoff Publishers, 2006, pp.3－4.

② 《国内和国际的法治问题大会高级别会议宣言》，第7段。

③ 联合国大会2015年9月25日决议：《变革我们的世界：2030年可持续发展议程》，A/RES/70/1，2015年10月21日，序言，第10段。

④ 《联合国千年宣言》。该宣言将“在国家一级及全球一级创造一种有助于发展和消除贫困的环境”作为在新千年应特别重视的关键目标之一。

⑤ 《全球至少1.55亿人面临重度粮食不安全》，《人民日报》2021年5月11日第18版。

⑥ 《变革我们的世界：2030年可持续发展议程》，第17.2段。

持续发展极为重要的气候变化领域，发达国家同样没有兑现向发展中及最不发达国家的援助承诺。[①]曾经推行殖民统治和最先实现工业化的许多发达国家负有道德与法律义务兑现其援助，而对于国际合作发展的国际法治而言，却没有任何具有约束力的机制解决此类问题。这是相关国际法治的严重缺陷之一。

以世界贸易组织（WTO）为核心的多边贸易体系对于国际合作发展的国际法治，不可或缺。《2005 年世界首脑会议成果》文件指出："一个普遍的、有章可循的、开放的、非歧视的和公正的多边贸易体系以及有意义的贸易自由化，可以在全世界范围内极大地促进发展，使处于发展所有阶段的国家从中受益。"[②]但是，该体系同样存在"协商一致"决策机制的治理缺陷。有些成员滥用这种类似于联合国安理会常任理事国拥有的否决权，美国甚至滥用该否决权致使"有章可循"的 WTO 争端解决上诉机构自 2019 年 12 月起陷于瘫痪，[③]严重损害了多边贸易体系的国际法治。

3. 人权国际保护相关国际法治的缺陷

"不分种族、性别、语言或宗教，增进并激励对于全体人类之人权及基本自由之尊重"是《联合国宪章》的宗旨之一。联合国大会据此于 1948 年 12 月通过《世界人权宣言》，1966 年两项涵盖政治、经济、社会、文化等各方面人权保护的公约签署，从而形成了人权国际保护的"实然"体系基础。前述联合国关于国内法治与国际法治的一系列文件无不强调在国内和国际层面的人权保护重要性。2006 年联合国大会通过决议成立新的人权理事会，取代原先的人权委员会，作为大会的一个附属机关，并在该理事会成立 5 年后予以审查，决定今后其法律地位。[④]毫无疑问，这是弥补联合国体系中缺少与安全理事会、经社理事会并行的人权理事会这一缺陷的重要步骤。[⑤]诚然，至今该人权理事会仍是联合国大会的附属机关，不具有其他两个理事会作为联合国主要机关之一的法律地位。

人权理事会之所以至今仍无法成为与联合国宗旨相吻合的该组织主要机关之一，关键在于自诩为"人权卫士"的美国对该理事会持抵制或有限参与的立场。由于该理事会以"普遍性、公正性、客观性和非选择性以及建设性国际对话及合作等

---

① 参见 Glasgow Climate Pact, FCCC/PA/CMA/2021/L.16, 13 November 2021。该协定第 40 段："敦促发达国家缔约方继续履行《公约》和《巴黎协定》规定的现有义务，提供更多支持，包括通过财政资源、技术转让和能力建设，协助发展中国家缔约方减缓和适应气候变化"。

② 《2005 年世界首脑会议成果》，第 27 段。

③ 参见张乃根：《关于 WTO 未来的若干国际法问题》，《国际法研究》2020 年第 5 期，第 3 页。

④ 联合国大会 2006 年 3 月 15 日决议：《人权理事会》，A/RES/60/251，2006 年 4 月 3 日，第 1 段。

⑤ 参见张乃根：《论联合国"三重"理事会——以改革中的人权理事会为视角》，《国际法研究》2014 年第 3 期，第 16 页。

原则为指导，以期加强促进和保护公民、政治、经济、社会和文化权利等所有人权，包括发展权”，并新设对每个国家履行人权义务和承诺的情况进行“普遍定期审议”(Universal Periodical Review, UPR)机制，①不仅与美国一贯采取双重性和政治化的人权外交出发点不同，而且对其人权记录也要审查，使得习惯于批评他国人权保护的美国很不舒服，因此，美国一开始就抵制参加，直到 2013 年才成为该理事会成员，而在其两任期满前于 2018 年 7 月又退出。②如此反复无常，使得该理事会对人权保护合作的国际法治严重受阻。

人权理事会迟迟未能升格为联合国主要机关之一，还在于 UPR 机制的运行效果不佳。作为尝试将该理事会指导原则落到实处的 UPR，是人权保护合作的国际法治独特机制，旨在每隔 4 年一视同仁地对联合国所有会员国的人权状况进行普遍的客观评估，以促使各国不断全面地改进人权保护。但是，已进行 4 轮的 UPR 对有关国家改进人权状况，促进作用不大，且又有政治化、外交化的趋势。譬如，2011 年 1 月对美国的第一次 UPR 工作组报告汇总了各国建议，包括无保留地批准《经济、社会和文化权利国际公约》《儿童权利公约》《消除对妇女一切形式歧视公约》等(30 多个国家提出)，立即关闭关塔那摩监狱(十几个国家提出)。③2015 年 7 月对美国的第二次 UPR 工作组报告提出的建设，建议美国批准上述人权公约的国家增加到 50 多个，建议立即关闭关塔那摩监狱的国家也有 10 多个，并有多个国家建议终止美国政府人员在外国领土上的酷刑行为。④可见，至少在这些人权保护相关方面，美国没有任何进步。又譬如，中国是人权理事会创始会员国，迄今已接受 3 次 UPR，在 2018 年第 3 次审议中收到 346 条建议，采纳了 284 条，占比 82%。中国表示拒绝的 62 条建议包括“带有政治偏见”的。⑤显然，UPR 成了某些国家肆意干涉中国内政的外交场合。

总之，在联合国提出和发展国际法治的同时，其三大支柱本身的缺陷有增无减。这正是中国推进构建人类命运共同体，针对国际法治的制度“实然”缺陷而提出“应然”未来包括国际法治的全球治理方案之缘故。

---

① 《人权理事会》，第 4 段。

② 人权理事会由 47 个会员国组成，并向联合国所有成员国开放，由各国申请，按地域名额分配，经联合国大会无记名投票，过半数直接选举产生，任期 3 年，最多连任 6 年。参见《人权理事会》，第 7—8 段。

③ 人权理事会：《普遍定期审议工作组报告：美利坚合众国》，A/HRC/16/1，2011 年 1 月 4 日，二、结论和/或建议。

④ 人权理事会：《普遍定期审议工作组报告：美利坚合众国》，A/HRC/30/12，2015 年 7 月 20 日，二、结论和建议。

⑤ 人权理事会：《普遍定期审议工作组报告：中国》，A/HRC/40/6，2018 年 12 月 26 日，二、结论和/或建议。

(二) 国际法治的“应然”未来

人类命运共同体的国际法理念具有制度化的内在要素，其制度化的最佳路径是以国际法原则的语言表达这一理念。[①]以《联合国宪章》宗旨及原则为基础的国际法治“实然”制度与人类命运共同体的国际法制度化的“应然”原则，在许多方面是相通的。国际法治的“应然”必须以“实然”为前提，“实然”必须朝着“应然”未来方向发展。

1. 持久和平与普遍安全的国际法原则：国际法治的“应然”未来之基石

和平与安全是各国主权独立的国际社会最基本的需求。作为现代实证国际法的起点，结束十七世纪初欧洲各国三十年战争的1648年《威斯特伐利亚和约》第一条就表达了缔约方之间“应保持基督教的普遍和平，永恒，真正和诚挚的和睦关系”这一强烈意愿。[②]两百七十年之后，1919年结束第一次世界大战的《凡尔赛条约》序言亦称“兹愿代以巩固、公正及永久之和平”[③]。然而，这些和平愿望在残酷的国际关系现实面前都成为泡影，直至二十世纪上半叶“人类两度身历惨不堪言之战祸”，国际社会终于决心按照《联合国宪章》之原则，确立“有效集体办法”，“以保证非为公共利益，不得使用武力”。[④]如前所述，这是国际法治的首要原则和支柱。

然而，在国际层面有法不依，有法难依。联合国成立以来，虽未爆发第三次世界大战，但地区或双边战争接二连三。究竟如何解决这一国际法治的“实然”制度之最大缺陷，走向持久和平与普遍安全这一人类命运共同体的“应然”未来？回到第二次世界大战即将结束之际，这一“实然”制度的设计者初衷。当时参照中央政府基础上的国内和平模式，建立一个世界性政府，也许是实现国际社会永久和平之路。但是，根据1943年10月中苏美英莫斯科宣言，战后将“根据一切爱好和平国家主权平等的原则，建立一个普遍性的国际组织”[⑤]。这就是后来《联合国宪章》的首要基本原则。联合国将维持国际和平及安全的职责赋予大国集体保障的安全理事会。可是，第二次世界大战后，第一次将大国直接卷入朝鲜半岛的地区战争，就

---

① 参见张乃根：《试论人类命运共同体制度化及其国际法原则》，载《中国国际法年刊(2019)》，法律出版社2020年版，第3页。

② 《威斯特伐利亚条约——神圣罗马皇帝和法兰西国王以及他们各自的同盟者之间的和平条约》(1648年10月24日订于蒙斯特)，载《国际条约集(1648—1871)》，世界知识出版社1984年版，第2页。

③ 《协约及参战各国对德和约(凡尔赛条约)》(1919年6月26日)，载《国际条约集(1917—1923)》，世界知识出版社1961年版，第77页。

④ 《联合国宪章》，序言和第1条第1款。

⑤ 《中苏美英四国关于普遍安全的宣言》(1943年10月30日于莫斯科)，载《国际条约集(1934—1944)》，世界知识出版社1961年版，第403页。

宣告该集体保障体制在冷战背景下的彻底失灵。[1]冷战后的安理会似乎只有在1990年8月针对伊拉克侵占科威特而授权军事干预,体现了集体保障国际和平及安全的一致意志[2],"可以看到对于该理事会运行良好的承诺未能兑现"[3]。1944年临近第二次世界大战结束,著名法学家凯尔森(Hans Kelsen)曾著述,从法理上论证建立一个普遍强制管辖权的国际法院解决一切国家间争端的必要性。[4]然而,战前的国际常设法院创设的任择强制管辖权非但没有改变,却因战后《国际法院规约》作为《联合国宪章》一部分得以强化。[5]如今包括中国、美国、法国和俄罗斯在内的120个联合国会员国未接受该任择强制管辖权。[6]这突出体现了国际社会大多数成员希望自主选择解决国际争端的和平方式。

在现行联合国集体保障机制以及国际法院缺乏普遍强制管辖权的体制难以改变的前提下,推进构建人类命运共同体的国际法治,首先旨在坚持世界各国主权独立平等,和平共处,尤其是和平解决国际争端,这包括采取《联合国宪章》第三十三条下谈判、仲裁、司法解决或各当事国自行选择的其他和平方式,解决一切国与国之间争端。在可预见的未来,各国主权独立于任何其他国家或国际组织,即便在区域一体化程度最高的欧洲联盟,其成员国依然保留着各自宪法意义上的主权独立。"各个成员国之间通过条约所达成的意思上的一致,为欧洲各大共同体以及欧洲联盟这一国家俱乐部设定了它们赖以存在法律依据。"[7]这看起来与"实然"的和平与安全相关国际法治没有什么区别。不过,应看到人类命运共同体视角的未来"应

---

① 1950年6月至翌年1月,安理会半年内6次通过决议,包括授权美国为首的联合国军"以协助大韩民国抵御武装攻击"为由出兵干预南北朝鲜之间"本质上属于任何国家管辖之事件"的武装冲突,苏联作为拥有安理会否决权的常任理事国,始终缺席。参见S/RES/82(1950年6月25日)、S/RES/83(1950年6月27日)、S/RES/84(1950年7月7日)、S/RES/85(1950年7月31日)、S/RES/88(1950年11月8日)、S/RES/90(1951年1月31日)。第二次世界大战后,朝鲜半岛摆脱日本殖民统治,于1948年8月15日、9月9日先后成立的朝鲜民主主义人民共和国和大韩民国及嗣后双方冲突,实质是恢复主权的朝鲜涉及统一的内部争端。双方直到1991年9月7日成为联合国会员国,两国才具有完全主权独立的国际法地位。

② 参见安理会决议:《伊拉克—科威特间局势》,S/RES/678,1990年11月29日。

③ Kenneth Manusama, *The United Nations Security Council in the Post-Cold War Era: Applying the Principle of Legality*, Martinus Nijhoff Publishers, 2006, p.3.

④ 参见Hans Kelsen, *Peace Through Law*, the University of North Carolina Press, 1944, Part I, Peace Guaranteed by Compulsory Adjudication of International Disputes。

⑤ 《国际法院规约》(1945年6月26日),载《国际条约集(1945—1947)》,世界知识出版社1959年版,第60页。根据《联合国宪章》第92条,"该项规约系以国际常设法院之规约为根据,并为本宪章之构成部分。"

⑥ 1972年12月5日,中华人民共和国恢复在联合国的合法席位后宣布,不承认1946年10月26日当时中国政府接受国际法院任择强制管辖权的声明;美国于1985年10月7日宣布终止承认国际法院的任择强制管辖权;法国在1974年1月10日承认国际法院的任择强制管辖权的期满后不再续期;苏联及俄罗斯联邦未曾声明接受该任择强制管辖权。

⑦ [德]马蒂亚斯·赫蒂根:《欧洲法》,张恩民译,法律出版社2003年版,第73页。

然”国际法治所维护的国际和平与安全，不仅建立在《联合国宪章》的基础上，而且应践行“不冲突不对抗”的新型大国关系准则。对于区域性和平与安全，国际社会应坚决支持联合国的主导作用，促进地区相关各国通过和平手段解决相互间各种争端或关切。推进构建人类命运共同体的国际法治特别强调共商共建共享的全球治理，促使国际社会的大事由各国或地区一起商量着办，反对国际关系中的强行霸道，以求世界各国之间持久和平相处与享有普遍安全。

人类命运共同体视角的未来“应然”国际法治的实施，必须坚持非经安全理事会明确授权，不得以任何理由对他国使用武力，或对他国内政采取军事干预。如前所述。“9・11”事件后，美国发起阿富汗战争，其目的是捉拿在阿富汗的恐怖组织头目和打击庇护恐怖组织的阿富汗塔利班当局。[①]但是，这既不是联合国明确授权的使用武力，也不是传统意义上的自卫。实质上，该事件说明国际恐怖组织已发展到这一地步，亟待采取相适应的国际反恐合作。美国依仗冷战后一超独霸，一意孤行在阿富汗开战，结果恐怖组织头目在十年后在邻国被击毙，而被打击的阿富汗塔利班二十年后东山再起。期间，美国反恐非但没有遏制全球恐怖活动，反而给宗教极端主义的恐怖组织有机可乘，猖獗一时。历史一再证明：非经联合国明确授权，以任何理由对他国动武，都是严重违反国际法治的行为，必须加以禁止，并应对由此产生的违法后果承担国家责任。在这个意义上，《联合国宪章》下国际和平与安全的集体保障体制依然是有效的，关键在于必须严格遵循相关国际法治原则。这是从“实然”到“应然”，且“应然”中包含“实然”的持久和平与普遍安全之多边主义国际法原则。[②]

2. 共同繁荣与可持续发展的国际法原则：国际法治的“应然”制度之核心

推进构建人类命运共同体的共同繁荣与可持续发展的国际法原则与联合国有关国际法治的原则，高度契合，并更具可付诸实践的“应然”性。针对国际合作发展的国际法治“实然”缺陷，中国近年来提出一系列倡议，包括“一带一路”倡议和全球发展倡议。尤其是在2021年第七十六届联合国大会上，中国提出的全球发展倡议[③]，融合了推进构建人类命运共同体的共同繁荣与可持续发展原则、“一带一路”倡议等，与联合国秘书长于2021年3月发表的《愿景陈述》[④]相关主张不谋而合，对

---

① 参见Ruth Wedgwood，Al Qaeda，Terrorism，and Military Commissions，*American Journal of International Law*，Vol.96. No.2(2002)，pp.328-337。

② 参见张乃根：《国际法上的多边主义及其当代涵义》，《国际法研究》2021年第3期，第3页。

③ 习近平：《坚定信心，共克时艰，共建更加美好的世界——在第七十六届联合国大会一般性辩论上的讲话》，《人民日报》2021年9月22日第2版。

④ 联合国秘书长：《愿景陈述：重建信任，激发希望，未来五年的联合国》，(EOSG) SG Vision Statement，2021年3月23日。

于加快落实《2030 可持续发展议程》，彻底战胜新冠疫情和尽快促进经济复苏，推动实现更加强劲、绿色、健康的全球经济，具有重大现实意义和深远历史意义。

中国提出的全球发展倡议突出“发展优先”“以人民为中心”“普惠包容”“创新驱动”“人与自然和谐共生”“行动导向”六大坚持。其中“以人民为中心”强调在发展中保障和改善民生。这是将中国以改革开放促进社会经济可持续发展，造福于人民的国内法治提升为具有国际法治意义的倡议。尤其是中国在 2020 年实现全面脱贫，使 14 亿全体人民有史以来第一次完全摆脱极端贫困，过上人人不愁吃、不愁穿和义务教育、基本医疗、住房安全有保障的小康生活。这是对《联合国宪章》旨在以国际合作发展，促进较高生活水平的国际法治之最好实践，也是对《2030 年可持续发展议程》消除包括极端贫困在内一切形式和表现的贫困之最大贡献。

联合国提出与国内法治并行的国际法治，其本身不是目的，而是实现全体人类走向共同繁荣，并可持续发展的手段。在国际法治的三大支柱中，国际和平与安全是前提，或者说是基石，因为没有和平与安全，其他一切无从谈起；人权国际保护是全体人类过上有尊严的生活之保障；而国际合作发展，在“人与自然和谐共生”的环境中，促进人人享有较高生活水平是核心。推进构建人类命运共同体，就是要使得全体人类在国际和平及安全和人权国际保护下，通过国际合作发展，共享未来美好幸福生活。正是基于这样的视角，中国提出的全球发展倡议首先坚持“将发展置于全球宏观政策框架的突出位置”，然后“在发展中保障和改善民生，保护和促进人权”，因为民生本身对于人权保护而言必不可少，并在全球范围“关注发展中国家特殊需求”。如同在中国步入小康社会，不能让任何一个民族和任何一个人掉队，实现《2030 年可持续发展》和联合国秘书长的最新《愿景陈述》，全球也不能让任何一个国家和任何一个人掉队。也正是基于这样的全球发展观，中国承诺“未来 3 年内再提供 30 亿美元国际援助，用于支持发展中国家抗疫和恢复经济社会发展”①。中国历来言必信，行必果。作为一个刚刚使得本国人民过上小康生活的发展中国家，中国坚信人类命运共同体的国际法理念，并身体力行将该理念转化为实证的国际法原则，从而促进国际法治的“应然”未来尽早成为现实。

以共同繁荣和可持续发展的国际法原则为核心的国际合作发展之国际法治“应然”未来，离不开国际贸易、投资和金融等经贸领域的多边体系。中国在 WTO“坚定不移维护真正的多边主义”②，并在多边贸易体制面临严峻挑战下积极促成

① 《坚定信心，共克时艰，共建更加美好的世界——在第七十六届联合国大会一般性辩论上的讲话》。

② 习近平：《让开放的春风温暖世界——在第四届中国国际进口博览会开幕式上的主旨演讲》，《人民日报》2021 年 11 月 5 日第 2 版。

《贸易便利化协定》[①]的缔结和服务贸易国内规则议题[②]谈判的完成，以及共同发起倡议在多边贸易框架下促成更加透明、有效的跨境投资便利化制度[③]。

3. 文明共存的国际法原则：国际法治的“应然”制度之保障

《联合国宪章》开篇就“重申基本人权，人格尊严与价值，以及男女与大小各国平等权利之信念”。其实，此前没有任何一项国际条约或国际法文件采用“人权”(human rights)。1945年春在联合国成立前夕，时任英国剑桥大学国际法教授的劳特派特出版了《国际人权法案》。“这是此类研究最早出版的。”[④]不过，当时他所说的“人权”(the rights of man)，至少还秉承了西方传统的用语。[⑤]《联合国宪章》以及1948年《世界人权宣言》[⑥]均采用无性别之分的“人”(human)，并强调“男女平等”意义上的人权保护。劳特派特的该书于1950年再版时改为《国际法与人权》，“人权”用语也相应改变。[⑦]虽然如今的人权保护是国际法的普遍理念并已有一整套国际条约法，但是，毋庸讳言，人权的文化源自西方的基督教。[⑧]因此，冷战时期形成的“人权运动”及其理论带有强烈的西方文明色彩。在这种理论看来，“‘人权运动’代表着国家间体系各种假设发生了剧烈变革，预示着国际法的巨大变化。它反映了对人的价值而不是国家价值的崇尚，即使两者相冲突之时也是如此”。[⑨]冷战后，这种理论变得更加强势，直至2005年联合国世界首脑会议召开前夕，时任联

---

① Agreement on Trade Facilitation，2013年12月7日由WTO第九届部长级会议通过。根据《建立WTO协定》第10条第3款，应由WTO的三分之二多数成员接受后生效，并仅对生效时及此后接受的每一成员具有约束力。该协定于2017年2月22日生效。目前包括中国，接受的成员共128个。

② WTO：Joint Initiative on Services Domestic Regulation，Reference Paper on Service Domestic Regulation，Note by the Chairperson，INF/SDR/1，27 September 2021.

③ Joint Ministerial Statement on Investment Facilitation for Development，WT/MIN(17)/59，13 December 2017.

④ Sir Hersch Lauterpacht，*An International Bill of the Rights of Man*，With an Introduction by Philipps Sands，University Press，2013，p.vii. 该书首版于1945年。在该书之前，1929年国际法学院通过的《人权宣言》和随后海牙国际法学院的关于人权国际保护或保障的演讲，所采用的法文“人”均为复数homme(英文man)。参见Louis Henkin，*International Law：Politics and Values*，Martinus Nijhoff Publishers，1995，p.331，Notes 499。

⑤ 英国自然法学家洛克在1689年的《政府论》(下篇)最早提出“天赋人权”时，其用语“一切人”(all men)为后世西方学者所沿用。John Locke，*Treaties of Civil Government and A Letter Concerning Toleration*，Irvington Publishers，Inc.，1979，p.19. 参见张乃根：《西方法哲学史纲》(第四版)，中国政法大学出版社2008年版，第99页。

⑥ 参见[瑞典]格德门德尔·阿尔弗雷德松、[挪威]阿斯布佐恩·艾德：《〈世界人权宣言〉：努力实现的共同体标准》，中国人权研究会组织翻译，四川人民出版社1999年版。

⑦ 参见Sir Hersch Lauterpacht，*International Law and Human Rights*，Stevens & Son，1950。

⑧ 参见[英]洛克：《政府论》(下篇)，叶启芳、瞿菊农译，商务印书馆1964年版。该书基于《圣经》论述“天赋人权”。所谓“天”就是“上帝”。

⑨ [美]路易斯·亨金：《国际法：政治与价值》，张乃根等译，中国政法大学出版社2005年版，第254页。

合国秘书长发布的有关报告提出国际社会对于主权国家政府没有力量或不愿意防止本国发生严重侵犯人权的行为，负有共同“保护的责任”(Responsibility to Protection)，包括安理会授权武力干预。①然而，以多边干预加强人权国际保护的主张并没有成为真正的多边主义实践，反而被滥用为对一国内政的粗暴干预，以致联合国七十周年和七十五周年宣言都不再提及“保护的责任”，而重申“不干涉各国内政”原则。②

可见，在人权国际保护方面，如何既遵循《联合国宪章》及其人权保护的国际法治普遍规则，又尊重各国自主选择履行人权保护国际义务的具体国内法治，是相关国际法治“应然”未来的关键。鉴于人权的文化渊源，从人类命运共同体的视角探讨各国或地区的文明互鉴、包容共存，使之成为国际社会共同遵循的国际法原则，对于保障人权的国际保护，具有根本的意义。建立在《联合国宪章》基础上的人权国际保护之普遍性，毋庸置疑。问题在于各国历史文化、社会经济发展等条件不同，如何根据国情履行人权保护的国际义务。譬如，《世界人权宣言》第二十一条第一款规定：“人人有权直接或自由选举之代表参加其本国政府。”③这是西方的民主政治原则。美国《宪法》第二条规定总统由各州选民投票选出的“选举人团”(electors)选举产生。④这体现美国联邦制下民主选举的选民“人权”。中国《宪法》第三十四条规定年满 18 周岁的公民“都有选举权和被选举权”，第五十九条规定“全国人民代表大会由省、自治区、直辖市、特别行政区和军队选出的代表组成”，第六十二条规定全国人民代表大会选举国家主席等。⑤每个中国公民都享有选举和被选举的“人权”。看上去没有什么区别，但是，无须赘述，实际上两国选举制度截然不同。放眼世界，各国选举制度无不具有本国特色，很难说哪一种制度及其背后的文明或文化取向具有普遍的价值或适用性。因此，人权保护应与各国国情相结合。这实际上就是文明或文化共存的国际法原则，也是国际层面的法治落实到国内的必由之路。没有这样的“应然”制度保障，在实践中就往往容易出现一国或国家性集团对本质上属于另一他国内政的干涉。

总之，推进构建人类命运共同体的国际法理念及其制度化的持久和平与安全、

---

① 《一个更安全的世界：我们的共同责任》，A/59/565，2004 年 12 月 13 日，第 203 段。

② 联合国大会决议：《纪念联合国成立七十周年宣言》，A/RES/70/3，2015 年 11 月 3 日，第 5 段；联合国大会决议：《纪念联合国成立七十五周年宣言》，A/RES/75/1，2020 年 9 月 28 日，第 2 段。

③ 联合国大会决议：《国际人权法案甲，世界人权宣言》，A/RES/217，1948 年 12 月 10 日。

④ 参见《合众国宪法》，载[美]康马杰编辑：《美国历史文献选萃》，香港今日世界出版社 1979 年版，第 31—32 页。

⑤ 《中华人民共和国宪法》(1982 年 12 月 4 日第五届全国人民代表大会第五次会议通过，2018 年 3 月 11 日第十三届全国人民代表大会第一次会议通过的《中华人民共和国宪法修正案》修正)。

共同繁荣与可持续发展、文明共存的国际法原则，是建立健全国际法治的“应然”基石、核心和保障。

三、人类命运共同体的国内与国际法治

如前所述，作为联合国核心价值和原则的国际法治是指国际层面，各国遵循《联合国宪章》以及其他国际法，并且与国内层面法律至上的法治，相得益彰。从人类命运共同体的视角看，国际社会是以各国主权独立为基础，各国主权之上无中央政府，但须以国际法的普遍规则为准绳；同时在各国，均以其宪法为最高法律，任何个人、组织或政党、团体及国家机关都必须遵循宪法及其法律法规等。推进构建人类命运共同体，如何处理国内与国际层面的法治，有许多重大理论与实际问题。在上文论述国际法治的概念及其“实然”与“应然”的关系基础上，下文结合国内外学界与国际法治有关的不同观点，进一步讨论国际法治的普遍性与国内法治的特殊性，及其前者对后者的包容性。

（一）国际法治的普遍性与国内法治的特殊性

遵循《联合国宪章》及其他国际法的国际法治对国际社会所有成员具有普遍性。如何进一步深入理解这种普遍性？全球治理的“法”是否存在一个类似国内法治中的宪法，或者应将国际法治“宪法化”（constitutionalization）？国际法治是“国际层面的法治”（the rule of law at international level），抑或“国际法的治理”（the rule of international law），还是“法的国际治理”（international rule of law）？学界的不同用语反映了对国际法治的看法不一。

讨论国际法中的“宪法”或“宪法化”是欧美学界与国际法治相关话题。欧洲著名国际经济法学者彼德斯曼（Erns-Ulrich Petersmann）教授以WTO初期运行良好的争端解决机制为例，主张“在跨国关系中加强国内与国际司法，以促进‘法的国际治理’”。[①]在他看来，相比较其他全球性条约体系，WTO的法律体制显得更具有法治，因为它要求WTO成员应保证其国内法符合基于条约的WTO法。如有成员违约，则通过强制性的争端解决机制追究其责任，撤销违约的国内法。如不撤销，可能面临WTO的授权报复。这就是通过WTO法对国际贸易的治理。彼德

① Ernst-Ulrich Petersmann, How to Promote the International Rule of Law? Contributions by the World Trade Organization Appellate Review System, *Journal of International Economic Law*, Vol.1, No.1, 1998, p.25.

斯曼教授还以新千年前夕在美国西雅图召开的WTO部长会议因民众反对贸易自由化而无法正常开会为例，主张该贸易组织尊重人权，进行宪法性改革。“人权法将使得WTO法更加具有道德上、宪法上和民主上的合法性，而不只是传统的经济上、功利上的正当性。”①他还在回应对其观点的评论时强调通过公认的人权重新解释国际法为“保护公民的多层次公共产品的治理”。②可见，在肯定WTO的法治化体制的前提下，所谓国际法治的“宪法化”是将人权保护融入多边贸易体制，或者说，“法的国际治理”更关注人权法在全球治理中的作用。这种观点似乎将人权国际保护与国际合作发展对立化，忽视发展本身内在的人权。这与上述联合国关于国际法治的议题，与人类命运共同体视角的国际法治观，存在明显差异。

欧美有些学者偏好以国内法治意义上的“宪法”，阐释以基于条约或习惯国际法的明示或隐含的主权国家同意之国际法治。譬如，美国学者特拉切曼(Joel P. Trachtman)教授的《国际法的未来：全球政府》一书从制度经济学角度阐述了三种他认为的“国际上宪法性规范”(international constitutional norms)所起到的重要功能：能够形成国际法、约束国际法和填补因全球化引起国内宪法性法律的真空。③此类过度理论化的国际法治观，实际上与联合国的国际法治议题没有太多关联。类似地，国内也有论述国际法治或多或少脱离了联合国相关议题，且缺乏国内和国际层面相结合的法治观。④

如前所述，作为联合国核心价值和原则的国际法治以《联合国宪章》为基础，以维护国际和平与安全、促进发展与人权保护的国际秩序为宗旨，并且与国内层面法律至上的法治，相得益彰。可以说，联合国以这三大支柱框定的国际层面法治，具有普遍性。国际法治的“法”源自主权国家间明示或隐含的一致同意，特指“国际法”，而非一般意义的“法”；国际的“法治”的用词与国内的“法治”同源，但既不同于后者在历史上是相对“人治”而言，⑤也只限于“国际法的治理”，而非“法的国际治理”。从国际法治的由来和发展看，这是要求国际社会及其构成的主权国家共同遵

---

① Ernst-Ulrich Petersmann, The WTO Constitution and Human Rights, *Journal of International Economic Law*, Vol.3, No.1, 2000, p.24.

② Ernst-Ulrich Petersmann, International Economic Law without Human and Constitutional Rights? Legal Methodology Questions for my Chinese Critics, *Journal of International Economic Law*, Vol.21, No.1, 2018, p.213.

③ Joel P. Trachtman, *The Future of International Law: Global Government*, Cambridge University Press, 2013, p.255.

④ 参见何志鹏：《国际法治论》，北京大学出版社2016年版。

⑤ 在西方，古希腊的柏拉图最早从“哲学王”治下的共和国转向“以法治国”的新理想国，提出相对“人治”，“法治”就是统治者成为“法律的仆人”(servants of the laws)。实际上，这就是“法治”(the rule of law)。*The Law of Plato*, trans. by Thomas L. Pangle, the University of Chicago Press, 1980, p.102.

循《联合国宪章》，以共同的语言表示的一般国际法规则为行为准则。国际社会以及中国倡议推进构建的人类命运共同体都没有一个全球中央政府，因而不存在依从执政者的“人治”，抑或包括执政者自己也得服从已制定和实施的“法治”，故不宜以国内法上的“宪法”类比在一定条件下优先适用的《联合国宪章》，[①]更难以“宪法化”。换言之，国际层面的“法治”就是国际社会及其各国，乃至延伸的各式各样国际或跨境关系的主体，应遵循共同的一部《联合国宪章》和共同语言表达的一系列国际法规则。这就是国际法治的普遍性。

国内法治首先以各国宪法为准则，并在其宪法体制下履行应尽的国际法义务和享有国际法上权益。国内层面的“法治”有一定的国际标准，尤其是联合国一再申明的“所有个人、机构和实体，无论是公共还是私营部门，包括国家本身，都有责遵守公正、公平和平等的法律，并有权享受法律的平等保护，不受任何歧视”[②]。然而，各国的国内法治因其宪政体制不尽相同而具有特殊性。譬如，美国联邦宪法体制以立法、行政和司法三权分立与制衡为特点。在这样体制下的国内法治有时会与美国应尽国际义务相抵触。以国际法院墨西哥诉美国案为例，该案涉及美国未履行该法院于 2004 年 3 月判决美国负有义务以其选择的方式，为涉案被判刑的墨西哥公民提供复审和再考虑机会。2009 年 1 月国际法院再次判决美国依然负有该义务，并全体一致认定“美国违反该法院 2008 年 7 月 16 日的临时措施指令”[③]，未给予其中一位涉案将被执行死刑的墨西哥公民提供复审和再考虑机会。美国之所以违反相关指令，因为其最高法院认为国际法院判决本身不具有在美国法院可被直接执行的国内法地位。根据美国宪法，涉案普通刑事立法不属于联邦权项，国会也无权立法或修法，使最高法院得以执行国际法院判决，复审涉案州法院死刑判决。即便美国国会有权修法执行国际裁判（如 WTO 争端解决机构的裁决），美国往往也难以修法而未执行。[④]中国宪法体制下，“一切权力属于人民”，全国人民代表大会行使国家最高权力，对外奉行和平共处、和平发展和推动构建人类命运共同体。除了对外缔结和批准条约，由全国人民代表大会及其常务委

---

① 《联合国宪章》第 103 条规定：“联合国会员国在本宪章下之义务与其依任何其他国际协定所负之义务有冲突时，其在本宪章下之义务应居优先。”

② 《国内和国际的法治问题大会高级别会议宣言》，第 2 段。

③ *Request for Interpretation of Judgment of 31 March 2004 in the Case concerning Avena and Other Mexican Nationals*（Mexico v. United States of America），Judgment，I.C.J. Reports 2009，p.21，para.61(2).

④ 参见 United States-Section 110(5) of the US Copyright Act，recourse to arbitration under article 25 of the DSU，Award of the arbitrators，WT/DS160/ARB25/1，9 November 2001。这是 WTO 1995 年成立以来，唯一因某成员（美国）难以执行专家组要求美国修改其版权法的裁决，与另一成员（欧盟）协议决定由仲裁裁决每年补偿 121 万欧元。

员会通过立法或修法履行国际义务。中国加入 WTO 以来履行了所有争端解决的裁决[①],包括修改《著作权法》以符合有关裁决要求[②]。由此可窥见各国的国内法治之特殊性。

各国宪政体制不同,即便是欧美各国的宪政,也往往有很大区别。以美国、法国和荷兰有关条约的规定为例。美国《宪法》第六条第二款规定:"本宪法,依本宪法所制定之合众国法律;以及和合众国已经缔结及将要缔结的一切条约,皆为全国的最高法律。"法国《宪法》第五十四条、第五十五条分别规定:"国际条约条款经宪法委员会应共和国总统、总理,或国会任何一院议长之咨请而宣告与宪法抵触时,在宪法未修改前,不得予以批准或认可。""国际条约或协议经正式批准或认可并经签约国对方付诸实施者,自公布日起具有优于国会法律之效力。"[③]通常,一国宪法在国内法体系中具有高于相关国际法的地位,因此,一国在对外关系中以其宪法为准则决定缔结及批准有关条约,除非其宪法明确在一定条件下允许其立法机构批准与宪法抵触的条约。比如,荷兰《宪法》第九十一条第三款规定:"如任何条约之规定与本宪法抵触或引起抵触,只有经议会两院至少三分之二多数投票支持方可通过。"[④]因此可以说,各国宪政体制的差异性决定了国内法治的特殊性。

(二)国际法治对国内法治的包容性

在充分认识国际法治普遍性与国内法治特殊性的基础上,国际社会应正确处理两者关系,尤其是前者对后者的包容性。作为联合国核心价值和原则的国际法治以和平与安全、国际合作发展和人权国际保护为三大支柱,具有普遍性。共同推进人类命运共同体与之并行不悖,且进一步强调文明互鉴、包容共存。国际法治下人权的国际保护与国内法治下各国政府对人权保护受到条约"硬法"和国际法文件"软法"的不同约束。联合国有关国内与国际法治的文件一再明确"承诺积极保护和促进所有人权、法治和民主,认识到它们彼此关联、相互加强,属于联合国不可分

---

① 截至 2021 年 12 月 24 日,中国作为"应诉方"(respondent)的 WTO 争端解决案件共 47 件,有义务执行裁决的案件,除美国认为未执行而要求授权贸易报复的 2 起案件(China-TRQs, WT/DS517 和 China-Agricultural Producers, WT/DS511)在审,其余均执行完毕。参见〈http://www.wto.org/english/tratop_e/dispu_e/cases_e/ds511_e.htm〉[2021-12-24]。

② 全国人民代表大会常务委员会于 2010 年 2 月 26 日通过对《著作权法》的第二次修正案,自 2010 年 4 月 1 日起施行。其中包括履行 WTO 争端解决相关裁决,第 4 条"依法禁止出版、传播的作品,不受本法保护。著作权人行使著作权,不得违反宪法和法律,不得损害公共利益",改为"著作权人行使著作权,不得违反宪法和法律,不得损害公共利益。国家对作品的出版、传播依法进行监督管理。"

③ 译自法国《宪法》(Constitution of October 4, 1958)英文本。

④ 译自荷兰《宪法》(Constitution of the Kingdom of the Netherlands of August 24, 1815)英文本。

割的普遍核心价值和原则”[①]，“人权、法治和民主相互关联、相辅相成”[②]。究竟什么是“民主”(democracy)？在国内与国际层面的法治下，民主与人权存在什么内在关联？是否像法治那样有一个国际性标准来认定各国民主存在与否？这是讨论国际法治对国内法治的包容性之重大问题。

《联合国宪章》通篇没有任何“民主”用语。显然，如同“法治”用语，“民主”本身是国内宪政意义的用语。《世界人权宣言》规定各项人权，也没有“民主”的范畴。《经济、社会和文化权利国际公约》和《公民和政治权利国际公约》均未使用“民主”一词涵盖任何一项人权，而是用“民主社会”指代通常意义上的国内社会。[③]从根本上说，民主社会与国内法治一样，是国内宪政意义上的一般用词，并不特指哪一个或哪一类具体社会或国家。

正是在这个意义上，《联合国宪章》第二条第七款规定：“本宪章不得认为授权联合国干涉在本质上属于任何国家管辖之事件。”各国宪政及其民主制度就是“本质上属于任何国家管辖之事件。”这是现行国际法治对各国内政的最大包容。[④]民主本身不在国际法治的治理范畴下，但是，人权保护是各国政府在国际“硬法”或“软法”下的应尽义务，因此，人权、法治与民主相辅相成。换言之，在当代国际社会，人权、法治与民主是各国治理的“标配”，缺一不可。

然而，如同各国宪政体制下的国内法治具有特殊性，各国的民主社会或社会民主也是各具特色。以《联合国宪章》为基础的国际法治从来没有规定普天之下统一模式的民主或民主社会。《2005年世界首脑会议成果》文件对作为价值观的民主普遍性与民主政体的特殊性作过如下阐述：

“我们重申，民主是一种普遍价值观，基于人民决定自己的政治、经济、社会和文化制度的自由表达意志，基于人民对其生活所有方面的全面参与。我们还重申，虽然民主整体具有共同特点，但不存在唯一的民主模式，民主并不属于任何国家或区域，并重申必须尊重主权和自决权利。我们着重指出，民主、发展与尊重所有人权和基本自由是相互依存、相互加强的。”[⑤]

---

① 《2005年世界首脑会议成果》，第119段。

② 《国内和国际的法治问题大会高级别会议宣言》，第7段。

③ 《联合国人权公约》(1966年12月9日)，《国际条约集》(1966—1968)，商务印书馆1978年版，第226页。譬如，《经济、社会和文化权利国际公约》第8条第1款(a)项：“……除依法律之规定，且为民主社会维护国家安全或公共秩序，……”；《公民和政治权利国际公约》第14条第1款：“……法院得因民主社会之风化、公共秩序或国家安全关系，……”。

④ 参见张乃根：《论国际法与国际秩序的“包容性”——基于〈联合国宪章〉的视角》，《暨南学报》(哲学社会科学版)2015年第9期，第112页。

⑤ 《2005年世界首脑会议成果》，第135段。

这体现了《联合国宪章》对各国政治、经济和文化等社会体制的最大包容性，反映了国际社会对国内与国际层面的法治及其人权、民主之间关系所包含的作为普遍性价值和原则与各国国情的特殊性之基本看法。中国所主张的人类命运共同体也正是基于这样的理念，强调文明互鉴、包容共存。只有这样，人类命运共同体才能在持久和平与普遍安全、共同繁荣和可持续发展以及文明共存下，共商共建共享国际法治和美好的未来。

结　论

建立健全以《联合国宪章》为基础的国内与国际法治，对于推进构建人类命运共同体，极为重要。准确理解和阐述与国内法治并行的国际法治，首先应以联合国相关原则性文件为依据，而不是有意或无意地脱离国际社会以联合国相关文件表达的国际法治观念。作为联合国核心价值和原则的国际法治，这明确来自《2005年世界首脑会议成果》文件以及翌年第一次由联合国大会通过的《国内与国际法治》议题的决议，并经2012年联合国大会高级别会议的宣言加以进一步权威阐述。联合国通过大会决议此类无强制约束力的“软法”方式，一再强调在国内和国际两个层面的法治原则，因为在现行国际法体制下，通常只有条约、习惯国际法等，而非指导性原则，方可对国家、国际组织等国际法主体设置强制性义务。至于国内法治下，国家自身及其主权管辖下的所有非国家主体均应遵守公正、公平和平等的法律，并有权享受法律的平等保护，不受任何歧视，更是一国宪法下的内政。国际法治与国内法治有所不同。这就是国际层面的法治概念、原则及其制度之“实然”性质。国际法治现行体制存在和平与安全、国际合作发展和人权国际保护等方面的缺陷。人类命运共同体的国际法理念具有制度化的内在要素，并可表达为一定的国际法原则，亦即，持久和平与普遍安全原则、共同繁荣与可持续发展原则、文明共存原则。坚持这些国际法原则，可为未来的国际法治“应然”制度提供坚实的保障。中国提出的全球发展倡议突出“以人民为中心”，强调在发展中保障和改善民生。这是将中国以改革开放促进社会经济可持续发展，造福于人民的国内法治提升为具有国际法治意义的倡议。在推进构建人类命运共同体过程中，以维护国际和平与安全、促进发展、人权保护为三大支柱的国际法治与国内宪政体制下的法治，相得益彰。

On the Rule of Law at the International Level from the Viewpoint of Human Community with a Shared Future

Abstract: The term of "the rule of international law" or similar usages could be traced back to the documents of United Nations(UN) a half of century ago. It has been expressly defined by a series of the documents adopted by the General Assembly since 2005 as the UN core and principle with the annual agenda of "the rule of law at the national and international levels" as the focus on the rule of international law. It implicates the international governance and order based the UN Charter by the three pillars to maintain the international peace and security, to promote development and to protect the human rights, and also to coordinate with the rule of law at national level over the rule of man. However, the UN history and current situation reveal its faulty "as beings", that is why China promotes to build the Human Community with a Shared Future(HCSF) as the solution of global governance including the rule of international law which "ought to be". Taking the viewpoint of HCSF, we must face the faulty "as beings" about the rule of international law based on the UN Charter and its principles while determining to move-toward the HCSF. The HCSF comprises the institutionalized principles of international law regarding the lasting peace and general security as the cornerstone, the common prosperity and sustainable development as the core, the coexistence of civilizations as the safeguard, which ought to be the future rule of international law. It shall be universal for all of the members of international community to compliance with the UN Charter and to build the HCSF with the rule of international law. It is different from the "constitutionalization" favored by the western scholars. The rule of law at national level shall be specialized by the different national constitutions and legal systems without any unified model in the world. It shall be consistency with the national obligations under international laws and the relevant rights and interests accordingly. The rule of law at the international level should be inclusive for the rule of law at the different national levels. Only if it ought to be in this way, would the human beings as whole step toward the HCSF with the truly rule of law at national and international levels.

Keywords: The HCSF; Viewpoint; International; National; The rule of law; As beings; Ought to be

国际法上的多边主义及其当代涵义*

内容摘要:传统国际法虽有多边体制,却鲜见多边主义理论。世界正处于百年未有之大变局,坚持以《联合国宪章》为基础的国际法多边体制,推动构建人类命运共同体,是应对各种国际挑战的必由之路。为此,主权平等独立的各国应和平共处,不干涉他国内政,和平解决国际争端;共商共建共享普遍安全的保障体制;国际经贸合作共赢,共同繁荣,将给予发展中及最不发达国家的优惠多边化;文明共存,将所有人权作为整体保护,并允许各国自主决定人权保护的具体措施;在联合国的协调下共同保护地球,走可持续发展道路。与国际法上的多边主义当代涵义的中国特色理论诠释不同,所谓"有效的"和"选择的"多边主义说法缺乏国际法的依据。

关键词:国际法;多边主义;当代涵义;中国特色理论;人类命运共同体

引　言

近年来,"多边主义"(multilateralism)在国际法相关语境下频繁出现。譬如,有人认为,"中国旨在将国际秩序转变为具有中国特色的选择性多边主义体系,其经济与社会权利将优先于政治与公民权利。""欧盟应促进其利益,并与那些主张有效的多边主义和国际法优先性的国家紧密合作来实现之。"①有人还认为,中国在涉及领土主权争端的问题上反对任何多边解决,而在气候变化等方面采取多边主义,因而冠之以"选择性多边主义"。②多边主义出自西方的国际关系理论③,但是,随着中国的综合国力提升而在国际事务中的作用明显增加,所谓"有效的"(effective)和"选择的"(selective)多边主义说法,在西方不胫而走,并不同程度与国际法问题相联系。我国学界对究竟什么是国际法上的多边主义及其当代涵义,

---

* 原载《国际法研究》2021 年第 3 期,第 3—19 页,转载于《中国社会科学文摘》2021 年第 9 期,第 108—109 页;英文载《中国法学(英文版)》(*China Legal Science*), Vol.10, No.2, 2022, pp.90 -115。

① Josep Borrell, The Sinatra Doctrine. How the EU Should Deal with the US-China Competition, IAI Papers 20/24, September, 2020."西纳特拉学说"(Sinatra Doctrine)取名于西纳特拉的一首歌《我的路》(*My Way*),意指欧盟应采取自己独立的对外政策。

② D.S. Rajan, China's Selective Approach towards Multilateralism, https://www.c3sindia.org/post/china-s-selective-approach-towards-multilateralism-by-d-s-rajan[2021-02-14].

③ 参见[美]约翰 · 鲁杰:《多边主义》,苏长和等译,浙江人民出版社 2003 年版;另参见秦亚青:《多边主义研究:理论与方法》,《世界经济与政治》2001 年第 10 期,第 9 页。

研究不多。[①]作为回应，并澄清当代国际法上的多边主义问题，有必要从历史和现实的国际关系与国际法的联系中，加以探讨。

本文首先回溯近现代国际关系中以条约法体现的多边体制，以及传统国际法理论中却没有多边主义一说的缘故，然后重点讨论当代国际法上的多边主义，并尝试体现中国特色理论的诠释，最后辨析国际法相关“有效的”和“选择的”多边主义说法。

一、传统国际法上的多边体制而无主义之说：回溯

（一）国际关系与国际法及其传统

人类进入文明时代，或者说，有文字记载的社会，国家形态的政治实体逐渐产生。[②]即便在古代，国家之间也会发生类似现代的国际关系。譬如，史料记载的最早条约是古埃及帝国国王塞托斯（Sethos）一世（约公元前 1318—1304 年在位）、拉美西斯（Ramesses）二世（约公元前 1279—1213 年在位）与赫梯帝国先后签署的两个和约，尤其“后一个和约是一个比较持久的和约”。[③]学界也有认为中国古代春秋战国时期（公元前 722—221 年）曾有过“先秦国际法”。[④]实际上这是当时名义上仍为周朝之下各诸侯国相互间交往的成文或习惯法，因而“直到 19 世纪中叶，在中国始终没有国际法”。[⑤]这里所说的国际法，传统上是指由欧洲文艺复兴之后形成的民族主权国家以及逐渐扩展到世界其他地区国家之间法律。“特别是从格劳秀斯（Hugo Grotius）的名著《战争与和平法》刊行以后，国际法作为法律的观念才被明白认识出来；国际法的实体也才自成一个包罗丰富的法律体系。”[⑥]这是国际法学

---

① 近 20 年《中国国际法年刊》很少有论文主题涉及多边主义，相关论文如孔庆江：《多边主义或去多边主义？——从金砖国家开发银行和应急储备基金再看国际金融监管》，载《中国国际法年刊（2014）》，法律出版社 2015 年版。中国国际法学会 2019 年学术年会的主题为“新中国 70 年与国际法的发展：多边主义面临的挑战及应对”，但是，以多边主义为主题的论文很少。晚近学者对该问题的相关讨论，参见车丕照：《我们需要怎样的国际多边体制》，《当代法学》2020 年第 6 期。

② 公认的古代四大文明发祥地美索不达米亚（幼发拉底河、底格里斯河流域）的楔形文字，埃及的象形文字、印度的图画文字和中国商朝的甲骨文。参见［英］杰弗里·巴拉克勒夫主编：《泰晤士世界历史地图集》（中文版编辑邓蜀生），三联书店 1985 年版，第 52—53 页。中国夏朝虽尚未发现文字，但根据史料确定其历史存在，参见谭其骧主编：《简明中国历史地图集》，中国地图出版社 1991 年版，第 5—6 页。

③ 前引［英］杰弗里·巴拉克勒夫主编：《泰晤士世界历史地图集》，第 59 页。

④ 参见禾木：《被遗忘的话语：20 世纪初期中国学者眼中的中国古代国际法》，载《中国国际法年刊（2014）》，第 274 页。

⑤ 王铁崖：《中国与国际法——历史与当代》，英文本、中文本先后发表于《海牙国际法学院演讲集》（1990）和《中国国际法年刊》（1991），后编入邓正来编：《王铁崖文选》，中国政法大学出版社 2003 年版，第 228 页。

⑥ 周鲠生：《国际法》（上册），商务印书馆 1976 年版，第 41 页。

界公认的看法，也是该传统演变至今以《联合国宪章》（以下简称《宪章》）为基础的当代国际法之发展事实。[①]

（二）传统国际法至今的多边体制及其理论探源

传统国际法上的多边体制始于1648年威斯特伐利亚和会及其和平条约。这也是近代国际关系的开端。当时欧洲16个国家、66个神圣罗马帝国下王国和109位参会代表签署了旨在恢复和确立欧洲和平及三十年战争之后的这项多边条约。[②]这是“近代史上处理国际关系的欧洲大会议之创举”[③]。或者说，这开创了近现代国际关系和国际法上的多边会议或多边安排的先例。该和约规定了集体保障缔约方之间和平的多边体制，包括：“参加协议的所有各方应有义务保卫和保护本和约的每一项条款不受任何人的侵犯，不论其信奉何宗教；如果发生任一规定被违反事，受害者首先应告诫违反者不要采取敌对行动，并将案件提交一个友好人士组成的组织或采取通常的司法程序。”（第一百二十三条）“经过三年都无法解决争端，同本协议有关的每一方都必须站在受害者的一方，向他提供意见和武力，协助他还击侵害者。”（第一百二十四条）[④]虽然这一争端解决的多边体制实际上未曾运行过，但是，这一通过多边会议签署的多边条约被国际法史学界称为具有“多边特点”（multilateral character）的体制，[⑤]为以后几乎所有多边的国际法体制，尤其是十九世纪初拿破仑战争之后的维也纳体系、二十世纪上半叶两次世界大战后的凡尔赛体系以及《宪章》下当代国际法体系，提供了可借鉴的威斯特伐利亚模式。

格劳秀斯在威斯特伐利亚和约之前创立的国际法学说为该多边体制奠定了理论基础，尤其该和约“在实践上肯定了格劳秀斯所提出的国家主权、国家领土与国家独立等原则是国际关系中应该遵守的准则”[⑥]。但是，他的主要论著未提及“多边主义”，或者说，将多边体制归结为一种“主义”或“学说”。其原因在于他当时想要探寻新兴的民族主权国家调整相互间战争与和平关系的可适用法。譬如，他最

---

① 参见 James Crawford(ed.), *Brownlie's Principle of Public International Law*, Oxford University Press, 8th edn, 2008, pp.3－6；另参见张乃根：《国际法原理》（第二版），复旦大学出版社2012年版，第6—25页。

② 参见 *Encyclopedia of Public International Law*, Vol.7, Elsevier Science Publishers B.V. 1984, pp.160－162。

③ 周鲠生：《国际法大纲》（商务印书馆1932年版），勘校本，中国方正出版社2004年版，第10页。

④ 《威斯特伐利亚条约——神圣罗马帝国和法兰西国王及他们各自的同盟者之间的和平条约》（1648年10月24日订于蒙斯特），载《国际条约集（1648—1871）》，世界知识出版社1984年版，第31页。

⑤ Bardo Fassbender and Anne Peters, *The History of International Law*, Oxford University Press, 2012, p.85.

⑥ 王绳祖主编：《国际关系史（十七世纪中叶——一九四五年）》，法律出版社1986年版，第9页。

早的国际法论著《捕获法》提出“初级国际法”(the primary law of nations),即,自然国际法和“次级国际法”(the secondary law of nations),即,实在国际法的一系列“规则”(rules)和“法律”(laws),抽象的规则或原则在先,具体的法律在后。其中,“所有国家所表示的意志,即为关于所有国家之法律”,[①]就是关于实在国际法(positive law of nations)的规则。他的代表作《战争与和平法》进一步明确地将国际法归类为相对国内法而言的“人定法”(human law),其约束力源自所有国家或许多国家的意志。[②]在他看来,处理国家间关系,最重要的是遵循基于自然法的实在国际法。至于采取双边或多边的方式,则依国际关系的具体情况而定。他在论述条约法时认为,首先应该说,“有些条约确定了自然法上的同样权利,有些进一步有所增加”。[③]有一类条约是交战双方在战后缔结的,另一类是双方友好通商的条约,前者为结束战争的和平条约,后者是和平时期各国交往的约定。因此,按照古希腊人的观念,可以说,“条约”(convention)意味着“和平”(peace)。[④]虽然格劳秀斯的论述主要针对国家间双边关系,但是,他的理论完全适用于多边关系。多边体制适应多边的国际关系,其可适用法还是各国应遵循的国际法规则。这是威斯特伐利亚模式确立的多边体制所蕴含的国际法理论。

1815年维也纳体系及其“欧洲协作”(the Concert of Europe)机制通过“常规的多边会议”(regular multilateral conference)和“多边外交”(multilateral diplomacy),调整当时包括俄国在内的欧洲国际关系,进一步发展了威斯特伐利亚模式的国际法多边体制,并形成了多边体制中的“大国原则”(great power principle),[⑤]为以后大国主导的国际联盟行政院和联合国安理会所沿袭。这些都是各国交往所创造的多边体制。其理论基础是国际法学说,只是这些学说本身没有将这种实践冠之以“多边主义”。譬如,瑞士法学家瓦特尔在十八世纪中叶发表著作《国际法或自然法的原则》,影响其后国际法学一百多年。他主张各国享有绝对的自由独立权利,“对于某一主权国家的行为,各国的基本和共同的权利应限于他们之间已有的社会宗旨”。[⑥]也就是说,平等的主权国家之间关系应恪守国际社会赖以存在的“必

---

① [荷]格劳秀斯:《捕获法》,张乃根等译,上海人民出版社2006年版,第31页。

② Hugo Grotius, *The Law of War and Peace*, translated by Francis W. Kelsey, the Clarendon Press, 1925, p.44.

③ 前引Hugo Grotius, *On the Law of War and Peace*, p.393。

④ Ibid., p.394.

⑤ 前引Bardo Fassbender and Anne Peters, *The History of International Law*, p.87。

⑥ E. de. Vattel, *The Law of Nations or the Principles of Natural Law: Applied to the Conduct and to the Affairs of Nations and of Sovereigns*, Translation of Edition of 1758, Published by the Carnegie Institution of Washington, 1916(Geneva: Slatkine Reprints-Henry Dunant Institute, 1983), p.8.

要国际法”(the necessary Law of Nations),即,直接源于自然法和“自愿国际法”(the voluntary Law of Nations),即,各国为共同善而酌情认定的法。①瓦特尔秉承格劳秀斯的理论,被认为是格劳秀斯学派的集大成者,同样也没有提及多边主义。

二十世纪初以来,国际法学说完全倾向实证学派,但基本观点仍未离开威斯特伐利亚模式的国际法。譬如,1912 年美国学者撰写的国际法论著,援引了欧美诸多国际法学说,认为国际法“是约束国际社会各国相互关系的原则、规则和惯例之总和”,即便是 1899 年和 1907 年两次海牙和平会议通过的具有“国际立法”(international legislation)特点的一系列战争法公约,各国也可自行决定加入或拒绝。②可见,无论是双边,还是多边,国际关系的处理方式取决于主权国家的选择。第二次世界大战之后修订的《奥本海国际法》在谈到联合国等国际组织时,用语是“普遍性”而非“多边性”。③美国著名国际法学者亨金(Louis Henkin)教授在冷战后认为,源自君主制占统治地位的早期国际法学说中的“主权”用语应予以摒弃,但又将“独立”“平等”和“自治”等视为国家地位的本质特征,并称越来越多的国际组织形成了“推动合作的国际法运动”。④显然,在他看来,国际法的多边体制是独立、平等国家间合作的方式。

总之,从四百年前的格劳秀斯到当代著名国际法学者,似乎都无意用作为“主义”或“学说”的理论来描述国际法多边体制。其共同原因也许出于条约法、习惯国际法等实在国际法的基础在于国家间明示或默示的共同同意,由此产生双边或多边的国际法体制。在这个意义上,共同同意是实质,多边体制是形式。形式取决于实质,根据所调整的国际关系而定。高度理论化、系统化的前者蕴涵了后者。简言之,只要基于共同同意,就可能采取多边体制。于是,传统国际法理论中似乎不仅没有多边主义学说,而且也鲜见多边主义用语。

(三) 多边贸易体制及其多边主义

在回溯传统国际法上以条约法体现的多边体制却难循多边主义学说踪迹时,须留意以世界贸易组织(以下简称 WTO)为代表的多边贸易体制的由来及其可能对当代国际法上多边主义的理论影响。1995 年 1 月 1 日生效的 WTO《货物贸易

---

① 前引 E. de. Vattel, *The Law of Nations or the Principles of Natural Law*, Preface, p.11a。

② Amos S. Hershey, *The Essentials of International Public Law*, the Macmillan Company, 1919, pp.1 - 8. 该书撰写于 1912 年。

③ [英]劳特派特修订:《奥本海国际法(上卷第一分册)》,王铁崖等译,商务印书馆 1981 年版,第 277 页。

④ 参见[美]路易斯 · 亨金:《国际法:政治与价值》,张乃根等译,中国政法大学出版社 2005 年版,第 11—14 页、第 138—139 页。

多边协定》以1947年《关税与贸易总协定》(以下简称GATT)为基础。[①]GATT是美国当时主张"国际贸易应该为多边而非双边"的对外贸易关系原则的产物,亦即美国将1934年至1945年期间与其他国家签订的32项双边互惠贸易协定,通过"普遍最惠国待遇"(GATT第一条)多边化,从而更大范围打开美国产品的世界市场。最早将GATT作为国际贸易条约法体系研究[②]的约翰·H.杰克逊(John H. Jackson)教授在二十世纪八十和九十年代对此评论:当时"美国还是很支持GATT的无条件最惠国待遇条款所包含的多边主义和非歧视性原则"[③]。这里所说的"多边主义"是相对"双边主义"而言,分别与贸易关系的多边协定或双边协定休戚相关。因此,这既是国际关系(尤其国际经贸关系)中,也是国际法上的用语。值得进一步思考的是:与1947年GATT同时期由美国主导建立的以《国际货币基金协定》(以下简称IMF)为基础的多边金融体制,由于没有像WTO货物贸易体制在历史上经过双边协定多边化的这一条约演进的特点,因此,鲜有讨论IMF时采用多边主义说法。[④]

综上回溯,可得出初步结论:近现代以来与多边的国际关系相应的国际法多边体制早已有之,却似乎还没有作为国际法学说的多边主义理论。在多边的贸易体制中,将双边协定多边化的多边主义,首先是对双边主义而言的一种对外贸易政策,其次是通过条约演进,体现了国际法上的多边主义。这可否作为传统国际法上的多边主义,难以定论。

二、国际法上多边主义的当代涵义:中国特色理论的诠释

如本文开头提及,多边主义出自西方的国际关系理论。"国际关系学作为一门独立的学科,始自本世纪二十年代,大发展于第二次世界大战之后,尤以美国为

① 《货物贸易多边协定》(Multilateral Agreements on Trade in Goods),中文本载《世界贸易组织乌拉圭回合多边贸易谈判结果法律文本》(中英文对照),法律出版社2000年版,第16页。下文援引该协定,出处略。该协定由《1994年关税与贸易总协定》(以下简称GATT1994)及一系列实施协定所构成,并说明GATT1994"包括《联合国贸易与就业会议筹备委员会第二次会议结束时通过的最后文件》所附1947年10月30日的《关税与贸易总协定》的各项条款(不包括《临时适用议定书》)"。

② 参见John H. Jackson, *World Trade and the Law of GATT*, the Bobbs-Merrill Company, Inc., 1969。

③ John H. Jackson, *The World Trading System: Law and Policy of International Economic Relations*, the MIT Press, 2nd edn, 1997, p.169.

④ 参见Philip Wood, *Law and Practice of International Finance*, Sweet & Maxwell, 1980;参见王贵国:《国际货币金融法》,中国香港地区广角镜出版社有限公司1993年版;杨松:《国际货币基金协定研究》,法律出版社2000年版;韩龙:《国际金融法前沿问题》,清华大学出版社2010年版。

甚。”[①]相比之下，对于“国际秩序以及国家之外法律的基本研究”[②]在格劳秀斯所处的十七世纪初期就已形成，甚至在格劳秀斯之前的贞提利（Alberico Gentili，又译真提利斯）的《论战争法》“在将国际法世俗化方面大胆创始并推进如此之远”，“可以称他是国际法世俗学派思想的肇始者”。[③]如上所述，在近四百年来的国际法理论中，作为学说的多边主义却鲜为人知。也许，更深入、全面的研究会改变本文的初步结论。本文无意对有关多边主义的国际关系学与国际法学开展交互研究，下文尝试以上述初步结论为前提，讨论当代国际法上的多边主义以及具有中国特色理论诠释的当代涵义。

（一）有关当代多边主义的联合国文件：国际社会的共识

从一般国际法的角度看，当代国际法中的多边主义是指以《宪章》为基石，维护联合国在保障国际和平与安全方面的权威，并改进以联合国为核心的多边国际组织体系，包括联合国下设的专门机构和诸如 WTO 此类与联合国相关的专门性国际组织。[④]讨论“我们需要怎样的国际多边体制”，可能更多隐含着国际法的“应然”思考。

联合国已走过了七十五个年头。国际社会如何看待这一当代最重要的多边体制的现实状态以及应然改革，是考虑当代国际法上的多边主义不可回避的首要问题。2020 年 9 月联合国大会为纪念联合国成立七十五周年举行高级别会议并通过宣言，代表世界各国人民的国家元首和政府首脑，重申：作为国际法的基石，《宪章》宣布所有国家主权平等、尊重各国领土完整和政治独立、人民自决权利等原则。《宪章》申明不干涉各国内政、以和平手段并按照正义和国际法原则解决国际争端等原则。《宪章》确定，各国不得以武力相威胁或使用武力，或以与联合国宗旨不符的任何其他方法，侵犯任何国家的领土完整或政治独立。[⑤]这些当代国际法最基本的原则具有条约法上的“强行法”（*Jus Cogens*）性质，即“国家之国际社会全体接受并公认为不许损抑且仅有以后具有同等性质之一般国际法规律始得更改

---

① 刘同舜：“序”，载倪世雄、金应忠主编：《当代美国国际关系理论流派文选》，学林出版社 1987 年版，第 1 页。

② Samantha Besson & John Tasioulas (ed.), *The Philosophy of International Law*, Oxford University Press, 2010, p.33.

③ [美]阿瑟·努斯鲍姆：《简明国际法史》，张小平译，法律出版社 2011 年版，第 67 页。

④ 参见张乃根：《试论人类命运共同体制度化及其国际法原则》，载《中国国际法年刊（2019）》，法律出版社 2020 年版，第 27 页。

⑤ 参见 2020 年 9 月 21 日大会决议《纪念联合国成立七十五周年宣言》，A/RES/75/1，第 2 段。下文援引该决议，出处略。

之规律”。[①]联合国在六十周年和七十周年先后通过的决议或宣言,也都以相同或相似的表述确认这些基本原则。[②]鉴于国际法的理论与实践中对于强行法的识别与适用存在某些不确定性,[③]联合国国际法委员会通过专题研究,初步确认禁止侵略、禁止种族灭绝、禁止反人类罪、国际人道法基本规则、禁止种族歧视与隔离、禁止奴隶、自决权这 8 项强行法规则。[④]这些强行法规则与上述国际法基本原则,总体上是吻合的,只是在不干涉各国内政原则相关问题上的缺失,提示着国际社会对何谓《宪章》第二条第七项下“本质上属于任何国家国内管辖之事件”,尚未达成共识。[⑤]这折射了以联合国为核心的国际法多边体制的现状。

当代国际法上多边主义应基于上述国际法基本原则。联合国虽是国际法上的多边机制,《宪章》本身却没有“多边”用语,而是采用“有效集体办法”(effective collective measures)、“国际合作”(international co-operation)等表述。[⑥]联合国五十周年宣言提及“多边贸易体制”。[⑦]联合国六十周年决议《2005 年世界首脑会议成果》多处用了“多边”:“重申按照国际法建立一个有效的多边体系极其重要”(第六段);“在有关的多边和国际论坛作出努力,设法解决低收入发展中国家的发展需求”(第二十三段 f 次段);“落实千年首脑会议以及联合国其他主要会议和首脑会议的成果,以便提出解决问题的多边方法”(第十六段);“致力于建设一个公开、公平、有章可循、可预测和非歧视的多边贸易和金融体系”(第三十五段)。该决议还在重申依据《宪章》和国际法原则处理各项国际挑战和问题时,“进一步强调对多边主义的承诺”。可见,多边主义是指在联合国系统,尤其是多边贸易和金融体系下依照国际法解决有关国际问题,并将基于国际法的多边主义作为应对挑战的手段。

---

① 《维也纳条约法公约》第 53 条。中文本载《国际条约集(1969—1971)》,商务印书馆 1980 年版,第 42—77 页。参见李浩培:《强行法与国际法》,载《中国国际法年刊(1982)》,第 37 页;张潇剑:《国际强行法论》,北京大学出版社 1995 年版,第 4 页。

② 2005 年 9 月 16 日大会决议《2005 年世界首脑会议成果》,A/RES/60/1,第 5 段;2015 年 10 月 23 日大会决议《纪念联合国成立七十周年宣言》,A/RES/70/3,第 4—5 段。下文援引这两项决议,出处略。

③ See Alexander Orakhelashvili, *Peremptory Norms in International Law* (Oxford: Oxford University Press, 2008), pp.50－66,罗列“禁止使用武力”“自决权”“基本人权”“环境保护”等强行法或相关规则。

④ See Report of the International Law Commission, U.N. Doc. A/74/10, 2019, Chapter V. Annex.

⑤ 参见张乃根:《互不干涉内政原则及其在当代国际法实践中的适用》,载《中国国际法年刊(2014)》,法律出版社 2015 年版,第 36 页。

⑥ 《联合国宪章》第 1 条第 1 项、第 3 项。中文本载《国际条约集(1945—1947)》,世界知识出版社 1961 年版,第 35—59 页。下文援引《宪章》,出处略。学界从条约法角度认为:“《宪章》不仅是签约建立联合国的多边基础,而且也同时是该组织的基本宪政性文件。”Helmut Volger(ed.), *A Concise Encyclopedia of the United Nations*, Martinus Nijhoff Publishers, 2nd edition, 2010, p.25.

⑦ 参见 1995 年 10 月 24 日大会决议《联合国五十周年宣言》,A/RES/50/6。下文援引该决议,出处略。

联合国七十周年宣言未提及“多边”。但是，七十五年周年宣言坦言：“世界上仍然存在着日益严重的不平等、贫困、饥饿、武装冲突、恐怖主义、不安全、气候变化和大流行病”(第四段)；“我们面对的挑战是相互关联的，只能通过重振多边主义加以应对”(第五段)。该宣言明确：“在我们更好地重建一个更加平等、更具适应力、更可持续的世界时，多边主义不是一种选项，而是一种必要。联合国必须处于我们各项工作的中心”(第五段)。比较《2005 年世界首脑会议成果》强调对多边主义的承诺以应对各项国际挑战，七十五周年宣言更进一步明确多边主义不是选项，而是必由之路。

体现国际社会共识的上述联合国文件表明：基于国际法基本原则的多边主义首先必然包含对以联合国为中心的多边体制的维护和改进完善。脱离这一点，就谈不上什么国际法上的多边主义。其次，须着眼于应对全球性挑战和解决普遍性国际问题的多边主义路径。这不同于对国际关系中双边性问题的处理。以联合国为中心的现行多边体制是“实然”的国际法；改进和完善之，是国际法发展的“应然”方向。下文结合两者进一步探讨国际法上多边主义的当代涵义及其理论问题，对于联合国多边体制改革的许多具体问题，则存而不论。①

(二) 诠释国际法上多边主义的中国特色理论

联合国的多边体制需要改革，与时俱进，适应当今世界正处百年未有之大变局，朝着推动构建人类命运共同体的方向前行。从《威斯特伐利亚和约》到《宪章》，以多边条约为基础的国际法多边体制早已有之，但是，即便如今，也很难说已有作为一种国际法学说的多边主义理论。人类命运共同体理念包含的国际法理论与多边主义密切相关，尝试对中国特色国际法理论的进一步阐述，有助于理解国际法上多边主义的当代涵义。

众所周知，推动构建人类命运共同体是新时期中国特色大国外交方略，②并已载入 2018 年修正的《中华人民共和国宪法》序言，以此向全世界庄严宣示的国

---

① 《2005 世界首脑会议成果》“决意创建人权理事会”(第 157 段)是迄今对联合国多边机制的一项突出的改革完善。参见张乃根：《论联合国“三重”理事会——以改革中的人权理事会为视角》，《国际法研究》2014 年第 3 期，第 16 页。国际社会讨论的其他许多机制改革，尤其是安理会的改革，至今无果。参见 Peter G. Danchin and Horst Fischer, *United Nations Reform and the New Collective Security*, Cambridge University Press, 2010; Joachim Müller, *Reforming the United Nations: The Challenge of Working Together*, Martinus Nijhoff Publishers, 2010。还可参见《中国关于联合国成立 75 周年立场文件》，2020 年 9 月 10 日，https://www.fmprc.gov.cn/web/ziliao_674904/tytj_674911/zcwj_674915/t1813750.shtml[2021-02-19]。

② 参见黄惠康：《中国特色大国外交与国际法》，法律出版社 2020 年版，第 469—470 页。

策。[①]这标志着中国外交政策具有了清晰的多边主义导向。新中国成立后至1971年恢复在联合国的合法席位,长期受困于当时的历史条件限制,无法在多边机制中发挥应有作用。改革开放后,随着综合国力逐步提升,针对所谓"中国威胁论",中国在和平共处五项原则的基础上先后提出了"和平发展或崛起"与"和谐世界"等主张。[②]人类命运共同体理念承接了这些原则和主张的核心思想,即"中国坚定维护国际法和公认的国际关系基本准则,坚持促进和平、发展、合作、共赢的总目标,坚持国际规则制定进程的平等和民主参与,坚定维护国际法权威性"[③]。相比较而言,人类命运共同体理念的新颖点在于更具鲜明的时代特征,与体现国际社会共识的上述联合国文件精神高度吻合,并且更加明确地支持应对全球性挑战的多边主义。这种多边主义具有在人类命运共同体理念指引下,处理当代国际关系的方式、方法或路径的考量:"世界上的问题错综复杂,解决问题的出路是维护和践行多边主义,推动构建人类命运共同体。"其涵义包括:(1)"多边主义的要义是国际上的事要由大家共同商量着办,世界前途命运由各国共同掌握。"(2)"坚持以国际法则为基础,不搞唯我独尊。"(3)"坚持协商合作,不搞冲突对抗。"总之,当代多边主义"要守正出新,面向未来,既要坚持多边主义的核心价值和基本原则,也要立足世界格局变化,着眼应对全球性挑战需要,在广泛协商、凝聚共识的基础上改革和完善全球治理体系"[④]。

中国国际法学界对人类命运共同体的已有理论研究[⑤],为探讨国际法上多边主义的当代涵义,提供了中国特色理论的学术基础。下文加以扼要分述。

1. 当代国际法上的多边主义和平观

《宪章》开宗明义:"我联合国人民同兹决心欲免后世再遭今代人类两度身历惨

---

① 参见张乃根:《人类命运共同体入宪的若干国际法问题》,《甘肃社会科学》2018年第6期,第81页。

② 参见曹建明:《努力运用国际法,为构建和谐世界服务》,载《中国国际法年刊(2006)》,世界知识出版社2007年版,第3页。

③ 李适时:《夯实人类命运共同体的国际法治基础》,载《中国国际法年刊(2017)》,法律出版社2018年版,第18页。

④ 习近平:《让多边主义火炬照亮前行之路》,《人民日报》2021年1月26日,第2版。

⑤ 参见李赞:《建设人类命运共同体的国际法原理与路径》,《国际法研究》2018年第6期;张乃根:《试探人类命运共同体的国际法理念》,载《中国国际法年刊(2017)》;徐宏:《人类命运共同体与国际法》,《国际法研究》2017年第5期;罗欢欣:《人类命运共同体思想对国际法的理念创新——与"对一切的义务"的比较分析》,《国际法研究》2018年第2期;张辉:《人类命运共同体:国际法社会基础理论的当代发展》,《中国社会科学》2018年第5期;人类命运共同体课题组:《人类命运共同体的国际法构建》,《武大国际法评论》2019年第1期;彭芩萱:《人类命运共同体的国际法制度化及其实现路径》,《武大国际法评论》2019年第4期;马忠法:《构建人类命运共同体理念的国际法实践》,《贵州省党校学报》2019年第6期;何志鹏:《人类命运共同体理念中的底线思维》,《国际法学刊》2019年第1期(创刊号);张乃根:《试析人类命运共同体视野下的国际立法——以联合国国际法委员会晚近专题为重点》,《国际法学刊》2020年第1期。

不堪言之战祸。”复数的“后世”(generations)是“世世代代”“永远”的意思，永久地免受战争之祸害，就是永久和平。这就是当代国际法上以“联合国人民”的名义表示的多边主义和平观。推动构建人类命运共同体的首要内容就是遵循与《宪章》宗旨、目标及基本原则一致的和平共处五项原则，坚持走和平发展道路。多边主义和平观以承认各国主权平等独立为前提，而且这种承认必须以联合国会员国为条件。根据《宪章》第四条第二款，准许符合条件的国家为会员国，由联合国大会“经安理会之推荐以决议行之”。这是对双边承认国家的多边化要求。该多边化虽涉及政治因素，但毕竟是多边条约下的体制要求。①这种条约法上的多边化，具有类似多边贸易体制中的多边主义特点。在这样的多边体制下，各国得以拥有主权平等独立的国际人格，其“本质上属于任何国家管辖之事件”不容外来干涉。②只有这样，各国方可和平共处，推动构建人类命运共同体才有现实可能性。这是当代国际法上和平共处的多边主义涵义。

当代国际关系中发生的许多破坏国际和平的事件是由违反该多边主义的和平共处原则而导致的。譬如，1950 年因南北朝鲜内部统一问题引起武装冲突时，根本就没有联合国多边体制下的两个国家(朝鲜民主主义人民共和国和大韩民国)，③美国等以联合国名义的武装干预，完全是干涉内政。战后的越南战争和冷战后的科索沃战争等，都是外来干涉导致的。

只有真正践行多边主义和平观，才能达至持久或永久的和平。诚然，对于涉及人权、人道法等问题可否例外地采取外来干涉，《2005 世界首脑会议成果》曾表示：“在这方面，如果和平手段不足以解决问题，而且有关国家当局显然无法保护其人民免遭种族灭绝、战争罪、族裔清洗和危害人类罪之害”，联合国可通过安理会采取

---

① 1948 年，联合国国际法院(以下简称 ICJ)在“联合国会员国的条件(宪章第 4 条)咨询意见”(*Condition of Admission of a State to Membership in the UN*)中，对会员国的条件是否限于第 4 条，作出解释：第 4 条第 1 款规定了穷尽的条件，但这并不排除安理会考虑推荐与否涉及其他政治因素。*Condition of Admission of a State to Membership in the UN*(Article 4 of the Charter), Advisory Opinion, I.C.J. Report 1948, pp.63 - 64.安理会五个常任理事国在行使其各自拥有的否决权时，难免有其政治考虑。

② 1950 年，ICJ 在“和平条约解释咨询意见”(*Interpretation of Peace Treaty*)中，对“本质上属于任何国家管辖之事件”进行解释：该咨询意见限于对援引和平条约有关争端解决的《宪章》条款进行解释，“为此目的而对条约用语的解释不能视为本质上属于国家国内管辖的问题。”但是，该意见没有直接回答涉案人权争端问题本身是否属于“一国内政”。*Interpretation of Peace Treaty*, Advisory Opinion, I.C.J. Report 1950, p.71.

③ 两国均于 1991 年 9 月 17 日成为联合国会员国。1948 年 8 月 15 日、9 月 9 日先后成立的是当时摆脱日本殖民统治应恢复主权完全独立的朝鲜下两个政府，双方武装冲突“本质上属于任何国家管辖之事件”。美国在安理会常任理事国之一苏联缺席的情况下通过军事干预的决议，由此引起朝鲜战争。参见方连庆等主编：《战后国际关系史(1945—1995)》(上)，北京大学出版社 1999 年版，第 181 页。

包括军事行动在内的集体行动(第一百三十九段)。之后,欧美国家利用安理会通过设立"禁飞区"决议,[①]干预利比亚内政。为防止此类滥用安理会授权,在中国和俄罗斯的反对下,安理会在军事干预叙利亚内战问题上再也没有通过任何决议。然而,这些地区因外来直接或间接军事干预造成数以百万计难民,至今仍影响着地区和国际和平安宁。吸取这些教训,联合国七十周年和七十五周年宣言都不再提及国际社会干涉一国内政的"保护责任",[②]而重申"不干涉各国内政"原则。

从理论与实践结合的角度看,当代国际法上多边主义和平观的涵义,至少包含联合国体制下承认的国家享有平等独立主权;各国和平共处,互不干涉内政;禁止未经安理会明确授权的使用武力。这样的多边主义是推动构建人类命运共同体,实现持久,乃至永远和平的必由之路。

2. 当代国际法上的多边主义安全观

《宪章》的核心是赋予安理会"代表各会员国""有效"(effective)行使"维护国际和平及安全之主要责任"(第二十四条第一款)。这是联合国建立"有效集体办法"的首要宗旨(第一条第一款),而贯彻了这一"有效"办法的关键在于安理会常任理事国对于非程序事项决议的大国一致原则。《宪章》仅有两处"有效"用语,均特指安理会的集体安全保障机制。就《宪章》约文而言,如果说联合国多边机制包含"有效的"多边主义,就是指该机制体现的多边主义安全观。历史教训表明:该机制是否,或如何"有效",不可孤立地看,而应以上述多边主义的和平观为前提。或者说,只有基于多边主义的和平观及其国际法原则,集体安全保障机制才能真正"有效"运行。当然,将基于《宪章》运行的联合国大会、经济及社会理事会及其各机构和国际法院等各项机制的运行,都纳入"有效"的范畴考察,也不妨宽泛地说"有效的"多边主义。这与下文具体辨析的所谓"有效的"多边主义,毫不相干。

推进构建人类命运共同体,与各国和平共处不可分割的是其普遍安全。如今普遍安全不仅指传统的国家主权独立、领土完整等政治安全,而且涵盖恐怖活动等威胁的国家安全和非传统意义上粮食安全、网络安全、金融安全、公共卫生安全等。人类命运共同体的多边主义安全观,首先与联合国多边体制有关。如《2005 年世界首脑会议成果》重申:"许多威胁相互关联,发展、和平、安全和人权互相加强,没有任何国家通过单独行事就能使自己获得最佳保护,所有国家都需要一个符合《宪章》宗旨和原则的有实效和效率的集体安全体系。"(第七十二段)其次,多边主义安

---

① 参见安理会关于"利比亚局势——设立禁飞区"决议,S/RES/1973,2011 年 3 月 17 日。

② 有关"保护责任",参见 Alex J. Bellamy, *Responsibility to Protect: The Global Efforts to End Mass Atrocities*, Polity Press, 2009。

全观与双边关系多边化存在不同关联。比如，国家间双边外交关系维系着相互政治安全。《维也纳外交关系公约》序言载明：基于《宪章》宗旨及原则包括“各国主权平等、维持国际和平及安全、以及促进国际间友好关系”①。虽然联合国会员国间关系不同于双边相互承认的外交关系，但是，联合国提供的多边场合为大多数已有双边外交关系的会员国或者一些“暂时尚未建立外交关系或关系很差”的会员国创造了机会。②这种不限于相互承认的多边外交有利于共商、共建、共享普遍安全等各种形式国际合作事项。国际社会的大事由大家商量着办。这正是推动构建人类命运共同体的多边主义路径。

因此，当代国际法上多边主义的安全观，不仅涵盖集体安全的“有效性”，而且具有普遍性，并主张以多边方式共商、共建、共享保障传统或非传统的安全。这对于改进相对联合国绝大多数会员国而言，安理会大国一致（实质为一票否决）这种缺乏民主性的保障方式，是渐进的最佳之路。

3. 当代国际法上的多边主义共赢观

与和平及安全不同，共赢主要涉及经济方面。《宪章》序言明确要“促进全体人民经济及社会之进展”，并规定其宗旨之一：“促进国际合作，以解决国际间属于经济、社会、文化及人类福利性质之国际问题。”（第一条第三款）共赢应是合作的题中之义。和平共处五项原则之一的“平等互利”就是合作共赢。国家间如同个人间，只有互相平等相待，才能开展互利共赢的合作，实现共同繁荣。就语义而言，共赢、共同繁荣最能体现人类命运共同体的特点。推动构建人类命运共同体，最终就是通过各种形式的国际合作，各国人民分享共赢利益和共同繁荣的未来福祉。因此，《宪章》宗旨、和平共处五项原则和人类命运共同体的构建一脉相承。

问题在于世界各国各地区的经济社会发展水平不一，如何合作共赢，分享共同繁荣？譬如，GATT 的普遍最惠国待遇虽具有将双边互惠贸易协定多边化的多边主义特点，但实际上最有利于美国商品进入其他国家的市场。二十世纪六十年代，顾及大量非殖民化运动诞生的新兴国家作为“欠发达缔约方”，GATT 才增加“贸易与发展”部分条款，明确“本协定的基本目标包括提高生活水平和逐步发展所有缔约方的经济，并考虑到这些目标的实现对欠发达缔约方特别迫切”（第三十六条第一款 a 项）。1974 年、1975 年，联合国连续召开两次特别会议，通过一系列建立新的国际经济秩序的原则性文件，“决心消除折磨广大人类的不公正和不平等，并

---

① 《维也纳外交关系公约》（1961 年 4 月 18 日），载《国际条约集（1960—1962）》，商务印书馆 1975 年版，第 304 页。

② Sir Ivor Roberts(ed.), *Satow's Diplomatic Practice*, Oxford University Press, 6th edn, 2009, p.18.

加速发展中国家的发展”。[①]这些多边框架下基于区别原则，由发达国家给予发展中及最不发达国家更多优惠待遇的国际合作，虽有进展（如国际贸易的“普惠制”），[②]但总体上至今没有根本改变发达国家或地区主导的国际经济秩序。

合作共赢、共同繁荣的出路何在？人类命运共同体的共赢观之核心是普惠与平衡。普惠就是本着在走向共同繁荣的路上不让任何一个人掉队的出发点，坚持给予发展中国家及最不发达国家更多优惠的区别原则，并将双边优惠多边化。平衡就是在坚持普惠的基础上最大限度兼顾各方的权利与义务，或利益得失，并尽可能将这种平衡体制化、多边化。这些核心观念是当代国际法上的多边主义共赢观的基本涵义。中国在消除国内绝对贫苦，全面建成小康社会的同时，以各种多边方式向国际社会提供各种力所能及的公共产品，[③]践行普惠与平衡的共赢观。

4. 当代国际法上的多边主义包容观

《宪章》要求的国际合作“不分种族、性别、语言或宗教，增加并激励对于全体人类之人权及基本自由之尊重”（第一条第三款）。这体现了多边国际法体制中的“包容性”（inclusiveness）。[④]《2005 年世界首脑会议成果》强调“不同文化、文明和人民之间的包容、尊重、对话与合作”（第十六段）。推动构建人类命运共同体的基本原则之一是文明共存原则。人类社会是一个文明多样性的共同体，因此，主权国家间除了和平共处，共享普遍安全，合作共赢，还应该文明共存。这四个“共”：共处、共享、共赢、共存，是构建人类命运共同体“大厦”的四根顶梁柱，缺一不可。传统国际法及其多边体制确实是从欧洲逐渐扩展到全球，且某些体制至今还留有文明标准的痕迹。[⑤]虽

---

① 据联合国大会第七届特别会议特设委员会的报告而通过的决议：《发展和国际合作》，3362(S-VII)，1975 年 9 月 16 日。1974 年第六届特别会议通过《建立新的国际经济秩序宣言》及《行动纲领》，3201(S-VI)，3202(S-VI)，1974 年 5 月 1 日。

② “普惠制”(Generalized System of Preferences, GSP)是指发达国家成员可以在给予发展中国家的原产产品以关税优惠时，允许对其他成员不适用普遍最惠国待遇。参见 *Dictionary of the Trade Policy Terms*, Cambridge University Press, 4th edition, 2003, p.162。

③ 如“一带一路”倡议及其实施，发起建立亚洲基础设施投资银行和金砖开发银行，等等。参见石静霞：《“一带一路”倡议与国际法——基于国际公共产品供给视角的分析》，《中国社会科学》2021 年第 1 期，第 156 页。

④ 参见张乃根：《论国际法与国际秩序的“包容性”——基于〈联合国宪章〉的视角》，《暨南学报》（哲学社会科学版）2015 年第 9 期，第 112 页。

⑤ 比如，国际法院可适用法包括“一般法律原则为文明各国所承认者”。参见《国际法院规约》（1945 年 6 月 26 日），载《国际条约集（1945—1947）》，世界知识出版社 1961 年版，第 60—73 页，第 38 条第 1 款(3)项。该规约作为《联合国宪章》的“构成部分”（第 92 条），不是与《宪章》同时起草的，而是几乎照搬《国际常设法院规约》（1920 年 12 月 16 日），载《国际条约集（1917—1923）》，世界知识出版社 1961 年版，第 544—551 页。有学者认为该规约起草人“将文明标准引入国际法，在文明民族与未开化民族间画出了清晰且必要的界限”。郑斌：《国际法院与法庭适用的一般法律原则》，韩秀丽等译，法律出版社 2012 年版，“前言”，第 1 页。

然当代国际法理论已抛弃这种排他性的文明观念,[①]但是,以某种文化价值来衡量一切,以意识形态划分盟友的做法,依然难以根除。这是构建文明共存的人类命运共同体面临的无形“绊脚石”。

当代国际法上的多边主义应该也必须以《宪章》宗旨为准绳,体现文明共存的包容性。人类进入有文字记载的文明时代,基于不同地区的人们所处自然环境、生活习俗等,所创造的文字、语言呈现了无比丰富的多样性。由于生产力及其生产方式的演变进程或路径的差异,因此各种文明的发展水平有所不同。如同大自然的五颜六色,只有不同,没有优劣之分,文明有不同,但无等级之分。对语言、宗教等文化要素为核心的文明之尊重,就是对各文明的人类之人权的尊重,在这个意义上,文明共存的包容性是《宪章》宗旨的应有涵义。这也意味着人权的发展和保护的包容性,允许各国各地区在遵循《宪章》的宗旨、目标及基本原则的基础上,自主选择人权保障的方式方法。这种选择不是“选择的”多边主义,而是在包容性多边主义下的选择。这是下文的辨析拟进一步展开的问题。

5. 当代国际法上的多边主义发展观

人类社会的“可持续发展”(sustainable development)是近半个多世纪来国际社会越来越重视的问题,其重要性已不言而喻。推动构建人类命运共同体的具体内容,与和平共处五项原则相比的主要新颖之处在于提出坚持可持续发展,建设清洁美丽的世界。这与当代国际法的发展是一致的。1992 年联合国人类环境与发展大会通过的《里约宣言》在 1972 年《人类环境宣言》的基础上,第一次明确地提出了环境保护与社会经济协调的可持续发展这一首要原则,并贯穿于有关环境与发展的各项原则。从 1995 年联合国五十周年宣言到 2020 年七十五周年宣言,体现国际社会共识的各项基本文件,无不强调可持续发展。联合国《2030 年可持续发展议程》“重申联合国所有重大会议和首脑会议的成果,因为它们为可持续发展奠定了坚实基础”[②]。可持续发展作为指导观念已载入 2015 年由 197 个国家通过的有关应对气候变化的《巴黎协定》[③]等国际条约。通览相关国际法文件,不难理解当代国际法上的多边主义发展观:只有在经济社会的可持续发展中,通过联合国的协调行动,保护好我们的地球,才能推动构建一个持久和平、普遍安全、合作共赢、

① Malcolm D. Evans(ed.), *International Law*, Oxford University Press, 5th edition, 2014, p.98,作者认为:“文明的”(civilized)这一限定语“现在应弃用了”(now is out of place)。

② 《改变我们的世界:2030 年可持续发展议程》,A/RES/70/1, 2015 年 9 月 25 日,第 11 段。

③ 《巴黎协定》(《联合国气候变化框架公约》2015 年 12 月 12 日缔约方会议第二十一届会议通过,2016 年 11 月 4 日生效),序言“强调气候变化行动、应对和影响与平等获得可持续发展和消除贫困有着内在的关系”,等等。

文明共存的人类共同生活之美丽家园。

总之，作为新时期中国特色大国外交方略的人类命运共同体理念及其国际法理论具有多边主义的导向。以此为基础而进一步阐发的多边主义和平观、安全观、共赢观、包容观、发展观，是对国际法上多边主义的当代涵义之初步诠释。这是当代国际法上多边主义的中国特色理论。

三、国际法相关“有效的”和“选择的”多边主义：辨析

通过将人类命运共同体理念及其国际法理论运用于诠释国际法上多边主义的当代涵义，澄清中国坚持真正的多边主义，可以展开下文必要的辨析。如上所述，《宪章》没有“多边”用语，仅有两处“有效”用语，均特指安理会的集体安全保障机制。如果说联合国多边机制包含“有效的”多边主义，就是指该机制体现的多边主义安全观。此外，《宪章》唯一的“选择”(choice)用语，即，各国可自行选择其他和平方法，解决国家间争端(第三十三条第一项)。所谓“有效的”和“选择的”多边主义说法及其对中国的指责，与《宪章》有关条款下的“有效”或“选择”，乃至真正的多边主义，完全是南辕北辙。

(一)“有效的”多边主义之辨

有人主张所谓“有效的”多边主义和国际法优先性①，提及与2019年《欧盟—中国的战略展望》(以下简称《展望》)②的关联。该《展望》多处谈到欧盟视角下有效的多边主义，尤其第二部分标题“与中国合作支持有效的多边主义和应对气候变化”及项下第2—3段称：欧盟承诺支持以联合国为核心之有效的多边主义。中国作为联合国安理会常任理事国和多边主义的受益者，中国有责任支持联合国的所有三个支柱：人权、和平与安全、发展。欧盟与中国有效地致力于人权的能力是提升双边关系质量的重要措施。欧盟承认中国在经济及社会权利方面取得的进步。

联系本文开头援引有人将所谓中国“选择的”多边主义与经济及社会权利优先相提并论，可见，在《展望》及有些人看来，“有效的”多边主义虽以联合国多边体制为核心，但该体制三大支柱及其顺序为人权、和平及安全、发展，且根据他们理解的人权保护，中国依据《宪章》第二条第七款下“本质上属于任何国家管辖之事件”对

---

① 前引Josep Borrell, The Sinatra Doctrine. How the EU Should Deal with the US-China Competition, p.10。

② European Commission: EU-China-A Strategic Outlook, 12 March 2019.以下援引该文件，出处略。

本国内政事务的处理，均违反人权，相对所谓“有效的”多边主义而言，是“选择的”多边主义。

欧盟及西方有些国家对中国在新疆的反恐与在中国香港特区维护国家安全所采取的必要措施，无端指责，肆意干涉，完全与《宪章》背道而驰。同时，本文必须辨析的是：《展望》及有些人所谓“有效的”多边主义与以上诠释的国际法上多边主义的当代涵义，或者说，当代国际法上多边主义的中国特色理论，究竟何者符合《宪章》?

第一，所谓“有效的”多边主义所理解的联合国三大支柱及其顺序为人权、和平及安全、发展。如上所述，当代国际法上多边主义的和平观、安全观、共赢观和包容观的国际法依据是：(1)《宪章》序言第一句话表达国际社会要求永久和平的决心；(2)第一条第一款规定“采取有效集体办法”“维护国际和平及安全”的首要宗旨；(3)第一条第三款规定的其他宗旨“促进国际合作，以解决国际间属于经济、社会、文化、及人类福利性质之国际问题”(发展)和“不分种族、性别、语言或宗教，增加并激励对于全体人类之人权及基本自由之尊重”(人权)；(4)《宪章》第一条第二款规定“发展国际间以尊重人民平等权利及自决原则为根据之友好关系，并采取其他适当办法，以增强普遍和平”。这是“增加普遍和平的”各国之间尊重平等权利和自决原则的友好关系之宗旨，并包含自决权。[①]按照《宪章》第一条第三款，联合国的三大宗旨(多边体制的支柱或主要方面)循序的是和平及安全、发展、人权，而不是人权、和平及安全、发展。根据《2005年世界首脑会议成果》“决意创建人权理事会”(第一百五十七段)的共识，2006年联合国大会通过的《人权理事会》决议明确：“认知到和平与安全、发展和人权是联合国系统的支柱，也是集体安全与福祉的基础，并确认发展、和平与安全以及人权是相互联系和相辅相成的”(序言第六段)。[②]联合国的安理会、经济及社会理事会、目前隶属联合国大会的人权理事会，秉承《宪章》宗旨，分别负责和平及安全、发展、人权事务。当代国际法上多边主义的和平观、安全观、共赢观和包容观以及在国际合作的可持续发展观，尤其是《宪章》第一条第三款的宗旨下包容观，允许各国各地区在遵循《宪章》的宗旨、目标及基本原则的基础上，自主选择人权保障的方式方法。这是符合《宪章》的诠释。所谓“有效的”多边主义曲解《宪章》宗旨及其顺序，连《人权理事会》决议的明确表述也不顾。孰是孰非，除非故意混淆，否则不难辨别。

---

① 《公民权利和政治权利国际公约》和《经济、社会和文化权利国际公约》，载《国际条约集(1966—1968)》，商务印书馆1978年版，第226—260页。两公约共同第1条规定“所有民族均享有自决权”。与传统意义上个人的人权相比，自决权是“集体人权”，参见白桂梅：《国际法上的自决》，中国华侨出版社1999年版。

② 联合国大会决议：《人权理事会》，A/RES/60/251，2006年3月15日。下文援引该决议，出处略。

所谓“有效的”多边主义杜撰的三大支柱及其顺序，不是简单的排序问题，而是故意割裂和平及安全、发展与人权之间内在关联，并将人权剥离，看似置于优先地位，实质是将违反人权的大帽子扣在中国头上。其目的在于为干涉中国内政，披上冠冕堂皇的“国际法优先性”外衣。

第二，所谓“有效的”多边主义认为经济及社会权利优先就是“选择的”多边主义，同理推论，公民政治权利优先也许就是“有效的”多边主义。如上所说，《宪章》唯一的“选择”用语是指和平解决国际争端的方法多样化，不仅上下文不同于所谓“选择的”多边主义，而且与人权问题没有任何关系。《人权理事会》决议强调“所有人权都是普遍、不可分割、相互关联、相互依存、相辅相成的”（序言第三段），确认人权理事会“在审议人权问题时要确保普遍性、客观性和非选择性，并要消除双重标准和政治化”（序言第九段），并要求人权理事会“工作应以普遍性、公正性、客观性和非选择性以及建设性国际对话及合作等原则为指导”（决议第四段）。至少该决议提及“非选择性”是“普遍性”的进一步涵义。《展望》及有人认为，中国优先考虑经济及社会权利，就是“选择的”多边主义。这是将保护所有人权的“普遍性”问题，与各国决定是否加入，或何时加入人权公约或条约的自主权问题，混为一谈，人为设置所谓“有效的”和“选择的”对立。各国签署或加入国际人权公约，有先后之分。[①]暂时没有加入某一人权公约或条约，不等于不保护该公约或条约项下人权。其原因不能一概而论。对各国决定加入和何时加入包括人权公约或条约在内国际条约的自主权，不予尊重或否定，有悖《宪章》下各国主权平等独立原则。因此，所谓“有效的”多边主义缺乏国际法依据。

（二）“选择的”多边主义之辨

《展望》及有些人除了指责中国在人权方面“选择的”多边主义。在此，所谓“选择的”多边主义指的是国际争端解决的方法。将中国主张当事国之间谈判解决领土主权争议，说成是“选择的”多边主义，似乎中国在这方面反对国际法上多边主义。这不仅曲解了国际法上多边主义的当代涵义，而且对《宪章》明文规定和平解决国际争端的方法多样化，视而不见。

当代国际法上多边主义和平观认为，联合国体制下承认的国家享有平等独立主权；各国和平共处，互不干涉内政；禁止未经安理会明确授权的使用武力。如有

① 譬如，《经济、社会和文化权利国际公约》现有缔约国 171 个，中国于 1997 年 10 月 27 日和 2001 年 5 月 27 日先后签署和加入；美国于 1977 年 10 月 5 日签署，尚未批准加入；《公民和政治权利国际公约》现有缔约国 173 个，美国于 1977 年 10 月 5 日、1992 年 6 月 8 日先后签署和加入；中国于 1998 年 10 月 5 日签署，尚未批准加入。

国际争端，根据《宪章》第三十三条第一款规定，可采取“谈判、调查、调解、和解、公断、司法解决、区域机关或区域办法之利用，或该国自行选择之其他和平方法，求得解决”。和平解决国际争端的这一规定本身是《宪章》框架下的多边主义组成部分，其核心是主权平等独立的各国应和平解决相互间一切可能争端，禁止单边采取武力解决国际争端。在第二次世界大战结束前夕，著名国际法学者凯尔森曾提出建立一个各国接受其普遍强制管辖权的国际法院，所有国家负有义务“声明放弃战争和报复作为解决冲突的方法，将它们所有争端无例外地递交该法院裁决，并以善意执行之”[①]。《宪章》第二条第三款、第四款分别规定“各会员国应以和平方法解决其国际争端”，“在其国际关系上不得使用威胁或武力”。这实质上起到了国际社会“声明放弃战争和报复作为解决冲突的方法”的作用。然而，建议“所有争端无例外地递交该法院裁决”的普遍强制管辖权，没有被国际社会所采纳。其根本原因在于和平解决国际争端的具体方法应由主权平等独立的各国决定。是否承认国际裁判机构的管辖权，取决于国家的明示同意。国际法院及其他国际裁判机构均通过“初步反对意见”(preliminary objection)程序，先于审理案件实质问题之前，确定当事国是否同意管辖。[②]

《联合国海洋法公约》(以下简称《公约》)下争端解决机制同样遵循国家同意的原则。该《公约》第二百九十八条规定缔约国可声明排除对特定争端的任何国际裁判管辖。[③]根据中国2006年排除性声明，对于《公约》第二百九十八条第一款(a)项、(b)项和(c)项所述的任何争端，包括海域划界、必然涉及领土主权、军事活动等争端，中国政府不接受《公约》第十五部分第二节规定的任何国际司法、仲裁或调解的程序管辖。[④]其中第一款(a)项分号后的第二句“任何争端”与分号前的第一句中“划定海洋边界的争端”和“涉及历史性海湾或所有权的争端”互为条约解释的上下文，即分号前后两句话中的“争端”均涉及国家主权或主权权利。我国对南海诸岛屿的主权是在千百年的历史过程中形成、确立的。这是中国主张“历史性权利”的首要含义，因为没有对岛屿的领土主权，就不可能有相关海洋权益。这也是中国声

---

① Hans Kelsen, *Peace Through Law*, the University of North Carolina Press, 1944, p.14.

② 参见[日]杉原高嶺著:《国际司法裁判制度》，王志安等译，中国政法大学出版社2007年版，第244页;另参见陈安主编:《国际投资争端仲裁》，复旦大学出版社2001年版，第569页。此外，1997年《国际海洋法法庭规则》第97条规定“初步反对意见”程序。该规则英文本Rules of the Tribunal(ITLOS/8) as aopted on 28 October 1997 and amended on 15 March 2001, 21 September 2001, 17 March 2009 and 25 September 2018, ITLOS official website: https://www.itlos.org/en/basic-texts-and-other-documents[2021-02-24]。

③ 参见《联合国海洋法公约》(汉英)，海洋出版社1996年版。

④ 2006年8月25日，中国向联合国秘书长提交的声明是:“关于《公约》第298条第1款(a)、(b)和(c)项所述的任何争端，中华人民共和国政府不接受《公约》第15部分第2节规定的任何程序。”

明所排除的第二百九十八条第一款(a)项下“争端”的完整含义。

总之,《宪章》下和平解决国际争端的方法包括谈判等,任何国际裁判管辖应以当事国的同意为前提。所谓“选择的”多边主义说法缺乏国际法依据,因而,“‘有选择的’多边主义不应成为我们的选择。”①

综上所述,所谓“有效的”和“选择的”多边主义说法曲解或无视《宪章》的明文规定,在国际法上根本站不住脚。

结 论

多边主义出自国际关系理论。传统国际法的威斯特伐利亚模式问世以后,多边体制形成并逐步发展,直至当今以联合国为中心的多边国际法秩序。但是,回溯传统国际法理论,却难见多边主义学说。多边贸易体制中将双边协定多边化,可称为多边主义。近年来为应对各种国际挑战,以联合国为中心的多边主义成为人们关注焦点。为了回应所谓“有效的”和“选择的”多边主义说法,本文将人类命运共同体理念及其国际法理论适用于国际法上多边主义的当代涵义诠释。概言之,这就是在《宪章》多边框架下各国和平共处,互不干涉内政,禁止单边使用武力,和平解决国际争端;以多边方式共商、共建、共享保障传统或非传统的普遍安全;合作共赢,共同繁荣,应坚持给予发展中国家及最不发达国家更多优惠的区别原则,并将双边优惠多边化而达到普惠,最大限度兼顾各方的权利与义务和平衡利益得失,尽可能将这种平衡体制化、多边化;文明共存,允许各国各地区在遵循《宪章》的宗旨、目标及基本原则的基础上,自主选择人权保障的方式方法;在经济社会的可持续发展中,通过联合国的协调行动,共同保护好我们的地球。这是中国坚持的真正多边主义。在阐述当代国际法上多边主义的中国特色理论的基础上,辨析和驳斥所谓“有效的”和“选择的”多边主义说法,可得出这些曲解《宪章》的人为划分缺乏国际法依据的结论。

The Multilateralism of International Law and Its Contemporary Implications

Abstract: The international law has the tradition of multilateral systems, but, virtually no theories about multilateralism. As the response for the fundamental

① 前引习近平:《让多边主义火炬照亮前行之路》。

changes unknown for a century, it should be the necessary approach to have the multilateral system of global governance based on the *Charter of the United Nations* while promoting the human community with shared future. From this multilateral perspective, the equal and independent sovereign nations shall be peaceful coexistence including no-intervene in domestic affairs, peaceful settlement of international disputes and the shared universal security by international cooperation. It is particularly important to have the win-win cooperation in the respects of economy and trade and in considering to give developing and the least developed countries more favors on multilateral base. The inclusiveness shall be taken for coexistence of civilizations to holistically protect the human rights while allowing each country to decide the domestic implementation. It shall be consolidated under the United Nations' coordination to take care of our earth for sustainable development. Being different from the multilateralism in contemporary international law construed by the theory with Chinese characters, the so-called effective and selective multilateralism is not consistent with the international law.

Keywords: International law; Multilateralism; Contemporary implications; Theory with chinese characters; A community of shared future for mankind

构建人类卫生健康共同体的若干国际法问题*

内容摘要：新冠肺炎疫情引起的构建人类卫生健康共同体相关国际法问题，亟待深入研究，尤其是疫情暴发以来，借机攻击中国违反国际合作义务的不实之词，必须予以澄清或反击。其中三个关键的国际法问题应予以阐述：其一，基于构建人类卫生健康共同体的合作抗疫视角，如何区分《世界卫生组织法》与《国际卫生条例》所规定的一般原则性与具体实施性的国际合作义务；其二，在辨析不同国际合作义务的基础上，虑及国际法约束力，如何认定违反相关义务可能引起的国家责任；其三，针对美国国内涉华疫情的恶诉，从解决可能涉及国家责任争端的管辖权相关国际法角度，应分析有关国家豁免法。三者具有内在关联性：区分和履行国际卫生法下的国际合作义务是构建人类卫生健康共同体的国际法基础；由此，方可认定违反不同的国际合作义务而应承担的国家责任；美国涉华疫情的恶讼，就司法程序而言离不开国家豁免的问题，而实体问题与中国是否履行相关国际义务密不可分，其分析须以相应国际法为基础。

关键词：新冠肺炎；卫生健康共同体；国际卫生法；合作抗疫；国际合作义务；国家责任；国家豁免

一、引　言

当前，人类共同的“敌人”——COVID-19（新冠肺炎）疫情仍在全球大流行。① 对于近百年人类社会遭遇影响范围最广的这场国际公共卫生危机，惟有同舟共济，方可战胜之。在当代科学技术使得各国各地区的人民之间交往变得如此便捷，每个人的卫生健康变得如此休戚与共，以至于对构建人类卫生健康共同体的期望也显得无比强烈。

（一）人类卫生健康共同体的提出及含义

习近平主席在 2020 年 3 月 21 日就法国发生新冠肺炎疫情致法国总统马克龙

---

*　原载《甘肃社会科学》2021 年第 3 期，第 78—86 页。部分内容载《人民日报》2020 年 6 月 27 日第 3 版。英文载美国《科学与定性分析国际杂志》（*International Journal of Science and Qualitative Analysis*），Vol.7，No.1，2021，pp.21-29。

①　根据世界卫生组织（WHO）实时统计（2020 年 6 月 27 日 8:18），全球新冠肺炎确诊病例 9633157 人，病逝 490481 人。WHO 网：https://covid19.who.int/[2020-06-27]。

的慰问电中第一次明确提出共同推进疫情防控国际合作，支持联合国及世界卫生组织（WHO）在完善全球公共卫生治理中发挥核心作用，“打造人类卫生健康共同体。”[①]在随后举行的二十国集团领导人特别峰会和第七十三届世界卫生大会上，习近平主席进一步阐明了中国秉承人类命运共同体理念，与世界各国团结合作战胜疫情，共同构建人类卫生健康共同体的主张。[②]值得关注的是，该世界卫生大会通过的决议[③]强调《WHO 组织法》所界定的健康定义：“不仅为疾病或羸弱之消除，而系体格，精神与社会之完全健康状态。”该组织的宗旨就是“求各民族企达卫生之最高可能水准”，其原则是“各民族之健康为获致和平与安全之基本，须赖个人间与国家间之通力合作”，以期实现“任何国家促进及健康之成就，全人类实利赖之”共同目标。这实质上就是要构建人类卫生健康共同体。[④]

可以说，在 WHO 成立之时，根据其组织法，国际社会就是要携手共建人类卫生健康共同体。而今在“百年未遇之大变局”[⑤]中又面临百年未遇之大疫情，中国应势而为，明确提出构建人类卫生健康共同体，强调世界各国政府“既对本国人民生命安全和身体健康负责，也对全球公共卫生事业尽责”[⑥]。这是将构建人类命运共同体理念，尤其是普遍安全所含的非传统安全观，明确地延伸至全球公共健康的安全保障。在这个意义上，构建人类卫生健康共同体是一个与时俱进的新理念。

（二）和平解决事关全球卫生健康的国家间争端

有关人类命运共同体理念及其制度化的要素，中国国际法学界已作了初步研究。[⑦]从国际法基本原则的角度看，人类命运共同体的核心内容是构建基于持久和

---

① 《就法国发生新冠肺炎疫情习近平向法国总统马克龙致慰问电》，《人民日报》2020 年 3 月 22 日第 1 版。

② 参见习近平：《携手抗疫共克时艰——在二十国集团领导人特别峰会上的发言》，《人民日报》2020 年 3 月 27 日第 2 版；另参见习近平：《团结合作战胜疫情共同构建人类卫生健康共同体——在第 73 届世界卫生大会视频会议开幕式上的致辞》，《人民日报》2020 年 5 月 19 日第 2 版。

③ 《应对 CPOVID-19 疫情》，WHA73.1，2020 年 5 月 19 日。

④ 《世界卫生组织组织法》于 1948 年 4 月 7 日生效，第四次修改于 2005 年 9 月 15 日生效，载 WHO 网：https://apps.who.int/gb/bd/PDF/bd47/CH/constitution-ch.pdf?ua = 1[2020-06-12]。根据该组织法第 74 条，中文与英法俄及西班牙文各本同一作准。下文援引该法，如无特别说明，出处略。

⑤ 《习近平在中央外事工作会议上讲话》，《人民日报》2018 年 6 月 24 日第 1 版。

⑥ 前引习近平：《团结合作战胜疫情共同构建人类卫生健康共同体——在第 73 届世界卫生大会视频会议开幕式上的致辞》。

⑦ 参见张乃根：《试探人类命运共同体的国际法理念》，载《中国国际法年刊（2017）》，法律出版社 2018 年版，第 43—74 页；张乃根：《试论人类命运共同体制度化及其国际法原则》，载《中国国际法年刊（2019）》，法律出版社 2020 年版，第 3—29 页；徐宏：《人类命运共同体与国际法》，《国际法研究》2018 年第 5 期，第 3—14 页；人类命运共同体课题组：《人类命运共同体的国际法构建》，《武大国际法评论》2019 年第 1 期，第 1—28 页。

平、普遍安全、合作共赢、文明互鉴、可持续发展原则的美丽世界。这是人类共同追求的理想世界。现代国际法的本质是和平主义。格劳秀斯在《战争与和平法》中开篇就明确:“战争本身最后将引导我们走向和平,这才是战争的终极目的。”[①]当然,直到《联合国宪章》明文禁止未经安全理事会授权或自卫采用武力,战争权一直是国家主权的组成部分,应出于正当理由而行使。所谓“正当的战争”(just war)之最终目的是和平。如今依据该宪章的基本原则,各会员国应以和平方式解决国际争端,俾免危及国际和平、安全及正义。[②]当代国际法理念及其基本原则是和平解决国际争端的基础,同样适用于构建人类卫生健康共同体。本文无意全面探讨构建人类卫生健康共同体的国际法问题,而着重探析其中与和平解决国际争端有关的若干国际法问题,包括如何认定争端当事国是否履行应尽的全球卫生健康相关国际合作的义务,如未履行而应承担什么国家责任,可否适用国家豁免原则。这是在当前全球合作抗疫中三个关键的国际法问题,具有内在关联性。第一,以构建人类命运共同体为基点的共同抗疫需要每个国家履行国际合作的义务,而依据国际卫生法的不同条约或条例,其义务的性质和范围也相应不同。第二,只有严格区分不同的国际合作义务,才能认定违反不同国际义务而可能承担的国家责任。第三,解决涉及相应国家责任的争端,必然涉及争端解决程序性的管辖权相关国际法,尤其是国家豁免法。因此,在全球抗疫中,相关国际义务、国家责任和争端解决管辖权的国家豁免,环环相扣,在最终涉及和平解决国际争端时,三者缺一不可。

《WHO组织法》第七十五条规定:“除当事国另有协议解决方法外,任何有关本组织法的解释或适用的问题或争端,经谈判或卫生大会未解决者,应依国际法院之规约提交国际法院。”[③]国际法院(ICJ)在2006年“刚果领土上武装活动案”(初步反对意见)判决中第一次解释了该第七十五条,明确据此行使管辖权的条件是:首先,诉因须为该组织法本身的解释或适用问题;其次,当事国之间须发生该问题的对立看法或相关争端;再次,该对立或争端须经谈判或世界卫生大会未解决者。[④]在2011年“消除种族歧视公约案”中,ICJ对该第七十五条的“未解决者”作了进一

---

① Hugo Grotius, *On the Law of War and Peace*, translated by Francis W. Kelsey, the Clarendon Press 1925, p.33.

② 《联合国宪章》第2条第3款。

③ 《WHO组织法》中文作准本第75条:“除当事国另有协议解决方法外,应依国际法院规约之法规,因解释或适用本组织法而起之争端或问题提交国际法院。”缺了其他作准本,如英文作准本第75条的可诉诸国际法院的先决条件:“经谈判或卫生大会未解决者”(which is not settled by negotiation or by the Health Assembly),本文根据英文作准本翻译该第75条,补充了这一先决条件。

④ 参见 *Armed Activities on the Territory of the Congo* (Jurisdiction and Admissibility), Judgment, ICJ Reports 2006, p.43, para.99。

步解释:这是指当事国一方诉诸 ICJ 之前应与另一方真正地展开与解决该条约实体义务有关争端的谈判而“未解决者”。[①]因此,在构建人类卫生健康共同体的过程中,如发生对《WHO 组织法》的解释或适用问题或争端,当事国首先应真正地通过谈判解决,或交由世界卫生大会解决,未解决者方可诉诸 ICJ。无论通过哪一种方式和平解决相关国际争端,所涉主要的国际法问题均与构建人类卫生健康共同体的国际合作义务、国家责任和国家豁免问题有关。

有关全球卫生健康的国际合作义务是传统的国际卫生法问题,中国国际法学界对此有所关注。[②]全球大流行的新冠肺炎疫情使得国际合作抗疫及其相关国际义务的问题凸显。同时,围绕履行国际公共卫生合作义务的国家责任及国家豁免问题的争议,显得十分尖锐,[③]亟待进一步深入开展相关国际法研究。本文将在论述全球抗疫国际合作义务的基础上,分析有关国家责任及豁免这两个相对而言新出现的国际卫生法问题。

二、构建人类卫生健康共同体的国际合作法

如前所述,WHO 奉行的基本原则之一是“各民族之健康为获致和平与安全之基本,须赖个人间与国家间之通力合作”。构建人类卫生健康共同体,关键在于国际合作,而区分不同的国际合作义务,又是和平解决可能由此引起的国家间争端之前提。

(一) 国际合作的一般义务

《WHO 组织法》规定各会员国“承认本组织法,以求彼此及与其他方面之合作,共同促进及保护各民族之健康”(序言)。会员国的合作义务为:1.缴纳会费义务,这是“对本组织所担负之财政义务”(第七条)。鉴于 WHO 的职责(第二条)包括“国际卫生工作之指导”,与联合国以及其他适当组织之间“有效之合作”和“遇有各政府请求,或愿接受援助时,予以适当之技术协助”,因此,会员国担负财政义务

---

① 参见 *Racial Discrimination* (Preliminary Objection), Judgment, ICJ Reports 2011, p.127, para.138。

② 参见米哈依洛夫、王向东、郑文:《国际卫生法——目前的地位和未来的发展》,《中国卫生事业管理》1989 年第 6 期;张彩霞、吴玉娟:《传染病防控的国际合作机制演进与国际卫生法实践》,《广东广播电视大学学报》2010 年第 1 期;那力:《国际卫生法的新使命:全球卫生健康治理》,《中国环境科学学会环境法学分会首届全国代表大会论文集》(2008 年 12 月 7 日)。

③ 参见黄进:《彻头彻尾的违反国际法行为》,《人民日报》2020 年 5 月 27 日第 17 版;黄惠康:《平等者之间无管辖权》,《光明日报》2020 年 5 月 28 日第 14 版;张乃根:《美国国内恶诉违背习惯国际法》,《人民日报》2020 年 6 月 27 日第 3 版。

是履行国际卫生合作义务的基础性义务。2.通报义务，包括常年通报义务——“会员国应将改进人民健康办法及成绩向本组织提出常年报告”（第六十一条）；实施通报义务——“会员国应就其依本组织建议暨公约、协议、与规章之规定所采办法，逐年向本组织提出报告”（第六十二条）；颁布法律的通报义务——“会员国应将有关卫生并在该国境内公布之重要法令、规章、政府机关正式报告及统计，立即通知本组织”（第六十三条）；汇编报告义务——“每一会员国应汇编各种统计与流行病报告书，其格式由卫生大会定之”（第六十四条）；额外通报义务——“经执行委员会之请求，应于可能范围内将关于卫生之额外情报提交执行委员会”（第六十五条）。

根据该组织法，除了不履行财政义务规定相应的处置，即“卫生大会认为情形适当时，可停止该会员国所享有之选举特权及便利”（第七条），对于各项通报义务，各会员国虽均“应”（shall）履行，但没有不履行的相应处置。即便对于未履行财政义务的会员国，也只是“可”（may）酌定停止其享有的选举权及便利。可以说，该组织法对会员国设置的是原则性义务，或者说，这些义务所针对的事项具有一般性。在迄今 WHO 历史上，尚未发生就这些义务性条款的解释或适用引起问题或争端，且经谈判或卫生大会未解决者而诉诸 ICJ 的情况。

（二）国际合作的具体义务

WHO 会员国应履行国际合作的具体义务，主要见诸世界卫生大会制定的《国际卫生条例(2005)》(IHR)。IHR 于 1969 年该大会通过，替代 1951 年《国际公共卫生条例》，后经多次修改，尤其是 2005 年修改（2007 年生效），成为现行对所有 WHO 会员国有拘束力的防控“国际关注的突发公共卫生事件”的条约。①

IHR 要求各缔约国应“互相并与 WHO 积极合作”（序言五）。国际合作是“预防疾病于国际间蔓延”的根本保障。其中包括：1.监测义务（第五条）。各缔约国应“尽快发展、加强和保持其发现、评估、通报和报告事件的能力”。2.通报义务（第六条）。各缔约国应根据决策文件要求“评估本国领土内发生的事件”，“应在评估公共卫生信息后 24 小时内，以现有最有效的通讯方式，通过 IHR 国家归口单位向 WHO 通报在本国领土内发生、并根据决策文件有可能构成国际关注的突发公共卫生事件的所有事件，以及为应对这些事件所采取的任何卫生措施”。有关缔约国

---

① 《国际卫生条例》(2005)中文作准本，WHO:《国际卫生条例(2005)第三版》，2016 年。该条例作为《WHO 组织法》第 21 条(1)款和第 22 条，由 WHO 授权世界卫生大会通过并通知各会员国后即发生效力，除非在通知规定期限内，会员国明确不加入或申明有保留者。迄今只有印度对“通知黄热病”的国家领土持有保留，美国对其海外军事活动的任何通报持有保留；WHO 会员国没有拒绝加入该条例。参见《国际卫生条例(2005)第三版》，2016 年，附录 2。下文援引该条例，如无特殊说明，出处略。

在通报后，“应该继续向 WHO 报告它得到的关于所通报事件的确切和充分详细的公共卫生信息”。3.信息共享义务(第七条)。有关缔约国“如果有证据表明在其领土内存在可能构成国际关注的突发公共卫生事件的意外或不寻常的公共卫生事件，不论其起源或来源如何，应向 WHO 提供所有相关的公共卫生信息”。4.磋商义务(第八条)。如有关缔约国认为在本国领土的事件还不足以可能构成国际关注的突发公共卫生事件，仍应与 WHO“就适宜的卫生措施进行磋商”。5.核实义务(第十条)。如 WHO 认为有必要对有关缔约国内公共卫生信息进行核实，每个缔约国“应该核实并在 24 小时内对 WHO 的要求给予初步答复或确认”等。6.公共卫生应对义务(第十三条)。在 WHO 的要求下，“缔约国应该尽最大可能对 WHO 协调的应对活动提供支持”。除了这些具体的国际合作义务，根据 IHR，各缔约国还应履行有关防控疫情的入境口岸、公共卫生措施、卫生文件、实施防疫措施的收费等职责，并对相关卫生措施“应当无延误地开始和完成，以透明和无歧视的方式实施”(第四十二条)和开展“合作与援助”(第四十四条)。对于在 2012 年 6 月 15 日前未完成监测能力建设的缔约国可要求延期 2 年完成。①

(三) 一般义务与具体义务的关系

从上述《WHO 组织法》和 IHR 分别规定的全球公共卫生相关国际合作的一般义务和具体义务内容来看，前者是作为 WHO 会员国应尽的常规性义务，如缴纳会费、提交本国有关年度报告、综合统计报告和立法性文件通报，而后者则针对 IHR 附件 2 所明列的疾病或任何可能引起国际公共卫生关注的特定事件，缔约国应履行的监测、通报、信息共享、磋商、核实及应对义务。两者的条约依据不同，所涉事项也不同，因而是不同的国际合作义务。当然，两者的共同目标是一致的，亦即《WHO 组织法》序言载明的“共同促进及保护各民族之健康”。

从条约法的角度看，《WHO 组织法》与 IHR 是两项在不同时间、以不同方式和旨在实现不同目的而由不同国际法主体制定的多边条约，因而决定了两者义务的不同。前者是由中国等 67 个国家于 1946 年缔结②，旨在成立 WHO，以“求各民族企达卫生之最高可能水准”；后者如前所述由世界卫生大会于 1969 年通过，2005 年修改，旨在“预防、抵御和控制疾病的国际传播，并提供公共卫生应对措施”。由此决定了两者义务存在一般原则性和具体实施性之分。尽管根据前者授权条款，

---

① 中国申请 2 年延期。参见 WHO/西太平洋区域办事处：实施《国际卫生条例》核心能力状况报告，载 WPR/RC63/9，2012 年 6 月 29 日，第 5 页。

② Constitution of the World Health Organization, New York, 22 July 1946.

由世界卫生大会通过后者，但是，将后者的具体义务直接与前者的一般义务挂钩，就会导致混淆。比如，有人将IHR第六条通报义务作为《WHO组织法》第六十一条的通报义务所涵盖的条约义务，进而将该第六条的解释或适用问题作为该第六十一条的解释或适用问题，从而作为《WHO组织法》第七十五条可诉诸ICJ的诉由。①根据公认的条约解释惯例，"条约应依其用语按其上下文并参照条约之目的及宗旨所具有之通常意义，善意解释之。"②《WHO组织法》第六十一条规定"会员国应将改进人民健康办法及成绩向本组织提出常年报告。"其用语"常年报告"(report annually)在其上下文，即该组织法第十四章"各国提出之报告书"中，是指其中有关"改进人民健康办法及成绩"的报告，以满足该组织的"求各民族企达卫生之最高可能水准"的宗旨。该年度报告与IHR第六条通报内容不同，并不具有两者之间的涵盖关联性。该第六条规定缔约国在评估本国领土内发生"可能构成国际关注的突发公共卫生事件"，"24小时内，以现有最有效的通讯方式"向WHO通报。该条款的用语在其上下文，即IHR第二篇"信息和公共卫生应对"下，旨在及时采取应对措施，因而是对突发国际公共卫生事件的紧急情况而言的尽早通报义务，完全不同于WHO会员国的常规性年度报告义务，切不可加以混淆。至于有人认为IHR第六条、第七条的义务与《WHO组织法》第六十四条的汇编各种统计与流行病报告书的"格式"(manner)有关，因而前者的解释或适用问题亦可作为后者的解释或适用问题，③诸如此类混淆，不必逐一评析。

正是由于此类一般原则性与具体实施性的义务不同，因而《WHO组织法》与IHR对于不同义务引起争端解决，规定了不同方式。与前者第七十五条不同，后者第五十六条规定："如两个或两个以上缔约国之间就本条例的解释或执行发生争端，有关缔约国应首先通过谈判或其自行选择的任何其他和平方式寻求解决此争端，包括斡旋、调解或和解，……未能解决争端，有关缔约国可商定将争端提交总干事，总干事应该尽全力予以解决。缔约国可在任何时候以书面方式向总干事声明，对于以本国为当事国的本条例解释或执行方面的所有争端或对于与接受同样义务的任何其他缔约国有关的某个具体争端，接受仲裁是强制性的。"④换言之，其一，

① 参见Peter Tzeng, Taking China to the International Court of Justice over COVID-19, at EJIL: Talk, Blog of *the European Journal of International Law*, April 2, 2020。

② 《维也纳条约法公约》第31条第1款。

③ 参见前引Peter Tzeng, Taking China to the International Court of Justice over COVID-19。

④ 《国际卫生条例》(1969)第93条第3款规定：任何有关条例的解释或适用问题或争端经总干事未解决，再经WHO专设委员会或其他机构未解决者，"可由任何相关国家以书面申请诉诸ICJ"。ICJ未曾受理过此类案件。《国际卫生条例》(2005)根据对国际合作具体义务的修改补充，相应地取消了该条例下可诉诸ICJ的规定。

事后通过谈判或第三方介入方式，其二，事先任择强制仲裁方式。可见，不同的争端解决方式与不同的义务，不无关联。前者采用谈判或世界卫生大会以及可能诉诸ICJ解决的方式，涉及WHO整个组织运行的国际合作一般义务引起的争端，后者则以谈判或第三方和总干事介入乃至任择强制仲裁，解决实施IHR下国际合作具体义务引起的争端。只有在正确区分两者的基础上，才能展开下文有关构建人类卫生健康共同体的国家责任法的讨论。

三、构建人类卫生健康共同体的国家责任法

如上所述，构建人类卫生健康共同体的关键是国际合作。《WHO组织法》和IHR所规定的国际合作主体相同，但是，其承担的义务存在一般原则性与具体实施性之分。违反一定义务是国际合作主体应负相应国家责任的基础。联合国国际法委员会于2001年完成编纂的《国家对国际不法行为的责任条款草案》(《国家责任条款草案》)："旨在制定国家对国际不法行为的责任。"①"一国国际不法行为在下列情况下发生：(a)由作为或不作为构成的行为依国际法归于该国；并且(b)该行为构成对该国国际义务的违背。"②下文将分析违反《WHO组织法》和IHR下国际合作义务的国际不法行为而引起的国家责任问题。

(一) 国际卫生健康合作一般义务相关国家责任问题

如前所述，《WHO组织法》除规定会员国未履行财政义务可酌定停止其享有的选举权及便利，对于会员国其他应履行的各类通报义务，并无任何明确的相应处置。但是，"条约必须遵守"(*pacta sunt servanda*)是公认的国际法准则。③因此，该组织法下有关义务，尤其是与全球卫生健康的国际合作有关的通报类一般义务，应该是各会员国必须履行的。

由于尚无认定违反此类一般义务的先例，因此不妨从履行义务的实证角度来推断可能违反义务的情况及其国家责任问题。譬如，以中国与WHO合作为例。中国是WHO的创始会员国，1971年10月恢复在联合国合法席位后，于1972年8月通知WHO总干事参加该组织活动。改革开放以来，随着中国进一步建立健全公共卫生体制，与WHO的合作加深。尤其针对IHR的国内实施，中国表示对《国

---

① 贺其治：《国家责任法及案例浅析》，法律出版社2003年版，第55页。

② 《国家对国际不法行为的责任条款草案》，第2条。

③ 参见李浩培：《条约法概论》，法律出版社2003年版，第272页。

内卫生检疫法》进行修改，发展、加强和维持快速、有效应对公共卫生危害和国际关注的突发公共卫生事件的核心能力建设，并纳入国家卫生应急体系建设规划，制定国际关注突发公共卫生事件监测、报告、评估、判定和通报的技术规范，与相关国家就 IHR 的实施开展合作与交流。[①]中国自 2004 年与 WHO 合作，先后制定和实施 4 个《国家合作战略》(CCS)。[②]这些合作文件涵盖了《WTO 组织法》下通知义务的所有内容。WHO“全球健康观察”(GHO)的中国各类统计(2002 年至今)也是完整的。[③]此外，中国根据 IHR 的要求，已完成监测和应对的核心能力建设。因此，中国迄今严格遵守全球卫生健康的国际合作有关各项义务。只有认定中国违反《WHO 组织法》相关一般义务，才谈得上相应的国家责任问题。

(二) 国际卫生健康合作具体义务相关国家责任问题

IHR 下有关应对国际关注突发公共卫生事件的义务十分具体。迄今并没有发生过 IHR 缔约国被认定违反这方面义务而承担相应国家责任的事件。但是，在最近全球大流行的新冠肺炎疫情中，美国一些政客和媒体攻击中国隐瞒疫情，致使疫情扩散蔓延至国外。[④]这是事关有无违反国际卫生健康合作具体义务的国家责任问题，必须加以辩驳。根据《国家责任条款草案》，导致国家责任的国际不法行为由作为或不作为构成，是对该国应负国际义务的违背。下文主要针对 IHR 第六条通报义务和第七条信息共享义务，加以分析。

IHR 第六条规定：“1.各缔约国应该利用附件 2 的决策文件评估本国领土内发生的事件。各缔约国应在评估公共卫生信息后 24 小时内，以现有最有效的通讯方式，通过《国际卫生条例》国家归口单位向世界卫生组织通报在本国领土内发生、并根据决策文件有可能构成国际关注的突发公共卫生事件的所有事件，以及为应对这些事件所采取的任何卫生措施。……2.通报后，缔约国应该继续及时向世界卫生组织报告它所得到的关于所通报事件的确切和充分详细的公共卫生信息，在可能时包括病例定义、实验室检测结果、风险的来源和类型、病例数和死亡数、影响疾病传播的情况及所采取的卫生措施。”IHR 附件 2 的决策文件规定：“由国家监测系统发现的事件是任何可能引起国际公共卫生关注的事件，包括那些原因或起源不

---

① 参见《国际卫生条例(2005)第三版》，2016 年，附录 2，中国声明。

② 2004 年，中国卫生部与 WHO 签署合作备忘录，制定了《中国—WHOCCS(2004—2008)》，接着先后与 WHO 联合签署《中国—WHOCCS(2008—2013)》，《中国—WHOCCS(2013—2015)：继往开来迈向合作新时代》和《中国—WHOCCS(2016—2020)》。

③ *See* China statistics summary(2002-present), at WHO: https://apps.who.int/gho/data/node.country.country-CHN?lang=en[2020-06-17].

④ 参见《美国关于新冠肺炎疫情的涉华谎言与事实真相》，《人民日报》2020 年 5 月 10 日第 3 版。

明的事件。”

该第六条下通报义务，首先是缔约国应根据决策文件的定义及其程序评估在本国领土内发生的包括不明原因的可能构成国际关注的突发公共卫生事件及应对措施；然后，应在评估该事件 24 小时内由缔约国的国家归口单位向 WHO 通报；之后，缔约国应继续及时向 WHO 报告相关事件信息及应对措施。

2019 年 12 月 27 日，武汉市一医院发现并向该市疾控中心报告不明原因肺炎病例；12 月 30 日，国家卫健委获悉有关信息后立即组织研究，迅速开展行动，并于 12 月 31 日凌晨派出专家组赶赴武汉，开展现场调查，同日，武汉市卫健委公布包括 27 例病例信息的《关于当前我市肺炎疫情的情况通报》；2020 年 1 月 1 日，中国疾控中心和中国医学科学院收到第一批 4 例病例样本，即开展病原鉴定，1 月 3 日，国家卫健委制定《不明原因的病毒性肺炎诊疗方案（试行）》，同日向 WHO 通报有关疫情信息。[①]根据 WHO 公布的信息，事实上，“WHO 驻中国国家办公室于 2019 年 12 月 31 日收到中国主管部门关于在武汉发现不明原因肺炎的通报。”[②]对照该通报义务的决策及时间要求，中国国家卫健委是在 2019 年 12 月 30 日获悉有关不明原因肺炎病例后，24 小时内向 WHO 驻华代表处通报，并于 2020 年 1 月 3 日通过病例样本的病原鉴定后，初步认定为“不明原因的病毒性肺炎”当日就向 WHO 通报。因此，无论从中国评估疫情及应对措施，还是就中国向 WHO（包括驻华代表处）通报疫情的时间要求看，均无任何违反该第六条下通报义务的行为及其应负的国家责任。

2020 年 1 月 7 日，中国疾控中心成功分离新型冠状病毒毒株，1 月 8 日，国家卫健委专家组初步确认新冠病毒为疫情病原，1 月 9 日中国向 WHO 通报疫情信息，将病原学鉴定取得的初步进展分享给 WHO，1 月 10 日，中国初步研发出检测试剂盒，并立即用于在院收治病人的排查，1 月 11 日起，中国每日向 WHO 通报疫情信息。[③]WHO 记载的后续通报信息：“中国主管部门于 2020 年 1 月 7 日确认新型冠状病毒。2020 年 1 月 12 日，中国分享了新型冠状病毒的基因序列，为开发特

---

① 参见国务院新闻办：《抗击新冠肺炎疫情的中国行动》（2020 年 6 月），《人民日报》2020 年 6 月 8 日第 10 版。

② WHO：Novel Coronavirus（2019-nCoV），Situation Report-1，21 January 2020.

③ 参见国务院新闻办：《抗击新冠肺炎疫情的中国行动》（2020 年 6 月），《人民日报》2020 年 6 月 8 日第 10 版。截至 2020 年 1 月 19 日 22 时，武汉市卫健委通报累计报告新冠肺炎病例 198 例，治愈出院 25 例，死亡 3 例。参见《中国发布新冠肺炎疫情信息、推进疫情防控国际合作纪事》，《人民日报》2020 年 4 月 7 日，WHO 公布 2020 年 1 月 20 日武汉市新增 60 例确诊病例，累计 258 例。WHO：Novel Coronavirus（2019-nCoV），Situation Report-1，21 January 2020.

定的检测试剂盒所用。”[①]可见，中国完全履行了 IHR 第六条下应继续及时向 WHO 报告相关事件信息及应对措施的通报义务，不存在任何违反该义务的行为及其引起的国家责任。

IHR 第七条规定：“缔约国如果有证据表明其领土内存在可能构成国际关注的突发公共卫生事件的意外或不寻常的公共卫生事件，不论其起源或来源如何，应向世界卫生组织提供所有相关的公共卫生信息。在此情况下，第六条的规定应充分适用。”该信息共享义务是指不论可能构成国际关注的突发公共卫生事件之“起源或来源”(origin or source)如何，缔约国均应向 WHO 提供所有相关信息。迄今，新冠肺炎病毒源头尚不得知。中国“支持各国科学家们开展病毒源头各传播途径的全球科学研究”[②]。中国在最初遭遇不明原因肺炎疫情的情况下，就及时履行了向 WHO 的通报义务，并继续提供所有相关信息。因此，不存在任何中国违反该第七条义务以及引起的国家责任问题。

综上分析，无论是就《WHO 组织法》下一般义务，还是对于新冠肺炎疫情以来履行 IHR 下具体义务而言，中国均无任何作为或不作为而违反应尽义务，乃至构成应承担国家责任之国际不法行为。特别应指出的是，WHO 第七十三届世界卫生大会通过的决议明确适当时尽早逐步启动公正、独立和全面评估进程，其中评估内容之一是 IHR(2005)的运作情况，[③]亦即，IHR 各缔约国在本次应对新冠肺炎疫情中履行该条例相关义务的情况。期待届时得出公正、独立和全面的评估结论。

四、构建人类卫生健康共同体的国家豁免法

作为人类命运共同体的理念延伸，构建人类卫生健康共同体是世界各国人民的共同愿景，只有不断加强国际合作，才有可能实现。可是，在这次全球大流行的新冠肺炎疫情中，美国却将其应对不力所致恶果嫁祸于人，在国内滥诉中国，[④]不

---

① WHO: Novel Coronavirus(2019-nCoV), Situation Report-1, 21 January 2020.

② 习近平：《团结合作战胜疫情共同构建人类卫生健康共同体——在第 73 届世界卫生大会视频会议开幕式上的致辞》，《人民日报》2020 年 5 月 19 日第 2 版。

③ 参见《应对 COVID-19 疫情》，WHA73.1，2020 年 5 月 19 日。

④ 如 2020 年 3 月 12 日，美国公民奥尔特斯(Logan Alters)等 4 名佛罗里达州迈阿密市居民及 1 家公司向该州南区联邦法院诉告中国政府未及时通报和遏制 COVID-19 疫情致使在美国等流行而对其造成侵权损害，要求赔偿。*See* Case 1:20-cv-21108-UU, FLSD Docket 03/13/2020；再如 2020 年 4 月 21 日，美国共和党人施密特(Eric S. Schmitt)以密苏里州总检察长名义在该州联邦法院诉告中国(包括中国共产党、国家卫健委等)，企图追究中国制造、传播新冠肺炎病毒的赔偿责任，参见 Case: 1:20-cv-00090 Doc. #: 1 Filed: 04/21/20。

仅在实体法上不符合国际卫生法下有关国际义务及其相应国家责任规则，而且在程序法上完全违背国家及其财产司法豁免的习惯国际法。下文针对此类滥诉，阐明构建人类卫生健康共同体的国家豁免法，揭露其完全违背国际法的行径。

（一）一国法院不得管辖他国在其本国领土上实施的任何国家行为

构建人类卫生健康共同体的前提是遵循《联合国宪章》的各项基本原则，尤其是尊重各国主权平等。现代国际法创始人格劳秀斯在1604年撰写的《捕获法》中指出："毋庸置疑，国家权力为至高无上的主权者权力，因为国家乃自给自足之集合体。欲使所有与某项争端无关的国家达成由他们对争端方的特定案件展开调查的某一协定，也是不可能的。"①这是国际法上"国家的司法豁免权"之最初表述。此后。主权国家之间或之上无管辖，在国际法上是不可撼动的。国际常设法院在1927年"荷花号案"中强调："国际法对于国家设置的首要和最重要的限制是在没有相反的允许规则时，一国不得以任何形式在他国领土上行使其权力。在这一意义上，管辖当然是属地的；一国不可在其领土以外行使该管辖权，除非依据国际惯例或公约的允许规则。"②美国国际法学者亨金教授在他的《国际法：政治与价值》中也表示："国家豁免于审判和实施管辖仍是习惯国际法的一个主要内容。各国对此表示支持；它们得到了好处，却不受约束，因为各国一般都不寻求在其国内法院起诉另一国。"③"国家的司法豁免权"这一项由国际社会普遍接受的习惯国际法得到2004年缔结的《联合国国家及其财产管辖豁免公约》(《豁免公约》)的确认："本公约缔约国，考虑到国家及其财产的管辖豁免为一项普遍接受的习惯国际法规则，铭记《联合国宪章》所体现的国际法原则。"④鉴于该公约尚未正式生效，2012年ICJ在"国家的司法豁免案"中进一步明确：当事国之间有关"任何豁免权只有源于习惯国际法，而非条约"⑤。ICJ认为：这一习惯国际法的国家实践"说明无论是主张其享有豁免还是给予他国豁免，各国一般都依据国际法上的豁免权来实施，并且相应地，其他国家有义务尊重和使得该豁免有效"⑥。这就是国家豁免权的现行习惯国际法。

---

① Hugo Grotius, *Commentary on the Law of Prize and Booty*, translated by Gwladys L. Williams, the Clarendon Press 1925, p.28.

② *The Case of the S.S. "Lotus"*, PCIJ, Series A-No.10, September 7th, 1927, pp.18–19.

③ Louis Henkin, *International Law: Politics and Values*, Martinus Hijhoff Publishers 1995, p.266.

④ 《联合国国家及其财产管辖豁免公约》，序言。

⑤ *Jurisdictional Immunities of the State* (Germany v. Italy; Greece Intervening), Judgment, ICJ Reports 2012, p.122, para.54.

⑥ Ibid., p.123, para.56.

根据现代国际法问世以来作为调整主权国家之间关系的一项首要和最重要的习惯国际法，而且至今仍然是国际社会坚如磐石的基础，一国法院不得管辖他国在其领土上实施的任何国家行为。美国国内滥诉以中华人民共和国为被告，这是国际法所绝对不允许的。中国在本国领土上为识别新冠肺炎病毒和采取抗疫的一切必要措施，均为习惯国际法上的主权国家在本国领土上实施的任何国家行为范畴。任何他国无权说三道四，任何他国法院对此更无任何管辖权。至于根据《WHO组织法》第七十五条或IHR第五十七条，将国家间有关条约的解释或适用引起争端，在满足先决条件的前提下可能诉诸ICJ或任择强制仲裁，则不同于一国法院管辖他国在其领土实施国家行为。国际司法或仲裁的管辖权取决于当事国的同意，亦即完全满足一定条约所规定的争端解决条件。实质上，这是当事国根据其加入之条约，有条件地放弃所享有的主权之上无管辖的权利。同样地，一国根据加入之条约也可自愿放弃在他国享有的主权之间无管辖的权利。比如，《豁免公约》规定在商业交易、雇佣合同、人身伤害和财产损害、知识产权、参加公司或其他集体机构、国家拥有或经营的船舶、仲裁协定的效果等八个方面的司法管辖豁免之例外，[①]也就是适用国家及其财产司法管辖的相对豁免。然而，该公约尚未生效。换言之，目前还没有任何一项已经生效实施的全球多边公约规定"国家的司法豁免权"的任何例外。这也表明国际社会对于《豁免公约》规定的相对豁免及其认定条件，远未达到普遍接受的地步。因此，依据现行的习惯国际法，一国法院不得管辖他国在其本国领土上实施的任何国家行为，依然是绝对的，而非相对的。

（二）一国立法不得凌驾于国家的司法豁免权这一习惯国际法之上

美国国内滥诉主要以美国1976年《外国主权豁免法》(FSIA)第1605(a)(2)条（外国政府的商业行为不享受主权豁免）和1605(a)(5)条（外国政府在美国的侵权或疏忽造成美国个人的人身或经济损害不享受主权豁免）为所谓法律依据，主张美国联邦法院对此类案件具有管辖权。[②]且不说此类滥诉将中国政府举全国之力，以

① 参见《联合国国家及其财产管辖豁免公约》，第三部分。

② 参见Case：1：20-cv-00090 Doc.＃：1 Filed：04/21/20，paras.38，41. Foreign Sovereign Immunities Act of 1976，28 U.S.C. Sec.1605"外国国家豁免的一般例外：(a)外国国家在任何案件中不得豁免美国法院管辖——(2)在该管辖的诉讼是以外国国家在美国从事的商业活动为依据；或在美国实施之外国国家行为与其在任何其他地方的商业活动相关；或在美国领土以外的行为与外国国家在其他任何地方的商业活动有关，且该行为在美国引起直接后果；……或(5)以上(2)款未包括行为的诉讼寻求对外国国家在美国发生所致个人伤害或死亡的金钱赔偿或财产损害赔偿，且由该外国国家或其任何官员或雇员在其职权范围内的侵权行为或过失所致"。

人民健康与生命安全至上，不惜一切代价救治每一位病人，[①]在本国领土实施的所有抗疫措施统统肆意歪曲为“商业行为”或在美国发生的“侵权行为”，与客观事实根本背道而驰。关键在于美国一方面对于《豁免公约》至今不签署、不加入的立场，另一方面又以国内立法凌驾于具有普遍约束力的习惯国际法之上，纵容本国滥诉。

如上所述，依据现行的习惯国际法，一国法院不得管辖他国在其本国领土上实施的任何国家行为。根据联合国国际法委员会关于识别习惯国际法的结论草案，“习惯国际法是源自于经实践被接受为法律的不成文法。它依然是国际公法的重要渊源。”[②]美国宪法虽没有明文规定习惯国际法在美国法律体系中的地位，但美国最高法院早在 1815 年的一起捕获法案件中就认定习惯国际法的可适用性，因为“本法院受到作为本国法一部分的万国法（国际法）之约束。”[③]著名的“帕克特 · 哈巴纳案”再次就交战国一方渔船不属于捕获法适用对象的习惯国际法，认定这一习惯国际法作为“国际法是美国法的一部分。”[④]尽管此后美国学界对习惯国际法在美国法的地位仍存有分歧，[⑤]但是，这些判例法在美国司法实践中继续适用，《美国对外关系法重述》（第 3 版）也认为习惯国际法在美国是被视为已经确立之时自动纳入国内法而毋需国会或总统正式将之纳入。[⑥]

问题在于 FSIA 与美国法院所承认的习惯国际法究竟是什么关系？尽管 1952 年《泰特信函》认为政府的纯粹商业行为不应享有主权豁免，[⑦]但是，美国最高法院在 1964 年“古巴国家银行案”中仍依据判例法的“国家行为规则”（act of state doctrine），即“每个主权国家均受到约束而尊重每个其他主权国家，且一个国家的法院不应对于另一国家政府在其领土内行为作出判决”[⑧]，对该案所涉古巴国有银行将国有化的美国公司资产用于商业交易的行为不作任何司法判断，而交由美国外交主管部门处理。虽然“国家行为规则”是国内判例法，也不同于仅限于程序法上的

---

① 中国政府实施患者免费救治，截至 2020 年 5 月 31 日，全国确诊住院患者结算人数 5.8 万人次，总医疗费用 13.5 亿元，全部由国家承担。国务院新闻办：《抗击新冠肺炎疫情的中国行动》（2020 年 6 月），《人民日报》2020 年 6 月 8 日第 12 版。

② Draft conclusions on identification of customary international law, with commentaries, 2018, *YILC* 2018, Vol.II, Part Two, p.2.

③ *The Nereide*, 13 U.S.(9 Cranch) 388(1815), at 423.

④ *The Paquete Habana*, 175 U.S. 677(1900), at 700.

⑤ 参见 *the Symposium on Foreign Affairs Law at the End of Century*, 70 U. Colo. L. Rev. 1089–1594(1999)。

⑥ 参见 Restatement(Third), Part I, Chapter 2, Introductory Note。

⑦ 美国司法部代理法律顾问泰特 1952 年信函（《泰特信函》），参见 Letter of Acting Legal Advisor, Jack B. Tate, to Department of Justice, 19 May 1952, 26 Department of State Bulletin(1952), p.984。

⑧ *Banco Nacional de Cuba v. Sabbatino*, 376 U.S. 398, at 416.

国家豁免原则，但是，该规则实质上体现了一国法院不得管辖他国在其本国领土上实施的任何国家行为之习惯国际法，或者说，将习惯国际法转化为国内判例法，事实上排除了对他国政府在其领土上实施之行为的管辖。鉴于被古巴国有化的美国资产所有人无法在国内法院提起有关财产赔偿的案件，美国国会遂即通过《第二次希肯卢珀修正案》，规定"美国任何法院不得依据联邦的国家行为规则，拒绝就任何当事方对外国在 1959 年 1 月 1 日之后没收或其他取得之财产的权利主张作出实质判决"[①]。美国最高法院之后依据该修正法案对此类案件的判决，参照了前述《泰特信函》的国家豁免的商业例外。譬如，1976 年"邓希尔案"指出："国家行为的概念不应延伸包括拒绝外国主权下或其商业代理的纯粹商业义务。"[②]该案多数意见的结论为："对主权豁免的限制做法说明这些确认的规则应适用于主权国家的商业交易。本案虽未对主权豁免提起申诉；但在申诉之外的是，依据美国承认的对外关系法，对此类判决管辖权的这些[联邦]法院可审理外国政府的商业性义务。"[③]显见"国家行为规则"与国家豁免原则密切相关，一旦国家行为被认定为"纯商业性义务"(a purely commercial obligation)，就不享有美国司法管辖的主权豁免。据此，美国法院虽仍认为遵循主权豁免的习惯国际法，但这种主权仅指非商业性的国家行为。也就是说，美国法院认为国家豁免的商业例外并不违背尊重传统的主权平等之习惯国际法。这也是基于"邓希尔案"等判例法编纂《外国主权豁免法》商业例外之法理基础。《美国对外关系法重述》(第 4 版)基于美国法院适用该法的相关判例，认为该法"假定外国国家在联邦法院享有管辖豁免，除非适用该法的例外之一"[④]。

综上，美国有关国家豁免例外的立法以其对尊重他国主权的习惯国际法之理解为基础，但是，这种理解完全不同于构成习惯国际法的条件之一"法律确信"(*opinio juris*)。如前所述，国家豁免例外尚未被普遍接受为习惯国际法，而按照现行的习惯国际法，一国法院不得管辖他国在其本国领土上实施的任何国家行为，依然是绝对的，而非相对的。因此，美国根据自己理解将其有关立法凌驾于国家的司法豁免权这一现行的习惯国际法之上。尤其应强调，这种立法实际上纵容了美国国内相关滥诉。

---

① The Second Hickenlooper Amendment, Pub. L. 89 - 171, 79 Stat. 653(1964), 22 U.S.C. Sec.2370(e)(2).

② *Alfred Dunhill of London Inc. v. Republic of Cuba*, 425 U.S. 682, at 695.

③ Ibid., at 704 - 705.

④ 参见 Restatement(Fourth), Chapter 5. Introductory Note。

五、结　论

共同构建人类健康共同体是造福全人类的伟大事业。抗击新冠肺炎疫情需要世界各国政府和人民携手合作。根据国际卫生法，各国负有《WHO 组织法》和 IHR 项下的一般或具体、原则性或实施性的国际合作义务。一般原则性国际卫生合作义务包括 WHO 成员国缴纳会费和递交各类年度国家卫生方面报告或数据；具体实施性义务主要是 IHR 缔约国应承担预防或抵御疾病的国际传播所需国际合作义务。两者义务性质不同，相应的争端解决机制也不同，不可加以混淆。中国一贯遵循应尽的一般原则性国际卫生合作义务，在奋力抗击新冠肺炎疫情中更是切实履行各项具体实施性国际卫生合作义务，因而没有导致任何可能引起国家责任的国际不法行为。美国国内涉华疫情滥诉不仅完全歪曲中国人民抗疫的客观事实，而且以其国内法凌驾于国家的司法豁免权这一习惯国际法，因而必须予以坚决反击和彻底揭露。

Some Issues of the International Law about Building a Global Community of Health for All

Abstract: COVID-19 pandemic is an event of public health of international concern. Some legal issues have been emerged from the international cooperation fighting coronavirus and the building of a global community of health for all, and raised particularly by someone who accused China failing to cooperate with WHO and other countries to prevent coronavirus spreading over the world. This paper argues the merits to respond such accusations in accordance with the international laws, focusing on three legal issues, first, to distinguish the general obligations of international cooperation for global health under Constitution of World Health Organization from the special obligations in fighting COVID-19 according to International Health Regulation, secondly, to analyze the possible state responsibility arisen from the breach of different obligations of international cooperation, and finally, to discuss the litigations in the United States against China from the perspectives of customary international law of the jurisdictional immunity of a state from another state.

Keywords: COVID-19; International health laws;Cooperation; Obligation; State responsibility; State immunity

国际法与国际秩序

张乃根国际法文集 

International Law
and International Order

Zhang Naigen's Collection of Papers
on International Law

张乃根 著

上海人民出版社

目 录

Contents

Part IV In Particular International Laws in International Order

Law of Treaty

Law of Territory

International Humanitarian Law

第三编　分　论

国际法与国际经济秩序

第三编分论“国际法与国际经济秩序”的 12 篇论文侧重于公法性质的国际经济法研究。尽管我赞同国际经济法兼有调整国际商业交易(横向关系)和政府对国际经济贸易活动的管制(纵向关系)的法律特点,但是,主要以条约为基础的公法性国际经济法,或者说,国际经济公法,具有相对独立性。这些论文的历史跨度从1983 年我的法学士学位论文《国际经济法的主权原则》到 2023 年发表于《中国法律评论》的有关国际经贸秩序变革的政治经济学思考的论文,整整 40 年。这些论文涵盖国际经济或经贸法律秩序的演变(变革、重构)、调整(一带一路、世界贸易组织)及其理论(国际经济法学)问题的国际法研究。

试析国际经济法律秩序的演变与中国的应对　撰写于 2012 年夏,先递交当年的中国法学会国际经济法学研究会年会交流,经修改于翌年在《中国法学》公开发表。这与第二编分论的《试析联合国宗旨下的国际秩序及其演变》一文是姊妹篇,构成了我对国际法规范下的国际政治、经济秩序的较全面认识。第二次世界大战之后,以国际货币基金及世界银行为核心的国际货币金融体系与以《关税与贸易总协定》及拟定成立的国际贸易组织为基础的世界贸易体制(统称“布雷顿森林体系”)是联合国体系的组成部分,中国是该体系及其协定的创始缔约国之一,并享有该体系的合法既得权益。通过对战后国际经济法律秩序演变的客观分析,本文认为,如同联合国体系一样,战后国际经济法律体系也未发生根本变革,但是已经并将继续发生渐进的变革。中国应与广大发展中国家一道努力建立公平合理的国际经济秩序,并为逐步改革国际经济法律秩序的治理结构发挥更加积极的作用。

国际经贸规则变革的政治经济学思考　撰写于 2022 年 8 月,初稿递交同年9 月由北京大学主办的“变革时代国际经贸法律规则发展与改革研讨会”交流。会后经修改完稿,由《中国法律评论》2023 年第 2 期发表,遂即被译成英文刊登于在香港出版的双语杂志《中国法律》。在“世界百年未有之大变局”中,国际经贸秩序已经或正在发生深刻变化。如何运用马克思主义的唯物史观,分析国际社会的经济基础及其变化和作为上层建筑的国际经贸规则变化及其对经济基础的反作用,是本文的指导思想和核心内容。

“一带一路”倡议下的国际经贸规则之重构　撰写于 2015 年 9 月,起因是 2014年 12 月应邀参加商务部世贸司举办的“国际经贸规则重构与合规工作专家研讨会”,我对国际经贸规则重构的整体特点与趋势,作了发言。会后,结合开始实施不久的“一带一路”倡议对国际经贸规则重构的可能影响,进一步研究并撰文,递交翌年 11 月召开的中国法学会国际经济法学研究会交流。会后多次修改，2016 年由《法学》刊用发表，并被《复印报刊资料——国际法学》特别推荐转载。本文认为“一带一路”倡议实施与促进与沿线国家和地区的高标准区域经贸安排，在逐步拓展完善意义上推进自由贸易区规则的重构；通过亚洲基础设施投资银行，推动区域互联互通和经济一体化进程，促进国际货币金融规则的重构；通过互利共赢的新一代高水平投资协定，影响国际投资规则的重构。

论“一带一路”视域下《对外关系法》的调整对象　撰写于 2023 年 3 月，初稿递交于当时在浙江大学举办的“《对外关系法（草案）》研讨会”交流。会后进一步修改，尤其是根据同年 6 月全国人大常委会通过，并于 7 月实施的《对外关系法》，最终修改定稿，由《国际法研究》专稿发表。这是该法通过实施之后最初发表的有关研究成果之一。2023 年是“一带一路”倡议实施十周年。《对外关系法》将“推动共建‘一带一路’高质量发展”规定为新时代中国对外关系，尤其经贸关系的目标任务之一。《对外关系法》调整对象不仅有对外斗争关系，也有对外合作关系，其中的对外经贸合作主体包括非政府的市场主体。从“一带一路”视域看，有助于全面理解和落实《对外关系法》调整对象，促进对外经贸合作的高质量发展。

“一带一路”视野下《贸易便利化协定》的实施问题　撰写于 2017 年 7 月。当年 2 月，世界贸易组织的《贸易便利化协定》正式生效。该协定的实施对于“一带一路”，尤其是共建“丝绸之路经济带”相关过境贸易，十分重要。本文递交同年 9 月中国法学会国际经济法学研究会学术年会交流。会后经修改由《海关与经贸研究》刊用发表。实施《贸易便利化协定》的一般问题是哪些成员，在何时应实施哪些贸易便利化的措施；特殊问题是“丝绸之路经济带”与欧亚过境贸易的关系。本文对这两个问题作了初步的分析，并对推进“一带一路”和《贸易便利化协定》的“平行”实施建言献策。

中国特色自由贸易试验区建设的国际法问题　本文是应《国际商务研究》约稿，撰写于 2022 年 4 月，翌年经该刊第 1 期发表。本文也是作为参加原定 2022 年 11 月（后推迟至 2023 年 4 月）召开的中国法学会国际经济法学研究会的交流论文。2023 年是中国特色自贸试验区建设十周年。2013 年在我国第一个保税区——上海外高桥保税区的基础上开始建设的我国第一个自贸试验区，除了国际货物的保税这一海关特殊监管区功能和借鉴美国对外贸易区的保税区内加工制造功能，还担负高水平对外开放的政策试验功能（形成在我国其他保税区可复制的较成熟经验)，从而引领全国的对外开放更上一层楼。从国际法角度研究中国特色自贸试验区，就是从保税的国际法依据入手，进一步探讨贸易投资便利化以及与金融、产业联动的综合试验功能与我国已经或申请加入的国际经贸协定之间的关系，探讨相关国际法的国内履行问题。

关于世界贸易组织未来的若干国际法问题　撰写于2020年10月，作为年底召开的中国法学会世界贸易组织法研究会学术年会交流论文，并由《国际法研究》同年第5期刊用发表。世界贸易组织(WTO)是基于多边国际条约的国际经贸组织，如今因美国对外经贸政策从多边主义转向单边主义而陷入前所未有的困境。如何评估WTO的现状，前瞻其未来，对于我国规划、落实有关应对措施，极为重要。本文从条约法、和平解决国际争端法、国际组织法三个方面探讨了WTO的未来发展及其中国的应对。本文的主要内容得到《中国社会科学文摘》2021年第1期转载，全文被译为英文，由《WTO与中国学刊》(*Journal of WTO and China*)于2021年第3期发表，并于2023年获得第二十二届“安子介国际贸易研究奖”优秀论文二等奖(一等奖空缺)。

试析多边贸易体制下诸边协定　撰写于2021年8月，递交同年12月中国法学会世界贸易组织法研究会学术年会交流，会后修改后，翌年由《武大国际法评论》刊用发表。随着WTO多哈发展议程的“一揽子”多边谈判历经十多年未果，各种单独的多边体制下诸边协定应运而生。如2013年《贸易便利化协定》是经多边谈判达成协定，由三分之二多数的WTO成员任择加入后，于2017年生效；又如《投资便利化协定》由部分WTO成员“联合倡议”(Joint Initiatives)启动诸边谈判，并在谈判过程中对其他成员开放参加，于2023年6月结束文本谈判。该协定有望作为多边协定，由三分之二多数的WTO成员任择加入后生效。诸如此类WTO多边体制下诸边协定，是在该组织的“一揽子”多边谈判功能失效后，不失为继续维持该组织生存的出路之一。本文对多边贸易体制下诸边协定的概念及分类、由来及发展、现状及问题、我国应对，作了较全面深入的分析。

试析环境产品协定谈判　撰写于2014年8月，递交同年11月中国法学会国际经济法学研究会学术年会交流。当年7月，我作为“贸易与可持续发展国际中心”(International Centre for Trade and Sustainable Development)专家，出席在日内瓦举行的“清洁能源与贸易体制”研讨会，涵盖当时正在进行的《环境产品协定》谈判。会后，我便进一步展开专题研究，撰写本文。《环境产品协定》谈判采用“联合倡议”方式启动，以2015年亚太经济合作(APEC)有关环境产品清单为基础，后因2017年美国特朗普政府拒绝该谈判继续进行而中止。今后有可能重启谈判。2020年部分WTO成员以“联合倡议”方式，启动《塑料污染与环境可持续的塑料贸易协定》谈判，就主题而言，与此有关。

试析国际经济法学的性质　撰写于1998年底，发表于《复旦学报》(社科版)1999年第2期。当时结合教学，我正着手编写《新编国际经济法导论》(2001年第一版，2002年第二版，2022年第三版)。有关国际经济法学的性质是导论的基本理论问题。前人已有很多论述，本文首先尝试从一般的商业交易分析入手，进而探讨国际商业交易，而后综合分析以国际商业交易为基础的国际经济关系，以便界定客观存在的国际经济法调整的对象；本文接着梳理制度范畴的国际经济法及其各个方面；最后对国内外主要的国际经济法学学派进行一定的评析，得出结论：“在学术上，将调整以国际商业交易为基础的国际经济关系的法律制度，作为新的国际经济法学研究对象来对待，是合理的，可行的。这与现实中各种政府或非政府间国际组织制定有关法律制度，既有联系，又有区别。”

国际经济关系的技术因素及其法律影响　撰写于2000年夏，发表于《复旦学报》(社科版)2001年第1期。该文的核心思想在我的《国际贸易的知识产权法》(1998年第一版荣获上海市哲学社会科学优秀著作二等奖，2007年第二版荣获上海市哲学社会科学优秀著作一等奖)中已作为“国际贸易中技术因素增长原理”加以阐述。我将国际贸易的知识产权法视为当代国际经济法的新分支，其理论依据就是这一原理。本文首先以国际货物和服务贸易、国际投资、全球电子商务等国际经济关系中技术因素增长的实证材料为基础展开论述，然后探讨技术因素对当代国际经济法的制度性影响。

国际经济法的主权原则　撰写于1983年春，是我的法学士学位论文，并作为优秀毕业论文被编入华东政法学院恢复招生首届(1979年约300名)毕业论文选(共20篇)。1981年9月，我在华东政法学院本科学习时经英语考核优秀，分入国际法专门化班(共20名，其他还有法学理论、刑法、民法专门化班等)。当时没有国际经济法的课程，时任国际私法教学的余先予老师(毕业前夕指导我撰写本文)在他讲课中包括了国际贸易、投资法等内容。我对此产生浓厚兴趣，并根据北京大学《国外法学》1980年第6期、1982年第2期刊登的王铁崖(笔名石蒂)和姚梅镇分别翻译的法国卡罗等著《国际经济法》一书目录和日本金泽良雄著《国际经济法的结构》部分章节的提示，开始自学国际经济法。1982 年 6 月，我有幸聆听姚梅镇先生在华东政法学院所作关于“发展对外经济关系必须重视国际经济法的研究”的演讲（已整理，并编入 2014 年出版的《姚梅镇先生百年诞辰纪念文集》），深受启发。因个人学识所限和改革开放初期的历史局限，我当时对国际经济法的认识还很粗浅。回首以往，我的学术起点是国际法（包括侧重公法性的国际经济法），将自己四十多年的学术生涯中第一篇论文编入本文集还是很有意义的。

试析国际经济法律秩序的演变与中国的应对*

内容摘要：第二次世界大战后在联合国框架下建立的国际经济法律秩序相对战前局部的、零碎的国际经济法律秩序，是史无前例的变革。作为旧中国的合法继承者，新中国享有这一秩序变革的既得合法利益，因此不应全盘否定之。事实上，这一秩序连同联合国体系，迄今尚未发生根本变革，而是呈现一系列渐进式变革。这些不同变革构成了战后秩序演变的过程。在世界贸易体制与国际货币金融体系这两个秩序构成的核心领域，渐进式变革尤为突出。中国应在渐变中求发展，维护和争取自己应有的权益，并继续与其他发展中国家共同努力，改革现行国际经济法律秩序的治理结构，建立一个公平合理的国际经济法律秩序。

关键词：国际秩序；国际经济法律；渐进式演变；治理结构

众所周知，包括世界贸易体制和国际货币金融体系在内的现行国际经济法律秩序是第二次世界大战之后由美国主导建立的。中国通过三十多年的改革开放，尤其是加入世界贸易组织（WTO）以来，全面融入了经济全球一体化，并在现行国际经济法律秩序中迅速崛起为全球第二大经济体。①如何从理论与实践上理解国际经济法律秩序及其演变，值得研究。围绕该主题，本文首先论述我国法学界有关国际经济法律秩序的看法，然后探讨战后国际经济法律秩序的巨大变革以及二十世纪六十年代以来渐进的变革与中国的密切关系，并以世界贸易体制与国际货币金融体系这两个秩序构成的核心领域为例作进一步分析，提出中国应在国际经济法律秩序的渐变中求发展，为促进国际经济法律秩序的公平合理化与治理结构的改革而发挥积极作用。

一、有关国际经济法律秩序的看法

对于调整国际经济关系的国际经济法以及由此形成的法律秩序，我国法学界

---

* 原载《中国法学》2013年第2期，第180—191页。

① 以2012年国民生产总值（GDP）为例，美国156815亿美元，相比2004年118533亿美元，年均增长约4785亿美元，美国联邦统计局网站 http://www.bea.gov/newsreleases/national/gdp/2013/pdf/gdp4q12_2nd.pdf[2013-03-15]，以下访问日期同，除另有说明；中国519322亿元，约值82694亿美元（人民币以当年年底汇率6.28∶1换算），相比2004年136515亿元（以当年年底汇率8.09∶1换算，约值16875亿美元），年均增长约8227亿美元，中国国家统计局网站：http://www.stats.gov.cn/tjgb/。可见，中国近年来GDP绝对量增加速度是美国的近一倍。按此趋势，中国在未来十年可能成为全球第一大经济体。

看法不一。国内最早出版的刘丁编著《国际经济法》认为:“国际经济法是调整国际经济关系的原则、制度、规章和规范的总体,是一个独立的法的部门,它包括调整国际信贷、国际投资、国际技术转让、国际贸易、国际合作开采等一系列国际经济关系的规范。国际经济法应当按照新的国际秩序原则,为发展各国之间平等互利的经济联系服务。”①其中,他所说的“新的国际秩序原则”是指以 1974 年第六届特别联大《关于建立新的国际经济秩序宣言》及其《行动纲领》为核心的有关国际法文件。这种新的国际经济秩序的核心是在尊重各国政治主权,即各国主权平等、独立、领土完整和不干涉内政的原则基础上,各国享有自主选择本国经济制度,对本国领域内的自然资源具有永久主权。显然,这具有鲜明的国际公法性质。因此,在刘丁编著《国际经济法》之前,于 1981 年出版的王铁崖主编《国际法》认为:“国际经济秩序是国际经济法的主要对象”,②国际经济法是国际法的一个新兴分支,不具有独立的学科性质。以姚梅镇教授、陈安教授等为代表的国际经济法学者则主张国际经济法的学科独立性,同时也承认其与国际公法的交叉性。③关于国际经济法的性质,我国法学界存在不同看法,是完全可以理解的。④即便在西方法学界,近年来也仍然对此众说纷纭,以致“难以找到哪怕是两个相似的定义”。⑤

从理论上讲,“国际经济秩序”与“国际经济法律秩序”是两个相互有关的不同概念。按照实证法学的解释,“秩序”(order)是一种“规范”(norm)调整而形成的社会行为总和。社会行为分别由道德与法律两种不同规范调整,从而形成了以是否具有强制性为划分标准的两种社会秩序,即道德秩序和法律秩序。“法律是一种强制性秩序”。⑥这种强制性是指社会共同体垄断地行使武力而制裁不法行为。与国

---

① 刘丁编著:《国际经济法》,中国人民大学出版社 1984 年版,第 1 页。

② 王铁崖主编:《国际法》,法律出版社 1981 年版,第 421 页。

③ 参见姚梅镇主编:《国际经济法概论》,武汉大学出版社 1989 年版;陈安主编:《国际经济法总论》,法律出版社 1991 年版。

④ 参见曾华群:《论国际经济法的发展》,载《国际经济法论丛》第 2 卷,法律出版社 1999 年版,第 1—42 页;张乃根:《试析国际经济法学的性质》,《复旦学报》(社科版)1999 年第 2 期。

⑤ Steve Charnovitz, What is International Economic Law?, 14(1) *Journal of International Economic Law*(2011) p.3.该学者列举三种看法:一、国际经济法“是指那些直接调整国际法主体之间经济交往关系的国际公法规则”(Ignaz Seedl-Hohenveldern, *International Economic Law*, 3rd rev. ed., Kluwer Law International, 1999);二、国际经济法“包括许多问题,至少(1)私人国际交易的基本规则,(2)全球贸易和货币体系的框架制度,(3)国际发展与投资的原则”(David Bederman, *International Economic Law*, Foundation Press, 2001);三、国际经济法“是一个通常术语,主要涵盖第二次世界大战以来有关贸易、商业和投资的诸多双边、多边条约”(Anthony Aust, *Handbook of International Law*, Cambridge University Press, 2005)。

⑥ 关于这一观点的表述,参见[奥]凯尔森:《法与国家的一般理论》,沈宗灵译,中国大百科全书出版社 1996 年版,第 18—20 页;[美]凯尔森(注:第二次世界大战爆发后,凯尔森移居美国并加入美国籍):《国际法原理》(王铁崖译),华夏出版社 1989 年版,第 2—3 页。

内社会不同，国际社会没有一个垄断性行使武力的中央政府。但是，有学者认为，在联合国体系下由行使强制管辖权的国际法院负责解决平等主权的国家之间争端，可达到永久的国际和平。[①]这种“司法先行”(即通过建立一个拥有全面、强制管辖权的国际法院，并在必要时由联合国安理会执行，逐步使国际社会具有垄断性行使强制力的法律秩序特征)的理论在第二次世界大战后得到了有限的实践。[②]

从实证的角度看，国际经济法律秩序是指经国际法调整而形成的一种国际经济秩序。[③]这种秩序具有国家间权利与义务关系性质，并且，一个国家违反其应尽义务，应承担其国家责任。究竟一个国家是否违反其国际义务，则应通过和平解决国际争端的方式，包括国际司法(国际法院、国际海洋法庭)、国际准司法(WTO争端解决机构)或国际仲裁(常设国际仲裁法院、解决投资争端国际中心)等进行裁判并执行，或经外交谈判等解决。

进一步实证地分析上述新的国际经济秩序所涉及的领域，按照联合国有关文件，则包括原料及初级商品、粮食、一般贸易、运输和保险、国际货币和发展援助、工业化、技术转让、跨国公司、发展中国家间(南南)合作、自然资源主权、联合国系统在国际经济合作的作用等，[④]可以发现一部分国际经济秩序已被纳入国际法的调整范围。以多边国际条约的调整为例。原料及初级商品、粮食的贸易曾经或仍由相应国际协定规约或组织协调；[⑤]一般贸易由WTO及管辖的一系列货物贸易协定协调；运输领域已有海上或国际航空运输组织及其诸多公约；国际货币和发展援助方面已有国际货币基金组织(IMF)与世界银行集团等组织及其有关协定；工业化方面已有旨在促进和加速发展中国家工业化的联合国工业发展组织；发展中国家间(南南)合作方面也有77国集团、海湾合作委员会等。但是，在技术转让、跨国公司、自然资源主权等国际经济秩序领域尚无多边国际条约。严格地说，这些领域还缺乏具有约束力的条约或习惯国际法，相应的国际经济法律秩序有

---

① 参见Hans Kelsen, *Peace Through Law*, the University of North Carolina Press, 1944, pp.3－67。

② 参见[日]杉原高嶺：《国际司法裁判制度》，王志安等译，中国政法大学出版社2007年版。

③ 有关这一看法，参见董世忠主编：《国际经济法导论》，复旦大学出版社1997年版，第6页；曹建明、陈治东主编：《国际经济法专论》第一卷，法律出版社1999年版，第25页。当代西方著名国际经济法学者彼德斯曼也认为：“作为一个法律概念，国际经济秩序这个术语涉及一系列法律原则、规则与制度——它们形成了事实上的国际经济秩序并且通过促进法律安全与减少国际交易费用而有助于促成资源的有效分配。”[德]E-U.彼德斯曼：《国际经济法的宪法功能与宪法问题》，何志鹏等译，高等教育出版社2004年版，第91页。

④ 参见《建立新的国际经济新秩序的行动纲领》[3202(S-VI)]。

⑤ 参见张玉卿主编：《WTO法律大辞典》，法律出版社2006年版，有关词条。

待建立。

诚然，对国际经济法律秩序的理解取决于如何界定国际经济法的渊源。刘丁、姚梅镇、陈安等老一辈开创中国国际经济法学科的学者都认为广义的国际经济法渊源包括国际法规范（国际条约、国际惯例）、国际组织重要决议、国内涉外经济法，等等。[①]余劲松、曾华群、曹建明等中青年国际经济法学者秉承了这一基本观点。[②]如果从这样的视角看，那么上述尚无国际条约的技术转让、跨国公司、自然资源主权等国际经济秩序领域，已有大量国内立法或国际组织重要决议，因而也可纳入国际经济法律秩序的范畴。如果从基于国际商业交易的国际经济关系所涵盖的私人之间跨国经济关系（横向）与政府对外经济关系的管制及其各国之间经济关系（纵向）来看，也会得出相同观点。[③]

就本文的主题——国际经济法律秩序的演变而言，侧重于讨论多边国际条约调整的国际经济关系及其形成的法律秩序，或者说，这是从国际公法角度分析问题。这并不意味着排斥国际经济法的广义性。

二、战后国际经济法律秩序的改革

从多边国际条约调整的国际经济关系及其形成的法律秩序来看，该国际经济法律秩序是在第二次世界大战后建立的。《建立新的国际经济秩序宣言》所称“现存的国际经济秩序”，即人们通常所称“旧的国际经济秩序”，[④]实际上是战后联合国体系的重要组成部分。从历史的角度、实事求是地看待这一“旧的国际经济秩序”，并探求二十世纪六十年代以来国际经济法律秩序所发生的一系列渐进的变革及其与中国的关系，很有必要。

（一）战后国际经济法律秩序的建立与旧中国的关系

在二战前，已有许多调整贸易、金融、海关合作等国际经济关系的条约。譬如，1934年至1945年，美国总统根据《互惠贸易协定法》授权与其他国家签订了32项

---

① 参见前引刘丁编著：《国际经济法》，第9—15页；前引姚梅镇主编：《国际经济法概论》，第27—28页；前引陈安主编：《国际经济法总论》，第117—154页。

② 参见余劲松、吴志攀主编：《国际经济法》，北京大学出版社、高等教育出版社2000年版，第17—22页；曾华群：《国际经济法导论》，法律出版社1997年版，第117—158页；曹建明主编：《国际经济法概论》，法律出版社1994年版，第10—12页。

③ 参见张乃根主编：《新编国际经济法导论》，复旦大学出版社2001年版，第24—25页。

④ 参见前引姚梅镇主编：《国际经济法概论》，第22页；前引陈安主编：《国际经济法总论》，第26—27页；前引余劲松、吴志攀主编《国际经济法》，第15页。

双边贸易协定。[①]又譬如，1936年，英国、美国和法国先后签订《三国货币协定》和《三国黄金协定》。[②]再譬如，1921年由国际联盟主持，包括中国在内40个国家在巴塞罗那签订的《过境自由公约与规约》。[③]但是，国际经济与国际政治休戚相关，由于缺少全面、稳固的国际政治体系的支撑，尤其在二十世纪上半叶两次世界大战的笼罩下，在二战前没有一个以数项框架性多边国际条约为基础的国际经济法律秩序。如果说有，也只是局部的、零碎的国际经济法律秩序。

最早明确提出建立战后国际政治经济法律秩序的是1943年10月30日由美国、英国、苏联和中国在莫斯科签署的《普遍安全的四国宣言》。该宣言第五条规定："为了维持国际和平与安全以期重建法律与秩序，并建立一个普遍安全体系，将相互协商并在必要时就代表国际社会采取的共同行动与联合国家的其他成员磋商。"[④]1944年8月21日至10月7日在美国华盛顿特区著名的敦巴顿橡胶园由四国拟定的《建立一个普遍的国际组织建议案》（即《联合国宪章》建议案），[⑤]确定了除联合国安理会投票机制（留待1945年2月4日至11日美国、英国与苏联三国首脑雅尔塔会议最后决定）以外的所有体系性原则及具体法律规定。1945年6月26日，在由美英苏中四国发起举行的联合国成立大会上签署的《联合国宪章》第一条明文规定之宗旨包括"促成国际合作，以解决国际间属于经济、社会、文化、及人类福利性质之国际问题"[⑥]。中国是战后以《联合国宪章》为基础的国际政治秩序的创建者之一，尤其中国作为联合国安理会五个常任理事国之一，更是战后国际政治秩序的既得权益者之一。认识这一点对于从历史的角度、实事求是地看待战后建立的"旧的国际经济秩序"以及与中国的关系，至关重要。

如同中国是战后国际政治法律秩序的创建者之一，中国也是战后以IMF和世界银行为核心的国际货币金融体系与以《关税与贸易总协定》（GATT）及《国际贸

---

① 参见John H. Jackson, etc., *Legal Problems of International Economic Relations*, 5th edition, Thomson/West 2008, p.80；[美]约翰·H.杰克逊：《世界贸易体制——国际经济关系的法律与政策》，张乃根译，复旦大学出版社2001年版，第39页。

② 参见陈如彪：《国际金融概论》（第3版），华东师范大学出版社1996年第3版，第15页；杨松：《国际法与国际货币新秩序研究》，北京大学出版社2002年版，第22页。

③ Convention and Statute on Freedom of Transit, 17 December 1921, 7 LNTS 11.

④ Declaration of Four Nations on General Security，又称《莫斯科宣言》（*Moscow Declaration*），英文本来源http://en.wikisource.org/wiki/Moscow_Declaration#Joined_Four-Nations_Declaration；中文本参见《国际条约集（1934—1944）》，世界知识出版社1961年版，第403页。

⑤ Proposals for the Establishment of a General Organization (Dumbarton Oaks, October 7, 1944)，载于*Documents Pertaining To American Interest In Establishing A Lasting World Peace: January 1941 - February 1946*, the Book Department, Army Information School, 1946, pp.36 - 47。

⑥ 《联合国宪章及国际法院规约》签署文本，载《联合国条约集》网站：http://treaties.un.org。

易组织宪章》(ITO 宪章,未生效)为基础的世界贸易体制(两者统称为“布雷顿森林体系”①)的主要参与者及相关协定或组织的创始缔约国之一。

虽然当时中国是中华民国(旧中国),并且很快就被新成立的中华人民共和国(新中国)所替代,但是,被推翻的旧中国在创建战后国际政治经济法律秩序中的历史作用,不容抹杀。尤其是《联合国宪章》的起草和签署之际,在抗日战争中建立的中国共产党与国民党合作关系尚存。中国共产党代表董必武作为在《联合国宪章》签署本上“中国”(China)名下签字人之一②,说明《联合国宪章》及战后国际政治法律秩序的创建者之一是全中国人民的“中国”。1971 年 10 月 25 日在联合国恢复其合法席位的中华人民共和国正是 1949 年 10 月 1 日之后代表全中国人民的唯一“中国”。中国人民理应百倍珍惜在第二次世界大战中浴血奋战,与联合国其他创建者及所有反法西斯联盟国家携手创造的历史,包括在战后国际政治法律秩序中用无数牺牲换来的合法既得权益。

以“布雷顿森林体系”为核心的战后国际经济法律秩序是遵循《联合国宪章》关于促进国际经济合作的宗旨,并先后通过“联合国货币与金融会议”(布雷顿森林会议)和“联合国贸易与就业会议”(哈瓦那会议)建立的。③但是,苏联因其经济体制缘故与战后国际货币金融和贸易体系没有直接关系,既未介入《布雷顿森林协定》和 GATT 的谈判,也未成为“布雷顿森林体系”任何协定的创始缔约国。在没有苏联的参与下,战后国际经济法律秩序成了美国主导的产物。旧中国虽对“布雷顿森林体系”的建立并无太多发言权,但毕竟成了该体系各项协定的创始缔约国之一,包括在 IMF 的原始份额中占居仅次于美国、苏联和英国的“大股东”

---

① 1944 年 7 月 22 日在美国新罕布什州布雷顿森林签署的《国际货币基金协定条款》和《国际复兴与发展银行协定条款》被统称为《布雷顿森林协定》。参见李仁真主编:《国际金融法》,武汉大学出版社 1999 年版,第 32 页。“布雷顿森林体系”(或曰制度)往往也指以《布雷顿森林协定》为核心的战后国际货币金融体系。参见王贵国:《国际货币金融法》,法律出版社 2007 年第 3 版,第 33 页。但是,作为战后国际经济法律秩序的核心体制,“布雷顿森林体系”应该是包括《布雷顿森林协定》和《关税与贸易总协定》在内的总称,因为两者“相辅相成”,缺一不可。参见前引杰克逊:《世界贸易体制——国际经济关系的法律与政策》,第 40 页。

② 中国代表依次签名为顾维均、王寵惠、魏道明、吴贻芳、李璜、张君劢、董必武、胡霖。五种文字的签署本上的中国代表签名栏为“中国”(China),而非宪章正文中的“中华民国”(the Republic of China)。参见前引《联合国宪章及国际法院规约》签署文本。

③ 布雷顿森林会议的正式名称是“联合国货币与金融会议”(the United Nations Monetary and Financial Conference),尽管当时作为国际组织的联合国还未正式成立,但是,作为第二次世界大战反法西斯联盟的联合国早已存在。参见 IMF 网站/历史:http://www.imf.org/external/about/histcoop.htm.联合国贸易与就业会议是联合国成立后由其经济与社会理事会主持召开。虽然会议通过的《ITO 宪章》未生效,但是在筹备该会议中先期谈判达成的 GATT 于 1948 年 1 月 1 日临时生效。参见汪尧田、周汉民主编:《关税与贸易总协定总论》,中国对外经济贸易出版社 1992 年版,第 4—5 页。

地位。[①]新中国恢复在联合国合法席位后，以创始缔约国的身份回到了 IMF、世界银行集团和 GATT，并享有单独选举代表中国的 IMF 执行理事的权利。如不是当时新中国自身原因而搁置至 1986 年才正式提出关于恢复在 GATT 缔约方地位(复关)的申请，也不可能在 1995 年 1 月 1 日 WTO 成立前因未完成复关谈判而失去作为 GATT 缔约方直接加入 WTO 的权利，从而导致为加入 WTO 付出许多影响至今的不必要代价。

总之，相对先前局部的、零碎的国际经济法律秩序而言，战后在联合国框架下由旧中国与其他国家一起创立的国际经济法律秩序，无论是促进国际合作的广度和深度，还是国际条约的多边范围，堪称前所未有的巨变与改革。作为旧中国的合法继承者，新中国享有这一秩序变革的既得合法权益，因此不应全盘否定这一秩序。事实上，这一旧的国际经济法律秩序连同联合国体系，迄今也没有发生根本的变革，而是呈现一系列渐变，构成战后秩序演变的整个过程。

(二) 新国际经济秩序的建立与新中国的关系

在联合国体系内建立新的国际经济秩序是二十世纪六十年代初由一大批从原先西方殖民统治下独立的新兴国家所提出的。联合国成立之初只有 51 个会员国。随着战后非殖民化运动的发展，联合国会员国数量快速增长。1955 年万隆第一次亚非会议举行时，联合国会员国增为 76 个，1961 年跃增为 104 个，亚非国家开始成为联合国会员国的多数集团。[②]1963 年联合国酝酿建立永久性的贸易和发展会议机制以适应新兴独立国家的需要，77 国集团应运而生，并在 1964 年联合国第一次贸易与发展会议上发表联合宣言，明确提出建立“新的、公正的世界经济秩序”的要求。[③]1974 年第六届特别联大通过《建立新的国际经济秩序宣言》时，联合国会员国已达 138 个，包括已恢复在联合国合法席位的新中国在内的发展中国家已占绝对多数。

可见，在 77 国集团最初提出建立新的国际经济秩序时，新中国尚未恢复在联合国合法席位，因此，中国不是 77 国集团成员，[④]但是，中国一直支持其立场。早

---

① 参见 Article of Agreement of the International Monetary Fund (IMF), July 22, 1944, 726 UNTS. 266。根据该协定附件 Schedule A Quotas，美国、苏联、英国、中国和法国这五个当时拟定的联合国安理会常任理事国分别拥有 IMF 的份额为 2750、1300、1200、550 和 450(百万美元)。

② 参见联合国网站/会员国增长(1945—至今)：http://www.un.org/en/members/growth.shtml。

③ Joint Declaration of Group of 77(Geneva, 15 June 1964). 英文本来源：http://www.g77.org/doc/docs.html。

④ 77 国集团现有 132 个成员，中国仍不是该集团成员，但通过“77 国 + 中国”机制建立关系，参见中国外交部网站/China and Group of 77(G-77)：http://www.fmprc.gov.cn/eng/wjb/zzjg/gjs/gjzzyhy/2616/t15326.htm。

在新中国参加的万隆会议上就与新兴独立国家达成基于互利和互相尊重国家主权实行经济合作，促进亚非区域经济发展的共识，并提出“早日建立联合国经济发展特别基金”，“早日设立国际金融公司”，“采取集体行动，通过双边安排和多边安排来稳定原料商品的国际价格和需要”等建议。①其原则及精神与《77 国集团联合宣言》《建立新的国际经济秩序宣言》是基本一致的。尤其在中国恢复联合国合法席位过程中，得到广大新兴独立国家的一贯支持，因此，中国派出时任国务院副总理邓小平出席第六届特别联大（这也是中国恢复联合国合法席位后初期出席联大的最高级别领导人）并发表重要演讲。邓小平提出：广大的第三世界国家和人民应“通过持续不断的斗争，彻底改变建立在不平等、控制和剥削的基础上的国际经济关系，为独立自主地发展民族经济创造必不可少的条件”②。从历史的角度看，中国支持 77 国集团提出建立新的国际经济秩序的要求，不仅基于中国作为发展中国家与新兴独立国家的共同利益，而且反映了在联合国恢复合法席位和当时美国与苏联争霸格局下的中国迫切需要继续得到广大第三世界国家的支持这一外交政策。③尽管随着以美苏争霸、东西方对峙为基本特征的冷战结束，“三个世界”的国际关系格局不复存在，但是，纵观新中国重返联合国之后，中国对建立新的国际经济秩序始终持支持立场。

近十多年来，中国与 77 国集团多次发表联合宣言，包括 1997 年 10 月 14 日关于联合国改革的基本立场宣言、④2001 年 10 月 22 日关于 WTO 多哈部长级会议的宣言、⑤2003 年 8 月 22 日关于 WTO 坎昆部长级会议的宣言，⑥旨在协调在联合国内外各种国际事务中作为发展中国家应持的共同立场。

2004 年 6 月 11 日至 12 日，77 国集团成员和中国的部长们在巴西圣保罗举行会议纪念 77 国集团成立 40 周年，并在随后召开的联合国贸易与发展会议第十一届会议上发表了部长宣言。该宣言强调：“本集团继续为国际经济关系的公正与正义而奋斗，坚信这样做能够为世界和平真正奠定牢固的基础并对世界的稳定和繁

① 《亚非会议最后公报》，《中华人民共和国国务院公报》1955 年第 6 号。

② 《邓小平在联大第六届特别会议上的发言》，人民网：http://www.people.com.cn/GB/shizheng/252/6688/6715/20011023/588430.html。

③ “三个世界”理论也影响到二十世纪七、八十年代的中国国际法理论。参见王铁崖：《第三世界与国际法》，载《中国国际法年刊（1982 年）》，中国对外翻译出版公司 1982 年版，第 9—36 页。

④ Preliminary Position of the Group of 77 and China on the Report of the Secretary—General: Renewing the United Nations: A Program for Reform(A/51/950).

⑤ Declaration by the Group of 77 and China on the Fourth WTO Ministerial Conference at Doha, Gatar.

⑥ Declaration by the Group of 77 and China on the Fifth WTO Ministerial Conference (Cancun, Mexico, 10 - 14 September 2003).

荣做出贡献。”[①]值得注意的是，此时77国集团与中国关于对国际经济秩序的基本立场时所采用的说法不是“建立新的国际经济秩序”，而是“为国际经济关系的公正与正义而奋斗”。这说明发展中国家对于改变现存国际经济秩序持务实立场。该宣言回顾了自1964年提出建立新的国际经济秩序以来所取得的成就，包括成功谈判普惠制、对共同基金在内的综合商品方案做出的贡献、在国际通过向发展中国家转移资金的商定目标方面发挥的重要作用、倡议导致联合国工业发展组织和国际农业发展基金等新机构的产生、在一系列新的经济和社会问题上制定新的规则原则等和全面合作框架、南南合作的发起和发展等，指出：“本集团是随着贸发会议的创立而诞生的，这一事实反映了承认建立一种公平的国际贸易体制是发展议程中的核心问题。其后，本集团将其集体意志转化为在尤其是金融、外国直接投资、资本市场、外债、粮食、工业化、知识产权、社会发展、健康、教育、可持续发展、科学和技术，以及信息和通信技术等相关领域而追求的共同目标。77国集团的体制发展导致在联合国系统各组织中，包括布雷顿森林体制在内，谱写出捍卫和推动发展中国家利益的篇章。”[②]

显然，与二十世纪六十年代新兴独立国家崛起之时和此后冷战持续时期77国集团与中国等发展中国家关于建立新的国际经济秩序以及三个世界理论相比，如今发展中国家更加注重在联合国框架内促进国际合作，关注的问题更加务实，并且明确要在包括布雷顿森林体系的联合国内“捍卫和推动发展中国家利益”。这与作为联合国安理会常任理事国唯一发展中国家的中国所应维护和争取的权益是吻合的。所谓“旧的国际经济秩序”本身是联合国体系的重要组成部分，迄今还没有发生根本的变革，但是，正如《纪念77国集团成立40周年的部长宣言》所回顾的那样，自二十世纪六十年代以来，这一秩序已经发生了许多渐进的变革。

（三）公平合理的国际经济秩序与当代中国的关系

如上所述，在77国集团和中国等广大发展中的不懈努力下，同时也由于国际经济、科学技术的迅速发展，战后国际经济法律秩序已发生了许多渐进的变革，处于不断演变过程中。以世界贸易体制与国际货币金融体系这两个核心领域为例。当初仅23个创始缔约方的GATT已发展为拥有159个成员的WTO，[③]发展中成员占大多数，WTO成立后的首轮多边贸易谈判——“多哈回合”，因其根本目标是

① 《纪念77国集团成立40周年的部长宣言》（联合国贸易与发展会议第十一届会议，2004年6月13日至18日，圣保罗）。

② 同前引《纪念77国集团成立40周年的部长宣言》。

③ 截至2013年3月2日，WTO网站：http://www.wto.org/english/thewto_e/whatis_e/tif_e/org6_e.htm。

改善发展中成员的贸易前景而被称为“多哈发展议程”。IMF 也从 29 个签署国发展为现有 188 个成员国，近年来，中国等发展中国家的综合经济实力明显增长，在 IMF 的份额与投票权比例相应提高。①国际经济法律秩序逐步向比较公平合理的方向演变。

值得注意的是，近十年来，77 国集团与中国的外交部长每年在联合国大会期间发表的《部长宣言》均未提及“建立新的国际经济秩序”，而是表明对于国际经济秩序的各个具体问题及其解决的立场。②譬如，2011 年《部长宣言》指出：“部长们注意到最近在布雷顿森林体制(BWIs)中的诸多变化，呼吁尽快实施这些机制中管理结构的更大改革，并加快有关发言权、参与权的进一步改革路线图，加强基于真实反映其需求的发展中国家投票权，并以公平、透明、协商与包容的方式兼顾所有股东的参与。”③显然，这是要求在 IMF 等机构内加快改革，而不是从根本上否定这些机构。“建立新的国际经济秩序”的提法似乎已渐渐淡出人们的视野，取而代之的是要求建立“公平合理的国际经济秩序”。譬如，2000 年《联合国千年宣言》呼吁：“建立一个开放的、公平的、有章可循的、可预测的和非歧视性的多边贸易和金融体制”；④2005 年《世界首脑会议成果》强调：“加强国际货币、金融和贸易体制的协调一致”；⑤中国领导人也多次表明支持建立“公平合理的国际经济秩序”。⑥

正如“新”和“旧”具有相对性，“公平合理”也是相对的概念。战后国际经济法律秩序相对战前局部的、零碎的国际经济法律秩序而言，是一个新事物，但是，相对 77 国集团提出“新的国际经济秩序”而言，又是一种旧体制。譬如，IMF 成员国的份额和投票权不是平等的，而是主要根据其综合经济实力评估而定，因为该组织的资源是依据各成员国的份额认缴的。谁有实力，谁就多缴；相应地，如国际支付发生困难，成员国也是根据其份额多少按一定比例提款。如果说这种体制对经济实力薄弱的发

① 根据 IMF 份额与投票权改革方案的 2008 年版(已生效)和 2010 年版(待生效)，发展中成员国的份额将分别增加 1.2%、2.6%。如 2010 年版生效后，中国将成为 IMF 第三大会员国，“金砖四国”其他国家巴西、印度和俄罗斯均将为前十大成员国。参见 IMF 网站：http://www.imf.org/external/np/exr/facts/quotas.htm。

② 参见 2002 年以来 77 国集团与中国外交部长的《部长宣言》：http://www.g77.org/doc/docs.html。

③ Ministerial Declaration adopted by the 35th Annual Meeting of Ministers for Foreign Affairs of the Group of 77(New York, 23, September 2011), para.14.

④ 《联合国千年宣言》：http://www.un.org/chinese/aboutun/prinorgs/ga/millennium/summit.htm，第 13 段。

⑤ 《2005 年联合国首脑会议成果》：http://www.un.org/chinese/ga/60/docs/ares60_2.htm，第 21 段。

⑥ 譬如，2012 年 6 月 18 日，胡锦涛在二十国集团领导人第七次峰会上表示：应“建立公平、公正、包容、有序的国际金融体系”和“共同营造自由开放、公平公正的全球贸易环境”。《胡锦涛在二十国集团领导人第七次峰会上的讲话(全文)》：http://www.mfa.gov.cn/chn/gxh/zlb/ldzyjh/t942718.htm。

展中国家而言是很不公平合理的，那么无论是在战后尚无“发展中国家”一说之时，还是在以后发展中国家日益增多的情况下，还没有哪一种国际货币金融体制可以替代之。国际社会能够做的是在该体制下尽可能地顾及发展中国家的特别要求，循序渐进地争取比较公平合理的改革。中国近三十年来通过渐进的改革开放，不断提高综合国力，同时逐步在 IMF 内增加份额与投票权。如果说在 IMF 成立之初，旧中国作为联合国发起国及安理会常任理事国之一，成为 IMF 的份额与投票权第四大创始成员国，那么如今新中国通过自己努力已成为名副其实的第四大成员国，并将跃居为第三大成员国。相对而言，这是比较公平合理的。全盘否定这一体制，有悖于争取与维护中国的合法权益。诚然，对于国际经济法律秩序的每一个领域，其公平合理性，均应作具体分析，且因各国情况和利益不同，公平合理总是相对的。

综上所述，战后国际经济法律秩序相对于战前局部的、零碎的国际经济法律秩序而言，不啻是一场前所未有的巨大变革。尽管这一秩序对于二十世纪六十年代后新兴独立国家，乃至包括新中国在内的广大发展中国家而言是很不公平合理的旧体制，但是，作为联合国体系的重要组成部分，迄今所谓“旧的国际经济秩序”尚未发生根本的变革。中国作为这一秩序的主要协定及组织的创始缔约国，享有一定的既得合法权益，因而不应全盘否定之，同时已经并将继续通过自身努力和与其他发展中国家共同奋斗以建立一个公平合理的国际经济法律秩序。

三、国际经济法律秩序核心领域的渐进变革

上文基于战后的历史与现实，初步论证了以“布雷顿森林体系”为基础的国际经济法律秩序的建立这一巨大变革及其二十世纪六十年代以来不同阶段由 77 国集团和中国等发展中国家推动建立新的或公平合理的国际经济秩序所发生了一系列渐变。尽管就多边国际条约的调整范围而言，国际经济法律秩序涉及很多领域，但是，世界贸易体制与国际货币金融体系始终是这一秩序构成的核心领域，因而有必要以两者，尤其是前者为例，作进一步的论述。

（一）世界贸易体制的渐进变革

以《建立 WTO 协定》及其“一揽子协定”为基础的世界贸易体制是战后“布雷顿森林体系”的一部分——GATT，经过八轮多边贸易谈判而逐步形成的。[①]“一揽

---

① 参见 Peter Van den Bossche, *The Law and Policy of the World Trade Organization: Text, Cases and Materials*, Second Edition, Cambridge University Press, 2008, pp.77 - 84；汪尧田、周汉民主编：《世界贸易组织总论》，上海远东出版社 1995 年版，第 1—34 页；曾令良：《世界贸易组织法》，武汉大学出版社 1996 年版，第 1—16 页；王贵国：《世界贸易组织法》，法律出版社 2003 年版，第 1—21 页。

子协定”涵盖《1994 年 GATT》以及《农业协定》等 12 项货物贸易协定、《服务贸易总协定》《与贸易有关的知识产权协定》等，形成了一个庞大、复杂的国际贸易法律秩序。这一秩序的渐变大致包括三个主要方面。

其一，发展中国家的力量逐步壮大。1964 年，在新兴独立国家的强烈要求下，作为事实上的国际组织——GATT 对 1947 年 GATT“作了一次（也是唯一的一次）实质性的修改，增加了第四部分”，[①]即“贸易与发展”。这一部分将 GATT 缔约方首次划分为“发达缔约方”和“欠发达缔约方”（即后来所称“发展中国家”），强调：“忆及本协定的基本目标包括提高生活水平和逐步发展所有缔约方的经济，并考虑到这些目标的实现对欠发达缔约方特别迫切”。[②]根据这一基本原则，GATT 逐步采取了一些对于发展中国家的优惠待遇，包括 1971 年 6 月 25 日通过一项豁免，授权发达缔约方对发展中缔约方产品实行为期十年的普惠制。1973 年、1987 年先后进行的“东京回合”和“乌拉圭回合”结果给予发展中国家更多的特殊和差别待遇，尤其是后者的“一揽子协定”几乎均规定了考虑发展中成员特殊要求的优惠或过渡性措施。发展中国家应有的特殊和差别待遇已成为国际贸易法律秩序中不可缺少的政策取向和组成部分之一，尽管落到实处的优惠待遇并不多。如今 WTO 的三分之二成员是发展中或最不发达成员，2001 年启动的“多哈回合”以发展为主题，旨在更多照顾发展中国家的贸易需要，但是，迄今几乎没有任何实质结果。这一严峻的现实昭示世人：战后以发达国家为主导的国际贸易法律秩序已经并将继续发生一些有利于发展中国家的显著变化，但是还没有，并在最近的将来还不会根本改变。

其二，国际贸易法律规则体系的逐步扩展。1973 年，在战后世界经济已复苏，欧洲经济共同体和日本经济崛起，美元金本位制崩溃，各种贸易补救措施在内的非关税壁垒日益增多的背景下，[③]GATT“东京回合”谈判最终达成了美国接受的《反倾销守则》等旨在减少、消除非关税壁垒的新规则，[④]为以后的“乌拉圭回合”有关非关税壁垒的谈判提供了厚实的法律基础。WTO 的 12 项货物贸易协定中有 10

---

① 前引汪尧田、周汉民主编：《关税与贸易总协定总论》，第 225 页。

② GATT 第 36 条第 1 款(a)项，中文本：《世界贸易组织乌拉圭回合多边贸易谈判结果法律文本》[中英文对照]，法律出版社 2000 年版，第 468 页。

③ 1973 年 GATT 收录了各国采用的 800 多项非关税壁垒措施（GATT Doc.NTM/W/6/Rev.2 Addenda）。参见前引[美]杰克逊：《世界贸易体制——国际经济关系的法律与政策》，第 173 页。

④ 1964 年 5 月至 1967 年 6 月的 GATT 第五轮多边贸易谈判（“肯尼迪回合”）达成的第一个《反倾销守则》，虽于 1968 年 7 月 1 日生效，但因美国国会拒绝批准而实际上没有实施，故 1979 年“东京回合”需要谈判达成一个新的《反倾销守则》。参见张玉卿：《国际反倾销法律与实务》，中国对外经济贸易出版社 1993 年版，第 18—22 页。

项涉及非关税壁垒，可见，战后国际贸易法律秩序已演变为一个以规约非关税壁垒为主，同时包括服务贸易和知识产权的庞杂体系。2001 年以来，包括农产品关税减让的"多哈回合"举步维艰，非关税壁垒更是大行其道。根据 WTO 统计，1995 年至 2011 年，仅 WTO 各成员发起的反倾销调查就多达 4010 起，其中针对中国出口产品 853 起，高居第一位。[①]尽管名目繁多的非关税壁垒协定是二十世纪七十年代后逐步产生的，但是，所有这些协定无不源自于 1947 年 GATT。也就是说，现行国际贸易法律秩序中的非关税壁垒规则体系实质上是 GATT 有关条款的延伸。这也从一个侧面印证了战后国际经济法律秩序尚未发生根本变革，而是在渐进变革的过程中。

其三，国际贸易争端解决机制的演变。1995 年起，WTO 新的争端解决机制开始运行，包括新成立的争端解决上诉机构和任何一个 WTO 成员再也无法阻止另一个成员启动争端解决程序以致最后争端解决报告的通过。关于 WTO 争端解决机制，国内外研究很多，[②]本文在此不必赘言。即便是这样大的变化，依然被认为是建立在 GATT 的"合约安排"的基础上。"当人们在审视 WTO 争端解决程序时不得不记住一些基本的现实。WTO 体制只有在各成员要它工作的范围内工作，并且，也只有他们决定遵从是其总的经济利益所在。"[③]换言之，WTO 新的争端解决机制与 GATT 时期争端解决机制相比，无非是各成员希望在争端发生之后有一套解决程序可以不受阻碍地贯通始终，直至裁定是非曲直，并允许胜诉方在败诉方不执行裁定（也须经裁定是否执行）可要求授权报复（补救），达到始初的权利与利益平衡（类似民法上的"恢复原状"）。而在 WTO 成立之前，这种补救完全由 GATT 缔约方自行决定。在这个意义上，世界贸易体制具有了真正的意义。然而，不应忘记的是，GATT 原本只是由拟定的作为"布雷顿森林体系"一部分的国

---

① Anti-dumping Initiations: Reporting Member *vs*. Exporting Country 01/01/1995-31/12/2011，统计来源：http://www.wto.org/english/tratop_e/adp_e/adp_e.htm。

② 比较早和全面的研究成果之一，可参见 Jeff Waincymer, *WTO Litigation: Procedural, Aspects of Formal Dispute Settlement*, Cameron May Ltd., 2002。全书约上千页，可谓 WTO 争端解决的"百科全书"。Rufus Yerxa and Bruce Wilson, ed., *Key Issues in WTO Dispute Settlement: the first ten years*, Cambridge University Press, 2005，汇集了在 WTO 争端解决第一线的官员、律师等观察该机制运行的各种看法。[美]约翰·H.杰克逊：《国家主权与 WTO：变化中的国际法基础》，赵龙跃等译，社会科学文献出版社 2009 年版，包括了研究 WTO 争端解决资格最老的杰克逊教授对该机制的若干"关键法理问题"分析。国内较早的系统研究之一，参见余敏友：《世界贸易组织争端机制法律与实践》，武汉大学出版社 1998 年版；还参见赵维田等著：《WTO 的司法机制》，上海人民出版社 2004 年版；杨国华、李咏箑：《WTO 争端解决程序详解》，中国方正出版社 2004 年版；韩立余：《既往不咎——WTO 争端解决机制研究》，北京大学出版社 2009 年版。

③ 前引 Rufus Yerxa and Bruce Wilson, ed., *Key Issues in WTO Dispute Settlement: the first ten years*, p.4。

际贸易组织管辖的国际条约,其争端解决的原始条款第二十三条第二款明文规定:“如缔约方全体认为情况足够严重而有理由采取行动,则它们可授权一个或多个缔约方对任何其他一个或多个缔约方中止实施在本协定项下承担的,在这种情况下它们认为适当的减让或其他义务。”①显然,在 WTO 成立后,争端解决机制回归到了 GATT 的初衷。这一变化不是根本变革,而是 GATT 特有的曲折历史之演变结果。

国际贸易法律秩序的渐变还在继续。其中,最大的变化莫过于作为世界贸易体制基石的普遍最惠国待遇(MFN)已经由于日益增多的“区域贸易安排”(RTAs)②而“不再是一项规则,几乎成了例外”③。可是,这仍然属于在 GATT 第二十四条允许的框架内变化。第二十条第四款规定:“各缔约方认识到,宜通过自愿签署协定从而发展为此类协定签署国之间更紧密的经济一体化,以增加贸易自由。它们还认识到,关税同盟或自由贸易区的目的应为便利成员领土之间的贸易,而非增加其他缔约方与此类领土的贸易壁垒。”④也就是说,只要在多边贸易协定(譬如,“乌拉圭回合”达成的关税减让)基础上,不增加其他 WTO 成员与 RTAs 成员的贸易壁垒(关税减让、市场准入等),RTAs 成员之间可以达成任何更加优惠的贸易待遇,而这些新的优惠待遇不再适用 MFN。数以百计的 RTAs 必然导致如今 MFN“几乎成了例外”的现实。这恐怕是 GATT 的缔造者始初未料的渐进式变革。

(二) 国际货币金融法律秩序的渐进变革

战后国际货币金融法律秩序以 IMF 和世界银行集团及其相应协定条款为基础。狭义的“布雷顿森林体系”的初衷及实质是以美元替代英镑成为与黄金具有等同地位的国际货币,即,美国政府保证 35 美元兑换 1 盎司黄金的固定兑换率,各国货币与美元固定汇率,如此确保整个国际货币及金融体系的稳定。⑤1971 年美国宣布停止美元自由兑换黄金,宣告战后初期建立美元金本位的狭义“布雷顿森林体

① 参见前引《世界贸易组织乌拉圭回合多边贸易谈判结果法律文本》,第 457 页。

② 截至 2012 年 1 月 25 日,已有 319 项生效的 WTO 成员间区域贸易协定。统计数据来源:http://www.wto.org/english/tratop_e/region_e/region_e.htm[2012-10-23]。

③ *The Future of the WTO: Addressing institutional challenges in the new millennium*, WTO, 2004, p.19.

④ 参见前引《世界贸易组织乌拉圭回合多边贸易谈判结果法律文本》,第 458 页。

⑤ 《国际货币基金协定条款》第 4 条(外汇安排义务)在 1975 年修改之前,规定:会员国的货币平价应以黄金或 1944 年 7 月 1 日通用的美元的重量或成色表示,即(1)美元与黄金直接挂钩;(2)其他国家货币以自己的黄金平价与美元黄金平价的对比确定比率关系。参见董世忠主编:《国际金融法》,法律出版社 1989 年版,第 8 页。

系"的崩溃，最终取而代之的是被称为"纸黄金"——特别提款权(SDR)与若干通用国际货币按一定比例组成的"估价篮子"挂钩，并通过美元与其他通用国际货币的浮动汇率的综合计算 SDR 的币值这样一种独特制度。①然而，广义的"布雷顿森林体系"并没有由此寿终告寝，即便在 IMF 体制内部，美国作为唯一具有否决权的第一大股东地位迄今丝毫未被撼动，因为根据 IMF 的协定，任何重大决策均须 85%以上投票通过，而美国至今仍是唯一拥有 15%以上投票权的成员国。②在这个意义上，战后国际货币金融法律秩序并没有因为美元金本位让位于"纸黄金"与数个通用国际货币相结合的现行体制而发生根本变化。美元地位的相对衰弱，日元、马克、法郎及新的欧元与老牌国际货币英镑与美元构成 SDR 的"估价篮子"，近年来中国等发展中国家在 IMF 的配额及投票权的增多，人民币国际化的过程，等等，都是渐进的变革。③如此渐变还会继续，其根本原因在于国际货币金融法律秩序内的各国综合经济实力此长彼消是渐进的。

总之，战后广义上的"布雷顿森林体系"的法律制度已发生了许多显著变化，但是，尚未达到根本变化的程度。这是现实。中国如何在现行的国际贸易、金融等法律秩序中争取自身利益最大化，同时与广大发展中国家一起建立公平合理的国际经济法律秩序，值得深入研究。

四、国际经济法律秩序的治理结构改革与中国作用

纵观战后国际经济法律秩序的演变，不难看到：如同战后以联合国安理会集体保障体制为核心的战后国际政治法律秩序没有发生根本变化，战后广义的"布雷顿森林体系"涵盖的国际货币金融法律秩序之核心(美国拥有 IMF 唯一的单独否决

① 以 2013 年 3 月 14 日美元与 SDR 的汇率为例(参见 http://www.imf.org/external/np/fin/data/rms_sdrv.aspx)：

货币	每单位 SDR 的货币组成	汇率	相等于美元
欧元	0.4230	1.29220	0.546601
日元	12.1000	96.49000	0.125402
英镑	0.1110	1.49440	0.165878
美元	0.6600	1.0000	0.660000
			1.49788 每单位 SDR = 1.49788 美元(取六位数)

② 自 2008 年 IMF 份额与投票权改革方案生效后，美国拥有 IMF 的配额和投票权分别为 17.7%和 16.7%。2010 年方案尚未生效，即便生效后，美国仍将拥有 17.4%和 16.5%。

③ 洛文菲尔德教授在回顾 IMF 历史时认为：相对行为准则(指汇率安排义务)已有许多变化而言，"基金与[世界]银行的组织及治理未发生实质(截至 2010 年)变化。"参见 Andreas F. Lowenfeld, The International Monetary System: a Look Back over Seven Decades, *Journal of International Economic Law*, 13(3) 2010, p.577。

权)与世界贸易体制的基本规则仍以 GATT 为基础,也未发生根本变革,而是呈现一系列渐进的变革。期望国际经济法律秩序再来一次像战后初期那样的巨变,显然不可能。当今中国等广大发展中国家要求建立公平合理的国际经济秩序,关键在于逐步改革国际经济法律秩序的治理结构。

除了与 77 国集团携手在金融、外国直接投资、资本市场、外债、粮食、工业化、知识产权、社会发展、健康、教育、可持续发展、科学和技术,以及信息和通信技术等相关领域继续推动符合发展中国家利益的变革,中国应在世界贸易体制与国际货币金融法律体系的治理结构改革中发挥更积极的作用。

以 WTO 的决策机制为例。《建立 WTO 协定》第四条(WTO 的结构)规定:由所有成员的代表组成的部长级会议是该组织的最高权力机构,每两年举行一次;同样由所有成员的代表组成的总理事会行使部长级会议休会期间的职权,并履行争端解决机构和政策评审机构的职责,尽管这两个机构均有自己的主席。第九条(决策)规定:"WTO 应继续实行 GATT1947 所遵循的经协商一致作出决定的做法。除非另有规定,否则如无法协商一致作出决定,则争论中的事项应通过投票决定。在部长级会议和总理事会上,WTO 每一成员拥有一票。"①这样组织治理结构看似公平,其实不然。由于 WTO 是以《建立 WTO 协定》及其"一揽子协定"所包含的一整套规则体系为基础的,被称为"规则导向"的国际组织,②因此,规则的制定对于 WTO 而言具有决定意义。WTO 成员间多边贸易谈判是规则制定的最重要途径。根据《建立 WTO 协定》第三条,为成员间多边贸易谈判提供场所是 WTO 首要的职能。如同 GATT 时期八轮谈判一样,WTO 的首轮"多哈回合"谈判也以协商一致为原则。在实践中,美国、欧盟等的谈判立场仍起到主导作用,尤其是美国如不愿意达成一致,谈判几乎没有可能成功。③协商一致变成了一票否决。"多哈回合"历经十多年,至今一无所获。真可谓"要么全有,要么全无"。对于期待被冠名为"多哈发展议程"的该谈判给发展中国家带来实惠而言,这种从 GATT 时期延续下来的谈判决策机制显然欠公平合理。正如有学者指出:其实质是防止发展中国家利用其成员数量优势结成联盟,从而在决策中与数量居劣势的发达国家抗衡,甚至占据主动。④

---

① 前引《世界贸易组织乌拉圭回合多边贸易谈判结果法律文本》,第 8 页。

② 前引[美]杰克逊:《世界贸易体制——国际经济关系的法律与政策》,第 120 页。

③ 参见王新奎等:《世界贸易组织十周年:回顾与展望》,人民出版社 2005 年版。

④ Richard Steinberg, In the Shadow of Law or Power? Consensus-Based Bargaining and Outcomes in the GATT/WTO, *International Organization* Vol.56, No.2 Spring 2002, pp.330 - 374.转引张幼文等:《多哈发展议程:议题与对策》,上海人民出版社 2004 年版,第 37 页。

中国应坚决主张改革现行 WTO 的决策机制，在 WTO 内为建立公平合理的治理结构与其他成员，尤其是发展中国家成员共同努力，并实现自己的利益最大化。如今在 WTO，各种利益集团林立，发展中国家的利益也不尽一致。在 WTO 内已经很难简单以发达或发展中成员划线来决定中国的谈判立场，尽管总体上中国毕竟属于发展中国家，与其他发展中国家具有许多战略性共同利益。为此，中国在确定战略目标的同时，应基于不同谈判议题上可能会与不同成员的利益冲突而制定灵活的策略。WTO 货物贸易中的关税减让和服务贸易中的市场准入谈判仍以普遍 MFN 待遇为准则，即，任何一个成员在诸如"多哈回合"此类多边贸易谈判中与另一个成员达成的关税减让与市场准入，均将立即、无条件地适用其他所有成员，因此，假定一个最有实力迫使另一成员达成有关协议的"一对一"谈判实质上就是全体成员间的谈判。WTO 的这一特点决定了中国选择或应对谈判对手的特殊性。为此，中国应以积极推动多边贸易谈判为基本立场，并善于选择谈判的突破口促使各方趋向利益平衡的结果。大量非关税壁垒的规则或争端解决、贸易评审的规则等制定或修订，很大程度上取决于建议。这种规则建议具有很强的法律技术性，需要各个领域的专家研究与政府部门的密切合作产生。中国需要一批高水平、有名望的专家。这是中国在 WTO 内为建立公平合理的治理结构而发挥应有作用必须具有的软实力。

再以 IMF 的治理结构改革为例。该组织协定条款第十七条第一节规定：基金组织结构由"理事会、执行董事会、总裁和职员组成，如执行董事会以全部投票权的 85％议决可建立顾问委员会，并适用附件表 D"①。理事会由每个成员国指派的理事和候补理事各 1 名组成，相当于成员国大会。理事会选举产生 1 位主席。理事会可决定或因执行董事会要求、或 15％成员国或全部投票权的 25％议决召开会议，通常每年开一次例会。理事会是该组织最高权力机构，并且实际上也保留了批准配额增加、SDR 分派、新成员国加入或开除成员国以及修改协定条款和规则等权力，但是，这些事项均必须以全部投票权的 85％(美国可单独否决)或 75％(美国与日本、德国联合足以否决)议决，根据第十七条第三节，"执行董事会应负责开展基金业务，并为此目的应拥有理事会授权的任何权力。"②执行董事会作为该组织的权力中心，现由 24 位执行董事组成，其中，美国、日本、德国、法国、英国为五大任命单独执行董事国，美国拥有 16.75％投票权，其他四国拥有超过 20％的投票权；中国、沙特阿拉伯、俄罗斯三个选举单独执行董事国，分别拥有 3.81％、2.80％、2.39％投票权；其他 16 个选举联合执行董事国。执行董事会应从不是执行董事或

---

①② 参见前引 Article of Agreement of the International Monetary Fund。

理事的人选中选举1名总裁,[①]但是,总裁担任执行董事会主席,可在议决时同意与反对票数相同的情况下投票决定,同时为该组织所有职员的总管,具有很大权力,实践中历来由欧洲国家人选担任。这样的治理结构显然有利于美国等发达国家主导国际货币金融秩序的任何重大事务。这对于中国等广大发展中国家来说,是不公平合理的。

2010年11月5日,IMF执行董事会同意对该基金的配额与管理作重大修改的建议(2010年版),以加强其合法性与有效性。该建议包括:(1)大幅度增加基金的SDR(从现有2384亿增加到4768亿),以增强应对成员国的国际支付严重困难的危机;(2)增加中国、印度、巴西和俄罗斯等国的配额共6%,连同2008年修改方案的实施,中国等将增加5.3%投票权,另有6%的配额从"代表过剩"(over-represented)转给"代表不足"(under-represented)成员国。前IMF总裁称之为是该组织有史以来"最根本的治理变革"。[②]其实有点夸大其词,因为即便该建议能够生效(美国尚未批准,故未能在2012年10月如期生效[③]),美国依然是唯一单独可行使否决权的成员国。当然,中国将成为IMF第三大成员国,对于今后的IMF治理结构演变朝着公平合理方向发展,具有重要的作用。为此,中国应继续与其他IMF成员国共同努力促进该建议的实施。

就国际货币金融体系的治理结构进一步改革而言,除了确保实施IMF2010年份额和治理改革方案,中国还应主张:(1)增加国际货币基金组织资源,提高其应对危机和紧急救助能力,以更好履行维护全球经济金融稳定职责;(2)提高国际金融机构负责人遴选程序的透明度和合理性,增加发展中国家代表性和发言权;(3)加强国际金融监管,使金融体系更好服务和促进实体经济发展;(4)完善国际货币体系,扩大IMF特别提款权使用并改善其货币篮子组成(争取人民币成为通用国际货币),建立币值稳定、供应有序、总量可调的国际储备货币体系。[④]

总括全文,我们可以得出的基本结论是:以广义上"布雷顿森林体系"为基础形成的战后国际经济法律秩序尚未发生根本变革,而是处于一系列渐变的过程中。中国为战后国际经济法律秩序的创建做出了历史性贡献,应珍惜和维护既得的合

---

① 参见IMF Executive Directors and Voting Powers(Last Updated: October 18, 2012): http://www.imf.org/external/np/sec/memdir/eds.aspx[2012-10-23]。

② 参见IMF Executive Board Approves Major Overhaul of Quotas and Governance(Press Release No.10/418. November 5. 2010): http://www.imf.org/external/np/sec/pr/2010/pr10418.htm。

③ 参见IMF: Communiqué of the Twenty-Sixth Meeting of the International Monetary and Financial Committee(October 13, 2012), http://www.imf.org/external/np/sec/pr/2012/pr12391.htm。该公报呼吁尚未完成"必要步骤"的成员国尽快完成。

④ 参见前引《胡锦涛在二十国集团领导人第七次峰会上的讲话》。

法权益，同时也曾为建立新的国际经济秩序而与新兴独立国家共同努力，如今与其他发展中国家共同为建立一个公平合理的国际经济法律秩序而不懈奋斗，尤其为完善和改革秩序构成的核心领域内治理结构而发挥积极作用。

The Analysis on the Evolution of International Economic Legal Order and the China's Responses

Abstract: In comparison with the international economic legal order before the Second World War, the post-war international economic legal order under the framework of the United Nations was the historical change and reform. As the legitimate successor of the Old China, the New China shall enjoy the legitimate interests resulted from this change and reform of order instead of denying it totally. In fact, this order with the framework of the United Nations has experienced many evolutions, but not fundamental changes. It is demonstrated significantly in the areas of the world trading system and international monetary and financial system. China must make more efforts to promote the development within the existing order under evolution in order to protect her legitimate rights and interests while continuing cooperation with other developing countries to have a fair and reasonable legal order of international economy.

Keywords: International order; Economic and legal; Evolution; China

国际经贸规则变革的政治经济学思考*

内容摘要：以贸易、金融和投资领域为主的当代国际经贸规则，是在第二次世界大战之后由美国等发达国家和地区主导制定的。其中，多边贸易体系的主要规则已经发生根本变化，但是，以美元霸权地位为核心的多边金融体系规则尚无实质变化，双边投资协定和区域贸易协定的投资规则体制也没有发生重大变革，而是趋向有利于可持续发展和便利化。基于对国际经贸规则变革的客观评估，有必要运用已得到历史实证的马克思主义政治经济学原理，深入思考、分析"二战"以来世界经济作为国际社会的经济基础，经过国际经济、全球经济和"无边界"经济三个阶段发展，对作为国际社会上层建筑范畴的国际经贸规则及其体系的形成和变化所具有的根本作用，以及后者对前者的巨大反作用。尤其是近年来，随着中国不断深化改革和扩大开放，积极参与全球经济一体化，经济实力显著增强，已经并将继续改变国际社会经济基础的力量对比，而美国千方百计维持其霸权地位，并转向单边主义对外贸易政策，极大削弱多边贸易体制，对国际社会经济基础具有消极反作用。中国通过实施"一带一路"倡议、发起成立新的国际金融机构和携手共建地区与国际安全合作体系，正在影响着国际经贸规则的积极变革，日益体现正向的政治引导力。

关键词：国际经贸规则；变革；经济基础；上层建筑；政治引导

引　言

"国际经贸"①作为宽泛的范畴，涵盖国际经济贸易的各种活动。一般而言，国际商业交易是国际经贸的基础，离不开被交易的货物、服务等客体以及交付或提供与支付手段，从而形成国际贸易与金融，二者又与国际投资休戚相关。②由此探讨国际经贸规则的变革，显然就不限于国际贸易，或者说多边贸易体制，而应该至少

---

*　原载《中国法律评论》2023 年第 2 期，第 86—101 页；英文载《中国法律》(*China Law*)，Issue 2，2023，pp.103 -111。

①　在主体间关系的意义上，"国际经贸"与"国际经济"具有互换性。譬如，Walter Goods，*Dictionary of Trade Policy Terms*，Fourth Edition，Cambridge University Press 2003，p.190，将"international economic relation"(国际经济关系)界定为直接涵盖"国际贸易、金融和投资"和间接包括"几乎任何国际经济活动"，因而也可以说是"国际经贸关系"。

②　在宽泛的意义上，"国际经济交往"包含"商品生产、流通、资本和技术移动、信贷、结算、税收"。参见姚梅镇主编：《国际经济法概论》，武汉大学出版社 1989 年版，第 2 页。

包括贸易、金融和投资三大国际经贸领域。[①]国际经贸的"规则"同样不易界定。格劳秀斯创立的国际法学说认为法律是"行动规则",或者干脆说,"法律即规则"。[②]在罗马法学说的本源"法"与具体"法律"的二元论下,[③]这里所说"法律"是指具体法律。因而在这样的意义上可以说,"国际经贸规则"与"国际经贸法律"具有互换性,此类规则应具有国际法拘束力。"变革"通常指比较大,甚至是根本的变化,而实际上变化有着程度上的不同。[④]当前在世界百年未有之大变局中,国际经贸规则的变革主要涉及政府间条约关系。本文首先对条约关系意义上的现行国际经贸规则及其体系的变化作一初步评估,以得出一些基本判断;然后在这一前提下,从政治经济学的理论角度谈两点思考——一是变革的经济基础,二是变革的政治引导;最后是结论。

一、国际经贸规则的"变"与"不变"

(一)国际多边贸易规则的"变"与"不变"

众所周知,现行国际经贸规则及其体系主要是欧美国家创制的。就多边贸易体制而言,世界贸易组织(WTO)及其前身《关税与贸易总协定》(GATT)作为事实上的国际贸易组织,其一整套政府间管制国际贸易及相关经贸规则,都是在美国主导下制定的。1945 年 12 月,美国政府邀请部分国家开始谈判关税减让多边协定,并于翌年 2 月提出成立国际贸易组织的建议草案。尽管美国国会未批准该组织宪章,但是 GATT 通过临时适用而实际上一直适用到 WTO 成立。[⑤]WTO 的"一揽子"协定是"乌拉圭回合"多边贸易谈判的成果。这可追溯到二十世纪六十年代"肯尼迪回合"的非关税壁垒谈判。[⑥]美国国会通过《1974 年贸易法》为以后"东京回合"

---

① 参见张乃根:《试论国际经济法律秩序的演变与中国的应对》,《中国法学》2013 年第 2 期。

② Hugo Grotius, *On the Law of War and Peace*, translated by Francis W. Kelsey, The Clarendon Press, 1925, "Law is considered as a rule of action", "Law is defined as a rule". pp.34 – 38.

③ [罗马]查士丁尼:《法学总论——法学阶梯》,张企泰译,商务印书馆 1989 年版,第 5—7 页。

④ "变革"的英文可以是 revolution,以牛津大学出版社的《国际经济法学刊》(Journal of International Economic Law)为例,近年来尚无相关论文;也可以是"change",参见 John H. Jackson, *Sovereignty, the WTO and Changing Fundamentals of International Law*, Cambridge University Press, 2006。国内学界比较有代表性的论文,可参见东艳:《国际经贸规则重塑与中国参与路径研究》,《中国特色社会主义研究》2021 年第 3 期。该文所说"重塑"涵盖"演进"。本文所说"变革"(change),涵盖不同程度的变化。

⑤ 参见[美]约翰 · H.杰克逊:《世界贸易体制——国际经济关系的法律与政策》,张乃根译,复旦大学出版社 2001 年版,第 40—45 页。

⑥ 参见 Petros C. Mavroidis and Mark Wu, *The Law of the World Trade Organization (WTO): Documents, Cases and Analysis*, Wast Academic Publishing, 2013, p.4。

与“乌拉圭回合”此类谈判提供了立法“快车道”程序。[①]可见，在第二次世界大战后，美国煞费苦心地推进并形成了以 WTO 法为核心的多边贸易规则及其体系。如今，这套规则体系的运行究竟如何？到底“变”抑或“不变”？我们应作具体分析和客观评估。

第一，WTO 实体规则及其体系。这包括关税壁垒规则，其中 GATT 第一条普遍最惠国待遇(MFN)是作为法律体系的 WTO“首要规则”。[②]但是，WTO 成立以来，除了部分成员就信息技术产品的零关税达成协定，[③]并对所有成员适用 MFN 外，未达成任何新的、全面的关税减让多边协定。各成员之间根据 GATT 第二十四条，达成数以百计的区域贸易安排(RTAs)，其关税减让的优惠仅给予 RTAs 成员。[④]早在 2004 年，有关 WTO 未来的报告就认为“MFN 已不再是规则，而几乎成了例外”[⑤]。近年来，美国对外贸易政策从原先倡导的多边主义转向单边主义，尤其是 2018 年对中国所有输美产品单边加征关税，[⑥]完全背离 MFN，挑起世界上两个最主要贸易大国间持续至今日的贸易战，使得多边贸易体制下 MFN 规则，至少对货物贸易而言名存实亡。这是国际经贸规则最突出之“变”。

WTO 其他实体规则，如国民待遇、贸易救济措施、卫生与植物卫生检疫措施、技术性贸易壁垒措施、海关估价等非关税壁垒规则依然在发挥着调整各国或地区间贸易关系的不可或缺的作用。WTO“多哈议程”有关规则的谈判，[⑦]除了达成“澄清与改进”GATT 第五条“过境自由”规则等实施性《贸易便利化协定》，[⑧]其他

---

① 参见[美]布鲁斯·E.克拉伯：《美国对外贸易法和海关法》，蒋兆康等译，法律出版社 2000 年版，第 144—146 页。

② David Palmeter, *The WTO as A Legal System: Essays on International Trade Law and Policy*, Cameron May Ltd., 2003, p.314.

③ See Ministerial Declaration on Trade in Information Technology Products, Singapore, 13 December 1996. 2015 年扩大《信息技术协定》(ITA)的零关税产品范围。Also see *20 Years of the Information Technology Agreement: Bosting trade, innovation and digital connectivity*, WTO 2017.

④ 现有 GATT 第 24 条项下 RTAs 共 323 个，其中绝大多数是近二十年向 WTO 通报的。数据来源 WTO/RTAs/Database: rtais.wto.org/UI/charts.aspx, visited on October 29, 2022。

⑤ *The Future of the WTO: Addressing institutional Challenges in the New Millennium*, Report by the Consultative Board to the Director-General Supachai Panitchpakdi, WTO 2004, p.19, para.60.

⑥ 中国多次在 WTO 诉告美国违反 MFN 规则，WTO 争端解决专家组于 2020 年 9 月裁决支持中国诉求，驳回美国所谓“公共道德”例外抗辩。See US-Tariff Measures, WT/DS543/R, 15 September, 2020.

⑦ 参见 Doha WTO Ministerial 2001, Ministerial Declaration, WT/MIN(01)/DEC/1, 20 November, 2001, paras.28 - 29, WTO rules。这包括反倾销规则、补贴与反补贴规则(包括渔业补贴)和区域贸易安排规则的谈判。

⑧ *The WTO Agreements: The Marrakesh Agreement Establishing the World Trade Organization and its Annexes*, Cambridge University Press, 2017, pp.321 - 356, Agreement on Trade Facilitation, Entered Into Force on 22 February, 2017.

均一事无成。可以说,这些规则基本维持"不变"。此外,WTO 服务贸易规则(除适用 RTAs 的 MFN)和与贸易有关的知识产权规则(除根据《多哈公共健康宣言》修改有关强制许可规则的第三十一条之二①),也基本"不变"。

应该看到,具有代表性的 RTAs,包括《全面与进步跨太平洋伙伴关系协定》(CPTPP)、《美墨加协定》(USMCA)和《区域全面经济伙伴合作关系协定》(RCEP),在上述 WTO 除 MFN 以外的实体规则基础上"递增"(plus)或新增的规则,形成"不变"中最为引人瞩目之"变"。在此不详述,后文将结合变革的经济基础和政治引导,择要评析。

第二,WTO 程序规则,包括成员间贸易争端解决程序规则和对成员贸易政策的审议程序规则。后者的审议记录不具有约束力,而前者具有准司法的性质,尤其是争端解决专家组的审理与上诉机构的审议以及嗣后有关裁决执行的监督、授权贸易报复等,形成类似于国内的司法机制,或者说,"将国际贸易争端解决程序'法律化'和'司法化'"。②在 WTO 运行的第一个十年,基于《关于争端解决规则与程序的谅解》(DSU)的成员间贸易争端解决机制运行良好。③该机制被认为是"以规则为基础的多边贸易体制的最重要因素之一"④。虽然 WTO 成员希望进一步改进其中一些规则,但是,在 2017 年之前,包括美国在内,没有任何成员要求从根本上改变 WTO 的争端解决程序规则。⑤然而,美国在发起对中国贸易战的同时,于 2018 年 12 月以 WTO 争端解决上诉机构"越权"赋予其报告具有"先例"作用等为由,要求将解决此类问题作为正常遴选该机构成员的前提,⑥实质是阻扰遴选,最

---

① *The WTO Agreements: The Marrakesh Agreement Establishing the World Trade Organization and its Annexes*, Cambridge University Press, 2017, pp. 411 - 412, The Protocol Amending the TRIPS Agreement with A new Article 31 *bis*, entered into force on 23 January 2017.

② Ernst-Ulrich Petersmann, *The GATT /WTO Dispute Settlement System*, Kluwer Law International, 1997, p.64.

③ 1995—2004 年,WTO 争端解决机构通过了 83 份专家组报告、56 份上诉机构报告,对专家组报告执行的 12 项复议,对上诉机构报告执行的 8 项复议,6 项关于授权贸易报复水平的仲裁报告。See Rufus Yerxa and Bruce Wilson ed., *Key Issues in WTO Dispute Settlement: the First Ten Years*, Cambridge University Press, 2005, pp.269 - 289, Annexes I - V, Selected Statistics: the First Ten Years of the WTO.

④ Rufus Yerxa and Bruce Wilson ed., *Key Issues in WTO Dispute Settlement: the First Ten Years*, Cambridge University Press, 2005, p.3.

⑤ WTO"多哈议程"包括"改进和澄清"DSU 的谈判,并在 2003 年 5 月先行结束,以确保尽早实施。该谈判并未如期结束,原因之一是 WTO 成员都不认为"绝对需要改变"规则。参见 Mervyn Martin, *WTO Dispute Settlement Understanding and Development*, Martinus Nijhoff Publishers, 2013, p.125。

⑥ 2018 年 12 月 18 日,美国在 WTO 争端解决机构会议发表有关专家组或上诉机构报告的先例价值的声明。参见 *Statement by the United States on the Precedential Value of Panel or Appellate Body Reports*, https://www.wto.org/english/news_e/news18_e/dsb_18dec18_e.htm[2022-11-30]。

终导致 2020 年 11 月该机构 7 名成员全部空缺而彻底瘫痪。[①]这直接引起整个 WTO 争端解决机制运行的根本变化，即大量被上诉的专家组报告无限期地搁置复议。[②]这不仅是 WTO 争端解决程序基本规则，而且是整个多边贸易规则及其体系最令人担忧之“变”。

（二）国际多边金融规则的“变”与“不变”

与多边贸易体制正面临前所未有的严峻困境，其实体性“首要规则”和程序性基本规则已经或正在发生根本变化相比，以国际货币基金组织（IMF）为核心的多边金融体制下的规则却没有变革的迹象。诚然，该体制曾发生变化，但战后至今近八十年美国发起建立和推动演变的国际货币金融制度一直以美元“霸权”为基础。1944 年 7 月在美国布雷顿森林开会缔结的 IMF 条款，于翌年 12 月生效。该原始条款的第四条规定美元与黄金直接挂钩，并由美国承诺 35 美元兑换 1 盎司黄金的比价，其他国家货币与美元挂钩确定兑换比价，从而形成以美元为中心，旨在实现该第四条规定“促进汇率的稳定体系”之目的。[③]1971 年，美国背弃这一承诺，随后 1978 年修改后的 IMF 条款第四条也取消了美元与黄金挂钩的规定，改为成员国及时向 IMF 通报其汇兑方面的变化，包括成员国选择与 IMF 设立美元等主要国际货币构成组合币值的“特别提款权”（SDR）或其他黄金之外标准相联系的汇率制度。但是，SDR 的组合币值，即计价“篮子”迄今一直以美元为主。从美元与黄金直接挂钩及固定汇率的“布雷顿森林体系”，到如今以美元为主的 SDR 及其构成货币的浮动汇率所致组合币值，[④]该体系之“变”并没有从根本上触动美元“霸权”之“不变”地位。

同样，与美国在多边贸易体制内通过单边加征关税，对 MFN 等 WTO 实体法的“首要规则”和争端解决的基本规则构成颠覆性挑战形成鲜明对比的是，在基于 IMF 的多边金融体制下，美国千方百计维护其美元“霸权”地位。根据《国际货币基金协定（第一部分）》第十五条第二款，SDR 计价方法应由基金以总投票权 70％的多数票决定，但是，SDR 的构成货币占比变化需要 85％多数票。按照该协定第三条所附原始配额，美国配额占总配额超过 30％。经过每五年对配额的审核

---

① 参见 Farewell Speech of Appellate Body Member Prof. Dr. Hong Zhao，30 November 2020，https://www.wto.org/english/tratop_e/dispu_e/farwellspeechhzhao_e.htm[2022-11-30]。

② 现有 24 起待复议的专家组报告：https://ww.wto.org/english/tratop_e/dispu_e/appellate_body_e.htm[2022-11-30]。

③ Articles of Agreement of the International Monetary Fund(IMF)，July 22，1944，726 U.N.T.S. 266.

④ SDR 最初构成货币共 16 种，美元占比 33％。参见王贵国：《国际货币金融法》（第 3 版），法律出版社 2007 年版，第 107 页。如今由美元、欧元、日元、英镑和人民币组成，美元占比 43.38％。See IMF Press Release No.22/281，July 29，2022.

及必要调整，最近的2010年第14次审核并于2016年生效的调整，美国占比仍高达17.43%。相应地，其投票权占比16.50%，[①]实质上独家对IMF需要85%多数票通过的重大事项仍拥有否决权。这就是多边金融规则，亦即美国竭力维护其美元“霸权”地位的依据之“不变”。

（三）国际投资规则的“变”与“不变”

与上述国际多边贸易和金融规则及其体系分别具有GATT、WTO的组织“宪章”[②]和IMF条款那样的多边协定不同，国际投资规则缺少全面性多边基础条约，因而是相对“不完全”[③]的体系。自从二十世纪五十年代出现BITs以来，全球有3288项双边投资协定（BITs），[④]至今始终没有一项多边投资公约。[⑤]与投资有关的《多边投资担保机构公约》（MIGA）和《解决国家与他国国民间投资争端公约》（ICSID）均为世界银行发起缔结，两公约项下的机构也属于世界银行集团成员；WTO下《与贸易有关的投资措施协定》（TRIMs），是WTO“一揽子”协定之一，因此不同于多边贸易和金融领域，国际投资规则缺乏自成一个多边体系的性质和地位。这可以说是国际投资规则体系之“不变”。

然而，BITs作为国际投资规则的主要载体，与近年来CPTPP、USMCA和RCEP等为代表的RTAs中促进投资与保护的规则相互交织，引发许多新的变化。譬如，有利于可持续发展的投资规则已成为BITs和RTAs投资部分的主要条款。中国与土耳其《关于相互促进和保护投资协定》第四条一般例外包括“为保护人类、动物或植物的生命或健康，或为保护环境而设计和采取的措施”[⑥]。CPTPP进一步规定：任何缔约方不得阻止另一缔约方采取其“认为对保证在其领土内的投资活动以积极考虑环境、卫生或其他监管目标的方式开展所适当的任何措施”[⑦]。又

---

① IMF Quota and Governance Reform-Elements of an Agreement, October 31, 2010, p.12, p.17.第15次审核（2016—2020年）未作调整。

② WTO的组织“宪章”就是《建立WTO协定》。该协定及其附件“一揽子”协定，参见《世界贸易组织乌拉圭回合多边贸易谈判结果法律文本》（中英文对照），法律出版社2000年版，第3—382页。

③ 参见Régis Bismuth, Dominique Carreau, Andrea Hamann, Patrick Juillard, *Droit international économique*, 6e edition, LGDJ, 2017。该书第1版（1978年）就提出国际投资体系的“不完全性”观点，该体系的这一特点至今未改变。

④ 联合国贸易与发展会议：《2022年世界投资报告：国际税收改革和可持续投资》，2022年6月。

⑤ 参见余劲松主编：《国际投资法》（第4版），法律出版社2014年版，第221—222页。

⑥ 《中华人民共和国政府和土耳其共和国关于相互促进和保护投资协定》（2015年7月29日签署，2020年11月11日生效）。

⑦ 《全面与进步跨太平洋伙伴关系协定》（CPTPP）文本（含参考译文），第9.16条。中华人民共和国商务部网，sms.mofcom.gov.cn/article/cbw/202101/20210103030014.shtml[2022-11-30]。

如,投资便利化也已成为 BITs 和 RTAs 投资部分规定的规则。中国与加拿大《关于促进和相互保护投资的协定》第十七条第二款规定:“对于与投资准入条件相关的法律、法规与政策,包括申请与注册程序、评估与审批标准、处理申请及作出决定的时间表,以及对决定的复议或申诉程序,每一缔约方均应确保能够为另一缔约方投资者所知悉。”①RCEP 关于投资便利化的国内履约义务首先就是“在遵守其法律法规的前提下,每一缔约方应当努力便利缔约方之间的投资,包括通过:(一)为各种形式的投资创造必要的环境;(二)简化其投资申请及批准程序;(三)促进投资信息的传播,包括投资规则、法律、法规、政策和程序;以及(四)设立或维持联络点、一站式投资中心、联络中心或其他实体,向投资者提供帮助和咨询服务,包括提供经营执照和许可方面的便利”②。WTO 谈判中的《投资便利化协定》也包括改善投资措施的透明度和可预见性、行政程序及要求的简约和加快等内容。③这些规则之“变”是国际投资法现代化的趋势。诚然,“目前还看不出对投资问题的全面性多边解决”,④但是,诸如此类国际投资规则的变化将越来越多。

通览上述国际经贸规则的“变”与“不变”,可见当今国际贸易、金融、投资三大领域的规则及其完全或不完全的体系,都是第二次世界大战后以美国等西方发达国家为主制定的,有其相应的经济基础。其中部分规则的“变”与“不变”,也有其经济基础的缘故。二十世纪七十年代,联合国大会曾连续召开特别会议,广大发展中国家要求“建立新的国际经济秩序”⑤,包括国际贸易中“原料和初级商品同贸易和发展有关的基本问题”、国际金融方面的“国际货币制度和对发展中国家的发展资助”和国际投资领域“对跨国公司的活动的管理和控制”。⑥然而,近半个世纪过去了,当年的要求多半没有实现,其中的经济基础因素值得深思。2015 年联合国成立七十周年时通过的《变革我们的世界:2030 年可持续发展议程》不得不承认:世界上“几十亿公民仍然处于贫困之中,生活缺少尊严。国家内和国家间的不

---

① 《中华人民共和国政府与加拿大政府关于促进和相互保护投资的协定》(2012 年 9 月 9 日签署,2014 年 10 月 1 日生效)。

② 《区域全面经济伙伴关系协定》(RCEP)第 10 章第 17 条。载中国自由贸易区服务网:fta.mofcom.gov.cn/rcep/rcep_new.shtml[2022-11-30]。

③ 参见 Joint Ministerial Statement on Investment Facilitation for Development, WT/MIN(17)/59, 13 December 2017。

④ Rudolf Dolzer and Christoph Schreuer, *Principles of International Investment Law*, Oxford University Press, 2012, p.7.

⑤⑥ 联合国大会第六届特别会议决议:《建立新的国际经济秩序宣言》,联合国大会第 3201(S-VI)号决议,1974 年 5 月 1 日通过。

平等在增加"[①]。值得注意的是,该议程所用"变革"一词的英文是"transforming",含有"变化""改变"的中性意义,而无"革命"或"根本变化"之义。上述"变"与"不变"是相对而言,其中之"变"也有程度之分,如演进式的渐变。对于具体规则的变革或重构,都必须进行更细致、深入的研究。本文的基本判断限于初步的评估。

二、国际经贸规则变革的经济基础

(一) 思考国际经贸规则变革问题的理论依据及其历史实证

国际经贸规则变革是世界百年未有之大变局的一个组成部分。"世界之变、时代之变、历史之变正以前所未有的方式展开"。[②]说到底,这是人类社会之变。马克思在1859年《〈政治经济学批判〉序言》中阐述了经济基础决定上层建筑,后者对前者具有反作用的唯物史观。这堪称人类社会的"牛顿定律"。"我们判断一个变革时代也不能以它的意识为根据;相反,这个意识必须从物质生活的矛盾中,从社会生产力和生产关系之间的现存冲突中去解释。"[③]其中,生产力是生产关系的基础。这是本文思考国际经贸规则变革问题的理论依据。

马克思主义的唯物史观批判地吸收了先前古典经济学,包括亚当·斯密(Adam Smith)的政治经济学精华。斯密在撰写《国富论》之前,曾在大学里讲授"法理学"(jurisprudence)。他认为:"法理学是政府应以此为指导的各种规则的理论。它试图说明在不同的国家、不同的政府体系的基础,以及如何基于理性。我们将发现每一种政府的设计都包含四个方面。"[④]其一,"正义"(justice),即每个人可以合法地取得和拥有财产。市场经济是以财产所有制为基础的。这也是他写《国富论》并研究藏富于民的缘故。其二,"警察"(police),即政府对经济生活的管制。政府就像警察管理公共交通,保障市场的正常运行。这是国内秩序的安全。其三,"岁入"(revenue),即政府的运行需要的费用。政府存在是为了保护个人的财产权和对市场经济的必要管理,因而个人应向国家纳税,承担政府成本。其四,"军备"(arms)。"如果政府不能保卫国家不受外来侵害和攻击,再好的警察也无法保障安全,因此,第四件事是考虑根据法律说明各种军备的利弊得失,以及常备军的组成

---

① 联合国大会决议:《变革我们的世界:2030年可持续发展议程》,A/RES/70/1,2015年9月25日,第14段。

② 习近平:《高举中国特色社会主义伟大旗帜　为全面建设社会主义现代化国家而团结奋斗——在中国共产党第二十次全国代表大会上的报告》(2022年10月16日),《人民日报》2022年10月26日第1版。

③ [德]马克思:《〈政治经济学批判〉序言》,载《马克思恩格斯选集》第2卷,人民出版社2012年版,第3页。

④ Adam Smith, *Lectures on Jurisprudence*, Liberty Fund, 1982, p.5.

等问题。然后将考虑国际法,这包括一个独立社会向另一个独立社会提出的要求,外侨的特权及宣战的合适理由。”①斯密所说的四个方面,从国内法到国际法,包含了现代资本主义经济催生了财产私有制、市场经济自由要求有限的政府管制及其税赋、国家对本国公民的海外经贸活动之必要保护,包括军事手段等思想。马克思的《政治经济学批判》认为首先应研究这些国内法和国际法的经济基础,“即有法律的和政治的上层建筑竖立其上并有一定的社会意识与之相适应的现实基础”。②如果说斯密阐明了资本主义经济体制的法律、政治关系,马克思则揭示了这些法律、政治等国家上层建筑与经济基础的关系。

人类社会有文字记载的文明史已数以千年。但是,通常以 1648 年《威斯特伐利亚和约》为起点的欧洲国际关系,③逐步演进至今的全球性国际关系,相应的国际社会历经不到四百年。人类以国家的政治形态组成国内社会,其经济基础与法律等上层建筑之间“牛顿定律”式的关系,早已得到历史的证实。譬如,公元前 594 年著名的“梭伦改革”(Solon's reform)④导致之前氏族制度的崩溃和新的城邦式雅典国家产生,其根源在于当时“货币的胜利进军”,⑤亦即商品经济的发展。历史有惊人相似之处。公元前 356 年,中国战国时期为后来一统皇朝——秦朝奠定法制基础的“商鞅变法”,⑥其经济根源在于“商业勃兴,社会人士为生计压迫,就做出许多不同的动作,使生活状况日趋复杂”⑦。又如,欧洲文艺复兴时期最著名的两个城市共和国——威尼斯和佛罗伦萨,前者是当时“全世界的商业交易”中心,后者“称得起是世界上第一个近代国家”。⑧尤其威尼斯“最高的目的则是生活和权力的享受、继承下来的利益的增加、最获利的工业体制的建立和新的商业途径的开辟”⑨。显然,欧洲近代国家建立在早期资本主义经济的基础上。

以主权平等的国家为主体而形成的国际社会没有国内社会的国家体制。如何

---

① 前引 Adam Smith, *Lectures on Jurisprudence*, pp.398 - 399。

② 前引马克思:《〈政治经济学批判〉序言》,第 2 页。

③ 参见王绳祖主编:《国际关系史》(十七世纪中叶——九四五年)(第 2 版),法律出版社 1986 年版,第 3 页。

④ 参见 Aristotle, *The Athenian Constitution*, Penguin Books, 1984, p.42。梭伦改革“创立一个新的宪法、制定了一些新的法律”。

⑤ [德]恩格斯:《家庭、私有制和国家的起源》,载《马克思恩格斯选集》第 4 卷,人民出版社 2012 年版,第 119 页。

⑥ 山东大学《商子译注》编写组编:《商子译注》,齐鲁书社 1982 年版,第 1—4 页,“更法第一”。

⑦ 杨鸿烈:《中国法律发达史》(上),上海书店出版社 1990 年版,第 72 页。

⑧ [瑞士]雅各布·布克哈特:《意大利文艺复兴时期的文化》,何新译,商务印书馆 1979 年版,第 61、72 页。

⑨ 同上书,第 68 页。

理解作为国际社会上层建筑的国际经贸规则与相应国际社会的经济基础，以及相互间的决定关系与反作用，值得探讨。

与现代国际法相关的国际社会起初由欧洲地区国家所组成，随着西欧国家乃至整个欧洲向世界其他地区的势力扩张，逐步形成了全球性国际社会。"欧洲人凭借其在海外活动中的领导能力，上升到世界首位。在这些世纪，某些全球性相互关系自然随时间推移而更加紧密起来。"①在国际法学说中，格劳秀斯认为国际社会及其国际法涉及"那些没有被国内法共同纽带联结在一起的人们之间的争端，要么与战争时期有关，要么与和平的年代有关"②。著名国际法学者菲德罗斯(Alfred Verdross)等人也认为国际法的前提是"各国并不是孤独地相互并存着，而是结合成为一个社会"③。罗马法有谚语"有社会，就有法"(*Ubi societas, ibi jus*)，也可以说，"有法，就有社会"，有国际法，就意味着存在"国际社会"(international community)。④

那么在十七世纪上半叶的国际社会，格劳秀斯创立的国际法学说及其影响下的欧洲国际法是基于什么经济基础呢？格劳秀斯研究国际法的起因是当时已摆脱西班牙的宗主统治并取得事实上独立地位的荷兰，因在欧洲大陆上的商业活动遭到西班牙等封杀，不得不远渡重洋到东南亚乃至中国从事商业冒险。由于从欧洲到亚洲的海上航线早已被与西班牙结盟的葡萄牙控制，因此荷兰与其发生冲突。为了阐明荷兰与欧洲其他主权国家一样享有在海上"公路"(high road)⑤自由航行的权利，格劳秀斯吸取古希腊罗马调整以个人为民事主体的法律关系的自然法思想和罗马法学说，将之创造性地运用于世俗国家为主体的新型国际关系，从而奠定了现代国际法的理论基础。这说明现代国际法的产生最初与欧洲国家的海外贸易有关。在葡萄牙捷足先登，开辟经海上与亚洲，尤其与中国的贸易通道之后，荷兰向葡萄牙的海上贸易垄断挑战，将欧洲国家间的商业竞争扩展到亚洲。其背后的经济原因就是"欧洲有一个强大的推动力——一个牟利的欲望和机会、一个使牟利

---

① S. Stavrianos, *The World Since 1500: A Global History*, Englewood Cliffs, Second edition, 1966, p.161.

② [荷兰]雨果·格劳秀斯:《战争与和平法》(第1卷)，马忠法等译，上海人民出版社2022年版，第39页。

③ [奥]阿尔弗雷德·菲德罗斯等:《国际法》(上册)，李浩培译，商务印书馆1981年版，第15页。

④ E. Lauterpacht ed., *International Law being the collected papers of Hersch Lauterpacht*, Vol.I, the General Works, Cambridge University Press, 1970, p.28.

⑤ 格劳秀斯认为海上航线如同"公路"，应对任何人、任何国家开放。现代海洋法上"公海"(high seas)一词由此演变而来。参见 Hugo Grotius, *The Freedom of the Seas, or the Right Which Belongs to the Dutch to Take Part in the East Indian Trade*, translated by Balph Van Deman Magoffin, Oxford University Press 1916, p.10。

得以实现的社会和体制结构”①。这就是早期资本主义的推动力。可见，现代国际法产生以当时欧洲资本主义兴起和发展为经济基础，而公海航行自由和平等国家间贸易自由的国际法规则又对欧洲资本主义经济对外扩张起到了极大反作用。

二十世纪初，随着欧美各国以其经济技术和政治文化优势在世界各地确立其统治地位或影响力，欧美地区的国际法走向全世界。英国著名国际法学者奥本海于 1905 年、1906 年先后出版了《国际法》两卷本。其鲜明的特点首先是明确“论述现有的国际法，而不论及应有的国际法”②。也就是说，当时的国际法已不再讨论自然法意义上的道德基础，而是将国际法界定为“文明国家在其互相交往中被认为具有法律拘束力的习惯与条约规则之总和”③。当时的“文明国家”(civilized states)是指欧洲和北美地区的工业化国家，加上明治维新后“脱亚投欧”的亚洲日本。对此，1900 年美国最高法院有关捕获法案件的判决列举英国、法国、德国、美国、荷兰等，并提及日本在与中国的甲午战争中宣布渔船是捕获的例外，认为日本是“最后一个被承认列入文明国家”④。这可视为是奥本海《国际法》所说“文明国家”的注解。在国际法走向全世界的同时，在世界范围内划定适用国际法的类似俱乐部的做法，在第一次世界大战之后的 1919 年凡尔赛会议上体现得淋漓尽致。参会的战胜国分为“主要协约及参战国”和“其他协约及参战国”。⑤前者包括除战败的德国外的主要工业化国家(美国、英国、法国、意大利和日本)，后者包括中国等非工业化国家。二者的国际法地位是不平等的。这种俱乐部式国际法与当时国际社会的经济基础密切相关。通过十九世纪下半叶延续到二十世纪初的第二次工业革命，欧美工业化国家和日本各自向世界各地扩张势力，形成了以欧洲和美国为中心的世界经济⑥(实质是帝国主义经济)。英国、美国、法国、德国、荷兰等主要的国际贸易强国在国际关系上占支配地位。它们之间的市场竞争是引起相互冲突乃至战争的经济根源。第一次世界大战之后虽有《非战公约》，⑦但国际法上传统的“诉诸战争权”并没有被有效地禁止。这对于主要适用当时国际法的俱乐部各国间恶性

① [美]斯塔夫里阿诺斯：《全球通史——1500 年以后的世界》，吴象婴、梁赤民译，上海社会科学院出版社 1992 年版，第 32 页。

② L. Oppenheim, *International Law*, Vol.I. Peace, Longmans, Green, and Co., 1905, p.ix.

③ Idid., p.2.

④ *The Paquete Habana*, 175 U.S. 677(1900), at 700.

⑤ 《协约及参战各国对德和约》(又称《凡尔赛条约》)，载《国际条约集(1917—1923)》，世界知识出版社 1961 年版，第 72 页。

⑥ [英]杰弗里·巴勒克拉夫主编：《泰晤士世界历史地图集》，三联书店 1985 年版，第 256—257 页。

⑦ 《非战公约》(1928 年 8 月 27 日)，载《国际条约集(1924—1933)》，世界知识出版社 1961 年版，第 373—374 页。

竞争起到了加剧的反作用，从而很快引发第二次世界大战。

综上，十七世纪初到二十世纪上半叶，在欧美国家为主的国际社会，资本主义经济从兴起、发展，到以海外殖民地或势力范围为基础的帝国主义经济，相应地，从主要适用于欧洲国家的国际法，发展到以工业化国家为主的俱乐部式国际法。前者决定后者，后者在不同时期、不同程度上对前者具有反作用。

（二）当代国际经贸规则形成和变化的经济基础

上述当今国际贸易、金融和投资三大领域的规则及其完全或不完全的体系，在近七十多年期间，其形成和变化，或者说“变”与“不变”，都有一定经济基础。从唯物史观来看国际法范畴的国际经贸规则变革，首先是经济基础决定上层建筑的客观性，其次是后者对前者反作用的主观能动性，亦即，国际经贸规则变革的政治引导，留待下文论述。

第二次世界大战之后由联合国组成的国际社会，就国家主体数量及其地位的平等性而言，发生了很大乃至根本的变化。从 51 个创始会员国到如今 193 个会员国，构成国际社会大家庭。战后随着日益重视对个人的人权保护，像美国著名国际法学者杰瑟普教授那样的学者，虽然主张个人应取得国际法主体地位，但也认为“国际社会由国家所构成，只有国家意志经条约或协定表示，或国际权威机构根据国家授权而制定的条约或协定，法律规则才约束个人”①。根据《联合国宪章》第四条第一款，除了创始会员国，“凡其他爱好和平之国家，接受本宪章所载之义务，经本组织认为确能并愿意履行该项义务者，得为联合国会员国”。该条件不论国家的经济社会发展水平，也不涉及各国文化、宗教、政治制度。联合国大会投票，每个会员国都只有一个投票权。各会员国主权平等，不再像以前那样划分为“文明国家”俱乐部成员与否。然而，联合国安全理事会五个常任理事国，各自都拥有其他非常任理事国所没有的一票否决权。虽然根据《联合国宪章》第二十四条第一款规定，这是会员国授权所为，但是，它体现了大国主导国际社会事务的特征。这就是战后延续至今的当代国际法。当代国际经贸规则的形成和变化与这一特征密切相关。

战后美国主导形成的国际贸易和金融规则及其体系依赖于其经济实力。1948 年美国货物贸易额 207.34 亿美元，占世界总额 17.1%，其中出口额 126.53 亿美元，占比更是高达 21.6%，而位居第二的英国占总额 6.6%；出口占比 11.2%；②如前所

---

① Philip C. Jessup, *A Modern Law of Nations: An Introduction*, the Macmillan Company, 1948, p.17.

② *Statistics on Merchandise Trade*: https://www.wto.org/english/res_e/statis_e/merch_trade_stat_e.htm[2022-11-05].

述,IMF 的原始配额(1944 年),美国配额占总配额超过 30%,而同样位居第二的英国占比不到 14%;可见,美国占据绝对优势地位。

就国际贸易规则及其体系的变化而言,从 1948 年临时生效适用的 GATT 到 1995 年正式成立的 WTO 及其“一揽子”协定的演变,再到如今其 MFN 和争端解决机制之变,多边贸易体制陷入前所未有的困境,其中的经济基础之“变”起到了决定性作用。“二战”后世界经济的发展大致经历了三个阶段。第一,“国际经济”(international economy)阶段(“二战”后至六十年代)。在五十年代初,国际货物贸易总量占世界生产总值的比例只有 7%,贸易多限于原料或成品,投资主要是为了建立海外子公司,因而绝大多经济活动仍限于国内。第二,“全球经济”(global economy)阶段(七十年代至八十年代)。七十年代后,尤其是八十年代,信息和通信技术的迅速发展,促使全球化经济的形成,跨国大公司直接进入各国国内市场,促进了全球性市场的延展,国际货物贸易总量占世界生产总值的比例从 1973 年的 25%上升到 80 年代末的 31%。第三,“无边界经济”(borderless economy)阶段(九十年代至今)。随着国际互联网的兴起,信息产业迅猛发展,全球经济更趋一体化。1995 年 WTO 的成立正当其时,此后全球化程度有增无减。2021 年国际货物贸易总量(44 万亿美元)占世界生产总值(96.1 万亿美元)之比约为 46%。[①]WTO 多边贸易规则体系作为国际社会的上层建筑,顺应“无边界经济”的需求,体现了国际社会中贸易与生产关系方面经济基础的变化。

然而,与近些年出现的“逆全球化”(deglobalization)相伴,该规则体系面临极大挑战,已经和正在发生一些倒退性之变。追根寻源,在国际货物贸易和世界生产的总量这些属于国际社会的经济基础方面,中国所占比重显著上升,日益逼近美国,引起国际经贸关系的力量对比变化。譬如,以国民生产总值、国际货物贸易总量及其占世界总量(均为万亿美元)之比为例,2010 年中国分别为 5.88(8.8%)、2.97(9.68%),美国分别为 15.05(22.6%)、3.25(10.58%),2021 年中国分别为 17.73(18.44%)、6.05(13.62%),美国分别为 23.32(24.26%)、4.69(10.56%)。[②]这使得美国唯恐被中国进一步全面超越,而千方百计遏制中国,包括在多边贸易体制内挑起与中国之间史无前例的贸易战,与 MFN 规则完全背道而驰,并对 WTO 上诉机构审理包括美国与中国之间涉及国有企业的贸易争端及其裁决表示不满,而

① 前三个阶段的说法及其第一阶段数据,参见 Charting the Trade Routes of the Future: Towards A Borderless Economy. WTO News(25 September, 1997): https://www.wto.org/english/news_e/pres97_e/pr77_e.htm, visited on November 6, 2022。第二、第三阶段数据分别来源, WTO Statistics on Merchandise Trade; World Bank Data: https://data.worldbank.org/indicator/NY.GDP.MKTP.CD?locations=1W[2022-11-06]。

② 数据来源 WTO Statistics on Merchandise Trade, World Bank Data。

蓄意搞垮该机构。诚然，上述国际货物贸易总量与世界生产总值之比表明，“逆全球化”实际上并没有改变全球经济一体化的趋势。有学者认为，“逆全球化”只是美国企图“重塑全球规则”的策略。[①]但同时也应看到，美国等也确实正在采取诸如《芯片和科学法案》[②]此类旨在与中国经济“脱钩”的“逆全球化”措施。

就国际金融规则及其体系的变化而言，从1944年将美元等同于黄金的“布雷顿森林体系”，到如今以美元为主的SDR计价“篮子”，虽然“布雷顿森林体系”已不复存在，但是如前所述，美国在IMF拥有的唯一否决权和美元在该“篮子”占比43.38%，以及作为主要国际结算工具，使其金融霸权地位得以“不变”。这固然与其滥用霸权，强化其地位有关，然而美国的国民生产总值和高科技产业等综合经济实力仍高居世界第一，构成国际金融规则及其体系一时难以改变的经济基础。

在不完全体系中的国际投资规则之“变”，除了在BIT和RTAs中有利于可持续投资和投资便利化规则日益增多的变化，还要特别注意的是美国极力推进诸如“履行要求”(performance requirements)此类递增或新增规则。譬如，相比WTO《与贸易有关的投资措施协定》下国民待遇、普遍取消数量限制的要求，USMCA规定任何缔约方，对另一缔约方或非缔约方投资者在其境内投资的设立、取得、扩大、管理、运营，经营或出售，或其他处置，不得施加或执行任何要求，或执行任何承诺或保证九类要求，递增或新增了“向境内人转移特定技术、生产工艺或其他专有知识”“通过行使缔约方非司法机构职权对许可合同的直接干涉”等禁止性要求，从货物相关投资扩展到服务领域。[③]

可以说，战后国际经贸规则，尤其是多边贸易和金融体系由美国为主创制。即便BITs最早由欧洲国家采用，[④]但美国自二十世纪五十年代初期起就在原有的友好通航通商条约之外，与一百多个国家陆续另行签订了投资保证协定，[⑤]并在世界银行下发起建立了以保护发达国家在发展中国家的投资为宗旨的MIGA[⑥]和

---

① 车丕照：《是“逆全球化”还是在重塑全球规则》，《政法论丛》2019年第1期。

② The CHIPS and Science Act, Public Law No.117－167, entered into force on August. 9, 2022.该法案“禁止联邦促进基金的接受者在特定国家建立新的先进半导体工厂”(Sec.103 Semiconductor Incentives)，实际上针对的是中国。

③ USMCA Chapter 14 Investment 文本：https://ustr.gov/sites/default/files/files/agreements/FTA/USMCA/Text/14-Investment.pdf, visited on November 8, 2022. Article 14.10。

④ 战后第一项BIT是德国与巴基斯坦于1959年签订。参见 Treaty for the Promotion and Protection of Investment, Germany-Pakistan, November 25, 1959。

⑤ 参见陈安：《美国对海外投资的法律保护及典型案例分析》，鹭江出版社1985年版，第10页。

⑥ 美国在MIGA的一类股份中拥有20.519亿SDR，占总额(59.473亿SDR)34.5%。参见 Multilateral Investment Guarantee Agency(MIGA), October 11, 1985, Schedule A/Category One。

ICSID①。美国的经济实力奠定了其在战后至今国际社会的经济基础的地位。然而，近二十年来，中国的经济实力迅速增强，正在并将继续改变着经济基础方面的力量对比。这是国际经贸规则及其体系中诸多“变”与“不变”的经济根源。国际社会的经济基础之“变”，或迟或早地将推动其上层建筑之“变”，就本文而言，将引起国际经贸规则的变革。按照经济基础决定上层建筑、后者对前者具有反作用的唯物史观，对国际经贸规则变革的政治经济学思考，有关经济基础之“变”与“不变”的研究，是第一位的。

三、国际经贸规则变革的政治引导

（一）政治引导对经济基础的反作用与国际经贸规则变革

唯物史观揭示了人类社会、文明形态和国家产生与发展的“牛顿定律”式客观规律，并指出了法律、政治等上层建筑对生产力与生产关系构成的经济基础之变化的反作用。这是事物发展的辨证过程。上文基于对国际经贸规则“变”与“不变”的客观评估，通过对战后至今国际社会的经济基础中美国的经济实力以及近年来中国经济地位的显著上升之分析，认为这从根本上决定了国际经贸规则及其体系的“变”与“不变”。下文将进一步思考现行国际经贸规则及其体系作为当今国际社会上层建筑的组成部分，对经济基础演变的反作用，尤其是在上层建筑范畴下有关国际经贸规则变革的政治主张，对相关变革的引导及其对国际经贸关系中力量对比变化的传导作用。这些反作用可称为“政治引导”。

不同于国内社会的国家或地区的政府下治理，国际社会没有一个中央化政府。当今国际社会的治理取决于各国或地区的相关主张及一定的共识。其中，在国际社会的经济基础中占主要或重要地位的某个或某些国家或地区的政治引导，极为重要。著名国际法学者路易斯·亨金（Louis Henkin）认为：“国际法是国际政治的规范表述，这种国际政治将国家作为基本的构成实体。任何法律体系无不反映政治体系中的政治主张；国际法则反映了国家间体系的政治主张。”②在这个意义上，政治是先导，规则或法律是保障。

与战后世界经济发展的三个阶段大致吻合，美国对外经贸政策（政治主张）也有相应演变，对相关国际经贸规则及其体系的变革具有政治引导性。在战后初期

---

① ICSID隶属世界银行，美国在世界银行的原始股份总额占比34.89%。参见 Articles of Agreement of the International Bank for Reconstruction and Development (World Bank), July 22, 1944, 2 U.N.T.S 39, Schedule A。

② ［美］路易斯·亨金：《国际法：政治与价值》，张乃根等译，中国政法大学出版社2005年版，第5页。

的“国际经济”阶段，美国凭借其超强的综合经济实力，致力于为其产品销售、海外投资等开辟更多的世界市场，并为此提供稳定的国际金融“公共产品”（等同于黄金的美元）。当时美国在对外经贸活动中主张多边主义，将 1934 年至 1945 年间与其他国家签订的 32 项双边互惠贸易协定，通过普遍 MFN 多边化，缔结 GATT，表明当时“美国还是很支持 GATT 的无条件最惠国待遇条款所包含的多边主义和非歧视性原则”①。IMF 的宗旨之一是“协助会员国建立会员国间经常性交易的多边支付制度，并消除阻碍国际贸易发展的外汇管制”②。无论是以美元与黄金挂钩为核心的“布雷顿森林体系”，还是该体系崩溃后以美国为主的 SDR 估价“篮子”，国际货币金融规则体系均以多边化为特征。如此多边化，当然有利于世界市场上有更多的美国货，更多地以美元作为支付手段。因此在战后前二十年，美国的货物出口量一直保持全球第一，且占世界出口总量的比例很高，从五十年代初占比 16.1％到六十年代初 15.04％，③远高于其他任何国家。

在进入“全球经济”的七十年代中期，随着战后欧洲（尤其德国）和日本的经济恢复以及中东石油出口大国的崛起，美国的出口优势明显地相对被削弱，1975 年占比下降为 12.4％，而德国、日本的占比则分别上升为 10.3％、6.36％，中东地区占比 8.09％。④世界贸易总量持续增长和美国占比相对下降，美元的支付地位也受到极大冲击。这必然导致“布雷顿森林体系”的崩溃，但是，美国的多边主义对外经贸政策没有改变。美国《1974 年贸易法》授权总统依照 GATT“关于促进一个开放、非歧视性和公平的世界贸易体系的形成，则采取必要行动签署和实施贸易协定（主要指 GATT）”⑤。根据该法授权及国会批准有关条约的“快车道”程序，美国在七十年代、八十年代连续发起多边贸易的东京回合和乌拉圭回合谈判，最终促成了 WTO 及其“一揽子”协定。《建立 WTO 协定》以“建立一个完整的、更可行的和持久的多边贸易体制”⑥为宗旨，这正是上述美国国会授权要求达到的目标。

在 WTO 成立后的初期，也就是世界经济进入“无边界”阶段，美国作为创建全

---

① John H. Jackson, *The World Trading System: Law and Policy of International Economic Relations*, Second Edition, The MIT Press, 997, p.169.

② Articles of Agreement of the International Monetary Fund (IMF), July 22, 1944, 726 U.N.T.S. 266, Article 1(iv).

③ 数据来源 WTO statistics on merchandise trade。1950 年、1960 年美国出口量/世界出口总量分别为 99.93/620.4 亿美元、196.26/1304.6 亿美元。

④ 数据来源 WTO statistics on merchandise trade。1975 年世界出口总量为 8769 亿美元，美国、德国、日本和中东地区分别为 1088 亿美元、901.76 亿美元、558.19 亿美元和 710.2 亿美元。

⑤ Trade Act of 1974, Public Law 93-618, Sec.121.

⑥ 《世界贸易组织乌拉圭回合多边贸易谈判结果法律文本》（中英文对照），法律出版社 2000 年版，第 4 页。

球互联网的国家,竭力推动全球经济一体化。正如美国著名的 WTO 法学者杰克逊教授当时指出的:“难以否认一些正在发生的根本变化影响到包括国际经济法在内的国际法学理的演变。”①显然,这一政治引导下的国际经贸规则及其体系的构建符合美国的根本利益。在新千年之初,美国的国民生产总值和货物贸易量依然高居全球第一。②这体现了国际社会的上层建筑,尤其是法律、政治对经济基础的反作用。

2001 年中国加入 WTO 后,以不断深化改革和扩大开放作为国策,积极参与全球经济一体化,敢于、善于在美国等主导的多边经贸体制内“与狼共舞”,国际货物贸易量迅速增长,国民生产总值逐年稳步增加,很快超越或逼近美国等发达国家。这是改变国际社会经济基础的发展。为了遏制中国的进一步发展,以免危及美国的霸权地位,美国调整其对外经贸政策。2016 年修订的《1974 年贸易法》充分体现其“政治引导”的方向改变。根据该法,“如果总统决定双边贸易协定可更有效地促进美国经济增长和充分就业,根据第 101 节和第 102 节之谈判目的就应促成双边贸易协定。此类贸易协定应以互惠经济利益为条件”。③近年来美国的实际做法充分表明其对外经贸政策的重点从多边主义转向双边主义,或者通过非多边的 RTAs 谋求其利益最大化,甚至肆无忌惮地推行单边主义。这种“负向”(negative orientation)的反作用究竟效果如何?上述国际经贸规则及其体系的诸多“变”与“不变”,既有国际社会的经济基础的决定作用,也与这种政治引导及法律保障的反作用有关。然而,从前述近年来中美之间的贸易地位和经济实力变化来看,美国难以遏制中国进一步发展。中国主张的全球治理方案起着“正向”(positive orientation)引导国际社会上层建筑的反作用,并有助于中国在国际社会经济基础的比重进一步增长。尽管目前美国的综合国力依然是全球第一,其美元霸权地位也尚难以撼动,但是,2012 年中国超越美国,并在近年来持续稳居货物贸易第一大国,美国的货物贸易总量与中国的差距不断扩大,同时,中美两国的国民生产总值差距缩小。在可预见的未来,在国际社会上层建筑范畴的国际经贸规则变革方面,这种“正向”与“负向”的政治引导“拉力赛”还将继续。

---

① John H. Jackson, Sovereignty, Subsidiarity, and Separation of Powers: The High-Wire Balancing Act of Globalization, at Daniel M. Kennedy and James D. Southwick, ed., *The Political Economy of International Trade Law: Essays in Honor of Robert E. Hubec*, Cambridge University Press, 2002, p.14.

② 数据来源 WTO statistics on merchandise trade; World Bank Data。2000 年美国、德国和日本的货物贸易占世界货物贸易总量之比分别为:15.5%,8%和 3.2%;三国国民生产总值(亿美元)分别为:美国 98247,日本 47661,德国 18752。

③ Trade Act of 1974, Public Law 93-618, Sec.105. Bilateral Trade Agreements.

（二）全球治理的中国方案及其引导作用与国际经贸规则变革

面对世界百年未有之大变局，中国在着力推动国内高质量发展、坚持深化改革、推进高水平对外开放的同时，提出了推动构建人类命运共同体及全球发展倡议和全球安全倡议等一系列全球治理方案，并积极参加全球治理体系改革和建设，践行共商共建共享的全球治理观。中国在实施“一带一路”（B&R）倡议、发起成立亚洲基础设施投资银行（AIIB）和金砖国家新开发银行（NDB），与俄罗斯联邦及中亚国家等携手共建新型的地区政治安全合作为主的上海合作组织（SCO）等方面，发挥了关键的政治引导作用，对于促进国际经贸规则变革朝着更加公正合理的方向发展，推动国际社会经济基础均衡和可持续的发展而惠及全人类，日益显现“正向”反作用。

推动构建人类命运共同体的中国方案以和平共处、共享普遍安全、合作共赢、文明共存的四“共”为共同体“大厦”的四根“顶梁柱”，以可持续发展为人类在地球上赖以生存的“房顶”，极具可操作性。在这样维系人类共同利益和命运前途的共同体中，各国各地区经济水平相对均衡和可持续发展是构成这一共同体的国际社会经济基础。中国的全球发展倡议是落实推动构建人类命运共同体的经济基础有关方案，包括“发展优先”“以人民为中心”“普惠包容”“创新驱动”“人与自然和谐共生”“行动导向”六大坚持。①中国的全球安全倡议是推动构建人类命运共同体的上层建筑有关方案，包括“坚持共同、综合、合作、可持续的安全观，共同维护世界和平和安全”。②可以说，这两大倡议从经济基础和上层建筑的相互关系上，构成人类命运共同体这辆满载人类对命运前途的希望之车的双轮。双轮驱动的强劲“政治引导”作用力正在日益显现，并具体表现在如下三个方面。

1. 实施“一带一路”倡议与国际贸易、投资规则的变革

中国于2013年提出“一带一路”倡议，旨在“促进沿线各国经济繁荣与区域经济合作，加强不同文明交流互鉴，促进世界和平发展”③，已取得了丰硕成果。2013年至2021年，中国与“一带一路”沿线国家进出口总值由6.5万亿元增长至11.6万亿元，年均增长7.5%，累计货物贸易额近11万亿美元；双向投资超过2300亿美元，基础设施项目纷纷落地，包括非洲蒙内铁路、亚洲中老铁路、以色列海法新港、

---

①　参见习近平：《坚定信心　共克时艰　共建更加美好的世界——在第七十六届联合国大会一般性辩论上的讲话》，《人民日报》2021年9月22日第2版。

②　参见习近平：《携手迎接挑战，合作开创未来——在博鳌亚洲论坛2022年年会开幕式上的主旨演讲》，《人民日报》2022年4月22日第2版。

③　参见国家发改委、外交部、商务部：《推动共建丝绸之路经济带和21世纪海上丝绸之路的愿景和行动》（经国务院授权发布），2015年3月28日发布。

中巴经济走廊；中欧班列累计开行突破5万列，货值达2400亿美元，通达欧洲23个国家180个城市。[①]中国在与沿线国家合作共赢、夯实相关经济基础的同时，已与149个国家签署了“一带一路”政府间合作协议，与30多个国际组织签署了有关合作文件。[②]

“软法”[③]性质的“一带一路”国际法文件与国际贸易和投资规则的变革有一定关联。[④]譬如，“一带一路”倡议的初衷及实施重点之一是促进沿线各国和地区互联互通。2017年生效的WTO《贸易便利化协定》与互联互通密切相关。作为中国与中亚五国共建“一带一路”的重要方面，2022年6月《关于深化“中国+中亚五国”互联互通合作的倡议》签署生效，其中包括“拓展中国同中亚国家‘智慧海关、智能边境、智享联通’合作试点，探讨开展国际贸易‘单一窗口’，电子证书联网等领域的交流与合作”[⑤]。“单一窗口”（single window）是WTO下一项新的国际贸易规则。[⑥]中国最早加入《贸易便利化协定》，并已履行了该项新规则的实施义务。上述互联互通合作倡议，既有利于与WTO成员的中亚国家（如哈萨克斯坦、吉尔吉斯斯坦、塔吉克斯坦）的合作，也有助于尚不是WTO成员的中亚国家（土库曼斯坦、乌兹别克斯坦）在该倡议范围内探索建立“单一窗口”，由此突破WTO的限制，以互联互通的合作为纽带，引导相关国家或地区适用贸易便利化的新规则。

再如，中国与匈牙利“一带一路”谅解备忘录就“推动中匈两国经贸合作，加大相互投资力度，探讨推动实质性互利合作的途径和方法”达成共识，[⑦]在两国已有BITs[⑧]的基础上进一步由政府搭台开展包括铁路、公路、通信等交通通信基础设施规划编制和项目建设等的务实合作，为双方企业合作创造条件，从而将传统的鼓励和保护投资规则扩展到合作共赢的规划和推动投资规则更新。随着“一带一路”的实施，可望形成一个世界性双边互利合作的新型投资规则体系。

---

① 国家统计局：《“一带一路”建设成果丰硕　推动全面对外开放格局形成——党的十八大以来经济社会发展成就系列报告之十七》，2022年10月9日发布。

② 参见联合国经济与社会事业部：《携手合作，共享美好未来——“一带一路”倡议支持联合国2030年可持续发展议程进展报告》，2022年9月29日，第9页。

③ 软法可指“无法律拘束力但在当代国际关系中得到各国和国际组织采用的规范性文件”。Malcolm D. Evans ed., *International Law*, Fifth Edition, Oxford University 2018, p.121.

④ 参见张乃根：《“一带一路”倡议下的国际经贸规则之重构》，《法学》2016年第5期。

⑤ 《关于深化“中国+中亚五国”互联互通合作的倡议》（2022年6月8日，努尔苏丹）。

⑥ 参见张乃根：《“一带一路”视野下〈贸易便利化协定〉的实施问题》，《海关与经贸研究》2017年第5期。

⑦ 《中华人民共和国政府与匈牙利政府关于共同推进丝绸之路经济带和21世纪海上丝绸之路建设的谅解备忘录》（2015年6月6日，布达佩斯）。

⑧ 《中华人民共和国和匈牙利关于鼓励和相互保护投资协定》（1991年5月29日签订，1993年4月1日生效）。

2. 发起成立 AIIB、NDB 与国际金融规则的变革

与“一带一路”倡议相衔接，中国于 2015 年 6 月发起成立 AIIB，旨在有效增加亚洲地区的基础设施投资，“推动区域互联互通和一体化”。[①]根据 AIIB 协定，世界银行和亚洲开发银行的成员国均可申请加入 AIIB，非主权性主体经对其国际关系行为负责的 AIIB 会员国同意后加入。迄今 AIIB 已有 105 个成员国或成员，包括作为联合国安理会常任理事国的中国、俄罗斯、法国和英国，亚洲地区会员国或成员 51 个，其他地区会员国或成员 54 个，成为名副其实的全球多边金融机构。其规模仅次于世界银行，法定股本初始认缴额 1000 亿美元，迄今已投资 194 项基础设施建设，总计为 370.14 亿美元。这为改善亚洲以及其他地区的互联互通和促进经济发展发挥了日益重要的作用。[②]根据 AIIB 协定，中国作为发起国和创始国之一虽拥有总投票权的 26.6%，但并不刻意谋求一票否决权。随着新的成员国或成员的加入，股份的认缴比例及其总投票权将发生变化。这与 IMF 和世界银行中，美国千方百计维护其美元霸权，坚持其拥有一票否决权，形成鲜明对照。这证明了在中国发展到一定地步、开始改变国际社会的经济基础中经济实力对比之后，能够以“正向”的政治引导力，推动国际金融规则及其体系的逐步变革。

NDB 是中国与巴西、俄罗斯、印度、南非作为创始成员共同发起，于 2014 年 7 月创立。根据其协定，该“银行应为金砖国家及其他新兴经济体和发展中国家的基础设施建设和可持续发展项目动员资源，作为现有多边和区域金融机构的补充，促进全球增长与发展”[③]。与 AIIB 一样旨在成为全球性多边开发银行，NDB 向联合国所有会员国开放成员资格。2021 年，NDB 新接纳了孟加拉国、乌拉圭、阿联酋和埃及为成员国。迄今该银行已批准了上百个项目，贷款总额约 320 亿美元。应该说，该银行对于国际社会的经济基础更加均衡、合理和可持续发展，具有不可或缺的作用。同时，该银行也尝试确立新的国际金融规则。譬如，按其协定，其初始认缴资本为 500 亿美元，初始法定资本为 1000 亿美元；初始认缴资本应在创始成员间平均分配，各成员的投票权应等于其在银行股本中的认缴股份。5 个创始成员的始初认缴资本均为 100 亿美元，投票权相等。因此，该银行现在和今后都不存在某一成员的一票否决权。这与中国倡导的共商、共建、共享的全球治理观相吻合，对于美国主导的现行国际金融规则无疑是一种变革。

---

① 《亚洲基础设施投资银行协定》(2015 年 6 月 29 日签署，北京)。

② 参见 AIIB Review Report Condensed Financial Statements(Unaudited) for Six Months Ended June 30，2022。

③ 《成立新开发银行的协定》(2014 年 7 月 15 日签订，巴西福塔雷萨)。

3. 携手共建 SCO 与国际安全合作体系的变革

SCO 以维护地区安全为主要目的，并进一步朝着协调地区和成员国的政治、经济和社会政策的方向发展。自 2001 年 6 月由中国、俄罗斯、哈萨克斯坦、吉尔吉斯斯坦和塔吉克斯坦五国共同发起，SCO 在上海成立，已先后接纳乌兹别克斯坦、印度、巴基斯坦和伊朗加入该组织，并给予阿富汗、白俄罗斯、蒙古为观察国地位（其中白俄罗斯已启动加入程序），阿塞拜疆、亚美尼亚、埃及、柬埔寨、卡塔尔、尼泊尔、沙特阿拉伯、土耳其和斯里兰卡为对话伙伴。该组织对任何国家开放加入，业已成为一个横跨亚、欧、非大陆的区域综合性组织，其成员国的人口和国土面积分别约占全球的 42％和 23％，在国际社会的经济基础中也占有相当比重，可见其在全球事务中举足轻重的地位。根据该组织宪章，SCO 以“互信、互利、平等、协商、尊重多样文明、谋求共同发展”为“上合精神”，以“共同努力维护和平，保障地区安全与稳定”为宗旨，以“本组织框架内的协作有助于各国和各国人民发掘睦邻、团结、合作的巨大潜力”为方向。[①]该组织成立至今二十年，为稳定地区的共同、综合、合作、可持续的安全，共同维护世界和平和安全，作出了巨大贡献。这对于国际社会上层建筑的国际安全合作体系，尤其是塑造新的国际安全合作规则非常重要，同时有助于推动有关地区的互联互通、社会经济发展，起到了“正向”的政治引导作用。SCO 着重合作促进地区安全稳定，为近年来更多向地区社会经济发展的政策协调提供了必要条件。譬如，2022 年该组织对维护国际粮食安全、国际能源安全、供应链安全、应对气候变化和维护多边贸易体制等发表一系列重要立场文件。[②]这是该组织向地区性协调各成员国、观察国和对话伙伴的政治、社会和经济政策的综合性组织发展的重要标志，预示着对国际经贸规则及其体系的变革也将发挥越来越重要的作用。

结　论

在当前世界处于百年未有之大变局中，包括贸易、金融、投资三方面国际经贸规则的变革呈现错综复杂的局面。尤其是美国对外贸易政策转向单边主义，导致多边贸易体制的 MFN，至少对货物贸易而言已名存实亡。但是，WTO 的其他实

① 《上海合作组织宪章》(2002 年 6 月 7 日，圣彼得堡)。

② 参见《上海合作组织成员国元首理事会关于维护国际粮食安全的声明》《上海合作组织成员国元首理事会关于维护国际能源安全的声明》《上海合作组织成员国元首理事会关于维护供应链安全稳定多元化的声明》，均系 2022 年 9 月 16 日于撒马尔罕签订；《上海合作组织成员国经贸部长关于维护多边贸易体制的声明》，2022 年 9 月 28 日视频会议达成。

体规则基本未变。美国执意阻挠 WTO 争端解决上诉机构成员的正常遴选而使该机构彻底瘫痪，是整个多边贸易规则及其体系最令人担忧之变。同时应看到以美国千方百计维持在 IMF 的否决权为核心的多边金融体系及其规则还没有发生实质变化。国际投资规则依然以数以千计的 BITs 和包括投资规则的 RTAs 为主，除了有利于可持续发展的投资规则越来越多为各国采纳等，多边投资体系尚未形成。基于对国际经贸规则变革态势的客观评估，运用马克思主义的唯物史观，从政治经济学角度深入思考和分析引起这一变革的国际社会的经济基础与作为上层建筑范畴的国际经贸规则及其变革的政治主张，以及其对于推动或影响经济基础变化的正反两方面作用，有助于理解国际经贸规则变革的经济根源或动力及其正向的政治引导之极端重要性，从而有利于我国主动应对，将全球治理的中国方案落到实处，促进国际经贸规则体系朝着更加公正合理方向变革。

The Consideration of Political Economics on the Changing Rules of International Trade and Economy

Abstract: The contemporary rules of international trade and economy are made by the United States and other developed countries after the second World War. The primary rules of multilateral trade system have been changed fundamentally. However, it has not been changed for the rules of multilateral financial system with the hegemony of the US dollars. The rules of investment maintain unchanged in the system of bilateral investment or regional trade agreements, which is developing towards sustainable development and investment facilitation. Based on the objective assessment on the changing rules of international trade and economy, it is necessary to apply the principles of Marxism political economics which has been already proved by history for consideration and analysis on the world economy as the economic basis of international community after the second World War through three phases, i. e., the international economy, global economy and "borderless" economy, to provide with the driven force for the establishment or development of the rules of international trade and economy as the upper institutions of international community, as well as its critical counter force on the economic basis. In particular of recent years, China has risen with the domestic reform and open-door policy to actively participate in the global economic integration, which has changed the economic basis of international community.

However, the United States intents to maintain its hegemony by the unilateral foreign trade policy to weaken the multilateral trade system, which had the negative impacts on the international economic basis. China has influenced positively the changing rules of international trade and economy by increasing political leadership to carry out the initiative of One Belt and One Road, to establish the new international financial institutions and to promote the corporation system of regional and international security.

Keywords: Rules of international trade and economy; Change; International community; Economic basis; Upper institutions; Political leadership

“一带一路”倡议下的国际经贸规则之重构*

内容摘要：在当前我国对外经贸关系面临新挑战和以美国主导达成的《跨太平洋伙伴关系协定》为代表的新一轮国际经贸规则重构的态势下，“一带一路”倡议对于促进我国加大全面改革开放和合作共赢打造人类命运共同体，意义重大、深远。目前正在进行的政府间国际经贸规则重构主要由美国、欧盟和中国为主体，突现了中国全面、深入地融入全球经济一体化过程中的地位提升和新的历史机遇。深入研究国际经贸规则重构的内容，并与国内自贸试验区的建设相结合，对于我国在实施“一带一路”倡议中积极参与和力争引导制定符合各国或地区人民共同福祉的新规则，具有十分重要的实践价值。

关键词：一带一路；国际经贸；规则；重构

当前，我国对外经贸关系面临严峻挑战，除了后金融危机时期全球经济复苏缓慢，导致近年来我国外贸年增速趋慢乃至2015年呈现负增长，①迄今两个经济总量或面积最大的区域经贸安排，即美国主导达成的自由贸易区《跨太平洋伙伴关系协定》（TPP）②和俄罗斯为主的关税同盟——欧亚经济联盟（EAEU）建立③，使得我国“一带一路”倡议下促进对外经贸的新发展，东西两线均增添了诸多不确定性。根据世界贸易组织（WTO）所辖《关税与贸易总协定》（GATT）第二十四条④，自由贸易区或关税同盟等区域贸易安排（RTA）旨在便利成员领土之间的贸易，而非增

---

* 原载《法学》2016年第5期，第93—103页；转载《国际法学》（中国人民大学复印报刊资料）2016年第9期，第3—13页。

① 我国2013年、2014年进出口总值分别41630亿美元、43030亿美元，2015年39586.44亿美元，与去年同期比下降8%。海关统计：http://www.customs.gov.cn/tabid/49666/Default.aspx[2016-01-20]。以下访问日期同，均略。

② TPP的14个始初缔约方的国民生产总值（GDP）约占世界40%。TPP文本来源：https://ustr.gov/tpp/#text。TPP第30.5条规定：“1.本协定应于全体始初缔约方均以书面通知其已完成各自可适用之法律程序后60天起生效。2.本协定签署之日起两年内，全体始初缔约方未以书面通知其已完成各自可适用之法律程序，则应在该期限后，2013年其国民生产总值至少占全体始初缔约方85%的至少6个始初缔约方以书面通知其已完成各自可适用之法律程序后60天起生效。”

③ 欧亚经济联盟约占地球陆地面积15%，由俄罗斯、白俄罗斯和哈萨克斯坦三国根据2014年5月29日签署的《欧亚经济联盟条约》于2015年1月1日正式成立。亚美尼亚、吉尔吉斯斯坦于2015年1月、5月先后加入。中俄双方已就“一带一路”尤其是丝绸之路经济带与EAEU对接合作达成共识，决定将启动有关协议谈判。参见《中华人民共和国与俄罗斯联邦关于丝绸之路经济带建设和欧亚经济联盟建设对接合作的联合声明》（2015年5月8日）。

④ 参见《世界贸易组织乌拉圭回合多边贸易谈判结果法律文本》，法律出版社2000年版。

加其他缔约方与此类领土之间的贸易壁垒。但是，其他缔约方不能享有区域经贸安排内部的更优惠待遇，势必将影响域外的经贸关系发展。尤其是 TPP 试图引领重构的一系列国际经贸规则，将可能严重制约我国进一步融入全球经济一体化进程中。

面对诸多不确定或不利因素，坚定实施我国“一带一路”倡议显得尤为重要。该倡议充分体现了“携手构建合作共赢新伙伴，同心打造人类命运共同体”这一全球治理新理念，[①]有利于化解区域间经贸安排可能带来的各种矛盾与冲突，有助于各种形式的国际经贸合作，对于形成更加公平合理的国际经贸新规则而言意义重大而深远。鉴于此，本文尝试分析“一带一路”倡议对政府间国际经贸贸易、金融、投资规则重构的意义所在，进而对规则重构的态势、主体及内容展开分析，并结合当前的自由贸易试验区实践提出有针对性的应对之策。

一、“一带一路”视野下国际经贸规则重构的意义

“一带一路”倡议源于古丝绸之路但不限于古丝绸之路，地域范围东牵亚太经济圈、西接欧洲经济圈，穿越非洲，环联欧亚，[②]惠及亚欧非和南海、南太平洋、印度洋至波斯湾、地中海沿线 60 多个国家，涉及国际贸易、金融和投资等诸多方面的内容。[③]鉴于目前全球贸易体系正经历自 1994 年乌拉圭回合以来最大的一轮规则重构，[④]加之国际金融和国际投资体系也在发生深刻变化，故此，在“一带一路”倡议下研究国际经贸规则的重构具有超强的现实意义。

（一）重构政府间国际贸易规则的意义

“一带一路”倡议与 RTA 规则的关系密切。“以周边为基础加快实施自由贸易区战略，形成面向全球的高标准自由贸易区网络”[⑤]，是该倡议下我国新一轮对外开放的重要内容。

现行的 RTA 规则以 GATT 第二十四条和《关于解释 GATT1994 第二十四条的谅解》以及《服务贸易总协定》(GATS)第五条为依据，[⑥]是世界贸易组织(WTO)

---

① 《习近平在第七十届联合国大会一般性辩论时的讲话》(全文)。

② 参见《习近平“一带一路”建设将为中国和沿线国家共同发展带来巨大机遇》(2015 年 10 月 22 日)。

③ 参见《推动共建丝绸之路经济带和 21 世纪海上丝绸之路的愿景与行动》(国家发展改革委、外交部、商务部经国务院授权发布，2015 年 3 月)。

④⑤ 《习近平在中共中央政治局第十九次集体学习时讲话》(2014 年 12 月 6 日)。

⑥ 参见《世界贸易组织乌拉圭回合多边贸易谈判结果法律文本》，法律出版社 2000 年版。

普遍的、无条件的最惠国待遇例外。此外，在WTO框架内，优惠贸易安排(PTA)以GATT第四部分的贸易与发展规则为依据，普惠制(GSP)、给予最不发达国家的特惠制等区域性贸易安排也是最惠国待遇例外。根据WTO最近统计数据，该组织成员之间各种RTA已达619个，其中413个已生效实施。①早在2004年，WTO的一份权威报告就指出：数以百计的RTA“已使得最惠国待遇本身不再是一项基本原则，而几乎成为例外”②。然而，近十年来，RTA如雨后春笋般在全球各地开花。其根本原因在于RTA规则允许各成员在不损害域外成员既得的经贸利益(已享有的关税减让或服务市场准入等)的前提下达成各种区域经贸安排。从长远看，这将有利于贸易自由化水平逐步地、普遍地提高。为了更好地规制RTA的发展，WTO于2001年曾通过决议，就RTA规则的澄清与改进展开谈判，但遗憾的是，除了在2006年通过一项有关提高RTA透明度机制的临时安排外，③迄今未达成其他的成果。

我国与“一带一路”沿线若干国家或地区已达成或生效实施RTA，并启动与EAEU的经贸合作伙伴协定谈判。从“一带一路”的全局看，沿线国家或地区的经济发展水平参差不齐，建立和进一步发展RTA，应符合上述RTA规则。这些规则本身在目前及今后相当长时期，既无可能，也无必要加以根本改变意义上的重构。然而，随着RTA从单一贸易安排向贸易、投资和金融一体化发展，并与全球产业分工及价值链的重组相适应，RTA规则在新形势下的适用所形成的高标准区域经贸安排已呈趋势。因此，我国应以“面向全球的高标准”为方向，适应“一带一路”沿线国家或地区的经济发展水平，着力于逐步拓展、完善意义上的RTA规则重构。

(二) 重构国际货币金融规则的意义

相比RTA规则在完善意义上的重构，随着亚洲基础设施投资银行(AIIB，以下简称亚投行)④和金砖国家开发银行(NDB BRICS)⑤的成立、运行，与“一带一路”休戚相关的国际金融体系及其规则的重构已获得突破性意义的实质进展。

---

① 统计来源：http://rtais.wto.org/UI/PublicMaintainRTAHome.aspx。

② *The Future of the WTO: Addressing institutional challenges in the new millennium*, Report by the Consultative Board to the Director-General Supachai Panitchpakdim 2014, p.19, para.60.

③ 参见WTO：Transparency Mechanism for RTAs, WT/L/671, 18 December 2006。

④ 亚洲基础设施投资银行(亚投行，AIIB)第一至第三大股东为中国、印度和俄罗斯。参见《亚洲基础设施投资银行协定》(2015年6月29日签署)。该银行总部在北京，于2016年1月16日正式开业。

⑤ 巴西、俄罗斯、印度、中国、南非5国合作建立的金砖国家开发银行于2014年7月成立，总部在中国上海，首任理事长和行长分别为俄罗斯和印度籍，储备基金1000亿美元，中国占410亿，巴西、俄罗斯、印度均占180亿，南非占50亿。

2013年10月，中国提出筹建亚投行旨在有效增加亚洲地区基础设施投资，推动区域互联互通和经济一体化进程。亚投行创始成员国包括中、俄、英、法四个联合国常任理事国。这不仅为实施“一带一路”倡议提供了一个全球多边的区域性投融资平台，而且有助于促进国际货币金融规则的重构以及治理体系朝着更加公正合理有效的方向发展。

“二战”后由美国主导建立的国际货币基金组织(IMF)与世界银行(WB)等现行国际货币金融体系以“配额+加权”投票制为其基本的运行规则，导致美国“一家独大”，即使根据IMF最新的配额和治理改革方案，美国依然拥有一票否决权，①因为根据IMF协定，任何重大决策须经85%以上多数票同意，而美国是唯一拥有超过15%投票权的成员。亚投行的设立在一定程度上改变了此规则，根据《亚洲基础设施投资银行协定》第二十八条之规定，每个成员的投票权总数是基本投票权(占总投票权的12%，由全体成员平均分配)、股份投票权(与该成员持有的银行股份相当)以及创始成员投票权(均600票)的总和；投票事项分为简单多数、特别多数和超级多数原则进行。②与IMF的类似超级多数85%相比，“一家独大”的难度显著提高。依现有各创始成员的认缴股本计算，中国目前的投票权占总投票权26.06%，但是，“中国在亚投行成立初期占有的股份和获得的投票权，是根据各方确定的规则得出的自然结果，并非中方刻意谋求一票否决。今后，随着新成员的加入，中方和其他创始成员的股份和投票权比例均可能被逐步稀释。”③“一带一路”倡议的实施和亚投行的运行机制皆奉行互利共赢的开放战略。④这预示着亚投行的成员将逐步增加，也意味着亚投行趋向于摒弃IMF的一票否决制，这是国际货币金融规则重构之路上里程碑式的起步。

(三) 国际投资规则重构的意义

“一带一路”对国际投资规则重构也有一定影响。当今国际投资规则主要体现于双边投资保护协定(BIT)、RTA中的投资规定、WTO的《与贸易有关的投资措施协定》(TRIMS)和GATS有关商业存在的投资规定等。据联合国贸发会议《2015年世界投资报告》统计，截至2014年年底，全球共有3271项各类国际投资协

---

① IMF的创始配额(百万美元)前5位:美国(2750)、英国(1300)、苏联未加入(1200)、中国(550)和法国(450);2016年IMF配额/投票权比例前五位:美国(17.407/16.987%)、中国(6.394/7.917%)、日本(6.464/6.138%)、德国(5.586/5.308%)、英国和法国均为(4.227/4.024%)。

② 《亚洲基础设施投资银行协定》。

③ 史耀斌副部长就《亚投行协定》相关问题答记者问(2015年6月29日)。

④ 参见习近平:《亚投行:构建人类命运共同体新平台》(2016年1月16日)。

定。[①]该报告建议改革国际投资治理制度,包括保障东道国管理权利,改进投资争端解决机制,促进与便利投资,保证负责任的投资,加强国际投资协定的体制协调性等内容。

我国在2014年超越美国,已成为全球最大外资流入国,同时为第三大投资输出国。与2015年对外贸易同比下降形成鲜明对比的是,同年我国非金融类的对外直接投资1180.2亿美元,同比增长14.7%,尤其"一带一路"沿线国家或地区的投资同比显著增长。[②]可见,重构国际投资治理制度及其国际投资规则已是我国对外投资实践的需要。截至2014年10月1日,我国已有103项BIT。[③]目前正在进行中美投资协定(BIT)谈判虽与"一带一路"没有直接关联,但其中所包含的负面清单的内容,旨在互利共赢,高水平的中美投资协定将反映双方对于非歧视、公平、透明度的共同成果,有效促进和确保市场准入和运营,并体现双方开放和自由的投资体制,[④]其中所呈现的已经或进一步重构的国际投资规则对于我国签订或更新与"一带一路"沿线国家或地区的BIT具有指导意义。

二、国际经贸规则重构的态势、主体及内容

(一)国际经贸规则重构的态势

国际贸易、金融、投资方面的政府间国际经贸规则是战后国际经济秩序的核心内容。七十年来,这些国际经贸规则大致已经历了两次比较明显的重构。第一次是随着"二战"后西欧及日本经济恢复,国际贸易规则的重点从关税壁垒转向非关税壁垒,导致贸易救济规则的重构,包括GATT肯尼迪回合于1967年达成的第一个反倾销守则,后被1979年反倾销守则所替代;[⑤]同时,由于美国贸易逆差及中东战争引起石油危机,致使国际货币金融规则重构,尤其是1971年美国单方面宣布停止履行自1945年起施行的35美元兑换1盎司黄金的义务,国际外汇兑换规则由此发生了重大变化。[⑥]第二次是"冷战"后随着全球经济一体化和市场经济体制在全球的进一步扩展,GATT乌拉圭回合确立并于1995年1月1日起正式运行的

---

① World Investment Report 2015: Reforming International Investment Governance(24 June 2015).

② 商务部合作司负责人谈2015我国对外投资合作情况(2016年1月15日)。

③ 参见商务部条法司:《我国对外签订双边投资协定一览表》。

④ 外交部:《习近平主席对美国进行国事访问中方成果清单》(2015年9月26日)。

⑤ 参见Petros C. Mavroidis, Mark Wu, *The Law of the World Trade Organization*(*WTO*), 2nd ed., West Academic Publishing, 2013, p.331;高永富、张玉卿:《国际反倾销法》,复旦大学出版社2001年版,第14页。

⑥ 参见王贵国:《国际货币金融法》(第三版),法律出版社2007年版,第140页。

WTO 及其一整套法律制度，标志了国际经贸规则的再次重构。这包括全球多边体制下的货物贸易、服务贸易、与贸易有关的知识产权新规则。近二十年来，WTO 有关澄清和适用这些规则的争端解决案件多达五百多起，[①]对于维持“规则导向”的世界贸易秩序起到了重要作用。

对我国而言，随着改革开放的不断深入，特别是加入 WTO 所带来的贸易“红利”，使得我国在世界的经贸地位及综合国力显著提升，作为全球第一货物贸易国和第二大经济体以及 IMF 第二大成员国(投票权比例)，我国已全面融入现行的国际经贸规则体系中。

中国的和平崛起必然会对国际经贸关系的变化带来影响。2008 年爆发的国际金融危机已从一个侧面凸显了中国、美国、欧盟三大贸易金融伙伴的地位“此长彼消”。2015 年 12 月 IMF 决定将人民币纳入特别提款权(SDR)篮子，并仅次于美元和欧元，表明当今国际经贸关系已形成新的“三足鼎立”之态势，由此也决定了重构国际经贸规则的势在必行。

正如前述，“一带一路”倡议下的国际贸易、金融和投资等国际经贸规则正在经历不同意义上的重构，反映出当今世界对国际经贸规则进行可以被称为第三次重构的态势不是“完成式”，而是“进行式”，其中 TPP 对于国际经贸规则重构的引导作用不容小觑。美国总统奥巴马在 TPP 达成后公开扬言：“我们不能让像中国那样的国家制定全球经济规则。”[②]这足以说明美国试图通过 TPP 抢占国际经贸规则重构的制高地。

作为已经崛起的全球经贸大国，中国无理由也不可能被完全排除在正在进行的此次国际经贸规则重构之外。事实上，除了已结束谈判的 TPP，欧美联手试图打造的超级 RTA——《跨大西洋贸易投资伙伴关系协定》(T-TIP)谈判、中国与美欧之间同时进行的投资协定谈判，均是具有全球意义的国际经贸谈判。此外，中国发起建立的亚投行和金砖国家开发银行以及人民币被纳入 IMF 的 SDR 篮子，也在一定程度上反映了对当前国际货币金融规则重构的尝试，所以，中国以积极的姿态参与其中合情又合理。

(二) 国际经贸规则重构的主体

与前两次国际经贸规则重构相比，正在进行的此次重构最突出的特点是美国、欧盟和中国这三个当今全球最大的经济体和贸易伙伴成为最重要的主体。美国作

---

① 参见 WTO Chronological list of disputes cases(updated on 8 December 2015)，https://www.wto.org/english/tratop_e/dispu_e/dispu_status_e.htm。

② The White House Office of the Press Secretary: Statement by the President on the Trans-Pacific Partnership, October 5, 2015.

为“二战”后国际经贸规则的主导者，仍然在尽最大努力维护其主导地位；欧盟通过集中统一管辖各成员国对外投资的立法权，与美国、中国分别开展包括投资的国际经贸规则谈判。中国在新一轮规则重构中崭露头角，通过中美、中欧投资协定谈判牵制欧美主导权，发起成立亚投行和金砖国家开发银行以及提出包容性更大、涵盖内容更广的“一带一路”倡议，以渐进方式削弱欧美主导权，并尝试在新的全球治理理念指导下，形成新的国际经贸规则制定模式。此举“不仅事关应对各种全球性挑战，而且事关给国际秩序和国际体系定规则、定方向；不仅事关对发展制高点的争夺，而且事关各国在国际秩序和国际体系长远制度安排中的地位和作用”①。

此外，传统的国际经贸规则制定或重构主体的生存现状与发展趋势同样值得关注。联合国贸易与发展会议曾是国际经贸规则谈判的重要平台，制定维护发展中国家利益的《各国经济权利与义务宪章》等，但现已基本丧失谈判职能；联合国国际贸易法委员会在国际商事仲裁，国际货物买卖、运输与支付以及跨境电商、公共采购等领域仍是活跃的国际经贸规则制定机构，近年来出台了《国际合同使用电子通信公约》《全程或部分上国际货物运输合同公约》（鹿特丹规则）等跨国商业交易规则；联合国专门机构中的 IMF、WB 集团在国际货币金融领域，世界知识产权组织（WIPO）在贸易有关的知识产权领域，仍是谈判和制定国际经贸规则的重要机构。但目前需直面的一个最为突出的问题是：由于 WTO 决策机制的僵硬而严重制约了其谈判制定新国际经贸规则的功能，这也是美国绕过 WTO 主导谈判达成旨在重构国际经贸规则的 TPP 之重要原因所在。

（三）国际经贸规则重构的内容

从目前已达成协议看，TPP 文本所涉国际经贸规则重构的内容最全面、最丰富，为亚太地区的贸易与投资设置了全新的高标准，②可以作为我们观察第三次国际经贸规则重构的“风向标”和制度参考。具体分析如下：

1. 在货物贸易规则方面，TPP 有些规则与 WTO 现行货物贸易规则或近年来 WTO 通过的《贸易便利化协定》（Trade Facilitation Agreement，尚未生效）和全面取消农产品补贴的承诺相一致。③还有一些是美国提出的新规则，如出口许可程序规则。具体涵盖如下方面：（1）最大限度取消或削减工业品关税壁垒以及农产品的

① 《习近平在中共中央政治局第二十七次集体学习时讲话》（2015 年 10 月 14 日）。

② 参见 TPP 文本：https://ustr.gov/tpp/#text。

③ 《贸易便利化协定》于 2013 年 12 月 7 日通过，截至 2016 年 1 月 20 日已有 40 个 WTO 成员批准加入。该协定须得到 162 个成员的三分之二通过方可生效。有关 WTO 成员就取消农产品补贴达成一致，参见 2015 年 12 月 17 日通过的 WTO 部长会议宣言：Nairobi Ministerial Declaration，WT/MIN(15)/DEC。

关税和其他限制性政策，给予进口产品国民待遇；(2)取消农产品出口补贴，加强现代农业生物技术相关活动的透明度和合作；(3)取消纺织品和服装关税，制定一套统一的原产地规则，促进贸易便利化和提高海关程序透明度以及确保海关管理一致性等规则，出口许可程序规则；(4)重申或更新 WTO 的卫生及植物卫生措施(SPS)规则，同意通过合作确保技术法规和标准，不增设不必要的贸易壁垒，维持美国的贸易救济规则等。

2. 在投资规则方面。TPP 的投资规则不仅超出 TRIMS 的范围，而且比目前数以千计的双边投资协定更进一步，尤其是非歧视性待遇与“负面清单”的投资新规则。具体包括：(1)以国民待遇和最惠国待遇的非歧视投资政策与“公平公正”和“充分保护与安全”为法律保护的基本规则，同时保障各缔约方政府实现合法公共政策目标的能力，减少或消除贸易相关投资规则。(2)各方采用“负面清单”，此即意味着“法无禁止皆可为”，除不符措施外，市场将对外资全面开放。不符措施包括两个附件：一是确保现有措施不再加严，且未来自由化措施应具有约束力；二是保留在未来完全自由裁量权的政策措施。(3)为投资争端提供了中立、透明的国际仲裁机制，并通过有力的措施防止这一机制被滥用，确保政府出于健康、安全和环境保护目的进行立法的权利。

3. 在服务贸易规则方面，TPP 扩大了服务贸易市场开放度、提高规则透明度，跨境金融服务的特别规则和通信服务新规则，并以“负面清单”的形式接受 WTO 和其他贸易协定包含的核心义务，这意味着缔约方市场向其他缔约方的服务提供者完全开放，但不包括协定两个附件中任何明文规定的例外(不符措施)。

4. 在电子商务新规则方面，TPP 不将设立数据中心作为允许缔约方企业进入市场的前提条件，也不要求转让或获取软件源代码；禁止对电子传输(包括不同缔约方 P2P 的内容电子传输)征收关税，不允许缔约方以歧视性措施或直接阻止的方式支持本国类似产品的生产商或供应商；同意实施并保持针对网上诈骗和商业欺诈行为的消费者保护法，并确保个人信息的隐私和其他消费者权益保护在缔约方市场得到执行等。

5. 在政府采购规则与竞争规则方面，TPP 扩大了政府采购市场准入，实行国民待遇及非歧视原则，并建立新的、可执行规则以规制商业性国有企业对市场竞争的影响，建立了竞争中立规则，以及竞争法实施的程序公正规则。

6. 在贸易相关知识产权规则方面，以《与贸易相关知识产权协定》(TRIPS)和国际最佳实践为标准，确保对知识产权持有人的公平公正和非歧视性市场准入的保护，加大对专利、商标、版权和包括制止网络盗窃商业秘密的保护，确保更强有力的打击假冒货和盗版，尤其是加大涉及危害消费健康与安全方面的惩罚，确保促进药品创新和健全竞争性仿制药品产业的新规则，促进商标与地理标志的透明度及正当程序的规则；同意提供强有力的执行体系，包括民事程序、临时措施，边境措施以及针对商业规模的商标假冒和侵犯版权等行为采取刑事程序和惩罚等。特别是缔约方将采取法律措施，防范商业秘密的盗用，建立针对包括网络窃密等方式在内的商业秘密盗窃行为和偷录制影像的刑事程序和惩罚制度。这些规则不仅超TRIPS规定的义务，而且与先前《反假冒贸易协定》(ACTA)相比，不仅覆盖的范围更广，而且涵盖实体与程序两方面的规则。

7. 在劳工规则方面，TPP将贸易与劳工标准挂钩，规定了国内劳工法符合国际劳工标准的承诺，以及促进国际劳工组织标准的磋商合作机制。

8. 在环境规则方面，TPP将环境管理与国际义务以及贸易争端解决机制挂钩，以此强化环境政策及国际环境公约的执行程度，[①]规定了国内环境法符合多边环境协定的承诺，以促进可持续发展(包括鱼类和森林资源管理的规则)。

9. 在发展与能力建设规则方面，TPP倡导包容性贸易，加强成员国的合作和能力建设，通过发达国家的支援来提高发展中国家的能力。比如，帮助中小企业理解协议条款，利用机会呼吁缔约国政府重视各种特殊挑战等。

10. 更加高效的争端解决机制规则适用于TPP相关的所有争议。TPP缔约方的公众将可以跟踪整个进程，获得争端解决中提交的意见，参加听证会(除非争端方另有约定)，还可以获得专家组提交的最终报告。在争端解决进程中，设立于任何争端方境内的非政府组织(NGO)可要求向专家组提交与争端相关的书面意见，专家组将予以考虑。这些规则突破了WTO争端解决的现行规则有关程序保密性和政府性的限制。

总之，TPP一旦生效，无疑将对第三次国际经贸规则的重构产生更加直接的实际影响。与我国的"一带一路"倡议相比，TPP确实先行一步。故此，我们必须加大应对之力度。

三、我国应对国际经贸规则重构的措施与"一带一路"倡议的实施

《中共中央关于全面推进依法治国若干重大问题的决定》明确指出："积极参与国际规则制定，推动依法处理涉外经济、社会事务，增强我国在国际法律事务中的话语权和影响力，运用法律手段维护我国主权、安全、发展利益。"[②]这是我国面临

① 参见李丽平、张彬、肖俊霞、赵磊：《TPP的环境标准到底有多高？》，http://www.cenews.com.cn/gd/llqy/201512/t20151201_799902.html[2016-01-20]。

② 《中共中央关于全面推进依法治国若干重大问题的决定》(2014年10月23日)。

国际经贸关系新变化的挑战和机遇，审时度势的重大决策，也是应对当前和今后一段时期国际经贸规则重构的指导方针。

(一)“一带一路”倡议实施与国内自贸试验区建设的对接

我国同时提出“一带一路”倡议和设立中国(上海)自由贸易试验区绝非巧合，而是深思熟虑的战略抉择。

1. 应对TPP，更加积极主动参与国际经贸规则重构。美国基于遏制中国崛起的亚太地区再平衡战略，自2010年起介入原先新西兰、新加坡、智利和文莱四国发起的亚太经合组织(APEC)框架内的亚太自贸区谈判，将之扩展为体现美国意愿的TPP，并游离APEC，以刻意排除中国。我国在继续努力加强与APEC成员的经贸合作的同时，另辟捷径，非常有创意地赋予古代丝绸之路以合作共赢这一全新的时代含义，从陆地和海上齐头并进向中亚、西亚至北非和欧洲，从南太平洋、印度洋至地中海延伸，与TPP形成错位发展局面。这既可避开美国在区域经贸安排方面遏制中国的锋芒，又可开拓更加宽广的跨欧亚非国家与地区合作共赢的新天地。这是以柔克强的思路。2010年起，俄罗斯与中亚等地哈萨克斯坦等原苏联加盟共和国启动欧亚经济联盟进程，这对于我国与这些国家的经贸合作而言可谓利弊互现，如其关税同盟的建立就不利于我国产品的出口，为此，必须充分利用我国在基础设施和能源开发的优势，与这些国家开展互联互通，建设跨欧亚大陆的运输通道，大力促进国际产能合作，趋利避害，使沿线各国受益。这也是我国提出“一带一路”倡议并以实际行动创建AIIB等新型国际金融机构，提供全球性区域投融资的公共产品，并很快得到沿线各国各地区政府和经贸界的普遍欢迎和支持的原因所在。

2. 参与国际经贸规则的重构，国际与国内两个大局的联动对接。积极主动参与第三次国际经贸规则的重构，必须结合国际与国内的法治建设，采取国际与国内两个大局的联动对接。“一带一路”倡议的实施不仅需要国际经贸合作，而且应构建合作共赢的新规则。“二战”后美国主导的国际经贸规则秩序以维护发达国家利益为鲜明特色，对于“一带一路”沿线大多数发展中国家而言，发达国家的援助是单向的、非互惠的。无论是IMF的贷款条件，还是WB的项目开发，都十分苛刻和有限，且往往带有政治倾向。作为一个发展中国家，中国深知“脱贫之富”的艰难和路径，以合作共赢为核心理念，以互联互通为投融资重点，建立WTO规则允许的高水平RTA网络，以互惠互利促进贸易自由化。这一切都应在现行国际经贸规则基础上，更新或创建符合各国共同利益的合作共赢规则。与这一国际经贸规则重构相适应，我国在新形势下的改革开放必须加大调整政府与市场的关系，进一步发挥市场配置资源和企业作为市场主体的作用。这就是设立国内自贸试验区，全面深入地进行政府管理经济模式和对外贸易、投资、金融体制的改革试验，并将成熟的规则或经验推广至全国的初衷。

从面向二十一世纪的全球经济治理的高度看，国际与国内经贸规则构建的互动体现了人类命运共同体的法治理念。随着互联网、人工智能等新技术的迅速发展和运用，产业分工及价值链愈加全球经济一体化，没有哪个国家能够完全脱离这一经济发展的客观进程。国际经贸规则日益渗透到国内经贸规则中，同时，各国也努力争取国际经贸规则重构的话语权，体现其利益导向的国内经贸规则，两者相辅相成。为此，我国应对国际经贸规则重构与“一带一路”倡议的实施，必须加大、加快国内自贸试验区的贸易、投资、金融等体制改革试验，不断提升海关综合现代化监管水平，不仅将成熟的规则与经验推广至全国，而且要力争在国际经贸规则重构中加入更多的中国元素。

（二）“一带一路”沿线国家或地区 RTA 网络建设与新一轮国际经贸规则重构

1. “一带一路”沿线 RTA 网络建设。我国与“一带一路”沿线国家或地区的 RTA 网络建设既是参与新一轮国际经贸规则重构，又是实施“一带一路”倡议的重要制度保障。根据商务部权威信息，[①]目前，我国与“一带一路”沿线国家或地区已签订、生效或正在谈判、研究的 RTA（不含港澳台）概括如下：

表 1　我国与“一带一路”沿线国家或地区的 RTA

区域	国家地区	现状	内　　容
一带	巴基斯坦	第二阶段谈判	货物贸易降税模式、服务贸易扩大开放
一带	格鲁吉亚	启动谈判	共建“丝绸之路经济带”
一路	新加坡	升级谈判	提升 RTA 水平
一路	东盟 10 国	升级谈判结束	全面经济合作，部分 RTA
一路	斯里兰卡	第二阶段谈判	货物、服务贸易、投资、双边合作
一路	马尔代夫	启动谈判	贸易、投资，共建、参与“一路”建设
一路	印　度	可行性研究	贸易、投资、便利化、经济合作
一路	亚　洲	实质性要价阶段	区域全面经济伙伴关系协定（RECP）[②]
一路	海合会[③]	货物谈判结束	货物、服务贸易等

① 参见商务部中国自由贸易区服务网：http://fta.mofcom.gov.cn/index.shtml。

② RECP 包括中国、韩国、日本、澳大利亚、新西兰、印度与东盟 10 国。参见“李克强出席《区域全面经济伙伴关系协定》领导人联合声明发布仪式”（2015 年 11 月 27 日）。

③ 海湾阿拉伯国家合作委员会，包括巴林、科威特、阿曼、卡塔尔、沙特阿拉伯和阿拉伯联合酋长国。

上述RTA仅占“一带一路”沿线少数国家或地区，不仅远未构成RTA网络（尤其是欧亚大陆一带的RTA更少），而且与2015年达成生效的中国—韩国、中国—澳大利亚的RTA相比，贸易投资自由化水平普遍较低。

2. RTA网络建设与国际经贸规则重构。推进“一带一路”沿线国家或地区的RTA网络建设，既要有紧迫感，又要注重实效、顺序渐进，特别要改革单纯的国际经贸合作方式，改变重项目、轻规则的惯性思维，适应当前国际经贸规则重构的大趋势，以规则导向，引领合作共赢的RTA网络建设。

WTO总干事阿泽维多将2000年以来已公告的RTA进行归纳，并总结出如下新变化：(1)60%包含货物与服务贸易；(2)50%以上含投资规定；(3)其他主要事项包括政府采购、竞争、SPS、TBT和贸易相关知识产权；(4)少量涉及环境、劳工标准和电子商务等WTO规则尚未覆盖的内容。①在TPP中这些新变化均有所体现。为此，我国应根据WTO的RTA规则，参照TPP，在推进“一带一路”沿线RTA网络建设中，顺应这些新变化，根据不同国家或地区的特点，达成不同水平的RTA，尤其是考虑我国海外投资及当地环境保护、劳工权益的因素，将投资、环境、劳工规则纳入RTA。上述已达成生效的“一带一路”沿线少数RTA，如《中国与新加坡自由贸易协定》包括货物贸易、原产地规则、海关程序、贸易救济、技术性贸易壁垒、卫生与植物卫生措施、服务贸易、自然人移动、投资、经济合作与争端解决，贸易自由化水平相对较高，但也未涉及环境和劳工规则等，尚未与新的贸易规则对接。

近两年，我国已与许多国家或地区达成了实施“一带一路”倡议的合作文件，包括中国与俄罗斯关于“一带”与EAEU建设对接合作、中国与中东欧共同参与“一带一路”建设意向、中国与埃及关于“一带一路”建设合作谅解等。2015年5月中俄两国元首签署的《中华人民共和国与俄罗斯联邦关于丝绸之路经济带与欧亚经济联盟建设对接合作的联合声明》主张“推动区域和全球多边合作，以实现和谐发展、扩大国际贸易，在全球贸易和投资管理方面形成并推广符合时代要求的有效规则与实践”，并同意“研究推动中国与欧亚经济联盟自贸区这一长期目标”。然而，相较于2015年5月EAEU运行后与越南达成的首个RTA，加之俄罗斯、哈萨克斯坦等EAEU成员国加入WTO时间很短，参与国际经贸规则重构的话语权有限，可以想见其与中国欲建立自贸区的难度。

因此，我国通过“一带一路”沿线国家或地区的RTA网络建设，积极主动参与国际经贸规则重构，仍面临许多困难和挑战。惟有直面困难，敢于迎接挑战，方可

① WTO(news item, 25 September 2014): Regional trade agreements “cannot substitute” the multilateral trading system—Azevêdo. https://www.wto.org/english/news_e/spra_e/spra33_e.htm.

下定决心，想方设法，寻求适合相关国家或地区的具体情况，并顺应时代要求的RTA模式和规则。简言之，首先，RTA网络建设应将传统的贸易自由、便利化与投资相结合，将我国与“一带一路”沿线国家的已有投资保护协定更新谈判与RTA相结合，形成贸易投资一体化的RTA。其次，应将环境、劳工、竞争政策、电子商务、政府采购和知识产权等与贸易、投资密切相关领域的国际经贸规则内容纳入RTA，这一来有助于对我国与相关国家或地区的政府、企业提高和强化环境保护、劳工权益和知识产权保护等意识和水平，二来有助于在WTO等谈判、制定全球性国际经贸规则提供经验。最后，政府、企业和学界应通力协同，全面、深入地开展RTA的比较研究、分析，探索目前各国各地区数以百计的RTA类型、规则，为“一带一路”RTA网络的可持续建设提供智库型贡献。

（三）国内自贸区的试验制度建设与应对国际经贸规则重构

1. 国内自贸试验区与“一带一路”RTA建设联动。出于国际与国内经贸规则的构建互动，国务院《关于加快实施自贸区战略的若干意见》（国发〔2015〕69号）提出建设高水平RTA，要求推进规则谈判，进一步明确：“上海等自由贸易试验区是我国主动适应经济发展新趋势和国际经贸规则新变化，以开放促改革促发展的试验田，把对外自由贸易区谈判中具有共性的难点、焦点问题，在上海等自由贸易试验区先行先试，通过局部地区进行压力测试，积累防控和化解风险的经验，探索最佳开放模式，为对外谈判提供实践依据。”自2013年9月上海自贸试验区运行以来，通过在自贸试验区内各项深化或扩大改革开放的制度试验，初步形成与国际经贸通行规则的制度创新体系，既可拓展和释放新的改革“红利”而促进我国经济发展模式转化，又能适应我国参与新一轮国际经贸规则重构的迫切需要。已在天津、福建、广东等地新设自贸试验区和上海自贸试验区扩容的其他片区以及全国可复制推广的经验，包括以负面清单管理为核心的外商投资管理制度，以贸易便利化为重点的贸易监管制度，以资本项目可兑换和金融服务业开放为目标的金融创新制度，以政府职能转变为核心的事中事后监管制度。“上海自贸试验区可复制改革试点经验，原则上，除涉及法律修订、上海国际金融中心建设事项外，”均可在其他自贸试验区及全国范围推广。①

2. 已推广的上海自贸试验区经验与TPP部分贸易投资规则比较。与TPP部分有关贸易投资新规则相比较，可发现通过国内自贸试验区建设，应对国际经贸规则的重构所取得的初步成果及不足。（参见表2、表3）

① 《国务院关于推广中国（上海）自由贸易试验区可复制改革试点经验的通知》，国发〔2014〕65号。

表 2　TPP 部分贸易规则与上海自贸试验区可复制推广经验的比较

TPP 内容摘要	上海自贸试验区经验	比较
1. 统一的原产地规则，促进贸易便利化和提高海关程序透明度以及确保海关管理一致性，出口许可程序规则。 2. 电子商务新规则。不将设立数据中心作为允许缔约方企业进入市场的前提条件，也不要求转让或获取软件源代码；禁止对电子传输（包括不同缔约方 P2P 的内容电子传输）征收关税，不允许缔约方以歧视性措施或直接阻止的方式支持本国类似产品的生产商或供应商。 3. 服务贸易规则。扩大服务贸易市场开放度、提高规则透明度，跨境金融服务的特别规则和通信服务新规则；以“负面清单”的形式接受 WTO 和其他贸易协定包含的核心义务，这意味着缔约方市场向其他缔约方的服务提供者完全开放，但不包括协定两个附件中任何明文规定的例外（不符措施）	1. 贸易便利化领域：全球维修产业检验检疫监管、中转货物产地来源证管理、检验检疫通关无纸化、第三方检验结果采信、出入境生物材料制品风险管理等。 2. 海关监管制度创新：期货保税交割海关监管制度、境内外维修海关监管制度、融资租赁海关监管制度等措施。 3. 检验检疫制度创新：进口货物预检验、分线监督管理制度、动植物及其产品检疫审批负面清单管理等措施。 4. 服务业允许领域：融资租赁公司兼营与主营业务有关的商业保理业务、设立外商投资资信调查公司、设立股份制外资投资性公司、融资租赁公司设立子公司不设最低注册资本限制、内外资企业从事游戏游艺设备生产和销售等。	1. 贸易便利化、透明度还不够； 2. 缺乏适应跨境电商的一整套规则； 3. 服务贸易市场开放的新领域有限，尚无任何“负面清单”。

表 3　TPP 部分投资规则与上海自贸试验区可复制推广经验的比较

TPP 内容摘要	上海自贸试验区经验	比较
1. 以非歧视投资政策与公平充分的法律保护为基本规则，同时保障各缔约方政府实现合法公共政策目标的能力。 2. 包含其他投资相关协定提供的国民待遇、最惠国待遇、符合习惯国际法原则的最低待遇标准，禁止非公共目的、无正当程序、无补偿的征收，禁止当地成分、技术本地化要求等实绩要求，任命高管不受国籍限制，保证投资相关资金自由转移，但允许各缔约方政府保留管理脆弱的资金流动性，包括在国际收支危机、威胁或其他经济危机背景下，通过非歧视的临时保障措施限制与投资相关的资金转移，维护金融体系完整性、稳定性等。 3. 各方采用“负面清单”，意味着除不符措施外，市场将对外资全面开放。不符措施包括两个附件：第一个是确保现有措施不再加严，且未来自由化措施应是具有约束力的；第二个是保留在未来完全自由裁量权的政策措施。	1. 投资管理领域：外商投资广告企业项目备案制、涉税事项网上的审批备案、税务登记号码网上自动赋码、网上自主办税、纳税信用管理的网上信用评级、组织机构代码实时赋码、企业标准备案管理制度创新、取消生产许可证委托加工备案、企业设立实行“单一窗口”等 2. 金融领域：个人其他经常项下人民币结算业务、外商投资企业外汇资本金意愿结汇、银行办理大宗商品衍生品柜台交易涉及的结售汇业务、直接投资项下外汇登记及变更登记下放银行办理等。	1. 个别、有限的“负面清单”外资准入； 2. 简化外资税务、扩大外资相关资金转移； 3. 远未建立“负面清单”投资制度。

3. 加快国内自贸试验区建设，适应我国积极参与国际经贸规则的迫切需要。根据前文的简要比较，笔者提出如下建议：

第一，加快国内自贸试验区建设。上海、天津、福建和广东四地自贸试验区既有共性，如综合保税区的功能和海关特殊监管区的特点，也各有特色，如上海自贸试验区特有的张江高科技园区，福建自贸试验区特有的厦门片区两岸贸易中心，等等。[①]在国家规定的试验期限内，现有自贸试验区应着力于在 WTO 规则框架下，紧跟当今国际经贸规则重构的最新发展，加大创建或完善促进货物贸易自由化、海关监管便利化，服务贸易的市场准入与投资准入的"负面清单"，适应人民币国际化和对外投资需要的金融监管等方面新规则的试验力度。

第二，"一带一路"沿线 RTA 的规则的导向。随着"一带一路"倡议的实施，我国虽然与有关国家或地区的 RTA 谈判正在紧锣密鼓的进行，但也凸显规则导向的滞后性。比如，RECP 的谈判涵盖货物贸易、服务贸易和投资三大领域，包括各类规则谈判，是我国迄今参与的最大规模 RTA，涉及部分"一路"沿线国家和地区，目前仅有货物贸易市场准入谈判取得突破，有关规则谈判尚无明确结果。故此，我国应积极、主动提出既符合自身利益，又可得到谈判各方接受的国际经贸新规则。又如，RTA 离不开海关便利化的合作，而我国与 EAEU 及其部分成员国尚无综合性海关合作协定，显然不利于今后启动与 EAEU 的 RTA 谈判。因此，亟待加大 RTA 相关国际经贸规则的研究。

第三，加深对第三次国际经贸规则重构的参与度。"一带一路"倡议的实施如万里长征，刚走出第一步。TPP 的达成只是第三次国际经贸规则重构这一世纪博弈的开始。当今国际经贸关系已经、还将继续发生深刻变化。鉴于我国已经并将今后相当长时期兼具全球最大外资流入国和主要投资输出国的地位，目前谈判的中美、中欧投资协定与我国加快外资管理制度的改革，相辅相成。这对于我国参与新一轮国际经贸规则重构，至关重要。为此，在加快国内自贸试验区与面向全球、辐射"一带一路"沿线国家和地区的高水平 RTA 网络建设的同时，尽早达成中美、中欧投资协定，将极大提升我国参与国际经贸规则重构的地位。

四、结　语

"一带一路"倡议的全面实施可谓任重而道远。国际经贸规则正在经历战后第三次重构，并且对于"一带一路"倡议实施而言，国际贸易、金融和投资等领域的规

① 参见中国(上海)自由贸易实验区网：http://www.china-shftz.gov.cn/Homepage.aspx。

则重构具有不同含义。和平崛起的中国如何在国际经贸规则重构的舞台上发出更加坚定、响亮的时代声音。如何实现中国主张的合作共赢，打造人类命运共同体的全球治理新理念，亟须探索出一条切实可行的路径。笔者认为，国际经贸规则重构与国内自贸试验区建设具有对接的互动性，迄今国内自贸试验区取得的初步成果与 TPP 等高水平的国际经贸规则，与我国与美国、欧盟正在谈判的双边投资协定相比，仍有很大差距，亟须加快试验的步伐。是故，加强对国内自贸试验区的实践和构建及适应"一带一路"沿线国家或地区具体情况的 RTA 网络与国际经贸规则重构的对接研究，是国际经济贸易法学界同仁义不容辞的重任。

Reconstructing International Economic and Trade Rules under the Initiative of "Belt & Road"

Abstract: The initiative of "Belt & Road" is very important for China to promote the domestic reform and the open-door policy with the aim to build a community of human as whole sharing common interests by cooperation when China is facing the new challenge of foreign economic and trade relation in situation of the new round going on reconstructing international economic and trade rules with the TPP as the model. The US, EU and China are the main powers to lead the current reconstruction of international economic and trade rules, which demonstrates that China is arising as one of the major players of international rules while deeply integrating with global economy and having the historical opportunity. It is of great significant to study the contents of reconstructing international economic and trade rules combined with the practices and experiences of domestic pilot free trade zones in Shanghai and other areas for China's implementation of "Belt & Road" and participation of making new rules to protect the common interests of peoples in the world.

Keywords: Belt & Road; International economic and trade; Rules; Reconstruction

论"一带一路"视域下《对外关系法》的调整对象*

内容摘要:《对外关系法》是中国一项新的立法,该项立法对统筹国内法治与涉外法治、通过共商共建共享方式促进全球治理以及推动共建人类命运共同体都极具意义。对外关系既有合作,也有斗争。"一带一路"视域下的《对外关系法》侧重对外合作关系。"一带一路"倡议实施十年的合作实践是中国特色对外关系的典范,其"合作共赢"以达到"共同繁荣"的对外合作关系包括政府间关系和非政府间关系,调整手段则以非拘束力的"软法"为主。美国学界编纂《对外关系法重述》和关于国际比较对外关系法的研究都表明,各国或地区对外关系的法律调整都涵盖这两方面关系。中国《宪法》和《对外关系法》规定的对外关系基本原则与有关国内立法的调整对象密切相关,与中国加入的国际条约和国际组织也不无联系。以"一带一路"对外合作关系为例的研究,有助于明确《对外关系法》的调整对象,并认识到将统筹推进国内法治与涉外法治、适用共商共建共享的国际合作原则、推动构建人类命运共同体等对外关系大政方针转化为可适用的"软法"乃至条约等规范形式的重要性。

关键词:一带一路;对外关系法;调整对象;政府间关系;非政府间关系;软法

在世界百年未有之大变局加速演进,中国迈向全面建设社会主义现代化强国的新征程之际,机遇与风险并存的不确定性进一步加大。为了更加有力地应对来自外部的各种严峻挑战,统筹国内法治与涉外法治,促进国际法治和全球治理体系变革,推动构建人类命运共同体,中国已制定和实施《中华人民共和国对外关系法》(下文简称《对外关系法》)①这一新的立法。

根据近期相关比较研究,②其他国家或地区尚无同样的立法先例。第二次世界大战后,美国学界编纂《对外关系法重述》(下文简称《重述》),③从而催生对外关

* 原载《国际法研究》2023年第4期,第19—38页。

① 《对外关系法》由第十四届全国人民代表大会常务委员会第三次会议于2023年6月28日通过,自2023年7月1日起施行。本文论述该项立法时,采用《对外关系法》;论述中国以及其他国家或地区有关研究时,采用"对外关系法"。其中,"国家间关系"或"政府间关系"的表述,本文不作区分,有关行文同时或选择其一采用。

② 参见Curtis A. Bradley ed., *The Oxford Handbook of Comparative Foreign Relations Law*, Oxford University Press, 2019, p.3。

③ *Restatement of the Law, Third, Foreign Relations Law of the United States* (The American Law Institute, 1987). 1965年《重述》首次出版,列入《法律重述》第二版,因而实际上没有第一版。2012年《重述》第四版,包括条约、管辖权和豁免,其他部分仍在修订中。

系法领域的相关研究。英国、德国及欧盟等发达国家和地区近年来也开始将外交关系法作为专门“领域”(field)研究。然而,对于诸如外交关系法的界定及其范围、研究路径等问题,各国学者众说纷纭,莫衷一是。迄今为止,中国学者已经开始参与国际学界有关对外关系法的比较研究,[①]并就此在国内阐释已见。[②]同样,国内学界有关对外关系法的研究也因视角差异而各有不同。[③]如今在中国,对外关系法从学术研讨转变为一项已施行的新型立法,因而,学界研究更多应结合该立法本身,开展理论联系实际的规范性研究。

根据《对外关系法》第二条:“中华人民共和国发展同各国的外交关系和经济、文化等各领域的交流与合作,发展同联合国等国际组织的关系,适用本法。”这是关于《对外关系法》调整对象的纲领性规定。从该法第四章对外关系的法律制度(第二十九条至第三十九条)规定来看,似乎均为调整国家间关系,尽管在《对外关系法(草案)》[④]基础上,总则增加了原则性规定“国家鼓励积极开展民间对外友好交流关系”(第七条第一款),从而实际上明确了该法调整对象涵盖非政府间关系。有关对该法的权威阐释也强调根据该法“我国积极开展各领域对外交流合作”[⑤]。这理应包括非政府间对外经贸、文化等合作。学界曾有认为民商事关系不属于对外关系法的调整对象。[⑥]如何正确认识中国的《对外关系法》调整对象?国外有关对外关系法的研究是否排除非国家或政府间关系?诸如此类理论和实践问题仍有进一步阐明的必要性。确定一部法律的调整对象,具有纲举目张的决定意义。本文拟从“一带一路”视域,尝试就对外关系法的调整对象展开论述。文章探讨的意义不仅在于“一带一路”倡议实施十周年,已积累丰富的实践经验,值得回顾总结,而且倡议的成功实施为中国在新的历史时期发展对外关系开辟了宽广道路。《对外关系法》第三章规定发展对外关系的目标和任务,其中,第二十六条明确规定“推动共建‘一带一路’高质量发展”。基于“一带一路”视域就对外关系法进行研究,有助于

---

① Congyan Cai, International Law in Chinese Courts, in Curtis A. Bradley ed., *The Oxford Handbook of Comparative Foreign Relations Law*, Oxford University Press, 2019, pp.549-564.

② 蔡从燕:《和平崛起、对外关系法与中国法院的功能再造》,《武汉大学学报》(哲学社会科学版)2018年第5期,第130页;蔡从燕:《中国对外关系法:一项新议程》,《中国法律评论》2022年第1期,第24页。

③ 参见赵建文:《中国对外关系法在国家法律体系中的地位》,载《中国国际法年刊(2016)》,法律出版社2017年版,第78页;刘仁山:《论作为“依法治国”之“法”的中国对外关系法》,《法商研究》2016年第3期,第131页;韩永红:《中国对外关系法论纲——以统筹推进国内法治与涉外法治为视角》,《政治与法律》2021年第10期,第79页。

④ 全国人民代表大会常务委员会:《中华人民共和国对外关系法(草案)》,2022年12月30日。

⑤ 王毅:《贯彻对外关系法,为新时代中国特色大国外交提供坚强法治保障》,《人民日报》2023年6月29日第6版。

⑥ 蔡从燕:《中国对外关系法:一项新议程》,《中国法律评论》2022年第1期,第24页。

理解新时代的对外关系，更好地实施《对外关系法》。另外应看到，中国《对外关系法》的调整对象既有合作关系，也有斗争关系。[①]本文侧重于论述对外关系法所调整的合作关系，首先对“一带一路”的对外关系以及与国际关系、跨国关系进行比较理论分析，而后结合“一带一路”对外关系实践，论述与《对外关系法》调整对象的相应“法”之关联性；其次超越国家或政府间关系论述《对外关系法》，并比较国内外学界相关研究成果；最后，对《对外关系法》体现中国特色的调整对象设定及其重大意义作出拓展论述。

一、对外关系与国际关系、跨国关系的比较

（一）对外关系包括政府间和非政府间的关系

从内容上看，对外关系包括政府间关系和非政府间关系。“一带一路”倡议涵盖政策沟通、设施联通、贸易畅通、资金融通、民心相通和产业合作等，实施十年来已成为与数以百计的国家或地区以及国际组织共商、共建、共享合作共赢的成果，推动构建人类命运共同体的重要实践平台。[②]“一带一路”倡议的实施是践行《联合国宪章》促进国际经济、社会、文化等合作的宗旨，具有中国特色的对外关系典范，也反映了对外关系的综合性特征。

中文语境下的“对外关系”是众所周知的用语。新中国成立后，就曾将政府性对外关系文件和民间性重要对外关系文件以及中国签订的条约、协定等，汇编为《中华人民共和国对外关系文件集》，公开发行[③]，其中“民间性”对外关系文件包括如《中国、朝鲜、日本三国学术界知名人士关于促进学术文化交流的共同声明》（1963 年 8 月 31 日）。[④]这表明，中国官方历史上使用的“对外关系”概念不限于政府间关系。《中华人民共和国宪法》（下文简称《宪法》）序言规定“发展同各国的外交关系和经济、文化交流，推动构建人类命运共同体”。[⑤]其中，同各国的经济、文化

---

① 参见李鸣：《合作与斗争：国际法的双重功能》，《地方立法研究》2022 年第 4 期，第 88 页。

② 参见推进“一带一路”建设工作领导小组办公室：《共建“一带一路”倡议：进展、贡献与展望》（2019 年 4 月 22 日）；参见联合国经济和社会事务部：《“一带一路”倡议支持联合国〈2030 年可持续发展议程〉的进展报告：携手合作，共享美好未来》，2022 年 9 月 19 日。截至 2023 年 1 月，中国已与 151 个国家和 32 个国际组织签署了有关合作文件。参见中国一带一路网，https://www.yidaiyilu.gov.cn/xwzx/roll/77298.htm，[2023-03-05]。

③ 《中华人民共和国对外关系文件集（1949—1963）》（1—10 集），世界知识出版社 1957—1965 年版。

④ 参见《中华人民共和国对外关系文件集》（10），世界知识出版社 1965 年版，第 591—595 页。

⑤ 《中华人民共和国宪法》（1982 年 12 月 4 日第五届全国人民代表大会第五次会议通过，2018 年 3 月 11 日第十三届全国人民代表大会第一次会议修正）。

交流，往往也不限于政府间关系。推动构建人类命运共同体，包括“合作共赢”和“交流互鉴”。①党的二十大报告重申“坚持合作共赢”和“坚持交流互鉴”，以建设一个“共同繁荣”和“开放包容”的世界。②这是指导中国对外关系的大政方针。毋庸赘述，经济上合作共赢和文化上的交流互鉴，不限于政府间关系；企业、社会团体、个人等主体在促进中国对外经济合作、文化交流方面起着不可或缺的重要作用，此类主体相互交往所形成的社会关系是中国对外关系的重要组成部分。

因此，立法视角下的对外关系应包括政府间和非政府间的关系。这既与新中国至今对外关系的历史与现实相一致，也更突出“一带一路”的经济合作共赢和文化交流互鉴之特色。

（二）对外关系、国际关系、跨国关系的比较

中国的《对外关系法》所调整的“对外关系”，其概念及其含义虽有上述文件集的参照，但作为一部国内外没有先例的新型立法，仍有必要在研究其调整对象时，首先比较相关概念的联系与区别。立法论视角下的对外关系不同于国际关系，在概念上及其适用上也与跨国关系存在差别。从国际法理论层面分析，对外关系与国际关系、跨国关系的内涵大同小异，但三者的出发点及特征不同，这可通过比较，加以辨析。

在国际法或与之直接相关的领域，国际关系是一个传统的概念。在十七世纪初，格劳秀斯创立其国际法学说时，最初阐释了国家间“公战”的性质：“当依据国家意志，则为‘公战’，而且，国家的概念包含了执政官（譬如君主）的意志，进而言之，公战既可以为‘国内’（对本国的某一部分发起）也可为‘对外的’（当对其他国家发起时）。”③虽然格劳秀斯没有直接采用“对外关系”或“国际关系”的术语，但其对公战与和平时期国家间相互关系的论述本质上就是从对外关系或国际关系视角展开的。格劳秀斯指出，一国对外公战就意味与交战国发生关系，即为战时国际关系；战后国家间通过和平条约等方式进入和平时期，则为和平国际关系。格劳秀斯《战争与和平法》就是围绕两者而展开其国际法学说。④在国际法学说史上，十八世纪末的边沁（Jeremy Bentham）提出更为接近国际关系的概念。他在《道德与立法原理导论》中区分国际法（实际用语是“国际法理学”）与国内法的各自调整对象时指

---

① 习近平：《共同构建人类命运共同体——在联合国日内瓦总部的演讲》（2017 年 1 月 19 日），《人民日报》2017 年 1 月 20 日第 2 版。

② 习近平：《高举中国特色社会主义伟大旗帜　为全面建设社会主义现代化强国而团结奋斗——在中国共产党第二十次全国代表大会上的报告》（2022 年 10 月 16 日），《人民日报》2022 年 10 月 26 日第 1 版。

③ ［荷兰］雨果・格劳秀斯：《捕获法》，张乃根等译，上海人民出版社 2006 年版，第 35—36 页。

④ 参见［荷兰］雨果・格劳秀斯：《战争与和平法》，马忠法等译，上海人民出版社 2022 年版。

出:"对于可以适当地与排他地采用'国际'词语这一法理学分支的主题,那么还存在的是主权者之间相互交往。"[①]"主权者之间相互交往"(the mutual transaction between sovereigns)实质上就是国际关系,即,国家之间交往关系。二十世纪初,奥本海《国际法》第一版将国际法定义为"国家在其彼此交往中被认为具有法律拘束力的习惯和条约规则之总体"[②]。在此,"彼此交往"(intercourse with each other)类似于边沁的用语,国家间"交往"就是国际关系。奥本海论述外交关系法时明确采用了"国际关系"(international relations)。[③]以后修订的《奥本海国际法》一直沿用之。[④]中国学者将之译为"对外关系"。[⑤]

比较而言,"国际关系"用语是指国家"之间"(inter, between)关系,"对外关系"侧重于一国对"外国"(foreign)的关系。根据《维也纳外交关系公约》,"外交往来"有助于促进"各国间友好关系",[⑥]因此,从外交关系法调整对象看,外交关系是一种国际关系;就一国处理外交关系而言,又可视为一种对外关系。在这个意义上,国际关系、外交关系和对外关系,都是指国家间关系。这恐怕也是奥本海以"国际关系"指代"外交关系",而中国学者又将之理解为"对外关系"的缘故。但是,如今无论在实践中,还是理论上,通常将外交关系限于外交关系法所调整的对象,国际关系则泛指国际法所调整的一切国家间关系。然而,中国对外关系的历史和下文分析美国学界《重述》所述对外关系,均超出国家或政府间外交关系的范围,也包含非政府间关系(或称民间关系)。这是中国《对外关系法》所确定的调整对象。

跨国关系的相关概念是第二次世界大战后由美国著名国际法学者杰赛普教授在阐述其跨国法理论时提出的。他认为:"'跨国法'的术语涵盖调整超越国界的行动或事件的所有法律。"[⑦]"超越国界"(transcend national frontiers)就会产生"跨国情形"(transnational situation)[⑧],因而涉及个人、公司、国家、国家组织或其他团体。他认为应改变国际法与国内法、国际公法与国际私法(冲突法)的二元划分,将

---

① J.H. Burns and H.L.A. Hart(eds.), *The Collected Works of Jeremy Bentham: An Introduction to the Principles of Morals and Legislation*, Methuen, 1970, p.296.

② L. Oppenheim, *International Law*, Vol.I. Peace, Longmans, Green, and Co., 1905, p.3.

③ 前引 L. Oppenheim, *International Law*, 403。

④ Sir Robert Jennings, Sir Arthur Watts(eds.), *Oppenheim's International Law*. Longman, 1992, p.1031.

⑤ [英]詹宁斯、瓦茨修订:《奥本海国际法》(第9版第一卷第二分册),王铁崖等译,中国大百科全书出版社1996年版,第457页。

⑥ 《维也纳外交关系公约》(1961年4月18日),载《国际条约集(1960—1962)》,商务印书馆1975年版,第304页。

⑦ Philip C. Jessup, *Transnational Law*, Yale University Press, 1956, p.2.

⑧ 前引 Philip C. Jessup, *Transnational Law*, p.3。

其统合为跨国法。他没有明确采用“跨国关系”一语，而仅提及“跨国经济关系”①，但是，从他论及跨国公司的历史背景看，跨国法与第二次世界大战之后美国凭借其金融优势、海外投资剧增而出现的大量跨国公司有关。客观上，这需要融合国际法与国内法、国际公法与国际私法，以更好处理相关跨国经济关系的法律体制。这与杰赛普教授先前在其《现代国际法》一书中认为国际法的调整对象不限于国家间关系的说法存在理论渊源关系。②在杰赛普教授阐述这些观点之后编纂的美国《重述》第三版第一条明确：“本重述所说国际法由普遍适用于国家和国际组织的行为及其相互间关系，且部分地与自然人或法人的关系之规则和原则所构成。”③这与跨国法及其跨国关系的观念不无关联。

经比较可知，跨国关系与对外关系都不限于国家间关系，因而区别于传统的国际关系，同时应看到，如同跨国公司的母公司不限于在本国，跨国关系也不以本国出发为前提，而这一前提正是对外关系的特点。也许因这一缘故，如今以美国学者为主的国际学术界研究对外关系法，未提及跨国法理论。④

简言之，对外关系是一国对外进行的外交、政治、经济、文化等活动而形成的关系，包括政府间和非政府间关系，所涉主体为政府及其机构和代表、国际政府间或非政府间组织、企业、个人。其中各方面关系通常已有国际法或国内法加以调整，至今其他国家或地区还没有一部《对外关系法》涵盖所有这些调整对象。这也是中国制定和实施《对外关系法》首先碰到的重大理论与实践问题。本文以当前中国对外关系需要这部新型立法为必要前提，旨在探讨其调整对象，因而不展开分析该必要性，而径直论述如何界定该调整对象，并以中国实施“一带一路”倡议的崭新实践为例，加以论证。

二、“一带一路”倡议与《对外关系法》调整对象之间相应可适用“法”的关联性

（一）“一带一路”对外关系的调整手段

“一带一路”倡议实施以来，中国与约 150 个国家签署了政府间“一带一路”合

① 前引 Philip C. Jessup, *Transnational Law*, p.13。

② Philip C. Jessup, *Law of Nations: An Introduction*, the Macmillan Company, 1948, pp.15 – 42.

③ *Restatement of the Law, Third, Foreign Relations Law of the United States*, the American Law Institute, 1987, § 101.

④ 参见 Curtis A. Bradley, Introduction to Symposium on Comparative Foreign Relations Law, (2017) 111 *American Journal of International Law Unbound* 315, pp.314 – 315。

作协议，其中主要包括两类。

一类是联合声明，如 2015 年中国与俄罗斯联邦《关于丝绸之路经济带建设和欧亚经济联盟建设对接合作的联合声明》①。其主要内容有如下三个方面。(1)双方的有关政治承诺，"俄方支持丝绸之路经济带建设，愿与中方密切合作，推动落实该倡议。中方支持俄方积极推进欧亚经济联盟框架内一体化进程，并将启动与欧亚经济联盟经贸合作方面的协议谈判。双方将共同协商，努力将丝绸之路经济带建设和欧亚经济联盟建设对接，确保地区经济持续稳定增长，加强区域经济一体化，维护地区和平与发展。"(2)为此，双方采取八个方面步骤推动地区合作，包括"扩大投资贸易合作，优化贸易结构，为经济增长和扩大就业培养新的增长点"，"促进相互投资便利化和产能合作，实施大型投资合作项目，共同打造产业园区和跨境经济合作区"。(3)双方启动相关对话机制，"成立由两国外交部牵头、相关部门代表组成的工作组"，协调合作。这份共同声明虽不是条约性文件而包含国际义务的拘束力，但由两国元首签署，体现顶层设计和政府部门落实的特点，从两国具体实施相关项目及其职能部门落实机制看，这是对双方具有共同实施、落实的一定约束力的国际法文件。

中国与"一带一路"沿线的许多国家采用了联合声明的原则规定加谅解备忘录的方法开展"一带一路"合作。如 2018 年中国与葡萄牙《关于进一步加强全面战略伙伴关系的联合声明》第七条规定："葡萄牙欢迎并愿参与中国提出的共建'一带一路'倡议，双方决定签署两国政府关于共同推进建设'一带一路'的谅解备忘录"，表示在积极深化政治对话的基础上，促进欧亚在交通，特别是通过发展海洋、陆地及空中直接战略对接，能源、数字、人文等领域互通互联，促进自由和公平贸易，密切两国人民在共同关心的领域开展合作和相互了解。双方愿加强同非洲和拉美等地区的第三方国家开展合作。②又如 2023 年中国与菲律宾《联合声明》第十一条载明：双方"愿持续深化共建'一带一路'倡议和'多建好建'规划对接，高质量推进基建项目合作，促进经济增长。双方续签'一带一路'合作谅解备忘录"。③这样的方式既有两国元首的政治共识，又有政府部门具体落实的谅解备忘录，使得双方合作意向更具务实性和约束性，不失为调整"一带一路"对外合作关系的重要手段。

另一类是谅解备忘录。这是数量最多的双方合作共建"一带一路"倡议的协议

---

① 《中华人民共和国与俄罗斯联邦关于丝绸之路经济带和欧亚经济联盟建设对接合作的联合声明》(2015 年 5 月 8 日，莫斯科)。

② 《中华人民共和国和葡萄牙共和国关于进一步加强全面战略伙伴关系的联合声明》(2018 年 12 月 5 日，里斯本)。

③ 《中华人民共和国和菲律宾共和国联合声明》(2023 年 1 月 5 日，北京)。

方式。按照联合国国际法委员会对《维也纳条约法公约》的注释,“协议的备忘录”(memorandum of agreement)是“正式程度低一些”(less formal)的条约。①学界亦认为:“谅解备忘录(memorandum of understanding)是处理较小事项的条约。”②但是,目前为数不多已公布全文的有关谅解备忘录,均明确不构成具有法律拘束力的双边条约,或其仅表示签署双方加强合作与交流以支持“一带一路”倡议的共同意愿,因而属于非条约性的国际法文件。如 2015 年中国与匈牙利关于共同推进“一带一路”建设的谅解备忘录,就有关合作内容达成一致,包括“战略政策对话”“双边互利合作”“加强互联互通”“开展人文交流”“推动多边合作”,并规定建立由两国外交部门牵头的“合作机制”以及采取“友好协商”解决可能的分歧。该谅解备忘录第七条明确“不构成双方间的一项国际性条约,仅表达双方在推动‘一带一路’倡议方面的共同意愿”,自签署之日起生效,有效期 5 年。③同年中国与波兰有关“一带一路”的谅解备忘录规定“合作目标与指导原则”(包括“在两国各自法律法规框架内进行合作,并遵守各自承担的国际义务和承诺”)、“合作内容和方式”“合作机制”“分歧解决”“效力、修订与终止”,形式上类似双边条约,但明确规定“双方共同确认,本谅解备忘录不具有法律效力”,因而是非条约性的国际法文件。④2017 年中国与新西兰的有关备忘录,也大致相同。⑤此外,还有类似备忘录的合作规划、议定书等合作文件。

以上实践表明,在实施“一带一路”倡议的第一个十年,中国本着侧重经济合作、文化交流方面“一带一路”建设的初衷与“愿景”,以促进切实“行动”,尤其是“充分发挥市场在资源配置中的决定性作用和各类企业的主体作用,同时发挥好政府的作用”。⑥这意味着,政府间推动共同建设“一带一路”,不宜采取政府本身承担有关条约义务的方式,而是在政府间政治承诺及合作原则的指导下,更多发挥企业的主体作用,以市场运作方式推进“一带一路”倡议,充分发挥民间团体或个人,在促进文化交流、民心相通方面的重要作用。

---

① “Draf Articles on the Law Treaties with Commentaries”, in *Yearbook of the International Law Commission*(1966, Vol.II), p.188, para. (3).

② 李浩培:《条约法概论》,法律出版社 2003 年版,第 27 页。

③ 《中华人民共和国政府与匈牙利政府关于共同推进丝绸之路经济带和 21 世纪海上丝绸之路建设的谅解备忘录》(2015 年 6 月 6 日,布达佩斯)。

④ 《中华人民共和国政府与波兰共和国政府关于共同推进“一带一路”建设的谅解备忘录》(2015 年 11 月 26 日,北京)。

⑤ 《中华人民共和国政府与新西兰政府关于加强“一带一路”倡议合作的安排备忘录》(2017 年 3 月 27 日,惠灵顿)。

⑥ 参见国家发展改革委、外交部、商务部:《推动共建丝绸之路经济带和 21 世纪海上丝绸之路的愿景与行动》(经国务院授权发布),2015 年 3 月。

同时期，中国与联合国及其专门机构等国际组织，包括与联合国开发计划署和环境规划署等、联合国工业发展组织和世界知识产权组织等，通过合作项目、论坛等形式共同推进"一带一路"倡议建设。[①]中国政府主管部门与有关国际组织签署"一带一路"公私伙伴关系(PPP)合作备忘录等。[②]

(二) 从"一带一路"合作的"软法"理解《对外关系法》调整对象可适用的"法"

前述基于比较研究，本文将对外关系界定为一国对外开展政府间和非政府间外交、政治、经济、文化等活动而形成的关系。"一带一路"合作的政府间协议方式为企业或个人及各种非政府组织与其他国家的政府或非政府主体的经济合作、文化交流提供了广阔空间。从上述政府间"一带一路"合作协议的类型及其法律性质来看，其大部分属于非条约、非法律拘束力的国际法文件。这种适用的"法"实质上是"软法"(soft laws)。国内外学界对一般国际法上"软法"和"一带一路"相关"软法"已有很多研究。在此，结合与《对外关系法》调整对象相适应的可适用的"法"，对"软法"作扼要阐述。

一般而言，国际法上"软法"通常理解为"无法律拘束力但在当代国际关系中得到各国和国际组织采用的规范性文件"[③]。在有些国际法领域，"软法"成为不可缺少的组成部分。如外层空间法方面，联合国大会在二十世纪六十年代至九十年代先后通过两项宣言和三套原则[④]，总称为 5 个"软法"。2014 年联合国外空委员会法律小组首次审议"软法"议题，"体现国际社会对外空软法的普遍重视"。[⑤]又如国际环境法领域，也有大量"软法"[⑥]，包括 1972 年联合国人类环境大会通过的《人类环境宣言》[⑦]等嗣后一系列原则性国际法文件。中国学界认为"一带一路"合作协

---

① 参见联合国经济和社会事务部：《"一带一路"倡议支持联合国〈2030 年可持续发展议程〉的进展报告：携手合作，共享美好未来》，2022 年 9 月 19 日，第 46—65 页。

② Memorandum of Understanding between the United Nations Economic Commission for Europe and National Development and Reform Commission of China, signed in Beijing on 14 May 2017.

③ Malcolm D. Evans(ed.), *International Law*, Oxford University Press, 5th edn., 2018, p.121.

④ 联合国大会 1963 年 12 月 13 日第 18/1962 号决议：《各国探索和利用外层空间活动的法律原则宣言》；联合国大会 1982 年 12 月 10 日第 37/92 号决议：《各国利用人造卫星进行国际直接电视广播所应遵守的原则》；联合国大会 1986 年 12 月 3 日第 41/65 号决议：《关于从外层空间遥感地球的原则》；联合国大会 1992 年 12 月 14 日第 47/68 号决议：《关于在外层空间利用核动力源的原则》；联合国大会 1996 年 12 月 13 日第 51/122 号决议：《关于开展探索和利用外层空间的国际合作，促进所有国家的福利和利益，并特别要考虑到发展中国家的需要的宣言》。

⑤ 商震：《论外空软法的发展和功能》，载《中国国际法年刊(2014)》，法律出版社 2015 年版，第 549 页。

⑥ Alexandre Kiss and Dinah Shelton, *Guide to International Environmental Law*, Martinus Nijhoff Publishers, 2007, p.8.

⑦ 1972 年 6 月 16 日联合国人类环境大会：《斯德哥尔摩人类环境宣言》，A/CONF.48 和 Corr.1，第一章。

议也属于国际“软法”。[①]此类“软法”的优点在于政府间的合作协议主体多样,可由双方国家元首、政府首脑或部长级官员签署;方法灵活,可采取联合声明、备忘录或合作规划乃至涵盖性的国际规范性文件;充分兼顾双方当前与未来的合作意愿,就双方或各方发展目标、愿景的对接,达成共识。这是推进共建“一带一路”倡议将“政策沟通”作为首要的合作目标的缘故。“一带一路”倡议及其实施作为中国新时期的对外关系的重要组成部分,尤其在实施初期,有必要采用“软法”手段。这有利于中国与有关国家或国际组织,通过搭建政府间合作平台,由非政府主体“唱戏”,逐步使得“一带一路”不仅成为越来越多的国家实践和得到国际承认,而且以“微风细雨”之势,逐渐形成更加公平合理的全球治理大势。当然,由于“软法”缺乏明确义务和执行机制,因此,“一带一路”对外关系的调整不可能,事实上也不仅仅依靠“软法”。下文将进一步加以分析。

“一带一路”合作的“软法”与中国提出和实施“一带一路”倡议采取的对外关系“软法”紧密相关。迄今中国颁布的“一带一路”规范性文件,如 2015 年国务院授权发布的政府主管部门关于推动共建“一带一路”的愿景与行动的文件、国家发展改革委下属推动“一带一路”建设工作领导小组发布的《标准联通“一带一路”行动计划(2015—2017)》、文化部印发的《“一带一路”文化发展行动计划(2016—2020)》和 2022 年国家发展改革委等多部门关于“一带一路”绿色发展的意见[②]等,都是不具有法律拘束力的国内“软法”。这些“一带一路”对外关系的“软法”,一方面为中国政府与其他国家或国际组织达成“软法”性质的合作协议提供了对外关系“法”的依据,另一方面为中国企业、团体或个人在“一带一路”沿线国家或地区开展经济合作、文化交流提供了规范性指引。例如,上述关于“一带一路”绿色发展的意见旨在规范中国企业境外投资与环境相关行为,要求压实企业境外环境行为主体责任,有关部门应指导企业严格遵守东道国生态环保相关法律法规和标准规范,鼓励企业参照国际通行标准或中国更高标准开展环境保护工作。显然,企业境外投资及环境保护的合规行为属于非政府性质,所产生的与东道国政府或当地企业的经济合作关系是非政府间关系。由此可见,“一带一路”倡议实施中的对外关系包括非政府间关系,相应的调整手段也离不开非拘

① 参见韩永红:《“一带一路”国际合作软法保障机制论纲》,《当代法学》2016 年第 4 期,第 151 页;毕莹:《包容:“一带一路”下全球治理的中国软法方案和推进路径》,《深圳大学学报》(人文社会科学版)2019 年第 3 期,第 37 页;王林彬、邓小婷:《“一带一路”基础设施建筑中的国际软法之治》,《江苏大学学报》(社会科学版)2023 年第 1 期,第 59 页。

② 国家发展改革委等部门:《关于推进共建“一带一路”绿色发展的意见》,发改开放〔2022〕408 号,2022 年 3 月 16 日。

束力的“软法”。

诚然,“一带一路”倡议的实施中对外关系的调整手段也包括政府间条约等具有法律拘束力的国际法,或者在“软法”基础上进一步发展为具有拘束力的条约性文件(“硬法”)。如中国与俄罗斯联邦签订双边投资保护协定(下文简称 BIT),规定“投资”是“缔约一方投资者依照缔约另一方的法律和法规在缔约另一方领土内所投入的各种财产,”而“投资者”是“根据缔约任何一方的法律和法规,具有其国籍的自然人;法律实体,包括根据缔约一方的法律设立或组建且住所地在该缔约一方境内的公司、协会、合伙及其他组织”①。又如,中国与菲律宾的 BIT 规定,“投资”包括“动产和不动产的所有权及其他财产权利”“公司的股份或该公司中其他形式的权益”“依照法律授予的特许权,包括勘探和开发自然资源的特许权”等。②以不同形式与中国签署“一带一路”合作协议的国家,多半与中国缔结了 BIT,尤其是欧洲、亚洲和拉美国家,也包括部分非洲国家。③在实施“一带一路”倡议中,中国企业、个人在有关国家的投资及其经贸关系是“一带一路”对外关系的重要组成部分,适用有关 BIT。在涵盖非政府间关系的对外关系法范畴下,“一带一路”倡议实施中所涉及“软法”和“硬法”缺一不可。又如,中国在与俄罗斯、哈萨克斯坦等国签署“一带一路”合作协议基础上,于 2018 年与俄罗斯为主包括哈萨克斯坦等中亚国家的“欧亚经济联盟”签署了有关经贸合作协定,这对减少中国与欧亚联盟成员的非关税贸易壁垒,提升贸易便利化水平,给双方企业和人民带来更多现实利益和便利具有重大意义。④这些投资、贸易等领域的条约,与“一带一路”合作“软法”相辅相成,相得益彰。

从“一带一路”合作的“软法”及其相关投资、贸易等经贸协定来看,其调整对象是包括政府间和非政府间关系的对外关系。从此类视域来看,《外交关系法》的调整对象及其可适用的“法”具有同样的特点和性质,亦即,《对外关系法》是调整对象包括政府间和非政府间的对外关系,其可适用“法”包括中国处理对外关系的“软法”性文件和相关条约等。

---

① 《中华人民共和国政府和俄罗斯联邦政府关于促进和相互保护投资的协定》(2006 年 11 月 9 日,北京)。

② 《中华人民共和国政府和菲律宾共和国政府关于鼓励和相互保护投资的协定》(1992 年 7 月 20 日,马尼拉)。

③ 现共有 105 个国家与中国签订 BIT。参见《我国对外签订双边投资协定一览表》,商务部官网,https://tfs.mofcom.gov.cn/article/Nocategory/201111/20111107819474.shtml[2023-02-18]。

④ 《中华人民共和国与欧亚经济联盟经贸合作协定》(2018 年 5 月 17 日,阿斯塔纳),2019 年 10 月 25 日正式生效。

三、《对外关系法》调整对象不限于国家之间关系

（一）美国《对外关系法重述》调整对象的比较研究

上文先后从“一带一路”的对外关系及其调整手段的实践出发，比较界定对外关系以及可适用法的性质。下文将进一步比较美国《重述》以及国内外学界的比较对外关系法理论，论述《对外关系法》的调整对象的具体含义。需注意的是，这里所说的“国家间关系”与上文的“政府间关系”没有实质区别，只是在《重述》的语境下采用“国家间关系”。

第二次世界大战后，美国学界在编纂《重述》时明确提出了“对外关系法”(foreign relation law)的概念。由亨金(Louis Henkin)教授担任首席报告人的《重述》(第三版)在第一部分“国际法及其与美国法的关系”中首先界定国际法为“普遍适用于国家和国际组织的行为及其相互间关系，且部分地与自然人或法人的关系之规则和原则所构成”[①]的总和。然而，该定义是就“国际法”，而非“对外关系法”而言。那么在美国学界，对外关系法与国际法是什么关系呢？为什么《重述》开宗明义给“国际法”而非“对外关系法”下定义呢？这值得探讨。

亨金教授于1972年所著《对外事务与宪法》[②]一书被视为战后美国对外关系法理论的开山之作。按照《牛津比较对外关系法手册》主编布拉德利(Curtis A. Bradley)教授的看法，对外关系法研究的“这一领域在美国何时兴起，并不清楚。也许可以说始于路易斯·亨金的权威之著《外交事务与宪法》”[③]。亨金在谈到其研究初衷时认为，尽管像汉密尔顿(Alexander Hamilton)等美国宪法的奠基人和美国联邦最高法院的早期判例对宪法有关对外关系的条款作过很多论述，然而，当时美国学界普遍忽视宪法与对外关系的结合研究，因而有必要开辟两者的交叉研究。该书旨在“开始满足这一需要”[④]。可见，美国对外关系法首先是从作为国内法的宪法出发。这是对外关系法的一个基本特征，即，从本国法的角度看待处理对外关系的法律。如今，美国学者在给“对外关系法”下定义，也是认为“该术语用于

---

① *Restatement of the Law, Third, Foreign Relations Law of the United States*, the American Law Institute, 1987, § 101.

② Louis Henkin, *Foreign Affairs and the United States Constitution*, Clarendon Press, 2nd edn, 1996.该书第一版出版于1972年。

③ Curtis A. Bradley(ed.), *The Oxford Handbook of Comparative Foreign Relations Law*, Oxford University Press, 2019, p.10.

④ 前引 Louis Henkin, *Foreign Affairs and the United States Constitution*, Preface to the First Edition。

涵盖每个国家如何调整该国与世界其他国家互动的国内法"[1]。换言之，对外关系法是一国调整其对外关系的国内法。

在美国的宪法体制下，调整对外关系的国内法首先是宪法，尤其是解释宪法的美国最高法院判例法。亨金教授等人主编的《国际法：案例与材料》以美国最高法院1900年"帕克特·哈巴拿案"为例说明。该案明确："国际法是我们法律的一部分，并且必须由拥有适当管辖权的法院查明和运用，正如法院对于经常面临的权利问题而适当地作出其决定。"[2]亨金认为，这一判例法的表述"在当时既不是新的，也不是有分歧的，因为这只是重述了美国判例学说的创始人早已确立的原则"[3]。据此，美国调整对外关系的法，首先是其宪法下作为国内法一部分的国际法。由此也许不难理解《重述》首先界定的是"国际法"。唯有此，才能确定对外关系的"法"。

《重述》的评论对第二版与第三版关于国际法的定义进行了比较，其指出，先前版本将国际法定义为"适用于单方不能修改而适用于国家或国际组织的法律规则"，排除了个人、法人作为国际法调整关系的主体，而现在的定义"提示国际法不再只是适用国家和国际组织，也处理国家、国际组织与个人和法人的关系"。[4]由于《重述》所述的"对外关系法"是美国宪法下的"国际法"，因此，该国际法的定义也就是美国对外关系法的定义，其调整对象就是国家之间，国家与国际组织之间，国家和国际组织与个人、法人之间的各种对外关系。在《重述》的影响下，或者说，根据美国最高法院解释宪法有关国际法条款或问题的判例法，美国的对外关系法与其国内法视角的国际法，两者的调整对象是重叠的，均不限于国家之间关系。在这个意义上，《重述》的对外关系法就是美国视角的国际法。以亨金教授同时参与主编的《国际法》为例，开篇说明"国际法"的定义：除了传统上以国家间关系为调整对象，"近半个多世纪以来，国际法日益增多地也调整其他主体相关，尤其作为人权主体的个人与国家关系。"[5]这与《重述》的定义相吻合，《重述》是从美国对外关系法的角度看待国际法。

---

① 前引 Curtis A. Bradley(ed.), *The Oxford Handbook of Comparative Foreign Relations Law*, p.3。

② *The Paquete Habana*, The Supreme Court of the United States, 175 U.S. 677(1900).

③ Louis Henkin, International Law as Law in the United States, in Lori Fisler Damrosch, Louis Henkin *etc*. (eds.), *International Law*: *Cases and Materials*, West Group, 4th edn, 2001, p.163.

④ *Restatement of the Law*, *Third*, *Foreign Relations Law of the United States*, the American Law Institute, 1987, §101, Reporters notes.

⑤ Lori Fisler Damrosch, Louis Henkin *etc*. (eds.), *International Law*: *Cases and Materials*, West Group, 4th edn, 2001, p.xix.

（二）国内外学界有关对外关系法调整对象的比较研究

美国学者在开展“比较对外关系法”（comparative foreign relations law）的研究时，有的强调作为国内法的对外关系法所调整的一国与他国相互关系，“最主要地是国家之间发生的互动，但也可包括一国与他国公民或居民以及国际组织的互动”。[①]相应可适用的法包括宪法、法律法规和司法判决，以及可能不具有法律地位的某些政治行为者的约定。至于与国际法的关系，对外关系法将那些根据条约、习惯国际法一国负有义务的“纯粹”（pure）国际法（或未被纳入国内法的国际法）排除在外。这种观点认为，对外关系法是调整一国与他国相互关系的法，“但其本身并不旨在认定该国的国际权利或义务”。[②]不过，如果国内学说要求将条约或习惯国际法直接纳入国内法，或优先于国内法，或在解释国内法时顾及国际法，那么，这些国际法就成为对外关系法的一部分。简言之，国际法是否成为对外关系法的一部分，取决于国内法是否适用或将之纳入。也有学者从美国宪法视角研究，认为“各国宪法在对外关系法领域居于中心位置，……对外关系的职能对于各国宪法的实施至关重要”[③]。一国宪法对外具有“宣示”（signaling）作用，通常规定批准缔结或加入条约的程序、元首的选任以及确认国家武装力量的统帅、设立对外关系机构等等。也就是说，无论一国有无专门的对外关系立法，其宪法本身就包括了对外关系基本法的内容。此外，在一国宪法体制下，对外缔结的条约往往取代或补充国内法。例如，美国最高法院在 1920 年“密苏里州诉霍兰案”中认定美国与英国（当时加拿大为英国自治领地）缔结 1916 年保护跨境迁徙益鸟的条约属于宪法规定的联邦权限。迁徙益鸟虽在密苏里州境内过冬，但此类益鸟的保护是条约义务，“这涉及最重要的是一国利益。这只能通过与他国合作方可保护。”[④]因此，该事项属于美国宪法下对外关系法的调整对象。此案既涉及益鸟过冬地与私人财产权的关系，也涉及联邦制下州政府对其境内事务的管辖权。然而，一旦所调整对象为跨境关系，就属于美国联邦政府处理对外关系的权限范围。此项保护益鸟的条约以及国会的相应立法弥补了美国国内法的空白。显然，如采纳上述案例所示之美国对外关系法的研究视角，那么并不需要一部专门立法。美国宪法本身以及大量司法判例足以解决对外关系的法律问题。或许，这是美国国会至今未通过专门的对外

---

① Curtis A. Bradley. Foreign Relations Law as a Field of Study，(2017) 111 *American Journal of International Law Unbound* 315，p.316.

② 前引 Curtis A. Bradley，“Foreign Relations Law as a Field of Study”，p.318。

③ Tom Ginsburg，Constitutions and Foreign Relations Law：the Dynamics of Substitutes and Complements，(2017) 111 *American Journal of International Law Unbound* 315，p.326.

④ *Missouri v. Holland*，252 U.S. 416(1920).

关系法案的原因之一。此外，该案也说明，美国宪法调整的对外关系包括国家与个人的关系。

欧洲学者从欧洲“外部关系法”(external relations law)出发展开研究。[①]作为第二次世界大战后欧洲一体化的起点，1951 年《欧洲煤钢共同体条约》第 6 条就规定：“共同体具有法人资格。在国际关系中，共同体享有行使其职能和实现其目标所需的法律资格。”[②]“该组织由于接受了成员国让渡的部分主权而具有超国家的性质。”[③]如今欧洲联盟(欧盟)的国际法地位也是如此，因而近七十年来在欧洲一体化的组织框架下，该地区一直有超国家组织与各成员国之间的“内部关系法”及其作为国际法主体的“外部关系法”。这种“外部关系法”也可称为“对外关系法”。[④]相比美国对外关系法的调整对象及其可适用法，欧盟的“外部关系法”有其特殊性，这体现为联盟的缔约权[⑤]、关税同盟的海关法和共同商业政策(对外贸易法)[⑥]、共同外交和安全政策[⑦]，且此类权力安排均基于成员国之间的条约。这种特殊的调整对象既有与其他国家、国际组织的(缔约、外交)关系，也有与本地区或其他国家企业、个人之间(海关、贸易)关系。也有欧洲学者从“全球宪制主义”(global constitutionalism)出发研究对外关系法，他们认为，当今世界的国际法、外国法对国内法的影响往往会改变国内法本身，如国际人权法对各国宪法的影响。这似乎更多地考虑一国对外关系法的研究离不开国际法、外国法在“形成”(shaping)[⑧]国内法中的影响，而未论及有关调整对象。

初步考察美欧学者为主的国外学界的相关研究可以发现，就侧重规范性研究而言，其都不否认对外关系法的调整对象包括国家间和非国家关系。如前所述，国内有学者参与了国际学界的比较对外关系法研究，并认为中国行政机关开始重视对外关系法治化和司法机关以司法解释方式涉足对外关系，是“中国对外关系法值

---

① Joris Larik, EU Foreign Relations Law as a Field of Scholarship, (2017) 111 *American Journal of International Law Unbound* 315, p.321.

② 《欧洲煤钢共同体》(第 1—6 条)，载《欧洲共同体条约集》，戴炳然译，复旦大学出版社 1993 年版，第 3 页。

③ [德]马迪亚斯·赫蒂根：《欧洲法》，张恩民译，法律出版社 2003 年版，第 41 页。

④ [英]弗兰西斯·斯奈德：《欧洲联盟法概论》，宋英编译，北京大学出版社 1996 年版，第 139 页。

⑤ 宋英：《欧洲经济共同体的缔约权》，载《中国国际法年刊(1992)》，中国对外翻译出版公司 1993 年版，第 213 页。

⑥ Francis Snyder, *International Trade and Customs Law of the European Union*, Butterworths, 1998, pp.3 - 272.

⑦ [德]马迪亚斯·赫蒂根：《欧洲法》，张恩民译，法律出版社 2003 年版，第 381 页。

⑧ Anne Peters, Foreign Relations Law and Global Constitutionalism, (2017) 111 *American Journal of International Law Unbound* 315, p.331.

得关注的两个晚近发展”①。尤其是此处第二个发展，可更好理解中国法院“通过强化参与对外关系助力中国的和平崛起，从而实现中国法院的功能再造”②。从法院功能角度来看对外关系法，显然其调整对象不可能不包括非政府间关系或非政府的当事方所参与的对外关系。美国《重述》更多地基于判例法，同样涉及非政府的当事方。然而，该国内学者认为：“尚未发现有西方学者把一国与外国私人间的关系，尤其跨国民商法关系一般性地作为对外关系法的议题进行研究。”③如前所述，布拉德利教授认为，对外关系法调整对象“包括一国与他国公民或居民以及国际组织的互动”，其主编的《牛津比较对外关系法手册》第五编“国际法的国内适用”包括国际法在国内法院的适用，实际上至少涵盖“一国与他国公民或居民的互动”，这与涉外民商法关系是分不开的。国内学者也有将对外关系法界定为“中国制定或基于国际法转化而来的专门处理各类对外关系的法律法规体系”④，这包括调整对外民商事关系的法律法规。

与美国《重述》已有数十年历史相比，国内外学界有关本国或地区对外关系法的专门“领域”或比较对外关系法的研究方兴未艾。无论学理研究，还是专门立法，调整对外关系的宪法或专门立法的调整对象都不应限于国家或政府间关系，而应包括非国家或政府间关系，对外关系的主体不应，也不可能排除企业、团体或个人。如前所述，中国对外关系的历史和新时期“一带一路”倡议实施的对外关系，都表明对外关系法的调整对象本身具有的特征。这与美国《重述》第三版相关变化，相互印证，可能揭示了对外关系立法的一般要求。或者说，即便各国立法依国情而定，但作为同一类立法，如同宪法、刑法、民法，通常具有相同的调整对象及其法律制度的基本内容。中国《对外关系法》的制定和施行走在其他国家前面，应比较其学界相对更早的研究成果，以使得中国这一新型立法既具有中国特色，也容易得到国际社会的理解。

四、中国特色《对外关系法》调整对象及其实践意义

（一）中国特色《对外关系法》调整对象的立法视角与学理解读

中国以专门立法方式制定《对外关系法》，在世界范围内开创了先例。该法具

---

① Congyan Cai, Chinese Foreign Relations Law, (2017) 111 *American Journal of International Law Unbound* 315, p.339.

② 蔡从燕：《中国崛起、对外关系法与法院的功能再造》，《武汉大学学报》（哲学社会科学版）2018 年第 5 期，第 130 页。

③ 蔡从燕：《中国对外关系法：一项新议程》，《中国法律评论》2022 年第 1 期，第 24 页。

④ 刘仁山：《论作为“依法治国”之“法”的中国对外关系法》，《法商研究》2016 年第 3 期，第 131 页。

有鲜明的中国特色，其关于调整对象的表述亦是如此。该法总则部分第一条规定："为了发展对外关系，维护国家主权、安全、发展利益，维护和发展人民利益，建设社会主义现代化强国，实现中华民族伟大复兴，促进世界和平与发展，推动构建人类命运共同体，根据宪法，制定本法。"根据第二条规定，对外关系法调整"同各国的外交关系和经济、文化等各领域的交流与合作"以及"同联合国等国际组织的关系"。

首先，中国的对外关系立法与《宪法》紧密相关。《宪法》序言规定了中国对外关系的基本准则，亦即，五个"坚持"："坚持独立自主的对外政策""坚持和平共处五项原则""坚持和平发展道路""坚持互利共赢开放战略，发展同各国的外交关系和经济、文化交流，推动构建人类命运共同体"和"坚持反对霸权主义"。2018 年修正的《宪法》新增"坚持和平发展道路"和"坚持互利共赢开放战略，推动构建人民命运共同体"，进一步强调在世界百年未有之大变局的新形势下中国所坚持的和平外交国策，并赋予其新的时代涵义。这是《对外关系法》的立法指导思想。值得注意的是，1982 年《宪法》序言规定了"发展同各国的外交关系和经济、文化的交流"这一对外关系的基本涵义，该涵义在新中国第一部宪法性基本法《中国人民政治协商会议共同纲领》第 7 章外交政策中就有体现，其内容包括"保障本国独立、自由和领土的完整"和"在平等和互利的基础上与各外国的政府和人民恢复并发展通商贸易关系"。[①]这是上文论述新中国初期汇编的《对外关系文件集》包括民间性对外关系文件的重要法律依据。当时表述的"通商贸易关系"和如今"经济、文化的交流"都不限于政府间对外关系，而主要为民间性对外关系。从历史的角度看，虽然中国已制定和施行《对外关系法》，但是，有关对外关系的立法，早已有之，如今立法实际上具有原则性编纂的特点，因而与中国对外关系的立法历史与实践休戚相关。这应该是体现中国特点的指导思想。

其次，中国对外关系立法与其他国内法的关系。中国对外关系直接相关的现行法律包括调整对外的国家或政府间关系的《中华人民共和国缔结条约程序法》(1990 年)、《中华人民共和国引渡法》(2000 年)、《中华人民共和国国家安全法》(2015 年)、《中华人民共和国反外国制裁法》(2021 年)等，调整对外的非政府间或民商事、经贸关系的《中华人民共和国涉外民事关系法律适用法》(2010 年)、《中华人民共和国对外贸易法》(2016 年修正)、《中华人民共和国外商投资法》(2019 年)等。这些法律均由全国人大常委会通过，具有《宪法》规定下的"法律"位阶，而《对外关系法》由全国人大常委会通过，具有"法律"位阶。在面临世界百年未有之大变局加速演进的新形势下，中国有必要通过原则性编纂一部基础性、综合性的对外关系立法，有

① 《中国人民政治协商会议共同纲领》(1949 年 9 月 29 日中国人民政治协商会议第一届全体会议通过)，载《中华人民共和国对外关系文件集》(1)，世界知识出版社 1957 年版，第 1 页。

利于统筹国内法治与涉外法治，推进共建人类命运共同体，引领全球治理。《对外关系法》的调整关系既有合作性，也有斗争性，包括中国“缔结或者参加的条约和协定”此类条约关系[①]，中国维护“中国特色社会主义制度，维护国家主权、统一和领土完整，服务国家经济社会发展”的对外关系[②]，中国针对外国国家“违反国际法和国际关系准则，危害中华人民共和国主权、安全、发展利益的行为”所“采取相应反制和限制措施”所形成的制裁与反制裁关系[③]，中国“涉外领域法律法规的实施和适用”包括“外国之间的引渡”关系，“涉外民事关系”可适用法（包括适用外国法）的关系，“对外贸易以及与对外贸易有关的知识产权保护”关系和外国投资者“直接或者间接在中国境内进行的投资活动”关系，等等[④]。这些调整对象都在中国同“各国的外交关系和经济、文化等各领域的交流和合作”范畴内，其中斗争性对外关系主要针对“外国国家”，如中国针对外国国家、社会组织或个人所采取的反制裁措施，则具有“外交关系”的性质。即便这种斗争性对外关系，也有涉及外国企业或个人，如《不可靠实体清单规定》所针对的就是外国企业、其他组织或者个人等“外国实体在国际经贸及相关活动中”，“危害中国国家主权、安全、发展利益”和“违反正常的市场交易原则”，“严重损害中国企业、其他组织或者个人合法权益”的行为。[⑤]总体上来看，《对外关系法》的调整对象不限于国家或政府间关系。诚然，以上基于调整对象的理解，对该法相关规定的分析，也说明其中涵盖非政府间对外关系。

再次，中国对外关系立法涉及与国际组织的关系。《对外关系法》规定的调整对象包括中国“同联合国等国际组织的关系”，该规定具有重大的实践意义。自中华人民共和国恢复在联合国合法席位以来的半个多世纪，中国已与联合国所有专门机构以及大量相关政府间国际组织建立了对外关系，包括与此类政府间国际组织缔结或参加多边条约。然而，《宪法》规定，全国人大常委会批准或国务院缔结“同外国”的条约和协定，这不包括同国际组织的对外关系。《中华人民共和国缔结条约程序法》尚未将“国际组织”明确列为中国与之缔约的国际法主体，但该法第十八条规定：“中华人民共和国同国际组织缔结条约和协定的程序，依照本法及有关国际组织章程的规定办理。”在实践中，如 2001 年中国加入 WTO 与该组织缔结的《中国入世议定书》就是如此。[⑥]因此，《对外关系法》将中国与国际组织的关系纳入

① 参见《中华人民共和国对外关系法》第 30 条（缔结、参加和履行条约和协定）、第 31 条（实施和适用条约和协定）。

② 参见《对外关系法》第 17 条（发展对外关系的目标）。

③ 参见《对外关系法》第 33 条（必要反制和限制措施）。

④ 参见《对外关系法》第 32 条（涉外领域法律法规的实施和适用），第 26 条（发展对外贸易、促进和保护外资等）。

⑤ 《不可靠实体清单规定》（商务部令 2020 年第 4 号），2020 年 9 月 19 日。

⑥ Protocol on the Accession of the People’s Republic of China，WT/L/432，23 November 2001.

对外关系法的调整对象，将弥补该规定的上位法之缺失。当然，《宪法》作为对外关系法的最高立法，也应将政府间国际组织纳入与中国缔约的国际法主体。[①]此外，非政府间国际组织（NGO）虽不具备缔约主体地位，但在对外经济合作、文化交流等非政府间关系中也十分重要。如国际商会[②]与中国工商界关系密切。由“从事国际经贸、投资、合作和相关业务的企事业单位、社会组织自愿结成的全国性、联合性、非营利性社会组织”的中国国际商会也是民间社团法人。[③]

综上所述，根据中国一贯坚持的和平外交大政方针，对外关系法的调整对象包括国家或政府间及非政府间关系。尽管《对外关系法》第二条表述的“各国”和“国际组织”未严格界定，但是，从涵盖范围宽泛的“外关关系和经济、文化等各领域交流与合作”以及“国际组织”用语，尤其是第七条第一款“国家鼓励积极开展民间对外友好合作”的规定，以及与中国对外关系直接相关立法的调整对象及其丰富的实践看，上述基于立法视角所作的学理解读，比较切合实际。

（二）“一带一路”视域下《对外关系法》调整对象的中国特色及其重大意义

如前所述，“一带一路”倡议的实施是践行《联合国宪章》促进国际经济、社会、文化等合作的宗旨，具有中国特色的对外关系典范。“一带一路”对外关系包括政府间和非政府间关系。以此进一步研究《对外关系法》调整对象，对于全面建设社会主义现代化强国的新征程中，统筹国内法治与涉外法治，共商共建共享的全球治理和推动构建人类命运共同体，具有重大理论与实践意义。

1. 统筹国内法治与涉外法治中《对外关系法》的调整对象

“坚持统筹推进国内法治和涉外法治”是习近平法治思想的重要组成部分和新时代中国特色社会主义法治建设的行动指南。[④]国内学界已有很多相关研究。[⑤]统

---

① 1982年以来，中国五次修宪未涉及缔约条款。根据统筹国内法治与涉外法治的习近平法治思想，未来修宪应考虑相关修改。参见张乃根：《论统筹国内法治与涉外法治的若干国际法问题》，载《中国国际法年刊(2021)》，法律出版社2022年版，第33页。

② Constitution of the International Chamber of Commerce, http://www.iccwbo.org(last visited 21 February 2023).

③ 《中国国际商会章程》(2021年5月27日经第九届会员代表大会审议通过)，中国国际商会网，http://www.ccoic.cn/cms/content/227[2023-02-21]。

④ 参见《习近平在中央全面依法治国工作会议上强调　坚定不移走中国特色社会主义法治道路　为全面建设社会主义现代化强国提供有力法治保障》，《人民日报》2020年11月18日第1版。

⑤ 参见黄进：《论统筹推进国内法治和涉外法治》，《中国社会科学》2022年第12期，第84页；何志鹏：《国内法治与涉外法治的统筹与互动》，《行政法学研究》2022年第5期，第19页；马忠法：《百年变局下涉外法治中“涉外”的法理解读》，《政法论丛》2023年第1期，第97页；张乃根：《论统筹国内法治与涉外法治的若干国际法问题》，载《中国国际法年刊(2021)》，法律出版社2022年版，第17页。

筹国内法治与涉外法治是统筹国内与国际两个大局，更好应对百年未遇大变局的需要。涉外法治首先基于国内立法处理涉外法律关系。在此意义上，“涉外法”（foreign-related law）与《对外关系法》的调整对象一致。为此，上文比较对外关系、国际关系和跨国关系时，未提及涉外关系。中文语境的对外关系用语早已耳熟能详，而“涉外”或“涉外关系”的表述更多为近年采用。在外文（如英文《重述》）的语境下，“涉外”与“对外”恐怕就是一个用语。如果涉外法治视角下的国内立法将中国与他国或政府间国际组织缔结或加入的条约纳入或转化，那么从履行条约义务看，涉外法治具有国际性，与国际法密切相关。在这个意义上，国内法治又是涉外法治。《对外关系法》离不开统筹国内法治与涉外法治。《草案》第二十九条明确规定“国家统筹推进国内法治和涉外法治”。有关涉外法治的概念界定和性质，学界“仁者见仁，智者见智”，对此存而不论。

“一带一路”对外关系的调整需要统筹国内法治与涉外法治。如上所述，“一带一路”对外关系的调整手段以“软法”为主，因而此处“法治”涵盖“软法”。国内相关规范性文件就是“一带一路”相关国内与涉外“软法”。例如，在“一带一路”绿色发展领域，中国根据《联合国气候变化框架公约》和 2015 年《巴黎协定》作出自主减排承诺，旨在使“二氧化碳排放力争于 2030 年前达到峰值，努力争取 2060 年实现碳中和”①。与此同时，国家发改委等政府主管部门颁布《关于完善能源绿色低碳转型体制机制和政策措施的意见》，包括“促进能源绿色低碳转型国际合作”②。实质上，这是将中国自主减排承诺转化为国内落实措施。按照上文对统筹国内法治与涉外法治的理解，此类“软法”既是国内“法”治，又具有涉外“法”治的性质。前述中国关于推进共建“一带一路”绿色发展的国际合作倡议，是调整“一带一路”对外关系的重要方面，具有涉外和国际双重性，其调整对象包括政府部门、企业和个人，这从侧面说明《对外关系法》的调整对象延展至非政府间对外关系。

又如“一带一路”的贸易便利化对于促进与沿线国家或地区的货物贸易极为重要。中国（上海）自由贸易试验区先行先试国际贸易的“单一窗口”，是中国加入 WTO《贸易便利化协定》的国内履约措施。③海关总署通过《推广国际贸易“单一窗口”标准版》，指导各地海关采用先行先试取得的一整套电子化做法，属于规范性文

---

① 习近平：《共同创造世界更加美好未来——在第七十五届联合国大会一般性辩论上发表重要讲话》，《人民日报》2020 年 9 月 23 日，第 1 版。

② 国家发展改革委、国家能源局《关于完善能源、绿色低碳转型体制机制和政策措施的意见》，发改能源〔2022〕206 号，2022 年 1 月 30 日。

③ 参见张乃根：《中国特色自由贸易试验区建设的国际法问题》，《国际商务研究》2023 年第 1 期，第 1 页。

件的“软法”治理。由于“一带一路”，尤其是丝绸之路经济带沿线国家的贸易便利化程度较低，有些没有采取“单一窗口”做法，因此，中国通过调整“一带一路”对外关系的“软法”协调相关国家或地区的贸易便利化政策。①前文列举的中国与俄罗斯《关于丝绸之路经济带和欧亚经济联盟建设对接合作的联合声明》明确：“在条件成熟的领域建立贸易便利化机制，在有共同利益的领域制订共同措施，协调并兼容相关惯例规定和标准、经贸政策。”通过与俄罗斯主导的欧亚经济联盟合作，有力促进与“中欧班列”相关丝绸之路经济带沿线国家的贸易便利化合作。推进国际贸易“单一窗口”已成为“中欧班列”建设发展的重要内容。②无论对内层面还是对外层面，统筹国内法治和涉外法治的贸易便利化措施都涉及政府、企业和个人，这也说明《对外关系法》的调整对象延展至非政府间对外关系。通过初步分析“一带一路”倡议实施中对相关国内法治与涉外法治的一定程度和方面的统筹，旨在进一步论证有关对外关系调整的特点。详细分析有待今后更进一步的研究。

再如，“一带一路”的贸易有关知识产权保护也涉及政府间和非政府间对外关系。“一带一路”对外关系的发展已日益与区域经贸合作相结合。2022 年 1 月 1 日生效的《区域全面经济伙伴关系协定》(简称 RCEP)是中国与主要为二十一世纪海上丝绸之路沿线国家之间的经贸协定。以 RCEP 知识产权专章第四十二条“专利宽限期”为例，该条规定：“缔约方认识到，在认定一项是否新颖以支持创新时，专利宽限期在不用考虑发明的特点方面公开披露信息的优势。”③据此，缔约方政府可允许发明专利申请人在申请之日前一年内以市场销售等方式公开披露该发明而不丧失其新颖性，以便申请人在该宽限期内通过公开披露，了解其发明的实际效用，酌定一年内申请专利与否。④这一规则调整发明申请人与审批专利申请的政府主管部门间关系，且不论该申请人是否为本国国民或居民。换言之，此类“硬法”性条约规定本身调整政府间关系，如将之纳入国内立法，则调整政府与个人(包括外国人)的关系。如按照国内法治与涉外法治分开的思维方式考虑，RCEP 的这一规定仅是调整政府间关系；如从统筹角度看，这必然涉及国内法上所调整的超越政府间关系的内容。从国内法治与涉外法治的统筹性看，包括条约作为调整对外关系的

---

① 参见张乃根：《“一带一路”视野下〈贸易便利化协定〉的实施问题》，《海关与经贸研究》2017 年第 5 期，第 1 页。

② 推进“一带一路”建设工作领导小组办公室印发：《中欧班列建设发展规划(2016—2020 年)》，2016 年 10 月。

③ 《区域全面经济伙伴关系协定》文本，商务部官网，https://fta.mofcom.gov.cn/rcep/rcep_new.shtml [2023-02-22]。

④ 参见张乃根：《RCEP 等国际经贸协定下的专利申请新颖性宽限期研究》，《知识产权》2022 年第 2 期，第 3 页。

手段之《对外关系法》,至少在诸如此类调整方面,调整对象不限于政府间关系。还应提及在 RCEP 的谈判后期修改的《中华人民共和国专利法》①,并未增加"专利宽限期",这与统筹国内法治与涉外法治的要求不尽相符。可能的解释是,RCEP 第四十二条仅规定缔约方"认识"到相应义务而非"应当"履行相应义务,因而属于非强制性义务,中国可不采取相关国内履约措施。但是,中国已提出加入的《全面与进步跨太平洋伙伴关系协定》,其"专利宽限期"规定有强制性。中国知识产权立法通常以条约义务为前提,现有立法状态已不适应统筹国内法治与涉外法治的要求。②推而言之,从统筹国内法治和涉外法治角度看待《对外关系法》调整对象,应突破以往某些思维方式,更加积极主动地通盘考虑有关国内立法与涉外立法。

总之,从上述"一带一路"对外关系的统筹国内法治与涉外法治,乃至整个对外关系的两者统筹看,其调整对象都不限于国家或政府间关系。

2. 共商共建共享的全球治理中《对外关系法》调整对象

共商共建共享是"一带一路"的合作原则。2017 年首届《"一带一路"国际合作高峰论坛圆桌联合公报》就明确"三共原则",具体包括"平等协商""互利共赢""和谐包容""市场运作""平衡和可持续"等原则,其中"市场运作"原则是指"充分认识市场作用和企业主体地位,确保政府发挥适当作用,政府采购程序应开放、透明、非歧视"。③这与"一带一路"对外关系调整经贸合作关系为主有关。毋庸赘述,这表明其所调整的关系是政府与企业之间的非政府性质的对外关系。

"三共原则"不限于适用"一带一路"对外关系的调整,而是中国倡导全球治理新型方式的基本原则④,已载入联合国大会有关决议⑤。"三共原则"从中国应对世界百年未遇之大变局的挑战,统筹国内国际两个大局出发而提出,顺应了国际社会推动全球治理体制的时代要求。将"三共原则"适用于推动共建"一带一路",尤为重要。"一带一路"国际合作高峰论坛(BRF)是贯彻"三共原则",协调参与共建"一带一路"的各国和国际组织有关政策沟通的新型方式,这一全球治理新方式、新平台有助于各国政府及主管部门领导人和工商界领袖们定期就实施"一带一路"倡议的各种问题展开广泛、深入的磋商和讨论,以期形成一定共识,并以双边或多边合作方式落实。第二届 BRF 重申"三共原则",并强调"在自愿参与和协商一致的基

---

① 《中华人民共和国专利法》(2020 年 10 月 17 日第十三届全国人民代表大会第二十二次会议修改)。

② 参见张乃根:《涉华经贸协定下知识产权保护相关国际法问题》,《河南财经政法大学学报》2021 年第 3 期,第 44 页。

③ 《"一带一路"国际合作高峰论坛圆桌峰会联合公报》(2017 年 5 月 16 日,北京)。

④ 参见习近平:《推动全球治理体制更加公正更加合理 为我国发展和世界和平创造有利条件》,《人民日报》2015 年 10 月 13 日第 1 版。

⑤ 联合国大会决议《联合国与全球经济治理》,A/RES/71/327,2017 年 9 月 21 日。

础上开展政策对接和项目于合作，责任共担，成果共享”。该联合公报附件包括 35 项由互联互通带动和支持的经济走廊和其他项目，遍布亚洲、欧洲和非洲数十个国家。这些项目“坚持结果导向和增长导向，遵守市场规则及各国法律，必要时政府可提供相应支持”[①]。显然，企业是上述项目主体，因此，“一带一路”对外关系离不开非政府的市场主体。

在“一带一路”倡议十周年之际，中国将举办第三届 BRF[②]，以此进一步推动共商共建共享“一带一路”倡议及其成果。作为实践“三共原则”的 BRF 已经并将进一步成为中国倡导的全球治理新方式之一。“三共原则”初衷是为全球治理提供中国方案，经过“一带一路”的实践，更加彰显其生命力、影响力。“三共原则”为《对外关系法》调整各种政府间和非政府间关系提供了“一带一路”各国共同接纳的合作原则。为此，该法第十九条将“共商共建共享的全球治理观”明确纳入，这具有时代性与合理性。

3. 推动构建人类命运共同体中《对外关系法》调整对象及其适用法

“推动共建人类命运共同体”作为习近平新时代中国特色社会主义思想的重要组成部分，是新时代中国特色大国外交的指导纲领。为此，中国还提出全球发展倡议、全球安全倡议和全球文明倡议。如前所述，党的二十大报告重申“坚持合作共赢”和“坚持交流互鉴”，以建设一个“共同繁荣”和“开放包容”的世界。将推动构建人类命运共同体理念落实为调整中国对外关系的规范性手段，乃至有法律影响力的国际法，其路径之一可能是“软法”。“软法”是调整“一带一路”对外关系的主要手段，包括共建“一带一路”的双边或数边“软法”性质的合作协议，指导“一带一路”建设的“三共原则”。从人类命运共同体理念的制度化路径看，“软法”性质的国际法原则或规则不可缺少。持久和平、普遍安全、共同繁荣、交流互鉴、清洁美丽的人类命运共同体理念，传承和发展了和平共处五项原则，为国际法上制度化提供了基本要素。[③]以中国对外关系的大政方针为指导，根据《对外关系法》调整对象的要求，应确立有关“软法”性质的国际法原则或规则，并适时通过条约形式发展为“硬法”。《对外关系法》以法律形式规定若干对外关系的原则，为今后将有关“软法”变为“硬法”，奠定了国内立法的前提。

---

① 《共建“一带一路”开创美好未来，第二届“一带一路”国际合作高峰论坛圆桌峰会联合公报》(2019 年 4 月 27 日，中国北京)。

② 习近平：《团结合作勇担责任　构建亚太命运共同体——在亚太经合组织第二十九次领导人非正式会议上的重要讲话》(2022 年 11 月 18 日，曼谷)，《人民日报》2022 年 11 月 19 日第 2 版。

③ 参见张乃根：《试论人类命运共同体制度化及其国际法原则》，载《中国国际法年刊(2019)》，法律出版社 2020 年版，第 3 页。

《外交关系法》第四条第一款规定中国“坚持独立自主的和平外交政策，坚持互相尊重主权和领土完整、互不侵犯、互不干涉内政、平等互利、和平共处的五项原则，反对霸权主义和强权政治”。其中，和平共处五项原则以独立自主的和平外交政策为基础，以反对霸权主义和强权政治为延伸。和平共处五项原则最先通过双边协定而提出和确立，属于条约性原则，对缔约双方具有国际法的拘束力，而非“软法”；后经中国政府在 1955 年亚非万隆会议的阐明而纳入会议最后公报的《关于促进世界和平和合作的宣言》。[①]这五项原则与《联合国宪章》的宗旨及原则一致，因而也体现于联合国有关国际法原则的宣言。[②]可见，作为国际法基本原则的和平共处五项原则（硬法），在多边体制意义上主要为宣言等“软法”。国际法院曾认定“不干涉内政原则”为习惯国际法，[③]另外，根据中国与世界上绝大多数国家的建交公报或双边条约确认和平共处五项原则的一般国家实践和法律确信，和平共处五项原则作为整体也已经具有了习惯国际法的地位。[④]

《对外关系法》第一条规定“推动构建人类命运共同体”为立法宗旨之一。人类命运共同体的表述已被联合国大会、安理会、人权理事会、外空委员会等通过的决议所采用，尤其是 2017 年联合国安理会《关于阿富汗局势》的决议明确采用“人类命运共同体”(a community of shared future for mankind)[⑤]。但是，鉴于安理会该决议不是就《联合国宪章》第七章授权作出，迄今包括该决议在内相关国际法文件仍属于“软法”。不同于和平共处五项原则主要载入双边条约，以调整中国对外双边关系为主，人类命运共同体首先载入多边国际法文件，还没有双边条约予以规定。BRF 联合公报等“一带一路”相关多边国际法文件也未明确提及人类命运共同体。可见，人类命运共同体有关内容转化为“软法”的国际法原则乃至条约性“硬法”，还有很长的路要走。

综上，推动共建人类命运共同体作为中国对外关系的指导性纲领，其内容包含《对外关系法》所调整的政府间和非政府间关系，尤其是合作共赢与调整对外经贸关系休戚相关，而这种调整与企业、个人相关。“一带一路”对外合作关系的实践早

---

① 《中华人民共和国对外关系文件集》(3)，世界知识出版社 1958 年版，第 261 页。

② 联合国大会决议《关于各国依联合国宪章建立友好关系及合作之国际法原则之宣言》，A/RES/25/2625，1970 年 10 月 24 日。

③ *Military and Paramilitary Activities in and against Nicaragua* (*Nicaragua v. United States of America*), Merits, Judgment, I.C.J. Reports 1986, pp.1－6, para.202.

④ 参见刘振民：《遵循五项原则携手构建命运共同体——在纪念和平共处五项原则 60 周年国际法研讨会上的讲话》，载《中国国际法年刊(2014)》，法律出版社 2015 年版，第 3 页。

⑤ 联合国安理会决议《关于阿富汗局势》，S/RES/2344(2017)，2017 年 3 月 17 日。该决议旨在推进阿富汗国内的和平进程。

已予以证实。《对外关系法》根据《宪法》，将对外关系的基本原则，包括和平共处五项原则和推动构建人类命运共同体，纳入第一章总则，与《联合国宪章》宗旨原则等构成一个整体，体现了统筹国内法治与涉外法治，促进全球治理的国际法治。在世界大变局中如何将这些原则和理念进一步提升为条约性"硬法"和规范性"软法"，尤其是多边性条约和规范性国际法文件，是值得高度重视的理论与实践问题。

五、结　论

《对外关系法》是中国应对世纪大变局和实现中华民族复兴宏伟目标的重要立法。国外尚无此类立法先例，但美欧学界相关研究已有数十年，国内外学界近年来也开展对外关系法比较研究。本文依据《对外关系法》规定的调整对象及其适用法，从"一带一路"视域着重论述对外合作关系。作为中国特色对外合作关系的典范，"一带一路"建设涉及政府间和非政府间关系。从国际法理论上比较分析，对外关系与国际关系、跨国关系大同小异。《对外关系法》基于国内立法调整对外关系，其"对外性"与"涉外性"一致。"一带一路"对外关系调整手段以不具有法律拘束力的"软法"为主，与有关经贸条约或协定相辅相成，因此，《对外关系法》的"法"根据其调整的政府间和非政府间关系之要求也包括"软法"和条约性"硬法"。无论是美国学界编纂有关《重述》（尤其是第三版），还是目前国内外学界对外关系法的比较研究，实际上都没有排除非政府间关系。这体现了各国或地区调整对外关系的制度共性。中国特色《对外关系法》调整对象与《宪法》、其他国内法以及中国参加的国际条约或国际组织密切相关，由此可进一步理解，对外关系法的调整对象不限于政府间关系。从统筹国内法治与涉外法治、共商共建共享全球治理、推动共建人类命运共同体等充分体现中国特色的对外关系指导原则来看，《对外关系法》调整对象都涵盖政府间和非政府间关系，由此确定相应可适用法包括贯彻有关原则和理念的"软法"乃至条约等。

On the Regulated Objects of Foreign Relations Law from the Perspective of "Belt & Road"

Abstract: The Foreign Relations Law is a new law in China. It is very significant for the coordination of rule of law in domestic and foreign affairs, and the promotion for the global governance by extensive consultations and joint contribution for the shared benefits while creating a community with shared future for mankind. The foreign relations include cooperations and struggles. This paper is focused on foreign relations of cooperation from perspective of the "Belt & Road" (B & R) to study the Foreign Relations Law. The enforcement of B & R for ten years has resulted in a model of cooperation with Chinese characteristics. The foreign relations of cooperation include the governmental and non-governmental relations by win-win cooperation so as to have a common prosperity. The corresponding instruments are mostly the "soft laws" without legal binding. It has been demonstrated by the American Institute's Restatement on Foreign Relations Law and the comparative study of foreign relations law that the contemporary regulations of foreign relations in different nations and regions include both of governmental and non-governmental relations. The Foreign Relations Law with Chinese characteristics is closely related to China's Constitution and relevant domestic laws regarding the general principles for foreign relations and the regulatory subjects. It is also related to the China's accessed international organizations. Taking B & R foreign relations of cooperation as an example, it is helpful to understand the regulatory subjects of the Foreign Relations Law and the importance to coordinate the rule of laws in domestic and foreign affairs, to promote the principle of international cooperation by extensive consultations and joint contribution for the shared benefits, and to create a community with shared future for mankind in order to change the guidelines for foreign relations to be the applicable international law such as "soft laws" or treaties.

Keywords: The "Belt & Road"; Foreign relations law; Regulatory subjects; Governmental relations; Non-Governmental relations; Soft law

“一带一路”视野下《贸易便利化协定》的实施问题*

内容摘要：《贸易便利化协定》的生效对于促进世界贸易的发展具有十分重要的作用。“一带一路”倡议与该协定的实施相向而行。《贸易便利化协定》实施的一般问题首先是哪些成员，在何时，应实施哪些贸易便利化的措施。根据该协定的“灵活性规定”，“一带一路”沿线许多国家已推迟实施包括过境自由的贸易便利化措施。为此，中国应在加快提高自身贸易便利化水平的同时，推进“一带一路”倡议的实施。共建“丝绸之路经济带”与过境贸易密切相关，是《贸易便利化协定》实施中的特殊问题。中国应利用“一带一路”国际合作高峰论坛的协调新平台，努力促使“一带一路”倡议与贸易便利化的“平行”实施。

关键词：一带一路；贸易便利化；过境贸易

世界贸易组织（WTO）成立后达成的首项多边贸易新协定——《贸易便利化协定》（TFA）①已于2017年2月22日正式生效。②“该协定旨在使海关程序流程化、简约化和标准化，有助于减少全世界的贸易成本。预计该协定的实施将在全球平均减少14.3%贸易成本。”③在TFA缔结至生效的同期，中国提出了“一带一路”倡议（BRI），不到4年，已有100多个国家和国际组织积极支持和参与。④TFA与BRI平行，并在较短时间取得显著进展，不是巧合，而是国际社会迫切期望促进全球贸易发展与中国方案的强大吸引力相结合所致。本文着重在BRI的视野下，探讨实施TFA的一般问题与“丝绸之路经济带”建设相关过境贸易的特殊问题，以及“一带一路”国际合作高峰论坛（BRF）作为BRI协调平台对于TFA实施所具有的重要作用。

---

* 原载《海关与经贸研究》2017年第5期，第1—9页。

① 2013年12月7日由WTO第九次部长级会议通过的Treaty Facilitation Agreement（简称TFA），其正式名称为Agreement on Trade Facilitation（无简称）。《贸易便利化协定》作准英文本，见WTO：WT/L/940，28 November 2014，pp.3-32；中译文本来源商务部世界贸易组织司：http://sms.mofcom.gov.cn/article/dhtp/20151010/20151001138374.shtml[2017-07-22]。以下访问日期相同，均略。以下援引TFA以及2014年11月27日议定书，出处均略。

② 根据《WTO协定》第10条第3款，应由WTO三分之二多数成员接受后生效，并对此后接受的每一其他成员生效。截至2017年7月11日，共有121个（含欧盟及其成员国）。中国于2015年9月4日接受该协定。

③ WTO Press Conference—Entry into force of Trade Facilitation Agreement，Remarks by DG Azevêdo，22 February 2017. https://www.wto.org/english/news_e/spra_e/spra157_e.htm.

④ 参见《习近平在“一带一路”国际合作高峰论坛开幕式上的演讲》（2017年5月14日，北京）。

一、“一带一路”视野下实施 TFA 的一般问题

（一）“一带一路”的视野

BRI 的初衷是促进沿线各国和地区互联互通，包括“道路联通”和“贸易畅通”休戚相关的“交通便利化”“贸易便利化”和“投资便利化”①，以及“海洋合作伙伴关系”②。如今，在 TFA 已生效实施的情势下，BRI 与之关系更加密切。③从经济的角度看，加大沿线基础设施互联互通建设，本身不是目的。“若要富，先修路”，这通俗地表明了“交通便利化”是为了“贸易便利化”，以互赢之贸易达至共同致富之目的。投资是贸易的延伸，通过在东道国的实业投资，拓展当地市场，带动国际贸易。这历来是投资与贸易这对“孪生兄弟”的天然关系。因此，就 BRI 的经济内涵而言，在当前全球经济缓慢复苏中，大力促进世界贸易的发展是其核心目标。TFA 的实施将是实现这一目标不可缺少的重要前提。其中，实施 TFA 的一般问题首先是哪些成员，在何时，应实施哪些贸易便利化的措施。

（二）《贸易便利化协定》实施的一般问题

根据 2014 年 11 月 27 日 WTO 总理事会通过的将 TFA 纳入《WTO 协定》附件 1A 的议定书，“未经其他成员同意，不得对本议定书任何条款提出保留”。这也就是说，作为该议定书附件的 TFA，原则上不允许任何保留，对其生效的各成员应不折不扣地予以实施。但是，TFA 序言称“认识到发展中特别是最不发达国家成员的特殊需要及期望增强在此领域能力建设方面的援助和支持”。为此，TFA 的实施采取了区别原则，即，发达国家成员不可享受 TFA 第二部分给予发展中国家成员和最不发达国家（LDC）成员的特殊和差别待遇条款（“灵活性规定”）。据此，发达国家成员和选择不利用这些“灵活性规定”的发展中国家成员和 LDC 成员或地区均应自 TFA 生效之日起实施 TFA 的全部规定。

根据“灵活性规定”，自 TFA 生效之日起，发展中国家或 LDC 成员将仅适用其明确承诺适用 TFA 第一部分的实体规定。这些承诺均规定于其所递交的 A、B、

① 参见《习近平在纳扎尔巴耶夫大学的演讲》（2013 年 9 月 7 日，阿斯塔纳）。在这次演讲中，习近平第一次明确提出以创新合作模式，共建“丝绸之路经济带”。

② 参见《习近平在印度尼西亚国会的演讲》（2013 年 10 月 3 日，雅加达）。在这次演讲中，习近平第一次明确提出共建“21 世纪海上丝绸之路”。

③ 参见何力主编：《一带一路战略与海关国际合作法律机制》，法律出版社 2015 年版，第八章 WTO《贸易便利化协定》与“一带一路”海关国际合作。

C 的“条款类别”(categories of provisions)通知。其中,对于包括中国在内的发展中国家成员,A 类是其指定自 TFA 生效之日起立即实施的条款;B 类是其指定在 TFA 生效后的过渡期后实施的条款;C 类是其指定在 TFA 生效后的过渡期后实施,并同时要求通过提供能力建设援助和支持以获得实施能力的条款。目前,包括中国在内的 96 个发展中国家或 LDC 成员已递交 A 类条款通知,20 个成员递交 B 类条款通知,14 个成员递交 C 类条款通知。[①]

以中国为例。2014 年 7 月 1 日,中国向 WTO 贸易便利化的准备委员会递交《TFA 项下 A 类条款承诺通知》,明确承诺 TFA 第一部分所有条款作为 A 类条款,除下列条款:第七条第六款“确定和公布平均放行时间”、第十条第四款“单一窗口”、第十条第九款“货物暂准进口及进境和出境加工”和第十二条“海关合作”。[②]这意味着:凡是除外条款均为 B 类条款,其余均为 A 类条款。发展中国家或 LDC 成员可以任择 A 类、B 类或 C 类。中国仅任择部分 B 类(占 TFA 第一部分条款的 24.6%[③]),而无 C 类。换言之,中国根据自身目前的承受能力,接受四分之三(约 75%)的 FTA 实体规定为 A 类条款,需要过渡期[④]之后实施的 B 类条款为四分之一(约 25%)。2017 年 6 月 6 日,中国向 TFA 委员会递交《TFA 项下条款类别承诺通知》,明确:除第十条第九款已于 2016 年 11 月先期实施,其余 B 类条款的指示性实施日期均为 2020 年 2 月 22 日(最终实施日期待定)。[⑤]

递交“条款类别”通知(A 类条款通知的百分比越高,TFA 的实施程度越高)的相当部分成员为“一带一路”沿线国家,包括部分中亚、西亚、南亚、东南亚和东欧国家等:

可见,“一带一路”部分沿线国家的 TFA 实施(贸易便利化)程度较低(不到 50%,或低于 25%),除了俄罗斯和作为欧盟成员国的波兰等国以及新加坡等已完全实施 TFA,还有一些国家(如乌兹别克斯坦、土库曼斯坦、阿塞拜疆、白俄罗斯和伊朗)尚不是 WTO 成员,因而也谈不上实施 TFA。

---

① WTO/TFA: Notification List(截至 2017 年 7 月 17 日):http://www.tfafacility.org/notifications。

② China's Notification of Categories A Commitments under the TFA, WT/PCIT/N/CHN/1, 14 July 2014.

③ WTO/TFA Member profiles/China: https://www.tfadatabase.org/members/china.

④ 根据 TFA 第 16 条第 1 款:对于一发展中国家成员未指定为 A 类条款的条款,该成员可依照本条所列程序推迟实施。发展中国家成员 B 类条款(a)自本协定生效时,每一发展中国家应将指定的 B 类条款及相应的指示性实施日期通知委员会。(b)不迟于本协定生效后一年,每一发展中国家成员应将其实施 B 类条款的最终日期通知委员会。如一发展中国家成员在截止日期前,认为需要额外时间通知其最终日期,则该成员可请求委员会将期限延长至足以作出通知的长度。

⑤ China's Notification of Category Commitments under the TFA, G/TFA/N/CHN/1, 6 June 2017.

部分"一带一路"沿线国家的"条款类别"通知

成　员	A类条款通知	B类条款通知	C类条款通知	尚未通知
哈萨克斯坦	42.5%	0.0%	0.0%	57.5%
塔吉克斯坦	54.2%	0.0%	0.0%	45.8%
吉尔吉斯斯坦	7.5%	0.0%	0.0%	92.5%
格鲁吉亚	91.7%	0.8%	7.5%	0.0%
土耳其	97.9%	0.0%	0.0%	2.1%
巴基斯坦	25.4%	43.3%	31.3%	0.0%
印　度	70.8%	29.2%	0.0%	0.0%
斯里兰卡	25.8%	0.0%	0.0%	74.2%
越　南	22.9%	0.0%	0.0%	77.1%
老　挝	20.8%	0.0%	0.0%	79.2%
菲律宾	88.7%	0.0%	0.0%	11.3%
马来西亚	94.2%	0.0%	0.0%	5.8%
印度尼西亚	5.4%	0.0%	0.0%	94.6%
泰　国	91.7%	8.3%	0.0%	0.0%
乌克兰	31.3%	0.0%	0.0%	68.7%
阿尔巴尼亚	75.8%	20.8%	3.3%	0.0%

信息来源：1. WTO/TFA：Notification List：http://www.tfafacility.org/notifications；2.中国一带一路网/一带一路沿线国家：https://www.yidaiyilu.gov.cn。

(三)《贸易便利化协定》实施的一般问题之严峻性

"一带一路"沿线国家的TFA实施(贸易便利化)程度不一，显然不利于贸易畅通。如果说交通便利化有赖于公路、铁路、港口和机场的基础建设，那么贸易便利化除了通关电子化的基础设施建设，更多需要有关国家的海关相关法律和技术制度的建设。自2013年起，中国曾连续三年为货物贸易的世界第一大国，2016年虽为第二大国，仍与美国相差无几。①但是，中国的贸易便利化水平与其贸易大国的

---

① 2016年中国、美国的进出口贸易总额分别为3.685万亿美元、3.706万亿美元。信息来源：WTO Press/793 Trade Statistics and Outlook，April 12，2017。

地位还不相称。以“单一窗口”(single window)为例,2013 年 9 月(中国)上海自由贸易试验区成立之后先行先试,于 2014 年 5 月 28 日,上海国际贸易“单一窗口”首个试点项目上线试运行。海关、检验检疫、边检、海事共同将准予船舶离港电子放行信息发送至“单一窗口”平台,海事凭电子信息签发船舶出口岸许可证,实现船舶出口岸手续签注一体化,进一步提升口岸执法效能。①2017 年年底之前,国际贸易“单一窗口”标准版将在全国口岸推广。②根据前述中国《TFA 项下条款类别承诺通知》,“单一窗口”的指示性实施日期为 2020 年 2 月 22 日,但最终实施日期未定。这说明,“单一窗口”在中国的完全实施尚待时日。“单一窗口”也是 A 类条款通知中最少的贸易便利化措施,此类通知的 96 个成员仅有 21 个承诺已实施“单一窗口”。③可见,虽然 TFA 已生效实施,但是,可显著减少贸易成本的“单一窗口”此类便利化措施之实施,还多半限于欧美国家或地区。“一带一路”沿线大多数发展中国家或 LDC 在较长时期内尚无能力实施。中国推进 RBI,应充分认识 TFA 实施的此类一般问题之严峻性。

二、“丝绸之路经济带”有关过境贸易特殊问题

(一)“丝绸之路经济带”与欧亚过境贸易的特殊关系

相比“二十一世纪海上丝绸之路”,横跨欧亚大陆的“丝绸之路经济带”以欧亚铁路为纽带,尤其是新欧亚大陆桥,从中国西北地区出境,经中亚哈萨克斯坦等国,由俄罗斯至欧洲大陆,或由西亚至波斯湾、地中海,贯通中国经济最发达的沿海地区及辽阔腹地与整个欧亚大陆,乃至日韩等东北亚及北非各国的陆路运输,可大大减少对传统远海运输的依赖,对于推进 BRI,更具减少国际贸易成本的经济意义。④

促进“丝绸之路经济带”的陆路运输,与过境贸易的便利化休戚相关。《关税与贸易总协定》(GATT)第五条规定了过境自由。如何根据国际贸易的新发展,澄清和改善过境贸易的国际法制度,是 WTO 于 2004 年 7 月启动 TFA 谈判的首要宗

---

① 参见(中国)上海自由贸易试验区:上海国际贸易“单一窗口”首个试点项目运行(2014 年 6 月 10 日发布)。

② 参见海关总署:推广国际贸易“单一窗口”标准版(2017 年 3 月 1 日发布)。该标准版要求实现申报人通过电子口岸一点接入,一次性提交满足口岸管理和国际贸易相关部门要求的格式化单证和电子信息,相关部门通过电子口岸共享数据信息,实施职能管理,将处理状态(结果)统一反馈给申报人。

③ 参见 TFA Database: https://www.tfadatabase.org/notifications/most-notified-and-least-notified。

④ 参见《推动共建丝绸之路经济带和 21 世纪海上丝绸之路的愿景与行动》,国家发展改革委、外交部、商务部(经国务院授权发布),2015 年 3 月。

旨。TFA 序言也强调“期望澄清和改善 GATT1994 年第五条、第八条和第十条的相关方面，以期进一步加快货物，包括过境货物的流动、放行和结关”。

（二）《贸易便利化协定》有关过境贸易规定

1. 过境贸易便利化的最新国际法制度

TFA 有关过境贸易的第十一条共十七款，详细规定了各成员实施的与过境运输有关法规或程序要求、可收取的过境运输费用、与 WTO 规则相一致的过境贸易相关国内或双多边安排、最惠国待遇、提供基础设施、过境运输相关海关监管的复杂限度、过境货物的程序起始、对过境货物不适用《技术性贸易壁垒协定》范围内的技术法规和合格评定程序、过境运输的必要担保及其解除、有关过境贸易的海关合作与国家级过境协调机构的设置，等等。这些规定对 GATT1994 年第五条作了全面的澄清和改善，是过境贸易便利化的最新国际法制度。

2. 过境贸易的基础设施建设相关规定

上述 TFA 的过境贸易便利化规定中，以第十一条第五款和第十六款为重点。第十一条第五款规定：“鼓励各成员在可行的情况下为过境运输提供实际分开的基础设施（如通道、泊位及类似设施）。”“鼓励各成员”（Members are encouraged）的条约用语表明，这是一项非强制性义务，亦即，各自尽其所能，无须一定做到。比如，哈萨克斯坦是“丝绸之路经济带”沿线最重要国家之一和新欧亚大陆桥上中欧班列的必经国家之一，但是，根据该国提交的 TFA 的 A 类条款通知，第十一条第五款的义务被明确排除在外，[①]该国尚未通知实施该条款的指示性实施日期或最终实施日期。这就意味着该国无意，且在可预见的未来也无能力实施这一义务。

诚然，对于跨欧亚各国和地区的铁路运输而言，如有统一轨距的过境运输专用铁路，将是极大的运输便利化。可是，由于历史、经济及技术诸因素，因此中国到欧洲等地的铁路轨距不一。比如，一趟路经中亚的中欧班列不得不多次换轨（即换车），包括在中国新疆阿拉山口口岸进入哈萨克斯坦之前的第一次换轨，从俄罗斯进入波兰之前的第二次换轨，如进入南欧，在法国与西班牙边境还需进行第三次换轨。虽然如今的集装箱运输便于换车，但是这毕竟耗时和增加成本。

新建一条中欧班列的专用铁路，无疑是造福于“丝绸之路经济带”沿线各国和地区的世纪工程，但又谈何容易！为了促进 BRI，尤其是共建“丝绸之路经济带”，

---

① Kazakhstan's Notification of Categories A Commitments under the Agreement on the TFA. WT/PCIF/N/KAZ/1, 1 March 2016.

中国发起建立了亚洲基础设施投资银行（亚投行）[①]和“丝路基金”[②]，加强“一带一路”沿线基础设施建设。亚投行的首批项目之一就是“塔吉克斯坦杜尚比—乌兹别克斯坦边境公路改善项目”。[③]随着这些新的国内外投融资机构对 BRI 的基础设施投资的逐步加大，欧亚过境运输专用铁路的建设大有希望。因此，BRI 的实施将极大推动 TFA 的实施，尤其是过境贸易便利化的实现。

3. 过境贸易有关法律制度建设规定

相比 TFA 第十一条第五款相关过境贸易的基础设施建设，TFA 第十一条第十六款则要求有关法律制度的建设。第十一条第十六款小序言第一句规定：“各成员应努力相互合作和协调以增强过境自由。”该规定的条约用语虽包含“应努力”（shall endeavor），但仍然是一项非强制性义务，亦即，凡是 TFA 成员，均应努力履行有关过境贸易的合作和协调之义务；“努力”不等于能够实际做到。因此，如果某成员认为其能力尚未达到履行该义务的程度，也可将之排除在 A 类条款外。比如，作为“丝绸之路经济带”沿线的重要国家之一吉尔吉斯斯坦承诺 A 类条款的水平很低（7.5%），因此不难理解其将第十一条第十六款全部排除在外。[④]其邻国哈萨克斯坦承诺 A 类条款的水平较高（54.2%），包括第十一条项下全部义务。[⑤]

TFA 第十一条第十六款小序言第二句规定：“此类合作和协调可包括但不仅限于关于下列内容的谅解：(a)费用；(b)手续和法律要求；及(c)过境体制的实际运行。”该规定的概括性用语“可”（may）表明第二句项下 3 个次项义务均为任择性，也就是说，各成员可自行选择是否承诺履行。比如，中国、哈萨克斯坦和塔吉克斯坦已承诺履行这些义务；吉尔吉斯斯坦尚未承诺履行之。

4. “丝绸之路经济带”与欧亚经济联盟对接合作对于促进过境贸易便利化的作用

在“丝绸之路经济带”的过境贸易相关海关合作与协调方面，除了要考虑 TFA

---

① Asian Infrastructure Investment Bank（AIIB）是政府间多边合作金融机构，于 2015 年 4 月 15 日成立，2016 年 1 月 16 日开业，现有成员 80 个。参见 https://www.aiib.org/en/about-aiib/governance/members-of-bank/index.html。

② 丝路基金由中国外汇储备、中国投资有限责任公司、中国进出口银行和国家开发银行共同出资，于 2014 年 12 月 29 日成立。参见：http://www.silkroadfund.com.cn/。

③ Tajikistan: Dushanbe-Uzbekistan Border Road Improvement Project（Approval Date: June 24, 2016）.参见：https://www.aiib.org/en/projects/approved/2016/tajikistan-border-road.html。

④ Kyrgyzstan's Notification of Categories A Commitments under the Agreement on the TFA. WT/PCIF/N/KGZ /1, 11 August 2014.

⑤ Tajikistan's Notification of Categories A Commitments under the Agreement on the TFA. WT/PCIF/N/TJK /1, 11 August 2014.

项下义务，还应充分认识到2015年起生效运行的欧亚经济联盟(EAEU)的作用。EAEU由俄罗斯主导，包括哈萨克斯坦、吉尔吉斯斯坦、白俄罗斯、亚美尼亚和塔吉克斯坦。①2015年5月中国与俄罗斯签订《关于丝绸之路经济带与欧亚经济联盟建设对接合作的联合声明》，其中明确："在条件成熟的领域建立贸易便利化机制，在有共同利益的领域制订共同措施，协调并兼容相关惯例规定和标准、经贸政策。"②目前EAEU成员国中，俄罗斯、哈萨克斯坦和塔吉克斯坦已承诺履行TFA第十一条第十六款项下义务。通过中国与EAEU及其成员国的合作，可以弥补吉尔吉斯斯坦、亚美尼亚尚无单独承担此类义务的缺憾。根据EAEU的《关税同盟海关法典》第三十二章"转关海关程序"(Customs Procedure of Customs Transit)的第二百十五条第三款第三项，"在海关同盟境内经铁路运输的转关货物由海关同盟成员国依据其国际协定界定。"③中国已先后与俄罗斯(1994年)、吉尔吉斯斯坦(1996年)、哈萨克斯坦(1997年)、亚美尼亚(2015年)和白俄罗斯(2015年)签订双边海关合作与互助协定，并在这些协定中规定了关于货物过境便利化的海关互助。④中国正推动与塔吉克斯坦尽早签署海关合作协定，并加快谈判达成中国与EAEU的自由贸易协定，以便为今后与EAEU的海关合作协定提供必要条件。

三、中国推进一带一路与TFA"平行"实施的新努力

本文开头就认为，从2013年到2017年，BRI与TFA的齐头并进，反映了世界各国和地区希望尽早走出2009年国际金融危机和中国方案的强大吸引力之融合。但是，在未来5至10年，全球经济如何真正从第二次世界大战后前所未有的危机，稳步走向新的可持续发展，BRI和TFA如何"平行"实施，以期有力促进世界贸易，任重而道远。

中国在2017年5月的首届BRF上宣布今后将定期举办该论坛，相应地将成

---

① 参见：http://www.eaeunion.org/?lang=en#about。

② 中俄《关于丝绸之路经济带与欧亚经济联盟建设对接合作的联合声明》(2015年5月8日于莫斯科)。

③ Custom Code of the Customs Union(unofficial English translation)，该海关法典经修改并由EAEU成员国批准后，将成为《欧亚经济联盟海关法典》(the Customs Code of the EAEU)。参见：http://kz.mofcom.gov.cn/article/ddgk/h/201603/2016 03 01282561.shtml，该法典第215条第2款(1)项规定：转关适用于"外国货物自入境地海关至出境地海关"的运输。关于国际转关运输，参见[法]克劳德若·贝尔、亨利·特雷莫：《海关法学》，黄胜强译，中国社会科学出版社1991年版，第三编第一章转关运输制度；另参见徐觉非主编：《海关法学》，中国政法大学出版社1995年版，第十八章第五节过境货物、转运货物和通运货物的监督管理。

④ 参见海关总署/海关合作协定：http://search.customs.gov.cn/dig/search.action。

立 BRF 咨询委员会和联络办公室，并将于 2019 年举办第二届 BRF。[①]BRF 作为 BRI 协调的新平台已初步展现在世人面前。这是中国推进 RBI 和 TFA“平行”实施的新努力。

如上所述，按照 TFA 实施的“灵活性规定”，相当部分“一带一路”沿线国家已推迟实施部分贸易便利化，尤其是过境贸易便利化措施。中国在加快自身实施 TFA 的同时，也期待通过 BRF 的协调平台，加大贸易便利化的相关基础设施建设，促进相关国家和地区的贸易便利化水平的提高。首届 BRF 联合公报重申“将努力促进以世界贸易组织为核心、普遍、以规则为基础、开放、非歧视、公平的多边贸易体制”，决心“推动在公路、铁路、港口、海上和内河运输、航空、能源管道、电力、海底电缆、光纤、电信、信息通信技术等领域务实合作，欢迎新亚欧大陆桥、北方海航道、中间走廊等多模式综合走廊和国际骨干通道建设，逐步构建国际性基础设施网络”，并强调“加强海关合作，通过统一手续”，促进贸易便利化。[②]

利用 BRF 的协调新平台，可望以“软法”（不属于条约法或习惯法的国际法）的灵活形式和手段，推进 RBI 和 TFA“平行”实施。BRF 可以提供各国政府及主管部门领导人和工商界领袖们定期就实施 BRI 的各种问题，展开广泛、深入的磋商、讨论，以期形成一定共识，并以双边、多边合作方式落实。首届 BRF 达成“推进战略对接、密切政策沟通”，“深化项目合作、促进设施联通”，“扩大产业投资、实现贸易畅通”，“加强金融合作、促进资金融通”和“增强民生投入、深化民心相通”的 5 大类、共 76 大项、270 多项具体成果，包括中国政府与乌兹别克斯坦、白俄罗斯签署国际运输及战略对接协定，中国与哈萨克斯坦等国海关部门签署海关合作文件，就是明证。[③]

RBI 是中国倡议、各国呼应的建设人类共同命运体的世纪工程。同时，TFA 的实施也是在 WTO 体制下践行“共同但有区别”原则的尝试。RBI 和 TFA 的实施均涉及世界各国和地区的共同利益，并应顾及不同经济发展水平的特殊性。WTO 是协调各国和地区贸易经济政策的既有平台，具有不可替代的作用。包括 TFA 在内的国际法规则具有条约义务的“硬法”特点，即便是“灵活性规定”也是任择性条约义务。BRF 本身不是条约谈判的主要场所，而是提供磋商、探讨和协调的外交机会，更具灵活性，便于各国领导人和实务界人士畅所欲言，在比较和谐的气氛中寻求共识，达成合作意向乃至协定。这将极大地有利于包括 TFA 在内国际

---

① “一带一路”国际合作高峰论坛成果清单（全文）。来源：http://www.beltandroadforum.org/n100/2017/0516/c24-422.html。

② 《“一带一路”国际合作高峰论坛圆桌峰会联合公报》（全文），2017 年 5 月 15 日。

③ 参见前引海关总署/海关合作协定。

经济贸易规则的更好实施。这既是中国的利益所在，也是相关国家和地区的共同追求。这就是 BRI 的视野下促进 TFA 实施的合作共赢目标。

综上所述，推进 BRI，离不开贸易便利化，实施 TFA 也需要借助于 BRI 和 BRF，两者具有内在的关联性。在 BRI 的视野下看待 TFA 的实施，首先关注的是哪些国家，在何时实施哪些贸易便利化措施的一般问题。鉴于 TFA 实施的"灵活性规定"，许多"一带一路"沿线国家已推迟实施贸易便利化措施，我们应充分认识 TFA 实施的一般问题之严峻性。"丝绸之路经济带"的共建与经新欧亚大陆桥的过境贸易有着密切关系。建设一条贯通欧亚大陆的过境铁路运输专线是中国与"丝绸之路经济带"沿线各国的共同福祉所在，但是，TFA 有关过境贸易条款的国际义务均具任择性。限于自身能力，一些沿线国家尚不能在较短时间内履行有关义务。因此，通过推进 RBI 与 EAEU 的对接合作，利用 BRF 的国际合作新平台，有助于促进 BRI 与 TFA 的"平行"实施。

The Issues to Implement the TFA from the Perspective of "One Belt and One Road"

Abstract: The entry into force of the TFA is very significant to promote world trade. The BRI is parallel development with the implementation of the TFA. The general issue to implement the TFA is what should be implemented by whom and when. The "flexibility provisions" of the TFA provide its members with many options to implement trade facilitation including the freedom of transit. Many countries along the "One Belt and One Road" have delayed to implement the TFA. While improving trade facilitation in China, the BRI would be conducted with parallel implementation of TFA, in particular, cooperation with other countries along "the Economic Belt of Silk Road" in consideration of the trade in transit. China should take the new platform of BRF as the way to coordinate parallel implementation of both RBI and TFA.

Keywords: One Belt and One Road; Trade facilitation; Implementation

中国特色自由贸易试验区建设的国际法问题[*]

内容摘要：中国特色自由贸易试验区以海关特殊监管区建设为基础，已发展为包括国际货物和服务贸易、投资和金融及产业发展的综合性经贸试验区，承担着率先试验在国内履行已经或将要加入的国际经贸类公约、条约或协定下有关义务的重要任务，因而涉及许多国际经贸法律问题。为了建立健全中国特色自由贸易区法律制度，应统筹所涉国内法治与涉外法治，进一步深入研究相关国际法问题，尤其是一系列相关国际公约、条约或协定的国内履约问题，并有必要制定《自由经贸区法》和建立相应执法机制。

关键词：中国特色；自贸试验区；国际法；国内履约

自2013年9月中国（上海）自由贸易试验区（简称“自贸试验区”）设立，中国的自贸试验区迄今已遍布21个省、自治区和直辖市，其中海南全省为自贸试验区（港）。[①]中国特色自贸试验区建设是面临世界百年未有之大变局，中国推进改革开放事业的重大战略部署。自贸试验区建设从最初作为海关特殊监管区域的保税区起步，已朝着涵盖货物贸易、服务贸易、投资、金融和高端制造业等高科技产业的全方位发展。但是，海关特殊监管区域仍是所有自贸试验区不可或缺的关键组成部分之一。[②]根据《关于简化和协调海关业务制度的国际公约》（简称《京都公约》）专项附件D第二章规定，该区域就是保税“自由区”（free zone）。[③]从国际法视野看，自贸试验区与中国在该公约下国际义务有关。其他国际法问题涉及贸易和投资便利化、产业发展等。随着中国特色自贸试验区建设的快速发展，如何处理好统筹国内法治与涉外法治相关国际法问题显得非常重要。国内学界对近十年的自贸试验

---

* 原载《国际商务研究》2023年第1期，第1—14页。

① 参见商务部自贸区港建设协调司网站：http://zmqgs.mofcom.gov.cn[2022-04-10]。以下访问时间同，略。

② 参见陈晖：《从中国（上海）自由贸易试验区看我国综合保税区的建立和发展》，载《海关法评论》（第4卷），法律出版社2014年版，第3—27页。

③ International Convention on the Simplification and Harmonization of Customs Procedures（done at Kyoto on 18 May 1973，as amended on 26 Jube 1999），2006年2月6日生效。中国于2016年7月14日加入经修订的京都公约。英文作准本来源世界海关组织：http://www.wcoomd.org/Topics/Facilitation/Instrument%20and%20Tools/Conventions/pf_revised_kyoto_conv/Kyoto_New.以下援引该公约，出处略。

区建设研究颇多①，然而，聚焦国际法问题的研究尚不多，②亟待加强。

一、国际法视野下自贸试验区建设的中国特色

《京都公约》专项附约 D 第 2 章 E1(定义)规定："就本章目的而言，自由区是指缔约方境内的一部分，进入这一部分的任何货物，就进口税费而言，通常视为在关境之外。"这就是所谓"境内关外"的海关特殊监管区域。中国加入经修订的该公约专项附约的保留不包括该定义及其相关规定，因而受之约束。③世界各国或地区的"自由区"就保税而言，与该定义都是一致的。譬如，根据美国联邦《对外贸易区法》第 81c 节，对外贸易区是"指货物不缴纳海关关税即可自由进入的美国境内的一定区域"④；根据《欧盟海关法典》第 243 条规定，"成员国可以指定某联盟的关税领土为自由区。成员国应决定每一自由区的区域及其进出口。"⑤可见，即便在欧盟 2013 年修订其海关法典之后，自由区依然存在。就进口关税而言，在自由区和自由仓库内的非联盟货物被视为不在联盟关税领土，只要不进入自由流通，或进入另一海关程序，或用于消费。⑥在《京都公约》项下"自由区"的基础上，中国自贸试验区建设有如下三大特色。

(一) 扩大开放与深化改革的互动试验区

自二十世纪七十年代末，中国对外开放与国内改革，从一开始就是相辅相成。

---

① 参见陈立虎：《自由贸易试验区的特点和立法问题》，《法治研究》2014 年第 10 期，第 23—27 页；史晓丽：《中国自由贸易区的特点与建设原则》，《中国法律》2015 年第 2 期，第 74—80 页；贺小勇：《中国(上海)自由贸易试验区法治建设的评估与展望》，《海关与经贸研究》2015 年第 2 期，第 1—13 页；胡加祥：《我国自由贸易港建设的法治创新及其意义》，《东方法学》2018 年第 4 期，第 13—22 页；龚柏华：《中国自由贸易试验区到自由贸易港法治理念的转变》，《政法论坛》2019 年第 3 期，第 109—112 页；陈利强：《中国特色自贸区(港)法治建构论》，人民出版社 2019 年版。

② 车丕照：《中国(上海)自由贸易试验区的"名"与"实"——相关概念的国际经济法学解读》，《国际法研究》2014 年第 1 期，第 69—76 页；王淑敏、冯明成：《〈贸易便利化协定〉与〈京都公约〉(修订)比较及对中国自由贸易港的启示》，《大连海事大学学报》(社会科学版)，2019 年第 2 期，第 11—16 页。

③ Notification by China(14 July 2016), an instrument of acceptance of Chapter 2 of Specific Annex D and Chapter 1 and 2 of Specific Annex F, World Customs Organization, PG025B1.

④ [美]布鲁斯·E.克拉伯：《美国对外贸易法和海关法》，蒋兆康等译，法律出版社 2010 年版，第 292 页。

⑤ The Union Customs Code(recast), Regulation(EU) No 952/2013, 9 October 2013. 英文本来源 https://eur-lex.europa.eu/legal-content/EN/TXT/PDF/?uri=CELEX:32013R0952&qid=1644733897088&from=EN。

⑥ See Francis Snyder, International Trade and Customs Law of the European Union, Butterworths, 1998, p.122.

1979 年 7 月,《中美贸易关系协定》[①]签订,全国人民代表大会通过《中外合资经营企业法》。[②]这不是巧合,而是表明中国改革开放的坚定决心和实际行动。1990 年 6 月,在国务院正式宣布开发上海浦东之后,中国就在浦东设立第一个保税区,实施"境内关外"的政策。当时,中国加入《京都公约》不久,且未接受"自由区"的专项附约。[③]但是,中国为了今后在国内履行该专项附约义务,通过保税区先行先试"境内关外"制度,然后将实践经验上升为立法。2000 年修改的《海关法》新增第三十四条:"经国务院批准在中华人民共和国境内设立的保税区等海关特殊监管区域,由海关按照国家有关规定实施监管。"[④]这是国内海关监管制度的重大改革。

2001 年 12 月,中国正式加入世界贸易组织(WTO),进入全面扩大开放与深化改革的新时期。中国积极参与 WTO 有关规则的制定,尤其是促进 2013 年 12 月 WTO 第九次部长会议通过《贸易便利化协定》,[⑤]并成为该协定缔约方。该协定对海关进出口手续及监管制度提出一系列更高要求,尤其是第十条第四款的"单一窗口"(single window)规定:"各成员应努力建立或设立单一窗口,使贸易商能够通过一个单一接入点向参与的主管机关或机构提交货物进口、出口或过境的单证和/或数据要求。待主管机关或机构审查单证和/或数据后,审查结果应通过该单一窗口及时通知申请人。"中国在 2014 年 7 月、2017 年 6 月先后向 WTO 递交履约通知,承诺 2020 年 2 月 22 日,亦即,该协定生效后 3 年过渡期截止日之前,完成国内海关全部实施"单一窗口"在内 B 类条款。[⑥]

2013 年 9 月设立中国(上海)自贸试验区,旨在使之成为推进改革和提高开放型经济水平的"试验田",形成可复制、可推广的经验,发挥示范带动、服务全国的积极作用,促进各地区共同发展。[⑦]其中创新海关监管服务模式,包括先行先试"单一

---

① 《中华人民共和国和美利坚合众国贸易关系协定》(1979 年 7 月 7 日签订于北京)。

② 《中华人民共和国中外合资经营企业法》(1979 年 7 月 1 日第五届全国人民代表大会第二次会议通过)。

③ 《关于简化和协调海关业务制度的国际公约》(1973 年 5 月 18 日订于京都),中国于 1988 年 5 月 29 日加入,同时接受公约专项附约 E.3 和 E.5,并保留其中部分建议条款。中文本来源外交部条约数据库:http://treaty.mfa.gov.cn/web/detail1.jsp?objid=1531876061374。

④ 《中华人民共和国海关法》(第九届全国人民代表大会第十六次会议于 2000 年 7 月 8 日通过修改)。

⑤ Agreement on Trade Facilitation, 2017 年 2 月 22 日生效。英文作准本 The WTO Agreements: The Marrakesh Agreement Establishing the World Trade Organization and its Annexes, Cambridge University 2017, pp.321 – 356;中文本来源商务部世界贸易组织司:http://images. mofcom. gov. cn/sms/201510/20151016171326059.pd.以下援引该协定,出处略。

⑥ China's Notification of Categories A Commitments under the TFA, WT/PCIT/N/CHN/1, 1 July 2014; China's Notification of Category Commitments under the TFA, G/TFA/N/CHN/1, 6 June 2017. B 类条款是缔约方指定在该协定生效后过渡期结束实施的条款。

⑦ 《国务院关于印发中国(上海)自由贸易试验区总体方案的通知》(2013 年 9 月 18 日)国发〔2013〕38 号。

窗口”。2014年5月,上海国际贸易“单一窗口”首个试点项目上线试运行。海关、检验检疫、边检、海事共同将准予船舶离港电子放行信息发送至“单一窗口”平台,海事凭电子信息签发船舶出口岸许可证,实现船舶出口岸手续签注一体化,进一步提升口岸执法效能。①2017年年底,国际贸易“单一窗口”标准版在全国口岸推广。②这是在国际条约的义务约束下,中国通过自贸试验区扩大开放和深化改革互动的典范。

(二)从贸易到投资、金融和产业联动的综合试验区

如果扩大开放与深化改革的互动试验区建设是就《京都公约》下“自由区”而言中国独有,且最具特色,那么从贸易到投资、金融和产业联动的综合试验区建设,虽然不是中国才有,如2006年度统计,美国对外贸易区内就有数千家公司和三十五万雇员从事炼油、汽车制造、制药以及电子产品的加工等,③但是,中国在全国范围联动的综合性之广、之深,恐怕在全世界,独一无二。中国自贸试验区(港)总面积约39200平方公里。④自贸试验区(港)建设的综合性以上海和海南为例说明。

中国(上海)自贸试验区和临港新片区的总体方案分别规定,⑤两区建设任务包括:扩大投资领域开放,包括扩大服务业开放、探索建立负面清单管理模式、构筑对外投资服务促进体系;深化金融领域的开放创新,包括加快金融制度创新、增强金融服务功能;推进贸易发展方式转变,包括推动贸易转型升级、提升国际航运服务能级;建立以投资贸易自由化为核心的制度体系,包括实施公平竞争的投资经营便利、高标准的贸易自由化、资金便利收付的跨境金融管理制度、高度开放的国际运输管理、自由便利的人员管理、国际互联网数据跨境安全有序流动、具有国际竞争力的税收制度;建设具有国际市场竞争力的开放型产业体系,包括以关键核心技术为突破口的前沿产业集群、新型国际贸易、高能级全球航运枢纽、跨境金融服务功能、产业及新城融合发展与长三角协同创新发展;加快政府职能转变,深化行政管理体制改革;完善法制领域的制度保障;创新海关监管服务模式,营造相应的监

---

① 参见张乃根:《“一带一路”视野下〈贸易便利化协定〉的实施问题》,《海关与经贸研究》2017年第5期,第1—9页。

② 海关总署:《推广国际贸易“单一窗口”标准版》(2017年3月1日发布)。

③ 参见周阳:《美国海关法律制度研究》,法律出版社2010年版,第219页。

④ 21个自贸试验区每个约为200平方公里,海南自贸试验区(港)为35000平方公里。参见商务部自贸区港建设协调司网站:http://zmqgs.mofcom.gov.cn。

⑤ 参见《国务院关于印发中国(上海)自由贸易试验区总体方案的通知》附件;《国务院关于印发中国(上海)自由贸易区临港新片区总体方案的通知》(2019年7月27日)国发〔2019〕15号。

管和税收制度环境，等。其综合性内容之丰富，远远超出《京都公约》下“自由区”范围，而成为中国进一步全面扩大开放和深化改革的“引领”(pilot)区。譬如，与中国加入 WTO 的金融服务贸易减让表比较，新增允许符合条件的外资金融机构设立外资银行，符合条件的民营资本与外资金融机构共同设立中外合资银行。在条件具备时，适时在试验区试点设立有限牌照银行。又譬如，建立外商投资负面清单，对不属于负面清单限制的外商投资试行准入前国民待遇，并在全国人大常委会授权下暂停适用当时的外商投资审批制。[①]

中国(海南)自贸试验区总体方案要求发挥海南岛全岛试点的整体优势，坚持开放为先和以制度创新为核心，包括大幅放宽外资市场准入，提升贸易便利化水平，2025 年全岛封关以建设自由贸易港并相应创新贸易综合监管模式，推动贸易转型升级，加快金融开放创新，加快服务业创新发展，尤其是提升高端旅游服务能力等。[②]可以说，海南自贸试验区建设旨在打造世界上面积最大的中国特色自由港，并与广西、广东自贸试验区及粤港澳大湾区建设优势互补，形成超大规模的自贸试验区联动态势。

中国特色自贸试验区(港)的综合性建设，涉及许多对中国已经或将要发生约束力的国际条约在国内履约的具体问题，暂存不论，留待下文第二部分进一步分析。

(三) 中央政策先行与地方授权立法结合的法治试验区

与世界各国或地区，尤其欧美自由区的先立法、后设立不同，[③]坚持对外扩大开放和对内深化改革的中国自贸试验区建设，采取中央政策先行与地方授权立法结合的方式，通过这样有中国特色的法治试验区，探索既符合中国已经或将要加入的相关国际条约下义务，又充分顾及各地经济社会发展的特殊性之路。

2013 年 11 月《中共中央关于全面深化改革若干重大问题的决定》明确：“建立中国上海自由贸易试验区是党中央在新形势下推进改革开放的重大举措，要切实建设好、管理好，为全面深化改革和扩大开放探索新途径、积累新经验。在推进现有试点基础上，选择若干具备条件地方发展自由贸易园(港)区。”[④]根据这一中央

---

① 《全国人大常委会关于授权国务院在中国(上海)自由贸易试验区暂时调整有关法律规定的行政审批的决定》(2013 年 8 月 30 日第十二届全国人民代表大会常务委员会第四次会议通过)。

② 《国务院关于印发中国(海南)自由贸易试验区总体方案的通知》(2018 年 9 月 24 日)国发〔2018〕34 号。

③ See Mark Rowbotham, Freeports and Free Zone: Operations and Regulation in the Global Economy, Informa, 2022.

④ 《中共中央关于全面深化改革若干重大问题的决定》(2013 年 11 月 12 日中国共产党第十八届中央委员会第三次会议通过)。

政策，上海、广东等地相继依据国务院设立有关自贸试验区的总体方案与相应授权，制定地方性自贸试验区条例或管理办法。惟有海南自贸试验区（港）建设由全国人大常委会立法。

各地自贸试验区条例趋同。以上海和广东为例。[①]两者体例包括总则、管理体制、投资开放、贸易便利、金融服务、税收管理、综合监管、法治环境等。有所不同的是，广东自贸试验区条例涵盖高端产业促进和粤港澳合作及“一带一路”建设。但是，上海自贸试验区临港新片区获批后的管理办法聚焦人工智能、生物医药、智能网联汽车、氢能产业等前沿产业发展的法制保障，激励科技创新，以推动新片区经济创新与产业升级。[②]由此可见两地条例的基本内容，除广东特有的粤港澳大湾区建设，其他相同或类似。此外，深圳市作为经济特区拥有授权立法权，专门制定《前海蛇口自贸试验片区条例》，[③]进一步细化广东省自贸试验区条例，重点规定与粤港澳大湾区建设相关，尤其与香港地区的跨境金融等服务贸易的合作等法制保障。

《海南自由贸易港法》从体例上看，与各自贸试验区的地方立法基本相同，也包括总则、贸易自由便利、投资自由便利、财税制度、生态环境保护、产业发展与人才支撑、综合措施。[④]但是，与其他相关地方立法不同，通过全国人大常委会为海南自贸试验区立法，表明该法的效力范围是全国性的。其原因在于中国为推动形成更高层次改革开放新格局，建立开放型经济新体制，通过在海南省全岛设立自贸港，分步骤、分阶段建立自贸港的政策和制度体系，实现贸易、投资、跨境资金流动、人员进出、运输来往自由便利和数据安全有序流动，涉及国家层面的制度建设。这需要以全国性立法规定国家与海南地方的相关权限及管理内容，凸现海南自贸试验区（港）建设的特殊性。

可以说，通过各地与中央相关立法，在中国特色自贸试验区（港）建设的法治方面积累经验，可望为今后相关上位的基本法制定创造必要条件。这是本文第三部分将进一步探讨的问题。

---

① 《中国（上海）自由贸易试验区条例》（2014 年 7 月 25 日上海市第十四届人民代表大会常务委员会第十四次会议通过）；《中国（广东）自由贸易试验区条例》（2016 年 5 月 25 日广东省第十二届人大常委会第二十六次会议通过）。下文援引这两项条例，出处略。

② 《中国（上海）自由贸易试验区临港新片区管理办法》（2019 年 8 月 12 日上海市人民政府第 19 号令）。

③ 《深圳经济特区前海蛇口自由贸易试验片区条例》（深圳市第六届人民代表大会常务委员会第四十四次会议于 2020 年 8 月 26 日通过）。下文援引该条例，出处略。

④ 《中华人民共和国海南自由贸易港法》（2021 年 6 月 10 日，第十三届全国人民代表大会常务委员会第二十九次会议通过，自公布之日起施行）。以下援引该法，出处略。

二、中国特色自贸试验区建设的国内履约问题

中国特色自贸试验区建设涉及许多对中国已经或将要发生约束力的国际条约在国内履约的具体问题。这主要包括对中国已生效的经修订京都公约专项附约D第二章的自由区规定、WTO《贸易便利化协定》和《区域全面经济伙伴关系协定》(RECP),已申请加入的《全面与进步跨太平洋伙伴关系协定》(CPTPP)和《数字经济伙伴关系协定》(DEPA),中国与其他国家或地区签订的双边投资协定及初步达成的《中欧投资协定》,WTO现行相关多边协定与已初步达成共识的诸边协定等。下文着重从贸易与投资便利化以及产业发展三方面,对中国已具有条约约束力和今后可能发生效力的条约国内履约问题,加以初步分析。

(一)有关贸易自由便利化的国内履约问题

中国特色自贸试验区建设的首要任务是促进贸易自由便利化。根据《京都公约》专项附约D第二章,各缔约国适用于自由区的海关法规应符合该章以及该公约一般附约的规定。这包括:国内立法应具体规定自由区设立的要求、可进入此类区域的货物以及经营;海关应规定自由区的海关监管安排,并应有权随时检查自由区内储存货物;自由区允许进入的不仅直接从外国进口,而且来自缔约方关税领土的货物;进入自由区可免缴进口税费的货物在进入后再出口应免缴此类税费;应允许可进入自由区的货物得到必要经营以保存和改善包装等,海关应规定对此类经营的程序或制造及经营者的授权;国内立法应规定自由区内消费的货物可免税费;仅在例外情况下可规定货物在自由区的存储期限;在自由区内应允许货物所有权转让;应允许进入或在自由区生产的货物符合手续后出区,并且国内立法应规定出区时根据货物的价值及质量缴纳的税费。这些规定均是对缔约国具有约束力的"应"(shall)履行义务。根据中国海关总署颁布适用于包括自贸试验区在内综合保税区的管理办法,①区内实行封闭管理;区内企业可依法开展研发、加工、制造、再制造、国际转口贸易和港口作业等业务;境外进入区内货物予以保税,但供区内企业和行政管理机构自用的交通运输工具、生活消费用品除外;区内与区外之间进出的货物应办理相关海关手续;除法律法规另有规定外,区内货物不设存储期限。该规定在先前暂行规定的基础进一步加以完善,符合《京都公约》专项附约D第二章下国内

① 《中华人民共和国海关综合保税区管理办法》(2022年1月1日海关总署令第256号公布,自2022年4月1日期施行)。

履约义务。

根据《海南自由贸易港法》，在境外与海南自由贸易港之间，货物、物品可以自由进出，海关依法进行监管；货物由海南自由贸易港进入其他内地，原则上按进口规定办理相关手续，但是，货物、物品以及运输工具由内地进入海南自由贸易港，按国内流通规定管理；海南自由贸易港对进出口货物不设存储期限，货物存放地点可以自由选择；海关实行通关便利化，简化货物流转流程和手续，等等。可见，海南自由贸易港虽具有京都公约专项附约D第二章下自由区的法律性质，并具有封闭性，境外入港货物保税，出港进入内地货物为进口，但内地货物入港不作为出口，因而不同于中国其他自贸试验区的综合保税区。由于海南自由贸易港的建设有待于2025年全岛封关，因此，如何实施“境内关外”的海关特殊监管，还需要国务院及海关总署进一步的实施法规和部门规章等。

就海关的通关便利化而言，WTO《贸易便利化协定》设置了相关义务。这包括信息的公布与可获得性，提供评论机会和生效前信息及磋商，海关预裁定及对海关行政决定的上诉或审查程序，增强公正性、非歧视性及透明度的其他措施，对进出口征收或与进出口和出发相关的规费和费用的纪律，货物放行与结关，边境机构合作，受海关监管的进口货物的移动，与进出口和过境相关的手续，过境自由，海关合作，等等。这是对中国作为缔约方从中央政府到地方所有与海关相关部门而言的条约义务，但是，这对自贸试验区内海关特殊监管区域更为重要。如前提及，中国作为发展中国家成员，承诺履约方面需3年过渡期完成的条款，包括“单一窗口”已完成。在信息公开与可获得性方面，中国充分利用网上渠道。譬如，中国(上海)自贸试验区保税区管理局开设网上服务大厅，①包括国际贸易单一窗口，其中“中央标准应用”涵盖企业资质、许可证件、原产地、运输工具、舱单申报、货物申报、加工贸易、税费办理、跨境电商、物品通关、出口退税、口岸物流、检验检疫、服务贸易、收费公示和金融服务；“地方特色应用”涵盖货物申报、运输工具、快件物品、服贸版块、人员旅客、支付结算、资质许可等。海关特殊监管区域有关信息，应有尽有。这在全国所有自贸试验区(港)首屈一指。但是，这能否像国际贸易“单一窗口”标准版，在全国所有口岸推广，实施到位，有待完善。

RCEP第四章海关程序和贸易便利化条款包含透明度、预裁定、货物放行、审查和上诉、海关合作等《贸易便利化协定》的内容，但是，“认识到缔约方在履行本章项下的某些承诺方面准备程度的不同”，允许按该章附件给予一定的过渡期。中国在第四条一致性项下有5年过渡期。根据该第四条，“每一缔约方应当保证其海关

① 参见中国(上海)国际贸易单一窗口：www.singlewindow.sh.cn/winxportal/#。

法律和法规在其关税领土内一致地实施和适用。”[①]这说明虽已建立“中国国际贸易单一窗口”[②]的全国性电子口岸，供进出口企业网上办理货物申报、舱单申报等国际贸易“一站式”窗口服务，但 RCEP 项下海关程序和贸易便利化措施在全国统一实施，尚待时日。相比较而言，CPTPP 第五章海关管理和贸易便利化的履约要求更高。根据其第五条第一款：每一缔约方应保证其海关程序以可预测、一致和透明的方式适用，且有关一致性，没有过渡期条款。[③]因此，中国在 RCEP 的国内履约一致性过渡期内以更高要求，将通过自贸试验区加大、加快贸易便利化建设，为今后加入 CPTPP 创造更好条件。

此外，自贸试验区的贸易自由便利化建设还包括服务贸易。中国作为缔约方的《服务贸易总协定》(GATS)没有服务贸易便利化的条款或类似《贸易便利化协定》的专门协定，但是，包括中国在内的部分 WTO 成员根据 GATS 第六条国内法规而谈判已初步达成的实施性协议文本与货物贸易便利化类似，涵盖服务贸易许可要求和程序及电子化等新规则。[④]RCEP 第八章服务贸易相比 GATS 及其初步实施性协议，已规定负面清单、透明度及清单要求，便利商务人员临时出入境的新规则，等等。为此，中国已宣布“开展服务具体承诺表由正面清单向负面清单的转换，按照协定承诺在协定生效后 6 年内尽早完成”[⑤]。海南自由贸易试验区(港)已率先实施跨境服务贸易的负面清单管理。[⑥]上海自贸试验区临港新片区条例也明确“根据国家统一部署，在临港新片区实行跨境服务贸易负面清单管理”[⑦]。

(二) 有关投资自由便利化的国内履约问题

中国特色自贸试验区投资自由便利化建设的国内履约涉及中国与外国双边投资协定(BIT)以及 RCEP 等生效的区域自由贸易协定下投资条款。中国共同发起

---

① 《区域全面经济伙伴关系协定》，2022 年 1 月 1 日生效，中文本来源商务部：fta.mofcom.gov.cn/rcep/rcep_new.shtml.以下援引该协定，出处略。

② 参见中国国际贸易单一窗口网站：https://www.singlewindow.cn。

③ 《全面与进步跨太平洋伙伴关系协定》2018 年 12 月 30 日生效，中英文本来源商务部世贸司网站：https//sms.mofcom.gov.cn/article/cbw/202101/20210103030014.shtml。

④ 参见 Joint Initiative/Reference Paper on Service Domestic Regulation, Note by the Chairperson, INF/SDR/1, 27 September 2021。

⑤ 商务部等 6 部门关于高质量实施《区域全面经济伙伴关系协定》(RCEP)的指导意见(2022 年 1 月 26 日)，商国际发〔2022〕10 号。

⑥ 《海南自由贸易港跨境服务贸易特别管理措施》(负面清单)(2021 年版)，2021 年 7 月 23 日，商务部令 2021 年第 3 号。

⑦ 《中国(上海)自由贸易试验区临港新片区条例》(2022 年 2 月 19 日上海市第十五届人大常委会第三十九次会议通过)，第 16 条。下文援引该条例，出处略。

WTO谈判中的投资便利化协议，对于自贸试验区先行先试，也十分重要。

迄今仍生效的中外BIT已达105项。其中晚近生效的中国与土耳其BIT，投资范畴包括动产和不动产、股份或股票、工业产权、商业特许权和合同权利，并规定“为了建立非长期经济联系而购买低于10%的股份或投票权”不属于该协定下投资。[①]中国与各国BIT的投资都包括直接和间接投资。BIT对投资准入以东道国的法律法规为依据。譬如，中国与加拿大BIT第三条规定：“任一缔约方应鼓励另一缔约方的投资者在其领土内投资并依据其法律、法规和规定准入该投资。”[②]并且，该BIT规定国民待遇是指投资者在扩大、管理、经营、运营和销售或其他处置其领土内投资方面的待遇。可见，中国对外资准入是否采取负面清单并无BIT项下的条约义务。但是，根据RCEP第十章的投资规定，国民待遇是指“在投资的设立、取得、扩大、管理、经营、运营、出售或其他处置方面”，本国投资者及其投资的待遇。因此，作为缔约方的中国应对外资准入采取负面清单管理，亦即，凡是负面清单之外的外国投资者在华投资，均享有国内投资者及其投资的待遇。2013年中国（上海）自贸试验区的主要任务之一就是先行先试在区内外资准入的负面清单。2019年《外商投资法》第四条明确规定：“国家对外商投资实行准入前国民待遇加负面清单管理制度。”[③]以基本法律确认了自贸试验区经验，为如今RCEP投资规定的国内履约做好了非常充分的立法准备。虽然目前中国对自贸试验区内外的外资准入并存两份负面清单，但是，两者已非常接近。以2021年版为例。区内负面清单共11大类27小类，与区外12大类31小类相比，区别在于少了制造业这一大类以及出版物印刷须由中方控股、禁止投资中药饮片的生产等2小类，农林牧副渔业大类中禁止投资中国管辖海域及内陆水域水产品捕捞的小类，租赁和商务服务业大类中禁止投资社会调查小类，还有小类适当放宽的内容。[④]在自贸试验区的进一步先行先试的基础上，今后负面清单将不断减少，并趋于两者合一。根据《海南自由贸易港法》，除涉及国家安全、社会稳定、生态保护红线和重大公共利益等纳入准入管理，其他外资准入全面放开。这些准入管理已超出产业范畴，实质上取消负面清单，而采取外资准入的安全例外等方面审查。这些一般例外是中外BIT规定，因而

---

① 《中华人民共和国政府与土耳其共和国政府关于相互促进和保护投资协定》，2020年11月11日生效。中文本来源商务部：http://tfs.mofcom.gov.cn/aarticle/h/at/200212/20021200058396.html。

② 《中华人民共和国政府与加拿大政府关于相互促进和保护投资协定》，2014年10月1日生效。中文本来源商务部：http:// view.officeapps.live.com/op/view.aspx?src=http%3A%2F%2Fimages.mofcom.gov.cn%2Ftfs%2F201409%2F20140928171120483.doc&wdOrigin=BROWSELINK.以下援引该协定，出处略。

③ 《中华人民共和国外商投资法》（第十三届全国人民代表大会第二次会议于2019年3月15日通过）。

④ 《外商投资准入特别管理措施》（负面清单）（2021年版），《自由贸易试验区外商投资准入特别管理措施》（负面清单）（2021年版）。

外资准入例外审查也属于 BIT 国内履约。

就营商环境而言的投资便利化，中外 BIT 和 RCEP 均有国内履约的要求。譬如，中国与加拿大 BIT 第十七条规定法律、法规与政策的透明度："对于与投资准入条件相关的法律、法规与政策，包括申请与注册程序、评估与审批标准、处理申请及作出决定的时间表，以及对决定的复议或申诉程序，每一缔约方均应确保能够为另一缔约方投资者所知悉。"RCEP 第十章第十七条关于投资便利化的国内履约义务首先是"在遵守其法律法规的前提下，每一缔约方应当努力便利缔约方之间的投资，包括通过：1.为各种形式的投资创造必要的环境；2.简化其投资申请及批准程序；3.促进投资信息的传播、包括投资规则、法律、法规、政策和程序；以及 4.设立或维持联络点、一站式投资中心、联络中心或其他实体，向投资者提供帮助和咨询服务，包括提供经营执照和许可方面的便利。"从中国(上海)自贸试验区开始，就先行先试各方面的投资便利化措施，譬如，在实行外商投资准入前国民待遇加负面清单管理模式时，建立对外商投资项目核准(备案)、企业设立和变更审批(备案)等行政事务的企业准入单一窗口工作机制，统一接受申请材料，统一送达有关文件。广东自贸试验区进一步明确负面清单外的领域，对外商投资项目实行备案制。外商投资企业设立、变更及合同、章程实行备案管理。在自贸试验区的经验基础上，《外商投资法》规定："国家实行高水平投资自由便利化政策，建立和完善外商投资促进机制，营造稳定、透明、可预期和公平竞争的市场环境。"这包括各项投资促进、保护和管理规定。《外商投资法实施条例》还规定："国家在部分地区实行的外商投资试验性政策措施，经实践证明可行的，根据实际情况在其他地区或者全国范围内推广。"①这是行政法规第一次明确自贸试验区先行先试的投资自由便利化措施，以及与推广的关系。可以说，中国已履行国际条约相关义务。

WTO 谈判中的投资便利化协议包括改善投资措施的透明度和可预见性，行政程序及要求的简约和加快，加强国际合作，信息共享及交流最佳做法，争端预防，与 WTO 现行规则、成员的投资承诺以及其他国际组织的投资便利化之间关系，但排除有关市场准入、投资保护和投资者与国家的争端解决问题。②目前虽还不清楚该协议谈判成果的具体内容，但如同《贸易便利化协定》，该谈判成果将作为 WTO 多边体系内的诸边协定，由成员们任择加入。中国将根据谈判及其成果的进展，统筹国内自贸试验区的先行先试。《海南自由贸易港法》已规定"逐步实施市场准入

---

① 《中华人民共和国外商投资法实施条例》(2019 年 12 月 12 日国务院第 74 次常务会议通过，2020 年 11 月 1 日起施行)。

② See Joint Ministerial Statement on Investment Facilitation for Development, WT/MIN(17)/59, 13 December 2017.

承诺即入制”，也就是除上文提及外资准入一般例外，“原则上取消许可和审批，建立健全备案制度，商事主体承诺符合相关要求并提交相关材料进行备案，即可开展投资经营活动”。[①]上海临港新片区条例第九条也规定：“实行市场主体登记确认制。”只要市场主体提交登记材料齐全且符合法律规定，予以确认，除依法须经批准的项目之外，市场主体凭营业执照依法开展经营活动。这将是更高水平的投资自由便利化。

（三）有关产业发展的国内履约问题

中国特色自贸试验区的产业发展看似与国际条约的国内履约没有关系，其实不然。通览各地自贸试验区（港）建设的总体方案，产业发展的内容逐步增多。譬如，根据中国（重庆）自贸试验区的总体方案，占区内面积过半的“两江片区着力打造高端产业与高端要素集聚区”[②]。上海自贸试验区临港新片区的任务之一是“建设以关键核心技术为突破口的前沿产业集群”，包括集成电路综合性产业、人工智能创新及应用示范区、民用航空产业集聚区、高端智能再制造产业。有关建设离不开金融支撑。上海出台一系列产业发展规范，明确“发挥政府引导作用”，包括财政专项资金的支持力度。[③]临港新片区建设规划也有类似内容。《海南自由贸易港法》产业发展专章第四十二条还规定：“依法建立安全有序自由便利的数据流动管理制度，依法保护个人、组织与数据有关的权益，有序扩大通信资源和业务开放，扩大数据领域开放，促进以数据为关键要素的数字经济发展。”这些自贸试验区（港）的产业发展规定或措施至少涉及 WTO 现行补贴规则、RCEP 电子商务专章的义务和中国申请加入的 CPTPP 和 DEPA，以及 WTO 正在谈判中的电子商务协议等国内履约问题。

WTO 现行补贴规则《补贴与反补贴协定》（SCM）禁止法律上或事实上视出口实绩，或视使用国产货物而非进口为惟一条件或多种其他条件之一而给予的补贴（可诉补贴），但允许对公司进行研究活动的援助，或对高等教育机构或研究机构与公司签约进行研究活动的援助（不可诉补贴）。[④]根据 WTO 争端解决的解释，这是

---

① 《海南自由贸易港市场准入承诺即入制管理规定》（征求意见稿），2021 年 8 月 6 日。参见海南省市场监管局网站 https://amr.hainan.gov.cn/hd/zjdc/202108/t20210806_3031033.html。

② 《国务院关于印发中国（重庆）自由贸易试验区总体方案的通知》（2017 年 3 月 15 日）国发〔2017〕19 号。

③ 《上海市人工智能产业发展“十四五”规划》（上海市经济和信息化委员会，2021 年 12 月 27 日）。

④ 《补贴与反补贴协定》，载《世界贸易组织乌拉圭回合多边贸易谈判结果法律文本》，法律出版社 2000 年版，第 231—274 页。

指政府通过企业开展研发活动，或通过高等教育机构或研究机构与公司签约的研发活动，而不含有政府通过购买企业的研发服务所提供援助。①诚然，WTO规则适用于中国境内中央和省级政府对此类研发的资助，但是，对于先行先试的自贸试验区产业发展，更要注意国内履约，避免该解释所说的政府购买企业或高校及科研机构与企业的研发服务所提供的资助。更一般而言，在制定和实施有关自贸试验区产业发展的规划时，至少避免文本上与此类规则的抵触。

数字经济是大势所趋。根据RCEP有关跨境电子商务的第十五条规定，原则上缔约方不得将要求涵盖的人使用该缔约方领土内的计算设施或者将设施置于该缔约方领土之内，作为在该缔约方领土内进行商业行为的条件。缔约方也不得阻止涵盖的人为进行商业行为而通过电子方式跨境传输信息。除非该缔约方以合法的公共秩序目标或安全例外而采取与这些原则规定抵触的措施。不过，根据第十五条的脚注14解释，“缔约方确认实施此类合法公共政策的必要性应当由实施的缔约方决定”，而根据第十五条第三款(2)项，“该缔约方认为对保护其基本安全利益所必需的任何措施。其他缔约方不得对此类措施提出异议。”此类措施引起争端也不适用RCEP争端解决机制。显然，这是RCEP允许缔约方采取限制跨境数据流动的例外措施的自由裁量权。因此，目前中国各地已生效的自贸试验区条例(办法)，《海南自由贸易港法》对RCEP上述原则的国内履约而言，明确“国家支持海南自由贸易港探索实施区域性国际数据跨境流动制度安排”。上海临港新片区条例第三十三条规定：“按照国家相关法律、法规的规定，在临港新片区内探索制定低风险跨境流动数据目录，促进数据跨境安全有序流动。”此外，北京自贸试验区条例也有类似规定。②

中国申请加入的CPTPP和DEPA，对跨境数据流动设置了严格的义务。CPTPP电子商务专章第十一条规定与上述RCEP第十五条原则相同，但是，如缔约方为实现合法公共政策目标采取不符合原则规定的措施，应“不以构成任意或不合理歧视或对贸易构成变相限制的方式适用”，而且，除个别缔约方有2年过渡期，一般都适用争端解决机制。DEPA有关通过电子方式跨境传输信息和计算设施的位置规定与CPTPP一致。③WTO正在谈判中的电子商务协议关于信息流动规定

---

① 参见 Panel Report, US—Large Civil Aircraft(2nd complaint), para.958。

② 《中国(北京)自由贸易试验区条例》(2022年3月31日)第33条：“自贸试验区在风险可控的前提下，开展数字领域的国际合作，促进数据跨境传输、数字产品安全检测与认证、数据的服务市场安全有序开放等领域互惠互利、合作共赢、推动数字贸易港建设。”

③ 《数字经济伙伴关系协定》(DEPA)中英文本来源商务部国际经贸司：http://gis.mofcom.gov.cn/article/ wj/ftar/202111/20211103216433.shtml，第4.3条通过电子方式传输信息，第4.4条计算设施的位置。

也是如此。[①]因此，中国必须加快在自贸试验区先行先试跨境数据流动的有关措施，为今后加入 CPTPP、DEPA 或 WTO 电子商务协议的国内履约做好充分准备。

综上，就中国特色自贸试验区建设的贸易和投资自由便利化及产业发展所涉国内履行已加入或将加入的国际条约义务而言，通过先行先试，在全国推广实施，并适当提炼，上升为法律法规，或为积极参与国际规则制定提供国内法治经验，十分必要，也已经并将进一步取得成功。

三、自贸试验区建设统筹国内与涉外法治的国际法问题

中国特色自贸试验区建设作为进一步扩大开放和深化改革的重大战略部署，近十年来已经取得举世瞩目的成绩。自贸试验区的设立和发展，不同于国家或地区之间自由贸易区或区域经贸安排。就《京都公约》下“自由区”而言，有关国家或地区在其特有法律体制下，以不同的方式加以建设。在这个意义上，自贸试验区建设属于国内法治。如上所述，中国特色自贸试验区从一开始就在《京都公约》下“自由区”的基础上，作为扩大开放和深化改革的互动试验区，涵盖贸易和投资自由便利化及产业发展的综合性建设，与中国已经或将要缔结或加入的国际条约下国内履约的压力测试，密不可分。因此，这又具有涉外法治的性质。建立健全中国特色自贸试验区制度须统筹国内法治与涉外法治，其中有关国际法问题，值得深入研究。以下从立法和执法两方面加以初步探析。

（一）自贸试验区立法的国际法问题

目前，除全国人大常委会通过《海南自由贸易港法》，已设立自贸试验区的各地绝大多数已制定实施地方性法规或政府规章。[②]作为经济特区的深圳市早已获立法授权，[③]因而制定并实施了蛇口前海片区条例，上海市也获授权制定浦东新区有关法规，[④]通过了临港新片区条例。这些自贸试验区（港）法律法规或规章，立法地

---

① WTO Electronic Commerce Negotiations Consolidated Negotiating Text-December 2020，INF/ECOM/62/Rev.1，14 December 2020，B.2. Flow of Information.

② 上海及临港、广东、天津、福建、辽宁、浙江、河南、湖北、湖南、重庆、四川、陕西、山东、江苏、广西、河北、安徽和北京的地方人大已颁布实施具有地方性法规地位的自贸试验区条例；云南和黑龙江颁布实施地方政府部门规章的管理办法。

③ 《关于授权深圳市人大及其常委会和深圳市人民政府分别制定法规和规章在深圳经济特区实施的决定》（第七届全国人大常委会第二十六次会议于 1992 年 7 月 1 日通过）。

④ 《关于授权上海市人民代表大会及其常务委员会制定浦东新区法规的决定》（第十三届全国人大常委会第二十九次会议于 2021 年 6 月 10 日通过）。

位不同,但基本内容相似。尤其值得重视的是,自贸试验区(港)建设不限于传统意义上的国际贸易,涵盖投资、金融和各种产业发展,名正言顺,应该是自由经济贸易试验区(自由经贸区)。从统筹国内与涉外法治,建立健全中国特色自贸试验区制度来看,应尽早制定一部《自由经贸区法》。这是统辖性基本法律,如同全国人大通过《中外合资经营企业法》和《外商投资法》那样,应对改革开放和社会经济协调发展,具有全局引导性作用。以更具规范性、可预期性、一致性的法治方式,有助于统筹自贸试验区(港)相关所有法律法规或规章的制定和完善,并以全国上下统一的方式履行已经或将要加入的相关国际条约。①在该法的原则之下,所有其他法律法规或规章应侧重于实施性或地方性。这应是建立健全中国特色自贸试验区制度的最佳路径。根据该法以及相关实施性法律法规或规章,在已有自贸试验区的基础上,应有步骤地在各地符合法定条件的区域设立更多自由经贸区,先行先试有利于不断扩大开放和深化改革的相关措施,并充分结合全国性产业发展规划及全球视野下的产业链需求。下文先探讨该法的贸易投资自由便利化和产业发展内容。有关与国内履约有关的管理体制问题,放在执法部分探讨。

第一,《自由经贸区法》的贸易自由便利化立法。该法应在已颁布实施的自贸试验区(港)法律法规或政府规章的基础上提炼,对贸易自由便利化作出原则性规定。区域内货物贸易自由化,就是中国已加入《京都公约》及其有关自由区的专项附约下,海关特殊监管区域“境内关外”的保税或免税。该法相关原则规定可包括区域与境外之间货物进出入境自由,不征收进出口税费,区内货物流动自由;区域与境内区外之间货物进出入征收进出口税费;区域内保税存储货物不设存储期限;区域内货物经加工制造或再制造后可出境;区域内货物所有权可转让。区域内货物贸易便利化,就是中国已加入的《贸易便利化协定》和 RCEP,已申请加入的 CPTPP 下海关通关便利。现有或以后相关国内履约均不限于已设立的各地自贸试验区(港)。譬如,2022 年 4 月 1 日起施行的《海关综合保税区管理办法》适用于全国所有综合保税区。②上文提及中国对 RCEP 的海关程序和贸易便利化一致性义务的国内履约有 5 年,即至 2026 年 12 月 31 日的过渡期。这也适用包括自由经贸区在内所有中国口岸海关。该一致性规定要求:“每一缔约方应当努力采取或维持行政措施,以保证其海关法律和法规在其关税领土内一致地实施和适用,最好通

① 有关自贸试验区立法,参见徐忆斌:《中国自由贸易试验区立法问题探析》,载林中梁等主编:《WTO 法与中国论坛年刊(2020)》,知识产权出版社 2021 年版,第 330—347 页。

② 截至 2021 年 12 月的综合保税区,30 个省市自治区共有 168 个。参见《2021 年 12 月底全国海关特殊监管区域分布及名单》,来源于海关总署:http://zms.customs.gov.cn/zms/hgtsjgqy0/hgtsjgqyndqk/4129084/index.html。

过建立确保该缔约方的海关法律和法规在其区域海关之间一致实施的行政机制。”《自由经贸区法》的贸易便利化规定可主要包括区域内海关特殊监管以便利、安全高效为原则；货物进出入境申报实行备案制，除属于检验检疫范围外的货物，其他货物免于检验；区域货物进出入境内其他地区，通过国际贸易单一窗口办理进出口手续。此外，该法还应规定服务贸易自由便利化原则，包括对区域内跨境服务贸易实行负面清单管理制度，清单之外跨境服务贸易自由进行。中国承诺 6 年内，即 2027 年 12 月 31 日之前完成 RCEP 项下服务贸易的负面清单管理，该法应促进自由经贸区先行先试，尽早完成，为全国范围实施提供经验。

第二，《自由经贸区法》的投资自由便利化立法。投资自由化，首先是对外商投资实行准入前国民待遇加负面清单管理制度，这已通过《外商投资法》实施。该法是全国人大通过的基本法律，因此，如《自由经贸区法》也作为基本法律，两者具有同样法律位阶。今后外资准入负面清单逐步成为全国统一的负面清单，《自由经贸区法》就没有必要再规定负面清单管理制度，而应原则性规定：区域内外商投资准入按照《外商投资法》及其实施条例实施，并可采用除涉及国家安全、社会稳定、生态保护红线和重大公共利益等一般例外审查范围，其他外资准入全面放开的制度。这为今后全国范围的外资准入一般例外审查制提供经验，并将外资准入的例外审查完全纳入中外 BIT 的国内履约范畴。投资便利化，就是要为外商投资提供良好的营商环境。鉴于《外商投资法》及其实施条例已有促进外资的市场环境的原则规定，并要求有条件的地区（如自贸试验区）先行先试与推广，《自由经贸区法》应像投资自由化那样，规定按此实施的原则，并可采用市场准入承诺即入制，对区域内外商投资企业按照国民待遇实行企业设立和经营的备案制，除法律法规规定审批的许可事项采取行业综合许可，其他企业经营许可事项实施备案。①这样做，同样是将投资便利化与中国已经或将要缔结、加入的投资相关国际条约的国内履约相结合。自由经贸区除了资本输入的自由便利化制度，还应促进资本输出，便利区域内本国企业的海外投资。目前中国尚无海外投资专门立法，现行部门规章需要更新修改，②《自由经贸区法》可规定区内企业境外投资实行备案制，对于境外投资可提供跨境资金流动便利，对境外投资中的非商业风险可申请担保。

第三，《自由经贸区法》的产业发展规划立法。目前各地自贸试验区的地方性条例或政府规章的制定依据之一都是国务院批准的建设总体方案，其中有关产业

---

① 参见《优化营商环境条例》（2019 年 10 月 23 日，国务院令第 722 号），《上海市优化营商环境条例》（2020 年 4 月 10 日上海市第十五届人大常委会第二十次会议通过）。

② 《企业境外投资管理办法》（国家发展与改革委员会令第 11 号，2017 年 12 月 26 日发布）。

发展的内容，相对于贸易投资自由便利化的内容趋同，则呈现多样化。部分条例或政府规章或专章规定高端产业的发展。譬如，广东自贸试验区条例第四章“高端产业促进”，浙江自贸试验区条例第四章含“高端产业促进”。[①]如上所述，各地自贸试验区的产业发展规范与实施也关系到对我国已经或将要发生效力的条约义务履行。因此，《自由经贸区法》可规定区域内产业发展应符合国家和地方的社会经济综合协调发展，应促进数字经济有序发展，并符合中国有关国际义务。有关国际法问题，上文已论及，不赘。值得关注的是，随着中国产业发展深度融入全球化产业链，各地自贸试验区产业发展如何适应产业链需求。诚然，产业发展问题实际上已超出了自贸试验区或自由经贸区的立法范畴，更多属于国家和地方整体的发展规划。但是，也应看到自贸试验区建设具有从贸易到投资、金融和产业联动的综合试验这一中国特色，而且，如前所述，像美国的对外贸易区也与其外向型经济发展有关。中国这一特色更加突出，《自由经贸区法》可加以原则规定。

（二）自贸试验区执法的国际法问题

上文论及国际条约与自贸试验区立法执行有关国内履约的主管机关规定。《京都公约》和《贸易便利化协定》的国内履约主管机关都是各缔约方海关，后者还规定：“每一成员应建立并/或设立一国家贸易便利化委员会或指定一现有机制以促进国内协调和本协定条款的实施。”RCEP 第四章海关程序和贸易便利化要求缔约方海关主管部门负责管理和执行有关海关法律法规，并要求指定一个或多个咨询点，第十章投资也要求设立或维持联络点等向投资者提供帮助和咨询服务，包括提供经营执照和许可方面的便利，第十二章电子商务要求缔约方对负责计算机安全事件应对的主管部门的能力建设。这些对中国已生效的条约有关执法机关的要求需要在国内逐一落实。目前，商务部、海关总署分别设立自贸试验区协调部门。此外，《海南自由贸易港法》规定“国家建立海南自由贸易港建设领导机制”。这与各地其他自贸试验区管理体制不同，有的地方设立管委会作为所在省市人民政府派出机构，具体落实区内改革试点，统筹管理和协调区内各项行政事务，也有明确设立有关领导小组为决策机构，下设办公室行使类似管委会的职责，或同时另设管委会。

从国内履约角度看，中央政府已指定海关和商务部分别负责贸易、投资自由便利化的事项。但是，从中央与地方的关系看，作为先行先试和综合发展的自贸试验

① 《中国(浙江)自由贸易试验区条例》(2017 年 12 月 27 日浙江省第十二届人大常委会第四十六次会议通过)。

区(港)管理体制。整体上处于有待建立健全的状态。为了统筹自贸试验区(港)的国内法治与涉外法治,进一步做好相关国内履约工作,并理顺中央与地方的自贸试验区(港)建设的职权划分。《自由经贸区法》可规定设立作为国务院直辖机构的自由经贸区委员会,有权制定施行法规,负责在全国统一实施该法及有关法规或部门规章,有权根据法律法规,决定设立新的自由经贸区。有关贸易、投资自由便利化的国内履约,可由该法规定与海关和商务部主管部门协调实施,有关产业发展则与国家发改委及相关部委协调实施。各地自贸试验区或今后的自由经贸区管理机构,在业务上可受自由经贸区领导,以统一国内履约;在行政上作为地方人民政府的派出机构,具体实施区内各项行政事务,尤其是产业发展的管理。这样的执法体制有利于改善目前各部门分头负责,各地管理体制不同的"九龙治水"状态。

结 论

作为应对加速演变的世界百年未有之大变局,推进改革开放事业的重大战略部署,自 2013 年以来建设并已覆盖 21 个省份的中国特色自贸试验区,已取得显著成绩,初步形成了一整套相关规范性制度。从国际法视野看自贸试验区建设的中国特色,包括扩大开放与深化改革的互动试验区、从贸易到投资金融和产业联动的综合试验区、中央政策先行与地方授权立法结合的法治试验区。中国特色自贸试验区建设实践表明与中国已经或将要加入的国际条约在国内履约密不可分,包括贸易自由便利化、投资自由便利化和产业发展相关国际条约的国内履约问题。面向未来,如何统筹自贸试验区建设相关国内法治与涉外法治,必须进一步研究有关国际法问题,包括根据中国已经或将要加入的国际经贸协定对国内履约之义务要求,考虑制定一部具有基本法地位的《自由经贸区法》,统辖从中央到地方的自贸试验区法治,并建立健全相应的自贸试验区执法体制,克服目前中央各部门分头负责和各地管理体制不一的状况。

The Issues of International Law about Construction of the Pilot Free Trade Zone with the Chinese Characteristics

Abstract: It is a basis to build the special customs surveillance zone for the pilot free trade zone with Chinese characteristics, which has been developed as the comprehensive trade and economic pilot zone including the trade on goods, service and the investment combined with finance and industry. It carries out an important function to implement first the relevant obligations under the international trade and economic conventions，treaties and agreements which has been accessed or to be joined by China with many arisen legal issues on international trade and economy. It needs coordination of the rule of laws for both domestic and foreign affairs to improve the legal system of pilot free trade zone with Chinese characteristics，in particular to study further the international legal issues of domestic implementation relating to international conventions，treaties and agreements. It is necessary to make the Law of Free Trade and Economic Zone and to establish a mechanism of enforcement accordingly.

Keywords：Chinese characteristic；Pilot free trade zone；International law；Domestic implementation

关于世界贸易组织未来的若干国际法问题*

内容摘要：WTO正面临前所未有的生存危机。考虑到其危机根源及其国际关系背景，有关WTO未来的国际法问题值得探讨。首先是条约法相关问题，其次是和平解决国际争端法问题，最后是国际组织法问题。根据WTO的规则体系和争端解决机制以及组织改革的趋势，中国有必要认清自身的特殊地位，支持将现有多边贸易规则和临时上诉仲裁安排作为维系WTO多边贸易体制存续的纽带，通过多边框架下诸边协定推进制定新的规则，坚持该组织未来的改革应朝着《联合国宪章》的制度包容性原则方向前进。

关键词：WTO；未来；国际法；改革；中国应对

引　言

众所周知，世界贸易组织(WTO)自1995年成立后曾取得过辉煌的成果，尤其是从123个创始成员发展到包括中国、俄罗斯等164个成员的真正意义上世界贸易"联合国"。但是，WTO目前正遭遇史无前例的生存危机，以致关心多边贸易体制的人们不得不思考该组织的未来命运。WTO总干事罗伯托·阿泽维多(Roberto Azevedo)2020年1月1日在该组织成立25周年之际表示担忧："尽管WTO取得了相当的成就，但是，可以毫不夸张地说，在其相对较短的历史上，如今的WTO面临着前所未有的挑战。在过去两年，成员政府所实施的贸易限制涵盖了相当部分国际贸易，仅2019年就高达7470亿美元。"①这是美国在对外经贸关系中采取单边主义的恶果。由此引起这两年的WTO争端案件剧增，多达57起，其中美国与其他WTO成员之间争端案件31起。②然而，美国为逃避争端解决可能对其不利的裁决以及授权报复，不顾WTO绝大多数成员的坚决反对，一意孤行阻碍争端解决上诉机构成员的遴选，使得这一曾被誉为WTO的"皇冠上的明珠"(jewel

---

* 原载《国际法研究》2020年第5期，原题目为《关于WTO未来的若干国际法问题》，第3—19页；转载于《中国社会科学文摘》2021年第1期，第13—14页；英文载《WTO与中国杂志》(*Journal of WTO and China*)，Vol.11，Issue 3，2021，pp.1-33。

① "The WTO at 25: A Message from the Director-General", WTO official website, https://www.wto.org/english/news_e/news20_e/dgra_01jan20_e.htm[2020-03-02]，以下访问时间同，略。

② "Chronological list of disputes cases", WTO official website, https://www.wto.org/english/tratop_e/dispu_e/dispu_status_e.htm.

in the crown)坠落，[①]从2019年12月10日起，该机构仅剩一位成员而瘫痪。[②]加上WTO于2001年启动的多边贸易谈判(多哈发展议程)，[③]除了2013年达成《贸易便利化协定》，其余议题毫无实质收获。WTO的多边谈判与争端解决两大功能已遭受严重损害。如此下去，WTO的未来堪忧。

对于WTO所面临的生存危机，尽管国内外学界已有很多研究，[④]但是，较少对其如何克服危机走向未来的相关国际法问题进行前瞻性探讨。应该注意到，受当前全球大流行的疫情叠加影响，WTO未来更具不确定性，前瞻性研究更具必要性。为此，本文将聚焦于WTO未来的发展，在扼要回顾WTO的危机及其国际关系背景后，着重探讨WTO在未来作为依据条约法产生的政府间国际组织的三个密切相关的国际法问题。其一是在条约法层面，WTO一整套实体和程序性规则在未来的适用性和约束力问题；其二是在和平解决国际争端层面，WTO的争端解决机制在未来的运行方式问题；其三是在国际组织法层面，探析WTO的未来组织改革。WTO在今后的较长一段时期内，可能循着部分成员基于现有规则，以诸边协商一致或多边框架下诸边接受的方式，在达成超越现行规则的路径上艰难前行，以期维持其低水平的存续。最后，本文将在结论部分对中国的相关应对有所展望。根据WTO的规则体系和争端解决机制以及组织改革的趋势，中国有必要认清自身的特殊地位，通过多边框架下各种诸边协定，推进新的规则制定，并坚持该组织未来的改革应朝着《联合国宪章》的制度包容性原则方向前进。

---

① John H. Jackson, *Sovereignty, the WTO and Changing Fundamentals of International Law*, Cambridge University Press, 2006, p.82.

② WTO总干事强调："良好运行、公正和有拘束力的争端解决机制是WTO体制的中心支柱。……上诉机构的瘫痪显然不是意味着WTO基于规则的争端解决已经停止。……但是，我们不能放弃作为优先考虑找到恢复上诉机构正常运行的永久方案。"参见"DG Azevedo to launch intensive consultations on resolving Appellate Body Impasse", WTO official website, https://www.wto.org/english/news_e/news19_e/gc_09dec19_e.htm。

③ 多哈发展议程包括农业、服务、非农业产品的市场准入、贸易相关知识产权、贸易与投资的关系、贸易与竞争政策的互动、政府采购的透明度、贸易便利化、WTO规则、争端解决谅解、贸易与环境、电子商务、小经济体、贸易与债务及金融、贸易与技术转让、技术合作与能力建设、最不发达国家、特殊与区别待遇等十八项议题。See Doha WTO Ministerial 2001: Ministerial Declaration, WT/MIN(01)/DEC/1, 20 November 2001.

④ 参见Joost Pauwelyn, WTO Dispute Settlement Post 2019: What to Expect? (2019) 22 *Journal of International Economic Law* 297; Ernst Ulrich Petersmann, How Should WTO Members React to Their WTO Crises? (2019) 18 *World Trade Review* 503; Weihuan ZHOU, In Defence of the WTO: Why Do We Need a Multilateral Trading System?, (2020) 47 *Legal Issues of Economic Integration* 9；杨国华：《WTO上诉机构危机中的法律问题》，《国际法学刊》(创刊号)2019年第1期；石静霞：《世界贸易组织上诉机构的危机与改革》，《法商研究》2019年第3期；左海聪：《世界贸易组织的现状与未来》，《国际法研究》2015年第5期。

一、WTO的现状及国际关系发展背景

现行WTO体制是乌拉圭回合多边贸易谈判结果一揽子协定的产物。该多边贸易体制是一个涵盖货物贸易、服务贸易和贸易有关的知识产权三方面实体法协定以及争端解决程序规则与贸易政策审议机制两项程序法协定的一整套条约法体系，对于调整经济全球一体化的各国或地区之间经贸关系，解决相互间经贸摩擦引起的各类争端，具有不可或缺的作用。但是，随着科学技术的快速发展和WTO成员的增多以及国际关系的变化，该组织的现行体制难以适应时代的发展需要，逐渐陷入了目前难以自拔的危机困境。其中，近年来美国对外经贸关系的战略变化，加速了这一危机的形成，为WTO的未来蒙上了浓厚的阴影。

回顾WTO及其前身《关税与贸易总协定》(GATT)所建立和发展的国际关系，显然美国正在改变其长期的多边主义立场。美国曾提出五项对外经贸关系的指导原则："(1)应实质性地减少现有国际贸易的壁垒；(2)国际贸易应该为多边而非双边；(3)国际贸易应是非歧视性的；(4)内在相关的工农业稳定政策与国际贸易政策应一致和协调；(5)应制定国际商业的规则，平等公正地适用于所有国家对外贸易，不论其内部经济的组织是基于个人主义、集体主义或两者结合。"①这些原则贯穿于GATT的序言及所有条款，其核心是多边主义，这充分体现于GATT第一部分第一条普遍的最惠国(MFN)待遇原则。杰克逊教授对此曾评论：当时"美国还是很支持GATT的无条件MFN条款所包含的多边主义和非歧视原则。在起草GATT及其初期阶段，这些原则是美国政策的支柱"②。这完全符合第二次世界大战之后美国全面拓展海外市场的利益需求。

二十世纪九十年代初冷战结束，从GATT发展到WTO。首先，这反映了从战后到冷战后的国际经贸关系进入了更高层次的多边主义阶段。GATT的创始缔约方23个，③既排除了德国、日本和意大利等战败国，也不包括苏联及其东欧主要国家，因而主要是美国和英国主导的、较小规模的多边贸易体制。二十世纪八十年

① U.N. Doc, EPCT/PV.2(1946), p.5. 转引自 John H. Jackson, *World Trade and the Law of GATT*, the Bobbs-Merrill Company, Inc, 1969, p.54。

② [美]约翰·H.杰克逊：《世界贸易体制——国际经济关系的法律与政策》，张乃根译，复旦大学出版社2001年版，第190页。

③ GATT创始缔约方：美国、英国、中国、法国、荷兰、比利时、卢森堡、挪威、捷克斯洛伐克、加拿大、澳大利亚、新西兰、印度、巴基斯坦、缅甸、锡兰、南非、南罗得西亚(现为津巴布韦)、巴西、智利、古巴、叙利亚、黎巴嫩。参见《关税与贸易总协定》序言第一段，《世界贸易组织乌拉圭回合多边贸易谈判结果法律文本》(中英文对照)，法律出版社2000年版，第424页。

代，当西欧成长为由德国、法国、英国和意大利等联合并扩展到北欧，基于关税同盟的欧洲经济共同体，[①]日本的经济实力跃升至仅次于美国，[②]大量非殖民化的发展中国家加入 GATT，客观上需要一个更大规模、新的多边贸易体制以适应经济全球化的发展。其次，从乌拉圭回合的谈判议题及其一揽子成果看，不仅从 GATT 的货物贸易扩展到涵盖服务贸易和贸易相关知识产权，而且 GATT 也从单一的总协定扩展为包括农产品在内的 12 项协定的货物贸易多边协定，更重要的是"为进行国际贸易而通过更有力和更明确的法律体制，包括更有效和更可靠的争端解决机制"[③]。最后，WTO 的成立表明国际社会认识到"建立一个完整的、更可行的和持久的多边贸易体制"对于"维护多边贸易体制的基本原则，并促进该体制目标的实现"，[④]至关重要。坚持多边主义原则是当时包括美国在内所有 WTO 成员达成的高度共识。

然而，进入新世纪后，"9・11"恐怖袭击事件以及随后美国接连发动阿富汗和伊拉克战争，致使刚刚起步的 WTO 多边贸易谈判就举步维艰。因受到美国《2002 年贸易法》[⑤]授权一揽子谈判期限的制约，WTO 多哈《部长宣言》原定该多边贸易谈判在 2005 年 1 月 1 日之前结束，未成。后经美国总统要求延长其谈判授权未遭国会参众两院否决而推迟至 2007 年 7 月 30 日，WTO 香港部长会议决定在 2006 年结束全部谈判。[⑥]可是，该谈判在 2006 年 7 月破裂，美国国会不再愿意继续授权。此后谈判仅限于个别议题，如 2013 年达成的《贸易便利化协定》是迄今唯一谈判成果，且只适用于加入该协定的 WTO 成员，而不是作为一揽子协定之一约束所有 WTO 成员。[⑦]在多边贸易谈判停滞不前之时，美国转向诸边的区域贸易谈

---

① 1985 年 6 月，随着葡萄牙和西班牙加入欧共体，该区域经济共同体成员增加到 12 个：德国、法国、意大利、比利时、荷兰、卢森堡、英国、丹麦、爱尔兰、希腊、葡萄牙和西班牙。参见曾令良：《欧洲联盟法总论》，武汉大学出版社 2007 年版，第 11 页。

② 1980 年在世界总产值中，美国占 22.9%，日本占 10.2%。参见方连庆等主编：《战后国际关系史》(1945—1995)，北京大学出版社 1999 年版，第 522—523 页。

③ 《1994 年 4 月 15 日马拉喀什宣言》，《世界贸易组织乌拉圭回合多边贸易谈判结果法律文本》(中英文对照)，法律出版社 2000 年版，第 iii 页。

④ 《马拉喀什建立世界贸易组织协定》，《世界贸易组织乌拉圭回合多边贸易谈判结果法律文本》(中英文对照)，法律出版社 2000 年版，第 4 页。下文援引该协定，出处略。

⑤ Trade Act of 2002, secs. 2103-2105, 19 U.S.C. secs. 3803-3805. 该法案延续美国《1974 年贸易法》的"快车道"(fast track)模式，即，国会授权美国总统与其他国家就非关税壁垒问题进行谈判，并在总统递交谈判结果的法案后 90 天内决议"是"或"否"通过，而不做任何修改。参见 John H. Jackson, etc., *Legal Problems of International Economic Relations*, Thomas/West, 5th edition, 2008, pp.85-86。

⑥ Hong Kong WTO Ministerial 2005: Doha Work Programme, Ministerial Declaration, WT/MIN(05)/DEC/1, 22 December 2005.

⑦ Agreement on Trade Facilitation 根据《建立 WTO 协定》第 10 条第 3 款通过，并按该条款规定仅对加入成员生效。此类多边框架下的协定具有相对先前诸边协定而言新的诸边性质。

判，包括《跨太平洋伙伴关系协定》（TPP）[①]和《跨大西洋贸易与投资伙伴关系协定》（TTIP）。[②]

近年来，美国更是转向以单边主义为导向的双边经贸谈判，在中美贸易战的背景下与中国谈判达成第一阶段的经贸协议。[③]这突出反映了美国对外经贸战略的变化，即，美国重新审视了过去二十年的政策："这一政策基于假定与竞争对手接触并将其纳入国际体制及全球贸易以使其变为温和的行为者和可靠的伙伴。这一假定基本上失败了。"[④]因此，美国在对外经贸关系，乃至整个国际关系中应采取"美国第一"（America First）战略，其中之一是所谓"坚持基于公平和互惠的经济关系以解决贸易失衡"[⑤]。这一战略变化将美国对外经贸关系的重心从过去七十多年的多边主义转向非多边主义（包括区域诸边、双边关系的单边主义）。

综上可见，WTO的危机根源于美国对外战略变化，尤其是在国际经贸关系上转向非多边主义。我们应在这样的国际关系背景下探讨WTO的未来相关国际法问题。所谓"未来"具有很大的不确定性，也许是两三年的最近未来，也不排除可能是较长的未来。这取决于WTO成员何时就恢复该组织的正常功能达成共识。鉴于WTO是依据条约法产生的政府间国际组织，具有国际法体制的属性，因而本文着重研究WTO未来相关国际法问题，目的是前瞻性探讨在WTO多边功能严重受损状态持续的未来，其条约法的规则适用性和争端解决机制的运行究竟如何？该组织能否经改革而恢复应有活力？就WTO的未来而言，条约法问题是基础，和平解决国际争端法是关键，国际组织法下的改革可行性是前提。三者休戚相关。

二、WTO未来相关的条约法问题

（一）WTO的条约法规则体系

从条约法的角度看，WTO一揽子协定是一个庞大的条约规则体系。其中，《建立WTO协定》是宪章性基本协定。根据该协定第二条第二款，一揽子协定包

---

① Trans-Pacific-Partnership Agreement，参见韩立余主编：《〈跨太平洋伙伴关系协定〉全译本导读》（上下册），北京大学出版社2018年版，因美国特朗普政府退出而未生效。

② Trans-Atlantic Trade and Investment Partnership Agreement，美欧于2013年启动谈判，不久后停滞。

③ 《中华人民共和国和美利坚合众国政府经济贸易协议》，文本来源：关于发布中美第一阶段经贸协议的公告（2020年1月16日），商务部网站，http://www.mofcom.gov.cn/article/ae/ai/202001/20200102930845.shtml。

④ The White House：*National Security Strategy of the United States of America*，December 2017，p.3.

⑤ Ibid.，p.4.

括1994年GATT及其12项协定[①]在内的《货物贸易多边协定》《服务贸易总协定》(GATS)和《与贸易有关的知识产权协定》(TRIPS)以及《关于争端解决规则与程序的谅解》(DSU)、《贸易政策审议机制》(TPRM),均为《建立WTO协定》的附件,共460多页,对所有成员具有约束力。加上乌拉圭回合多边贸易谈判达成数以万页的关税减让表,根据GATT第二条第七款是其第一部分普遍MFN待遇的组成部分,因此,一揽子协定堪称有史以来和平时期编纂或制定体量最大的单一条约法体系。[②]

然而,问题是,在WTO多边功能严重受损的未来,其现行的条约规则还具有适用的约束力吗?这是前瞻性研究该组织未来的基础,只有客观评估其未来的适用性,才谈得上讨论该组织的未来及其他国际法问题。为便于探析,可将这些规则分为实体性与程序性规则两大类,实体性规则又可分为货物贸易、服务贸易和贸易相关知识产权三类规则,其中货物贸易规则包括关税壁垒与非关税壁垒两类规则。分析将表明不同类别规则适用的约束力有所不同。

(二)WTO的关税壁垒规则

现行WTO《货物贸易多边协定》基于MFN待遇的关税壁垒规则仅适用于各类区域贸易安排(RTA)形成之前与非RTA成员的进出口贸易。1994年GATT第一部分为关税壁垒规则,包括第一条普遍MFN待遇和第二条减让表。经多边谈判(如乌拉圭回合)达成的关税减让表是适用MFN待遇的基础。如今,数以百计的RTA根据GATT第二十四条作为MFN待遇的例外,均不适用该第一条。比如,晚近的RTA——《全面与进步跨太平洋伙伴关系协定》(CPTPP)[③]和《美墨加协定》(USMCA)[④]有关货物进出口条款(均为第二章货物国民待遇和市场准入)只规定给予进口产品应享有本地产品的国民待遇,而只字未提MFN。根据GATT

---

① 根据《纺织品与服装协定》第9条,该协定于2005年1月1日终止;根据2014年《修正建立WTO协定的议定书》,于2017年2月22日生效的《贸易便利化协定》被纳入《货物贸易多边协定》,因此,该多边协定下仍然包括12项协定,但是,《贸易便利化协定》仅对接受该协定的成员生效。参见WTO, *The WTO Agreements: The Marrakesh Agreement Establishing the World Trade Organization and its Annexes* (Updated edition of The Legal Texts), Cambridge University Press, 2017, p.321, editorial note。

② 参见杰克逊:《世界贸易体制——国际经济关系的法律与政策》,第51页。比较1982年《联合国海洋法公约》连同9个附件共446条,WTO一揽子协定及关税减让表,其容量之大远超该公约。

③ Comprehensive and Progressive Agreement for Trans-Pacific Partnership,新西兰政府官网:https://www.mfat.govt.nz/assets/CPTPP/Comprehensive-and-Progressive-Agreement-for-Trans-Pacific-Partnership-CPTPP-English.pdf,该协定是在TPP基础上修订而成,于2018年12月30日正式生效。

④ Agreement between the United States of America, the United Mexican States, and Canada,美国政府官网:https://ustr.gov/trade-agreements/free-trade-agreements/united-states-mexico-canada-agreement,2020年1月29日经美国总统签署为法律,完成其国内缔约程序,现已生效。

第二十四条第五款(b)项,就 RTA 而言,"每一成员领土维持的且在形成此种自由贸易区或通过此种贸易协定时对非自由贸易区成员或非协定参加方的缔约方实施的关税或其他贸易法规,不得高于或严于在形成该自由贸易区或签署协定之前相同成员领土内存在的相应关税或贸易规定"。①GATS 第五条第四款也有类似规定。②也就是说,RTA 虽是 GATT 第一条和 GATS 第五条下普遍的 MFN 待遇例外,但不得损害之前已给予非 RTA 成员的 MFN 待遇。比如,美国与中国之间没有 RTA,因此,双方应均给予对方根据中国加入 WTO 之时各自给予其他 WTO 成员的 MFN"约束税率"(bound rates)。但是,2018 年 4 月以来美国一再对中国输美产品单方加征 10%至 25%关税,大大超过美国附于 1994 年 GATT 第二条第七款的关税减让表规定的 MFN 约束税率,完全违反 GATT 第一条第一款和第二条第一款(a)项和(b)项,中国为此多次向 WTO 提起争端解决。③显然,在中美货物贸易恢复正常之前也不适用各自给予对方作为非 RTA 成员应享有的 MFN 待遇。从近两年 WTO 争端解决案件的诉由看,除了中美贸易争端涉及关税 MFN 待遇,还有欧盟和中国台湾地区(单独关税区)诉印度对有关技术信息产品的关税超出其减让表的零关税而违反 MFN 待遇,④美国与中国、欧盟、土耳其、俄罗斯和印度等就美国以国家安全例外为由单边加征钢铝制品进口关税引起其他成员反制措施的争端所涉关税 MFN 待遇。⑤这些案件当事方之间都没有 RTA,因此,在诸多 RTA"夹缝"中实际已成为"例外"的 MFN 待遇还适用于这些 WTO 成员。这些案件多半因贸易战或一方对另一方经济制裁等非正常贸易关系所致,也有一方认为另一方的反倾销、保障等贸易救济措施不成立而违反关税 MFN。⑥

(三) WTO 的非关税壁垒规则

《货物贸易多边协定》下对进口产品的国民待遇、贸易救济措施、卫生与植物卫

① 《关税与贸易总协定》,《世界贸易组织乌拉圭回合多边贸易谈判法律文本》(中英文对照),法律出版社 2000 年版,第 458—459 页。下文援引该总协定,出处略。

② 经济一体化的"任何协定应旨在便利协定参加方之间的贸易,并且与订立该协定之前的适用水平相比,对于该协定外的任何成员,不得提高相应服务部门或分部门内的服务贸易壁垒的总体水平。"《服务贸易总协定》,前引《世界贸易组织乌拉圭回合多边贸易谈判法律文本》。下文援引该总协定,出处略。

③ 参见 *US-Tariff Measures on Certain Goods from China/II/III*, DS543, DS565, DS587。

④ *India-Tariff on ICT Goods*, DS582, DC588.

⑤ *China-Additional Duties on Certain Products from US*, DS558,美国诉欧盟、土耳其、俄罗斯和印度,DS559, DS561, DS566, DS585。

⑥ 比如委内瑞拉诉美国制裁措施引起的贸易争端,*US-Measures relating to trade in goods and services*, DS 574;又比如泰国诉土耳其对进口空调机实施保障措施不成立而违反关税 MFN, *Turkey-Additional Duties on Imports of Air Conditioning Machines from Thailand*, DS573。

生检疫措施(SPS)、技术性贸易壁垒措施(TBT)和海关估价等非关税壁垒规则仍适用于所有 WTO 成员。1994 年 GATT 第二部分除了第三条国内税和国内法规的国民待遇以及第四条有关电影片的特殊规定,其他多数条款作为基础性规定均有实施性的配套协定,如《反倾销协定》《补贴与反补贴措施协定》《保障措施协定》《实施卫生与植物卫生措施协定》《技术性贸易壁垒协定》《海关估价协定》等。虽然如今 MFN 关税待遇仅适用于各类 RTA 形成之前与非 RTA 成员的进出口贸易,但是,无论 WTO 成员之间存在 RTA 与否,一旦进口产品进入一成员的"关税领土"(customs territory),就应享受严格的国民待遇,即,"不得对其直接或间接征收超过对同类国产品直接或间接征收的任何种类的国内税或其他国内费用"(GATT 第三条第二款),而且,"在有关影响其国内销售、标价销售、购买、运输、分销或使用的所有法律、法规和规定方面,所享受的待遇不得低于同类国产品所享受的待遇"(GATT 第三条第四款)。这一条约项下的货物贸易规则初衷在于"防止利用国内税与管制政策作为使关税约束失去应有作用的保护主义措施"。① 因此,这与普遍 MFN 关税待遇相辅相成。虽然当下 MFN 待遇已成实际上的例外而失去其普遍适用的约束力,但是,GATT 第一条第一款所规定的"在第三条第二款和第四款所指的所有事项方面"国民待遇仍适用 MFN 待遇。今后,这仍将是一项条约义务。

如同任何 WTO 成员对进口产品的国内税等应符合国民待遇,贸易救济措施等国内法也均应符合 WTO 非关税壁垒的有关条约规定。WTO 成立以来多数贸易争端案件与这些非关税壁垒措施有关。虽然近两年来因美国挑起贸易战的关税措施相关争端案件剧增,但是非关税壁垒相关案件仍约占半数。②

(四) WTO 的服务贸易规则

GATS 第二条第一款规定了与货物贸易的关税 MFN 待遇类似的义务:"关于本协定涵盖的任何措施,每一成员对于其他成员的服务和服务提供者,应立即和无条件地给予不低于任何其他国家同类服务和服务提供者的待遇。"但是,这一 MFN 待遇规则同样因成员间 FTA 而例外地不适用(GATS 第五条第一款),如今乃至未来,其适用也陷入仅适用各类 RTA 形成之前与非 RTA 成员间服务贸易的困境。

---

① John. H. Jackson, *The World Trading System: Law and Policy of International Economic Relations*, the MIT Press, 1997, p.213.

② 以 2018 年 3 月至今 53 起 WTO 争端解决案件(DS542 - 595)为例,非关税壁垒措施相关案件 27 起。参见"Chronological list of disputes cases", WTO official wbesite, https://www.wto.org/english/tratop_e/dispu_e/dispu_status_e.htm。

服务贸易减让表虽由 WTO 成员各自承诺，但附于 GATS 而“成为本协定的组成部分”(GATS 第二十条第三款)，具有多边条约性质。有关国民待遇，只要“每一成员对任何其他成员的服务和服务提供者给予的待遇，不得低于其减让表中同意和列明的条款、限制和条件”(GATS 第十六条第一款)，而且，服务贸易的国民待遇只要实质相同，无论其“形式上相同或不同”(GATS 第十七条第一款)。尽管 GATS 没有 GATT 第一条第一款规定的国民待遇应适用 MFN 待遇的要求，但是，根据乌拉圭回合 GATS 谈判组的说明，WTO 成员承诺的服务市场准入所适用的国民待遇也应一视同仁给予其他所有成员。①这些服务贸易规则，现在和未来对 WTO 成员均具有适用的拘束力。GATS 项下的其他一般性条约义务，包括透明度(第三条)、国内法规的合理、客观和公正的实施(第六条)等，现在和未来都对所有 WTO 成员具有适用的约束力。

(五) WTO 的贸易相关知识产权规则

根据 TRIPS 协定第一条第一款，WTO 成员应以适当的方法，有效实施该协定项下起码的知识产权保护。②这包括该协定第二部分涵盖的版权与相关权、商标、地理标志、工业设计、专利、集成电路设计图和未披露信息，以及被纳入该协定的《保护工业产权巴黎公约》和《保护文学艺术作品的伯尔尼公约》的实体性条款项下知识产权的保护，③第三部分知识产权实施规则和第七部分对 WTO 成立时已有知识产权主题的保护规则。这些知识产权保护的规则现在和未来均对所有 WTO 成员具有适用的约束力，除非根据该协定第六十六条，最不发达国家成员可享受暂不适用的过渡安排。④该协定下国民待遇(第三条)和 MFN 待遇(第四条)要求知识产权保护的非歧视性规则惠及所有成员，现在和未来也均具有适用的拘束力。与普遍的 MFN 关税待遇和服务市场准入受到 RTA 例外限制不同的是，TRIPS 协定

---

① 转引自 Petros C. Mavroidis and Mark Wu, *The Law of the WTO*, West Academic Publishing, 2nd edn, 2013, p.753。该说明虽不具有条约约束力，亦可作为解释 GATS 国民待遇的补充资料。但是，迄今有关 GATS 的争端解决案件尚未援引过该说明作为解释的补充资料。参见张乃根:《条约解释的国际法》(下卷)，上海人民出版社 2019 年版，第 753—765 页。

② 参见张乃根:《论 TRIPS 协议义务》，《浙江社会科学》2002 年第 5 期，第 70 页。

③ 根据 WTO 争端解决上诉机构的解释，该保护范围还包括《保护工业产权巴黎公约》第 8 条规定的商号，*US-Section 211 Appropriations Act*, DS176/AB/R, para.338；亦参见张乃根主编:《与贸易有关的知识产权协定》，北京大学出版社 2018 年版，第 162—164 页。

④ 对最不发达国家成员的过渡期延长至 2021 年 7 月 1 日，参见 Extension of the Transitional period under Article 66.1 for Least Developed Countries Members, IP/C/64, 12 June 2013，其中药品专利保护的过渡期延长至 2033 年 1 月 1 日，IP/C/73, 6 November 2015。

下知识产权保护的 MFN 待遇不受该协定生效之后 RTA 的例外限制。[①]发达国家和地区在 WTO 成立后达成的 RTA 增加了许多知识产权的新规则,即"TRIPS 递增"(TRIPS-plus)条款。[②]不过,这些 RTA 均以适用 TRIPS 协定已有规则为基础,比如,前述 USMCA 这一晚近的 RTA 知识产权条款结构也大致参照了 TRIPS 协定,基本上是一个升级版。而且,此类 RTA 只要在 1995 年 1 月 1 日之后生效,其高于 TRIPS 协定之要求标准所获得的优惠均应根据 MFN 待遇适用于其他非 RTA 的 WTO 成员。[③]

综上,尽管 WTO 的实体性规则因数以百计的 RTA 而使得具有基石作用的多边协定下关税减让和服务市场准入的普遍 MFN 待遇变成实际上的例外,其适用的约束力被严重削弱,但是,其他非关税壁垒的各项规则和服务贸易的一般义务及规则,现在和未来仍对所有 WTO 成员具有普遍的适用性,TRIPS 协定下现行规则也是如此。换言之,总体上 WTO 的现行规则未来仍将继续普遍适用于 WTO 成员。这就是本文对 WTO 的条约法规则体系未来的可适用性之基本评估。

三、WTO 未来相关的和平解决国际争端法问题

(一) WTO 的争端解决机制

从和平解决国际争端法的历史发展看,WTO 独特的争端解决机制,尤其是专司复审法律问题和法律解释的上诉机制,是其他国际裁判机构所没有的。[④]它对于和平解决成员间贸易摩擦,维持多边贸易规制体系的"大厦"具有支柱作用。但是,这一机制却因美国蓄意所为而陷入瘫痪,"大厦"岌岌可危。上文研究的初步结论

---

① TRIPS 协定第 4 条的例外(d)项规定:自《建立 WTO 协定》"生效之前的有关知识产权保护的国际协定所派生"的优惠待遇,可享受例外。这不同于 GATT 第 24 条和 GATS 第 5 条允许任何之后 RTA 的优惠可例外地不适用 MFN 待遇。因此,TRIPS 协定的 MFN 待遇例外相当有限。参见联合国贸易与发展会议国际贸易和可持续发展中心编:《TRIPS 协定与发展:资料读本》,中国商务出版社 2013 年版,第 98 页。

② 参见 Pedro Roffe, Intellectual Property Chapters in Free Trade Agreements: Their Significance and Systemic Implications, in Josef Drexl, et al.(ed.), *EU Bilateral Trade Agreements and Intellectual Property: For Better or Worse?*, Springer, 2014, pp.17–38。该文比较研究了美国和欧盟自 2000 年与发展中国家签署的 RTA 所包含的"TRIPS 递增"条款。

③ 参见 Antony Taubman et al.(ed.), *A Handbook on the WTO TRIPS Agreement*, Cambridge University Press, 2012, p.18。

④ 自 1900 年根据第一次海牙和会通过的《和平解决国际争端公约》成立的常设仲裁法院(PCA)以来,1920 年设立的国际常设法院(PCIJ)及其嗣后 1946 年联合国国际法院(ICJ),1996 年成立的联合国国际海洋法法庭,均无上诉复审机制。联合国特设前南国际刑庭和卢旺达问题国际法庭虽共有一个上诉庭,但其复审包括法律错误和导致审判不公的事实错误。

指出,总体上 WTO 的现行规则在未来仍将继续普遍适用于 WTO 成员。根据 WTO 程序性规则[①]——DSU 第三条第二款,一旦成员发生争端涉及这些规则的适用,应由 WTO 争端解决专家组和上诉机构“依照国际公法的解释惯例澄清”其含义,同时,争端解决机构(DSB)通过的争端解决报告的“建议和裁决不能增加或减少”经澄清含义而适用的规则“所规定的权利和义务”。如上文论及,近两年此类争端案件多达 57 起,涉及上述 WTO 各类实体性规则。然而,问题是在上诉机构无法运行的情况下,WTO 未来究竟如何解决争端,落实成员享有的权利和承担的义务?

WTO 争端解决机制脱胎于 GATT 时期在实践中形成的混合型裁决模式,亦即,外交方式(争端方先行磋商)和仲裁方式(三人专家组,GATT 第二十三条相当于约定仲裁条款[②])以及司法性程序(比如,申诉方应初步举证被诉方违约,后者须举证驳倒,否则违约成立)相结合,[③]尤其该模式不可避免地朝着更多地解释被诉方的条约义务这一方向发展,从而为 WTO 成立后以上诉机构的条约解释为核心的争端解决提供了“判理”基础。GATT 时期已形成编纂裁决报告的条约解释判理的惯例,[④]WTO 延续这一做法,定期编纂《WTO 分析索引:WTO 法与实践的指南》。[⑤]根据《建立 WTO 协定》第十六条第一款,WTO 争端解决应以 GATT 设立机构所遵循的惯例为指导。此类惯例包括有关条约解释。因此,WTO 争端解决上诉机构复审第一起“美国汽油案”,在解释一般例外条款引言时就援引了 GATT

---

① 根据另一程序性规则——TPRM,对所有成员的贸易政策和做法进行定期审议,由接受审议的成员提交一份全面报告,审议记录与 WTO 秘书长的报告,在审议后公布,并提交 WTO 部长级会议,提请其注意。这一制度未来继续实施,因篇幅所限,本文不予论述。

② GATT 第 23 条第 2 款:如缔约方就争端事项的磋商未成,“则该事项可提交缔约方全体。缔约方全体应迅速调查向其提交的任何事项,并应向其认为有关的缔约方提出适当的建议,或酌情就该事项作出裁定。”这是 GATT,也是 WTO 争端解决机制的基础条款。1979 年 11 月由 GATT 缔约方全体通过的《有关通报、磋商、争端解决与监督谅解》是对 GATT 第 22 条和第 23 条的“定义性”解释,构成了直至 WTO 成立之前 GATT 争端解决的“宪政性框架”。参见 John H. Jackson, *Sovereignty, the WTO and Changing Fundamentals of International Law*, pp.140 - 141。

③ 有关 GATT/WTO 的司法性程序,包括“初步举证”(burden of proving a *prima facie* case),参见 David Palmeter and Petros C. Mavroidids, *Dispute Settlement in the World Trade Organization: Practice and Procedure*, Cambridge University Press, 2nd edition, 2004, pp.143 - 148。WTO 成立后,其争端解决报告根据“反向一致”(negative consensus)原则,均自动通过,更具司法性。

④ GATT 曾于 1959 年和 1969 年出版题为《分析索引:有关 GATT 的起草、解释及适用的注释》“修订版”,在 1986 年启动 GATT 乌拉圭回合谈判时所使用的该《分析索引》为 1985—1986 年“活页版”。参见 John H. Jackson, *The World Trading System: Law and Policy of International Economic Relations*, the MIT Press, 1989, p.336, endnote 15。

⑤ 该《分析索引》一直以 jurisprudence 为标题将所有争端解决报告所涉条约款项的解释作为“判决的法理”(判理),逐项协定、逐项条款地分类,为嗣后相关条约解释提供指南。

时期相关专家组报告和编纂的判理作为指导。[①]这样做法对于为多边贸易体制提供可靠性和可预测性而言,“极端重要”。[②]

可是近两年,美国一再指责该上诉机构将澄清条约含义的解释当成“先例”(precedent),以此作为阻碍该机构成员遴选,致使其瘫痪的理由之一。[③]尽管绝大多数 WTO 成员并不赞同这些理由,[④]但是,因美国一意孤行,该机构瘫痪已成现实。下文将分析在这种情况下,WTO 未来的争端解决程序及其相关问题。

(二) WTO 未来的争端解决专家组程序

在 WTO 争端解决上诉机构瘫痪的情况下,根据 DSU 第六条,如经争端当事方磋商解决未成,申诉方仍可请求成立专家组审理解决,且根据 DSU 第十六条第四款,如专家组就争端解决作出裁决报告,当事方未提起上诉,该报告将由 DSB 自动通过,除非 DSB 经协商一致不通过(胜诉方不可能同意不通过,因而这是不可能的)。

事实上,因美国阻碍上诉机构新成员的遴选,自 2018 年 6 月开始该机构严重缺员而致使待审上诉案件积压,故争端当事方已就专家组裁决报告提起的上诉,根据 DSU 第十六条第四款,在上诉完成之前,DSB 将不予审议通过此类报告。于是,在上诉机构瘫痪期间,此类报告将无限期处于悬而未决的状态。[⑤]换言之,专家组程序就没有完全结束。今后在专家组继续审理的情况下,预计将有更多案件因上

---

① Panel Report on *US-Imports of Certain Automotive Spring Assemblies*, BISD 30S/170; *Analytical Index: Guide to GATT Law and Practice*, Vol.I, see *US-Gasoline*, DS2/AB/R, footnote 44.

② The Consultative Board: *The Future of the WTO: Addressing institutional challenges in the new millennium*, WTO, 2004, para.231.

③ 参见美国晚近有关上诉机构的报告,*USTR Report on the Appellate Body of World Trade Organization*, Office of the USTR Ambassador Robert E. Lighthizer, February 2020。其指责包括先前已重复多次的所谓“越权”:“审期超过规定的 90 天”“任期届满的成员继续审案”“不当审查作为事实的国内法”“将裁决当先例”“提供咨询意见”“错误的条约解释”(尤其是关于反补贴相关“公共机构”和反倾销相关“归零法”)。

④ 中国、欧盟、日本、加拿大、澳大利亚、新西兰、新加坡、墨西哥、巴西、智利、哥伦比亚和菲律宾等 WTO 成员对美国的指责发表评论,认为 DSU 和 WTO 协定确实没有授权上诉机构作出具有先例约束力的裁决,但也质疑上诉机构是否实际上寻求过这一权力,并认为美国以“不锈钢案(墨西哥)”为例指责上诉机构以“令人信服理由”维持其以前报告的先例价值,不符合实际。参见“Statement by the United States on the precedential value of panel or Appellate Body reports”, WTO official website, https://www.wto.org/english/news_e/news18_e/dsb_18dec18_e.htm。

⑤ 迄今这类“悬案”共有 7 起(含同一诉由):*Australia-Tobacco Plain Packaging* (*Honduras*, *Dominican*), DS435, 441/R, 19 July and 23 August 2018; *EU-Energy Package*, DS476/R, 21 September 2018; *India-Iron and Steel Products*, DS518/R, 14 December 2018; *US-Pipe and Tube Products* (*Turkey*), DS523/R, 25 January 2019; *US-Differential Pricing Methodology*, DS534/R, 4 June 2019; *US-Renewable Energy*, DS510/R, 15 August 2019; *India-Export Measures*, DS541/R, 19 November 2019。

诉而成为悬案。此外，根据 DSU 第二十一条第五款，无论是未上诉而通过，还是经上诉复审连同上诉报告通过的专家组报告，该争端解决都将进入裁决执行程序。一旦当事方对是否执行产生争议，则由原审专家组（通常被称为“21.5 专家组”）审议裁决。此类专家组报告同样又可被上诉，如今也会成为悬案而导致执行无法进行，更谈不上可能的授权报复。[①]可见，上诉机构瘫痪对整个 WTO 争端解决机制运行的影响是非常严重的。即便部分 WTO 成员达成临时替代的上诉程序，仍将有大量悬案。

在上诉机构无法复审的情况下，已通过的专家组报告除了对当事方具有直接约束力，是否对嗣后同类案件的审理具有指导作用也值得探讨。以该机构瘫痪后首起未上诉而通过的“澳大利亚对 A4 纸反倾销案”专家组报告为例，[②]该案涉及《反倾销协定》第二条第二款“特殊市场情况”（the particular market situation）的解释。鉴于 WTO 成立以来尚无任何专家组或上诉机构报告对此作过任何解释，该案专家组援引了 GATT 时期“欧共体棉花案”有关解释：“‘特殊市场情况’只有在其具有使得销售本身不适于适当比较的效果才是有关的”，[③]并明确表示赞同，进一步解释：“‘特殊市场情况’的用语本身没有预见各种情况的定义使得调查当局也许将允许‘适当比较’。我们认为，起草者有意选择这一用语。因此，‘特殊市场情况’的用语受到‘特殊’和‘市场’的限制。然而，这不能以涵盖所有情况或方式使得调查当局也许依据不得不考虑的情况，加以解释。”[④]简言之，这是应个案酌定的特殊、个别的，但不一定为例外的市场情况。显然，即便是 GATT 时期的专家组报告对嗣后所涉相同事项的争端解决也具有指导作用，更不用说 WTO 时期相关专家组报告。这正是《建立 WTO 协定》第十六条第一款的要求。因此，在上诉机构瘫痪期间，对已通过的专家组报告具有的指导作用应给予高度重视。当然，该机构在瘫痪前所做出的裁决报告仍具有指导作用，只是上文探讨在该机构瘫痪期间，对于那些未经该机构审理事项而言，专家组报告更具指导性。

---

① 迄今此类案件 3 起（含同一诉由）：*Colombia-Textiles*, DS461/R(21.5), 20 November 2018; *Thailand-Cigarettes*(*Philippines I and II*), DS371/RW and RW2(21.5), 9 January and 9 September 2019; EU-Larger Civil Aircraft DS316/RW2(21.5), 6 December 2019。

② *Australia-Anti-Dumping Measures on 4A Copy Paper*, DS529/R, adopted on 27 January 2020，当事方同意不上诉。

③ *EC-Cotton*, ADP/137, adopted on 10 October 1995, Para.478. 当时 WTO 已成立，但是，该案在 1991 年 11 月被提起，1994 年 4 月成立专家组审理，因此仍适用 GATT 时期的《反倾销协定》(1979 年)第 2 条第 4 款，其中含有 WTO《反倾销协定》第 2 条第 2 款中的“特殊市场条件”。

④ *Australia-Anti-Dumping Measures on 4A Copy Paper*, DS529/R, para.7.21.

（三）WTO 未来的争端解决上诉替代程序

目前唯一的替代程序是根据 DSU 第二十五条，以仲裁方式替代上诉。2020 年 1 月 24 日，欧盟与中国等 17 个 WTO 成员主管贸易商务的部长们发表联合声明："我们致力于与全体 WTO 成员寻求改进 WTO 上诉机构相关情况的长久方案。我们相信 WTO 争端解决机制的功能对于基于规则的贸易体系极为重要，而且，独立、公正的上诉程序必须继续是其不可缺少的特征。同时，我们将努力采取临时措施以允许对我们之间争端的 WTO 专家组报告提出上诉，即，基于 WTO 的 DSU 第二十五条的多方临时上诉安排，并仅在改革后的 WTO 上诉机构完全恢复运行之前采用。该安排对任何愿意加入的 WTO 成员开放。"①嗣后达成的《多方临时上诉仲裁安排》（MPIA）已于 2020 年 3 月 27 日公布。②由美国除外的主要 WTO 成员赞同的这一上诉临时安排具有一定普遍性，预计会有更多成员加入。该安排具有临时性，仅适用于上诉机构瘫痪期间 MPIA 参与成员间的上诉。同时，欧盟和中国等 WTO 成员将继续努力促进上诉机构的改革以争取其早日恢复运行。

仲裁作为多边贸易体制的争端解决方式缘起 1989 年有关改进争端解决规则的决定。③当时乌拉圭回合谈判进入中期评估阶段，该决定将 GATT 时期曾经有过的仲裁纳入争端解决程序，实际上是包括 DSU 在内的该回合谈判一部分，但是，在 WTO 成立前没有该仲裁规则的实践。④迄今 DSU 第二十五条项下仲裁也仅有一起，即"美国版权案（仲裁）"。⑤这是美国就未能履行专家组裁决而自愿向欧盟提供

---

① Statement by Ministers, Davos, Switzerland, 24 January 2020. 签署该部长声明的 WTO 成员是欧盟、中国、加拿大、澳大利亚、巴西、韩国、墨西哥、新西兰、智利、危地马拉、哥伦比亚、哥斯达黎加、挪威、巴拿马、新加坡、乌拉圭和瑞士。在这之前，欧盟与加拿大、挪威先后就采取 DSU 第 25 条项下仲裁方式的临时替代其相互间争端的上诉方案达成一致。

② Multi-Party Interim Appeal Arbitration Arrangement Pursuant to Article 25 of the DSU, 27 March 2020.该安排附件 1 为 DSU 第 25 条下约定的仲裁程序，作为该安排参与成员采用临时仲裁上诉的仲裁协议模本，届时只要在该模本加上特定案件号（DS）。附件 2 为选任 10 位常设"仲裁员库"（the pool of arbitrators）的程序。该安排的参与成员与 2020 年 1 月 24 日部长声明成员相比，增加中国香港，少了韩国和巴拿马。该安排中文参考译文，参阅商务部网站，http://tfs.mofcom.gov.cn/article/ztxx/202004/20200402953356.shtml。

③ 1989 Improvements to the GATT Dispute Settlement Rules and Procedures, 36th Supp. BISD 61 (1990).

④ 有关 DSU 第 25 条的一般研究，参见 Ernst-Ulrich Petersmann, *The GATT/WTO Dispute Settlement System*, Kluwer Law, 1997, pp.193–194; Jeff Waincymer, *WTO Litigation: Procedural Aspects of Formal Dispute Settlement*, Cameron May Ltd. 2002, pp.236–230。

⑤ *US-Section 110(5) Copyright Act* (Recourse to Arbitration under Art. 25 of DSU), DS160/ARB25/1, Award of the Arbitrators, 9 November 2001. 该案由欧盟与美国先达成提交仲裁的协议。有关研究，参见 Petros C. Mavroidis and Mark Wu, *The Law of the WTO*, pp.1009–1014。

补偿的仲裁案，与DSU第二十二条第六款项下裁决授权报复水平的仲裁实质相同，不同的只是该案裁决美国自愿补偿的水平，未涉及对专家组报告的任何复审。如今以仲裁临时替代上诉，有许多新问题。总体上，MPIA以DSU第二十五条为依据，具体程序参照现行上诉机制。根据MPIA及其附件《议定程序》和《仲裁员池》，①MPIA参与成员在上诉机构瘫痪期间均不再向该机构提起上诉，从而避免待审专家组报告可能处于无限期的悬案状态。MPIA适用任何两个或更多参与方的未来争端，包括这一争端的履行阶段，以及任何在该安排生效之日待审的此类争端，除非该争端相关阶段的处于期中评审的专家组报告在该日期已经发布。②MPIA从参与方正式通知DSB之日起生效，并在之后一年内，参与方将对MPIA进行评审。这意味着该临时安排生效后至少运行一年，也可能运行两至三年，甚至更长。

总之，在WTO争端解决上诉机构瘫痪期间，为避免以一国利益或实力至上的"丛林规则"支配国际经贸关系、坚持WTO规则导向的和平解决国际经贸争端，应继续采用现行的专家组方式，并在实施MPIA的同时致力于WTO体制改革和恢复上诉机构的正常运作。在WTO的条约法规则在未来仍可普遍适用于WTO成员的情况下，惟有通过专家组与MPIA的争端解决运行方式，其条约秩序才得以一定程度地维持和发展。上文限于篇幅不论及上诉机构改革，因为这属于下文的国际组织法问题。

四、WTO未来相关的国际组织法问题

对WTO未来的组织改革相关国际法问题的思考，离不开对该组织的法律特征，尤其是其脱胎于GATT时期在实践中形成的"协商一致"(consensus)决策惯例的理解。

(一) WTO作为政府间国际组织的法律特征

《建立WTO协定》第九条第一款明文规定该组织的决策："应继续实行GATT1947所遵循的经协商一致作出决定的做法。"根据该条款的脚注明确："如在作出决定时，出席会议的成员均未正式反对拟议的决定，则有关机构应被视为经

---

① Annex 1 Agreed Procedures for Arbitration under Article 25 the DSU in Dispute DS X, Annex 2 Composition of the Pool of Arbitrators Pursuant to Paragraph 4 of Communication JOB/DSB/1/ADD.12.

② 考虑到MPIA在通知DSB之日起生效，近两年提起的部分案件可能适用MPIA，如欧盟诉哥伦比亚反倾销案(DS591，磋商)，巴西诉中国糖案(DS568，磋商)，欧盟诉中国技术转让案(DS549，磋商)，澳大利亚诉加拿大酒案(DS537，已成立专家组)。

协商一致对提交其审议的事项作出了决定。”反之，如有任何一个成员反对，则不予决定，因而该反对等于一票否决。第十条第一款对修改该协定及其一揽子协定也有协商一致规定。尽管该协定有决策和修改程序的投票规定，但是迄今从未付诸实际。这一“习惯做法”(customary practices，即惯例)成为该政府间国际组织的显著法律特征。换言之，即便有投票规定，WTO 还是青睐于协商一致的决策惯例。回溯 GATT 时期，从开始临时生效的一纸多边条约，主要因争端解决的需要逐步演变为一个国际组织，也是将 GATT 第二十五条明文规定的投票决策束之高阁，实际上采用任何一个缔约方均可一票否决的协商一致惯例。①

WTO 关于协商一致决策的明文规定以及决策实践中从不采用同样是明文规定的投票机制这样的惯例，已经产生了极为负面的后果，包括美国滥用该惯例阻碍上诉机构成员的正常遴选。

(二) WTO 未来的组织改革相关国际法问题

WTO 未来的任何组织改革都离不开其成员们的决策，而协商一致决策规定以及从不采用投票机制的惯例又阻碍任何改革。似乎“无论在什么情况下，加权投票这一概念对于 WTO 的所有成员并没有足够的吸引力。因此，这是一个所谓‘没有希望的可能’(non-starter)”②。问题在于，如何破解 WTO 处于如此特殊的制度现实所深陷的困境，促进其未来的组织改革呢?

从国际组织法角度思考，首先是 WTO 成员的权利与该组织发挥其作用应有权力之间关系问题。“按照绝大多数分析家与世界政治实践者的看法，国际组织是理解为在国家体系中行使其功能。”③任何政府间国际组织的成员权利与该组织的权力均由条约形式的组织基本法加以规定，体现了缔约方作为主权国家的共同意志，尤其在多边国际组织中起主导作用的缔约方意愿。由于 WTO 的前身 GATT 是从多边条约演变为事实上的国际组织，虽有投票条款，但在实践中缔约方的决策事项主要是关税或非关税事项谈判与外交导向的争端解决，因此形成了协商一致的惯例，并在 WTO 作为正式的国际组织成立时将之作为基本法的明文规定。这表明其缔约方都期待继续拥有一票否决权，“WTO 宪章的决策规则实质性地加强了对国家

---

① 据已有研究，20 世纪 50 年代初期 GATT 缔约方曾以投票方式议事，后未投票过。See Petros C. Mavroidis and Mark Wu, *The Law of the WTO*, p.27.

② [美]约翰·H.杰克逊：《国家主权与 WTO：变化中的国际法基础》，赵龙跃等译，社会科学文献出版社 2009 年版，第 138 页。

③ A. LeRoy Bennet and James K. Oliver, *International Organizations: Principles and Issues*, Pearson Education, Inc., 2002, p.3.

主权的保护”,[①]从而使得作为“成员驱动”(members-driven)[②]的 WTO 只有相对较弱的权力,即便拥有较强权力的争端解决上诉机构最终也被瘫痪。

其次,从 WTO 作为一个国际组织的现实来看,由于其成员都不愿放弃实质为一票否决的协商一致决策机制,因此该组织的未来很大程度上有赖于其成员以“非全体的”(non-all)的合意(部分成员协商一致或接受)达成各种形式或实际的“诸边协定”(plurilateral agreements)。这包括:

1. GATT 第二十四条项下各种 RTA 和多边协定下诸边性实施协定。虽然 RTA 本身都是现行规则下产物,但是,在“协商一致”决策惯例下难以达成类似先前乌拉圭回合一揽子多边协定的情况下,RTA 体现的诸边性可能成为 WTO 组织法下可行的进一步发展路径。凡是“志同道合”的成员均可在 WTO 一揽子协定基础上,就货物贸易、服务贸易和贸易相关知识产权等事项达成 RTA,只要不损害 RTA 之前给予其他成员已有最惠国待遇,各自享受新的更优惠待遇。事实上,在 WTO 成立后的多边贸易谈判几乎无果的情况下,数以百计的 RTA 早已达成。在可预期的未来,这一态势还将继续发展。同时,如前所述,像《贸易便利化协定》这样属于多边货物贸易协定下实施性协定,即便协商一致达成,其生效取决于“非全体的”成员接受其约束力而实际上是诸边协定。虽然日益增多的 RTA 致使世界贸易多边体制的基石性作用已被严重削弱,但在无法达成经 WTO 全体成员协商一致并对其无一例外生效的多边贸易协定的情况下,各种 RTA 和实际上是诸边的多边贸易实施性协定,也是一种“次最佳”(second best)的安排,并且这本身就是成员们的意志体现。

2. DSU 第二十五条下 MPIA。这是由欧盟发起并与中国等部分 WTO 成员达成的开放性临时上诉仲裁安排。虽然该安排以参加成员部长声明而不是正式协定表达诸边协商一致,但是,该安排通过有关仲裁程序的附件将 DSU 第二十五条所规定的仲裁双方协议标准化、诸边化,从而使该安排成为对参加成员具有一定约束力的实质性诸边协定。

可见,在 WTO 全体协商一致的决策机制失灵情况下,无论是 RTA,还是 MPIA,或是其他 WTO 框架下诸边协定,[③]都是部分成员基于现有规则以诸边协商一致

---

① John H. Jackson:《关贸总协定与世贸组织的法理》,高等教育出版社 2002 年英文版,第 405 页。

② 根据《建立 WTO 协定》第 3 条规定的 WTO 职能,该组织主要为其成员间就多边贸易关系进行谈判提供场所,在其成员提起争端解决时提供专家组和上诉机构及场所。贸易谈判和争端解决均取决于成员的“启动”。

③ 比如 1996 年 WTO 新加坡部长级会议通过的《信息技术协定》属于由部分成员参加,对其他任何成员开放,且非成员可享受该协定最惠国待遇的“开放式诸边协定”。参见龚柏华:《论 WTO 规则现代化改革中的诸边模式》,《上海法学研究》集刊(2019 年第 4 卷)。

方式达成或诸边接受实体或程序的新规则，由此在低水平上维持 WTO 作为国际组织的存在。如此类诸边协定不同程度地超越 WTO 现有规则，也不失为 WTO 未来的组织改革一个方面，尤其在“成员驱动”的组织内体现部分成员的共同意志，符合作为国际法基石的“共同同意”原则。①

五、结论与展望

上文从条约法、和平解决国际争端法和国际组织法三个方面，初步研判 WTO 现行规则总体上仍对其所有成员具有普遍适用性，由此引起争端将采用专家组加部分成员上诉的 MPIA 运行方式予以解决。虑及 WTO 成员全体协商一致决策机制的失灵，该组织未来发展及其改革已显现多边框架下诸边安排的特点。中国有必要采取现实可行的应对措施，在危机时期尽最大努力维持 WTO 多边体制的低水平存续，以期尽早走出困境，在改革中促进发展更高层次的制度包容性全球多边经贸体系。

首先，中国考虑应对 WTO 危机以及未来改革和发展的立场和措施，应认识自身所处特殊地位。中国是从人均收入较低逐步迈向中等水平的最大发展中国家，国内生产总值仅次于美国。②中国也是货物贸易第一大国，近来全球大流行的疫情极大影响了各国或地区的经济发展，③但是，中国经历并较快控制了疫情，可望继续保持经济发展。对于 WTO 的未来，中国应该也可以发挥一定作用，并已公布有关 WTO 改革立场文件，强调改革应维护多边贸易体制的核心价值，应保障发展中成员的发展利益和遵循协商一致的决策机制，还提出了相应的改革建议，包括具体的行动方案。④但是，从 WTO 危机的近期变化以及全球疫情的重大影响看，这些建议及方案亟待应时而变，尤其应该对危机时期 WTO 未来的规则适用、争端解决和组织改革作进一步全面研判，应势而为。这应包括但不限于：(1)坚决主张 WTO 现行规则对所有成员一视同仁的普遍适用性。只要现行规则尚未被新的规则取

---

① [美]路易斯·亨金：《国际法：政治与价值》，张乃根等译，中国政法大学出版社 2005 年版，第 36 页。

② 2019 年中国人均国内生产总值 70892 元（约合 1 万美元），国内生产总值 990865 亿元（约合 140000 亿美元）。参见《中华人民共和国 2019 年国民经济和社会发展统计公报》（2020 年 2 月 28 日）。

③ 2019 年中国、美国的进出口总值分别为 45760 亿美元、42140 亿美元，2020 年全球货物贸易因各国或地区经济受疫情影响，预期下降 13%—32%。WTO, “Trade set to plunge as Covid-19 pandemic global economy”, Press/855, 8 April 2020, https://www.wto.org/english/news_e/news20_e/news20_e.htm[2020-04-10].

④ 商务部：《中国关于世贸组织改革的立场文件》，2018 年 11 月 23 日，http://sms.mofcom.gov.cn/article/cbw/201812/20181202817611.shtml；《中国关于世贸组织改革的建议文件》，2019 年 5 月 14 日，http://sms.mofcom.gov.cn/article/cbw/201905/20190502862614.shtml[2020-03-02]。

代，就必须坚持依据现行规则处理 WTO 成员间的经贸关系的原则立场，坚决反对任何肆意破坏现行规则的单边主义行为。同时应强调中国加入 WTO 时承诺接受的某些特别规定一旦期满失效，各方均应恪守“条约必须履行”(*pacta sunt servanda*)的国际法原则，取消一切有悖现行普遍适用的 WTO 规则所遵循非歧视性原则的措施。(2)与欧盟等 WTO 成员携手推动尽早恢复 WTO 上诉机构正常运行，同时根据已达成并生效的 MPIA，尽可能团结更多“志同道合”的成员加入，一方面大体上维持规则导向的现行 WTO 争端解决机制，另一方面促进未来的改革朝着公平公正、合理高效的多边化国际经贸争端解决体制完善发展。(3)在坚持 WTO 成员协商一致决策机制的同时，应充分顾及该机制往往失灵、导致协商难以一致的现实，尝试多边框架下的诸边协商一致，以数小步积一大步的渐进方式，积极促成与更多 WTO 成员的 RTA 和多边贸易协定下新的实施性诸边协定，为今后 WTO 未来更高层次的多边化治理体系的改革完善创造条件。

其次，就 WTO 未来的规则改革而言，应清醒地看到，近年来美国为首的发达成员有关 WTO 规则的改革方案颇具围堵中国的特点。比如，美国与欧盟、日本的贸易部长曾发表一系列联合声明，[①]提出：(1)制定针对非市场经济的公平竞争规则，尤其是规制产业补贴和国有企业，以及认定“公共机构”等规制；(2)禁止所谓通过合资要求、外资持股限制、行政审批和许可程序等强制技术转让的规制；(3)强化透明度和通知义务。美国主导的 USMCA 对国有企业的所谓“非商业性支持”加以详细规定，并在“非市场国家的 FTA”条款中规定任一缔约方与其非市场国家谈判缔结 FTA 应提前通知其他缔约方，其他缔约方可终止与该缔约方的 FTA。[②]这实际上是美国强行限制墨西哥、加拿大与中国发展经贸关系。针对美国借 WTO 改革或以 RTA 方式出台千方百计遏制中国的新规则，中国主张“应尊重成员各自的发展模式，增加多边贸易体制的包容性，促进贸易和投资的公平竞争”，“在补贴相关纪律讨论中，不能借世贸组织改革对国有企业设立特殊的、歧视性纪律”。[③]

---

① 美国自 2018 年 3 月挑起与中国的贸易战以后，企图联手欧盟、日本在 WTO 改革问题上施压中国，发表一系列三方联合声明。最近一次是 2020 年 1 月 14 日，参见 USTR, Joint Statement of the Trilateral Meeting of Trade Ministers of Japan, the United States and the European Union, 14 January 2020。该声明进一步提出 WTO《补贴与反补贴措施协定》的规则改革：第 3 条第 1 款补贴的禁止规则、第 6 条第 3 款造成严重侵害的补贴规则、第 25 条的通知义务、第 14 条关于计算补贴受益的外部基准和第 1 条有关公共机构的认定规制。

② 参见 Agreement between the United States of America, the United Mexican States, and Canada, Article 22.6, Article 32.10。

③ 《中国关于世贸组织改革的建议文件》，2019 年 5 月 14 日。

毋庸讳言，具有中国特色的社会主义市场经济与传统的市场经济存在许多不同之处，尤其是国有企业在整个国民经济中的主导地位。中国加入 WTO 之后的经济体制改革尚待进一步深化，以便全方面融入全球多边经贸体系。但是，WTO 未来的规则改革不是“中国问题”，而是在当代科技迅速发展带来一系列 WTO 成立之初所没有的新情况、新问题，亟待通过 WTO 的规则现代化，满足新形势下调整国际经贸关系的迫切需要。中国应立足于加快国内经济体制深化改革，同时坚决反对歧视性对待中国经济体制的任何所谓 WTO 规则改革。

再次，面对前所未有的 WTO 危机和全球大流行的疫情，中国有关 WTO 未来的组织改革应立足于现实，亦即，WTO 的现行规则总体上仍将继续普遍适用于其所有成员，专家组的争端解决方式仍可继续得到采用，并在实施 MPIA 同时致力于恢复上诉机构的正常运作，其成员都不愿放弃实质为一票否决的协商一致决策机制。因此，中国应以现有多边贸易规则作为维系 WTO 多边贸易体制存在的纽带，通过多边框架下的各种诸边协定，推进新的规则制定（RTA 或《贸易便利化协定》此类多边协定下诸边性实施协定）或保留原有规则（如延续上诉规则的 MPIA），为今后新的多边协定问世创造一定的条件。

最后，中国应主张 WTO 未来的组织改革应朝着《联合国宪章》原则方向前进。第二次世界大战后建立的多边贸易体制之初衷在于“提高生活水平、保证充分就业、保证实际收入和有效需求的大幅稳定增长，实现世界资源的充分利用以及扩大货物的生产和交换为目的”①。这也是《联合国宪章》序言所称“以促进全体人民经济及社会之进展”目的。尽管 GATT 作为事实上的国际贸易组织和 WTO 均不是联合国的专门机构，②而是“相关”（related）组织，③但是，《联合国宪章》的基本原则适用于包括 WTO 在内所有政府间国际组织，④尤其是基于各会员国主权平等原则，以“爱好和平”为其会员资格的唯一条件所体现的制度包容性。⑤WTO 已完全不同于七十多年前的 GATT，已有 164 个成员，其政治经济制度各不相同，应在制

---

① 《关税与贸易总协定》序言第二段，《世界贸易组织乌拉圭回合多边贸易谈判结果法律文本》（中英文对照），法律出版社 2000 年版，第 424 页。

② 联合国现有专门机构：粮食及农业组织、国际民用航空组织、国际农业发展基金、国际劳工组织、国际海事组织、国际货币基金、国际电信组织、教育科学及文化组织、工业发展组织、万国邮政联盟、世界银行集团、世界卫生组织、世界知识产权组织、世界气象组织、世界旅游组织。

③ 参见联合国系统结构图，https://www.un.org/en/pdfs/un_system_chart.pdf。

④ 根据《马拉喀什建立世界贸易组织协定》解释性说明，WTO 包括非主权国家的“单独关税区成员”。

⑤ 参见张乃根：《论国际法与国际秩序的“包容性”——基于〈联合国宪章〉的视角》，《暨南学报》2015 年第 9 期。

度包容的前提下共商共建共享一个相对公平"竞技场"(playing field)。[①]这是解决补贴等 WTO 贸易救济规则更新的正确途径。

总之,由于近年来 WTO 的多边贸易谈判和争端解决机制的两大组织功能严重受损,美国对外经贸关系的重心从过去七十多年的多边主义转向单边主义或非多边主义,更使该组织面临重大危机。鉴于维持和发展多边贸易体制仍是 WTO 绝大多数成员的抉择,有必要在了解其过去、现状及其困境的基础上,探讨该组织未来发展相关的若干基本国际法问题。本文认为,这些问题首先包括条约法相关的一整套实体性和程序性规则的未来约束力问题,总体上这些规则在未来仍将继续普遍适用其全体成员。其次是和平解决国际争端法问题,本文认为在 WTO 争端解决上诉机构瘫痪期间,争端解决仍将继续由专家组审理,中国与欧盟等联手达成的临时上诉仲裁的替代安排对于维持和发展多边贸易规则体系具有极端重要性。最后是国际组织法问题,本文认为 WTO 的"协商一致决策"惯例在实质上是每个成员的一票否决权,没有哪个成员愿意放弃。

WTO 的未来改革可能循着部分成员基于现有规则、以诸边协商一致或接受方式,不同程度地达成对现行规则的超越,并在此路径上艰难前行,从而在条约法、和平解决国际争端法和国际组织法这三个国际法层面维持 WTO 的低水平存续。为此,中国应根据 WTO 的现状及未来的规则体系和争端解决机制以及组织改革的趋势,认清自身所处地位和外部环境的特殊性,以现有多边贸易规则作为维系 WTO 作为多边贸易体制存在的纽带,通过多边框架下各种诸边协定,推进制定新规则,并坚持《联合国宪章》的国际法基本原则下的制度包容性,在 WTO 未来的发展中发挥应有作用。

Some Issues of International Law Related to the Future of WTO

Abstract: The WTO is facing unpresidential crisis of existence. It is necessary, based on the analysis of the root causes of the crisis and its background of international relation, to explore the issues of international law related to the future of the WTO, including the first issue in respect of treaty law, the second issue of peaceful settlement of international disputes and the last one regarding interna-

---

① John H. Jackson, *The World Trading System: Law and Policy of International Economic Relations*, the MIT Press, 2nd edition, 1997), p.247.该书认为公平是相对的,并主张在 WTO 成员的不同体制之间形成"兼容机制"(interface mechanism)。

tional law of institution. It should be taken on the reality of WTO for China to consider the future trend of its rules system, dispute settlement mechanism as well as institutional reform, while understanding China's unique situation in the WTO and that the United States wants to surround China as the target. China must take the existing multilateral trade rules and the MPIA as the linkage to keep the WTO as the multilateral trade system, to promote the new rules by plurilateral agreements, and to insist in the future reform of WTO in accordance with the principle of inclusiveness under the Charter of the United Nations.

Keywords: WTO; Future; International law; Reform; China's respondence

试析多边贸易体制下诸边协定*

内容摘要：条约仅对接受的缔约方有效。在WTO的多边贸易体制下，相对所有成员接受的多边协定而言，仅对部分成员有效的诸边协定，包括明确规定的“法律上”诸边协定、协商一致通过和部分成员接受的“事实上”诸边协定、部分成员的区域贸易安排诸边协定、对部分成员有效但所有成员受益的“专门一类”诸边协定。多边贸易体制有着诸边协定的历史传统。现实表明各类诸边协定是当下维持多边贸易体制和推进其部分改革的优先选项。近期多边贸易体制下的渔业补贴、电子商务、服务贸易的国内管制等议题谈判及结果都采用了诸边协定方式。未来的多边贸易体制改革在难以达成一揽子多边协定的情况下也可采取诸边协定方式。中国应更加主动积极参与多边贸易体制的诸边协定。

关键词：WTO；多边；贸易体制；诸边协定

引　言

多边贸易体制是基于世界贸易组织（WTO）下条约法而形成的。WTO第十二届部长级会议（MC12）原定于2020年6月举行，因新冠肺炎疫情而推迟至2021年11月底召开，如今又被无限期推迟。①多边贸易体制已陷入前所未有的困境，如何摆脱是国际社会面临的严峻挑战。人们对新任WTO总干事寄予厚望，但也清楚地认识到目前该组织还难以基于全体成员协商一致，达成一揽子方式的多边协定，因而促成多边贸易体制下“诸边协定”（plurilateral agreement，也称数边协定），就成为优先和现实的选择。②WTO成立后达成的《贸易便利化协定》③经协商一致通过，但仅对批准接受成员生效，因而实际上是多边贸易体制下诸边协定。同时，少数WTO成员针对中国而试图通过诸边协

---

* 原载《武大国际法评论》2022年第1期，第80—90页。

① See General Council decides to postpone MC12 indefinitely, https//www.wto.org/english/news_e/news21_e/mc12_26nov21_e.htm[2021-11-28].

② WTO新任总干事恩戈齐·奥孔乔-伊维拉（Ngozi Okonjo-Iweala）博士于2021年3月1日正式就任。原定MC12将讨论渔业补贴、电子商务、投资便利化、服务贸易的国内规制、可持续农业与环境等，均以不同形式的诸边协定为模式。

③ Agreement on Trade Facilitation，2013年12月7日由WTO第九届部长级会议通过。根据《建立WTO协定》第10条第3款，应由WTO的三分之二多数成员接受后生效，并仅对生效时及此后接受的每一成员具有约束力。该协定于2017年2月22日生效。目前接受的成员共128个。

定的新规则，使中国处于被动。[①]于是，多边贸易体制下诸边协定似乎成了“兵家必争之地”。

国内外学界对多边贸易体制下诸边协定已有所论及。国内较多研究以WTO的协商一致决策机制失灵为现实前提，集中探讨WTO改革或谈判的诸边模式，[②]从国际组织法角度对多边贸易体制下诸边协定，也有初步分析，[③]但侧重条约法原理，对该体制下诸边协定历史演变及当前突出问题的研究，尚待深入。国外研究较早开始于2004年时任WTO总干事的咨询委员会发表的《WTO的未来》，认为该组织在新世纪需要一定的体制改革。[④]其实，该报告还没有考虑突破WTO体制下决策机制，以诸边协定方式推进该组织的规则制定。但是，有学者认为WTO的一揽子谈判方式有碍于多边自由化，企求所有WTO成员一致同意接受同样义务，几乎不可能。[⑤]然而，修改WTO的决策规则同样几乎不可能。因此，实际上，WTO已按现行决策规则，通过协商一致达成《贸易便利化协定》，由愿意接受的成员受其约束的方式，从而形成部分WTO成员参加的多边贸易体制下诸边协定。不过，至少从国外学者比较集中讨论WTO法的《国际经济法学刊》来看，迄今还未从条约法角度分析这一问题，更多侧重区域贸易安排，研究WTO部分成员间以关税同盟或自由贸易区为基础的诸边协定。[⑥]

诚然，根据《建立WTO协定》及其附件，诸边协定仅限于相对一揽子协定而言

---

① 美国、欧盟和日本的贸易部长自2017年以来连续以三方联合声明方式试图推动针对中国的经贸新规则制定。欧盟关于WTO改革的文件明确：“应在感兴趣的国家之间开展工作，以制定竞争中性规则，包括现代化的工业补贴规则。”以下援引该文件，出处略。

② 参见钟英通：《WTO改革视角下的诸边协定及其功能定位》，《武大国际法评论》2019年第1期，第109—126页；龚柏华：《论WTO规则现代化改革中的诸边模式》，《上海对外经贸大学学报》2019年第2期，第13—23页；谭观福：《WTO改革的诸边协定模式探究》，《现代管理科学》2019年第6期，第76—78页，屠新泉、石晓婧：《重振WTO谈判功能的诸边协调路径探析》，《第十三届“WTO法与中国论坛”暨2020年年会论文集》(2020年12月)，第346—357页。

③ 对多边贸易体制下诸边协定的国际组织法论述，参见张乃根：《关于WTO未来的若干国际法问题》，《国际法研究》2020年第5期，第3—19页。

④ *The Future of the WTO: Addressing institutional challenges in the new millennium*, WTO: Geneva 2004. Also see Debra P. Steger, The Future of the WTO: the Case for Institutional Reform, *Journal of International Economic Law* 12(4), 2009, pp.803 - 833.

⑤ 参见Robert Wolfe, The WTO Single Undertaking as Negotiating Technique and Constitutive Metaphor, *Journal of International Economic Law* 12(4), 2009, pp.835 - 858。

⑥ 参见Gary Clyde Hufbauer & Cathleen Cimino-Isaacs, How will TPP and TTIP Change the WTO System?, *Journal of International Economic Law* 18(3), 2015, pp.679 - 696; Jong Bum Kim, Cross-Cumulation Arrangement as FTA Under GATT Article XXIV, *Journal of International Economic Law* 23(1), 2020, pp.165 - 185。

的附件4“诸边贸易协定”。[①]但是，从条约法角度看，条约仅对接受的国家有效，[②]因而在多边贸易体制下，相对所有成员接受的多边协定而言，仅对部分成员有效的协定，实际上都是诸边协定。出于这样的认识，首先，本文将分析多边贸易体制与诸边协定。其次，回溯该体制下诸边协定的由来及发展。再次，重点探析当前WTO改革背景下的诸边协定问题，最后，就多边贸易体制下诸边协定态势下的中国应对，建言献策。

一、多边贸易体制与诸边协定

（一）多边贸易体制

众所周知，多边贸易体制产生于第二次世界大战之后，由临时生效的1947年《关税与贸易总协定》(GATT)演变而来。[③]这是二战前后美国开始奉行多边主义对外经贸政策的产物。二十世纪三十年代中期，美国推行的罗斯福新政之一就是改变一味征收高关税的单边主义，与其他国家签订互减关税的贸易协定，为以后GATT打下基础。美国与英国、法国的《三方宣言》(1936年)和美英《大西洋宪章》(1941年)主张“在所有的国家之间促进经济领域的最有力合作”[④]。战后美国主导的多边贸易体制体现了“国际贸易应该为多边而非双边”[⑤]的基本原则。所谓“多边”贸易体制是依据这一原则，指两个以上国家间缔结贸易条约并建立或形成相应国际组织的多边体制。比如，“GATT的无条件最惠国(MFN)待遇条款所包含的多边主义和非歧视原则”。[⑥]战后延续至今的GATT/WTO体制的多边性，不容置疑。《建立WTO协定》序言也明确：“决心维护多边贸易体制的基本原则，并促进该体制目标的实现。”

---

① 《马拉喀什建立世界贸易组织协定》，载《乌拉圭回合多边贸易谈判结果》(中英文对照)，法律出版社2000年版，第4—15页。下文援引该协定及其附件，出处略。

② 《维也纳条约法公约》第11条：“一国承受条约拘束之同意得以签署、交换构成条约之文书、批准、接受、赞同或加入、或任何其他同意之方式表示之。”该公约中文本，载《国际条约集(1969—1971)》，商务印书馆1980年版，第42—77页。下文援引该公约，出处略。

③ 参见[美]约翰·H.杰克逊：《世界贸易体制——国际经济关系的法律与政策》，张乃根译，复旦大学出版社2001年版，第35页。

④ 《大西洋宪章》，载[美]康马杰编辑：《美国历史文献选萃》，今日世界出版社1979年版，第107页。

⑤ U.N. Doc, EPCT/PV.2(1946), p.5.转引John H. Jackson, *World Trade and the Law of GATT*, the Bobbs-Merrill Company, Inc., 1969, p.37。

⑥ John H. Jackson, *The World Trading System: Law and Policy of International Economic Relations*, Second edition, The MIT Press, 1997, p.169.

(二) 多边贸易体制下诸边协定的概念及其分类

根据《维也纳条约法公约》(VCLT),条约是"国家间所缔结而以国际法为准之国际书面协定"。诸边条约就是两个以上国家间缔结之条约。在这个意义上,相对"双边"(bilateral)条约,诸边(plurilateral)和"多边"(multilateral)的条约并无区别。联合国《条约集》仅区分两类条约,即多边条约和双边条约。《联合国宪章》第一百零二条第一款规定:"本宪章发生效力后,联合国任何会员国所缔结之一切条约及国际协定应尽速在秘书处登记,并由秘书处公布之。"[①]因此,所有多边或双边条约均应在联合国登记,其中多边条约通常以联合国秘书长为保管机关。《联合国宪章》没有条约保管之规定。VCLT 第七十六条第一款规定:"条约之保管机关得由谈判国在条约中或以其他方式指定之。"但是,"条约法并不规定一个多边条约非设置保管机关不可。所以 VCLT 第七十六条规定条约谈判国'得'而不是'应'设置保管机关。"[②]1947 年 GATT 第二十六条规定交存联合国秘书长保管[③],而《建立 WTO 协定》第十四条则规定该协定和附件 1—3 多边贸易协定及附件 4 诸边贸易协定均交存 WTO 总干事。

可见,条约上的"诸边"与"多边"不是条约法上的范畴,在联合国《条约集》和条约登记或保管上,也无"诸边"与"多边"之分。但是,在 WTO 的多边体制下,相对该体制内对所有成员有效的条约,对其中部分成员有效的条约而言,确实存在"多边"和"诸边"之分。其中的"多边"没有歧义,而"诸边"在不同的条约上下文中,含义有所不同。

1. "法律上"诸边协定

《建立 WTO 协定》第二条第三款规定:"附件 4 所列协定及相关法律文件(下称'诸边贸易协定'),对于接受的成员,也属本协定的一部分,并对这些成员具有拘束力。诸边贸易协定对于未接受的成员既不产生权利也不产生义务。"这是该协定规定相对一揽子多边协定而言的诸边协定。这可称为多边贸易体制下"法律上"(*de jure*)诸边协定,亦即,这是《建立 WTO 协定》唯一明文规定多边贸易体制下诸边协定。除了诸边协定仅对接受的 WTO 成员有拘束力,根据《建立 WTO 协定》,此类协定"项下规定的机构履行这些协定指定的职责,并在 WTO 的组织机构内运作,各机构应定期向总理事会报告其活动"(第四条第八款),此外,诸边贸易协定项下做出的决定(包括有关解释和豁免的任何决定)、修正、加入、不适用和退出,均应按该协定的有关

① 《联合国宪章》中文本,载《国际条约集(1945—1947)》,世界知识出版社 1961 年版,第 35—59 页。

② 李浩培:《条约法概论》,法律出版社 2003 年版,第 112 页。

③ 《关税与贸易总协定》及附件,载《乌拉圭回合多边贸易谈判结果》(中英文对照),法律出版社 2000 年版,第 424—492 页。下文援引该协定及附件,出处略。

规定执行。因此，此类协定完全是在多边贸易体制下实施，但具有相对独立性。

2. "事实上"诸边协定

《建立 WTO 协定》第十条第三款规定：除对《建立 WTO 协定》第九条（决策）、1994 年 GATT 第一条和第二条（普遍 MFN 待遇与减让表）、《服务贸易总协定》（GATS）第二条第一款（MFN 待遇）和 TRIPS 协定第四条（MFN 待遇），对该协定以及附件的《货物贸易多边协定》（包括 1994 年 GATT 和 13 项实施性协定）和 TRIPS 协定的修正，"如具有改变各成员权利和义务的性质，则经成员的三分之二多数接受后，应对接受修正的成员生效，并在此后对接受修正的每一其他成员自其接受时起生效。"应留意，该协定第十条第一款规定此类对一揽子协定的修正，"部长级会议应经协商一致做出"。因此，这也完全是在多边贸易体制下达成，而对接受的部分成员生效的诸边协定，如上文提及的《贸易便利化协定》。这可称为多边贸易体制下"事实上"（*de facto*）诸边协定。从条约法上看，这与"法律上"诸边协定相同，均在该体制下对部分接受的成员产生约束力。

3. RTA 诸边协定

根据 GATT 第二十四条，部分 WTO 成员可"通过自愿签署协定从而发展此类协定"成员之间更紧密的经济一体化，建立关税同盟或自由贸易区。此类区域贸易安排（RTA）的协定应遵循该第二十四条和属于 1994 年 GATT 组成部分的关于解释该第二十四条的谅解，以及 WTO 总理事会关于 RTA 透明度机制的决定，但仅对缔约方有效，因而也具有多边贸易体制下诸边协定的共同特点，不同之处在于部分成员可自行缔结。这可称为 RTA 诸边协定。在 GATT 第二十四条的上下文中，此类协定的诸边性质与上述两类诸边协定一样，是相对 WTO 所有成员具有约束力的协定而言，不同之处在于诸边成员只有两个的情况下与双边协定没有区别。这是 GATT 第二十四条以及 WTO 有关谅解或决定未将此类协定称为诸边协定的缘故。但是，在多边贸易体制下，此类协定仅对部分成员有约束力的性质使其也成为一种诸边协定。

4. "专门一类"诸边协定

此外，WTO 部长级会议或总理事会以宣言方式对某些问题做出的决定，比如 2001 年 11 月 WTO 第四届部长级会议通过的《TRIPS 协定与公共健康宣言》，既不是对 WTO 所有成员具有约束力的一揽子协定组成部分，也不具备对部分成员有约束力的诸边协定性质。只有到 2005 年 12 月 WTO 第六届部长级会议通过该第三十一条修正案的议定书，①由各成员自愿加入，才具有上述"事实上"诸边协定

① Protocol Amending the TRIPS Agreement，该协定于 2017 年 1 月 23 日生效。目前接受的成员共 108 个。

的特点。又比如，1996 年 12 月 WTO 第一届部长级会议也以宣言方式，代表部分 WTO 成员或正在申请加入 WTO 的成员，宣布其同意该宣言附件所列部分信息技术产品零关税。该宣言被冠以《信息技术协定》(ITA)。[①]尽管该宣言或协定没有 VCLT 第十一条规定表示同意承受条约拘束之方式，但是，根据该公约第二条第一款第二项，"称'批准'、'接受'、'赞同'及'加入'者，各依本义指一国据以在国际上确定其同意受条约拘束之国际行为"。因而该宣言或协定具有条约的性质。此类协定不涉及多边贸易体制下新规则的制定或规则修正，仅限于市场开放(关税或服务市场的减让表)的承诺，根据 GATT 第二条第七款和 GATS 第二十条第三款，均为货物和服务贸易多边协定的一部分，且适用普遍 MFN 待遇。虽然这也具有多边贸易体制下诸边协定的共同特点，即，相对于所有成员接受的多边协定而言，仅对部分成员有效的协定，但是，受惠的却是所有 WTO 成员。这可称为"专门一类"(*sui generis*)诸边协定。

总之，从条约法角度看，诸边协定的诸边性是指相对多边贸易体制下约束所有成员的一揽子协定而言，仅对部分成员具有约束力。多边贸易体制下诸边协定复杂多样，大致可分"法律上""事实上"、RTA 和"专门一类"的诸边协定，在当代条约实践中颇具独特性，值得深入研究。

二、多边贸易体制下诸边协定的由来及发展

(一) 多边贸易体制下诸边协定的由来

多边贸易体制下诸边协定的由来可追溯到 GATT 时期。1947 年 GATT 自 1948 年 1 月 1 日根据《临时生效议定书》(PPA)第一条，对 PPA 的 8 个签署方澳大利亚、比利时、加拿大、法国、卢森堡、荷兰、英国和美国生效实施，并根据 PPA 第四条(b)款，在 1948 年 6 月 30 日前对尚未签署 PPA 的其他 GATT 始初缔约方开放签署。[②]由于当时拟定成立的国际贸易组织(ITO)的不确定性，GATT 作为战后多边贸易条约的生效实施面临的困难是如何绕过美国等国立法机关批准程序，并在没有 ITO 的情况下实施，因而 GATT 始初缔约方采取了对部分接受 PPA 的缔约方临时生效实施的方法。实际上，这就包含了多边贸易体制下诸边协定的"萌芽"。也就是说，PPA 作为与 GATT 一样交存联合国秘书长保管的条约，仅对 GATT 始

① Ministerial Declaration on Trade in Information Technology Products, Singapore, 13 December 1996.

② Protocol of Provisional Application of the GATT, October 30, 1947, 35 U.N.T.S. 308.

初缔约方中部分 PPA 签署方生效。其生效的条约拘束力限于 PPA 签署方应临时适用 GATT 第一部分和第三部分以及在最大限度不抵触现行国内立法的前提下的第二部分。虽然在 GATT 尚未正式生效的情况下，对 GATT 部分始初缔约方生效的 PPA 以及临时适用的 GATT 部分条款，不是严格意义上多边体制下对所有成员有效的条约而言，仅对其中部分成员生效的诸边协定，但是，对于从未正式生效过的 GATT 而言，并且 GATT 在临时生效实施中演变为准国际贸易组织，使得此类诸边协定的做法在 GATT 时期就已萌发并逐步发展。

GATT 时期前五次全体缔约方的谈判均限于新的关税减让，所达成的减让表根据 GATT 第二条第七款作为 GATT 的组成部分，适用于所有缔约方。1964 年 5 月至 1967 年 6 月的第六次谈判不仅达成了新的关税减让表，并在规则补充上新增对所有缔约方适用的第四部分，而且产生了第一个涉及 GATT 第二部分规则修订的《反倾销协定》(也称《国际反倾销守则》)。该协定仅适用于接受的 GATT 缔约方。美国国会以该协定超出其谈判授权而通过《1968 年再谈判修正案》拒绝接受该协定。[①]因此，在 GATT 时期第一个在多边贸易体制下仅适用部分缔约方的诸边协定，实质上与先前 ITO 一样“夭折”。不过，这开辟了 GATT 时期通过诸边协定达成具体实施 GATT 第二部分的一系列守则的路径。

(二) 诸边协定在 GATT 时期的发展

1973 年 9 月至 1979 年 11 月，GATT 第七次谈判(东京回合)除了达成贸易额超过 3000 亿美元，各工业国进口关税从平均 7%降至平均 4.7%的关税减让表，[②]还通过了反倾销、补贴与反补贴、海关估价、技术性贸易壁垒、进口许可程序和政府采购等具体实施 GATT 的一系列诸边协定。这些协定“(有时称为‘守则’)，从技术上说，每一项协定都是独立的”[③]。对 GATT 缔约方而言，每一项协定的拘束力均取决于其是否接受，因而相对适用于所有缔约方的 GATT 而言，这些独立的协定均为诸边协定。

以《反倾销法协定》为例。该协定第十六条第二款规定：“(a)本协定应对缔约方及欧共体开放签署接受。(b)本协定应对已临时加入 GATT 的政府开放签署接

---

① 《1968 年再谈判修正案》规定：“《国际反倾销守则》的任何内容……不应视为限制美国关税委员会根据《1921 年反倾销法》行使职权和在征收反倾销关税方面所作的决定。”转引自[美]布鲁斯·E.克拉伯：《美国对外贸易法和海关法》，蒋兆康等译，法律出版社 2000 年版，第 141 页，脚注 7。

② 转引自汪尧田、周汉民主编：《关税与贸易总协定总论》，中国对外经济贸易出版社 1992 年版，第 78 页。

③ John H. Jackson, *The World Trading System: Law and Policy of International Economic Relations*, Second edition, the MIT Press, 1997, p.43.

受,并依据其在本协定下有效适用的权利和义务和顾及其临时加入文件下权利和义务。(c)本协定应对任何其他政府开放签署接受,并依据有关本协定下生效适用的权利和义务,以及交存GATT总干事的该政府与缔约方就加入本协定达成的文件。"[①]可见,该协定对部分接受的GATT缔约方或已临时加入GATT的接受方而言,具有诸边性。同时,对于不是GATT缔约方的接受方而言,该协定就是一项多边条约。GATT缔约方为了尽可能扩大该协定的适用范围,并不拘泥于条约的多边性或诸边性。《补贴与反补贴协定》第十九条第二款也作了完全相同的规定。[②]其他系列诸边协定也是如此。

对于GATT全体缔约方而言,这些协定仅适用于接受方的诸边性还体现于此类协定的管理及争端解决。如《反倾销法协定》第十四条规定:"根据本协定成立反倾销做法委员会,由本协定的各缔约方代表组成。该委员会应选举其主席。……GATT秘书处应作为该委员会秘书处。"这种管理结构在GATT体制下,相对所有成员而言的诸边性非常明显。该协定第十五条第五款还规定:如果争端双方经磋商或可能经委员会的调解,未达成相互满意的解决,"委员会经争端任何一方请求应设立专家组审理"。可见,该协定的争端解决是经该协定委员会而不是GATT缔约方全体决定设立专家组,进一步体现了诸边协定下争端解决的相对独立性。该协定第十五条第七款规定:前述第一款至第六款规定的争端解决"应受到《关于通知、磋商、争端解决和监督的谅解》的条款经细节上作必要修改后的调整"。该谅解也是东京回合达成的,并明确"缔约方全体重申坚持基于第二十二条和第二十三条的GATT争端解决机制"[③]。这表明:该诸边协定下争端解决的基本程序仍在GATT争端解决的框架下进行,只是协定设立的委员会代表了缔约方全体。这也是多边体制下的诸边性特点。

正是由于东京回合达成的一系列GATT缔约方可选择加入,乃至非缔约方也可加入的诸边协定,客观上造成了GATT体制在一定程度上的分散化,因此,在1986年开始的GATT第八次谈判(乌拉圭回合)过程中,谈判各方就致力于采纳一揽子协定的方式,将该谈判议题下达成的大部分结果作为整体,要求新成立的WTO所有成员均应无保留接受,只留下少数协定明确作为"法律上"诸边协定由

---

① Agreement on Implementation of Article VI of the GATT(Antidumping Law), April 12, 1979, GATT Publication 1979.下文援引该协定,出处略。

② Agreement on Implementation of Article VI, XVI and XXIII of the GATT(Subsidies and Countervailing), April 12, 1979, GATT Publication 1979.

③ Understanding regarding Notification, Consultation, Dispute Settlement and Surveillance, November 28, 1979, GATT Publication 1979.

成员选择加入。①

WTO 体制与 GATT 体制密不可分，并且根据《建立 WTO 协定》第十六条第一款："除本协定或多边贸易协定项下另有规定外，WTO 应以 GATT1947 缔约方全体和在 GATT1947 年范围设立的机构所遵循的决定、程序和惯例为指导。"因此对 GATT 时期诸边协定的由来及发展的回溯，有助于理解 WTO 成立后，在多边贸易体制下"法律上""事实上"、RTA 和"专门一类"的诸边协定。尽管对这些诸边协定的归类分析具有学术性，但是，根据条约法的原理，凡是基于缔约方的共同同意，采取"批准""接受""赞同"及"加入"等缔约方同意方式的国际书面协定，均为条约。值得留意的是，GATT 是在临时生效的实践中从单纯的多边贸易条约演变为准国际贸易组织，期间形成了多边贸易体制下诸边协定这一特殊传统。WTO 沿袭了这一传统，如今诸边协定呈现更加灵活多样的态势。这是依据 WTO 相关法律文本可观察的现实性。

三、多边贸易改革背景下的诸边协定问题

(一) 多边贸易体制改革的困境与出路

处于百年未有之大变局和全球大疫情叠加影响下的多边贸易体制，因其多边谈判与争端解决两大机制均已深陷困境而须通过其成员们的改革"驱动"，重新走上正轨。所谓"改革"，泛指多边贸易体制下新的贸易自由化或开放度、规则或体制更新。该体制改革的方向确定离不开分析 WTO 陷入困境的原因。

WTO 成立后的前五年受益于各项协定的有效实施，虽然遭遇 1997 年亚洲金融危机，但是总体上，国际贸易发展势头良好。②1996 年 12 月 WTO 第一届部长级会议通过了前述《信息技术协定》，并在该会议前后达成了 GATS 项下扩大市场开

---

① 乌拉圭回合的 GATT 部长级宣言列出了谈判议题，没有明确一揽子要求，但强调谈判宗旨之一在于"加强 GATT 的作用，改进基于 GATT 的原则和规则的多边贸易体制，根据所同意的有效和可执行的多边纪律，涵盖更广泛的世界贸易"。See GATT Ministerial Declaration on the Uruguay Round, September 25, 1986, GATT Press Release 1396.在该回合谈判过程中，谈判代表们采纳了一揽子协定的观念。这"是指需要一个详尽的文本，所有期望加入这一新结构的成员都必须服从和接受"。[美]约翰·H.杰克逊：《世界贸易体制——国际经济关系的法律与政策》，张乃根译，复旦大学出版社 2001 年版，第 51 页。

② 比如，1995 年全球货物贸易总额为 10 万 435 亿美元，2000 年为 13 万 1010 亿美元。年平均增长率约为 5%。期间因 1997 年亚洲金融危机，全球货物贸易的年增长率从 1997 年的 10%跌至 1998 年的 4%，1999 年开始有所回升。相比之下，1990 年至 1994 年期间年平均增长率为 4.7%。资料来源：International Trade and Market Access Data, https://www.wto.org/english/res_e/statis_e/statis_bis_e.htm?solution=WTO&path=/Dashboards/MAPS&file=Map.wcdf[2021-07-28]。

放的《基础电信服务协定》[1]和《金融服务协定》[2]。这些"专门一类"诸边协定对接受的WTO成员有效，但其市场开放减让表对所有成员而言。1998年5月为纪念GATT多边贸易体制50周年而举行的WTO第二届部长级会议通过了《关于全球电子商务的宣言》，决定不对电子输送的交易征收关税，并决定对WTO成立后第一次多边贸易谈判做出安排。虽然1999年11月WTO第三届部长级会议未就拟定"新千年回合"多边贸易谈判的议题达成一致，但是2001年11月WTO第四届部长级会议不仅通过中国加入该组织的决议，使得WTO的世界性更加名副其实，而且决定启动新一轮"多哈发展议程"（多哈回合）的多边贸易谈判，其中包括修改WTO有关规则（可视为"改革"，不过那时还没有这一用语）。当时对WTO争端解决的回顾表明该机制运行良好。[3]

然而，2001年"9·11"恐怖袭击事件迫使美国将其对外关系的主要精力转向反恐战争。同时，WTO成员的增多也使得协商一致，达成一揽子协定的多哈回合谈判，从一开始就举步维艰。2003年9月WTO第五届部长级会议未就推进该回合谈判取得任何成果。原定多哈回合应在2005年1月1日之前结束。这与美国国会《2002年贸易法》授权参与多边贸易一揽子谈判的截止期有关。由于多哈回合未能如期结束，经美国总统要求而未遭其国会两院否决，该授权延长至2007年7月30日，[4]因此2005年12月WTO第六届部长级会议就多哈回合的一揽子谈判框架文件达成初步共识，并要求在2006年结束全部谈判。[5]但是，该谈判在2006年7月破裂，尽管此后又恢复谈判，并达成2008年7月的一揽子谈判文件及报告。[6]此时，美国国会却不愿意继续延长总统的谈判授权期限，其他WTO成员，尤其是欧盟担心谈判结果递交美国国会被修改或推迟批准。这使得多哈回合迟迟不能画上句号。2008年因美国次级房贷危机触发全球金融危机，更是导致美国、欧盟忙于解决内部经济困难而无暇顾及多哈回合谈判。此后，WTO成员不再进行多边

---

① Fourth protocol to the General Agreement on Trade in Service, S/L/20, 30 April 1996.

② 这包括1995年、1999年关于金融服务的两项议定书：Second protocol to the General Agreement on Trade in Service, S/L/11, 24 July 1995; Fifth protocol to the General Agreement on Trade in Service, S/L/45, 3 December 1999。

③ 截至2001年1月，提出磋商请求219起，做出专家组报告49份，上诉机构复审报告33份。See Young Duk Park and Georg C. Umbrich, WTO Dispute Settlement 1995 – 2000: A Statistical Analysis, *Journal of International Economic Law* 4(1), 2001, pp.213 – 230.

④ Trade Act of 2002, secs. 2103 – 2105, 19 U.S.C. secs 3803 – 3805.

⑤ Hong Kong WTO Ministerial 2005: Doha Work Programme, Ministerial Declaration, WT/MIN(05)/DEC/1(22 December 2005).

⑥ July 2008 package: Negotiating texts and reports: http://www.wto.org/english/tratop_e/dda_e/meet08_texts_e.htm[2021-07-28].

贸易一揽子谈判，而选择分歧较小的议题尝试达成“事实上”诸边协定，如 2013 年 12 月 WTO 第九届部长级会议达成的《贸易便利化协定》。

在 WTO 的多边谈判机制运转严重受阻时，其争端解决机制，虽从受案数、经专家组和上诉程序解决看，成效显著，但实效很成问题。譬如，美国在反倾销调查中采取“归零”方法计算倾销幅度而被诉的同类案件多达 13 起，除 2019 年 4 月经专家组裁决没有违反 WTO《反倾销协定》有关规定，且目前处于无限期待上诉复审，其他所有案件都被上诉机构认定构成违反。①此类一而再，再而三裁定的同类案件不仅极大浪费 WTO 争端解决的宝贵资源，而且没有达到美国改变其抵触 WTO 规则的国内法之目的。美国反而据此指责上诉机构越权创设解释有关规则的“先例”，②并杜撰其他所谓理由，不顾 WTO 其他绝大多数成员的反对，阻挠上诉机构成员遴选，导致该机构从 2019 年 12 月起完全暂停运行。

可见 WTO 两大机制失灵，究其原因，首先，国际政治（9·11 事件）和经济（金融危机）的变化及其处置，客观上制约了 WTO 之后包括改革其体制的多边贸易谈判。这是多边贸易体制之外，其成员们难以预料或控制的客观因素。为此，对 WTO 改革困境的原因分析，第一应将 WTO 置于整个国际政治经济关系的大局，避免孤立看待该困境。第二，WTO 作为成员“驱动”的国际组织，美国是其主要成员之一。美国国会出于国内外政策考虑不愿意在 2007 年 7 月 30 日之后再延长总统的一揽子多边贸易谈判授权，直接导致原定多哈回合谈判目标落空。第三，WTO 的多边谈判机制依赖于所有成员协商一致的决策惯例，争端解决机制的实效性较差等体制上缺陷，属于内生原因，亟待 WTO 改革解决。第四，美国近十年来不仅转向利用 RTA 诸边协定，主导国际经贸规则的重构，为今后 WTO 改革所涉新规则的制定打下基础，而且进一步采取与多边贸易体制背道而驰的单边提高进口关税或经贸制裁等措施。其次，美国对外经贸战略或政策偏向单边主义是造

---

① 经 WTO 争端解决上诉机构复审的归零案 6 起：*US-Softwood Lumber V*, DS264/AB/R, 11 August 2004; *US-Zeroing (EC)*, DS294/AB/R, 18 April 2006; *US-Zeroing (Japan)*, DS322/AB/R, 9 January 2007; *US-Stainless Steel (Mexico)*, DS344/AB/R, 30 April 2008; *US-Continued Zeroing*, DS350/AB/R, 4 February 2009; *US-Washing Machines*, DS464/AB/R, 7 September 2017. 经专家组审理的归零案 3 起：*US-Zeroing (Korea)*, DS402/R, 24 February 2011; *US-Shrimp (Viet Nam)*, DS404/R, 2 September 2011; *US-Shrimp and Sawblades (China)*, DS422/R, 23 July 2012. 经执行复审（21.5）的归零案 3 起：*US-Softwood Lumber V (21.5-Canada)*, DS264/AB/ RW, 1 September 2006; *US-Zeroing (EC) (21.5-EC)*, DS294/AB/RW, 11 June 2009; *US-Zeroing (Japan) (21.5-Japan)*, DS322/AB/RW, 31 August 2009.待上诉复审 1 起：*US-Differential Pricing Methodology*, DS534/R, 9 April 2019。

② 参见 USTR: Report on the Appellate Body of the World Trade Organization, February 2020。参见张乃根：《上诉机构的条约解释判理或先例之辨——兼论 WTO 争端解决机制改革》，《国际经济评论》2019 年第 2 期，第 44—56 页。

成 WTO 争端解决机制实际上已倒退回 GATT 时期的主观原因。

通过以上对多边贸易体制改革面临困境的原因分析，可见该体制外的因素，如国际政治经济的客观变化，美国国会是否授权多边贸易谈判，美国对外经贸战略或政策等，对于 WTO 而言，不可能或很难去影响或改变之。摆脱困境的可能出路还是在该体制内。

在多边贸易体制内，各成员希望保留自己选择权的意愿非常强烈。WTO 决策机制中全体协商一致的惯例根源于各成员在涉及本国或本区域根本利益的关税等重大经贸问题仍坚持自主权，并通过条约法上的同意方式体现。前述 GATT 时期从一开始就不得已，产生了实际上为多边贸易体制内，部分缔约方接受诸边协定的实施方式。在达成乌拉圭回合一揽子协定之前，GATT 缔约方也采取部分成员接受的诸边协定方式。《建立 WTO 协定》在确定一揽子协定的法律地位同时，除了明列若干"法律上"诸边协定，还为"事实上"和"专门一类"诸边协定留有空间，并保留了 RTA 诸边协定。这清晰地表明了 WTO 成员的自主权意愿。

如今在多边贸易体制所陷困境中，其成员无法或尚不愿意达成一揽子协定的解决。该体制下的诸边协定就不失为优选出路。

（二）多边贸易体系改革可参照的诸边协定方式

1. MC12 可能议题涵盖改革可参照的诸边协定方式及其结果

已推迟的 MC12 可能的首要议题是渔业补贴。这是 2001 年启动的"多哈回合"有关规则谈判议题之一。根据 2021 年 11 月 24 日《渔业补贴协定（草案）》第一条，该协定作为《补贴与反补贴措施协定》（SCM）第一条第一款下"补贴"和第二条项下"专向性"规则适用于海上捕鱼及其相关活动，[①]因而具有 SCM 延伸的协定性质。如同《贸易便利化协定》，这将适用《建立 WTO 协定》第十条第三款，仅对接受成员生效，成为"事实上"诸边协定。从该协定草案第三条"禁止非法、未报告和无管制（IUU）渔业补贴"看，这与联合国可持续发展议程规制 IUU 渔业的要求有关。第四条和第五条涉及规制过度捕捞渔业补贴和产能过剩及过度捕捞渔业补贴，因而该谈判成果实质上将通过规制渔业补贴，具有贸易相关海洋生态环境保护的性质。该草案第九条体制安排规定成立由参加方代表组成的专门委员会及其选举的主席管理渔业补贴事项。因此，这与上述 GATT 时期《反倾销法协定》等十分相仿，从而进一步佐证这具有 WTO 体制下"事实上"诸边协定的性质。有意思的是，该草案有关体制安排和争端解决规定的用语也与《反倾销法协定》相似，体现了在

① 参见 Agreement on Fisheries Subsidies, Draft Text, WT/MIN(21)/W/5/, 24 November 2021。

WTO 体制下适用部分成员的特点。

在 MC12 的第二项可能议题是电子商务。这是 1998 年第 2 届部长级会议《关于全球电子商务宣言》决定设立的工作组议题,后被列入“多哈回合”议题。该议题涉及货物和服务贸易以及知识产权。2019 年 1 月包括中国在内 76 个 WTO 成员发表《关于电子商务的联合声明》,同意开展电子商务谈判。根据同年 7 月该谈判组主席的进展回顾报告,除了在继续不对电子输送的交易征收关税的做法上(自 1998 年以来每届部长级会议都同意延长这一做法至下届部长级会议),WTO 成员达成共识,在其他问题上并没有提出具体建议。①2020 年 12 月该谈判组有一份未公开的合并案文,②2021 年 11 月 10 日该工作组牵头方表示,电子商务协定的谈判已就“电子垃圾”(spam)、电子签名和认证、电子合同、开放政府数据、网上消费者保护和透明度的条款取得的共识,达到可发表共同声明的水平,在数据流动及本地化、源代码、电子传输的关税、发展中和最不发达成员的能力及基础建设(以包容性方式使所有成员受益于电子商务)问题上,有待进一步谈判。③可见,这是一个涵盖面很广的可能协定,因而应参照“事实上”诸边协定方式。

MC12 的第三项可能议题是服务贸易的国内规制。这是对 GATS 第六条第四款下有关服务提供者的资格要求和程序等国内规制的纪律作出进一步规定。根据包括中国在内参与该议题诸边谈判的 65 个 WTO 成员于 2021 年 9 月 27 日完成的共同文件,④如经 MC12 协商一致通过,该文件将构成兼具“事实上”和“专门一类”特点的诸边协定。其中,有关服务国内规制的一般纪律是基于 GATS 而延伸的新协定,加入成员负有履行义务;关于金融服务国内规则的选择性纪律由加入成员任择履行;凡加入成员根据其履行纪律而作出的服务市场准入承诺,根据 MFN 适用其他所有 WTO 成员。

MC12 的其他可能议题,如投资便利化。这是在 2017 年 12 月第十一届部长级会议上由包括中国在内部分 WTO 成员共同提议,旨在促进更加透明、有效和便于跨境投资的可预期环境。⑤2021 年 4 月就该议题谈判的成员同意整理单一的未

---

① Item 6-Work Programme on Electronic Commerce-Review of Progress, WT/GC/W/780, 25 July 2019.

② WTO Electronic Commerce Negotiations Consolidated Negotiation Text-December 2020, Restricted INF/ECOM/62/Rev.1, 14 December 2020.

③ Negotiations on e-commerce advance, eyeing a statement at MC12, 10 November 2021, https://www.wto.org/english/news_e/news21_e/ecom_10nov21_e.htm[2021-11-29].

④ WTO: Joint Initiative on Services Domestic Regulation, Reference Paper on Service Domestic Regulation, Note by the Chairperson, INF/SDR/1, 27 September 2021.

⑤ Joint Ministerial Statement on Investment Facilitation for Development, WT/MIN(17)/59, 13 December 2017.

来协定草案条款，以便在 MC12 达成实质性成果。①不过，这可能是一项原则性协定。究竟采取什么诸边协定方式，还不清楚。

2. 多边贸易体制下一阶段改革的主要方面可参照的诸边协定方式

下一阶段多边贸易体制改革的任务还很多、很重。成员“驱动”的 WTO 未来改革究竟会聚焦哪些方面，取决于成员们的建议和共识。其中，美国和欧盟作为两个传统上主导规则制定的发达国家和地区成员，其主张值得高度关注。

如前所述，美国前政府在对外经贸关系上采取极端的单边主义，是致使 WTO 陷入极大困境的主要原因之一。其现政府迄今尚未改变包括阻挠 WTO 争端解决上诉机构成员遴选在内的做法，也未提出 WTO 未来改革的任何建设性主张。欧盟虽已提出有关改革 WTO 的建议，强调 WTO 的重要性和分析其陷入危机的原因，但认为“导致危机出现的一个关键原因是中国加入世贸组织并没有促使其向市场经济转型。中国市场的开放程度与其在全球经济中的分量不相称，政府持续对中国的经环境施加决定性的影响，由此产生的竞争扭曲是当前世贸组织规则无法充分解决的”②。这显露了欧盟对中国经济体制的主观偏见，故意掩盖 WTO 一揽子多边谈判失败和争端解决机制倒退到 GATT 时期的根本原因。其实质在于刻意回避美国问题，反而将 WTO 陷入危机说成是中国问题，怪罪于中国。这表明欧盟在关于 WTO 改革方面将与美国保持基本一致，试图将新规则的制定引向片面地有利于欧美和竭力限制中国的歧路。美国、欧盟和日本的贸易部长自 2017 年以来连续以三方联合声明方式试图推动针对中国的经贸新规则制定，就是明证。

二十年前，欧美联手对中国加入 WTO 设定了很高的门槛。中国在严格遵循 WTO 现行规则下，敢于“与狼同舞”，走出了一条具有中国特色社会主义市场经济的发展道路，二十年后不仅早已成为世界第一货物贸易大国，而且综合国力显著提升，人民币也已成为 IMF 特别提款权估价篮子的五大国际货币之一，并且占比第二。如今，欧美为限制中国进一步发展，试图以有利于它们的新规则来束缚中国手脚。这是今后围绕 WTO 改革的根本路径之争，即，究竟是真正维护多边贸易体制，公平公正、合理均衡、充分兼顾发展中和最不发达成员的诉求，还是试图为中国量身打造限制性规则。

欧盟基于上述原因分析，一方面认为 WTO“是全球经济治理的重要组成部分，且进行改革是必要的”，另一方面主张“防止和化解某些国家干预经济、扭曲贸易而

---

① News item：“East text” to facilitate negotiations for and investment facilitation agreement，https://www.wto.org/english/news_e/news21_e/infac_27apr21_e.htm[2021-11-28].

② 《改革世贸组织——建立可持续和有效的多边贸易体制》，布鲁塞尔，2021 年 2 月 18 日发布，文件号：COM(2021)66 final 附件。下文援引该文件，出处略。

引发的冲突”。其矛头显然针对中国。就具体的改革而言,欧盟提出就共同目标而言,包括“关注可持续发展”(渔业补贴),“对特殊与差别待遇(SDT)采取前瞻性做法”(明确要求中国“在任何正在进行的谈判中放弃使用 SDT”),“改革上诉机构,全面恢复”WTO 争端解决机制运作;就规则制定而言,包括“建立新的数字贸易、服务及投资规则”“竞争中性规则”“市场准入规则”。特别值得注意:欧盟赞同“将开放式诸边协定纳入”WTO 体制,将部分成员贸易协定加入现行诸边协定清单。此外,欧盟还建议改革 WTO 管理机制等。

多边贸易体制下一阶段改革应该主攻哪些方面?根据现行体制,首先,应继续促进贸易自由化和市场开放,尤其是后疫情或防疫常态化的货物贸易恢复和发展以及服务贸易市场的进一步开放。这可参照《信息技术协定》《基础电信服务协定》《金融服务协定》等“专门一类”诸边协定模式,对进一步减低关税和市场开放,由部分成员就主要产品的关税税率、主要部门的准入达成新的减让表,并按照普遍 MFN 待遇适用于所有成员。应看到在多哈回合受挫同时,数以百计的 RTA 诸边协定包含了各种关税减让和服务市场开放,已形成了总体上相对乌拉圭回合成果而言的更大程度贸易自由化。但是,RTA 适用普遍 MFN 待遇例外,构成了对 RTA 之外成员的歧视待遇,致使作为 WTO 体制基石的普遍 MFN 待遇几乎成了例外。因此,为了维护 WTO 的多边体制,应在 RTA 诸边协定的基础上,采取“专门一类”诸边协定模式,使得 WTO 所有成员根据普遍 MFN 待遇受益。这才是《建立 WTO 协定》期望“消除国际贸易关系中的歧视待遇”之初衷。

其次,应加快 WTO 规则更新。乌拉圭回合及其 WTO 的成立是网络时代之前的产物。国际经贸规则必须适应国际经贸活动及其科技发展的需要。不可否认,WTO 规则以欧美传统的市场经济为基础,但是,包括非关税壁垒在内的 WTO 规则包含对非传统市场经济的一定程度兼容性。这也是在 WTO 成立之后中国能够加入该组织的体制基础。虽然中国按照加入议定书全面履行符合 WTO 规则的义务,但是,欧美认为现行规则,尤其是贸易救济规则(如反倾销幅度计算、反补贴相关公共机关的认定)还不能维护其利益。究竟是在多边贸易体制应具有兼容性的基本前提下,公平公正地考虑此类规则修改,还是抱着对中国特色社会主义体制的偏见乃至敌视,千方百计通过规则更新,在多边贸易体制下限制中国。这是围绕此类规则更新将展开的长期博弈。如果此类可能的新规则协定采用“事实上”诸边协定方式,仅适用于接受的 WTO 成员,那么对欧美限制中国的意图而言,就没有太大价值。因此,在《建立 WTO 协定》的现行决策和修正规则下,欧美无法通过规则更新限制中国。现实的规则更新路径还是应立足于兼容性的基础。

再次,应完善 WTO 争端解决机制。这本来是多边贸易体制改革的当务之急。

然而,如果美国一意孤行反对恢复争端解决上诉机构的正常运行,执意将此与上诉机制改革挂钩,那么这必将拖延该机构的恢复运行。根据《建立 WTO 协定》第十条第八款第二句规定:对 WTO 争端解决机制的法律依据《关于争端解决规则与程序谅解》(DSU)的任何修正"应经协商一致做出",并且"经部长级会议批准后,应对所有成员生效"。因此,这排除了多边贸易体制下任何方式的诸边协定。2020 年 3 月 27 日公布的根据 DSU 第二十五条的《多方临时上诉仲裁安排》(MPIA),[①]由中国和欧盟等部分 WTO 成员根据其联合声明而达成的,仅适用于该上诉机构暂停运行期间,MPIA 成员之间的可能上诉。这与上述 4 种多边贸易体制下诸边协定相比,虽也具有相对多边贸易体制下约束所有成员的一揽子协定(包括 DSU)而言,仅对部分成员具有约束力的诸边协定特点,但是,这完全是一种临时性的安排。在美国等主要 WTO 成员不参加的情况下,就 WTO 争端解决机制的运行效果而言,作用非常有限。不过,MPIA 以变通的仲裁方式用于上诉,如能提供一些实践经验,对今后完善 WTO 争端解决机制不无裨益。

四、多边贸易体制的诸边协定态势下的中国应对

(一) 中国参与多边贸易体制下诸边协定与有关 WTO 改革的主张

1. 中国参与的多边贸易体制下诸边协定

二十年前,中国在 WTO 成立后加入该组织,因而是 WTO 的后来者。根据中国加入 WTO 的《工作组报告》第 341 段,中国在加入后将成为 WTO"法律上"诸边协定之一《政府采购协定》(GPA)的观察员,并承诺尽快提出一项有关建议,开始为加入 GPA 进行谈判。这是属于中国加入 WTO 时有拘束力的承诺。自 2007 年正式申请加入 GPA,经过长期谈判,中国已向 GPA 委员会递交了第 6 次修改的市场准入承诺。[②]该市场准入包括采购实体对外国投标人开放,对外国竞争者开放的货物、服务和建筑服务,采购活动对外国竞争开放的门槛价值,适用范围的例外。为准备加入 GPA,中国已先后颁布实施《政府采购法》和《政府采购法实施条例》以及《政府购买服务管理办法》等。

二十年来,中国对于 WTO"事实上"诸边协定持积极立场。中国已加入《贸易

① Multi-Party Interim Appeal Arbitration Arrangement Pursuant to Article 25 of the DSU, Annex 1 Agreed Procedures for Arbitration under Article 25 the DSU in Dispute DS X, Annex 2 Composition of the Pool of Arbitrators Pursuant to Paragraph 4 of Communication JOB/DSB/1/ADD.12.

② China submits revised offer for joining government procurement pact, 23 October 2019, https://www.wto.org/english/news_e/news19_e/gpro_23oct19_e.htm[2021-07-29].

便利化协定》和 TRIPS 协定第三十一条修正案议定书。作为发展中国家，中国明确承诺：就《贸易便利化协定》第一部分而言，除“单一窗口”等少量条款外，大多数条款项下的义务均自该协定 2017 年 2 月 22 日生效之日起立即付诸实施，①经 5 年过渡期，除外条款也已全部实施。为实施该协定，中国自 2013 年设立第一个以海关特殊监管为基础的自由贸易区，现已在全国设立 20 个自贸区（港），加速推进“单一窗口”等贸易便利化措施。在 2005 年 12 月 TRIPS 协定第三十一条修正案议定书通过后，中国就制定《涉及公共健康问题的专利实施强制许可办法》（2006 年 1 月 1 日起实施）。

对于“专门一类”诸边协定，中国加入 WTO 后，于 2003 年 1 月正式加入 1996 年 ITA。②1996 年，中国的信息技术产品出口仅占全球 2%，2015 年已快速发展为该类产品最大出口国（占比 33%）。③在 2015 年该协定扩大产品零关税范围的第二阶段，中国成为主要参与方。④中国还作为 18 个 WTO 成员之一，代表 46 个成员参加了属于此类诸边协定的《环境产品协定》（EGA）谈判。⑤截至 2016 年 12 月该协定的谈判共进行 18 轮，但尚未达成一致。

中国加入 WTO 后积极与其他成员发展 RTA 关系，自 2003 年起已缔结或签署的 RTA 共 21 个（含内地与香港、澳门单独关税区 RTA），除 2015 年 11 月 22 日签署并于 2019 年 10 月 22 日全面生效的《中国—东盟全面经济合作框架协议》（10+1）升级，其他均为双边协定。⑥此类协定均为 GATT 第二十四条下自由贸易区协定，可归入 RTA 诸边协定范畴。中国与日本、韩国、澳大利亚、新西兰和东盟 10 国的《区域全面经济伙伴关系协定》（RCEP），定于 2022 年 1 月 1 日生效。⑦中国还正式申请加入《全面与进步跨太平洋伙伴关系协定》（CPTPP）。

2. 中国有关 WTO 改革的主张及其与多边贸易体制下诸边协定的关系

中国对多边贸易改革的主张体现于 2019 年 5 月 31 日向 WTO 递交的改革建

---

① China's Notification of Categories A Commitments under the TFA, WT/PCIT/N/CHN/1, 14 July 2014.

② Report(2002) of the Committee of Participants on the Expansion of Trade in Information Technology Products, Addendum, G/L577/Add.1, 14 July 2003.

③ WTO: 20 Years of Information Technology Agreement, 2017, Figure 2.7.

④ Ministerial Declaration on the Expansion of Trade in Information Technology Products, Nairobi, 16 December 2015, WT/MIN(15)/25.

⑤ 参见张乃根：《试析环境产品协定谈判》，《海关与经贸研究》2014 年第 5 期，第 1—7 页。

⑥ 参见中国自由贸易区服务网：http://fta.mofcom.gov.cn/rcep/rcep_new.shtml [2021-07-30]。

⑦ 根据该协定第 20 章的最终条款第 6 条第 2 款，“本协定应当在至少六个东盟成员国签署方和四个非东盟成员国签署方向保管方[注：东盟秘书长]交存核准书、接受书或批准书之日起 60 天后生效。”

议。[①]该建议基于2018年11月中国关于多边贸易体制改革的立场文件，[②]进一步提出解决当前危及WTO生存的紧迫问题，包括尽快恢复WTO争端解决上诉机构的正常运行，规制滥用国家安全例外，规制抵触WTO规则的单边措施；改进WTO在全球经济治理中的作用，包括纠正农业规则的不公平性，改善贸易救济规则，加快渔业补贴谈判，推进开放和包容的电子商务规则制定，促进新议题讨论；改进WTO的管理效率，包括履行通报义务，WTO下属机构的效率；加强多边贸易体制的包容性，包括尊重对发展中国家的特殊与区别待遇，坚持贸易与投资中的公平竞争。该建议没有提及WTO体制下诸边协定。但不等于该建议与此无关。在很大程度上，这是严格按照《建立WTO协定》附件4项下诸边协定的规定。实际上，该建议所涉渔业补贴、电子商务等规则修正或新制定，如前所述，其结果最终还是采取"事实上"诸边协定方式。

(二) 在多边贸易体制的诸边协定态势下的中国应对建议

1. 坚持原则立场的战略与务实寻求WTO走出困境的策略相结合

上述中国对WTO改革的主张体现了原则立场与问题导向并重的特点。在多边贸易体制下诸边协定的发展变化态势下，中国既要坚持原则立场的战略，更要侧重务实寻求WTO走出困境的策略。譬如，恢复WTO争端解决上诉机构正常运行，确实是当务之急。然而，这甚至还难以被MC12列入期待有解决成果的议题，因为美国近期不会放弃其阻止恢复该机构运行的立场。究竟如何改进，有待WTO成员根据《建立WTO协定》第十条第八款第二句规定，就适用于所有成员的规则修正进行艰苦的谈判，达成协商一致。因此，当务之急是通过"事实上"协定方式，聚焦若干对WTO所有成员而言可能达成一致，且由部分成员接受生效的规则，如渔业补贴协定、电子商务协定。中国政府在2021年7月15日有关渔业补贴问题的部长级视频会议上，明确支持在MC12之前结束渔业补贴谈判。对于渔业补贴、电子商务此类修正或新制定规则的WTO改革，作为渔业和电子商务的大国，中国理应积极参与。

中国应提升参与多边贸易体制下诸边协定的水平。"专门一类"诸边协定涉及货物和服务贸易的关税减让和市场开放。中国完成加入WTO的相关义务之后，多次自主减低关税，进口关税简单平均MFN税率已从加入前2000年16.4%降至

① China's Proposal on the WTO Reform, Communication from China, WT/GC/W/773, 13 May 2021.

② 立场文件可概括为3项原则和5点主张。详见《中国关于世贸组织改革的立场文件》：http://sms.mofcom.gov.cn/article/cbw/2018/20181202817611.shtml [2021-07-30]。

2020 年 7.5%。①自 2018 年起，中国每年举办全世界独一无二的上海国际进口博览会，在稳居全球第一出口大国同时，努力成为第一进口大国。中国不断自主扩大服务市场开放，尝试负面清单模式。中国还应在信息技术产品、环境产品等领域与其他 WTO 成员加强合作，努力达成更多高水平，可惠及所有成员的诸边协定。在 RTA 诸边协定方面，中国在与其他成员达成迄今全球最大 RTA 的 RCEP，也已正式申请加入比 RCEP 规则水平更高的 CPTPP。在“法律上”诸边协定方面，中国在继续积极争取加入 GPA 的同时，应进一步改进国内政府采购体制。

2. 坚持真正的多边主义与欧盟寻求 WTO 改革的共同点

如前所述，中国与欧盟存在 WTO 改革的根本路径之争，即，究竟是真正维护多边贸易体制，公平公正、合理均衡、充分兼顾发展中和最不发达成员的诉求，还是试图为中国量身打造限制性规则。但是，欧盟与美国的极端单边主义不同，在 WTO 面临生存危机之际，一方面与美国等联手试图限制中国，另一方面仍支持多边贸易体制，与中国立场也有共同点。中欧为主的 MPIA 就证明了这一点。如今，欧盟在其改革 WTO 的建议中提出“将开放式诸边协定纳入”多边贸易体制，将部分成员贸易协定加入现行诸边协定清单。中国应予以关注。

欧盟在其建议中多处提及诸边协定。在涉及更有效的谈判功能方面。欧盟认为：“一揽子承诺的方式已无法取得成果，最好的办法是通过不同的进程，特别是开放的诸边协定取得进展。”这里所说的“诸边协议”方法就是类似《贸易便利化协定》此类“事实上”诸边协定。所谓“开放的”，是指此类协定对所有成员开放接受。根据《建立 WTO 协定》第十条第三款，此类“事实上”诸边协定本来就是开放的。不过，欧盟建议将诸边协定“更好地纳入”WTO 框架的含义不甚清楚。该建议说明“近年来，最显著的进展是越来越多的国家通过开放式的诸边谈判”，在 WTO 框架内制定现代化改革的规则，并认为《建立 WTO 协定》第十条第九款“规定诸边协定应纳入世贸阻止的法律架构”。

该第十条第九款规定：“应属一贸易协定参加方的成员请求，部长级会议可决定将该贸易协定加入附件 4，但此种决定只能通过协商一致做出。”如前所述，该附件 4 诸边协定是 WTO 体制下唯一“法律上”诸边协定。当年在乌拉圭回合谈判中，这也是经谈判各方协商一致达成，但允许部分成员选择参加。如今要将部分成员已达成的诸边协定（可以理解主要是 RTA）经全体成员协商一致变为“法律上”诸边协定。这是很困难的，因为很难取得没有参加此类协定谈判的其他成员同意。

---

① 美国和欧盟 2020 年进口关税简单平均 MFN 税率分别为 3.4%和 5.1%。WTO：Tariff profiles，https://www.wto.org/english/res_e/statis_e/tariff_profiles_list_e.htm[2021-07-30]。

按照该建议的说法，在“专门一类”诸边协定中，“有关成员都单方面将额外承诺纳入其承诺表”的缺点在于“并非每个额外承诺都符合承诺表”。然而，这不仅很大程度混淆规则制定方面的“事实上”诸边协定与市场准入方面的“专门一类”诸边协定，而且将部分成员达成的 RTA 中承诺表变为可选择参与的“法律上”诸边协定，尽管似乎有“开放性”，但是实质上与“专门一类”诸边协定并无区别。因此，中国应在与其他成员，尤其欧盟的充分协商基础上，就规则制定和市场准入的一些关键议题，争取达成共识。

3. *应对美欧日三方联合声明方式的诸边协定*

近年来，美欧日连续针对中国的三方联合声明，旨在推动制定针对中国的经贸新规则的诸边协定。以 2020 年 1 月三方联合声明为例。①该声明集中补贴问题。其一，该声明针对 SCM 的补贴规则“不足以解决在有些地域的市场和贸易扭曲补贴”，因此需要无条件禁止如下补贴的新规则：(1)无限制担保；(2)在缺乏可信贷重组方案时对破产或亏损企业的补贴；(3)对债务的直接免除。其二，该声明针对某些补贴带来损害后果而需要倒置的举证责任，要求补贴成员承担举证责任证明不存在导致负面后果的贸易或产能效应，否则应立即取消相关补贴。其三，SCM 关于严重影响其他成员利益的补贴应涵盖扭曲产能的补贴。其四，现行 SCM 有关通报规则应予以强化。其五，现行 SCM 对于补贴成员的市场扭曲情况下认定政府采购构成补贴的适当基准还不够，应予以修正。其六，针对 WTO 争端解决上诉机构对通过国有企业给予的补贴所涉“公共机构”解释削弱 SCM 规则的有效性，认为没有必要认定该实体“拥有、行使或获得政府主管机关授权”。该声明所涉 SCM 修正，均应首先由 WTO 成员协商一致通过，其次以成员四分之三多数表决通过，并适用于接受的成员，因而属于“事实上”诸边协定。由于 WTO 成立以来尚无以成员四分之三多数票表决的情况，因此，美欧日能否通过修正 SCM 达到限制中国之目的，尤其在发展中和最不发达成员占多数的 WTO，这存有很大疑问，几乎不可能。

《建立 WTO 协定》第十条第三款第二句规定：“部长级会议可以成员的四分之三多数决定根据本款生效的任何修正是否具有如下性质：在部长级会议对每种情况指定的期限内未接受修正的任何成员有权退出 WTO，或经部长级会议同意，仍为成员。”WTO 成立以来也尚无此类决定。但是，这种“不接受就退出或保留成员

---

① Joint Statement of the Trilateral Meeting of the Trade Ministers of Japan, the United States and the European Union, 01/14/2020，三方于 2021 年 11 月 17 日发表简短的联合声明，声称继续合作应对“第三国的非市场政策及做法带来的全球性挑战”。https//ustr.gov/about-us/policy-offices/press-office/press-releases/2021/november/joint-statement-trade-ministers-united-states-japan-and-european-union[2021-11-29].

资格"的诸边协定，亦即，允许不接受经多数票表决通过，应对所有成员有拘束力，但成员也可不接受，其代价将是退出 WTO，或经部长级会议同意(按该条款下上文理解，应该也是四分之三多数表决)仍为成员，可不受该协定约束。只有在保留成员资格而不接受该协定的情况下，该协定才具有本文所说的诸边性。这在遵循协商一致惯例的 WTO，这将是非常有限，甚至不可能。然而，考虑美欧日联手限制中国的图谋，这种底线思维不可缺少。

结 论

在当前 WTO 的多边贸易体制陷入重重困境中，如何维护多边主义，寻求其出路，是国际社会的必答题。作为负责任大国和多边主义的坚定捍卫者，我国更应发挥积极的推动作用。基于多边贸易体制的历史与现实考察，从一般国际法的条约原理出发，可将该体制下部分 WTO 成员接受生效的条约统称为诸边协定。依据《建立 WTO 协定》和 WTO 成立以来实践，可大致归纳多边贸易体制下"法律上""事实上"和 RTA 以及"专门一类"四种诸边协定。无论是继续准备 MC12 的召开而努力促成渔业补贴、电子商务、服务贸易的国内规制和投资便利化等议题的谈判结果，还是就多边贸易体制的未来改革，诸边协定的路径都是优先选项。我国既要身体力行，更主动地参与多边贸易体制下各类诸边协定，又要坚持真正多边主义，与欧盟合作携手推进多边贸易体制改革，反对其将改革曲解为解决所谓中国问题的虚假多边主义，更应出于底线思维，揭露美欧日联手限制中国的图谋，使得多边贸易体制朝着更加公平公正和合理均衡的方向发展。

The Analysis on the Plurilateral Agreements under the WTO System

Abstract: The treaties are binding on the accepted parties only. The plurilateral agreements under the WTO multilateral trade system are only binding on some of the WTO Members in comparison with the multilateral agreements for all Members. These plurilateral agreements include the "*de jure*" ones based on the relevant expressed provisions, the "*de facto*" ones by all of Members' consensus and excepted by some Members, RTA (regional trade agreement) ones by some Members and the "*sui generis*" ones binding on some Members with the benefits for all of Members. The multilateral trade system has the tradition of plurilateral agreements. The realty shows that the plurilateral agreements would be priority for the WTO Members to keep the multilateral trade system working and to promote its partial reforms. The recent negotiations with some results have taken the model of plurilateral agreements on the fisheries subsidies, the e-commerce and the service domestic regulation. The future reform of the multilateral agreement may take the plurilateral agreement in the case of being unable to reach the single package of multilateral agreements. China must be more actively evolved the plurilateral agreements under the multilateral trade system.

Keywords: WTO; Multilateral; Trade system; Plurilateral agreement

试析环境产品协定谈判*

内容摘要:2014 年 7 月启动的环境产品协定谈判是中国、美国和欧盟等 WTO 主要成员为应对全球气候变化和促进 WTO 贸易与环境议题的谈判,携手合作的重大步骤,以 APEC 的环境产品清单为基础,分关税减让和减少非关税壁垒的两个阶段进行。这对于中国实现减排的承诺和促进环境产业发展,既是难得的机遇,更是严峻的挑战,中国应采取积极、开放的立场。

关键词:环境产品;诸边贸易谈判;中国立场

引 言

在世界各国加紧努力在 2015 年 12 月联合国气候变化框架公约巴黎大会上达成新的减排协定①和世界贸易组织(WTO)多边贸易谈判多哈发展议程(DDA)能否在 2015 年底结束尚不确定②的背景下,2014 年 7 月 8 日,美国、欧盟和中国等 14 个 WTO 成员在日内瓦宣布启动《环境产品协定》(EGA)的诸边贸易谈判,并发表《共同声明》。③该谈判的倡议部分地缘起于 2013 年 12 月初在印度尼西亚巴厘岛举行 WTO 第九次部长会议期间,由贸易与可持续发展国际中心(ICTSD)与达沃斯世界经济论坛(WEF)等举办的贸易与发展研讨会上,该中心 E15 倡议的"清洁能源与贸易体制"专家组④所

* 原载《海关与经贸研究》2014 年第 5 期,第 1—7 页。

① 参见 UN and Climate Change: Towards a climate agreement: http://www.un.org/climatechange/towards-a-climate-agreement/2014 年 8 月 28 日访问。以下访问时间同,出处略。

② 2001 年 11 月 WTO 多哈部长会议决定启动的多边贸易谈判,至今除 2013 年 12 月 WTO 巴厘部长会议达成《贸易便利化协定》,尚无任何具体谈判结果,然而,原定 2014 年 7 月 31 日截止日前应完成起草将《贸易便利化协定》纳入 WTO 协定附件 1A 的修订议定书,旨在使《贸易便利化协定》生效,未果。参见 Azevêdo: Members unable to bridge the gap on trade facilitation, WTO: 2014 News Items, 31 July 2014, http://www.wto.org/english/news_e/news14_e/tnc_infstat_31jul14_e.htm。

③ Joint Statement Regarding the Launch of the Environmental Goods Agreements, July 8, 2004, Geneva, Switzerland. 14 个 WTO 成员是澳大利亚、加拿大、中国、中国台北、哥斯达黎加、欧盟、中国香港、日本、新西兰、挪威、新加坡、韩国、瑞士和美国。这些成员占有全球的环境产品贸易的 86%。韩国因国内程序缘故,暂时还不是正式参加方。另参见 WTO: 2014 News Items, 8 July 2014, Trade and Environment. http://www.wto.org/english/news_e/news14_e/envir_08jul14_e.htm。

④ E15 倡议(E15 Initiative)是 2012 年由 ICTSD 发起与 WEF 合作创建的囊括全球 200 多位来自学界、实务界、商界和政府的专家,分 15 个专题组,全面、深入探讨 2025 年之前全球贸易体制面临的世界经济与可持续发展的各种挑战及问题,其中包括"清洁能源与贸易体制"专题。由于我在国际贸易与知识产权领域的长期研究,因此有幸被遴选为该专题和"贸易与创新"2 个专题组专家,多次参加 2012 年以来的 E15 专家组会议。关于 E15 Initiative 的简介 http://e15initiative.org/。

提出的建议。①在2014年1月达沃斯经济论坛上，上述14个WTO成员发表共同声明承诺就环境产品（尤其对气候变化而言非常重要的产品）的全球自由贸易进行谈判（又称"绿色产品倡议"，GGI）。②本文着重分析有关协定的谈判内容、对DDA的影响以及中国的立场。③

一、环境产品协定谈判的内容

根据E15专家组倡议，EGA谈判应包括四个优先议题：1.关税；2.透明度；3.市场准入；4.清洁能源激励、补贴和本地内容要求（非关税壁垒）。④下文对关税和非关税壁垒所涉内容作一初步评析。

（一）EGA谈判所涉关税内容

对于环境产品的自由贸易而言，关税是最明显的壁垒之一。2001年11月WTO多哈部长会议宣言就明确表示WTO成员同意谈判："削减或适当地取消对环境产品和服务的关税及非关税壁垒"。⑤但是，究竟哪些产品属于环境产品？就《编码协调制度》（HS）分类而言，有可能将这些产品在HS的6位码水平（这是所有WTO成员使用的HS共同编码水平，6位码以上的编码及对应产品由各国自定）与其他也许没有可再生能源或环境运用的产品放在一起。ICTSD的研究表明，尽管对于WTO成员来说，最简单的办法是在HS的6位码水平上削减绿色货物的关税而不论其是否属于非环境产品，但是，许多发展中国家不愿意适用这一所谓"宽基点"（broad-based）的方法，理由是这一方法应在WTO非农产品市场准入谈判中采用，而不应在WTO贸易与环境委员会的特别议程中适用。⑥另一种方法是以明确界定为完全或主要具有环境适用性的少部分清洁能源产品为起点削减关税。

此次启动的EGA谈判就是以亚太经合组织（APEC）于2012年达成的环境产

---

① 参见ICTSD（2013）The E15 Initiative Clean Energy and Trade System Group Proposals and Analysis（Bali，December 2013），Geneva，Switzerland，www.ictsd.org。

② 参见ICTSD/Bridges："Green Goods" Trade Initiative Kicks Off in Davos，30 January 2014，http://www.ictsd.org/bridges-news/bridges/news/green-goods-trade-initiative-kicks-off-in-davos。

③ 参见商务部新闻发言人姚坚就中国参加WTO环境产品谈判等问题答记者问，http://www.mofcom.gov.cn/article/ae/ag/201401/20140100477018.shtml。

④⑥ 前引ICTSD（2013）The E15 Initiative Clean Energy and Trade System Group Proposals and Analysis，p.22。

⑤ Ministerial Declaration，WT/MIN（01）/DEC/1，20，November 2001，para.31（iii）.

品清单为基础。这些产品“直接并对绿色增长及可持续发展起到积极作用”①。APEC环境产品清单共有54类。其中,可再生能源产品15类,如太阳能热水器(841919)、风力发电机组(850300)、光伏电池(854140);环境监测、分析和评估设备17类,如光学装备、器具和仪器(901380),液体或气体的流量、液位、压力或其他变量的测量或检查的仪器(902610);环境保护产品21类,如节煤器、过热器、除尘器、气体回收器等用于标号为8402或8403的锅炉的辅助设备(840410)等;环境有利产品1类(装拼的其他竹制多层地板,441872)。②

EGA谈判的第一阶段将集中于上述首要的优先议题。14个参加谈判方将定期会面讨论削减关税的产品性质及其范围。鉴于在DDA项下“取消对环境产品及服务贸易壁垒”的谈判中,许多WTO成员已就环境产品清单提出相关建议,③因而这些建议清单与新的EGA谈判将会有一定的关联。根据ICTSD的研究,这些建议所共有的环境产品分为四大类:空气污染控制的产品(尚无HS编码)、可再生能源产品(10项HS编码,如HS730820、840681、841011)和废品管理及水处理产品(2项,HS840290和840410)、环境技术产品(22项HS编码,如HS850680、840991、840999、901540等)。④如将经济合作与发展组织(OECD)关于环境产品的分类也考虑在内,那么范围将更加宽泛,譬如,空气污染控制类产品包括空气处理设备(6项HS编码)、催化转换器(2项HS编码)等7小类29项HS编码。⑤可见,由于各国各地区对其相关优势产业以及市场准入的考虑和利益不一,因而在EGA谈判中,框定环境产品的性质及范围是一件很困难的事。事实上,有关产品相关技术归类的不确定性客观上也制约了环境产品的定性分类。⑥

(二) EGA谈判所涉非关税壁垒内容

EGA谈判的第二阶段将转向更复杂的非关税壁垒议题。就关税减让谈判而言,

---

① 20th APEC Economic Leaders' Declaration(Vladivostok, Russia.8 - 9 September 2012). Annex C: APEC List of Environmental Goods.该清单是非约束性的。APEC各经济体可根据其自身经济情况在2015年年底之前将清单所列产品的关税削减至5%或5%以下,但不影响其在WTO相关谈判中的立场。

② 前引Annex C: APEC List of Environmental Goods;参见R. Vossenaar(2013): The APEC List of Environmental Goods: An Analysis of the Outcome & Expected Impact; ICTSD, Geneva, Switzerland。

③ 参见Committee on Trade and Environment in Special Session(CTESS) List of Documents, TN/TE/INF/4/Rev.16, 3 May 2013, 4 Submissions by Participants, 4.4 Paragraph 31(iii)。

④ 参见Mahesh Sugathan(2013): Lists of Environmental Goods: An Overview, ICTSD, Geneva, Switzerland。

⑤ 前引Mahesh Sugathan(2013): Lists of Environmental Goods: An Overview, pp.11 - 12。

⑥ 如有关专利产品的分类缺少统一的技术标准。2009—2011年期间,我曾组织开展清洁能源技术转移的课题研究,发现《国际专利分类表》(IPC)尚未纳入清洁能源领域的技术信息。参见张乃根、马忠法主编:《清洁能源与技术转移》,上海交通大学出版社2011年版。

太阳能、风能等可再生能源的产品属于环境产品，无可争议，但是，近年来各国各地区政府鼓励发展有关产业、出口或本地化利用有关产品的激励政策、法律法规或措施等，或者利用贸易救济措施限制有关产品的进口等非关税壁垒问题变得日益复杂、尖锐。中国与欧盟关于出口欧盟的光伏产品贸易争端在双方领导人的高度重视下，经过艰苦、细致的谈判，于 2013 年 7 月达成价格承诺；[①]中国出口至美国的太阳能、风能产品频频遭到反倾销、反补贴措施的制裁，引起了 WTO 贸易争端解决。[②]中国也相继对来自美国、欧盟和韩国的太阳能级多晶硅产品实施反倾销和反补贴税措施。[③]据不完全统计，2009 年至 2013 年间，欧盟、美国，印度、中国、澳大利亚和秘鲁 6 个 WTO 成员实施的针对太阳能、风能和生物燃料产品的贸易补救措施就多达 24 起。[④]一方面，环境产品越来越得到人们的青睐，另一方面，各国各地区又采用传统的贸易补救措施加大对进口环境产品的限制力度。这凸显了已有国际贸易规则与环境保护的迫切需求之间的冲突，亟待通过多边、诸边或双边贸易谈判，协商解决。能否经过谈判找到适当的出路，这是 EGA 谈判的第二阶段将面临的极大挑战。

此外，2013 年 5 月由 WTO 争端解决上诉机构复审解决的“日本、欧盟诉加拿大影响可再生能源发电产业措施案”涉及该措施与 WTO《补贴与反补贴措施协定》的关系，[⑤]引起了人们的广泛关注。[⑥]有的分析认为：“上诉机构未裁定‘可再生能源回购项目’(FITs)[⑦]本身的合法性。因此，在假定 FITs 本身没有扭曲贸易的

① 参见《关于中国输欧光伏产品贸易争端达成价格承诺的联合声明》，http://www.mofcom.gov.cn/article/ae/ai/201307/20130700218112.shtml。

② 如 2013 年 12 月，中国在 WTO 提起的“美国对涉及中国的反倾销程序某些方法及其适用案”(WT/DS471)涉及 2012 年 12 月 7 日美国国际贸易委员会对来自中国的光伏产品的最终反倾销税措施；在此案由 WTO 专家组审理中，2014 年 7 月 26 日，美国商务部又对中国输美光伏产品做出反倾销、反补贴(“双反”)调查的倾销初裁。有关研究参见 Zhang Naigen, China-US Trade Dispute on Solar Panel in WTO, paper submitted at E15 Initiative: Clean Energy and the Trade System, Geneva 2 - 3 July 2014。

③ 商务部公告 2014 年第 5 号关于对原产于美国和韩国的进口太阳能级多晶硅反倾销调查的最终裁定的公告(2014-01-20)；商务部公告 2014 年第 26 号关于对原产于欧盟的进口太阳能级多晶硅反补贴调查最终裁定的公告(2014-04-30)。

④ 参见 Jonas Kasteng(2013), Trade Remedies on Clean Energy, the E15 Initiative, Geneva, Switzerland。

⑤ Canada-Certain Measures Affecting the Renewable Energy Generation Sector, WT/DS412/AB/R, WT/DS426/AB/R.

⑥ 参见 Rajib Pal, Has the Appellate Body's Decision in *Canada-Renewable Energy/Canada-Feed-in-Tariff Program* Opened the Door for Production Subsidies? *Journal of International Economic Law*, Vol.17, Issue 1 March 2014, pp.125 - 137; Aaron Cosbey and Luca Rubinu(2013), Does It Fit? An assessment of the effectiveness of renewable energy measures and of the implications of the *Canada-Renewable Energy/FIT* disputes, the E15 Initiative, Geneva, Switzerland。

⑦ 该案涉及的加拿大“可再生能源回购项目”(Renewable Energy Feed-in-Tariff Program，简称 FITs)是指根据一定期限的合约由可再生能源(该案为太阳能、风能)生产的电力输入电网可获得保证的优先费率制。

前提时，还不能预定结论，这很大程度取决于 FITs 项目的设计。在未来可再生电力将更多地跨国界交易，如果 FITs 给予国内的清洁电力供应商优惠，那么就会产生贸易效应。"①这正是 EGA 谈判的非关税壁垒问题之一。

二、环境产品协定谈判对多哈发展议程的影响

如上所述，在 DDA 命运未卜之际，包括中国在内的少数 WTO 成员启动了 EGA 谈判。就这些成员占有全球大部分环境产品贸易量而言，这无疑有利于应对气候变化。但是，这对 DDA 会产生什么影响，则是关心世界贸易体制未来的人们所必须思考的问题。

（一）EGA 谈判的模式对 DDA 的积极影响

启动 EGA 谈判的《共同声明》强调在谈判过程中"我们承诺与其他愿意加入的 WTO 成员一起共同努力促进自由化。我们相信这一 WTO 倡议将强化规则为基础的多边贸易体制，支持其贸易自由化，并为 DDA 谈判提供重要推动力和有利于所有 WTO 成员，包括所有主要贸易伙伴的参与和在大多数成员同意加入后适用最惠国待遇的基本原则"②。WTO 发布的官方新闻也表达参加该谈判的 WTO 成员意愿："在促进绿色增长和可持续发展的同时提供结束多哈议程的推动力。"③

究竟如何实现这一意愿，尤其是推动 DDA 在 2015 年年底前结束？根据 WTO 总干事阿泽维多在对该谈判表示欢迎时的说法，"参与谈判的那些成员明确表示这些有关环境货物的谈判对所有 WTO 成员开放，并且，所有成员将受益于任何达成之协定所带来的关税削减。除了促进环境货物贸易所产生的经济好处，我们清楚地认识到贸易对于环境保护所起的积极作用。环境保护的议题对于 WTO 至关重要，并且环境货物贸易的自由化也是 DDA 项下谈判的重要因素。"④WTO 发布的官方新闻还认为："同意这一项目的努力是 2013 年 12 月巴厘部长会议达成的一年内结束自 2001 年发起的整个多哈议程这一更广泛任务的一部分。"⑤可以说，EGA 谈判虽然是 DDA 之外的诸边贸易谈判，但是，"贸易与环境"是 DDA 的最初议题之一，如今亦可视为"后巴厘"时期努力在 2015 年年底前完成 DDA（事实上

---

① 前引 ICTSD(2013) The E15 Initiative Clean Energy and Trade System Group Proposals and Analysis, p.24。

② 前引 Joint Statement Regarding the Launch of the Environmental Goods Agreements。

③④⑤ 前引 WTO: 2014 News Items, 8 July 2014, Trade and Environment。

最初的 DDA 几乎不可能在近期内全部完成[①])的组成部分。

在 WTO 成立之后，曾在 1996 年 12 月新加坡第一次部长会议上达成《关于信息技术产品贸易的部长宣言》，并在此后经过诸边贸易谈判的方式，包括美国、欧盟及其成员国等部分 WTO 成员与当时尚未加入 WTO 的中国等占有全球约 90%信息技术产品贸易量的国家或地区作为谈判方，于 1997 年 7 月 1 日达成《信息技术产品协定》第一阶段关税减让安排（ITAI）。随后，在 WTO 内设立负责实施 ITA 的专门委员会。[②]尽管这在某种意义上是乌拉圭回合的关税减让谈判的后续成果，但是，这毕竟是近二十年来 WTO 历史上唯一成功达成并生效的多边贸易体制框架下之诸边货物贸易协定。因此，ITAI 模式值得 EGA 谈判借鉴。

考虑这两者均属于 WTO 体制下的诸边贸易协定谈判，而且谈判参加方均为该产品贸易领域的最主要伙伴（与 ITAI 有所不同的是 EGA 谈判方均为 WTO 成员，仅对所有 WTO 成员开放），ITAI 模式的三个基本特点应予以足够的关注。其一，自愿参加。这是所谓"俱乐部"（club）特点。尽管这是开放性的，但是，占有某类产品贸易量的限制客观上使得参加谈判者也有一定范围。其二，逐步推进。信息技术产品和环境产品都有一个范围界定问题，尤其后者更加困难。因此，有关环境产品的谈判应分第一、第二等阶段。目前以 APEC 的 54 种环境产品清单为基础，本身对于包括中国在内的发展中国家已是一个不小的挑战。其三，谈判达成的关税减让适用 WTO 多边货物贸易协定的最惠国待遇。但是，启动 EGA 谈判的《共同声明》所说的"在大多数成员同意加入后适用最惠国待遇"，不同于 WTO 无条件和普遍地适用于同类产品进口关税的最惠国待遇。只有参照具有上述基本特点的 ITAI 模式，EGA 才可能成为 WTO 体制下的货物贸易专门协定之一，并在 DDA 的货物贸易谈判一旦成功后，融入其形成的关税减让总安排。否则，这将是封闭的诸边贸易协定，与 DDA 难以融合。

---

① 根据多哈部长会议宣言，DDA 包括农业、服务、非农产品的市场准入、贸易相关知识产权、贸易与投资的关系、贸易与竞争政策的互动、政府采购的透明度、贸易便利化、WTO 规则、争端解决谅解、贸易与环境、电子商务、小经济体、贸易与债务及金融、贸易与技术转让、技术合作与能力建设、最不发达国家、特殊与区别待遇等十八项议题。2013 年 12 月递交 WTO 巴厘部长会议的 DDA 早期成果仅剩下贸易便利化、农业、特殊与区别待遇以及最不发达成员三项，最终达成《贸易便利化协定》（能否生效迄今尚不得而知）。如今，DDA 集中于农业、非农产品的市场准入和服务三大议题。参见 WTO：2014 News Items，25 July 2014，General Council，Azevêdo reports "very good level of engagement" on Doha Round work programme，http://www.wto.org/english/news_e/news14_e/gc_25jul14_e.htm。

② 目前 ITA 的缔约方共 49 个。旨在扩大信息技术产品零关税范围的 ITAII 谈判至今未果。参见 Information Technology Agreement：Introduction：http://www.wto.org/english/tratop_e/inftec_e/itaintro_e.htm。

（二）EGA谈判的进程对DDA的不确定影响

任何谈判的进程及其结果取决于谈判者的实际博弈。我们应清醒地看到，EGA谈判启动背后的最大推手恰恰是目前对DDA采取边缘化策略的美国。自2007年7月30日美国国会授权总统的贸易谈判授权延长到期之后，[①]美国推进DDA的政治意愿骤然减退。其他WTO成员，尤其是欧盟担心谈判结果递交美国国会被修改或推迟批准。这使得DDA迟迟不能画上句号。2008年爆发并延续至今的全球金融危机更是导致美国、欧盟忙于解决内部经济困难而无暇顾及DDA。2010年以来，美国绕过WTO，先后发起《跨太平洋战略经济伙伴关系协定》（TPP）和《跨大西洋贸易与投资伙伴协定》（TTIP）区域性或跨区域的贸易自由协定谈判以及WTO框架下《服务贸易协定》（TISA）诸边服务贸易谈判。[②]在所有这些DDA之外的谈判中，最主要的发展中国家或经济转型国家中国、巴西、印度、南非和俄罗斯都不在其内。[③]

2012年7月，美国等"服务业挚友"（Really Good Friends of Services，RGFs）提出启动旨在达成新的《国际服务贸易协定》（ISTA）诸边贸易谈判倡议，但很快将之改为TISA，以便作为WTO《服务贸易总协定》（GATS）的补充协定，WTO成员经过请求可作为正式谈判方参加。在一定程度上，EGA谈判也是美国大力促成的。美国总统奥巴马于2013年6月发布的《气候行动计划》包括"领导国际努力应对气候变化"和"通过国际谈判推动前进"。[④]上述E15倡议的"清洁能源与贸易体制"专家组参与撰写有关EGA建议报告的6位成员一半来自美国。[⑤]特别值得注意的是，如上所述，启动EGA谈判的《共同声明》明确"在大多数成员同意加入后适用最惠国待遇的基本原则"，因此，即便EGA谈判顺利，也可能由于该协定的WTO成员有限而无法适用WTO货物贸易的普遍最惠国待遇，完全作为诸边贸易协定，平行于目前DDA或后DDA谈判。这些不确定性因素对推进DDA的影响可能不是积极的。

---

① 根据美国《2002年贸易法》，美国总统的贸易谈判授权最多延长至2007年7月31日。Trade Act of 2002，secs. 2103－2105，19 U.S.C. secs 3803－3805.

② 参见美国贸易代表网站有关概述：http://www.ustr.gov/. Trans-Pacific Partnership（TPP）最近一轮部长级谈判于2014年5月18—20日在新加坡举行；Transatlantic Trade and Investment Partnership（T-TIP）最近第六轮谈判于2014年7月14—18日在布鲁塞尔举行；Trade in Services Agreement（TISA）最近一轮谈判于2013年6月24日在日内瓦举行。

③ 中国于2013年9月提出参加TISA谈判，但还未正式参加。参见Juan A. Marcheti and Martin Roy，the TISA Initiative：an Overview of Market Access Issues，WTO Staff Working Paper ERSD-2013-11，footnote 5。

④ The President's Climate Action Plan，Executive Office of the President，June 2013.

⑤ 6位作者：Johannes Bernabe（Philippine），Thomas L.Brewer（ICTSD，曾任教于美国乔治敦大学），Aaron Cosbey（Canada），Gary Horlick（US），Robert Howse（EU），Amelia Porges（US），Jonas Kasteng（Sweden）。

三、中国对于环境产品协定谈判的立场

与目前美国主导的TPP、TTIP、TISA不同，中国不是EGA的“局外人”，而是积极倡导者之一。作为EGA谈判基础的APEC环境产品清单，其中54%是中国提出来的，这些也是中国在国际市场上比较具有竞争力的产品。①中国作为EGA谈判的发起国之一，其原因在于中国已成为全球排放温室气体最多的国家之一，②加大减排的力度不仅是中国可持续发展和环境保护的国策，也是对全球应对气候变化的国际责任。中国又是太阳能、风能产品的最大生产国，但国内集成系统综合运用能力差，导致国内利用少，出口多。③这对于增加出口是好事，但对于国内的减排和环境保护作用不大。因此，我国有关EGA谈判的立场应从DDA的贸易与环境议题出发，不仅应考虑贸易问题，而且必须将国内的减排与环境保护作为优先问题。这是符合中国国家利益和全球应对气候变化的共同利益的。下文简要结合中国在WTO和APEC曾提出的主张，对我国有关EGA谈判的立场有所分析和建言。

2004年6月22日，中国曾在DDA的贸易与环境委员会的特别议题(CITSS)会议上就确定环境产品和服务清单的原则提出一份(也是迄今唯一的中国自己单独提出)建议。中国强调应充分考虑发展中国家和最不发达国家成员的利益诉求，阐述了“共同清单”(a common list)和“发展清单”(a development list)。前者是所有WTO成员协商一致而确定为环境产品的清单，后者是由发展中国家和最不发展国家成员基于前者选择的清单，可享受特别及差别待遇的关税。④2011年、2012年时任国家主席胡锦涛先后在APEC领导人非正式会议上表示：“兼顾发达成员和发展中成员不同国情和差别待遇，稳步降低环境产品关税和非关税壁垒”，⑤“要充分考虑各成员不同发展水平和具体情况，积极稳妥推进环境产品

---

① 参见陈德铭在亚太经合组织会议领导人非正式会议期间接受媒体采访，http://www.mofcom.gov.cn/article/ae/ai/201209/20120908330214.shtml。

② 据统计，2012年中国、美国、欧盟27国二氧化碳(CO_2)排放量分居全球前三位(99、52和37亿吨)。参见Trends in Global CO_2 Emissions: 2013 Report, PBL Netherlands Environmental Assessment Agency, The Hague, 2013, p.50, Table A1.2 CO_2 emissions in 2012(million tonnes CO_2)。

③ 参见《万钢：国内风能太阳能需求不足，90%以上依赖出口》，http://finance.ifeng.com/news/special/pj2011/20110924/4673274.shtml。

④ Statement by China on Environmental Goods at the Committee on Trade and Environment Special Session(CITSS) Meeting of 22 June 2004, TN/TE/W/42, 6 July 2004.

⑤ 《亚太经合组织第十九次领导人非正式会议在美国夏威夷举行》，http://jms.ndrc.gov.cn/dwjmhz/201111/t20111130_448383.html。

自由化进程”。[①]可见,中国在 WTO 和 APEC 的有关贸易与环境的问题上立场是一致的,即主张发展中国家应享有一定的差别性有惠待遇,逐步推进环境产品贸易自由化。

与 WTO 和 APEC 不同,起步阶段的 EGA 谈判仅限于 14 个成员之间。其中澳大利亚、加拿大、欧盟及其成员国、日本、新西兰、挪威、瑞士和美国都是发达成员,中国、中国台北、中国香港、哥斯达黎加、新加坡、韩国属于发展中成员。前者占多数,而后者的经济发展水平总体较高,并不太需要中国为其主张差别优惠待遇。因此,预期中国将采取比较务实的谈判立场,从自身拥有的环境产品竞争优势,争取相应的关税减让。实际上,由于关税总水平的差异,因此发达成员对于环境产品的关税普遍低于或接近 5%的低税率乃至零关税,而中国的环境产品关税水平相对较高。[②]中国既要争取自己的环境产品在 EGA 成员进口获得低关税或零关税,又要较多地对其他成员出口中国的有关产品减让关税。诸如太阳能产品此类环境产品具有高度的“全球制造”特点,为此,如同近二十年中国信息技术产业的发展一样,中国欲提升自身的环境产品技术水平,避免过多地处于产业链的中下游,除了加快科技创新步伐,还应通过环境产品的逐步贸易自由化,在技术上取长补短,在全球竞争中发展。中国应该也可以采取更加积极、开放的立场。

总之,EGA 谈判为中国的环境产品产业的新发展带来机遇和挑战。惟有直面挑战,激流勇上,方可有所进步。

结 论

由中国、美国、欧盟、日本等最重要的世界货物贸易大国或地区联手启动的 EGA 谈判对于争取 2015 年年底前达成全球气候变化的新协定和结束 DDA,具有重大的推进作用。该谈判以 APEC 环境产品清单为基础,分削减关税和减少非关税壁垒的两个阶段进行。在贸易与环境的主题上,可将 EGA 谈判视为 DDA 的一部分,但是,这毕竟是 DDA 之外的诸边贸易谈判,因此对于推进 DDA 既有积极作用,也有诸多不确定因素。中国应从实施减排和环境保护的国策出发,充分考虑自身本国产业优势和提升技术水平的需求,对于 EGA 谈判采取积极、开放的立场。

---

① 《胡锦涛出席 APEC 第二十次领导人非正式会议并发表重要讲话》,http://jms.ndrc.gov.cn/dwjmhz/201209/t20120927_507066.html。

② 譬如,据 ICTSD 研究统计,加拿大等发达成员已经向 APEC 环境产品清单上的 97%商品提供了本国的零关税待遇,而中国仅对该清单的 28 类商品给予零关税。http://www.ciqol.com/news/economy/809846.html.

The Analysis on the Negotiation of Environmental Goods Agreement

Abstract: The negotiation of Environmental Goods Agreement launched on July 2014 is a significant step taken by China, US and EU as leading WTO Members to cooperate for response of global climate change and for promotion of WTO agenda on trade and environment. It will be based on the APEC list of environmental goods and conducted with two phases, i.e., firstly on tariff reduction and secondly non-tariff issues. It will be a unique opportunity and great challenge for China to achieve the goal to reduce CO_2 emission and to promote development of environmental industry. China shall have a positive and open position in this regard.
Keywords: Environmental goods; Plurilateral trade negotiation; China position

试析国际经济法学的性质*

内容摘要：国际经济法学是以国际经济法为研究对象的新兴法学学科。作为制度范畴的国际经济法是调整以国际商业交易为基础的现代国际经济关系的法律制度，作为学术范畴的国际经济法学是对客观存在的国际经济法律制度进行系统研究，并相对独立于国际公法学和国际私法学的法学理论。国内外法学界对国际经济法学的学科性质，多有争论。以国际经济关系的性质研究为基础，加强对国际经济法学基本理论的研究，有助于该学科的真正发展。

关键词：国际经济法；国际经济法学；国际公法学；国际私法学

七十年代末以来，随着中国实行改革开放的国策，有关调整国际经济关系的国内法和中国签订或加入的国际经济公约、条约与日俱增，国际经济法的研究应运而生。最初向国内法学界介绍“国际经济法”的老一辈学者受到国外不同学派的影响，并一直坚持其观点，或影响后人的研究。①近二十年，对于国际经济法学的性质，我国法学界一直众说纷纭，莫衷一是。最近，由于国务院学位委员会学位办公室在修订《学科、专业目录》时将国际经济法纳入国际法（二级学科），引起了学界的强烈反响。②关于国际经济法学的性质之争，又呈“白热化”。值得留意的是，国外法学界也在谈论本文的主题。③我认为，应当区分行政的学科划分和科学的学术探讨，提倡在学术争鸣，求实探索的基础上研究国际经济法学的性质，这对学科的理论建设大有裨益。

---

* 原载《复旦学报（社会科学版）》1999 年第 2 期，第 8—13 页。

① 比如，现任中国国际法学会会长王铁崖教授，于 1980 年以笔名“石蒂”，将法国学者卡路、佛罗列和朱依拉合著的《国际经济法》一书目录译成中文（参见北京大学法律系主编《国外法学》1980 年第 6 期），并至今一直认为国际经济法是国际法的新分支（参见王铁崖主编：《国际法》法律出版社 1981 年版和 1995 年版）。又如已故前任中国国际经济法学会会长姚梅镇教授，几乎同时，将日本学者樱井雅夫的《国际经济法研究——以海外投资为中心》第一章译成中文（参见武汉大学法律系编《法学研究资料》1980 年第 1、2 期），并明确提出“国际经济法是一个独立的法学部门”（参见《中国国际法年刊（1983）》，中国对外翻译出版公司 1983 年版）。

② 参见陈安：《论国际经济法学科的边缘性、综合性和独立性》，载《国际经济法论丛》第 1 卷，法律出版社 1998 年版。

③ 比如，美国国际法学界近年来在探讨对国际经济法的交叉学科研究，参见 Interdisciplinary Approaches to International Economic Law, *The American University Journal of International Law and Policy*, Vo1.10, No.2. Winter 1995. pp.595 - 745。

一、作为制度范畴的国际经济法

“国际经济法”这一术语主要源于英文“international economic law”。[①]“law”可译为法、法律,或法学、法律学。为了区别起见,本文所谓“国际经济法”属于制度范畴的法律,这是客观上存在的法律制度;“国际经济法学”属于学术范畴的法学,这是通过人们的研究得出的法学理论。国际经济法学的研究对象是国际经济法,而国际经济法的调整对象是各种国际经济关系。为了分析国际经济法学的性质,首先要研究国际经济关系,特别是当今全球经济一体化中纵横交叉、复杂多变的国际经济关系。

(一) 国际经济关系的性质

一种观点认为,应从国与国之间关系出发理解国际经济关系的性质。“国家之间的交往关系就是国际关系。国际关系包括政治关系、经济关系、法律关系以及文化关系。”[②]另一种观点认为:国际经济关系是指国家、国际组织相互之间,私人(自然人、法人)相互之间以及公私之间超越一国国界的一切经济关系。[③]调整这种广义国际经济关系的法律制度包括三个有机组成部分:1.涉及跨国交易的私法;2.各国政府管制国际交易的国内法;3.各国政府就管制国际交易达成的国际法。[④]这种广义国际关系也可分为(纵向)“国际经济统制关系”和(横向)“国际经济流转关系”。[⑤]

国际经济关系的基础是国际商业交易。没有国际商业交易,就不会有各种国际经济关系,自然也不需要调整国际经济关系的法律制度。因此,我们在认识国际经济关系的性质和范围时,应当首先分析国际商业交易,而国际商业交易是从非国际商业交易发展而来的。为此,最初的研究起点是一般的商业交易。

一般的商业交易起源于实物交易。从法律角度看,实物交易意味着物的所有权交易。这是货物买卖的法律实质。尽管人类社会已进步到电子商务时代,货物

---

① 比如,英国学者乔治·施瓦曾伯格(George Schwarzenberger)在1948年就明确使用了“international economic law”的术语,参见 John H. Jackson, *Legal Problems of International Economic Relations*, 3rd, West Publishing Co., 1995, p.268。

② 王铁崖主编:《国际法》,法律出版社1995年版,第1页。

③ 陈安主编:《国际经济法学》,北京大学出版社1994年版,第3页。

④ 这是美国国际经济法学者杰克逊的分类,参见 John H. Jackson, *Legal Problems of International Economic Relations*, 3rd, pp.2-3。

⑤ 参见余先予编著:《国际经济法》,南京大学出版社1991年版,第12—13页。

买卖仍然是最基本、最重要的商业交易形式。至今,无论是调整纵向或横向的国际经济关系的法律制度,都以货物买卖中的法律关系为主要调整对象。前者如世界贸易组织法律体系中的《关税与贸易总协定》,后者如联合国国际贸易法委员会制定的《联合国国际货物买卖合同公约》。

一般的商业交易具有两个最基本的特性:1.商业交易与市场相联系而存在。不同的商业交易会有不同的市场形式。比如,近年来出现的电子商务与依托国际互联网的电子化市场相联系而存在、发展。因此,可以说,商业交易本质上是市场交易。2.商业交易是人为的一种经济行为,与之联系的市场则是人为的制度安排。这种在一定时间、空间内进行的商业交易包括三方面要素,即交易的主观要素(交易双方当事人对被交易的物及其价格等的主观判断)、客观要素(可观察的交易行为、交易的时间、地点和设施等)、客体(即主客观要素所指向的被交易物——商品)。研究不同时代,不同地点,不同形式的商业交易,都离不开这三方面的分析。当然,研究这些要素背后的经济动力也是题中之义。

从法律角度看,一般的商业交易都形成了市场交易主体,即平等的民事或商事主体之间横向的经济关系。就一般的商业交易性质而言,国际商业交易和国内商业交易没有本质区别。这是我们研究国际经济关系时的基点,否则,就难以理解调整国际经济关系的国际法和国内法为什么具有共性之处?为什么前者在协调后者的基础上趋于一致?即便是在调整纵向经济关系方面,各国的法律制度也在求同存异,并且,相同的程度正逐步提高。

但是,国际商业交易与国内商业交易,毕竟是有区别的。在有主权国家的现代国际社会中,国际商业交易是超出一国范畴的商业交易,因而带来了一系列在一国范畴内没有的法律问题,包括与一国领域范围及其国内法有关的适用空间、时间效力,一国国民的国籍及其待遇等许许多多国际公法或私法(冲突法)同题。

二十世纪下半叶,尤其是近二十年来,以国际商业交易为基础的国际经济关系愈益呈现两个新特点:第一,在全球经济一体化日益加深的条件下,国际经济关系趋于多样化、综合化。如今,国际贸易已从传统的货物贸易发展到包括服务贸易、技术贸易在内的综合贸易;国际贸易与国际金融的关系越来越密切,以至于在亚洲金融危机的冲击下,国际社会呼吁各国的贸易部长和财政部长或央行行长联合商讨对策,而不是像传统的那样各行其是;国际贸易与国际投资,尤其是直接投资相结合,增大了国际经济竞争的范围和力度;国际经济的发展与环境保护的关系,已愈加引起各国极大重视;最后,当代飞速发展的信息技术已将走向二十一世纪的世界经济推进到“无边界经济”。[①]第二，各国政府及政府间对全球化经济的管理及协调趋于加强。以世界贸易组织的问世为标志，政府间对全球化经济的协调，成为日益重要的，或者说具有框架性意义的国际经济关系，而且，进入冷战后时代，区域性（如欧盟、北美自由贸易区，亚太经济合作区等）和全球性（如世界贸易组织）的政府间协调齐头并进，由此对今后整个国际关系的发展产生了不可估量的深远影响。

基于以上分析，我们可以得出初步结论：以国际商业交易为基础的现代国际经济关系是市场交易主体之间跨国贸易、金融、投资等经济关系和政府（或单独关税区当局）及政府间对这些经济关系加强管理与协调的综合关系。放眼世界，这是客观存在的事实。至于学者如何研究，是主观对客观的认识问题。

（二）调整现代国际经济关系的法律制度

这种法律制度首先是各国国内法。离开国内法去研究国际经济法，既无从理解在国内法基础上由国际社会协调形成的国际经济法，也不能解决国际协调法律制度通过国内法的转换在一国内的适用问题。作为国际经济法制度范畴内的国内法，大致包括：1.有关宪法性制度。一国的宪法通常为制定调整国际经济关系的所有国内法或承认有关的国际法，提供是否符合宪法的效力依据。在日益融入国际社会的当代中国，这是值得引起高度重视的研究课题。2.有关涉外的民商法制度，涉及财产、合同、商业组织、劳工、银行、票据、保险、商业运输、知识产权保护等实体法制，有些国家将其中调整国际经济关系的制度，单独立法，如中国的涉外经济合同法（1985 年）。3.政府对市场的管理制度，包括反托拉斯、反不正当竞争、证券市场交易、产品责任、消费者利益保护、环境保护等实体法制度。4.政府对进出口贸易的管理制度，包括关税、进出口配额或许可证、商品检验、卫生检验、安全保障、反倾销和反补贴等法律制度，有些国家还制定了扩大本国产品进入别国市场或提高本国知识产权在外国的保护水平等保护性制度，如美国 1974 年《贸易法》第 301 条（常规 301 条款）和第 182 节（特殊 301 条款）。5.已加入或承认的，具有国内法效力的，调整国际经济关系的国际公约或条约，已采纳或采用的国际示范法或国际商业惯例。6.国际民事诉讼程序（包括不同国家法律抵触时的法律适用规范）和国际商事仲裁程序。

在协调各国调整国际经济关系的国内法基础上逐步形成的国际经济法，其内

---

① 世界贸易组织总干事鲁杰罗在 1997 年 9 月一次讲演中详细地解释了这一新概念。参见 Renato Ruggiero, Charting the Trade Routes of the Future: Towards a Borderless Economy, WTO Press/77（29 September 1997）。

容可归纳为:1.国际货物买卖法,如1980年《联合国国际货物买卖合同公约》、1986年海牙国际私法会议《关于国际货物买卖合同法律适用公约》、1990年国际商会《国际贸易术语解释通则》;2.国际货物运输法,如海上货物运输的1924年《海牙规则》和1978年《汉堡规则》,航空货物运输的1929年《华沙公约》、1955年《海牙协定书》和1961年《瓜拉达哈拉公约》,铁路货物运输的1893年《国际货约》和1990年《协定书》,公路货物运输的1956年《日内瓦公约》,以及1980年《国际货物多式联运公约》;3.国际货物运输保险法,如1987年联合国贸发会议《海上货物保险示范条款》以及为世界各国普遍采用的国际惯例,如经国际海事委员会修订的1974年《约克—安特卫普规则》和伦敦保险协会修订的1982年协会《海上货物保险条款》;4.国际贸易支付法,如1930—1931年《统一票据法》等一系列日内瓦公约,1988年联合国《国际汇票与本票公约》,以及有关国际惯例,如1993年国际商会《跟单信用证统一惯例》和1978年《托收统一规则》;5.国际投资法,如1965年《解决国家与他国国民投资争端华盛顿公约》,以及1985年《建立多边投资担保机构汉城公约》;6.国际知识产权法,如1883年《保护工业产权巴黎公约》,1886年《保护文学艺术作品伯尔尼公约》,1996年《世界知识产权组织版权条约》;7.国际海关合作法,主要是海关合作理事会(现改为世界海关组织)制定的一些公约,如《签发综合出口一览表文件公约》,《签发暂准进口文件公约》;8.政府间关税与贸易协调法,如《关税与贸易总协定》与现世界贸易组织体系下的其他条约法;9.国际金融协调法,主要指在国际货币基金组织和世界银行体系下的法律制度;10.区域性经济合作法,目前最重要的是根据1993年《马斯特里赫特条约》成立的欧洲联盟及其法律制度,根据1993年《北美自由贸易协议》成立的北美自由贸易区尽其法律制度;11.国际经济争端解决(民商事诉讼与商事仲裁)及其法律适用的法律,如1958年联合国《关于承认与执行外国仲裁裁决的纽约公约》,以及众多的国际商事仲裁规则。

这些国际经济法的产生,无不旨在尽可能地协调各国法律制度之间的抵触或差异,或者是协调各国政府对国际经济的管理,求大同存小异,以促进世界经济的发展,提高各国人民的生活水平,增加社会福利。因此,我们可以说,无论从国内法,还是从国际法角度,看待作为制度范畴的国际经济法,其调整对象是一致的:以国际商业交易为基础的国际经济关系。

二、对国际经济法学学派的评析

如上所说,作为制度范畴的国际经济法是客观存在的法律制度,而国际经济法学是对国际经济法的学术研究。两者既有联系,又有区别。由于研究者的学术背景、观点、方法不同,因此产生各种国际经济法学。各种国际经济法学的研究范围也会有所不同。这是可以理解的,尤其是作为一门新兴学科,更是不足为奇。与传统国际公法学和国际私法学相比,现在,似乎还没有得到各国学者普遍认同的一种国际经济法学。

在美国,较早研究国际经济法,如今仍具代表性的学者是洛温菲尔德教授和杰克逊教授。洛温菲尔德教授主编六卷本《国际经济法》[①],没有对"国际经济法"下任何定义,只是在这一主题下将国际贸易(包括私人交易和政府管制),国际投资,国际税收,政府间国际金融协调等问题,分卷论述。每一卷都具有相对独立性。这种国际经济法学缺乏基本理论,只是将上述同题的研究包容在"国际经济法"的主题内。不过,这也许体现了美国人的实用主义精神。

相比之下,杰克逊教授对国际经济法学的基本理论作了一定的阐述,指出:"近年来,人们时常听到'国际经济法[学]'这一术语。可是,这还没有得到很好的限定。不同的学者和实务者对这一术语的意义理解不一。有些人认为这包罗了几乎与任何经济问题相关的国际法。如果这样广义地解释,几乎所有的国际法都可称为国际经济法,因为几乎国际关系的所有方面都会以不同方式触及经济。这样,也可以论证不存在任何所谓'国际经济法'的单独主题。然而,比较有限的'国际经济法'定义,仅包括与跨国交易有关的贸易,投资和服务以及一国个人或企业在另一国的经济活动。"[②]根据这一限定,杰克逊教授所谓"国际经济法[学]"包括的内容与洛温菲尔德教授的《国际经济法》六卷本,并无实质区别。但是,他侧重研究政府对国际贸易的管制以及政府间的国际协调。他指出,贸易与金融问题本身是无法分离的,但是,无论是国际组织,还是国内政府,甚至大学部门,传统上都将两者分开处理。因此,他的"国际经济法"局限于从国际条约角度,并结合美国有关的国内法,研究国际贸易的法律与政策。

可见,客观上调整各种国际经济关系的"国际经济法"是一回事,主观上的"国际经济法学"又是另一回事。

西欧国际经济法学的主流,倾向于在国际公法范围内研究国际经济法,从而排除了美国学者称为私人性国际交易的部分内容。法国卡罗(D. Carreau)等三位学者的合著《国际经济法》在一定程度上代表了这种理论。[③]另一位奥地利著名学者

---

① Audreas F. Lowenfeld and Thomas Ehrlich, *International Economic Law*, 3rd ed., Matthew Bender, 1996. 我国学者对该书内容的评介,参见陈安主编:《国际经济法总论》,法律出版社 1991 年版,第 86—89 页。

② John H. Jackson, *World Trading System*, 2nd ed.the MIT Press, 1997, p.25.

③ D. Carreau, P. Juillard & P. Floy, *Droit International Economique*, 3rd. Paris: LGDJ, 1990.

豪亨文德(Ignaz Seidl-Hohenveldern)教授认为:“在最广的意义上,国际经济法是指直接涉及国际法主体之间经济交换的国际公法规则。”①这与卡罗等人的观点,基本一致。豪亨文德指出:“从这一视角看,国际经济法只是整个国际公法学科的重要组成部分之一。那些主张国际经济法是,或者应该是与国际公法分离的独立学科的人不同意这一看法。这种主张虽然有助于增加国际法领域的学科数量,但是,我们以为国际经济法与国际公法学科的关系是如此紧密。因此,这种分离会影响后者的整体性。从总体上说,国际法主体之间和平关系在极大程度上都与经济交换直接相关。”②由此看来,豪亨文德所说的“广义”是指广义地理解国际公法,而国际经济法则是“广义”国际公法的一部分。

可见,西欧国际经济法学派是在传统国际公法的理论框架内,研究以国家间涉及经济问越的国际关系为基础的国际经济关系及其法律制度。

以中国国际法学会会长王铁崖教授为代表的国际法学者,认为国际经济法学是国际法学的一个分支。比如,王铁崖教授主编的《国际法》(1995 年)列有“国际经济法”一章。主要内容包括:国际贸易法(关贸总协定与世界贸易组织、联合国国际货物销售合同公约、国际运输法、欧洲共同体和北美自由贸易区等区域性安排),国际金融法(国际货币基金组织、国际开发协会、国际金融公司、区域性开发银行、区域性金融安排),国际投资法(国际投资双边保护条约、国际投资保护多边条约、关于跨国公司的国际法律规则、国际投资税法、国际技术转让),新的国际经济秩序(联合国大会的有关决议)。③

以中国国际私法学会会长韩德培教授为代表的国际私法学者,认为国际私法所包括的内容,不仅是冲突法规(程序法),而且有越来越多的统一实体法。后者涉及国际货物买卖、国际货物运输、国际货物运输保险、国际贸易支付、保护知识产权等。韩德培教授主编的《国际私法新论》(1997 年版)认为:“国际私法调整的社会关系为涉外民商事法律关系,或国际民商事法律关系,或跨国民商事法律关系,或国际私法关系,它的适用范围涉及两个或两个以上的国家,跨越了国界,从这个意义上讲,国际私法也就属于我们所说的国际法,即广义的国际法,它是国际法体系的一个独立部门或分支。当然,它和主要调整国家、国际组织之间的政治、经济、军事、外交关系的国际公法是有区别的。在这里,国际私法仍和国际公法、国际经济

---

① Ignaz Seidl-Hohenveldern, *International Economic Law*, 2nd ed., Martinus Nijhoff Publishers, 1992, p.1.

② 前引 Seidl-Hohenveldern, *International Economic Law*, 2nd ed., p.1。

③ 王铁崖主编:《国际法》,法律出版社 1995 年版。

法等一样,都是整个国际法体系中独立的二级学科。”①

值得留意的是,《国际法》和《国际私法新论》这两部目前在国内具有权威性的教科书,都将联合国货物买卖合同公约纳入其研究范畴。这本身说明:国际公法与国际私法已部分地融合。

以中国国际经济法学会会长陈安教授为代表的国际经济法学者,正是试图将这些部分融合的法律制度,相对独立地进行研究,以期建立具有基本理论,包括国际货物买卖法、国际技术转让法、国际投资法、国际货币金融法、国际税法、国际海事法、国际经济组织法和国际经济争端处理法的国际经济法学。按照这派学者的观点,顺应着客观形势的发展和现实的需要,人们在理论探讨和实务处理中,不再拘泥于法律的传统分类或法学的传统分类,日益突破国际法与国内法、“公法”与“私法”等的分类界限或分科范围,转而采取以某种国际经济法律关系或某类经济法律问题为中心的研讨途径或剖析方法,逐步实现了从“‘以传统法律类别为中心’到‘以现实法律问题为中心’的重要转变。”②

三、作为学术范畴的国际经济法学

1999 年 12 月,世界贸易组织第三次部长级会议将要讨论,并可能通过指导未来二十一世纪的全球电子商务(Electronic Commerce)的法律文件。在这基础上产生的国际货物贸易、国际服务贸易、国际知识产权保护等一系列国际经济关系中的新问题,急需各国政府之间协调解决。可能很少有人会否认世界贸易组织将要制定的有关法律制度属于国际经济法的范畴。

诸如全球电子商务法此类现实的国际经济法,已经打破了传统的国际公法和国际私法的界限。从现实中制定有关国际经济法的国际组织来看,具有明显的交叉融合趋势。比如,主权国家间的联合国,是传统国际公法范畴的国际组织,为了协调各国间有关国际贸易法律的抵触,在 1966 年建立了国际贸易法委员会,并由该委员会制定了包括联合国《国际货物买卖合同公约》、海上货物运输的《汉堡规则》等重要国际贸易法公约。这些公约的内容属于国际贸易的私法范畴,而法律渊源则属于国际公法。

现实中,往往是几个国际组织从不同角度制定有关法律,对某一类国际经济关系进行调整。比如,联合国国际贸易委员会、海牙国际私法会议和统一私法国际协

---

① 韩德培主编:《国际私法新论》,武汉大学出版社 1997 年版,第 16 页。

② 陈安主编:《国际经济法学》,北京大学出版社 1995 年版,第 56 页。

会（罗马）、国际商会都致力于协调国际贸易的各种私法制度。这些都具有内在一致性，即调整国际贸易的私法制度。人们很难根据传统意义把国际公法组织（如联合国国际贸易委员会），或国际私法组织（如海牙国际私法会议）分开来研究。只有将这些法律制度在国际经济法学的学术范畴内进行研究，才显得比较合适。

从学术发展的历史看，传统的国际公法和国际私法都有一个演变过程。比如，公认的国际（公）法之父格劳秀斯在谈到他写作现代国际法名著《战争与和平法》的原因时，说道："多年前，当我认识到：与印度（被称为东方）的贸易对于本国安全的极大重要性，并且，这种贸易没有武力保障，似乎难以维持，在葡萄牙人看来，这是通过暴力和欺诈构成的，我便关心如何唤起本国人的精神，勇敢地保卫最初诚意进行的事业，因为我看到了问题本身的正义与衡平，以我之见，这是产生对自古以来人们逐步形成的法律之信任的渊源。"①可见，格劳秀斯研究的国际法，与国际贸易问题有直接联系。一国国民受到他国国民有组织的武力威胁，必然引起一国政府与他国政府的交涉，产生或影响国家之间的政治关系。贸易本身是以私人商业交易为基础的。古代罗马私法与这种商业交易有着内在联系。当时的万民法属于私法范畴。在格劳秀斯时代，随着主权国家的出现，国家对本国贸易的保护，乃至武力保障或国家对海外贸易的垄断，已不再是单纯的私法问题。格劳秀斯在继承和发展包括万民法在内的罗马法学说的基础上，试图对调整国家之间关系的法律问题，作出符合正义原则的系统阐述。这说明，传统国际公法学说的产生与国际经济关系有内在联系，尽管"战争与和平"这一主题，在尔后的数百年里，更多地与国际政治关系直接相关。但是，在第二次世界大战之后，人们认识到，世界和平能否持久，很大程度上取决于各国间经济关系的合理调整，以避免经济利益的冲突引起战争。这或许可以解释，为什么在战后半个多世纪里，国际公法中调整国际经济关系的制度成分会日趋增多，乃至形成相对独立的国际经济法这一部分内容。

又比如，国际私法的产生旨在解决不同主权国家的国民之间，涉外法律关系的法律适用问题。有关法律属于国内法，即冲突法规。在十九世纪末，随着国际贸易的发展，各国国民间的交往更加频繁，客观上需要协调各国的法律适用规范，从根本上减少各国法律之间的抵触，由此出现了统一国际私法规范。其中包括了越来越多的，调整诸如国际货物买卖等国际经济关系的法律制度，而这些制度的渊源又与传统国际公法的条约性渊源相一致。至少从这方面看，统一国际私法与国际公法中调整国际经济关系的法律制度相融合。

---

① Hugo Grotius, *On the Law of War and Peace*, trans. By Francis W. Kelsey, the Clarendon Press, 1925, p.xi.

在学术上，将调整以国际商业交易为基础的国际经济关系的法律制度，作为新的国际经济法学研究对象来对待，是合理的，可行的。这与现实中各种政府或非政府间国际组织制定有关法律制度，既有联系，又有区别。

在理解国际经济法学的性质时，应当进一步区分以国际商业交易为基础的国际经济关系与一般的国际政治关系。政治的基本意义与国家的性质、政体有关，古今中外，概莫能外。现代政治与国家主权问题休戚相关。国际政治涉及的是国际政治关系。经济是以人们的物质生产为基础的活动。现代经济不仅与市场竞争及垄断有本质联系，而且与政府对市场的管理的关系越发密切。国际经济不仅与私人间国际商业交易有关，而且涉及国家间经济关系。政治往往是经济的集中表现。在这个意义上，任何经济问题都可归结为政治范畴。但是，至少在现代国际关系中，以国际商业交易为基础的国际经济关系中的国家间关系，不同于涉及国家本身的国际地位、主权范围、战争与和平等问题的一般国际政治关系，具有相对的独立意义，可以纳入国际经济法的制度范畴来考虑。

总之，本文以为，作为制度范畴的国际经济法，是调整以国际商业交易为基础的国际经济关系的法律制度，作为学术范畴的国际经济法学，是以客观存在的国际经济法为研究对象的法学理论，是相对独立于国际公法学和国际私法学的新兴学科。需强调的是，是否将国际经济法学作为相对独立的学科，是学术问题。一门学科的真正发展，不在于它是否被列为行政机关认定的某某专业和学科。而在于其本身是否具有理论基础和实践意义。在美国、西欧和其他地区有关国家，并没有哪个国家行政机关来认定国际经济法学的学科性质，但是，国际经济法学照样在不断发展。目前，在我国，重视对国际经济法的学术研究，尤其是基本理论研究，对于未来该学科的真正发展，具有至关重要的意义。

The Analysis on the Nature of International Economic Law

Abstract：The science of international economic law is an emerging legal discipline to study international economic laws. The international economic laws are the legal systems regulating modern international economic relations based on international business transaction if they are taken as the category of system, and meantime, they would be regarded as the academic discipline to study systematically the objective international economic law. The discipline of international economic law is the legal theory being independent from public or private international law. It is debated on the disciplinary nature of international economic law in

Chinese academic fields and abroad. It will be useful for disciplinary development of international economic law if the study of its basic theory would be enhanced with the basic research on the nature of international economic relation.

Keywords: International economic law; Science of international economic law; Public international law; Private international law

国际经济关系的技术因素及其法律影响*

内容摘要：人类已进入经济全球化、通讯网络化、贸易电子化的新时代。科学技术的飞速发展是全球经济一体化的强劲动力。在这一背景下考察近年来国际经济关系及其法律调整的变化，可以清楚地看到无论是国际贸易，还是国际投资，其中的技术含量在持续增长。全球电子商务更是突出地反映了国际经济关系与科技发展的互动性。国际经济法是调整国际经济关系的各种法律制度之总称。科学技术的发展，必然使国际经济关系发生这样或那样的变化，从而要求新的国际经济法，这是一个客观规律。

关键词：经济全球化；国际经济关系；科学技术；国际经济法

经济全球化，或者说全球经济一体化，日益加深，是我们观察当代国际经济关系的出发点。“全球化不是政策选择——判断正确或错误。这是一个过程——受经济和技术变化的现实驱动”。[①]本文将着重探讨经济全球化条件下，国际经济关系中的技术因素变化及其对国际经济法的影响。

国际经济关系的技术因素，是指与国际经济关系有关的科学技术。这是一个难以界定的概念。根据经济学的原理，经济活动离不开生产力与生产关系这两个方面，而科学技术又是第一生产力。这就意味着，人们在经济活动中形成的各种关系，不同程度地包含了技术因素，国际经济关系亦不例外。“自有人类历史以来，人类的活动范围便取决于其技术水平。”[②]比如，古往今来，国际贸易关系始终是国际经济关系的源泉。从事国际贸易的前提是具备必要的技术条件，如远洋航行所需船只，或陆上运输工具等。在近代蒸汽机发明之前，先后在文明古国埃及和中国发明的风帆和船尾舵及其运用，使航海成为可能；古巴比伦人和华夏先辈分别发明的车轮和马镫、胸带挽具等，使满载货物的马队得以浩浩荡荡地奔驰在欧亚大陆上；而古代中国的四大发明之——磁罗盘，更使航海者如虎添翼，大大地促进了海上贸易。[③]

---

* 原载《复旦学报》（社会科学版）2001 年第 1 期，第 90—96 页。

① Renato Ruggiero, Beyond the Financial Crisis,（5 October 1998），WTO/Press/113。

② L.S. Stavrianos, *The World to 1500: A Global History*, Prentice-Hall, Inc. 1970, p.88.

③ 有关近代以前的欧亚大陆的海上、陆上贸易以及技术传播的论述，尤其是技术进步对贸易发展的作用，参阅前引 *The World to 1500: A Global History*, pp.234 - 240。该书作者斯塔夫里阿诺斯根据 J.尼达姆所著《中国的科学与发明》（剑桥大学出版社 1954 年版），罗列了公元后的 14 个世纪里，中国传入西方的 55 项重大技术与发明，包括对古代世界的国际经济关系发展产生巨大推动作用的船尾舵、磁罗盘和磁针罗盘以及将磁罗盘用于航海、航海制图法，等等。关于木制车轮，斯塔夫里阿诺斯和《泰晤士世界历史地图集》（转下页）

至于现代汽车火车、飞机轮船的发明和普及使用，对于国际贸易等国际经济关系的发展所起的巨大作用，更是不言而喻。

国际经济关系中技术因素，必然对法律制度产生影响。比如，知识产权保护就是与国际经济关系中技术因素特别密切的法律制度。十五世纪的意大利著名水城——威尼斯、十六世纪的法国里昂城，作为当时欧洲的商业中心，产生了具有现代意义的专利制度。这是对技术创造发明的直接保护。其实，采用商品标志对相关生产技术、生产者或销售者的商誉进行保护，则发生在文艺复兴之前。比如，中国北宋(960—1125 年)时济南城的刘家针铺的"兔儿为记"，已是比较完整的商标。甚至更早，中国古代沿丝绸之路远销欧亚的瓷器上的钤记标明了产地和年代。这实际上是对进入当时国际贸易的商品所给予的官方认可，具有一定的法律意义，类似当今国际贸易中通行的原产地标志。但是，这些均属一国一地的自行规定，效力有限，而跨国或跨地区的国际贸易，本质上需要协调的国际保护。这种国际性协调始于 1883 年的《工业产权保护巴黎公约》。《巴黎公约》的签署生效，拉开了近一个多世纪来知识产权保护国际协调运动的帷幕。

当今世界已进入经济全球化、通讯网络化、贸易电子化的新时代。各国各地区欲在国际经济关系的发展格局中争取或保持有利的地位，势必大力提高其综合经济实力中的科学技术水平。国际经济关系中各种技术因素的增长及其互动作用，将越来越重要。

一、当代国际经济关系中的技术因素增长

随着当代科学技术的日新月异，各国各地区之间贸易中各种有形或无形的载体所包含的技术因素日趋多样化、复杂化，尤其是近年来的信息与通讯技术的迅猛发展，以国际互联网为基础的全球电子商务突飞猛进，导致了国际贸易形势的革命性变化，这已经引起各国各地区，乃至整个国际社会的极大关注。

(一) 国际货物贸易中技术因素的增长态势

如上所说，国际贸易关系是国际经济关系的源泉。传统国际贸易是有形货物

(接上页)(三联书店 1985 年中文版)都认定是公元前约 3500 年发明于美索不达米亚地区。荷兰的一位著名应用物理学家史四维在《木轮演变中的形式与功能》一文中认为中国商周时代，人们已使用了多辐条木制双轮战车。并且，这与作为动力的水轮有关。参阅 Andre Wdgener Sleewyk, "Form and Function in Evolution of the Wooden Wheel"，李国豪、张孟闻、曹天钦主编：《中国科技史探索》(国际版)，上海古籍出版社 1982 年版，第 471—504 页。

的进出口贸易，而且，这依然是当今国际贸易主要形式。[①]随着国际贸易的多样化和现代科技发展，货物贸易中的技术含量与日俱增。

国际贸易中的货物主要分为初级产品与合成制品。前者包括农产品、矿产品；后者包括钢铁、化学制品、动力机械与设备、办公机械与电讯设备、电子机械设备、汽车等交通工具与设备、纺织品等。一般而言，合成制品的技术含量高于初级产品。

根据世界贸易组织（WTO）统计，1948 年至 1998 年，世界货物生产平均年增长率为 4.2%，世界货物贸易平均年增长率为 6%，货物贸易占世界国民生产总值（GDP）的比例从 7%上升到 17.4%。[②]总体上，随着经济全球化，世界货物贸易呈持续增长态势。其中，根据对 1980 年至 1995 年的各类产品的贸易量变化统计，居增长率首位的是办公与电信设备等信息技术产品（ITP），其次是汽车产品等。近年来，信息与网络技术带来的数据化经济，更是国际货物贸易中技术因素增长的强劲动力。1998 年前三名世界贸易大国——美国、德国和日本的进出口贸易总量分别为 16276 亿美元、10063 亿美元、6685 亿美元，其中，美、日作为前两名 ITP 大国的 ITP 进出口总量分别为 2698 亿美元和 1225.8 亿美元。[③]

国际货物贸易中技术含量增长态势，还反映在国际申请专利量的增长。在市场经济中，发明人申请专利，是为了以较少的成本（专利申请费和维持费等），取得其专利产品在市场上的竞争优势地位，获得较多的收益。发明人通过国际申请专利程度，是为了减少申请成本，争取在国际市场上以专利作为保护，提高专利产品的竞争力。一般而言，出口商为了将其产品打入某一国家的市场，为了防止专利侵权，都会设法在该国获得专利保护。国际专利申请和授予量的增长，意味着相应国际货物贸易中的技术因素增长。据统计，自 1978 年《专利合作条约》（PTC）实施以来，世界知识产权组织（WIPO）国际局归档的国际专利申请数量与初步审查的数量逐年递增。其中，申请量 1979 年为 2625 件到 1986 年为 7952 件，八年翻了三番，1987 年至 1996 年的十年间持续快速增长：

1987 年至 1996 年国际专利申请量

年份	1987	1988	1989	1990	1991	1992	1993	1994	1995	1996
年申请量	9021	11996	14874	19159	22247	25917	28577	34104	38906	47291
年增长%	15.7	30.3	23.9	28.8	16.1	16.4	10.2	19.3	14.0	21.5

统计来源：WIPO 主页网址：www.wipo.org（1999 年 8 月 4 日）

① 全世界出口的货物与商业服务总额（十亿美元）之比：1996 年为 5150 与 1275（4.04∶1）、1997 年为 5325 与 1320（4.03∶1）、1998 年为 5225 与 1290（4.05∶1）、1999 年为 5460∶1340（4.07∶1），货物贸易量大约是服务贸易量的四倍。资料来源：WTO《1998 年世界贸易报告》、1999 年《世界贸易报告》。

② 资料来源：WTO 第三次部长级会议的统计数据。可查阅 www.wto.org。

③ 前引 WTO 第三次部长级会议的统计数据。

又据统计，1999 年国际专利申请量为 74023 件，比 1998 年增长 10.5%。[①]可见，国际专利申请与初步审查量的年增长率都高于同期世界货物贸易出口总量的增长率。[②]这从一个侧面，充分印证了国际货物贸易中技术因素不断增长的事实。

（二）国际服务贸易中技术因素的增长态势

国际服务贸易是指跨国的商业服务提供。它已成为当今国际贸易的重要组成部分。根据 WTO《服务贸易总协定》（GATS）规定，国际服务贸易包括服务提供者或消费者实际出境，或者服务提供者通过境外商业实体提供服务而产生的服务贸易。具体地说，这包括运输、旅游、通讯、金融保险、工程建筑等行业服务、律师、会计等职业服务。服务贸易的范围很广，服务贸易量的统计也很复杂。根据国际货币基金组织（IMF）的分类，服务贸易量还包括国际技术转让的支付和收入，国际技术贸易因而属于国际服务贸易的一部分。这样，相对有形的国际货物贸易，整个国际无形贸易包括了通常所说的服务贸易和技术贸易两部分。

近年来，仅据 WTO 统计，国际服务贸易（不包括国际技术贸易）增长较快，1994 年与 1998 年的国际服务进出口总额分别为 21700 亿美元、25800 亿美元，增加了 4800 亿美元，增长率为 18.6%。1999 年为 26750 亿美元，比 1998 年增长 3.68%。[③]

服务贸易的实质是服务者与被服务者之间，就特定知识、信息和观念所进行的商业交易。这不仅在不同程度上包含了作为交易内容的技术，而且往往以高科技作为交易手段。比如，当代的基础电信或金融行业的服务贸易，必须依托信息与网络技术。根据 WTO 的《基础电信服务协议》，基础电信服务包括电话、数据传输、电报、传真、私人租赁线路服务（即传输能力的出售或出租）、固定或移动的卫星系统与服务，便携式活动电话、移动数据服务、传呼式个人电信系统。这些服务正在迅速地与国际互联网上的服务相结合，由此衍生出一系列引人眼花缭乱的网上服务项目。1998 年，据 WTO 估计，全世界的基础电信市场的年收益就已超过 6000 亿美元。其中相当部分属于国际服务贸易的范畴。目前世界各国的金融行业已在不同程度上被电子化，网上银行亦早已运作。据 WTO 保守估计，早在 1994 年各国储蓄银行中的外国资产就已达 86000 亿美元。这些庞大无比的资金中相当一部分处在跨国流动中。国际服务贸易的规模越大，对相关技术的要求就越高。

---

① 数据来源：《专利合作条约》（PCT）1999 年统计（2000 年 2 月 4 日）可查阅：www.wipo.org。

② 世界货物贸易的出口总额 1973 年、1990 年和 1997 年分别为 5790 亿美元、34380 亿美元和 53000 亿美元，平均年增长率为 9.7，资料来源：WTO 第二次部长级会议（日内瓦，1998 年 5 月 18 日至 20 日）新闻背景材料（Press Pack）。

③ 资料来源：WTO《1998 年世界贸易报告》、《1999 年世界贸易报告》。

WTO前总干事鲁杰罗在一次题为“无边界经济中的服务”的讲演中，指出：“也许最重要的是，全球性服务经济是以知识为基础的经济，其最宝贵的资源是信息和观念。与土地、劳力和资本等传统的生产要素不同，信息和知识不受任何区域或国家的限制，几乎完全是流动的和可扩展的。这种知识驱动型经济不会代替其他经济活动，工厂与农场不会消失，软件也不会代替我们的食物或汽车。但是，技术正在改变着我们生产这些产品的方式。”[①]人们现在更多地以“数据化经济”或“新经济”来描述以知识为基础的经济形态。新经济对国际服务贸易的依赖度远远超过传统经济。比如，全球电子商务与跨国的基础电讯和金融服务休戚相关。

（三）国际投资中的技术因素增长

国际投资分为直接投资和间接投资。近年来，外国直接投资（FDI）规模越来越大，成为全球经济加速一体化的显著标志。据WTO统计，1973年至1988年，全球FDI流出量以每年递增14％的高速度增长，1999年更是比1998年猛增25％，达到8000亿美元。[②]这与当年汹涌如潮的跨国并购不无关系。

国际投资中的技术因素增长，主要体现在国际技术转让的增多。“在现代国际社会，随着工业产权和其他技术成果的不断商品化、资本化，国际间技术流转日益成为国际经济活动的一项重要内容。从世界各国利用外资的情况来看，几乎所有国家将引进外国的先进技术放在十分重要的地位。”[③]外国直接投资中的国际技术转让通常采取如下方式：设立外国独资企业、合资企业、合作经营企业、外国少数控股企业、许可使用、特许使用、管理合同。以我国为例，前三类企业统称“外商投资企业”。我国自1979年允许在华开设外商投资企业，累计批准外商投资企业三十多万家，实际流入的FDI近3000亿美元。自1992年以来，我国利用外资一直居全球第二，仅次于美国。通过吸收巨额外资，同时引进众多国际先进技术，我国的汽车、钢铁、家用电器、信息技术产业等在较短时间内迅速地赶上或接近国际先进水平。

值得注意的是，作为新经济发源地的美国，正经历一个前所未有的持续经济增长期。其原因之一在于美国的信息技术等高技术产业吸引着源源不断的投资，包括FDI。1999年美国的纯流入FDI达到创纪录的1300亿美元。正是这些具有很高技术含量的投资，强有力地支撑着美国经济的发展。这是对国际投资中技术因素增长的极好说明。

---

① Renato Ruggiero, Services in a Borderless Economy,(23 October 1997) WTO Press/80.

② 资料来源：WTO第三次部长级会议的统计数据，WTO《1999年世界贸易报告》。

③ 姚梅镇主编：《比较投资法》，武汉大学出版社1994年版，第657页。

(四) 全球电子商务与信息技术的发展

近年来,方兴未艾的全球电子商务,最集中地反映了当代国际经济关系中的技术因素增长。以往国际经济关系中,并非没有电子通讯技术,比如国际贸易中的当事人利用电报电话、电传或图文传真等电信工具,进行交易。但是,如今的电子商务,依托国际互联网,创造了一个前所未有的全球电子化市场和"无国界"的数据化经济形态,①并且,电子商务发展之快是人们始料未及的。正如格林斯潘所言:"我们称之为信息技术的最新发明已经开始改变我们从事商业和创造价值的方式,这甚至在几年前根本就没有想到。"②

电子商务本质上是全球性的,因为电子商务所依赖的国际互联网,乃至万维网是一个开放性的全球信息网络。只要向有关网络服务商支付比本地电话费还要便宜的上网费,任何人都可通过联网电脑进入这个万花筒般的奇妙世界。在这个虚拟的全球电子市场上,人们可以像逛商店般地从一个网站跳跃到另一个网站,其间没有任何国界的概念。所谓"无边界经济"指的就是以这种全球信息网络为基础,以电子商务为核心的经济形态。

狭义的电子商务,是指在网络上进行的商业交易。"与传统商业活动不同的是,电子商务是在公共通信网络上,通过顾客、商家和银行之间的信息传递,完成整个交易过程,其特点是传统方式的浏览商品、定货、签合同、付款全部在网上实现,客户在有国际互联网接入的任何地方,可以自动完成所有的交易过程。"③广义的电子商务是以"数据电文"为形式的商务活动。联合国国际贸易法委员会 1996 年制定的《电子商务示范法》第二条(a)款规定:"'数据电文'是指利用电子的,可选择的或类似的方式,包括(但不限于)电子数据交换(EDI)、电子邮件、电报、电传或图文传真,产生、发送、接收或储存的信息。"④

电子商务包括对货物和服务的交易,数据化产品的网上交货、电子资金转移、电子股票交易、电子提单、商业拍卖、合作设计开发、健康咨询或网上门诊、旅游服务以及针对用户的直接广告和售后服务等。一般而言,直接通过网上交货或提供服务的,可称为直接电子商务,而在网上达成交易,然后通过传统方式交货或提供服务的,则是间接电子商务。WTO 前总干事鲁杰罗在谈到这两种电子商务形式

---

① 美国商务部于 1996 年 6 月在国际互联网上公布了一份题为"正在兴起的数据经济Ⅱ"。报告指出:信息技术正在改变着美国经济。电子商务(在万维网上的商业交易)和使电子商务成为可能的信息产业以前所未有的速度增长,并从根本上改变着美国人的工作、消费、交际与娱乐的方式。该报告全文,可查阅美国政府电子商务政策主页的网址:www.ecommerce.gov。

② 美国联邦储备委员会主席艾伦·格林斯潘所言。同前引"正在兴起的数据经济Ⅱ"。

③ 钱名海:"电子商务安全性与 CA 认证",99 上海电子商务国际研讨会(1999 年 6 月 15 日至 16 日)。

④ UNCITRAL, Model Law on Electronic Commerce(1996).

时，曾指出："作为第一种方式，表现为整笔交易都是以电子化方式来进行运作，最终产品业是以数字化信息流的形式传递给客户以完成交付。这种交易如果不说其全部，那么也应当说其绝大部分是属于服务贸易范畴。……作为第二种方式，电子商务表现为一种销售服务，即批发和零售服务。在这种销售服务中，将通过电子化方式来挑选、订购货物和支付货款，然而随之交付的却是实体货物。这类交易目前大多发生在那些大批量购买网上供应的货物的公司之间，但是通过互联网对公众进行零售服务——而这非常类似于邮购业务——也已开始出现。"①

目前，全球电子商务的发展非常快，1998年底，电子商务的交易额已达到430亿美元，预计到2003年，全球电子商务交易额将猛增至15000亿美元。同时，信息与网络技术也在继续发展和完善。最近未来的全球网络通信将更加低价便利、快捷安全。

二、技术因素对当代国际经济法的影响

上述国际经济关系中的技术因素增长，直接或间接地影响到当代国际经济法的发展。国际经济法是调整国际经济关系的各种法律制度或规范的总称。作为第一生产力的科学技术发展，必然使国际经济关系发生这样或那样的变化，从而要求新的国际经济法加以调整。这是一种客观规律。

1996年12月，在WTO第一次部长级会议上达成的国际多边货物贸易协议——《关于信息技术产品贸易的部长级宣言》，即《信息技术产品协议》(ITA)，反映了国际货物贸易中技术因素增长及其调整的需要。据该协议界定，信息技术产品包括六大类，即电脑、电信设施、半导体、半导体制造设备、软件、科学仪器。1996年，全球的办公设备与通讯设施贸易额就高达6260亿美元，占当年世界贸易量的12.2%，其中绝大多数为信息技术产品。②ITA就是为了适应和促进信息技术产品贸易的发展。该协议序言指出："考虑到信息技术产品贸易在信息产业发展和世界经济的动态扩张中所起的关键作用，确认提高生活水平和扩大货物生产与贸易的目标，期望在信息技术产品的世界贸易中取得最大限度的自由化，鼓励世界范围内信息技术工业的持续发展，关注信息技术对全球经济增长和人民福利的积极贡献，因而同意将1994年关税与贸易总协定马拉喀什协定书包括的关税减让表之外达

---

① 鲁杰罗在第九届国际信息产业会议上的演讲：《电子商务的全球性框架》，摘译见《世界贸易组织动态与研究》1999年第3期，第13页。

② 数据来源：WTO第二次部长级会议（日内瓦，1998年5月18日至20日）新闻背景材料（Press Pack）。

成的减让谈判成果付诸实施，并承认这些谈判成果也包括导致马拉喀什协定附加减让表的谈判所提出的某些减让。”①这说明ITA是乌拉圭回合谈判达成的关税减让协议之延伸。

截至2000年3月，ITA的参与方为36个（包括WTO成员和正在申请加入WTO的国家或单独关税区）。这些参与方的信息技术产品贸易量占世界总量的93%。根据ITA，这些参与方的大多数均已分阶段下调关税，并从2000年1月1日起，对协议规定的六大类信息技术产品实行零关税。这将大大地促进信息技术产品的国际贸易。1997年以后，ITA的成员又就扩大ITA的产品范围（主要是与电脑相关的电子消费品）和非关税措施问题，进行谈判（拟定的谈判成果被称为ITAII），原定于1999年12月在WTO第三次部长级会议上达成协议，但是，由于整个会议的失败，该协议亦不可能达成。

1998年2月5日、1999年3月1日先后生效的WTO《基础电信服务协议》和《金融服务协议》适应了信息时代人们对于电信、金融服务的需求，反映了这两个领域的技术进步与市场竞争的日趋激烈。这两项服务贸易的新协议是根据WTO《服务贸易总协定》(GATS)谈判而成，因此适用GATS的基本原则，包括市场准入的特定义务。具体地说，这两项协议的成员承诺在一定程度上开放其电信与金融市场。比如，目前加入《基础电信服务协议》的72个成员，大多数已提出并实施其市场开放表，包括允许在某一市场区域竞争性的电话服务提供，允许进入便携式移动电话市场，允许租赁线路服务市场的竞争。这表明世界各国电信市场的开放已呈不可逆转之趋势，只是时间先后，开放程度有所区别而已。这反映了现代电信已将全球联成一体，电信服务市场竞争已白热化。各国各地区为了增强其在该市场的竞争地位，将千方百计地提高相关技术水平。这种激烈的竞争态势会促使整个电信服务贸易的技术含量持续增长。

电子商务的兴起是世纪之交的一场技术和经济革命，将对当代国际经济关系产生不可估量的影响。为了适应这一发展，争取在未来国际经济关系中的有利地位，各国各地区都正在积极地调整其政策和竞相设计有关的制度，联合国国际贸易法委员会(UNCTRAL)、WTO和WIPO等也在紧锣密鼓地筹划新的协调体系。当代国际经济法领域中新的制度变革，势在必行。

1996年12月，联合国大会通过UNCTRAL的《电子商务示范法》。该示范法对电子商务中国际合同的成立与履行，尤其是数据电文的法律效力及其可接受性

---

① The WTO Ministerial Declaration on Trade in Information Technology Products，见WTO主页：www.wto.org。

和证据力，数据电文的传输规则等作了原则规定，供各国各地区参考制定有关的电子商务法。由于电子商务发展迅速。UNCTRAL 于 1998 年对该示范法第五条作了有关电子签名的修订，以满足网上交易的迫切需要。

1998 年 5 月，WTO 第二次部长级会议发表的《关于全球电子商务的宣言》，要求各国对电子输送的贸易不征关税。[①]直接电子商务的零关税意味着这是一种真正的"无边界"贸易。事实上，传统的海关难以对通过网络传送的数据化产品设关检查和征收关税。这种特殊的零关税是鼓励各国各地区通过网络输出产品和服务。在零关税的电子商务条件下，国际商业交易的性质发生了悄悄的，但可能是意义深远的变化：交易当事人，不论国籍，统统都在虚拟的全球电子市场上进行产品买卖或服务提供，并通过电子传送和支付，完成交易。由于交易不受任何关税限制，因此，发生国别或地区之别的因素可能是支付工具和方式的选择，比如当事人约定使用美国的 VISA 信用卡支付，意味着这一交易的最终结算地可能在美国。如果该信用卡银行与支付人所在的其他国家或地区的有关银行联网提供金融服务，那么通过网络购买数据化产品或接受服务的支付人可以在本地结算，相反，对买家和服务者而言，这是异地结算。可见，直接电子商务对电子化金融服务提出了前所未有的要求。对于直接电子商务中的纠纷处理应适用的法律问题，目前各国还没有找到合适的途径。

在这样一种新的国际商业交易基础上形成的国际经济关系中，主权国家的作用可能被减少到最低限度，甚至，国家对私人间的电子商务不作任何干预，因而，国家与国际的概念可能被"网络空间"所代替，国际经济关系变成了"网络经济关系"。

电子商务中的知识产权已成为国际知识产权界的"热点"。[②]1996 年 12 月，WIPO 通过了两项被称为"国际互联网条约"的《版权条约》和《表演与录音制品条约》，对涉及电子商务信息的版权、向公众传播权和复制权等作了原则规定。截至 2000 年 7 月，批准这两项条约的国家已分别达到 19 个和 16 个，预计在 2001 年可望达到条约规定生效的 30 个批准国。2000 年 5 月，WIPO 公布了《关于电子商务与知识产权问题的初步报告》，对数据环境中的版权与相邻权保护、电子商务类型的专利与软件专利、商标与域名的关系以及如何在电子商务中保护驰名商标或反不正当竞争，逐一作了详细的评析。[③]该政策性报告归纳了近年来 WIPO 探讨协调

---

① World Trade Organization Ministerial Conference(Second Session, Geneva, 18 and 20 May, 1998), Decalration on Global Electronic Commerce, WT/MIN(98)/DEC/2.

② 可参见张乃根：《论全球电子商务中的知识产权》，《中国法学》1999 年第 2 期。

③ Primer on Electronic Commerce and Intellectual Property Issues (May, 2000)，全文可下载于：http://ecommerce.wipo.net/primer/index.html。

电子商务中知识产权的重要建议，对于国际社会或各国各地区加强有关立法具有重要指导意义。值得一提的是，其中包括了 1999 年 9 月 WIPO 大会与巴黎同盟大会采纳的《关于保护驰名商标的共同建议》(《共同建议》)。中国等 120 个 WIPO 成员国所签署的这一《共同建议》规定了有关主管机构在认定其地域内的某商标是否驰名时可以参照的因素，并且明确：如果某域名，或该域名的实质部分构成了对某驰名商标的复制、仿制、译制或音译，应视为与该驰名商标的冲突，并且认定该域名的使用或注册为“恶意”。尽管该《共同建议》不具有国际条约的效力与作用，但是，这不失为各成员国保护与电子商务有关的驰名商标的指南。

总之，科学技术的发展是人类进步的体现。经济全球化中的技术因素，对于形成新的国际经济关系以及相应的国际经济法，具有极其重要的作用。研究这种作用，有助于认识、把握当代国际经济法的发展趋势。

The Elements of Technology in International Economic Relation and Their Influence on Legal System

Abstract: Human being has entered into the new era of economic globalization, internet-based communication and electronic commerce. The rapid development of science and technology is the stronger engine promoting global economic integration. Within this background, it is observed that the technological elements are increasing continually in international trade and investment as changing international economic relation and governing laws. In particular, the global electronic commerce reflects the inter-actions of international economic relation and development of science and technology. The international economic law is the legal system as a whole to govern the international economic relation. As the development of science and technology, the international economic relation certainly will be changed somehow, which needs new governing laws. It is a rule in reality.

Keywords: Economic globalization; International economic relation; Science and technology; International economic law

国际经济法的主权原则*

内容摘要：国际经济法是调整国际经济关系的新兴法律部门。主权原则是国际法上公认的最基本原则。无论从理论上，还是从国际经济法的发展历史及我国发展对外经济关系的现实来看，主权原则也是国际经济法最基本的原则。随着国际关系的变化发展。在不同历史时期，主权原则具有不同的内容。在调整不同的国际经济法律关系时，主权原则表现各异。对此应作具体分析。在国际法学术界，对何为国际经济法的基础以及基本原则之间的相互关系，有不同的观点，本文对此作了一定分析。

关键词：国际经济法；主权原则；基础

国际经济法是调整超越一国范围的经济法律关系的新兴法律部门。超越一国范围的经济法律关系（国际经济法律关系），从各国间关系看，是国家间经济法律关系；从一国角度看，则是对外经济法律关系。调整这种复杂的国际经济法律关系有许多原则、规则和规章、制度，其中主权原则是最基本的原则。

一

从一般法律观点看，基本原则是指调整一定法律关系的基本准则，其精神贯穿于一定法律部门各种具体原则、规则和规章、制度之中。主权原则作为国际经济法最基本的原则，有其深刻的社会历史原因。

从理论上说，凡是调整超越一国范围的法律关系，都以维护国家主权为最基本的原则。众所周知，主权原则是国际法上公认的最基本的原则。同时它也是国际私法最基本的原则。近代英美国际私法的奠基人斯托雷所提出的关于涉外民事法律关系的管辖问题和法律适用问题的三大原则①，其核心就是主权原则。从现代各国普遍承认的一整套冲突规范及其适用制度的实质来看，共同的也都是为了限制外国法的效力或在维护本国统治阶级利益的前提下适用外国法。国际经济法是第二次世界大战后发展起来的新兴法律部门，至今尚未形成一套完整的法律体系。

---

* 法学学士的学位论文（国际法专门化班张乃根；指导教师余先予）。选自华东政法学院教务处：《华东政法学院毕业论文选》（一九八三届），1983年11月，第92—96页。

① 华东政法学院国际法教研室：《国际私法》，1982年，第32页。

关于它的调整范围，学术界争论颇大。比较一致的看法是：狭义的国际经济法调整国家间的经济关系，广义的则包括调整一国对外经济关系。本文所提到的国际经济法便是广义的。这种国际经济法与传统的国际公法和国际私法不同，它所调整的对象既非单纯国际政治关系，也非一般涉外民法关系，而是与这两者有密切关系的国际经济法律关系。联合国大会一九七四年十二月十二日通过的《各国经济权利和义务宪章》(以下简称《宪章》)明确规定各国间的经济关系，如同政治和其他关系一样，首先受国家主权原则的指导。①每一个国家发展其对外经济关系，根本目的也在于促进本国经济，因此都以维护本国主权和根本利益为最基本的准则。由此可见，主权原则也是国际经济法最基本的原则。

从国际经济法的发展历史来看，主权原则是建立新的国际经济秩序的基本原则。战后形成的以美国为主导地位的国际经济秩序建立在殖民主义体系之上，以国际贸易自由化为核心，以布雷顿森林协定、《关税及贸易总协定》为支柱。在这种旧的国际经济秩序下，富国愈富、穷国愈穷。因此，从六十年代起，发展中国家团结起来，强烈要求改革旧的国际经济秩序，建立新的国际经济秩序。这种革旧立新便是《宪章》所宣布的："在所有国家，不论其经济及社会制度如何，一律公平，主权平等，互相依存，共同利益和彼此合作的基础上，促进建立新的国际经济秩序。"②其中主权平等是前提。只有坚持主权平等，发展中国家才能维护其政治独立，争取到经济独立。

从发展我国对外经济关系来看，维护我国主权和独立更是最基本的原则。我国是发展中的社会主义国家。我们要在坚决支持第三世界国家争取建立新的国际经济秩序同时，实行对外开放政策，目的是为了增强我国自力更生的能力。这是指导对外经济关系的根本方针。为了适应对外经济关系的发展，近几年，我国先后制定和颁布了一系列涉外经济法规，其首要原则就是维护我国的主权和独立。

综上所述，无论从理论上，还是从国际经济法的发展历史及我国发展对外经济关系的现实来看，主权原则都是国际经济法最基本的原则。

二

随着国际关系的变化发展。在不同历史时期，主权原则具有不同的内容。在调整不同的国际经济法律关系时，主权原则表现各异。对此应作具体分析。

传统国际法的主权原则限于政治方面，而战后，由于发展中国家坚决要求改变旧的国际经济秩序，建立新的国际经济秩序，"国家主权已经不限于政治方面，而发

①② 《各国经济权利和义务宪章》，载《国际法资料选编》，1982 年，第 783 页以下。

展到经济方面，甚至到文化方面，经济主权的概念已经开始树立起来了。”①因此，与以往不同，当代的主权原则，作为一个完整的概念，包括政治主权和经济主权两方面。前者是“国家独立自主地处理自己内外事务，管理自己国家的权力”②；后者是“每个国家对其全部财富、自然资源和经济活动享有充分的永久主权”③。这两方面相互联系，不可分割，成为一体。但它在调整不同性质，不同方面的国际法律关系时，侧重点不同。

以下试从国家间经济法律关系和我国对外经济法律关系这两方面对国际经济的主权原则作些分析。

(一) 调整国家间经济法律关系的主权系则

根据《宪章》第一章规定，首先要尊重“各国的主权。领土完整和政治独立”；承认“所有国家主权平等”。就国际经济法而言，这种政治主权具体表现为《宪章》第二章第一条的规定：“每个国家有依照其人民意志选择经济制度以及政治、社会和文化制度的不可剥夺的主权权利，不受任何形式的外来干涉、强迫或威胁。”这些规定的精神贯穿整部《宪章》。除了第二条具体规定各国享有的经济主权，其他各条，如第四、七、十、十六、十七、二十六、三十二条都从各方面规定在调整国家间经济法律关系时，必须互相尊重对方的社会经济制度，不得干涉他国内政。这是各国行使其经济主权的前提。

根据《宪章》第二章第二条，各国的经济权利主要是对其全部财富、自然资源和经济活动享有充分的永久主权。这是政治主权的保障。它具体表现为：

1. 对自然资源享有的永久主权。《宪章》第二条第一款规定：每个国家对其自然资源享有包括拥有权、使用权和处置权在内的充分的永久主权。这种主权的范围已从领陆、领海扩展到大陆架和专属经济区。

2. 对外国投资享有的管理权。这是国家行使其经济主权的重要表现。《宪章》第二条第二款(a)项规定：“每个国家有权，按照其法律和规章并依照其国家目标和优先次序，对其国家管辖范围内的外国投资加以管理和行使权力。任何国家不得被迫对国外投资给予优惠待遇。”

3. 对外国自然人、法人尤其是跨国公司的活动享有管理监督权。《宪章》第二条(b)项规定：“管理和监督其国家管辖范围内的跨国公司的活动，并采取措施保证

---

① 王铁崖：《第三世界与国际法》，载《中国国际法年刊(1982)》，第 28—29 页。

② 王铁崖主编：《国际法》，法律出版社 1981 年版，第 68 页。

③ 《各国经济权利和义务宪章》，载《国际法资料选编》，1982 年，第 783 页以下。

这些活动遵守其法律规章和条例及符合其经济和社会政策，跨国公司不得干涉所在国的内政。”这对于各国行使其经济主权，维护其政治独立，十分必要。

4. 对外国财产实行国有化的权利。这是保证国家自由行使永久经济主权的重要手段。在1962年联合国大会《关于天然资源之永久主权宣言》中已经确认国有化权利。①现在国有化的焦点是补偿问题。《宪章》第二条(c)项反映了发展中国家的要求，明确规定：“由采取国有化的国家给予适当的赔偿，要考虑到它的有关法律和规章以及该国认为有关的一切情况。”

5. 国家财产豁免权。这是国家行使其经济主权的必要保证。国家财产豁免权导源于国家主权原则，因而是绝对的，不可分割的。国家从事国际交往的财产(无论何种用途)，均应享有豁免权。当然，为了扩大对外经济交往，一国可以主动放弃其由国营公司独立经营的那一部分国家财产豁免权。但是放弃豁免和限制豁免迥然不同。

概括以上表现，简言之：各国享有独立自主地发展民族经济的权利。

(二) 调整我国对外经济关系的主权原则

首先须维护国家主权和独立。这在与超级大国的经济交往中尤为重要。重点是坚决维护对我国一切自然资源和对外经济活动的主权。具体表现如下：

1. 对开发自然资源的主权。如《中华人民共和国对外合作开采海洋石油资源条例》第一条规定：“为促进国民经济的发展，扩大国际经济技术合作，在维护国家主权和经济利益的前提下允许外国企业参与合作开采中华人民共和国海洋石油资源。”②

2. 对中外合资经营企业的管理权。中外合资经营企业是中国法人，因此依《中华人民共和国中外合资经营企业法》第二条第二款规定：“合营企业的一切活动应遵守中华人民共和国法律、法令和有关条例规定。”③其他条款，如第三、第六、第八条第二款和第十四条则体现了这一精神。

3. 对经济特区内一切活动的管理、监督权。如《广东经济特区条例》第三条规定：“特区内的企业和个人，必须遵守中华人民共和国的法律、法令和有关规定。本条例有特别规定的，按照本条例的规定执行。”④

4. 对外贸活动的管理权。其中突出表现在海关、进出口管理和外汇管理方面。

---

① 《关于天然资源之永久主权宣言》，载《国际法资料选编》，1981年，第20页。

② 《人民日报》1982年2月11日第3版。

③ 《国际私法参考资料》(一)北政、人大国际法教研室1981年，第190页。

④ 同上书，第224页。

如《暂行海关法》(1951 年)第一条规定:“中华人民共和国一切海关机关及其业务,由中央人民政府海关总署统一管理之。”[①]《外汇管理暂行条例》(1980 年)第二条第一款规定:“中华人民共和国对外汇实行由国家集中管理,统一管理的方针。”[②]

5. 司法、仲裁管辖权。《中华人民共和国民事诉讼法》(试行)第一百八十五条规定:“外国人,无国籍人,外国企业和组织在中华人民共和国领域内进行民事诉讼,适用本编规定。”第二十章各条对涉外仲裁的管辖权及若干程序作了规定。

通过以上分析,我们可以将国际经济法主权原则的基本特点归纳如下:

1. 以政治主权为基本前提。假如一个国家没有独立自主地处理自己的内外事务,管理自己国家的权利,那么就不可能对其全部财富、自然资源和经济活动享有充分的永久主权。

2. 以经济主权为重点。这是国际经济法主权原则与国际公法和国际私法上主权原则的显著区别。

3. 在调整不同国际经济法律关系时表现不一;各国在维护自己经济主权时侧重点不同。

4. 必须互相尊重对方主权。只有这样,整个国际经济活动才能得以正常进行。

三

调整国际经济法律关系有许多基本原则,其中最基本的是主权原则。这本身就说明了主权原则在国际经济法基本原则体系中所占的地位。但是,在国际法学术界,对何为国际经济法的基础以及基本原则之间的相互关系,有不同的观点,笔者在此谈点一孔之见。

关于国际经济法的基础。法国国际经济法学者卡罗在其《国际经济法》中提出:国际经济法的基础是“相互依赖原则”[③]。他认为“相互依赖原则是国际经济法的基本原则,而主权原则在国际经济法上,仅发挥例外的作用”[④]。卡罗的观点是不正确的。所谓国际经济法的基础,实际上就是国际经济法最基本的原则。首先应该指出,战后,世界经济迅速发展,使各国经济进一步在不同程度上相互联系。但相互联系不等于相互依赖。相互联系是世界经济内在统一性的表现;相互依赖则是南北关系中的突出现象。其次如《建立新的国际经济秩序宣言》所说:“在发展

① 《国际私法参考资料》(一)北政、人大国际法教研室 1981 年,第 98 页。

② 同上书,第 53 页。

③④ 卡罗:《国际经济法》法文本 1980 年版、译文载《国外法学》1982 年第 5 期,第 38 页。

方面的国际合作是所有国家都应具有的目标和共同责任。”①这是从相互联系中引申出来的国际合作以谋发展的原则，但这并不是相互依赖原则。按《宪章》序言规定：国际合作以谋发展是“在严格尊重每个国家主权平等的前提下，并通过整个国际社会的合作，促进集体经济安全以谋发展，特别是发展中国家的发展”②。而卡罗所说的互相依赖原则并非以互相尊重主权为前提，只强调依赖，不提发展。显然，这与国际合作以谋发展原则大相径庭，不能混为一谈。从国际合作以谋发展以互相尊重国家主权为前提这一点来看，毋庸置疑，主权原则是国际经济法的基础。

关于国际经济法的诸基本原则。英国国际法学家G.J.斯塔克在《国际法导论》中主要根据《宪章》归纳了八项“具有普遍意义的国际经济法原则”③。其中有些是具体原则，如废除进出口数量限制（第5项）、简化海关手续（第6项）。斯塔克的论述反映了西方学者的一般观点。首先他强调维护旧的国际经济秩序，这突出表现在他将普遍实行最惠国待遇列为首项原则，而在发达国家与发展中国家之间的贸易中，适用最惠国待遇必然导致事实上的不平等。其次他注意到发展中国家的要求，如在第四、八两项原则中专门提到发展中国家。最后应特别指出斯塔克只字不提主权原则。由此可见，作为一个西方学者，因其立场限制，很难概括出符合各国人民根本利益，调整国际经济法律关系的诸基本原则。

本文认为，从广义国际经济法出发，根据《宪章》等文件的精神，可以将国际经济法的基本原则归纳为以下三条：

1. 主权原则。具体内容如本文第二部分所述。

2. 平等互利原则。这是“形式和实质平等的权利。”④

3. 建立国际经济新秩序的原则。这在当前乃至今后相当长的历史时期内，都是建立新型国际经济法的基本原则。其重点是加强各种国际合作，改变南北关系中的不合理状况，促进各国，尤其是发展中国家的经济发展。

这三项基本原则相互间具有不可分割的内在联系。其中主权原则是基础；平等互利原则从主权原则引申而生，保证主权原则的实现，是调整各种国际经济法律关系，适用性最普遍的原则，建立国际经济新秩序原则以前两项原则为前提，是实现这两项原则的结果。三者形成一个基本原则体系，调整极其复杂的国际经济法律关系。当然，要使这些基本原则具有严格意义上的法律拘束力，必须通过各种国际条约和各国国内立法予以确定。

---

① 《建立新的国际经济秩序宣言》，载《国际法资料选编》，1982年，第768页。

② 《各国经济权利和义务宪章》，载《国际法资料选编》，1982年，第783页以下。

③ [英]斯塔克：《国际法导论》英文本，1978年版，第402页。

④ [孟]卡马尔、侯赛因：《新的国际经济秩序的法律方面》，《国际法学》1980年第6期，第48页。

总括全文，笔者认为，为了更好地促进建立新的国际经济秩序，积极发展对外经济关系，加速四个现代化，我们应该认真研究国际经济法和国际经济法学，其中对国际经济法主权原则的探讨，具有重要的理论意义和实践意义。

The Principle of Sovereignty in International Economic Law

Abstract: International economic law is an emerging legal system governing international economic relation. The principle of sovereignty is widely recognized as the primary basic principle of international law. It is also the primary basic principle of international economic law, if it is observed from either theoretical perspective or historical development of international economic law as well as China's foreign economic relation. The principle of sovereignty has different contents for different regulatory international economic relations, which should be analyzed in case by case. It is controversial to understand the basis of international economic law and its relation to the primary basic principle. This article makes a brief analysis in this regard.

Keywords: International economic law; Principle of sovereignty; Basis

第四编　分　论

国际秩序中的国际法

第四编分论"国际秩序中的国际法"的18篇论文，涵盖条约法、领土法、国际人道法、国家豁免法、国家责任法、外交保护法、和平解决国际争端法等领域。这些领域，或已有生效公约或条约，如《维也纳条约法公约》和《国际法院规约》、诸多国际人道法公约等；或公约已缔结未生效，如《联合国国家及其财产管辖豁免公约》；或联合国国际法委员会已通过条款草案，如《国家对国际不法行为的责任》条款、《外交保护条款》，其中不乏已确立的国际习惯法，如领土法。这些公约、条款草案和习惯国际法对于调整相关领域的国际关系具有十分重要的规范作用，因而可称为"国际秩序中的国际法"。与前三编侧重于国际法与国际秩序的宏观研究，本编主要是国际秩序中的国际法某些具体领域的微观研究。

条约法项下，共11篇论文，主要与条约解释有关，分述如下：

论条约批准的宪法程序修改　撰写于2004年3月第四次修改我国1982年宪法前夕（大约2003年12月）。这既是反思2001年12月我国加入WTO时的批准程序所引起的宪法问题，也与当时正在研究WTO争端解决的条约解释问题有关，因为条约批准是对一国产生条约性国际义务，进而可能发生条约解释争议的前提。该文的建议并未受到重视。这折射了国家最高立法机关对条约在我国法律体系中的地位认识不足（2011年宣布建成的中国特色社会主义法律体系未提及我国批准的条约）。我国国际法学界对此提出质疑。见刘楠来："国际条约是中国特色社会主义法律体系不可或缺的一部分"（载《国际法研究》第四卷，中国人民公安大学出版社2011年版）。

条约解释的国际法实践及理论探讨　撰写于2009年初，中英文先后在《国际法研究》2009年第三卷和《加拿大社会科学》2010年第6期发表。2005年我在初步完成对WTO争端解决中的条约解释问题研究（有关论文编入《WTO法与中国涉案争端解决》，上海人民出版社2013年版，获2014年上海市哲学社科优秀成果著作一等奖）之后，便对国际法院自1994年后有关条约解释的实践做进一步系统研究，以便较全面地了解条约解释的国际法实践，并探讨其理论来源。

条约解释规则的理论渊源及其演变　撰写于2013年4月，递交当年中国国际法学会年会交流，经修改发表于《中国国际法年刊(2013)》。该文是上篇的续篇，旨在探讨近四百年国际法史上，格劳秀斯、瓦特尔的条约解释理论、二十世纪三十年代《哈佛条约法公约草案》和六十年代联合国国际法委员会对《维也纳条约法公约》的评注之间的关联性，追溯当代国际法实践中的条约解释之理论渊源。2012年暑期，我曾专程前往哈佛大学法学院图书馆，查阅有关文献资料，为该文撰写打下了很好基础。李浩培先生的《条约法概论》之学术水平，吾辈难以超越。我打算择取条约法中的条约解释问题，撰写一部比较系统、理论结合实际的《条约解释的国际法》（上下卷，上海人民出版社2019年版，获2022年上海市哲学社科优秀成果著作一等奖），追随前辈，拓展其研究的某一方面。

探析条约解释的若干问题：国际法与国内法的视角 撰写于2015年下半年，翌年递交中国国际法学会学术年会交流，会后经修改由《国际法研究》发表。这是我当时正在写作的《条约解释的国际法》一书上卷第一编引论第二章“条约解释的一般国际法问题”中的部分内容，着重分析国际法与国内法上的条约解释、条约解释的习惯国际法、WTO争端解决中的条约解释与法律解释、条约解释中的“嗣后协调与实践”等问题。

ICSID仲裁的条约解释：规则及其判理 撰写于2018年8月，是应《经贸法律研究》（创刊号）约稿而作。主要内容为当时正在写作的《条约解释的国际法》下卷有关国际投资法的条约解释的部分内容。根据对“解决投资争端国际中心”（ICSID）的英文裁决文书较系统的研读，择取典型案例，力图对ICSID仲裁实践适用的条约解释规则的情况，作出较客观的评析。

ICSID仲裁中的有效解释原则：溯源、适用及其略比 撰写于2016年11月，是应《武大国际法评论》（期刊创刊号）约稿而作。主要内容也是基于正在写作的《条约解释的国际法》有关章节，对在国际裁判实践中对于条约解释尚有某种不确定性的“有效”（effectiveness）原则的由来及其在ICSID投资争端解决中的适用进行较深入分析，并与国际法院适用该原则的实践相比较，以期更好地理解、掌握该原则，应对日益增多的涉华ICSID仲裁。

国际经贸条约的安全例外条款及其解释问题 撰写于2020年9月，递交清华大学于同年10月召开的“WTO成立25周年法律研讨会”交流，会后经修改刊登于翌年《法治研究》第1期，并收录于2022年出版的《国际争端解决研究》（第一卷）。在WTO多边贸易体制和众多双边投资保护协定中，国家安全例外是被告违反条约规定的抗辩依据，可谓最后一个“安全阀”，通常非到不得已才用。然而，近些年，该抗辩依据频频出现在国际经贸争端解决中，值得研究。本文从条约解释角度，对此作了初步分析。

试析条约解释的“判理稳定性”——以国际法院和世界贸易组织晚近案例为例 撰写于2021年8月，递交同年10月复旦大学法学院举办的“晚近国际争端解决中的条约解释问题研讨会”交流，会后经修改由《荆楚法学》刊用发表。这是在《条约解释的国际法》有关章节的基础上，进一步对国际裁判机构的条约解释实践显现的学理（判理）是否具有一定的稳定性，以及“判理”与“先例”的关系，展开论述，并认为国际法院和WTO的晚近案例证实：具体的条约解释“判理稳定性”对嗣后同类案件的审理具有重大指导作用。

上诉机构的条约解释判理或先例之辩——兼论 WTO 争端解决机制改革 应《国际经济评论》约稿，撰写于 2018 年 12 月，由该刊翌年第 2 期发表，英文载《WTO 与中国学刊》2019 年第 1 期发表。当时，中国法学会世界贸易组织法研究会正在组织有关 WTO 改革方案的专家论证。针对美国指责 WTO 争端解决上诉机构的审理以其先前涉案条约解释的判理作为“先例”而主张相关改革，本文从理论与实际的结合上对判理与先例的一般理解，上诉机构有关条约解释的判理性质，以及判理稳定性与事实上的先例问题，作了较系统深入的分析，由此提出旨在相关机制完善的改革建议。

试析条约解释规则在我国法院的适用 撰写于 2022 年 10 月，递交同年 11 月复旦大学法学院举办的“条约解释的国际法与国内法新实践研讨会”交流，会后经修改，由《国际法学刊》翌年第 1 期发表。随着最高人民法院有关司法文件明确各级人民法院在适用我国加入的经贸相关国际条约时，应严格依照《维也纳条约法公约》(VCLT)解释规则，解释涉案条约，条约解释规则在我国法院的适用，被提上了更加重要的地位。本文对我国法院适用条约解释规则的依据，VCLT 和《国际货物销售合同公约》解释规则，以及条约一致的解释原则在我国法院的适用进行了评析，并建言建立健全有关条约的司法解释机制。

试析国内与国际视域下条约解释的协调规则 撰写于 2023 年 6 月，主要针对最高人民法院 2002 年关于审理国际贸易行政案件若干问题的规定和 2022 年关于涉外海商事审判工作会议纪要所涉条约解释一致的原则，以及国内学界有关研究，比较美国与中国的司法实践以及国际法院、WTO 的裁判实践，从条约解释的协调角度，进行较全面深入的分析，并对完善我国法院相关适用条约解释规则的机制，提出建议。该文由《武大国际法评论》2024 年第 2 期发表。

领土法项下，和平解决领土及海洋权益争端的良法善治 这是本文集交付出版之后，根据出版要求，替换原汇编的论文《中国对南海诸岛屿领土主权的一般国际法依据》。2024 年 3 月，应中国政法大学《论法论坛》约稿而作。以习近平总书记有关加强涉外法制建设的重要讲话为指导，以和平解决领土及海洋权益争端的国际法实践为例，分析有关可适用法和管辖权问题，研究国际良法促进全球善治，阐明我国相应立场。本文由《政法论坛》2024 年第 3 期发表，并被《中国社会科学文摘》2024 年第 7 期转载。

国际人道法项下，试论康德的国际人道法理论及其现实意义 本文撰写 2004

年夏。起因是我负责复旦大学与红十字国际委员会(ICRC)合作,于同年10月举行“武器与国际人道法研讨会”。本文旨在递交该会交流。经修改,又递交同年12月上海市社会科学界学术年会,并作为优秀论文收入年会文集。本文结合研究康德的《永久和平论》《法哲学》等论著,提出了“现实的”国际人道法(日内瓦人道法体系及海牙战争法体系)与“理想的”国际人道法之分的观念,实际上,这是我对整个国际法体系内在矛盾的进一步思考。

国家豁免法项下,国家及其财产管辖豁免对我国经贸活动的影响　本文是2004年12月2日联合国大会通过《国家及其财产管辖豁免公约》之后,应《法学家》编辑部约稿在翌年第6期专栏上发表。发表时有所删节,全文编入本文集。

国家责任法、外交保护法项下,试析《国家责任条款》的“国际不法行为”、外交保护中的公司国籍新论 2篇论文均是应外交部要求对联合国国际法委员会修订有关条款草案提出建议而进行专题研究后撰写,先后于2007年、2008年发表。近十多年来,我比较注意理论联系实际研究国际法、WTO法(包括争端解决、贸易相关知识产权等),先后应邀参加外交部、商务部的一些对策性研讨会或专题研究,并经我国政府推荐和WTO批准为争端解决指示性名单专家、外交部国际法咨询委员会委员和顾问。“天下兴亡,匹夫有责。”因此,我虽擅长于国际法基本理论和一般问题研究,然而,与国家管辖、国家豁免、国家责任和外交保护等相关的具体问题研究也促使我不断学习、钻研。

和平解决国际争端法项下,试析国际法院的管辖权先决程序规则,本文撰写于2020年4月至6月。当年年初在我国最先暴发并在全球大流行的新冠肺炎疫情,引起很多国际法问题。第二编分论的**构建人类卫生健康共同体的若干国际法问题**一文主要论及实体法问题,本文涉及程序法问题。当疫情在欧美流行之初,就有不良政客鼓动在美国或国际上就所谓追责,诉告中国政府。同年3月,应复旦大学有关研究机构要求,就美国第一起涉华疫情诉讼案的法律对策,向中央领导提出建议,获得批阅;同时就相关实体性国际法撰文,部分内容在《人民日报》发表。然后未雨绸缪,就我国可能在国际法院应对涉华疫情诉讼,我研究了有关管辖权先决程序规则,撰写本文,先后在同年4月中国国际法学会组织的“国际公共卫生安全与国际法网络研讨会”(内部)和10月由外交学院举办的“国际法中的管辖权问题”学术研讨会上交流,再经修改,在《国际法学刊》2021年第2期发表。

论条约批准的宪法程序修改*

内容摘要:条约批准程序是宪法体系的重要组成部分。1982年宪法是在我国改革开放初期制定的,有关条约批准的宪法程序已不适应当前我国应对复杂多变的国际形势的需要,亟待修改。本文结合我国加入WTO的实践,扼要论述了现行条约批准的宪法程序及其弊端,并提出了若干修宪建议。

关键词:条约批准程序;修改宪法

1982年宪法施行至今,已于1988年、1993年、1999年修改3次。最近,为了适应新的历史条件下我国社会的政治经济发展,修宪再次提上议事日程。以往修宪集中于序言关于社会发展阶段、国家根本任务和政党制度,以及总纲和其他章节关于经济体制、以法治国和维护社会秩序等条款,但是,对完善对外关系的条约批准程序,却未予以重视。中国加入世界贸易组织(WTO),所面临的对外关系更加复杂,现行的条约批准的宪法程序已不适应形势需要,对于维护我国的国家利益极为不利。前车之覆,后车之鉴。如今该是考虑修改我国对条约批准的宪法程序之时。

一、现行条约批准的宪法程序及其弊端

现行条约批准的宪法程序见诸1982年宪法六十二条(十四)款、第六十七条(十四)款和(十八)款、第八十一条、第八十九条(九)款。这些条款包括了两种条约批准程序。

第一是与战争和和平有关的条约批准程序,即,全国人民代表大会有权"决定战争和和平的问题",全国人大常委会有权"在全国人民代表大会闭会期间,如果遇到国家遭受武装侵犯或者必须履行国际间共同防止侵略的条约的情况,决定战争状态的宣布"。可以理解,全国人大决定战争与和平的权限包括批准缔结有关条约。1982年《宪法》实施以来,尚未发生过此类情况。

第二是和平时期的条约批准程序,即,全国人大常委会有权"决定同外国缔结的条约和重要协定的批准和废除",国家主席有权根据全国人大常委会的决定,"批准和废除同外国缔结的条约和重要协定";国务院有权"管理对外事务,同外国缔结

* 原载《政治与法律》2004年第1期,第17—19页。

条约和协定”。

但是，根据第二类条约批准程序，重要协定与一般协定的区分不明，导致一些诸如二十世纪九十年代若干中美知识产权协定此类实际上的重要协定均未履行全国人大常委会的批准程序。至于全国人大，除了在第一类条约批准程序上有可能行使条约批准权，在第二类条约批准程序上却没有明文规定的宪法权限，这不仅极大地限制了全国人大全面地行使其最高立法权，而且使得一旦全国人大通过的基本法律与全国人大常委会批准的条约和重要协定之间发生抵触，何者优先适用，成为“进退两难”的问题：根据立法权限，前者优先，但是，根据《民法通则》第一百四十二条，后者优先，即，我国缔结或参加的国际条约同我国民事法律有不同规定，除我国声明保留条款外，适用国际条约的规定。对于处在日益开放环境下的我国法律体系而言，这些不能不说是亟待解决的重大宪法问题。

笔者曾于 1999 年修宪时撰文，从国际法与国内法的关系阐明了我国现行条约批准程序的严重缺陷，[①]同时，还结合当时中国即将加入 WTO 的现实，探讨了如何从完善条约批准的宪法程序上来切实保障我国的重大政治经济利益。[②]可是，法律学人的意见并没有引起政治家的重视。

2001 年 11 月 11 日，我国政府代表在卡塔尔首都多哈与 WTO 签署了《中华人民共和国加入世界贸易组织议定书》(《议定书》)，并当即递交了全国人大常委会关于加入 WTO 的批准书，从而以无法想象的最快速度使我国在 30 天后正式成为 WTO 的第 143 个成员。但是，该批准书并不是我国政府签署上述《议定书》之后，由全国人大常委会根据宪法程序批准的，而是依据全国人大常委会事先的一项决定而批准的。2001 年 11 月 9 日新华社公布该决定内容：

> 2000 年 8 月 25 日第九届全国人民代表大会常务委员会第十七次会议通过了关于我国加入世界贸易组织的决定。
>
> 会议认为：我国作为世界上最大的发展中国家，加入世界贸易组织，有利于我国改革开放和经济发展，也是建立完整开放的国际贸易体系的需要。我国加入世界贸易组织，只能以发展中国家的身份加入，并坚持权利与义务平衡、循序渐进开放市场的原则，以确保国家控制国民经济命脉，维护国家经济安全和国家主权。
>
> 根据第十五次会议以后我国加入世界贸易组织谈判的新的进展情况，本次会议决定：同意国务院根据上述原则完成加入世界贸易组织的谈判和委派

① 参见张乃根：《重视国际法与国内法关系的研究》，《政治与法律》1999 年第 3 期，第 11 页。

② 参见张乃根：《论 WTO 与我国的法律保障机制》，《复旦学报》(社会科学版) 1999 年第 5 期，第 7 页。

代表签署的中国加入世界贸易组织议定书，经国家主席批准后，完成我国加入世界贸易组织的程序。①

与其说这是全国人大常委会根据宪法程序批准《议定书》的决定，不如说这是类似授权谈判和签署《议定书》的决定。但是，按照宪法条款，全国人大常委会既没有事先批准条约和重要协定的权限，也没有授权国务院谈判和签署条约和重要协定的权限（国务院要么自行谈判和签署一般的协定，要么将签署的条约和重要协定提交全国人大常委会批准，宪法没有规定授权条款）。因此，笔者只能得出结论：全国人大常委会作出的该项决定是违宪的。

有人认为，我国加入WTO是2001年中国人民生活中的几件"大喜事"之一。言外之意，法律学人大可不必去计较全国人大常委会的决定是否违宪。笔者在中国加入WTO前夕曾撰文指出："这是根本无法以'喜'或'悲'，'好'或'坏'来表示的事。中国入世，利弊参半。关键在于如何趋利避害。"②且不说在违宪这样涉及安邦治国的头等大事上，决不能以全国人大常委会所决定事项的可能结果如何来评判是非，更何况恰恰在我国入世的重大问题上，由于全国人大常委会，更不用说是全国人大，根本就没有机会详细地审议《议定书》（连中文《议定书》都是在中国正式入世后45天才由官方公布，还如何谈得上审议呢?）③，一些对于我国政治经济利益极为不利的条款没有得到最高立法机构的审议。如《议定书》以及《工作组报告》中关于反倾销特别待遇、过渡性特别保障和纺织品特别保障所谓三大"特别"制度，④对于我国入世后发展对外贸易，犹如咽喉鱼刺，致命后果日渐突出。有人认为，这些都是在不得已的情况下所做的政治决策或让步，以结束长达十多年，变数颇多的艰难谈判，争取中国入世的最大利益。如果以这样的国际政治博弈来解释违宪的"合理性"，那么我国宪法的权威就不复存在，1999年《宪法修正案》第三条规定的"依法治国"就成为一句空话，因为宪法是国家根本大法，而国家机关依照宪法办事又是"依法治国"之根本，来不得丝毫马虎。同时，就国际谈判的策略而言，我国政府谈判代表没有最高立法机构的最后审议作为谈判桌上可利用的后退保障，那么只能被对手抓住底牌，一逼再逼。至于考虑海峡两岸关系的特殊因素而采取特殊批准程序，看来也并非需要抢先在签署之时立即递交批准书，连最起码的事

---

① 《新闻晨报》（沪），2001年11月10日第1版。

② 参见张乃根：《反思WTO：全球化与中国入世》，《当代法学研究》2001年第3期，第11页。

③ 《中华人民共和国加入世界贸易组织议定书》（新华社播发，新华社北京2002年1月25日电），《光明日报》2002年1月26日第4版。

④ 参见《议定书》第15条关于反倾销价格认定的非市场经济特别规定，第16条特定产品过渡性保障机制，《中国入世工作组报告》第242段关于纺织品特别保障条款。

后宪法批准程序都不管了。笔者认为，关键原因是现行条约批准的宪法程序本身已经不适应形势需要，宪法作为根本大法的观念在许多方面也还未真正融入制度性安排。

二、修改条约批准的宪法程序之建议

以笔者一孔之见，此次修宪应该结合在我国建立违宪审查制度这一重大问题，考虑修改现行条约批准的宪法程序。

首先，建议宪法第六十二条（十四）款之后新增一款：全国人民代表大会有权“决定同外国或国际组织缔结的重要条约或特别重要的协定”（顺便建议，有关条约批准条款均增加“国际组织”作为国际法的主体）。在具体实施中，由全国人大常委会决定哪些条约是重要的，哪些协定是特别重要的。考虑到我国已于 1997 年 5 月 9 日决定加入《维也纳条约法公约》，[①]相关的 1990 年 12 月《中华人民共和国缔结条约程序法》（简称《缔约法》）也应予以修改，因此，可以在《缔约法》规定有关具体实施的程序。新增宪法这一条款是为了“亡羊补牢”，适应中国加入 WTO 之后，今后还可能会碰到类似批准“乌拉圭回合一揽子协定”的特别重要协定（当然不会有第二次入世议定书这样特别重要协定）。从健全我国最高立法机构的权限来看，在必要时由全国人民代表大会来审议重要条约或特别重要协定的批准，不仅充分体现了人民主权的至高无上性，而且也是国际谈判过程中的最后、最重要的法律保障。这就是说，凡是涉及全体中国人民重大利益的国际条约必须经过全国人民代表大会的严格程序批准。这对于塑造一个开放、民主、自立于世界民族之林的伟大社会主义中国的形象具有非常重要的意义。

其次，建议《宪法》第六十七条（十四）款之后新增一款，或在（十四）款第一项之后新增一项：全国人大常委会有权“在必要时授予国务院同外国或国际组织谈判和缔结重要协定”。关于协定的重要与否，可以由全国人大常委会，而不是由国务院决定。具体的程序亦应有《缔约法》一并规定。这样修改，既解决了现行宪法体制中缺乏明确的授权程序，而在必要时又需要这类授权的尴尬局面，不至于重蹈前车之覆，又可明确凡是条约或协定的重要与否一律由全国人大常委会决定，保证立法（条约和协定是立法体系中不可缺少的组成部分）的统一性。现在应该是完善条约或协定的等级制度，以及建立授权制度之时。只有这样，才能分清国家利益大小，

① 该公约于 1997 年 10 月 3 日对我国生效。参见张乃根：《国际法原理》，中国政法大学出版社 2002 年版，第 178 页；朱晓青、黄列主编：《国际条约与国内法的关系》，世界知识出版社 2000 年版，第 223 页。

划分立法与行政机关的宪法权限，加强最高立法机关对行政机关的必要监督和制衡作用，最充分地体现全国人民的意志。只有这样，才能在风云变幻、复杂多变的国际环境中，既保证高效灵活地处理对外关系的各种事务，又不失为遵循依法治国的根本方略。

再次，建议《宪法》第八十一条关于国家主席批准和废除条约和重要协定的权限中，相应增加"重要条约、特别重要的协定"。

最后，建议《宪法》第八十九条（九）款第一项之后相应增加："经全国人大常委会授权与外国或国际组织谈判和缔结重要协定。"

总之，我国现行条约批准的宪法程序已到了非修改不可的地步。天下兴亡，匹夫有责。本文旨在大声疾呼，至于建议，仅供参考。

On the Amendment of the Constitutional Procedure to Ratify Treaty

Abstract: The process of ratification of treaty is very important for constitutional system. The 1982 Constitution was made in the early days of China's taking the open-door policy. The process of ratification of treaty needs update to meet the challenge of the international relation. This paper offers several suggestions to revise the existing process of ratification of treaty after a brief discussion on its disadvantages with a review on China's accession to the WTO.

Keywords: The process of ratification of treaty; Revision of constitution

条约解释的国际法实践及理论探讨*

内容摘要：条约解释是指生效后的条约在履行和适用中的解释。在国际争端实践中，1969 年《维也纳条约法公约》规定的条约解释规则，首先由国际法院明确适用于 1994 年"利比亚与乍得领土争端案"，继而由世界贸易组织争端解决的上诉机构作为"国际公法解释惯例"适用于 1996 年"美国—精炼与常规汽油标准案"。本文主要依据近十多年国际法院和世界贸易组织争端解决的若干典型判例，较系统地评析当代国际法实践中的条约解释，并结合联合国国际法委员会对《维也纳条约法公约》的评注以及著名国际法学者对条约解释的看法，探讨有关条约解释的规则、方法和适用之理论问题。

关键词：条约解释；国际法；实践；理论

自《维也纳条约法公约》(VCLT)问世以来，①尽管迄今仍有许多国家未签署或批准加入该公约，②但是，在国际争端解决的实践中，包括条约解释条款在内的该公约基本规定早已被公认为是习惯国际法的编纂而得到运用。本文主要依据近十多年来联合国国际法院(ICJ)和世界贸易组织(WTO)解决国际争端的丰富实践，探讨当代国际法实践中的条约解释及若干理论问题，以求教于国际法学界前辈、同仁。

---

* 原载《国际法研究》第三卷，中国人民公安大学出版社 2009 年版。英文载《加拿大社会科学》(*Canadian Social Science*) Vol.6, No.6, 2010, pp.1-18。

① 《维也纳条约法公约》(Vienna Convention on the Law of Treaties，简称 VCLT)于 1969 年 5 月 23 日正式签署，1980 年 1 月 27 日生效。有关 VCLT 的起草和缔结情况，见联合国国际法委员会关于"条约法"的介绍，http://untreaty.un.org/ilc/guide/1_1.htm[2009-02-20]，以下凡网站访问时间，均同。有关 VCLT 的研究，参见李浩培：《条约法概论》，法律出版社 2003 年版；万鄂湘等：《国际条约法》，武汉大学出版社 1998 年版；朱文奇等：《国际条约法》，中国人民大学出版社 2008 年版；[英]安托尼·奥斯特：《现代条约法与实践》，江国青译，中国人民大学出版社 2005 年版；*Essays on the Law of Treaties: a collection of essays in honour of Bert Vierdag*, edited by Jan Klabbers, Rene Lefeber, Martinus Nijhoff Publishers, 1998; D.W. Greig, *Intertemporality and the Law of Treaties*, BIICL, 2001，等等。

② VCLT 现有 108 个缔约国，中国于 1997 年 9 月 3 日加入该公约，同时声明对该公约第 66 条(将该公约之适用和解释之争端提请国际法院裁决)保留，并宣布台湾当局盗用"中国"名义于 1970 年 4 月 27 日签署该公约为非法和无效。VCLT 现还有 45 个签署国，包括美国、伊朗、巴西等。法国等尚未签署该公约。http://treaties.un.org/Pages/ViewDetailsIII.aspx?&src=TREATY&id=468&chapter=23&Temp=mtdsg3&lang=en.

一、当代国际法实践中的条约解释概述

（一）条约解释的含义

“条约解释”（treaty interpretation）①或“条约的解释”（interpretation of treaty）②，泛指生效后的条约在被履行和适用中的解释。VCLT 第二编为“条约之缔结及生效”，第三编为“条约之遵守、适用及解释”，其中第三节“条约之解释”包括第三十一条“解释之通则”、第三十二条“解释之补充资料”、第三十三条“以两种以上文字认证之条约之解释”，③可见，条约解释仅对生效之条约及缔约方而言，由相关缔约方或争端解决机构解释。虽然国际法委员会在对 VCLT 草案第二十七条、第二十八条（即签署文本的第三十一条、第三十二条）评注时，没有明确这一点，④但是，按照国际法学界比较一致的观点：“各缔约国可以非正式地同意某种解释，并且按照这种解释来执行条约；或者它们可以同意订立一个补充条约，并在条约中规定它们对前条约所要采取的解释。在后一情形下，人们比照国内法中以制定法明文规定的权威解释，称之为‘权威解释’。许多条约，特别是多边条约，都包含一些条款，规定将因解释和适用条约条款上有争议而发生的争端交付强制性的司法或仲裁解决。”⑤也就是说，“条约当事国显然有权解释条约。但是这要受到其他法律规则的限制。条约本身可以将解释权赋予某一‘特设’（ad hoc）法庭或国际法院。”⑥除了这些官方的“有权解释”，国际法学者经常会对条约进行各种“学理解释”，在不

---

① 在西文国际法论著中，“条约解释”是惯用术语，如 Malcolm N. Shaw, *International Law*, Fifth Edition, Cambridge University Press, 2003, p.838；中文国际法论著或译著也常用“条约解释”，如王铁崖主编：《国际法》，法律出版社 1995 年版，第 429 页至第 433 页，前引《现代条约法与实践》，第 179 页，等。本文以及作者先前发表的有关论著，惯用“条约解释”的术语，参见张乃根：《论 WTO 争端解决的条约解释》，《复旦学报》（社会科学版）2006 年第 1 期，第 122 页；张乃根：《WTO 争端解决机制论：以 TRIPS 协定为例》，上海人民出版社 2008 年版，第二章第五节“WTO 争端解决的条约解释”和第三章第二节“TRIPS 协定争端解决的条约解释”；Zhang Naigen, Dispute Settlement Under the TRIPS Agreement from the Perspective of Treaty Interpretation, (2003) *Temple International & Comparative Law Journal*, Vol.17, No.1, pp.199 - 220.

② “条约的解释”或“条约之解释”是 VCLT 的法定用语。但是，国际法委员会评注 VCLT 时交替使用“条约解释”和“条约的解释”。参见 Draft Article on the Law of Treaties with commentaries 1966, *Yearbook of the International Law Commission*, 1966, Vol.II。

③ 援引 VCLT 中文作准本（联合国国际法委员会），http://www.un.org/chinese/law/ilc/treaty.htm。以下所引该文本，出处略。该文本也可参见前引《条约法概论》附录一。

④ 前引 Draft Article on the Law of Treaties with commentaries 1966, pp.220 - 223。

⑤ ［英］劳特派特修订：《奥本海国际法》上卷第二分册，王铁崖、陈体强译，商务印书馆 1981 年版，第 362 页。这一论述为后人所秉承，参见［英］詹宁斯、瓦茨修订：《奥本海国际法》第一卷第二分册，王铁崖等译，中国大百科全书出版社 1998 年版，第 662 页。

⑥ ［英］伊恩·布朗利：《国际公法原理》，曾令良等译，法律出版社 2003 年版，第 687 页。

同程度上影响"有权解释"。[①]本文仅限于讨论第二类权威的条约解释，即由缔约方以外的第三方（国际司法或准司法机构、国际仲裁机构）在解决缔约方之间争端时所作的条约解释。

（二）ICJ的条约解释实践

根据《联合国宪章》第九十二条，ICJ为"联合国之主要司法机关"，[②]承担着和平解决国际争端的重大职责。ICJ依照其《规约》自1946年开始工作，取代1920年在国际联盟主持下设立的常设国际法院，并于1947年5月22日受理第一起诉讼案件以来，案件数已达115起[③]，其中，待决案件18起[④]。依据ICJ《规约》第三十八条第一款第一项规定："不论普通或特别国际协约，确立诉讼当事国明白承认之规条者"[⑤]方可适用于其裁判，因而可能需要解释此类条约。如"科孚海峡案"[⑥]、"阿马泰罗斯案"[⑦]、"关于某些边界土地主权案"[⑧]、"西班牙国王仲裁裁决案"[⑨]、"领土

---

① 参见前引《条约法概论》，第334页。

② 《联合国宪章》中文本，见联合国官方中文网站 http://www.un.org/chinese/aboutun/charter/chapter14.htm。

③ ICJ历年受理诉讼案件简况（截至2008年12月23日）：

年份	47	49	50	51	53	54	55	57	58	59	60	61	62	67
案件数	1	3	3	3	2	2	6	6	3	3	2	1	1	2
年份	71	72	73	76	78	79	81	82	83	84	86	87	88	89
案件数	1	2	3	1	1	1	1	1	1	2	3	1	1	2
年份	90	91	92	93	94	95	96	98	99	00	01	02	03	04
案件数	1	4	3	2	1	2	1	4	17	1	3	3	3	1
年份	05	06	08	案件总数	注：1999年包括10起涉及北约成员国武装干预前南内政的"使用武力的合法性"同一性质案件。									
案件数	1	3	6	115										

统计数据来源：ICJ诉讼案件清单 http://www.icj-cij.org/docket/index.php?p1=3&p2=3。

④ 根据《国际法院报告》（联合国第六十三届会议）统计，截至该报告（2008年8月7日），待决案件15起。此后新增诉讼案件3起。

⑤ 《国际法院规约》中文本，见ICJ官方中文网站 http://www.icj-cij.org/homepage/ch/icjstatute.php。

⑥ *Corfu Channel*（United Kingdom of Great Britain and Northern Ireland. v. Albania），1947年5月22日受理，1949年4月9日裁决。

⑦ *Ambatielos*（Greece v. United Kingdom），1951年4月9日受理，1952年7月1日裁决。

⑧ *Sovereignty over Certain Frontier Land*（Belgium/Netherlands），1957年11月27日受理，1959年6月20日裁决。

⑨ *Arbitral Award Made by the King Spain on 23 December 1906*（Honduras v. Nicaragua），1958年7月1日，1960年11月18日裁决。

争端案”①、“石油平台案”②、“卡斯基利/瑟都杜岛案”③、“普拉利吉坦主权案”④、“埃文娜与其他墨西哥国民案”⑤。尽管 ICJ 在“科孚海峡案”等早期审理案件中就做过条约解释，但是，直到 1994 年对“领土争端案”裁决时才明确援引 VCLT 第三十一条作为国际法通则进行必要的条约解释。此后，ICJ 援引 VCLT 第三十一条进行条约解释的案件有所增多。本文将重点研究“领土争端案”以及该案之后 ICJ 的条约解释。

（三）WTO/DSB 的条约解释实践

与 ICJ 平均每年受理 2 起诉讼案件相比，WTO 的争端解决机构(DSB)自 1995 年 1 月 1 日开始工作，并于当月 10 日受理第一起申诉案件以来，案件数已达 390 起，⑥年均受理 27 至 28 起案件。根据《建立 WTO 协定》第四条第三款，WTO 总理事会同时履行 DSB 的职责，但是，DSB“可有自己的主席，并应制定其认为履行这些职责所必需的程序规则”⑦。可见，DSB 的结构完全不同于 ICJ，并非严格意义上的独立司法机构。况且按照《关于争端解决规则与程序的谅解》(DSU)，

---

① *Territorial Dispute*(Libyan Arab Jamahiriya/Chad)，1990 年 8 月 31 日受理，1994 年 2 月 3 日裁决。

② *Oil Platforms*(Islamic Republic of Iran v. United States of America)，1992 年 11 月 2 日受理，1996 年 12 月 12 日初裁，2003 年 11 月 6 日裁决。

③ *Kasikili/Sedudu Island*(Botswana/Namibia). 1996 年 5 月 29 日受理，1999 年 12 月 13 日裁决。

④ *Sovereignty over Pulau Ligitan and Pulau Sipadan*(Indonesia/Malaysia)，1998 年 11 月 2 日受理，2002 年 11 月 17 日裁决。

⑤ *Avena and Other Mexican Nationals*(Mexico v. United States of America)，2003 年 1 月 9 日受理，2004 年 3 月 31 日裁决。

⑥ DSB 历年受理申诉案件简况(截至 2009 年 1 月 19 日)：

年份	1995	1996	1997	1998	1999	2000	2001	2002
案件数	25	39	50	41	30	34	23	37
年份	2003	2004	2005	2006	2007	2008	2009	总数
案件数	26	19	11	21	13	19	2	390

统计数据来源：DSB 案件索引 http://www.wto.org/english/tratop_e/dispu_e/find_dispu_cases_e.htm#results。

⑦ 《建立 WTO 协定》英文本援引自 WTO 官方网站 http://www.wto.org/english/docs_e/legal_e/04-wto_e.htm。该协定无正式中文本，我国立法机关也未曾颁布经批准加入的，包括该协定在内所有 WTO 协定中文本。本文根据英文本翻译 WTO 有关协定，并参考《世界贸易组织乌拉圭回合多边贸易谈判结果法律文本》(对外贸易经济合作部国际经贸关系司译)，法律出版社 2000 年版。以下援引有关 WTO 协定，出处略。根据《建立 WTO 协定》第 16 条第 5 款，对该协定及“一揽子”协定的任何条款不得提出保留，因此中国加入 WTO 后，接受 WTO 的争端解决管辖权。截至 2009 年 1 月 19 日，中国已申诉 2 起，被申诉 14 起。

WTO 成员之间任何争端解决必须先磋商,磋商不成方可进入“准司法”程序,主要为专家组审理及上诉复审程序。自 1996 年 5 月 20 日,DSB 通过“美国—精炼与常规汽油标准案”的上诉报告以及经复审的专家组报告以来,[①]已通过了 107 起案件的 129 份专家组报告(含 22 份执行复议的专家组报告)和 89 份上诉报告(含 15 份执行复议的上诉报告)。[②]这些报告几乎都含有对系争 WTO 有关协定的条约解释。由于从 WTO 第一起经专家组审理及上诉复审的案件开始,VCLT 的条约解释规则作为习惯国际法就得到明确的适用,因此,就条约解释的实践之丰富而言,ICJ 是难以比拟的。美国著名的 WTO 专家杰克逊教授认为:“[WTO]争端解决体制已被说成是国际上最重要、最有权力的法律裁判机构,即便有些观察家仍将世界法院(国际法院)列为第一。不过,有些经验丰富的世界法院律师也愿意承认按照某些标准,WTO 的争端解决体制该算第一。”[③]其实,就截然不同的组织结构和管辖权而言,两者的地位和作用很难比较,本文对此也不展开分析,仅限于极为丰富的 WTO 争端解决的条约解释实践,研究相关的国际法发展。

(四)其他全球性国际争端解决机构的条约解释实践

除本文将具体研究的近十多年来 ICJ 和 WTO/DSB 的争端解决实践中的条约解释,其他全球性国际争端解决机构的裁决也在不同程度涉及相关条约解释。

1. 国际海洋法法庭(ITLOS)

ITLOS 根据《联合国海洋法公约》第二百八十七条第一款(a)项,[④]随该公约于 1994 年 11 月 16 日生效起而建立,并从 1996 年 10 月 1 日起在德国汉堡工作,

---

① *United States-Standards for Reformulated and Conventional Gasoline*, WT/DS2/AB/R(29 April 1996), WT/ DS2/R(29 January 1996).对该案研究,可参见张乃根编著:《美国—精炼与常规汽油标准案》,上海人民出版社 2004 年版。

② 根据 WTO Dispute Settlement: One-Page Case Summaries 1995-December 2007 统计,截至该报告(2007 年 12 月 17 日)。此后至 2009 年 2 月,新通过 4 起案件的 4 份专家组报告和 2 份上诉报告,以及 1 起案件的执行复议专家组报告和上诉报告各 1 份。

③ John H. Jackson, *Sovereignty*, *the WTO and Changing Fundamentals of International Law*, Cambridge University Press, 2006, p.135.

④ 《联合国海洋法公约》中文本,见联合国官方中文网站 http://www.un.org/chinese/law/sea/。中国于 1996 年 6 月 7 日加入该公约及实施该公约第 11 部分协定。按照该公约第 309 条,“除非本公约其他条款明示许可,对本公约不得作出保留或例外”。这就是说,中国应依据该公约第 15 部分解决与其他缔约国之间的海洋争端,但是,按照该公约第 280 条,各缔约国可以自行选择和平解决它们之间海洋争端,因此,中国迄今未通过海洋法法庭解决海洋争端,而是选择外交谈判解决,如 2008 年 6 月 18 日中日双方经过近 4 年的外交磋商,初步达成在实现系争东海大陆架划界前的共同开发原则共识及谅解。

ITLOS 迄今受理了 15 起案件①，年均受理约 1 起。根据《联合国海洋法公约》第二百八十七条第一款，ITLOS 的职责是“解决有关本公约的解释或适用的争端”，因此，该法庭审理案件时自然会碰到条约解释的问题。譬如，“塞咖号案”涉及《联合国海洋法公约》第一百一十一条关于“紧追权”(Right of hot pursuit)的解释，②但是，ITLOS 并未明确援引 VCLT 的条约解释通则。

2. 联合国前南问题国际刑事法庭(ICTY)、卢旺达问题国际刑事法庭(ICTR)和常设国际刑事法院(ICC)

两个联合国下属特设刑事法庭是根据联合国安理会有关决议，③先后于 1993 年和 1994 年建立，并均将于 2010 年完成其使命。④这两个特设国际刑事法庭的职责是起诉对前南境内和卢旺达境内发生的严重违反国际人道主义法行为负责的人。ICTY 已受理 95 起案件，其中预审 4 起、初审 8 起、待上诉 6 起、审结 40 起、移送 7 起；⑤ICTR 已审理 60 起案件，包括审结 29 起，待判 8 起、待审结 23 起。⑥ICTY 已决案件涉及被告所犯灭绝种族罪、战争罪、危害人类罪。ICTR 审理的案件涉及灭绝种族罪、危害人类罪和其他严重违反人道主义法行为。惩治这些罪行与解释国际人道主义和人权法国际条约，尤其是 1948 年《防止及惩治灭绝种族罪公约》、1949 年《日内瓦四公约关于非国际性武装冲突受难者的附加议定书》(第二议定书)，密切相关。

值得关注的是，根据联合国设立国际刑事法院全权代表外交会议 1998 年 7 月

---

① ITLOS 历年受理案件简况(截至 2009 年 2 月)：

序号/年份	1/1997	2/1999	3—4/1999	5/2000	6/2000	7/2000	8/2001	9/2001
判决性质	迅速释放	临时措施	临时措施	迅速释放	迅速释放	待决	迅速释放	迅速释放
序号/年份	10/2001	11/2002	12/2003	13/2004	14/2007	15/2007		
判决性质	临时措施	迅速释放	临时措施	迅速释放	迅速释放	迅速释放		

资料来源：ITLOS 案件清单 http://www.itlos.org/start2_en.html。

② The Saiga Case 1999, ITLOS No.2，第 139 段至 150 段。

③ 关于设立 ICTY 的安理会第 827〔1993〕号决议和关于设立 ICTR 的安理会第 955〔1994〕号决议。

④ 关于在 2010 年完成 ICTR 审理工作的安理会第 726〔2008〕号决议；关于在 2010 年完成 ICTY 审理工作的安理会第 1503〔2003〕号决议和第 1534〔2004〕号决议。

⑤ ICTY 历年受理案件(截至 2009 年 2 月)：

年份	94	95	96	97	98	99	00	01	02	03	04	05	06	08	总计
案件	2	20	6	5	8	3	3	9	15	7	9	6	1	1	95

ICTY 案件统计来源：ICTY 案号 http://www.icty.org/action/cases/4。

⑥ ICTR 案件统计来源：ICTR 案件概况：http://69.94.11.53/default.htm。

7日通过的《国际刑事法院罗马规约》而建立的ICC，也以追究犯有灭绝种族罪、危害人类罪和战争罪的个人刑事责任为己任。[①]虽然ICC迄今尚未作出任何判决，但已开始审理发生在乌干达、民主刚果共和国、苏丹达尔富和中非共和国的有关案件。其中，对非缔约国的达尔富地区危害人类罪、战争罪之起诉案件，[②]涉及对《国际刑事法院罗马规约》的条约解释。

3. 解决投资争端国际中心

根据1965年《解决国家与他国国民间投资争端公约》(ICSID)成立的该仲裁机构，[③]不同于国际商事仲裁机构，专门受理外国投资者与东道国政府之间的私人投资争端仲裁案，迄今裁决157起案件，待裁决124起案件。[④]裁决文书也涉及对ICISD的条约解释。[⑤]

综上所述，在以国际司法、准司法和仲裁为手段，和平解决国家之间或一方为国家的国际争端之实践中，条约解释的内容丰富、形式多样，从一个侧面充分反映了当代国际法的发展。下文着重研究近十多年来在ICJ和WTO/DSB的争端解决中的条约解释问题。

二、ICJ的条约解释

如上所述，直到1994年对"领土争端"案裁决时，ICJ才明确援引VCLT第三十一条进行必要的条约解释，因此，拟将该案及此后十多年的ICJ有关判例，按裁决年份排序，作为研究重点，以探索ICJ如何适用VCLT的条约规则及其实践的演进。

(一) 1994年"领土争端"案裁决

在1969年缔结VCLT之前，ICJ的不少裁决尽管已涉及条约解释，但未曾明

---

① ICC现有108个缔约国。中国未加入。见http://www2.icc-cpi.int/Menus/ICC/About + the + Court/ICC + at + a + glance/参见高铭暄、赵秉志主编，王秀梅执行主编：《国际刑事法院：中国面临的抉择》，中国人民公安大学出版社2005年版。

② 见ICC公开文件——逮捕令(2007年4月27日)，http://www.icc-cpi.int/iccdocs/doc/doc345879.PDF。

③ 中国于1993年2月6日正式加入。http://icsid.worldbank.org/ICSID/FrontServlet?requestType = ICSIDDocRH&actionVal = ContractingStates&ReqFrom = Main。

④ 见ISCID案件清单：http://icsid.worldbank.org/ICSID/FrontServlet?requestType = CasesRH&actionVal = ShowHome&pageName = Cases_Home。

⑤ 参见陈安主编：《国际投资争端仲裁——"解决投资争端国际中心"机制研究》，复旦大学出版社2001年版。

确阐明过任何条约解释的通则，以致负责起草 VCLT 的前两位特别报告员甚至在其发表的论著中怀疑是否有过条约解释的国际法通则。[①]即便在 1969 年以后，1994 年“领土争端”裁决之前，根据 ICJ《规约》第三十八条第一款（子）项，在解决国际争端时可适用的条约应为“诉讼当事国明白承认之规条者”，鉴于许多当事国未加入 VCLT，ICJ 也一直没有明确适用过该公约的条约解释规则。

1994 年 2 月 3 日，ICJ 在利比亚与乍得“领土争端案”裁决中，第一次明确适用了 VCLT 第三十一条，并称之为“一般国际法的规则”（the rules of general international law）。[②]该案系争条约为确定双方边界的 1955 年法国与利比亚《友好邻邦条约》（简称 1955 年条约）。ICJ 在解释该条约第三条时，指出：“根据 1969 年《维也纳条约法公约》第三十一条所体现的一般国际法的规则，条约必须依其用语在上下文中的通常意义，并考虑其宗旨和目的，诚信解释之。解释必须完全依据该条约文本。作为补充措施，也许应结合诸如条约准备工作及缔约时情况等解释方法。”基于该规则，1955 年条约第三条规定缔约方“承认边界……确定”依一定的国际文件。ICJ 解释：“该条约使用的‘承认’一词说明承担了一项法律义务。承认某一边界实质上就是‘接受’该边界，这就是说，明确这一存在的法律后果，予以尊重，并放弃了在未来争议中的权利。”对于这一双边条约中关键用语的解释，ICJ 显然严格遵循了文本主义。按照 ICJ 的解释，该条约的用语说明缔约方已承认了附件一的各项文件规定的领土之间完全边界。既没有留下任何未定边界，也没有任何一项附件一的文件是多余的。可见，“承认”一词在条约中的特殊重要性。

（二）1996 年“石油平台”案初步裁决

1996 年 12 月 12 日，ICJ 关于该案管辖权的初裁，针对系争 1955 年条约第十条第一款关键用词“商业”（commerce），作出条约解释：“原告[伊朗]并没有主张任何军事行动影响其航海自由。因此，为了裁定对本案的管辖权，本法院必须认定的问题是：伊朗指控[被告]美国的行动是否潜在地影响到上述[条约]保障的‘商业自由’。”[③]鉴于双方对“商业”一词的解释不同，ICJ 指出：“在本法院看来，该条约的缔约方采用‘商业’一词，根本没有考虑在任何意义上不同于其一般含义。‘商业’一词无论在通常意义上，还是在国内或国际的法律意义上，都有着比仅仅是购买和销

---

① 前引 Draft Article on the Law of Treaties with commentaries 1966，p.218。

② 前引 *Territorial Dispute*（Libyan Arab Jamahiriya/Chad），Summary of Judgment。以下引用该裁决概要，出处略。

③ 前引 *Oil Platforms*（Islamic Republic of Iran v. United States of America）1996 年 12 月 12 日初裁，Summary of Judgment。以下引用该裁决概要，出处略。

售更宽泛的意义。本法院提醒,1955 年条约的一般条款列举了许多与贸易和商业相关的事项;同时,常设[国际]法院在'奥斯卡·钦(Oscar Chinn)案'也认为'贸易自由'不仅指货物的买卖,而且涉及产业,尤其是运输业务。本法院愿进一步指出,在任何情况下不能忽视 1955 年条约第十条第一款所保护的不只是'商业',而且是'商业自由'。对出口货物的毁灭行为或具有影响其运输及出口仓储的行为,乃至阻碍该'自由'的,均受禁止。"在该案的条约解释中,ICJ 没有提及 VCLT 第三十一条的条约解释通则,但是,显然遵循了该通则,即强调条约用语的一般含义,并结合该条约的一般条款及常设国际法院的判例,解释该案实质涉及"商业自由"。这也是 ICJ 裁决对该案享有管辖权的重要依据。

(三) 1999 年"卡斯基利/瑟都杜岛案"裁决

在 1999 年 12 月 13 日作出的"卡斯基利/瑟都杜岛"裁决中,ICJ 进一步指出,根据该案当事国提交 ICJ 解决系争领土边界及其法律地位而达成的特别协定,ICJ 应以 1890 年 7 月的英法条约和国际法规则与原则为依据。而对于 1890 年条约本身的解释,ICJ 指出:"本法院注意到博茨瓦纳与纳米比亚均不是 1969 年 5 月 23 日的《维也纳条约法公约》缔约国,但是,两国均认为该公约第三十一条反映了习惯国际法而可适用本案。"[①]这是 ICJ 第一次明确将 VCLT 第三十一条称为"习惯国际法"(customary international law),并且引用上述 1994 年"领土争端"案中对第三十一条"一般国际法的规则"之解释,来进一步解释本案系争 1890 年条约。很有意思的是,1994 年在"领土争端"案中,ICJ 首先明确第三十一条的"一般国际法规则"之地位,1996 年 WTO 争端解决上诉机构在"美国—精炼与常规汽油标准案"中最初论证 VCLT 第三十一条的条约解释通则具有"习惯国际法"的地位时援引了该案。[②]接着在 1999 年裁决的本案中,ICJ 也明确肯定了该解释通则的"习惯国际法"地位,从而 ICJ 可以根据其《规约》第三十八条第一款第二项,即"国际习惯,作为通例之证明而经接受为法律者",加以适用。

在解释该案系争 1890 年条约第三条第二款确定两国边界的关键用词"主航道中线"(the centre of the main channel)时,ICJ 指出:"缔约国采用'主航道'一词,肯定给予了确切的含义。依据这一理由,本法院认为,首先应确定该主航道,并在确定时通过国际法及其实践中最常用的标准来寻求'主航道'一词的通常意义。"ICJ

---

① 前引 *Kasikili/Sedudu Island* (Botswana/Namibia), Summary of Judgment。以下引用该裁决概要,出处略。

② 前引 *United States-Standards for Reformulated and Conventional Gasoline*, WT/DS2/AB/R(29 April 1996),脚注 34。

首先从河道的深度、宽度、水流、可见性、河床形状、可通航性等考量标准来确定该案的主航道，然后又从 1890 年条约的宗旨和目的，再援引 1890 年之后相关嗣后实践等因素综合分析，解释“主航道中线”的意义，最后得出结论：“对 1890 年条约有关条款的上述解释使本法院认定，本条约规定的博茨瓦纳与纳米比亚之间围绕卡斯基利/瑟都杜岛的边界就是丘贝河(Chobe River)的南航道。”与“领土争端案”的严格文本主义解释不同，本案解释采取的是基于常用标准，结合条约宗旨和嗣后实践的宽泛文本主义方法。

(四) 2002 年“普拉利吉坦主权案”裁决

在 2002 年 12 月 17 日关于“普拉利吉坦主权案”裁决中，ICJ 形成了适用条约解释通则的较全面实践。

ICJ 进一步明确 VCLT 第三十一条的条约解释通则和第三十二条有关解释之补充资料规定，均为习惯国际法。ICJ 指出：本案争端关键是对系争英国与荷兰 1891 年条约的解释不同。“本法院注意印度尼西亚不是 1969 年 5 月 23 日《维也纳条约法公约》缔约国，但是，应记住根据该公约第三十一条和第三十二条反映的习惯国际法，‘某一条约必须依据既定用语在上下文中的通常含义，并考虑其宗旨及目的而善意地加以解释。解释必须在该条约所有文本的基础上作出。可能作为解释方法的补充措施，包括条约的准备工作与缔结的情况。’还应记住，第三十一条第三款也反映了习惯法，条约解释应考虑上下文，包括缔约国的嗣后行动，即‘任何嗣后协定和嗣后实践’。本法院注意到印度尼西亚对这些可适用规则并无异议。”① 于是，ICJ 在一方当事国既未加入 VCLT 也未经特别协定承认条约解释国际惯例的情况下，适用了 VCLT 的条约解释规则。

ICJ 通过文本解释澄清了系争条约第四条含义。首先是本案中条款的不同文本不影响其意义。双方当事国对该案涉及的 1891 年条约(英文本与荷兰文本)第四条解释不同，引起争端。ICJ 指出：“本法院认为 1891 年条约第四条两种文本的标点符号差异并不至于影响到阐明该条约文本有关(领海)线可能延伸至赛巴提克(Sebatik)岛东侧海的含义。”其次是条款上下文。ICJ 指出：“归纳双方关于 1891 年条约上下文的观点，本法院认为荷兰解释备忘录作为递交给荷兰总督批准的法案附件是该条约缔结阶段唯一公开的文件，包含了对诸多问题的有用信息。”在列举了若干有助条约解释的信息后，ICJ 不同意印度尼西亚关于该备忘录所附

---

① *Sovereignty over Pulau Ligitan and Pulau Sipadan*(Indonesia/Malaysia)2002 年 11 月 17 日裁决，Summary of Judgment。以下对该案分析时援引该裁决概要，出处略。

地图的法律地位解释，指出："本法院注意到荷兰政府未曾将该备忘录与地图交给英国，只是送给在海牙的英国外交代表。英国政府对该内部传送未作出回应。本法院注意到对备忘录所附地图上划线缺少回应不能视为对该划线的默认。由此，本法院得出结论：该地图既非《维也纳条约法公约》第三十一条第二款(a)项意义上的'全体当事国间因缔结条约所订与条约有关之任何协定'，也非《维也纳条约法公约》第三十一条第二款(b)项意义上的'一个以上当事国因缔结条约所订并经其他当事国接受为条约有关文书之任何文书'。"再次是条约宗旨及目的。为了解释1891年条约第四条之含义，ICJ进一步考虑该条约宗旨及目的，指出："本法院认为1891年条约的宗旨及目的是界定当事方对波尼奥(Borneo)岛本身占有的边界，如该公约序言所说，当事方'期望界定在波尼奥岛上荷兰占地与英国保护国占地之间界限'。在本法院看来，1891年条约的精心安排也支持这一解释。"最后，ICJ确认了条约解释的补充方法。ICJ认为，虽然没有必要援用解释的补充方法，但是，也可以援用以确认法院对该条约文本的解释。这包括条约的谈判起草过程、条约生效后英国和荷兰签订的相关条约(嗣后实践)。ICJ指出，所有补充方法的运用均确认了本法院的解释，即1891年条约第四条是界定当事方对波尼奥岛本身占有的边界，而不具有任何关于(领海)线可能延伸至赛巴提克岛东侧海的含义。

本案表明：对于条约解释，ICJ并不过分依赖权威词典的词义解释，而是侧重条约文本的上下文及宗旨来解释具体条款的用语。

(五) 2004年"埃文娜与其他墨西哥国民案"裁决

这是一起美国与墨西哥围绕履行《维也纳领事关系公约》(简称《领事公约》)义务的重大国际争端。JCI于2004年3月31日做出裁决：美国违反了其承担的该公约第三十六条第一款之各项义务。①此后，ICJ又于2009年1月19日就两国对该裁决的解释争议做出新的裁决。下文限于讨论该案的条约解释，不涉及ICJ的裁决解释。②

该案关键在于解释领事公约第三十六条第一款(二)项："遇有领馆辖区内有派遣国国民受逮捕或监禁或羁押候审、或受任何其他方式之拘禁之情事，经其本人请

---

① *Avena and Other Mexican Nationals* (Mexico v. United States of America) 2004年3月31日裁决，Summary。以下引用该Summary，出处略。

② ICJ对其裁决之解释，不属于条约解释。宋杰：《国际法院司法实践中的解释问题研究》，武汉大学出版社2008年版，涉及对ICJ裁决的解释问题。但是，该书未将1994年以来ICJ裁决中适用VCLT解释通则的实践纳入研究范围。

求时，接受国主管当局应迅即（without delay）通知派遣国领馆。”其焦点是“迅即”（without delay）一词。在该案中，埃文娜（Avena）等52位墨西哥国民在美国遭逮捕后，墨西哥指控美国当局未“迅即”通知墨西哥领馆，剥夺了墨西哥对这些墨西哥国民行使外交保护的权利。

ICJ提请注意，《领事公约》第三十六条第一款（二）项中“迅即”一词的确切含义在该公约中未界定，因而须根据VCLT第三十一条、第三十二条所体现的“条约解释惯例”（the customary rules of treaty interpretation）加以解释。

ICJ先从《领事公约》第一条定义中寻求“迅即”一词的词义，但是，该词未定义，而且，在该公约的不同语种文本中，第三十六条的“迅即”和第十四条的“立即”之用词，有所不同，各种辞典对“迅即”的词义解释也不尽相同。因此，ICJ认为有必要从辞典外寻求“迅即”的词义。其一，从《领事公约》的宗旨与目的看，“迅即”不能理解为“一经逮捕及讯问前立即”。其二，从《领事公约》的起草历史看，当时在讨论“迅即”一词时，没有任何代表团提及“讯问”。其三，虽然“迅即”并不一定是指“一经逮捕”，但是逮捕当局一旦了解或有根据确认被逮捕者为外国人，就有义务尽快向该外国人国籍国领馆提供该国民之信息。

由于美国根本未提供，或者在逮捕后的相当长时期后才提供该信息，因而违反了《领事公约》的有关义务。

可见，在此案的条约解释中，ICJ再次明确了VCLT第三十一条、第三十二条的“条约解释惯例”（即习惯国际法）地位，并将该惯例适用于该案的条约解释。在辞典释义不能满足条约用语的解释时，ICJ善于从条约的宗旨和起草历史中寻求词义。因此，ICJ的条约解释具有宽泛的文本主义特点。

综上所述ICJ近十多年若干裁决中所作的条约解释实践，可得出一个初步结论：ICJ适用VCLT第三十一条和第三十二条的条约解释规则，并明确了这些规则的习惯国际法地位，因而不论当事国是否加入VCLT，ICJ均可依据其《规约》第三十八条第一款第二项，运用这些规则解释系争条约。ICJ的条约解释不拘泥条约文本的辞典释义，注重从条约宗旨和目的、条约起草历史及客观因素中寻求最适当的词义。ICJ的条约解释实践虽相对有限，但已较全面。

三、WTO/DSB的条约解释

WTO的DSB已公布争端解决报告的一百多起案件几乎都涉及条约解释，因而形成了当代国际法实践中最丰富的相关实践。根据DSU第三条第二款，WTO争端解决机制的功能在于“维持各成员依据所涵盖协定项下的权利与义务，及依照国际公法的解释惯例澄清这些协定的现有规定”。为此，DSB的专家组和上诉机构在审理案件中，凡涉及系争协定的权利和义务，均须进行必要的条约解释。下文将对WTO成立以来争端解决中条约解释的若干典型案例，作扼要评述，并分析2009年1月26日公布的中美知识产权案涉及的条约解释。①

（一）WTO争端解决中条约解释的典型案例

1. 1996年“美国—精炼与常规汽油标准案”

DSB于1996年4月29日通过上诉机构对该案专家组裁决的复审报告。该案对于确立VCLT第三十一条的条约解释通则在WTO争端解决中的习惯国际法地位，具有公认的指导意义。

上诉机构认为专家组对《关税与贸易总协定》（GATT）第二十条(g)款的适用忽视了条约解释的基本规则，并明确地指出：“这种规则在《维也纳条约法公约》中得到了最权威、最简洁的表述。”②上诉机构援引了ICJ“领土争端案”裁决及有关国际法实践和著名国际法学者的观点，指出：“该条约解释的基本规则已经取得相当于惯例或一般国际法的地位。因而，依照DSU第三条第二款，这种规则作为‘国际公法的惯例’构成部分，指导本上诉机构适用于寻求澄清GATT和《建立WTO协定》‘涵盖协定’。该指导意味着一种认可，即GATT的解读在实践中不能与国际公法相脱离。”可以说，这本身是对DSU第三条第二款的条约解释，即“国际公法的解释惯例”可以是某一项国际公约的成文规定，并以ICJ等一般国际法意义上的司法实践作为这一条约解释的“上下文”。即便该案的所有当事方——美国、委内瑞拉和巴西均未加入VCLT，③这并不影响DSB将VCLT第三十一条的条约解释规则作为DSU第三条第二款的国际公法解释惯例，适用于本案。WTO争端解决的迄今实践表明，无论是否已加入VCLT，没有任何一个WTO成员对此表示过正式的异议。

上诉机构认为：“适用该解释的基本规则，对于GATT此类的条约用语，应根据其上下文及考虑到该条约之宗旨和目的，给出其通常含义。”这是比较严格的文本主义，即根据条约用语的上下文及条约宗旨和目的进行释义。上诉机构认为，该

① 对WTO第一个十年（1995—2005年）的争端解决中条约解释实践，见前引张乃根：《论WTO争端解决的条约解释》。本文将进一步关注近年来的实践发展，尤其是涉及我国的WTO争端解决实践。

② 前引*United States-Standards for Reformulated and Conventional Gasoline*，WT/DS2/AB/R(29 April 1996)。以下引用该案上诉报告，出处略。

③ VCLT的缔约国地位，见http://treaties.un.org/Pages/ViewDetailsIII.aspx?&src=TREATY&id=468&chapter=23&Temp=mtdsg3&lang=en。

案专家组的条约解释存在的问题在于“未能适当地考虑[GATT]第二十条若干款项的实际用词”。“第二十条(g)款及其短语‘与保护可用尽的自然资源相关’,应依据上下文,并以考虑到 GATT 之目的和宗旨这样的方式来解读。第二十条(g)款的上下文包括 GATT 的其他条款,特别是第一条[最惠国待遇]、第三条[国民待遇]和第十一条[普遍取消数量限制];相反,第一条、第三条、第十一条的上下文包括第二十条。因此,‘与保护可用尽的自然资源相关’不能作过宽的解释以至于严重破坏第三条第四款之意图和目的。同样地,第三条第四款也不能过宽解释到有效地削弱第二十条(g)款以及它所体现的政策和利益这种地步。对于这两者的关系,比如第一条、第三条、第十一条所提出的肯定性承诺与第二十条中列举的‘一般例外’中所体现的政策和利益,条约解释者应根据 GATT 的框架及其目的和意图来理解。”可见,上诉机构主张比较狭义地解释条约用语,以达到 DSU 第三条第二款的要求:“DSB 的建议和裁决不得增加或减少适用协定所规定之权利与义务。”

上诉机构还强调:“条约解释必须建立在个案基础上,而且只能在仔细谨慎地研究一个特定案件事实和法律背景后做出,同时不能不考虑 WTO 成员在表示其目的和意图时的实际用词。”因此,每一案件的具体事实和法律背景在一定条件下也构成条约解释的上下文,或者说,同样的条约用语,此案的解释不一定适用于彼案。

上诉机构为何一开始就以如此严格和谨慎的立场进行条约解释?该上诉机构首任成员及该案复审成员之一的日本著名国际经济法学家松下满雄(Matsushita)教授认为,根据 DSU 第十七条第六款,上诉机构的职责在于复审“专家组报告涉及的法律问题和专家组所做出的法律解释”。为了避免 WTO 成员(同时也是 DSB 成员)对上诉机构的条约解释发生不必要的质疑,上诉机构不得不采取了这样的立场。①该上诉机构秘书处前任代主任,荷兰著名国际经济法学家博斯切教授(Peter van den Bossche)也认为:“尽管 DSB 采取反向一致原则通过上诉机构的报告,因而是准自动的,但是,这仍是正式的要求。其他国际法院,如 ICJ,ICC 和 ITLOS 的裁决从不需要某一政治机构的批准。”②

---

① 2006—2007 年我在美国乔治城大学法学院从事富布莱特基金课题研究时,与到访的松下满雄教授在一次午餐演讲会上讨论这一问题时,他做了说明。

② Peter van den Bossche, “The making of the ‘World Trade Court’: the origins and development of the Appellate Body of the World Trade Organization”, from *Key Issues in WTO Dispute Settlement: the first ten years*, Edited by Rufus Yerxy and Bruce Wilson, Cambridge University Press, 2005, p.67.

2. 1996 年“日本—酒精饮料税案”

DSB 于 1996 年 10 月 4 日通过的该案上诉机构报告对于 WTO 争端解决的条约解释实践所具有的指导意义，丝毫不亚于前述“美国—精炼与常规汽油标准案”上诉机构报告。

该案上诉机构报告指出：“毫无疑问，有关解释之补充资料的《维也纳条约法公约》第三十二条也具有[与第三十一条]相同的地位”，①即为国际公法解释惯例。

该报告对 VCLT 第三十一条第三款(b)项“嗣后惯例”，作了重要解释：“一般而言，在国际法上，解释某条约时的嗣后惯例之实质被认为是‘协调的、共同和一致的系列做法或看法，足以构成一种清晰的方式，包含了当事方有关解释的协议’。某一孤立的做法一般不足以构成嗣后惯例。”②

该报告进一步肯定了“美国—精炼与常规汽油标准案”上诉机构报告的观点，认为：“第三十一条的解释通则所包含的一项条约解释的基本原则是有效原则(the principle of effectiveness)”，并引用了国际法委员会的评注：“当某一条约存在两种解释，且其中之一能使该条约具有合适的效果，另一则不能，诚信和条约之宗旨和目的就要求采纳前者。”③

该报告的条约解释内容十分丰富，譬如，在解释 GATT 第三条第一款时，该报告强调了条约解释的文本主义，指出：“第三条的用语必须给出其通常含义——根据其上下文，并考虑 WTO 协定的总目的和宗旨。因此，该条款的实际用语构成了必须给出其含义并使得其所有用语均有效的解释基础。该条款的适当解释首先是文本解释。”又譬如，在解释第三条第二款的“同类产品”(like product)时，该报告同意专家组的看法，应对其定义做狭义解读。“如何狭义解读，应根据每一案件的税收措施而定。我们同意依照 GATT 时期的做法，进口与国内产品是否‘同类’应个案酌定。”如果就第三条第二款第一句而言的狭义(通常在物理意义)上，某进口产品与国内产品不是“同类”，那么根据 GATT 第三条附件一解释和补充规定，可以从“直接竞争或替代产品”的意义上去认定，因为第三条的谈判史表明：该附件具有

---

① *Japan-Taxes on Alcoholic Beverages*, WT/DS8, 10, 11/AB/R(4 October 1996)。以下引用该案报告，出处略。

② 这实际上也解释了《建立 WTO 协定》第 16 条第 1 款“除本协定或多边贸易协定项下另有规定外，WTO 应以 GATT1947 缔约方全体和在 GATT1947 范围内设立的机构所遵循的决定、程序和惯例为指导”。包括 GATT 时期和 WTO 建立后的争端解决惯例(以通过的争端解决报告为表现形式)，只有在“协调的、共同和一致的系列做法或看法，足以构成一种清晰的方式，包含了当事方有关解释的协议”这一意义上方可作为指导嗣后实践的惯例。本文所评述有关条约解释的 WTO 争端解决报告所阐明的诸多原则，由于得到嗣后实践的一贯遵循而足以成为 VCLT 第 31 条第 3 款(b)项意义上的“惯例”。

③ *Yearbook of the International Law Commission*, Vol.II, p.219.

等同于 GATT 第三条第二款的法律地位。这就需要适用 VCLT 第三十二条进行条约解释。

3. 1998 年“美国—对某些虾及虾制品的进口限制案”①

杰克逊教授认为:“在迄今 WTO 所有[争端解决]法理中,该案是最重要的‘宪法性’案件。……[它]实质上确立了一系列原则,其中不乏非常重要,甚至事关宏旨的原则。”②包括了条约实施的“善意”(good faith)原则以及由此引出依照 VCLT 第三十一条第三款(c)项“适用于当事国间关系之任何有关国际法规则”的条约解释规则。

上诉机构在复审该案时,针对 GATT 第二十条“引言”(chapeau)的解释,指出:“实际上,第二十条引言是善意原则的一种表述。这一原则作为法律一般原则和国际法一般原则,制约着各国的权利行使。该一般原则的适用之一被公认为权利滥用(*abus de droit*)学说,即禁止滥用一国之权利,并规定权利之主张一旦‘涉入某条约所含义务范围’,则必须善意,即合理行使之。一成员滥用其条约之权利而侵犯其他成员之权利,因而也违反该成员应负条约之义务。在此,我们的任务是要从国际法的一般原则中寻求适当的其他解释指南,以解释该引言的用语。”③根据对“国际法的一般原则”的脚注,上诉机构所说“从国际法的一般原则中寻求适当的其他解释指南”就是上述 VCLT 第三十一条第三款(c)项。由于该款项是为了寻求除 VCLT 第三十一条第二款项之外的条约解释“上下文”,因此,这仍属于 VCLT 第三十一条的条约解释通则,而该通则本身包含条约解释的“善意”原则,不过,这显然有别于条约实施的“善意”原则。④

上诉机构依照 VCLT 第三十一条第三款(c)项,列举了若干国际环境保护法律文件或条约作为本案“适用于当事国间关系之任何有关国际法规则”。其一,联合国《环境与发展里约宣言》第十二条原则规定:“进口国应避免在其管辖之外以单方行动对付环境挑战。涉及跨边境或全球性的环境问题的环保措施应尽可能根据国

---

① *United States-Import Prohibition of Certain Shrimp and Shrimp Products*, WT/DS58/AB/R(12 October 1998),下文引用该案,出处略。该案中文本可参见赵维田主编:《美国—对某些虾及虾制品的进口措施案》,上海人民出版社 2003 年版。

② 前引 John H. Jackson, *Sovereignty, the WTO and Changing Fundamentals of International Law*, p.161。杰克逊教授所说的“迄今”约指该书写作时的 2005 年。实际上,我在 2006—2007 年访问乔治城大学法学院听他讲课时,他仍认为这是 WTO 历史上“单一最重要”(single important)的案件,并作为其《国际贸易法》(即 WTO 法)课程中唯一较完整分析的案件。

③ 根据该上诉报告第 157 脚注。该“国际法的一般原则”就是 VCLT 第 31 条第 3 款(c)项:“适用于当事国间关系之任何有关国际法规则。”

④ 参见韩立余:《善意原则在 WTO 争端解决中的适用》,《法学家》2005 年第 6 期。该文较全面论述了这一原则,但是,似乎未清晰地区分“条约实施”与“条约解释”的善意原则。

际共识。”其二，联合国《二十一世纪议程》第二条第二十二款(一)项几乎以同样语言要求。其三，《生物多样性公约》第五条规定：“各缔约方应尽可能适当地与其他缔约方直接合作，或在适宜时对国家管辖以外的和在有关共同利益的其他问题上，通过主管的国际组织来养护和持续利用生物的多样性。”其四，《野生动物迁徙物种保护公约》附件一将与本案相关的海龟列入“濒危迁徙物种”，要求“这些物种繁衍地的所有国家的共同行动”。可见，在跨边境或全球性的环境保护问题上避免单方行动，寻求国际合作，已成为公认的国际法准则。该准则可以适用于解释 GATT 第二十条引言所说避免采取“任意”手段，其宗旨就是不允许以例外理由采取单方措施。因此，美国以保护海龟为由，诉诸单方禁止进口措施，不符合 GATT 第二十条引言的要求，从而也违反了第二十条的规定。

这是运用 VCLT 第三十一条第三款(c)项，通过“适用于当事国间关系之任何有关国际法规则”这一上下文，参照条约之目的善意解释条约用语的典范。

4. 2002 年美国—1988 年《综合竞争拨款法》第 211 节案

DSB 于 2002 年 2 月 1 日通过的该案上诉机构报告，推翻了专家组对《与贸易有关知识产权协定》(简称 TRIPS 协定)第一条第二款的条约解释，因为专家组过于拘泥条约文本的用语，而忽视了被纳入 TRIPS 协定的《保护工业产权巴黎公约》(巴黎公约)本身的规定，从而使 TRIPS 协定第二条第一款的规定失去意义。这对于如何在 WTO 争端解决中正确适用 VCLT 第三十一条的条约解释通则，具有重要的指导意义，

该案专家组对 TRIPS 协定第一条第二款的下述条约解释，看来似乎严格遵循了 VCLT 第三十一条：“我们根据 TRIPS 协定第一条第二款的‘知识产权’定义，对‘知识产权’(intellectual property)和‘知识产权权利’(intellectual property rights)的用语进行解释。对该第一条第二款文本的解读，可以确认这是一个包括性定义，并由‘所有类别’的用词为证；‘所有’一词表明这是一个详尽的罗列。”[①]专家组由此认定该第一条第二款的“知识产权”定义不包括“商号”(trade name)，或者说，TRIPS 协定项下知识产权保护范围不包括“商号”。接着，专家组对 TRIPS 协定第二条第一款“就本协定的第二部分、第三部分和第四部分而言，全体成员应遵守《巴黎公约》(1967 年文本)第一条至第十二条及第十九条”，其中第八条明确规定保护商号，做了如下解释：“该第二条第一款后半句规定各成员有义务遵守该款所明确的巴黎公约有关条款。然而，该[第二条第一款]前半句设定后半句的

---

① *United States-Section 211 Omnibus Appropriations Act of 1998*, WT/DS176/R, (6 August 2001), 以下引用该案专家组报告，出处略。

条件，即各成员应遵守‘就本协定的第二部分、第三部分和第四部分而言’的义务。‘就……而言’的通常意义是‘与……有关、涉及、提及’，并明确提到了第二部分、第三部分和第四部分。我们认为，各成员应遵守《巴黎公约》第一条至第十二条及第十九条，是‘就’TRIPS协定这些部分所明确涵盖的知识产权‘而言’，也就是版权与相关权、商标、地理标志、外观设计、专利、集成电路(拓扑图)和未披露信息保护。”商号不在其中。然后，专家组还依照VCLT第三十二条，审查了TRIPS协定第一条第二款和第二条第二款的谈判史，得出结论，该补充资料证实了上述条约解释。

上诉机构认为：采纳该专家组的上述解释“会使得TRIPS协定第二条第一款所纳入的巴黎公约第八条没有任何意义和效果”，因为该第八条只规定保护商号。[①]上诉机构重申了在“美国—精炼与常规汽油标准案”和“日本—酒精饮料税案”中已阐明的条约解释“有效原则”，指出：“《维也纳条约法公约》的‘解释通则’之推论之一就是解释必须对一条约的所有条款均有意义和效果。解释者不能随意采纳导致该条约中的整个条款或款项冗余或无益的解释。”如按照专家组的解释，TRIPS协定第二条第一款所纳入的《巴黎公约》第八条就没有任何意义和效果。因此，专家组的解释似乎尊重了TRIPS协定的文本规定，但是却忽视了该协定所援引的《巴黎公约》明文规定商号保护的义务。可见，在《巴黎公约》有关条款被纳入TRIPS协定的上下文中，相关条约解释应避免导致有关条款变得毫无意义。有效原则实际上也是要求依条约用语之上下文及宗旨而“善意”解释其通常含义。假如TRIPS协定谈判者旨在排除商号，那么该协定第二条第一款完全可以明确排除《巴黎公约》第八条，就如同该协定第九条第一款明文排除《保护文学艺术作品伯尔尼公约》(《伯尔尼公约》)第六条之二的精神权利保护。

上诉机构称：“基于所有这些理由，我们推翻专家组关于商号不属于TRIPS协定范围及WTO成员无义务为商号提供保护的这两项裁定。”

综括上述典型案例的条约解释，可以得出初步结论：WTO争端解决上诉机构一开始就明确VCLT第三十一条、第三十二条的国际公法解释惯例地位，并在几乎所有案件中将之运用于条约解释，虽侧重于文本主义，但结合VCLT第三十一条、第三十二条诸项规定，强调善意原则、有效原则等条约解释原则，从而尽可能避免片面的文本主义，向世人展示了当代国际法中最丰富的条约解释实践。

---

① *United States-Section 211 Omnibus Appropriations Act of 1998*, WT/DS176/AB/R, (2 January 2002)，以下引用该上诉机构报告，出处略。

（二）中美知识产权案的条约解释

DSB于2009年1月26日公布该案专家组报告。[①]该案涉及对TRIPS协定第六十一条惩治侵犯知识产权罪的刑事程序、第五十九条海关处置没收侵犯知识产权货物和第九条与《伯尔尼公约》的关系等条款解释，很能说明目前WTO争端解决的条约解释最新实践，值得重点分析。

专家组在展开具体的条约解释之前指出："依照DSU第三条第二款，本专家组将适用'国际公法解释惯例'解释本案所涉TRIPS协定。《维也纳条约法公约》第三十一条解释通则和第三十二条有关补充解释手段的规则具有习惯国际法或一般国际法规则的地位。[②]本专家组将适用该解释通则，并在必要时采用解释补充手段。本专家组知道DSU第三条第二款也规定'DSB的建议和裁决不能增加或减少适用协定所规定的权利和义务'。"这一完整表述早已成为WTO争端解决中的条约解释所必须遵循的指导原则，等同于"先例"的效力。考虑本文篇幅不宜过长及说明问题起见，下文集中评述该案专家对TRIPS协定第六十一条第一句的解释。

该第六十一条第一句为："各成员应该提供至少适用于商业规模的故意假冒商标或盗版案件的刑事程序和刑罚。"

首先，专家组从第六十一条的上下文解释第一句的"应该"（shall）具有"必须履行"（mandatory）含义，不同于该条款第四句的"可以"（may）。因此，第六十一条第一句设置了义务。中美双方对这一点并无争议。关键在于该义务的具体要求是什么？

其次，专家组指出："在中国，低于可适用的[刑事]门槛的侵犯商标和版权的行为不属于刑事程序和刑罚的对象。问题在于这些侵权行为是否构成第六十一条第

---

① *China-Measures Affecting the Protection and Enforcement of Intellectual Property Rights*, WT/DS362/R,(26 January 2009)。我国商务部新闻发言人于2009年1月27日表示：该专家组报告裁定美国没能证明中国在知识产权犯罪的刑事门槛方面违反WTO《与贸易有关的知识产权协定》，对此表示欢迎。但同时，专家组在关于海关措施、《著作权法》的部分裁决中未支持中方主张，对此表示遗憾。目前，中方正在对专家组报告做进一步评估。参见http://www.mofcom.gov.cn/aarticle/ae/ai/200901/20090106018687.html。美国贸易代表办公室于2009年1月26日发表声明，称"美国赢得了针对中国知识产权法缺陷的WTO争端案"。http://www.ustr.gov/assets/Document_Library/Press_Releases/2009/January/asset_upload_file105_15317.pdf.关于该案研究，参见张乃根的系列论文：《试析美国针对我国的TRIPS争端解决案》，《世界贸易组织动态与研究》2007年第7期；《论中美知识产权案的条约解释》（上、下），《世界贸易组织动态与研究》2008年第1、2期连载；《论中美知识产权案焦点的"商业规模"》，《世界贸易组织动态与研究》2008年第9期。

② 在此，专家组特别援引了"美国—精炼与常规汽油标准案"和"日本—酒精饮料税案"上诉报告作为"先例"。见前引*China-Measures Affecting the Protection and Enforcement of Intellectual Property Rights*，注189。

一款意义上的‘具有商业规模的故意假冒商标或盗版案件’。这就需要本专家组予以解释。”①第六十一条第一句含有不少于所设置义务的四项限制。其一，该义务仅适用于商标和版权，而非 RIPS 协定项下所有的知识产权；其二，该义务仅适用于假冒和盗版行为，而非侵犯该协定项下知识产权的所有行为；其三，该义务针对“故意”(willful)假冒商标和盗版行为，即具有“犯意”(intent)；其四，该义务仅限于“商业规模”(commercial scale)的故意假冒商标和盗版行为。

显然，这是递进的限制，即从“商标和版权”(排除其他知识产权)→“假冒商标和盗版”(排除其他侵权行为)→“故意假冒商标和盗版”(排除无“犯意”行为)→“商业规模故意假冒商标和盗版”案件(排除不具有商业规模的行为)。其中，中美双方争议的焦点在于对“商业规模”的界定。

专家组解释:“在上下文中的该术语[商业规模]起限定作用，即说明只有满足了‘商业规模’条件的故意假冒商标或盗版才属于该义务范围，因而也就将某些故意假冒或盗版行为排除出第六十一条第一句的义务范围。”

然后，专家组重点对本案争议焦点——“商业规模”进行条约解释。(1)“规模”(scale)一词的通常含义是没有争议的，可以定义为‘相对量值或范围、程度、比例’。②(2)“商业的”(commercial)的通常含义可作不同界定。《新简明牛津英语辞典》定义为:其一“从事商业、商业的或具有商业的”；其二“对金钱而非艺术性回报感兴趣，为了盈利，被视为纯粹是商务事宜”。专家组认为，第一个定义适于解释本案上下文中的“商业”，即与“商业市场”(commercial marketplace)有关的“买卖”(buying and selling)。(3)“商业规模”具有数量和性质的双重意义。TRIPS 协定的起草历史表明:“规模”一词是特意用于限定“商业”，也就是说，只有在形成一定规模的商业性故意假冒和盗版才构成各成员履行第六十一条第一句项下义务所应适用刑事程序和刑罚的对象。③

专家组认为:“将‘商业’的基本定义和‘规模’的定义结合，与第六十一条的上下文是一致的，如果这不仅仅是依据某行为的性质判定，而且还要以相对范围作为

① 前引 *China-Measures Affecting the Protection and Enforcement of Intellectual Property Rights*，第 7.517 段。

② 词义依据 1993 年版《新简明牛津英语辞典》(*New Shorter Oxford English Dictionary*)。见 *China-Measures Affecting the Protection and Enforcement of Intellectual Property Rights*，注 500。WTO 争端解决专家组和上诉机构惯用该英语辞典。

③ 在 TRIPS 协定起草的早期，美国提议第 61 条第一句适用于所有商业性故意假冒商标和盗版案件(没有“规模”一词限定)，但未得到采纳。可见，中美知识产权争端案的焦点凸现了美国提起此案的用意:企图通过条约解释将当年被否决的东西塞进 TRIPS 协定。见 *China-Measures Affecting the Protection and Enforcement of Intellectual Property Rights*，第 7.541 段。

市场基准。由于在'商业'之外没有其他限定词，因此，该基准必须是'商业'一词所典型地或通常所含意义上的基准。就数量而言，该基准具有从事商业或具有商业性质的活动之量值或范围，换言之，这是典型的、通常的商业活动的量值或范围。考虑到[商业]这一术语采用了不定冠词(a)，说明该典型或通常的商业活动之量值或范围不止一类。在该[第六十一条]义务虽所适用的假冒商标和盗版不同'案件'中，该量值或范围也有所不同。本专家组认为，这反映了依有关商业类别的典型或通常商业活动也有所不同的事实。"①

可见，目前 WTO 争端解决的实践采取了比较灵活的文本主义。按照上述条约解释，TRIPS 协定第六十一条第一句的"商业规模"含义比较清楚：这是指在一定商业市场中，依据商业类别而基准(量值和范围)有所不同的典型或通常的商业活动。这就肯定了第六十一条第一句项下义务适用的商业规模故意假冒商标和盗版案件存在刑事"门槛"。中国刑法及司法解释规定有关刑事"门槛"本身并不抵触该义务。美国指控该"门槛"太低，为犯罪行为提供所谓"避风港"，却举不出任何像样的"初步证据"(*prima facie*)，被该案专家组驳回，理所当然。

四、若干理论问题

(一) 关于条约解释的规则

如上所说，在 VCLT 缔结之前，国际法实践中尚无明确的条约解释规则。②即便 VCLT 生效后的十多年间，ICJ 也未明确适用过该公约的条约解释规则。许多国际法学者因而一直回避条约解释规则问题。《阿库斯特现代国际法导论》(1997年第七版)第九章论述条约法时甚至连条约解释也只字未提。该书在讨论对《联合国宪章》的解释时，介绍了"字面解释"(literal interpretation)、"目的"(intention)、"准备工作"(*travaux preparatoires*)解释方法，认为："解释是一门艺术，不是科学。实质上，不存在任何解释规则，只有假定，且各种假定之间经常存在冲突。"③为什么连如此著名的国际法学者也对条约解释规则持怀疑或否认的立场？按照布朗利教授的说法："法学家们对于制定一个法典式的'解释规则'通常都持谨慎的态

① *China-Measures Affecting the Protection and Enforcement of Intellectual Property Rights*，第 7.547 段。

② 以致有些国际法学者否认条约解释规则的存在，如斯托恩(Stone)在《条约解释中的拟制因素》(Fictional elements in treaty interpretation)载《悉尼法律评论》1995 年第 1 卷，第 344 页，主张没有真正的条约解释的规则或原则。转引[英]蒂莫西·希利尔：《国际公法原理》，曲波译，中国公安大学出版社 2006 年版，第 57 页。

③ *Akehurst's Modern Introduction to International Law*, 7th edition, Routledge, 1997, p.365.

度，原因是认为这样的‘规则’可能会变成不实用的文件，而非所需要的灵活协助手段。”①仔细阅读这些学者的论著，可以发现他们或因时代限制或因眼光限制，对本文所评述的条约解释实践，尤其是 WTO 的实践均未关注或关注不够，故而对条约解释的国际公法惯例之存在会产生怀疑，甚至否认。

在某种意义上，时代限制是很重要的，但不是决定性。譬如《奥本海国际法》第八版(1955 年)亦认为：“关于条约的解释，无论习惯法或约定国际法都没有精确的规则。”②这是当时国际法学界的主流看法。然而《奥本海国际法》第九版(1992 年)的出版即便是在 ICJ“领土争端案”和 WTO 争端解决机制运行之前，也已改变原先的看法，认为：“习惯国际法不能说开列了这种规则的一个完整和准确的清单，虽然有少数规则可以肯定地认为是习惯国际法规则。”③同样可以肯定地认为，《奥本海国际法》的这一看法已成为当今国际法学界的主流观点。假如现在还有人怀疑或否认条约解释规则的存在，那么不是理论的偏见，就是对丰富的客观实践视而不见。

回顾 1966 年联合国国际法委员会对 VCLT 第三十一条和第三十二条(草案分别为第二十七条和第二十八条)的评注，可以认识到，条约解释通则的编纂本身是一种在实践基础上的理论升华。(1)尽管在编纂时尚无明确的条约解释规则，但是，早在 1956 年，国际法学会(the Institute of International Law)已根据国际法实践归纳了若干条约解释的基本原则，包括考虑“条约约文作为缔约方意图的真实表示”，“缔约方意图是区别于约文的主观因素”，“条约之明示或清晰的宗旨”。④国际法委员会也认为，实践中确实早已形成一些条约解释的原则，应加以编纂。(2)编纂目的是确立对未来缔约方有拘束力的条约解释通则。国际法委员会从以下三方面予以考虑：“首先，如果承认‘有约必践’规则，那么依据法律而善意地解释条约，至关重要。其次，由于对解释方法存有分歧，[国际法]委员会似乎应对约文在条约解释中的作用采取明确立场。第三，委员会采纳的许多条款区分条约中涉及缔约方意图的明示事项与默示事项。显然，此类条款只有通过可以认定缔约方意图的方法加以充分的酌定。”可见，这三点考虑对于最后形成 VCLT 条约解释通则，缺一不可。(3)条约解释通则是一条，而非多条。原因在于：“委员会希望强调解释过程是一个整体。”也就是说，按照通则解释条约，应在“上下文”这一连接因素中考虑

---

① 前引[英]伊恩·布朗利：《国际公法原理》，第 689 页。

② 前引[英]劳特派特修订：《奥本海国际法》上卷第二分册，第 362 页。

③ 前引[英]詹宁斯、瓦茨修订：《奥本海国际法》第一卷第二分册，第 663 页。

④ 前引 Draft Article on the Law of Treaties with commentaries 1966, p.218。以下援引该评注，出处略。

该通则规定的所有解释因素，解释约文的用语。

条约解释通则的关键在于确定约文用语的"上下文"。这既是理解、解释任何用语的常识，也是条约解释的文本（text，约文）主义所依据的理论基础。上文评述的 ICJ 和 WTO 争端解决实践中的所有案件，在解释系争条约的特定用语时，无不考虑"上下文"。如果该"上下文"仅为该条约相关约文，可以说是严格的文本主义；如果在该条约之外寻求"上下文"，就是宽松的文本主义；如果这种"上下文"可能是某些客观标准，也许可以说是客观的文本主义。总之，文本主义是 VCLT 条约解释通则的基础。离开"上下文"的文本解释，与该通则是不相符合的。因此，可以理解为什么 VCLT 第三十一条第一款规定"按其上下文并参考……"；第二款规定"就解释条约而言，上下文除指……应包括"；第三款规定"应与上下文一并考虑者尚有……"。离开了"上下文"，通则不复存在；根据"上下文"解释，就是文本主义。文本主义不是教条主义。如果认为文本主义过于呆板，这是误解，因为无论 ICJ，还是 WTO 的条约解释实践都倾向于灵活的文本主义。"上下文"本身就是灵活的。

（二）关于条约解释的方法

李浩培教授的《条约法概论》将近代乃至现代的条约解释学派，归纳为三种：主观学派、客观学派、目的学派。"主观解释学派在条约的解释上把重点放在探求缔约国在缔约时的共同意思。这种解释方法在历史渊源上可以追溯到罗马政治家西塞罗的这句名言：'在约定中，应当注意的人们的意思，而不是语言'。"①现代的主观解释学派代表人物是劳特派特。客观学派主张约文解释方法。按照其代表人物之一麦克奈尔的观点，"仲裁或司法机关的首要任务在于对一个条约中的某一词语，按其上下文，确定其自然的和通常的含义"。②目的学派"强调解释一个条约应符合该条约的目的。这个解释方法的最明确的陈述，见于《哈佛条约法公约草案》"③。显然，VCLT 倾向于客观学派，即约文解释方法。④

李浩培教授将国际法理论上的条约解释学派归结为相应的解释方法论，提示我们：条约解释归根结蒂离不开解释方法。《奥本海国际法》第九版也以解释方法来解读 VCLT 的条约解释规则，指出：VCLT 第三十一条所确定的一般规则是"约

---

① 前引《条约法概论》，第 339 页。

② 同上书，第 344 页。

③ 同上书，第 346 页。

④ 布朗利教授也认为："国际法院的判例支持约文解释方法，而且《维也纳条约法公约》的相关条款基本上也采纳了这一方法。"前引［英］伊恩·布朗利：《国际公法原理》，第 688 页。也有的学者认为：起草 VCLT"国际法委员会采取了一种中间路线以避免一种教条主义的方法"。前引《现代条约法与实践》，第 180 页。不过，看来认为 VCLT 倾向于约文解释方法的学者属于主流。

文方法”。“这种约文方法——国际法委员会虽一致同意——作为国际习惯法的公认部分”。[①]然后，VCLT 第三十二条就是“补充解释方法”，在根据解释通则确定了条约用语的清晰意义时，或在适用通则解释仍使条约用语的意义含糊不清时，均可采用“辅助的解释方法”。“被允许在这些情况下使用的辅助的解释方法并不严格地有别于成为基本规则的一部分的方法，也不是这些的替代方法。”[②]

条约解释方法的实质是解释者从何入手解读条约的用语。按照李浩培教授的分类（也是国际法学界比较公认的分类，当然也有其他分类方法[③]），主观解释方法、客观（约文）解释方法和目的解释方法的切入点分别是缔约方的共同意思、约文用词和条约目的。作为成文的条约，如同任何成文法，均由相应的词语构成。缔约方的共同意思或缔约目的本身不是脱离约文而存在，相反都是通过约文的用语明示或隐含。离开具体用语，所谓共同意思或缔约目的都是抽象的。在这个意义上，约文解释的方法是客观的，从客观体现的用语入手，才能理解缔约方明示或隐含的共同意思或缔约目的。VCLT 的解释通则要求“条约应依其用语”（切入点），“按其上下文”（相应的约文及任何其他形式的上下文），“并参照条约之目的及宗旨”（明示或隐含），寻求其“具有之通常含义”（惯用、合理的含义），“善意解释之”（基本原则，贯穿解释过程）。

采用约文解释的方法，或者说按照灵活的文本（约文）主义，解释条约用语，必要时可借助权威的辞典，因为辞典作用就是给出具体用语的一般意义（一词一义，或多义），有助于解释者根据条约用语的上下文寻求最适当的意义。如上所述，相比 ICJ，WTO 的争端解决实践更倾向于借助权威辞典确定用词的一般含义。尽管这种做法受到批评，但是，在实践中仍继续得到采用。

---

① 前引[英]詹宁斯、瓦茨修订：《奥本海国际法》第一卷第二分册，第 663 页。

② 同上书，第 665 页。

③ 杰克逊教授归纳了 19 种条约解释方法，即上下文文义和通常含义优先之解释方法；关注起草者意图之解释方法；借助准备工作（有时称作“立法历史”）之方法；借助于协定之目标和目的进行解释之方法；依照“某一协定中没有一个条文是不具有任何效力”这一解释原则，在对条约进行解释时应当假设每一条文都有实施之价值；当某一条约的不同组成部分之间发生冲突时，如何界定“冲突”及能否调和这些不同条款等问题；长时以来形成的先前的惯常做法或“协定项下的惯常做法”；目的论；演绎法；将关注重点落在充当“法官”角色之个人身上的实用主义学派采用的解释方法；借助于更为广义的政策动机进行解释之方法（或解释相关的没有约束力的文本）；审查标准（对国家机构裁决的遵从程度）；在无须明示的情形下条约文本以默示方式规定该条约项下的进一步的义务；在条约实施过程中应尽到一般善意义务；条约当事人的合理预期；由其他组织或先前组织（如 GATT）的决议和争议解决报告“指引”授权；关于运用推定和举证责任转移之方法对举证责任负担进行分配之规则；通过非贸易政策之考虑平衡一些解释技术之观点；面向多边主义而非面向单边主义的条约解释观念。也是很值得参考的。参见前引 John H. Jackson, *Sovereignty, the WTO and Changing Fundamentals of International Law*, p.183，注释 1。

(三) 关于条约解释的适用

杰克逊教授对 WTO 的争端解决中适用 VCLT 条约解释规则,惯用辞典解释词义的倾向性做法,提出了批评。他认为:WTO 争端解决"上诉机构在最初的六至八年间,似乎采取了一种非常'文本主义'的解释,尽管在某些案件中显然偏离这一方式。这种文本主义明显地受到 VCLT 的用语鼓励"①。如上所述,在起草 VCLT 时,美国提议的《哈佛条约法公约草案》属于目的解释学派。VCLT 未采纳该提议,这也许是美国至今未加入 VCLT 的原因之一。作为当代美国国际法学界代表人物之一的杰克逊教授对 WTO 争端解决上诉机构适用 VCLT 条约解释规则的文本主义,颇有微词。他引用了该上诉机构一名前任成员克劳斯-迪特尔·埃勒曼(Claus-Dieter Ehlermann)博士关于这种非常强烈的文本倾向旨在确立上诉机构作为一个全新机构的可信性之评论,指出:"这一评论产生一个问题,即上诉机构这种强烈的文本主义是否需要继续下去。"②言外之意,在若干年后,该机构的可信性不存在问题了,还有必要继续坚持这种强烈的文本主义吗?

杰克逊教授认为:"有许多条约解释的概念,并不一定完全与 VCLT 的传统方法一致,特别是在一个仍在变化中的、永久的,成员众多且不断增多的极重要国际体制框架内。或许,在经济组织的情况下尤其如此,因为市场结构趋向于提供一些可预见性和稳定性的好处(反过来减少一些经济学家所说的'风险溢价')。这些不太容易等同于 VCLT 的原则之一是'演进的'(evolutionary)解释观念。"③这类似美国最高法院将"宪法"作为"活的"文件加以解释。"这必须随着时间的流逝和世界、社会环境及道德风俗的变化而演变。有一位地位显赫的司法方面学者和法官将这种文件解释的'原旨主义者'(originalist)观点称为有趣的'崇拜祖先'(ancestor worship)的新版本。与条约解释相关的另一个概念是'目的论'(teleological)的解释观念。该观念似乎更为强调该组织的基本目标,并试图使得对其规定的解释能够提高其落实这些目标的长期效率或能力。这个概念蕴含着一个更具有活力且不断演化的观点,该观点涉及一个重要的、正在发展的、成员众多的经济制度至少应当处理的制度结构或'宪章'。"④毫无疑问,杰克逊教授希望在 WTO 争端解决中的条约解释采用美国主张的"目的论"方法。由于美国在 WTO 的地位与影响,尤其是 WTO 争端解决实践业已呈现遵循"先例"的倾向,因此,一旦其条约解释实践倾向于"目的论",就会逐步改变目前主导的文本主义。当然,

---

①②③　前引 John H. Jackson, *Sovereignty, the WTO and Changing Fundamentals of International Law*, p.187.

④　Ibid., p.188.

这并不容易。①

杰克逊教授的上述观点反映了一个原则性分歧，即 VCLT 关于条约解释规则的适用。作为习惯国际法的 VCLT 条约解释规则，在 WTO 争端解决实践中的适用具有坚实的法律基础。首先，DSU 第三条第二款规定 WTO 争端解决的条约解释应按照“国际公法解释惯例”。上诉机构从一开始就将之明确为 VCLT 的第三十一条和第三十二条，而且，这已成为具有“先例”的指导作用。其次，VCLT 的文本主义解释方法已被包括 ICJ 在内的国际争端解决机构所采用。可以说，在条约解释的问题上，美国似乎与国际社会的主流保持距离，希望人们改用美国的方法。但愿，这种希望只是希望而已。

总括全文，条约解释对于和平解决国际争端具有十分重要的作用。ICJ 和 WTO/DSB 等机构的条约解释实践极大地丰富了当代国际法。无论是条约解释的国际法实践，还是相关的国际法理论，都还有许多问题需要深入、系统的研究。

The International Law of Treaty Interpretation: Practices and Theories

Abstract: Treaty interpretation means that a treaty is interpreted in the course of implementation and application after it has entered into force. The rules of treaty interpretation of 1969 Vienna Convention on the Law of Treaty(VCLT) were expressly applied to dispute settlement by the International Court of Justice(ICJ) in the 1994 case of *Territorial Dispute*(*Libyan Arab Jamahiriya/Chad*), and then by the Appellate Body of Dispute Settlement of the World Trade Organization(WTO) in the 1996 case of *United States-Standards for Reformulated and Conventional Gasoline* as “the customary rules of interpretation of public international law”. This article is mainly based on leading cases of the ICJ and the WTO in last decade to offer a systematic analysis of treaty interpretation in the practices of contemporary international laws and to explore some theoretical issues regarding the rules, methods and applications of treaty interpretation with some viewpoints of the International Law Commission's Commentaries on VCLT and of well-known international lawyers.

Keywords: Treaty interpretation; International law; Practice; Theory

---

① 在 2000 年之前，几乎所有 WTO 争端解决报告，均依据 VCLT 第 31 条，先阐明“条约解释一般问题”。然后具体解释涉案协定。2000 年以后，由于经反复阐明的条约解释通则已被公认，因此，专家组或上诉机构渐渐地不再例行说明通则，而径直对涉案协定具体条款作必要的条约解释。杰克逊教授认为上诉机构前 6 年至 8 年(大约在 1995—2003 年)具有强烈的文本主义倾向。这是否意味此后该倾向有所淡化。从目前的实践来看，这种淡化似乎不明显。

条约解释规则的理论渊源及其演变*

内容摘要：该文根据《维也纳条约法公约》的条约解释规则已具有习惯国际法地位并在国际司法或准司法机构的实践中得到广泛运用的现实，结合我国面临日益增多的对外贸易争端等国际争端解决的迫切需求，重点评析对格劳秀斯和瓦特尔阐述的条约解释规则及其理论以及《哈佛条约法公约草案》及其评注，以期更好地理解《维也纳条约法公约》条约解释规则及其理论来源。格劳秀斯创立的现代国际法学说所包含的条约解释理论主张从条约的用语及其含义去善意地推断缔约者的真实意图，具有约文解释的倾向；瓦特尔是古典时期条约解释理论的集大成者，同时为以后更加精细的条约规则学派和以《哈佛条约法公约草案》为代表的"目的解释"学派提供了理论基础；《哈佛条约法公约草案》及其评注主张目的导向解释，也强调结合各种必要因素，整体地解释条约；《维也纳条约法公约》以第31条的解释通则为核心，构成了迄今最完整的条约解释规则体系，体现了"约文为先"和融合目的解释学派等其他理论的特点。从格劳秀斯到瓦特尔，从《哈佛条约法公约草案》到《维也纳条约法公约》，在现代国际法的历史上，条约解释规则的理论渊源及其演变是可追溯的，值得深入、全面的研究。

关键词：条约解释；规则；理论；演变

一、问题的提出与界定

《维也纳条约法公约》[①]编纂了条约解释的惯例，其中第三十一条是解释的通则，第三十二条是解释的补充资料，第三十三条是条约解释所依据不同语言的条约文本问题。尤其是1996年世界贸易组织争端解决上诉机构在"美国—精炼与常规汽油标准案"中明确指出：条约解释的基本规则在第三十一条"得到了最权威的、简明的表述，……已经取得了相当于习惯或基本国际法的地位"[②]，并援引了国际法

---

* 原载《中国国际法年刊》(2013)，世界知识出版社2014年版，第42—72页。

① Vienna Convention on the Law of Treaties(Vienna, 23 May 1969) 1155 UNTS 331.本文援引《维也纳条约法公约》签署文本/中文本，载《联合国条约集》(UN Treaty Collection)，网站：http://treaties.un.org。下文援引同，出处略。该公约中文本还可查见《国际条约集》(1969—1971)，国际问题研究所编译，商务印书馆1980年，第42—71页；李浩培：《条约法概论》，法律出版社2003年第2版，附录一含著者译本，可参见。

② *United States-Standards for Reformulated and Conventional Gasoline* (WT/DS2/AB/R)，中英文对照本，张乃根编著：《美国—精炼与常规汽油标准案》，上海人民出版社2004年版，第46—47页。

院1994年在“领土争端案”确认该第三十一条为“习惯国际法”以及欧洲人权法院的有关判决和《奥本海国际法》等学术著作的观点，作为实践与法律确信的证据。①条约解释的通则包括：(1)条约应依其用语按其上下文并参照条约之目的及宗旨所具有之通常意义，善意解释之；(2)在解释条约时，上下文包括条约的序言、附件以及相关任何协定或文书、有关条约解释的任何协定或惯例、任何有关国际法规则；(3)当事国约定的特殊意义。条约解释的规则在国际法院、世界贸易组织争端解决机构等国际司法或准司法机构的实践中已得到了持久的、广泛的运用，②但是，我国国际法学界对这一问题的研究相对较少。③我国加入世界贸易组织之后十多年，涉案贸易争端解决日益增多，而且侧重于条约解释，④亟待全面、深入地研究相关条约解释的规则及其理论，包括从一般国际法角度探析条约解释规则的理论渊源及其演变。⑤这一研究问题的提出是新形势下我国对外关系，尤其对外经贸关系发展的迫切需要。

在近四百多年的国际法历史上，条约解释规则究竟源于哪些主要理论？这些理论又是如何影响规则的形成和演变的？这是本文研究的问题。条约解释是自常设国际法院以来根据任择强制管辖权审理案件须解决的首要法律问题，⑥也是自

---

① *United States-Standards for Reformulated and Conventional Gasoline*，脚注34。

② 国外近年来有关研究成果，参见 *The Oxford Guide to Treaties*，Edited by Duncan B. Hollis，Oxford University Press，2012，II. Interpretation of Treaties；*The Law of Treaties Beyond the Vienna Convention*，Edited by Enzo Cannizzaro，Oxford University Press，2011，II. Interpretation of Treaties；*Treaty Interpretation and the Vienna Convention on the Law of Treaty：30 Years on*，Edited by Malgosia Fitzmaurice，Olufemi Elias，Panos Merkouris，Martinus Nijhoff Publishers，2010；Isabelle Van Damme，*Treaty Interpretation by the WTO Appellate Body*，Oxford University Press，2009；Richard Gardiner，*Treaty Interpretation*，Oxford University Press，2008；Ulf Linderfalk，*On the Interpretation of Treaty：The Modern International Law as Expressed in the 1969 Vienna Convention on the Law of Treaties*，Springer，2007。

③ 譬如，近十多年《中国国际法年刊》仅发表过1篇有关条约解释规则的论文，参见刘洋：《〈联合国宪章〉的解释规则》，《中国国际法年刊(2007)》，世界知识出版社2008年版，第36—52页。

④ 有关研究，参见张乃根：《中国涉案WTO争端解决的条约解释及其比较》，《世界贸易组织动态与研究》2012年第3期；曾令良：《从“中美出版物市场准入案”上诉机构裁决看条约解释的新趋势》，载张乃根主编：《WTO争端解决的“中国年”(2009)》，上海人民出版社2010年版，第164—175页。

⑤ 较早的专题研究，参见张乃根：《论WTO争端解决的条约解释》，载《当代中国：转型、发展、和谐，上海市社会科学界第三届(2005年度)学术年会文集》上册，上海人民出版社2005年版，第237—248页；张东平：《WTO司法解释论》，厦门大学出版社2005年版；还可参见陈欣：《WTO争端解决中的法律解释》，北京大学出版社2010年版。一般国际法的研究，参见张乃根：《条约解释的国际法实践及理论探讨》，《国际法研究》第三卷，中国人民公安大学出版社2009年版，第17—44页。

⑥ 参见 Statute of the Court，载常设国际法院，Series D.，*Acts and Documents Concerning the Organization of the Court* No.1.(Fourth Edition-April 1940) Statute and Rules of court，A.W. Sijthoff's Publishing Company，Leyden 1940. Article 36(a)，《联合国宪章及国际法院规约》签署文本/中文本，《联合国条约集》(UN Treaty Collection)，网站：http://treaties.un.org。第36条第2款(子)项。

"国际法之父"格劳秀斯以后，诸多国际法学家涉足的条约法领域中最富有争议的难题。前任国际法院院长麦克奈尔教授在他的名著《条约法》(1961 年)中感叹："条约法中没有任何部分要比解释的问题令本书作者研究更令人如履薄冰。"①在《维也纳条约法公约》缔结之前，国际法学界对哪些是条约解释规则，众说纷纭，譬如，劳特派特推荐的解释规则为 16 项，菲德罗斯等从常设国际法院和国际法院的裁判中归纳了 11 项解释原则，②以致国际法委员会在评注《维也纳条约法公约》时认为："援引这些原则是自由裁量而非义务，并且，文件的解释在一定程度是艺术，而非严格的科学。"③1989 年国际法院在"关于 1989 年 7 月 31 日仲裁案"判决中仍以不太确定的立场表示："这些[条约解释]原则体现在《维也纳条约法公约》第三十一条和第三十二条，它们可能在许多方面可以被视为既有国际习惯法的编纂。"④然而，今非昔比，自国际法院、世界贸易组织争端解决机构相继明确《维也纳条约法公约》编纂的条约解释规则为习惯国际法之后，并在大量案件中适用这些规则，如今，其习惯国际法的地位"已不再受到任何挑战了"⑤。本文所研究的条约解释规则是以该公约编纂的条约解释规则，尤其第三十一条作为确定的，而非有争议的国际法规则，追溯其理论来源。

关于条约解释规则的理论来源，通常可分为两个阶段来研究，即，十七世纪初的格劳秀斯到二十世纪之前的国际法学家有关条约解释的理论阐述(可称为古典时期)，二十世纪初至《维也纳条约法公约》缔结之前的国际法学界围绕条约解释的编纂而产生的各派学说(可称为现代时期)。⑥现代时期的条约解释学派通常被归类为"主观解释"、"约文解释"、"目的解释"三大学派。⑦英国著名条约法学者伊恩·辛克莱爵士认为："这三个不同的思想学派各自强调不一，一般被认为反映了主观的(或'缔约方意图')方法，客观的(或'约文')方法与目的论(或'目标和宗旨')方法。当然，它们不是互相排斥的，对约文方法的最顽固坚持者也极少论证法

---

① Lord McNair, *The Law of Treaties*, Clarendon Press, 1961, p.364.

② 参见[英]劳特派特修订:《奥本海国际法》上卷第二分册，王铁崖、陈体强译，商务印书馆 1972 年版，第 363—366 页;[奥]阿·菲德罗斯等:《国际法》上册，李浩培译，商务印书馆 1981 年版，第 213—216 页。这两本国际法原著均出版于 1969 年之前。

③ *Draft Articles on the Law of Treaties with commentaries*, *Yearbook of the International Law Commission*, 1966, Vol.II, p.218, para.(4).

④ *Arbitration Award of 31 July 1989* (Guinea-Bissau v. Senegal), Judgment, ICJ, Report 1991, pp.70, para.48.

⑤ Richard Gardiner, "The Vienna Convention Rules on Treaty Interpretation", 载 *The Oxford Guide to Treaties*, p.476。

⑥ 参见前引 Richard Gardiner, *Treaty Interpretation*, Chapter 2;前引《条约法概论》,第五章第二节。

⑦ 参见朱文奇、李强:《国际条约法》,中国人民出版社 2008 年版，第 232—235 页。

庭应刻意寻求某一含义的确定而脱离争端方的初衷或意图；而对意图方法的最坚定支持者也不会试图否认条约的约文构成缔约方意图的证据。”①可见，这些学派的划分不应绝对化，本文也无意进一步全面探讨这些学派的各自观点。限于篇幅和所了解的文献所限，本文选择了格劳秀斯和瓦特尔②（又译法特尔或法泰尔）原著（英译本）中的条约解释理论，并考虑到《哈佛条约法公约草案》及其评注英文本是《维也纳条约法公约》之前“关于条约法方面最系统的研究成果”，③而且所附条约法文献中若干代表作包含了丰富的条约解释理论，我国国际法学界对这些原著和文本或文献中的理论尚缺少较深入、系统的研究，因此分别作为这两个时期的主要代表理论加以重点研究，并在这基础上对国际法委员会的《维也纳条约法评注》做扼要的评析，以期对条约解释规则及其理论做点正本清源的工作，求教于前辈同仁。

简言之，本文研究的问题是基于我国对外关系发展，特别是涉案世界贸易组织争端解决的迫切需要，而非从纯理论的兴趣出发而提出的；本文研究的问题是界定的，即，重点梳理近四百多来两个时期若干最重要的条约解释理论及其演变，并作初步的比较分析，旨在更好地理解《维也纳条约法评注》关于条约解释规则的理论，为中国应对国际争端解决中的条约解释提供参考。

二、格劳秀斯的条约解释理论

（一）格劳秀斯的条约解释理论评析

1625年格劳秀斯发表的《战争与和平法》第二卷（和平法）第十六章专门讨论了条约解释。④这是现代国际法上条约解释的最初理论来源之一。麦克奈尔教授指出：“从格劳秀斯时代以来，如果不是之前，后代的很多作者和近年来的仲裁员与法官们主要借鉴了合同私法，已详细地阐述了条约解释。”⑤李浩培教授在对条约解释的国际法理论作历史考察时列举了真蒂利斯、格劳秀斯、瓦特尔和费奥勒四人。⑥

① 参见 Ian Sinclair, *The Vienna Convention on the Law of Treaties*, second edition, Manchester University Press, Manchester 1984, p.115。

② 参见新华通讯室译名室编：《法语姓名译名手册》，商务印书馆1996年版，第1042页。

③ 周鲠生：《国际法》，商务印书馆1976年版，第598页。

④ Hugo Grotius, *The Law of War and Peace*, Clarendon Press, Oxford 1925, Book II, Chapter XVI, On Interpretation. 这是根据格劳秀斯生前最后修订的1646年拉丁文版翻译的英文全本。何勤华等译《战争与和平法》（上海人民出版社2005年版）所依据的英文简本不足全本篇幅的一半。

⑤ 前引 Lord McNair, *The Law of Treaties*, pp.364－365。

⑥ 前引《条约法概论》，第334—339页。

其中,真蒂利斯被劳特派特教授称为是“格劳秀斯的先驱者”之一;[①]费奥勒(又译菲奥雷[②])是十九世纪中后期至二十世纪初的意大利著名国际法学家,其论著尚无英译本。为此,本文不包括这两位学者的条约解释理论。国内也有学者在论述条约解释的“古典学说”时仅以格劳秀斯和瓦特尔为代表。[③]这两位国际法学家的历史地位无可争议;其条约解释理论亦最具有代表性。

《战争与和平法》关于条约解释的专章共分 32 节,下文将择要评析。首先,格劳秀斯认为:条约解释旨在解决条约义务的约束力问题,即,缔约方的真实意思表示——“允诺”(promises)如何以文字的外在表示方式体现对其约束力。因此,这正是《维也纳条约法公约》将条约解释作为条约生效后适用时问题加以规约的缘故。格劳秀斯说:“如果我们仅考虑某人已对希望约束自己的事做出允诺,那么他就有责任履行其自己的自由意志。西塞罗说:‘依诚信须考虑的是你表达的什么意思,而非你说的什么’。但是,由于内在行为不是本身可见的,并且,某种程度的确定性必须加以确立以免每个人均可想出他可能希望有的意思,从而任何有拘束力的责任都将不复存在,因此,自然理性本身指令接受承诺者享有权利要求允诺者按照正确的解释所揭示的去做。”[④]

什么是“正确的解释”呢?格劳秀斯以古代条约训诫“杜绝邪恶的欺骗,且按这些用语之当今最准确理解”为依据,[⑤]指出:“正确解释的方法就是从最可能的表示中获得意图之推断。这些表示有两类,用语与含义;并且,两者可分开或一并考虑。”[⑥]

可见,从条约的用语及其含义中去善意地推断缔约者的真实意图,是从古希腊及罗马延续至格劳秀斯时代的欧洲社会早已确立的条约解释规则。这几乎就是《维也纳条约法公约》第三十一条第一款规定的条约解释通则。

其次,基于上述条约解释的正确方法,格劳秀斯主要阐述了条约用语的解释和各种“推断”(conjectures)的技巧。[⑦]关于条约用语的解释,他认为,如果条约用语缺少其他含义,则应依其通常意义予以理解;技术性用语应依其技术性使用加以诠释。关于推断的技巧,他认为,如果条约用语或句子有歧义,应采取推断的方式解释。这包括:(1)依“主题”(subject-matter)推断,譬如,“天”(days)不是指自然意

---

① [英]劳特派特修订:《奥本海国际法》上卷第一分册,王铁崖、陈体强译,商务印书馆 1971 年版,第 61—62 页。

② Pasquale Fiore(1837—1914),其著作介绍,参见前引《奥本海国际法》上卷第一分册,第 76 页。

③ 参见万鄂湘等:《国际条约法》,武汉大学出版社 1998 年版,第 211—214 页。

④⑤⑥ 前引 *On the Law of War and Peace*, p.409。

⑦ Ibid., pp.411 - 413.

义上的“昼”（白天），而是市民意义上的“日”（全天）；又譬如，“将……给予”（to bestow）在商业的性质上可推断为“完成某项交易”；再譬如，“武力”（arms），应根据不同的主题解释为“战争的武器”，抑或“武装的士兵”。（2）依“效果”（effect）推断，假如某一条约用语有多个常用意义，但是，按此解释，均与效果相悖，那么，就应从效果推断其真实含义。（3）依“连接”（connection）推断，通过连接的各种要素（时间、地点），即，在何时、何地缔结的条约，解释条约表达的意义。（4）依“动机”（motive）推断，即，从适用于特定条约的合理动机来推断其含义。

格劳秀斯认为，在推断时，应区分广义和狭义的条约用语，并结合缔约方的承诺类型、国内法与国际法、承诺与规则、联盟条约的平等与不平等、战争行为、涉及动产或不动产的协定、缔约者为君主或王国等因素加以分析。①这实质上是讨论条约用语的不同“上下文”，与《维也纳条约法公约》第三十一条第二款、第三款所规定的各种条约解释之“上下文”，有着十分相似的特点。格劳秀斯在这一章中多处谈到了条约用语的广义和狭义解释。譬如，在第十二节“根据所述意义和承诺的区分，形成的解释规则”中，他指出：“在并不令人讨厌的协定中，用语应依其现有习惯而取其充分的含义；并且，如有多种意义，则择其最广义者，如同男性作为共同性别和泛指所有人。在比较令人满意的协定中，如解释者了解法律或可咨询律师，则用语应取其相当宽泛的意义，乃至包括技术含义，或法律规定的意义。在令人讨厌的协定中，即便比较有文采的说法往往也是允许的，以便减轻责任。于是，在赠与和放弃某人权利时，无论用语多么一般，通常应限于在所有可能情况下一定意义。”②

在题为“推断本身扩大了词义的情况下；当这种情况发生时”第二十节中，他进一步指出：“这是另一种包含承诺的用语意义之外的推断解释。这也有两种：广义和狭义解释。这时，广义解释有很大困难；而狭义较容易。因为在所有其它事情中，缺少诸多原因之一就足以防止该结果，并且，所有原因都需要出现以致该结果可能产生，因此，在有义务的情况下，不应过快接受扩展义务的推断。比上文所述更加困难的情况是在用词允许相当宽泛的解释时，尽管一般所接受的是不太宽泛者，因为在此我们是寻求允诺的用语之外的推断。”③

可见，条约解释如同医生诊断，需要解释者针对不同情况而运用高超的解释技巧，以尽最大可能澄清条约用语的本来含义。

格劳秀斯还认为，在推断时限制用语的含义情况下，应防止“荒谬”（absurdity）

---

① 前引 *On the Law of War and Peace*，pp.413－423。

② Ibid.，pp.414－415.

③ Ibid.，p.421.

的结果。这包括若干原则:(1)没有人希望得到荒谬的结果;(2)由于会导致荒谬而中止推断;(3)主题的缺陷而在推断时应限制用语的含义。《维也纳条约法公约》第三十二条也规定了避免荒谬的条约解释问题。与此相关的是条约解释亦应顾及道德因素、与条约目的不相容性、假定非法性、导致条约义务的不可承担性,等等。①

最后,格劳秀斯谈到了条约文件或情势互相冲突时的推断限制,并提出了若干解决冲突的规则,譬如,"命令(往往也是禁令)优于允许","特定的时间性优于任何时间性","后约优于前约"。②这在一定意义上涉及了《维也纳条约法公约》第三十三条关于条约约文的不同作准文本之间可能的歧义问题,同时,虽然这与该公约第三十条关于同一事项先后所订条约之适用有关,但是,在条约解释时也会遇到此类冲突的问题。

(二)格劳秀斯的条约解释理论意义

可见,格劳秀斯"创立了一个完整的解释条约的规则体系,并且这个体系对后来的国际法学影响颇大"③。这对《维也纳条约法公约》的条约解释条款有着明显的理论影响。虽然国际法委员会对该公约的条约解释条款所作评注未提及格劳秀斯的条约解释理论,但是,这些条款的起草绝非与此毫不相干。恰恰相反,包括条约解释理论在内的条约法本身就是格劳秀斯所创立的现代国际法理论及实证体系的重要部分。该公约条款草案的第二任特别报告员劳特派特教授指出:"格劳秀斯和较晚的权威学者们曾把罗马法中一般解释规则适用于条约的解释。总的说来,这样适用是正确的,因为罗马法是表现常识的。"④其实,格劳秀斯创立的整个国际法理论,一点儿也离不开对罗马法精华之吸取。更何况,格劳秀斯的条约解释理论并非只是把罗马法中一般解释规则适用于条约的解释,而是总结了欧洲社会早已形成的一些条约解释规则。二十世纪初,有位美国学者在《条约解释》一书中认为:"从学术视角看,自格劳秀斯和瓦特尔时代起,公法学家在聚焦解释国际协定方面就致力于数学公式与独断区分。他们做出极大努力以制定人为的,但不失为准确、具体的方法,并说服各国遵循他们想象出来的准则。"⑤该书将这种做法称为"旧学派"(the old school),加以摒弃,而主张从实践视角研究条约解释的国际司法实践(当时主要为国际仲裁案件)。国际法委员会在编纂条约解释规则时,虽然没有像

① 前引 *On the Law of War and Peace*, pp.423 - 427。

② Ibid., pp.427 - 429.

③ 前引《条约法概论》,第 335 页。

④ 前引《奥本海国际法》上卷第二分册,第 362 页。

⑤ Tsune-Chi YU, *The Interpretation of Treaties*, Columbia University Press, 1927, p.27.

这位学者那样摒弃"旧学派",但是,至少没有提及二十世纪以前有关条约解释的国际法理论。这不能不说是一个缺憾。

三、瓦特尔的条约解释理论

(一) 瓦特尔的条约解释理论评述

"格劳秀斯的影响是那么大,以致十七和十八世纪的多数作者都是格劳秀斯派,但其中获得全欧洲声誉的只有两个人,即沃尔夫和瓦特尔。"被公认为是十八世纪"格劳秀斯派"①代表人物的瑞士国际法学家瓦特尔于 1758 年发表的《国际法或自然法的原则》一书专章阐述了条约解释的理论。②瓦特尔的条约解释理论继承了十七、十八世纪追随格劳秀斯的国际法家普芬道夫和沃尔夫的条约解释学说,③因而可以说,瓦特尔是格劳秀斯派的集大成者。

瓦特尔的条约解释专章内容非常丰富。下文亦将择要评述。首先,瓦特尔从条约用语的客观因素与缔约者故意的主观因素两方面,阐述了条约解释的必要性。他认为,即便条约用语本身清晰准确,也难免在具体适用时产生歧义,因为缔约者不可能预见所有适用的情况。更何况缔约者可能故意使条约含糊不清以便在适用时有机可乘,推卸义务。因此,条约的解释往往是必要的,而且首先针对可能的恶意,"以正义和公平为原则,旨在抑制欺骗和防止诡计得逞"。④这与格劳秀斯主张秉承自古希腊及罗马延续至现代欧洲社会的条约解释训诫一脉相承,同时也揭示了《维也纳条约法公约》第三十一条解释通则所强调的"善意解释"条约用语含义之根本要求及其在西方社会源远流长的条约解释传统。

然后,他逐一阐述了条约解释的基本规则。这包括:

1. 条约解释的基本规则

第一条:"毋须解释者,不可解释之。…… 当某条约用语清晰、准确,且含义显明,不会产生任何荒缪,就无任何理由拒绝接受该条约所自然表达之含义。意欲推断以限制或扩大其含义,则企图规避之。"⑤在瓦特尔看来,一方面应认识到条约解

① 前引《奥本海国际法》上卷第一分册,第 67 页。

② E. de. Vattel, *The Law of Nations or the Principles of Natural Law: Applied to the Conduct and to the Affairs of Nations and of Sovereigns*, Translation of Edition of 1758, Published by the Carnegie Institution of Washington, 1916, Slatkine Reprints-Henry Dunant Institute, Geneva: 1983, Books II, Chapter XVII, The Interpretation of Treaties.

③ 前引《条约法概论》,第 336 页。

④ 前引 *The Law of Nations or the Principles of Natural Law*, p.199, section 262。

⑤ Ibid., p.199, section 263.

释往往是必不可少的，否则，条约解释的实践及其理论就不复存在；另一方面应避免不必要的条约解释，而且，这是首要的规则。《维也纳条约法公约》第三十二条体现了这一规则，即，假如依据该公约第三十一条通则解释系争条约用语，未留下“意义仍属不明或难解”以及“所获结果显属荒谬或不合理”者，则无须使用解释之补充资料进一步解释。

第二条：“若可且应自己清楚阐释者而未解释者，则自食其果。”[①]该基本规则的出发点是以这样的情况为前提，即，条约用语是清晰和界定的，可是，“吹毛求疵者”(cavilers)惯于寻找靠不住的借口将其意图强加于缔约方。瓦特尔认为，争论假定的含义往往是危险的。第二条基本规则旨在告诫这类人先看看自己可否解读有关条约，如可明了，就不应纠缠。否则，条约解释应不利于本来能够并且应当说明得更清楚更明确的那一方。这依然体现了节制的理念。与第一条规则要求“毋须解释者，不可解释之”(对任何缔约方)不同，第二条规则告诫“若可且应自己清楚阐释者而未解释者”(对“吹毛求疵者”一方)自律。前者是训诫，后者为劝诫，规范的约束程度有所区别。

第三条：“合约或条约的任何利益方不可按自己意志解释之。”[②]倘如可以为自己许诺的含义作随心所欲的解释而有悖于实际协议意图和超出其范围，那么缔约者就会拥有权力使诺言毫无意义，给予其完全不同于缔约时的含义。这也还是节制的理念，即，缔约方可以解释其具有义务性质的承诺，但是，应杜绝任意的解释。瓦特尔强调：不可按自己意志解释，乃条约为缔约双方或各方的合意，故应基于合意的立场加以解释，但是，这并不排除缔约方可以解释条约的权利。相比前两条基本原则带有一定的戒律性质，这一条则为有条件的允许性原则。

第四条：“无论何时某人可以且应当表示其意图，其足以清晰表达之意思则假定为依据其所指为真实意图。”[③]这是尊重缔约方意思表示的一项基本原则，同时在一定程度上，这也约束缔约方应避免含糊其词，尽可能减少引起条约解释的争议。只要是“足以清晰表达之意思”，就应可被推断为其真实意图。因此，要发现条约的真实含义，“就应主要关注许诺人的用语”。[④]澄清、确定条约用语的真实含义是条约解释所要解决的唯一问题。这与上述格劳秀斯关于从条约的用语及其含义中去善意地推断缔约者的真实意图的基本思想是一致的，从而进一步印证了《维也纳条约法公约》第三十一条第一款的条约解释通则之理论渊源。

---

① 前引 *The Law of Nations or the Principles of Natural Law*, p.199, section 264。

② Ibid., p.200, section 265.

③ Ibid., p.200, section 266.

④ Ibid., p.200, section 267.

第五条："每项合约和条约的解释应依据确定的规则进行，适应于决定该合约在其起草及接受之时各方所自然地理解之意义。"①这是一项极为重要的基本原则。条约用语的意义应以缔约时各方自然（惯常）理解为准。在国际争端解决中曾有"时际法"（intertemporal law）的说法，即，"区分权利产生与权利存续"，涉及历史性争端的解决应适用权利产生时的法律。②在现代的条约解释理论中也有类似说法，譬如，英国著名国际法学者布朗利教授认为："对条约的文字，必须参照条约缔结时有效的一般国际法规则，以及各个用语在当时的含义来予以解释。"③但是，瓦特尔归纳的这一基本原则并不涉及条约解释的可适用法问题，而是强调尊重条约缔约方的原始意图。"在对某条约或任何一类协议的解释中，问题在于发现缔约方究竟已经达成什么合意，确定在有关情况发生时承诺和接受了什么"。④为此应区分可适用法与条约解释的不同问题。在这一前提下可进一步探讨条约解释的"时间要素"。⑤

事实上，在《维也纳条约法公约》起草时，这是引起争议的重大问题之一。负责起草该公约的第四任（也是最后一任）特别报告员汉弗莱·沃尔多克爵士于1964年向国际法委员会递交的《条约法第三份报告》包括"第五十六条时际法：1.条约参照其起草时生效之法律予以解释。2.在遵守第1款的前提下，条约适用应依其使用时生效之国际法规则"⑥。国际法委员会委员们对该条款草案的看法大相径庭，以致时任该委员会主席罗伯特·阿戈教授在总结时指出：这两项条款"所体现的原则在很大程度上曾被认为是正确的，但是，令人担忧这一起草和并列可能导致误解"⑦。该条款建议因而未被采纳。国际法院在解释条约时也从未使用过"时际法"的概念，而更倾向于根据条约的持续性及其用语本身可能具有的"通用性"（generic）加以解释，并在2009年"通航及有关权利的争端案"中明确指出："这是已确定的观念，即，当各方在条约中采用了通用术语，就必然了解该术语含义可能会因时而演变，并且，当条约有效期系无限或'持续'，作为一项基本规则，必须假定

---

① 前引 *The Law of Nations or the Principles of Natural Law*, p.201, section 268。

② *The Island of Palmas Case (or Miangas)*, United States of America v. the Netherland, Award of the Tribunal, Arbitrator M. Huber, The Hague, 4 April 1928, R.I.A.A Vol.XI, p.14.

③ [英]伊恩·布朗利：《国际公法原理》，曾令良等译，法律出版社2003年版，第689页。在这里，布朗利教授援引了国际常设仲裁院在"*The Grisbådarna Case* (Norway/Sweden, 1909)"关于解决该案海洋划界的争端应依照"17世纪的观念及当时适用的法律概念"这一（时际法）规则来说明条约解释的"同时原则"。

④ 前引 *The Law of Nations or the Principles of Natural Law*, p.200, section 268。

⑤ 参见 D.W. Greig, *Intertemporality and the Law of Treaties*, BIICL, London 2001.

⑥ *Yearbook of the International Law Commission*, 1964, Vol.II. pp.8－9.

⑦ Ibid., p.40, para.62.

各方已有意使其含某种变化的意义。"[①]有学者称之为"演进的解释"(evolutionary interpretation)。[②]其实质还是尊重缔约方的始初意图(包括采用通用术语的假定意图),与瓦特尔的理论基本吻合。

值得留意的是,在国际法委员会讨论沃尔多克爵士建议的第五十六条时,奥地利籍委员维德罗斯先生提出了双边条约与多边公约的解释可能有所不同的问题。[③]国际法通论也有所谓"合同性条约"(contract treaties)和"立法性条约"(law-making treaties)之分。[④]与限于缔约方的双边或数边条约的缔结与生效不同,开放性的多边公约不仅对始初缔约方,而且对后续加入的缔约方具有同样的约束力。多边公约的解释是否应遵循不同规则呢?国际法委员会在《维也纳条约法公约》评注中明确指出:"就形成解释通则而言,本委员会不认为有必要予以区分。"[⑤]从国际法院2004年在"埃文奈与其他墨西哥国民案"[⑥]中对多边公约的《维也纳领事关系法》有关条款的解释来看,也是持否定立场。至于世界贸易组织争端解决时所解释的均为多边贸易协定,则始终适用《维也纳条约法公约》的条约解释规则,也从未提及过"时际法"。[⑦]

2. 条约解释的具体规则

在上述条约解释的五项基本原则基础上,瓦特尔进一步阐述各项具体的条约解释规则。虽然他没有明确指出这些规则的序号,但是,大致可归纳如下:

(1)"当条约出现任何含糊之处,我们必须寻求该缔约各方的适当动机,并作相应解释"。[⑧]这是条约解释的基本规则,其实质是优先考虑缔约的出发点及宗旨。《维也纳条约法公约》第三十一条第一款条约解释通则包含了"参照条约之目的及宗旨"。

(2)"在条约、合约和允诺的解释中,不应偏离其用语的通常意义,最迫切的理由除外"。[⑨]条约用语的解释取其通常意义。这是《维也纳条约法公约》第三十一条

---

① *Dispute regarding Navigation and Related Rights* (Costa Rica v. Nicaragua), Judgment, ICJ Report 2009, p.243, para.66.

② Pierre-Marie Dupuy, "Evolutionary Interpretation of Treaties: Between Memory and Prophecy", 载 *The Law of Treaties Beyond the Vienna Convention*, pp.130–131。

③ Verdross, 载 *Yearbook of the International Law Commission*, 1964, Vol.I. p.33, para.7。

④ Peter Malanczuk, *Akehurst's Modern Introduction to International Law*, seventh revised edition, Routledge, 1997, p.37.

⑤ *Draft Articles on the Law of Treaties with commentaries*, p.219, (6).

⑥ *Avena and Other Mexican Nationals* (Mexico v. United States of America), Judgment, ICJ Report 2004, p.12.

⑦ 参见张乃根:《WTO法与中国涉案争端解决》,上海人民出版社2013年版,第247—250页。

⑧ 前引 *The Law of Nations or the Principles of Natural Law*, p.201, section 270。

⑨ Ibid., p.202, section 271.

第一款条约解释通则所明确的依条约用语之“通常意义”解释的理论来源。瓦特尔强调：当缔约方的意图经合意显而易见，则不允许扭曲用语之意义。

(3) 专业术语应依据专业人员所知而解释之。但是，如其专业程度有所不同，则不必拘泥于定义，而依上下文而定。

(4) 应给予条约用语最适合于其主题的含义。瓦特尔与格劳秀斯一样，以“日”(day)一词为例。这“可以指自然日，即白天，也可指法律日，即 24 小时期间。当这用于条约而指其主题下的期限，显然指的是法律日”①。

(5) 如在同一合约中的任何术语有不同含义，则须依上下文酌定。

(6) “凡导致荒谬之解释，应予拒绝。”②

(7) 不可采纳使得文件无效之解释。瓦特尔认为，这一规则与前项规则密切相关。因此“文件必须以使之有效的方式解释，并不是为了证明无意义及无效”③。这与上一项规则有内在联系，与前述格劳秀斯的观点也是一致的，这说明《维也纳条约法公约》第三十二条规定确有其理论渊源。根据该规定，如依据该公约第三十一条解释通则对系争条约用语解释之后“所获结果显属荒谬或不合理时，为确定其意义起见，得使用解释之补充资料，包括条约之准备工作及缔约之情况在内”。可见，条约解释者应尽一切努力避免解释结果使条约本身无效或导致荒谬结果。

(8) 缔约方已对条约某用语表示了更清楚的意思，其后对同一用语的含糊解释不应予以接受。

(9) “有关文件必须作为整体加以考虑以便获得其真实含义，并且给予每一表述不超过其本身的含义，而使其保持一致，并体现其精神。”④瓦特尔强调：条款本身之间联系启示及决定了某条约的真实意义，因此，应将条款可能相互一致的方式进行解释，除非嗣后条款清楚地表明有意改变先前条款。

(10) 一旦引导缔约方行为的宗旨已清楚地表明其明知条约用语，并依据该宗旨适用。

(11) 如某条约可能受到多重动机的影响，则可将这些动机综合加以考虑，或在这些动机充分的情况下加以分别考虑。“充分动机的术语是指引起意志行为的动机，并已决定了该情势下的意志，无论该意志只由一个或数个结合动机所决定”。⑤

---

① 前引 *The Law of Nations or the Principles of Natural Law*，p.204，section 280。

② Ibid.，p.205，section 282.

③ Ibid.，p.205，section 283.

④ Ibid.，p.206，section 285.

⑤ Ibid.，p.208，section 289.

(12) 当充分和单独的条款动机十分确定和易懂,该条款可扩展至相同动机可适用的情况,尽管这些情况不包括在术语含义中。"这就是所谓的扩张解释(extensive interpretation)。通常地说,我们应遵循法律的精神,而非其字母。"①从这一具体规则与上述若干侧重于缔约方动机或条约宗旨的规则来看,瓦特尔与格劳秀斯强调"上下文"解释有所不同,比较看重动机和宗旨的因素对条约解释的作用。这既是《维也纳条约法公约》第三十一条通则要求"参照条约目的及宗旨"解释的理论来源之一,或许也是后来条约解释理论中所谓"目的解释学派"(见下文对《哈佛条约法公约草案》的评述)之鼻祖。瓦特尔也虑及目的解释可能引起不当后果,因而指出:"我们必须相当地确信知道法律或允诺之真实和唯一动机,并且缔约者所指的必须包含我们希望扩展的情况。而且在此,我并不忽视上述(本文注:第五条基本规则所要求尊重条约缔约方的原始意图)允诺之真实意义不仅在于允诺者所想的,而且他必须使之充分被人所知,也就是缔约双方合理地理解之承诺意义。"②

(13) 限制性解释(restrictive interpretation)。瓦特尔在阐述了扩张解释的规则后,接着又论述了相反的解释规则,即:"如产生的情况完全不能根据法律或承诺的动机来考虑,该情况就应属于该适用之例外,虽然单独地考虑有关术语的意义,该情况仍在法律或允诺范围之内。"③他认为,这种限制性解释是适用扩张解释规则的例外,而且,援用限制性解释也是为了防止产生荒谬结果,尤其是偏离立法或合约应有的正义和公平。限制性解释还应依据主题限制规则。"如果该主题的对待不允许某条款的术语做最宽泛的解释,那么其含义必须依据该要求的主题加以限制。"④

(14) 如果允诺的动机与当时情势有关,那么该允诺则取决于同样情势的存在。可以说,这是情势变迁的解释规则。瓦特尔认为,在缔约方难以预见的情势出现时,"我们必须以其动机而非用词为指导,并且必须如同缔约者预见到这一情势时会解释的那样来解释。"⑤只有在构成法律或合约的动机之情况是可能的,才能在条约解释中予以考虑,尽管不是实际存在。

(15) 在同一条约用语既可宽泛解释,又可限制解释时,应考虑"有利的"(favorable)和"讨厌的"(objectionable)两方面。一方面,"根据理性与公平的规则,为[解释]目的而必须关注所涉情况的性质。存在某些情况,公平倾向于扩展,而非限制。也就是说,在这些情况下,法律或合约的确切动机不明,那么为了正义的利益,

---

①② 前引 *The Law of Nations or the Principles of Natural Law*, p.209, section 290。

③ Ibid., p.210, section 292.

④ Ibid., p.211, section 293.

⑤ Ibid., p.212, section 297.

保险起见而给予术语自由而非限制的解释。这种情况就称为‘有利的’。另一方面,‘讨厌’情况是那些在保持正义方面比较确定加以限制而非扩张。”①上述规则(12)是指“当充分和单独的条款动机十分确定和易懂,该条款可扩张至相同动机可适用的情况”,规则(15)则指的是在动机不明时,为了正义的利益而应给予扩张解释。看来,瓦特尔比较倾向于扩张解释。他甚至认为:“趋向促进和平的情况是有利的;那些导致战争的情况则是讨厌的。”②条约中的惩罚条款对于缔约方是负担,因而也是讨厌的。使得条约全部或部分无效,进而引起早已解决的情况发生变化,也是讨厌的。瓦特尔特别地提出从上述原则性的解说中可以得出条约解释的扩张抑或限制的规则:

第一,“当条款与有利的情况相关,术语应给予其依共同使用之最广的意义,并且,如果某术语有数种含义,则应择其最宽泛者。”③

第二,“在有利的情况下,技术性术语应赋予其含义应有的广义,不仅在共同使用上,而且即便是技术性术语,只要使用该术语者理解所涉科学,或得到理解者的咨询。”④

第三,“但是,我们不能只是基于情况的有利性,而择其不适当的意义,除非有必要为了避免荒谬,非正义,或法律、条约的无效,等等。”⑤

第四,“虽然从一方面来看,某种情况看来是有利的,如果术语的意义择其宽泛者会导致某种荒谬或非正义,其意义必须根据上述[限制性]规则加以限制。”⑥

第五,“虽然实际上采用该术语之适当意义既不荒谬也无非正义,但是,如果明显的正义或更大的共同好处要求限制[解释],我们应择其限制意义,尽管该主题本身是有利的。”⑦

可见,在瓦特尔看来,扩张解释为主,限制解释为辅。这是其条约解释规则的理论最突出的特点。在阐述其理论时,瓦特尔还评述了格劳秀斯在《战争与和平法》论条约解释时列举的情况。譬如,关于罗马人与伽太基人之间在西西里战争之后签订的一项条约规定“两国均不应加害于另一方盟友”所发生的解释问题。对于该条款的适当解释应顾及古代国际法的惯例。当时人们认为可将未与其结盟者视为敌方。依此解释,即,缔约各方应将另一方盟友视为朋友,不侵犯其领土。这是有利之目的,由此可将“盟友”扩张解释为“现在和将来的所有盟友”。

---

① 前引 *The Law of Nations or the Principles of Natural Law*, p.213, section 301。

② Ibid., p.214, section 302.

③④ Ibid., p.215, section 307.

⑤⑥⑦ Ibid., p.216, section 307.

（16）关于法律或条约之间发生抵触时的解释规则。瓦特尔强调，在此所说的“抵触”（conflict）不包括条约与自然法的抵触，后者毫无疑问地优先于条约。尽管在其自然法理论中，这是毋容置疑的，但是，这却不失为十分重要的提示，尤其这可能是《维也纳条约法公约》第五十三条、第六十四条关于强行法绝对优先于条约的最初理论来源之一。“两项法律、两项允诺或两项条约在某一案件中提出而发生抵触，以致不能同时履行，尽管在其他方面，两者并不相悖，且在不同时可适用。”①

为了解决何者优先适用而符合理性与正义的问题，瓦特尔提出了十项具体规则：其一，在所有情况下，义务性的“指定”（prescription）规范优先于无义务性的“允许”（permission）规范。其二，同样地，禁止性法律或条约优先于允许性法律或条约。其三，同样地，禁止性法律或条约也优先于指定性法律或条约。其四，如同样国家缔结两项确定的条约，后约优先于前约。其五，特别法或条约优先于一般法或条约。瓦特尔援引了普芬道夫的一个例子。一项法律禁止个人节日期间在公共场所携带武器，另一法律命令一旦警钟鸣响立即携带武器奔赴岗位。如节日拉响警报，必须服从后者。其六，不可迟延者应优先于可在其他时候做的。其七，两项均为法律义务者，更加重要者优先。其八，如不能同时对同一人履行两项诺言，则由该人选择优先者。其九，义务较大者优先。其十，惩罚重者优先。这些规则与条约解释并无太多联系。这也许反映瓦特尔所在时代，什么是条约解释及其规则，尚无十分明确的界定。

最后，瓦特尔总结说：上述“所有这些规则应结合起来，并且，法律或条约的解释应在可适用于既定案件的前提下依据这些规则进行”②。这似乎与如今条约解释的国际法实践中所强调“整体运作”（integrated operation，或 holistic exercise）的理念是一致的。③

（二）瓦特尔与格劳秀斯的条约解释理论比较

这两位十七世纪和十八世纪最有名的国际法学家不约而同地在其代表作中以专章论述条约解释问题，表明这是国际法理论不可或缺的重要部分。两者的理论体系相似，瓦特尔几乎是按照格劳秀斯的条约解释理论框架来展开其论述的，并在许多方面秉承了格劳秀斯的观念，包括其条约解释的章节安排亦与格劳秀斯一样，

---

① 前引 *The Law of Nations or the Principles of Natural Law*，p.218，section 311。

② Ibid.，p.221，section 322.

③ 有关分析，参见前引《WTO 争端解决的“中国年”(2009)》，第 17—18 页。

最后讨论条约之间抵触问题，还有一些术语和举例则直接来自其前辈。但是，相比之下，瓦特尔的理论更加精细，具体表现为：

首先，他明确地将条约解释规则分为“基本规则”(general rule)和“具体规则”(rules in detail)。如前所述，格劳秀斯的条约解释理论大致包含两个部分：(1)为什么要解释条约(解决条约义务的约束力，或者说，界定条约义务的性质和范围)和什么是正确的条约解释(从条约的用语及其含义中去善意推断缔约者的真实意图)；(2)条约用语的解释和推断技巧。前者被称为“原则”(principles)，后者为“规则”(rules)。①用更一般的体系方法来表示，前者为条约解释的总论，后者则为分论。这是格劳秀斯归纳总结十七世纪之前条约解释的理论与实践而创建的体系。瓦特尔追随格劳秀斯，并进一步继承和发展格劳秀斯之后的条约解释理论与实践。他的基本规则与具体规则之分，为以后的条约解释规则体系提供了更加清晰的理论基础。《维也纳条约法公约》第三篇第三节“条约解释”也采纳了“通则”(general rule，或译基本规则)和“补充资料”(supplementary means，或译补充手段)的划分方法。尽管后者没有被冠以规则，但是，这种划分与格劳秀斯、瓦特尔的理论休戚相关，“通则”的术语更有可能源自瓦特尔。

其次，在条约解释的“基本规则”(总论)中，瓦特尔强调，澄清、确定条约用语的真实含义是条约解释所要解决的唯一问题。这与格劳秀斯的立场(通过解释条约用语推断缔约方的真实意思表示)是一致的。不过，他将条约解释的节制原则置于头等重要的地位，即，“毋须解释者，不可解释之”(训诫)；“若可且应自己清楚阐释者而未解释者，则自食其果”(劝诫)。这是避免或减少因条约解释而引起国家间争端之首选方案。只有在非经解释无法界定缔约方的条约义务之时，方可进行条约解释，且须以尊重缔约方在缔约时的真实意思表示为前提。

最后，在条约解释的诸多“具体规则”(分论)中，瓦特尔比较看重动机和宗旨的因素对条约解释的作用，比较主张“应遵循法律的精神，而非其字母”这样的扩张解释(具有目的解释的倾向)。虽然格劳秀斯早已区分了“有利的”(favorable)和“讨厌的”(odious)条约，并提出对于前者“应依当前用法取其充分之含义，且在有数个含义中择其最宽泛者，以便甚至包括技术性或法定含义”②；对于后者，譬如，“在捐款和放弃权利的情况下，无论该词语多么一般，通常也应限制在其所有可能考虑的事项。在这种情况下，往往理解为可能希望保留已经取得的东西。”③然而，格劳秀斯没有过多地论述扩张解释，而是更多地从“推断”角度论述条约用语的不同“上下文”(约文解释)。

---

①②③ 前引 *On the Law of War and Peace*, p.414。

从这样的初步比较中，似乎可以看到以后演变为“约文解释”和“目的解释”学派之端倪。尽管瓦特尔是公认的格劳秀斯派代表人物，但是，他集前辈的条约解释理论之大成，其中包含了与格劳秀斯理论有所不同的观点或重点。他不仅进一步明确区分扩张解释和限制解释，而且化了其论述条约解释具体规则（270—307 节）的将近一半篇幅（290—307 节），讨论扩张解释的各种问题。这些都为十九世纪的学者进一步提出更多、更详细的条约解释规则提供了理论基础。

四、《哈佛条约法公约草案》的条约解释理论

（一）《哈佛条约法公约草案》产生的背景及其条约解释规则

从格劳秀斯到瓦特尔的条约解释规则及其理论的演变呈现逐步精细的特点，而瓦特尔之后，这显得更加明显。上文所提到的二十世纪初将此称为“旧学派”的美国学者将瓦特尔视为其代表人物，认为在二十世纪之前，该学派越来越多地关注于解释规则的理论化和体系化，却忽略了一个简单的事实，即，国家之间的条约解释显然是实践的科学，必须考虑每一案件的“外部证据”（extrinsic evidences）和“内在情形”（inherent circumstances）。[①]受瓦特尔理论的巨大影响，“条约解释的公法学者们潜心于构建一整套准则，而司法界却没有自己的体系，要么照搬瓦特尔的老规矩，要么将解释变为专断的自由裁量。”[②]第一次世界大战后，随着国际联盟和常设国际法院的先后建立，总结实践经验，继承和发展有关条约解释的规则及其理论，成为二十世纪三十年代前后国际法学界亟待开展的工作。

1926 年，国际联盟专家委员会将条约法作为可能编纂的主题之一，认为“是否可能拟定若干供国际会议讨论，作为起草和缔结条约的建议规则以及应有什么规则”[③]。这是国际社会基于当时已有数以千计的国际条约现状，第一次明确提出包括条约解释规则在内的条约法编纂。同时，美洲国际法学会也应泛美联盟理事会要求而编纂条约法，并于 1927 年完成《关于条约的公约》，递交给第六次美洲国家会议，于 1928 年 2 月 28 日在哈瓦那通过。[④]然而，美国没有加入该公约。在这样的背景下，哈佛大学国际法研究所编纂了著名的《条约法公约草案》，并于 1935 年发表于《美国国际法学刊》。[⑤]该草案共 36 条，第十九条为“条约解释”：

① *The Interpretation of Treaties*, p.28.

② Ibid., p.29.

③ *League of Nations Document* C.196. M.70. 1927. V., p.105.

④ Convention on Treaties, 4 Hudson, *International Legislation*(1931), p.2378.

⑤ Draft Convention on the Law of Treaty, 29 *Am. J. Int'l L*, Supplement(1935), pp.657 - 665.

“(a) 条约解释应参照其意在达成之一般目的加以解释。条约的历史背景、准备资料、该条约缔结时各缔约方的情况、在这些情况中将受影响的变化、缔约方适用该条约款项的嗣后行为,以及解释之时可行条件,均应与该条约意在达成之一般目的相结合而加以考虑。

(b) 当条约约文为不同语言,且未规定其中之一应优先,则该条约应按不同约文的相应条款将影响其意在达成之一般目的之共同含义加以解释。”①

其中,第十九条(a)款被认为是目的解释学派“最明确的表述”②。相比格劳秀斯、瓦特尔所论述的诸多条约解释原则、基本规则和具体规则,该草案仅编纂了两条基本规则,且与《维也纳条约法公约》第三十一至三十三条十分接近。显然,二十世纪以后的条约解释规则趋于简化。“如承认诚信是最好的政策,并且外交老手们乐意回到其依时间和情形而综合酌定的门道里去,那么确定条约解释的真正原则就成为一项合理的任务。”③这或许是二十世纪三十年代前后条约法编纂的主导思想。在分析《哈佛条约法公约草案》有关评注之前,不妨依据该草案所附参考文献,探究该草案依据的理论及其渊源。

(二)《哈佛条约法公约草案》的理论渊源探究

该草案所附条约法文献多达三百多篇(时间跨度为 1864 年至 1934 年),既有著名条约法学者的论著,也有政府(美国国务院)或国际组织(国际联盟)的文件。④

譬如,二十世纪上半叶在美国享有很高学术声誉的国际法教授海德在 1909 年发表的《关心条约解释》一文中认为:“条约解释是实施或实现缔约行为的程序组成部分。如国家间协议是国际善意的直白表示,如同安排友邦君主互访那样,条约解释就没有什么必要。然而,由于条约本身具有实现和履行功能,因此该程序也必不可少。”⑤其出发点与瓦特尔所强调的“毋须解释者,不可解释之”这一基本规则是相似的。他说:“解释的方法存在于发现某协议缔约方确定的该合约与其将适用目的之间连接。这包括两个步骤。其一,确定‘解释的标准’是什么,即,认定所用各种术语的本质。其二是了解解释的渊源是什么,即,发现体现该本质的证据。”⑥如有各种解释标准,应确定缔约方或许已采用的一种。假定哪些水域禁止捕鱼,应确

---

① Draft Convention on the Law of Treaty, p.661.

② 《条约法概论》,第 346 页。

③ *The Interpretation of Treaties*, p.33.

④ 参见 Bibliography on the Law of Treaties, 29 *Am. J. Int'l L*, Supplement(1935), pp.671 - 685。

⑤ Charles Cheney Hyde, “Concerning the Interpretation of Treaties”, 3 *Am. J. Int'l L*. 46, 1909. p.46.

⑥ “Concerning the Interpretation of Treaties”, p.46.

定"海湾"这一术语的含义:是否依据字典确定,抑或存在特定的国际法或对缔约方而言的协议。"通常认为如果某条约之一般目的与其任何术语之文字含义相抵触,前者应优先于后者。"[①]显然,这是"目的解释学派"的观点。也有学者认为海德属于"主观解释学派"。[②]在二十世纪二十年代受到海德的影响,有学者进一步概括地说:"解释的基本原则包含两个特征化步骤,即,标准的确定和寻求证据来源。"[③]

又譬如,赖特在1929年发表的《多边条约的解释》一文中指出:"条约是表达法律人格意图的文件,并且,决定法规、契约、法令和其他文件的真实意义的国内法原则可以部分地适用。"[④]这些原则大致分为两类:侧重依据具体法律文件的"历史解释"(historical interpretation)和利用公认的定义与法律原则等的"学说解释"(doctrinal interpretation)。他赞同劳特派特和海德的条约解释理论,从契约类推条约,即便"立法性条约"性质的多边条约也仅约束缔约方,本质上类似与契约。"一般而言,似乎许多人通过复杂的程序制定的文件涵盖了范围宽泛的情势,有些仅仅大略或根本未曾预料,因此,如有必要揭示其一般含义和术语的当前使用,或遇含义不明、冲突或只有通过整个文本的考虑方可解决的明显错误之时,那么,最合理的是依据经验发展的基本规则、利用与特定文件且该文件是其制定者正式通过的'作准文件'相关的历史证据来解释。"[⑤]这一解释方法实质就是海德的两个步骤。该文也反映了美国学者主张以国内法的解释方法来解释条约,而在美国,尤其是联邦最高法院,通常以宪法和国会立法的宗旨和目的为导向解释法律。这种主张可能对《哈佛条约法公约草案》体现的"目的解释学派"具有很大影响。应该看到,虽然当时美国学者对瓦特尔及其后辈将条约解释规则"公式化"的做法持反对态度,但是,瓦特尔的很多理论,尤其是目的解释之倾向对该草案不无影响。

(三)《哈佛条约法公约草案》评注及其理论特点

该草案第十九条(a)款的评注首先明确:"不准备罗列一长串所谓'解释的一整套标准'(canons of interpretation),而要提示解释的功能是发现并使意在达成之一般目的有效。这一功能的完成不是靠机械地、不变地将固定公式或'标准'适用于

---

① "Concerning the Interpretation of Treaties", p.56.

② 参见前引《条约法概论》,第340页、第364页尾注16,依据海德《主要按照美国的解释的国际法》(第2册,1945年英文第2版),但未做任何评析。

③ *The Interpretation of Treaties*, p.79.

④ Quincy Wright, "the Interpretation of Multilateral Treaties", 23 *Am. J. Int'l L*, No.1(Jan., 1929), p.95.

⑤ "The Interpretation of Multilateral Treaties", p.102.

任何及每一约文，而是关注一些会被合理地视为很可能是可靠证据的因素，以证明什么是目的以及在可行的情况下最好地使该目的有效。”①显然，该草案基于上述目的解释学派的基本立场，反对将条约解释规则“教条化”（罗列规则，机械适用），因而唯一关于条约解释的第十九条只有一项原则性条款（连“规则”的表述也没有）。评注认为(a)款列举解释条约的6项“因素”(elements)都可能是必不可少的，也只有这样看待时，条约的一般目的才可能完全被理解和理智地有效。“只有这样，才可能说条约的‘含义’是什么。”②可见，该草案不仅主张目的导向解释，而且强调结合各项必要因素，整体地解释条约。

然后，(a)款评注分析了条约解释的性质。“解释是决定约文含义的过程；适用是决定依据约文在特定情况下的结果。”③纯粹的条约解释有可能，但实际上，条约解释的异议总是与条约适用有关；有关其适用的争端几乎都包含了解释问题。因此，国际法院解决的国家争端首先涉及条约解释。

接着，(a)款评注分析了“解释标准”问题，认为自格劳秀斯时代，受到国内法的解释影响，人们试图形成一些条约解释规则，但是，实际上只有若干原则。评注列举了格劳秀斯《战争与和平法》（第二卷第十六章）、普芬道夫《自然法与国际法》（第五卷第十二章）和瓦特尔《国际法或自然法的原则》（第二卷第十七章）以及十九世纪下半叶至二十世纪二十年代欧美著名学者国际法通论（如美国的惠尔顿《国际法原理》）或专论（如埃利希1928年在海牙的讲演《条约解释》）。其中，瓦特尔提出的“毋须解释者，不可解释之”被认为是“许多规则中的基本原则之一”。④其他多少具有一般性的解释规则包括：(1)条约用语应以其上下文中所通常具有之含义加以解释；(2)技术术语应给予其技术含义；(3)在缺少相反的明显证据情况下，条约的任何用语应视为具有其含义；(4)应视条约为一整体，且其各部分应在与其他部分相联系中解释；(5)应避免解释导致不合理或荒谬结果，或使条约无法实施、无效或没有价值；(6)如遇疑义，解释应择其义务最小，且有利于国家自由与独立者；(7)条款解释应有利于缔约方所享有之利益或缔约方让步最小者。

在概述了格劳秀斯等前辈的条约解释理论及其一般规则之后，(甲)款评注对十九世纪末以后国际裁判机构（特别的，或常设的）的条约解释实践作了比较充分的分析。譬如，在1903年意大利与委内瑞拉“萨姆比杰仲裁案”⑤中，仲裁员将如下规则作为其仲裁时解释条约的依据：(1)如允许两种含义，择其对受益的缔约方

① Draft Convention on the Law of Treaty, pp.936–937.

②③ Ibid., p.938.

④ Ibid., p.940.

⑤ *Sambiaggio Case* (of a general nature), 1903, R.I.A.A. Vol.X. pp.499–525.

有利者；(2)对条件接受者而言的含义应优先于对要约者的含义；(3)两种含义可接受者，择其对于接受方在要约方提议时坚持的一种含义；(4)遇疑义者，择其对承担义务一方最轻者；(5)缔约方应清楚地表达而没有表达的条件，不应采纳。他还强调："条约通常应比照法规解释，并在无明文约定情况下，无追溯效力。"[①]显然，这是将国内法，尤其是契约法的原理适用于条约解释。值得重视的是，诸多仲裁案援引了瓦特尔的一些条约解释规则。[②]在常设国际法院的早期判例中也包含了许多有关条约解释规则的意见。譬如，在1925年"但泽波兰邮政服务案"中，该法院明确指出："这是最重要的解释原则，即，用语必须以其在上下文中的通常含义解释之，除非这种解释会导致某些不合理或荒谬。"[③]这是渊源于格劳秀斯理论的约文解释学派的观点。即便该草案以及二十世纪初许多国际法学者持不同观点，但是，这并未太多影响该法院的解释。同时，该法院也多次强调在解释条约时"应将之作为一个整体来解释，避免脱离上下文而仅仅依赖某个用语"[④]。此外，该法院倾向限制解释规则、如遇疑义择其义务轻者加以解释等规则。

该评注认为，"国际常设法院几乎没有将解释规则相对公式化"。[⑤]个案的解释也不是适用一成不变的规则。这是一个客观的评价。直至1994年国际法院第一次明确《维也纳条约法》第三十一条解释通则具有习惯国际法地位之前，包括国际常设法院及其继承者在内的任何常设或特别国际裁判机构均未提出过类似标准公式的条约解释基本规则。也许考虑到这样的实际情况，该草案第十九条既未罗列一长串解释规则，也未给出一个相对公式化的基本规则，更没有认为存在具有国际法性质的解释规则。由此可见，条约解释理论本身在二十世纪初似乎更倾向于非公式化的一般表述。同时，解释规则逐步地相对集中到而后形成的《维也纳条约法公约》编纂的通则。事实上，这也是从国际常设法院一开始就比较赞同的。

《哈佛条约法公约草案》具有目的解释理论的鲜明特点。当时美国国际法学界深受以海德教授等为代表的目的解释学派的影响。海德主张完全抛弃公式化的解释，而采用科学的解释方法。该草案评注花费大段篇幅评析了海德于1909年发表的《关心条约解释》一文(上文已评述)。该评注还对1927年发表的《条约解释》(该

---

① *Sambiaggio Case*(of a general nature), p.500.

② 参见 Draft Convention on the Law of Treaty, p.941。

③ *Polish Postal Service in Danzig*, Advisory Opinion of 16 May 1925, PCIJ, Series B. No.11. p.39.

④ 譬如，参见 *Competence of the ILO in regard to International Regulation of the Conditions of the Labour of Persons Employed in Agriculture*, Advisory Opinion of 12 August 1922, PCIJ, Series B. No.02. p.23。

⑤ Draft Convention on the Law of Treaty, p.943.

书作者称致力于公式化条约解释规则的理论为“旧学派”）所重述的海德观点表示欣赏。该评注的结论是：“条约解释如必要的话，其过程不是受制于僵硬的各种规则；所有‘规则’包括本条款拟定者旨在指导解释者不是依据事先的标准，而是根据具体情况酌定解释。”①

然而，在第二次世界大战后由联合国主持起草《维也纳条约法公约》过程中，上述草案所持目的解释论未被采纳。在维也纳条约法会议上，美国代表团根据《哈佛条约法公约草案》的方式而提出的解释条款修正案，主张将 9 项“参照的所有相关要素”(in the light of all relevant factors)纳入条约解释通则，其中前 2 项分别是“条约的上下文”和“其目的及宗旨”，②但是，经表决 66 票反对、8 票同意和 10 票弃权，也未通过。③

五、《维也纳条约法公约》及其评注的条约解释理论

国内外学界对《维也纳条约法公约》的条约解释条款以及国际法委员会的评注已做了大量的研究。④本文认为，该公约的条约解释条款及评注，尤其是第三十一条第一款的评注具有以下主要特点和内容：

1. 调和当时各种条约解释理论，以“约文优先”(the primacy of the text)理论为主。该评注指出：“大多数人强调约文优先作为条约解释的基础，同时，给予体现缔约方意图的外在证据及条约的宗旨及目的作为解释方法以一定的地位。”⑤这种“约文优先”，同时兼顾条约解释的“外部”(extrinsic)证据和“内部”(intrinsic)宗旨及目的之折衷理论，在一定程度上源自 1956 年国际法研究院通过的关于条约解释的决议。⑥该评注并没有明确区分条约解释的“外部资料”(extrinsic materials)与“内部资料”(intrinsic materials)，而是强调通过各种外部证据以求确定缔约方的意图。这也是《哈佛条约法公约草案》评注所持观点：“关注一些会被合理地视为很可能是可

---

① Draft Convention on the Law of Treaty, p.947.

② *Official Records*, United Nations Conference on the Law of Treaties, First and second sessions, Vienna, 26 March - 24 May 1968 and 9 April 1969, Vol.I, p.149, para.269.

③ *Official Records*, para.271(a).

④ 参见 *The Vienna Convention on the Law of Treaties*, second edition; *Treaty Interpretation and the Vienna Convention on the Law of Treaty: 30 Years on*；前引《条约法概论》第 350—363 页；[英]安托尼·奥斯特：《现代条约法与实践》，江国青译，中国人民大学出版社 2005 年版，第 179—200 页。

⑤ 前引 *Draft Articles on the Law of Treaties with commentaries*, p.218, (2)。

⑥ Institut de Droit International, Session de Gremade-1956: *Interpretation des traits* (Repporteur: M.H. Lauterpacht). 19 avril 1956. 该决议中译文，参见前引《条约法概论》，第 345—346 页。

靠证据的因素，以证明什么是目的以及在可行的情况下最好地使该目的有效。”①

2. 承认已有国际法实践中存在诸多解释条约的原则，并主张编纂一项具有多方面要素的单一解释规则。理由是：“其一，如果有约必践的规则存在，那么依法对条约的善意解释就是必要的。其二，考虑到对解释方法的看法不一，本委员会似乎应对约文在条约解释中的作用给予明确表态。其三，本委员会采纳的许多条款都包含区分在条约中明确规定的问题与参考缔约方意图而隐含的问题，并且，很清楚，这种条款值得采用，可在确定缔约方意图时作为解释方法。”②

3. 认为条约解释的单一通则包含了三项原则：“第一项原则是从有约必践规则直接引申而出的善意解释。第二项原则本质上就是约文方法，即假定缔约方的意图是通过其采用的词语之通常含义表达出来。第三项原则是兼顾常识和善意，即某一术语的通常含义不能抽象地确定，而须在条约的上下文中，并考虑其目的和宗旨，方可确定。”③可见，《维也纳条约法公约》第三十一条的条约解释通则倾向于约文解释为主。虽然该公约评注未提及格劳秀斯和瓦特尔等条约解释理论，但是，该公约集前人条约解释理论之大成，更青睐于格劳秀斯的理论。从格劳秀斯到瓦特尔，从《哈佛条约法公约草案》到《维也纳条约公约》，条约解释理论的演变似乎又回到了格劳秀斯，当然，时代赋予了该理论新的、更多的内涵。

4. 条约解释通则作为单一规则，包括具有内在统一性的若干分规则或原则：

第一，“诚信”(good faith，或译善意)规则。如前所述，这是该公约序言和第二十六条确定的条约法基本原则，也是解释条约的一般原则。

第二，“通常意义”(ordinary meaning)规则。这要从语义分析角度，确定某条约特定用词的通常意义。

第三，“特殊意义”(special meaning)规则。这种意义必须是由缔约方特别约定的。

第四，“上下文”(context)规则。这是在语义分析的基础上，根据不同语境确定某一条约遣词造句的用意。

第五，“目的及宗旨”(object and purpose)规则。作为国际法渊源的条约都有一定的“立法”意图。通过该意图分析，有助于确定具体条约的意义。

第六，“嗣后协议与做法”(subsequent agreement and subsequent practice)规则。通过嗣后协议与做法的分析，可以进一步了解某一条约规定的来龙去脉，澄清

① 前引 Draft Convention on the Law of Treaty, pp.936－937。

② 前引 *Draft Articles on the Law of Treaties with commentaries*, p.219,(5)。

③ Ibid., p.221,(12).

其内涵。

第七，“相关国际法规则”(relevant rules of international law)。上文评述瓦特尔的第五项条约解释基本原则时，已对有关“时际法”问题做过分析。国际法委员会对“相关国际法规则”的评注进一步明确：“在任何情况下，在任何既定案件中对于条约解释而言，国际法规则的相关性取决于缔约方的意图，并且，试图形成一项囊括所有时间要素的规则看来是不可能的。进而言之，时间要素的正确适用通常是由善意解释术语来提示的。因此，本委员会的结论是：应略去时间要素，而改为参照有关国际法以便该款项为‘适用于当事国间关系之任何有关国际法规则’。同时将这一解释要素放在第三款作为约文和第二款界定的‘上下文’之外部要素。”① 根据这一评注，可以推断国际法委员会将第三十一条条约解释通则的第一款“约文”(text)及其第二款“上下文”(context)作为与第三款规定应一并考虑的“外部资料”相对应的“内部资料”。但是，无论《维也纳条约法公约》及其评注，还是《哈佛条约法公约草案》及其评注均未明确采纳这种对应区分的学理方法。

1994 年国际法院在“领土争端案”中，鉴于当事国均非《维也纳条约法公约》缔约国，根据《国际法院规则》第三十八条第一款，第一次明确地将第三十一条援引为“可适用的国际习惯法”，指出：“本法院忆及，根据 1969 年《维也纳条约法公约》第三十一条所体现的习惯国际法，条约必须依其用语按其上下文并参照条约之目的及宗旨所具有之通常意义，善意解释之。解释必须以上述条约的约文为基础。作为一个补充措施，也许不得不求助于诸如条约的准备工作及其缔结时情况此类解释方法。”②

虽然在该案之前，对于该公约第三十一条的条约解释通则所具有的习惯国际法地位，国际法学界已有权威论述。譬如，1992 年版《奥本海国际法》明确指出：该公约第三十一条所确定的“这种约文方法——国际法委员会所一致同意的——作为习惯国际法的公认部分，是国际法院许多决定所宣示的”③。但是，这里所说的“决定”(pronouncements)，包括国际法院的咨询意见和先前国际常设法院的一些判决，均未明确这是“习惯国际法”。④因此，国际法院“领土争端案”在明确条约解

---

① 前引 *Draft Articles on the Law of Treaties with commentaries*, p.222, (16)。

② *Territorial Dispute*(Libyan Arab Jamahiriya/Chad), Judgment, ICJ Report 1994, p.19, para.41.

③ Sir Robert Jennings and Sir Arthur Watts, *Oppenheim's International Law*. Longman Group UK Limited, London 1992, Volume I Peace Parts 2 to 4, p.1271.

④ 譬如，1950 年国际法院“对于联合国准许会员国加入事项的大会职权咨询意见案”(*Competence of Assembly regarding admission to the United Nations*, Advisory Opinion, ICJ Report 1950, p.8)援引了国际常设法院 1925 年“但泽波兰邮政服务案”(*Polish Postal Service in Danzig*, PCIJ, Series B. No.11. p.39)关于条约解释原则的观点。

释规则具有习惯国际法地位这一点上，无疑是开创性的。1996 年世界贸易组织争端解决上诉机构在“美国—精炼与常规汽油标准案”中，援引“领土争端案”等国际司法裁决及《奥本海国际法》等，作为论证条约解释的基本规则已经取得了相当于习惯或基本国际法的地位的国家实践与法律确信之证据。此后，世界贸易组织争端解决的所有案件几乎无一例外地重申了这一观点。如本文开始所强调的，条约解释通则的习惯国际法地位如今几乎已没有什么疑问了。但是，随着适用《维也纳条约法公约》的解释规则实践日益增多，也引起了许多亟待深入、全面研究的新问题。本文相信，条约解释规则的理论渊源及其演变之探析将有助于对新问题的研究。

六、结　论

一位西方学者在回答条约解释究竟是艺术抑或科学的问题时，试图表达解释的双重性，认为：“解释是科学，也是艺术，而艺术也是科学。”①这说明条约解释是一门既有源远流长的规则体系及理论，也需要个案酌定的艺术型科学。

十七世纪上半叶，格劳秀斯在创建其国际法理论时，承前启下，全面地阐述了条约解释的规则体系，主张从条约的用语及其含义中去善意地推断缔约者的真实意图，倾向于约文解释；十八世纪中叶，瓦特尔秉承格劳秀斯的传统，并集普芬道夫和沃尔夫等人学说之大成，更加精细和明确地论述了条约解释的五项基本规则和一系列具体规则，比较倾向于不限于约文的扩张解释，为十九世纪专注于更加具体的条约规则“旧学派”提供了理论基础，同时也在一定程度上启迪了二十世纪三十年代前后以《哈佛条约法公约草案》为代表，力主“目的解释”之“新学派”；第二次世界大战后联合国主持下缔结的《维也纳条约法公约》，经过国际法委员会四任特别报告员潜心总结有关理论和实践，历时二十年，并由外交会议逐条表决通过，最终采纳“约文优先”导向，并融合了目的解释等其他条约解释理论，确立了以该公约第三十一条第一款解释通则为主，第三十一条第二款约文的上下文及第三款其他相关条约、惯例或任何当事国间有关国际法规则为辅，包括第三十二条解释补充资料和第三十三条多种作准文本解释规则在内的条约解释规则体系。从格劳秀斯到瓦特尔，从《哈佛条约法公约草案》到《维也纳条约法公约》，现代国际法上的条约解释规则及其理论演变具有可追溯性。

在《维也纳条约法公约》的条约解释规则已成为公认的习惯国际法的二十一世

---

① 前引 *Treaty Interpretation and the Vienna Convention on the Law of Treaty*: *30 Years on*, p.13。

纪，尤其是我国面临包括世界贸易组织争端解决在内各种国际争端和平解决的今天，亟待全面深入地研究条约解释规则及其理论演变。

The Theoretical Origins and the Evolution of Rules of Treaty Interpretation

Abstract: In considering that the rules of treaty interpretation under Vienna Convention on the Law of Treaties have been recognized as customary international law and practiced by international juridical organs, and that China faces more international dispute settlements, this article analyses the rules of treaty interpretation and theories created by Grotius and Vattel as well as the developments of Harvard Draft Convention on the Law of Treaty so as to understand the rules of treaty interpretation under Vienna Convention on the Law of Treaties and its theoretical origins. Grotius' theory of international law includes treaty interpretation preferring the text interpretation to construe the real purposes of contracting parties in good faith based on the meanings of words used in treaty. As an authority of treaty interpretation during the classical period after Grotius, Vattel provided the theoretical foundation for successive generations focused on more comprehensive rules of treaty interpretation and for Harvard School to draft the Convention on Law of Treaty with the orientation of purpose interpretation. Vienna Convention on the Law of Treaties includes the rules of treaty interpretation with the core of Article 31 as a general rule, which emphasizes the primacy of text and incorporates other theories of treaty interpretation. In sum, it would be possible to study the theoretical origins and evolution of rules of treaty interpretation from Grotius to Vattel as well as Harvard Draft Convention on Law of Treaty and Vienna Convention on the Law of Treaties, which needs further academic researches.

Keywords: Treaty interpretation; Rules; Theories; Evolution

探析条约解释的若干问题：国际法与国内法的视角*

内容摘要：条约解释是条约适用中产生的问题。我国在对外关系中已签订和生效的各类条约数以万计。这不仅成为我国与各国友好交往，参与国际事务和全球治理的必不可少之手段，而且也通过条约在国内的适用，促进了我国法制的建立健全。加强条约解释问题的研究，有利于国际与国内法治的互动发展。从国际法与国内法的两个视角，对条约解释的丰富实践加以理论上的归纳或深化，分析或澄清学界某些观点，乃至似乎已成定论的看法，对于国际法理论的创新性研究，指导我国的条约适用工作和参与国际争端的和平解决，均有重要意义。

关键词：条约解释；《维也纳条约法公约》；国际法；国内法；习惯法

引　言

"条约的解释是条约法上很为重要的一个问题。"①中华人民共和国建立后，尤其是改革开放以来，中国已与世界各国及有关国际组织签订了 20000 多项双边条约，参加了 340 多项多边条约，其中包括承认前中国政府签署和批准的 30 多项多边条约。②条约解释是条约适用中产生的问题。《维也纳条约法公约》第三编"条约之遵守、适用及解释"的第三节"条约之解释"规定了条约解释的通则、补充资料等。③近年来，中国加入世界贸易组织（WTO）之后与该组织其他成员因条约解释引起的贸易争端逐渐增多，亟待加强这方面研究。④同时，联合国国际法院等国际

---

* 原载《国际法研究》2016 年第 5 期，第 47—64 页。

① 李浩培：《条约法概论》，法律出版社 2003 年版，第 334 页。

② 段洁龙主编：《中国国际法实践与案例》，法律出版社 2011 年版，第 185 页。

③ 《维也纳条约法公约》(Vienna Convention on the Law of Treaties)签署作准本，1969 年 5 月 23 日开放签署，1980 年 1 月 27 日生效，U.N.T.S. Vol.1155，p.331。中文作准本载《国际条约集（1969—1971）》，商务印书馆 1980 年版，第 42—77 页。该公约现有 114 个缔约国（截至 2014 年 4 月 2 日），中国于 1997 年 9 月 3 日加入。

④ 近 10 年来，国内研究包括张东平：《WTO 司法解释论》，厦门大学出版社 2005 年版；赵维田：《WTO：解释条约的习惯规则》，湖南科学技术出版社 2006 年版；冯寿波：《WTO 协定与条约解释》，知识产权出版社 2014 年版等。无论研究广度还是深度，国内研究均有待加强。

裁判机构的条约解释实践亦明显增加，引起国际学界的高度重视。①

条约解释的规则及其研究是国际法学说的重要组成部分。从十七世纪初现代国际法的创始人格劳秀斯、十八世纪中叶的国际法理论集大成者瓦特尔到二十世纪以来欧美国际法理论的主要代表，其国际法学说均含有条约解释理论。②中国的国际法学说欲在国际学界有一席之地，离不开对条约解释的创新研究。③本文拟结合国际法与国内法的相关实践，探析条约解释的若干理论问题。

首先，本文从国际法与国内法的区别及其实践的视角，尝试对两者意义上的条约解释加以界定；然后，本文参考联合国国际法委员会关于确认习惯国际法的研究报告，考察在国际法实践中将《维也纳条约法公约》的条约解释规则认定为具有习惯国际法地位的过程，并依据习惯国际法应具有充分的国家行为这一必要条件，以美国国内法的实践为例，说明这些条约解释规则在部分未参加该公约的国家尚未被认定为习惯国际法；接着，本文鉴于 WTO 有关争端解决的协定在国际法上第一次明确提及条约解释的习惯国际法，并通过其最初的争端解决实践指明这一习惯国际法就是《维也纳条约法公约》的条约解释规则，进而分析 WTO 争端解决中的法律解释与条约解释的关系，以及与可能作为法律问题所涉国内法解释之间的关系，从而在学界对 WTO 争端解决中的条约解释已有较多研究的基础上，④进一步分析 WTO 争端解决中的法律解释与条约解释或国内法解释之间的关系；最后，本文对条约解释中的“嗣后协定与实践”所涉国际法实践作初步梳理，以说明联合国国际法委员会晚近有关专题研究成果尚存在有待探讨的问题。本文对所论述的条约解释若干理论与实践问题均为当前国内外学界所关注或亟待深入研究的问题，并始终贯穿国际法与国内法的视角，以期促进条约解释的理论创新。

一、国际法与国内法上的条约解释

条约是国际法的主要渊源，但是，条约的解释存在国际法与国内法上的区别。

---

① 近年来国外研究包括：Richard Gardiner, *Treaty Interpretation*, Oxford University Press, 2010; Ulf Linderflk, *On the Interpretation of Treaties*, Springer, 2007，等等。

② 有关研究包括张乃根：《条约解释规则的理论渊源及其演变》，载《中国国际法年刊(2013)》，法律出版社 2014 年版，第 42—72 页；David J. Bederman, *Classical Cannons: Rhetoric, Classicalism and Treaty Interpretation*, Ashgate, 2001，等等。

③ 国内学界已尝试创新研究，比如韩燕煦：《条约解释的要素与结构》，北京大学出版社 2015 年版。

④ 参见张乃根：《论 WTO 争端解决的条约解释》，《复旦学报》(社科版)2006 年第 1 期，第 122—128 页；张乃根：《中国涉案 WTO 争端解决的条约解释及其比较》，《世界贸易组织动态与研究》2012 年第 3 期，第 34—44 页。

《维也纳条约法公约》没有规定条约解释的主体。在条约法理论中,有国际法学者所作的条约"学理解释"与条约当事国或其授权的国际机关所作出的"官方解释"这样的区分。[①]后者可进一步区分为国际法与国内法上的条约解释。由于各国宪法对条约在国内法上的地位规定不同,因此,条约当事国对条约解释的规则及法律后果也有所不同。至于授权的国际机关的条约解释是否具有一般国际法的效力,取决于该机关的国际法地位及其解释的性质。国外学者对此已有所关注[②],但是,晚近有关论著似乎还缺乏这方面有区分的论述。[③]国内学界尚无相关论著。[④]

(一) 国际法上的条约解释

通过条约授权国际机关作出条约解释。主要包括,联合国《国际法院规约》[⑤]第三十六条第二款(1)项(沿袭《常设国际法院规约》[⑥])规定:"条约的解释"(the interpretation of a treaty)是该法院审理接受任择强制管辖权的当事国提交的法律争端之一;《联合国海洋法公约》的附件6《国际海洋法法庭规约》第三十二条规定:"对本公约的解释",或依该规约第二十一条或第二十二条"对一项国际协定的解释",其"判决书中所作的解释"对当事国"有拘束力";[⑦]WTO《关于争端解决规则与程序的谅解》(DSU)第三条第二款规定:"各成员认识到该体制适于保护各成员在适用协定项下的权利和义务,及依照国际公法的解释之习惯规则澄清这些协定的现有规定。"[⑧]此类条约解释具有国际司法性质,在实践中数量很多,原则上仅对当事国或当事方具有国际法约束力。

---

① 李浩培:《条约法概论》,第334页。

② 参见 Richard Gardiner, *Treaty Interpretation*。在该书2008年版有所论述的基础上(第4.4节),2010年版序言进一步论述了"国内法院的[条约]解释"。

③ 比如 Duncan B. Hollis ed., *The Oxford Guide to Treaties*, Oxford University Press, 2012,是晚近比较全面的条约法论著,其中包括"条约的国内适用"(domestic application of treaties)一章(pp.367－395),论及与条约适用有关的"法律解释"(statutory interpretation)和"条约解释"(treaty interpretation),但是,其用意是分析"一元论"(monism)与"二元论"(dualism)体制下的条约适用,而非条约解释本身的规则等问题,也没有区分国际法与国内法上的条约解释。

④ 国内尚无加以此类明确区分的研究成果。比如,韩燕煦:《条约解释的特点——同国内法解释的比较研究》,《环球法律评论》2008年第1期,第110—117页,旨在比较条约解释与国内法解释,而非区分国际法与国内法上的条约解释。

⑤ 《联合国宪章及国际法院规约》签署文本(包括中英文本),联合国条约集网站:http://treaties.un.org[2016-06-30]以下访问时间相同,均略。

⑥ *Statute and Rules of Court* (Leyden: A.W. Sijthoff's Publishing Company, 1931), p.8.

⑦ 《联合国海洋法公约》(汉英),海洋出版社1996年版,第209页。

⑧ 《世界贸易组织乌拉圭回合多边谈判结果法律文本》(中英文对照),法律出版社2000年版,第355页。其中,"customary rules of interpretation of public international law"宜译为"国际公法的解释之习惯规则",而不是"解释国际公法的惯例"。

也有条约授权国际机关作出具有一定的普遍约束力的立法性解释。比如，《建立世界贸易组织协定》第九条第二款规定：该组织"部长级会议和总理事会拥有通过对本协定和多边贸易协定所作解释的专有权力"①。《国际货币基金协定条款》第二十九条规定："(a)任何成员国与本基金或成员国之间就本协定条款产生的任何解释问题应提请执行董事会决定。(b)任何成员国对执行董事会决定，可在3个月内向理事会上诉，该理事会决定是最终的。提请该理事会决定的此类问题均由该理事会解释委员会处理，其处理决定即为理事会决定，除非该理事会以85%多数票另有决定。"②《国际农业发展基金协定》第六条第二节(v)款规定：理事会有权"决定执行董事会提起有关本协定解释与适用的上诉"③。但是，这些组织在实践中的立法性解释要么尚无先例，要么鲜为人知。

在格劳秀斯时代，人们信奉独立、平等的主权民族国家之上无管辖权的理念，当时也不存在任何授权对国际条约进行解释的国际组织或司法机关。1648年《威斯特伐利亚和约》没有任何关于该条约的解释款项。④格劳秀斯在《战争与和平法》第二卷第十六章以源自古希腊罗马时期的条约解释理论为基础，阐明了缔约方有权解释的基本观点："由于内在的行为本身难以看得出，同时又必须有一定的明确性，以免在每个人都可以创造出自己希望有的意思，因而[条约]失去任何约束的义务，自然理性本身指令接受承诺的人，有权要求允诺的人按照正确的解释所示而为。"⑤然后，他围绕什么是条约的"正确解释"(correct interpretation)展开分析。显然，他认为缔约方之间如对条约含义有争议，应遵循自然法指示的正确解释的规则。将此类规则纳入自然法体系，从而具有国际法的约束力，缔约方之间的条约解释均应得到遵守。这是国际法上的条约解释。

循着这一思路，十八世纪中叶格劳秀斯派的代表人物瓦特尔在《国际法或自然法的原则》第十七章以更加清晰的方式，阐述了"基于自然法的理性与授权所制定的"正确解释条约的一系列基本规则与具体规则。⑥二十世纪三十年代和六十年

① 《世界贸易组织乌拉圭回合多边谈判结果法律文本》(中英文对照)，第9页。

② Articles of Agreement of the International Monetary Fund(IMF), July 22, 1944, 726 U.N.T.S. 266.

③ Agreement Establishing International Fund for Agricultural Development, Rome, 13 June 1976. 1059 U.N.T.S. 191.

④ "Treaty of Westphalia", http://avalon.law.yale.edu/17th_century/westphal.asp[2016-06-30]. 中文本参见《国际条约集(1648—1871)》，世界知识出版社1984年版，第1—32页。

⑤ Hugo Grotius, *The Law of War and Peace*, translation by Francis Kelsey, the Clarendon Press, 1925, p.409.

⑥ E. de Vattel, *The Law of Nations or The Principles of Natural Law*, translation of the Edition of 1758 by Charles G. Fenwick, Publishers by the Carnegie Institution of Washington, 1916, pp.199－221.

代，美国哈佛大学国际法研究所和联合国国际法委员会先后完成了《条约法公约》的编纂，均包括了化繁为简的条约解释基本规则。前者只有 1 条“条约解释”，含(a)、(b)2 项规则；[①]后者为“解释的通则”“解释的补充材料”和“不同文字的条约解释”3 条规定，业已是条约解释的成文国际法。[②]

自 1899 年常设仲裁法院，尤其是 1922 年常设国际法院成立以来，授权对当事国有效的条约进行司法解释的实践逐渐增多。从常设国际法院及其继承者国际法院分别审理的 56 起和 164 起诉讼案件来看，[③]虽从一开始两者都碰到了如何运用条约解释规则的问题，[④]但是，即便《维也纳条约法公约》签署并生效之后，直到 1994 年“领土争端案”，[⑤]国际法院才第一次明确该公约编纂的条约解释规则具有习惯国际法的地位。

(二) 国内法上的条约解释

不同于国际法上的条约解释应遵循成文或习惯国际法的有关规则，国内法上的条约解释在不同国家可能有不同的方式或规则，并因不同法律制度而具有不同法律效力。在普通法系的美国或英国，对立法或条约的解释，一旦构成先例，具有普遍约束力；在包括中国的成文法系国家，此类解释的判例仅对当事方有效，不过，最高法院或高等法院的判例亦具有一定的司法指导作用。

1. 美国国内法上的条约解释

美国《宪法》第二条第二节第二款和第六条第二款规定：由总统缔结和参议院三分之二多数赞同的条约与国会制定的法律“皆为全国的最高法律”[⑥]。通常由总统解释所缔结的条约，同时受到参议院对赞同的条约所作的解释性理解之限制。这两者均为立法性解释。联邦法院有权受理因条约而发生的案件，因而可能做出有关的司法解释。[⑦]

---

① “Draft Convention on the Law of Treaty”, Supplement(1935) 29 *American Journal of International Law*, p.661.

② 《维也纳条约法公约》签署作准本，第 31 条、第 32 条和第 33 条。

③ 案件统计来源：http://www.icj-cij.org[2016-06-30]其中，常设国际法院自 1922 年至 1940 年审理的案件(第二次世界大战期间未审理案件)；国际法院自 1947 年 5 月至 2016 年 6 月审理的案件。

④ 比如，常设国际法院 1922 年 8 月审理的“国际劳工组织管理农业劳工的职权咨询案”，P.C.I.J.(1922), Series B02；国际法院 1947 年 12 月审理的“联合国大会接纳会员国的职权咨询案”，I.C.J. Reports 1948, p.57。

⑤ *Territorial Dispute*(Libyan Arab Jamahiriya/Chad), Judgment, I.C.J. Report 1994, p.21, para.41.

⑥ 《美国历史文献选萃》，今日世界出版社 1979 年版，第 33 页、第 36 页。

⑦ 参见 Louis Henkin, *Foreign Affairs and the United States Constitution*, Oxford University Press, second edition, 1997, p.206。

美国独立初期,联邦最高法院就曾对条约的适用与解释作出判决,指出:“我们宪法宣布条约是全国的最高法律。法院将条约等同于立法,无论何时可以自行运作,无须任何立法规定的帮助。但是,当条约含有需要缔约方采取特定行为的条款时,该条约就涉及政治部门,而非司法部门,并必须由立法来执行该条约,否则该条约不能成为法院适用的规则。”①这是美国延续至今的宪法体制,并直接影响法院的条约解释。关于条约解释,该案判决指出:“看来,[涉案]条约的语言是要求必须得到批准和通过立法行为确认该条约的允诺。”②国会的嗣后立法清楚表明涉案领土已由西班牙转让给美国。

由于美国法院将条约等同于立法,因此采用与解释法律相同的方法解释条约,即,通过条约的用语解析缔约的宗旨,以此为指导解读该用语的含义。如果国会制定相应立法,则以立法为依据解释条约。

美国至今未加入《维也纳条约法公约》,因而美国法院从未援引或实际遵循该公约(即便在习惯国际法的意义上)的条约解释规则。“美国最高法院确实采用不同于[维也纳条约法]公约规则的方法,最突出之处在于其愿意考虑较宽泛的材料,以便确定缔约方的意图或取得更有目的之结果。然而,这并不一定导致截然不同的解释,因为最高法院亦以类似于公约规则所要求的方式权衡各种因素。”③

2. 英国国内法上的条约解释

英国没有成文宪法,条约在国内法上地位,亦无明文规定。按照英国议会的惯例,政府所缔结的条约须递交给议会,并须经 21 天才能够被核准,然后纳入英国国内法体系。2010 年《宪法改革与治理法》明确规定条约须经议会的批准,从而将议会惯例变为成文的宪法性规定。④早在二十世纪六十年代初,英国著名国际法学家洛德·麦克奈尔(Lord McNair)就指出:按照英国司法惯例,“如今需要进行条约解释,[英国法官]都会毫无犹豫地承担起这一任务”。⑤除非根据与条约有关的“国家行为”惯例,“法院不可决定王国政府缔结之条约是否明智,也不能判决王国政府赔偿英国国民或外国人因这类条约而遭受的损失”。⑥

英国法院的条约解释所遵循的规则首先是“给予用语与表达的通常及自然的含义,如果缔约方没有提示其他含义。……当用语看来是具有某技术性含义,则其

---

① *Foster and Elam v. Neilson*, 27 U.S. (2 Pet.) 253(1829), at 314.

② *Foster and Elam v. Neilson*, at 315.

③ Richard Gardiner, *Treaty Interpretation*, p.138.

④ “Constitutional Reform and Governance Act 2010—Explanatory Notes, Part 2 Background—Ratification of Treaties”,英国立法网:http://www.legislation.gov.uk/ukpga/2010/25/notes。

⑤⑥ Lord McNair, *The Law of Treaties*, Clarendon Press, 1961, p.358.

通常含义让位于其技术含义"[①]。其次"密切相关的,应牢记的主要职责是寻求确定缔约方的共同意图,亦可成为该条约的宗旨及目的"[②]。再次,"相同原则也与解析条约的职责有关,即,将条约作为一个整体,而不只是孤立地关注其条款"。[③]麦克奈尔所归纳的这些规则与后来《维也纳条约法公约》编纂的第三十一条第一款的条约解释通则非常吻合。无怪乎,英国是最早加入该公约的缔约国之一。[④]

在英国,上述规则有着可追溯的司法传统。譬如,在1855年的一起涉及捕获问题的案件中,英国海事法庭的法官勒欣顿(Lushington)博士对涉案两项条约的条款用语进行解释,指出:"在我看来,首先须看条款本身,如其表达的含义清楚,我则不应再做解释。"[⑤]他在另一案件中指出:"任何法院的职责在于使条约的最简明术语得以有效及实施而履行国际法,虽其结果也许不是可理解的。"[⑥]如今在英国,"最近案例表明不仅更愿意适用维也纳[条约法公约]规则,而且还考虑其国际法的渊源"。[⑦]譬如,在2005年的一起案件中,英国上议院(原为英国的最高司法机构,2009年后由英国最高法院替代)法官们采用该公约的条约解释规则,对其可适用性不加质疑。[⑧]

3. 中国国内法上的条约解释

根据《中华人民共和国宪法》第六十七条第十四款和第八十九条第九款,全国人大常委会有权"决定同外国缔结的条约和重要协定的批准和废除",国务院有权"管理对外事务,同外国缔结条约和协定"[⑨]。对中国发生效力并直接或间接地在国内法院适用的条约或协定,均可能发生解释问题。国内现行法律法规未对条约解释加以任何明文规定。唯一规定是最高人民法院为适应中国加入WTO而颁布的司法解释,即,"人民法院审理国际贸易行政案件,适用的法律、法规的具体条文存在两种以上的合理解释的,应当选择与中华人民共和国缔结或者参加的国际条约的有关规定相一致的解释,但依法可以直接适用国际条约或者中华人民共和国

---

① Lord McNair, *The Law of Treaties*, p.371.

② Ibid., p.380.

③ Ibid., p.381.

④ 英国于1971年6月25日批准该公约。参见UN Treaty Collection, https://treaties.un.org。

⑤ (1855) *The Franciska*, Spinks Ecc. And Ad, 113, 150,转引Lord McNair, *The Law of Treaties*, p.371。

⑥ (1855) *The Ionian Ships*, 2 Spinks Ecc. And Ad, 212, 227,转引Lord McNair, *The Law of Treaties*, p.371。

⑦ Richard Gardiner, *Treaty Interpretation*, p.48.

⑧ *R(on the application of Hoxha) v. Special Adjudicator*, [2005] 4AII ER 580. 转引Richard Gardiner, *Treaty Interpretation*, p.48。

⑨ 《中华人民共和国宪法》(1984年12月4日通过,2004年3月14日修正)。

声明保留的条款除外”。[①]根据该规定，仅在有关案件中间接适用有关条约，即，法院对转化为国内法的解释时可能发生条约解释。比如，《中华人民共和国商标法》(2001 年修正)第十五条有关代理活动中的商标异议规定是将《保护工业产权巴黎公约》第六条之七(1)款转化为国内法。在 2007 年一起行政提审案件中，最高人民法院认为：“据该条约的权威性注释、有关成员国的通常做法和我国相关行政执法的一贯态度，《巴黎公约》第六条之七的‘代理人’和‘代表人’应当作广义的解释，包括总经销、总代理等特殊销售关系意义上的代理人或者代表人。”[②]这虽未对“广义的解释”所依据的解释方法或规则作进一步说明，但明显反映了参照相关学理与惯例的做法，[③]与如今国际法上通行依据《维也纳条约法公约》的解释规则，有所不同。

《中华人民共和国民法通则》第一百四十二条第二款规定，在涉外案件中，中国缔结或参加的国际条约与国内民事法律有不同规定的，适用国际条约的规定，除中国声明保留的条款。此后，不仅在民商事涉外案件，而且在刑事、行政等各类涉外案件中，法院均遵循相同的基本原则，[④]因而已有大量关于适用条约的司法实践。然而，无论司法实践，还是国际法学的理论研究，对国内法上的条约法解释仍亟待更多的关注和研究。

二、条约解释的习惯国际法

如上所说，国际法院在 1994 年“领土争端案”明确《维也纳条约法公约》编纂的条约解释规则具有习惯国际法的地位。二十多年来国际裁判机构大量适用这些规则的丰富实践使得有些学者断言：其习惯国际法的地位“已不再受到任何挑战了”[⑤]。然而，基于上文对国际法与国内法上的条约解释之区别，有必要对两者意义上的这一习惯国际法地位作进一步探析。

---

① 《最高人民法院关于审理国际贸易行政案件若干问题的规定》(法释〔2002〕27 号)2002 年 10 月 1 日起施行。

② 《中华人民共和国最高人民法院行政判决书》〔2007〕民三行提字第 2 号，2007 年 3 月 19 日。

③ 参见孔祥俊：《WTO 知识产权协定及其国内适用》，法律出版社 2002 年版。作者在该书主张条约“同一解释原则”等学理，并援引一些地区或国内司法实践。

④ 《关于处理涉外案件若干问题的规定》(外交部、最高人民法院、最高人民检察院、公安部、国家安全部、司法部联合发布，1987 年 8 月 27 日，1995 年 6 月 20 日修改)规定相同的基本原则，并明确：“涉外案件”是“指在我国境内发生的涉及外国，外国人(自然人及法人)的刑事、民事、经济、行政、治安等案件及死亡事件”。

⑤ Richard Gardiner, “The Vienna Convention Rules on Treaty Interpretation”, In Duncan B. Hollis (ed.), *The Oxford Guide to Treaties*, p.476.

（一）国际法上的条约解释规则：习惯国际法的地位

联合国国际法委员会在2015年《关于确认习惯国际法的第三份报告》中指出："习惯国际法是被接受为法的一般实践，是由行为及其密不可分的法律确信一起形成并体现于其中。正如国际法院反复强调，'不仅有关行为必须等同于确定的实践，而且这些行为是这样，或以这样的方式进行，以致是确信这种实践成为要求这样做的义务规则之证据。'习惯国际法的这两个构成要素已经被称为'不仅是两个并列项，而且更是同一现象的两个方面：以某一方式在主观上得以实现或接受的行为。'"①此类行为首先和主要的是国家行为，但是，"国际组织的职能行使肯定也与习惯国际法的认定有关"。②

根据这一报告的看法来考察，首先，从《维也纳条约法公约》的编纂来看。自1949年国际法委员会第一次会议决定最优先编纂条约法，③至1966年共4位特别报告员，其中，前三位特别报告员布赖利尔（Brierly）、劳特派特和菲茨莫利斯（Fitzmaurice）的历次报告及起草的公约或法典均未包括条约解释的规则。他们的首份报告虽分别提及拟定条款包括条约解释，④但其后续报告并无任何有关条约解释的款项。⑤前三位特别报告员未完成条约解释规则的编纂这一事实表明：至少他们还无法确认已有国际法实践中有关条约解释的习惯国际法。第四位特别报告员沃尔多克于1962年就任后，直到其1964年的第三份报告，基于条约的解释为编纂完整的条约法公约之不可缺少组成部分，遂以1956年国际法学会关于条约解释的决议与菲茨莫利斯于1957年发表的有关论文为基础，初步提炼了若干条约解释的规则，⑥并同时指出："调整条约解释的国际法规则之实用性，乃至其存在仍是不无争议的问题。"⑦在这样的情况下，即使被纳入起草条款的条约解释规则，当然也谈不

---

① International Law Commission, *Third Report on Identification of Customary International Law*, by Michael Wood, Special Rapporteur, A/CN.4/682, 27 March 2015, para.13.

② International Law Commission, *Third report on Identification of Customary International Law*, para.70.

③ *Report of the International Law Commission on the Work of its First Session*, 12 April 1949, Official Records of the General Assembly, Fourth Session, Supplement No.10, A/CN.4/13. *Y.I.L.C*, 1949, Vol.1, p.281, para.20. 当时3个优先编纂的课题：(1)条约法；(2)仲裁程序；(3)公海制度。

④ *Report by J.L. Brierly*, A/CN.4/23, II. Explanatory Note, para.1; *Report by H. Lauterpacht*, A/CN.4/63, Preface, para.1; *Report by G.G. Fitzmaurice*, A/CN.4/ 101, B. Scope of future reports, para.7.

⑤ *Second Report by J.L. Brierly*, A/CN.4/43; *Third Report by J.L. Brierly*, A/CN.4/54; *Second Report by H. Lauterpacht*, A/CN.4/87; *Second Report by G.G. Fitzmaurice*, A/CN.4/107; *Third Report by G.G. Fitzmaurice*, A/CN.4/115; Fourth *Report by G.G. Fitzmaurice*, A/CN.4/120; Fifth *Report by G.G. Fitzmaurice*, A/CN.4/130.

⑥ *Third Report by Humphrey Waldock*, A/CN.4/167, Articles 70 – 75.

⑦ Ibid., A/CN.4/167, Articles 70 – 73, Commentary(1).

上具有习惯国际法的地位。沃尔多克在该报告中强调："换言之，援引许多[解释]原则是自由裁量而非义务，且在某种程度上，文件的解释是艺术而非确切的科学。"①可见，他本人似乎也对条约解释规则的国际法性质表示异议。其后根据各国政府对起草条款的评论或建议，沃尔多克所作的第五、第六份报告②与国际法委员会通过的条约法公约最终起草文本及评注③都没有明确所编纂的条约解释款项具有习惯国际法的地位。

其次，从国际法院明确《维也纳条约法公约》编纂的条约解释规则具有习惯国际法地位的过程来看。该公约于1969年、1980年先后签署、生效后，到1994年"领土争端案"，国际法院在很长时间内一直没有提及该公约的条约解释规则，④因而也无从谈起其习惯国际法的地位。1991年国际法院提及该公约的条约解释规则时，仍以不太确定的方式表示："这些[条约解释]原则体现在《维也纳条约法公约》第三十一条和第三十二条，它们或许在许多方面被视为既有习惯国际法的编纂。"⑤在"领土争端案"中，国际法院第一次明确这些条约解释规则为习惯国际法时，仅限于该公约第三十一条，且未援引任何该法院及其前身常设国际法院的案例。⑥此后，国际法院多次援引该案有关该第三十一条的条约解释规则具有习惯国际法地位的论述，⑦并进一步先后明确第三十二条、第三十三条也具有同样地位。⑧不应忽视的是，近二十年来，国际法院反复地明确《维也纳条约法公约》编纂的条约解释规则具有习惯国际法的地位，与同时期WTO争端解决机构在更为频繁的裁决中强调该公约的条约解释规则为习惯国际法，有着互动的关系。尽管国际法院

---

① *Third Report by Humphrey Waldock*, A/CN.4/167, Articles 70–73, Commentary(6).

② *Fifth Report by Humphrey Waldock*, A/CN.4/183, *Sixth Report by Humphrey Waldock*, A/CN.4/186.

③ *Draft articles on the Law of Treaties: Text as Finally Adopted by the Commission on 18 July 1966*, A/CN.4/190.

④ 参见 Guenther Dahlhoff ed., *International Court of Justice, Digest of Judgments and Advisory Opinions, Canon and Case Law 1946–2012*, Martinus Nijhoff Publishers, 2012, Pronouncements of the International Court of Justice on Customary International Law, pp.1784–1789。

⑤ *Arbitration Award of 31 July 1989* (Guinea-Bissau v. Senegal), Judgment, I.C.J. Report 1991, p.70. para.48.

⑥ *Territorial Dispute* (Libyan Arab Jamahiriya/Chad), Judgment, I.C.J. Report 1994, p.21, para.41.

⑦ 比如，*Maritime Delimitation and Territorial Questions between Qatar and Bahrain*, Jurisdiction and Admissibility, Judgment, I.C.J. Report 1995, p.18, para.33; *Oil Platforms* (Iran v. United States), Preliminary Objection, Judgment, I.C.J. Report, 1996, p.812, para.23。

⑧ 比如，*LaGrand* (Germany v. United States), Judgment, I.C.J. Report, 2001, p.502, para.101; *Case Concerning Application of the Convention on the Prevention and Punishment of the Crime of Genocide* (Bosnia and Herzegovina v. Serbia and Montenegro), Judgment, I.C.J. Report 2007, p.110, para.160。

从未援引过WTO的有关案例，但是，1996年WTO争端解决上诉机构在其裁决的第一个案件中就援引了"领土争端案"，①作为认定《维也纳条约法公约》第三十一条具有习惯国际法地位的主要依据。这对于国际法院随后不断强化其这一立场，起到了有力的支持作用。

可见，《维也纳条约法公约》的条约解释规则被认定为习惯国际法与国际法院、WTO等在近二十年来行使其国际组织的职能密不可分。换言之，虽然这一习惯国际法的地位在国际法上的条约解释实践中，已无可争议了，但是，这只是在近二十年来较短时期里发生的事。

（二）国内法上的条约解释与习惯国际法的关系

然而，认定习惯国际法的行为，首先和主要的是国家行为，因此，基于国际法与国内法上的条约解释之区分，下文对同期有关国家适用条约解释规则的情况作力所能及（搜集有关国内法院的条约解释案例并非易事）的分析。

从《维也纳条约法公约》的缔约国来看。迄今该公约缔约国为114个，约占联合国193个会员国总数的59%；其中，近二十多年来，加入的国家为37个，约占该公约缔约国总数的三分之一。②可见，多数缔约国在1994年之前加入，且40%的联合国会员国尚未加入。总体上，近二十多年来，该公约的条约解释规则被认定为习惯国际法对于推动更多国家加入该公约的作用并不十分明显。诚然，某公约或多边条约的规定是否具有习惯国际法的地位，并不完全取决于缔约国多少，关键在于各国的国家行为如何。正如国际法院在"北海大陆架案"中指出：尽管该案当事国丹麦、荷兰分别与北海地区相向国家根据等距离原则划分各自大陆架，但是，相邻国家之间根据等距离原则划分的国家实践还不足以"证明根据等距离原则划分具有了习惯国际法的强制性"。③因此，相关国家行为的充足性是习惯国际法得以确立的前提。

最后，从有关国家适用条约解释规则的情况来看。如前所述，美国、英国和中国相关国内法的实践存在很大区别。以美国为例。1966年联合国国际法委员会二读通过条约法公约最后草案，美国表示极大不满。出席维也纳条约法会议的美国代表麦克杜格尔（McDougal）撰文激烈抨击："在国际法委员会关于条约解释的最后建议中极大的缺陷及悲剧在于其坚持强调一种不可能和顽固的文本主义。"④

---

① *US-Gasoline*, WT/DS2/AB/R, 29 April 1996, p.17, footnotes 34.

② 统计来源 https://treaties.un.org/pages/ParticipationStatus.aspx，这里"加入"泛指该公约对缔约国生效，包括加入、继承和批准。

③ *North Sea Continental Shelf*, Judgment, I.C.J. Report, 1969, p.45, para.80.

④ Myres S. McDougal, "The International Law Commission's Draft Articles upon Interpretation: Textuality Redivivus", (1966) 61 *The American Journal of International Law*, p.992.

有学者考察了美国国内法院近年来的若干条约解释判例，进一步肯定“[美国]最高法院本身未曾提及维也纳[条约解释]规则”[1]。譬如，在 2010 年一起解释《国际诱拐儿童民事方面海牙公约》有关“监护权”（right of custody）规定的案件中，美国最高法院根据公约及相关国内法，加以解释。“‘条约解释如同法律解释，始于其文本。’本法院参照儿童法认定阿博特先生的权利，同时遵循该公约文本及结构以决定涉案权利是否为‘监护权’。”[2]根据涉案国之一智利的《未成年人法》，阿博特先生享有共同决定他孩子居住国的权利，亦即父母任何一方不可单方决定该儿童的居住地。“该公约第三条（a）款规定监护权可以共同或单独行使，阿博特先生享有共同决定他儿子的居住国的权利可恰当归入共同监护权。正如该公约第五条（a）款界定的，该‘监护权’‘包括与照料儿童有关权利，特别是决定儿童居住地的权利’。”[3]“阿博特先生享有共同权利决定他儿子的居住国，允许他‘决定该儿童的居住地’。‘居住地’的用语包括儿童的居住国，尤其是参照该公约的明文宗旨是防止不法带出国境。即便‘居住地’仅指儿童居住国的地址，共同监护权也使阿博特先生有权‘决定’该所在地。根据《韦氏国际词典》（1954 年第 2 版），‘决定’一词也含有‘确定或限定’的含义，这意味着阿博特先生享有共同权利确保他儿子不可生活在智利以外的任何地址。因此，该公约所保护的父母监护‘决定其孩子居住地的权利’包括了共同监护权。”[4]可见，美国最高法院非常重视该公约的宗旨对于解释文本条款的作用。

这正是被认为是目的解释学派“最明确的表述”[5]——《哈佛条约法公约草案》第十九条（a）款的突出特点。该条款规定：“条约解释应参照其意在达成之一般目的加以解释。”[6]该判例不仅没有提及《维也纳条约法公约》的条约解释规则，而且坚持美国一贯的条约解释立场。这只能说明：这些解释规则至少在未参加该公约的国家尚未被确定为习惯国际法。即便该公约的缔约国，比如中国，也没有加以严格履行。

总之，从确定习惯国际法首先和主要的是国家行为这一点看，《维也纳条约法公约》的条约解释规则是否具有习惯国际法的地位，并非“已不再受到任何挑战了”[7]。

---

① Richard Gardiner, *Treaty Interpretation*, p.xiii.

② *Abbott v. Abbott* 560 U.S. __(2010), p.6. 援引了 2008 年美国法院的判例 *Medellin v. Texas*, 552 U.S. 491, 506。

③④ Ibid., p.7.

⑤ 李浩培:《条约法概论》,第 346 页。

⑥ “Draft Convention on the Law of Treaty”, Supplement(1935), p.661.

⑦ Richard Gardiner, “The Vienna Convention Rules on Treaty Interpretation”, in Duncan B. Hollis (ed.), *The Oxford Guide to Treaties*, p.476.

三、WTO 争端解决中的条约解释与法律解释

如前所述，WTO 的 DSU 第三条第二款规定："各成员认识到该体制适于保护各成员在适用协定项下的权利和义务，及依照国际公法的解释之习惯规则澄清这些协定的现有规定。"①这是在条约法上第一次明确提及条约解释的习惯国际法。WTO 的争端解决上诉机构据此认为："这种规则在《维也纳条约法公约》中得到了最权威和简洁的表述，……已经取得相当于习惯或一般国际法的地位。"②这实际上也是对该条款所说"国际公法的解释之习惯规则"的解释，并为近二十多年来 WTO 争端解决的条约解释创设了一个名副其实的"先例"，此后 WTO 争端解决的专家组或上诉机构报告在澄清有关协定条款时，无不遵循这一解释，尽管当时这一解释的依据并非十分充分。③

根据 DSU 第十七条第六款："上诉应限于专家组报告涉及的法律问题和专家组所作的法律解释。"④在实践中，"上诉机构的首要任务之一是条约解释"。⑤下文先对"法律解释"(legal interpretations)与条约解释的关系作一定分析，然后探讨法律解释与可能作为法律问题所涉国内法的解释之关系。

(一) 法律解释与条约解释的关系

近二十多年的 WTO 争端解决上诉机构报告近 130 份(含复审执行案)，平均每年约 6 份；⑥相比国际法院七十年的"实质"(merits)判决及咨询意见近 140 份，平均每年才约 2 份。⑦这些上诉机构报告所涉法律解释除个别为适用一般国际法的原则及复审执行案的特殊问题，均为条约解释本身，因而实质上可以等同于条约解释。国外学者已发表有关上诉机构条约解释的专著，但切题的内容相对较少。⑧国内尚无相关专著。有关研究有待于全面、深入开展。

---

① 《世界贸易组织乌拉圭回合多边谈判结果法律文本》(中英文对照)，第 355 页。

② *US-Gasoline*, p.17.

③ *US-Gasoline*, p.17. footnotes 34. 该注脚援引的 3 个判例，只有国际法院 1994 年"领土争端案"明确《维也纳条约法公约》第 31 条的习惯国际法地位。

④ 《世界贸易组织乌拉圭回合多边谈判结果法律文本》[中英文对照]，第 366 页。

⑤ Isabelle Van Damme, *Treaty Interpretation by the WTO Appellate Body*, Oxford University Press, 2009, p.3.

⑥ 统计来源：https://www.wto.org/english/tratop_e/dispu_e/dispu_status_e.htm。

⑦ 统计来源：http://www.icj-cij.org/docket/index.php?p1 = 3&p2 = 5。

⑧ 参见 Isabelle Van Damme, *Treaty Interpretation by the WTO Appellate Body*。该书第一编 WTO 争端解决与条约解释的基本原则与概念(第 1—5 章，第 1—213 页)，第二编 WTO 上诉机构的解释实践(第 6—8 章，第 214—384 页)。切题内容约占全书三分之一。

1. 法律解释中的一般国际法原则

根据DSU第三条第二款，WTO争端解决的条约解释旨在澄清适用协定的有关条款，因此，上诉机构报告的法律解释大多数是对条约本身的解释。但在“欧共体荷尔蒙案”[①]，欧共体辩称预防原则已是国际法的一般习惯规则或至少是一般法律原则，据此解释WTO《实施卫生与植物卫生措施协定》（SPS协定）第五条第一款、第二款，意味着WTO成员在进行风险评估时可采取预防措施。针对这一观点，专家组认为该原则的习惯国际法地位未定，且不能以此作为论证成员违反该协定义务的国内措施之抗辩依据。这是专家组所作的法律解释。

上诉机构对之表示赞同，指出：“第一，该原则未被写进SPS协定作为论证违反该协定义务的成员措施之依据。第二，在SPS协定第五条第七款中确实发现有所反映预防原则。……明确承认的是WTO成员有权确定其卫生保护的适当水平，这也许高于（即，更谨慎）现行国际标准、指南或建议。第三，专家组在决定成员维持特定的SPS措施时是否有‘充分的科学证据’时，应看到负责任的政府都会基于谨慎预防，考虑对于人类健康的风险。然而，最后应强调预防原则本身缺少清晰的文本提示专家组不适用条约解释的通常（即，习惯国际法）原则解读SPS协定的条款。”[②]可见，上诉机构对专家组的法律解释所涉及的该原则与SPS协定关系作了进一步阐述，即，预防原则的含义（对风险采取更谨慎预防的做法）及其与SPS协定有关条款的联系（在该协定第五条第七款有所反映）。但是，该协定第五条第一款、第二款没有将该原则纳入。这一阐述与条约解释有关，但不是对SPS协定第一款、第二款本身的条约解释。在逾百件上诉报告中，这是个别情况，但至少说明包括一般法律原则在内的法律解释的范围大于条约解释。

2. 复审执行的法律解释

根据DSU第十七条第六款，凡是WTO争端解决专家组报告均在上诉机构复审范围内，包括根据DSU第二十一条第五款由原专家组审理执行裁决引起争端的报告。此类复审执行争端解决的上诉机构报告有一些特殊的法律解释问题。

比如，在“欧共体床单案”中，原专家组曾裁定印度有关欧共体未能适当考虑《反倾销协定》第三条第五款所要求的可能引起国内产业损害的“其他因素”之主张缺乏初步的证据。印度在该案上诉时，对这一裁定未提出异议。但是，印度在提起执行争端解决时又提出了同样的主张，原专家组同意欧共体的初步裁定请求，以

---

① *EC-Hormones*, WT/DS26, DS48/AB/R, 16 January 1998.

② Ibid., para.124.

DSU第二十一条第五款未给予印度"一事再理"(second chance)的机会，对印度的主张不予审理。印度请求上诉机构推翻原专家组的这一认定。上诉机构指出："首先须确定第二十一条第五款程序的主题。"①"主题"(subject-matter)不是该条款采用的"事项"(matter)一词，但实质含义等同。这表明上诉机构不仅仅解释该条款，而且更重要的是以WTO争端解决的实践为指导。"如同原争端解决程序，第二十一条第五款程序的'事项'包括两个要素：系争的具体措施与申诉的法律依据(即，主张)。如果某一主张质疑不是'应执行的措施'，则该主张不可在第二十一条第五款程序中提起。"②这是该条款的原意。不同于先前复审执行的案件涉及原争端解决系争的具体措施相同而申诉方提出新主张，印度在该复审执行案中提起的具体措施、主张与原争端解决的事项完全一样。既然印度在原争端解决中放弃了对专家组有关该事项的裁决提起上诉，该裁决相关专家组报告连同上诉机构报告一旦通过后，该事项的争端就解决了，印度不可在复审执行时再提起。上诉机构对这种"一事不再理"原则的阐述不是严格意义上的条约解释，而是含义更加宽泛的法律解释。

3. *作为条约解释的法律解释*

上诉机构报告所列的问题主要与条约解释相关。在上诉机构审理的最先两起案件报告中援引了《维也纳条约法公约》第三十一条、第三十二条，分别明确其习惯国际法的地位。③值得注意的是，在第一起案件中，专家组报告也援引了《维也纳条约法公约》第三十一条第一款的解释通则，④但是，上诉机构认为专家组在解释《关税与贸易总协定》(GATT)第20条例外款项时"忽视了条约解释的基本规则"⑤，为了加以纠正，故而援引并阐述了该公约的条约解释规则。

此后，除了在第二起案件中进一步说明该公约第三十二条的补充解释规则也具有习惯国际法的地位，在第三起至第七起案件中，⑥上诉机构虽对涉案协定条款作了一定的条约解释，但根本没有提及该公约。直到第八起案件——"印度专利

---

① *EC-Bed Linen, Recourse to Article 21.5 of the DSU by India*, WT/DS141/AB/RW, 8 April, 2003, para.78.

② Ibid., para.78.

③ *US-Gasoline*, p.17; *Japan-Alcoholic Beverages*, WT/DS8, DS10, DS11/AB/R, 4 October 1996, p.10.

④ *US-Gasoline*, WT/DS2/R, 29 January 1996, para.6.7.

⑤ *US-Gasoline*, p.16.

⑥ *Brazil-Desiccated Coconut*, WT/DS22/AB/R, 21 January 1997; *US-Underwear*, WT/DS24 /AB/R, 10 February 1997; *Canada-Periodicals*, WT/DS31/AB/R, 30 June 1997; *EC-Bananas III*, WT/DS27/AB/R, 9 September 1997.

案”，也是为了纠正该案专家组对该公约第三十一条的错误适用，上诉机构进一步明确依据 DSU 第三条第二款适用《维也纳条约法公约》的解释规则所应遵循的基本原则，即，旨在澄清有关适用协定的现有规定，“并且必须既不增加，也不减少《建立 WTO 协定》规定的权利与义务”。①

之后 4 份上诉机构报告也未提及该公约。在第十三起案件——“阿根廷鞋类案”中，上诉机构指出该案专家组过度依赖“以往 GATT 实践”而没有依据《维也纳条约法公约》第三十一条的条约解释通则，“参照 1994 年 GATT 之目及宗旨，在其上下文中对第二条的术语通常意义展开分析”，②并相应作了一定的条约解释。

可见，在 WTO 争端解决的早期，上诉机构不是为论证该公约的条约解释规则具有习惯国际法的地位而加以援引，而是“有的放矢”，为了纠正专家组适用该公约的错误或忽视，履行 DSU 第三条第二款及其他条款赋予 WTO 争端解决机构，尤其是新设的上诉机构之职能，正确适用该公约的解释规则，厘定涉案成员的权利与义务。或许日益认识到条约解释对于争端解决的重要性，争端当事方越来越重视在其陈述及听证时加强对涉案条约的解释，这也促使专家组和上诉机构更多地对条约解释提出其看法。

即便如此，很多上诉机构报告虽解释有关协定条款，且按词典含义等文本解读的方式，乃至“演进的”(evolutionary)方式解释，但并未援引《维也纳条约法公约》的解释规则。比如，1998 年在“美国虾案”中，上诉机构借鉴国际法院的条约解释经验，采用“演进的”方式，即“参照国际社会对于环境保护和养护的当代关心”解释《关税与贸易总协定》(GATT)第二十一条(g)款的“自然资源”这一通用术语。③尽管实际上这依据了“当事国嗣后实践”(如《建立世界贸易组织协定》序言“应依照可持续发展的目标，考虑对世界资源的最佳利用，寻求既保护和维护环境，……”)，但是，无论上诉机构还是其援引的国际法院判例本身既未明确提及《维也纳条约法公约》，更未涉及习惯国际法的问题。④如果根据上诉机构在“美国汽油案”中的做法，应明确援引 DSU 第三条第二款，可是，在“美国虾案”中采用“演进”的解释方式，却回避了该条款。

有意思的是，时隔十多年，上诉机构在 2009 年“中国文化产品案”中对“录音制

① *India-Patents(US)*, WT/DS50/AR/R, 19 December 1997, para.46.

② *Argentina-Textiles and Apparel*, WT/DS56/AB/R, 27 March 1998, para.42.

③ *US-Shrimp*, WT/DS58/AB/R, 12 October 1998, paras.129 – 130.

④ 上诉机构援引的 *Namibia(Legal Consequences)* Advisory Opinion, I.C.J. Reports 1971, p.31, para.53, *Aegean Sea Continental Shelf Case*, Judgment, I.C.J. Reports, 1978, p.3，均是在《维也纳条约法公约》签署后作出的，却未提及该公约。

品”和“分销”这两个中国《服务贸易承诺表》带有通用含义的术语采用“演进的”方式解释，但明确“必须按照国际公法解释惯例加以解释”，①并援引了同年7月国际法院一起案件依据《维也纳条约法公约》有关条款对涉案条约的通用术语“贸易”所作解释，②似乎这样依据就充分了。

(二) 法律解释与可能作为法律问题所涉国内法的解释之关系

在WTO的争端解决中，如同国际法院，均将涉案国内法及其解释作为事实问题。1926年常设国际法院在“波兰上西里西亚的某些德国人利益案”中指出：“从国际法以及作为国际法机构的国际法院来看，国内法只是国家意志的表达并构成其行为，如同作出法律决定和行政措施。国际法院肯定不会被要求解释波兰法本身；但是，国际法院完全能够在适用该法时，判决波兰所为是否符合维也纳公约下应当对德国承担的义务。”③这一对待国内法的立场为以后国际司法实践所沿袭至今。上诉机构在“印度专利案”中明确：“国内法可作为事实证据，并提供国家实践的证据。然而，国内法也可以构成是否履行国际法义务的证据。”④

问题在于WTO争端解决的个案均涉及作为事实的国内法审查，同样可能需要解释。此类国内法的解释是否得当，可能影响专家组对其审议的事项所作评估的客观性，从而作为上诉的法律问题。值得探析的是，上诉机构复审的专家组所作法律解释，是否包含国内法解释？

比如，在第一起上诉案件——“美国汽油案”中，上诉机构推翻了专家组关于美国《汽油规则》中的“基准建立规则不符合GATT第二十条(g)款的例外”这一“法律上是错误的”认定。⑤这是上诉机构通过适用《维也纳条约法公约》第三十一条，纠正该案专家组最主要的法律错误。上诉机构对GATT第二十条(g)款的解释与相关美国国内法的解释密切相关。上诉机构指出：“基准建立规则作为整体(即，与国内炼油厂商的基准建立有关的条款，结合汽油合成厂商与进口商的基准条款)须联系《汽油规则》其他条款规定的‘不降低’要求。这些条款假如完全脱离作为其上下文的该规则其他条款，就本身而言作严格审查，将很难理解。不论是单个或法定的基准建立规则，其制定均旨在依据‘不降低’要求，允许仔细检查及监控炼油厂

① *China-Publications and Audiovisual Products*, WT/DS363/AB/R, 21 December 2009, para.397.

② *Case concerning the Dispute regarding Navigational and Related Rights* (Costa Rica v. *Nicaragua*), Judgment, I.C.J. Reports, 2009, p.242, para.64.

③ *Case concerning certain German interests in Polish Upper Silesia* (The Merits), Judgment, Publication A(1926), p.19.

④ *India-Patents* (US), para.45.

⑤ *US-Gasoline*, p.29.

商、进口商与合成厂商的履行水准。没有某些基准，此类检查就不可能，《汽油规则》旨在稳定并实现防止超过1990年空气污染程度的目标，以免该目标的实现受到实质性妨碍。不应由于专家组关于该基准建立规则与GATT第三条第四款相抵触的认定而否定该基准建立规则与《汽油规则》'不降低'要求之间关联性。"①显然，这包含了对美国相关国内法的解释，并且类似于条约解释。不过，上诉机构在"印度专利案"强调："专家组并不像[条约解释]'那样'解释印度法律，而是仅仅为决定印度符合TRIPS协定与否对印度法律进行审查。"②也就是说，对国内法的审查、解释是涉案国内法与WTO有关协定"相符性"的法律问题，而非法律解释。

须进一步探析的是：如果上诉机构复审专家组的此类法律问题包含了涉案国内法的解释，那么有无规则可循？通览迄今所有上诉报告，很难发现协调一致的规则。比如，迄今作为被上诉方的美国涉案多达50多起（约占上诉案总数的44%），③其中不少案件涉及对美国国会立法本身的审查。"美国1916年反倾销法案"④和"美国综合拨款法案"⑤就是典型。前者的争议焦点在于该反倾销法是否属于美国立法机关授权行政机关"自由裁量"（discretionary）实施的法律。上诉机构同意专家组的否定性解释，认为该法规定的民事程序由私人提起，法院必须适用该法予以受理，而刑事程序虽由司法部酌定提起，但仅此不足以使该法成为"自由裁量"实施的法律。后者围绕《美国综合拨款法》第211节是否与商标权有关而展开。上诉机构也同意专家组对该法与商标权有关的肯定性解释，认为："第211节（a）（1）款虽不确定谁拥有某一商标，但在特定情况下可以确定谁不拥有该商标。对我们来说，这足以使第211节（a）（1）款成为从性质上而言是与商标及商号所有权有关的措施。该措施的文本支持了这一解释。正如我们所看到的，第211节（a）（1）款含有特别提及所有权的短语，即'曾用于被没收之商业或资产的商标、商号或商业名称……，除非经该商标、商号或商业名称原始所有人或其善意的利益继承人之明示同意。'"⑥前者侧重从法律实施的角度审查，后者结合法律文本的用语解释，并无类似条约解释的规则可循。

可见，上诉机构所审理的专家组报告中主要为条约解释的法律解释与作为"相

① *US-Gasoline*, p.19.

② *India-Patents*(*US*), para.66.

③ 统计来源：https://www.wto.org/english/tratop_e/dispu_e/dispu_status_e.htm。

④ *US-1916 Act*, WT/DS136, 162/AB/R, 28 August 2000.

⑤ *US-Section 211 Appropriations Act*, WT/DS176/AR/R, 2 January 2002.

⑥ Ibid., paras.114–115.

符性"法律问题所涉的国内法解释不可相提并论，而且，此类国内法的解释没有、也无必要遵循类似条约解释的规则。简言之，这不属于条约解释的范畴。

四、条约解释中的"嗣后协定与实践"

如上所述，《维也纳条约法公约》于 1980 年生效之后，直到 1994 年国际法院才明确其条约解释规则为习惯国际法加以适用。近二十多年来，国际法院、WTO 争端解决机构等国际裁判机构适用这些规则的实践日益增多，也引起了联合国国际法委员会看来值得关注的一些新问题，条约解释中的"嗣后协定与实践"(subsequent agreements and practice)就是其一。下文结合评述该委员会有关文件，[①]探讨所涉国际法理论与实践问题，[②]提出不同看法。

(一) 问题的由来

《维也纳条约法公约》第三十一条第三款规定："应与上下文一并考虑者尚有：(a)当事国嗣后所订关于条约之解释或其规定之适用之任何协定；(b)嗣后在条约适用方面确定各当事国对条约解释之协定之任何惯例。" 2012 年，国际法委员会决定在 2008 年、2009 年先后设立"条约随时间演变"专题及其研究组的基础上，以"与条约解释相关的嗣后协定和嗣后惯例"为题继续开展研究。这是该委员会成立将近七十年来，首次就条约解释问题成立研究组，并任命德国籍国际法委员格奥尔格·诺尔特(Georg Nolte)为特别报告员。其主要原因，其一，条约法发展的需要。如该问题的最初提案所言："当重要的条约，特别是 1945 年后的造法条约到达一定阶段，它们运作的环境与当初缔约时的环境已大不一样。所以，有些条约的规定和可能需要重新解释，甚至非正式修改。这可能涉及技术性规则以及更普遍性的实质性规则。"[③]其二，条约解释规则的完善。"嗣后协定与嗣后惯例是作为国际法特征

---

① 《国际法委员会报告》(2015 年 8 月 14 日)，A/70/10，第 8 章与条约解释相关的嗣后协定与嗣后惯例；《条约解释相关的嗣后协定与嗣后惯例第一次报告》(2013 年)，A/CN.4/660；《条约解释相关的嗣后协定与嗣后惯例第二次报告》(2014 年)，A/CN.4/671；《条约解释相关的嗣后协定与嗣后惯例第三次报告》(2015 年)，A/CN.4/683。

② 国外研究成果，参见 Georg Nolte, "Subsequent Practice as a Means of Interpretation in the Jurisprudence of the WTO Appellate Body", in Enzo Cannizzaro(ed.), *The Law of Treaties Beyond the Vienna Convention*, Oxford University Press, 2011, pp.138 - 144。该文作者就是国际法委员会"与条约解释相关的嗣后协定和嗣后惯例"专题特别报告员；国内研究比较初步，参见孟毅：《条约解释中的嗣后惯例研究》，西南政法大学 2013 年硕士学位论文。

③ A/CN.4/660，第 4 页，第 4 段。

的解释手段。适用这些手段的方式，尤其是其它解释手段相关性尚未得到充分研究，而在不同的争端解决机构却已得到不同的适用。”①因此，有必要从条约解释的实践中总结一些“一般性结论或准则……为解释和适用条约者提供一个参照点”②。

（二）问题的探析

在近二十多年来的条约解释实践中，究竟碰到哪些因缔约环境发生变化而需要适用“嗣后协定与嗣后惯例”加以解释的条约？不同的国际争端机构适用存在哪些不同因而需要协调？

1. 将“嗣后协定与嗣后惯例”作为条约解释的上下文：不是新问题

首先，应注意在起草《维也纳条约法公约》时，条约解释的最初款项（第七十一条第二款）就将“与条约有关的当事国嗣后惯例”作为解释的上下文。③对该款项的评注认为：“这一解释手段的利用在国际裁判机构，尤其在世界法庭[本文注：即国际法院]的判例中早已确立。”④该公约最后草案第二十七条（即签署本第三十一条）第三款(a)、(b)项将“嗣后协定”和“嗣后惯例”分列为解释条约的上下文，该款项的评注指出：“在缔约后达成的关于某条款解释的协定代表了缔约方的真实解释，因而就该条约解释而言须加以解读。……确立当事方对某条约解释的谅解之嗣后惯例应作为与解释性协定并行的真实解释手段纳入第三款。”⑤可见，将“嗣后协定与嗣后惯例”作为条约解释的必要上下文，这本身不是一个新问题。

2. 国际法院适用“嗣后协定与嗣后惯例”的实践：“演变解释”依据不足

其次，可重点考察在《维也纳条约法公约》签署之后，国际法院如何适用该公约第三十一条第三款(a)、(b)项，相比之前的实践而言，究竟发生什么因缔约环境发生变化而需要适用“嗣后协定与嗣后惯例”解释条约的新问题。《条约解释相关的嗣后协定与嗣后惯例第一次报告》将“注重演变的解释”作为仅次于“条约解释之通则与方针”之后的问题，可见其在该报告中具有的突出地位。该报告在讨论这个问题时列举了国际法院的若干案件⑥，倾向于对一项条约进行注重演变的解释时以

---

① Georg Nolte, “Subsequent Practice as a Means of Interpretation in the Jurisprudence of the WTO Appellate Body”, pp.138 - 139.

② A/CN.4/660，第 5 页，第 6 段。

③ *Third Report by Humphrey Waldock*, p.52, Article 71.2.

④ Ibid., p.59, para.23.

⑤ *Draft Articles on the Law of Treaties: Text as Finally Adopted by the Commission on 18 July 1966*, A/CN.4/190, p.222, paras.14 - 15.

⑥ A/CN.4/660，脚注 78、104—109、111—1123，尤其列举了国际法院关于航行和有关权利的争端（哥斯达黎加诉尼加拉瓜）案。

缔约方之间的嗣后协定和嗣后惯例为指导，而非将注重演变的解释作为独立的解释资料。其中列举的典型案件之一"关于航行和有关权利的争端案"涉及 1858 年当事国的双边条约"商业"一词的解释。国际法院根据《维也纳条约法公约》第三十一条第三款(b)项，认为："缔约方在某条约中采用一般化术语，必然早已意识到该术语的含义很可能会随时间演变，并且在该条约生效很长时间或'持续时间'的情况下，作为一项基本规则，必须假定缔约方有意使这些术语具有演变的含义。"①因此，当事国对于该条约的"商业"有关实际做法的认可作为嗣后惯例将支持该术语的演变含义解释。然而，该案与国际法委员会相关提案强调的 1945 年以来"造法条约"无关。近二十多年来，国际法院的其他所有判决与咨询意见也没有涉及 1945 年以来"造法条约"的演变含义。②因此，将国际法院在近二十多年来的个别案件涉及双边条约中一般化术语的演变含义解释，尝试作为适用该公约第三十一条第三款(a)、(b)项的一般做法来论证，所得出的结论："缔约方之间的嗣后协定和嗣后惯例可指导一项条约进行注重演变的解释"，③依据显失充分。

3. WTO 争端解决机构适用"嗣后协定与嗣后惯例"解释条约的实践

再次，以 WTO 争端解决机构适用"嗣后协定与嗣后惯例"解释条约的实践与国际法院的比较为例，进一步探析国际争端机构有关的适用是否不同，因而需要及如何协调。

如前所述，自 1994 年国际法院在"领土争端案"中明确《维也纳条约法公约》第三十一条的条约解释通则为习惯国际法，稍后，1996 年 WTO 争端解决机构在"美国汽油案"中也明确该解释通则具有习惯国际法的地位，并援引"领土争端案"作为依据之一。近二十多年来，WTO 争端解决积累了更多的条约解释实践经验，尤其是上诉机构集中审理涉案条约解释的争议，其中不乏涉及适用"嗣后协定与嗣后惯例"解释条约的案件，且适用与否，依案情酌定。

比如，在"欧盟香蕉案(复审执行 III)"中，上诉机构明确："我们认为根据 WTO 协定第九条第二款所作多边性质的解释可以作为适用《维也纳条约法公约》第三十一条第三款(甲)项有关条约解释的嗣后协定。"④涉案豁免决定不是旨在以协定方式修改现行规定的解释或适用，而只是增加或修改某适用协定或减让表的义务，因

---

① *Dispute Regarding Navigational and Related Rights* (*Costa Rica v. Nicaragua*), I.C.J. Reports 2009, p.243, para.66.

② 1994 年"领土争端案"至 2015 年"进入太平洋的谈判义务案"，国际法院判决 42 起(含初步判决)和 5 起咨询意见，参见 ICJ List of All Cases：http://www.icj-cij.org/docket/index.php?p1=3&p2=2。

③ A/CN.4/660，第 27 页，第 64 段。

④ *EC-Bananas III* (*Article 21.5-Ecuador II*)/*EC-Bananas III* (*Article 21.5-United States*), WT/DS27/AB/RW, para.383.

而不属于此类嗣后协定。在晚近的“秘鲁农产品案”中，上诉机构也否认危地马拉与秘鲁之间《自由贸易协定》(FTA)是《维也纳条约法公约》第三十一条第三款(a)项下有关解释涉案WTO农业协定条款的嗣后协定。①又比如，在“日本—酒税案”中，上诉机构强调：GATT缔约方与WTO争端解决机构通过的报告均不构成《维也纳条约法公约》第三十一条第三款(b)项意义上“特定案例中的嗣后惯例”。②

在适用《维也纳条约法公约》第三十一条第三款(a)项的案例中，如“美国金枪鱼案II(墨西哥)”，上诉机构认为，就该案所涉《技术性贸易壁垒协定》(TBT)第二条第四款的解释而言，由WTO全体成员代表组成的TBT委员会及其协商一致通过的决定，如2000年《有关TBT协定实施的第二次三年复审》是“TBT协定缔结嗣后通过的……该决定标题明确事关‘该协定第二条第五款和附件3的国际标准、指南和建议的发展原则’。……然而，该决定在特定情况中可否起到解释、适用TBT协定的术语或条款，取决于其对于有关术语或条款的解释、适用‘特定关联性’(bears specifically)程度”③。这一认定嗣后协定的“特定关联性”可追溯至“欧盟香蕉案(复审执行III)”上诉报告。该报告基于国际法委员会对《维也纳条约法公约》第三十一条第三款(a)项的评注，即，将该条款规定的嗣后协定“作为结合上下文进一步考虑的解释之可信要素”，认为：国际法委员会由此将该条款的嗣后协定解读为“与某条约解释特定关联的协定”。④在“美国丁香烟案”中，上诉机构也强调了认定嗣后协定的“特定关联性”，指出该公约第三十一条第三款(a)项没有确定“当事国嗣后协定”应采取何种形式，此类协定“从根本上是指实质而非形式”，由此判断涉案的《多哈部长决定》第5.2段明文提及TBT协定第二条第十二款关于“合理间隔”的用语，并将之界定为“通常不少于6个月的期限，除非这对于实现某技术法规之合法目的是无效的”，这具有条约解释的“特定关联性”。⑤

可见，WTO争端解决上诉机构从实质上看某一嗣后协定是否具有与被解释条约的“特定关联性”。至少在这一方面，同国际法院甄别嗣后协定的做法相比，十分类似。比如，在“卡西基里/塞杜杜岛(博茨瓦纳诉纳米比亚)案”中，国际法院否认当事国之间于1984—1985年期间达成任何与涉案1890年条约的适用、解释有关的嗣后协定。⑥国际法委员会“与条约解释相关的嗣后协定和嗣后惯例”专题报

---

① *Peru-Agricultural Products*, WT/DS457/AB/R, 20 July 2015, para.5.118.

② *Japan-Taxes on Alcoholic Beverages*, p.14.

③ *US-Tuna II(Mexico)*, WT/DS381/AB/R, 16 May 2012, para.372.

④ *EC-Bananas III(Article 21.5-Ecuador II)/EC-Bananas III(Article 21.5-United States)*, para.390.

⑤ *US-Clove Cigarettes*, WT/DS406/AB/R. 4 April 2012, paras.266 - 267.

⑥ *Kasikili/Sedudu Island(Botswana/Namibia)*, Judgment, I.C.J. Report 1999, p.1091, paras.68 - 69.

告也认为该判决依据的是“不具有关联性”,[①]“无论如何,只能通过认真考虑当事国集体意见之表达是否以及在何种程度上意在‘涉及条约解释’,才能确定这一表达所具有的确切意义”。[②]因此,不同国际裁判机构的做法并没有像该专题特别报告员所断言的“在不同的争端解决机构却已得到不同的适用”[③]。诚然,应充分肯定国际法委员会通过专题研究,全面梳理迄今有关条约解释的嗣后协定与嗣后惯例方面的国际法实践,旨在完善条约解释的规则,总结一些“一般性结论或准则……为解释和适用条约者提供一个参照点”[④],还是非常有意义的。实际上,本文研究目的也是结合国际法与国内法的相关实践,探析条约解释的若干理论问题,以求为国际社会不断完善条约解释的规则,努力贡献中国学者应有的智慧,并期待此类研究更具客观性、科学性。

五、结 论

本文尝试从国内外学界尚未给予足够关注的国际法与国内法上的条约解释之区别问题入手,探析两者所遵循的解释规则。不同于国际法上的条约解释应遵循成文或习惯国际法的有关规则,国内法上的条约解释在不同国家可能有不同的方式或规则,并因不同法律制度而具有不同法律效力。由此,本文对两者意义上,《维也纳条约法公约》的条约解释规则所具有习惯国际法地位作进一步探析,得出初步结论,即,这一习惯国际法的地位在国际法上的条约解释实践中已无可争议,但从确定习惯国际法首先和主要的是国家行为这一点看,这些条约解释规则是否具有习惯国际法的地位,并非如欧美学者所称已不再受到任何挑战了。然后,本文对作为国际法意义上的 WTO 争端解决中的条约解释与法律解释进行分析,认为关于一般国际法原则和复审执行案的法律解释较之条约解释更加宽泛,而作为条约解释的法律解释严格遵循习惯国际法的解释规则,且很大程度追随国际法院的相关实践。最后,本文对晚近国际法委员会对“嗣后协定与嗣后惯例”作为条约解释的上下文所进行的专题研究提出不同看法,旨在探讨完善条约解释的国际法之客观性、科学性。上述问题看似不同,实为国际法与国内法上解释条约的不同规则或某一方面的进一步探析,具有内在关联性。本文不仅弥补国内外学界某些研究不足

① A/CN.4/671,对该案的评论,第 6 页,脚注 24。

② 同上,第 7 页,第 12 段。

③ Georg Nolte, “Subsequent Practice as a Means of Interpretation in the Jurisprudence of the WTO Appellate Body”, p.139.

④ A/CN.4/660,第 5 页,第 6 段。

之处，而且基于大量案例的实证依据所作的分析，有助于中国参与国际争端和平解决、提高条约解释的理论水平与实际能力。

The Analysis on Some Issues of Treaty Interpretation: The Perspective of International Law and Domestic Law

Abstract: The treaty interpretation is the issue during the course to apply treaty. China has concluded many treaties in force, which is not only indispensable for China to develop the friendship with other countries and to participant international affairs and global governance, but also promotes domestic legal system by internal application of treaty. Enhancing the research on treaty interpretation is helpful to develop coordinately the rule of law in both of international and national matters. It is very significant to conduct the creative research on international law theories and to provide the guidance somehow for Chinese practices of treaty application and peaceful settlement of international disputes by deepening theoretical analysis of practices of treaty interpretation from perspectives of international law and domestic law so as to clarify some academic concepts and apparently established conclusions in this regard.

Keywords: Treaty interpretation; Vienna convention on the law of treaties; International law; Domestic law; Customary law

ICSID 仲裁的条约解释：规则及其判理*

内容摘要：ICSID 仲裁以有关公约和投资协定等条约法为依据，与一般国际法的条约解释休戚相关。对 ICSID 仲裁中条约解释的深入系统研究，是国际经贸法律的实践与理论密切结合的重大问题之一。本文首先从总体上评论 ICSID 仲裁的条约解释实践以及国内外已有研究成果，然后基于 ICSID 公开的各类英文裁决文书，选择若干特别有代表性的案例，着重评析其包含的条约解释规则及其判理，并结合中国政府为被告、中国企业为原告的案例，分析所涉条约解释的经验教训，由此提出今后更好应对的建议。

关键词：投资争端；仲裁；条约解释；规则；判理

条约解释是条约履行、适用中产生的问题，属于国际法研究的范畴。[①]自联合国国际法院（以下简称 ICJ）1994 年"领土争端案"明确《维也纳条约法公约》（以下简称 VCLT）[②]所编纂的条约解释规则具有习惯国际法的地位以来，[③]解决投资争端国际中心（以下简称 ICSID）在外国私人投资者与东道国政府之间争端解决（以下简称 ISDS）仲裁中越来越多地援引这些条约解释规则，引起了国内外国际法学界的关注。[④]近年来，以中国政府为被告，中国公民或法人为原告的 ICSID 仲裁案逐渐增多。[⑤]深入研究 ICSID 仲裁的条约解释问题，具有重要的理论与实践意义。

---

* 原载《经贸法律评论》2018 年第 1 期，第 56—77 页。

① 参见 Sir Robert Jennings and Sir Arthur Watts, ed., *Oppenheim's International Law*, 9th editon., Longman, 1992, pp.1269 - 1283；又参见[英]詹宁斯、瓦茨修订：《奥本海国际法》第一卷第二分册，王铁崖等译，中国大百科全书出版社 1998 年版，第 661—668 页。

② 《维也纳条约法公约》(Vienna Convention on the Law of Treaties. U.N.T.S. Vol.1155, p.331)签署作准本(含中文本)，本文所引 VCLT 条款均为签署中文作准本。下文引用 VCLT，出处略。

③ *Territorial Dispute* (Libyan Arab Jamahiriya/Chad), Judgment, ICJ Reports 1994, pp.20 - 21, para.41.

④ 参见 Weeramantry J. Romes, *Treaty Interpretation in Investment Arbitration*, Oxford University Press, 2012; Todd Weiler, *The Interpretation of International Investment Law*, Martinus Nijhoff Publishers, 2013；张生：《国际投资仲裁中的条约解释研究》，法律出版社 2016 年版。

⑤ 中国政府为被告的案件：*Ekran Berhad v. China*, ICSID Case No.ARB/11/15(2013 年 5 月 16 日中止)；*Ansumg Housing Co. Ltd. v. China*, ICSID Case No.ARB/14/25(2017 年 3 月 9 日根据初步异议程序裁决中方胜诉)；*Hela Schwarz GmbH v. China*, ICSID Case No.ARB/17/19(在审)；中国公民或法人为原告的案件：*Tza Yap Shum v. Peru*, ICSID Case No.ARB/07/6(2011 年 7 月 7 日裁决原告胜诉，2015 年 2 月 12 日驳回撤销之诉)；*Standard Chartered Bank (Hong Kong) Limited v. Tanzania Electric Supply Company Limited*, ICSID Case No.ARB/10/20(2016 年 9 月 12 日裁决原告胜诉)；*Ping An Life Insurance Company of China, Limited v. Belgium*, ICSID Case No.ARB/12/29(2015 年 4 月 30 日裁决原告败诉)；(转下页)

本文首先扼要评介 ICSID 仲裁的条约解释及其研究，然后着重评析 ICSID 仲裁所适用的条约解释规则及其判理，最后结合中国参与 ICSID 仲裁案的经验教训，从条约解释的角度对中国应对 ICSID 仲裁有所建言。

一、ICSID 仲裁的条约解释及其研究

ICSID 根据 1965 年《关于解决各国与其他国家的国民之间的投资争端的公约》(以下简称 ICSID 公约)①成立，负责处理 ISDS 案件。自 1972 年以来已受理 693 起仲裁案。②在二十世纪七十、八十年代，ICSID 运行初期，有关仲裁裁决涉及条约解释，并未提及任何解释规则。③1990 年"AAPL 诉斯里兰卡案"裁决对英国与斯里兰卡《双边投资协定》(以下简称 BIT)进行解释时，"依照在实践中已确立，由国际法学会 1956 年大会充分形成并由 VCLT 第 31 条编纂的，公认的条约解释规则"。④从时间上看，这早于 ICJ"关于 1989 年 7 月 31 日仲裁案"(1991 年)第一次明确援引 VCLT 第三十一条和第三十二条的条约解释规则时指出"也许在许多方面，这可视为对已有习惯国际法的编纂"⑤。

"领土争端案"之后，ICSID 的一些裁决也开始明确所援引的 VCLT 条约解释规则为习惯国际法。比如，有的仲裁庭在解释《北美自由贸易协定》(以下简称 NAFTA)时认为："在习惯国际法中发现的解释规则要求我们首先关注有待解读的条款之实际用语。缔约方达成该条约任何特定款项时之目的及宗旨，应首先通过缔约方在该款项中的用语予以发现。……NAFTA 的某一章特定款项的解读不仅

(接上页)*Beijing Urban Construction Group Co. Ltd. v. Yemen*, ICSID Case No.ARB/14/30(2018 年 1 月 29 日当事方同意中止)；*Standard Chartered Bank (Hong Kong) Limited v. Tanzania*, ICSID Case No.ARB/15/41(在审)；*Sanum Investments Limited v. Lao*, ICSID Case No.ADHOC/17/1(在审)，参见 https://icsid.worldbank.org/en/Pages/cases/AdvancedSearch.aspx[2018-07-26]。

① The Convention on the Settlement of Investment Disputes between States and Nationals of Other States. 英文本载于 ICSID Convention, Regulations and Rules(2006)。中文本参见陈安主编：《国际投资争端仲裁》，复旦大学出版社 2001 年版，第 569—587 页。下文引用该公约，出处略。

② 参见 ICSID 官网：https://icsid.worldbank.org/en/Pages/cases/searchcases.aspx[2018-07-26]。以下访问时间同，略。ICSID 受理的第一起仲裁案是 *Holiday Inns S.A. and others v. Moroco*, ICSID Case No.ARB/72/1. ICSID 公开的英文仲裁文书(最终裁决、管辖权裁决、初步异议或撤销决定)共 160 余份。有学者曾研究包括 ICSID 在内公布的 258 份 ISDS 裁决(未说明是否均为英文)，The Interpretation of International Investment Law, p.27。

③ 比如，*MINE v. Guinea*, Case ARB/84/4, Award, 6 January 1988, para.4.05，认为应依据涉案条约的宗旨及目的进行解释。

④ *AAPL and. Sri Lanka*, Case No.ARB/87/3, Award, 27 June 1990, para.38.

⑤ *Arbitral Award of 31 July 1989*, Judgment, ICJ Reports 1991, p.70, para.48.

需要结合其他款项，而且应置于整个协定的结构上下文中，条约解释者才能确定和理解这三个主权国家缔约时真实范围与内容。”[①]近十年来，含有条约解释的 ICSID 裁决大多集中于涉案 BIT 的解释，[②]不少明确认定 VCLT 条约解释规则为习惯国际法。[③]但是，ICSID 仲裁庭的成员不一，各自独立裁决，不受制于任何其他机构，因而在条约解释方面也不无各行其是。有的仲裁庭不适用 VCLT 的解释规则。比如，有裁决认为涉案条约“应依缔约方的共同意图加以解释。如该意图无法确定，则应依如同缔约方那样的理性人在同样情况下将给予的含义加以解释”[④]。这显然与基于约文解释的 VCLT 规则大相径庭。有的裁决援引了 VCLT 第三十一条

---

① *ADF Group Inc. v. USA*, ICSID Case No.ARB(AF)/00/1, Award, 9 January 2003, paras.147 - 149. 该裁决脚注 153 援引了 VCLT 第 31 条和第 32 条。

② 比如，*Apotex v. USA*, ICSID Case No.ARB 12/1, Award, 25 August 2014, para.9.70, para.7.1，援引 VCLT 第 31 条解释牙买加—美国 BIT，但对 NAFTA 的解释未援引 VCLT；*Emmis et al. v. Hungary*, ICSID Case No.ARB/12/2, Award, 16 April 2014, para.159，援引 VCLT 第 31 条第 1 款解释匈牙利与荷兰、瑞士 BIT；*Mr. Franck Charles Arif v. Moldova*, ICSID Case No.ARB/11/23, Award, 8 Aril 2013, paras. 387 - 392，援引 VCLT 第 31 条第 1 款解释法国—摩尔多瓦 BIT；*Fraport AG Frankfurt Airport Services Worldwide v. Philippines*, ICSID Case No.ARB/11/12, Award, 10 December 2014, paras.323 - 329，援引 VCLT 第 31 条第 1 款和第 2 款解释德国—菲律宾 BIT；*Renee Rose Levy and Gremcitel S.A. v. Peru*, ICSID Case No.ARB/11/17, Award, 9 January 2015, para.142, para.165，援引 VCLT 第 31 条第 1 款和第 33 条解释法国—秘鲁 BIT；*Rafat Ali Rizvi v. Indonesia*, ICSID Case No.ARB/11/13, Award, 16 July 2013, para.41, para.64, paras.130 - 133，援引 ICJ“领土争端案”及 VCLT 第 31 条至第 33 条解释英国—印尼 BIT；*Ömer Dede and Serdar Elhüseyni v. Romania*, ICSID Case No.ARB/10/2, Award, 5 September 2013, para. 197，援引 VCLT 第 31 条解释土耳其—罗马尼亚 BIT；*Marion Unglabe and Reinhard Unglaube v. Costa Rica*, ICSID Case No.ARB/08/1, 09/20, Award, 16 May 2012, para.31，援引 VCLT 第 31 条解释德国与哥斯达黎加 BIT；*Global Trading Resource Corp. v. Ukraine*, ICSID Case No.ARB/08/1, 09/11, Award, 1 December 2010, paras.47 - 51，援引 VCLT 第 31 条和第 32 条解释美国—乌克兰 BIT；*Murphy International v. Ecuador*, ICSID Case No.ARB/08/4, Award, 15 December 2010, para.71，援引 VCLT 第 31 条解释美国—厄瓜多尔 BIT；*SGS v. Paraguay*, ICSID Case No.ARB/07/29, Award, 15 December 2010, para.90，援引 VCLT 第 31 条解释瑞士—巴拉圭 BIT；*Impregilo S.p.A. v. Argentine*, ICSID Case No.ARB/07/17, Award, 21 June 2011, paras.86 - 90 援引 VCLT 第 31 条解释意大利—阿根廷 BIT；*Alphy Projecktholding GMBH v. Ukraine*, ICSID Case No.ARB/07/16, Award, 8 November 2010，援引 VCLT 第 31 条和第 32 条解释奥地利—乌克兰 BIT，并援引 ICSID 以前相关裁决，paras.221 - 224。

③ 比如，*Wintershall Aktiengesellschaft v. Argentine*, ICSID Case No. ARB/04/14, Award, 8 December 2008, paras.76 - 77；*Cargill, Inc. v. Mexico*, ICSID Case No.ARB 05/2, Award, 18 September 2009, para.134；*KT Asia Investment Group B.V v. Kazakhstan*, ICSID Case No.ARB 09/8, Award, 17 October 2013, para.86, paras.115 - 119, para.122, para.165；*Daimler Financial Services AG v. Argentine*, ICSID Case No.ARB 05/1, Award, 22 August 2012, paras.160 - 178. 该案裁决对 VCLT 条约解释规则的习惯国际法地位作了较详细的论述。

④ *Joseph Charles Lemire v. Ukraine*, ICSID Case No.ARB/98/1, Award, 18 September 2000, paras. 22 - 23. 类似的裁决，*Banro American Resources, Inc. and Société Aurifère du Kivu et du Maniema S.A.R.L.v. Congo*, ICSID Case No.ARB/98/7, Award, 1 September 2000, para.6。

第一款解释通则，却又采用不同于该通则的约文解释方法，认为涉案条约应以“目的论方法”(teleological approach)加以解释。①也有裁决解释涉案条约而未提及任何解释规则或原则。②

尽管由于 ICSID 仲裁庭的各自独立性，因而条约解释的实践也不尽一致，但是，对 ICSID 仲裁裁决的系统研究，可以发现将 VCLT 解释规则作为仲裁中条约解释的可适用法，已成为 ICSID 仲裁的主流。ICSID 第四十二条第一款规定仲裁庭首先应依据当事人双方事先协议的可适用法，如无此类协议，则可适用包括“国际法规则”在内的法律。③这是 ICSID 仲裁适用作为“国际法规则”的 VCLT 解释规则之条约依据。

目前国内外较系统研究 ICSID 仲裁实践的条约解释的论著，有的对 VCLT 条约解释规则的适用做了较系统的研究，但是缺乏典型案例的分析，④有的冠以《国际投资法的解释》，与其说是研究适用 VCLT 条约解释规则，不如说从历史角度阐述国际投资法上的各种待遇问题；⑤也有的研究 VCLT 以外的条约解释规则为主，与 ICSID 仲裁的条约解释实践不尽吻合。⑥本文尝试依据对 ICSID 英文裁决文书较系统的初步研读，择取典型案例，力图对 ICSID 仲裁实践适用条约解释规则的情况，做出较客观的评析。

---

① *Malaysian Historical Salvors SDM, BHD v. Malaysia*, ICSID Case No.ARB/05/10, Award, 17 May 2007, paras.65 - 68.

② 比如，*Bayview Irrigation District et al. v. Mexico*, ICSID Case No.ARB(AF)/05/1, Award, 19 June 2007, paras.105 - 108。该裁决解释 NAFTA 第 1139 条项下投资的含义，未提及任何解释规则。

③ ICSID 公约第 42 条：“仲裁庭应依据当事人双方协议的法律规范处断争端。如无此种协议，仲裁庭应适用作为争端当事国的缔约国的法律(包括它的法律冲突规范)以及可以适用的国际法规则。”

④ 比如，前引 Treaty Interpretation in Investment Arbitrastion。该书除了结合投资仲裁案例概述条约解释的历史和背景及一般规则(1—5 章)，对投资仲裁的条约解释(第 6 章)依次讨论 APP 规则、未适用公约规则、有关同意仲裁的单方声明、伞形条款、最惠国条款、准备工作的披露、解释投资协定中亲投资者倾向、限制解释、仲裁前等候期和解释沉默，等等。全书缺乏对典型案例的分析，使得读者难以了解投资仲裁庭适用 VCLT 解释规则的缘由和推理过程。

⑤ 前引 The Interpretation of International Investment Law。该书的主题是在历史背景中理解国际投资法相关待遇的平等性、歧视性和最低标准问题，包括国际投资法的基本规范；历史分析与国际投资法的解释；历史背景中的保护与安全标准；文明标准前后的保护与安全；公平公正待遇的真实故事；公平公正待遇对外国人最低待遇的习惯国际法；公平公正待遇与专横或歧视措施；1948 年之前不低于优惠标准的待遇发展；不低于优惠待遇与国际投资法。

⑥ 前引《国际投资仲裁中的条约解释研究》一书主要包括国际投资仲裁中的条约解释概论(第 2 章)，国际投资仲裁中条约解释的原则(第 3 章，包括善意解释、限制性解释、有效解释、合理期待、和谐解释等原则)、VCLT 在国际投资仲裁中条约解释方面的适用(第 4 章)、国际投资仲裁中条约解释方面的问题及原因探析(第 5 章)和国际投资仲裁中条约解释的完善及中国投资条约的条约解释的完善(第 6—7 章)。

二、ICSID 仲裁所适用的条约解释规则及其判理

从 ICSID 仲裁适用的条约解释规则看,以 VCLT 第三十一条至第三十三条的解释规则为主,其他解释原则或规则为辅。通常,最初适用某一或某些条约解释规则,澄清涉案条约的 ICSID 仲裁裁决包含的解释"判理"(jurisprudence),对以后 ICSID 类似仲裁起到指导作用。"判理"用语出自罗马法的经典文献,原意是关于正义和不正义的学说。[①]在国际裁判实践中,该用语通常指对嗣后裁判具有指导意义的法理,譬如,ICJ 在"柏威夏寺案"(初步裁决)强调:"本法院必须适用其常用的解释规则,即,首先根据本法院确立的判理,用语应依其出现的上下文中之自然与通常含义加以解释。"[②]ICJ 除了对其判案可适用法的条约进行解释,或对业已存在的习惯国际法作出"表态",[③]从不将自己的判理视为法律。这恐怕是沿袭了大陆法系的做法,即判例本身不是法律,而是判理。法国著名比较法学家勒内・达维德(René David)曾高度概括了大陆法系国家中的判例性质:"站在原则的立场上,我们认为法官们不把自己变成立法者是重要的。这就是罗马日耳曼法系各国人们所孜孜以求的:我们认为在这些国家说判例不是法源这种提法是不正确的,但如果改正一下,说判例不是'法律规范'的来源,那就表达了真理了。"[④]这一概括用于判理,再恰当不过了。

(一) ICSID 仲裁所适用的 VCLT 解释规则及其判理

1. 基于约文解释的 VCLT 第三十一条第一款解释通则及其判理

约文解释是 VCLT 第三十一条第一款解释通则的核心。国际法委员会关于 VCLT 的评注明确指出:约文解释"强调约文首先作为条约解释之基础,同时也重视缔约方意图之外部证据以及条约之目的及宗旨作为解释的方法。"[⑤]

---

① *Iuris prudentia* 及其阐释,参见[古罗马]优士丁尼:《法学阶梯》,徐国栋译,中国政法大学出版社 1999 年版,第 10 页。另参见 *The Institutes of Justinian*, Claredon Press 1913, p.3。

② *Temple of Preah Vihear* (Cambodia/Thailand), Preliminary Objections, ICJ Reports 1961, p.32.

③ 参见 *International Court of Justice, Digest of Judgments and Advisaory Opinions, Cannon and Case Law 1946–2012*, Edited by Guenther Dahlhoff, Martnius Nijhoff Publishers, 2012, p.1784。该书系统地整理国际法院判决或咨询意见中有关习惯国际法的"表态"(pronouncement)。

④ [法]勒内・达维德著:《当代主要法律体系》,漆竹生译,上海译文出版社 1984 年版,第 127—128 页。

⑤ ILC, Draft Articles on the Law of Treaties with commentaries, *Yearbook of the International Law Commission*, 1966, Vol. II, p.218, para. (2).

(1)“AAPL 诉斯里兰卡案”所适用的解释规则及其判理

1990 年“AAPL 诉斯里兰卡案”①是最早明确援引 VCLT 解释规则的 ICSID 裁决。该案裁决指出:“这是 ICSID 受理的第一起仲裁案完全要求依据条约款项而非争端的当事方自行达成仲裁协议选择可适用法。……更具体而言,在直接依据两国间国际义务的履行,以保护其各自国民在另一缔约国域内投资而提起的仲裁案件这样的上下文中,无法适用 ICSID 公约第四十二条第一句所规定事先的法律选择。”②因此,在当事双方没有事先仲裁条款约定的可适用法时,该案仲裁庭必须对涉案 BIT 进行一定的解释,并认为 BIT 不是“限于提供可直接适用的实体法的自我封闭的法律制度,而是不得不面对宽泛的司法背景,在其中通过融合的方法整合来自某渊源的规则,或通过直接参照某些补充性规则,而不论其具有国际法特点或国内法性质”③。这包括习惯国际法。换言之,即使该案以 BIT 为可适用法,也不排除适用包括习惯国际法在内补充性规则来解释 BIT。该案裁决指出:双方对 BIT 的可适用性没有异议,但对该条约的解读,却采用根本不同的解释方式。“因此,本庭首要任务在于依照在实践中已确立,由国际法学会 1956 年大会充分形成并由 VCLT 第三十一条编纂的,公认的条约解释规则,通过提示何谓该条约相关款项的真正解读,裁定本案有关争议。”④这是该案适用 VCLT 解释规则的缘由。

该案适用的条约解释规则多数在 VCLT 解释通则的意义上加以阐述,如:“条约不应偏离语言的通常用法,除非有很强的理由说明该用语仅旨在表达某思想;因此,某表示的真实意义就是其习惯的普通用法所含观念。”⑤这实际上是 VCLT 第三十一条第一款包含的解释规则。又如:“除了‘整体的上下文’、‘目的及意图’、‘精神’、‘宗旨’和‘将条约作为整体的全面解读’,还要求助于国际法规则与原则,在条约解释过程中作为必要因素提供指导。”⑥该规则还以 VCLT 第三十一条第三款(c)项为佐证。再如:“作为所有法律体系中的解释法则,解决争端的最好办法是必须解释某条款使之具有意义而非剥夺其意义。这只是适用更加广泛的一项‘有效’(effec-

① 前引 *AAPL and Sri Lanka*, Award。本案原告亚洲农产品公司(AAPL,香港公司)就其在斯里兰卡投资的农场因斯里兰卡安全部队的军事行动而遭受财产损失,依据涉案 BIT,于 1987 年 7 月向 ICSID 提起仲裁,主张斯里兰卡负有该 BIT 提供充分保护与安全的义务,对其投资损失给予足够补偿。本案的条约解释问题包括:其一,该 BIT 下充分保护与安全的含义;其二,由此引起正当谨慎责任与严格或绝对责任之争。

② 前引 *AAPL and Sri Lanka*, Award, paras.18 - 19。

③ Ibid., para.21.

④ Ibid., para.38.

⑤ Ibid., para.40-Rule(B).

⑥ Ibid., para.40-Rule(D).

tiveness)法律原则,倾向于要求解释使得每一项条约规定'有效'(*effet utile*)。"[①]在国际裁判实践中,有效解释也曾被认为是 VCLT 解释通则的必然延伸。[②]在该仲裁庭看来,这些都是由 VCLT"编纂的,公认的条约解释规则"。

该案裁决将这些条约解释规则适用于涉案 BIT 的解释,明显基于约文解释。比如,该裁决指出:涉案 BIT 第二条第二款的用语"应享有充分保护与安全",须依据"习惯的普通用法所含观念",即"自然及显见的意义"和"公平的意义"加以解释。事实上,自十九世纪六十年代,许多 BITs 鼓励各自国民在另一缔约国从事经济活动,采用了类似用语。"没有任何案件假定东道国所提供给另一缔约国国民的'充分保护与安全'的义务被解读为绝对的义务,即,保证将没有任何损害,任何违反即自动引起东道国的'严格责任'。"[③]国际裁判的判理明确东道国依据国际法负有提供"充分保护与安全"的义务,其用语的自然及通常意义并无"严格责任"的含义。"在本仲裁庭看来,添加'持久'或'充分'的用语以强化所要求的'保护与安全'标准,可正当地理解为缔约方旨在要求在其条约关系中实施高于一般国际法上'最低标准'的'正当谨慎'标准。但是,两者的义务及其责任的性质并未变化,因为增加的'持久'或'充分'用语本身并不足以确立缔约方旨在将其相互的义务转变为'严格责任'。"[④]

该案裁决还认为,如果将涉案 BIT 第二条第二款下"充分保护与安全"解释为具有"严格责任"的含义,那么该 BIT 第四条的例外就没有必要,因为"严格责任"实际上不允许这些例外。这样的解释与有效原则相悖。也就是说,至少在本案,涉案 BIRT 第四条属于第二条第二款下"充分保护与安全"的例外,两者相辅相成。从该条约的每一条款应有其作用或效果的角度看,如将该第二条第二款解释为"严格责任",如何理解第四条的例外起到什么作用或效果呢? 这一有效解释是否定"严格责任"的解释之强有力佐证。

"AAPL 诉斯里兰卡案"是通过涉案 BIT 的解释澄清东道国承担对外国投资"充分保护与安全"的义务,认定该义务具有"正当谨慎"而非"严格责任"的含义,从而解决本案争端。这对于嗣后类似投资争端解决具有十分重要的判理作用。应该看到,虽然该案裁决明确援引 VCLT 第三十一条解释通则,但并不循规蹈矩,比较严格地依据该通则解释涉案条约。也就是说,ICSID 仲裁庭认为具有完全的自主权决定条约解释的可适用规则。这也是 ICSID 仲裁的条约解释特点。各个临时仲裁庭在 ICSID

---

① 前引 *AAPL and Sri Lanka*, Award, para.40-Rule(E)。

② 有关 ICSID 仲裁中的有效解释及其争论,参见张乃根:《ICSID 仲裁中的有效解释原则:溯源、适用及其略比》,《武大国际法评论》2017 年第 1 期,第 103 页。

③ 前引 *AAPL and Sri Lanka*, Award, para.48。

④ Ibid., para.50.

公约无明文规定条约解释的规则这种情况下，酌定采用其认为合适的解释规则。当然，在作为与一般国际法密切相关的条约解释方面，正如该案仲裁庭首先考虑的是VCLT解释通则，即便当时ICJ还没有明确援引该通则。

(2)“WA诉阿根廷案”和“DFS诉阿根廷案”所适用的解释规则及其判理

A.“WA诉阿根廷案”

2008年“WA诉阿根廷案”①是2001年之后外国投资者向ICSID诉告阿根廷的数十起投资争端②中较全面适用VCLT解释规则解释涉案BIT的典型案例。该案仲裁庭认为：对本案管辖权的初步异议首先涉及“依据VCLT解释阿根廷与德国BIT的文本。……条约解释的法律已被编纂，……本仲裁庭对包括BITs在内的涉案条约的解释必须适用VCLT，不仅本案双方的国家均为VCLT缔约国，而且更重要的是ICJ已明确VCLT确认的解释规则反映了这方面习惯国际法”③。然后，该案仲裁庭阐明对VCLT解释规则的理解：第一，所有的条约解释起点是阐释约文的意义，而非依据缔约准备工作，先对缔约方的意图作单独的调查。这表明本案仲裁庭赞同解释的约文在先，而非探究缔约目的在先；第二，条约用语应给予有效解释，由此强调国际裁判机构的责任是解释而不是修改条约，也就是要忠实于约文，以期澄清其意义。

依据其所理解的条约解释规则，该案仲裁庭解释阿根廷与德国BIT第十条第二款“以上第一款下的任何争端如在6个月内不能解决，……应向投资所在缔约国拥有管辖权的法院提起解决”，认为该条款的“应”(shall)用语表明这是“义务”而非任择。“在条约的术语中，用语‘应’意味着所规定的具有法律拘束力。”④从该第十条的上下文看，每一款是互相关联的：(1)任何缔约国与另一缔约国国民在该BIT下投资而引起任何争端，如可能应由当事方友好解决；(2)以上任何争端如在6个月内不能解决，应向投资所在缔约国拥有管辖权的法院提起解决；(3)该争端可提交国际仲裁，如遇如下情况：(A)第二款下司法程序启动之日起18个月内未能解决该案是非曲直，根据任何一方要求；(B)双方同意：(4)在前款程序中，争端双方应根据协议递交ICSID或

---

① *Wintershall Aktiengesellschaft v. Argentine*, ICSID Case No.ARB/04/14, Award, 8 December 2008，德国公司Wintershall Aktiengesellshaft(Wintershall)及其在阿根廷的子公司Wintershall Energia S.A.简称WA。2003年，WA向ICSID诉告阿根廷政府违反其与德国BIT，损害了该公司在阿根廷的投资利益。本案争议首要在于仲裁庭对此案有无管辖权。阿根廷提出异议，其一，依据该BIT第10条(2)款，WA应向阿根廷有关法院起诉，并应有18个月的等待期；其二，WA不可依据该BIT第3条最惠国条款，因为该条款不适用于该第10条。阿根廷辩称，如可适用，则第10条就成为无效，这不符合条约解释的有效原则。

② 自*Enron Creditors v. Argentina*, ICSID Case No.ARB/01/3(pending)起，迄今已有54起诉告阿根廷政府的案件。https://icsid.worldbank.org/en/Pages/cases/searchcases.aspx.

③ 前引*Wintershall Aktiengesellschaft v. Argentine*, paras.75－77。

④ Ibid., para.119.

联合国国际贸易法委员会(以下简称UNCITRL)临时仲裁庭仲裁;如在任何一方启动仲裁程序后3个月内未达成协议,争端应由ICSID受理,否则,由上述临时仲裁庭受理;(5)仲裁庭应依据本条约与其他有效协议裁决;(6)每一方应履行仲裁裁决。根据整体解读上述条款,该案仲裁庭认为:涉案BIT下ICSID仲裁是在所规定的"情况"(event),亦即,穷尽当地救济之后发生的。"该BIT第十条的用语是明白的,即,投资者首先向阿根廷有关法院起诉,18个月加3个月的等待期之后,然后才可提起ICSID仲裁。"①尽管当时阿根廷与其他国家签订的58项BITs,涉案BIT是少数含有穷尽当地救济条款的,但是,该案仲裁庭强调该BIT必须依照VCLT解释规则,且在缺少任何缔约准备工作或其他证据说明为何缔约国纳入该条款的情况下,只有一点是可以确定的,即,这是双方缔约国的意愿。

该案仲裁庭进一步解释:该第十条规定了不同的两个要求,其一,第十条第一款要求如有可能由双方友好解决;其二,第十条第二款则采用了"强制义务"的用语。根据涉案BIT的序言,缔约国旨在加强双方的经济合作,为一国国民和公司在另一国的投资提供优惠条件,"以本协定为基础"促进此类投资。"毫无疑问,促进和保护投资是BIT之目的或宗旨,但是,在阿根廷与德国BIT中,该促进和保护'以协议为基础',也就是以BIT这一条约为基础。这不可能排除该第十条第二款。如该目的及宗旨对直接诉诸ICSID仲裁没有什么限制,那么第十条第二款就是多余的。"②因此,参照条约目的及宗旨,并对该第十条第二款作有效解释,进一步强化了上述约文解释。

"WA诉阿根廷案"的解释判理对此后类似仲裁起到了指导作用。比如,2012年"DFS诉阿根廷案"③与前案所涉同一BIT,且争议的条款也相同。该案仲裁庭指出:两者均为主权国家间缔结的国际条约,"因而都应依据体现于VCLT第三十一条至第三十三条的国际公法上条约解释惯例来解释。"④

B. "DFS诉阿根廷案"

涉案BIT第十条规定投资者与国家之间争端的国际解决,其第三条和第四条规定最惠国待遇(以下简称MFN)。该案仲裁庭表示将依照VCLT第三十一条和第三十二条予以解释。其一,关于该第十条的解释,该仲裁庭根据该条款的用语"应"(shall)的通常意义,并同意"WA诉阿根廷案"的解释判理,认定这具有强制性。该第

---

① 前引*Wintershall Aktiengesellschaft v. Argentine*, para.127。

② Ibid., para.155.

③ *Daimler Financial Services AG v. Argentine*, ICSID Case No.ARB 05/1, Award, 22 August 2012. DFS是一家德国金融服务公司,依据德国与阿根廷BIT,向ICSID提起仲裁。本案涉及ICSID公约第25条(管辖权)和涉案BIT相关条款的解释。

④ 前引*Wintershall Aktiengesellschaft v. Argentine*, para.46。

十条第一款至第四款规定了严格的先后适用顺序，表明缔约国的意图在于使争端解决程序的每一先后步骤都非常清楚。根据第十条第三款，如将争端提交国际仲裁，则应在提交国内法院之日起满 18 个月，或经争端双方同意。

然而，涉案 BIT 的 MFN 条款是否适用第十条？该仲裁庭以“何时可在国际仲裁庭提出 MFN 主张”为切入点，分析适用的“时间性”。根据涉案 BIT 第十条，18 个月的等候期构成了东道国同意此类国际仲裁的前提条件。在该仲裁庭看来，在 18 个月内，投资者不可诉诸国际仲裁，因而也不可援引 MFN 条款，因而此时，国际仲裁庭对基于 MFN 条款的起诉也没有管辖权。但是，18 个月之后，一旦投资者诉诸国际仲裁庭，就可以援引 MFN 条款。实际上，本案争议起因于原告欲绕过第十条的 18 个月限制条件，通过援引第三条有关 MFN 条款，直接诉诸 ICSID。

该案仲裁庭有关 MFN 条款的解释，不同于“WA 诉阿根廷案”通过该 BIT 有关 MFN 待遇的第三条议定书第二款对“活动”(activity)解释，将之扩展到投资争端解决。该第三条议定书第二款规定：“第三条第二款意义下的‘活动’应包括，但不限于投资的惯例、使用、享有和处置。……”该仲裁庭认为，根据该款规定，首先，该议定书提示了对涉案 BIT 第三条的适当解释，因为其非穷尽性，但列举说明了“活动”这一用语的潜在意义。这使得有必要在该议定书相关部分的连接中解释该第三条。其次，第三条和第四条第四款及该议定书都采用了“待遇”，尽管均未明确界定。“这需要本仲裁庭依其上下文并参照条约目的及宗旨，善意确定之。”①第三、第四条第四款的 MFN 条款仅适用于第四条提及的特定待遇标准。可是，第三条的适用却不包括这样的限制。第三条的用语是“待遇”“活动”“不低于”。可以说，第三条是一般的 MFN 条款，而第四条第四款则是比较具体的 MFN 条款。“在这个意义上，第三条依其本身用语来解释，也可以宽泛到足以涵盖第四条所列的实体保护，由此证明有必要澄清这两条之间的关系。”②

该仲裁庭回顾了有关国际裁判的判理和 ILC 有关 MFN 条款草案的评注，强调 MFN 仅适用同一事项。这本身完全符合一般国际法，问题在于涉案 BIT 的 MFN 条款是否涵盖国际争端解决程序的事项。“WA 诉阿根廷案”仲裁庭认为第四条已明列适用 MFN 的事项，并不包括争端解决，因而 MFN 条款不延及第十条。

“DFS 诉阿根廷案”对涉案 BIT 的 MFN 条款和第十条的关系所作解释思路是：其一，关于“待遇”的解释。该仲裁庭认为涉案 BIT 及其议定书在五项不同条款 13 次使用了“待遇”一词，于是，首先从一般意义上解读该用词，自然这是无所不包的。其

① 前引 *Wintershall Aktiengesellschaft v. Argentine*，para.208。

② Ibid.，para.210.

次，该仲裁庭根据“时代性”（contemporaneity）原则解释涉案 BIT“待遇”一词的含义，从该 BIT 于 1991 年缔结时国际社会对该词的一般用法。“两个缔约国在达成该 BIT 时可能是指东道国对投资的直接待遇，而不涉及由投资引起的国际仲裁的行为。这虽与本案原告的立场相反，但这还不足以具有决定性。”①其二，关于“在其领土”的解释。该仲裁庭根据涉案 BIT 的 MFN 地域范围“在其领土”的规定，指出，“在东道国国内法院解决投资者与国家的争端构成在其领土发生的活动。”②亦即，将在国内争端解决作为“活动”，并纳入 MFN 的“事项”，尽管涉案 BIT 第十条明文规定在 18 个月等待期，投资者应用尽当地救济，其他第三国投资者也同样如此。该仲裁庭认为脱离“在其领土”的限制条件，不仅有悖 VCLT 解释规则，也会抵触条约解释的有效原则。“因此，本仲裁庭认定该条约明确对 MFN 条款的领土限制范围，说明缔约国无意将在其领土之外的争端解决落入该条款的范围。”③其三，该仲裁庭从涉案 BIT 第三条有关“投资者”与“投资”的区分角度加以解释，认为第四条罗列了三类投资保护的 MFN 待遇，并无这一区别，但并不能构成充分证据，说明 MFN 条款适用于国际争端解决程序。

综上，“DFS 诉阿根廷案”裁决以不同的说理，尤其是对“在其领土”这一适用 MFN 条款的地域限制之解释，最终得出与“WA 诉阿根廷案”关于涉案 BIT 的 MFN 条款不适用于国际仲裁程序的相同结论。相比前案，本案对 VCLT 的解释规则所做阐释更全面，尤其是该仲裁庭强调：在分析涉案 BIT 的 MFN 条款组成部分的含义时，始终牢记该条约之目的及宗旨，正如 VCLT 第三十一条第一款所要求的。尽管没有按照用语、上下文和目的及宗旨的三步骤解释，但是，“本仲裁庭认为 VCLT 以整体方式对待相互关联的各要素来进行条约解释，而采取非分离和先后的步骤。”④这一“整体方式”（holistic approach）的条约解释完全符合 VCLT 的解释规则，堪称典范。

2. “RENCO 诉秘鲁案”对 VCLT 解释规则较全面适用的判理

虽然许多 ICSID 仲裁明确援引 VCLT 的条约解释规则，但是比较具体和全面适用这些规则的典型案例并不多。2016 年“RENCO 诉秘鲁案”⑤属于对 VCLT 解释规则较全面适用的案例。这是一起适用 UNCITRL 仲裁规则的 ICSID 仲裁案件。原告是一家美国公司，诉告秘鲁政府违反与美国于 2006 年签订生效的 BIT。

该案有关管辖权的条约解释涉及该 BIT 第十条第十八款(2)(b)项。该款项规

① 前引 *Wintershall Aktiengesellschaft v. Argentine*，para.224。

② Ibid.，para.227.

③ Ibid.，para.231.

④ Ibid.，para.254.

⑤ *The Renco Group Inc v. Peru*，UNCT/13/1，PARTIAL Award on Jurisdiction，15 July 2016.

定:“根据本节不可提起仲裁诉求,除非:(a)原告书面同意依据本协定下程序;并且(b)该仲裁通知附有(i)根据第十条第十六款(a)项提交仲裁诉求的原告书面放弃;(ii)根据第十条第十六款(b)项提交仲裁诉求的原告及企业书面放弃任何启动或继续依据任何缔约方法律的行政仲裁或法院,或其他争端解决程序,与违反第十条第十六款有关措施的任何程序。”[①]秘鲁政府认为原告的书面弃权不符合该款项规定,因而引起本案管辖权争议。

(1) 第十条第十八款(2)(b)项的下约文解释

该案仲裁庭明确援引 VCLT 第三十一条第一款,并认为:“就解释之目的而言,‘上下文’包括该条约的序言及其附件和 VCLT 第三十一条第二款(a)项、(b)项。而且,本仲裁庭必须一并顾及 VCLT 第三十一条第三款的上下文:(a)当事国嗣后关于条约解释之解释或其规定之适用之任何协议;(b)……”[②]本案仲裁庭的管辖权应以该 BIT 第十条第十八款(2)(b)项为依据。该款项包含了秘鲁接受仲裁的不可谈判之承诺,构成涉案仲裁庭管辖权的先决条件。该款项一再规定的“任何”用语表明投资者的放弃必须是全面的,不允许任何方式的限制;该款项的“任何程序”用语必须解释为涵盖将要启动或继续进行的程序,包括(a)递交仲裁通知之时;(b)该仲裁在待审期间;和/或(c)该仲裁结束之后,无论原告诉求基于管辖权或可审性,或实体问题而被驳回。“本仲裁庭认为从第十条第十八款(2)(b)项的用语‘任何程序’的通常意义看,这一解释是清楚的。该条约的文本没有给原告书面弃权中限制‘程序’的时间范围提供任何根据”。[③]以上解释严格依照 VCLT 第三十一条第一款解释通则所要求的约文在先。

(2) 第十条第十八款(2)(b)项下目的及宗旨解释

该案仲裁庭认为该款项之目的及宗旨在于保护东道国免受对同一事项的多重诉讼,最大限度减少双重补救的风险以及不同法庭或仲裁庭关于事实与法律的裁决不一致性。该款项又被称为“非掉头”(no U turn)结构的弃权,亦即,该款项旨在鼓励投资者在寻求国际仲裁之前试探在东道国法律框架下的可能补救。但是,一旦投资者选择条约下的争端解决,该弃权要求阻止了投资者嗣后再返回国内法院程序,而不论仲裁结果如何。该款项的实质是防止投资者诉诸国际仲裁(启动、待审或审结)之后再“掉头”在东道国法院起诉。这不同于“叉路口”(fork in the road)条款(一旦选择国内争端解决程序,就不可诉诸国际仲裁)。

---

① 前引 *The Renco Group Inc v. Peru*, para.67。

② Ibid., para.69. 其中原文援引 VCLT 第 31 条第 1 款(a)、(b)项,有误,应该是 VCLT 第 31 条第 2 款(a)、(b)项。

③ Ibid., para.83.

第十条第十八款(2)(b)项规定投资者的书面弃权是放弃“任何启动或继续依据任何缔约方法律的行政仲裁或法院,或其他争端解决程序,与违反第十条第十六款有关措施的任何程序”的权利,“该用语必须解释为要求投资者确定地、不可撤回地放弃在国内法院或仲裁庭的提起诉求的所有权利。”①

(3) 第十条第十八款(2)(b)项在相关国际法规则的上下文中解释

针对原告提出应在“相关国际法规则”中解释该款项,并诉称可以通过递交符合该款项的书面弃权而满足管辖权的要求,该仲裁庭认为:“在解释条约时,必须考虑 VCLT 第三十一条第三款(c)项下‘适用于当事国间关系之任何有关国际法规则’。相关国际法规则包括文明国家承认的一般法律原则。而且,国际法院和常设国际法院的判决也是‘确定法律原则之补充资料者’。”②

通过澄清原告所列两个案例,即,常设国际法院“马夫罗马蒂斯在巴勒斯坦的特许案”和 ICJ 克罗地亚诉塞尔维亚“种族灭绝案”管辖权的初步异议判决,本案仲裁庭指出:在这两个案件中,管辖权的瑕疵由于嗣后事件而得以克服,即,在前案中,《洛桑条约》得以批准,在后案中,塞尔维亚的联合国会员国地位得以解决。但是,在本案,原告的书面弃权瑕疵仍未解决。如要解决,原告要么(a)撤回对弃权的保留,要么(b)重新提起国际仲裁,并提交毫无保留的书面弃权。然而,因缺少秘鲁政府的同意而不存在(a)的情况;(b)尚有可能。

由上可见,该仲裁庭将国际司法判决用于确定相关国际法原则(通过嗣后事件弥补管辖权的瑕疵),尽管没有归纳具体的原则,作为上下文解释涉案 BIT 款项的程序要求是否允许嗣后弥补。应指出,对 VCLT 第三十一条第三款(c)项的这一适用不是本案仲裁庭主动做出,而是应对原告诉求而做出的。

(4) 第十条第十八款(2)(b)项的解释相关嗣后协定

对于原告可否提交新的书面弃权而重新启动仲裁,涉案 BIT 缔约国双方认为有关第十条第十八款(2)(b)项的解释,已有嗣后协定,即,本案原告与仲裁庭均不得弥补原先书面弃权的瑕疵,并且,递交有效的书面弃权之日应是启动现有仲裁之日。对此,本案仲裁庭表示:“本仲裁庭虽必须‘考虑’任何缔约国之间在 VCLT 第三十一条第三款(a)项下的任何嗣后协定,但对第十条第十八款的适当解释以及应如何适用于本案则完全是本仲裁庭的任务。”③

根据该仲裁庭的进一步解释,该第十条第十八款规定了秘鲁同意国际仲裁的

---

① 前引 *The Renco Group Inc v. Peru*, para.95。

② Ibid., para.144.

③ Ibid., para.156.

前提条件,即,投资者应递交“非掉头”的书面弃权。就该条件的时间性而言,如果投资者提起仲裁时没有递交符合要求的书面弃权,那么也就意味着未接受秘鲁的要约,因而也就不存在涉案BIT项下的仲裁协议,该仲裁庭也就没有管辖权。如果适用“马夫罗马蒂斯在巴勒斯坦的特许案”的判理,允许投资者单方弥补其书面弃权的瑕疵,该仲裁庭认为:“实际上,这是在没有协议时追溯性地创设了对于当事方而言的仲裁协议。”[①]这显然是不允许的。

可见,该案仲裁庭认为没有任何嗣后协定可适用,并且明确否定作为“确定法律原则之补充资料者”的PCIJ判理在本案的适用性,而是坚持依据涉案BIT有关条款本身的上下文并参照其目的及宗旨解释其具有的通常意义。

(二) ICSID仲裁所适用的其他条约解释规则及其判理

除了上述典型案例及其判理比较有代表性地反映了ICSID仲裁明确适用VCLT解释规则的情况,ICSID仲裁也不乏适用其他条约解释原则或规则的案例,尤其在涉及东道国对外国投资者的公平公正待遇等方面,仲裁庭倾向于采用“合法期望”(legitimate expectation)的解释原则或规则。

比如,2011年“JCL诉乌克兰案”。原告是一家美国公司,诉告乌克兰违反与美国于1996年签署生效的BIT。该案仲裁庭在解释该BIT时虽明确:“该BIT必须如同其他条约依据VCLT规定的原则加以解释”[②],但以本案第一次决定提出的合法期望观念为依据。“该公约第三十一条第一款规定条约用语必须依其‘上下文’解释。为此目的,本案第一次决定援引该BIT序言,确定‘期待公平公正的投资待遇以维护稳定的投资体制……’并得出结论,公平公正待遇与合法期望的观念休戚相关。本案第一次决定进而分析何谓投资者合法期望,并得出结论:在一般层面上,本仲裁庭认定原告有权期望乌克兰对于广播业的管理制度应与透明、公平、合理和没有专横、歧视的实施;更具体而言,原告有合法期望,即,坐落在基辅的广播站可以作为在乌克兰的私人广播业而发展。这些合法期望不是以原告与乌克兰政府的个别谈判为基础,而是代表了任何在广播业的外国投资者可以期待的一般法律愿望。”[③]这一解释看似以VCLT解释规则为准,实际上以“合法期望”的主观预期替代了对涉案条约文本的客观解释。这与条约解释之目的论很接近。

又如,2017年“礼来诉加拿大案”。礼来是一家美国制药公司,根据NAFTA

① 前引*The Renco Group Inc v. Peru*, para.158。

② *Joseph Charles Lemire v. Ukraine*, ICSID Case No.ARB/06/18, Award, 28 March 2000, para.66.

③ Ibid., para.69.

有关投资及知识产权保护规定，诉告加拿大法院以缺少实用性要求认定该公司的两项药品专利无效，构成对在加拿大的制药公司专横、歧视性待遇，实际上非法征用了其在加拿大的投资。

该案仲裁庭关于可适用法的说明包括了 VCLT 第三十一条至第三十二条的解释规则，并强调："对于 NAFTA 的解释，本仲裁庭将参照一般所接受体现于 VCLT 第三十一条至第三十二条的习惯国际法规则。"①该仲裁庭在分析原告诉称加拿大对其专利的无效损害了其依据 NAFTA 下国际承诺和加拿大专利法及已授予专利权的合法期望时，首先指出原告的合法期望以 NAFAT 第 1105 条②为法律依据，且以加拿大专利法关于实用性的标准突然变化为事实依据，由于原告对于突然变化的举证不足，因而其关于合法期望的主张也不成立。"本仲裁庭没有必要，并且也不认定损害原告合法期望可否构成违反 NAFAT 第 1105 条的法律问题。"③在该仲裁庭看来，由于原告的这一诉求以实用性突然变化的事实为前提，因此在该事实证据不足的情况下，条约解释就无从谈起。但是，似乎合法期望本身可否作为条约解释的依据，尚无定论。

接着，该案仲裁庭分析了原告合法期望与加拿大国内法的关系，即，原告在加拿大投资研发药品并获得专利，构成在加拿大的外国投资活动，但是，"本仲裁庭注意到，所有专利权人包括原告，理解其专利会遇到基于该发明未满足一个或数个专利性要求而在法院受到挑战。卷宗表明原告在做出其投资之时，了解加拿大专利法要求专利发明的实用性。……原告期望其专利不会因缺少实用性而无效。可是，这一期望不等于合法期望。"④原因在于作为普通法系的加拿大，该国法院对于专利实用性的判理会发生合理的变化和发展。也就是说，原告获得的专利在嗣后司法审查中可能被判定不符合可获得专利的某些条件而无效。实用性标准并非一成不变。原告诉称加拿大关于实用性标准的突然变化缺少充分证据，其合法期望主张不成立，难以进一步构成 NAFTA 下国际义务的解释依据。

看来，VCLT 解释规则作为条约解释的可适用法，在 ICSID 仲裁实践中早已毫无疑问。在某些案件中，相关的解释规则或原则，比如合法期望的解释等，虽有所体现，但并不充分，或者说，尚未达到替代 VCLT 解释规则的程度。

---

① *Eli Lilly v. Canada*, Case No.UNCT/14/2, Final Award, 16 March 2017, para.107.

② 根据 2001 年 7 月 31 日 NAFTA 自由贸易委员会通知(FTC Note)的有拘束力解释：该第 1105 条(1)款规定对外国投资者的投资给予习惯国际法上的起码标准待遇；"公平公正待遇"和"充分保护与安全"不要求在该起码标准之外的待遇。前引 *Eli Lilly v. Canada*, para.105, footnote 63。

③ Ibid., para.381.

④ Ibid., paras.382 - 384.

三、从条约解释的角度对中国应对 ICSID 仲裁的建议

ICSID 仲裁实践表明对涉案条约的解释是决定仲裁庭裁决的重要因素。中国政府或公民、法人所涉 ICSID 仲裁也不例外。以 2017 年“安顺诉中国案”和 2015 年“平安诉比利时案”为例。这两个案件一胜一败的经验教训,从正反两方面说明条约解释对于 ICSID 仲裁的重要性。

(一)“安顺诉中国案”和“平安诉比利时案”解释判理及启示

1.“安顺诉中国案”:初步异议的快速程序与 MFN

(1) 初步异议快速程序的条约解释

安顺房产有限公司(以下简称安顺)是一家在韩国组建的私人公司,因投资开发高尔夫球场等与中国江苏地方政府发生争议,依据 2007 年生效的中韩 BIT 提起 ICSID 仲裁。中国根据 ICSID 仲裁规则第四十一条第五款,[①]认为安顺的诉求“明显缺乏法律依据”(manifestly without legal merit),请求采取初步异议的快速程序加以审理。尽管这属于程序性范畴,但是,“明显缺乏法律依据”也具有实体问题的性质,且可能与条约解释有关。该案所涉 BIT 第九条第七款的解释。该条款规定:“尽管本条第三款规定,如果从一投资者第一次知悉或应知悉其遭受损失或损害之日起算已过 3 年,则该投资者不可依据该第三款提起国际仲裁。”[②]也就是说,投资者提起国际仲裁的时效为 3 年。该案仲裁庭指出:依据 ICSID 仲裁规则第四十一条第五款的初步异议,应认定安顺的诉求是否“明显缺乏法律依据”,并应参照第一起该第四十一条第五款下初步异议的判例“TGPJ 诉约旦案”[③]关于“明显”的认定判理,由中国举证“清晰、明白地确立其异议,且相对容易认定”[④]。该仲裁庭明确援引了 VCLT 第三十一条第一款解释通则为可适用法,并在认定该案基本事实的基础上,对中韩 BIT 第九条第七款进行解释。

其一,该 3 年期的“起点”(*Dies a Quo*)。该仲裁庭认为:安顺忽视了该第九条第七款的用语“第一次”和“遭受损失或损害”的“普通含义”(plain meaning)。一投

---

① ICSID 仲裁规则第 41 条(5)款:“除非当事方同意采用初步异议的另一快速程序,一当事方可以在仲裁庭成立后 30 日内,并在任何情况下,在该仲裁庭首次开庭前,提出对明显缺乏法律依据的诉求之异议。”译自前引 ICSID Convention, Regulations and Rules(2006)。该条款是 2006 年生效的修改规则新增款项。

② 中韩 BIT 译自 *Ansung Housing Co. Ltd v. China*, ICSID Case No.ARB/14/25, Award, 9 March 2017, para.29。下文对中韩 BIT 有关条款的翻译,出处略。

③ *TGPJ v. Jordan*, ICSID Case No.ARB/07/25, The Decision on Rule 41(5), 12 May 2008.

④ 前引 *TGPJ v. Jordan*, para.88。

资者第一次知悉其遭受损失或损害的事实，不是在充分知悉其损失或损害之日，即使假定可归因于中国政府的违约行为具有持续性，在本案中，当安顺对其投资完全失去信心，这也不能改变其已经第一次知悉其损害之日。"这就是第九条第七款所规定的3年时效的开始之日。"[①]该仲裁庭认定该开始之日为2011年10月之前（当年夏季稍晚和秋季初期）。

其二，该3年期的"结束"（*Dies ad Quem*）。该案仲裁庭认为：根据中韩BIT第九条第七款用语的普通含义，该结束之日应是该投资者请求ICSID仲裁之日。"这一解释步骤并不困难。该第九条第七款指示投资者'第一次知悉或应知悉其遭受损失或损害之日起算已过3年。则不可依据该第三款提起国际仲裁'。"[②]换言之，投资者向ICSID请求仲裁之日，也就选择了该3年时效的结束之日。但是，如果该投资者第一次知悉其损失或损害之日和该结束之日相距超过3年，则意味着超过了可提起ICSID仲裁的3年时效。安顺分别于2014年10月7日、8日向ICSID提交仲裁的电子和书面申请。这两个"结束"之日与"起点"之日（2011年10月之前）相距，均超过3年时效。因此，安顺提起的ICSID仲裁"明显缺少"中韩BIT第九条第七款规定的法律依据。

（2）MFN条款的条约解释

安顺诉称，即使超过了可提起ICSID仲裁的时效，但是，根据中韩BIT第三条MFN条款，可援引不包含此类时效的中国与其他国家BIT，仍有权提起仲裁。中国则辩称该第三条不适用于争端解决。该案仲裁庭适用VCLT解释规则对该第三条进行解释。

中韩BIT第三条第三款规定："各缔约方应在其领土上给予另一缔约方的投资者及其投资和与此类投资相关活动以不低于给予其他缔约方投资者在相同情况下的投资及其相关活动的待遇，此类待遇与第一款界定的投资与商业活动有关，如投资的扩大、经营、惯例、维持、使用、享有和出售或其他处置，包括投资的准入。"该仲裁庭指出：该条款的普通意义并没有将MFN待遇扩展到国家对投资者提起仲裁的同意，尤其没有扩展到中韩BIT第九条第七款有关ISDS仲裁的时效规定。"中韩BIT第九条第七款属于国际法问题，正如中国正确地指出，并且这也反映在国际法委员会关于国家责任条款草案中。……由于本仲裁庭已认定该BIT第三条第三款的MFN条款是清楚的，没有必要进一步考虑其余主张或先前案例关于MFN条款的解释或条约实践。该第三条第三款的普通意义及其解释没有留下任何疑问，

---

① *Ansung Housing Co. Ltd. v. China*, para.113.

② Ibid., para.116.

中国已‘清晰、明白地确立其异议，且相对容易认定’以及证明 MFN 条款不适用于安顺的替代诉求。”①

(3)“安顺诉中国案”的胜诉经验

自第一起 ICSID 仲裁规则第四十一条第五款下初步异议的“TGPJ 诉约旦案”以来，全部支持初步异议的案例较少。②“安顺诉中国案”之所以裁决中国初步异议全部成立，除了安顺提起 ICSID 仲裁与中韩 BIT 第九条第七款的 3 年时效规定明显不符，中国对该第九条第七款以及第三条 MFN 条款的解释主张，符合条约解释规则，得到仲裁庭的肯定，也是非常重要的原因。根据对“安顺诉中国案”在内近年来该第四十一条第五款下初步异议的案例所援引的判理来看，有关“明显缺少法律依据”的解释以及初步异议的成功之处主要为：第一，无论从“明显”用语本身的通常意义，还是从第四十一条第五款的特殊程序看，只有在“显而易见”的情况下才能适用之；第二，在认定“缺乏法律依据”时，原则上仅审查“法律上”问题，但必要时应考虑相关的确凿事实；第三，初步异议的主张必须清楚、明显、容易认定；第四，提出

① 前引 *Ansung Housing Co. Ltd v. China*, paras.138–140。

② 迄今 ICSID 仲裁规则第 41 条(5)款下初步异议的案件：*TGPJ v. Jordan*, ICSID Case No. ARB/07/25, 12 May 2008(部分支持)；*Railroad Development Corporation v. Guatemala*, ARB/07/23, 17 November 2008(全部驳回)；*Brandes Investment Partners, LP Bolivarian v. Venezuela*, ARB/08/3, 2 February 2009(全部驳回)；*Pac Rim Cayman LLC v. Salvador*, ARB/09/12, 2 August 2010(全部驳回)；*Global Trading Resource Corp v. Ukraine*, ARB/09/11, 1 December 2010(全部支持)；*Rachel S. Grynberg, etc. v. Grenada*, ARB/10/6, 10 December 2010(全部支持)；*Rafat Ali Rizvi v. Indonesia*, 4 April 2012, ARB/1/13(未公开)；*Accession Mezzanine Capital L.P. and Danubius Kereskedöház Vagyonkezelö Zrt. v. Hungary*, ARB/12/2. 11 March 2013(部分支持)；*Emmis International Holding, B.V., etc. v. Hungary*, ARB/12/2, 11 March 2013(部分支持)；*Pan American Energy LLC v. Bolivia*, ARB/10/8, 26 April 2013(未公开)；*Vattenfall AB and others v. Germany*, ARB.12/12, 2 July 2013(未公开)；*Mobile Tele Systems OJSC v. Uzbekistan*, ARB(AF)/12/7, 14 November 2013(未公开)；*Lundin Tunisia B. V. v. Tunisia*, ARB12/30, 6 January 2014(未公开)；*Elsamex, S.A. v. Honduras*, ARB/09/4, 7 January 2014(全部驳回)；*Edenred SA v. Hungary*, ARB/13/21, 6 June 2014(未公开)；*Ioan Micula, Viorel Micula and others v. Romania*-Annulment Proceeding, ARB/05/20, 25 June 2014(未公开)；*PNG Sustainable Development Program Ltd. v. Papua New Guinea*, ARB/13/33, 28 October 2014(全部驳回)；*MOL Hungarian Oil And Gas Company PLC v. Croatia*, ARB/13/32, 2 December 2014(全部驳回)；*CEAC Holdings Limited v. Montenegro*, ARB/14/8, 27 January 2015(未公开)；*Transglobal Green Energy, LLC and Transglobal Green Panama, S.A. v. Panama*, ARB/13/28, 17 March 2015(全部驳回)；*Elektrogospodarstvo Slovenije-razvoj in inzeniring d.o.o. v. Bosnia and Herzegovina*, ARB/14/13, 3 November 2015(未公开)；*Álvarez y Marín Corporación S.A. and others v. Panama*, ARB/15/14, 27 January 2016(全部驳回)；*Venoklim Holding B.V. Bolivarian v. Venezuela*, ARB/12/22, 8 March 2016(全部驳回)；*Mathias Kruck and others v. Spain*, ARB/15/23, 14 March 2016(未公开)；*Corona Materials, LLC, v. Dominica*, ARB(AF)/14/3, 31 May 2016(全部支持)；*Lion Mexico Consolidated L. P. v. Mexican*, ARB(AF)/15/2, 12 December 2016(全部驳回)；*Supra Ansung Housing Co., Ltd. v. China*(全部支持)；*Eskosol S.p.A. in liquidazione v. Italian*, ARB15/50, 20 March 2017(全部驳回)。复旦大学国际法专业研究生文晓博提供上述部分案例，谨致谢意。

初步异议的一方对异议的“清晰和相对容易判断”，负有举证责任；第五，考虑到投资争端程序的复杂性，初步异议的快速程序不排除必要的条约解释，只要这样做的本身没有使得根据“明显”标准的解决过于复杂；第六，初步异议的快速程序旨在解决“明显缺少法律依据”的诉求，体现效率，防止滥诉，同时必须为初步异议的成立设置“高门槛”，以免损害原告提起仲裁的权利。

2. “平安诉比利时案”：属时管辖权相关条约解释

本案原告中国平安人身保险有限公司及中国平安保险（集团）有限公司（以下简称平安）在比利时投资引起争端，2012 年 9 月 7 日向 ICSID 提起仲裁。平安提起仲裁的实体问题和管辖权依据分别是 1986 年中国与比利时 BIT①（以下简称 1986 年 BIT）和 2009 年中国与比利时 BIT②（以下简称 2009 年 BIT）。本案裁决主要针对属时管辖权，③下文有关条约解释的评析也限于这两项 BITs 相关条款。

（1）当事双方的基本主张与仲裁庭的解释立场

平安诉称：2009 年 BIT 第八条至第十条提供本案管辖权的依据。理由是：第一，2009 年 BIT 适用于生效前的投资；第二，该 BIT 第十条仅排除 2009 年 12 月 1 日之前已进入司法或仲裁程序的争端；第三，本案存在一缔约方的投资者与另一缔约方的法律争端；第四，平安已经书面通知比利时政府所发生的争端，并且无法依据 2009 年 BIT 第八条，在 6 个月内解决。

比利时辩称：本案争端不属于 2009 年 BIT 第八条下比利时同意仲裁的时间范围。该争端发生在 2009 年 12 月 1 日该 BIT 生效之前，而根据该 BIT 第八条，比利时仅同意该 BIT 生效后发生的争端可诉诸 ICSID。

该案仲裁庭首先明确援引 VCLT 第三十一条和第三十二条的解释规则，认为：“基本原则是条约应依据其用语在其上下文（包括序言和附件）的通常意义并参照其目的及宗旨和缔约时情况，善意解释之。”④按照该仲裁庭的理解，VCLT 第三十一条反映了约文优先作为条约解释的基础，同时也给予缔约时情况的外部证据和条约目的及宗旨作为解释方法以一定作用。

---

① Agreement between the Government of the People's Republic of China and the Belgium-Luxembourg Economic Union on the Encouragement and Reciprocal Protection of Investments dated June 4, 1984. 中文本载于商务部网：http://www.mofcom.gov.cn/article/zhongyts/ci/200207/20020700032159.shtml，下文援引，出处略。

② Agreement between the Government of the People's Republic of China and the Belgium-Luxembourg Economic Union on the Reciprocal Protection of Investments dated June 6, 2005. 中文本载于商务部网：http://tfs.mofcom.gov.cn/article/Nocategory/201002/20100206791712.shtml，下文援引，出处略。

③ 比利时在本案提出属时（ratione temporis）、属事（ratione materiae）、仲裁合意（ratione voluntatis）的管辖权异议。参见前引 *Ping An Insurance Company of China Limited v. Belgium*. VI。

④ Ibid., para.164.

然后，该仲裁庭阐释了VCLT第二十八条有关“条约不溯及既往”原则及其适用的判理，指出：2009年BIT有关管辖权规定的适用时间性与1986年BIT有关实体规定的溯及性是两个不同的问题，而本案的最终问题是有关BIT的解释，并认为有必要在展开条约解释之前明确本案的关键问题。第一，1986年BIT与2009年BIT的根本区别，即，前者规定投资者可选择将“与征收、国有化或其他类似影响投资的措施有关的争端”递交东道国法院，或直接诉诸国际仲裁；后者（第八条）规定可将范围更广的投资争端提交ICSID仲裁。第二，本案争端发生于2009年BIT生效之前，但是，该BIT“没有明确地对这样的问题予以规定，即2009年12月1日之前发生的争端，已经被投资者根据1986年BIT书面通知了东道国，不过当时还未进入正式启动司法或仲裁程序”①。这正是引起本案管辖权之争的特殊问题。

（2）仲裁庭的条约解释

该仲裁庭认为，2009年BIT第八条第一款下“法律争端”如果可以适用于本案，则可包含1986年BIT下争端。问题在于2009年BIT可否解释为该BIT所扩展的管辖范围可以适用于2009年12月1日前已存在的争端，而且该争端依据1986年BIT已经书面通知东道国。如果不可如此解释，有可能面临这样的问题，即在2009年BIT之前发生的争端，而且尚未进入司法或仲裁程序，会落入这两项BITs之间的“黑洞”（black hole）或“仲裁缺口”（arbitration gap）。

然而，该仲裁庭倾向于比利时的辩称，即，即使本案争端在2009年12月1日之前尚未进入司法或仲裁程序，但是，基于平安的书面通知，该程序已经启动，且可以依据1986年BIT继续推进。该仲裁庭指出：“应看到：第一，根据1986年BIT第十条第三款，在书面通知东道国有关争端之日起6个月后，投资者可提交国内法院或国际仲裁，但是，该争端‘与征用补偿额有关’；第二，1986年BIT第十四条第四款的落日条款规定该BIT对于‘其终止之日前’进行的投资可在其终止之日起10年仍然有效；第三，2009年BIT第十条第一款规定替代并取代1986年BIT。”②在这样的倾向主导下，该仲裁庭对2009年BIT第八条第一款、第二款和第十条第二款进行了具体的解释。③

① 前引*Ping An Insurance Company of China Limited v. Belgium*，para.205。

② Ibid.，para.209.

③ 第8条：“1.缔约一方投资者和缔约另一方产生法律争端，争端任何一方应书面通知争端另一方。争端当事方应尽可能通过磋商、在必要的情况下通过寻求第三方的专业建议或通过缔约方间经外交途径进行磋商解决争端。2.如果争端在争端一方将争端通知另一方6个月未能通过磋商解决，缔约各方同意根据投资者的选择将争端提交(1)作为争端一方的缔约国内有管辖权的法院；(2)提交ICSID。一旦投资者将争端提交相关缔约方国内有管辖权的法院或ICSID，对上述两种程序之一的选择应是终局的。”第10条：“2.本协定应适用于缔约一方投资者在缔约另一方领土内的所有投资，不论其是在本协定生效之前还是之后作出的。但是，本协定不得适用于在本协定生效前已进入司法或仲裁程序的与投资有关的任何争端或索赔。此等争端和索赔应继续按本协定第1款提及的1984年6月4日的协定的规定解决。”

A. 2009年BIT第8条的解释

该案仲裁庭认为："毫无疑问，第八条第一款的解释是本案根本问题之一。2009年BIT第八条第二款、第十条第二款应与第八条第一款结合，并参照2009年BIT整体解读。尤其第八条第二款不能脱离第八条第一款解读，因为第八条第二款明确提及'争端'，该用语通常地就是指第八条第一款的'法律争端'而无任何其他词义。这些规定须依其在1986年BIT和2009年BIT的上下文并参照2009年BIT之目的及宗旨和以1986年BIT的背景下之通常意义，善意解释之。"[①]在评述了先前类似案例关于"争端"及其溯及问题的语义解释判理之后，该仲裁庭指出：本案无需任何针对溯及问题的假定，因为2009年BIT下争端解决机制适用于范围更宽泛的投资。尽管该BIT约文的普通意义是分析的起点，但是，对于条约解释而言，有限的纯语义分析还是需要的。

然而，接下去的分析并非是依照VCLT第三十一条第一款，对2009年BIT第八条本身约文的解释。该仲裁庭认为：该BIT的缔约方或许应该了解投资争端进入司法或仲裁程序之前常常会有一段时间，即使在此类争端已经被书面通知东道国。显然，首先，这既未从该第八条约文的普通意义出发，也没有对约文的用语做所谓纯粹的语义分析，而是在倾向于比利时的辩称这一主导下，从虚拟语气（would have）的"或许"出发。这表明虽然本案仲裁庭明确援引VCLT解释规则，完全知道如何适用，但是，很可惜在倾向于比利时辩称的前提下，对2009年BIT第八条做出了不当解释。这包括了所谓四种可能性以及在假定缔约方或许不会"忘记"（forgot）[②]对本案特殊问题做出规定的情况。用假定的方式来推测2009年BIT第八条似乎未做相应规定，而非严格按VCLT第三十一条第一款，基于约文本身解释。

在进行上述假定分析之后，该仲裁庭认为："存在几种提示说明2009年BIT未涵盖在其生效之前发生的此类争端，但是，又没有明确做出安排（相反明确排除已进入司法或仲裁程序的争端）。"[③]然后，该仲裁庭开始约文解释：第八条第一款的普通意义与第八条第二款及第十条第二款的结合解读，只提及2009年BIT生效后发生的争端。第八条第一款规定："缔约一方投资者和缔约另一方产生法律争端，争端任何一方应书面通知争端另一方"不能解读为"当法律争端发生或已经发生……争端任何一方应书面通知，或应已经通知争端另一方"。该仲裁庭认为：这一条款的普通意义已经排除了平安诉求。这种所谓的约文解释（或其所称"纯粹的

---

① 前引*Ping An Insurance Company of China Limited v. Belgium*, paras.212－213。

② Ibid., para.220.

③ Ibid., para.223.

语义分析")很难在一般国际法的条约解释实践找到先例,即使在 ICSID 裁决中可能也是不多见的。随后,该仲裁庭以 2009 年 BIT 序言旨在促进经贸合作,认为并没有允许在出现所谓"仲裁缺口"时,通过"创设性解释"弥补之。①

B. 2009 年 BIT 第十条的解释

该仲裁庭认为,第十条第二款规定适用所有投资,不论其在该 BIT 生效之前或之后,但是,"这无助于解决该 BIT 生效前的争端之效果。"②在还没有对该条款的约文做解释之前,先武断地做出这样结论,进一步说明该仲裁庭不无倾向性。然后该仲裁庭从三个方面继续进行解释:

其一,2009 年第十条第二款不适用于在其生效前已经进入司法或仲裁程序的争端,"该条款本身支持一种说法,即,根据 1986 年 BIT 已书面通知,但还未进入司法或仲裁程序的 2009 年 BIT 之前的争端必须在 2009 年 BIT 的范围内。平安在听证时接受另一看法,即,第十条第二款此类争端的安排保持沉默。"③可见,对于 2009 年 BIT 第十条第二款有三种解释:第一种是比利时主张,即使本案争端在 2009 年 12 月 1 日之前尚未进入司法或仲裁程序,但是,基于平安的书面通知,该程序已经启动,且可以依据 1986 年 BIT 继续推进;第二种是平安主张,该条款没有明文规定;第三种是该仲裁庭实际上提出该条款本身说明,根据 1986 年 BIT 已书面通知,但还未进入司法或仲裁程序的 2009 年 BIT 之前的争端,必须在 2009 年 BIT 的范围内。

其二,由于平安没有坚持主张按照 VCLT 解释规则解释,即,既然该条款仅仅明确排除在其生效前已经进入司法或仲裁程序的争端,那么根据 1986 年 BIT 已书面通知,但还未进入司法或仲裁程序的 2009 年 BIT 之前的争端,就必须在 2009 年 BIT 的范围内,因此该仲裁庭进一步解释:"该第十条旨在以 2009 年 BIT 替代并取代 1986 年 BIT,这一事实不能使得上述第三种解释为合理。"④这样的条约解释,实在令人大跌眼镜。假如平安坚持第三种解释,事实上也是完全符合第十条第二款约文本身的含义,即,即使投资者已经将 2009 年 BIT 生效的争端书面通知东道国,只要没有如该条款明文所排除的,"已进入司法程序或仲裁程序",理应属于 2009 年 BIT 适用范围。可是,该仲裁庭并没有按照 VCLT 第三十一条第一款对第三种解释展开具体的分析。

其三,该仲裁庭认为,不支持第三种解释的最重要理由在于这将允许大大扩展

① 前引 *Ping An Insurance Company of China Limited v. Belgium*, para.225。

②③ Ibid., para.226.

④ Ibid., para.228.

2009 年 BIT 的适用范围。“2009 年 BIT 第十条第二款的效果是任何已经在 2009 年 12 月 1 日前进入司法或仲裁程序的争端或有关投资的诉求，均应依据 1986 年 BIT 解决，这是指此类国际仲裁诉求将继续限于与征用补偿额等有关争端。”①该仲裁庭认为这将使得 2009 年 12 月 1 日可提起 ICSID 仲裁的争端范围超出与征用补偿额等有关争端。这似乎是适用有效解释的原则，然而，如果适用该原则，应该使得条约的每一款项均有效果。2009 年 BIT 第十条第二款的效果是明确排除该 BIT 生效前已经进入司法或仲裁程序的争端，但没有明确排除仅仅停留在书面通知的争端，且不论该投资“是在本协定生效之前还是之后做出的”。该仲裁庭没有明确适用有效解释原则，实际上也有悖于该解释原则。

(3) “平安诉比利时案”的败诉教训

这是一起完全取决于条约解释的仲裁案。一方面，平安没有坚持主张适用 VCLT 第三十一条第一款解释通则的约文优先方法，对 2009 年 BIT 第十条第二款，尤其是“已进入司法程序或仲裁程序”的关键用语，做出详细的、有说服力的解释，明确强调“已通知”的行为不在排除范围，却自己承认该条款对本案特殊问题没有做出安排，授人把柄。另一方面，该案仲裁庭不无倾向，一开始就表示，即使本案争端在 2009 年 12 月 1 日之前尚未进入司法或仲裁程序，但是，基于平安的书面通知，该程序已经启动，且可以依据 1986 年 BIT 继续推进。在条约解释时，虽明确援引 VCLT 解释规则，实际上几乎背道而驰。对于任何诉诸或应对 ICSID 仲裁者而言，都必须对涉案条约解释给予高度重视，首先自己正确适用，给出令人信服的解释，对仲裁庭可能偏离国际法的解释规则，抱有足够的警觉，以便在仲裁过程中及时、适当的应对。

(二) 中国应对 ICSID 仲裁中条约解释的建议

1. 高度重视条约解释规则的研究和运用

根据“安顺诉中国案”和“平安诉比利时案”的经验教训以及大量有关条约解释的 ICSID 案例及其判理，可以看到，有的 ICSID 仲裁庭明确援引 VCLT 解释规则，但往往并未严格遵循规则展开解释，乃至偏离或背离；各仲裁庭在 ICSID 公约无明文规定条约解释的规则这种情况下，酌定采用其认为为“国际法规范”的解释规则。无论应诉的中国政府，还是起诉的中国投资者，均应高度重视条约解释规则的研究和运用，对 VCLT 等一般国际法上的解释规则有很好的理解掌握，对涉案条约做出符合规则和合理的解释，努力取得仲裁庭的支持。

① 前引 *Ping An Insurance Company of China Limited v. Belgium*, para.229。

2. 系统梳理和善于利用 ICSID 解释判理

如本文第二部分评述的 ICSID 条约解释的典型案例及其判理表明，ICSID 仲裁已形成了相当丰富的条约解释判理。除“AAPL 诉斯里兰卡案”“WA 诉阿根廷案”“DFS 诉阿根廷案”“RENCO 诉秘鲁案”“JCL 诉乌克兰案”“礼来诉加拿大案”，还有相当数量包含条约解释判理的典型 ICSID 裁决，如适用 VCLT 解释规则解释管辖权相关“投资者”与“投资”的“KT 亚洲诉哈萨克斯坦案”[①]，适用 VCLT 第三十三条第四款的“ICKLE 诉土库曼斯坦案”[②]，适用 VCLT 解释规则抑或国内法的“CEAC 诉黑山案”以及有关撤销原裁决的条约解释[③]。至于各类主题下的 ICSID 仲裁有关条约解释的判理，如“安顺诉中国案”所涉 ICSID 仲裁规则第四十一条第五款下初步异议的判理，都是应对此类案件的重要指南。其他如管辖权、公平公正待遇、撤销程序的案例，均有类似判理。亟待系统梳理以助于实践中的准确利用。

3. 依据 ICSID 仲裁的条约解释判理改进我国 BITs

我国已生效的 BITs 已达 104 项[④]，随着加大对外开放和“一带一路”建设的不断推进和海外投资日趋增多，还会有更多的 BITs。但是，“平安诉比利时案”说明此类 BITs 还有许多应改进之处。[⑤]特别是关于投资者诉诸 ICSID 仲裁的限制条件，应予以更加明确的规定。许多国家间的 BITs 还有像“WA 诉阿根廷案”和“DFS 诉阿根廷案”中体现的要求：将争端提交国际仲裁，应在提交国内法院之日起满 18 个月之后或经争端双方同意；或像“RECON 诉秘鲁案”所澄清的“非掉头”要求：投资者诉诸国际仲裁（启动、待审或审结）之后不可再“掉头”在东道国法院起诉。此外，还有诸如“叉路口”条款（一旦选择国内争端解决程序，就不可诉诸国际仲裁）。如何从东道国和投资者两个视角考虑此类限制的利弊及结合具体 BITs 所涉与其他国家经贸关系的实际，应有更好设计。可以说，每个 ICSID 案例的解释判理都有助于改进我国 BITs，以期从根本上减少不必要的投资争端。

总括全文，ICSID 仲裁所涉及外国私人投资本身属于国际经贸关系中的民商

① *KT Asia Investment Group. B.V. v. Kazakhstan*, ICSID Case No. ARB 09/8, Award, 17 October 2013.

② *ICKALE v. Turkmenistan*, ICSID Case No. ARB/10/24, Award, 8 March 2016.

③ *CEAC Holding Limited v. Montenegro*, ICSID Case No. ARB/14/8, Award, 26 July 2016; *CEAC Holding Limited v. Montenegro*, Decision on Annulment, 1 May 2018.

④ 商务部网：http://tfs.mofcom.gov.cn/article/Nocategory/201111/20111107819474.shtml，截至 2016 年 12 月 12 日。

⑤ 较系统的研究成果，参见梁咏：《国际投资仲裁中的涉华案例研究——中国经验和完善建议》，《国际法研究》2017 年第 5 期，第 98 页。

事活动，但是，由于此类仲裁必须依据ICSID公约以及相关仲裁规则，尤其与BITs的适用密不可分，因此很大程度上在条约法的范畴内，与条约解释有关。自1990年"AAPL诉斯里兰卡案"裁决，特别是1994年ICJ"领土争端案"确立VCLT条约解释规则的习惯国际法地位，一般国际法的实践趋势促使越来越多的ICSID裁决运用VCLT解释规则解决有关争端。这已成为ICSID下条约解释的主流。更加深入系统地研究ICSID仲裁的条约解释及其规则和判理，是国际经贸法律实践和学术发展的迫切需要。

The Treaty Interpretation of ICSID Arbitrations: Rules and Jurisprudences

Abstract: The ICSID arbitrations are based on the relevant conventions and agreements on investment, which may have to be referred to treaty interpretation of general international law. It is one of the critical issues for the practitioner and academia of international economic and business law to conduct further systematic researches on treaty interpretation of ICSID arbitrations. This paper first gives an overall comment on practices of treaty interpretation in ICSID arbitrations and the existing academic works in China and abroad, and then selects several cases from the disclosed ICSID awards, decisions etc., as representatives to make analysis of rules and jurisprudences of treaty interpretation, finally takes the cases with China as respondent or Chinese company as claimant to learn lessons therefrom and provides suggestions accordingly.

Keywords: Investment dispute; Arbitration; Treaty interpretation; Rule; Jurisprudence

ICSID 仲裁中的有效解释原则：溯源、适用及其略比*

内容摘要：对条约或具有国际义务性质的国家单方声明的有效解释原则源于一般国际法理论与实践，但是，具体适用存在一定的不确定性。在 ICSID 仲裁实践中，该原则是否进一步适用于具有同意 ICSID 管辖的国际义务之国内投资立法？如果适用，怎样适用？诸如此类问题，迄今更是存在不确定性。在我国实施“一带一路”倡议的过程中，ICSID 仲裁涉及我国政府和企业的案件日益增多。深入、全面地研究 ICSID 仲裁中的有效解释原则，应对涉华 ICSID 的管辖权及对双边投资协定的解释，具有重大理论与实践意义。

关键词：ICSID；投资争端；仲裁；有效解释

《维也纳条约法公约》(VCLT)①编纂的条约解释规则既无“有效”(英文 effectiveness，或法文 *effet utile*，或拉丁文 *ut res magis valeat quam pereat*②)这一用语，也没有明确包括有效解释规则。但是，在“解决投资争端国际中心”(ICSID)③的仲裁中，该原则一开始就受到仲裁庭的关注。然而，迄今的不同裁决对该原则的适用并不一致。故有必要加以深入研究，追溯该原则的由来，分析不同适用的个案，并进一步比较研究联合国国际法院(ICJ)的相关实践，以期更好地理解、掌握该原则，为我国政府或企业应对 ICSID 的仲裁提供参考。④

---

* 原载《武大国际法评论》2017 年第 1 期，第 103—118 页。

① 《维也纳条约法公约》(Vienna Convention on the Law of Treaties. U.N.T.S. vol.1155, p.331) 1969 年 5 月 23 日开放签署，1980 年 1 月 27 日生效。中文作准本为签署作准本，也可参见《国际条约集(1969—1971)》，商务印书馆 1980 年版，第 42—77 页。

② 该拉丁语格言的英文解释是“与其毁物不如使之有用”(That the thing may rather have effect than be destroyed)。参见 *Black's Law Dictionary*, 5th edition, West Publishing Co., 1979, p.1386。

③ ICSID 根据 1965 年《解决国家与他国国民间投资争端公约》成立，受理外国投资者与东道国政府之间的私人投资争端仲裁案件，迄今已受理 603 起案件，参见 ICSID 官网：https://icsid.worldbank.org/apps/ICSIDWEB/cases/Pages/AdvancedSearch.aspx[2016-12-08]。

④ 迄今 ICSID 受理的中国政府为被告的案件 2 起：*Ekran Berhad v. People's Republic of China*, ICSID Case No.ARB/11/15，该案于 2013 年 5 月 16 日终止审理；*Ansung Housing Co., Ltd. v. People's Republic of China*, ICSID Case No.ARB/14/25，该案于 2016 年 9 月 2 日组成仲裁庭，待审；中国国民(含香港籍公司或居民)作为原告的案件 5 起：*Tza Yap Shum v. Republic of Peru*, ICSID Case No.ARB/07/6, 2011 年 7 月 7 日裁决(西班牙文)；*Standard Chartered Bank (Hong Kong) Limited v. Tanzania Electric Supply Company Limited*, ICSID Case No.ARB/10/20，该案原告是香港籍公司，根据当事方合同中仲裁条款由 ICSID 管辖，2016 年 9 月 12 日裁决，该原告随后提起坦赞尼亚政府为被告的仲裁案，待组成仲裁庭，*Standard Chartered Bank (Hong Kong) Limited v. United Republic of Tanzania*, ICSID Case No.ARB/15/41；(转下页)

一、条约解释规则在ICSID仲裁中的一般适用

研究ICSID仲裁中适用的有效解释原则，应了解其对于条约解释规则的一般适用。在二十世纪七十、八十年代，ICSID运行初期，有关仲裁裁决涉及条约解释，并未提及任何解释规则。[①]1990年“AAPL诉斯里兰卡案”裁决对涉案投资协定进行解释时，明确“依照在实践中已确立，由国际法学会1956年大会充分形成并由VCLT第31条编纂的，公认的条约解释规则”[②]。从时间上看，这早于国际法院在1991年判决的“关于1989年7月31日仲裁案”中，第一次明确援引VCLT第三十一条和第三十二条的条约解释规则时，所指出的“也许在许多方面可视为对已有习惯国际法的编纂”[③]。尽管当时ICSID裁决还没有明确这些规则的习惯国际法地位。

1994年国际法院在“领土争端案”[④]第一次明确这些条约解释规则的习惯国际法地位之后，ICSID的一些裁决跟随了这一做法。比如，有的仲裁庭在解释《北美自由贸易协定》(NAFTA)时认为：“在习惯国际法中发现的解释规则要求我们首先关注有待解读的条款之实际用语。缔约方达成该条约任何特定款项时之目的及宗旨，应首先通过缔约方在该款项中的用语予以发现。……NAFTA的某一章特定款项的解读不仅需要结合其他款项，而且应置于整个协定的结构上下文中，条约解释者才能确定和理解这三个主权国家缔约时的真实范围与内容。”[⑤]

近十年来，越来越多的ICSID裁决涉及VCLT解释规则的适用，有的裁决明

(接上页)*Ping An Life Insurance Company of China, Limited and Ping An Insurance (Group) Company of China, Limited v. Kingdom of Belgium*, ICSID Case No.ARB/12/29, 2015年4月30日裁决；*Beijing Urban Construction Group Co. Ltd. v. Republic of Yemen*, ICSID Case No.ARB/14/30，待组成仲裁庭。

① 比如，*MINE v. Guinea*, Case ARB/84/4, Award, 6 January 1988, para.4.05，认为应依据涉案条约的宗旨及目的进行解释。

② *AAPL and. Sri Lanka*, Case No.ARB/87/3, Award, 27 June 1990, para.38.

③ *Arbitral Award of 31 July 1989*, Judgment, ICJ, Reports 1991, p.70, para.48.

④ *Territorial Dispute* (Libyan Arab Jamahiriya/Chad), Judgment, ICJ Reports 1994, p.21, para.41. 参见 *International Court of Justice, Digest of Judgments and Advisory Opinions, Canon and Case Law 1946 - 2012*, Edited by Guenther Dahlhoff, Martinus Nijhoff Publishers, 2012, p.1784。该书系统地整理国际法院判决或咨询意见中有关习惯国际法的判断，其中有关VCLT编纂的条约解释规则具有习惯国际法的判断，首先来自1994年“领土争端案”。

⑤ *ADF Group Inc. v. USA*, ICSID Case No.ARB(AF)/00/1, Award, 9 January 2003, paras.147 - 149. 该裁决的脚注援引了VCLT第31条和第32条(脚注153)。

确认定这些规则为“习惯国际法”。[①]但是，有些裁决援引该公约的解释规则，解释涉案投资协定，但也未明确这些规则的习惯国际法性质。似乎在这些仲裁庭看来，如果当事国为 VCLT 缔约国，则应适用之；如为非缔约国，则将之作为习惯国际法加以适用而毋庸说明。[②]

ICSID 仲裁庭的成员不一，各自独立裁决，不受制于任何其他机构，因而在条约解释方面各行其是。有的仲裁庭不适用 VCLT 的解释规则。比如，有裁决认为：涉案条约“应依缔约方的共同意图加以解释。如果该意图无法确定，则应依如

① 比如，*Wintershall Aktiengesellschaft v. Argentine*, ICSID Case No. ARB/04/14, Award, 8 December 2008, paras.76－77；不过，该裁决说“几乎世界上所有国家都采纳了 VCLT”（第 76 段），这是不准确的。又如，*Cargill, Inc. v. Mexico*, ICSID Case No. ARB 05/2, Award, 18 September 2009, para.134; *KT Asia Investment Group B.V v. Kazakhstan*, ICSID Case No. ARB 09/8, Award, 17 October 2013, para.86，该案裁决适用 VCLT 第 31 条第 1 款和第 32 条的解释规则，paras.115－119, para.122, para.165; *Daimler Financial Services AG v. Argentine*, ICSID Case No. ARB 05/1, Award, 22 August 2012, paras.160－178. 该案裁决对 VCLT 的习惯国际法地位作了较详细的论述。

② 比如，*PNG Sustainable Development Program Ltd v. Independent State of Papua New Guinea*, ICSID Case No. ARB13/33, Award, 5 May 2015, para.265，参照或运用 VCLT 规则解释涉案国内法与国际法“混合”的法律；*Ping An Insurance Company of China Limited v. Kingdom of Belgium* ICSID Case No. ARB 12/29, Award, 30 April 2015, paras.164－165，援引 VCLT 规则解释涉案 1986 年、2009 年中国—比利时投资协定；*Apotex v. USA*, ICSID Case No. ARB 12/1, Award, 25 August 2014, para.9.70, para.7.1，援引 VCLT 第 31 条解释牙买加—美国投资协定，但对 NAFTA 的解释未援引 VCLT；*Emmis et al. v. Hungary*, ICSID Case No. ARB/12/2, Award, 16 April 2014, para.159，援引 VCLT 第 31 条第 1 款解释匈牙利与荷兰、瑞士投资协定；*Mr. Franck Charles Arif v. Moldova*, ICSID Case No. ARB/11/23, Award, 8 Aril 2013, paras.387－392，援引《维也纳条约法公约》第 31 条第 1 款解释法国—摩尔多瓦投资协定；*Fraport AG Frankfurt Airport Services Worldwide v. Philippines*, ICSID Case No. ARB/11/12, Award, 10 December 2014, paras.323－329，援引 VCLT 第 31 条第 1 款和第 2 款解释德国—菲律宾投资协定；*Renee Rose Levy and Gremcitel S.A. v. Peru*, ICSID Case No. ARB/11/17, Award, 9 January 2015, para.142, para.165，援引 VCLT 第 31 条第 1 款和第 33 条解释法国—秘鲁投资协定；*Rafat Ali Rizvi v. Indonesia*, ICSID Case No. ARB/11/13, Award, 16 July 2013, para.41, para.64, paras.130－133，援引 ICJ“领土争端案”及 VCLT 第 31 条至第 33 条解释英国—印尼投资协定；*Ömer Dede and Serdar Elhüseyni v. Romania*, ICSID Case No. ARB/10/2, Award, 5 September 2013, para.197，援引 VCLT 第 31 条解释土耳其—罗马尼亚投资协定；*Marion Unglabe and Reinhard Unglaube v. Costa Rica*, ICSID Case No. ARB/08/1, 09/20, Award, 16 May 2012, para.31，援引 VCLT 第 31 条解释德国与哥斯达黎加投资协定；*Global Trading Resource Corp. v. Ukraine*, ICSID Case No. ARB/08/1, 09/11, Award, 1 December 2010, paras.47－51，援引 VCLT 第 31 条和第 32 条解释美国—乌克兰投资协定；*Murphy International v. Ecuador*, ICSID Case No. ARB/08/4, Award, 15 December 2010, para.71，援引 VCLT 第 31 条解释美国—厄瓜多尔投资协定；*SGS v. Paraguay*, ICSID Case No. ARB/07/29, Award, 15 December 2010, para.90，援引 VCLT 第 31 条解释瑞士—巴拉圭投资协定；*AES v. Hungary*, ICSID Case No. ARB/07/22, Award, 23 September 2010, para.7.6.5，援引 VCLT 第 31 条解释能源宪章条约；*Impregilo S.p.A. v. Argentine*, ICSID Case No. ARB/07/17, Award, 21 June 2011, paras.86－90; Alphy *Projeck holding GMBH v. Ukraine*, ICSID Case No. ARB/07/16, Award, 8 November 2010，援引 VCLT 第 31 条解释意大利—阿根廷投资协定；援引 VCLT 第 31 条和第 32 条解释奥地利—乌克兰投资协定，并援引 ICSID 以前相关裁决，paras.221－224。

同缔约方那样的理性人在同样情况下将给予的含义加以解释。"①这显然与基于文本解释的 VCLT 规则大相径庭。有的裁决援引了该公约第三十一条第一款解释通则,却又采用不同于该通则基于文本的解释方法,认为涉案条约应以"目的论方法"(teleological approach)加以解释。②也有裁决解释涉案条约而未提及任何解释规则或原则。③总之,ICSID 的仲裁实践对于条约解释规则的一般适用,尚缺乏始终一贯的做法。有效解释规则的适用也存在同样问题。

二、有效解释原则的一般国际法理论与实践

为了下文更好理解 ICSID 仲裁庭对有效解释原则的适用,有必要对有关该原则的一般国际法理论与实践做一番溯源。

(一) 战后首先由劳特派特阐述的有效解释原则

1949 年,时任英国剑桥大学国际法教授的劳特派特(Lauterpacht)在分析、总结有关条约解释的国际法实践时,指出:"当在国际裁判机构的裁决中,对国家主权构成限制的限制性条约解释已成空洞学说,有效原则在国际法的执行中却扮演了日益突出的角色。"④他以 ICJ 采用的"与其毁物不如使之有用"的格言,表述条约解释的有效原则⑤,并列举了若干案例,包括有关裁决终局性的国际常设法院(PCIJ)"洛桑条约解释案"咨询意见⑥(1925 年),有关联合国安理会决议的强制力和管辖

---

① *Joseph Charles Lemire v. Ukraine*, ICSID Case No.ARB/98/1, Award, 18 September 2000, paras.22－23. 类似的裁决:*Banro American Resources, Inc. and Société Aurifère du Kivu et du Maniema S.A.R.L. v. Congo*, ICSID Case No.ARB/98/7, Award, 1 September 2000, para.6。

② *Malaysian Historical Salvors SDM, BHD v. Malaysia*, ICSID Case No.ARB/05/10, Award, 17 May 2007, paras.65－68.

③ 比如,*Bayview Irrigation District et al. v. Mexico*, ICSID Case No.ARB(AF)/05/1, Award, 19 June 2007, paras.105－108。该裁决解释 NAFTA 第 1139 条项下"投资"含义,未提及任何解释规则。

④ H. Lauterpacht, "Restrictive Interpretation and the Principle of Effectiveness in the Interpretation of Treaties", 26 *Brit. Y.B. Int'l L.* 66 1949, p.67.

⑤ Ibid., p.68.

⑥ *Article 3, Paragraph 2, of the treaty of Lausanne*, PCIJ Collection of Advisory Opinions, Series B. No.12, November 21, 1925. 该意见认为,尽管根据《国联公约》第 15 条,行政院仅提出解决当事国争端的建议,但是,该案所涉洛桑条约款项不仅清晰,且缔约国同意由行政院解决涉案争端,因而具有法律约束力。因此,当事国事先允诺接受行政院的建议,"这实际上等于给予行政院决定权。"(第 27 页)劳特派特援引该案,没有具体说明该意见某一段或一句话包含条约的"有效"解释原则。实际上,该案表明对洛桑条约第 3 条第 2 款"有待决定"(decision to be reached)的意义应根据案情,作出有效解释。

权条款解释的 ICJ“科孚海峡案”[①](1949 年),有关国际组织有效性的 ICJ“联合国的求偿权案”[②](1949 年)咨询意见。这些案例表明 PCIJ 和 ICJ 在解释涉案条约有关规定时,并没有严格按照约文,而是可能基于条约规定应具有一定效果或意义的考虑,作出比较宽松的解释。不过,这些案例均未明确采用有效解释原则的说法。

按照劳特派特修订的《奥本海国际法》(1955 年第八版)的说明,条约的有效解释原则或规则是:“应该认为,缔约国当然是要使一个条约的条款有某种效果,而不是使它成为毫无意义的。因此,一种使一个条款成为毫无意义或毫无效果的解释是不容许的。”[③]该说明列举了 ICJ 的“英伊石油公司案”(1952 年)。

可是,ICJ 解释“英伊石油公司案”所涉伊朗单方声明时,恰恰采用限制性解释。针对英国“主张法律文本应以其每一用语都能得到其理由和意义的方式加以解释”,ICJ 认为:“也许可以说在解释条约的约文时一般应适用这一原则。但是,与两个或以上国家谈判达成的条约解释有所不同,这是由伊朗政府单方声明,体现了起草该声明约文的特别谨慎。似乎以‘过于谨慎’(*ex abundanti cautela*)的方式所增加的用语,严格说,也许是多余的。特别理由说明的这种谨慎使得伊朗政府以非常限制的方式起草该声明。”[④]正是基于对伊朗接受 ICJ 强制管辖声明的限制性解释,ICJ 驳回英国起诉。劳特派特在评论 ICJ 的这一解释时,表示异议:“对于条约和单方宣言(经发出宣言的对方当事国加以援引者)适用不同的解释规则,可能有某种不妥之处。”[⑤]可见,该案不是有效解释的典型案例,至少在解释具有国际法性质的国家单方声明这一方面,ICJ 没有采纳英国主张的有效解释原则。这或许是作为英国学者的劳特派特表示异议的缘故之一。

劳特派特在说明条约的有效解释原则时,还说:“另一方面,应当注意到下述情况:有时条约所以没有充分的有效性,是由于各缔约国的意图的直接结果,那就是说,是由于各缔约国间不能对条约规定更完全的有效性取得协议的结果。”[⑥]该说

---

① *Corfu Channel*, ICJ Reports 1949. 在该案判决裁定阿尔巴尼亚对其作为国际海峡的领海内水雷致使驶过的英国军舰及人员受损负责的基础上,ICJ 依据当事国的特别协定,是否对损害赔偿事宜具有管辖权,作出解释:“如认为在特殊协定中的这一规定毫无目的或效果,与普遍接受的解释规则相悖。”(第 24 页)也就是说,既然该特别协定包括 ICJ 须回答“是否存在支付补偿的义务”,那么就意味着法院对损害赔偿事宜具有管辖权,否则该规定毫无意义。

② *Reparation for Injuries Suffered in the Service of the United Nations*. Advisory Opinion, ICJ Reports 1949. 在解释联合国会员国是否授权联合国行使国际求偿权时,认为“必须承认会员国赋予其一定职能、义务和责任,也就给予其有效行使这些职责的权限。”(第 179 页)

③ [英]劳特派特修订:《奥本海国际法》上卷第二分册,王铁崖、陈体强译,商务印书馆 1981 年版,第 3 页。

④ *Anglo-Iranian Oil Co. Case*(*Jurisdiction*), Judgment of July 22, 1952, ICJ Reports 1952, p.105.

⑤ 前引[英]劳特派特修订《奥本海国际法》上卷第二分册,第 365 页,脚注 2。

⑥ 同上书,第 365 页。

明列举了"和平条约解释案"咨询意见(1949年)。

在该案第一阶段的咨询意见中,ICJ针对保加利亚、匈牙利和罗马尼亚以人权问题为《联合国宪章》第二条第七款所规定的"本质上属于任何国家国内管辖之事件",ICJ无权受理联合国大会请求咨询意见,指出:本咨询意见仅限于解释涉案条约关于国内人权问题的争议解决程序条款,不涉及对人权问题本身是非曲直的认定,因此"这是国际法问题,完全在本法院职权范围"①。劳特派特在评论该咨询意见时,认为:这些和约条款表明,"没有定义并不表示没有法律义务。"②换言之,保加利亚、匈牙利和罗马尼亚依据涉案和平条约相关条款,负有在其国内保护人权的法律义务。实际上,这是劳特派特的解释,而非ICJ在该案咨询意见中的解释。

在该案第二阶段的咨询意见中,ICJ指出:"本法院的职责是解释条约,而不是修正条约。以'与其毁物不如使之有用'的格言表述的解释原则经常被提及为有效原则,并不能证明本法院可以将与该和平条约的用语和精神相悖的意义归于其争端解决的条款。"③显然,ICJ似乎在肯定实践中的有效解释原则的同时,明确认为这不适用本案的条约解释,否则将超越司法解释的职能。劳特派特对此未加评论。

可见,劳特派特以"与其毁物不如使之有用"的格言表述的解释原则来自ICJ于1949年作出的有关咨询意见。但是,他为了论证这一原则而列举的案例,难以证明在国际司法实践中该原则的适用一致性。

(二)菲茨莫利斯归纳的有效解释原则

1957年,时任英国外交部法律顾问的杰拉尔德·菲茨莫利斯(Gerald Fitzmaurice)撰文总结ICJ在1951年至1954年间的条约解释实践,归纳了六项主要原则:1.实际(或约文解释)原则;2.自然或通常意义的原则;3.整合(或将条约作为整体的解释)原则;4.有效原则;5.嗣后惯例的原则;6.当代性原则。④其中,有效原则的用语也是"与其毁物不如使之有用"的格言,与ICJ"和平条约解释案"(第二阶段)的表述一致。

他对有效原则的说明是:"条约应参照其明确或表示的目的及宗旨加以解释;并且,特别条款应予以解释使其与约文用语的通常意义及其他部分最充分和有效

① *Interpretation of Peace Treaty*, Advisory Opinion, ICJ Reports 1950, pp.70－71.

② 前引[英]劳特派特修订:《奥本海国际法》上卷第二分册,第211页,脚注2。

③ *Interpretation of Peace Treaty*(*second phase*), Advisory Opinion, ICJ Reports 1950, p.229.

④ Sir Gerald Fitzmaurice, the Law and Procedure of the International Court of Justice 1951－4: Treaty Interpretation and other Treaty Points, 33 *Brit. Y.B. Int'l L.* 203 1957 pp.203－204.

的一致，从而使得约文以这样的方法具有其应包含的理由和意义。”①在详细说明该原则时，他列举了“安巴提罗斯案”(1952 年)、“英伊石油公司案”(里德法官的异议)和“和平条约解释案”(第二阶段)。

ICJ 在“安巴提罗斯案”中解释涉案条约时，强调：“本法院不能接受这样的解释结果，即，这显然与[希腊]声明的语言抵触，并有悖于双方继续有意将所有分歧付诸不同方式仲裁。”②ICJ 没有明确适用可能超出约文本身的有效解释原则。菲茨莫利斯援引了利维·卡尼罗(Livy Carneiro)法官在该案的单独意见“存在另一考虑支持该结论：如果不予采纳的话，双方政府之间就没有事先确定的有关该声明解释与适用的争端解决程序。这种情况必须避免，……”③，认为该法官也同意适用有效解释原则。不过，该单独意见与 ICJ 多数意见一样，并没有明确采用“有效”解释原则。

至于“英伊石油公司案”(里德法官的异议)不能代表 ICJ，而“和平条约解释案”(第二阶段)咨询意见，如上所述，也只是似乎在肯定实践中的有效解释原则的同时，明确认为这不适用本案的条约解释。

总之，上述两位英国国际法学家关于条约的有效解释学说及其列举的支持案例，不足以充分证明在他们撰文的时候，国际法实践已确立了比较一致的有效解释原则或规则。

(三) 国际法委员会起草 VCLT 时对有效解释原则所持立场

劳特派特和菲茨莫利斯后来成为起草 VCLT 第二、第三任特别报告员。尽管他们自己撰写的该公约起草报告均无条约解释的条款，自然也没有上述条约的有效解释原则，但是，他们根据国际法的实践所归纳的这一原则，尽管并不充分，最终还是体现于第四任特别报告员沃尔多克的第三份报告。该报告所包含的条约解释条款，首先是“通则”(第七十条)，其次是“通则的适用”(第七十一条)，再次就是“术语的有效解释”(第七十二条)。该第七十二条采纳了菲茨莫利斯的表述(包括采用“与其毁物不如使之有用”的格言)，具体规定：“在适用第七十条和第七十一条时，条约术语的解释应赋予其最充分的考虑及有效的一致性：(a)该术语和条约其他术语之自然和通常的意义；(b)该条约目的及宗旨。”④

---

① 前引 Sir Gerald Fitzmaurice, the Law and Procedure of the International Court of Justice 1951 - 4: Treaty Interpretation and other Treaty Points, p.211。

② *Ambatielos case (jurisdiction)*, Judgment of July 1, 1952, ICJ Reports, p.45.

③ 转引 Sir Gerald Fitzmaurice, the Law and Procedure of the International Court of Justice 1951 - 4: Treaty Interpretation and other Treaty Points, p.221。

④ *Third Report by Humphrey Waldock*, A/CN.4/167, p.53.

然而，沃尔多克承认："基于两个原因，对是否将'有效'解释原则纳入通则，犹豫不决。其一，这会引起将'有效'与'延伸的'或'目的'解释等同或混淆，并赋予其过于大的范围；其二，正确地理解'有效'解释，也许可以说这是善意解释的题中之义。"[①]这说明，同样作为英国国际法学家，沃尔多克对于是否将劳特派特和菲茨莫利斯阐述的有效解释原则纳入 VCLT，并非毫无保留。

在国际法委员会(ILC)讨论第七十二条草案时，多数委员认为这本身已包含在解释的通则中，没有必要单独作为一项条款。时任 ILC 主席罗伯特·阿戈(Robert Ago)教授认为："第七十二条表述的规则会导致宽泛的解释。……尽管第七十二条以谨慎的方式起草，但是不可避免地最终肯定宽泛的解释。"[②]最后，ILC 决定删除第七十二条。可见，以阿果为代表的 ILC 多数委员不仅认为条约解释的通则本身包含了有效解释原则，而且担心将有效解释作为规则加以编纂，确认过于宽泛的解释原则，不符合 ILC 倾向于严格的约文解释这一立场。

1966 年，ILC 在对 VCLT 草案的评注中，对有效解释原则及其与被编纂为第二十七条(即第三十一条)第一款的解释通则之间关系，作了进一步说明，指出："本委员会没有认为以'与其毁物不如使之有用'的格言表示的原则不应纳入为通则(复数——本文注)之一。本委员会承认在某些情况下，援引该原则也许是合适的，并且国际法院有时也援引了。……然而，本委员会所持观点是：只要'与其毁物不如使之有用'的格言反映了真正的解释通则(单数——本文注)，它就被包含在第二十七条第一款中，该条款要求条约应依据其上下文中的术语所含通常意义，并兼顾其目的及宗旨加以善意解释。……看来对本委员会而言，没必要为此单设一个条款。而且，这样可能会鼓励基于所谓'有效解释'(effective interpretation)原则，不合法地扩大条约的意义"[③]显然，这与 1964 年 ILC 决定删除沃尔多克的第三份报告包含的 VCLT 草案第七十二条所持的立场相一致。

上述回顾说明：从劳特派特、菲茨莫利斯到沃尔多克，乃至 ILC 对 VCLT 的评注，条约的有效解释原则均表述为"与其毁物不如使之有用"的格言，盖出自 ICJ"和平条约解释案"咨询意见(第二阶段)。但是，ILC 对该原则的讨论说明，国际法学界对条约的有效解释原则持不同看法；在二十世纪六十年代及其先前的国际司法实践中，也缺少明确的、前后一致的适用该原则的案例。ILC 决定删除 VCLT 草案

① 前引 *Third Report by Humphrey Waldock*，(27)。

② Summary records of the sixteen sessions，11 May-24 June 1964，A/CN.A/SER.A/1964，*Yearbook of the International Law Commission* 1964 Volume I，p.290. paras.101 - 102.

③ Draft Articles on the Law of Treaties with commentaries，*Yearbook of the International Law Commission，1966*，Vol.II，p.219，para.(6).

中有关该原则的结论表明：一方面，ILC 认为解释通则本身包含了有效解释，因而没有必要单独作为一项解释规则纳入该公约；另一方面，ILC 担心该原则具有扩大解释的倾向，有悖于约文解释的精神。

（四）VCLT 之后 ICJ 适用有效解释原则的实践

由于 ILC 对有效解释原则所持的上述立场，因此 VCLT 之后，ICJ 适用有效解释原则的判例更是寥寥无几。1994 年 ICJ“领土争端案”解释涉案双边条约，认为应避免其“无效果”（ineffective），[①]可视为明确适用该原则的唯一判例。在 1998 年“渔业管辖案”中，西班牙主张适用有效原则解释加拿大 1994 年关于承认 ICJ 的任择强制管辖权声明中的保留，并认为适用这一解释原则旨在“支持依据 VCLT 第三十一条规定的解释通则，在约文的上下文可允许的最大限制范围”[②]。ICJ 肯定了该原则，但是，ICJ 认为，对此类声明的解释不“等同”（identical）于 VCLT 项下的条约解释。“只有在与单方接受本法院管辖权的专门制度特点相符合的情况下，可类推地适用该公约[即，VCLT——本文注]的规定。”[③]ICJ 强调：有效解释原则“在条约法和本法院的实践中具有重要作用；然而，对于规约第三十六条第二款项下声明的保留，首要的是以符合保留的国家所寻求之效果的方式，给予解释”[④]。显然，ICJ 不主张对此类声明的保留，适用 VCLT 第三十一条第一款引申而出的有效解释原则。相反，“以‘自然与合理的方式’（natural and reasonable manner）解读涉案保留的用语，本法院只能得出结论：加拿大是在与公认的国际法及实践一致的意义上采用了‘养护与管理措施’的表述。任何其他有关该表述的解释将剥夺加拿大所要的效果。”[⑤]可见，“自然与合理的方式”对承认 ICJ 的任择强制管辖权声明中的保留所作解释，更侧重于此类保留旨在达到的效果。这不是“与其毁物不如使之有用”的格言所指“效果”。因此，该案虽明确肯定了有效解释原则在条约法以及 ICJ 的实践中所具有的重要作用，但是，其本身并未适用该原则，而是适用类似于 VCLT 第三十一条第一款通则的“自然与合理的方式”。

在 2011 年的“种族歧视公约案”中，ICJ 支持俄罗斯关于适用有效解释原则的主张，认为 PCIJ 在 1929 年“上萨瓦的自由区案”中“适用了应给予用语以适当效果

---

① 前引 *Territorial Dispute*，p.23，para.47。

② *Fisheries Jurisdiction*（Spain v. Canada），Jurisdiction of the Court，Judgment，ICJ Reports 1998，para.43.

③ Ibid.，para.46.

④ Ibid.，para.52.

⑤ Ibid.，para.71.

这一业已确定的条约解释原则"①。PCIJ 在该案中阐明该原则时，指出："在某争端提交本法院所依据的特别协定条款存有异议时，如果不涉及与其用语相悖，那么必须以能够使得这些条款本身具有适当效果的方式加以解读。"②ICJ 还援引了"科孚海峡案"有关有效解释原则的阐述："此类特别协定中的规定变得毫无目的或效果，将抵触普遍接受的解释规则。"③值得留意的是，前述从劳特派特、菲茨莫利斯到沃尔多克的有关论文或报告，乃至 ILC 对 VCLT 的评注，条约的有效解释原则均表述为"与其毁物不如使之有用"的格言，盖出自 ICJ 的"和平条约解释案"咨询意见（第二阶段），而未提及 PCIJ 的"上萨瓦的自由区案"以及以法文（*effet utile*）表示的有效解释原则。不同于 ICJ 先前涉及有效解释原则的判例，此案阐明的"有效"（*effet utile*）解释原则，并非类似于 VCLT 第三十一条第一款通则的"自然与合理的方式"，而似乎是一项单独的解释原则或规则。此案之后，迄今尚无其他 ICJ 类似判例，因此，此案的影响，暂且不得而知。

（五）小结：一般国际法实践中的有效解释原则

回顾 ICJ 以及前身 PCIJ 涉及有效解释原则的判例，即，1949 年"科孚海峡案"解释涉案特别协定的相关用语是"效果"（effect）④；1949 年"和平条约解释案"咨询意见（第二阶段）明确提及"以'与其毁物不如使之有用'（*ut res magis valeat quam pereat*）的格言表述的解释原则经常被提及为有效原则"⑤；1949 年"联合国的求偿权案"解释联合国会员国是否授权联合国行使国际求偿权时，认为应认为"给予其有效行使这些职责的权限"⑥；1952 年"安巴提罗斯案"拒绝"有悖于双方继续有意将所有分歧付诸不同方式仲裁"⑦的解释结果；1952 年"英伊石油公司案"对所涉伊朗的国家单方声明采用限制性解释，而非英国主张的有效解释原则⑧；1994 年"领土争端案"解释涉案双边条约明确应避免其"无效果"（ineffective）⑨；1998 年"渔业

---

① *Application of the International Convention on the Elimination of All Forms of Racial Discrimination*（Georgia v. Russian Federation），Preliminary Objection，Judgment，ICJ Reports 2011，p.122，para.124，p.125，para.133.

② *Free Zones of Upper Savoy and the District of Gex*，Order of 19 August 1929，P.C.I.J.，Series A，No.22，p.13.

③④　前引 *Corfu Channel*，p.24。

⑤　前引 *Interpretation of Peace Treaty*（*second phase*），p.229。

⑥　前引 *Reparation for Injuries Suffered in the Service of the United Nations*，p.179。

⑦　前引 *Ambatielos case*（*jurisdiction*），p.45。

⑧　前引 *Anglo-Iranian Oil Co. Case*（*Jurisdiction*），p.105。

⑨　前引 *Territorial Dispute*，p.23，para.47。

管辖案”虽肯定了“有效”(effective)解释原则，但却适用“自然与合理的方式”[①]解释涉案条约；2011年“种族歧视公约案”明确适用“有效”(*effet utile*)[②]解释原则，但并非类似于VCLT第三十一条第一款的“自然与合理的方式”；以及先前PCIJ两起判例，即，1925年“洛桑条约解释案”咨询意见认为对国联公约有关行政院的职权应作“实际上”(in effect)有决定权的解释；[③]1929年“上萨瓦的自由区案”认为对涉案特别协定的解释应“使得这些条款本身具有适当效果的方式加以解读”[④]。

可见：其一，ICJ及PCIJ确实承认了条约有效解释原则，但是，真正适用该原则的判例却不多，且限于涉案双边条约的解释；其二，有关判例涉及任择强制管辖权的国家单方声明或接受ICJ管辖权的特别协定之解释，均不适用有效解释原则；其三，ICJ有时主张采用不同于有效解释原则的“自然与合理的方式”；其四，个别判例明确适用“有效”解释原则，却又不是类似于VCLT第三十一条第一款的“自然与合理的方式”，而似乎是一项单独的解释原则或规则。显然，迄今在一般国际法实践中，有效解释原则本身及其适用仍具有不确定性。这对ICSID仲裁庭适用该原则带来了很大的影响。

三、ICSID仲裁对有效解释原则的不同适用

(一)“SPP诉埃及案”：未明确有效解释原则是否适用于国家单方声明

1988年“SPP诉埃及案”是ICSID受理的早期案件之一。该案关于管辖权的决定将有效解释原则作为“法律解释”(Statutory interpretation)的一般原则：“法律文本应以文本中的每一用语可得到其理由和含义的方式予以解释。”[⑤]但是，该决定没有提及对国家单方声明的适用。根据该案裁决对于可适用法的认定来看，仲裁庭采取了推断而非有效解释的方式：“即便接受被告有关当事方已经默认适用埃及法的观点，这一合意也不能完全排除在某些情况下对国际法的直接适用。如同所有国内法律制度，埃及法不是完全穷尽的，并且在出现[法律]漏洞时，不能说有关法律规则的适用之合意，根据推断不存在。在这种情况下，必须说‘合意的缺

---

① 前引*Fisheries Jurisdiction*, para.71。

② 前引*Application of the International Convention on the Elimination of All Forms of Racial Discrimination*, p.122, para.124。

③ 前引*Article 3, Paragraph 2, of the Treaty of Lausanne*, p.27。

④ 前引*Free Zones of Upper Savoy and the District of Gex*, p.13。

⑤ *Southern Pacific Properties (Middle East) Limited v. Arab Republic of Egypt*, ICSID Case No.ARB/84/3, Decision on Jurisdiction and Dissenting Opinion of April 14, 1988, para.94. 转前引*PNG v. Papua New Guinea*, para.267。

失’，因而[ICSID公约]第四十二条第一款第二项应起作用。”也就是说，在推断缺少有关适用埃及法的合意情况下，可直接适用相关国际法。

（二）“AAPL诉斯里兰卡案”：有效解释原则的归纳及适用于双边投资协定

前述1990年“AAPL诉斯里兰卡案”不仅援引VCLT解释规则，而且全面归纳了条约解释的一系列规则或原则，包括有效解释原则。

该案裁决对该原则的归纳，首先援引了1926年英美“卡尤加印第安人仲裁案”的观点：“作为在所有法律制度中的一项解释原则，更好的解决是必须对有关条款作解释给予其应有意义，而非使其毫无意义。”①然后，该裁决明确认为：“这只是适用更为宽泛的‘有效’(effectiveness)法律原则，该原则要求支持这样的解释，即，使得每一项条约规定‘有效’(*effet utile*)。”②

由于“AAPL诉斯里兰卡案”试图归纳所有可适用的条约解释规则或原则，并援引了包括十八世纪中叶瓦特尔等著名国际法学家的论述和十九世纪下半叶起诸多国际仲裁和二十世纪二十年代以来PCIJ、ICJ判决，因此，1926年英美“卡尤加印第安人仲裁案”很可能是最初比较清晰地表述有效解释原则的国际仲裁案之一。

“AAPL诉斯里兰卡案”将有效解释原则适用于该案所涉斯里兰卡与英国双边投资协定第二条第二款项“充分保护及保障”(full protection and security)和第四条关于外资损失及赔偿的解释。该案原告主张“充分保护及保障”对东道国施加了“严格责任”(strict liability)。该案裁决通过对条约款项的解释，否定了该主张，并认为：“原告主张的第二条第二款所采纳的‘严格责任’标准将在逻辑上必然导致第四条成为完全多余的款项，因为根据原告的解释，假定缔约方并不一定要增加这些在实践中可能没有任何适用的款项。这种解释与规则(E)③的适用格格不入，该规则要求以不剥夺第四条任何含义或适用范围的方式解释第四条。”④该裁决进一步认为原告的主张也不符合VCLT第三十一条第三款(c)项的解释规则，即，条约解释应考虑“适用于当事国找关系之任何有关国际法规则”，依据该规则，应考虑一般国际法的规则所必定含有的意义，而不像原告那样排除这些含义。

该裁决通过适用有效解释原则，认为不应将“充分保护及保障”解释为“严格责任”，从而使得原告不必证明其所受损失可归责于斯里兰卡政府及其代表机构，也

---

①② Award of the UK/USA Arbitral Tribunal of 1926 in the *Cayuga Indians* case, *Repertory*, vol.11, Section 2036, pp.35 - 36，转前引 *AAPL and. Sri Lanka*, para.40, Rule(E)。

③ Ibid.，即，有效解释原则。

④ Ibid., para.52.

无须证明国家对于其因未“适当谨慎”(due diligence)而应承担之责任。换言之,该案原告根据涉案投资协定第二条第二款规定的“充分保护及保障”义务,应负有举证责任,证明被告未“适当谨慎”地履行该义务而致使原告的投资损失。否则,该协定第四条关于外资损失及赔偿的具体规定就失去存在的意义。这是不符合有效解释原则的。

(三)“CEMEX 诉委内瑞拉案”:有效解释原则不适用于国家单方声明

2008 年“CEMEX 诉委内瑞拉案”涉及对国内立法是否构成书面同意诉诸 ICSID 仲裁的解释。该案关于管辖权的决定指出:争端当事方的此类同意是 ICSID 确认其管辖权的必要条件。“这种同意可以通过东道国与投资者的直接协议。根据 ICSID 的判例法,这也可以经东道国的立法或协定表示单方要约,并随后被投资者接受而达成。”①需留意的是,就 ICSID 管辖权而言,这样说似乎没有什么问题。但是,从适用有效解释原则的角度看,应区分国内立法与双边协定中所谓“单方要约”(unilateral offer)。国内立法属于条约法上的国家单方声明,而双边投资协定中的东道国做出的有关承诺本身已构成条约义务。至于投资者嗣后援引协定,诉诸 ICSID,属于依据协定行使相对于条约义务而言赋予投资者的权利。

前述“AAPL 诉斯里兰卡案”就是 ICSID 历史上第一起由投资者直接援引双边投资协定申请,并由 ICSID 仲裁庭确认其管辖权的案件。该案适用有效解释原则所要解决的问题是依据双边投资协定,东道国如何赔偿投资者损失的实体问题。该案之所以适用有效解释原则,因为不存在国家单方声明的问题。然而,无论是在国际法院,还是在 ICSID,国家单方声明和双边协定的有效解释是不同的。

在“CEMEX 诉委内瑞拉案”中,原告诉称 ICSID 可依据被告的国内投资法和与荷兰的双边投资协定而行使其管辖权。为此,该案关于管辖权决定分别地加以解释。

就原、被告对涉案投资法第二十二条的不同解释而言,该决定认为应明确“解释的标准”(standard of Interpretation)。鉴于 ICSID 的判例法缺少一致性,该决定列举了 3 个判例,即,1988 年“SPP 诉埃及案”(上文已述,不赘)、1999 年“CSOB 诉斯洛伐克案”(“即便[斯洛伐克外交部]公告可作为其单方声明,也需要设问声明国的意图是否依照适用于单方声明的国际法原则,受其条件的约束。回答是否定。”②)

① *CEMEX v. Venezuela*, ICSID Case No.ZRB/08/15, Decision on Jurisdiction, December 30, 2010, para.58.

② 前引 *CEMEX v. Venezuela*, para.74。

和 2003 年"Zhincali 诉格鲁齐亚案"("如格鲁齐亚国内法涉及同意问题,而且,本仲裁庭也如此认定,那么必须根据国内法的指导和最终受国际法制约。"①最终裁定 ICSID 有管辖权)。

"CEMEX 诉委内瑞拉案"认为国内法是否表示同意诉诸 ICSID 仲裁,"必须依据 ICSID 公约和规约国家单方声明的国际法原则。"②由于该案所涉国内法第二十二条用语存在歧义,因此,仲裁庭尝试适用有效解释原则,③认为该原则在条约法中具有重要作用,并援引了 2005 年"EUREKO 诉波兰案"仲裁庭(部分裁决)就涉案双边投资协定的"保护伞条款"(the umbrella clause)的解释时对该原则的说明:"条约的任何及每一用语均应给予有意义的,而非毫无意义的解释,这是条约解释的基本规则。"④"CEMEX 诉委内瑞拉案"强调这在国际法院和 ICSID 的许多案件中得到适用,⑤但是,通过对国际法院"渔业管辖案"和"英伊石油公司案"的解读,"CEMEX 诉委内瑞拉案"认为国际法院在这两起案件中虽肯定了有效解释原则,但均未适用于解释涉案的国家单方声明。

"CEMEX 诉委内瑞拉案"进一步指出:"即便有效解释原则的适用于单方声明,也无助于第二十二条的解释。在这方面,必须看到该原则并不要求给予文本以最大限度的效果。它只是在可能给予文本以其应有意义时,排除导致文本毫无意义的解释。"⑥通过对第二十二条文本应有的效果,即"重申委内瑞拉已有义务"之解释,该案得出结论:"即便有效假定适用于单方声明(不是本案的情况),它对于本仲裁庭在两种解释(有限或宽泛的解释——本文注)中的选择,也没有什么用处。"⑦因此,本案不适用有效解释原则。

值得留意的是,"EUREKO 诉波兰案"是在明确将 VCLT 第三十一条第一款适用于投资保护协定的前提下,对有效解释原则作出有关说明。可以理解:该案认为有效解释原则是 VCLT 解释通则的延伸,且适用于双边条约,而非国家单方声明。

在"CEMEX 诉委内瑞拉案"之后,2013 年裁决的"OPIC 诉委内瑞拉案",同样

① 前引 *CEMEX v. Venezuela*, para.75。

② Ibid., para.79.

③ 该案适用的该原则同时表述为 *effet utile*,或 *ut res magis valeat quam pereat* 或 effectiveness,前引 *CEMEX v. Venezuela*, para.104。

④ *EUREKO B.V. v. Republic of Poland*, *Partial*, *AD Hoc* Arbitration, Award, 19 August 2005, para.248.

⑤ 转前引 *CEMEX v. Venezuela*, para.107。

⑥ Ibid., para.114.

⑦ Ibid., para.115(d).

涉及委内瑞拉投资法第二十二条(相当于国家单方声明)是否具有接受ICSID仲裁管辖的意义。“OPIC诉委内瑞拉案”认为:“由于对第二十二条存在多种解释,因此有效解释的原则本身既不能改变这一结论,也不能以这样或那样的方式提供更清晰的观点。”[①]为此,该裁决未采用有效解释原则,而是通过分析与委内瑞拉的立法意图有关的证据确定第二十二条的含义。可见,不同于“SPP诉埃及案”未明确有效解释原则是否适用国家单方声明,“OPIC诉委内瑞拉案”则明确认为在有关国内立法存在过多歧义时,应依据有关证据解释涉案国内立法的意图,亦即是否有意接受ICSID的仲裁管辖,而非适用有效解释原则。

(四)“PNG诉巴布亚新几内亚案”:适用有效解释原则的折中立场

2015年3月“PNG诉巴布亚新几内亚案”裁决[②]反映了ICSID适用有效解释原则的晚近动向。该裁决认为:“‘有效’(*effet utile*)[解释原则]已经被承认为依据国际法的条约解释原则之一。”[③]但是,该裁决提供的ICJ认为有效解释原则“在条约法和本法院的实践中具有重要作用”和“在解释条约的约文时一般应适用这一原则”之相关国际法院判例——“英伊石油公司案”和“渔业管辖案”,其本身都没有适用有效解释原则。

“PNG诉巴布亚新几内亚案”裁决承认:“对于该原则是否适用于国家单方声明的解释,特别在投资仲裁的上下文中,迄今尚未得到充分考虑。”[④]该案所要解释的是有关诉诸仲裁的国家单方声明,因而不同于将前述有效解释原则适用于双边投资协定的“AAPL诉斯里兰卡案”。该裁决所说“迄今尚未得到充分考虑”针对国家单方声明的解释而言。在这一问题上,该裁决列举了上述“SPP诉埃及案”和“CEMEX诉委内瑞拉案”,表明ICSID有关裁决或决定对于有效解释原则的适用,确实立场各异。

与ICSID先前裁决或决定有所不同,“PNG诉巴布亚新几内亚案”采取了折中的立场:对于承诺付诸ICSID仲裁的国内投资立法“必须同时考虑国际法和有关国内法加以解释。无论这[即,有效解释原则——本文注]是否适用于各国依据国际法所作‘纯粹的’单方声明,本仲裁庭认为有效解释原则是法律解释的共同原则之一,

---

① *OPIC Karimun Corporation v. Bolivarian Republic of Venezuela*, ICSID Case No. ARB/10/14, Award, 28 May 2013, para.105.

② *PNG Sustainable Development Program Ltd v. Independent State of Papua New Guinea*, ICSID Case No.ARB 13/33, Award, 5 May 2015.

③④ 前引*PNG v. Papua New Guinea*, para.267。

一般地适用于'混合'[即,包含国际法与国内法——本文注]条款的解释"[①]。在将有效解释原则适用于涉案的巴布亚新几内亚1992年《投资促进法》(IPA)和1978年《投资争端公约法》(IDCA)时,该案裁决强调:"有效解释肯定适用于条约的同样考虑,也完全适用IPA第39节与IDCA第2节的'混合'手段,因为国家通常有意使其立法,尤其在投资立法的上下文中具有意义和产生结果,而非空洞或毫无意义。有效解释原则给予其应有效果,正是常识所在。"[②]

该案裁决首先解释IPA第39节与IDCA第2节文本的通常和语法上的意义,认为均无"书面同意"(consent in writing)诉诸ICSID仲裁的含义,然后适用有效解释原则,具体解释IPA第39节。该案裁决认为:"有效解释原则并不授权仲裁庭重写涉案立法规定。正如本案原告承认,用意和善意为先,而有效解释在认定用意时起到补充作用。……这就是说,有效解释原则是一个重要的解释手段。如前所述,这取决于应给予国家的用语以自然的含义,而非相反。ICSID的其他仲裁庭已经指出,该原则拒绝或反对条约的解释或类似手段会导致具体规定或语言毫无意义或多余。……有效解释的适用并不能提供认定第39节含有同意ICSID管辖权的依据。"[③]

可见,"PNG诉巴布亚新几内亚案"裁决一方面认为有效解释原则适用于解释国内法与国际法"混合"性立法,另一方面仍坚持基于文本解释的VCLT第三十一条的通则,而有效解释原则只是对通则而言的补充性解释手段。这是ICSID仲裁实践中适用有效解释原则的新发展。

总之,ICSID仲裁中对有效解释原则的明确适用,仅限于对双边投资协定本身的解释,对于国家单方声明或具有这一性质的国内法之有效解释,尚无一贯的做法,其原因不仅在于各仲裁庭的独立裁决,而且更重要在于ICSID仲裁庭通常所参照的,上述一般国际法实践中对该原则的适用也不太确定。

四、归纳与比较

与一般国际法实践中适用有效解释原则的不确定性相比,ICSID有过之而无不及。其一,虽从1988年"SPP诉埃及案"、1990年"AAPL诉斯里兰卡案"到2015年"PNG诉巴布亚新几内亚案",在ICSID的仲裁实践中,条约的有效解释原则受

---

① 前引*PNG v. New Guinea*, para.268。

② Ibid, para.269.

③ Ibid, paras.307－310.

到仲裁庭的关注。但如同在 ICJ 的实践中一样，该原则在 ICSID 条约解释实践中，从未被明确认定为习惯国际法，而只是一项在各国或各种法律制度中得到公认的法律解释原则或规则，被吸收用于条约解释。其二，与 ICJ 尚未对有效解释原则作出前后一致的、完整清晰的表述一样，ICSID 的有关裁决既有明确认为该原则不适用于解释国家单方声明或具有此类法律效果的国内投资立法（秉承 ICJ 的“英伊石油公司案”和“渔业管辖案”的立场），也有主张折中立场，将之适用于包含国际法和国内法的法律解释，或者认为该原则可适用于解释双边条约等。由此可得出结论：总体上，ICSID 各仲裁庭也没有形成完全一致的适用该原则的做法。条约的有效解释原则在国际法实践中仍有着适用上的不确定性。

根据本文的研究，建议我国政府或企业在应对 ICSID 仲裁时，充分注意到有效解释原则可适用于双边投资协定本身的解释，而对于涉及诉诸 CISID 仲裁的国家单方声明或具有此类性质的国内投资法的有效解释，则具有很大的不确定性，应酌情加以运用，格外小心地援引相关判例，以最大限度地维护自身合法权益。

The Effective Interpretation in ICSID Arbitration: Origin, Application and Comparison

Abstract: The principle of effective interpretation is originated from the theory and practice of the general international law on interpretation of either treaty or a state's unilateral declaration with international obligation. But, there are somehow uncertainties of its application. In the practices of ICSID arbitration, it has more uncertainties regarding application of the effective interpretation further to interpret the domestic investment legislatures with the international obligation to agree with ICSID jurisdiction and how to interpret. Chines government and enterprises have involved more ICSID arbitrations while implementing “One Belt & One Road” initiative. It is very significant to have a deep and comprehensive research on application of effective interpretation in ICSID arbitration so as to be references for possible ICSID tribunal's interpretation on its jurisdiction and merit of disputes on bilateral investment agreements.

Keywords: ICSID; Investment dispute; Arbitration; Effective interpretation

国际经贸条约的安全例外条款及其解释问题*

内容摘要：国际贸易和投资条约的安全例外条款有着国际法上的理论渊源。第二次世界大战后《关税与贸易总协定》第二十一条的安全例外条款已成为世界贸易组织的三大实体性贸易协定的共同条款。国际投资条约的安全例外条款尚无统一表述。国际经贸条约的安全例外条款经过有关争端解决的条约解释，其内涵及其适用条件既有所扩大，也不乏被严格限制。深入研究国际经贸条约的安全例外条款及其解释问题，有助于我国应对国际贸易和投资相关争端解决。

关键词：国际经贸；条约；安全例外；解释

本文所称"国际经贸协定"包括贸易与投资两方面，这些协定的安全例外条款规定缔约方在危及国家基本安全利益的情况下，可采取不履行该条约项下有关义务的必要措施。晚近世界贸易组织（WTO）争端解决专家组接连裁决，对涉及国际贸易条约的安全例外条款所作解释，势必影响目前正在审理的有关案件。虽然国内外学界对此有一定研究，①但是，条约法上的安全例外观念由来，国际经贸条约的安全例外条款的产生及发展，WTO 争端解决专家组和国际投资仲裁庭对涉案条约安全例外条款的解释以及两者比较等问题，亟待进一步深入研究。

一、条约法上的安全例外：观念与条款的由来及发展

"安全"是国际关系中一个极为重要的观念。当代欧美国际关系学理论较多讨论"集体安全""国际安全"问题。②其实，现代国际关系和国际法形成之初，"安全"就是一个基本观念。对于每一个现代主权国家而言，相对安全的生存环境或条件必不可少。因此，国家的"安全"观具有本国不受他国武力侵犯或威胁和独立生存而避免根本上依赖他国的基本内涵。格劳秀斯在最初探讨现代国际法原理时曾提出两项包含"安全"观念的自然法戒律："第一，应当允许保护（人们自己的）生命并

---

* 原载《法治研究》2021 年第 1 期，第 128—138 页。

① 参见张丽娟、郭若楠：《国际贸易规则中的"国家安全例外"条款探析》，《国际论坛》2020 年第 3 期；Sebastián Mantilla Blanco and Alexander Pehl, *National Security Exceptions in International Trade and Investment Agreements*, Springer International Publishing, 2020。

② 如英尼斯·克劳德的"均势、集体安全和世界政府"理论，参见倪世雄、金应忠主编：《当代美国国际关系理论流派文选》，学林出版社 1987 年版，第 163 页；又如"国际安全新论"，参见倪世雄主编：《当代西方国际关系理论》，复旦大学出版社 2001 年版，第 434 页。

避免可能造成其伤害的威胁；第二，应当允许为自己取得并保有那些对生存有用的东西。”①他在《战争与和平法》中将这两项戒律运用于论证正义战争的合法性：“就战争之目的与宗旨在于保全生命与身体完整，并保存或取得对于生活有用的东西而言，战争完全符合这些自然的基本原则。”②这在传统国际法上被称为每个国家的“自我保全”(self-preservation)原则，涵盖自卫和自存两方面固有权利。③

第二次世界大战之后，《联合国宪章》第二条第四款原则上规定：“各会员国在其国际关系上不得使用威胁或武力，或以与联合国宗旨不符之任何其他方法，侵害任何会员国或国家之领土完整或政治独立。”同时第五十一条允许“联合国任何会员国受武力攻击时，在安全理事会采取必要办法，以维护国际和平及安全以前，本宪章不得认为禁止行使单独或集体自卫之自然权利”④。这是相对禁止使用武力原则的例外⑤，可以说，这是现代具有普遍约束力的多边条约第一次规定自卫权的安全例外条款。此前，《威斯特伐利亚条约》第一百二十四条规定对于违约者，受害者应首先采取“温和的手段和法律措施”，经三年无法解决争端，可使用武力。⑥其实质在于允许一个国家使用武力解决与他国的争端，因而不是禁止使用武力的安全例外。这一支配现代国际关系数百年的法则直到联合国成立才得以改变。

在《联合国宪章》问世后不久，1947 年 10 月 30 日签署并于翌年 1 月 1 日起临时生效的《关税与贸易总协定》(GATT)⑦第二十一条以“安全例外”为标题，明确规定：“本协定的任何规定不得解释为：(a)要求缔约方提供其认为如披露会违背其基本安全利益的任何信息；或(b)阻止任何缔约方采取其认为对保护其基本国家安全利益所必需的任何行动：(i)与裂变和聚变或衍生这些物质有关的行动；(ii)与武器、弹药和作战物资的贸易有关的行动，及与此类贸易所运输的直接或间接供应军

① ［荷］雨果·格劳秀斯：《捕获法》，张乃根等译，上海人民出版社 2006 年版，第 14 页。

② Hugo Grotius, *The Law of War and Peace*, translated by Francis W. Kelsey, the Clarendon Press, 1925, p.52.

③ 参见 Amos S. Hershey, *The Essentials of International Law*, The Macmillan Company, 1919, p.144；“自卫”又称“自保”，参见［英］劳特派特修订：《奥本海国际法》，上卷第一分册，王铁崖、陈体强译，商务印书馆 1971 年版，第 224 页。

④ 《联合国宪章》(1945 年 6 月 26 日)，载《国际条约集》(1945—1947)，世界知识出版社 1961 年版，第 35 页。

⑤ 参见 Kenneth Manusama, *The United Nations Security Council in the Post-Cold War Era*, Martinuis Nijhoff Publishers, 2011, p.299；又参见黄瑶：《论禁止使用武力原则》，北京大学出版社 2003 年版，第 278 页。

⑥ 《威斯特伐利亚条约》(1648 年 10 月 24 日)，载《国际条约集(1648—1871)》，世界知识出版社 1984 年版，第 31 页。

⑦ General Agreement on Tariffs and Trade, 55. U.N.T.S. 94; Protocol of Provisional Application of the GATT, 55. U.N.S.T. 308.

事机关的其他货物或物资有关的行动;(iii)在战时或国际关系中的紧急情况下采取的行动;或(c)阻止任何缔约方为履行《联合国宪章》项下的维护国际和平与安全的义务而采取的任何行动。"①这是多边条约首次明确规定的安全例外条款。这不仅对此后国际经贸关系的调整具有重大意义,而且作为严格意义的条约法上安全例外条款,在一般国际法上也堪称先例。

GATT 乌拉圭回合多边贸易谈判达成的一揽子协定随着 1995 年 1 月 1 日 WTO 的成立而生效实施,其中,《货物贸易多边协定》包括 1947 年 GATT,上述第二十一条安全例外条款不仅原封不动地保留,而且一字不差地被复制到新的《服务贸易总协定》(GATS)第十四条之二和《与贸易有关的知识产权协定》(TRIPS)第七十三条,成为 WTO 三大实体性贸易协定下安全例外的共同条款。

不同于多边贸易条约的安全例外条款之由来和发展,自二十世纪五十年代末,尤其七十年代兴起,迄今已达数千项的双边投资保护条约或协定(BITs),②起初的安全例外实质上是"公共秩序"范畴下的投资待遇例外,如 1973 年德国与马耳他 BIT 的议定书补充第二条(a)款规定:"基于公共安全与秩序、公共健康或道德而不得不采取的措施不应视为第二条含义下'低于优惠的待遇'。"③此后的 BITs 将"公共秩序"例外延伸到"基本安全利益",形成比较明确的安全例外条款,如 1983 年美国与塞内加尔 BIT 第十条标题"本条约不得调整的措施"下第一款规定:"本条约不得排除缔约任何一方采取必要措施以维持其公共秩序与道德,履行其有关维持或恢复国际和平或安全的义务,或保护自己基本安全利益。"④其他国家间部分 BITs 逐渐采纳了这样的做法,并参照了多边贸易协定的安全例外条款。如 2008 年日本与乌兹别克斯坦 BIT 第十七条第一款规定:"本协定任何条款不得解读为阻止一缔约方采取或实施措施,(d)对其认为有必要保护基本安全利益,(i)在战时或武装冲突,或其他该缔约方或国际关系中的紧急情况。"⑤与多边贸易协定不同,BITs 安全

① 《关税与贸易总协定》(GATT 1947),载《世界贸易组织乌拉圭回合多边贸易谈判结果法律文本》[中英文对照],法律出版社 2000 年版,第 456 页。

② 1959 年德国与巴基斯坦《投资促进与保护协定》是第一项 BIT,截至 2020 年 1 月 25 日,全球共有 2899 项 BITs,其中已生效为 2340 项。此外,含有投资条款的经贸协定共有 389 项,319 项已生效。参见 UNCTAD 网站:https://investmentpolicy.unctad.org/international-investment-agreements[2020-09-02],以下访问时间同,略。

③ Protocol to treaty between Malta and the Federal Republic of Germany concerning the encouragement and reciprocal protection of investment. 7 April 1973.

④ Treaty between the United States of America and the Republic of Senegal concerning the reciprocal encouragement and protection of investment, 6 December 1983. 这成为美国与其他国家 BITs 的条款范本。

⑤ Agreement between Japan and the Republic of Uzbekistan for the Liberalization, Promotion and Protection of Investment, 15 August 2008.

例外条款尚无统一表述。

尽管在国际关系中，安全对于每个国家都是至关重要，但是，除了安全保障或核安全等领域极少数条约，①一般而言，条约本身很少冠以“安全”。贸易、投资等国际经贸条约仅包含安全例外条款。其原因在于安全事关国家主权，通常由各国自行处置，毋庸以条约与他国约定。国际经贸条约的安全例外条款特指对缔约方承担的国际贸易或投资方面义务而言，可基于国家安全理由，例外地不履行。因此，安全例外的实质是正当行使国家主权的体现。鉴于“条约必须遵守”(pacta sunt servanda)②，有关缔约方通过安全例外条款作为履行条约义务之例外，仅限于涉及基本安全利益或发生战争及国际关系中的紧急情况。可以说，这应该是条约义务的履行与缔约方“自我保全”相冲突或发生武装冲突致使以和平为宗旨的条约③及其义务无法履行等极端情况下适用的。

相对《联合国宪章》下维护或恢复国际和平与安全的“集体安全”“国际安全”而言，国际经贸条约的安全例外条款主要以单个缔约方例外地不履行其条约义务的自身“基本安全利益”或发生武装冲突等危及国家安全的极端情况为适用对象。下文分析的国际贸易、投资条约中安全例外的解释问题都与此类适用有关。

二、国际贸易条约的安全例外条款解释问题

如上所述，1947 年 GATT 以及 1995 年 WTO 三大实体性贸易协定早就有了安全例外条款，在 GATT 时期也有过涉及安全例外条款的争端解决，但均未对 GATT 第二十一条作过条约解释。④WTO 成立至今，直到晚近才接连发生两起有关货物贸易和贸易相关知识产权的安全例外争端解决案件，即，“俄罗斯有关过境运输措施案”(俄罗斯过境案)和“沙特阿拉伯有关知识产权保护措施案”(沙特知识

---

① 如《日本和美国共同合作和安全条约》(1960 年 1 月 19 日)，载《国际条约集(1960—1962)》，商务印书馆 1975 年版，第 27 页；《关于核子能方面建立安全管制的公约》(1957 年 12 月 20 日)，载《国际条约集(1956—1957)》，世界知识出版社 1962 年版，第 662 页。

② 这既是“举世所承认”的习惯国际法，也是条约法的基本规定。参见《维也纳条约法公约》(1969 年 5 月 23 日)，载《国际条约集(1969—1971)》，商务印书馆 1980 年版，第 42 页，序言和第 26 条。

③ 格劳秀斯在《战争与和平法》中将整个条约范畴一概归为希腊人所谓“狭义的和平”，条约亦即和平。参见 *On the Law of War and Peace*，p.394。

④ 如，捷克斯洛伐克诉美国出口控制案，GATT/CP.3/SR.22(1949)，参见 *GATT Disputes*：*1948 - 1995*，*Volume 1*：*Overview and one-page case summaries*，Geneva：WTO Publications 2018，p.3；又如，尼加拉瓜诉美国禁运案，L/6053，专家组报告未通过(1986 年 10 月 13 日)，参见[美]约翰 · H.杰克逊：《世界贸易体制：国际经济关系的法律与政策》，张乃根译，复旦大学出版社 2001 年版，第 257 页。

产权案)。[①]通过 WTO 争端解决专家组对涉案安全例外条款的条约解释,使人们对国际贸易中安全例外的内涵以及适用条件有了进一步理解。在当前美国肆意滥用其所谓"安全例外",频频挑起国际经贸争端的情况下,[②]如何运用条约解释的国际法,[③]正确理解和适用国际贸易条约中安全例外条款,显得格外重要。

(一)"国际关系中的紧急情况":解释含义之一"一般是指武装冲突或潜在的武装冲突"

俄罗斯过境案是"第一起 WTO 争端解决专家组被要求解释 GATT 第二十一条(或 GATS 与 TRIPS 的相同条款)。"[④]该案起因于俄罗斯以国家安全例外为由,禁止乌克兰货物经由俄罗斯公路和铁路过境至哈萨克斯坦等国。

专家组首先对俄罗斯主张安全例外的"自裁性"(self-judging)进行分析,认为包括 WTO 争端解决专家组在内的国际裁判庭都拥有履行其职能所需的"内在管辖权"(inherent jurisdiction),包括对其行使"实体管辖权"(substantive jurisdiction)有关所有事项的裁定权。[⑤]根据 WTO《关于争端解决规则与程序的谅解》(DSU)第一条第二款,WTO 争端解决的规则与程序适用于包括 GATT 第二十一条在内一揽子协定的诸条款,DSU 附录 2 所规定适用特殊或附加规则与程序也不包括 GATT 第二十一条,因此,俄罗斯援引该第二十一条作为其违反 GATT 第五条过境自由规定的"安全例外",属于适用 DSU 一般规则与程序的专家组管辖权范围。

然后,专家组侧重于该第二十一条(b)款(iii)项的解释,并明确依照 DSU 第三条第二款,应适用作为"国际公法的解释惯例"之《维也纳条约法公约》(VCLT)第三十一条、第三十二条。该第二十一条引言句规定:"本协定的任何规定不得解释为",接着三款(a)、(b)、(c)均以"或者"(or)分开规定 WTO 成员履行 GATT 义务的安全例外。第二十一条(b)款也有引言句:[不得解释为]"阻止任何缔约方采取其认为对保护其基本国家安全利益所必需的任何行为"。该引言句可以不同方

---

① *Russia-Measures Concerning Traffic in Transit*, WT/DS512/R, 5 April 2019;该案未提起上诉,已通过专家组报告。*Saudi Arabia-Measures Concerning the Protection of Intellectual Property Rights*, WT/DS567/R, 16 June 2020,该案已提起上诉。

② 如,2018 年 3 月美国以安全例外为由对进口至美国的钢铝制品采取加征关税措施,中国率先向 WTO 起诉美国实质上是采取违反 WTO 规则的保障措施。*US-Steel and Aluminium Products (China)*, DS544/1, 9 April 2018. 随后,欧盟等 8 个成员相继以同样理由诉告美国。

③ 参见张乃根:《条约解释的国际法》(上下卷),上海人民出版社 2019 年版。

④ 前引 WT/DS512/R, para.7.20。

⑤ Ibid., para.7.53.

式解读，得出多种解释。特别是“其认为”可解释为：其一，仅对“必需”这一用语而言；其二，也包括对“其基本国家安全利益”而言；其三，对第二十一条(b)款的三种情况而言。专家组认为对于同一条约用语可有不同解释，但没有明确根据VCLT解释规则，是否允许多种解释的并存。在WTO的规则体系中，只有《反倾销协定》第十七条第六款(ii)项明确规定专家组依据国际公法的解释惯例，“认为本协定的有关规定可以作出一种以上允许的解释”，并可选择其一。根据DSU附录2，这属于特殊规则，仅适用于《反倾销协定》。换言之，第二十一条(b)款可有多种解释，但并没有协定依据允许并存的情况下选择其一。更何况对于《反倾销协定》第十七条第六款(ii)项，上诉机构始终否认多种解释的并存。[①]

专家组对这三种可能的解释，逐一展开，但重点在于第三种。第二十一条(b)款的(i)、(ii)、(iii)项分列的情况实质不同，且不是累加的，而是“替换的”(alternative)。但是，专家组认为，其中任何行动必须满足其中之一的要求，“以便落入第二十一条(b)款的范围内”。[②]这是该解释的关键，即，尽管三种可替换的情况不同，但都属于第二十一条(b)款，因而具有一定的共性。这是将(iii)项的“国际关系中的其他紧急情况”放在整个(b)款的上下文中，加以解释。

就(iii)项的“国际关系中的其他紧急情况”之词义而言，专家组解释：“在战时或国际关系中的其他紧急情况”这一规定提示战争是“国际关系中的紧急情况”这一大范畴下一种情况。战争通常指的是武装冲突；紧急情况包括“危险或冲突的情况，系未曾遇见的起因并要求采取紧急行动”；国际关系一般指“世界政治”或“全球政治，主要是主权国家的关系”。

就(iii)项的“国际关系中的其他紧急情况”之上下文而言，专家组认为(i)和(ii)项的事项，即“裂变物质”和“武器运输”，与(iii)项的战争均与国防、军事的利益有关。因此，“‘在国际关系中的紧急情况’必须理解为是从第二十一条(b)款所规定的其他事项引起的同样利益中引申而出的。”[③]亦即，第二十一条(b)款引言的“基本国家安全利益”具有相同性。“因此，国际关系中的紧急情况看来一般是指武装冲突或潜在的武装冲突，或高度紧张或危机，或一个国家内或周边普遍的不稳定状态。这种情况引起有关国家的特定利益，即，国防或军事利益，或维持法律或公共

---

① 在“美国洗衣机案”中，一位上诉机构成员对上诉机构有关《反倾销协定》第2条第4款第2项下W-T比较方法不允许归零法的多数意见表示异议，并认为这也是《反倾销协定》第17条第6款(ii)项所允许的解释。*US-Washing Machines*, DS464/AB/R, 7 September 2016, paras.5.191-5.203.

② 前引WT/DS512/R, para.7.67。

③ Ibid., para.7.74.

秩序的利益。”[①]这类利益存在与否，属于可经专家组“客观认定的客观事实”，而不是主张安全例外的 WTO 成员自己主观“认为”即可。这与专家组认为安全例外不是主张者“自裁”事项是相吻合的。也就是说，第二十一条安全例外的成立与否，既不是主张安全例外的成员自己决定，也不是其主观认定，而是在专家组的管辖范围，并应该经由专家组的客观认定。

就(iii)项的“国际关系中的其他紧急情况”之目的及宗旨而言，《建立 WTO 协定》及 GATT 之总目的及宗旨在于促进互惠互利安排的安全性、可预见性以及实质减少关税与非关税壁垒，同时在特定情况下，成员可偏离其 GATT 和 WTO 项下义务，以便在最大限度接受此类义务时保持一定灵活性，但是将这些偏离仅作为某成员单边意愿的表示，则有悖于这些目的及宗旨。专家组在解释第二十一条(b)款之目的及宗旨时，似乎并未紧扣“国际关系中的其他紧急情况”，而是指该条款项下的客观认定问题。进而言之，如果第二十一条(b)款(iii)项下“国际关系中的其他情况”首先也是“武装冲突或潜在的武装冲突”，与作为武装冲突的“战争”又有什么区别呢？如果这样几乎同义反复，第二十一条(b)款(iii)项只需规定“战时”，即可。

专家组的上述解释更多依赖于该条款的起草史。这包括美国于 1946 年提交的始初文本包含如今 GATT 第二十条、第二十一条的例外条款，1947 年 5 月的起草本将一般例外与安全例外分开。美国代表团对“或国际关系中的其他紧急情况”作了如此解释：“我们特别记得上次战争结束前的情况，在 1941 年底我们参战前，战争在欧洲已进行了两年，我们即将参战时，为保护自己，要求可采取许多如今宪章已禁止的措施。我们的进出口在严格管控下，原因在于战争在进行着。”[②]也就是说，在美国参战前夕，所采取的进出口管制措施属于“国际关系中的其他紧急情况”，但与战争直接相关。正是在该起草史的印证下，专家组认为“国际关系中的其他紧急情况”包括潜在的武装冲突。这一解释符合第二十一条(b)款(iii)项的初衷。

但是，按照如今在条约解释的国际法实践中得到普遍认可的“演进”(evolutionary)解释规则，即，对缔约的时代较久远且依然有效的条约所具有的一般性用语，“作为一项基本规则，必须假定缔约方有意使这些术语具有演变的含义。”[③]“国际关系”和“紧急情况”都属于一般性用语。在当代，除了战争这一国际关系中的紧急情况，还有其他不属于武装冲突范畴的紧急情况。尤其应指出，根据当代的一般国际法，调整传统的主权国家间战争法已发展为包括主权国家下内战(非国际性武

① 前引 WT/DS512/R，para.7.76。

② Ibid.，para.7.92.

③ *Dispute Regarding Navigational and Related Rights*，ICJ Reports 2009，p.243，para.66.

装冲突[①])的武装冲突法。根据 VCLT 第三十一条第三款(c)项,作为"适用于当事国间关系之任何有关国际法规则"的当代武装冲突法,应与解释第二十一条(b)款(iii)项的上下文一并考虑,从而避免像本案专家组将"国际关系中的其他紧急情况"首先解释为"武装冲突",与当代武装冲突法下的"战争"重叠,使得"国际关系中的其他紧急情况"在很大程度上变得多余,与条约的有效解释相悖。

综上专家组关于 GATT 第二十条(b)款(iii)项的解释,一方面将该款项放在(b)款的整体中解释,认为"基本国家安全利益"涵盖(b)款三项的共性,都具有"国防或军事利益,或维持法律或公共秩序的利益"。一方面强调(b)款引言"其认为"针对每一项而言,必须满足每一项要求方可成立,而(iii)项首先须与武装冲突或潜在武装冲突有关。[②]

(二)"国际关系中的紧急情况":解释含义之二"高度紧张或危机"

沙特知识产权案所解释的 TRIPS 第七十三条本身与 GATT 第二十一条完全相同,但涉及贸易有关知识产权,因而条约解释的语境不同于俄罗斯过境案。该案起由是近年来沙特及其他海湾地区部分国家与卡塔尔的关系恶化,直至 2017 年 6 月沙特宣布与卡塔尔断绝外交及领事关系,关闭与卡塔尔有关所有陆海空通道,禁止卡塔尔国民进入沙特。卡塔尔诉称沙特同时禁止总部设在卡塔尔的一家全球性体育娱乐公司(beIN)继续在沙特从事该公司拥有专有转播权的体育赛事广播业务,并允许沙特本地一家广播公司(beoutQ)未经许可广播 beIN 的所有体育赛事,构成 TRIPS 第六十一条下"具有商业规模的蓄意盗版"而不采取任何刑事措施。沙特虽未明确以安全例外为该盗版行为抗辩,但辩称断绝与卡塔尔的外交关系等全面措施是在国际关系中紧急情况下采取必要的安全例外措施。实际上,此类盗版行为是实施这些措施之后发生的。因此,专家组认为一旦认定盗版行为存在,沙特也没有适用相应的刑事程序和刑罚,就应根据沙特为其全面措施抗辩所援引的安全例外,分析此类不适用 TRIPS 第六十一条的刑事措施是否属于 TRIPS 第七十三条(b)款(iii)项的安全例外。[③]

---

① 参见《1949 年 8 月 12 日日内瓦四公约关于保护非国际性武装冲突受难者的附加议定书》(第二议定书),1977 年 6 月 8 日订于日内瓦。

② 该案专家组认定俄罗斯援引安全例外的情况包括 2014 年 3 月至 2016 年底乌克兰与俄边境接壤的东部地区武装冲突构成国际关系中的紧急情况。前引 WT/DS512/R, para.7.123。

③ 该案专家组最终裁定沙特对于 beoutQ 商业规模的盗版行为不采取任何刑事程序和刑罚违反 TRIPS 第 61 条,并与沙特断绝与卡塔尔外交等关系而终止或阻止与卡塔尔国民有任何交往的安全例外措施无关。同注 Saudi Arabia-Measures Concerning the Protection of Intellectual Property Rights, WT/DS567/R, para.7.294。

该案专家组以俄罗斯过境案为指导，阐明了评估援引 TRIPS 第七十三条(b)款(iii)项的四步骤：1.是否确实存在该款项下“在战时或国际关系中的其他紧急情况”；2.是否“在战时或国际关系中的其他紧急情况下采取的行动”；3.援引安全例外的一方是否形成相关“根本安全利益”并足以能够判断所采取的行动与之相关性；4.所采取的行动对于保护紧急情况下的根本安全利益是否必要。[①]下文限于评析专家组对第一步骤中有关“国际关系中的其他紧急情况”的条约解释。

该案专家组基于俄罗斯过境案对“国际关系中的紧急情况”的条约解释，即，包含“武装冲突或潜在的武装冲突”，或“高度紧张或危机”，或“一个国家内或周边普遍的不稳定状态”，认为沙特援引安全例外的“国际关系中的紧急情况”属于“高度紧张或危机”。[②]专家组同意沙特主张 WTO 某成员断绝与另一成员的所有外交及经济关系可视为“存在国际关系中紧急情况的国家最终表示”，并以联合国国际法委员会关于 VCLT 第六十三条“断绝外交或领事关系”的评注为依据，认为这是一个国家“单边和自由裁量的行动，通常是派出国与接受国关系出现严重危机时采取的最后手段”。[③]该案专家组还认为应将这一“高度紧张或危机”放在沙特断绝与卡塔尔外交及其他关系的背景下考察，即，沙特一再声称卡塔尔“破坏地区稳定与安全”，而卡塔尔强烈拒绝此类指控。专家组表示对双方此类争执不持任何立场，只是认为“这本身反映了与安全利益有关的高度紧张或危机的情况”。[④]

值得留意，沙特知识产权案专家组对“国际关系中的紧急情况”含义与其说是条约解释，不如说是对俄罗斯过境案有关条约解释用语的进一步解释，也就是说，将当事方之间“断绝外交或领事关系”作为体现国家间关系“高度紧张或危机”的含义所在。问题在于：“高度紧急或危机”用语本身不是安全例外条款的条约用语，而是先前专家组的条约解释用语。这种类似遵循先例的做法，在条约解释的国际法实践中十分普遍，也是保持同类案件对相同条约款项的解释“判理稳定性”(jurisprudence constante)[⑤]之习惯做法。尤其是俄罗斯过境案专家组报告未经上诉而通过后，其条约解释的判理指导嗣后专家组作出进一步解释，充分体现了当前在 WTO 争端解决上诉机构无法运行的情况下，已通过的专家组报告具有很强的类似先例作用。[⑥]

---

① 前引 WT/DS567/R，para.7.242。

② Ibid.，para.7.257.

③ Ibid.，para.7.260.

④ Ibid.，para.7.263.

⑤ 参见张乃根：《条约解释的国际法》，第 106 页。

⑥ 沙特虽对专家组报告提起上诉，但并不涉及专家组对安全例外条款的解释。这表明该解释已得到当事方的认可。参见沙特上诉通知，Notification of an Appeal，WT/DS567/7，30 July 2020。

还应进一步留意，沙特知识产权案不存在俄罗斯过境案中的武装冲突情况，因而不必涉及上文提及将“国际关系中的紧急情况”首先解释为“武装冲突或潜在武装冲突”，会产生与当代武装冲突法包含战争的含义重叠问题。但是，“国际关系中的紧急情况”下“高度紧张或危机”不限于断绝外交关系等情况，因而如何进一步解释安全例外条款，尤其是“国际关系中的紧急情况”仍是值得深入探讨的国际法问题。

（三）全球贸易战的背景下安全例外条款解释问题

上述两起案件的专家组在当前全球贸易战的背景下对国际贸易条约安全例外条款的解释，具有特殊意义。两起案件本身与贸易战没有任何关系。俄罗斯过境案是由于乌克兰与俄罗斯关系恶化，尤其是克里米亚公投并入俄罗斯和乌克兰东部地区武装冲突，导致美国、欧盟等对俄罗斯的经济制裁与俄罗斯的反制裁，包括俄罗斯以国家安全为由禁止乌克兰货物经由俄罗斯公路和铁路过境至哈萨克斯坦等国而引起的贸易争端。沙特知识产权案则是在中东地区复杂的国际关系中因部分国家与卡塔尔断交引起的贸易相关知识产权争端。

然而，2018 年 3 月美国以安全例外为由对进口至美国的钢铝制品采取加征关税措施，中国率先向 WTO 起诉美国实质上是采取违反 WTO 规则的保障措施。①美国辩称：“国家安全是政治问题，不属于 WTO 争端解决的事项。每一个 WTO 成员均有权自己决定对于其重大安全利益的保护必要性，如同这体现于 1994 年 GATT 第二十一条规定。”②在专家组审理俄罗斯过境案时，美国作为第三方强调安全例外的自裁权是“GATT 缔约方和 WTO 成员反复承认的‘固有权利’。”③尽管该案专家组通过条约解释，已明确在 WTO 的国际贸易条约下安全例外问题一旦进入争端解决程序，就不是其成员自行主观判定的事项，而应由专家组基于个案事实的客观评估加以认定，但是，美国作为沙特知识产权案的第三方，再次提出 TRIPS“第七十三条(b)款是一项自裁性条款”④。沙特知识产权案专家组重申认定安全例外属于适用 DSU 一般规则与程序的专家组管辖权范围。这对 WTO 争端解决机构处理此类贸易争端的正当性和权威性，具有重大意义。

值得进一步探析的是“国际关系中的紧急情况”究竟涵盖哪些情况？俄罗斯过境案专家组的解释至少涵盖三种情况：“武装冲突或潜在的武装冲突”，或“高度紧

---

①② 前引 *US-Steel and Aluminium Products*(China)。

③ 前引 WT/DS512/R，para.7.51。

④ 前引 WT/DS567/R，para.7.238。

张或危机”，或“一个国家内或周边普遍的不稳定状态”。沙特知识产权案专家组又将“高度紧张或危机”进一步解释为至少涵盖国家间“断绝外交与领事关系”。如上文评析时认为，从演进的条约解释来看，“武装冲突或潜在的武装冲突”的涵义与如今武装冲突法涵盖战争的情况重叠，有悖条约有效解释规则。“高度紧张或危机”涵义宽泛，本身不是条约用语，嗣后专家组按照类似遵循先例的做法，将先前专家组解释延伸的用语当作进一步解释的基础。已故著名 WTO 法学者杰克逊教授曾担忧安全例外条款“这一规定的表述是如此宽泛、自我判断和含糊，以致显然会被滥用”①。晚近 WTO 成员在国际贸易争端解决中接二连三地援引安全例外条款，作为其违反 WTO 法规则的正当性抗辩理由。美国根据国内法，在对外经贸关系中滥用安全例外，对其他 WTO 成员的进口产品单边加征关税，或封杀他国企业的产品或投资等，更是无所不及。

目前在全球贸易战的背景下安全例外条款的解释，涉及 GATT 第二十一条(b)款(iii)项下“国际关系中的其他紧急情况”的两个关联问题。其一，在中国等诉美国钢铝制品案中，美国声称的安全例外是否构成国际关系中的“紧急情况”或更具体地说，“高度紧张或危机”？其二，美国以所谓不公平贸易的 301 调查结果为由对数以千亿美元中国输美产品实施加征关税的单边贸易措施。对于美国挑起的贸易战，中国不得不被迫进行必要反击。这样的贸易战是否属于该第二十一条(b)款(iii)项下“国际关系中的其他紧急情况”，以至于中国可以采取反制措施以维护自己的重大安全利益？

就第一个问题而言，美国辩称：根据其 1962 年《贸易扩展法》第 232 节采取加征关税措施“对于调整威胁损害美国国家安全的钢铝制品进口是必要的。国家安全问题是不属于由 WTO 争端解决来审查或能够处理的政治问题。WTO 各成员保留自己决定那些它所认为有必要保护基本安全利益，正如 GATT 第二十一条所体现的那样”②。美国明确援引了该第二十一条作为其违反 WTO 规则加征关税的安全例外依据。如果参照俄罗斯过境案的解释，所谓“威胁损害美国国家安全的钢铝制品进口”显然与战争无关，也不属于“国际关系中紧急情况”的“武装冲突或潜在的武装冲突”，或“高度紧张或危机”，或“一个国家内或周边普遍的不稳定状态”，而是与美国钢铝制品产业因进口过多而受损有关。中国等诸多 WTO 成员因而诉告美国假借国家安全例外，实质是针对短时期内某类产品进口激增而采取的保障措施。正如杰克逊教授曾比喻：如果滥用安全例外，“甚至有人提出保留制鞋

① 前引杰克逊：《世界贸易体制：国际经济关系的法律与政策》，第 256 页。

② *US-Steel and Aluminium Products*(*China*), DS544/2, 17 April 2018.

行业作为例外,因为军队必须有鞋穿。”[①]如将因进口过多而影响其产业等经济安全也作为“国际关系中紧急情况”,那么在俄罗斯过境案所列三种情况之外,或者沙特知识产权案所解释的“高度紧张或危机”涵盖“断绝外交与领事关系”之外,至少还要增加“国家经济安全”这一更加宽泛的情况,从而极大地扩展安全例外的范围。从条约解释的角度看,一国的产业存废或发展程度主要不是国际关系的问题。国际关系的通常涵义是在世界政治或全球政治中的主权国家间关系。在 GATT 第二十一条(b)款的上下文中,“紧急情况”一般指的是危险或冲突的情况,未曾遇见的起因并要求采取紧急行动的情况。美国钢铝制品产业的相对停滞或减弱是其本身经济结构调整的结果,与 2002 年美国对进口钢材采取保障措施时碰到其钢铁产业衰退的情况,如出一辙。当时欧盟为主包括中国等多个 WTO 成员诉告美国违反 WTO 保障措施的规则,并胜诉。[②]如今美国打着安全例外的旗号,实际上采取保障措施。在 GATT 包括保障措施的条款等上下文看,美国单方加征进口钢铝制品关税的所谓国家安全例外难以归入第二十一条(b)款(iii)项的“国际关系中的其他紧急情况”。

就第二个问题而言,美国挑起对中国的贸易战可归入“国际关系中的紧急情况”涵盖国际关系的“高度紧张或危机”。从演进的条约解释看,GATT 第二十一条(b)款(iii)项的“国际关系中的其他紧急情况”的通常涵义应该是相对于“战时”,也就是当代武装冲突法所涵盖的两个或数个国家之间,或一国内部的武装冲突等军事行动而言,和平条件下的国际关系中的政治(如断绝外交与领事关系)、经济(如所谓贸易战之类特别重大的经贸摩擦)等方面突发事件,或邻国突发重大事变等危及本国安全的情况。因此,中国面临美国强加的史无前例、超大规模的双边贸易战,两国经贸关系处于“高度紧张或危机”的紧急状态,为了维护自身经济方面的国家安全,别无选择,只得对来自美国的进口产品采取实质等同的加征关税措施。这是真正的安全例外措施。或许正是如此,美国迄今未在 WTO 诉告中国采取此类关税措施违反 WTO 规则。[③]

简言之,相比泛泛而论的“国家经济安全”,“贸易战”涉及国际经贸关系,构成“高度紧张或危机”的情况。因此,进一步解释 GATT 第二十一条(b)款(iii)项的

---

① 前引杰克逊:《世界贸易体制:国际经济关系的法律与政策》,第 256 页。

② 参见杨国华:《中国入世第一案:美国钢铁保障措施案研究》,中信出版社 2004 年版。

③ 相比之下,对于中国等反制美国加征钢铝制品关税而采取 WTO《保障措施协定》第 8 条第 2 款项下的措施,美国在 WTO 提起争端解决。参见 *China-Additional Duties on Certain Products from the United States*, WT/DS558, 16 July 2018。同类案件还有美国诉告欧盟等,WT/DS557, 559, 560, 561, 566, 585。这些案件目前均处于专家组审理阶段。

“国际关系中的其他紧急情况”，至少可增加诸如中美“贸易战”此类情况。诚然，美国并未就此启动涉及条约解释的争端解决，这只是本文的假设性解释。但是，中国等诉告美国钢铝制品案的专家组将无法回避解释产业相关“国家经济安全”是否构成“国际关系中的其他紧急情况”。①让我们拭目以待。

三、国际投资协定中安全例外的解释问题

如同国际贸易协定中安全例外条款在实践中的援引及其解释案件很少，至今数以千计的 BITs 中含有安全例外条款并不多，经国际投资争端解决仲裁庭的解释案件也较少。下文扼要分析两起典型案件，并与上述 WTO 争端解决专家组的解释作些比较。

（一）国际投资协定中安全例外条款的“自裁性”

由于阿根廷国内经济危机导致政府颁布《紧急状态法》等相关措施与外国投资者的利益发生冲突，因此在 2000 年之后有数十起有关投资争端仲裁案件，②其中不乏涉及 BITs 安全例外条款的案件。如，安然公司诉阿根廷案所涉阿根廷与美国 BIT 第十一条的解释。该第十一条规定：“本条约不得排除缔约任何一方适用必要措施以维持公共秩序，履行有关维持或恢复国际和平或安全的义务，或保护自己基本安全利益。”③该案仲裁庭表示在审理中对于该第十一条的讨论显得特别复杂，除了当事双方提出了各自许多主张，该仲裁庭还听取了有关专家学者的法律意见。

关于安全例外是否为“自裁性”条款，阿根廷认为美国对此一贯持肯定立场，基于 BITs 的互惠性，阿根廷也应从相同的理解中受惠，也就是说，可以自行判断采取应对国内经济危机以保护其基本安全利益的必要措施。该案的外国投资者认为如将安全例外解释为“自裁性”条款，“将创设条约下义务的宽泛例外，并削弱此类条约之目的及宗旨。”④该案仲裁庭倾向于保护外国投资者的利益，认为：“首先必须关注该条约之目的及宗旨，作为一般的立场，是适用于经济困难情况时也要求保护国际保障的受益者权利。在这一范围，任何导致摆脱既定义务的解释均难以与该

---

① 该案预计在 2020 年底前完成专家组审理。参见 *US-Steel and Aluminium Products*（*China*），DS544/10，10 September 2019。

② 自 2001 年 *Enron Creditors v. Argentina*，ICSID Case No.ARB/01/3 起，截至 2019 年 12 月，有 57 起诉告阿根廷政府的投资争端仲裁案，参见联合国贸发会议官网：https://investmentpolicy.unctad.org/investment-dispute-settlement/country/8/argentina。

③ 转前引 ARB/01/3，para.323。

④ Ibid.，para.330.

目的及宗旨相吻合。因而必须采取限制解释。在承认允许将经济紧急状况纳入该第十一条上下文的解释同时，将该条款解释为自裁性条款肯定与该条约之目的及宗旨相悖。实际上，该条约会被失去其任何实体意义。”①从条约解释角度看，该案仲裁庭基于条约之目的及宗旨解释涉案 BITs 第十一条，并不完全符合 VCLT 第三十一条解释通则所要求条约用语的通常含义应在其上下文中兼顾条约之目的及宗旨，加以善意解释。该案仲裁庭除了通过上述限制解释而强调涉案 BIT 的安全例外条款不应由投资东道国“自裁”，没有对该第十一条作更多的解释。

正是因为该案仲裁庭一味偏向外国投资者，所以阿根廷不服该案裁决，尤其是对第十一条的解释，请求撤销该案裁决。阿根廷诉称：“即便该第十一条不是自裁的，该案仲裁庭也未适用涉案 BIT 第十一条，因为它未作实体性审议，而是简单地以有关习惯国际法对必要性分析代替了该第十一条，从而有悖于条约的有效解释规则。”②审理该请求撤销的临时委员会认为该案仲裁庭对涉案 BIT 第十一条有关“必要措施”的解释不充分，构成可撤销裁决的“未充分阐明理由”这一错误。③该委员会针对仲裁庭要求阿根廷的安全例外抗辩须满足“必要措施”是“国家保障其陷入严重和迫在眉睫的灾难之根本利益的唯一方法”，且在论证阿根廷采取的措施并非“唯一方法”时，未充分阐明理由。比如，该仲裁庭没有充分阐释“唯一方法”的含义。“该表述有多种可能的解释。一种潜在的字面解释为在诸如本案的情况下，阿根廷所依赖的必要性原则是它确实不可能采取其他措施应对经济危机。”④诚然，一国政府面临经济危机可能有多种应对方法，然而，这并不意味这就是正确的解释。政府可能考虑有必要采取不违反或最少违反其国际义务的措施，而这可能正是“唯一方法”。再如，可替代的方法是否有效，等等。该案仲裁庭过于依赖支持外国投资者的专家有关阿根廷采取的并非“唯一方法”意见，而径直作出相关认定。该委员会通过多方面分析，指出该案仲裁庭没有充分陈述理由，决定撤销该裁决。⑤

（二）国际投资协定中安全例外条款的“基本安全利益”

CMS 煤气输送公司诉阿根廷案也涉及阿根廷与美国 BIT 第十一条的解释。在该案中，阿根廷政府首先否认该公司的投资损失与其经济管制措施有关，其次作

① 前引 ARB/01/3，para.332。

② *Enron Creditors v. Argentina*，ICSID Case No. ARB/01/3（Annulment Proceeding），26 January 2010，para.353(e).

③ 根据《解决国家与他国国民间投资争端公约》(ICSID)第 52 条(1)款(e)项，“裁决未陈述其依据的理由”，可予以撤销。参见 Antonio R. Parra，*the History of ICSID*，Oxford University Press，2017，p.360。

④ 前引 ICSID Case No.ARB/01/3(Annulment Proceeding)，para.369。

⑤ Ibid.，para.395.

为可替代的实体性抗辩理由，援引了应对当时经济危机的《紧急状态法》，“作为豁免国际法与条约项下责任的依据”。[1]阿根廷政府认为该危机所涉经济利益构成“严重和迫在眉睫的灾难所威胁的国家基本利益”，“《紧急状态法》出台的唯一目的在于控制阿根廷面临的经济社会崩溃的混乱局势。基于该危机的必要性应排除政府采取措施的非法性，尤其是不负赔偿责任”[2]。

首先，该案仲裁庭认为：涉案 BIT“显然旨在保护经济困难或政府采取具有负面作用的措施之情形下的投资。然而，问题在于这些经济困难可能严重到什么地步。严重危机不一定等于完全崩溃的情况”[3]。这并不是解释“基本安全利益”本身，而是解释在什么情况下必须采取例外措施保护基本安全利益。换言之，基本安全利益取决于经济困难的程度，如果到了“完全崩溃”(total collapse)的地步，一个国家难以维持生存，那就涉及基本安全利益了。“在缺少此类根本性严重条件的情况下，很清楚，条约[保护投资]将优先于任何[例外措施]必要性的抗辩。”[4]根据该仲裁庭的评估，阿根廷的经济危机尚未到“完全的经济及社会崩溃”，因此，还缺乏援引涉案 BIT 安全例外条款的理由。其次，该仲裁庭以联合国国际法委员会起草《国际责任》条款第二十五条第一款(a)项为依据，认为一国仅在应对国家基本利益处于严重迫切危险的措施为“唯一”时，方可豁免由此违反其国际义务的责任。在本案“并没有显示相应义务存在的国家基本利益或国际社会作为整体的利益受到损害”[5]。再次，该案仲裁庭认为涉案 BIT 第十一条虽未提及任何种类的经济危机或困难，但也不能排除该条款包含主要的经济危机。这实际上间接地解释了该条款“基本安全利益”包括经济危机所触及的国家基本安全。“如果基本安全利益的概念限于直接的政治和国家安全关注，尤其具有国际特点。并排除其他利益，比如主要的经济紧急状况，这会导致对该第十一条的失衡理解。”[6]在承认基本安全利益涵盖“主要的经济紧急情况”的基础上，该案仲裁庭认为关键在于如何认定经济危机的程度以及构成可采取例外措施的基本安全利益，并最终否定阿根廷的抗辩。总之，涉案安全例外条款下基本安全利益虽包括经济危机，但该危机须达到国内经济崩溃的地位方可采取例外措施，且没有其他可选择的方法。

---

① CMS Gas Transmission Co., v. Argentina, ICSID Case No. ARB/01/8, Award, May 12, 2005, para.99.

② 前引 ICSID Case No.ARB/01/8, paras.305－306。

③ Ibid., para.353.

④ Ibid., para.354.

⑤ Ibid., para.358.

⑥ Ibid., para.360.

值得留意，阿根廷对该案裁决不服，请求予以撤销，理由包括该裁决没有充分陈述涉案安全例外措施未满足“唯一”性要求。审理该撤销请求的临时委员会承认：“该仲裁庭没有提供任何有关第十一条的决定之进一步理由。…… 在本委员会看来，虽然该裁决的[说理]动机可以更清楚一些，但是，仔细的读者可以理解该仲裁庭隐含的理由。”①与前案撤销委员会对这一问题的复审不同，该撤销委员会显然对此敷衍了事，偏袒外国投资者。

（三）比较国际贸易协定安全例外条款的解释判理

比较国际贸易、投资协定的安全例外条款及其解释，可见，虽然有关条款均有“其认为”或“不得排除”等具有“自裁性”含义的用语，且上文所分析的案例都反映美国（虽都不是涉案当事方）主张适用安全例外条款的“自裁性”，但是，WTO 国际贸易协定和至少本文分析所涉美国与阿根廷 BIT 的安全例外条款经解释均不具有“自裁性”。值得比较的是其不同的解释判理。

比如，俄罗斯过境案专家组将 GATT 第二十一条(b)款引言句的“其认为”与涉案(iii)项的“国际关系中的其他紧急情况”作为整体解释，认为采取安全例外措施的成员主观上“其认为”的前提是发生了需要争端解决专家组经过客观评估，加以认定的此类紧急情况。由此推理，该案专家组首先解释什么是此类紧急情况，并将解释澄清的此类情况中的第一类“武装冲突或潜在的武装冲突”适用于涉案事实，认定在该案中确实存在此类紧急情况；然后，再回到解释“其认为”保护的“基本国家安全利益”含义及其采取措施的必要性，并认为援引安全例外的成员有权对此判断，但应秉承善意，避免将安全例外“作为规避其义务的手段”。②沙特知识产权案将此类措施的“必要性”解释为需满足援引安全例外的一方是否形成相关“根本安全利益”并足以能够判断所采取的行动与之相关性。

再如，安然公司诉阿根廷案在承认允许将经济紧急状况纳入涉案 BIT 第十一条上下文的解释同时，强调将该条款解释为自裁性条款肯定与该条约之目的及宗旨相悖。在该案仲裁庭看来，BITs 目的就是保护外国投资者，如听任东道国自行判断可否采取安全例外措施，就难以实现该目的。CMS 煤气输送公司诉阿根廷案从另一角度驳回了阿根廷主张的安全例外条款“自裁性”，认为东道国可自行判断和采取相关措施，但是，“如果此类措施的合法性在国际法庭受到质疑，那么就不是

---

① CMS Gas Transmission Co., v. Argentina, ICSID Case No. ARB/01/8 (Annulment Proceeding), September 25, 2007, paras.123, 127.

② 前引 WT/DS512/R, para.7.133。

涉案国家，而是有管辖权的国际法庭决定必要性抗辩可否排除非法性。”①这种看法已超出了条约解释范畴，认为一旦进入国际争端解决程序，就不存在安全例外条款的“自裁性”。至少这两起国际投资仲裁庭站在外国投资者一边，都没有对安全例外条款“自裁性”进行符合条约解释惯例的充分解释。

无论人们怎样看待国际经贸协定的安全例外条款“自裁性”，国际经贸争端的否定性实践表明相关的争端解决专家组或仲裁庭均拥有管辖权，已是不争的现实。比较而言，国际贸易协定的安全例外条款比较完备，包括“其认为”采取必要措施的“国际关系中的紧急情况”通过解释延伸为“武装冲突或潜在的武装冲突”“高度紧张或危机”“一个国家内或周边普遍的不稳定状态”，以及援引安全例外的一方须形成相关“根本安全利益”并足以能够判断所采取的行动与之相关性。也正是这样的缘故，如今一些 BITs 的安全例外条款，如上文提及日本与乌兹别克斯坦 BIT，更接近于国际贸易协定安全例外条款的共同模式。

总括全文，可以得出初步结论：条约法上的安全例外观念出自一般国际法上的“自我保全”原则；《联合国宪章》的自卫条款是条约法上第一次明确规定相对于禁止使用武力原则而言的国家安全例外条款；在国际经贸条约方面，GATT 第二十一条是最初的安全例外条款，并发展为 WTO 货物和服务贸易以及贸易相关知识产权三大实体性条约共同的安全例外条款；国际投资条约的安全例外条款从隶属公共秩序例外逐步延伸并发展为单独的条款，与国际贸易条约的安全例外条款趋同，但尚无统一表述。国际经贸条约的安全例外条款在有关争端解决的适用中经过条约解释，大致可以进一步理解为：援引一方主张自行判断可否采取安全例外措施的“自裁性”已被否定；安全例外的抗辩一方可自行决定采取相关措施，但一旦进入国际争端解决程序，其必要性以及“基本安全利益”的认定则不具有“自裁性”；国际贸易条约安全例外条款中有关“国际关系中的紧急情况”涵盖的范围有所扩大，国际投资条约安全例外条款中的“基本安全利益”的界定倾向于相对保护外国投资者的利益而言，限于因经济危机导致国家经济社会崩溃此类极端情况引起的东道国安全利益。对于我国目前参与国际贸易争端解决相关安全例外条款的适用与解释，以及今后可能参与国际投资仲裁涉及的安全例外问题而言，②期待本文的研究具有一定的参考价值。

---

① 前引 ICSID Case No.ARB/01/8，para.373。

② 比如，《中华人民共和国政府和加拿大政府关于促进和相互保护投资的协定》(2012 年 9 月 9 日签署，2014 年 10 月 1 日生效)第 33 条第 5 款规定了安全例外。

The Security Exception Clauses and Interpretive Issues in International Economic and Trade Treaties

Abstract: The clauses of security exception in the international economic and trade treaties have the theoretical origin in international law. The Article 21 of General Agreement on Tariff and Trade as the security exception clause after the WWII has become the common clauses of three major substantive agreements in the World Trade Organization. The clauses of security exception in the international investment treaties have not been unified in their expressions. The security exception clauses in the international economic and trade treaties have been interpreted to be broadened in their coverage and conditions of application while somehow being restricted. It will be helpful for China to participant the dispute settlement of international economic and trade by further study of the relevant security exception clauses and interpretations.

Keywords: International economic and trade; Treaty; Security exception; Interpretation

试析条约解释的“判理稳定性”

——以国际法院和世界贸易组织晚近案例为例*

内容摘要：根据条约解释的习惯国际法，对涉案条约的必要解释，以澄清相关条约义务，是国际裁判机构解决条约适用引起争端的关键。此类条约解释包含的国际法原理、原则及其阐释的“判理稳定性”，体现了条约适用和解释的可预期性。条约解释的“判理稳定性”不仅是理论问题，而且是和平解决国际争端实践中的重大敏感问题。本文基于已有研究，旨在跟踪研究分析国际法院和世界贸易组织争端解决机构晚近案例中的条约解释“判理稳定性”，首先阐明有关概念和研究意义，然后重点分析这两个全球最有影响的国际裁判机构的相关实践，由此得到加深理解该问题和有助于我们应对国际争端解决的一些启示。

关键词：条约解释；判理稳定性；ICJ；WTO；晚近案例

“条约解释”(interpretation of treaties)是条约适用过程中，尤其是因适用而引起条约相关争端解决时不可或缺的。本文拟在拙著《条约解释的国际法》有关研究基础上，①对联合国国际法院（ICJ）和世界贸易组织（WTO）争端解决机构的晚近（2018—2021年）条约解释中“判理稳定性”问题作一点跟踪分析，以求教于学界前辈同仁。研究对象的选择虑及ICJ和WTO争端解决机构对国家间政治争端或政府间贸易争端的和平解决，不仅影响大，而且实践丰富。首先，本文扼要说明“条约解释”“判理”“判理稳定性”的涵义以及已有研究和意义，然后着重分析ICJ和WTO争端解决机构晚近条约解释中的“判理稳定性”，最后作一些归纳分析并得出若干启示性结论。

一、条约解释的“判理稳定性”涵义及其研究

《维也纳条约法公约》（VCLT）第三编“条约之遵守、适用及解释”，在第二节“条约之适用”之后的第三节“条约之解释”规定了“解释之通则”（第三十一条）、“解

---

* 原载《荆楚法学》2021年第2期，第106—120页。

① 张乃根：《条约解释的国际法》（上下卷），上海人民出版社2019年版，第二章第三节（六）条约解释的判理稳定性，第106—112页。

释之补充资料”(第三十二条)和“以两种以上文字认证之条约之解释”(第三十三条)。[①]ICJ 在 1994 年“领土争端案”中第一次明确:“本法院忆及,根据 1969 年 VCLT 第三十一条所体现的习惯国际法,条约必须依其用语按其上下文并参照条约之目的及宗旨所具有之通常意义,善意解释之。”[②]WTO 争端解决上诉机构在 1996 年“日本酒税案”中进一步认为:“起到解释补充资料作用的 VCLT 第三十二条也具有[习惯或一般国际法]同样地位。”[③]ICJ 在 2001 年“拉格朗案”中认为,VCLT 第三十三条也“体现了习惯国际法”。[④]ICJ 等国际裁判机构这些判例将 VCLT 第三十一条至第三十三条均视为“体现”(reflects)或具有习惯国际法的“地位”(status),形成了对嗣后的条约解释起指导作用的“判理”(jurisprudence)。譬如,ICJ 在 2021 年“种族歧视公约案”中,为了解释该公约第一条第一款的用语“民族本源”(national origin),援引了其先前依据 VCLT 第三十一条等,解释涉案条约的大量判例,并参考其他机构相关解释,强调其“判理”对于该案条约解释的重要性。[⑤]条约解释的国际法实践中的“判理”及其“稳定性”与世界各国普遍的司法传统休戚相关。

“判理”的英文和法文为同一名词“jurisprudence”,其词典原意为“法理学”或“法哲学”,[⑥]均源自于古罗马法的拉丁文“*iuris prudentia*”(法学)。[⑦]由于古罗马法肇起于适用罗马人的“市民法”(*ius civile*),而“市民法是‘只存在于法学家的解释之中的,不成文的’法”[⑧],因此,“法学”的实质是法学家关于正义或不正义的解释。罗马法的传统不仅是欧洲大陆法系的基础,而且也影响到英国早期的法律制度。法官对案件的裁决所贯穿的正义观不仅是普通法系的判例法精华,而且也体现于大陆法系中高等法院的判例。[⑨]十八世纪末,英国法学家边沁在探讨立法原理时以“判理”指代“法律”或“法学”,表示在英国作为法律的判例和他主

---

① Vienna Convention on the Law of Treaties, 1155 U.N.T.S. 331,签署作准本(含中文本)。

② *Territorial Dispute* (Libyan/Chad), ICJ Reports 1994, pp.21-22, para.41.

③ *Japan-Alcoholic Beverages*, WT/DS8, 10, 11/AB/R, 4 October 1996, p.10.

④ *LaGrand* (Germany v. USA), ICJ Reports 2001, p.502, para.101.

⑤ *Application of International Convention on the Elimination of All Forms of Racial Discrimination* (Qatar v. UAE), Preliminary objections, 4 February 2021, p.25, para.77.

⑥ 参见 *Black's Law Dictionary*, fifth Edition, St. Paul: West Publishing Co., 1979, p.767, "jurisprudence" (The Philosophy of law); French Dictionary, London: Routledge & Kegan Paul, 1980, p.149, "jurisprudence" (law)。

⑦ 参见[古罗马]优士丁尼:《法学阶梯》,徐国栋译,中国政法大学出版社 1999 年版,第 11 页。

⑧ [意]朱塞佩·格罗索:《罗马法史》,黄风译,中国政法大学出版社 1994 年版,第 102 页。

⑨ 参见张乃根:《论西方法的精神——一个比较法的初步研究》,《比较法研究》1996 年第 1 期,第 1—28 页。

张的立法。[1]在大陆法系国家,判例本身不是法律,但是,"法官在每个案件中都会吸取以前案例所提供的方案。"[2]因此,这些国家的高等法院,特别是最高法院的判例往往对下级法院审理同类案件时具有指导作用。

"判理稳定性"(*jurisprudence constante*)是指"在司法决策方法的结果中,'根据一系列基于同一法律规则的相同案件之间相同决定,法院在以后的系列案件中变得更有既定性'"[3]。或者更一般地表述,这是指判例包含的法学原则、原理等(判理)对嗣后裁判具有法律约束力(判例法)或指导作用(成文法)的一致性。即便在大陆法系国家,"为了使判例保持一定的稳定性,以保证法的确定性,曾经使用过各种方法。"[4]譬如,在法国,由"全体大会"(代替各庭联席会议)解决最高法院各庭与下级法院之间可能发生的冲突。近年来在中国,最高人民法院不定期地发布指导性案例,[5]根据相关司法规定,"各级人民法院审判类似案例时应当参照"。[6]不同法系的各国普遍存在的"判理稳定性"体现了法律适用(尤其解释)应有的可预期性。

当今,ICJ 和 WTO 争端解决机构等在裁判实践中,对于条约适用所涉条约解释,体现了一定的"判理稳定性",同时也引起激烈的争论。国内外学者对此已有一定研究。譬如,英国伦敦大学学院客座教授加德纳在他颇具影响的著作《条约解释》第二版新增的结论部分,以 WTO 争端解决上诉机构对于反倾销案件中"归零法"(zeroing)所涉条约解释为例,指出:"人们总是认为不存在确定含义的机械方法,但确实存在为后来者提供一般指导的规则。……研究若干有分歧的解释,也许可说明统一的规则如何能够提供较好的起点,虽然不能保证结果统一。"[7]该上诉机构从 2004 年到 2016 年先后复审了欧盟、日本和中国等 WTO 成员诉告美国反倾销调查中的"归零法"违反 WTO 规则,并坚持相关条约解释的一致性。美国以此为理由之一,指责该上诉机构将其"判理"作为对嗣后同类案件审理具有拘束力

---

① Jeremy Bentham, An Introduction to the Principles of Morals and Legislation, London: Methuen, Inc., 1982, pp.293 - 294. 边沁原著用词是 jurisprudence,中文本将之翻译为"法学"。看似没有任何问题,但是,在判例法的国家,jurisprudence 首先是指作为法律的判例(先例),然后是指议会的立法。边沁认为前者是"确定法律是怎样的"("阐述性的"实然法),后者是"确定法律应当怎样"("审查性的"应然法,或"立法艺术")。参见[英]边沁:《道德与立法原理导论》,时殷弘译,商务印书馆 2000 年版,第 360—361 页。

② Gilbert Guillaume, The Use of Precedent by International Judges and Arbitration, *Journal of International Dispute Settlement*, Vol.2, No.1(2012), p.6.

③ Todd Weiler, *The Interpretation of International Investment Law*, Martinus Nijhoff Publishers, 2013, pp.50 - 51. 这一定义援引了 Alexnder Roer, Legal Theory, *Sources of Law and the Semantic Web*, IOS Press, 2009, p.245。

④ [法]勒内·达维德:《当代主要法律体系》,漆竹生译,上海译文出版社 1984 年版,第 134 页。

⑤ 譬如,2021 年 2 月 19 日最高人民法院《关于发布第 27 批指导性案例的通知》(法发〔2021〕55 号)。

⑥ 《最高人民法院关于案例指导工作的规定》(法发〔2010〕51 号),2010 年 11 月 26 日。

⑦ Richard Gardiner, Treaty Interpretation, Second Edition, Oxford University Press, 2017, p.483.

的“先例”,直至将该机构搞垮,致使 WTO 面临生存危机。①可见,条约解释的“判理稳定性”远不是单纯的理论问题,更多的是对国际争端当事方而言利益攸关的实际问题。不过,除了对“归零法”引起贸易争端的解决或投资争端的仲裁所涉条约解释“判理稳定性”的争议分析,②国外学界似乎还没有对当代国际法实践中条约解释的“判理稳定性”作较系统的研究,③国内相关专题研究也鲜为人知。下文限于分析 ICJ 和 WTO 争端解决机构晚近条约解释的“判例稳定性”。其他国际裁判机构晚近相关条约解释,④留待今后进一步研究。

二、ICJ 晚近条约解释的“判理稳定性”

ICJ 自 1994 年在“领土争端案”中明确 VCLT 条约解释规则“体现”习惯国际法之后,不仅在适用这一判理的基本方面,而且在条约解释的具体方面也保持了判理的相对稳定性。ICJ 晚近判例包括“豁免权与刑事程序案”“某些伊朗资产案”“加勒比海与太平洋的海洋划界案”“杰达哈弗案”“国际金融反恐公约与种族歧视公约案”“种族歧视公约案”,等等。⑤以下分析其中比较典型体现条约解释“判理稳

---

① 美国不顾绝大多数 WTO 成员反对,执意阻止该上诉机构成员的正常遴选,致使该机构于 2020 年 11 月之后因没有在任成员工作而彻底瘫痪。有关对美国指责该机构将“判理”作为“先例”的剖析,参见 Zhang Naigen, Distinguish Jurisprudence from Precedent Regarding Appellate Body's Treaty Interpretation—On Reform of the WTO, *Journal of WTO and China*, Vol.9, No.1, 2019, pp.9 - 27;又参见张乃根:《上诉机构的条约解释判理或先例之辨——兼论 WTO 争端解决机制改革》,《国际经济评论》2019 年第 2 期,第 44—56 页。

② 参见 Donald McRae, Treaty Interpretation by the WTO Appellate Body: The Conundrum of Article 17(6) of the WTO Antidumping Agreement, at Enzo Cannizzaro ed., *The Law of Treaties Beyond the Vienna Convention*, Oxford University Press 2011, pp.164 - 183;另参见 Todd Weiler, *The Interpretation of International Investment Law*, Martinus Nijhoff Publishers, 2013, pp.49 - 56。

③ 参见 Duncan B. Hollis ed., *The Oxford Guide to Treaties*, Oxford University Press 2012, pp.475 - 548;另参见 Irina Buga, *Modification of Treaties by Subsequent Practice*, Oxford University Press 2018, pp.1 - 15。

④ 其他国际裁判机构包括常设国际仲裁院、国际海洋法法庭、解决投资争端国际中心、国际刑事法院等。

⑤ *Immunity and Criminal Proceedings* (Equatorial Guinea v. France), Preliminary Objections, Judgment, ICJ Reports 2018, p.292; Judgment of 11 December 2020, General List No.163; *Certain Iranian Assets* (Iran v. USA), Preliminary Objections, Judgment, ICJ Reports 2019, p.7; *Maritime Delimitation in the Caribbean Sea and the Pacific Ocean* (Costa Rica v. Nicaragua), Judgment, ICJ reports 2018, p.139; *Jadhav Case* (India v. Pakistan), Judgment, ICJ reports 2019, p.418; *Application of the International Convention for the Suppression of the Financing of Terrorism and of the International Convention on the Elimination of All Forms of Racial Discrimination* (Ukraine v. Russian Federation), Preliminary Objections, Judgment, ICJ Reports 2019, p.558; *Arbitral Award of 3 October 1899* (Guyana v. Venezuela), Judgment of 18 December 2020; *Appeal Relating to the Jurisdiction of the ICAO Council under Article 84 of the Convention on International Civil Aviation* (Bahrain, Egypt, Saudi Arabia and UAE), Judgment of 14 July 2020; *Application of the International Convention on the Elimination of all Forms of Racial Discrimination* (Qatar v. UAE), Judgment of 4 February 2021.

定性"的案例。

(一)"豁免权与刑事程序案"对"豁免权"与"使馆馆舍"的解释

这是一起因赤道几内亚时任副总统被法国以涉嫌洗钱罪而追究其刑事责任并没收其在巴黎房产的案例,赤道几内亚向 ICJ 诉告法国违反 2000 年《联合国打击跨国有组织犯罪公约》(巴勒摩公约)和 1961 年《维也纳外交关系公约》(维也纳公约)有关规定。

该案 2018 年初步异议判决涉及对《巴勒摩公约》第四条的解释。该第四条"主权保护"规定:"1.本公约所承担的义务时,缔约国应恪守各国主权平等和领土完整原则和不干涉别国内政原则。2.本公约的任何规定均不赋予缔约国在另一国领土内行使管辖权和履行该另一国本国法律规定的专属于该国当局的职能的权利。"赤道几内亚认为该第四条规定了对某些担任高级职位的属人豁免以及对直接源于主权平等及不干涉内政原则的国家财产豁免,因而诉称法国以违反该规定义务的方式追究该国副总统刑事责任及没收作为国家财产的在巴黎房产。法国辩称该第四条不涉及国家及其财产的豁免权。

ICJ 明确指出:"根据 VCLT 第三十一条和第三十二条体现的习惯国际法,《巴勒摩公约》的规定必须依其用语按其上下文并参照条约之目的及宗旨所具有之通常意义,加以善意解释。为证实这一解释结果的意义,或排除意义不清或难解,或避免显属荒谬或不合理结果,得使用解释之补充资料,包括该公约的准备工作及缔约的情况。"①在将 VCLT 的条约解释规则作为习惯国际法的"判理"时,ICJ 援引了 2007 年"种族灭绝案"。该案在解释《防止及惩治种族灭绝罪公约》第九条时认为 VCLT 第三十一条和第三十二条"被公认为是习惯国际法的一部分"②。作为先前"判理",ICJ 援引了一系列案例,包括 2001 年"拉格朗案"和 2002 年"利吉丹岛和西巴丹岛主权案"。"拉格朗案"在解释 ICJ 规约第四十一条时,依据"VCLT 第三十一条体现的习惯国际法"③。但是,该案无论援引第三十一条,抑或如本文引言所述,援引第三十三条解释涉案条约不同文本时,都没有以先前有关"判理"为依据。不过,几乎同时审理的"利吉丹岛和西巴丹岛主权案"在解释涉案划界条约第四条时指出,鉴于该案当事国之一印尼不是 VCLT 缔约国,"然而法院忆及应遵循

---

① *Immunity and Criminal Proceedings* (Equatorial Guinea v. France), Preliminary Objections, Judgment, ICJ Reports 2018, pp.320-321, para.91.

② *Case Concerning Application of Convention on the Prevention and Punishment of the Crime of Genocide* (Bosnia and Herzegovina v. Serbia and Montenegro), Judgment, ICJ Reports 2007, p.110, para.160.

③ *LaGrand* (Germany v. USA), ICJ Reports 2001, p.501, para.99.

VCLT第三十一条和第三十二条体现的习惯国际法”，并援引了包括1994年“领土争端案”在内4个判例作为“判理”。[①]然而，“领土争端案”在ICJ的历史上第一次明确VCLT的条约解释规则“体现习惯国际法”时，却没有援引任何先前判例，也没有阐明为什么是“体现”（意味着已存在习惯国际法）。[②]这在ICJ以及前身国际常设法院的历史上，十分罕见。由于ICJ的权威性，特别之后ICJ一直坚持“领土争端案”这一“判理”，因此在当今国际裁判实践中，这一“判理”的地位，看来不可撼动。由此追溯，可见ICJ将VCLT第三十一条和第三十二条作为条约解释的习惯国际法的“判理”，源自1994年“领土争端案”。该案之后，ICJ有关条约解释的习惯国际法这一“判理稳定性”，尤为突出。

就《巴勒摩公约》第四条的具体解释而言，ICJ认为，虽然国家豁免规则来自国家主权平等原则，“但是，该第四条没有提及包括国家豁免的习惯国际法规则，而是规定主权平等原则本身。该第四条仅规定国际法的一般原则。在该条款的通常含义看，第四条第一款没有通过规定主权平等，设置缔约方的义务以符合许多国际法规则，一般地保护主权的方式行事，也没有具体规定这些规则。”[③]从其上下文看，第四条第二款也没有提及国家及其官员豁免的习惯国际法。《巴勒摩公约》的任何条款都没有明确提及国家及其官员的豁免。从该公约宗旨及目的看，该公约第一条明确其目的及宗旨在于促进对国际有组织犯罪的预防和打击的更有效合作。因此，将国家及其官员豁免纳入该公约，与该宗旨及目的无关。总之，“对第四条的通常含义在其上下文并兼顾该公约之目的及宗旨，加以解读，没有将国家及其官员豁免的习惯国际法规则纳入进去。”[④]该第四条的起草情况也表明，曾两次提议增加国家豁免的条款，最终都未被采纳。

在解释该第四条时，ICJ将之与先前关于国家豁免的“判理”——2012年“国家司法豁免案”相区别。“国家司法豁免案”不涉及条约解释，而是明确“任何豁免权只有源于习惯国际法”。[⑤]值得注意，在“豁免权与刑事程序案”中，法国根据《巴勒摩公约》，对赤道几内亚时任副总统以其涉嫌洗钱罪诉诸刑事程序，并没收其在巴黎房产。ICJ通过解释该公约第四条，否认该公约“纳入”（incorporate）习惯国际

---

① *Sovereignty over Pulau Ligitan and Pulaau Sipadan* (Indonesia/Malaysia), Judgment, ICJ 2002, p.645, para.37.

② *Territorial Dispute* (Libyan/Chad), ICJ Reports 1994, pp.21–22, para.41, p.27, para.55.

③ *Immunity and Criminal Proceedings* (Equatorial Guinea v. France), Preliminary Objections, Judgment, ICJ Reports 2018, p.321, para.93.

④ Ibid., p.322, para.96.

⑤ *Jurisdictional Immunity of the State* (Germany v. Italy: Greece Intervening), Judgment, ICJ Reports 2012, p.122, para.54.

法，因此，即便被告是国家领导人，也不可根据该公约享有国家及其官员的豁免权。这是ICJ第一次对《巴勒摩公约》相关条款的解释。该案也不同于ICJ“2000年4月11日逮捕令案”认为比利时对涉嫌反人类罪的时任民主刚果外交部长启动刑事程序，有悖维也纳公约的外交豁免权“体现的习惯国际法”。[①]可见，国家及其官员或财产的豁免权是一项习惯国际法，但是，在具体案件中，还要看涉案可适用的条约法是否“纳入”或“体现”这一习惯国际法。这是迄今ICJ较完整的有关国家豁免的“判理”。

该案2020年实体判决对《维也纳公约》第二十二条的“使馆馆舍”（premises of the mission）作了解释。ICJ同样地首先明确将适用VCLT第三十一条和第三十二条体现的条约解释惯例。ICJ认为《维也纳公约》第二十二条以及第一条对“使馆馆舍”的用语及其界定，均没有说明派遣国和接受国对于指定“使馆馆舍”的作用，因而需在该用语的上下文并兼顾《维也纳公约》之目的及宗旨，加以解释。根据该公约第二条规定国家间相互同意下建立外交关系这一上下文，“法院认为，很难将这一规定与根据派遣国单方指定，且接受国表示反对的情况下，某建筑可取得使馆馆舍地位的该公约解释相协调。”[②]同时，由派遣国单方指定“使馆馆舍”也有悖于《维也纳公约》旨在发展国家间友好关系之目的。总之，“在接受国反对派遣国指定某财产为其外交使团馆舍，并以及时的、且不具有武断和歧视性的方式通知派遣国，那么该财产就没有取得《维也纳公约》第一条(i)款界定的‘使馆馆舍’的地位，因而也不享受该公约第二十二条的保护。”[③]这是ICJ对于何种条件下具有“使馆馆舍”地位的解释“判理”。

（二）“杰达哈弗案”对“迅即”一词解释

这是继2001年“拉格朗案”和2004年“有关埃夫纳等墨西哥国民案”之后，2019年ICJ判决的又一起解释《维也纳领事关系公约》（简称《领事公约》）第三十六条第一款关于接受国应将逮捕或监禁或羁押派遣国国民的事宜，“迅即”（without delay）通知派遣国领事的案件。

杰达哈弗先生曾在印度海军服役，退役后去伊朗经商，后被“劫持”（印度诉称）到巴基斯坦。2016年3月3日之后在巴方被羁押，同年3月25日，巴方通报印方，该人承认为印方情报机构从事间谍活动。2017年4月10日，巴方宣布其军事法庭

---

① *Arrest Warrant of 11 April 2000* (DRC v. Belgium), Judgment, ICJ Reports 2002, p.21, para.52.

② *Immunity and Criminal Proceedings* (Equatorial Guinea v. France), Judgment of 11 December 2020, General List No.163, p.20, para.62.

③ Ibid., p.23, para.74.

判处该人死刑，并同意出于人道允许其家人前去探望。同年 5 月 8 日，印度向 ICJ 起诉巴方对其国民的羁押和判刑违反《领事公约》相关规定，并通过 ICJ 发布临时措施，使得巴方暂停执行死刑。

该案有关《领事公约》第三十六条第一款下“迅即”的解释涉及巴方抗辩的“间谍”例外。ICJ 注意到印方不是 VCLT 缔约国，巴方签署，但尚未批准加入该公约，因此，“本法院将根据已多次表述的，体现在 VCLT 第三十一条和第三十二条的条约解释惯例，解释《领事公约》。”[①]ICJ 认为该第三十六条的用语既没有提及，也没有明确排除间谍的例外。从《领事公约》的宗旨看，是为了促进国家间友好关系的发展；该第三十六条第一条也包含了该条款之目的在于“便于领事执行其对派遣国国民之职务”。由此可见，领事官员在所有情况下可以行使会见派出国国民的权利。如果接受国以外国国民涉嫌间谍活动而否定该权利，那么与这一目的不符。为证实这一解释，ICJ 回顾了该第三十六条的起草情况，认为在联合国国际法委员会讨论有关第三十六条时，没有任何间谍例外的建议。

基于上述解释，ICJ 对《领事公约》第三十六条第一款“迅即”的适用条件作出进一步解释，认为“有关埃夫纳等墨西哥国民案”已明确，如被逮捕的派遣国国民提出会见派遣国领事的请求，接受国当局应迅即通知该领事，但是，“‘迅即’不一定解释为逮捕后‘立即’”。[②]这一“判理”适用于本案。在本案中，杰达哈弗是否提出这一请求的事实不明，为此 ICJ 解释：依据该条款的通常含义解释，“本法院注意到接受国有义务根据第三十六条告知被羁押人有关权利，与该人能够请求通知派遣国领事有关其已被羁押，有内在关联。只有接受国履行告知被羁押人有关权利，否则他也许不知道其权利，因而也不会请求接受国当局通知派遣国领事有关其被逮捕事宜。”[③]第三十六条的起草资料也证实了这一关联性。由于巴方认为该第三十六条存在间谍例外，未履行该第三十六条下的义务，因而也未告知被羁押人有关权利。巴方在羁押杰达哈弗之日起算 22 天后才通知印方，显然不符合“迅即”要求。

根据本案的解释“判理”，《领事公约》第三十六条的“迅即”通知义务应适用于所有派遣国国民而不存在任何例外，且接受国首先有义务告知该国民有关权利，至于“迅即”的个案酌定，虽不一定在被羁押之时，但也不允许过长。ICJ 对“迅即”的解释具有“判理稳定性”。

---

① *Jadhav Case*（India v. Pakistan），Judgment，ICJ Reports 2019，p.437，para.71.

② *Avena and Other Mexican Nationals*（Mexica v. USA），Judgment，ICJ Reports 2004，p.49，para.87.

③ *Jadhav Case*（India v. Pakistan），Judgment，ICJ Reports 2019，p.447，para.107.

(三)“国际金融反恐公约与种族歧视公约案”与“种族歧视公约案”的涉案条约解释

继2011年ICJ作出格鲁吉亚诉俄罗斯“种族歧视公约案”初步异议判决①,接连又先后在2019年对乌克兰诉俄罗斯“国际金融反恐公约与种族歧视公约案”,2021年对卡塔尔起诉阿联酋的“种族歧视公约案”作出初步异议判决。下文仅就《消除一切形式种族歧视公约》(CERD)②的解释,作必要分析。

与2011年“种族歧视公约案”一样,“国际金融反恐公约与种族歧视公约案”也涉及解释CERD第二十二条有关诉诸ICJ的前提条件,只是前者认定格鲁吉亚未满足前提条件,后者认定乌克兰满足了前提条件。ICJ首先援引2011年案例的解释“判理”:“根据其通常含义,CERD第二十二条的用语,即,‘任何争端……尚未通过谈判或该公约明文规定之程序解决’确立了在诉诸本法院之前须满足的前提条件。”③ICJ说明该案没有解释该用语中“或”,因而在本案需要适用VCLT第三十一条至第三十三条体现的条约解释习惯国际法规则,加以解释。ICJ解释:“谈判”与“该公约明文规定之程序解决”之间的连接词“或”作为该表述的一部分,其开头用语是“尚未”,因而形成了否定语句。在肯定语句中,“或”一般应作“转折性”(disjunction)解释,而在否定语句中,不一定是如此。在CERD第二十二条,“或”也许兼有“转折”或“连接”含义。按照ICJ对该用词的如此解释,如是“转折”,就具有“可替代”(alternative)的含义,否则,“连接”的含义就是“累加”(cumulative)条件。在该二十二条的“或”本身含义不确定的情况下,ICJ认为应在其上下文解释,“谈判”和“该公约明文规定之程序”是两种不同的解决涉案争端的方式,但不是累加的,即,当事方之间谈判未成,再通过CERD委员会的谈判程序,尝试解决有关争端。ICJ进一步结合CERD目的及宗旨“迅即消除种族歧视”,认为累加的条件不符合有效消除种族歧视这一目的。因此,“依据第二十二条用语在其上下文中并兼顾该公约之目的及宗旨,其通常意义的解释足以清晰说明程序性前提条件的可替代特点”。④由此可归纳这两个判例结合的“判理”:CERD缔约国在诉诸ICJ之前应履行通过谈判“或”

① preliminary objection(又称“初步反对意见”)。这是争端当事国根据ICJ规约第79条对法院的管辖权和可受理性所提出的异议。ICJ在审理涉案实体问题之前,对初步异议作出是否支持的先行判决。

② International Convention on the Elimination of All Forms of Racial Discrimination, 660 U.N.T.S. 195,签署作准本(含中文本)。

③ *Application of the International Convention for the Suppression of the Financing of Terrorism and of the International Convention on the Elimination of All Forms of Racial Discrimination* (Ukraine v. Russian Federation), Preliminary Objections, Judgment, ICJ Reports 2019, p.598, para.106,援引 *Application of the International Convention on the Elimination of All Forms of Racial Discrimination* (Georgia v. Russian Federation), Preliminary Objection, Judgment, ICJ Reports 2011, p.128, para.141。

④ Ibid., p.600, para.112.

(可替代的)该公约明确规定之程序解决有关争端的义务。尽管这体现了前者“判理”(履行前提条件的义务)和后者“判理”(可替代的方式)之间的联系及其“稳定性”,但是,在 ICJ 具体认定乌克兰是否主观上尽了和谈义务方面,显然,其要求相对较宽松。

2021 年“种族歧视公约案”侧重于 CERD 第一条第一款下“民族本源”的解释。该第一条第一款规定:“本公约称‘种族歧视’者,谓基于种族、肤色、世系或原属国或民族本源之任何区别、排斥、限制或优惠,其目的或效果为取消或损害政治、经济、社会、文化或公共生活任何其他方面人权及基本自由在平等地位上的承认、享受或行使。”卡塔尔诉称,阿联酋于 2017 年 6 月 5 日声明以卡塔尔坚持其继续危及阿联酋和海湾地区的安全与稳定为由,禁止卡塔尔国民入境或过境,居住在阿联酋的卡塔尔国民在 14 天内离境。阿联酋还颁布了其他针对卡塔尔国民的禁令。卡塔尔认为这构成了 CERD 第一条第一款下基于“民族本源”的种族歧视。阿联酋辩称,其禁令针对基于“国籍”(nationality)的卡塔尔国民,与“民族本源”无关。ICJ 就 CERD 第一条第一款下“民族本源”是否涵盖“国籍”(nationality),进行了条约解释。

首先,ICJ 明确将适用 VCLT 第三十一条和第三十二条的条约解释规则。“尽管该公约不对当事国生效,并且在任何情况下也不适用在该公约生效前缔结的条约,如 CERD,但是,VCLT 第三十一条和第三十二条体现了习惯国际法规则,早已确立。”①然后,ICJ 适用第三十一条的解释通则进行解释,并强调该通则的所有要素应作为“整体”(as a whole)加以考虑。就“民族本源”用语而言,“本源”是指一个人出生时与民族或种族团体的连带,而“国籍”是国家赋予个人的法律地位,在其一生中可以改变。CERD 第一条第一款“民族本源”的上下文包括第一条第二款(公民与非公民的区别)和第三款(国籍、公民身份或归化),表明 CERD 的“民族本源”不同于国籍。就 CERD 目的及宗旨(序言明确迅速消除基于本源,即,与身俱有的种族特性的歧视)。因此,该第一条第一款“民族本源”不涵盖国籍。再从该条款的起草资料看,对此曾有过争论,但是,最终通过第一条第一款、第二款和第三款分别规定“民族本源”“公民”“国籍”,加以区别。ICJ 驳回了卡塔尔的起诉,因为阿联酋的禁令针对当时具有卡塔尔国籍的国民,而非基于民族本源的种族歧视。这一适用 CERD 第一条第一款的“判理”对于今后适用 CERD,尤其依据该公约诉诸 ICJ,具有十分重要的指导作用。

---

① *Application of the International Convention on the Elimination of all Forms of Racial Discrimination* (Qatar v. UAE), Judgment of 4 February 2021, p.24, para.75.

三、WTO 争端解决机构晚近条约解释的“判理稳定性”

自 1995 年 WTO 争端解决机制开始运行，条约解释的“判理稳定性”就是该机制下专家组和上诉机构的实践富有的显著特点。该上诉机构在 1996 年 4 月复审的 WTO 第一起上诉案件——“美国汽油案”中，就明确：VCLT 第三十一条的条约解释基本规则“已取得相当于习惯或一般国际法的地位”①。上诉机构为了加强其“判理”的说服力，还援引了 1994 年 ICJ“领土争端案”等认定条约解释的习惯国际法“判理”。不同国际裁判机构的同类“判理”叠加效应，进一步强化了其稳定性。不仅在 VCLT 条约解释规则本身地位的基本“判理”方面，而且在适用该解释惯例的具体“判理”方面，WTO 争端解决专家组，尤其上诉机构也非常注重其稳定性。譬如，“美国汽油案”对适用《关税与贸易总协定》(GATT)第二十条一般例外，先审理涉案措施是否符合该第二十条下具体款项，再看是否符合该第二十条引言要求的两步分析法。这一“判理稳定性”几乎体现于嗣后所有同类案件的审理。应予指出，美国对其有利的“判理”(如“美国汽油案”)，未加任何批评，而选择对其不利的“判理”(如“归零法案”)，横加指责。这种对“判理稳定性”的选择性立场本身就有失偏颇。如前所述，因美国阻扰而致使 WTO 争端解决上诉机构在 2020 年 11 月之后彻底瘫痪，故下文对该机构之前的晚近报告②及专家组报告③涉及“判理稳定性”的典型案例，做一些分析。

---

① US-Gasoline, WT/DS2/AB/R, 29 April 1996, p.17. 还可参见张乃根编著:《美国——精炼与常规汽油标准案》，上海人民出版社 2004 年版，第 46 页。

② *Australia-Tobacco Plain Packaging*, WT/DS435, 441/AB/R, 29 June 2020; *US-Supercalendered Paper*, WT/DS505/AB/R, 5 March 2020; *Russia-Railway Equipment*, WT/DS499/AB/R, 5 March 2020; *Morocco-Hot-Rolled Steel*, WT/DS513/AB/R, 8 January 2020; *Korea-Pneumatic Valves*, WT/DS504/AB/R, 30 September 2019; *Ukraine-Ammonium*, WT/DS493/AB/R, 30 September 2020; *US-Countervailing Measures*(China)(Article 21.5-China), WT/DS437/AB/RW, 15 August 2019; *Korea-Radionuclides*, WT/DS495/AB/R, 26 April 2019; *US-Large Civil Aircraft*(*2nd complaint*)(Article21.5-EU), WT/DS353/AB/RW, 11 April 2019; *US-Tuna II* (*Mexico*) (*Article 21. 5-MexicoII*), WT/DS381/AB/RW, 11 January 2019; *Brazil-Taxation*, WT/DS472,497/AB/R, 11 January 2019; *Indonesia-Iron or Steel Products*, WT/DS 490,496/AB/R, 28 August 2018; *EU-PET*(*Pakistan*), WT/DS486/AB/R, 28 May 2018; *Russia-Commercial-Vehicles*, WT/DS479/AB/R, 9 April 2018.

③ 2018 年以来，除个别专家组报告，因当事方未上诉而被 DSB 通过，如 Russia-Traffic in Transit, WT/DS512/R, adopted 26 April 2019; China-Agricultural Products, WT/DS511/R, adopted 26 April 2019; China-TRQs, WT/DS517/R, adopted 28 May 2019; Australia-Anti-Dumping Measures on Papers, WT/DS529/R, adopted 28 January 2020，其余均上诉。截至 2021 年 7 月 28 日，已有 20 起上诉案无限期待审。其中美国为被告的上诉的案件 7 起，WTO website: https://www.wto.org/english/tratop_e/dispu_e/appellate_body_e.htm[2021-08-19]。

(一)“澳大利亚烟草平装案”对条约解释的上下文以及嗣后协定“判理”

这在上诉机构彻底瘫痪前作出的最后一份复审报告,结束历时逾 8 年(2012 年 4 月至 2020 年 6 月)涉及 WTO《与贸易有关的知识产权协定》的争端解决。[①]在该案中,洪都拉斯等 WTO 成员主张所涉烟草公司在澳大利亚的注册商标权不应受到该国烟草平装法的限制,而澳大利亚则主张为了公共健康的利益有必要通过这种方法尽量减少人们对烟草的需求。该案涉及澳大利亚的控烟立法是否违反 TRIPS 协定相关规定。其中的条约解释问题之一是有关 2001 年在多哈举行的 WTO 部长级会议通过的《TRIPS 协定与公共健康宣言》(多哈宣言),能否构成 VCLT 第三十一条第三款(a)项含义下,作为涉案条约解释“应与上下文一并考虑”的“当事国嗣后所订关于条约之解释或其规定适用之任何协定”。

该案专家组在解释涉案 TRIPS 协定第二十条“在贸易过程中使用商标不得受特殊要求的无理妨碍”时,认为“无理”(unjustifiably)的通常含义应根据可适用的 VCLT 解释规则,“在其上下文中并兼顾该条款以及协定之目的及宗旨”,加以认定。[②]专家组认定,该第二十条本身没有明确“无理”妨碍的理由类型,因而应在其上下文中寻求解释的指南。通过在 TRIPS 协定第七条“目标”和第八条“原则”的上下文中解释,专家组认为:“在这样较宽泛的上下文中解读,我们理解第二十条要求在贸易过程中对商标使用不‘无理’妨碍,承认也许存在合法理由,某成员可以妨碍此类使用。”[③]为了进一步确定此类理由,专家组又求助于《多哈宣言》,指出该宣言第 5 段要求根据所适用的国际公法解释惯例,对 TRIPS 协定的每一条款应兼顾该协定之目的及宗旨,尤其是其“目标”和“原则”,加以解读。专家组认为:“《多哈宣言》的这一段被视为 VCLT 第三十一条第三款(a)项含义下的 WTO 成员‘嗣后协定’。”[④]因为《多哈宣言》是 WTO 成员在部长级会议这一最高层次上通过,且是 WTO 协定附件 1C 包括 TRIPS 协定之后通过的,从该宣言的决定表达的内容看,是解释 TRIPS 协定的成员间嗣后协定。专家组由此得出结论:“《多哈宣言》规定的指南与宣言本身相一致的提升以及可适用的解释规则,要求条约解释应考虑解释条约之上下文和目的及宗旨,并确认我们的观点,即,TRIPS 协定第七条和第八

---

① *Australia-Tobacco Plain Packaging*, WT/DS435, 441, 458, 467/R, 28 June 2018, WT/DS435, 441/AB/R, 9 June 2020. 该案由洪都拉斯、多米尼加、古巴、印度尼西亚和乌克兰于 2012 年分别提起;2015 年应乌克兰请求,专家组中止对其诉求的审理;该案至 2020 年完成上诉,历时约 8 年;专家组与上诉报告共计一千多页。

② *Australia-Tobacco Plain Packaging*, WT/DS435, 441, 458, 467/R, 28 June 2018, para.7.2393.

③ Ibid., para.7.2404.

④ Ibid., para.7.2409.

条提供了第二十条解释的重要上下文。”[①]该上下文的“保护公共健康”成了专家组解释该第二十条不构成“无理”妨碍,亦即“合理”妨碍商标使用的依据。

上诉机构同意专家组在TRIPS协定第七条和第八条的上下文中解释第二十条,认为“根据第二十条通过特殊要求妨碍商标使用,也可能是追求公共健康目标。”[②]关于《多哈宣言》对于第二十条解释的国际法意义。上诉机构认为该宣言第5(a)段规定在适用国际公法的解释惯例时,TRIPS协定的诸条款应依据该协定所明确规定的目标及宗旨,特别是各项目标和原则,加以解读。因此,上诉机构支持专家组根据TRIPS协定第七条和第八条,尤其是第八条第一款,解释第二十条的“无理”用语,并将该宣言对保护公共健康的强调作为进一步论证对于商标使用的特殊要求是否构成“无理妨碍”的上下文。“无论《多哈宣言》的法律地位如何,我们认为专家组依赖条约解释通则,没有任何错误。”[③]

值得注意,与专家组认为《多哈宣言》构成条约解释上下文的嗣后协定有所不同,上诉机构回避认定该宣言的法律地位。原因在于上诉机构关于嗣后协定的“判理”可能不支持专家组有关嗣后协定的说法。上诉机构关于嗣后协定的“判理”出自2012年“美国丁香烟案”。该案涉及《技术性贸易壁垒协定》(TBT协定)第二条第十二款的解释。该条款规定:“除第十款所指的紧急情况外,各成员应在技术法规的公布和生效之间留出合理间隔,使出口成员、特别是发展中国家成员的生产者有时间使其产品和生产方法适应进口成员的要求。”2001年WTO多哈部长决定第5.2段规定这一间隔时间至少为6个月。该第5.2段的解释由多哈部长会议“一致同意”(consensus)通过,但是,缺少货物贸易理事会的明确建议。上诉机构认定:“因缺少来自货物贸易理事会关于TBT协定第二条第十二款解释的建议证据,故多哈部长决定第5.2段不构成《建立WTO协定》第九条第二款下多边解释。”[④]至于该第5.2段是否构成VCLT第三十一条第三款(a)项“嗣后协定”,上诉机构认为构成此类“嗣后协定”应具备:(1)就时际而言,该决定在相关适用协定嗣后通过;(2)该决定用语及内容明确表示成员间关于解释或适用WTO法某一规定的协定。该第5.2段无疑是嗣后通过的。那么是否符合第二项条件呢?“我们认定第5.2段的用语及内容是决定性的。在这样的关联性中,我们注意到成员们对于TBT协定第二条第十二款的‘合理间隔’用语的含义之理解通过‘应理解为指’(shall be understood to mean)这样的用语表示,这不能视为仅是

---

① *Australia-Tobacco Plain Packaging*, WT/DS435, 441, 458, 467/R, 28 June 2018, para.7.2411.

② Ibid., para.6.649.

③ Ibid., para.6.657.

④ *US-Clove Cigarettes*, WT/DS406/AB/R, 4 April 2012, para.255.

劝告性的。"[①]因此，该第 5.2 段构成 VCLT 第三十一条第三款(a)项"嗣后协定"。其作用仅是解释性澄清，而非替代被解释的条约用语。根据该第 5.2 段的解释性澄清，上诉机构认为 TBT 协定第二条第十二款"确立了一项规则，即，'通常'出口成员的生产者要求至少 6 个月期间以便其产品或生产方法适应进口成员技术法规的要求。"[②]

按照"美国丁香烟案"的这一"判理"，《多哈宣言》符合时际要求，但其内容不是"关于解释或适用 WTO 法某一规定"，而是泛指对 TRIPS 协定"每一条款"(each provision)应兼顾该协定之目的及宗旨，尤其是其"目标"和"原则"，加以解读。因此，如认定《多哈宣言》为"嗣后协定"，这很难与该"判理"相一致。这也可以看出，上诉机构很注意保持其"判理稳定性"。

(二)"俄罗斯过境案"对国家安全例外的解释"判理"

2019 年"俄罗斯过境案"是晚近 WTO 争端解决中少数未经上诉而通过的专家组报告之一，且有关国家安全例外的解释"判理"很快对嗣后专家组审理起到指导作用。这也是 WTO 时期解释 GATT 第二十一条"安全例外"的第一案。该案起因于罗尔斯以国家安全例外为由，禁止乌克兰货物经由俄罗斯公路和铁路过境至哈萨克斯坦等国。所涉条约解释关键在于该第二十一条 b 款(iii)项下"在战时或国际关系中的其他紧急情况"的第二种情况之含义。

就"国际关系中的其他紧急情况"之词义而言，专家组解释："在战时或国际关系中的其他紧急情况"这一规定提示战争是"国际关系中的紧急情况"这一大范畴下一种情况。战争通常指的是武装冲突；紧急情况包括"危险或冲突的情况，系未曾遇见的起因并要求采取紧急行动"；国际关系一般指"世界政治"或"全球政治，主要是主权国家的关系"。就"国际关系中的其他紧急情况"之上下文而言，专家组认为该第二十一条 b 款(i)和(ii)项的事项，即"裂变物质"和"武器运输"，与(iii)项的战争均与国防、军事的利益有关。因此，"'在国际关系中的紧急情况'必须理解为是从第二十一条(b)款所规定的其他事项引起的同样利益中引申而出的。"[③]亦即，第二十一条(b)款引言的"基本国家安全利益"具有相同性。"因此，国际关系中的紧急情况看来一般是指武装冲突或潜在的武装冲突，或高度紧张或危机，或一个国家内或周边普遍的不稳定状态。这种情况引起有关国家的特定利益，即，国防或军

① *US-Clove Cigarettes*, WT/DS406/AB/R, 4 April 2012, para.267.

② Ibid., para.274.

③ *Russia-Traffic in Transit*, WT/DS512/R, adopted 26 April 2019, para.7.74.

事利益，或维持法律或公共秩序的利益。”[①]就“国际关系中的其他紧急情况”之目的及宗旨而言，专家组认为，《建立 WTO 协定》及 GATT 之总目的及宗旨在于促进互惠互利安排的安全性、可预见性以及实质减少关税与非关税壁垒，同时在特定情况下，成员可偏离其 GATT 和 WTO 项下义务，以便在最大限度接受此类义务时保持一定灵活性，但是将这些偏离仅作为某成员单边意愿的表示，则有悖于这些目的及宗旨。

专家组还参考该条款的起草资料。当时提出该条款草案的美国代表团作了相关解释：“我们特别记得上次战争结束前的情况，在 1941 年底我们参战前，战争在欧洲已进行了两年，我们即将参战时，为保护自己，要求可采取许多如今宪章已禁止的措施。我们的进出口在严格管控下，原因在于战争在进行着。”[②]也就是说，在美国参战前夕，所采取的进出口管制措施属于“国际关系中的其他紧急情况”，但与战争直接相关。正是在该起草史的印证下，专家组认为“国际关系中的其他紧急情况”包括潜在的武装冲突。这一解释符合第二十一条(b)款(iii)项的初衷。

2020 年“沙特知识产权案”专家组以“俄罗斯过境案”为指导，阐明了评估援引 TRIPS 第七十三条(b)款(iii)项的四步骤。[③]其中步骤之一：是否确实发生“在战时或国际关系中的其他紧急情况”。基于“俄罗斯过境案”对“国际关系中的紧急情况”的条约解释，即，包含“武装冲突或潜在的武装冲突”，或“高度紧张或危机”，或“一个国家内或周边普遍的不稳定状态”，专家组认为沙特援引安全例外的“国际关系中的紧急情况”属于“高度紧张或危机”。[④]专家组同意沙特主张 WTO 某成员断绝与另一成员的所有外交及经济关系可视为“存在国际关系中紧急情况的国家最终表示”，并以联合国国际法委员会关于 VCLT 第六十三条“断绝外交或领事关系”的评注为依据，认为这是一个国家“单边和自由裁量的行动，通常是派遣国与接受国关系出现严重危机时采取的最后手段”。[⑤]专家组还认为应将这一“高度紧张或危机”放在沙特断绝与卡塔尔外交及其他关系的背景下考察，即，沙特一再声称卡塔尔“破坏地区稳定与安全”，而卡塔尔强烈拒绝此类指控。专家组表示对双方此类争执不持任何立场，只是认为“这本身反映了与安全利益有关的高度紧张或危

---

① *Russia-Traffic in Transit*, WT/DS512/R, adopted 26 April 2019, para.7.76.

② Ibid., para.7.92.

③ 四步骤为：1.是否确实存在该款项下“在战时或国际关系中的其他紧急情况”；2.是否“在战时或国际关系中的其他紧急情况下采取的行动”；3.援引安全例外的一方是否形成相关“根本安全利益”并足以能够判断所采取的行动与之相关性；4.所采取的行动对于保护紧急情况下的根本安全利益是否必要。参见 *Saudi Arabia-IPRs*, WT/DS567/R, 16 June 2020, para.7.242。

④ Ibid., para.7.257.

⑤ Ibid., para.7.260.

机的情况”。①可见，在 WTO 争端解决上诉机构瘫痪的情况下，专家组审理案件也非常注重保持“判理稳定性”。

（三）“美国关税措施案”对公共道德例外的解释“判理”

2020 年“美国关税措施案”是迄今等待上诉机构复审的 20 起案件之一。该案专家组对于中国诉称美国 2018 年以来加征关税违反 WTO 规则的主张，给予全部支持，并驳回美国以 GATT 第二十条(a)款“公共道德”(public morality)为例外的抗辩。这与先前有关判例的“公共道德”解释“判理”关系，值得研究。

众所周知，美国以其对外贸易中知识产权保护的“301 调查报告”为依据，对我国输美产品加征额外关税，挑起中美贸易战。在“美国关税措施案”专家组审理中，美国对其关税措施违反 GATT 第一条第一款“普遍最惠国待遇”和第二条第一款(a)和(b)项“减让表”下有关义务本身，未提出任何抗辩，而是以 GATT 第二十条(a)款为依据，抗辩其关税措施是“为保护公共道德所必需的措施”。对此，专家组援引了涉及“公共道德”例外的诸多案例的“判理”，进一步采取“整体”(holistic)分析的方式，逐一展开第二十条(a)款下每一要素的解释及其适用分析，最终经过权衡 WTO 成员求助“公共道德”例外的权利与其证明例外措施的“必需性”(necessary)义务，认定美国未充分说明采取涉案关税措施的“手段”(means)与其达到保护所谓公共道德的“目标”(ends)之间“真实关联”(genuine relationship)。

有关解释第二十条(a)款“为保护公共道德所必需的措施”之“目标—手段”的“真正关联”这一“判理”的表述来自 2007 年“巴西翻新轮胎案”关于第二十条(b)款“为保护人类、动物或植物的生命或健康所必需的措施”的解释，②因为两款下“必需性”条件相同。这一“判理”经过嗣后数个案例，尤其 2014 年“欧盟海豹案”对第二十条(a)款的阐释、发展，为“美国关税措施案”专家组所采用。这充分体现了该“判理稳定性”。

专家组的解释重点在于通过分析美国加征关税的清单及其排除的做法，认定美国未证明加征关税的产品与其援引的公共道德之间的真正关系。美国在先后实施加征关税时都允许其国内企业申请排除加征关税的特定产品，而排除的理由包括：(1)特定产品是否仅来自中国，且在美国或第三国有无该特定或可比较的产品；(2)对特定产品加征关税是否有损于申请者或其他美国利益有关方；(3)特定产品是否具有战略重要性或与“中国制造 2025”或其他中国产业计划有关。专家组认

---

① *Saudi Arabia-IPRs*, WT/DS567/R, 16 June 2020, para.7.263.

② *Brazil-Retreaded Tyres*, WT/DS332/AB/R, 17 December 2007, para.145.

为前两个理由显然与经济考虑有关。“这一事实不一定说明缺少涉案措施与美国援引的公共道德目标之间的目标—手段之真正关联。但是，美国没有说明被排除的产品是否受益于抵触其公共道德的中国政策和做法。”①专家组强调：第二十条(a)款允许WTO成员采取违反WTO义务的措施以保护其公共道德，但限于其所确定的特殊公共道德，并要求该措施对于实现这一公共道德目标，必不可少。因此，采取该措施的成员应当证明公共道德目标与涉案措施之间的目标与手段之真正关系，以满足这一必需性要求。“美国没有提供说明，可使专家组理解对清单产品加征关税与其援引公共道德之间关联性。”②尽管美国向陷于瘫痪的上诉机构提起复审，使得该案专家组不能被通过，但是WTO争端解决机构仍将该案与其他有关“公共道德”解释的上诉复审案例③，一并编入GATT第二十条(a)款的最新“判理”索引，且作为该“判理”中唯一专家组报告，所占比重还很大。④这说明“美国关税措施案”不仅保持了“公共道德”解释的“判理稳定性”，而且有所发展，尤其通过事实分析，强化“为保护公共道德所必需的措施”之“目标—手段”的“真正关联”这一解释“判理”。即便今后上诉机构恢复运行，复审该案，恐怕美国也很难翻案。

四、晚近条约解释“判理稳定性”的启示

通过上文对ICJ和WTO争端解决晚近条约解释“判理稳定性”的初步分析，可以得到如下启示。

第一，条约解释“判理稳定性”彰显了对于和平解决国际争端的重要性。条约解释是ICJ解决国家之间争端的首要法律问题，⑤也是WTO争端解决的关键。⑥

---

① *US-Tariff Measures*, WT/DS543.R, 15 September 2020, para.209.

② Ibid., para.227.

③ *US-Gambling*, WT/DS285/AB/R, 20 April 2005; Brazil-Retreaded Tyres, WT/DS332/AB/R, 17 December 2007; *China-Publication and Audiovisual Products*, WT/DS363/AB/R, 19 January 2010; *EC-Seal Products*, WT/DS400/AB/R, 18 June 2014; *Argentina-Financial Service*, WT/DS435/AB/R, 9 May 2016; *Colombia-Textiles*, WT/DS461/AB/R, 22 June 2016; *Brazil-Taxation*, WT/DS497/AB/R, 11 January 2019.

④ 参见WTO Analytical Index: GATT1994-Article XX(Jurisprudence), pp.8－26.“美国关税措施案”被该“判理”索引的次数17次，多于其他判例索引次数。

⑤ ICJ规约第36条第2款：“本规约各当事国得随时声明关于下列性质之一切法律争端，……(一)条约之解释。(二)国际法之任何问题。……”

⑥ WTO《关于争端解决规则与程序谅解》第3条第2款：WTO争端解决制度应“依照国际公法解释惯例澄清适用协定的现有规定”。

在 ICJ 和 WTO 争端解决机构的实践中，涉案国内法广义上涵盖国内立法和执法措施等，均作为法律性事实，而不是解决国际争端的可适用法。对涉案国内法的阐释、解读或说明等属于举证的事实范畴，而可适用法如是有关条约，就有可能对条约所设置的当事国义务，加以必要解释。条约解释形成的“判理”对于国际裁判机构的嗣后案件，极为重要。法的作用在于对人们行为的强制性约束，以维护一定社会的公共秩序、保护一定主体的合法权益。这一强制性的可靠作用通过法对其适用结果的公开可预期性来实现。因此，作为和平解决国际争端的可适用法，条约的权利和义务涵义往往在履约或适用过程中会引起缔约方之间不同理解，乃至争端。作为争端解决的第三方，国际裁判机构对可适用条约的解释对于嗣后同类案件的指导性，体现了法的公开可预期性。与政策不同，法应具有相对的稳定性。因此，条约解释的“判理稳定性”体现了法的相对稳定性。

条约对于缔约方具有国际法的拘束力，因而也必然会产生条约解释的“判理稳定性”。从上文分析的案例看，譬如，ICJ“豁免权与刑事程序案”对《巴勒摩公约》第四条的解释，澄清了该公约未将国家及其官员豁免的习惯国际法规则纳入的本意，因而该公约缔约国均应履行打击跨国有组织犯罪的国际义务，任何涉嫌此类犯罪的国家及其官员在任何缔约国的国内司法程序中均不享有豁免权。这有别于 ICJ 先前不涉及条约适用，而仅适用习惯国际法的“国家司法豁免案”，也不同于“2000 年 4 月 11 日逮捕令案”认定涉案条约下外交豁免权体现习惯国际法。可见，这些案例对有关国家及其官员豁免的条约与习惯国际法的关系，所形成的条约解释“判理稳定性”，为国际社会提供了相关国际法适用的可预期性。对其他案例的进一步归纳分析，也会得出类似结论。

第二，VCLT 条约解释规制的习惯国际法地位相关“判理稳定性”进一步加强。 条约解释规则的理论与实践源远流长。①但是，二十世纪二十年代成立的常设国际法院（PCIJ）一开始就碰到究竟采用什么解释规则的问题。自 1922 年至 1940 年，PCIJ 共作出的 29 起诉讼案件的判决和 27 起咨询案件的意见，其中许多判决和意见的主题就是条约解释。但是，无论是 PCIJ，还是 VCLT 缔结之前 ICJ 都没有明确认定任何条约解释规则的习惯国际法性质或地位。因此，VCLT 旨在通过多边条约确立若干条约解释规则，有助于条约解释的可预期性，增强条约法的确定性。如前所述，1994 年 ICJ“领土争端案”在未援引任何判例的情况下，径直宣告 VCLT

① 参见张乃根：《条约解释的国际法》（上下卷），上海人民出版社 2019 年版，第二篇理论包括 17 世纪上半叶格劳秀斯、18 世纪中叶至 19 世纪末瓦特尔、20 世纪 30 年代哈佛《条约法公约草案》和 60 年代 VCLT 的评注所涉及的条约解释实践，甚至可追溯到古罗马时代。

条约解释规则"体现"已有习惯国际法。WTO 争端解决上诉机构等其他国际裁判机构也肯定这些条约解释规则的习惯国际法地位，从而很快形成了相关"判理稳定性"。上文分析的 ICJ 案例，虽然还是以"体现"表示这些条约解释规则与习惯国际法的关系，但是，更多情况下直接将这些规则作为 ICJ 规约下可适用法的习惯国际法，解决尚未加入 VCLT 的当事国之间争端。譬如，"杰达哈弗案"和 2021 年"种族歧视公约案"的当事国——印度、巴基斯坦、卡塔尔和阿联酋都不是 VCLT 缔约国。WTO 争端解决的晚近案例即便没有明确援引 VCLT，但实际上都按照 1996 年"美国汽油案"的"判理"，将 VCLT 条约解释规则作为"国际公法解释惯例"解释涉案的适用协定。或者，在特别需要强调涉案条约解释的重要性，专家组或上诉机构就明确援引 VCLT 解释规则。譬如"美国关税措施案"专家组对涉案 GATT 第二十条(a)款"公共道德"例外的解释，在逐一从概念(在上下文中的用语通常涵义)、立法宗旨等方面加以解释之后，进一步从"目的—手段"之间"真正关联"中解释时，强调："专家组将根据 VCLT 的国际公法解释惯例澄清适用协定。"[①]

晚近 ICJ 和 WTO 争端解决的条约解释实践强化了 1994 年以来有关 VCLT 解释规则的习惯国际法地位的"判理稳定性"。其原因在于这些规则及其适用的"判理"，具有可预期性。这些"判理"的稳定性与可预期性相辅相成，使得可适用的条约法通过相关"判理稳定性"具有更强的可靠性、可预期性。这与国际社会对和平解决国际争端的期待相吻合。即便按照习惯国际法的确立标准，习惯国际法依赖于各国普遍实践与公认(法律确信)，[②]而晚近比较研究表明许多国家法院在适用和解释有关条约时，还没有，或者在近年才采用 VCLT 解释规则。譬如，在尚未加入 VCLT 的美国，"其法院，尤其美国最高法院。并不认为有义务适用[具有习惯国际法特点的]VCLT 解释原则"。[③]在早已加入(1997 年 9 月)VCLT 的中国，最高人民法院在 2015 年的一份司法文件中，才第一次提及按照 VCLT 的规定，"根据条约用语通常所具有的含义按其上下文并参照条约的目的及宗旨进行善意解释，增强案件审判中国际条约和惯例适用的统一性、稳定性和可预见性。"[④]然而，不可否认，ICJ 和 WTO 争端解决机构等国际裁判机构认可一定的习惯国际法，往往更具权威性，并影响各国相关实践。从本文分析的晚近案例有关 VCLT 条约解

① *US-Tariff Measures*, WT/DS543.R, 15 September 2020, para.156.

② 参见联合国大会决议：《习惯国际法的识别》，A/RES/73/203(2018)。

③ Helmut Philipp Aust and Georg Nolte, edited, *The Interpretation of International Law by Domestic Courts*, Oxford University Press, 2016, p.21.

④ 《最高人民法院关于人民法院为"一带一路"建设提供司法服务和保障的若干意见》(法发〔2015〕9 号)，2015 年 7 月 7 日，第 7 段。

释规则的“判理稳定性”中也不难得出结论：这些解释规则的习惯国际法地位，无可置疑。

第三，具体的条约解释“判理稳定性”对嗣后同类案件有着重大指导作用。从ICJ、WTO争端解决机构等和平解决国际争端的实践来看，明确VCLT条约解释规则体现或具有习惯国际法的地位本身不是目的，通过运用这些规则解释涉案具体条约，澄清有关条约义务，尽可能地解决国家或政府间争端，才是目的。因此，研究、分析具体的条约解释及其“判理稳定性”对于今后应对同类案件，更具实际的指导意义。本文分析的ICJ晚近案例涉及诸多我国已加入的条约，如《巴勒摩公约》(2003年9月23日)、《维也纳公约》(1975年11月25日)、《领事公约》(1979年7月3日)、CERD(1981年12月29日)。①无论是我国履行这些公约，还是因这些公约引起争端的解决，都需要研究相关的适用及解释“判理”。至于上文分析所涉GATT和TRIPS协定等WTO一揽子协定，我国均有履约义务。不论是否发生涉华案件，我们也均应对相关的适用及解释“判理”加强研究。譬如，2019年ICJ“国际金融反恐公约与种族歧视公约案”所涉CERD第二十二条有关诉诸ICJ的前提条件的条约解释，在保持2011年“种族歧视公约案”的“判理稳定性”(以通过谈判或该公约明文规定之程序，但尚未解决为前提)的基础上，进一步澄清两种方法不是累加，而是可替代的，且经过事实认定当事国已“通过谈判”，即可。这一发展的“判理”对作为原告的当事国满足前提条件的主观意图认定，相对宽松。这对于我国在应对任何借CERD第二十二条将与我国有关人权的争端诉诸ICJ，具有十分重要的指导意义。再如，“俄罗斯过境案”对GATT第二十一条下国家安全例外的解释，已经显示一定的“判理稳定性”，对于应对有关WTO争端解决的意义，不言而喻。从诸如此类案例对相关“判理”的发展，以增强“判理稳定性”来看，我们应当重视并持续跟踪研究ICJ和WTO争端解决机构等相关判例。这既是从上述典型案例分析中可得出的结论，也是本文的研究初衷。

第四，国际政治经济关系的变化对相关案件中条约解释“判理稳定性”的影响。诚然，条约解释及其“判理稳定性”是一个国际法问题，然而，也不能不看到国际法是为调整国际关系而制定或形成，旨在规范一定的国际关系，并解决国际关系中可能发生的争端。因此，经联合国大会选举的15位ICJ法官，或经WTO秘书处从各成员推荐并得到WTO争端解决机构批准的专家名册中提名的3位个案专家组成员，或由WTO全体成员协商一致任命的上诉机构7位成员，虽均以独

---

① 均可参见联合国条约集网站：https://treaties.un.org/Pages/ParticipationStatus.aspx?clang=_en[2021-08-20]。

立于任何当事方的身份，根据一定的国际法，以多数票解决有关争端，但从一定的“判理”及其稳定性或变化，还是能够看得出在一定的国际政治经济变化所带来的影响。

譬如，俄罗斯在 2011 年“种族歧视公约案”中抗辩，格鲁吉亚未满足诉诸 ICJ 的前提条件。ICJ 认为：“如果解释 CERD 第二十二条时，其含义只是争端尚未通过谈判或 CERD 规定的程序解决，那么该规定的关键用语会变得失去其任何效果。”[①]这包含该前提性程序不仅是客观事实，而且应有主观判断，亦即，当事方是否诚意通过前提性程序，尽力解决争端这样的“判理”。由此 ICJ 不对该案实体问题作出任何判决。近年来，乌克兰与俄罗斯的关系持续紧张，其背后实际上欧美与俄罗斯的博弈。ICJ 对解释 CERD 第二十二条的解释，尽管体现了前案的“判理”（履行前提条件的义务）与后案的“判理”（可替代的方式）之间的联系及其“稳定性”，但是，在 ICJ 具体认定乌克兰是否主观上尽了和谈义务方面，显然，其要求相对较宽松。于是，不同于前案支持俄罗斯抗辩，后案驳回同样的抗辩，其“判理”的微妙变化，说明 ICJ 意在通过审理后案，对乌俄争端的实体问题作出判决。

可见，涉案条约规定虽无任何变化，但是相关解释“判理”可能会有某些变化。这也印证了“判理稳定性”与具有拘束力的“先例”不可画等号。“判理稳定性”是相对的，在很大程度上取决解释者。仅从“判理”细微变化的字面上可能看不出任何问题，而透过背后折射的国际政治经济关系的变化，或许察觉其中奥妙。对此进一步的深入分析，势必超出本文研究范围，故存而不论。

总括全文，条约解释的“判理稳定性”是可以通过比较系统的研究分析相关判例而实证的国际法实践。作为全球最有影响的国家或政府间争端解决的两大机构，ICJ 和 WTO 争端解决机构晚近一系列案例，无论在秉承将 VCLT 条约解释规则作为习惯国际法的“判理”，还是在涉案具体的条约解释方面的“判理”方面，均充分体现了一定的稳定性。“判理稳定性”是相对的，因而实际上在嗣后同类案件中，根据个案情况也会有所变化，从而使得“判理”内容更加丰富，适用的指导性更强。从本文分析的晚近案例“判理稳定性”中可以得到很多启示。这对于我们加深理解条约解释及其“判理稳定性”对于和平解决国际争端的重要性，以及在当今错综复杂的国际政治经济关系中的我国应对，不无裨益。

---

① *Application of the International Convention on the Elimination of All Forms of Racial Discrimination* (Georgia v. Russian Federation), Preliminary Objection, Judgment, ICJ Reports 2011, p.126, para.134.

The Analysis of *Jurisprudence Constante* about Treaty Interpretation —the Recent ICJ and WTO Cases as the Examples

Abstract: It is essential for the international adjudicates to settle disputes arising from the application of treaties by necessary interpretation of the relevant treaties for clarification of obligations in accordance with the customary international law of treaty interpretation. Such interpretations include the principles of international laws and the resulted "*jurisprudence constante*", which reflects the predictability of treaty application and interpretation. The "*jurisprudence constante*" of treaty interpretation is not only theoretical issue, but also very significant and sensitive in the practices of peaceful settlement of international disputes. This article is based on the existing researches to pursue further study on the "*jurisprudence constante*" of the recent ICJ and WTO cases. It begins with the illumination of the relevant concepts and the significance of the study, and then, focus on the recent cases of the two international adjudicates with the most prestige in the world, finalizes a few indications for more understandings of the addressed issues and helps to prepare the settlement of international disputes.

Keywords: Treaty interpretation; *jurisprudence constante*; ICJ; WTO; Recent cases

上诉机构的条约解释判理或先例之辨*

——兼论 WTO 争端解决机制改革

内容摘要:作为多边贸易体系的核心机构,WTO 上诉机构正面临严重的生存危机。美国以上诉机构赋予其条约解释等判理以判例法的先例效力等为由,主张这是 WTO 改革的体制性问题之一。有针对性地分析美国的主张,客观评估上诉机构的条约解释实践,辨析有关条约解释的判理或先例及其相关问题,是合理改革 WTO 争端解决机制的必要条件。

关键词:上诉机构;条约解释;判理;先例;WTO 改革

世界贸易组织(WTO)成立 24 年之际,正面临严峻的生存危机。美国一意孤行,奉行与 WTO 根本宗旨和原则背道而驰的单边主义,并以 WTO 争端解决上诉机构"越权"等为由,千方百计阻扰上诉机构成员的正常替换,致使其濒临瘫痪。美国认为上诉机构违背 WTO《关于争端解决规则与程序谅解》(DSU)规定,赋予其争端解决报告,尤其是涉案条约的解释以判例法的"先例"(precedent)效力,因而构成 WTO 改革的体制性问题。①但是,绝大多数 WTO 成员并不认同美国的主张。②本文认为,为了回应美国的主张,应基于客观评述上诉机构的条约解释实践,辨析上诉机构有关涉案件条约解释的判理抑或先例及其相关问题,由此提出有关 WTO 争端解决机制改革的建议。

一、判理与先例的一般理解

(一) 比较法与国际裁判实践中的判理与先例

原本这是比较法学早已解决的问题:"判理"(jurisprudence)是大陆法系国家

---

* 原载《国际经济评论》2019 年第 2 期,第 44—56 页。

① 2018 年 12 月 18 日,美国在 WTO 争端解决机构会议发表有关专家组或上诉机构报告的先例价值的声明。参见 Statement by the United States on the precedential value of panel or Appellate Body reports, https://www.wto.org/english/news_e/news18_e/dsb_18dec18_e.htm,[2018-12-22]下文最后访问时间同,略。

② 在 2018 年 12 月 18 日 WTO 争端解决机构会议上,中国、欧盟、日本、加拿大、澳大利亚、新西兰、新加坡、墨西哥、巴西、智利、哥伦比亚和菲律宾等 WTO 成员对美国声明发表评论,认为 DSU 和 WTO 协定确实没有授权上诉机构作出具有先例约束力的裁决,但也质疑上诉机构是否实际上寻求过这一权力,并认为美国以"不锈钢案(墨西哥)"为例指责上诉机构以"令人信服理由"维持其以前报告的先例价值,不符合实际。

法官判决的理由所构成的判例;“先例”(precedent)是英美法系国家法官判决所形成的判例法。法国著名比较法学家勒内・达维德教授曾高度概括判例的性质:“站在原则的立场上,我们认为法官们不把自己变成立法者是重要的。这就是罗马日耳曼法系各国人们所孜孜以求的:我们认为在这些国家说判例不是法源这种提法是不正确的,但如果改正一下,说判例不是‘法律规范’的来源,那就表达了真理了。”[①]换言之,判例及其蕴含的判理虽非法律,但对嗣后判决具有不可或缺的指导性。

国际法院(ICJ)前任院长吉尔贝・纪尧姆先生也认为:在大陆法系国家,“原则上,法官不创制法律。…… 然而,法院在每个案件中都会吸取以前案例所提供的解决方案。在‘判理稳定性’的情况下,尤其如此。为做到这一点,判理显然需要足够的清晰性、承继性和成熟性。”[②]所谓“稳定性判理”(*jurisprudence constante*,或译“判理稳定性”),实质是大陆法系国家法院具有指导性的判例及其判理,而不是英美法系国家法院作为可适用法的先例。国际裁判实践中的判理不限于条约解释,还涉及诸如将国内法作为事实此类问题。[③]

(二) 源于 GATT 时期的 WTO 争端解决所涉条约解释判理

本文讨论的判理与 WTO 争端解决的条约解释实践密不可分。WTO 秉承 1948 年至 1994 年《关税与贸易总协定》(GATT)临时适用时期[④]争端解决的“惯例”(customary practices),亦即,早在二十世纪五十年代,GATT 秘书处就编纂了旨在用于争端解决时解释涉案 GATT 条款的《分析索引》。根据美国著名 WTO 法学者杰克逊教授的研究,GATT 曾于 1959 年和 1969 年出版题为《分析索引:有

---

① [法]勒内・达维德著:《当代主要法律体系》,漆竹生译,上海译文出版社 1984 年版,第 127—128 页。

② Gilbert Guillaume, The Use of Precedent by International Judges and Arbitrators, *Journal of International Dispute Settlement*, Vol.2, No.1(2012) p.6. 该文开篇概括地认为:“在国内法体系中,先例构成法官推理的起点。在大多数情况下,法官们基于法律的可确定性和担心其决定可能被上级法院改变,尽可能与先例一致。这一做法在普通法系和罗马日耳曼法系分别变成了‘遵循先例’(stare decisis)的规则和‘判理稳定性’的观念。在国际法上,自 1922 年[国际常设法院]就排除了遵循先例的规则,但是,[该法院的]判理一直以不同方式提及其先前决定,以便考虑法律与国际社会的演变。”(p.5)值得注意:在此,遵循先例是“规则”(rule),“判理稳定性”是“观念”(concept)。该文在“判理稳定性”的意义上讨论国际裁判机构对待先前判例及其判理的“先例”作用。

③ 比如,1926 年 PCIJ“波兰上西西里的某些德国人利益案”关于从国际法和国际法院角度看,国内法完全是表示国家意愿和构成国家行为的事实这一判理,对包括 WTO 在内的国际裁判机构具有判理作用。参见 *Certain German Interests in Polish Upper Silesia*, [1926], PCIJ Series A, No.7, p.19。

④ 1948 年 1 月 1 日起,根据《GATT 临时适用议定书》(Protocol of Provisional Application of the GATT, October 30, 1947, 55 UNTS 308),GATT 临时生效,至 1994 年 12 月 31 日。1995 年 1 月 1 日起生效实施的《建立 WTO 协定》及其附件《1994 年 GATT》第 1 条(a)款明确规定“不包括《临时适用议定书》”。

关 GATT 的起草、解释及适用的注释》"修订版",在 1986 年启动 GATT 乌拉圭回合谈判时所使用的该《分析索引》为 1985—1986 年"活页版"。[①]可见,在 GATT 时期,由于从 1948 年第一起争端解决案件开始就涉及 GATT 的条款解释,[②]因此,GATT 秘书处编纂《分析索引》首先就是提供条约起草资料,便于涉案条约解释。根据 1969 年《维也纳条约法公约》(VCLT)[③]第三十二条,此类条约解释的补充性资料仅在为了证实依据条约文本的解释所得之意义,或者,适用 VCLT 解释通则尚不足以解决解释问题时,方可使用。"不过,GATT 的实践倾向于在必要时,会很快地利用准备性工作来解释。"[④]随着争端解决的增多而逐步采用专家组审理并向"GATT 缔约方全体"(GPs)提交裁决报告的方式,有关条约解释的内容不断丰富,《分析索引》更多的是编纂所有报告的条约解释判理。

1995 年之后,WTO 秘书处负责定期更新《WTO 分析索引:WTO 法与实践的指南》(简称《分析索引》)。[⑤]迄今,该《分析索引》一直以 jurisprudence 为标题将所有争端解决报告所涉条约款项的解释作为"判决的法理"(判理),逐项协定、逐项条款地分类,为嗣后相关条约解释提供指南。在 WTO 争端解决的上下文中,jurisprudence 宜译成"判理",既区别于判例法上的"先例",也有别于中文语境下一般意义的"法理"。

(三)其他国际裁判实践中的条约解释判理

将争端解决所涉条约解释作为判理不是 GATT 以及 WTO 争端解决所特有的。事实上,其他国际裁判机构也将其条约解释的判例称为判理。比如,ICJ 在 1961 年"柏威夏寺案"(初步异议)判决中强调:"本法院必须适用其常用的解释规则,即,首先根据本法院确立的判理,用语应依其出现的上下文中之自然与通常含

---

① John Jackson, *The World Trading System: Law and Policy of International Economic Relations*, the MIT Press, 1989, p.336, endnote 15.

② *The Phrase "Charges of Any Kind" in Article 1 : 1 in Relation to Consular Taxes*. Ruling by the Chairman on 24 August 1948, II/12. 当时还没有争端解决专家组,由 GPs 主席裁定解决。该案涉及 GATT 第 1 条第 1 款"任何费用"(charges of any kind)的解释。

③ 《维也纳条约法公约》(*Vienna Convention on the Law of Treaties*. U.N.T.S.vol.1155, p.331)签署作准本(含中文本),又参见《国际条约集(1969—1971)》,商务印书馆 1980 年版,第 42—77 页。下文援引 VCLT,出处略。

④ [美]约翰·H.杰克逊:《世界贸易体制——国际经济关系的法律与政策》,张乃根译,复旦大学出版社 2001 年版,第 137 页。

⑤ *The WTO Analytical Index: Guide to WTO Law and Practices*. 可通过 WTO 网站的上诉机构栏目,查询该索引电子版:https://www.wto.org/english/res_e/publications_e/ai17_e/ai17_e.htm。

义加以解释。"①这一判理可追溯到 ICJ 的前身——国际常设法院(PCIJ)在 1925 年"但泽境内波兰邮政服务咨询意见案"中所说:"这是解释的基本原则,即,用语必须在其上下文中具有的通常意义上予以解释,除非这样的解释会导致某些不合理或荒谬。"②ICJ 的用词是判理,表明这已成为 PCJI 和 ICJ 的条约解释所惯用的基本原则。ICJ 除了对其判案可适用法的条约进行解释,或对业已存在的习惯国际法作出"表态"(pronouncement)③,从不将自己的判理视为法律。这恐怕是沿袭了大陆法系的做法,即,判例本身不是法律或先例,而是判理。

又如,投资争端解决国际中心(ICSID)2012 年"DFS 诉阿根廷案"仲裁庭对涉案《德国与阿根廷双边投资保护协定》(BIT)第一条(1)款和 ICSID 公约第二十五条项下"投资"含义解释时,指出:"已有二十多个有关仲裁庭肯定 ICSID 公约以及许多 BITs 界定的'投资',允许股东提起在东道国股份公司中投资受损之诉求。本案原告未能列举任何一起案例对已确立的这一管辖权提出异议。本仲裁庭虽无义务遵循先前仲裁庭判理,但是,无论涉案 BIT,还是一般国际法,均未与该特定法律问题相关的稳定性判理相悖。"④该仲裁庭明确否认将先前的条约解释判理作为先例,而将之作为稳定性判理,适用于该案相同的"特定法律问题"(即涉案条约项下"投资"含义)的解释。

综上可见,判理和先例渊源于大陆法系和英美法系的司法实践,分别对嗣后判案具有指导作用或法律约束。国际裁判实践中的判理稳定性与遵循先例存在明显的区别。源于 GATT 时期惯例,以编纂《分析索引》方式表示的 WTO 争端解决涉案条约解释判理,对专家组或上诉机构具有重要的指导作用,但并非可适用的法律。

二、上诉机构有关条约解释的判理性质

(一) 条约解释上下文的嗣后惯例与作为惯例指导条约解释的判理

应该留意,尽管其他国际裁判机构通常也将其有关条约解释的判例作为嗣后适用"特定法律问题"的判理,但是,WTO 争端解决机制的特殊性在于依据《建立

---

① *Temple of Preah Vihear*, (Cambodia/Thailand), Preliminary Objections, ICJ Reports, p.32.

② *Polish Postal Service in Danzig*, [1925] PCIJ Series B, No.11, p.39.

③ 参见 *International Court of Justice, Digest of Judgments and Advisory Opinions, Canon and Case Law 1946 -2012*, Edited by Guenther Dahlhoff, Martinus Nijhoff Publishers, 2012, p.1784。该书系统地整理国际法院判决或咨询意见中有关习惯国际法的"表态"。

④ *Daimler Financial Services AG v. Argentine*, ICSID Case No.ARB 05/1, Award, 22 August 2012. para.91.

WTO协定》第十六条第一款,“除本协定或多边贸易协定项下另有规定外,WTO应以1947年GATT缔约方全体和在1947年GATT范围内设立的机构所遵循的决定、程序和惯例为指导。”[①]上诉机构在1996年“日本酒税案”中推翻了该案专家组将GATT时期经GPs通过的专家组报告,乃至推论WTO时期经其争端解决机构(DSB,由所有WTO成员代表组成的总理事会行使其争端解决功能时的机构,相当于GPs)通过的专家组报告(当然也包括上诉机构报告)作为“嗣后惯例”(subsequent practice)的结论,认为:“一般而言,在国际法上,解释条约的嗣后惯例之实质是作为‘协调、共同和一致的’嗣后行为或宣称足以构成识别的方式包含有关解释的当事方协定。某孤立的行为一般不足以构成嗣后惯例。只有确立相关当事方协定的,才是嗣后行为。”[②]

就VCLT第三十一条第三款(b)项作为条约解释“上下文”(context)的“在该条约适用时确定当事方对该条约的解释意思一致的任何嗣后惯例”而言,上诉机构对此类嗣后惯例的解释所采取的“协调、共同和一致的嗣后行为”标准,相对于联合国国际法委员会2016年《与条约解释相关嗣后协调与嗣后惯例》专题报告关于嗣后惯例的定义,即“在某条约缔约后的适用中行为所构成,确立为缔约方有关条约解释的协定”[③],属于较高标准[④]。在此不论。

问题在于:《建立WTO协定》第十六条第一款明文规定仅对GATT时期的惯例而言,WTO“应”(shall,有义务)以此为指导。此类惯例不是VCLT第三十一条第三款(b)项作为解释涉案条约上下文的嗣后惯例。上诉机构在“日本酒税案”界定嗣后惯例时,援引了ICJ规约第五十九条“法院之裁判除对于当事国及本案外,无拘束力”,认为这与WTO对待GATT时期的专家组报告“具有同样效果”。[⑤]这实质上是区分国际裁判机构的裁判(仅对涉案当事方有拘束力)与英美法系国家的判例法(对嗣后同类案件审理具有约束力),与作为条约解释上下文的嗣后惯例,并无直接关系。按照上诉机构在该案的解释,即便是GATT时期未经GPs通过的专家组报告“所包含的推理”(尤其是条约解释判理),如与嗣后判案有关,也可作为“有用的指南”,[⑥]因而,无论经GPs通过与否,GATT时期所有专家组报告的条约

---

① 参见《世界贸易组织乌拉圭回合多边贸易谈判结果法律文本》[中英文对照],法律出版社2000年版。下文援引该法律文本,出处略。

② *Japan-Alcoholic Beverages*, DS8,10.11/AB/R,4 October 1996, pp.12 - 13.

③ Report of the International Law Commission(2016), A/71/10, Conclusion 4.

④ 上诉机构认定此类嗣后惯例的标准仅来自学者观点。参见Ian M. Sinclair, *The Vienna Convention on the Law of Treaties*, Manchester: Manchester University Press, 2nd, 1984, p.137。

⑤ *Japan-Alcoholic Beverages*, DS8,10.11/AB/R, 4 October 1996, footnote 30.

⑥ Ibid., pp.14 - 15.

解释判理，均构成 WTO 争端解决应作为指导的惯例。事实上，自 WTO 争端解决机制运行以来，不仅上诉机构，而且所有专家组都是遵循这样的惯例。

（二）上诉机构用于条约解释的其他国际裁判判理

上诉机构的条约解释实践不仅遵循上述法定惯例，以 GATT 和 WTO 的争端解决报告及其判理为指南，而且还参考其他国际裁判的条约解释判理。比如，上诉机构于 1996 年 4 月审结的第一起“美国汽油案”，针对该案专家组忽视 VCLT 第三十一条第一款的条约解释通则对于解释涉案 GATT 第二十条的指导作用，首先强调：“该条约解释通则已取得习惯或一般国际法的规则地位。”①然后，上诉机构进一步解释：该解释通则已经构成 DSU 第三条第二款项下“国际公法的解释惯例的一部分，并且，根据 DSU 第三条第二款，上诉机构已经以此为指导，适用于寻求阐明 WTO 协定所包含协定的条款。这种指导意味着一种认可，即，GATT 的解读在实践中不能与国际公法相脱离”②。为了支持这一解释，上诉机构援引了 ICJ“领土争端案”（1994 年）关于 VCLT 解释通则“体现”（reflect）习惯国际法③的判理，以及欧洲人权法院（ECHR）“戈尔德诉英国案”（1975 年，上诉报告误写 1995 年，该案以“普遍接受的国际法原则”④表示 VCLT 第三十一条至第三十三条的性质）和泛美人权法院（IACHR）“限制死刑咨询意见案”（1983 年，上诉报告误写 1986 年，该案也将 VCLT 解释规则认定为“对相关国际法原则的表达”⑤）。此后，上诉机构和许多专家组也经常援引其他国际裁判机构的解释，指导涉案条约的解释，在此不必枚举。

上诉机构援引其他国际裁判机构的解释判理作为判案指南，虽不是 WTO 法定惯例的要求，却是国际裁判实践的通常做法。比如，2010 年 ICJ“迪亚洛案”对涉案《公民和政治权利国际公约》（CCPR）第十三条项下人权保护作了一定的解释：CCPR 缔约国将某外国人驱逐出境必须依照其国内法。但是，该可适用的国内法本身必须符合 CCPR，同时，该驱逐必须是非专横的。“因为保护个人不受专横待遇是保护人权的国际规则所保障的人权之核心”。⑥ICJ 认为：“这一解释完全符合 CCPR 人权委员会的判理以确保缔约国履行该公约。…… 自从该委员会成立以

---

①② *US-Gasoline*, DS2/9/AB/R, 29 April 1996, p.17.

③ *Territorial Dispute*(Libyan v. Chad), ICJ Reports 1994, pp.20－21, para.41.

④ *Golder v. United Kingdom*, ECHR, Application no.4451/70(1975), p.10, para.29.

⑤ *Restrictions to the Death Penalty Cases*, IACHR, Advisory Opinion(1983), para.48.

⑥ *Ahmadou Sadio Diollo*(Guinea v. Democratic Republic of the Congo), ICJ Reports 2010, p.663, para.65.

来，已经积累了相当丰富的解释性判例法，尤其是通过其审理依据第一议定书的个人来文（申诉）的认定以及其'一般评论'。虽然本法院在行使其司法职责时没有义务根据该委员会的解释而做出有关CCPR的解释，但是，本法院认为应该给予该独立机构的解释以更大的权重，因为这是专门设立监督CCPR实施的机构。"[①]也就是说，ICJ参照了CCPR人权委员会的有关判理，做出上述解释，尽管该委员会还不是国际司法或仲裁机构。又比如，联合国前南刑庭（ICTY）的上诉庭在1999年"检察官诉达斯科案"中解释ICTY规约第五条（危害人类罪）时指出：从国际条约看，该规约是很不同的文件，但是，这还是允许以ICJ适用于条约解释的原则为指导，即"裁决机构的首要任务时努力给予条约规定的用语在其上下文中有效的自然和通常含义"[②]。

上述条约解释所包含的"判理"和"指导"等用语充分表明：无论其援引自己或其他国际裁判机构的解释判理，都不是具有法律拘束力的先例。当代国际法的这一普遍实践是不争事实。

三、上诉机构有关条约解释的稳定性判理与事实的先例问题

（一）上诉机构有关条约解释的稳定性判理是否为事实的先例之争议

稳定性判理通常指："在司法决策方法的结果中，'根据一系列基于同一法律规则的相同案件之相同决定，法院在以后的系列案件中变得更有既定性'。"[③]这不同于遵循先例原则，即：将先前判例作为解释某一法律规则的正确范例。在判理稳定性的观念指导下，援引的先例并非作为正式的法律渊源，而是具有"相当说服力的权威"（considerable persuasive authority）。[④]但是，"在现今的实践中，法国最高法院和德国联邦最高法院的一项判决，像英国或美国上诉法院的判决一样，可望得到下级法院的遵循。"[⑤]这种在大陆法系的类似遵循先例做法，实质上是遵循稳定性判理的观念，而非将先例作为可适用法的判例法制度。当今国际裁判实践倾向于大陆法系的稳定性判理做法。

---

① *Ahmadou Sadio Diollo* (Guinea v. Democratic Republic of the Congo), ICJ Reports 2010, p.664, para.66.

② *Prosecutor v. Dusko Tradic*, IT-94-1-A, 15 July 1999, para.282.

③ Alexnder Roer, *Legal Theory, Sources of Law and the Semantic Web*, IOS Press, 2009, p.245.

④ Todd Weiler, *The Interpretation of International Investment Law*, Martinus Nijhoff Publishers, 2013, p.51.

⑤ ［法］勒内·达维德著：《当代主要法律体系》，漆竹生译，上海译文出版社1984年版，第464页。

上诉机构有关条约解释的稳定性判理是否为“事实的”(*de facto*)先例,一直存有争议,尤其在美国国际法学界。早在2004年,美国加州大学洛杉矶分校法学院斯坦伯格教授就撰文评述当时美国学界对WTO争端解决机制呈现“司法能动主义”(judicial activism)倾向,尤其是上诉机构“司法造法性”(judicial lawmaking)裁决的批评,并认为:“对WTO争端解决的分析和评价应基于考虑如何将上诉机构受制于国际法与政治以及宪政结构。”①可见,如今美国指责上诉机构“越权”赋予其判例具有先例效力(即司法造法),并将之作为WTO改革的体制性问题,早有理论根据在先。然而,以杰克逊教授为代表,主张以WTO“规则导向”(rule-oriented)代替GATT“权力导向”(power-oriented)的争端解决机制,增强多边贸易体制的国际法有效性,②并认为:“WTO判理中存在相当强有力的先例效果,但是,这肯定还不是遵循先例。看来,先例效果在WTO的‘趋向’(flavor ... fluid,意指飘动中的风味)还不太清楚,并且在今后一段时间还会保持不确定性。”③从近十年上诉机构的条约解释实践来看,这种“先例效果”(precedent effect)的趋向有所加强。

(二) 上诉机构有关条约解释的稳定性判理是否为事实的先例之案例

美国指责上诉机构将其条约解释的判理作为对嗣后判案具有拘束力的先例,所举案例为“美国不锈钢案(墨西哥)”。该案是2004年至2016年期间,欧盟、日本、加拿大、墨西哥、中国等WTO成员诉告美国反倾销“归零法”(zeroing)的12起案件之一。这些案件均涉及《反倾销协定》第四条第二款第四项关于反倾销调查过程中对出口价格与正常价值的公平比较方法之条约解释,上诉机构均认定美国“归零法”违反该条款项下公平比较的义务。美国对此极为不满,耿耿于怀。美国以此为例指责上诉机构,颇有翻案之意。

在“美国不锈钢案(墨西哥)”中,针对墨西哥质疑本案专家组认定美国在定期复审中采用的“简单归零”(simple zeroing)本身及其适用不抵触《反倾销协定》有关条款,上诉机构指出,以往归零案已一再判定美国在其初始调查、定期复审、新出口商复审和落日复审中的归零法,包括墨西哥在本案提出的定期复审中的“简单归零”和“型号归零”(model zeroing)抵触该协定。由于本案专家组不同意上诉机构

---

① Richard H. Steinberg, Judicial Lawmaking at the WTO: Discursive, Constitutional, and Political Constraints, *The American Journal of International Law*, Vol.98, No.2(Apr., 2004), p.248.

② [美]约翰·H.杰克逊:《世界贸易体制——国际经济关系的法律与政策》,张乃根译,复旦大学出版社2001年版,第121—123页。

③ John H. Jackson, *Sovereignty, the WTO and Changing Fundamentals of International Law*, Cambridge University Press, 2006, p.177.

在先前判定归零法本身违反《反倾销协定》的解释判理，因此上诉机构根据墨西哥依据 DSU 第十一条有关专家组的职能所提出的上诉要求，对该第十一条做了解释。“我们认为第十一条第一句中‘专家组的职能’的含义可从 DSU 第三条的总则中得到指示，该总则规定了 WTO 争端解决体制的基本原则。第三条第二款规定‘WTO 争端解决机制在为多边贸易体制提供可靠性和可预测性方面是一个重要因素’；它‘适于保护各成员在适用协定项下的权利和义务，及依照国际公法的解释惯例澄清这些协定的现有规定。’这早已确定上诉机构的报告除对解决当事方的特定争端，没有拘束力。然而，这并不意味着嗣后专家组可以自行决定不考虑争端解决机构通过的先前上诉机构报告所含法律解释及其判理。……已通过的专家组和上诉机构报告包含的法律解释已成为 WTO 争端解决体制的一部分。为了保证 DSU 第三条第二款规定的争端解决体制‘可靠性和可预测性’，这意味着如无令人信服的理由，裁判机构应在嗣后案件中以同样方式解决同样的法律问题。”①这突出体现了上诉机构的稳定性判理观念。

美国认为这一观念的实际效果就是创设事实的先例，超越了 DSU 赋予上诉机构的权限。问题在于：上诉机构明确其报告除对解决当事方的特定争端，没有拘束力，同时强调为保证 WTO 争端解决机制的可靠性和可预测性，如无“令人信服的理由”(cogent reasons)，应保持判理稳定性。

如果这是创设事实的先例，那么 WTO 争端解决机制从一开始就存在事实的先例。比如，1996 年上诉机构首起复审的“美国汽油案”报告支持美国主张，推翻该案专家组认定涉案措施违反 GATT 第二十条(g)款的条约解释，创设了解释 GATT 第二十条一般例外的“两步”分析法，即：“第一，根据第二十条(g)款，以该措施特有的理由论证其暂定的正当性。第二，根据第二十条引言，对该措施作进一步的正确评估。”②这一解释判理在 1998 年“美国虾案”中得到进一步肯定。③对于美国主张得到上诉机构支持的这一稳定性判理，也是二十多年来被嗣后专家组和上诉报告援引最多的解释判理之一。美国却只字不提。可见，美国指责上诉机构“越权”创设事实的先例，具有选择性。

总体上，上诉机构在坚持个案报告仅对涉案当事方具有拘束力的同时，强调保持特定条约款项的解释判理稳定性之重要性。尽管此类稳定性判理或许具有事实的先例效果，但肯定不是具有遵循先例性质的可适用法，只是对嗣后判案具有很强

① *US-Stainless Steel (Mexico)*, DS344/AB/R, 28 November 2007, paras.157 - 160.

② *US-Gasoline*, DS2/9/AB/R, 29 April 1996, p.22.

③ *US-Shrimp*, DS58/AB/R, 12 October 1998, paras.118 - 119.

的指导性。客观地看待这一问题，这根本构不成美国如此指责乃至企图搞垮上诉机构的理由。

四、从 WTO 的改革视角看待上诉机构的条约解释稳定性判理问题

（一）激活《建立 WTO 协定》的"立法解释"机制

根据《建立 WTO 协定》第九条第二款，WTO"部长级会议和总理事会拥有通过对本协定和多边贸易协定所作解释的专有权力"。上诉机构在"欧盟香蕉案之三"(21.5)报告中解释之："此类多边解释是澄清现行义务的意义的手段，而非修改其内容。"①但是，WTO 时期，该权威性的"立法解释"(legislative interpretation)机制处于"冬眠"，未曾用过。②

在 WTO 决策机构的立法解释实际缺位的情况下，尽管上诉机构一再申明根据 DSU 第三条第二款，争端解决机制所起到的司法解释限于澄清 WTO 协定的现行规定，而非立法解释，但是，为了提供实施 WTO 协定的可靠性和可预测性，以上诉机构为核心的该机制不得不致力于维护判理的相当稳定性，而可能使之具有事实的先例效果。在上诉机构的解释判理没有或很少受到嗣后专家组甚至上诉机构少数成员的异议情况下，这种判理稳定性对于 WTO 争端解决机制的正常运行，并无什么不利。然而，在诸如"归零案"此类多次碰到专家组或上诉机构少数成员异议的情况下，WTO 早应启动立法解释机制，形成对所有 WTO 成员均具有法律约束力的条约解释。就已存在，却未运用过的该机制而言，激活该机制，实质上毋需制定任何新规则，推进 WTO 改革，而应切实改进 WTO 的运行方式，适当平衡立法与司法解释的关系，从而完善 WTO 争端解决机制。

为满足《建立 WTO 协定》第九条第二款的立法解释条件，有必要制定货物贸易理事会、服务贸易理事会和与贸易有关知识产权理事会建议由部长级会议和总理事会解释特定协定条款的程序规定。根据《建立 WTO 协定》第四条第五款，此类规定应作为各理事会"自行制定的议事规则，但需经总理事会批准"，旨在明确各理事会酌定立法解释的建议。这应该是改进、完善意义上的 WTO 改革措施之一，也是体制性阻力较小和具有可操作性的。

---

① *EC-Bananas III (Article 21.5-Ecuadeor II/US)*, WT/DS27/AB/RW2/ECU/USA, 26 November 2008, para.383.

② 张乃根：《论条约的"立法"解释及有关问题——以 WTO 争端解决为视角》，《法治研究》2017 年第 1 期，第 89—95 页。

(二) 修订上诉机构工作程序，平衡条约解释的个案酌定与判理稳定性的关系

根据DUS第十七条第九款，上诉复审的“工作程序应由上诉机构经与DSB主席和总干事磋商后制定，并告知各成员参考”。该工作程序最近修改为2010年版。[①]为了更好地平衡条约解释的个案酌定与判理稳定性的关系，建议第一部分的“决策”(decision-making)增加“(3)上诉机构及其分庭应基于个案酌定的原则，并顾及其依据DSU第三条第二款澄清适用协定的决定之间的判理协调。”[②]

新增上诉机构决策有关的原则性规定，明确个案酌定的基本原则。这是任何裁决机制本身应有的核心特征。无论大陆法系或英美法系，只要第三方秉公裁判涉案是非曲直，均应依据个案事实及可适用的法律，酌定处理。这是一个法律常识。但是，在WTO争端解决机制面临史无前例的挑战，上诉机构濒临瘫痪之际，重申这一基本原则，有利于凝聚WTO成员的共识，回归该机制的正常运行状态。对于担心上诉机构所谓“越权”而演变为实际具有造法功能的WTO成员而言，也是一种善意的积极回应。同时，重申“依照DSU第三条第二款澄清适用协定”，旨在强调上诉机构的本职工作，进一步严格遵循澄清涉案条约而非造法，这一WTO争端解决机制的根本原则。最后，“顾及决定之间的协调”有利于兼顾个案酌定和上诉机构各分庭决定之间应有的合理一致性。这也是任何裁判机构对待类似案件而当事方不同所应有的公正性。

总之，为了避免上诉机构完全瘫痪的最坏结果，应客观评述上诉机构的条约解释实践，辨析上诉机构有关涉案件条约解释的判理抑或先例的性质及其相关问题，由此提出改进、完善意义上有关WTO争端解决机制改革的可操作建议。

Distinguishing Jurisprudence from Precedent Regarding Appellate Body's Treaty Interpretation —on Reform of the WTO Dispute Settlement Mechanism

Abstract: The WTO Appellate Body as the core institution of multilateral trade system faces unpresidential challenge to be paralyzed. The United States accuses the Appellate Body practice authorizing its treaty interpretation as precedent and argues that it is the institutional issue to reform the WTO. It is necessary to take

① Working Procedures for Appellate Review, WT/AB/WP/6, 16 August 2010.

② The Appellate Body and its division shall take each appeal in accordance with the principle of case by case and in the light of harmonization of jurisprudence in the decision under the 3.2 of the DSU to clarify the covered agreement.

reasonable reform of the WTO based on objective assessment of Appellate Body practice of treaty interpretation and distinguishing jurisprudence from precedent in regard of its treaty interpretation as well as the related issues in order to response the United States' accusation.

Keywords: Appellate Body; Treaty interpretation; Jurisprudence; Precedent

试析条约解释规则在我国法院的适用*

内容摘要：条约解释规则是指国际法公认或国内法规定的解释条约的规则。《维也纳条约法公约》第三十一条的解释通则以及相关规则是解释条约的习惯国际法。我国最高人民法院的有关司法文件明确适用该规则解释涉案条约。《联合国国际货物销售合同公约》的解释规则具有特殊性，在我国法院得到较长期和普遍的适用。最高人民法院关于审理国际贸易行政案件的司法解释要求对条约转化为国内法的解释应与相关条约相一致的解释原则，在我国司法实践中有一定适用。近年来，最高人民法院发布了一系列我国法院适用条约解释规则的指导性案例，涉及许多亟待全面深入研究的国际法理论与实际问题。在充分肯定我国法院适用条约解释规则的成功实践的同时，也应充分注意到仍存在一些问题，例如普遍缺乏对涉案条约款项在上下文中进行更有说服力的细致解释。我国学者对条约解释规则在我国法院的适用之研究，也存在不少值得商榷之处。从统筹国内法治与涉外法治以及条约解释所涉国际法的角度看，有必要理论联系实际，梳理我国法院适用条约解释规则的依据，重点分析国际法中条约解释的一般规则或特殊规则以及国内法中解释与有关条约相一致的规则在我国司法实践的运用，旨在为建立健全我国法院的条约解释机制建言献策。

关键词：条约解释；规则；中国法院；适用；机制完善

条约是现代国际法上国家间交往的主要手段。根据《维也纳条约法公约》(VCLT)，①条约解释是条约适用中的问题。国内法院的条约适用取决于其宪法体制。在我国宪法下，各级人民法院适用全国人大常委会批准的条约和重要协定以及国务院缔结的协定，主要依据宪法赋予其适用法律的司法职责，对涉案相关条约作为可适用法进行一定的解释。本文旨在探讨统筹国内法治与涉外法治中我国法院的条约解释有关问题。首先概述我国法院适用条约解释规则的依据；然后结合我国法院的条约解释典型案例，着重探析 VCLT 解释规则、《联合国国际货物销售合同公约》(CISG)②的条约解释规则、条约一致的解释规则在我国法院的适用；最

---

* 原载《国际法学刊》2023 年第 1 期，第 1—31 页。

① 《维也纳条约法公约》(Vienna Convention on the Law of Treaty, VCLT)，签署作准本（含中文本）。中国于 1997 年 9 月 3 日加入。

② 《联合国国际货物销售合同公约》(United Nations Convention on Contracts for the international Sale of Goods, CISG)，签署作准本（含中文本）。中国于 1986 年 11 月 12 日批准加入，1988 年 1 月 1 日加入生效。

后就建立健全我国的司法解释条约机制，建言献策。

一、我国法院适用条约解释规则的依据

我国现行法律[①]没有关于“条约解释规则”的规定，而何谓相关规则在“我国法院的适用”是本文首先需要说明的问题。我国法院适用条约解释规则的依据来源于最高人民法院的有关司法文件和司法解释。

（一）最高人民法院有关“一带一路”的司法文件

2015 年《最高人民法院关于人民法院为“一带一路”建设提供司法服务和保障的若干意见》第一次明确要求各级人民法院在适用我国加入的经贸相关国际条约时，应严格依照 VCLT 的规定，即“根据条约用语通常所具有的含义按其上下文并参照条约的目的及宗旨进行善意解释”[②]。这实际上是要求我国法院根据 VCLT 第三十一条第一款的条约解释通则，解释涉案国际条约。尽管 VCLT 是我国早已加入的国际条约，但在该司法文件出台之前，我国法院并没有严格依照该公约的条约解释规则，将之适用于涉案条约的解释。事实上，根据国外一项对近五十个国家或地区的法院有关条约解释实践的比较研究成果，“极其常见的是，国内法院并不强调某条约（款项）必须按照其本来的意义，并且在解释条约时也不提及 VCLT 第三十一条及第三十二条”。[③]因此，我国法院在过去的长期实践中没有明确适用 VCLT 的条约解释规则，并不奇怪。如今，根据该司法文件，我国法院应严格依照 VCLT 的条约解释规则解释涉案条约。那么，之后相关司法实践究竟如何？这值得研究和分析。

（二）最高人民法院有关适用《联合国国际货物销售合同公约》的通知

除了 VCLT 的条约解释规则，具有普遍适用性的《联合国国际货物销售合同公约》（CISG）第七条规定了该公约的解释规则：“在解释本公约时，应考虑到本公约的国际性质和促进其适用的统一以及在国际贸易上遵守诚信的需要。”1987 年

---

① 现行有效法律目录（293 件），截至 2022 年 9 月 2 日十三届全国人大常委会第三十六次会议闭幕。全国人大网，www.npc.gov.cn/npc/c30834/202209/1ffa180b336247069bf8b42eb1f337a3.shtml[2022-11-15]。下文访问时间同，略。

② 《最高人民法院关于人民法院为“一带一路”建设提供司法服务和保障的若干意见》，法发〔2015〕9 号，2015 年 6 月 16 日。

③ Helmut Philipp Aust and Georg Nolte ed., *The Interpretation of International Law by Domestic Courts: Uniformity, Diversity, Convergence*, Oxford University Press, 2016, p.3.

最高人民法院在有关CISG适用的通知中明确：自该公约对我国生效后，我国公司与该公约缔约国公司“达成的货物买卖合同如不另作法律选择，则合同规定事项将自动适用公约的有关规定，发生纠纷或诉讼亦得依据公约处理”。[①]根据该司法文件，该公约第七条的解释规则应适用于我国法院对该公约有关条款的解释。根据一项对67个占国际贸易总额三分之二以上的CISG缔约国适用该公约的情况研究，“CISG直接适用于在这些国家的国际货物销售，除非合同当事方排除其适用”。[②]该研究认为适用该公约的关键在于有关国家法院是否以一致的方式解释该公约。

上述最高人民法院的通知是在我国改革开放之后初步建立合同法制度[③]的历史条件下作出的。时隔三十多年后的今天，《民法典》[④]已施行。该法第四百六十六条及第一百四十二条第一款规定了合同解释规则，融合了VCLT的条约解释规则和CISG的解释规则，首先侧重于合同文本用语，类似于条约解释的“约文优先”。[⑤]如果适用CISG当事方选择的《民法典》的合同解释规则，那么CISG第七条将被排除适用；如果没有“另作法律选择”，那么该第七条仍将自动地直接适用于我国法院审理的相关案件。晚近我国司法实践是否以及如何继续根据上述最高人民法院有关适用CISG的司法文件，值得高度关注和研究。尤其是，2020年最高人民法院在审理新冠肺炎疫情相关民事案件的司法文件中要求，对CISG的解释应当“依据其用语按其上下文并参照条约的目的及宗旨所具有的通常意义，进行善意解释”。[⑥]这似乎未充分顾及CISG第七条的解释规则不同于VCLT的解释规则。

(三) 最高人民法院有关审理国际贸易行政案件的司法解释

我国最高人民法院迄今颁布施行的唯一明确涉及条约解释的司法解释[⑦]是

---

① 《最高人民法院转发对外经济贸易部〈关于执行联合国国际货物销售合同公约应注意的几个问题〉的通知》，法(经)发〔1987〕34号，1987年12月10日。

② John Felemegas, *An International Approach to the Interpretation of the United Nations Convention on Contracts for the International Sale of Goods (1980) as Uniform Sale Law*, Oxford University Press, 2007, preface, p.ix.

③ 我国当时有三部合同法：《经济合同法》(1981年)、《涉外经济合同法》(1985年)和《技术合同法》(1987年)，1999年编纂制定统一的《合同法》，涵盖这三法分别调整的合同关系。

④ 《中华人民共和国民法典》(2020年5月28日第十三届全国人民代表大会第三次会议通过，2021年1月1日起施行)。

⑤ 张乃根：《条约解释的国际法》(上下卷)，上海人民出版社2019年版，第296页。

⑥ 《最高人民法院关于依法妥善审理涉新冠肺炎疫情民事案件若干问题的指导意见(三)》，2020年6月16日。

⑦ 最高人民法院颁布一些适用国际条约的司法解释，但没有明确提及条约解释的规则。如《关于审理船舶油污损害赔偿纠纷案件若干问题的规定》，法释〔2011〕14号，2011年5月4日。

2002年我国加入世界贸易组织(WTO)之后,就审理国际贸易行政案件的若干问题所作的规定,其中第九条要求:“人民法院审理国际贸易行政案件所适用的法律、行政法规的具体条文存在两种以上的合理解释,其中有一种解释与中华人民共和国缔结或者参加的国际条约的有关规定相一致的,应当选择与国际条约的有关规定相一致的解释,但中华人民共和国声明保留的条款除外。”①有学者称之为“一致性解释原则”,同时认为这是引入美国有关判例法。虽然最高人民法院在实践中通过“参照”适用的方式,有所突破该司法解释的适用范围,但“至少可以说明,将一致性解释原则局限于国际贸易行政案件,不利于建立统一的条约适用制度”。②

其实,在我国加入WTO之后颁布施行的这一司法解释,可能首先参考了WTO《反倾销协定》第十七条第六款(ii)项:专家组在适用条约解释规则,解释该协定时“可以作出一种以上允许的解释时,如[成员]主管机关的措施符合其中一种允许的解释,则专家组应认定该措施符合本协定”③。这是迄今唯一有关适用条约解释的规则,允许两种可能不同解释时取其一的国际条约规定,尽管WTO成立至今,尚无适用该条款的判例。

如果允许条约解释存在两种不同的解释,那么将某条约转化为国内法,该国内法的解释也可能有两种不同解释。由于我国加入WTO前后为了履行相关条约义务,将相关WTO协定转化为国内法,因此可能会出现“人民法院审理国际贸易行政案件所适用的法律、行政法规的具体条文存在两种以上的合理解释”的情形。这与WTO《反倾销协定》“可以作出一种以上允许的解释”的道理是一样的。不同的是,上述司法解释为了严格履行条约义务,当对国内法存在两种以上的合理解释时,要求原则上“应当选择与国际条约的有关规定相一致的解释”;而上述WTO《反倾销协定》则规定,当存在两种允许的条约解释时,可选择涉案成员主管机关的措施符合其一的解释,更多是对WTO成员反倾销措施的“遵从”(deference),这才是美国有关判例法体现的“法理”,即在三权分立与制衡下法院通常“遵从”行政决定。④在没有类似美国宪法及判例法传统的其他国家中,尤其是中国,如缺乏进一步分析,简单地将上述司法解释看作是引入美国有关判例法是值得商榷的。更何

---

① 《最高人民法院关于审理国际贸易行政案件若干问题的规定》,法释〔2002〕27号,2002年8月27日,第9条。

② 彭岳:《一致性解释原则在国际贸易行政案件中的适用》,《法学研究》2019年第1期,第197页。

③ 《世界贸易组织乌拉圭回合多边贸易谈判结果法律文本》(中英文对照),法律出版社2000年版,第168页。

④ John H. Jackson, WTO Dispute Procedures, Standard of Review, and Deference to National Governments, 90 *American Journal of International Law* 2(1996), pp.193 - 213.

况美国有关判例法是指“国会立法永远不应被解读为违反国际法，假如存在其他任何可能的解读”①。这不限于对美国生效的条约转化为国内立法，泛指一切美国国会立法；“国际法”也不限于条约。

下文所分析的最高人民法院相关案例将进一步说明，如果选择与国际条约的有关规定相一致的解释，首先须进行条约解释，确定条约有关规定的含义，然后再对涉案国内法做出与之一致的解释。该司法解释适用的困境症结在于条约解释，这是目前学界相关研究忽略关键的条约解释问题，因而可能需要深入研究之处，也是本文相关分析的重点。

综上，我国在改革开放初期、加入 WTO 和实施“一带一路”倡议的不同历史时期，有关条约解释的司法文件和司法解释所援引或参照的国际条约有所不同，因而不宜一概而论。然而，条约解释规则在我国法院的适用有其司法依据，下文分析的相关案例及其问题的存在也是不争的事实。本文旨在分析相关典型案例，指出存在的问题并建言健全我国法院的条约解释机制。

二、VCLT 的条约解释规则在我国法院的适用

如前文所述，最高人民法院 2015 年的司法文件要求各级人民法院严格依照 VCLT 的解释规则，解释涉案有关条约。此后至今，已有数起最高人民法院公布的相关典型案例。下文通过评析其中两起指出其可能存在的问题。

（一）明确排除《国际油污损害民事责任公约》规定赔偿范围之外的索赔案

1. 典型案例及最高人民法院的说明

2017 年 5 月最高人民法院发布第二批涉“一带一路”建设典型案例，包括一起由最高人民法院再审明确排除我国加入的《国际油污损害民事责任公约》（以下简称《油污公约》）规定赔偿范围之外的索赔案。②最高人民法院认为，此案根据上述 2015 年司法文件规定，严格依照 VCLT 的规定，根据条约用语通常所具有的含义，按其上下文并参照条约的目的及宗旨进行善意解释，具体明确《油污公约》下的环境损害赔偿限于合理恢复措施的费用（含监测评估费用），确保国际条约适用的统一性、稳定性和可预见性。在现行公约体系下，船舶油污损害赔偿有其特殊性，但

① Murry v. Schooner Charming Besty, 6 U.S. (2 Cranch) 64(1804).

② 《大连市海洋与渔业局与昂迪玛海运有限公司、博利塔尼亚汽船保险协会海域污染损害赔偿纠纷再审审查案》，载最高人民法院中国应用法学研究所编：《人民法院案例选》（2017 年第 6 辑），人民法院出版社 2017 年版，第 31 页。

部分当事人因不能准确领会公约精神，索赔有关船舶油污造成的海洋生态环境损害时不以恢复措施费用索赔，而以海洋生态服务功能损失和海洋环境容量损失索赔，该索赔损失项目与该公约不匹配，属于该公约明确排除于赔偿范围之外的请求。①

该案所涉《油污公约》第一条第六款的规定，对环境损害的赔偿应当限于已经实际采取或者将要采取的合理恢复措施的费用。该公约第三条第四款规定，除非符合该公约，否则不得向船舶所有人提出污染损害赔偿请求。海洋渔业局提出的海洋生态环境损失能否得到赔偿取决于该损失是否属于公约规定的赔偿范围。海洋渔业局并无证据证明其已经对受污染海域采取了实际恢复措施并产生费用，其虽根据损失评估报告主张污水处理费用人民币5520万元属于“将要采取的合理恢复措施”，但是根据国家海洋局北海环境监测中心及国家海洋环境监测中心司法鉴定所的检测结论，本案溢油事故发生25天后的2005年4月28日，溢油海域的水质未超过海水水质二类标准；到2005年10月，海洋环境已经恢复，海洋渔业局亦无证据证明对该海域进行污水处理的必要性，因此最高人民法院裁定一、二审判决认定的上述费用不属于公约规定的实际采取或将要采取的合理恢复措施的费用，并无不当。

最高人民法院在公布该案时强调，这是严格依照VCLT第三十一条的条约解释规则之典型案例，但该案一、二审判决和再审裁决本身并没有明确援引VCLT第三十一条，也很难从该案裁判文书中看出我国法院适用条约解释规则的说理过程，由此可能产生一定问题。

2. 假定进一步的涉案条约解释

就该案所涉《油污公约》条款的解释而言，应从该条款的用语在其上下文中的通常含义，并参照该公约的目的及宗旨，善意解释之。该涉案公约条款为第一条第六款及其可作为上下文的第一条第五款、第七款，应参照该公约序言作为目的及宗旨，②规定如下：

第一条第五款：“‘油类’系指任何持久性烃类矿物油，如原油、燃料油、重柴油和润滑油，不论是在船上作为货物运输还是在此种船舶的燃料舱中。”

第一条第六款：“‘污染损害’系指(a)油类从船上溢出或排放引起的污染在该

① 最高人民法院《第二批“一带一路”建设典型案例》，https//www.court.gov.cn/zixun-xiangqing-44722.html。

② 《国际油污损害民事责任公约》(International Convention on Civil Liability for Oil Pollution Damage, CLC)，1992年修改CLC议定书(《1992年油污公约》)于1996年5月30日生效。中国于1999年1月5日交存批准书，2000年1月5日对中国生效。该公约签署作准本(含中文本)。

船之外造成的灭失或损害，不论此种溢出或排放发生在何处；但是，对环境损害(不包括此种损害的利润损失)的赔偿，仅限于已实际采取或将要采取的合理恢复措施的费用；(b)预防措施的费用及因预防措施造成的进一步损失或损害。”

第一条第七款：“‘预防措施’系指事故发生后为防止或减轻污染损害而由任何人所采取的任何合理措施。”

公约序言：“有必要对由于船舶溢出或排放油类造成污染而遭受损害的人给予适当的补偿，通过统一的国际规则和程序确定在上述情况下的责任问题和提供适当的赔偿。”

就该案所涉该公约的关键条款，即第一条第六款(a)项前半句，在作为上下文的第一条第五款中的通常含义解释而言，不论是在船上作为货物运输还是在此种船舶燃料舱中的任何持久性烃类矿物油，只要从船上溢出或排放引起的污染在该船之外造成的灭失或损害，不论此种溢出或排放发生在何处，均构成该公约的“污染损害”。该公约对溢出或排放的油类只有质的规定，而没有量的限定。这至少说明该公约对船舶油污的污染损害采取严格的管制立场。只要造成油污损害，按照该公约序言所明确之目的：“有必要对由于船舶溢出或排放油类造成污染而遭受损害的人给予适当的补偿”。油污损失的赔偿应该是该公约确定的一项基本原则，而不予赔偿是例外。这就是该公约第一条第六款(a)项后半句的“但书”规定：“对环境损害(不包括此种损害的利润损失)，仅限于已实际采取或将要采取的合理恢复措施的费用”。

问题在于：“将要采取的合理恢复措施”是否包括该第一条第六款(b)项的“预防措施”？根据作为上下文的第一条第七款，“‘预防措施’系指事故发生后为防止或减轻污染损害而由任何人所采取的任何合理措施”，此类事故后“减轻”污染的合理措施从其上下文看，并兼顾该公约严格管制船舶油污的目的及宗旨，可以解释作为“恢复措施”的范畴。此类“预防措施”包括“任何人所采取的任何合理措施”。

根据以上严格依据 VCLT 第三十一条解释规则，假定对该涉案条约有关规定所作的进一步解释，至少原告支付人民币 50 万元的评估监测费用属于旨在事故后“减轻”污染的合理措施，也就是作为“将要采取的合理恢复措施”的“预防措施”。进而言之，在涉案船舶溢油事故造成海域污染的事实前提下，以“本案溢油事故发生 25 天后的 2005 年 4 月 28 日，溢油海域的水质未超过海水水质二类标准；到 2005 年 10 月，海洋环境已经恢复”且原告“无证据证明对该海域进行污水处理的必要性”为由，驳回其根据损失评估报告主张污水处理费用人民币 50 万元的“将要采取的合理恢复措施”的诉求，实质上认定无须原告再采取任何措施，“海洋环境已经恢复”，即便原告可能采取任何“预防措施”也无必要。这样的条约解释值得推敲:其一,该案裁判实际上没有严格依照 VCLT 第三十一条的解释规则,对《油污公约》第一条第六款作详细的和更具有说服力的解释,缺乏条约解释的基本过程;其二,偏离该公约序言载明的目的及宗旨,在缺乏上述假定的进一步解释情况下,对“但书”规定的把握过宽,免除了确实造成油污的责任人应负的一定赔偿责任。

(二) 航空货物运输合同纠纷管辖权异议案

1. 典型案例及最高人民法院的说明

2022 年 3 月最高人民法院公布“人民法院服务保障自由贸易试验区建设典型案例”,包括一起上海市浦东新区人民法院一审和上海市第一中级人民法院二审裁决的国际航空运输纠纷的管辖权异议案。①该案原告为新时代公司上海分公司,第一被告是一家阿联酋航空运输公司。双方签订包机合同,约定第二被告承运原告的货物,由上海运至美国芝加哥。原告依约向被告支付运费后,受到被告通知,称其无法依约运输货物。原告只得另寻其他公司运输,产生 30 余万元的经济损失,之后向上海市浦东新区人民法院起诉,请求被告赔偿。原告认为,与被告签订航空运输合同时,被告的订立合同的营业地为上海浦东,但原告并未提供相关的证据证明。被告主张,该法院对该案无管辖权,应驳回原告起诉,得到法院支持。原告不服而提起上诉,之后被驳回。

一审和二审法院都认为,原被告的公司所属国均系《统一国际航空运输某些规则的公约》(以下简称《蒙特利尔公约》)②缔约国,本案包机合同约定货物从中国运至美国,属于该公约适用的国际航空运输,应适用该公约确定本案管辖权。该公约第三十三条第一款规定:“损害赔偿诉讼必须在一个当事国的领土内,由原告选择,向承运人住所地、主要营业地或者订立合同的营业地的法院,或者向目的地的法院提起。”上诉地点均不在中国境内,因此,人民法院对本案无管辖权。

最高人民法院在公布该起典型案例时说明,根据我国《民事诉讼法》的规定,我国缔结或者参加的国际条约有不同规定的,应当适用国际条约的规定,但我国声明保留的条款除外,故本案应优先适用《蒙特利尔公约》的规定。一、二审法院准确适用国际条约,依法驳回新时代公司上海分公司的起诉,展示了中国法院恪守国际条约义务、切实保障自由贸易试验区法治化、国际化、便利化营商环境的司法立场。由于《蒙特利尔公约》对于管辖权的规定较为严格,因此如何解释订立合同的营业

---

① 新时代公司上海分公司与 National FZE、National Group 航空货物运输合同纠纷管辖权异议案。基本案情和裁判结果载《人民法院报》2022 年 3 月 2 日,第 6 版。

② 《蒙特利尔公约》(Convention for the Unification of Certain Rules for International Carriage by Air),中国于 2005 年 7 月 31 日正式加入。中文本来自中国民用航空局:https://www.aac.gov.cn。

地，尤其是外国航空承运人订立合同时在中国的营业地，仍值得进一步研究。[①]

2. 假定进一步的涉案条约解释

如何解释《蒙特利尔公约》第三十三条第一款的“订立合同的营业地”，尤其是结合该案外国航空承运人订立合同时在中国的营业地？该案裁决没有严格依照VCLT的解释规则。

假定严格依照该解释规则，法院应当结合涉案条约用语的上下文进行解释。VCLT第三十一条第三款(c)项规定：“应与上下文一并考虑者尚有适用于当事国间关系之任何有关国际法规则。”中国与阿联酋、中国与美国的双边民用航空运输协定[②]是该案所涉《蒙特利尔公约》有关“订立合同的营业地”规定的“有关国际法规则”。前者第三条第一款规定：“在下列任一情况下，缔约一方有权撤销或暂停业已给予缔约另一方指定空运企业的经营许可”；后者第二条第一款规定“缔约一方给予另一方在本协定下权利使得其指定航空公司设立和经营本协定附件一规定的航线服务”。根据双边民用航空运输协定的惯例，缔约双方均给予对方航空公司许可经营一定航线。1996年中国民航局就颁布施行《外国航空运输企业航线经营许可的申请程序》(暂行)，2008年6月11日和2016年4月4日修订后的《外国航空运输企业航线经营许可规定》是关于经营许可的规定，先后由民用航空总局、交通运输部颁布施行。[③]

可见，在该案审理时，法院应将中阿、中美航空运输协定及其缔约一方在条约义务下给予另一方航空运输企业经营许可规定，作为解释涉案条约用语“订立合同的营业地”的上下文。上述中国主管部门有关经营许可规定，如2008年规定第六条、2016年规定第六条均明文要求外航提供其在中国“境内的联系人及其地址、电话、传真、电子邮件地址”等，作为获得其在中国从事国际航空运输经营许可的必备条件。因此，涉案被告均应有在中国境内经营其航空运输业务的“联系人及其地址、电话”等信息，构成其在中国的营业地。这是法院在解释涉案条约有关管辖权

① 最高人民法院《人民法院服务保障自由贸易试验区建设典型案例》，https://www.court.gov.cn/fabu-xiangqing-347701.html。

② 《中华人民共和国政府与阿拉伯联合酋长国政府民用航空运输协定》(1989年9月14日在阿尔扎比签订)，中文、阿拉伯文和英文本具有同等效力。《中华人民共和国政府与美利坚合众国政府民用航空协定》(1980年9月17日签订于华盛顿)，中英文本具有同等效力；《关于修改中美民用航空运输协定的议定书》(2007年9月9日签订于西雅图)，中英文本具有同等效力。中文本均来自中国民用航空局，https://www.aac.gov.cn。

③ 《外国航空公司经营许可的申请程序》(暂行)，民航运函〔1996〕243号，1996年3月2日；《外国航空运输企业航线经营许可规定》，民航总局令第192号，2008年6月11日；交通运输部令2016年第4号，2016年3月4日。

规定时应向当事双方，尤其是被告取证的信息，并由此认定其在中国具体的营业地。法院没有严格依照VCLT解释规则，对涉案条约的关键用语作出符合其在一定上下文中的通常含义，就以原告未提供被告在中国浦东的营业地信息为由驳回其诉求显然是不妥的。

从上述两案假定的条约解释来看，两案实际上均没有严格依照VCLT的解释规则对涉案条约作全面、准确和更具司法说服力的解释。这也在一定程度说明，我国各级法院对于VCLT解释规则的理解和适用或许还有很长的路要走。

三、CISG的条约解释规则在我国法院的适用

自CISG对我国生效以来，我国法院自动直接适用或依当事方约定适用的案件不少，[①]学界相关研究也很多。[②]下文将根据最高人民法院近期公布的一起适用CISG有关根本违约规定的典型案例，尝试分析其条约解释规则在我国法院的适用以及可商榷之处。

（一）典型案例及最高人民法院的说明

最高人民法院2019年2月发布了2014年判决的国际货物销售合同纠纷典型案例，[③]原被告是新加坡和德国公司，其营业地所在国均为CISG缔约国，在诉讼中均选择适用CISG。涉案合同履行地在中国，其主要争议系该案被告交付的石油焦HGI指数为32，不符合合同约定的HGI指数典型值为36—46的要求，是否构成CISG第25条规定的“根本违约”。

CISG第二十五条规定：“一方当事人违反合同的结果，如使另一方当事人蒙受损失，以致于实际上剥夺了他根据合同规定有权期待得到的东西，即为根本违反合

① 联合国贸易法委员会关于CISG判例法摘要汇编（2016年版）收录中国法院案例（1992—2014）多达50起。UNCITRAL: *Digest of Case Law on the CISG*, 2016 Edition, index, pp.454-466.

② 例如，陈治东、吴佳华：《论〈联合国国际货物销售合同公约〉在中国的适用》，《法学》2004年第10期，第110页；刘瑛：《论〈联合国国际货物销售合同公约〉在中国法院的直接适用》，《法学评论》2009年第1期，第83页；宣增益、王延妍：《我国法院对〈联合国国际货物销售合同公约〉的适用》，《法学杂志》2012年第5期，第125页；王海峰、张丝路：《〈联合国国际货物销售合同公约〉在中国法院的适用》，载《人民司法》2021年第31期，第21页。Xiao Yongping, Long Weidi, Selected Topics on the Application of the CISG in China, 20 *Pace Int'l L Rev*. 61 2008, Jie Huang, Direct Application of International Commercial Law in Chinese Courts: Intellectual Property, Trade, and International Transportation, 5(3) *Manchester Journal of International Economic Law*(2008), pp.105-142.

③ 中化国际（新加坡）有限公司诉蒂森克虏伯冶金产品有限责任公司国际货物买卖合同案，〔2013〕民终字第35号。

同，除非合同一方并不预知而且一个同等资格、通情达理的人处于相同情况中也没有理由预知会发生这种结果。”

一审判决认为，既然涉案合同约定货物的 HGI 指数为 36—46，超出该范围即构成违约。被告交付违约的货物，必然会给原告在中国的正常销售造成极大困难，这等于实际上剥夺了原告根据合同期望得到的利益。被告作为从事石油焦贸易的专业公司，不可能不知道其违约行为可能给原告造成的损失，因此，被告的行为构成根本违约。

最高人民法院二审认定该案可适用 CISG，并且 CISG 判例法摘要汇编可用作适当的参考资料，以准确理解该公约相关条款之含义。在这个意义上，可以理解最高人民法院认为该案与 CISG 第二十五条的解释有关，尽管二审判决并没有展开解释。二审判决认为，该案被告交付与约定货物不符的行为没有构成根本违约。其理由之一是，从涉案事实看，“可以认定，虽然案涉石油焦 HGI 指数与合同约定不符，但此批石油焦仍然具有使用价值”；其二，在该案一审期间，原告为减少损失，设法转售涉案货物，且给被告的函件明确表示转售价“未低于市场合理价格”，“这一事实说明案涉石油焦是可以以合理价格予以销售的”；其三，“综合考量其他国家裁判对《销售公约》中关于根本违约条款的理解，买方在不存在不合理的麻烦的情况下，能使用货物或转售货物，甚至打些折扣，质量不符依然不过是非根本违约。”

最高人民法院在发布该案时说明，其裁判要点之一是“在国际货物买卖合同中，卖方交付的货物虽然存在缺陷，但只要买方经过合理努力就能使用货物或转售货物，不应视为构成《联合国国际货物销售合同公约》规定的根本违约的情形”①。

（二）假定进一步的涉案条约解释

1. 2014 年终审判决时的进一步条约解释

该案适用 CISG，且第二十五条“根本违约”的含义须参考 CISG 判例法摘要汇编予以准确理解，因而，第七条解释规则的适用必不可少。据此解释，应考虑若干要素：(1)CISG 的国际性；(2)促进其适用的统一性；(3)在国际贸易上遵守诚信的必要性。要素(1)无须赘言，而要素(2)和(3)是解释规则特有的要求。如何实现适用的统一性？可以将其理解为要求各缔约国法院解释 CISG 的相对统一性，这就需要综合考量已有的判例法。假定最高人民法院在解释涉案 CISG 条款，则应参阅终审判决之前(2014 年)的判例法分析其“综合考量”。

---

① 《最高人民法院关于发布第 21 批指导性案例的通知》法〔2019〕3 号，2019 年 2 月 25 日，指导案例 107 号裁判要点 2。

例如，2007 年判例法摘要汇编含有数起中国案例，虽不是法院判决，而是中国国际经济贸易仲裁委员会裁决，但同样可进行参考。这些案例都涉及根本违约，包括买方开立信用证即履行了其合同义务，而卖方没有交付任何货物；①在卖方已交付约三分之二货物后，卖方以买方安排检验问题为由拒绝继续该检验，但通知买方剩余货物已经备齐，买方则以未经其安排检验而拒绝收货，构成买方没有安排交货的根本违约；②在卖方未交付货物构成根本违约的情况下，卖方替代购买高价货物，并要求赔偿差价，得到支持；③在卖方货物经检验之后，买方开立信用证，然后买方注意到卖方私下调换了检验合格的货物，换为违约商品，构成根本违约；④买方以卖方交付的货物不符合约定标准而拒绝开立信用证，而裁决认定在卖方交货后未开立信用证及安排运输，构成根本违约，但卖方可转售商品以减少损失。⑤又如，2008 年判例法摘要汇编有一起涉及根本违约的德国法院判例：买方未向卖方支付部分款项不能视为根本违约，因为涉案合同不是框架协议，而是购买具体汽车的几份单独的合同，所以买方没有支付某份（某些）合同的款项并不使卖方有权宣布其他合同无效。⑥再如，2010 年判例法摘要汇编有一起涉及根本违约的丹麦法院判例：卖方声明根据合约交付的一匹赛马“非常健康”，但是，买方收货后不久得知该赛马跛脚，起诉要求废止合同和索赔。法院依据兽医检查认定该赛马跛脚是交付前的创伤所致，判定该马在交货前已遭受重大创伤，故卖方构成根本违约。⑦

上述中外裁判认定根本违约的共同之处在于，卖方未交货或交付货物完全不符合约定，或者买方不开立信用证。值得关注的是，是否构成根本违约与卖方可转售买方交付的不符合约定的货物以减少损失性质不同。前者是根本违约问题，后者是尽力减少损失问题。从这些判例中还可看到，合同一方是否如实向另一方披露信息是涉及诚信的重大问题。一旦卖方未告知买方有关合同约定货物的真实情况，构成有悖诚信的行为。这对于解释根本违约极为重要。如果卖方明知交付货物不符合约定，并未向买方披露，那么就很可能构成根本违约。

由上可见，参考当时已有的 CISG 判例，有案例将买方转售商品作为减少损失的考量，而非认定不构成根本违约的问题。涉案被告明知交付不符合约定货物的 HGI 指数情况，涉嫌有悖诚信。这些是适用 CISG 解释规则应加以“综合考量”的

① 《贸易法委员会法规的判例法》，2007 年 5 月 4 日，A/CN.9/SER.C/ABSTRATS/63，判例 679。
② 《贸易法委员会法规的判例法》，2007 年 5 月 4 日，A/CN.9/SER.C/ABSTRATS/63，判例 680。
③ 《贸易法委员会法规的判例法》，2007 年 5 月 4 日，A/CN.9/SER.C/ABSTRATS/63，判例 681。
④ 《贸易法委员会法规的判例法》，2007 年 5 月 4 日，A/CN.9/SER.C/ABSTRATS/63，判例 684。
⑤ 《贸易法委员会法规的判例法》，2007 年 5 月 4 日，A/CN.9/SER.C/ABSTRATS/63，判例 685。
⑥ 《贸易法委员会法规的判例法》，2008 年 11 月 18 日，A/CN.9/SER.C/ABSTRATS/80，判例 826。
⑦ 《贸易法委员会法规的判例法》，2010 年 9 月 15 日，A/CN.9/SER.C/ABSTRATS/100，判例 992。

要素。

2. 2019年公布典型案例时的进一步条约解释

最高人民法院于2019年公布此案为指导性案例，因而有必要结合案件作出时的2016年判例法摘要汇编作假定的进一步条约解释，以分析该案适用CISG解释规则对根本违约的解释和认定是否适当和准确。该汇编指出："如果所交货物存在缺陷，当货物与合同不符被正当视为根本违约时，买方可宣告合同无效。因此，根本的一点是，要弄清楚在什么情况下交付与合同不符的货物构成了根本违约。"①该汇编将最高人民法院这一指导性案例作为范例之一，说明"只要买方在不存在不合理麻烦的情况下，能使用货物或转售货物，甚至打些折扣，质量不符依然不过是非根本违约"②。该汇编进一步指出："相反，如果不符合合同规定的货物经过合理的努力仍不能使用或转售，则构成了根本违约，买方有权宣告合同无效。"③

就"根本违约"的解释而言，该汇编强调更多的是"适用的统一性"这一解释规则要素。对于透过涉案违约行为认定是否有悖"诚信"原则的解释要素，似乎并没有给予足够的关注。

适用CISG第七条对第二十五条下"根本违约"规定的解释，首先，应根据该第七条解释规则的三要素，尤其是"适用的统一性"和"遵守诚信的必要性"要求，准确理解第二十五条关于根本违约的构成条件。这包括：(1)一方根本违反合同，并造成另一方蒙受损失，以致实际上剥夺了他根据合同规定有权期待得到的东西；(2)例外情形，即在遵守诚信的条件下，合同一方并不预知而且一个同等资格、通情达理的人处于相同情况中也没有理由预知会发生这种结果。除了CISG判例法摘要汇编，国内外学界对此亦有很多研究。一般认为："公约规定的根本违约应包括两个条件：(1)视违约造成的损害程度；(2)视可否预知损害的后果。"④这也就是"损害/期待利益要件"和"可预见性要件"。⑤第二个构成条件涵盖了"诚信"要求。

---

① 联合国贸易法委员会：《关于〈联合国国际货物销售合同公约〉判例法摘要汇编》(2016年版)，第115页，第8段。

② 同上书，第115页，第8段，注解21。

③ 同上书，第115页，第8段，注解23，列举法国、德国和瑞士的数个法院判决，涉及"两箱肉标签有误，显示生产日期和截止日期不确定和不一致""鞋皮面开裂""T恤衫首次洗涤后缩小了两个尺寸"等。

④ 张玉卿：《国际货物买卖统一法：联合国国际货物销售合同公约释义》(第三版)，中国商务出版社2009年版，第169页。

⑤ Andrew Babiak, "Defining 'Fundamental Breach' under the United Nations Convention on Contracts for the International Sale of Goods", 6 *Temple International and Comparative Law Journal* (1992), p.120; Robert Koch, "The Concept of Fundamental Breach of Contract under the United Nations Convention on Contracts for the International Sale of Goods(CISG)", in *Review of the Convention on Contracts for the International Sale of Goods(CISG)*, 1998, Kluwer Law International 177, 261(1999).

在案发时，正如前述一审判决所认定，既然涉案合同约定货物的 HGI 指数为 36—46，超出该范围即构成违约。被告交付违约的货物，必然会给原告在中国的正常销售造成极大困难，这等于实际上剥夺了原告根据合同期望得到的利益。而且，被告作为从事石油焦贸易的专业公司，不可能不知道其违约行为可能给原告造成的损失，在该案一审期间，如前述终审判决所认定，原告为减少损失，设法转售涉案货物。这是事后的一种补救，没有改变涉案已构成根本违约的在先事实。原告的事后补救应作为被告赔偿根本违约时的酌情考量因素，但不应与已构成根本违约的事实混为一谈。

关于货物与合同不符这一卖方根本违约的情节时如何认定补救标准，有学者认为，根据各国裁判，如事后很容易补救，则交付违反约定的货物就不构成根本违约。①但问题在于，这种事后补救发生在涉案争议诉诸司法或仲裁解决之前，抑或之后？如果是之前，对根本违约的构成与否将产生直接影响；如果是之后，在已经构成根本违约的情况下，则不应将买方的主动补救作为根本违约的构成要件，而应根据 CISG 的解释规则分析和认定根本违约的构成要件，即“损害/期待利益要件”和“可预见性要件”。假如将买方的主动补救作为构成根本违约的构成要件，那么买方不主动补救，应否按已发生的根本违约事实加以认定呢？最高人民法院在终审和公布该案时对此有无“综合考量”？不无可商榷之处。

四、条约一致的解释原则在我国法院的适用

自 2002 年最高人民法院颁布施行有关审理国际贸易行政案件的若干问题的司法解释以来，唯一明确援引该司法解释的判例是 2007 年最高人民法院提审的一起行政诉讼案件，尽管判决用语为“参照”该司法解释。②有学者认为将该案“归为国际贸易行政案件实是一种误读”③。不过，该司法解释第九条规定的前提是，我

---

① 陈治东：《国际贸易法》，高等教育出版社 2009 年版，第 72—73 页。

② 重庆正通药业有限公司、国家工商行政管理总局商标评审委员会诉四川华蜀动物药业有限公司商标行政纠纷申请再审案，〔2007〕民三行提字第 2 号。对该案的较早评析，参见张乃根：《国际法原理》（第二版），复旦大学出版社 2012 年版，第 57—58 页。值得注意，该再审案审判长孔祥俊法官最早提出：“鉴于同一解释原则在适用 WTO 法律中的重要性和必要性，最高法院在作出 WTO 法律适用的司法解释时，有必要将其作为一个专门规则予以明确。”孔祥俊：《WTO 知识产权协定及其国内适用》，法律出版社 2002 年版，第 510 页。

③ 前引彭岳：《一致性解释原则在国际贸易行政案件中的适用》，第 196 页；张国斌：《“解释一致”方法在国际条约适用中的实践及其启示》，载陈金钊、谢晖主编：《法律方法》（第 19 卷），山东人民出版社 2016 年版，第 217 页以下；Congyan Cai, International Law in Chinese Courts During the Rise of China, 110 *American Journal of International Law* (2016), p.277.

国缔结或加入的条约已转化为国内立法，而法院适用相关国内法时，应以与条约一致的方式加以解释。不言而喻，选择与条约相一致的国内法解释，离不开对相关条约的解释，而此类条约的解释应适用 VCLT 的解释规则。因此，虽然该司法解释是为了解决涉外案件适用国内法的解释问题，但关键仍在于对相关条约的解释。只有澄清条约本身的含义，才能解决转化为国内法与其一致性的问题。换言之，凡对条约转化为国内法的解释，都可能发生与相关条约的一致性问题。这是该行政诉讼案件看似没有涉外因素，但实际上国内法包含相关条约转化的规定，因而须"参照"该司法解释的缘故。因此，没有必要限于上述案件是否存在"误读"，而应更多考虑如何统筹国内法治与涉外法治及其与国际法的关系。下文将比较分析两起最高人民法院审理的案件，涉及条约转化规定的商标法解释问题。

(一) 涉案条约转化为商标法规定的解释问题

1. 2007 年最高人民法院再审行政诉讼案

涉案重庆正通药业有限公司(以下简称正通公司)2002 年 5 月获批销售名为"头孢西林粉针"的兽药产品。同年 7 月，正通公司协议许可四川华蜀动物药业有限公司(以下简称华蜀公司)专销其标注"头孢西林"商品名称的粉针产品代理人，使用华蜀公司的注册商标"华蜀"。2004 年 1 月，双方商定终止该协议。同年 2 月，华蜀公司获准于 2002 年 9 月申请注册商标"头孢西灵"。正通公司认为华蜀公司在被许可专售"头孢西林"商品期间申请注册近似的商标，应予以撤销，并得到商标评审委员会的支持。华蜀公司不服，向北京市第一中级人民法院提起行政诉讼。该诉讼一审认定《商标法》第十五条"代理"的法律含义"包含销售代理的广义理解"。华蜀公司作为正通公司的销售代理人，擅自将与其代理销售商品名称且为被代理人实际使用的未注册商标近似的"头孢西灵"申请注册为商标，违反诚信原则，应当为法律所禁止，故判决维持商标评审委员会撤销其注册商标的裁定。华蜀公司不服，上诉至北京市高级人民法院。二审认定"头孢西林"作为正通公司获批的商品名称在华蜀公司代理销售中成为其实际使用的未注册商标。华蜀公司申请注册与之相似的"头孢西灵"，并不违反法律法规的规定。双方的许可专售协议所形成的"是生产销售合作关系，一审认定二者形成[商标法规定的]代理人与被代理人的关系显系错误"。

可见，一审和二审对《商标法》第十五条"代理"的法律含义可否作"包含销售代理的广义理解"，存在分歧。最高人民法院再审支持广义的解释，并依据对《保护工业产权巴黎公约》(以下简称《巴黎公约》)的解释，判决如下：

第十五条规定系 2001 年 10 月 27 日修改的《商标法》增加的内容……既是为了履行《巴黎公约》第六条之七规定的条约义务，又是为了禁止代理人或者代表人恶意注册他人商标的行为……《巴黎公约》第六条之七的“代理人”和“代表人”应当作广义的解释，包括总经销、总代理等特殊销售关系意义上的代理人或者代表人。参照《最高人民法院关于审理国际贸易行政案件若干问题的规定》第九条……《巴黎公约》第六条之七规定的“代理人”的含义，可以作为解释我国《商标法》第十五条规定的重要参考依据。

2. 2018 年最高人民法院发布指导性案例

无独有偶，2021 年 7 月最高人民法院发布的一起指导性案例也涉及对《商标法》第十五条的“代理”含义的解释，[①]案情与前案相似。重庆江小白酒业有限公司(以下简称江小白公司)为四川新蓝图商贸有限公司(以下简称新蓝图公司)下属子公司，根据协议许可代理销售重庆市江津酒厂(集团)有限公司(以下简称江津酒厂)生产“几江牌”系列酒定制产品的。江津酒厂对江小白公司注册的“江小白”商标提出无效宣告请求，获得支持。江小白公司不服，向北京知识产权法院提起行政诉讼，获得一审支持。江津酒厂又不服，上诉至北京市高级人民法院，二审推翻一审判决。最高人民法院再审，推翻二审判决，主要理由如下：

[根据《商标法》第十五条]代理人或者代表人不得申请注册的商标标志，不仅包括与被代理人或者被代表人商标相同的标志，也包括相近似的标志；不得申请注册的商品既包括与被代理人或者被代表人商标所使用的商品相同的商品，也包括类似的商品。

江津酒厂提供的证明其与新蓝图公司为经销关系的主要证据是 2012 年 2 月 20 日签订的销售合同和定制产品销售合同。定制产品销售合同明确约定授权新蓝天公司销售的产品为“几江”牌系列酒定制产品，其中并未涉及“江小白”商标……江津酒厂对新蓝图公司定制产品上除“几江”外的产品概念、广告用语等内容不享有知识产权，亦说明新蓝图公司申请注册“江小白”商标未损害江津酒厂的权利。

① 重庆江小白酒业有限公司诉国家知识产权局、第三人重庆市江津酒厂(集团)有限公司商标权无效宣告行政纠纷案，〔2019〕最高法行再 224 号。最高人民法院审判委员会讨论通过 2021 年 7 月 23 日发布，指导案例 162 号。

该案再审判决对《商标法》第十五条的"代理"的法律含义解释，未排除销售关系意义上的广义"代理"，将代理注册的商标和使用的商品扩展至相近似的标志和类似的商品。作为广义上的代理人，江小白公司作为代理销售江津酒厂"几江"牌系列酒定制产品的新蓝图公司的子公司，其销售商品与该系列酒定制产品相似，其申请注册商标（"江"小白）部分含有江津公司商标（几"江"）和名称（"江"津）用语。但是，再审判决严格以双方合同为限，认定涉案代理经销商在代理销售合同未明确包括"江小白"商标，因而可申请引起争议的涉案商标。这是否符合最高人民法院对《商标法》第十五条的"代理"包括销售代理的广义解释？进而是否与《巴黎公约》第六条之七的解释相一致？值得进一步分析。

（二）假定的进一步条约解释

假定在上述两起案件中适用 VCLT 的解释规则，对《巴黎公约》第六条之七（1）项作进一步的条约解释。《巴黎公约》第六条之七（1）项规定："如果本联盟一个国家的商标所有人的代理人或代表人，未经该所有人授权而以自己的名义向本联盟一个或一个以上的国家申请该商标的注册，该所有人有权反对所申请的注册或要求取消注册。或者，如该国法律允许，该所有人可以要求将该项注册转让给自己，除非该代理人或代表人证明其行为是正当的。"①该条款是 1958 年巴黎联盟大会修订该公约时增加的。②

首先，该条款中"商标"用语在上下文（包括第六条"商标的注册条件"和第六条之七（1）项"申请该商标的注册"）中，兼顾该公约第一条第一款"保护工业产权"（第一条第二款保护对象包括"商标"）的宗旨及目的，加以善意解释，具有"商业标识"的通常含义。根据 VCLT 第三十一条第三款（c）项"应与上下文一并考虑者尚有适用于当事国间关系之任何有关国际法规则"，解释该用语的上下文还包括将《巴黎公约》该条款纳入的《与贸易有关知识产权协定》（《TRIPS 协定》）第十五条第一款，规定，"任何标记或标记的组合，只要能够将一企业的货物和服务区别于其他企业的货物或服务，即能够构成商标"。③根据这些上下文解释，《巴黎公约》第六条之七的"商标"是指尚未注册的商标（商业标识）。

然后，此类商标所有人的"代理人或代表人"的通常含义究竟是什么？从该第

---

① 《保护工业产权巴黎公约》（1967 年文本）中文本由世界知识产权组织根据按照第 29 条第（1）款（b）项制定的英语正式文本翻译。

② Recisee A Lisonne le 31 Octobre 1958, Convention de Paris Pour la Protection de la Propriété Industrielle.

③ 《世界贸易组织乌拉圭回合多边贸易谈判结果法律文本》（中英文对照），法律出版社 2001 年版，第 327 页。

六条之七(1)项的上下文看，未注册的商标所有人的代理人或代表人“未经该所有人授权而以自己的名义向本联盟一个或一个以上的国家申请该商标的注册”，因此，在“以自己的名义”申请注册商标时，这是指商标注册“代理人或代表人”。然而，该第六条之七(1)项规定，如没有经未注册商标所有人授权申请该商标注册，“该所有人有权反对所申请的注册或要求取消注册”，那么就其本意而言，该代理人或代表人也许首先不是申请该商标注册的代理人或代表人，而是未注册商标及其货物的销售代理人或代表人。

进一步从分析《巴黎公约》其他上下文。其一，该公约第二条第三款规定“本联盟每一国家法律中关于司法和行政程序管辖权，以及指定送达地址或委派代理人的规定，工业产权法律中可能有要求的，均明确地予以保留”，这也是该公约第六条之七(1)项之外，唯一使用“代理人”用语的条款，而使用“代理人或代表人”用语的只有第六条之七(1)项。其二，《商标国际注册马德里协定》属于 VCLT 第三十一条第三款(c)项中“应与上下文一并考虑者尚有适用于当事国间关系之任何有关国际法规则”。该协定第五条第三款规定：国家主管机关的驳回，“国际局应立即将收到的驳回声明一份转给原属国主管机关和商标注册人，如该主管机关已向国际局指明商标注册人的代理人的，或者转给其代理人”。[①]从上述公约和协定相关条款的上下文看，《巴黎公约》第六条之七(1)项的“代表人”不是通常在商标申请注册时的用语，因此，“代表人”具有商标申请注册“代理人”的通常含义之外的意义。其三，作为将《巴黎公约》该条款纳入的《TRIPS 协定》第三条第二款规定，“各成员可利用第一款下允许的在司法和行政程序方面的例外，包括在一成员管辖范围内指定送达地址或委派代理人”。这一上下文进一步说明，《巴黎公约》第六条之七(1)项的“代表人”不是通常在商标申请注册时的用语。

假如“代表人”不是通常商标申请注册时的用语，那么在双方存在销售代理关系的条件下，所代理销售的商品可能在被销售过程中形成一定的商业标识，或者该商品本身就有相应的未注册商标。在此类销售代理中，其一，如果销售商品的代理人或代表人将该商业标识或已有的未注册商标申请注册商标，则为通常的商标注册申请代理人；其二，如果没有申请注册商标，则只是销售商品代表人，尽管该商标作为商业标识或已使用的商标早已存在。第二种情况应是《巴黎公约》第六条之七(1)项下“如果本联盟一个国家的商标所有人的代理人或代表人，未经该所有人授权而以自己的名义向本联盟一个或一个以上的国家申请该商标的注册”这一规定中“代表人”用语的本意。也正是在上述解释该条款的诸多上下文中，兼顾《巴黎公

① 《商标国际注册马德里协定》[于 1979 年 9 月 28 日修改](世界知识产权组织正式翻译中文本)。

约》目的及宗旨，善意解释“代理人或代表人”的通常含义包括销售关系上的“代理人或代表人”，尤其是“代表人”的依据。

如果以上进一步条约解释的结论成立，那么 2018 年最高人民法院发布有关《商标法》下“代理人”解释的指导性案例就值得推敲。这说明对我国生效的国际条约转化为国内法之后，法院适用相关国内法时，为澄清有关规定，必要时应采用 VCLT 的条约解释规则，明晰相应条约款项的本意，以准确理解和适用国内法。这首先不是为了解决有关司法解释涉国际贸易行政案件与否及其与所涉条约“一致性”的问题，而是为了更好地适用国内法这一司法目的，即便涉案法律关系看似没有涉外性，甚至抑或当事人对涉案条约也没有提出不同解释。但是，法院为准确适用此类条约转化的国内法，应当进行必要的条约解释，以正本清源。

五、建立健全司法解释条约机制

改革开放后四十多年来，尤其是近十多年来推进全面依法治国的过程中，我国法院已初步积累了直接适用条约或法律适用相关条约解释的经验。但是，如上文所析，适用 VCLT 的条约解释或者 CISG 的解释规则的实现，都存在对条约解释规则不甚熟悉或不够重视的问题，这值得探析，以求建立健全我国的司法解释条约机制。

（一）须进一步分析的若干问题

鉴于上述司法实践存在的问题，虽然我国学界对条约的司法解释作了一定研究，并分析了若干典型案例。但对司法实践和学界的一些看法，有必要进一步加以分析：

第一，“一致性解释原则”与条约解释规则的关系。无论是 VCLT 还是 CISG 的解释规则，都是指如何解释有关条约款项及用语的规则。从条约解释规则的理论看，格劳秀斯《战争与和平法》第二卷第十六章“论解释”①、瓦特尔《国际法或自然法原则》第二卷第十七章“条约的解释”②、哈佛《条约法公约草案》第十九条“解释”评注③和《维也纳条约法公约》的解释条款评注④都是围绕条约本身的解释展

① Hugo Grotius, *On the Law of War and Peace*, translated by Fransisco W. Kelsey, Oxford at the Clarendon Press, 1925, Book II, Chapter 16 “On Interpretation”.

② E. de. Vattel, *The Law of Nations or the Principles of Natural Law*, translated by Charles G. Fenwick, The Carnegie Institution, 1916, Book II, Chapter 17 “the Interpretation of Treaties”.

③ Draft Convention on the Law of Treaty, Article 19, Comment, 29, *American Journal of International Law*, *Supplement* (1935), pp.937 - 977.

④ Draft Articles on the Law of Treaties with Commentaries, *Yearbook of the International Law Commission*, 1966, vol.II, pp.217 - 226.

开。“条约解释是条约履行、适用中产生的问题。通过解释而明确条约规定的含义,旨在更好地履行、适用条约。”[①]我国已对外缔结了 25000 多项双边条约,加入约 500 项多边公约。[②]相比迄今向联合国交存的 57000 多项双边条约和 560 多项多边公约[③],我国缔结和加入的条约和公约分别约占 43%和 89%。部分条约和公约通过转化为国内立法而得到履行,譬如,知识产权保护方面的条约和公约基本上被转化为国内知识产权法。[④]我国法院在适用有关国内知识产权法时,必要时应通过解释有关条约或公约的规定,以准确把握国内法相关条款的含义。此类适用国内法时对相关条约的间接解释须运用条约解释规则。这一过程中出现对国内法的多种“合理解释”其实反映了相关条约本身的解释可能存在分歧。条约解释旨在消除分歧,确定某一符合其本意的确切含义。如前所述,WTO《反倾销协定》虽规定可能存在两种允许的条约解释,但尚无任何成案。就条约解释的目的而言,可能且应该只有一种符合其本意的解释。间接的条约解释对于准确适用转化的相关国内法至关重要。应该强调,这种条约解释所适用的规则既不是美国判例法中关于国会立法的解读应与国际法(不限于条约)“一致性解释原则”,所达到目的也不仅仅在于“一致性”或“体系整合”,[⑤]而更多是为了准确适用此类条约转化后的国内法。

第二,VCLT 的条约解释通则与 CISG 等特殊解释规则的关系。我国于 1997 年就加入 VCLT,但是,直到 2015 年才颁布适用 VCLT 解释通则的司法文件,且迄今最高人民法院已公布的案例实际上并无一起明确援引该解释通则或具有清晰的解释过程。司法实践表明,我国法院对条约解释规则及其适用还不太熟悉。尤其是前述 2020 年最高人民法院在审理新冠肺炎疫情相关民事案件的司法文件中要求对 CISG 的解释运用 VCLT 的解释通则,显然对 VCLT 的解释通则与 CISG 等特殊解释规则的关系理解有误。学界对此也存在一些模糊认识,认为 VCLT 的解释通则存在诸多不足,“其用语的模糊性和解释规则的综合包容性与复杂性大大减损了其在实践应用中的价值”,并以一起依据中美税收协定有关交易所得是否应免征税的案件为例,主张采用“最有可能被缔约国双方同时接受的解释,即采取共同

① 张乃根:《条约解释的国际法》(上下卷),第 3 页。

② 参见外交部条法司编著:《中国国际法实践案例选编》,世界知识出版社 2018 年版,第 81 页。

③ UN Treaties Collection, available at https://treaties.un.org/Pages/Content.aspx?path=DB/MTDSG/page1_en.xml.

④ 张乃根:《涉华经贸协定下知识产权保护相关国际法问题》,《河南财经政法大学学报》2021 年第 3 期,第 44 页。

⑤ 彭岳:《一致性解释原则在国际贸易行政案件中的适用》,第 203 页;彭岳:《国内法院对税收协定的解释:一个体系整合的视角》,《法治研究》2018 年第 1 期,第 142 页。

解释的方法”。[①]其实，对于双边条约而言，缔约国完全有权以合意方式，如附件、换文或解释性协定等，作为“明文的有权解释”。[②]实质上，这就是“双方同时接受的共同解释”。但问题在于，当缺少此类有权解释时，缔约国一方的法院审理涉及双边协定的案件，就不得不自行进行一定解释，而难以达成共同解释。在双边协定的解释条款缺失时，VCLT 的解释通则应该得到适用，其“实践应用中的价值”并没有“大大减损”。譬如，2004 年中国与俄罗斯就双边民航协定有关“缔约一方指定的空运企业在缔约另一方领土内经营协议航班所得的收入，应豁免一切税收”规定是否涵盖该企业车辆道路使用税等发生争议，[③]中方主张运用 VCLT 的解释通则，澄清“豁免一切税收”的含义，通过必要交涉，最终俄方接受该含义下的税收包括车辆道路使用税等的解释。这说明 VCLT 的解释通则应该也完全可以适用于包括双边税收或涉及税收的条约解释。换言之，诸如 CISG 等条约的特别解释规则应优先于作为一般法的 VCLT 解释通则而得到适用；否则，一般法仍具有普遍适用性，不应基于税收或其他专门协定的性质而缺乏充分依据地质疑其“实践应用中的价值”。

第三，我国法院的条约解释与其他国家或地区司法实践的关系。最高人民法院公布的有关案例及其说明多次提及“各成员国的通常做法”[④]和“其他国家裁判”[⑤]，学界也有比较其他国家法院的条约解释“路径”[⑥]。如前提及，很多国家的法院没有严格依照 VCLT 的解释规则解释涉案条约，或没有明确加以援引。不同于 CISG 的解释可参考中文版联合国贸易法委员会的各缔约国判例法摘要汇编，VCLT 解释规则的国内司法实践没有任何汇编。前述对近五十个国家的法院相关判例的比较研究也非常有限，[⑦]很难由此归纳出对某一条约解释的“各成员国的通常做法”。学界的比较研究往往孤立地看待某一案例，难免“盲人摸象”而失之片面。譬如，对美国联邦最高法院 2010 年“阿伯特案”的可能误读，认为该案“一反往常条约解释的保守传统，迎来了灵活解释条约的新气象”[⑧]。该案通过解释《海牙国际性非法诱拐儿童民事事项公约》的“监护权”和“居住地”等用语，认定该公约所

---

① 崔晓静：《国际税收解释的困境及其纾解》，《法学研究》2021 年第 1 期，第 194、199 页。

② 李浩培：《条约法概论》，法律出版社 2003 年版，第 347 页。

③ 段洁龙主编：《中国国际法实践与案例》，法律出版社 2011 年版，第 217—220 页。

④ 最高人民法院〔2007〕民三行提字第 2 号。

⑤ 最高人民法院发布指导案例 107 号，“裁判理由”。

⑥ 吴卡：《国内法院解释条约的路径选择与优化生成》，《法商研究》2021 年第 4 期，第 143 页。

⑦ Helmut Philipp Aust and Georg Nolte ed., *The Interpretation of International Law by Domestic Courts: Uniformity, Diversity, Convergence*, p.106. 唯一援引的中国法院案例是 2006 年北京市海淀区人民法院审理的北京月球村航天科技有限公司诉北京市工商行政管理局案，海行初字 00087 号，2006 年 11 月 9 日。该案涉及对《外层空间条约》的适用，并无具体的条约解释。

⑧ 杜焕芳：《美国最高法院的条约解释方法与阿伯特案的影响》，《法学评论》2013 年第 5 期，第 92 页。

保护的父母监护"决定其孩子居住地的权利"包括了共同监护权。[①]该案非常重视该公约的宗旨对于解释文本条款的作用。这正是被认为是目的解释学派"最明确的表述"[②],也是哈佛《条约法公约草案》第十九条(a)款的突出特点。该条款规定:"条约解释应参照其意在达成之一般目的加以解释。"[③]该判例不仅没有提及VCLT的条约解释规则,而且坚持美国一贯的条约解释立场。因此,我国法院对某一条约的解释,欲参考其他国家或地区的"通常做法",尤其在适用VCLT的解释规则方面很困难。据上述国外比较研究的初步结论,"该研究的几乎所有作者都对实际存在统一、一致的条约解释路径及理论上的可能性和规范上的期待性持怀疑态度"。[④]我国法院严格依据VCLT的解释规则进行条约解释,应该也只有依靠自己对该规则的适用,至少像本文假定的条约解释那样。

(二) 统筹国内法治与涉外法治的司法解释条约机制

在本文分析我国法院的条约解释实践及其存在问题,并进一步认识上述若干关系的基础上,对建立健全统筹国内法治与涉外法治的司法解释机制,提出以下初步建议:第一,建立我国缔结或加入的国际条约的中文作准本或正式文本数据库。在改革开放之前,我国曾翻译、汇编中文版《国际条约集》,[⑤]也汇编出版《中华人民共和国条约集》和《中华人民共和国多边条约集》。[⑥]此外,外交部"中国条约数据库"收录了7643项多边或双边条约,[⑦]包括500项多边公约。现有条约集及数据库,或相对前述已缔结27000项双边条约,完备性有所欠缺;或有些条约的中文本作准性存在问题。譬如,2001年12月11日,我国加入的《马拉喀什建立世界贸易组织协定》中文本为外经贸部国际经贸关系司译本,而非经过全国人大常委会批准的中文本。[⑧]《联合国条约集》汇编的部分多边公约签署作准本也没

---

① *Abbott v. Abbott* 560 U.S. 1(2010), p.7.

② 李浩培:《条约法概论》,第346页。

③ "Draft Convention on the Law of Treaty, Article 19", 29 *American Journal of International Law, Supplement* (1935), p.661.

④ Helmut Philipp Aust and Georg Nolte ed., *The Interpretation of International Law by Domestic Courts: Uniformity, Diversity, Convergence*, p.336.

⑤ 国际问题研究所编译:《国际条约集》(1648—1871)至(1969—1971),共15册,由世界知识出版社或商务印书馆在二十世纪50—80年代先后出版。

⑥ 外交部条法司编:《中华人民共和国条约集》1957年起,迄今64集;《中华人民共和国多边条约集》1986年起,迄今10集,均由世界知识出版社出版。

⑦ 中华人民共和国条约数据库,〈treaty.mfa.gov.cn/Treaty/web/index.jsp〉(访问日期:2023年2月8日)。

⑧ 《世界贸易组织乌拉圭回合多边贸易谈判结果法律文本》(中英文对照),法律出版社2000年版,第3—14页。

有中文本。①

我国法院对涉案条约的解释应以作准或正式中文本为依据。这是建立健全我国的司法解释条约机制的前提性基础工作。有些国际组织(如WTO,国际海事组织)没有采用中文作为正式语言,因而其管辖的多边公约作准本没有中文本。为此,全国人大常委会应严格条约批准程序,如同通过的法律须颁布施行,批准的条约也须颁布作准或正式中文本。如无签署作准文本,我国的正式中译本与嗣后管辖此类多边公约的国际组织正式中文本应加以协调,或通过全国人大常委会核对相关条约,加以解决。譬如,1984年全国人大常委会批准加入《巴黎公约》并颁布正式中译本,②但管辖该公约的世界知识产权组织(WIPO)当时没有公布正式中文本。嗣后,1991年WIPO根据按照《巴黎公约》第二十九条第一款(b)项翻译的正式英文本,再翻译并公布了正式中文本。③两者的有些条款用语不无差异,显然缺失磋商协调。譬如,第一条第二款款英文本"trade names"译自于法文本"nom commercial",而WIPO正式中文本是"厂商名称",我国正式中译本的该用语为"商号"。在中国,"企业名称"(与"厂商名称"似乎同义)根据《企业名称登记管理规定》④应登记后得到保护,而《巴黎公约》第八条规定"厂商名称应在本联盟一切国家内受到保护,没有申请或注册的义务,也不论其是否为商标的一部分"。于是,在中国法的语境下,"厂商名称"需通过登记得到保护,而"商号"在《巴黎公约》缔约国无须登记或注册而得到保护。就条约解释而言,此类用语的差异可能影响条约的适用。

进而言之,根据上文案例的分析,无论我国法院间接还是直接适用的条约都是我国法律体系的一部分。如将条约排除在中国特色社会主义法律体系之外⑤与实践不符,也有悖于统筹国内法治与涉外法治的基本要求。⑥因此,毋庸置疑,必须将

① 譬如,Convention on the International Maritime Organization, Geneva, 6 March 1948。该公约签署本为英文、法文和西班牙文本。中华人民共和国于1973年3月1日加入,并声明"蒋介石集团"以中国名义于1958年7月1日的加入是非法的、无效的。前引条约数据库有该公约1979年修订中译本。

② 全国人大常委会关于我国加入《保护工业产权巴黎公约》的决定,1984年11月14日通过。该公约是1967年文本,根据该公约第29条第1款(a)项,法文本是唯一作准本。根据该第29条第1款(b)项,应该由世界知识产权组织总干事与有关国家政府磋商后,翻译英文、德文、意大利文、葡萄牙文、俄文和西班牙文为正式文本,其他语种文本可由该组织大会指定。根据该29条第1条(b)项,如遇不同文本的解释不同,以法文本为准。

③ 世界知识产权组织:《保护工业产权巴黎公约》,日内瓦,1991. No.201(c)。

④ 《企业名称登记管理规定》,国务院令第734号,2020年12月28日,第4条规定:"企业名称只能登记一个名称,企业名称受法律保护。"

⑤ 国务院新闻办:《中国特色社会主义法律体系》(2011年10月),该法律体系未包括我国加入的条约。

⑥ 张乃根:《论统筹国内法治与涉外法治的若干国际法问题》,载《中国国际法年刊(2021)》,法律出版社2022年版,第17—45页。

对我国有效的条约纳入法院可适用的法律体系内，相应地应有完备的条约作准本或正式中文本汇编及其数据库。

第二，出台我国法院对涉案条约解释的指导文件。如上文所述，目前最高人民法院仅以司法文件的方式要求我国法院适用 VCLT 的解释通则，而唯一涉及条约解释的司法解释并未明确适用什么解释规则。学者所说“解释一致性原则”，严格地说不是解释规则，而是依据该原则解决一致性问题，必要时应适用 VCLT 的解释规则。有关直接适用 CISG 的司法文件，受历史条件的限制，尤其当时我国既未加入 VCLT，也无统一《合同法》或《民法典》，因而仅规定如当事方未排除 CISG 的适用，则应自动适用，但并未明确要求法院适用其解释规则。或许这是最高人民法院近期的司法文件要求对 CISG 的解释适用 VCLT 的解释通则之缘故。基于上文对我国司法解释条约的存在问题分析，建议尽早出台我国对涉案条约解释的指导文件，可以是专门的司法文件，也可为更具拘束力的司法解释。内容可包括两方面：(1)一般的解释规则。除适用特别的解释规则，我国法院原则上应适用 VCLT 的解释规则。根据“条约必须遵守”的履约义务，我国应严格适用加入的该公约解释通则，解释涉案条约，无论是为澄清国内法中条约转化条款的含义而作必要的条约解释，还是根据《民事诉讼法》①第二百六十七条，如我国缔结或加入的国际条约“同本法有不同规定的，适用该国际条约的规定”，对相关条约进行解释，均应严格适用 VCLT 的解释通则。(2)特别的解释规则优先于一般的解释规则。CISG 第 7 条规定的解释规则是缔约国当事方未排除该公约的适用时，应优先于 VCLT 的解释通则而自动适用于涉案的 CISG 条款解释。如有其他包含解释规则的国际条约，也应遵循特别法优先于一般法的原则。

第三，提高最高人民法院发布有关条约解释案例的说明水平。从近年来最高人民法院发布的有关案例看，欲提高条约解释的水平，可规定对涉案条约解释的部分应作比较详细的解释说明或论证。就适用 VCLT 的解释通则而言，“根据条约用语通常所具有的含义按其上下文并参照条约的目的及宗旨进行善意解释”，关键在于依据 VCLT 第三十一条第二款(有关协定或惯例)、第三款(嗣后协定或惯例，以及有关国际法规则)，对条约用语通常含义相关各种可能作为其上下文的涉案条约订立时有关协定、嗣后有关协定或惯例、与当事国有关的任何国际法规则以及由此可能相关的国内法进行必要解释。只有在一定的上下文中，方可澄清涉案条约的具体条款、用语的通常含义。我国法院有关条约解释的裁判文书几乎没有任何

① 《中华人民共和国民事诉讼法》(第十三届全国人民代表大会第三十二次会议 2021 年 12 月 24 日通过第四次修改)。

相关上下文的解释、论证。建议最高人民法院有关条约解释的司法文件或司法解释，应要求相关裁判文书具备条约解释的说理过程。

显而易见，以上对建立健全我国司法解释条约的机制，既是基本要求，也是相对法院现有解释条约的水平，是较高水平的要求。然而，这是统筹国内法治和涉外法治的必然要求。我国法院应该努力达到，也一定能达到。

结　论

总括全文，可以得出若干初步结论：第一，现行我国法院解释条约所依据的司法文件和司法解释是在改革开放初期、加入 WTO 和实施“一带一路”倡议的不同历史时期颁布的，对于司法实践中的条约解释起到指导作用，但尚待进一步建立健全相关的条约解释机制。第二，从近年来最高人民法院的指导性判例所涉条约解释的分析看，明确适用 VCLT 的解释通则还刚刚开始，但缺乏依据上下文对涉案条约作更细致的解释，亟待改进。第三，CISG 的条约解释规则具有特殊性，在我国司法实践中已有许多适用，但在某些案件中的适用仍不无可商榷之处。第四，最高人民法院有关审理国际贸易行政案件的司法解释所规定的条约解释一致性原则，对于统筹国内法治与涉外法治，尤其是对于国际条约转化为国内法的适用，极为重要，其关键在于对所涉条约的解释。第五，为了完善我国法院的条约解释机制，应明确 VCLT 的条约解释通则与 CISG 等特殊解释规则的关系，即特殊解释规则应优先于解释通则而得到适用，否则，解释通则仍具有普遍适用性，同时应基于适用条约解释通则，解释转化为国内法的国际条约，准确理解条约解释一致性的原则。从完善我国法院的条约解释机制角度看，应建立健全我国缔结或加入的国际条约中文作准本或正式文本数据库，为相关司法适用条约解释规则提供必需的条约文本。最高人民法院有关条约解释的司法文件或司法解释，应要求相关裁判文书完善条约解释的说理过程。

The Analysis on Application of Rules about Treaty Interpretation in China's Courts

Abstract: The rules about treaty interpretation are referred to the rules widely recognized in international law or promulgated in the domestic laws to interpret treaties. The general rule of interpretation under Article 31 of Vienna Convention on the Law of Treaties and the relevant rules are the customary rules of interpretation of public international law. The China's Supreme People's Court has required to apply these rules for treaty interpretation in domestic courts. The United Nations Convention on Contracts for the International Sale of Goods has the special rule of interpretation, which has been applied for many years in China' courts. The Supreme People's Court's judicial interpretation on trial of case related to international trade under administrative procedure includes the rule about treaty interpretation to compliance with the relevant treaties transformed as the domestic laws already, which has been also applied in Chinese judicial practices. Recently, the Supreme People's Court disclosed a dozen of cases as the guidance for judicial application of rules of treaty interpretation, which implies many problems related to the international legal theories and practices to be studied in the deep and comprehensive ways. It should be positively assessed on the successful practices by China's courts in application of rules about treaty interpretation while pointing out some issues to be addressed such as failure in the relevant context to interpret treaties with more legal reasonings. There are also some misunderstandings in Chinese scholars' researches on this subject. Therefore, it is necessary to have the further study in the course of coordination of rule of laws for domestic affairs and foreign relations as well as international laws about treaty interpretation. With the approach to combine the theories and practices, this paper intends to analyze the legal basis of China's courts to apply the rules of treaty interpretation focused on the Chinese judicial application of the general or special rules of treaty interpretation in international law and the rule to comply with the treaties related to the construction of the relevant domestic laws. Finally, some suggestions are given to improve the mechanism about Chinese courts' interpretation of treaties.

Keywords: Treaty interpretation; rule; China's courts; Application; Improvement of mechanism

试析国内与国际视域下条约解释的协调规则*

内容摘要：条约解释的协调规则旨在避免国内法院适用本国法的法律解读与该国承担义务的国际法，尤其是条约义务相冲突，或者是国内法院与本国行政机关对涉案法律的解释冲突。在不同宪政的国内与国际视域下考察此类规则，有助于全面客观地认识其适用限制或现状，防止生搬硬套。中国在加入世界贸易组织之后制定实施的有关条约解释协调规则，存在适用的困惑；如今为了建立健全涉外海商事案件审判机制，进一步扩大此类规则的适用范围，引起学界高度关注。本文认为在习近平统筹国内法治与涉外法治思想的指导下，应结合国内与国际视域，全面客观地分析、评估源于美国判例法的有关条约解释协调规则；反思中国适用条约解释协调规则的司法实践，主张从中国国情出发，打破通常涉外案件的界定，重新认识各级人民法院在适用条约转化的国内法，须准确适用法律而进行条约解释的"涉外"性。为此，本文采取比较的分析方法，首先从美国和中国的国内视域，分别评析条约解释的协调规则及其适用；然后比较联合国国际法院和世界贸易组织争端解决的实践，剖析国际视域下相关规则的适用及其问题，由此进一步比较不同视域下美国对待条约解释协调规则的"看法"或做法，以提供较全面客观的分析；最后，结合国内与国际视域，分析中国有关条约解释协调规则的司法适用所处基本国情，并针对法院间接适用条约的解释"涉外"性以及健全相关适用机制，提出双重司法识别的完善路径。

关键词：条约解释；协调规则；比较视域；规则完善

引　言

根据《维也纳条约法公约》(VCLT)第三编，条约解释是针对条约履行、适用中产生的问题，通过解释而明确条约规定的含义，旨在更好地履行、适用条约。①然而，本文分析的条约解释问题，在国内视域下，主要是国内法院在解释其所适用的本国法律之时，如何避免与该国已接受的条约或习惯国际法等国际法相冲突，这可能涉及相关条约解释；同时，国内法院可能会碰到与该国行政部门对相关法律及条约的解释相冲突的问题。前者经 1987 年第三版美国《对外关系法重述》(简称《重

---

* 原载《武大国际法评论》2024 年第 2 期，第 1—22 页。

① Vienna Convention on the Law of Treaties, U.N.T.S. vol.1155, p.331，签署作准本(含中文本)。下文援引该公约，出处略。

述》)概括为"在相当可能的情况下,将美国法律解读为与国际法或美国的国际协定不相冲突"①。这是源于美国最高法院1804年审理的一起案件②而被称为"查铭·贝奇规则"(the *Charming Betsy* Canon)的判例法。③后者与美国联邦最高法院于1984年审理的"谢孚伦案"④有关,因而被称为"谢孚伦学说"(*Chevron* Doctrine)。⑤在国际视域下,前者主要是在国内法与国际法作为不同法律体系的情况下,国内或国际的司法机构如何对待一国国际义务的"看法"(attitude);⑥后者体现于世界贸易组织(WTO)《反倾销协定》第十七条第六款(ii)项规定:如有一种以上"允许的"(permissible)涉案条约解释时,WTO争端解决专家组应"认定"(find),亦即"遵从"(deference)被告成员依据其解释而采取的反倾销措施。⑦鉴于两者均与避免涉案国际法,尤其是条约的解释冲突有关,不妨将两者统称为"协调规则",⑧从国内与国际视域的结合上加以分析,并限于条约解释,而对习惯国际法的识别及其国内适用,存而不论。

"查铭·贝奇规则"在美国司法实践中产生及适用的演变,虽有两百多年的历史,但近年来发生了很大变化,值得进一步研究。"谢孚伦学说"在WTO争端解决实践中至今尚无适用,由此成为美国不满WTO争端解决上诉机构裁决的缘故之一,最终导致该机构瘫痪而使得WTO面临生存危机,也应予以高度关注。国外学

---

① "Where fairly possible, a United States statute is to be constructed so as not to conflict with international law or with an international agreement of the United States." Section 114, Restatement of the Law, Third, Foreign Relations Law of the United States, The American Law Institute, 1987. 1965年《重述》首次出版,列入《法律重述》第二版,因而实际上没有第一版。2018年《重述》第四版包括条约、管辖权和豁免,其他部分仍在修订中。

② Alexander Marry, Esq. v. Schooner Charming Betsy, 6 US(2 Cranch) 64,118(1804).

③ United States of America v. Ali Mohamed Ali, 885 F. Supp. 2d 17(D.D.C.2012), at 25. the Charming Betsy Canon是美国相关判例法的习惯术语。参见Ingrid Rrunk Wuerth, Authorizations for the Use of Force, International Law, and the Charming Betsy Canon, 46 *B.C.L. Rev*. 293(2005); Anthony J. Bellia, Restating the Charming Betsy as a Canon of Avoidance, in Paul B. Stephan and Sarah H. Cleveland(eds.), *The Restatement and Beyond: The Past, Present, and Future of U.S. Foreign Relations Law* 203-230, Oxford University Press, 2020。

④ Chevron USA Inc. v. National Resources Defense Council Inc., 467 US 837(1984).

⑤ 参见Thomes W. Merrill, Judicial Deference to Executive Precedent, 969(101) *Yale L.J*. 971(1992)。

⑥ 一般国际法理论将如何看待国际法与国内法的关系,以"看法"(attitude)来表示,参见Peter Malanczuk ed., *Akehurst's Modern Introduction to International Law*, Seventh Revised Edition, London: Routledge, 1997, pp.64-65。

⑦ 《世界贸易组织乌拉圭回合多边贸易谈判结果法律文本》(中英文对照),法律出版社2000年版,第168页。

⑧ "协调"(harmonize)意味着消除冲突或相互矛盾。这比较符合"查明·贝奇规则"和"谢孚伦学说"所共有的避免可能的法律或条约解释冲突的原意。国内外学界鲜有将两者统称,加以研究的成果。

界对两者早有研究,①国内在中国加入 WTO 之后开始研究“查铭 · 贝奇规则”,②因而在理论与实践上,这都不是一个新问题。近年来有学者针对 2002 年《最高人民法院关于审理国际贸易行政案件若干问题的规定》③(简称《规定》)这一司法解释的适用问题,从“条约解释一致性”或“体系整合”视角进行分析,④尤其是对 2022 年最高人民法院关于《全国法院涉外海商事审判工作座谈会会议纪要》⑤(简称《纪要》)这一司法文件,明确将《规定》的“法律与国际条约一致解释”作为涉外民事关系的法律适用原则之一,开展进一步研究。⑥然而,在习近平统筹国内法治与涉外法治思想的指导下,结合国内和国际视域下条约协调规则的探析,无论是《规定》和《纪要》的制定及其适用,还是国内学界已有研究,都不无可商榷之处。

为此,本文首先从美国和中国的国内视域,分别评析条约解释的协调规则及其适用,并加以一定比较;然后基于联合国国际法院(ICJ)和 WTO 争端解决的实践,剖析国际视域下相关规则的适用及其问题,并比较不同视域下美国对待条约解释协调规则的“看法”或做法,以提供较全面客观的分析;最后,结合国内与国际视域,分析中国有关条约解释协调规则的司法适用所处基本国情,并对健全相关适用机制,建言献策。

一、美国国内视域下的条约解释协调规则

(一) 美国判例法的“查铭 · 贝奇规则”

“查明 · 贝奇规则”应放在美国宪政体制下加以理解。美国 1789 年《宪法》第

---

① Louis Henkin, *Foreign Affairs, and the US Constitution*, second edition, Clarendon Press 1996, p.209; Curtis A. Bradley, The Charming Betsy Canon and Separation of Powers: Rethinking the Interpretive Role to Invoke the Presumable Law, 86 *Geo. L.J.* 479(1998); Steven P. Croley and John H. Jackson, WTO Dispute Procedures, Standard of Review, and Deference to National Governments, 90 *AJIL* 2(1996), pp.193－213.

② 参见孔祥俊:《WTO 知识产权协定及其国内适用》,法律出版社 2002 年版,第 499—511 页。第 15 章第 9 节同一解释原则与 WTO 法律的司法适用;吕晓杰:《美国的 Charming Betsy 原则与 WTO 协定的内国效力》,《暨南学报》(哲学社会科学版)2008 年第 4 期,第 56—63 页;吕晓杰:《WTO 规则在欧盟法律体系中效力的新发展——统一解释原则的确定与适用》,《现代法学》2008 年第 1 期,第 110—130 页。

③ 《最高人民法院关于审理国际贸易行政案件若干问题的规定》,法释〔2002〕27 号,2002 年 8 月 27 日最高人民法院审判委员会第 1239 次会议通过,自 2002 年 10 月 1 日起施行。以下援引该《决定》,出处略。

④ 参见张国斌:《“解释一致”方法在国际条约适用中的实践及其启示》,《法律方法》2016 年第 1 期,第 210—220 页;又参见彭岳:《一致性解释原则在国际贸易行政案件中的适用》,《法学研究》2019 年第 1 期,第 193—208 页。

⑤ 《全国法院涉外海商事审判工作座谈会会议纪要》,最高人民法院发布,2022 年 1 月 24 日。以下援引该《纪要》,出处略。

⑥ 参见彭岳:《一致解释原则的功能及适用要件》,《法学研究》2023 年第 2 期,第 207—224 页。

二条第二节第二款和第六条第二款分别规定："总统有权缔结条约，但须征取参议院的意见和同意，以及出席的参议员中三分之二的赞成"；"本宪法，依本宪法所制定之合众国法律；以及合众国已经缔结及将要缔结的一切条约，皆为全国的最高法律；任何一州的法官，均须予以遵守，既使任何一州的宪法或法律与之有抵触时，亦是如此。"[①]美国最高法院历史上最有名的首席大法官约翰·马歇尔(John Marshall)在1829年一起案件中解释："我们的宪法宣布条约是全国的最高法律，因而在法院被视为等同于立法，只要其无须借助任何立法规定而自我运行。但是，如果条约规定要求缔约方履行特定的立法，或该条约涉及政治而非司法部门，那么在对于法院而言成为规则之前，必须由立法来执行。"[②]嗣后的美国判例法据此进一步将条约分为总统缔结的条约而无须参议院同意的"自执行协定"(self-executive agreements)和依其《宪法》由参议院批准的"非自执行协定"(non-self-executive agreements)，亦即上述条款所规定的"条约"(treaties)。[③]"查铭·贝奇规则"缘起时虽尚无这一划分，但如今这一划分早已成为美国宪政体制的一部分。美国晚近判例法特别强调这一划分对于"查铭·贝奇规则"的适用所具有的前提性作用。譬如，2010年美国哥伦比亚特区巡回上诉法院"全庭再审"(rehearing *en banc*)一起当事人因涉嫌参与恐怖组织而被"不当"羁押，起诉美国时任总统的重大案件，其多数意见认为："联邦法院缺乏合法权限，通过命令总统遵循尚未被纳入法律法规或自执行条约的国际法原则而干预美国的战争努力。"[④]基于此，该多数意见明确："法院不应该援引查铭·贝奇规则，要求联邦法律遵循非自执行条约或习惯国际法。"[⑤]美国最高法院驳回当事人请求颁布复审该案的调卷令，表明对该多数意见的支持。[⑥]

可见，虽然"查铭·贝奇规则"仍是美国法院可适用的判例法，但是，该规则产生于美国的立法、行政与司法权分立与制衡的宪政体制，法院的可适用法是立法或行政机关制定的法律法规以及被纳入美国法律体系的条约或接受的习惯国际法，并随着该体制的演变而变化，尤其是美国判例法确立有关自执行和非自执行协定的划分之后，如今"查铭·贝奇规则"的适用前提之一是存在与解读涉案法律有关的被纳入美国国内法的国际条约。换言之，法院解读法律所应避免存在冲突的国

---

① 《合众国宪法》，[美]康马杰编辑：《美国历史文献选萃》，今日世界知识出版社1979年版，第23—36页。

② Foster and Elam v. Neilson, 27 U.S. (2 Pet.) 253, 307(1829).

③ 参见 Lori Fisler Damrosch, Louis Henkin, etc., eds., *International Law: Cases and Materials*, fourth edition, West Group 2001, pp.205 - 212。

④ *Al-Bihani v. Obama*, 619 F.3d 1(D.C. Cir. 2010), at 12. 这是持多数意见之一的 Kavanaugh 法官的附合意见(concurring opinion)。

⑤ *Al-Bihani v. Obama*, 619 F.3d 1(D.C. Cir. 2010), at 33. 这也是 Kavanaugh 法官附合意见。

⑥ *Al-Bihani v. Obama*, *Cert. denied*, 79 U.S.L.W. 3568(U.S. Apr.4, 2011).

际法，尤其是条约本身应该是美国的自执行协定。至于经由美国国会参议院批准的非自执行协定(条约)与法律具有同等地位，根据“查铭·贝奇规则”，法院应基于国会立法无意与相关条约相冲突的前提而加以解读。由于美国的自执行协定是总统行使宪法所赋予其处理外交事务的权限而缔结，通常不涉及国内立法而无须国会批准，因此法院在解读涉案法律法规时应避免与自执行协定相冲突，与其说依据“查铭·贝奇规则”，不如说是按照“谢孚伦学说”而“遵从”行政机关的决定或解释。

对于国会立法与其批准的条约之间冲突，美国判例法采取后者优先的“时间性规则”(timing rule)。[①]在国会采取“快车道”(fast track)程序审议、批准条约的同时通过相关立法，而导致难以区别时间先后的情况下，相关立法则明确规定何者优先适用，即便这可能违反美国应负的条约义务。在这种情况下，“查铭·贝奇规则”就失去了在美国法院的可适用性。譬如，1994 年美国国会通过的《乌拉圭回合协定法》规定：“乌拉圭回合协定的所有条款以及此类条款对任何个人或情况的适用，与任何美国法律相抵触时均应无效。”[②]该法还规定：“本法的任何条款不应被解读为对任何美国法律的限制，包括 1974 年贸易法第 301 节的授权，除非本法另有规定。”[③]由于第 301 节授权美国总统可以对外国不合理或不正当地限制美国货物进口或服务的市场准入采取单边报复措施，这与 WTO 的多边争端解决规则不符。显然，美国国会的这一立法规定使得“查铭·贝奇规则”在有关国际贸易领域无法适用。这一违反美国应负国际义务的做法引起了在 WTO 的争端案件。虽然 WTO 争端解决专家组裁定基于美国该法“另有规定”，亦即，国会通过《政府行政声明》授权总统酌定不行使第 301 节授权，且美方在争端解决时承诺不行使该授权，因而不构成“与 WTO 项下的美国义务抵触”[④]，但是，美国法院几乎不可能依照“查铭·贝奇规则”，就国会相关立法以及行政机关的相应决定是否符合美国应负国际义务来加以解读。譬如，1995 年 8 月美国联邦巡回上诉法院在一起涉及反倾销的行政复审案件中指出：“本案审理中，通过《乌拉圭回合协定法》已将乌拉圭回合协定纳入美国法律。然而，这没有改变一旦《关税与贸易总协定》(GATT)义务与某法律发生冲突时法律优先的规则。”[⑤]该判决同时认为“查铭·贝奇规则”依然可适用于限制行政决定而避免与 GATT 的冲突，但是，该案所涉国会立法并没

---

① 参见 *Whiteney v. Robertson*, 124 U.S. 190(1888)。

② The Uruguay Round Agreement Act of 1994, Section 102(a)(1).

③ The Uruguay Round Agreement Act of 1994, Section 102(a)(2)(B).

④ United States-Section 301－310 of the Trade Act of 1974, WT/DS152/R, 22 December 1999, para.8.1.

⑤ *Federal Mogul Corp. v. U.S.* 63 F.3d 1572(Fed. Cir. 1995), at 1582.

有排除行政决定“允许的”法律解读，“也依据了我们[加入的]国际协定”，①因而应予“遵从”。这实际上回避了是否适用“查铭·贝奇规则”。

总之，作为美国法院的可适用法，“查铭·贝奇规则”如今仅适用于解读涉案法律以避免与被纳入美国法律体系的条约相冲突，且美国国会立法本身往往就抵触其承担相应的国际义务，而法院通常也不会经解读法律而宣布此类立法无效。

（二）美国判例法的“谢孚伦学说”

相比历史悠久的“查铭·贝奇规则”，“谢孚伦学说”产生于二十世纪 80 年代，虽然其“判理”(jurisprudence)可追溯至 1941 年的“格雷诉鲍威尔案”。②该学说同样应放在美国宪政体制下考察。1985 年美国最高法院在复审涉及行政解读立法的“谢孚伦案”时指出：“如果法律对于某特定问题保持沉默或模棱两可的态度，对于法院来说，问题就在于行政机关的回答是否依赖于其对法律的解读在可以允许的范围内。……我们一直承认应当更多地考虑行政机关对授权其执行的法律所作的解读，以及对行政解释的遵从。”③上述嗣后美国联邦上诉法院有关反倾销的行政诉讼案概述了“谢孚伦学说”：“谢孚伦案所确定的司法机关遵从行政机关在可以允许的范围内所作的法律解读，是有限地让渡法律解读的司法权力。当国会留给行政机关根据法律目的进行选择，并且行政机关颁布了法规或考虑及采取其他措施，作出其选择，就可以适用谢孚伦学说。如果行政机关的选择是合理的，也就是依据法律是可允许的，法院就不应行使其通常的权力解读法律。行政机关有权在此类情况下做出该决定。这就是谢孚伦案所说的。”④显然，该学说体现了美国宪政体制的权力分立与制衡原则。美国判例法历史上著名的“马布里诉麦迪逊案”确立了法院对国会立法是否违宪的司法审查权，即：“宪法是最高的法律，且一般方式不可改变之，……立法如与宪法抵触，则不是法律，……这强调司法部门对何谓法律的[解读]职权与职责。”⑤但是，“谢孚伦学说”又要求美国法院对于涉及行政机关解读其负责执行的立法所作“允许的”解读，即便与法院解读不同，也应予以遵从。这是由美国相关判例法所确立的宪政原则，或者说，这是在美国特有的宪政体制下形成的判例法原则。

美国学界将该学说分为两个“步骤”(steps)：首先是国会立法对涉案问题有直

---

① *Federal Mogul Corp. v. U.S.* 63 F.3d 1572(Fed. Cir. 1995), at 1583.

② *Gray v. Powell*, 314 U.S. 404(1941), at 411.

③ *Chevron USA Inc. v. National Resources Defense Council Inc.*, 467 US 837(1984), at 845.

④ *Federal Mogul Corp. v. U.S.* 63 F.3d 1572(Fed. Cir. 1995), at 1580.

⑤ *Marbury v. Madison*, 5 U.S. (1 Cranch) 137(1803), at 177.

接规定，或者，由行政机关解读的立法对该问题保持沉默或模棱两可，法院对此采用传统的立法解读方法，如立法确有相关规定，则认定行政机关应忠实地执行立法的明确规定；如法院认定立法对涉案问题保持沉默或模棱两可，则应看行政机关有关解读是否是“合理的”或“允许的”，并且在“允许的”情况下，予以遵从。①

可见，适用“谢孚伦学说”的前提是涉案立法不明确(立法保持沉默或模棱两可的态度)。这不同于“查铭·贝奇规则”的适用前提。“查铭·贝奇规则”和“谢孚伦学说”均旨在协调立法、行政和司法机关之间有关法律解读可能产生的冲突。前者基于自执行或非自执行协定的区分，与条约解释有关，而后者则不一定涉及条约问题，更多是对行政机关实施的立法解读问题。然而，当涉案立法将有关美国应负国际义务的自执行协定或经国会批准的条约转化为国内法律，则此类立法的解读就可能适用“查铭·贝奇规则”。

二、中国国内视域下的条约解释协调规则

(一) 2002 年《规定》的制定及适用困惑

该《规定》的制定背景与当时中国加入 WTO 所引起的国内法制巨变密切相关。②《建立世界贸易组织协定》(以下简称《建立 WTO 协定》)第十六条第四款规定：“每一成员应保证其法律、法规和行政程序与所附各协定对其规定的义务相一致。”③《中国入世工作组报告》第 67、68、70 段(属于该报告第 342 段包括的义务性承诺)分别规定：“中国将保证与贸易有关的或有影响的法律法规符合《建立 WTO 协定》和中国政府的承诺，从而全面地履行它的国际义务。”“中国将及时公布行政法规、部门规章和中央政府的其他法令以保证中国政府的承诺在一定时限内得以全面履行。”“中国将适时地废止与中国所承担的义务不一致的地方性法规、政府规章和其他地方性措施。”④根据上述规定和承诺，中国在入世前后清理了 3000 多部法律、法规和规定，制定或修改了大量与贸易有关的法律、法规、部门规章和地方性法规。⑤相比二十世纪七十年代末和八十年代初，中国全面恢复法制时

---

① 参见 Steven P. Croley and John H. Jackson, “WTO Dispute Procedures, Standard of Review, and Deference to National Governments”, 90 *AJIL* 2(1996), pp.193 - 213。

② 参见张乃根：《论 WTO 法下的中国法制变化》，《法学家》2011 年第 1 期，第 9—18 页。

③ 《世界贸易组织乌拉圭回合多边贸易谈判结果法律文本》(中英文对照)，法律出版社 2000 年版，第 14 页。

④ 《中国入世议定书》，上海人民出版社 2001 年版，第 263—264 页。

⑤ 参见商务部新闻办：《中国与世贸组织：回顾和展望》，http://chinawto.mofcom.gov.cn/article/ap/p/202112/20211203229608.shtml#：～：text[2023-06-02].以下访问时间同，略。

的自行立法，中国因入世而进行的大规模立法和修法，更多的是通过国内立法转化而履行相应国际义务。当时，一方面，中国根据入世的国际义务，必须进行相应的国内立法或修法，保证相关法律、法规、部门规章和地方性法规与此类国际义务相一致（立法意义上的一致性）；另一方面，围绕法院对涉案国内法“没有规定”或仍存在“与 WTO 规则有不一致之处”，能否允许当事人直接援引 WTO 规则的问题，司法机关有不同主张。①最高人民法院否定了“直接援引”的主张，而规定法院适用经转化的相应国内法。其实，“直接援引”的主张忽视了一个最基本的问题，亦即，不仅 WTO 协定本身没有中文作准本，只有学界与政府部门合作翻译出版的中文本，②而且中国立法机关也没有在通常的条约批准程序中提供正式的中文本。③因此，不仅当时，而且至今，如在中国法院直接适用 WTO 规则，都会碰到所依据的条约文本问题。

2002 年《规定》第一条规定“国际贸易行政案件”是指“有关国际货物贸易”“有关国际服务贸易”和“与国际贸易有关的知识产权”三类行政案件，以及“其他国际贸易行政案件”。这与 WTO 的货物贸易、服务贸易、贸易相关知识产权三项基本协定相吻合。该《规定》第九条规定：“人民法院审理国际贸易行政案件所适用的法律、行政法规的具体条文存在两种以上的合理解释，其中有一种解释与中华人民共和国缔结或者参加的国际条约的有关规定相一致的，应当选择与国际条约的有关规定相一致的解释，但中华人民共和国声明保留的条款除外。”这是执法意义上的一致性。该条款的适用前提是涉案法律法规的具体条文解释存在两种以上的合理解释。这首先与上述美国“谢孚伦学说”的适用前提之一类似，亦即在涉案法律缺少明文规定或模棱两可，行政机关与法院的解释可能不同，因而出现两种以上的解释，而且行政解释具有合理性；其次，这与“查铭 · 贝奇规则”要求涉案法律的解读

---

① 参见曹建明主编：《WTO 与中国的司法审判》，法律出版社 2001 年版，第 23—24 页，《WTO 与中国法治建设》（代序）。

② 包括《WTO 协定》在内的所有 WTO 协定，即乌拉圭回合谈判结果的“一揽子”（single package）协定中译本，最初是由当时的关贸总协定上海研究中心受外经贸部国际联络司委托，根据关贸总协定秘书处 1994 年出版的英文本翻译。参见汪尧田总编审：《乌拉圭回合多边贸易谈判成果》，复旦大学出版社 1995 年版。另参见外经贸部国际经贸关系司与关贸总协定上海研究中心（编）：《乌拉圭回合多边贸易谈判结果最后文件》，法律出版社 1995 年版。后来，经外经贸部国际经贸关系司重译，参见《世界贸易组织乌拉圭回合多边贸易谈判结果法律文本》（中英文对照），法律出版社 2000 年。《中国入世议定书》最先由上海人民出版社组织有关专家根据 WTO 网站的英文本翻译出版，而后，外经贸部组织翻译出版，参见《中国加入世界贸易组织法律文件》（中英文对照），法律出版社 2002 年版。

③ 2001 年 11 月 10 日，在多哈召开的 WTO 第四次部长会议审议并通过了《中国入世议定书》。时任中国外经贸部部长石广生于 11 月 11 日代表中国政府签署了该议定书，并根据中国全国人民代表大会常委会 2000 年 8 月 25 日授权决定（2001 年 11 月 9 日新华社公布），当即递交批准接受加入议定书，根据《WTO 协定》第 14 条第 1 款“本协定生效之后的接受应在此接受之日后的第 30 天生效”，于 2001 年 12 月 11 日，中国正式成为 WTO 第 143 个成员。

应与美国具有国际义务的条约相一致相似。但是，《规定》该条款既没有明确两种解释是否出自涉案行政机构与法院这两个不同的解释主体，以及对涉案行政机关的法律解释应否“遵从”，也没有区分涉案法律与应相一致的条约是否为全国人大常委会批准的“条约或重要协定”，抑或国务院缔结而生效的“协定”。因此，这与美国上述条约解释的协调规则有着重大区别，更不用说中国宪政体制不存在美国三权分立及平衡原则。

尽管《规定》相关规定与美国的条约解释协调规则存在重大区别，且《规定》旨在解决法院不直接适用 WTO 规则的情况下，法院对涉案经转化为国内法的解释应避免与此类 WTO 规则相冲突的问题，但是，在中国入世后，无论是国内最初将“一致性”或“同一”解释原则引入中国司法实践的主张者，[①]还是有学者认为该《规定》“首次引入一致性解释原则”，[②]均忽视了上述重大区别。

自 2002 年 10 月该《规定》施行后，直到 2007 年 3 月最高人民法院在一起行政判决书中才“参照”该《规定》第九条，对涉案《商标法》第十五条规定的“代理人”的范围存有广义和狭义的两种解释情况下，认为中国加入的《保护工业产权巴黎公约》(简称《巴黎公约》)[③]第六条之七(1)项规定的“代理人”的含义，“可以作为解释我国商标法第十五条规定的重要参考依据”。[④]鉴于该案当事方，包括重庆正通药业有限公司和四川华蜀动物药业有限公司均为中国公司，所涉国家工商行政管理总局商标评审委员会是中国全国性行政机构之一，所涉《商标法》为国内立法，案件所涉争议商标的注册也发生在中国，该案并非该《规定》所界定的“国际贸易行政案件”。为此，最高人民法院没有明确适用该《规定》，而是虑及《商标法》第十五条是 2001 年在中国入世前修改该法时依据《巴黎公约》相关条款，作为解释涉案法律的“重要参考依据”。如果此案不可作为明确适用该《规定》的案例，而国内有学者比较系统梳理的研究罗列部分案例也均未明确适用该《规定》，[⑤]那么几乎可以说，该《规定》实施以来还没有一起典型案例，至少最高人民法院尚未公布有关典型或指导性判例。这种适用缺失的困惑表明该《规定》的制定本身存在一定问题，值得进

① 孔祥俊：《WTO 知识产权协定及其国内适用》，法律出版社 2002 年版，第 499—511 页。

② 彭岳：《一致性解释原则在国际贸易行政案件中的适用》，《法学研究》2019 年第 1 期，第 194 页。

③ 中国批准加入《巴黎公约》时公布了正式中文本。参见《全国人大常委会关于我国加入〈保护工业产权巴黎公约〉的决定》(1984 年 11 月 14 日通过)。嗣后，世界知识产权组织根据《巴黎公约》第 29 条(1)款(b)项制定的英文本翻译了该公约中文本。

④ 重庆正通药业有限公司、国家工商行政管理总局商标评审委员会与四川华蜀动物药业有限公司商标行政纠纷案，中华人民共和国最高人民法院行政判决书〔2007〕民三行提字第 2 号，2007 年 3 月 19 日。

⑤ 参见彭岳：《一致性解释原则在国际贸易行政案件中的适用》，《法学研究》2019 年第 1 期，第 195—196 页。

一步探究。

问题可能在于制定者将法院通过与有关条约相符合的国内法解释，间接适用有关条约的过程简单化，或者说，其很不了解这可能涉及相关条约解释及其复杂性。譬如，在该《规定》制定和颁布同时出版的《WTO 知识产权协定及其国内适用》专著，通过对“查铭·贝奇规则”的研究（仅限于该规则的产生及其《重述》，未对嗣后美国判例法作进一步研究），并比较欧盟、瑞士和加拿大等地区或国家的相关司法实践，得出“同一解释原则”对于国内法院适用法律具有特殊重要的意义这一普遍性结论，并主张中国“最高法院在作出 WTO 法律适用的司法解释时，有必要将其作为一个专门规则予以明确，便于各地法院适用”①。这得到最高人民法院时任主管领导的首肯：“虽然人民法院在审判中并不直接适用 WTO 规则，但由于 WTO 规则与相应的国内转化法律之间具有直接的渊源关系，有关国内法的适用必须考虑 WTO 规则的背景，而且，为确保履行中国加入 WTO 议定书的承诺，国内法院对相关国内法律的解释也不能与 WTO 规则相抵触。”②然而，这些主张及其考虑均未提及所涉条约解释问题。似乎只要适用这一原则，所应相一致（或同一、统一）的条约本身是清楚的，毋需进行解释。也许这是一种认识误区。涉案国内法的解释所应相一致的条约本身往往需要解释。而这一国际法的常识却被忽略了。嗣后的司法实践表明：由于缺少必要的条约解释，导致相关判例也存在重大瑕疵。

以上述专著的作者于 2007 年担任审判长作出的上述最高人民法院行政判决书为例。该判决书“参照”该《规定》，并将《巴黎公约》有关条款作为解释涉案法律的“重要参考依据”，采纳了有关“代理人”的广义解释。然而，该判决书的说理部分所称“依据该条约的权威性注释”和“有关成员国的通常做法”，没有任何出处。尚且“权威性注释”不等于条约解释，国际法院或 WTO 争端解决机构当时没有，迄今也没有解释过该案所涉《巴黎公约》款项。至于可理解为国际惯例的“通常做法”也应提供国家实践的依据（本文对习惯国际法问题，存而不论）。这说明该判决书未对《巴黎公约》有关条款作必要的条约解释，笼统地断定与之“一致”（同一）的条约本身含义。这是一种忽视，源自对条约解释及其复杂性的认识缺失。这可能是中国司法实践几乎没有适用该《规定》的案例之缘故之一。令人担忧的是，最高人民法院 2021 年发布的一起指导性案例③与 2007 年上述判例案由及法律关系相同，也

---

① 孔祥俊：《WTO 知识产权协定及其国内适用》，法律出版社 2002 年版，第 510 页。

② 同上书，第 1 页，序（李国光）。

③ 重庆江小白酒业有限公司诉国家知识产权局、第三人重庆市江津酒厂（集团）有限公司商标权无效宣告行政纠纷案，〔2019〕最高法行再 224 号。最高人民法院审判委员会讨论通过，2021 年 7 月 23 日发布，指导案例 162 号。

涉及《商标法》第十五条"代理人"的解释。其判决却截然不同，既未"参照"该《规定》，更未提及任何条约及其解释。假设对该案实际上所涉《巴黎公约》有关条款进行必要的条约解释，则可得出对"代理人"的广义解释，并推翻最高人民法院的该案判决。[①]

由此引出进一步的问题：如果法院对国内法的解释应与其负有国际义务的相应条约相一致，那么是否应当如国内有学者所认为的："一致解释原则的适用应严格限制在涉外法律关系之中"？[②]显然，上述两起最高人民法院对涉案《商标法》第十五条"代理人"的解释案例，本身不具有涉外法律关系的主客观要素。然而，对《巴黎公约》有关条款转化为涉案国内法的解释，离不开对该公约有关条款的解释，以便国内法的解释与之相一致。排除此类案件，实际上割裂了国内法与国际法的内在关联性。

（二）2020年《纪要》及其存在问题

首先，该《纪要》在《民法典》颁布实施之后公布。众所周知，《民法典》取消了原《民法通则》第一百四十二条有关条约适用的规定，其第一编总则第一章基本规定的第十二条原则上规定："中华人民共和国领域内的民事活动，适用中华人民共和国法律。法律另有规定的，依照其规定。"[③]该《纪要》第二十条规定："人民法院审理涉外商事案件所适用的中华人民共和国法律、行政法规的规定存在两种以上合理解释的，人民法院应当选择与中华人民共和国缔结或者参加的国际条约相一致的解释，但中华人民共和国声明保留的条款除外。"这与二十年前的《规定》如出一辙，且在未明确废止（亦即保留）该《规定》的同时，将适用范围扩大到所有"涉外商事案件"。如此而言，中国法院审理"国际贸易行政案件"和"涉外商事案件"均应适用"法律与国际条约的一致解释"原则。问题在于：近二十年来，《规定》的司法适用几乎为零，且对表面看来不属于"国际贸易行政案件"或《纪要》限定的"涉外商事案件"，其涉案法律的解释实际上应通过被转化为国内法的相应国际条约解释，方可解决与条约一致性这样的问题，最高人民法院对此尚未有所认识的情况下，《纪要》对"一致解释"原则的扩展，究竟会有什么实效？

其次，或更进一步而言，该《纪要》在统筹推进国内法治与涉外法治的新要求下公布，看上去是加强和完善涉外法治的司法制度建设，且国内有学者也"基于统筹

---

① 参见张乃根：《试析条约解释规则在我国法院的适用》，《国际法学刊》2023年第1期，第1—31页。

② 彭岳：《一致解释原则的功能及适用要件》，《法学研究》2023年第2期，第207页。

③ 《中华人民共和国民法典》（2020年5月28日第十三届全国人民代表大会第三次会议通过）。

推进国内法治和涉外法治之理念”，主张“一致解释原则的适用应严格限制在涉外法律关系之中”。①如何理解这一“统筹”，似乎如今国内学界众说纷纭。这一问题的深入探讨超出本文主题。与本文最为密切相关的是各级人民法院在适用经由条约转化的立法时如何准确加以解读，以及必要时进行相关条约解释问题。在这样的涉案法律解读及条约解释过程中，国内法治与涉外法治，以及条约解释的国际法问题，难以分开。②如将《纪要》的“一致解释”原则仅限于涉外案件，而忽视任何涉案国内法的解读一旦涉及经由条约转化的立法，都可能应与负有国际义务的条约相一致的问题，《规定》的适用困惑或许又将重蹈覆辙。

比较美国判例法的条约解释协调规则，“查铭·贝奇规则”和“谢乎伦学说”都不限于涉外案件。譬如，“谢乎伦案”涉及1977年国会修改的美国《空气清洁法》。联邦巡回上诉法院解释该法的污染“固定源”(stationary source)与负责执行该该法的联邦环保署的解读不同。如上所述“谢乎伦学说”的要求，法院认定立法对涉案问题保持沉默或模棱两可，则应看行政机关有关解读是否“合理的”或“允许的”，并在“允许的”情况下，予以遵从。在美国先后于1981年、1986年和1988年加入《长程越境空气污染公约》③、《保护臭氧层维也纳公约》④和《关于消耗臭氧层物质的蒙特利尔议定书》⑤以及1991年与加拿大缔结《空气质量协定》⑥之前，《空气清洁法》纯粹是美国国内法。但是，美国加入和缔结有关国际公约或条约后，该法的进一步修改(如1990年修改并于1993年12月5日颁布施行的《空气清洁法》⑦)就包含了履行一定的条约义务。⑧在WTO协定于1995年起生效之后，与该法的国内实施有关行政措施也可能涉及有关条约义务。⑨由此，该法就包含了转化后的国际法内容，如再发生类似的“谢乎伦案”，就可能涉及“查铭·贝奇规则”的适用。又

① 彭岳：《一致解释原则的功能及适用要件》，《法学研究》2023年第2期，第207页。

② 参见张乃根：《论统筹国内法治与涉外法治的若干国际法问题》，载《中国国际法年刊(2021)》，法律出版社2022年版，第17—45页。

③ Convention on Long-range Transboundary Air Pollution, 1302 U.N.T.S. 217, 1979年11月13日缔结于维也纳，1983年3月16日生效。美国先后于1979年11月13日签署和1981年11月30日加入。

④ Vienna Convention for the Protection of the Ozone Layer, 1513 U.N.T.S 293. 1985年3月22日缔结于维也纳，1988年9月22日生效，美国先后于1985年3月22日签署和1986年8月27日加入。

⑤ Montreal Protocol on Substances that Deplete the Ozone Layer, 1522 U.N.T.S. 3, 1987年9月16日缔结于蒙特利尔，1989年1月1日生效，美国先后于1987年9月16日签署和1988年4月21日加入。

⑥ Agreement Between of Governments of the United States of America and the Government of Canada on Air Quality, 13 March 1991.

⑦ Clean Air Act Sections 101 - 403, 42 U.S.C. Sections 7401 - 7642(1989).

⑧ 参见Kristen Peters, The Clean Air Act and the Amendments of 1990, *Santa Clara High Technology Law Journal*, Vol.8, Issue 1(1992), pp.233 - 242。

⑨ 参见张乃根编著：《美国——精炼与常规汽油标准案》，上海人民出版社2004年版，第22—26页。

如,1993年美国联邦第五巡回区上诉法院审理的一起案件[①]涉及《乳制品检疫法》关于进口乳制品的检疫标准应与在美国加工的同类产品“相同”(same)这一用语的解释。美国密西西比乳制品协会以美国农业部有关行政法规将之解读为“至少等同”(at least equal),不符合立法原意为由,起诉到联邦地区法院,并获支持。美国农业部认为其解读是“允许的”,应根据“谢孚伦学说”得到遵从,提起上诉。上诉法院认为涉案立法的用语清晰无误,不适用“谢孚伦学说”。该案涉及“查铭·贝奇规则”的适用,亦即,涉案的法律用语解释是否与GATT一致。上诉法院认为,该规则不适用于“国际商法”(international commercial law),强调有关该规则的所有案件“涉及传统的国际公法规则或蕴含外国主权”,不同意适用该规则来审查涉案争议用语解释是否与GATT一致。可见,该案本身涉及美国国内立法的解释,当事双方是美国行政主管机关和国内行业协会。尽管上诉法院否认“查铭·贝奇规则”适用于GATT,但是,在WTO成立之前,GATT属于美国判例法上的自执行协定,之后经美国国会批准而成为非自执行的条约。如此案发生在WTO成立之后,就不可能以GATT(作为《建立WTO协定》的一部分)为“国际商法”而拒绝考虑适用“查铭·贝奇规则”。比较而言,在美国宪政体制以及法制历史传统下,没有“涉外”范畴,其《重述》也未将国际法与国内法的问题截然分开。如将这些规则或学说引入中国司法实践,既应顾及其本意及其在美国的演变或现状,更应从中国国情出发,加以阐释。

三、国际视域下的条约解释协调规则

(一) 从ICJ审理的案件看条约解释协调规则

尽管“查铭·贝奇规则”在美国依然具有可适用性,但是,以ICJ审理的“阿维纳与其他墨西哥国民案”[②]为例,美国最高法院明知其作为宪政体制下的国家权力机关之一,应与其联邦立法和行政权力机关一样负有履行对美国具有约束力的国际义务职责,却以三权分立和联邦、州的宪法授权不一为由而拒绝履行其应尽国际义务。在这样的情况下,即便涉及美国有关法律法规,“查铭·贝奇规则”也不起作用。

具体来看有关ICJ涉美案件。2004年ICJ裁决美国对涉案墨西哥国民的逮捕

---

① *Mississippi Poultry Association v. Madigan*, 992 F.2d 1359, 1365(5th Cir. 1993).

② *Avena and Other Mexican Nationals*(Mexico v. United States of America), Judgment, ICJ Reports 2004, p.12.

及嗣后刑事程序，违反《维也纳领事关系公约》要求“毫无推迟”(without delay)通知墨西哥驻当地领事的义务，以致涉案墨西哥国民无法行使其及时获得代聘法律代表的权利，美国应“采取其选择的方式”给予涉案墨西哥国民以“复审和重新考虑”的机会。①这是“结果性国际义务”，亦即，根据《联合国宪章》第九十四条第一款，“联合国每一会员国为任何案件之当事国者，承诺遵行国际法院之判决”，涉案墨西哥国民被判处死刑待执行的案件应给予复审。美国总统于 2005 年 2 月 28 日向联邦总检察长发布一项备忘录，由具体审理有关墨西哥国民的刑事案件的州法院执行 ICJ 的判决。但是，有关州刑事上诉法院以 ICJ 判决及总统备忘录对州法院均无约束力，拒绝复审。该案最终由美国最高法院调卷复审，其结论是：ICJ 判决与总统备忘录均不构成优先于州法对该案复审的限制而“可直接执行的联邦法律”。②

表面上看，这似乎与“查铭·贝奇规则”没有关系。在美国最高法院看来，美国虽已加入《维也纳领事关系公约》，但没有相应国内立法；ICJ 判决不具有其国内立法地位，总统备忘录也不是行政法规，因而不存在以符合其国际义务的方式解释有关立法的问题。然而，从国际视域看，美国最高法院的看法有悖于一般国际法的原则；从“查铭·贝奇规则”的判例法初衷在于避免国内立法的司法解释与相应国际义务的冲突看，该案实质上也与该规则有关。常设国际法院在“自由区案”中指出：“原则上，法国的主权只要不受到其国际义务，在本案中受 1815 年条约以及实施法律的义务限制，应得到尊重，没有任何超过依据这些文件的这一保证的限制可未经其同意而要求法国。……在这样的联系中，本法院认为与自由区有关的旧条款没有这样的限制性保障；在有质疑的情况下，须对主权限制作有限解释；同时，法国也不可根据自己立法限制其国际义务，同样，法国财政立法应如同在其任何领土上一样适用于自由区的领土。”③根据 VCLT 第二十六条、第二十七条规定，“凡履行有效的条约对各当事方均有拘束力，必须由其善意履行。”“为一条约当事方的国家不得援引其国内法的规定作为不履行条约的理由。”联合国国际法委员会在其评注中强调：“善意履行条约的义务所具有的根本性质”，④并认为这是《联合国宪章》序言所规定的基本原则：“尊重由条约与国际法其他渊源而起之义务。”美国负有《维也

① *Avena and Other Mexican Nationals* (Mexico v. United States of America), Judgment, ICJ Reports 2004, p.72, para.153(9).

② *Medellín v. Texas*, 552 U.S. 491(2008). I.A.

③ *Case of the Free Zones of Upper Savoy and the District of Gex*, PCIJ Series A./B. No 46, 1932, pp.166 - 167.

④ Draft Articles on the Law of Treaties with commentaries, 1966, p.211, Article 27 Commentary(5).

纳领事关系公约》下义务，美国总统也表示美国将执行 ICJ 有关裁决。然而，美国州和联邦法院均以涉案墨西哥国民未及时提起有关《维也纳领事关系公约》下享有权利的诉求，不符合有关刑事诉讼的国内法规则，驳回其诉求。显然，美国法院在解读有关国内法时，并没有按照"查铭·贝奇规则"，避免与有关条约义务相冲突。

尽管美国最高法院以其各种判例法的理由论证其复审结论，但是，ICJ 在 2009 年关于解释"阿维纳与其他墨西哥国民案"的裁决中再次强调原裁决的拘束力，"美国应继续充分履行之。"①嗣后美国实际上仍未履行。这不是偶然的。以上述 2010 年美国哥伦比亚特区巡回上诉法院"全庭再审"案为例，该案所涉 2001 年《武力使用授权法》(AUMF)授权美国总统"采用所有必要和合适的武力对付那些决定、计划、被授权、从事或帮助在 2001 年 9 月 11 日发生的恐怖袭击的国家、组织或个人，或者庇护此类组织或个人，以防止此类国家、组织或个人任何未来针对美国的国际恐怖主义行为"②。美军依据总统指令将涉案的阿尔-比哈尼(Al-Bihani)作为反恐之敌方人员羁押。该羁押者以该羁押违反国际法为由提出释放他的诉求。

与本文分析有关的是该案多数意见对条约解释协调规则的进一步说明。其一，"查铭·贝奇规则"不要求解读联邦法律以体现国际法规则。③也就是说，该协调规则要求国内法的解读"避免与国际法相冲突"(负面性)，而非"体现国际法"(正面性)。其二，"查铭·贝奇规则"既没有授权法院在解读 AUMF(该法宽泛地授权总统发起对外国敌人的战争)采用国际法规则，也"不允许法院依据尚未转化为美国国内法的国际法规则来解读联邦法律"。④其三，"谢孚伦学说"要求法院遵从行政机关对联邦法律"允许的"解释。"法院从不适用查铭·贝奇规则以针对行政机关，限制其国会的战争授权范围。"⑤总之，在国会授权总统使用武力的法律面前，条约解释协调规则失去任何适用的可能性。即便违反 1949 年《日内瓦公约》的人道主义法(未转化为美国国内法的条约)，法院也不得适用"查铭·贝奇规则"审查国会有关立法以避免与国际法冲突。

实际上，AUMF 规定授权总统发动反恐战争"以行使自卫权"⑥本身与《联合国宪章》第五十一条规定的自卫权并不相符。美国以打击庇护恐怖组织的塔利班政

---

① *Request for Interpretation of the Judgment of 31 March 2004 in the Case concerning Avena and Other Mexican Nationals* (Mexico v. United States of America), Judgment, ICJ 2009, p.20, para.60.

② Authorization for Use of Military Force, Public Law 107 - 40, 107th Congress, September 18, 2001.

③ *Al-Bihani v. Obama*, 619 F.3d 1(D.C. Cir. 2010), at 7.

④⑤ Ibid., at 10.

⑥ Authorization for Use of Military Force, Public Law 107 - 40.

权为由发起了长达20年的侵阿战争，以完全失败和塔利班在阿富汗东山再起重新执政而告终。历史已证明AUMF违反国际法，可是，美国法院却以各种理由为其无动于衷而百般辩护，只能说明条约解释协调规则在美国适用的极大局限性。如对美国在国内和国际上看待其国际义务的情况，缺少全面客观的评析，就容易简单地将有关规则生搬硬套到中国的司法实践。

（二）从WTO《反倾销协定》有关条款看条约解释协调规则

中国2001年入世后制定的《规定》第九条“人民法院审理国际贸易行政案件所适用的法律、行政法规的具体条文存在两种以上的合理解释，其中有一种解释与中华人民共和国缔结或者参加的国际条约的有关规定相一致的，应当选择与国际条约的有关规定相一致的解释，但中华人民共和国声明保留的条款除外。”从表述上看，所借鉴的与其说是“查铭·贝奇规则”（不以存在两种以上“合理的”或“允许的”解释为前提），不如说更多的是《反倾销协定》第十七条第六款(ii)项规定（“谢孚伦学说”的国际版）。该项规定为：“专家组应依照关于国际公法的解释惯例，解释本协定的有关规定，在专家组认为本协定的有关规定可以作出一种以上允许的解释时，如主管机关的措施符合其中一种允许的解释，则专家组应认定该措施符合本协定。”①

已故美国著名WTO法学者杰克逊教授曾对“谢孚伦学说”的国际版作过如下比较：其一，“谢孚伦学说”要求美国联邦法院对模棱两可的国会立法，行政机关所作“合理的”或“允许的”解释，即便不同于法院的解释，也应“遵从”而予以采纳，类似地，其国际版要求WTO争端解决专家组对涉案成员主管机关依据其有关《反倾销协定》的解释而采取的措施，即便不同于专家组的解释，只要是“允许的”解释，也应予以采纳，亦即“遵从”；其二，“谢孚伦学说”要求法院采用传统的法律解读方法以认定涉案立法是否模棱两可，类似地，其国际版要求专家组依照国际公法的解释惯例，解释《反倾销协定》以认定是否存在一种以上允许的解释；其三，“谢孚伦学说”未说明涉案立法的模糊程度，其国际版也没有规定“允许的”程度。②由于“谢孚伦学说”含有的相对灵活性，使得其适用具有不确定性，因此其国际版也可能存

---

① 《世界贸易组织乌拉圭回合多边贸易谈判结果法律文本》（中英文对照），法律出版社2000年版，第168页。该中译本的“解释国际公法的习惯规则”(customary rules of interpretation of public international law)有误，应该为“国际公法的解释惯例”。

② Steven P. Croley and John H. Jackson, WTO Dispute Procedures, Standard of Review, and Deference to National Governments, 90 *AJIL* 2(1996), pp.193 - 213, at John H. Jackson, The Jurisprudence of GATT and the WTO, Cambridge University Press, 2000, p.148.

在类似问题。但是，条约解释不同于国内法解释，尤其是 WTO 争端解决上诉机构在其第一个复审案件中就将“国际公法的解释惯例”解释为 VCLT 第三十一条第一款的解释通则，[①]而该上诉机构在以后解释《反倾销协定》第十七条第六款(ii)项时一再明确：根据该解释通则（惯例）的条约解释，通常只有一种，不存在一种以上“允许的”解释，特别是涉及《反倾销协定》有关倾销幅度计算的“归零”(zeroing)的条款解释，没有美国在作为被诉方的一系列此类案件中所称一种以上“允许的”解释。[②]

比较“谢孚伦学说”及其国际版，前者采用美国司法实践中传统的法律解读方法，后者依据 VCLT 的条约解释惯例。两种的区别不仅在于被解释的国内法与国际条约之分，而且更重要的是后者旨在澄清涉案条约的文本所含唯一意义，其本意不是产生多种“允许的”解释。事实上，迄今也没有一起《反倾销协定》下多种“允许的”解释。在中国法院实践中，适用《规定》之关键在于涉案国内法所转化的有关条约解释。如按照与条约一致的原则选择国内法的不同解释，条约解释的结果也应该只有一种。

美国对于 WTO 争端解决上诉机构一再否定“归零案”中存在一种以上“允许的”解释，表示不满，认为这样形成了事实上的先例，超越该上诉机构的权限。[③]美国进而以此为由，要求将该上诉机构成员的正常遴选与改变此类做法挂钩，实质上就是在 WTO 成员难以对此达成共识的情况下阻扰遴选程序的进行，导致自 2020 年 12 月起该机构全部 7 位成员空缺而陷入瘫痪。这种意在强行将美国司法实践中本身具有不确定性的“谢孚伦学说”完全照搬到 WTO 争端解决机制的做法，一味要求 WTO 争端解决机构“遵从”美国行政主管机关在“归零”问题的解释及措施，实际上既背离了该学说旨在制衡司法与行政权力（在 WTO 体制中制衡专家组与成员间解释权的作用）这一初衷，也完全破坏了 WTO 争端解决机构，乃至于该多边国际组织应有的权威性。

由上可见，在国内与国际的不同视域下，美国对待条约解释协调规则的“看法”不同。在其国内司法实践中，“查铭・贝奇规则”仍有可适用性，但实际情况是除了传统上仅适用于涉案国会立法的解读与其批准加入或缔结的条约相一致，如今还受到诸多限制性考虑，譬如国会是否将此类条约转化为国内法、国会是否授权总统

---

① 张乃根编著：《美国——精炼与常规汽油标准案》，上海人民出版社 2004 年版，第 46 页。

② 参见张乃根：《条约解释的国际法》下卷，上海人民出版社 2019 年版，第 692—713 页。

③ 2018 年 12 月 18 日，美国在 WTO 争端解决机构会议发表有关专家组或上诉机构报告的先例价值的声明。参见 Statement by the United States on the precedential value of panel or Appellate Body reports, https://www.wto.org/english/news_e/news18_e/dsb_18dec18_e.htm。

使用武力。尤其在此类立法本身往往违反国际法的情况下,谈不上适用“查铭·贝奇规则”。在美国涉案的国际司法实践中,美国法院却以其宪政体制所限,或缺乏相应国内立法等为由,拒绝履行有关国际义务。“谢孚伦学说”的国内适用,受限于涉案立法不明确的前提,而这一前提本身有着很大的不确定性。相比之下,美国在WTO一味要求该组织争端解决机构“遵从”其行政主管机关对《反倾销协定》“允许的”解释及其措施,不无双重标准的嫌疑。总之,对于美国的条约解释协调规则,应从国内与国际的不同视域,全面客观地加以分析,以免简单将其作为一国法院基于忠实履行其国际义务对待国内立法解释,或采纳行政机关“允许的”法律解释的可借鉴规则,引入中国司法实践。

四、健全中国有关条约解释协调规则的司法适用机制

(一) 中国有关条约解释协调规则的司法适用之国情

1. 条约转化为国内法的情况

众所周知,近四十多年来中国奉行改革开放的国策,国内立法①与对外加入国际多边条约或缔结双边条约、协定②,日益增多。两者之间有着一定的内在关联性,在许多领域的互动关系,显得十分突出。这既是研究中国有关条约解释协调规则的司法适用问题和健全相关机制应考虑的基本国情,也是一种国际视域。例如,自上世纪八十年代初以来的中国知识产权立法,多与对外缔结双边条约或加入多边条约密切相关。③参见表1:

表1 中国缔结的主要双边条约与加入多边条约及其国内知识产权立法

缔结或加入条约	时间	国内立法	时间
中美高能物理合作协议④	1979.1.31	商标法	1982.8.23

① 中国人大网《国家法律法规数据库》收录的有效法律414件,包括99件已修改。参见https//flk.npc.gov.cn/list.html?sort=true&type=flfg&xlwj=02,03,04,05,06,07,08。

② 截至2018年3月,中国对外缔结了25000多项双边条约,参加了近500项多边条约。参见外交部条法司编著:《中国国际法实践案例选编》,世界知识出版社2018年版,第81页。近年来中国又缔结了上百项双边条约,参加了十多项多边条约。参见外交部网站《条约情况》:https//ww.mfa.gov.cn/web/ziliao_674904/tytj_674911/tyfg_674913/。

③ 参见张乃根:《涉华经贸协定下知识产权保护相关国际法问题》,《河南财经政法大学学报》2021年第3期,第44—54页。

④ 《中华人民共和国国家科学技术委员会和美利坚合众国能源部在高能物理领域进行合作的执行协议》(1979年1月30日,华盛顿)。该协议第6条规定:“双方认识到,需要就版权保护以及在执行本协议的过程中或按本协议所作出或设想的发明或发现的处理,达成协议条款以便按此进行具体活动。”

续表

缔结或加入条约	时间	国内立法	时间
中美贸易关系协定①	1979.7.7	专利法	1984.3.12
成立世界知识产权组织公约	1980.6.3	著作权法	1990.9.7
工业产权保护巴黎公约	1985.3.10	专利法修正(1)	1992.9.4
商标国际注册马德里协定	1989.10.4	商标法修改(1)	1993.2.22
中美关于知识产权的谅解备忘录	1992.1.17	反不正当竞争法	1993.9.2
保护文学艺术作品伯尔尼公约	1992.10.15	著作权法修改(1)	2001.10.27
专利合作条约	1994.1.1	专利法修正(2)	2000.8.25
与贸易有关的知识产权协定	2001.12.11	商标法修改(2)	2001.10.27
世界知识产权组织版权条约	2006.12.29	著作权法修改(3)	2020.11.11
世界知识产权组织相邻权条约	2006.12.29	反不正当竞争法修改(3)	2019.4.23
中美经贸协议②	2020.1.25	商标法修改(4)	2019.4.23
区域全面经济伙伴关系协定③	2020.11.15	专利法修正(4)	2020.10.17

从表1可见，中国现行知识产权法律基本上是在对外缔结或加入有关知识产权的双边或多边条约之后制定或修订，将条约相关规定转化为国内法。这包括将1979年《中美高能物理合作协定》和《中美贸易关系协定》有关知识产权保护规定以及嗣后中国加入的《成立世界知识产权组织公约》《巴黎公约》等国际公约规定，先后通过《专利法》《商标法》《著作权法》《反不正当竞争法》等国内知识产权法的制定或修改，完成国内履约。

又如中国入世后将WTO诸多协定的内容转化为国内法律法规。其中，将《反

① 《中华人民共和国和美利坚合众国贸易关系协定》(1979年7月7日，北京)。该协定第6条较全面规定有关知识产权保护义务："1.缔约双方承认在其贸易关系中有效保护专利、商标和版权的重要性。2.缔约双方同意在互惠基础上，一方的法人和自然人可根据对方的法律和规章申请商标注册，并获得这些商标在对方领土内的专用权。3.缔约双方同意应设法保证，根据各自的法律并适当考虑国际做法，给予对方的法人或自然人的专利和商标保护，应与对方给予自己的此类保护相适应。4.缔约双方应允许和便利两国商号、公司和贸易组织所签订的合同中有关保护工业产权条款的执行，并应根据各自的法律，对未经授权使用此种权利而进行不公正的竞争活动加以限制。5.缔约双方同意应采取适当措施，以保证根据各自的法律和规章并适当考虑国际做法，给予对方的法人或自然人的版权保护，应与对方给予自己的此类保护相适应。"

② 《中华人民共和国和美利坚合众国政府经济贸易协议》(2020年1月15日，华盛顿)。第一章知识产权，涵盖商业秘密、专利、商标、地理标志、著作权等保护规定。参见张乃根：《非多边经贸协定下的知识产权新规则》，《武大国际法评论》2020年第1期，第1—18页。

③ 《区域全面经济伙伴关系协定》(2020年11月15日签署，2021年1月1日生效)，第十一章知识产权。第2条规定："就本章而言，知识产权指《与贸易有关的知识产权协定》第二部分第一至七节所指的著作权和相关权利，商标、地理标志、工业设计和专利、集成电路布图设计(拓扑图)、保护植物品种，以及对未披露信息的保护。"参见张乃根：《与时俱进的RCEP知识产权条款及其比较》，《武大国际法评论》2021年第1期，第1—25页。

倾销协定》[①]转化为国内《反倾销条例》[②],可参见表 2。

表 2　WTO《反倾销协定》与中国《反倾销条例》

协定主要结构	关键条款	条例主要结构	关键条款
第一篇	第 1 条原则	第一章总则	第 1 条立法依据
	第 2 条倾销的确定		第 2 条反倾销措施
	第 3 条损害的确定	第二章倾销与损害	第 3 条倾销
	第 4 条国内产业的定义		第 4 条倾销的确定
	第 5 条发起和随后进行调查		第 5 条出口价的确定
	第 6 条证据		第 6 条倾销幅度
	第 7 条临时措施		第 7 条损害
	第 8 条价格承诺		第 8 条确定产业损害
	第 9 条反倾销税的征收		第 9 条倾销累积评估
	第 10 条追溯效力	第三章反倾销调查	第 15 条证据
第二篇	第 16 条反倾销措施委员会	第四章反倾销措施	第 28 条临时措施

从表 2 可见,两者的篇章虽稍有不同,但关键条款的顺序及具体规定基本相同。以"倾销的确定"为例,见表 3。

表 3　《反倾销协定》第 2 条与《反倾销条例》第 3 条、第 4 条比较

《反倾销协定》第 2 条	《反倾销条例》第 3 条、第 4 条
2.1　就本协定而言,如一产品自一国出口至另一国的出口价格低于在正常贸易过程中出口国供消费的同类产品的可比价格,即以低于正常价值的价格进入另一国的商业,则该产品被视为倾销。 2.2　如在出口国国内市场的正常贸易过程中不存在同类产品的销售,或由于出口国国内市场的特殊市场情况或销售量较低,不允许对此类销售进行适当比较,则倾销幅度应通过比较同类产品出口至一适当第三国的可比价格,只要该价格具有代表性,或通过比较原产国的生产成本加合理金额的管理、销售和一般费用及利润确定。	第 3 条　倾销,是指在正常贸易过程中进口产品以低于其正常价值的出口价格进入中华人民共和国市场。 第 4 条　进口产品的正常价值,应当区别不同情况,按照下列方法确定:(1)进口产品的同类产品,在出口国(地区)国内市场的正常贸易过程中有可比价格的,以该可比价格为正常价值;(2)进口产品的同类产品,在出口国(地区)国内市场的正常贸易过程中没有销售的,或者该同类产品的价格、数量不能据以进行公平比较的,以该同类产品出口到一个适当第三国(地区)的可比价格或者以该同类产品在原产国(地区)的生产成本加合理费用、利润,为正常价值。

① 《关于实施 1994 年关税与贸易总协定第 6 条的协定》,载《世界贸易组织乌拉圭回合多边贸易谈判结果法律文本》(中英文对照),法律出版社 2000 年版,第 147—171 页。

② 《中华人民共和国反倾销条例》(2001 年 11 月 26 日中华人民共和国国务院令第 328 号公布,根据 2004 年 3 月 31 日《国务院关于〈中华人民共和国反倾销条例〉的决定》修订)。

两者表述虽有不同，但其用语“出口价格”(export price)、“正常价值”(normal value)、“同类产品”(like product)、“可比价格”(comparative price)、“正常贸易过程”(ordinary course of trade)、“适当第三国”(appropriate third country)、“原产国”(country of origin)等，以及有关“倾销”(dumping)和“确定”(determination)正常价值的三种方法，完全一致。这种转化是如此清晰，以至于可以说《反倾销条例》的制定，首先是《反倾销协定》的翻译(对两者更多的比较，可进一步印证这一判断)。

如果中国加入的多边条约(如 WTO 协定)没有作准中文本，那么没有准确的翻译，就难以制定相应的国内法。同样地，没有对前者的准确解释，就难以准确适用后者。这也进一步说明上文分析《规定》的适用困惑时所强调的观点:“涉案国内法的解释所应相一致的条约本身往往需要解释。”条约解释是《规定》适用的关键。《规定》所说“国际条约”首先，或主要是中国加入的 WTO 协定及其附件一系列协定。如逐一地比较有关协定与相应的国内法律法规，就可以识别更多类似上述《反倾销协定》与《反倾销条例》之间的转化。推而言之，即便有作准(条约签署文本)或正式中文本(全国人大常委会批准诸如《巴黎公约》此类条约时的中文本)，所转化的国内相应立法和执法(如上文分析的 2007 年最高人民法院审理涉案《商标法》)，往往应对照条约的谈判语言所形成或签署的文本。这可能使得条约解释变得十分复杂。如对此不加以重视以致忽视，就可能出现类似《规定》的适用困惑。

2. 中国司法实践中的“涉外”性

分析中国有关条约解释协调规则的司法适用之国情，除了上文以列举方式，尝试说明的条约转化为国内法的情况，如何看待司法实践中的“涉外”问题，也极为重要。譬如，从上世纪七十年代末中国实行改革开放政策以来，最先具有“涉外”因素，且为中国法院可适用法的是 1979 年 7 月全国人大通过的《中外合资经营企业法》。①尽管时至 1982 年中国对外缔结了第一项双边投资保护协定(BIT)②，但是，该法对外商在华投资的保护，与后来缔结的一系列双边投资保护协定的基本原则相符。如该法第二条规定:“中国政府依法保护外国合营者按照经中国政府批准的协议、合同、章程在合营企业的投资、应分得的利润和其它合法权益。合营企业的一切活动应遵守中华人民共和国法律、法规的规定。国家对合营企业不实行国有化和征收;在特殊情况下，根据社会公共利益的需要，对合营企业可以依照法律程序实行征收，并给予相应的补偿。”中国最早对外缔结的 BIT 之一，即 1983 年中国

① 《中华人民共和国中外合资经营企业法》(1979 年 7 月 1 日第五届全国人民代表大会第二次会议通过)。

② 《中华人民共和国政府和瑞典王国政府关于相互保护投资的协定》(1982 年 3 月 29 日，北京)。

与德国 BIT 规定:“缔约任何一方应促进缔约另一方的投资者在其境内投资,依照其法律规定接受此种投资,并在任何情况下给予公平、合理的待遇。”(第二条)“缔约一方投资者在缔约另一方境内的投资应受到保护,其安全应予保障。只有为了公共利益,依照法律程序并给予补偿,缔约另一方可对缔约一方投资者在其境内的投资进行征收。补偿的支付不应不适当地迟延,并应是可兑换的和自由转移的。”(第四条)[①]诚然,BITs 的规定更加详细、全面。相比之下,该法也不无差异。该 BIT 规定的“公平、合理的待遇”显然比该法的“依法保护”规定更加宽泛,“使其可以灵活解释,达到保护外国投资者及其投资的目的”[②]。又如,第一项冠以“涉外”名称的 1985 年《涉外经济合同法》规定:“本法的适用范围是中华人民共和国的企业或者其他经济组织同外国的企业和其他经济组织或者个人之间订立的经济合同。”(第二条),并明确:“中华人民共和国缔结或者参加的与合同有关的国际条约同中华人民共和国法律有不同规定的,适用该国际条约的规定。但是,中华人民共和国声明保留的条款除外。”(第五条)。[③]很大程度上,这顾及了中国将加入的《联合国国际货物销售合同公约》(CISG)。[④]

考虑到中国国内立法以及相应缔结或加入的国际条约增多,1986 年《民法通则》第八章关于涉外民事关系的法律适用的第一百四十二条规定:“中华人民共和国缔结或者参加的国际条约同中华人民共和国的民事法律有不同规定的,适用国际条约的规定,但中华人民共和国声明保留的条款除外。”[⑤]显然,中国改革开放初期为解决国内立法可能跟不上对外缔结或加入条约的步伐这一问题,将涉外民事(包括商事,乃至刑事、行政等各方面的法律关系[⑥])适用法律单列,并适用《民法通

---

① 《中华人民共和国政府和德意志共和国关于促进和相互保护投资的协定及议定书》(1983 年 10 月 7 日,北京)。

② 姚梅镇主编:《比较外资法》,武汉大学出版社 1993 年版,第 294 页。

③ 《中华人民共和国涉外经济合同法》(1985 年 3 月 21 日第六届全国人民代表大会常务委员会第十次会议通过)。

④ 1981 年 9 月 30 日,中国签署《联合国国际货物销售合同公约》,1986 年 12 月 11 日交存中国加入该公约的核准书,1988 年 1 月 1 日该公约对中国生效。参见张玉卿编著:《国际货物买卖统一法:联合国国际货物销售合同公约释义》第三版,中国商务出版社 2009 年版,第 1 页。

⑤ 《中华人民共和国民法通则》(1986 年 4 月 12 日第六届全国人民代表大会第四次会议通过)。

⑥ 1995 年 6 月 20 日由外交部、最高人民法院、最高人民检察院、公安部、国家安全部和司法部联合发布的《关于处理涉外案件若干问题的规定》规定:“处理涉外案件,在对等互惠原则的基础上,严格履行我国所承担的国际条约义务。当国内法或者我内部规定同我国所承担的国际条约义务发生冲突时,应当适用国际条约的有关规定(我国声明保留的条款除外)。各主管部门不应当以国内法或者内部规定为由拒绝履行我国所承担的国际条约规定的义务。”该规定明确:“涉外案件”是“指在我国境内发生的涉及外国、外国人(自然人及法人)的刑事、民事、经济、行政、治安等案件及死亡事件”。该规定于 1987 年 8 月 27 日发布并施行,1995 年 6 月 20 日经修改继续施行至今。

则》第一百四十二条的基本原则。这主要是就对外缔结或加入的条约未转化为国内立法,法院可能直接适用此类条约而言。许多民商事法律包括涉外篇的特别规定。如《民事诉讼法》(2021 年修改)[①]仍保留涉外民事程序的特别规定以及条约适用条款(第二百六十七条),尽管《民法典》已不再保留《民法通则》第一百四十二条规定。

2001 年中国加入 WTO 所碰到的问题不是直接适用条约,而是如前所述,应按照《建立 WTO 协定》第十六条第四款规定,将国内相关法律、法规和行政程序等与该协定及其所附各项协定义务相一致(立法一致性),因此,将这些协定转化为国内立法,作为法院的可适用法。在这个意义上,法院是在适用国内立法过程中,间接适用此类条约。这种间接适用不限于通常所说的"涉外"案件。

随着国内法治的逐渐完善,2011 年中国特色社会主义法律体系基本形成时,该体系涵盖宪法、民商法、行政法、经济法、社会法、刑法、诉讼和非诉讼程序法,不包括中国缔结或加入的国际条约。[②]《民法典》也不再专门规定涉外特别法。似乎中国现行法律法规已将可转化的对外缔结或加入的条约,均已转化,因而法院可适用法均为国内立法。实际情况并非如此,中国既没有必要,也不可能将对外缔结的成千上万项双边条约和加入的数百项多边条约都转化为国内法。否则,至少现行《民事诉讼法》第二百六十七条有关可能直接适用条约的规定就是"多此一举"了。本文聚焦间接适用条约相关条约解释协调规则,对直接适用条约的问题存而不论。[③]

总之,目前中国法院,尤其是在民商事案件中适用条约的方式,其一是沿袭改革开放初期的直接适用,其二是主要为中国加入 WTO 后而采取的间接适用。这也就是《纪要》规定了诸如 CISG 此类公约的直接适用和适用国内法律法规与条约相一致的原则所包含的间接适用之缘故。如上所说,问题在于间接适用是否限于涉外案件?通过上述分析,本文对此持否定看法。

(二)中国有关条约解释协调规则的司法适用机制之完善路径

如本文引言所说,在习近平统筹国内法治与涉外法治思想的指导下,结合国内和国际视域下条约协调规则的探析,无论是《规定》和《纪要》的制定及其适用,还是

---

① 《中华人民共和国民事诉讼法》(2021 年 12 月 24 日第十三届全国人民代表大会常务委员会第三十二次会议修改)。

② 参见中华人民共和国国务院新闻办公室:《中国特色社会主义法律体系》(2011 年 10 月)。

③ 参见张乃根:《论统筹国内法治与涉外法治的若干国际法问题》,载《中国国际法年刊(2021)》,法律出版社 2022 年版,第 17—45 页;参见张乃根:《试析条约解释规则在我国法院的适用》,《国际法学刊》2023 年第 1 期,第 1—31 页。

国内学界已有研究，尤其是涉及完善有关条约解释协调规则的司法适用机制问题，不无可商榷之处。以上对中国有关条约解释协调规则的司法适用之国情分析，具有“实然性”，健全有关机制的完善路径具有“应然性”。

1. 重新认识统筹国内法治与涉外法治下的“涉外”性

依照尚未被明文废止，因而可理解为有效的《关于处理涉外案件若干问题的规定》，“涉外案件”是“指在我国境内发生的涉及外国、外国人（自然人及法人）的刑事、民事、经济、行政、治安等案件及死亡事件”。这种通常的“涉外”性以法律关系的主体（外国、外国人）为界定标准。学界曾在探讨“涉外经济法”时认为“涉外因素”，其一表现为“涉外经济关系的主体一方必须是外国的公司、企业、其他经济组织或个人”；其二为“涉外经济关系的客体往往与外国有关，例如标的物在国外，或者为外国人所有，或者引起这种关系产生与变更的法律事实发生在外国”。①目前中国国内法律名称中唯一有“涉外”的《涉外民事律关系法律适用法》②本身并无界定“涉外”用语。按学界说法，其“涉外因素”包括“民事法律关系的主体、客体和内容”。③最高人民法院关于涉外民事案件的认定标准主要包括：“当事人一方或者双方是外国人、无国籍人、外国企业或者组织的”；“当事人一方或者双方的经常居所地在中华人民共和国领域外的”；“标的物在中华人民共和国领域外的”；“产生、变更或者消灭民事法律关系的法律事实发生在中华人民共和国领域外的”。④从一个国家的司法管辖及其可适用法的角度看，这些认定“涉外”民商事案件的规定或看法，无可争议。根据经典的国际私法⑤（冲突法⑥）理论，这些“涉外”因素的认定，也早已是国际学界公认的。

然而，本文所分析的条约解释协调规则的司法适用，其“涉外”性是指法院适用经条约转化的国内法时须对相关条约作必要解释的问题。重新认识这一“涉外”性，实质上是将看似并无通常“涉外”因素的案件放在对外缔结或加入的条约中去对待。此类案件本身没有与其他国家或地区的管辖及其可适用法的冲突，因而是民事诉讼的国内案件，属于国内法治的范畴。然而，此类案件所涉转化为国内法的

① 孙南申、沈秋明、肖冰：《中国涉外经济法》，南京大学出版社1998年版，第7页。

② 《中华人民共和国涉外民事律关系法律适用法》（2010年10月28日第十一届全国人民代表大会常务委员会第十七次会议通过）。

③ 杜涛：《涉外民事关系法律适用法释评》，中国法制出版社2011年版，第2页。

④ 《最高人民法院关于适用〈中华人民共和国民事诉讼法〉的解释》（2022年3月22日最高人民法院审判委员会第1866次会议通过修正），第520条。

⑤ 参见［德］马丁·沃尔夫：《国际私法》，李浩培、汤宗舜译，法律出版社1988年版，第17页。

⑥ 参见［英］J.H.C.莫里斯主编：《戴西和莫里斯论冲突法》，李双元等译，中国大百科全书出版社1998年版，第3页。

有关条约，既是一国涉外(对外)关系法，又是一国与其他一国或多国之间的条约而为国际法。在此类案件中，国内法治与涉外法治以及相关国际法治相互融通、渗透。在习近平统筹国内法治与涉外法治的思想指导下，正确认识统筹中的“涉外”性，对于健全中国有关条约解释协调规则的司法适用机制，至关重要。这不仅应区别于通常的“涉外”性，而且更重要的是透过看似纯粹的国内案件，理解所涉国内立法与可能被转化的相应条约之间内在关系，以准确理解国内法的含义。这正是上文分析的最高人民法院两起涉案《商标法》第十五条“代理人”与《巴黎公约》的关系问题。如果按《规定》和《纪要》以涉案缺少通常的“涉外”性，而不考虑其中的国内法转化及其条约解释问题，既无法准确地适用所涉《商标法》，又因案件的解决与中国在有关条约义务的可能抵触而引起国际法问题。这是统筹国内法治与涉外法治应亟待解决的问题之一。

重新认识统筹国内法治与涉外法治下的“涉外”性，应跳出对美国有关条约解释协调规则缺乏全面、客观的认识所可能产生的误区。如前所说，应从国内与国际的不同视域，对有关规则应全面客观地加以分析，以免简单将其作为一国法院基于忠实履行其国际义务对待国内立法解释，或采纳行政机关“允许的”法律解释的可借鉴规则，引入中国司法实践。根据中国有关国情，应更多地从如何准确解释涉案被转化的条约，从而正确适用涉案国内法，而非仅从国内法的解释与相应条约解释相一致，解决涉外案件的争议。这是目前中国司法实践有待完善的，应首先在习近平统筹国内法治与涉外法治思想的指导下，强化统筹的必要性认识，才能突破认识误区的思维局限性，迈出“应然”之步。

2. 充分认识法院间接适用相关条约解释的复杂性

无论是《规定》第九条，还是《纪要》第二十条，都没有明确提及条约解释。且不说近二十多年来的中国司法实践几乎还没有明确适用前者的公开典型案例，后者的适用实效也尚待观察，如果将两者作为间接适用条约的司法解释或文件，那么关键在于相关条约解释。同样的，直接适用条约的关键也是条约解释(不是本文研究的问题)。可是，直至 2015 年最高人民法院有关“一带一路”的司法文件第一次明确要求各级人民法院在适用我国加入的经贸相关国际条约时，应“根据条约用语通常所具有的含义按其上下文并参照条约的目的及宗旨进行善意解释”(实际上就是依照 VCLT 第三十一条第一款进行条约解释)，[①]还没有任何有关条约解释的司法解释或文件。究竟如何进行涉案条约的解释？从近年来最高人民法院公布的典型

① 《最高人民法院关于人民法院为“一带一路”建设提供司法服务和保障的若干意见》，法发〔2015〕9号，2015 年 6 月 16 日。

案例或指导性判例来看，各级人民法院对 VCLT 解释规则的理解和适用或许还有很长的路要走。①至于中国法院对 CISG 的适用及其解释，有关司法文件也没有明确条约解释，②而且，司法实践中直接适用该公约问题，也不在本文的研究范围。

在正确认识统筹国内法治与涉外法治中的"涉外"性，理解条约解释对于健全中国有关条约解释协调规则的司法适用机制之重要性前提下，应充分认识法院间接适用条约的条约解释之复杂性。以最高人民法院两起涉案《商标法》第十五条"代理人"涉及《巴黎公约》第六条之七(1)项的解释为例。该第十五条是中国加入 WTO 前夕于 2000 年修订《商标法》所增加的条款，根据 WTO 的 TRIPS 协定第二条第一款，《巴黎公约》相关条款与其他实体性条款被纳入该协定，是加入 WTO 之后中国应转化为国内法的条约义务性内容。因此，中国虽早已加入《巴黎公约》，但在加入 WTO 之前的 1982 年《商标法》(1993 年修改)还没有转化《巴黎公约》该条款有关"代理人"的规定。《巴黎公约》该条款与《商标法》第十五条的对比，见表 4：

表 4 《巴黎公约》第六条之 7(1)项③与《商标法》第十五条④的对比

《巴黎公约》第六条之七(1)项	《商标法》第十五条
如本联盟一个成员国的商标所有人的代理人或代表人，未经该所有人同意，而以自己的名义向本联盟一个或一个以上的成员国商标注册，该所有人有权反对进行注册或要求取消注册，如该国法律允许时，商标所有人可要求将该注册转让给自己，除非该代理人或代表人能证明其行为是正当的。	未经授权，代理人或者代表人以自己的名义将被代理人或者被代表人的商标进行注册，被代理人或者被代表人提出异议的，不予注册并禁止使用。

显然，前者(该条款前半句"如……取消注册")通过国内立法的转化，成为后者。⑤为了澄清"代理人"(agent)或"代表人"(representative)的含义，有必要对《巴黎公约》的该条款进行解释。该条款是 1958 年巴黎联盟大会修订该公约时增加的，当时的作准本仍为法文本。该条款在 1967 年再次修改该公约时未变，其作准

① 参见张乃根:《试析条约解释规则在我国法院的适用》,《国际法学刊》2023 年第 1 期,第 1—31 页。

② 参见《最高人民法院转发对外经济贸易部〈关于执行联合国国际货物销售合同公约应注意的几个问题〉的通知》,法(经)发〔1987〕34 号,1987 年 12 月 16 日。

③ 《全国人大常委会关于我国加入〈保护工业产权巴黎公约〉的决定》(1984 年 11 月 14 日通过)中文本。

④ 《中华人民共和国商标法》(2001 年 10 月 27 日第九届全国人民代表大会常委委员会第二十四次会议修改)。该修改后新增的第 15 条至今未变。

⑤ 2000 年 12 月 22 日,时任国家工商行政管理局局长王众孚受国务院委托向全国人大常委会作《关于〈商标法修正案〉(草案)的说明》明确新增第 15 条既是为了履行《巴黎公约》第 6 条之 7 规定的条约义务,也是为了禁止代理人或者代表人恶意注册他人商标的行为。

本又增添了英文本。这也是中国于 1985 年加入时和 TRIPS 协定所纳入的《巴黎公约》文本，即“斯德哥尔摩文本”(Stockholm Act)。根据 VCLT 解释惯例，条约解释通常以条约的用语在其上下文中，兼顾条约的宗旨及目的，加以善意解释。“上下文”(context)包括条约的序言及附件，以及当事国所订或接受的相关协定、嗣后有关该条约解释的协定或惯例，乃至“适用于当事国间关系之任何有关国际法规则”。这种解释过程是融合各种手段的“单一组合操作”(a single combined operation)，亦即“整体运作”(holistic operation)，意思是“在任何既定案件中，将所有各种因素扔进熔炉，在相互作用下产生法律上相关的解释”。[①]经过这一过程的解释，《巴黎公约》第六条之七(1)项“商标”含义应为“尚未注册的商标”(商业标识)，当事方之间“代理人或代表人”关系应涵盖涉案“销售关系”(广义)，而非仅限于“商标申请注册关系”(狭义)。如这样解释尚无法确定其含义，可能须借助条约起草的“立法史”；如条约多语种文本表述不一，还应以作准本为主，比较各种文本，以期调和彼此差异，尽可能求得相同含义。其复杂的解释过程，在此不赘。应强调的是，尽管这样复杂的条约解释需要相当的国际法专业知识和能力支撑，但是，按照 2015 年最高人民法院有关遵循 VCLT 条约解释惯例的司法文件要求，各级人民法院在类似间接适用条约时，为了准确适用国内立法起见，必须进行这样的条约解释，否则难以“选择与国际条约的有关规定相一致的解释”。因此，充分认识司法实践中适用条约的相关解释复杂性，再强调也不过分。

3. 初步认识中国有关条约解释协调规则的司法适用机制之应然性

在上述重新认识统筹国内法治与涉外法治中的“涉外”性和充分认识相关条约解释的复杂性基础上，对健全中国有关条约解释协调规则的司法适用机制之应然性，或者说，完善路径，可有如下初步认识：

首先，厘清司法实践中法律解释与条约解释的关系。1981 年全国人大常委会授权最高人民法院和最高人民检察院对其司法工作“具体应用法律、法令的问题”可以进行司法解释[②]，包括对法律本身的司法解释，这种做法现已成为具有中国特色的司法体制[③]。法律的司法解释不得改变法律规定，但可澄清法律的含义。在对条约转化的法律进行解释时，既有法律解释，又有条约解释。就解释方法而言，

① Draft Articles on the Law of Treaties with commentaries, 1966, Article 27 Commentary, pp.219－220, para.(8).

② 《全国人民代表大会常务委员会关于加强法律解释工作的决议》(1981 年 6 月 10 日第五届全国人民代表大会常委委员会第十九次会议通过)。

③ 参见《最高人民法院关于司法解释工作的规定》(2021 年 6 月 8 日最高人民法院审判委员会第 1814 次会议修正)。

两者有很多区别。VCLT 的解释惯例特别强调各种"上下文"对于解释的极端重要性。国内法律法规的解释方法或规则,并无立法或司法规定。其实,世界各国或地区的司法实践表明,无论是国内法,还是条约的解释,远还没有形成一致的做法。①因此,从"应然"角度看,至少就本文研究的国内立法转化相关间接适用条约的解释而言,为了协调涉案法律解释与条约解释,法院应采取类似 VCLT 解释惯例的方法来解释国内法,以尽可能避免因解释方法不同而可能引起的冲突。如果采纳类似解释方法,对涉案法律的解释,澄清的立法含义只有一种,原则上不应对相应的条约再作解释。其道理如同条约解释的法则——"毋须解释者,不必解释之",②立法既已澄清,毋须求助条约解释。对于法院间接适用条约而言,相关条约解释是澄清涉案法律含义的手段,而非目的。

其次,如果涉案国内立法经法律解释,确实存在两种含义,应进行相应条约的解释。这是本文研究的间接适用条约问题的关键环节。就条约解释应遵循的 VCLT 解释惯例而言,从"整体运作"的方式着手,通常以涉案条约的用语为前提。中国法院应以有关条约的中文作准本为依据,因为全国人大常委会批准条约或重要协定,或国务院核准协定来说,应依法(宪法及条约缔结程序法律法规)提供作准中文本,全国人大常委会的批准或国务院的核准,不可能在没有中文本的情况下进行审议。上文提及中国加入 WTO 出现的不正常情况,虽因法院不直接适用 WTO 协定而未引起难以想象的问题,但在间接适用时还是会引起作准中文本的缺失困境。如今,按照 2023 年 1 月 1 日起施行的《缔结条约管理办法》,③条约和重要协定的批准,协定的核准,都应附送有关条约或协定的"作准中文本及其电子文本或者中译本及其电子文本"。不同于中国最高司法机关颁布的司法解释所涉法律解释具有一般拘束力,有关条约的司法解释对于个案而言仅对当事方具有拘束力。但是作为公布的指导性判例,其中包含的条约解释对于相关法律的澄清具有一般指导性。④因此,此类条约解释,尤其是最高人民法院对其审理的案件或嗣后作为指导性案例的条约解释,从"应然性"要求看,在具备解释应有的作准中文本基础上,应大大增强全面适用 VCLT 解释惯例的能力,并进一步探索适用国际上已采用的

① 参见 Helmut Philipp Aust and Georg Nolte, eds., *The Interpretation of International Law by Domestic Courts: Uniformity, Diversity, Convergence*. Oxford University Press 2016. p.32。

② 这是瓦特尔在他的名著《国际法或自然法原则》(1758 年)中提出的条约解释的第一项基本规则。参见张乃根:《条约解释的国际法》,上海人民出版社 2019 年版,第 178 页。

③ 参见《缔结条约管理办法》(中华人民共和国国务院令第 756 号,2022 年 10 月 16 日),第 20 条、第 21 条。

④ 参见《最高人民法院关于完善统一法律适用标准工作机制的意见》(法发〔2020〕35 号),2020 年 9 月 14 日,第 4 条。

“演进”(evolutionary)解释等方法。只有切实进行了相应条约的解释，并在判例中加以充分体现，才能认定“一致性”与否。

再次，对于经条约转化的涉案法律法规解释所间接适用的条约解释，应设定双重的“两种含义”识别标准。这也可以说是健全中国有关条约解释协调规则的司法适用机制，应然的完善路径，因为目前无论是继续适用的《规定》，还是《纪要》扩展适用的“一致性”原则，均未明确在什么情况下出现涉案法律法规解释的“两种含义”，这可能是造成前者的适用困惑和后者实效未知的缘故之一。因此提高司法效率亦是应然之举。

“双重”识别之一是对涉案法律法规解释的“两种含义”的识别。《规定》是对“人民法院审理国际贸易行政案件”而言。譬如，《反倾销条例》第五十三条规定当事人不服商务部有关终裁决定，或对反倾销税的征收、退税、对新出口经营者征税的决定，或对反倾销税的复审决定，均可依法申请行政复议，向人民法院提出诉讼。这是典型的“国际贸易行政案件”。[①]如涉案行政机关决定对《反倾销条例》的解释不同于法院的解释，则应首先进行司法识别。由于迄今尚无公开的相关判例，那么从应然性出发，建议应根据司法审查依法对行政决定是否可能构成改判，而非含糊的“合理”性，作为认定存在涉案法律法规解释的“两种含义”的起码标准，并由此进行必要的条约解释，以澄清据以改判的相关法律法规之含义。换言之，认定此类“两种含义”是进行必要的条约解释之前提。如果不构成改判，即便可能涉案法律法规解释存有不同含义，也不必进行条约解释，以求“一致性”。《纪要》对所有涉外商事案件，上级法院对上诉案件的复审，也应参照上述是否改判的标准。至于即便不是《规定》或《纪要》限定的“国际”或“涉外”案件，只要经条约转化国内法引起的解释，也应参照这一标准。上文分析法律解释与条约解释的关系时认为，如立法已澄清，毋须求助条约解释。同理，如法院对行政决定的司法审查或对上诉案件的审理不构成改判，即便存在不同的法律法规解释，也不作为司法识别的“两种含义”，因而毋须进一步的条约解释。

“双重”之二是《规定》或《纪要》所说与条约“相一致的解释”的司法识别。如果确实存在与改判有关法律法规解释的“两种含义”，那么必要的进一步条约解释，通常遵循 VCLT 解释惯例所澄清的条约含义应该只有一种。然而，联合国国际法委员会对 VCLT 的评注提示不排除有两种解释：“如某条约出现两种解释，其中之一

---

① 截至 2023 年 6 月，中国加入 WTO 以来自 2002 年起，商务部已受理 300 多起反倾销、反补贴和保障措施的贸易救济案件，其中绝大多数是反倾销案。参见贸易救济调查公开信息：https//tdi.mofcom.gov.cn/index.asp。

能使得该条约具有适当效力，另一解释却不能，善意和该条约的宗旨及目的要求前者应予采纳。”①如前所述，按照《反倾销协定》第十七条第六款(ii)项(“谢孚伦学说”的国际版)规定，专家组应依照关于国际公法的解释惯例，解释本协定的有关规定，也会出现“专家组认为本协定的有关规定可以作出一种以上允许的解释”。鉴于上文建议“双重”之一的司法识别，应根据司法审查依法对行政决定是否可能构成改判，认定有无涉案法律法规解释的“两种含义”，“双重”之二的司法识别应根据条约解释是否导致该条约失去“适当效力”(appropriate effects)作为有无“两种含义”的起码标准，而不是以行政决定或司法审查可能产生的“允许”解释为标准。换言之，只要没有导致涉案条约失去“适当效力”的解释，就没有两种条约解释。至少这是对本文分析的间接适用条约而言应采取的标准。

总之，上述双重的“两种含义”识别标准，有助于限制不必要的条约解释，体现司法效率或节制：只要法院审理不构成改判，即便存在不同的法律法规解释，也不构成司法识别的“两种含义”而进行下一步的条约解释的前提条件；只要没有导致涉案条约失去“适当效力”的解释，就将依照 VCLT 解释惯例的条约解释，作为确实存在法律解释“两种含义”的情况下，“一致性”选择之唯一“坐标”。这一健全中国有关条约解释协调规则的司法适用机制的应然路径，也有助于可预期的司法效率，以推动目前有关司法适用的实践走出困惑境地。

结　论

将源自美国判例法，旨在避免与涉案国际法，尤其是条约解释冲突的“查铭·贝奇规则”和“谢孚伦学说”统称为条约解释的协调规则，从国内和国际视域的结合上加以分析，有助于较全面客观地对条约解释协调规则进行评介，以免简单将其作为一国法院基于忠实履行其国际义务对待国内立法解释，或采纳行政机关“允许的”法律解释的可借鉴规则，引入中国司法实践。2002 年最高人民法院有关审理国际贸易行政案件的《规定》与 2022 年涉外海商事审判会议的《纪要》均规定了，如遇涉案所适用的法律法规存在两种以上合理解释，则以其中一种与中国缔结或加入的国际条约有关规定相一致者为准。然而，《规定》适用的典型案例几乎为零，《纪要》的实效有待观察。无论从当初最高人民法院制定《规定》的初衷为间接适用 WTO 协定，还是如今《纪要》扩展该“一致性”原则的范围，以及学界的相关研究，

① Draft Articles on the Law of Treaties with commentaries, 1966, Article 27 Commentary, p.219, para.(6).

都忽视了在不同宪政体制下，条约解释协调规则的重大区别和有关条约解释的复杂性。通过追溯美国判例法上的条约解释协调规则之由来及演变，提供此类规则在美国国内和对外关系上的全面客观分析，可见将这些规则引入中国司法实践，必须顾及其本意及其适用现状，防止生搬硬套，必须从中国国情出发，建立健全有关条约解释协调规则的司法适用机制。改革开放以来中国国内立法和对外缔结或加入的条约与日俱增，两者之间往往有着内在关联性。随着大量相关条约被转化为国内立法，在司法实践中因准确理解和适用此类法律法规也须进行相应的条约解释。这种间接适用条约的情况在中国加入 WTO 后显得十分突出，如今仍具有普遍性。在这种情况下，国内法治与涉外法治以及相关国际法问题，密不可分。在习近平统筹国内法治与涉外法治思想指导下，应打破通常涉外案件的界定，重新认识此类看似国内法适用问题，实际上涉及被转化的条约解释的"涉外"性，并充分认识在这种情况下法院间接适用相关条约的条约解释复杂性。为了推动目前在中国法院走出适用条约解释协调规则的困惑境地，建议考虑提高司法效率，对此类适用中识别有无"两种含义"的法律解释以及选择相一致的条约规定，设定双重的司法识别标准，作为健全适用条约解释协调规则的司法机制的应然之举。

The Analysis on the Rules to Harmonize Treaty Interpretation from the National and International Viewpoints

Abstract: The rules to harmonize the treaty interpretation are intended to avoid possible conflicts between the domestic courts' construction of statutes and the international obligations under international laws in particular treaties, or the conflicts between the domestic courts and the executive branches on the construction of statutes, which may be related to treaty interpretation. It is helpful to understand these rules and their limitations or reality with a comprehensive and objective approach by observing different constitutional systems with the national and international viewpoints to prevent the mechanical application. China made the rules to harmonize the treaty interpretation after entry into the World Trade Organization, but something remains puzzling. Nowadays, these rules have been extended to apply for the maritime and commercial cases with the foreign elements, which attracts the academic attentions. This paper argues that it must be taken, under the guidance of XI JINPING's thought to coordinate the domestic rule of laws and the foreign related laws, from the combination of the national and international viewpoints to have a comprehensive and objective analysis on the rules to harmonize treaty interpretation originated from the case laws in the United States; It needs a reflection on the China's judicial practices of application about the rules to harmonize treaty interpretation while redefining the nature of "foreign related" cases based on the Chinese situations, and a reconsideration on Chinese courts to interpret the treaties which have been transformed or incorporated into the domestic laws for the purpose of the best application of laws. In order to make the argument, the comparative approach is adopted firstly to analyzes the rules to harmonize treaty interpretation and their applications in the United States and China. Secondly, the analysis is focused on the practices of dispute settlement in the International Court of Justice and the World Trade Organization with comparison on the American attitude towards these rules to provide with a comprehensive and objective analysis. Finally, it analyzes the basic situation in which Chinese courts apply the rules to harmonize treaty interpretation, and suggests to take account of the character of "foreign related" cases in the courts' indirect application of treaty, and to have a double judicial identification to apply these rules for improvement of the system accordingly.

Keywords: Treaty Interpretation; Rules to harmonize; National; International; Comparative viewpoints; Improvement of rules

和平解决领土及海洋权益争端的良法善治*

内容摘要：从良法善治"应然"的实体公平合理和程序正当性，看待分析国际法实践的和平解决领土及海洋权益争端，是研究以国际良法促进全球善治的一个重要方面。十七世纪以来和平解决领土及海洋权益争端的国际法实践，尤其是近百年来有关国际裁判案例，为这方面的良法善治研究提供了丰富的素材。其中，可适用的自然法、习惯国际法和条约法等源于西方的国际法及其理念，既有一定的时代进步性，又有历史局限性。即便是充分兼顾发展中国家利益的《联合国海洋法公约》这样的良法，往往也缺少相应的善治；相关国际裁判未充分尊重国家对于管辖权的意愿或保留。中国应对和平解决与邻国间尚存领土及海洋权益争端，须在全面客观看待有关良法善治的前提下，积极创设和参与制定有关良法，坚持双边谈判解决相关争端的善治立场。

关键词：领土；海洋权益；争端；和平解决；良法；善治

前　言

根据习近平法治思想，良法善治对推进法治中国建设至关重要，对国际法治也不可或缺。以国际良法促进全球善治，有助于百年未有之大变局加速演进，朝着国际关系更加公平合理方向发展。本文旨在以和平解决领土及海洋权益的实践为切入点，研究相关国际法上的良法善治。有关研究很多，①但是，从良法善治角度加以分析，鲜为人知。现代国际法的产生、发展与国家间领土及海洋权益争端解决，休戚相关。由第三方和平解决领土及海洋争端的事例最早出现在十九世纪末。如1893年"北令海仲裁案"通过国际仲裁庭解决美国与英国因猎捕海豹引起的海洋权益争端。②1898年常设仲裁法院（PCA）成立，曾审理过著名的领土争端仲裁案（"帕尔马斯岛案"），③对于和平解决领土争端具有重大的国际法意义。1922年常

---

* 原文载《政法论坛》2024年第3期，第16—27页，转载《中国社会科学文摘》2024年第7期。

① 参见刘衡：《中国关于国际海洋争端解决的政策与实践》，《国际法研究》2022年第6期，第36—61页；See Junwu Pan, *Toward a New Framework for Peaceful Settlement of China's Territorial and Boundary Disputes*, Martinus Nijhoff Publishers, 2009; Stephen Fietta and Robin Cleverly, A *Practitioner's Guide to Maritime Boundary Delimitation*, Oxford University Press, 2016; Isaac B. Kardon, *China's Law of the Sea: the New Rules of Maritime Order*, Yale University Press, 2023.

② See Award between the United States and the United Kingdom related to the rights of jurisdiction of the United States in the Berling's sea and the preservation of the fur seals, 15 August 1893, reprinted in United Nations Reports of International Arbitration Awards, 2007, Vol.28, pp.263 - 276.

③ See *The Island of Palmas Case* (USA/Netherlands), PCA, 4 April 1928.

设国际法院(PCIJ)成立,在其存续的24年期间也审理过领土争端案。如1933年挪威与丹麦的"东格陵兰法律地位案"①。第二次世界大战后,根据《联合国宪章》,各国主权平等、和平解决国际争端、禁止在国际关系上使用威胁或武力和侵犯他国领土主权,已成为当代国际法的基本原则。中华人民共和国成立后倡导国家间和平共处五项原则,与邻国和平解决历史遗留边界问题。如中国与缅甸谈判解决了两国边界问题。各国际通过谈判解决领土及海洋权益争端,也越来越多地将此类争端诉诸联合国国际法院(ICJ)和海洋法国际法庭(ITLOS)解决。这些案件对于相关习惯国际法的确认和条约法的编纂起到了重要的促进作用。

然而,在和平解决领土及海洋权益争端方面,进而言之,在国际法上"良法善治"的各个领域,不同时期的不同国家或地区,价值判断往往各异。本文结合和平解决领土及海洋权益争端的国际法实践,探讨相关"良法善治",着重探析有关经典案例所适用的自然法、习惯国际法和条约法及其良法应有的公平合理性,并以善治评析国际裁判机构有关管辖权的程序正当性,从而在全面客观看待和平解决领土及海洋权益争端的基础上,建言中国积极创设和参与制定这方面良法的根本遵循和坚持双边谈判解决有关争端的善治立场。

一、和平解决领土及海洋权益争端的良法

四百多年来,在和平解决领土及海洋权益争端的实践中所适用的国际法,从最初的自然法到以习惯国际法和条约法为主。二十世纪初以来,实证国际法学派占主导地位,"可适用法"(applicable law)排除了自然法。如何看待这些源于西方的国际法及其理念,以及以"应然"范畴的良法评判有关可适用法?值得进一步探讨。

(一)和平解决领土及海洋权益争端的自然法及其评价

这方面的自然法首先是针对凌驾于世俗国家之上的教会干预而言。如罗马教皇亚历山大六世于1493年5月发布敕令,宣布从北极到南极,以大西洋上的亚速尔群岛(Azores)和佛得角(Cape Verde)岛以西和以南100里格(约300海里)处划界,西班牙与葡萄牙分别对以西、以东因其地理大发现的航线及海洋区域永远拥有权利。②

---

① *Legal Status of Eastern Greenland*, Judgment of April 5, 1933, PCIJ Series A./B. No.53.

② The Bull Inter Caetera (Alexander VI), May 4, 1493, English translation in European Treaties bearing on the History of the United States and its Dependencies to 1648, Frances Gardiner Davenport, editor, Carnegie Institution of Washington, 1917, pp.75 - 78. The original text in Latin is in the same volume, pp.72 - 75.

1494年6月，西葡两国据此签订《葡地斯拉斯条约》(the Treaty of Tordesillas)予以确认。[①]格劳秀斯在论证公海上航行自由时认为：教皇"应满足于自己管辖的精神世界，他根本就不能将该权力授予世俗的君主们"[②]。在否定教会干预和西、葡相关条约的同时，格劳秀斯主张自然法，并基于罗马法推论任何国家无法先占海洋的观点，从而阐释了当时具有"应然"性的海洋自由论。"格劳秀斯的海洋自由论逐步获得包括英国在内的普遍支持，并成为习惯国际法的原则。"[③]

十八世纪中叶，格劳秀斯学派代表人物瓦特尔在他名著《国际法或自然法原则》中明确公海的航行自由已扩大至捕鱼自由，同时，他指出沿海国家已对近海区域主张领海主权。这必然引起与公海航行和捕鱼自由的冲突。[④]上文提及"北令海仲裁案"就是此类冲突引起的。该案裁决重申当时沿海国对其3海里领海之外海域里海豹及其捕猎，没有"专属权"(Exclusive Rights)。这一裁决依据源于自然法，当时已成为习惯国际法的公海自由原则。同时，该裁决规定设立普里比洛夫群岛周围60英里(含3海里领海)的禁捕"区域"(Zone)以及每年5月至7月在北太平洋部分海域的禁捕期，以保护和保全海豹。[⑤]其意义在于："强烈支持限制开发之必要，清楚表明所需措施，并承认自由不是绝对的，而必须加以规制以合理地考虑其他国家的利益。"[⑥]这相对于当时已确立的公海捕鱼自由之习惯国际法，具有"应然"性，提示为了其他国家乃至人类共享海洋自然资源的利益，应对公海捕鱼自由加以必要限制的未来发展趋势。[⑦]

在第三方和平解决领土争端方面，上文提及"帕尔马斯岛案"体现了从欧洲人看来具有自然法性质的国际法原则。胡伯在该案中强调领土主权自然地应有其连续性这一根本的构成要素，并认为："自十八世纪中叶以来，在国际法上越来越要求领土占有应该是有效的，如果仅仅要求取得的行为而没有该权利的维持，该有效性

---

① See Thomas A. Clingan, *The Law of the Sea: Ocean Law and Policy*, Austin & Winfield, 1994, pp.10-11.

② [荷]雨果·格劳秀斯：《论海洋自由或荷兰参与东印度贸易的权利》，马忠法译，上海人民出版社2005年版，第19页。

③ David Anderson, *Modern Law of the Sea, Selected Essays*, Martinus Nijhoff Publishers, 2008, p.5.

④ See Emmerich de Vattel, *The Law of Nations or the Principles of Natural Law*, translation of the edition of 1758 by Charles G. Fenwick, The Carnegie Institution of Washington, 1916.

⑤ Award between the United States and the United Kingdom related to the rights of jurisdiction of the United States in the Berling's sea and the preservation of the fur seals, 15 August 1893, reprinted in United Nations Reports of International Arbitration Awards, 2007, Vol.28, p.270.

⑥ Patricia Birnir, Alan Boyle and Catherine Redgwell, ed., *International Law & the Environment*, third edition, Oxford University Press, 2009, p.708.

⑦ 参见刘丹：《海洋生物资源保护的国际法》，上海人民出版社2012年版，第174—175页。

是不可想象的。”[①]其理论依据就是上文所述瓦特尔名著阐释的自然法原则：如航海者发现无主或无人居住的岛屿，便以其国家名义拥有；如嗣后实际占有，该权利通常得到尊重。“问题在于一国可否仅显示拥有行为，却没有真正占有该土地，并且这比居住或耕作，具有更宽泛意义。这就难以判断此类主张是否完全背离自然法，并有悖自然之意图，即，将地球供所有人类所需，且仅赋权尽可能利用其领土的国家，而非只是占着不让他国希望利用。”[②]这就是“实际占有”（Actual Occupation）的自然法原则。瓦特尔名著直到二十世纪初仍具权威性。[③]胡伯进一步将该原则阐发为“和平与持久行使”国家权力这一“确立国家间领土的最重要因素之一”。[④]值得注意的是，PCA 依据 1899 年缔结并于 1907 年修订的《和平解决国际争端公约》所规定的仲裁规则，均未明确可适用法限于实证的国际法渊源，而是一般地规定“适用国际法的原则”[⑤]。这使得仲裁庭（员）可能适用源于自然法的国际法原则。

上述和平解决领土及海洋权益争端的自然法或源于自然法的国际法原则，在当时具有一定的时代进步性，但显然带有欧洲文明中心的烙印。“格劳秀斯采取了使自然法世俗化并使它从纯粹神学学说里解放出来的决定性步骤。”[⑥]他的自然法学说是当时欧洲最先进的思想，尤其是其提出的公海自由，逐步为人们接受而成为海洋法的基石。这都是无可争议的。但是，无论是他本人，还是其继承者，尤其是格劳秀斯学派代表人物瓦特尔的自然法和国际法理论，都具有历史局限性。瓦特尔在阐释“实际占有”的自然法原则时认为，欧洲人在地理大发现所到达的新世界，当地部落对这些广袤地域的不确定占有不能构成真正和合法的占有，欧洲国家“可以合法地拥有这些地域并建立殖民地”[⑦]。这里所谓“合法”（Lawful）是指符合上述自然法，即“将地球供所有人类所需，且仅赋权尽可能利用其领土的国家”。这是典型的欧洲中心论。正如西方学者自己所批评的：“国际法的欧洲中心论是错误的，不完整的。这不仅通常无视伴随西方规则的传播而来的暴力、残忍和傲慢，而

---

① *The Island of Palmas Case* (USA/Netherlands), PCA, 4 April 1928, p.8.

② Emmerich de Vattel, *The Law of Nations or the Principles of Natural Law*, translation of the edition of 1758 by Charles G. Fenwick, The Carnegie Institution of Washington, 1916, pp.84 – 85.

③ Bardo Fassbender and Anne Peters, ed., *the Oxford Handbook of the History of International Law*, Oxford University Press, 2012. p.1118.

④ *The Island of Palmas Case* (USA/Netherlands), PCA, 4 April 1928, p.9.

⑤ 1899 Convention for the Pacific Settlement of International Disputes, Art. 48.

⑥ ［英］劳特派特修订：《奥本海国际法》上卷第一分册，石蒂、陈健译，商务印书馆 1971 年版，第 63 页。

⑦ Emmerich de Vattel, *The Law of Nations or the Principles of Natural Law*, translation of the edition of 1758 by Charles G. Fenwick, The Carnegie Institution of Washington, 1916, p.85.

且这种传播导致其他法律文化的毁灭。"[①]"帕尔马斯岛案"与系争岛屿被认定在西班牙起初发现,未实际占有之时为"无主地"有关。该案披露当时西班牙籍船只是"看见"该岛,就命名并将它作为西班牙殖民地。其实,该岛并非无主,而是有当地人居住。十七世纪中叶,荷兰在马来西亚、印度尼西亚等地建立殖民地,与包括该岛在内的当地土著首领签订所谓合同,推行其殖民统治。该案所阐释的和平与持久行使主权的有效占有,实质上就是以协议的"宗主"(Suzerainty)名义所实行的殖民统治。该案也承认从十六世纪末到十九世纪,欧洲各国许可本国私人公司从事海外贸易的,并授权"取得和管理殖民地"[②]。这是当时对欧洲人而言的国际法。对于欧洲以外被殖民的国家和地区而言,这不是"良法"。

(二)和平解决领土及海洋权益争端的习惯国际法及其评价

二十世纪初以来,尤其是 PCIJ 和 ICJ 的规约规定可适用法主要是条约和习惯国际法。ICJ 迄今解决的领土及海洋权益争端也适用习惯国际法。然而,对这类习惯国际法的认定及其评价有不同看法。

譬如,有效占有的判理是否为习惯国际法?在 2012 年 ICJ 的"白礁岛"主权归属案中,英国就利用其当时的殖民扩张优势,明知该岛不属于作为其殖民地的新加坡的一部分,为控制马六甲海峡所需而在岛上建立灯塔,进而长期霸占。马来西亚在独立前及其前身柔佛王国处于殖民统治下,虽在独立后过了一段时间才提起争端解决,但至少在之前一百多年殖民时期不可能与英国交涉。ICJ 在该案中强调英国以及独立后新加坡对于该岛的主权行为得到柔佛王国及马来西亚的默认,而没有明确提及"时效取得"。由于有效占有在不同案件中的判理各异,因此,ICJ 没有认定这种做法具有习惯国际法的性质。[③]

从"应然"的良法来评价有效占有,在殖民统治的历史背景中,这种有效占有对于被殖民的国家和地区而言,实际上是霸占,因而不可视为良法。只有在系争领土主权的当事方均为政治独立的主权国家的历史条件下,以持续与和平行使主权的有效占有,且在系争"关键日期"(Critical Date)之前没有其他国家提出异议,才有良法应具备的合理、合法性。这种"理"和"法"在于领土的历史性,从历史的演变看事实的,持续有效的占有,以考察其包含的国际法意义。

---

① Bardo Fassbender and Anne Peters, ed., *the Oxford Handbook of the History of International Law*, Oxford University Press, 2012. p.2.

② *The Island of Palmas Case* (USA/Netherlands), PCA, 4 April 1928, p.25.

③ ICJ 的法官们对默认取得主权存有不同看法。参见蒋超翊:《通过国际法院的三个最新案例评"有效占领"的要件》,载《中国国际法年刊(2012)》,法律出版社 2013 年版,第 266—309 页。

又如占领地保有主义是否为形成中的习惯国际法？二十世纪六十年代后，ICJ审理了一系列后殖民地时期亚非拉地区的新独立国家间领土争端或领土及海洋权益争端案件。1986年ICJ判决的“边界争端案”就是其中第一起典型的殖民遗留领土争端案。ICJ首先阐释了作为该案可适用法的“占领地保有主义”。这是1964年在埃及首都开罗召开的非洲国家元首和政府首脑会议第一次全体会议上通过的决议所明确表述的一项原则，即，各国“郑重约定尊重其取得民族独立时存在的边界”①。ICJ强调：“这是涉及殖民化问题的既定国际法原则。”②起初，该原则适用于西班牙的美洲殖民地在独立后发生的领土争端解决，而后推广到其他区域的后殖民地时期独立国家间领土争端解决，因而成为一项普遍的原则。显然，其目的在于避免新独立国家陷入相互间为领土纷争而危及稳定。ICJ认为：“新的非洲国家对殖民时期确定的行政管理边界和边境所表示的尊重，必须被视为不仅仅是有助于逐步形成的习惯国际法原则之做法，因而如同先前在西班牙的美洲殖民地一样，如今对非洲大陆的影响，而且在非洲是具有普遍适用范围的规则。”③然而，正如ICJ在稍后于1992年的“陆地、岛屿和海上边界争端案”中所说，“占领地保有主义”实质上是“追溯性原则”（Retrospective Principle），将原先殖民时期为了殖民者行政管理而设定的划界当作国际边界。④因此，在后殖民时期适用该原则，往往也并不能解决领土争端。

在二十世纪八十年代，ICJ认为“占领地保有主义”是形成中的习惯国际法规则，普遍适用于解决后殖民化有关领土争端。在二十一世纪的今天，其习惯国际法的地位又如何呢？2005年、2013年ICJ先后审理非洲国家尼日尔与邻国贝宁、布基纳法索之间的殖民时期遗留边界争端，根据当事国有关可适用法的协议，适用“占领地保有主义”原则，并援引上述“边界争端案”。但是，这些案例没有再明确提及该原则为形成中的习惯国际法。“占领地保有主义”原则是拉美和非洲国家独立后，为避免陷入相互间为领土纷争而危及稳定，所赞同的一项仅适用解决非殖民化时期发生领土争端的国际法原则和规则，但是，很难像ICJ曾认为是形成中的习惯国际法。尤其应指出该原则的历史局限性，即，在这些案件中，无论最后哪一方有所获益，非殖民化的广大发展中国家都是曾经殖民统治的不幸受害者。该原则是

---

① See the Resolution adopted at the first session of the Conference of African Heads of State and Government, meeting in Cairo in 1964, AGH/Res. 16(1), in *Frontier Dispute*, Judgment, ICJ Report 1986, p.564, para.19.

② *Frontier Dispute*, Judgment, ICJ Report 1986, p.565, para.20.

③ Ibid, p.565, para.21.

④ *Land, Island and Maritime Frontier Dispute* (El Salvador/Hoduras: Nicaragua intervening), Judgment, ICJ Reports 1992, p.388, para.44.

这些国家不得已而认同的，不具有真正的良法性质。

（三）和平解决领土及海洋权益争端的条约法及其评价

国际法上尚无领土法公约。《联合国海洋法公约》（UNCLOS）第二条第一款规定："沿海国的主权及于其陆地领土及其内水以外邻接的一带海域，……称为领海。"第二款规定："此项主权及于领海的上空及其海床和底土。"这包括了国际法上公认的领陆、领水（领海）和领空三位一体的广义"领土"范畴。根据该公约解决的领土及海洋权益争端主要是内陆或岛屿的领土及其大陆架等海洋权益。

根据 ICJ 在 1969 年"北海大陆架案"中阐述的陆地统治海洋的原则①，沿岸陆地和岛屿的领土决定了相关海洋权益的界定。1994 年至 2001 年"卡塔尔与巴林海洋划界案"是 UNCLOS 于 1994 年 11 月 16 日正式生效前夕，ICJ 受理海洋权益及相关领土争端的重要案例。为解决两国海洋划界争端，ICJ 先解决涉案卡塔尔半岛西北端的祖巴拉地区主权归属，主要依据 1913 年英国与奥斯曼帝国的一项协定（未得到批准），认定卡塔尔对该地区拥有主权；同样依据 1939 年作为两国的保护国，英国对该案所涉海瓦尔诸岛归属巴林的决定，认为：两国"同意解决海瓦尔诸岛的争端，1939 年决定因而必须被视为一开始就对两国具有约束力，并在 1971 年之后英国停止对两国的保护之后仍有约束"②。这实际上适用了"占领地保有主义"。

对于涉案海洋划界，鉴于卡塔尔还不是 UNCLOS 缔约国，经双方同意和 ICJ 确认，该公约有关岛屿规定"体现习惯国际法"，可适用于本案。③比如，该公约第一百二十一条第二款有关岛屿制度的规定"体现习惯国际法"，亦即，"岛屿不论大小，拥有其他陆地领土的同样地位，并由此产生同样的海洋权利。"这包括岛屿的领海、毗邻区、专属经济区和大陆架。在"尼加拉瓜与哥伦比亚的领土及海洋权益案"中，ICJ 对低潮高地的国际法地位作了进一步说明。"岛屿虽小，但能够被占用，这是既定的国际法。相反，低潮高地不能被占用，虽然沿海国对于其领海内低潮高地拥有主权，因其对领海本身拥有主权，并且，在领海内低潮高地可以被用于确定领海宽度。"④其实，无论是 UNCLOS 有关岛屿及低潮高地的条款，还是各国的普遍

---

① *North Sea Continental Shelf*, Judgment, ICJ Reports 1969, p.52, para.96.

② *Maritime Delimitation and Territorial Questions between Qatar and Bahrain*, Judgment, ICJ Reports 2001, p.83, para.139.

③ Ibid., p.91, para.167.

④ *Territorial and Maritime Dispute* (Nicaragua v. Colombia), Judgment, ICJ Reports 2012, p.641, para.25.

实践所确立的习惯国际法，都没有明确低潮高地是否具有“可占用性”(Being Capable of Appropriation)以及可否被视为领土。可以说，这是目前国际法尚无明确规定的问题。可以明确的是：根据陆地统治海洋的原则，自然形成的高潮高地作为岛屿拥有完全的海洋权益，但缺乏供人类生存的小岛屿仅可拥有其领海；低潮高地原则上不拥有其海洋权益，但可否作为领土占用，由对其拥有主权的国家根据实际情况决定，尚无允许或排除性的国际法规定。“目前，国际上无论国家实践或者相关国际机构还是学者观点均不太统一。”①

UNCLOS 被认为“具有国际法上真正的里程碑意义。这带来自格劳秀斯《论海洋自由》问世以来海洋法上最重要的变化”②。该公约是 1949 年联合国国际法委员会成立后决定优先编纂的条约之一，经过联合国三次海洋法会议，历时 30 多年最终完成。其有关领土及海洋权益的条款具有习惯国际法的地位。该公约是中国恢复在联合国的合法席位后参与缔结的多边公约之一，并为维护发展中国家的海洋权益诉求做出重要贡献。③包括上述岛屿制度的规定，该公约充分兼顾不同发展水平国家的利益，具有良法应有的公平合理性。

二、和平解决领土及海洋权益争端的善治

上述对四百多年来国际法实践中的和平解决领土及海洋权益争端所适用的自然法、习惯国际法和条约法，以及从“应然”范畴的良法角度加以评析的，都是实体法。如何运用这些法，和平解决领土及其海洋权益争端的程序，则侧重于“治理”(Governance)，同样有必要从“应然”的善治角度加以评判。尤其是关于国际裁判机构解决领土及海洋权益争端的管辖权及其实践，是否体现尊重当事国对其管辖之意愿？是否管辖其应管辖之事项？这是国际法治中“善治”的正当性问题，值得探析。

(一) ICJ 解决领土及海洋权益争端的管辖权及其评价

迄今 ICJ 受理的近 30 起有关案件，其中 7 起存在管辖权争端。④其争端原因何

---

① 张海文：《〈联合国海洋法公约〉若干条款的解释和适用问题》，载《中国国际法年刊(2020)》，法律出版社 2021 年版，第 47 页。

② David Freestone, ed., *The 1982 Law of the Sea Convention at 30: Successes, Challenges and New Agendas*, Martinus Nijhoff Publishers, 2013, p.24.

③ 参见贾宇：《中国与国际海洋法——从〈万国公法〉到〈联合国海洋法公约〉》，载《中国国际法年刊(2022)》，法律出版社 2023 年版，第 11—38 页。

④ See ICJ lists of all cases: https//www.icj-cij.org/home, last visit on 21 March 2024.

在?ICJ解决这些管辖权争端是否合理正当,或者说,是否体现善治?

ICJ行使其管辖权,除根据当事国事先加入条约的规定且未做出保留,或事后达成同意接受管辖的协议,主要依据其规约第三十六条第二款(任择条款),由该规约各当事国选择声明对于一切法律争端均接受ICJ强制管辖。然而,各国有关声明往往又做出各种保留。比如,在1998年"渔业管辖权案"中,ICJ认定涉案争端是加拿大采取NAFO公约允许在超出其200海里专属经济区的海域内养护与管理措施引起,而该措施正是加拿大任择强制管辖权声明保留的事项。此案表明ICJ本着"正义的善治"(the Good Administration of Justice)①理念,通过解读此类单方声明,充分尊重加拿大作为当事国之一对于ICJ管辖的真实意愿。

近20年,ICJ对于管辖权异议的5起领土及海洋权益争端案,均先决裁定拥有管辖权。其中,对于"尼加拉瓜海岸200海里以外尼加拉瓜与哥伦比亚大陆架划界案"的先决裁定是否体现善治?值得进一步评析。2012年,该案在法官们存有重大分歧情况下,ICJ认定只要尼加拉瓜作为UNCLOS缔约国向外大陆架界限委员会(CLCS)提交有关信息,无论CLCS是否对有关外大陆架的外部界限做出建议,ICJ均可审理。②经过实体问题审理,ICJ驳回尼加拉瓜主张划定其外大陆架与哥伦比亚200海里大陆架重叠部分的诉求。该公约第七十六条第八款规定CLCS"应就有关划定大陆架外部界限的事项向沿海国提出建议,沿海国在这些建议的基础上划定的大陆架界限应有确定性和拘束力"。2007年ICJ在"尼加拉瓜与洪都拉斯在加勒比海的领土与海洋争端案"中曾明确:"任何对200海里之外大陆架的权利主张必须依照UNCLOS第七十六条,并经该公约设立的CLCS审查。"③这体现了该公约框架下的善治:沿海国对其陆地领土的全部自然延伸至大陆边外缘的海底区域的海床和底土,拥有勘探和开发的主权权利;大陆架通常在200海里内,但其自然架延伸,可扩展至350海里;对于200海里外大陆架界限,应由CLCS审查认定并做出划定建议;外大陆架界限涉及全人类利益的国际海底。④2012年ITLOS"孟加拉湾海洋划界案"鉴于当事国均为UNCLOS缔约国,且孟加拉国对缅甸向

① *Fisheries Jurisdiction* (Spain v. Canada), Jurisdiction of the Court, Judgment, ICJ Reports 1998, 448, p.29.

② *Question of the Delimitation of the Continental Shelf between Nicaragua and Columbia beyond 200 Nautical Miles from the Nicaraguan Coast*, Preliminary Objections, Judgment, ICJ Reports 2016, p. 139, para.126(1)(b).该判决同意和反对均8票,由院长投票同意。

③ *Territorial and Maritime Dispute between Nicaragua and Honduras in the Caribbean Sea*, Judgment, ICJ Reports 2007, p.759, para.319.

④ See David Anderson, *Modern Law of the Sea: Selected Essays*, Martinus Nijhoff Publishers, 2008, pp.409-411.

CLCS 提出的外大陆架划界案表示异议，故 CLCS 不予审理，①因而对包括涉案外大陆架在内做出单一海洋划界，并强调：如果拒绝解决本案所涉外大陆架划界争端，那么该问题就可能始终得不到解决。这“不仅使得长期存在的争端无法解决，而且也不利于该公约的有效实施”②。这是防止“僵局”(Deadlock)的特殊情况。③然而，2016 年 ICJ 在 CLCS 同时审理尼加拉瓜提出的外大陆架界限案的情况下，先决裁定拥有管辖权。正如 ICJ 经实体审理后认定，涉案尼加拉瓜外大陆架划界势必与相对的哥伦比亚大陆架权益冲突，因而该先决裁定的适当性，更有必要质疑。可以说，此类不适当地行使管辖权，缺乏善治的合理正当性。

(二) UNCLOS 框架下解决海洋权益争端的管辖权及其评价

UNCLOS 第 15 部分专门规定该公约项下海洋权益争端的解决。其中第 2 节第二百八十八条规定导致有拘束力裁判的强制程序的管辖权，包括缔约国可声明任择的 ITLOS、ICJ 或按照该公约附件 7 组成的仲裁庭等常设或非常设的国际裁判机构的管辖权。同时，第二百九十八条规定缔约国可任择声明不接受关于海洋划界、历史性海湾或所有权、必然涉及大陆或岛屿领土的主权、军事活动等争端解决的国际裁判机构管辖权。这体现了尊重主权国家是否接受国际裁判机构管辖的意愿。2006 年 8 月 25 日，中国依此向联合国秘书长提交书面声明，对于该公约第二百九十八条有关款项所述的任何争端(即涉及海洋划界、领土争端、军事活动等争端)，中国政府不接受该公约第 15 部分第 2 节规定的任何国际司法或仲裁管辖。④

自该公约 1994 年生效以来 30 年，ICJ 审结的海洋权益争端案件中唯一援引 UNCLOS 争端解决条款的是“印度洋海洋划界案”(2021)。该案也涉及当事国索马里与肯尼亚的外大陆架划界争端。双方曾于 2009 年向 CLCS 递交划界案，并签署互不异议的备忘录。肯尼亚对 ICJ 管辖权的异议之一是，该备忘录约定两国对于包括外大陆架在内海洋划界的争端“应在 CLCS 做出外大陆架界限建议之后协议解决”⑤。

---

① 关于 CLSC 的“有争端，不审议”规则，参见尹洁、张丹：《大陆架界限委员会审议涉争端划界案的权力边界探析》，载中国国际法学会主办：《中国国际法年刊(2020)》，法律出版社 2021 年版，第 110—130 页。

② *Dispute Concerning Delimitation of the Maritime Boundary between Bangladesh and Myanmar in the Bay of Bangla*, ITLOS List of Case, No.16, 14 March 2012, p.115, para.391.

③ Stephen Fietta and Robin Cleverly, *A Practitioner's Guide to Maritime Boundary Delimitation*, Oxford University Press, 2016, p.613.

④ 中国依《联合国海洋法公约》第 298 条规定提交排除性声明(中英文)，参见《中国海洋法评论》2007 年第 1 期，第 178 页。

⑤ Memorandum of Understanding between the Government of Republic of Kenya and the Transitional Federal Government of the Somali Republic, 7 April 2009, in *Maritime Delimitation in the India Ocean* (Somalia v. Kenya), Preliminary Objection, Judgment, ICJ Reports 2017, p.18, para.37.

但是，ICJ 经条约解释，认为该备忘录“既不约束当事国只能等到 CLCS 程序结束后方可尝试达成其海洋边界的协定，也没有对当事国设置义务通过特定解决方法解决其海洋边界争端”①。且不论 ICJ 的解释颇有牵强附会和武断，②连 UNCLOS 第三百零九条“明示许可”例外规定，也视而不见。ICJ 在驳回肯尼亚基于 UNCLOS 有关争端解决条款对其管辖权异议时，指出：该公约第 15 部分“是该公约不可缺少的部分，而不是任择议定书。依据该公约第三百零九条，该公约未允许保留，所有缔约国都受第 15 部分的约束。”③但是，ICJ 在援引、解释该条款时，却未完整援引第三百零九条“除非本公约其他条款明示许可”的例外规定，尤其上述第二百九十八条规定缔约国可任择声明不接受有关事项的第三方争端解决。至于肯尼亚主张根据 UNCLOS 第二百八十七条第三款，当事国应接受该公约附件 7 下仲裁庭，而非 ICJ 管辖，则涉及对任择接受 ICJ 强制管辖权声明的解释，存而不论。④存在诸如此类应予质疑的管辖权，难以符合善治要求，至少不无善治的瑕疵。

ITLOS 是根据 UNCLOS 设立专门解决海洋权益争端的国际裁判机构。自 1996 年以来审理 3 起海洋划界案，只有 2023 年裁决的“毛里求斯与马尔代夫海洋划界案”存在管辖权争端，而该争端又与 2015 年 PCA 审理的“查戈斯海洋保护区仲裁案”、2019 年 ICJ 关于“1965 年查尔斯群岛从毛里求斯分裂的法律后果咨询意见”，密切相关。

该仲裁案因 2010 年英国在印度洋设立查戈斯海洋保护区引起。毛里求斯主张查戈斯群岛应随其 1968 年独立而完成非殖民化，但 1965 年英国将该群岛从毛里求斯分裂而继续作为其海外领地。英国辩称：PCA 仲裁庭依据 UNCLOS 第 15 部分争端解决规定审理，缺乏管辖权。理由是毛里求斯首先诉称英国不是涉案海域的“沿海国”（Costal State），无权设立海洋保护区，而鉴于查戈斯群岛仍在英国主权管辖下，因此该争端不属于仲裁庭管辖事项。该仲裁庭认为：“该问题包括两个方面，其一，毛里求斯第一项诉求的争端性质；其二，本案的核心问题在于领土主权事项，在什么范围，UNCLOS 第二百八十八条第一款允许仲裁庭决定陆地主权是

---

① *Maritime Delimitation in the India Ocean* (Somalia v. Kenya), Preliminary Objection, Judgment, ICJ Reports 2017, p.35, para.98.

② 参见张乃根：《条约解释的国际法》，上海人民出版社 2019 年版，第 517 页。

③ *Maritime Delimitation in the India Ocean* (Somalia v. Kenya), Preliminary Objection, Judgment, ICJ Reports 2017, p.48, para.125.

④ See Dissenting Opinion of Judge Robinson, *Maritime Delimitation in the India Ocean* (Somalia v. Kenya), Preliminary Objection, Judgment, ICJ Reports 2017, pp.67 - 80. 这一不同意见针对多数意见关于 UNCLOS 争端解决条款及任择接受 ICJ 强制管辖权声明的不当解释。

否作为认定相关海洋权利与义务问题的先决条件。”①很清楚，UNCLOS 不涉及领土争端，“当事国关于查戈斯群岛的主权之争不是 UNCLOS 的解释和适用问题。因此本仲裁庭对于毛里求斯第一项诉求无管辖权。”②

随后，毛里求斯推动不结盟国家和非洲联盟先后通过要求英国完成查戈斯群岛非殖民化的决议，并最终由联合国大会决议请求 ICJ 就此提供咨询意见。ICJ 认为英国将查戈斯群岛分裂致使毛里求斯独立后的非殖民化尚未完成，因而有义务尽快结束在该群岛的管理。③于是，毛里求斯向 ITLOS 起诉请求对该群岛与马尔代夫的海洋划界，实际上以拥有该群岛主权为前提。马尔代夫辩称毛里求斯与英国就该群岛主权归属存在争端，因而在解决该争端之前，ITLOS 对涉案海洋划界不具有管辖权，并强调 ICJ 咨询意见并未解决这一争端。ITLOS 在管辖权裁决中虽承认毛里求斯的诉求以其对查戈斯群岛拥有主权为“前提”(Premise)，④但认为鉴于英国在 1965 年将查戈斯群岛分裂时承诺一旦不需要将该群岛用作国防就归回给毛里求斯，具有“法律约束力”，因而“就海洋划界而言，可起到评估毛里求斯是否与马尔代夫相对或相邻的国家之作用”。⑤同时，ITLOS 认为，非殖民化进程虽未完成，毛里求斯对查戈斯群岛的主权仍可从 ICJ［咨询意见］认定中加以“推断”(Inferred)。⑥显然，这种基于假定前提或推断的管辖权，很难具有程序上的“善治”性。⑦

三、和平解决领土及海洋权益争端的中国立场

中国是具有延绵五千多年文明史的大国，也是邻国最多的国家之一。在漫长的历史进程中逐步形成了中国固有领土及其海疆。⑧近代诸多不平等条约导致中

① *In the Matter of the Chagos Maritime Protection Area Arbitration*, PCA Award, 18 March 2015, p.86, para.206.

② Ibid., p.90, para.221.

③ See *Legal Consequences of the Separation of the Chagos Archipelago from Mauritius in 1965*, Advisory Opinion, ICJ Reports 2019, p.140, para.183(3)-(4).

④ *Dispute Concerning Delimitation of the Maritime Boundary between Mauritius and Maldives in the Indian Ocean*, ITLOS List of Case: No. 28, Preliminary Objections, Judgment, 28 January 2021, pp.35-36, para.113.

⑤ Ibid., p.43, para.139.

⑥ Ibid., p.73, para.246.

⑦ 已有学者指出 ITLOS 对该管辖权异议的裁决存在许多问题，包括“论述国际法院咨询意见法律效果时具有偷换概念的嫌疑”。朱利江：《“毛里求斯与马尔代夫海洋划界案”初步反对意见判决的问题、技巧与影响》，《国际法研究》2021 年第 5 期，第 22 页。

⑧ 参见谭其骧主编：《简明中国历史地图集》，中国地图出版社 1991 年版，第 1—2 页。

国丧失很多领土。新中国成立后在和平共处五项原则基础上，与绝大多数陆地邻国经谈判解决了领土划界，但仍与个别陆地邻国和多数海上邻国存在领土及海洋权益争端。如何进一步和平解决这些争端，亟待全面深入研究。

（一）全面客观看待和平解决领土及海洋权益争端的良法善治

如前所述，和平解决领土及海洋权益争端的实践贯穿四百多年来的国际法历史。这是可以依据历史文献、权威论著和经典案例客观描述的。在这个意义上具有唯一性，不可改写。有关解决争端的实体法和程序法是否符合良法善治？更多取决于评价的主观标准，具有多样性。“良”和“善”首先是道德观念，与价值判断不可分割。在各国主权平等的国际社会，此类观念或判断，往往受到不同的国家利益影响而大相径庭。中国有关和平解决领土及海洋权益争端的立场，离不开对相关良法善治全面客观的了解和评价。

在格劳秀斯时代，基于欧洲新兴民族国家的主权平等观念和对海洋区别于陆地的自然特性，有关公海上航行自由的非神学自然法，具有时代先进性。尽管在很长时期，欧洲国家对此仍有争议，直到18世纪才逐步达成共识，但是，如今UNCLOS有关公海航行和捕鱼自由的规定，乃至“将海洋视为公共产品，世界共同遗产的要素和对自然养护的共同关注，目前依然是格劳秀斯《论海洋自由》具有经典性的最好标志”①。历史表明格劳秀斯主张的这一非神学自然法含有国际法上“应然”的公正合理性，尤其对于和平解决海洋权益争端具有良法性质。但是，如前所述，不应忽视格劳秀斯的自然法是为当时独立后的荷兰与葡萄牙等欧洲国家争夺海外殖民地服务的。只有脱离这一历史局限性，将海洋作为人类“共有物”（Commonage）②的法才是真正的良法。

自1928年“帕尔马斯岛案”至今，在近百年和平解决领土争端的国际裁判实践中，前文所述有效占有、占领地保有主义等提出或适用都与殖民遗留问题有关。如果同样脱离这一历史局限性，是否可以视之为良法？良在何处？陆地是人类赖以生存之处。一定国家在产生和发展过程中形成其权力管辖的领土。国家的政治形态依随文明差异而有所不同。ICJ在“西撒哈拉地位的咨询意见”中明确殖民化之前的西撒哈拉不是“无主地”，而是当地游牧民世代生活的地方，并有其传统的部落统治方式。③这就是西撒哈拉人民有效占有确立的领土。在前述“白礁岛案”中，

① Hugo Grotius *Mare Liberum* 1609－2009, edited by Robert Freenstra, BRILL, 2009, p.28.

② Louis Henkin, *International Law: Politics and Values*, Martinus Nijhoff Publishers, 1995, p.79.

③ *Western Sahara*, Advisory Opinion, ICJ Reports 1975, p.31, para.81.

ICJ 也认定自 1521 年柔佛王国就对包括该岛屿在内地区行使主权,[①]只是后来被葡萄牙、荷兰和英国先后殖民而已。历史上,柔佛王国的领土通过其有效占有确立。因此,有效占有是一般国际法上确定领土主权的良法,具有合理合法性。同样,脱离殖民化的条件,平等的主权国家间,一国经有效占有而确立其领土与他国在相关争端发生的关键日前,对之明示或默示承认有关。这些在当代国际裁判实践得到适用的原则或规则,即便没有被明确认定为习惯国际法,至少也是得到公认的国际规则,具有合理合法性。至于占领地保有主义,如前所述,ICJ 曾认为这得到后殖民化国家的普遍采用而具有习惯国际法性质,但实际上这是新独立国家不得已而为,相互约定将殖民化创伤留给历史,从未将之作为习惯国际法。如今连 ICJ 自己也不再这么说了。其良法性当然无从说起。

良法须有善治,否则难以落到实处。UNCLOS 有关和平解决海洋权益的良法,在一些国际裁判实践中没有得到善治,与其争端解决的管辖权不当行使或滥用有关。根据《联合国宪章》关于和平解决国际争端的基本原则,各国应以谈判、仲裁、司法解决等方法,或各该国自行选择之其他和平方法,求得解决。如前所述,UNCLOS 规定了仲裁和司法解决的强制程序和各缔约国任择声明的例外。从近 30 年来的实践看,ICJ 审理的相关案件只有"印度洋海洋划界案"涉及 UNCLOS 争端解决程序,但排除适用该案。ITLOS 审理的此类案件也仅有"毛里求斯与马尔代夫海洋划界案"存在管辖权争端。值得高度关注的是两者都利用相关条约或已有判例、咨询意见的解释,呈现强化或扩大其管辖权的倾向。

UNCLOS 项下导致有拘束力裁判的强制程序应受到双重限制:其一,根据第二百八十八条第一款,有关法院或法庭的管辖限于"有关本公约的解释或适用的任何争端"。这不包括领土主权争端。PCA"查戈斯海洋保护区仲裁案"明确了这一限制。ITLOS"毛里求斯与马尔代夫海洋划界案"也不得不承认这一限制,但却以假定和推断涉案群岛主权归属已解决为由,不当行使其管辖权。按照"陆地统治海洋"原则,海洋权益争端往往涉及大陆或岛屿的领土主权归属。ICJ 审理的此类案件均依次解决领土及海洋权益争端,但是,此类案件的管辖依据不是 UNCLOS 有关强制程序,而是 ICJ 规约下任择强制管辖程序或当事国参加的区域争端解决安排等。在无法诉诸 ICJ 的情况下,由 ITLOS 或 PCA 临时仲裁庭审理此类案件,也无法审理涉案领土争端。除非像 ITLOS"毛里求斯与马尔代夫海洋划界案"那样,

---

① *Sovereignty over Pedra Brancal/Palau Batu Puteh, Middle Rocks and South Ledge* (Malaysia/Singapore), Judgment, ICJ Reports 2008, p.33, para.52.

更有甚者,PCA"南海仲裁案"蓄意绕过涉案领土主权归属,强行裁决所谓海洋权益争端。①其二,根据第二百九十八条第一款,UNCLOS缔约国可任择声明排除对领土争端解决的强制程序。正如中国已任择声明那样。如未做出排除性声明,按照此类强制程序的法院或法庭可管辖涉及领土主权的海洋权益争端解决,但尚无先例。"同意是关键"(Consent is Crucial)。②然而,"南海仲裁案"曲解乃至无视中国排除性声明,完全违背和平解决国际争端的国家同意原则。③可见,近年来,ICJ、ITLOS等常设国际裁判机构倾向强化和扩大其管辖权,PCA临时的南海仲裁庭更是"先入为主和擅自扩权"④,构成对管辖权的滥用。和平解决领土及海洋权益争端的善治,任重而道远。

(二) 积极创设和参与制定和平解决领土及海洋权益争端之良法

创设和制定这方面良法,势必探讨良法的标准。第二次世界大战后,人们在反思实证法学派对待道德在国际法中的作用时,有所回归格劳秀斯的传统。比如,劳特派特教授认为格劳秀斯将自然法世俗化。"通过将自然法作为文明生活必不可少的法律制度一部分,他给予自然法以权威性。由此,他比前辈更加真正地奠定了国际法的基础。"⑤这并不意味劳特派特改变其实证主义的基本立场。在他看来,"国际法是国际社会的根本规范承诺之体制性表述,而不仅仅是看作理想的正义。"⑥但是,"理想的正义"还是需要的。从实证国际法的产生看,其基础是明示(条约)和默示(习惯国际法)的国家同意。对实证国际法及其适用进行评判,则是良法范畴的"应然"价值引导和判断(类似自然法)。当代西方国际法学者从"合法性"(Legitimacy)角度探讨国际法及其体制的道德评价及其标准,其核心观念仍是传统的"正义"(Justice)说。⑦

在当代国际法的语境下探讨创设、制定和平解决领土及海洋权益争端之良法,

---

① 参见中国国际法学会:《南海仲裁案裁决之批判》,外文出版社2018年版。

② David Anderson, *Modern Law of the Sea*, Selected Essays, Martinus Nijhoff Publishers, 2008, p.509.

③ 参见中华人民共和国外交部:《中华人民共和国政府关于菲律宾共和国所提南海仲裁案管辖权问题的立场文件》(2014年12月7日)。

④ 刘丹:《论〈联合国海洋法公约〉第298条"任择性例外"——兼评南海仲裁案中的管辖权问题》,《国际法研究》2016年第6期,第19页。

⑤ H. Lautepacht, "The Grotian Tradition in International Law", *British Yearbook of International Law*, 23(1946), p.24.

⑥ Patrick Capps, "Lautepacht's Method", *The British Yearbook of International Law*,(2012), p.1.

⑦ See Allen Buchanan, "the Legitimacy of International Law", at Samantha Besson and John Tasioulas ed., *The Philosophy of International Law*, Oxford University Press, 2010, pp.79 - 96.

应以《联合国宪章》为基础。ICJ“在尼加拉瓜的军事及准军事活动案”①等多次认定该宪章规定的国际法原则具有习惯国际法的地位。这包括各国主权平等、和平解决国际争端和不得使用威胁或武力侵害他国领土完整或政治独立。同时,国际公认的相关规则或习惯国际法应得以遵循,这包括上述脱离殖民化背景,在国际裁判机构得到持续普遍适用的有效占有等规则。这方面良法的公平合理之合法性,应体现于尊重领土及海洋权益的历史性。在这个意义上,尊重历史就是尊重国家主权的形成及沿革,就是尊重在相关领土及海域上世世代代生活的人民意愿。相关国家在尊重历史的基础上合情合理解决领土及海洋权益,才是在这个问题上国际法应有的合法性,亦即“良法”。

新中国成立后倡导和坚持符合《联合国宪章》的和平共处五项原则,适用上述良法,公正合理地解决与邻国的领土及海洋权益争端。比如,前述中国与缅甸谈判解决了两国边界问题,约定:“有关中缅边界的现存问题按照下列的规定解决”,第一,“自尖高山起到中缅边界西端终点的全部未定界,除片马、古浪、岗房地区外,尊重传统的习惯线定界”;第二,“缅甸政府同意将属于中国的片马、古浪、岗房地区归还中国”;第三,“为了废除缅甸对南碗河和瑞丽江汇合处的,属于中国的猛卯三角地区所抱持的‘永租’关系,中国政府同意将这个地区移交给缅甸,成为缅甸联邦领土的一部分。”②可见这是两国在“尊重传统的习惯线定界”基础上协商解决部分地区的历史遗留争端。又如,中国与越南于 2000 年经谈判缔结关于在北部湾的海洋划界协定,规定双方根据 UNCLOS 和“公认的国际法各项原则和国际实践,在充分考虑北部湾所有有关情况的基础上,按照公平原则,通过友好协商,确定了两国在北部湾的领海、专属经济区和大陆架的分界线”③。显然,这也是在尊重历史的基础上协商解决相关海洋划界。④

(三)坚持双边谈判解决领土及海洋权益争端的立场之善治

与良法一样,善治也有其“应然”价值引导和判断,并建立在尊重当事国对其管辖之意愿和管辖其应管辖之事项的原则之上。这是任何国际裁判的合理正当程序

---

① *Military and Paramilitary Activities in and against Nicaragua* (Nicaragua v. United States of America), Merits, Judgement, ICJ Reports 1986, p.106, para.202.

② 《中华人民共和国政府和缅甸联邦政府关于两国边界问题的协定》(1960 年 1 月 28 日订于北京,1960 年 5 月 14 日生效)。

③ 《中华人民共和国和越南社会主义共和国关于在北部湾领海、专属经济区和大陆架的划界协定》(2000 年 12 月 25 日订于北京,2004 年 6 月 30 日生效)。

④ 参见张植荣:《中越北部湾划界谈判及其对解决海疆争端的启示》,《国际论坛》2005 年第 2 期。

之前提。ICJ 规约的任择强制管辖权以国家同意为原则，目前声明接受任择强制管辖权的国家为 74 个，占联合国 193 个会员国的比率为 38.3%，且不包括中国、美国、法国和俄罗斯这 4 个联合国安理会常任理事国。这说明大多数国家对诉诸 ICJ 解决相互间争端，一般持保留立场。其他国际裁判机构管辖权的基本原则也是国家同意，只是具体的同意机制有所不同。“谈判依然是最为广泛采用的处理国家争端的方法。”①在近来 ICJ、ITLOS 通过其司法实践强化或扩大其管辖权，PCA 有些临时仲裁庭滥用管辖权的情况下，很多国家都不会贸然改变现有保留立场，对诉诸国际裁判机构持谨慎态度。

我国已通过双边谈判与除印度和不丹之外的所有邻国划定国界。我国在解决与邻国陆地边界的划界实践中遵循的国际法基本原则和通行方法是：坚定地维护国家的主权和领土完整；在平等的基础上友好协商，通过互谅互让求得公平合理的解决，问题解决之前维持现状不变；历史与现实相结合，既照顾历史背景，又照顾已经形成的现实情况；按照国际法的一般原则对待历史上的旧界约，遵循国际惯例划界和勘界。应指出，与印度的领土争端未解，症结所在是印度要求以英国对其殖民时期签署所谓西藏地区的协定为依据，解决与中国的边界问题。这实际上是企图将殖民化加以永久化，强加于新中国，②与和平解决领土的国际良法善治，格格不入。同样，日本、菲律宾、越南等国罔顾历史，霸占我国东海钓鱼岛，侵占我国南海部分岛屿，侵害我国相关海域权益，与和平解决领土及海洋权益的良法善治，背道而驰。毋庸赘述，对于此类争端，惟有坚决维护中国领土主权和一切正当合法的海洋权益，绝不妥协。有学者认为中国对和平解决领土及海洋权益争端持“实用立场”(Pragmatic Approach)，③这是误解。无可争辩，中国的上述原则立场是坚定不移的。

结　论

在迄今的国际法实践中，和平解决领土及海洋权益争端占据着十分重要的地位。有关这方面良法善治的研究，有助于一般国际法上良法善治的进一步探讨。

① John Merrills, “the Means of Dispute Settlement”, at Malcom D. Evans, ed., *International Law*, fifth edition, Oxford University Press, 2018, p.550.

② 参见《周恩来总理给尼赫鲁总理的复信》(1959 年 9 月 8 日)附一：《尼赫鲁总理给周恩来总理的信》(1959 年 3 月 22 日)，载《中华人民共和国对外关系文件集(1959)》第七集，世界知识出版社 1961 年版，第 101—151 页。

③ Junwu Pan, *Toward a New Framework for Peaceful Settlement of China's Territorial and Boundary Disputes*, Martinus Nijhoff Publishers, 2009, p.3.

通过分析近百年来国际裁判机构的典型案例，可见所适用的自然法具有的时代进步性，但从良法应有的公平合理性来评判，当时与荷兰等欧洲国家的海外殖民有关的可适用法具有历史局限性。有效占有、占领地保有主义等也直接或间接与殖民化有关，因而都不具有真正的良法性质。UNCLOS 作为该领域唯一编纂生效的条约法充分兼顾不同发展水平国家的利益，具有良法应有的公平合理性。但是，良法须有善治。近 20 年来 ICJ 和 ITLOS 呈现强化和扩大其管辖权的倾向，尤其是在 UNCLOS 框架下解决海洋权益争端方面，无论是常设法院或法庭、临时仲裁庭的国际裁判所依据的管辖权，都不无质疑之处。中国应对与个别邻国尚存领土争端和周边一些邻国海洋权益争端，理应全面客观了解这方面的国际法实践，并适当评估其良法善治性，坚持以《联合国宪章》为基础，坚持和平共处五项原则，遵循国际公认的相关规则或习惯国际法等具有"应然"公平合理性的良法，坚持双边谈判解决有关领土及海洋权益争端的善治立场。

The Good Law and Governance Regarding the Peaceful Settlement of Disputes on the Territory and Maritime Rights

Abstract: In the view of good law and governance "as they ought to be" substantive fairness and reasonableness with the procedural justice, it is an important aspect of research on promoting the global good governance by the good international law to analyze the practices of international laws regarding the peaceful settlement of disputes on the territory and maritime rights. Since the 17th century, the practices of international law related to the peaceful settlement of disputes on the territory and maritime rights, and in particular, the cases of international adjudication of the last century, have provided with the abundant materials for the research on the good law and governance in this regard. The applicable laws for these cases include the natural law, customary international law and treaties which were originated from the western ideas and international laws. They had the historical advances and limitations. Even though the UN Convention on the Law of the Sea as the good law has sufficiently considered the interests and rights of the developing countries, it lacks the good governance in some cases. The correspondent international adjudications have not fully respected the states' wills or reservations on the jurisdiction. China must peacefully settle disputes of the territory and the maritime rights with the neighboring countries. It is the precondition

for China to have a comprehensive assessment on the relevant good laws and governances while actively creating and taking part in making the good laws and insisting in bilateral negotiation to settle disputes as the position of good governance.
Keywords: Territory; Maritime rights; Dispute; Peaceful settlement; Good law; Good governance

试论康德的国际人道法理论及其现实意义*

内容摘要：国际人道法是国际公法的一个分支。从1864年开始形成至今，在调整战争乃至和平时期的国际关系方面，起到了日益重要的作用。但是，无论是传统意义上适用战争或武装冲突条件下的国际人道法，还是与国际人权法的区别意义开始模糊的当代国际人道法，都存在其固有的局限性，从而引起人们对国际人道法的某些困惑。本文从分析国际人道法的困惑着手，试图说明国际人道法产生的国际法背景及其历史局限性，设问什么是名副其实的国际人道法，从而引出对康德国际人道法理论的研究及其重大意义。这样的研究视角是国内学术界所缺乏的。通过对康德人道法的理论基础——道德形而上学基础以及法哲学的基本理论研究，进一步评析康德的永久和平论，其中包括永久和平的含义、永久和平的六个先决条件、建立法治社会的三阶段及其理论框架、永久和平的保证，从而揭示康德的国际人道法理论的深刻意义及其局限性，并认为康德在分析永久和平的制度时意识到了实现永久和平的困难性，这也表明了理想与现实的距离。如此评析康德的国际人道法理论包含了一种新的研究思路，即，理想的国际人道法与现实的国际人道法既有联系，又有区别。从前者出发，人们应该更多地思考如何从根本上根除非人道的战争或武装冲突手段，真正实践人道法；后者是在前者还没有完全实现前，通过国际法的约束，尽可能减少战争或武装冲突给人类带来的不必要痛苦。

关键词：康德；国际人道法；理论；现实意义

国际人道法作为国际公法的一个分支①，自诞生以来②，在调整战争乃至和平时期的国际关系方面，起到了日益重要的作用。但是，无论是传统意义上适用战争或武装冲突条件下的国际人道法，还是与国际人权法的区别意义开始模糊的国际

---

* 原载《当代中国：发展·安全·价值》(上)，上海人民出版社2004年版，第279页。

① 在中文文献，国际人道法(International Humanitarian Law, IHL)又称国际人道主义法。见王铁崖名誉主编、李兆杰主编：《国际人道主义法文选》，法律出版社1999年版；另见王可菊主编：《国际人道主义法及其实施》，社会科学文献出版社2004年版。本文参考朱文奇教授的提法，采用国际人道法这一术语。见张乃根主编：《当代国际法研究》，上海人民出版社2002年版，第八章国际人道法与关塔那摩战俘问题(朱文奇)。

② 虽然，国际人道法的提法是随着在20世纪70年代人们讨论和通过1948年日内瓦四公约的1977年两附加议定书而被广泛使用，但是，作为条约法的国际人道法实际上早在1864年8月通过《改善战地武装部队伤者境遇公约》时就诞生了。见 Marco Sassou and Antoine A. Bouvier, *How Does Law Protect in War: cases, documents, and teaching materials on contemporary practice in International Humanitarian Law*, Geneva: International Committee of the Red Cross, April 1999, pp. 97 - 99。

人道法，都存在其固有的局限性，从而引起人们对国际人道法的某些困惑。本文将从分析国际人道法的困惑着手，探讨康德的国际人道法理论及其现实意义。

一、国际人道法的困惑

“人道”(humanitarian)原意是指“促进人类福利和社会进步的人”[①]；“人道主义”(humanitarianism)与“人本主义”(humanism)同义，是指“以人类利益与价值为中心的理论、看法或生活方式”[②]；在哲学意义上，特指“反对超自然主义，强调个人尊严和通过理性自我实现的价值和能力”[③]。可见，人道，或人道主义，是以人性为善的眼光来看待人际关系，体现了推崇人的价值与尊严的意识形态，因而与尊重人权的观念本质上是一致的。人道，或人道主义，基于人的善性，因而具有普善主义的特点，与人权的普遍性也是一致的。这样的人道观念，怎么会被融入容忍人类自我残杀、企求人类理性克制的人道法中去呢？

众所周知，“人道”与“法”的融合，一开始就与国家间战争有关，带有国际法的普遍性，因而称为国际人道法。[④]它产生于国际社会尚承认战争为合法的时代。[⑤]就其内容而言，直至二十世纪七十年代才正式使用的“国际人道法”是传统“战争法”的现代用语。[⑥]战争的原意是“分裂”。国际法之父格劳秀斯在探讨战争的词源时，指出：战争的拉丁文“bellum”来自古拉丁文“duellum”，包含了“duo”即“二”(英文two)的意义；希腊文“πσλεμos”包含“多数”(英文multitude)的意义，古希腊文λνη(英文faction)则包含“分裂，纷争”的意义。[⑦]可见，西方的战争观念是指双方的对阵，意味着“分裂”，而相对于战争的和平，则具有“联合”的意义。著名军事理论家克劳塞维茨认为：“战争无非是国家政治通过另一种手段的继续。”[⑧]这种手段就是

① 见 *Merriam Webster's Collegiate Dictionary* 10th edition, p.564。中文“人道”一词含有浓厚的伦理道德意味。见王若水：《为人道主义辩护》，三联书店1986年版，第242页。

②③ 同前引 *Merriam Webster's Collegiate Dictionary*。

④ 国际人道法产生的直接起因是1859年法、意对奥在意大利北部索尔弗利诺战役中惨烈场面唤起人们对受伤战斗人员境遇的同情。参见前引 *How Does Law Protect in War*, p.96。

⑤ 国际法上第一项明确宣布废弃以战争作为国家政策工具的国际条约是第一次世界大战后的1928年《凯洛格—白里安公约》，而第一项明确禁止平等主权国家间一切战争的国际条约是第二次世界大战后的1945年《联合国宪章》。见[英]劳特派特修订：《奥本海国际法》下卷第一分册，石蒂、陈健译，商务印书馆1972年版，第132页；另见张乃根著：《国际法原理》，中国政法大学出版社2002年版，第234页。

⑥ 国际人道法包括有关敌对行动的法律(所谓“海牙法”)和保护受害人的法律(所谓“日内瓦法”)。1977年的附加议定书将两者联系起来，形成统一的国际人道法。见路易斯·多斯瓦尔德—贝克：《国际法院关于核武器是否合法的咨询意见与国际人道主义法》，载前引《国际人道主义法文选》，第2页。

⑦ Hugo Grotius, *The Law of War and Peace*, the Clarendon Press, 1925, pp.33－34.

⑧ [德]克劳塞维茨著：《战争论》，解放军出版社1964年版，第6页。

迫使敌方服从我方的暴力行为，因而从主观上必须有杀伤敌方战斗人员的意志，客观上必然会导致敌我双方大量人员伤亡的结果。这种意志和结果何以为合法？按照格劳秀斯的观点，"从事战争是为了保障和平，而没有争论或不同意见就不会引起战争。因此，在研究战争法时，就应该研究战争的这种起因。战争最终是为了使我们达到和平，这就是战争的最终目的。"[①]在这种战争观的主导下，从十七世纪初到二十世纪初的近三百年，国际法并不禁止以战争为手段达到国家的政治目的，或者说保障和平、实现和平之最终目的。国际人道法就是在如此国际法体制下产生的。

传统的国际人道法是旨在限制战争或武装冲突中暴力使用的国际法。这种限制主要是："(1)不伤害那些不参与或不再直接参与战斗的人员；(2)将暴力限于取得冲突之目的所必不可少的程度，这种冲突不论其原因，唯一目的是削弱敌方的军事能力。"[②]由此产生国际人道法的五项基本原则：(1)区分平民(civilians)与战斗人员(combatants)；(2)禁止攻击非战斗人员(*hors de combat*)；(3)禁止施加不必要痛苦；(4)必要原则；(5)比例原则。然而，旨在限制或减少战争或武装冲突给人类带来痛苦的国际人道法存在固有的局限性。譬如，它既不禁止暴力的使用，也不能保护所有受到战争或武装冲突影响的人们。又譬如，它不区分发动战争或武装冲突的动机或目的，对于战争或武装冲突持完全中立或客观的立场。还譬如，它不禁止一方打败敌方，并假定战争或武装冲突的双方均有合理的目的。这不符合人道或人道主义的本意和哲学理念，因而引起人们的困惑：国际人道法是否名副其实？

与国际人权法的界限模糊的那部分当代国际人道法以保护人权为宗旨，采用"人道干预"的军事手段，制止某国国内大规模侵犯人权所造成的人道灾难。[③]1999年美国与北约在前南斯拉夫地区以制止人道灾难为由而采取的军事行动，即，科索沃战争，就是典型。但是，这种"人道干预"本身造成了更大规模的人道灾难，[④]使人们进一步产生困惑：如此国际人道法是否名副其实——真正是"人道"的法？

近一个多世纪以来，伴随红十字国际委员会(ICRC)的诞生及发展而形成的国际人道法，为减少战争或武装冲突给人类带来的痛苦，起到了无可替代的作用。但

① 前引 *On the Law of War and Peace*, p.33。

② 前引 *How Does Law Protect in War*, p.67。

③ 见刘大群：《论国际人道主义法在世纪之交的发展》，载前引《国际人道主义法及其实施》，第13—28页。该文认为，当代国际人道主义法的发展特点之一是它与国际人权法的界限已变得模糊不清。

④ 见段克兢：《从科索沃和车臣战争看非国际性武装冲突中人道主义法的适用》，载前引《国际人道主义法及其实施》，第230页。

是，从根本上说，无论战争或武力使用是为了什么目的，战争本身就是将人作为工具，人类互相残杀的过程。即便是为了和平目的而诉诸战争或使用武力，战争仍然会导致大量战斗人员的伤亡，并殃及平民。因此，从彻底的人道主义出发，应该完全废止战争或武力使用。问题在于：在现实世界上，有无可能完全废止战争或武力使用？即，人类是否能够彻底告别战争或武力使用，走向永久和平，从而避免将人作为工具以致相互残杀，真正遵循人道的至上法则？

十八世纪末，作为现代西方著名的道德哲学家[①]和法哲学家[②]，同时，也是国际法哲学家，[③]康德在他的《永久和平论》（1795 年）中提出了"走向永久和平"的观念[④]，并在《道德形而上学》第一篇《权利科学的形而上学原则》（1796 年，即《法哲学》）中，进一步指出："如果这一观念通过逐步改革，并根据确定的诸原则加以贯彻，那么通过一个不断接近的过程，可以引向政治上至善的境地，并通向永久和平。"[⑤]后人评价说：康德"在《永久和平论》里，是把普遍和平作为'实际上可以达到的'目的来谈论的。而在《道德形而上学》里，康德却更加现实地看待事物"[⑥]。康德究竟如何阐述其永久和平的观念？康德的永久和平论与国际人道法有什么关系？如果说后人评价是准确的话，那么为什么在相隔短短的一年中，康德对永久和平的实现之理解会发生如此变化？这是下文从国际人道法角度拟探讨的问题。

二、康德的国际人道法理论

康德的永久和平论建立在其国际人道法理论之上。在康德的理论中，"人道（主义）"是指应该将人总是当作目的，而从不仅仅当作手段；"法"首先是一种作为"绝对命令"的"自然法则"；而他的"国际人道法"则是指将这种人道法适用于处理民族国家之间关系，旨在达到永久和平的国际法哲学，尽管他自己没有使用过"国

---

① 康德的道德哲学著作"是在道德哲学中完全可与柏拉图《共和国》、亚里士多德《伦理学》相提并论的著作；并且，也许——无疑，部分是通过基督教理想的传播和以往近 2000 年人类的长期经验之缘故——它在某些方面比前人更加深刻。"见 Immanuel Kant, *Groundwork of the Metaphysic of Morals* translated and analysed by H. J. Paton, Harper & Row, Publishers, 1964, Translator's Preface。

② 见张乃根著：《西方法哲学史纲》（增补本），中国政法大学出版社 2002 年版，第 176—192 页。

③ 参见 Fernando R. Teson, *A Philosophy of International Law*, Westview Press, 1997, pp.1 - 39。

④ ［德］康德著：《永久和平论》，载于《历史理性批判文集》，商务印书馆 1990 年版，第 97—144 页，另见英文版：Immanuel Kant: *Perpetual Peace*, Edited by Lewis White Beck, Bobbs-Merril Educational Publishing, 1957。

⑤ Immanuel Kant, *The Philosophy of Law*, translated from the German by W. Hanstie, B.D., T. & T. Clark, 1887, p.231.

⑥ ［苏联］阿尔森·古留加著：《康德传》，贾泽林等译，商务印书馆 1981 年版，第 256 页。

际人道法"的术语。

康德认为,自然界一切事物都是按照法则活动的。惟有人这一有理性的存在者才具有按照关于法则的观念而动作的能力,即,依原则而动作;换言之,惟有人才有意志。善意是幸福的前提。义务意味善意的主观限制。"义务就是必须尊重法则,依法则而行动。"①康德称这种法则为"绝对命令"(the Categorical Imperative)。绝对性不同于假定性,它表示一种行动的客观必要性——这就是目的本身。

绝对命令的内容是:"你仅仅按这一准则行动,而且只有通过该准则,你可以在同时愿它成为一条普通法则。"②由于支配效果产生的法则之普遍性构成了广义上的自然,因此,普遍的义务命令也可以这样表示:"行动着,假如通过你的意志,你行动的准则成为普遍的自然法则。"③在康德的哲学术语中,意志是指决定自身去按照某种法则的观念去行动的力量。这种力量只存在于理性的存在者——人——之中。作为人自决的主观基础而为意志服务的东西就是目的(End)。康德强调,理性的自然(即人)是作为目的本身而存在着。因此,绝对命令又可表示为:"行动时应以这种方式,即总是这样对待人类,不论是对你自己还是对任何其他人,从不仅仅将其当作手段,而总是在同时当作目的。"④这就是康德的人道(主义)原则,或者说法则。后人曾将这种原则归纳为:"(1)行动着,假定你在为每个人立法;(2)行动着,应将人总是当作目的,而从不仅仅当作手段;(3)行动着,假定你是目的王国的成员。"⑤可见,康德强调的人的行为动机,而不是行动效果。将人(自己或他人)当作目的来对待,就是将人当作人来看待,而这样的人是具有自决能力的理性人,是意志自由,即自治(autonomy)的人。如果每个人行动时都遵循这样的客观法则,并希望它成为普遍的自然法则,那么人自身,人类联合体自身存在的价值就可以实现。

康德的人道法则,或者说"人道法"是彻底的人道主义原则,即,每个人都要遵循将人当作人的法则;如此而言,就会彻底脱离了人类自我残杀的非理性状态,进入永久和平的理想境界。

"永久和平的思想是康德哲学的最后一个环节。"⑥在 1785 年发表的《道德形而上学的基础》中,康德阐述了其人道法的哲学思想,其中包含了永久和平的观念。1795 年问世的《永久和平论》使康德的人道法理论具有了国际法学说的性质。《永

①② 前引 Immanuel Kant, *Groundwork of the Metaphysic of Morals*, p.68。

③ Ibid., p.89.

④ Ibid., p.96.

⑤ D.D. Raphael, *Moral Philosophy*, Oxford University Press, 1981, p.56.

⑥ 前引[苏联]阿尔森·古留加著:《康德传》,第 256 页。

久和平论》开宗明义地指出，这里所说的是“国家间永久和平”①。“和平”是“指终止所有的敌对行动”②，或者说结束国家间所有战争。如果某项和平条约隐含地保留着未来战争的事项，就根本称不上和平条约，充其量只是停战协议。可以说，这是康德对十七世纪初以后欧洲国际关系历史上一系列和平条约的深刻反思。1648年《威斯特伐利亚和约》结束了三十年战争，但是，这没有带来欧洲各国间永久和平，而是此后一系列恶性循环式的战争与和约之起点。③康德晚年目睹了惊天动地的法国大革命，同时也预感到欧洲大陆上又将战火重燃，生灵涂炭。他从彻底的人道法哲学思想出发，试图阐明人类永远告别战争的途径。④

康德认为，国家间永久和平应该具备六个先决条件：(1)国家间和平条约不隐含任何保留未来战争的事项；(2)各国相互独立，一个独立的国家不论大小，均不可当作财产通过继承、交换、购买或赠送而置于另一国家的统治下；(3)逐步完全取消各国的常备军，这并不意味各国公民不能自愿武装起来自卫和反抗外来侵略；(4)禁止为了战争而在国内举债，以切断战争的财源；(5)不允许任何国家武力干涉另一个国家的宪政或政府；(6)任何国家在战时都不应采取诸如暗杀、投毒此类敌对行动，从而使以后建立在互信基础上的和平成为不可能。康德强调：“战争只是自然状态中的可悲手段(此种状态下不存在可作出有法律拘束力裁决的法庭)，每个国家均可通过战争、使用暴力来维护其权利，而在战争中，任何一方都不会被宣判为非正义的(因为这将以司法判决为先决条件)；代替这种判决的是冲突结局(好像是由所谓‘上帝的判决’作出的)决定了正义在哪一方。”⑤

在无法无天的自然状态中，战争是不可避免的。上述永久和平的诸项先决条件实质上包含了国家内部和国家之间的法治状态。“人与人生活于相互间的和平状态并不是一种自然状态(status naturalism)；自然状态是一种战争状态。这并不意味着总是爆发敌对行动，但是，至少将不断受到战争的威胁。因此，和平状态必须是被建立起来的，仅仅停止敌对行动还不足以保障和平；除非每个人都得到其邻

①② 前引Kant：*Perpetual Peace*，p.3。

③ 从1648年至19世纪初，欧洲国际关系上主要的战争与和约包括法国及英国对西班牙战争——《比利牛斯和约》(1659年)；西班牙继承战争——《乌得勒支和约》(1713年)；北方大战——《尼斯塔得和约》(1721年)；奥地利继承战争——《亚琛和约》(1748年)；拿破仑战争——两次《巴黎和约》(1814年、1815年)。参见王绳祖主编：《国际关系史》(十七世纪中叶——一九四五年)，法律出版社1986年版。

④ 见Charles Covell，*Kant and the Law of Peace*：*A Study in the Philosophy of International Law and International Relations*，Macmillan Press，1998；又见Richard Tuck，*The Rights of War and Peace*：*Political Thought and the International Order from Grotius and Kant*，Oxford University Press，1999；另见Georg Cavallar，*Kant and the Theory and Practice of International Right*，University of Wales Press，1999。

⑤ 前引Kant：*Perpetual Peace*，pp.7－8。

人立誓保证(这只有在法治状态才可能发生),否则每个人也许会把向他提出该保证的邻人视为敌人。"[①]显然,只有在法治状态中,通过人们相互间的庄严保证才能建立真正的和平。这在国内和国际社会,都是如此。康德在《法哲学》中详细地阐述了从国家法到国际法,乃至世界法的法治理论,[②]而在《永久和平论》中则以如下的国际条约形式勾勒了该理论的框架。

第一条,每个国家的法治政体应该是共和制。

第二条,国际法应建立在自由国家的联盟之上。

第三条,世界公民权的法律应限于以普遍友好为条件。

从人道的法则到国际法,康德反复强调的是,每个人都将自己和他人当作"目的",而非仅仅是手段,每个人、每个国家都保证与他人、他国和平相处。只要在国内建立共和制,在国际上建立自由国家的联盟,这一理想就能实现。这就是康德寻求的永久和平之路。康德的国际人道法是将人道的法则与追求永久和平的国际法相结合。在永久和平的国际法之下,才可能有名副其实的人道法。

问题在于:如何建立自由国家的联盟,使得各国按照保证永久和平的国际法行事呢? 康德认为,自然法已经规定了人类社会发展的这一进程。"永久和平的保证者正是自然这一伟大的艺术家。"[③]将永久和平的建立看成是自然法预先规定的必然过程,也就是说,这是可以实现的。过于信仰自然,导致康德将如何实现永久和平,看得过于简单。他在回答"有关永久和平的最根本问题",即:自然究竟已经做些什么,从而保证人类为了永久和平这一目的,基于自己的理性而规定其义务时,指出,"这一问题还得根据公法的三个阶段来解决,即,国家法、国际法和世界公民权的法律。"[④]在《永久和平论》有限的篇幅中,康德对这三个法治阶段,或者说人类走向永久和平的大同世界之进程,并没有作具体的制度性分析。在《法哲学》中,康德具体阐述了这一过程:(1)人类脱离自然状态,进入法治的文明状态,组成立法、执法和司法三权分立与制约的共和国,实现自治;(2)国家之间发生公权关系,产生国际法,自治国家对其他国家有包括战争的权利;(3)要取得国家间的永久和平,须建立永久性的国际议会(某种国际组织),随着国际组织的产生,出现了整个人类的权利,即世界法。这是法治社会进程的最高阶段。但是,在《法哲学》一书结束语里,康德将这一进程看作是"一个不断接近(a continuous approximation)[永久和平]的过程"。因此,后人认为他现实地看问题,言外之意,永久和平只是理想,只能

---

① 前引 Kant: *Perpetual Peace*, p.10。

② 见前引张乃根:《西方法哲学史纲》,第 191—192 页。

③ 前引 Kant: *Perpetual Peace*, p.24。

④ Ibid., p.29.

不断接近，而不可能最终达到。虽然，仅根据康德的这一表述，断定他对永久和平实现的理解发生变化，还很不充分，但是，显然，一旦康德着手对实现永久和平的制度性分析，就意识到这是一个非常值得追求，又极其困难的目标。实践证明，如何建立自由国家的联盟，实现人类永久和平的法治状态，是一个多么困难的进程！

三、康德的国际人道法理论之现实意义

人类是追求理想的理性动物。中国古代"嫦娥奔月"传说在当时是完全不可能实现，但是，后人经过无数艰苦卓绝的努力，最终实现了这一理想，登上了月球。虽然在战争远未杜绝的地球上，康德的永久和平理想及其国际人道法的理论，还不可能完全实现，但是，过去的二百多年，人类在实践这位思想伟人的理念方面，取得了前所未有的成就。这同时表现为以永久和平为宗旨的联合国之建立和发展，以减少战争带来不必要痛苦的国际人道法之产生和进步。

按照康德的理念，只有在永久和平的国际法之下，才会有名副其实的国际人道法。建立自由国家的联盟是实现永久和平的关键；在这样的国际组织框架下根除一切战争，人类才能彻底地摆脱战争的死亡恐惧，享受将人作为目的之人道法阳光普照。从格劳秀斯之后的现代国际法历史来看，康德的理念是联合国以及前身——国际联盟这类政治性国际组织的最初构想。众所周知，《联合国宪章》以"我联合国人民同兹决心欲免后世再遭今代人类两度身历惨不堪言之战祸"作为开场白，清楚地表明致力于永久和平是该组织的最高宗旨。虽然在联合国建立后的近六十年，大大小小的战争接连不断，但是，毕竟世界大战的悲剧没有重演。这是联合国的最大功绩。然而，康德的理想还没有实现。联合国维持世界和平的集体安全保障机制存在重大的缺陷，即，该机制还无力制止超级大国破坏世界和平的行为。身为联合国安理会五大常任理事国的美国和英国一意孤行发动伊拉克战争，公然违背《联合国宪章》，却得不到有效的制止。这是对联合国权威，也是对世界和平的极大挑战。如何改革联合国，使其担当起二十一世纪条件下维护世界和平的重任，是一切爱好和平的人们所不得不思考的严峻问题。可是，一旦现实地看问题，人们会像康德那样感到，制度的改革是多么的艰难。人类不会放弃永久和平的理想，但是，理想之路是漫长的。联合国的成功改革最终将取决于国际关系的发展，尤其是未来若干年中国和欧盟各自的和平发展以及对于其他国家和地区的影响。

在永久和平实现之前，战争或武力使用还客观存在的条件下，"现实的"国际人道法（不同于康德"理想"的国际人道法）有着极其重要的作用。在红十字国际委员

会以及国际社会的善良努力下，从 1864 年的《改善战地武装部队伤者境遇公约》到 1949 年日内瓦四公约，从 1868 年《圣彼得堡宣言》到 1899—1907 年有关战争规则的《海牙公约》，乃至 1977 年《日内瓦公约》两个附加议定书，以保护战争或武装冲突的受难者为宗旨的国际人道法形成了一个庞大的国际法体系。在实践中，这种国际人道法对于限制滥用战争或武力手段，减少这种非人道的手段带来的人类痛苦，起到了独特的、不可替代的作用。①其理念如同医生救死扶伤，在人类还无法根除自身疾病的时候，医生的天职就是治病救人。在人类还不能彻底消灭战争或使用武力这些从本质上说是非人道的、解决国际或人际关系的手段时，国际人道法的存在价值就在于减少这些非人道手段带来的战争受难者的痛苦。只有这样，才能理解人道与法的结合及其继续发展的必要性。

总之，康德的国际人道法的理念是伟大的，但是，其实现是困难的。人类在继续百折不挠地向着永久和平目标努力时，也必须现实地考虑如何减少战争或武力使用带来的人类痛苦。这就是本文研究康德的国际人道法及其现实意义的结论。

On Kant's Theory of IHL and Its Significances Today

Abstract: International Humanitarian Law (IHL) is a branch of public international law. Since its emergence in 1864 to nowadays, the IHL has played very important role in regulation of international relation in time of war and even in time of peace. But, it is confused somehow due to its limits in the terms of either the traditional IHL governing wars and military conflicts or the modern IHL mixed with international law of human right. This article begins with the analysis of the confusion arisen from the IHL in order to explore the general background of international law during the early phase of IHL and its historical limits. It is followed to discuss what ought to be the IHL so as to introduce Kant's theory of IHL and to understand its significances. It is lack of such research in Chinese academic circle from this viewpoint. Based on research of theoretical foundation of Kant's theory of IHL, i.e., his moral and legal philosophy, further analysis is made on Kant's idea of perpetual peace including its meanings and six preliminary conditions as

---

① 有关国际人道法的发展，见前引 Marco Sassou and Antoine A.Bouvier, *How Does Law Protect in War: cases, documents, and teaching materials on contemporary practice in International Humanitarian Law*, pp.67－384；另见 Frist Kalshocen and Liesbeth Zegveld, *Constraints on the Waging of War: An Introduction to International Humanitarian Law*, 3rd edition ICRC, 2001, pp.19－36。

well as three stages of society ruled by law and guarantees for perpetual peace. This analysis demonstrates the profound significances of Kant's theory of IHL and its limits indicating that Kant may know difficulty to achieve perpetual peace and obstacle to his ideal ahead. The analysis as such has a new approach regarding Kant's theory of IHL, i. e., to built linkages and to distinguish differences between ideal and reality of IHL. The ideal IHL teaches us that how to illuminate any wars or military conflict which are essentially not humanitarian, and meanwhile, the IHL in reality minimizes any unnecessary suffers of human beings before totally illuminating war and military conflict.

Keywords: Kant; IHL; Theory; Contemporary significances

国家及其财产管辖豁免对我国经贸活动的影响*

内容摘要:《联合国国家及其财产管辖豁免公约》对调整当代国际经济关系具有重要意义。我国是该公约的最初签署国之一,这充分表明正在加速融入经济全球一体化的中国对该公约的高度重视。本文将着重从国际经济法角度论述该公约规定的商业交易例外及其影响,首先简述国家及其财产管辖豁免原则的变化,然后分析商业交易例外的范围与适用问题,并结合论述国家行为理论、政府合同等相关问题,最后论及商业交易例外对我国国有企业从事国际经贸活动的影响。

关键词:国家及其财产;司法管辖豁免;商业交易例外

国家及其财产的管辖豁免,是指一国本身及其财产在另一国法院享有管辖豁免,亦称司法管辖豁免。这是一项公认的习惯国际法原则,也体现了《联合国宪章》规定的"各会员国主权平等之原则"。但是,在国家与自然人或法人的商业交易所引起的诉讼方面,根据法院地国法律或国际公约,一国本身及其财产司法管辖豁免将受到限制,这就是商事活动中的国家及其财产管辖豁免之例外。国际社会历经十四年努力而达成的《联合国国家及其财产管辖豁免公约》(以下简称《管辖豁免公约》)①,本着"统一、明确"的立法精神,对该领域的国际法加以编纂,在当今日趋全球一体化的国际经济关系中,具有显而易见的重要意义。

我国是《管辖豁免公约》的最初签署国之一,这充分表明正在加速融入经济全球一体化的中国对该公约的高度重视。该公约第三部分规定在商业交易、雇佣合同、侵权、财产权、知识产权、参加公司或其他集体机构、国家拥有或经营的船舶、仲裁协定的效果等八个方面的司法管辖豁免之例外,其中第十条明确规定了商业交易方面的国家及其财产管辖豁免之例外(以下简称"商业交易例外"),可能对我国在国际经济贸易中的活动产生重大影响。本文将着重从国际经济法角度对《管辖豁免公约》规定的商业交易例外及其影响,尝试作一初步论述,以求教于读者。本文首先简述国家及其财产管辖豁免原则的变化,然后分析商业交易例外的范围与适用问题,并结合论述国家行为理论、政府合同等相关问题,最后论及商业交易例外对我国国有企业从事国际经贸活动的影响。

---

* 原载《法学家》2005年第6期,第28—32页。

① 《联合国国家及其财产管辖豁免公约》(中文本),见《联合国大会第59/38号决议》附件。该公约于2004年12月2日经第五十九届联合国大会通过,从2005年1月17日至2007年1月7日供各会员国签署,我国于2005年9月14日签署。下文凡引该公约,出处略。

一、从国家及其财产管辖的绝对豁免到相对豁免

产生于格劳秀斯时代的传统国际法，其基本原则之一就是“主权之间无管辖”①。促成格劳秀斯成为“国际法之父”的历史事件——“凯瑟琳号案”发生在1602年。当时事实上独立的主权国家荷兰与开辟近代海上“公路”的欧洲国家之一葡萄牙，在马六甲海峡（当时称为“新加坡海峡”）爆发了一场海战。荷兰取胜并捕获了葡萄牙籍商船“凯瑟琳号”。可否将该船作为战利品由荷兰海牙捕获法庭审理处置，引起了格劳秀斯在《捕获法》中开篇称之为“全新的问题”。②这实质上是一主权国家法院可否审理解决与另一主权国家的争端，以及适用什么法律的问题。由于当时没有任何超越主权国家之上的世俗法庭，也无现成可适用于国际争端解决的法律，因此，格劳秀斯不得不从根源于西方法律文化的自然法出发，阐明了海洋自由原则以及在战争与和平问题上的一系列国际法基本原则。③格劳秀斯强调主权平等，和平相处，即便是不得已采取战争手段解决国与国之间争端，也是为了和平之宗旨；他反对凌驾于主权国家之上的任何权力，包括宗教的、世俗的。1648年威斯特伐利亚和会之后，由于格劳秀斯学说的巨大影响，各主权国家都崇尚“主权之间无管辖”，国际社会既无对主权国家有管辖权的超国家司法机关，一国法院也不对他国国家及其财产行使管辖权。1812年，美国最高法院在司法实践中进一步明确了国家及其财产管辖的绝对豁免原则，即在一国法院不得对他国及其财产行使管辖权。④此后近一个半世纪，各国在司法实践中也都遵循绝对豁免原则，因而该原则也被公认为是习惯国际法。“国家豁免于审判和实施管辖仍是习惯国际法的一个主要内容。各国对此表示支持：它们得到了好处，却不受约束，因为各国一般都不寻求在其国内法院起诉另一国。”⑤

二十世纪以来，尤其是第二次世界大战后，随着国际经济贸易活动的日益增

---

① 参见[英]詹宁斯、瓦茨修订：《奥本海国际法》第一卷第一分册，中国大百科全书出版社1995年版，第277页；另参见[美]路易斯·亨金：《国际法：政治与价值》，中国政法大学出版社2005年版，第380页，Hazel Fox Qc, *The Law of State Immunity*, Oxford University Press, 2002。

② Hugo Grotius, *Commentary on the Law of Prize and Booty*, Vol.I., a translation of original manuscript of 1604, the Clarendon Press, 1950, p.1.

③ 参见[荷]格劳秀斯：《论海洋自由》，上海人民出版社2005年版；另参见Hugo Grotius, *On the Law of War and Peace*, the translation by Francis W. Kelsey, the Clarendon Press, 1925。

④ *The Schooner Exchange v. M'Faddon*, 11 US(7 Cranch) 116, 136(1812)，马歇尔首席大法官在本案中提出的“绝对豁免原则”及其评论，参见前引亨金：《国际法：政治与价值》，第380页。

⑤ 同上书，第382页。

多,国家作为民商事主体是否可以享有绝对豁免,在许多国家受到质疑。1952 年,美国最先摒弃了传统的绝对豁免原则,转而采纳相对豁免(也称为“限制豁免”)原则,即限制商业活动中的国家及其财产司法管辖豁免。①1976 年,美国国会通过了《外国主权豁免法》,从而使相对豁免原则成为法定原则。英国议会接着也通过了《国家豁免法》(1978 年)②。在普通法系的英美以及澳大利亚、加拿大等国纷纷从国家及其财产管辖绝对豁免转向相对豁免之际,大陆法系国家也改变其传统立场,于 1972 年通过了《欧洲国家豁免公约》(1976 年 6 月 11 日生效)。③按照该公约第二十六条的任意性规定,如果一国以相同于私人方式从事工业或商业活动,该国家本身及其财产不享有法院地司法管辖豁免。可见,从国家及其财产的司法管辖绝对豁免发展到相对豁免,已成大势所趋。

为了协调在国家及其财产管辖豁免问题上的各国立法与司法实践,国际社会试图制定专门的全球多边公约,这包括国际法协会 1982 年起草的《国家豁免的蒙特利尔公约草案》④和联合国国际法委员会根据联大 44/35 号决议(1990 年)起草的《国家及其财产司法豁免条款草案》⑤。1991 年第 46 届联大决定设立第六委员会工作组研究该条款草案提出的一系列问题,2000 年第 55 届联大又决定设立特设委员会以最终形成一项《国家及其财产司法豁免公约》。2004 年 11 月 9 日,联合国第六委员会第 25 次会议通过了该特设委员会递交的该公约文本,同年 12 月 16 日第 59 届联大通过了该公约,并正式定名为《联合国国家及其财产管辖豁免公约》。⑥该公约序言曰:“本公约缔约国,考虑到国家及其财产的管辖豁免为一项普遍接受的习惯国际法规则,铭记《联合国宪章》所体现的国际法原则,相信一项关于国家及其财产的管辖豁免国际公约将加强法治和法律的确定性,特别是在国家与自然人或法人的交易方面,并将有助于国际法的编纂与发展及此领域实践的协调”。

---

① 见美国司法部代理法律顾问杰克.B.泰特的信(1952 年 5 月 19 日),《国务院简报》第 26 期(1952 年),第 984 页(结论是:“这将是国务院根据主权豁免的限制理论而制定的政策”)。该文献出处及评论,参见前引亨金:《国际法:政治与价值》,第 384—385 页。

② United States Foreign Sovereign Immunity Act(1976), 15 *ILM*, p.1388; United Kingdom State Immunity Act(1978), 17 *ILM*(1978) p.1123.

③ The European Convention on State Immunity(1972), 11 *ILM*, p.470.

④ The Montreal Draft Convention on State Immunity *ILA Report*, 1994, p.454. 对之评论,参见 Peter Malanzuck, *Akehurst's Modern Introduction to International Law*, 7th. Ed. Routledge, 1997, p.119。

⑤ 1991 年,国际法委员会第 43 次会议通过该条款草案,并作为该委员会报告的一部分递交给联大。该报告(A/46/10)包含了对该条款草案的评注,发表在《国际法委员会年刊》1991 年第 2 卷(2)。

⑥ 有关《联合国国家及其财产管辖豁免公约》的所有法律文件,可查阅 http://www.un.org/law/jurisdiction。

二、商业交易例外的范围与适用

(一)《管辖豁免公约》商业交易例外的范围与适用

根据《管辖豁免公约》,商业交易例外的范围非常广泛。该公约第二条第一款(c)项规定:"'商业交易'是指:(一)为销售货物或为提供服务而订立的任何商业合同或交易;(二)任何货款或其他金融性质之交易的合同,包括涉及任何此类贷款或交易的任何担保义务或补偿义务;(三)商业、工业、贸易或专业性质的任何其他合同或交易,但不包括雇用人员的合同。"该公约第十七条规定:"一国如与外国一自然人或法人订立书面协议,将有关商业交易的争议提交仲裁,则该国不得在另一国原应管辖的法院有关下列事项的诉讼中援引管辖豁免:(a)仲裁协议的有效性;或(b)仲裁程序;或(c)裁决的确认或撤销,但仲裁协议另有规定者除外。"根据该公约附件关于第十七条的理解,"商业交易"一词包括投资事项。可见,商业交易例外包括当代国际经济关系的三个最主要方面,即贸易、金融和投资,以及相关的国际商事仲裁。①

《管辖豁免公约》第十条第一款规定了商业交易例外的适用:"一国如与外国自然人或法人进行一项商业交易,而根据国际私法适用的规则,有关该商业交易的争议应由另一国法院管辖,则该国不得在该商业交易引起的诉讼中援引管辖豁免。"根据该公约第二条关于用语的规定,"国家"是指(一)国家及其政府的各种机关;(二)有权行使主权权力并以该身份行事的联邦国家的组成单位或国家政治的区分单位;(三)国家机构、部门或其他实体,但须它们有权行使并且实际在行使国家的主权权力;(四)以国家代表身份行事的国家代表。"法院"是指一国有权行使司法职能的不论名称为何的任何机关。可见,上述该公约意义上的国家(中央政府或地方政府本身、行使国家权力的各机构或部门、国家代表),在与外国自然人或法人的商业交易引起的诉讼中,不享有法院地国的司法管辖豁免,除非该商业交易的当事方另有明确协议,或国家企业或国家所设其他实体具有独立的法人资格,并有诉讼能力,且有能力获得、拥有或占有和处置财产,包括国家授权其经营或管理的财产。

---

① 国际贸易、金融和投资以及相关的商事仲裁法律制度是国际经济法的主要内容。参见近年来国内外主要的概论性国际经济法论著,譬如,陈安主编:《国际经济法专论》下卷,高等教育出版社 2002 年版;董世忠主编、张乃根执行主编:《国际经济法》,复旦大学出版社 2004 年版;Andreas F. Lowenfeld, *International Economic Law*, Oxford University Press, 2002(reprinted 2005)。

（二）商业交易例外与国家行为学说

商业交易例外的适用前提是认定国家的行为。按照国际法的一般理论，国家的行为是指“一个主权国家的官方行为或它的代表的官方行为或经官方承认的行为”①。美国最高法院首席大法官富勒在著名的“昂德希尔诉赫南德兹案”（1897年）中指出：“每一个主权国家有义务尊重每一个其他主权国家的独立；我国法院不审理他国政府在其自己领土所作行为。因对这种行为不满而提出申诉的救济必须通过主权国家之间可利用的公开途径获得。”②也就是说，一国政府在其领土内的官方行为，“至少如果这些行为涉及国家公共权力的行使”③，不受他国法院管辖。

国家行为包括立法行为、司法行为、行政行为。一般而言，国家的立法或司法行为，乃至抽象的行政行为，不涉及国家本身与他国自然人或法人之间贸易、金融、投资等方面具体的商业交易，因而不适用于《管辖豁免公约》的商业交易例外。至于具体的国家行政行为，譬如，政府采购的行为构成商业交易，就可适用《管辖豁免公约》的商业交易例外（下文将专门论述）。不过，对外国国民投资的征用或国有化，则无论是国家的立法或司法行为，还是行政行为（包括抽象和具体的）所致，均适用于《管辖豁免公约》的商业交易例外，因为该公约在附件关于第十七条关于仲裁协定的效果所涉事项的理解中说明商业交易包括“投资事项”。该投资事项拟包括一国对其领土内外国国民投资的征用或国有化引起的投资争端，并经一国与外国自然人或法人订立仲裁协议而解决，该仲裁协议的有效性、解释或适用等事项在法院地国家具有可诉讼性。目前在国际上，根据《解决国家与他国国民间投资争端公约》所设立的解决投资争端国际中心（ICSID），可以受理该公约缔约国和另一缔约国国民之间直接因投资而产生的任何法律争端，只要双方书面同意提交仲裁解决。④这涉及《管辖豁免公约》与CISID公约之间的关系，值得研究。

---

① 前引《奥本海国际法》第一卷第一分册，第284页。

② *Underhill v. Hernandez*, 168 U.S. 250. 在美国最高法院在1964年 *Banco National De Cuba v. Sabbatino*（376 U.S. 398）一案中重申了国家在其领土内的官方行为在他国法院的不可诉性。另参见 Louis Henkin, etc, *International Law: Cases and Materials*, West Publishing, Co. 2001, 4th ed. pp.180－194。

③ 前引《奥本海国际法》第一卷第一分册，第284页。

④ 我国是CISID公约缔约国，在1993年递交加入批准书时声明仅考虑将由于征收和国有化而产生的补偿争端提交CISID管辖，参见陈安主编：《国际投资争端仲裁——“解决投资争端国际中心”机制研究》，复旦大学出版社2001年版，第66页；另可参见张乃根：《国际投资争端仲裁研究力作》，《中国图书评论》2002年第5期。

（三）商业交易例外与政府合同

《管辖豁免公约》规定豁免例外的商业交易所涉国家行为，主要是国家与他国自然人或法人之间在商业合同方面的交易，其中，首要的是销售货物或提供服务的商业合同或交易。这类合同可归类为政府合同。政府合同与一般民商事合同的区别在于：(1)政府合同的一方主体是作为国家本身的政府机关（包括中央、地方政府），或代表国家的政府官员；并且(2)政府合同的客体（合同标的）限于商业交易，不涉及仅限于个人使用的一般民事合同标的。

政府采购合同是典型的政府合同，属于《管辖豁免公约》商业交易例外中"销售货物的商业合同"。世界贸易组织（WTO）有一项任意性的《政府采购协定》。[①]按照该协定第一条第二款，政府采购合同是指政府"通过任何合同方式进行的采购，包括通过购买、租赁、租购等方法，无论有无购买选购权，包括产品和服务的任何组合"[②]。《政府采购协定》的关键在于政府采购的国民待遇，即他国的产品、服务和供应商是否享有不低于本国的产品、服务和供应商的待遇。

《政府采购协定》中的政府采购合同可作为理解《管辖豁免公约》中商业合同或交易的一个脚注，但是，后者关键不在于国民待遇，而在于政府采购合同等商业交易方面，国家及其财产管辖豁免的例外问题。在一国与他国自然人或法人之间的政府采购合同所引起的诉讼中，根据《管辖豁免公约》或法院地国家法律，国家及其财产管辖豁免受到限制。我国《政府采购法》[③]规定，"政府采购应当采购本国货物、工程和服务，但有下列情形之一的除外：（一）需要采购的货物、工程或者服务在中国境内无法获取或者无法以合理的商业条件获取的；（二）为在中国境外使用而进行采购的；（三）其他法律、行政法另有规定的。"（第十条）"采购人是指进行政府采购的国家机关、事业单位、团体组织。"（第十五条）"政府采购合同适用合同法。采购人和供应商之间的权利和义务，应当按照平等、自愿的原则以合同方式约定。"（第四十三条）可见，在政府与本国或外国供应商之间的政府采购合同关系中，双方具有平等的民事法律地位。如果我国批准加入《管辖豁免公约》，一旦发生政府采购合同争议，供应商是外国自然人或法人，且向具有管辖权的外国法院起诉，我国

---

① WTO的《政府采购协定》不同于各成员必须加入的"一揽子协定"（包括《货物贸易多边协定》《服务贸易总协定》《与贸易有关的知识产权协定》等），由各成员任意加入（包括《民用航空器协定》《政府采购协定》《国际奶制品协定》《国际牛肉协定》，因少数WTO成员加入，又称"数边贸易协定"。后两者已停止适用）。我国尚未加入《政府采购协定》。

② 见《政府采购协定》，《世界贸易组织乌拉圭回合多边贸易谈判结果法律文本》（中英文对照），法律出版社2000年版，第503页。

③ 《中华人民共和国政府采购法》（2002年6月29日第九届全国人民代表大会常务委员会第二十八次会议通过，2003年1月1日起实施）。

政府采购人就可能应诉而产生商业交易例外的情况。

三、商业交易例外对我国经贸活动的影响

我国正处于经济体制转型时期，传统的国有企业逐步转变为具有独立法人地位的现代企业。加入 WTO 之后，我国对外贸易迅速增长，已跃居世界货物贸易第三大国；我国不仅继续保持吸引大量外资的势头，而且实行走出去战略，对外经济合作活动日益频繁。《管辖豁免公约》一旦生效，且我国批准加入该公约，势必对我国经贸活动产生重大而又深远的影响。

《管辖豁免公约》第十条第三款规定："当国家企业或国家所设其他实体具有独立的法人资格，并有能力：(a)起诉或被诉；和(b)获得、拥有或占有和处置财产，包括国家授权其经营或管理的财产，其卷入与其从事的商业交易有关的诉讼时，该国享有的管辖豁免不应受影响。"我国的国有企业，尤其是大中型国有企业，在从事对外经贸活动中，如何避免我国中央和地方政府本身成为外国法院管辖的诉讼主体而致使国家财产成为诉讼标的，是一个需要高度重视和认真研究的问题。大中型国有企业及其庞大的国有资产，在我国国民经济与对外经贸活动中具有举足轻重的地位和作用。但是，我国至今尚无一部《国有资产法》调整政府与国有企业的法律关系。目前，国务院国有资产监督管理委员会(简称"国资委")根据国务院授权，代表国家履行出资人职责，监督管理中央所属企业(不含金融类企业)的国有资产，包括派出监事会，任免企业负责人，维护国有资产出资人的权益。①显然，这类国有企业的资产或者主要的资产所有人还是国家自己。一旦这类国有企业卷入其从事的商业交易有关的诉讼时，我国的国家本身(中央政府)及其财产可否依据上述《管辖豁免公约》第十条第三款，享有他国司法管辖豁免，避免卷入相关诉讼，令人怀疑和担忧。我国加入 WTO 后，国有企业在对外贸易活动中，至今仍受到所谓"市场经济地位"的严重困扰。究其原因，固然有发达国家的偏见所致，但是，我国国有企业与政府的法律关系不清晰，也是授人把柄之处。因此，如何进一步加快我国大中型国有企业的体制改革，适应我国对外经贸发展的迫切需要，是我国考虑批准加入《管辖豁免公约》的关键因素。

《管辖豁免公约》第二条第二款规定：在确定一项合同或交易是否适用商业交易例外时，"应参考该合同或交易的性质，但如果合同或交易的当事方已达成一致，

---

① 《国资委的法律地位及其主要职责》，参见国资委网站 http://www.sasac.gov.cn/gzwgk_jj.htm [2005-10-30]。

或者根据法院地国的实践,合同或交易的目的与确定其非商业交易性质有关,则其目的也应予以考虑。"这就是说,确定商业交易的标准首先是"合同或交易的性质",其次是"合同或交易的目的"。该公约第二条第一款(c)项从两个方面划分合同或交易的性质:其一为销售货物(货物贸易)、提供服务(服务贸易)、贷款或其他金融性质交易;其二为商业、工业、贸易、或其他专业性质。各国合同法通常以交易性质划分合同类别。譬如,我国《合同法》分则根据交易性质划分了买卖、借款、租赁、融资租赁等 14 类合同。我国《政府采购法》规定政府采购合同为货物买卖、工程建筑、服务提供三类合同。与《管辖豁免公约》的商业交易例外有关的合同都属于商事合同,因而具有商业目的。如何鉴别商业目的? 在法理上,众说纷纭。我国商法学界倾向于考虑商事主体的资格,即具有商事能力的主体所从事的营利性活动具有商业目的,国际商法学也多以商事主体(公司尤其是跨国公司或多国企业)为基点。[①]这样的考虑或基点有利于在商业交易类别日趋增多和复杂的情况下,区分商业合同或交易与非商业合同或交易。根据《管辖豁免公约》,一国如与外国一自然人或法人进行一项商业交易,则适用商业交易例外。显然,该自然人或法人是具有商事能力的商事主体。同时,当国家企业或其他具有独立法人资格而成为商事主体时,该国及其财产就不适用商业交易例外。可见,考虑商业目的,进而考虑商事主体的独立法人资格,是《管辖豁免公约》商业交易例外的题中之义。也许,正是在这个意义上,我国对该公约持积极立场。今后,如果我国批准加入该公约,一定要坚持,也完全有理由将国家本身与具有独立法人资格而成为商事主体的国有企业区别开来,避免国家及其财产涉入他国司法管辖。当然,这需要我国建立和完善国有企业的法律制度。

总之,《管辖豁免公约》对于我国扩大对外经贸活动而言,既是严峻的挑战,也不失为有利机遇,同时给我国国际经济法学界,乃至整个国际法学界提出了许多亟待全面、深入研究的问题,需要相关领域的专家学者共同努力。本文旨在抛砖引玉。

The Impacts of Immunities of States and Their Property on China's Foreign Trade and Economic Activities

Abstract: The United Nations Convention on Jurisdictional Immunities of States

① 参见范健、王建文:《商法论》,高等教育出版社 2003 年版,第 28 页;又参见沈四宝、王军、焦津洪编著:《国际商法》,对外经济贸易大学出版社 2002 年版。

and Their Property is very important for regulation of contemporary international economic relations. China is one of earlier signed countries, which demonstrates that China pays more attentions to this convention due to being rapidly integrated with economic globalization. This article is focused on the exceptions of business transaction under the convention and the issues of impacts from the perspective of international economic law. Firstly, it briefly describes evolution of principle of immunities of states and their property. Secondly, it analyzes the issues of scope and application of exceptions of business transaction related to the Act of States doctrine and governmental procurement. Finally, it addresses the impacts of the exceptions of business transaction on China's State-owned enterprises' activities of foreign trade and economic cooperation.

Keywords: Immunities of states and their property; Jurisdictional immunities; Exception of business transaction

试析《国家责任条款》的“国际不法行为”[*]

内容摘要：国家对国际不法行为应负的责任是当代国际法的主要问题之一。半个多世纪以来，联合国国际法委员会持之以恒地编纂《国家责任条款》，2001年联合国大会已通过《国家责任条款》草案，并建议就此缔结有关国际公约，2004年联合国大会要求各会员国政府提出有关意见。我国政府对此高度重视，国际法学界以此为前沿研究课题。本文尝试从中西文词义辨析、“初级规则”与“次级规则”的划分评析、国际法与国内法的关系解析三方面，对《国家责任条款》中“国际不法行为”的含义、条件与归责问题，做初步的分析研究。

关键词：联合国；国家责任；国际不法行为

引　言

国家对其国际不法行为应负的责任是当代国际法的主要问题之一。[①]2001年联合国大会第五十六届会议通过的关于《国家对国际不法行为的责任的条款草案》(简称《国家责任条款》)决议明确指出：“鉴于此专题的重要性，考虑是否可能召开一次全权代表国际会议来审查条款草案，以期就此专题缔结一项公约。”[②]如果国际社会能够就国家责任制度达成一项公约，将是继1961年《外交关系公约》1963年《领事关系公约》、1969年《条约法公约》、1982年《海洋法公约》当代国际法编纂的又一重大进展。2004年联合国大会第五十九届会议又通过决议：“敦促秘书长邀请各国政府对该条款的任何修改递交书面意见。”[③]目前，我国政府正在征集各方建议；我国国际法学界也义不容辞，积极献计献策。本文将从中西文词义辨析、

---

* 原载《法学家》2007年第3期，第95—101页。

① 自1949年联合国国际法委员会首次会议将国家责任列为其14个议题之一以来，国际社会对此一直十分关注。1953年联合国大会要求该委员会编纂国家责任条款，并先后任命Garcia Amador(古巴1956—1961年)、Robert Ago(意大利1962—1979年)、Willem Riphagen(荷兰1980—1987年)、Arangio-Ruiz(意大利1988—1996年)和James Crawford(英国1997—　)为该条款起草特别报告员，通过了条款草案(1996年一读、2001年二读)。参见Philip Allot, State responsibility and the unmaking of international law, *Harvard International law Journal*, Vol.29, No.1(Winter 1988), p.503; James Crawford, *The International Law Commission's Articles on State Responsibility: Introduction, Text and Commentaries*, Cambridge University Press, 2002. pp.1-4。

② 联合国大会决议[根据第六委员会的报告(A/56/589和Corr.1)通过]56/83《国家对国际不法行为的责任》。

③ 联合国大会决议[根据第六委员会的报告(A/56/505)通过]59/35。

“初级规则”与“次级规则”的划分评析、国际法与国内法的关系解析三方面，对《国家责任条款》中“国际不法行为”的含义、条件与归责，尝试作一些粗浅分析，以求教于学界同仁。

一、“国际不法行为”的含义

《国家责任条款》第一条规定：“一国的每一国际不法行为引起该国的国际责任。”①“国际不法行为”的英文为 international wrongful acts。如何理解 wrongful？为什么中文本将之译为“不法”？②国际法委员会的《国家责任条款评注》（简称《评注》）③在解释该第一条中“国际不法行为”这一术语时，侧重于“行为”，而非“不法”，且比较了英文、法文和西班牙文，并不论及中文。据参与该条款起草的贺其治教授介绍，国际法委员会在二读《国家责任条款》征求各国意见时，曾有过是否要在第一条中增加“受害国”的争论，但是，对“不法”一词没有任何争论，且最终未对第一条作任何修改。④因此，不难理解国际社会已公认，以“wrongful”作为国家承担其国际责任的前提。可见，这是无可争议，且极其重要的措词。

在现代国际法的文献中，“wrongful”的用法至少可追溯到“国际法之父”格劳秀斯于 1604 年秋至 1605 年春写就的《捕获法》。格劳秀斯在谈到国际法上应有的法律和规则时，写道：“我们已明白何为‘权利（right）’[法（ius）]，由此概念而演绎出‘不法（wrong）’或‘损害（injury）’之定义，这种推论以如下基本信念为指导，即该术语是指任何与权利相悖的行为。相应地，根据许多规则（rules）和法律（laws），某一权利理应赋予一当事人，其行为则是正当（just）的，性质相反之行为则是不正当（unjust）的。”⑤这里所说的“权利”（right）与“法”（ius）同义，反映了一种根深蒂固的西方法理念——法（ius）源于正义（justice）；法与正义的观念导致各种规则和法律（lex，人定法）；法律赋予人们一定的权利；合法行使其权利的行为是正当的，损害他人合法权利的行为是不正当的。按照这样的推演，正当行为是符合权利的

① 同前引联合国大会决议，附件《国家对国际不法行为的责任》，以下引用该附件条款，出处略。

② 中文文本为《联合国宪章》及联合国官方文件的作准文本，因此，“不法”一词的翻译，是毫无疑义的。该词的中文翻译，另可参见：[英]劳特派特：《奥本海国际法》，王铁崖、陈体强译，商务印书馆 1971 年版，第 253 页。

③ Draft Articles on Responsibility of States for International Wrongful Acts with commentaries 2001.

④ 贺其治：《国家责任法及案例浅析》，法律出版社 2003 年版，第 57—59 页。

⑤ Hugo Grotius, *Commentary on the Law of Prize and Booty*, Oxford: at the Calrendon Press, 1950, p.30.《捕获法》中译本（张乃根等译），上海人民出版社 2006 年版。

行为，当然也是合法的，反之，就是不法行为。“不法行为含有对他方造成‘损害’的意义”。[①]由于“损害”与“侵权”密切相关，因此，我国国际法学界前辈周鲠生教授在谈到国家之直接责任时，曾将违反国际义务的国家自身行为，称为“国际侵权行为”(international delinquency)[②]，并认为“引起国家责任的国际侵权行为，首先是指国家的政府或其他机关或者被政府授权的个人侵害别国权利的不法行为”[③]。

根据《国家责任条款》第二条(b)款，就国家责任而言所涉“不法”(wrongful)，泛指“对该国国际义务的违背”。这不仅指违背对该国有拘束力的条约义务之“不法”，而且包括违背依一般国际法强制性规范承担的义务之“不法”。可见，相对于本源意义上的“法”与“权利”而言的“不法”，在英文上以“wrongful”，而不是“unlawful”表示，显然说明《国家责任条款》所说的“法”，决不限于具体的条约法。事实上，《评注》引用了许多习惯国际法，而传统意义上的习惯法，又与当代国际法上的“强行法”(*jus cogens*)，密切相关。

由此产生了一个极其重要的问题：《国家责任条款》的适用范围究竟有多大？这涉及“国家行为”(the acts of state)和“国际义务”(the international obligations)的两方面范围。相比《国家责任条款》第一部分第二章第四条至第十一条对前者及其类别的较详尽界定，第一部分第三章第十二条至第十五条对后者的界定仅限于“时间性”，而且引人瞩目地通过第二部分第三章第四十条单列“依一般国际法强制性规范承担的义务”，作为“违背国际义务”的特殊一类。根据《维也纳条约法公约》第五十三条，“条约在缔结时与一般国际法强制性规范相抵触者无效”。[④]究竟什么是“一般国际法强制性规范”？该公约第五十三条仅规定：“就适用本公约而言，一般国际法强制性规范指国家之国际社会全体接受并认为不许损抑且仅有以后具有同等性质之一般国际法规范始得更改之规范。”李浩培教授在评析了国际法学界对该公约之定义的不同见解后，认为：“一般国际法强制性规范”就是《国际法院规约》第三十八条第一款第三项规定之“各文明国家承认的一般法律原则”，并将当代的

---

① 同前引《国家责任法及案例浅析》，第59页。

② 周鲠生：《国际法大纲》，周莉勘校，中国方正出版社2004年版，第49页。

③ 周鲠生：《国际法》上册，商务印书馆1976年版，第234页。

④ “一般国际法强制性规范”中的“规范”一词(英文norm，法文norme)的中文翻译，以《维也纳条约法公约》中文作准本，为“规律”；李浩培教授的译本则为“规则”。见李浩培：《条约法概论》，法律出版社2003年版，第505、545、583页。“一般国际法强制性规范”就是“强行法”(*ius cogens*)，其中拉丁文“法”(*ius*)是指本源意义上的“法”，而不是具体意义上的“法律”。希腊文的“法”一词nomos(不仅指成文或不成文的法，而且还意及权威性习惯、方式、传统等，有时还包含道德规范)。见张乃根：《西方法哲学史纲》(增补本)，中国政法大学出版社2002年版，第29—30页。由此不难理解《维也纳条约法公约》采用“norm”一词，因为这不限于成文的条约法。

"各文明国家"解释为"联合国会员国"。①但是,根据《联合国宪章》第二条第六款,"在维持国际和平及安全之必要范围内",非联合国会员国也必须恪守使用武力为非法之原则。如今,这已"成为对非会员国也具有约束力的习惯法,并具有了强行法的特点"。②可见,作为强行法的"一般国际法强制性规范"产生的国际义务不限于成文的条约法。因此,本文认为,一旦《国家责任条款》成为公约,加入该公约的缔约国就必须承担包括已加入的条约法义务和强行法义务在内的国际义务,以及因其国家行为违背这些义务所产生的国家责任。这是我国政府在提供《国家责任条款》意见时,应高度关注的问题。

二、"国际不法行为"的条件

《国家责任条款》的基本前提是划分有关国家责任的国际法"初级规则"(primary rules)和"次级规则"(secondary rules)。③《国家责任条款》本身并没有关于该划分的任何规定或解释,但是,《评注》前言解释了该划分对于起草该条款的至关重要意义,并指出,"初级规则"与"次级规则"分别涉及国家责任的国际法实质内容(content)和形式条件(condition),前者可能包括所有国家责任的习惯国际法或条约国际法,既不可能也无必要通过该条款加以编纂,后者仅假定在已有"初级规则"的前提下,如何认定国家责任的"一般条件"。④

这种划分,前人在不同的语境下已采用过。在现代国际法理论的形成初期,曾有过"初级自然法"(primary natural law)和"次级自然法"(secondary natural law),以及"初级国际法"(即"次级自然法")和"次级国际法"(即实在国际法)的划分。格劳秀斯在《捕获法》中认为"神意之体现即法"是唯一的初级自然法,由此演绎出次级自然法,即初级国际法,如"公意所体现之人类共同同意即为法""每个人所作的意思表示就是关于他的法律""应当允许保护(人们自己的)生命并避免可能造成其伤害的威胁""应当允许为自己取得并保有那些对生存有用的东西",等等,然后是次级国际法,即国际社会为了普遍利益而共同接受的规则,包括"所有国家

① 同前引《条约法概论》,第248页。

② [美]路易斯·亨金:《国际法:政治与价值》,张乃根等译,中国政法大学出版社2005年版,第53页。

③ 1962年,根据新任特别报告员Robert Ago的建议,国际法委员会决定废止早期限于制定关于国家对外国人的责任条款以及试图编纂实体性国家责任条款的"初级规则"的做法,改为起草认定犯下国际不法行为的条件,即所谓"次级规则",并为以后起草工作所秉承。参见Rene Provost ed., *State Responsibility in International Law*, Ashgate/Dartmonth, 2002, Introduction, xii。

④ Draft Articles on Responsibility of States for International Wrongful Acts with commentaries 2001, 77(1).

表示的意志，即为关于所有国家之法律”。[①]

但是，格劳秀斯在后来的《战争与和平法》扬弃了这种将国际法划分“初级”和“次级”的理论，而认为国际法由自然法的原则与意志法的规则（包括条约与习惯）所构成。[②]这一基本观点为以后的国际法理论与实践所接受和证实。如联合国《国际法院规约》第三十八条第一款规定：解决当事国争端时可适用的国际法包括双方接受的国际条约法、国际习惯法和公认国际法原则及作为确定法律原则之补助资料等。[③]在迄今为止的多边或双边的国际条约中，似乎还没有明确将国际法规则划分为“初级”“次级”的先例，如上所说，即便《国家责任条款》本身也没有这一划分的任何规定。因此，可以认为这是一种法哲学的解释。

在第二次世界大战后的西方法哲学中，英国著名的新实证主义法学家哈特教授在1961年发表的《法律的概念》中，系统地阐述了法律体系中的“初级规则”与“次级规则”理论。他认为，法律制度的中心问题是初级规则与次级规则的结合。初级规则是设定义务的规则，要求或禁止人们做出某种行为，而不论人们希望如何。在任何法律制度中，这种义务性规则都是基本的或首要的。次级规则是关于初级规则本身的规则，包括提供法律渊源和赋予法律效力的标准的“承认规则”，授权某人或某机关提出或废除初级规则的“变化规则”，授权个人做出有关初级规则是否被破坏的权威性决定，并进一步授权法官依照一定的司法程序裁决个人之间的争端的“调整规则”。[④]

1962年继任联合国国际法委员会关于起草《国家责任条款》的特别报告员阿戈，最初划分国际法中设置国家义务的“初级规则”和认定未履行国家义务的国际不法行为的“次级规则”时，是否明确地以哈特的规则分析说为理论基础，尚不清楚。[⑤]但是，阿戈的划分与哈特所说设定义务的“初级规则”与认定某义务规则是否被破坏及做出司法裁决的“次级规则”是如此相同，以至于可以推断其划分的理论渊源。

不过，应特别留意，哈特的规则分析说强调任何法律制度的中心问题是初级规

---

① 同前引 Hugo Grotius, *Commentary on the Law of Prize and Booty*, pp.8—30。

② Hugo Grotius, *De Jure Bell Ac Pacis Libri Tres*, Oxford: at the Clarendon Press, 1925, p.44.

③ 参见《国际法院规约》(1945年6月26日通过)。

④ 参见 H.L.A. Hart, *The Concept of Law*, Oxford: at the Clarendon Press, 1961, pp.45－132；还可参阅前引《西方法哲学史纲》，第412—417页。

⑤ 现任国际法委员会《国家责任条款》特别报告员 James Crawford 也认为，不清楚该区别的理论来源是吸取哈特关于初级或次级规则的区分或大陆法理学，或是否自然地产生于未能具体制定有关国家责任的一般条约。参见前引 James Crawford, *The International Law Commission's Articles on State Responsibility: Introduction, Text and Commentaries*, p.14。

则与次级规则的结合。然而，按照阿戈的划分，并为此后国际法委员会奉为“定律”，《国家责任条款》的制定严格区分设置国家义务的初级规则与认定犯下国际不法行为的条件的次级规则。这样近似“不越雷池半步”的做法已受到人们的质疑，“因为这太抽象而在现实国际生活中难以起到实际作用”。①

如今国际法委员会面临的现实是：一方面，在许多国家责任领域缺少设置国家义务的条约性初级规则，或者即使存在，也未被某些国家接受；至于无须接受而普遍设置国家义务的“强行法”仍是颇有争议的概念。因此，一般而言，在这种情况下，如果有相应的认定国际义务是否违反及构成国际不法行为的次级规则，也难以起到作用。另一方面，如果沿着原先制定关于国家对外国人的责任条款的路径，编纂某一方面或全面性的实体性国家责任条款，那么其难度之大，简直令国际法委员会根本无法从事这项工作。怀着关于国家责任的初级规则逐渐增多并为各国所接受的良好愿望，近四十多年，国际法委员会根据阿戈的划分“定律”，持之以恒地起草《国家责任条款》，以期国际社会最终接受公认的关于认定国际不法行为的一般条件，为和平解决国际争端提供具有程序意义的次级规则。

本文认为，如果在《国家责任条款》现有起草基础上，循着“次级规则”的制定方向继续完善认定国际不法行为的一般条件，那么应该考虑主观条件。按照国际法委员会的目前解释，这种一般条件包括（括号内为本文的归纳）：

1. 在考虑该行为不法性时，国际法区别该国家国内法的作用（国际法与国内法的关系）；

2. 认定在什么情况下，该行为可归责于作为国际法主体的国家（行为的客观条件）；

3. 具体确定何时、在什么时期内，发生或已存在某国已违反某国际义务（客观条件中的时间性）；

4. 认定在什么情况下，某国可对另一国不符合该另一国的国际义务的行为负责（一国与另一国的关系）；

5. 界定根据国际法可免除该行为不法性的条件（免责条件）；

6. 具体确定国家责任的内容，即，由于某国的国际不法行为的实施而引起的新法律关系，也就是说，停止不法行为和任何所致损害赔偿的法律关系（补救条件）；

7. 认定任何一国提起对另一国应负责任的程序上或实体性前提条件，以及提

---

① 参见 Y. Matsui, “The Transformation of the Law of State Responsibility”，同前引 Rene Provost, *State Responsibility in International Law*, p.3，原载 Institute of International Public Law and International Relation, Thesaurus Acrosium 20, pp.5 - 65。

起追究责任的权利可能丧失的情况(补救的程序或实体前提条件);

8. 制定某国有权采取反措施应对违反国际义务,以使负有责任的国家根据这些条款履行其义务的条件(反措施的条件)。①

其中,显然缺少了通常在认定不法行为时的行为人主观条件。这是与国际法委员会起草《国家责任条款》的理论导向,尤其是严格区分"初级规则"与"次级规则"的教条主义,密切相关,因为按照这种区分,在什么条件下,国际不法行为具有恶意或疏忽的主观过错,均属于国际义务本身的内容,因而不在国家责任的"次级规则"范围。

如上所述,当代国际条约法或习惯法本身并没有"初级规则"与"次级规则"划分的规定或实践。一旦涉及国家责任的国际争端发生后,解决争端必然涉及国际义务的内容以及相应违反义务而产生的国家责任。负有国家责任的一方往往以其不法行为的非故意性作为免责的抗辩理由。譬如,1999 年 3 月,以美国为首的北约盟国武装干预前南斯拉夫国内的民族冲突,炸毁我国驻前南大使馆,并造成我人员伤亡。北约盟国以使用地图陈旧导致"误炸"为由免除其违反外交公约法基本规则的国际不法行为之国家责任。2006 年 7 月,以色列军队在与黎巴嫩真主党武装军事冲突中轰炸了联合国观察员驻地,炸死具有包括中国等国国籍在内的 4 名观察员,以色列也以非故意为由推卸其违反国际法公认规则的国际不法行为所必须承担的国家责任。诚然,《国家责任条款》包括免责条件,但是,作为国际不法行为的认定本身,首先涉及作为国际法主体的国家犯下国际不法行为的主观与客观条件。两者缺一不可,否则,某一不法行为就不可能成立。只有在确认了不法行为本身性质之后,才谈得上是否具有免责的条件。两者不可混为一谈。

既然《国家责任条款》按照"初级规则"与"次级规则"的划分,旨在有助于认定国际不法行为成立的一般条件,那么,将行为的主观条件作为形式要件加以明确,是完全必要的。譬如,《国家责任条款》可规定:"国际不法行为的性质取决于行为主体的故意或过失。"也就是说,不论国际不法行为是在故意或过失的主观条件下发生,该行为归责的国家必须承担相应国家责任。进而言之,既然该《国家责任条款》可以抽象地列出诸多一般客观条件,那么何尝不能抽象规定其一般主观条件呢?本文认为,现有《国家责任条款》回避国际不法行为的主观条件,不利于区分两者,不利于防止某些国家随意以非故意为由逃避其国家责任。

---

① Draft Articles on Responsibility of States for International Wrongful Acts with commentaries 2001, 77(3).

三、"国际不法行为"的归责

《国家责任条款》第二条(a)款规定:"由作为或不作为构成的行为依国际法归于该国",才可能是该国的国际不法行为。这与第二条(b)款规定的"该行为构成对该国国际义务的违背",组成认定存在国际不法行为的两项基本条件。国际法委员会在解释"可归于"(attributable)这一术语时指出,这避免涉及任何有关"归咎"(imputation)与否的法律程序,而仅规定该国际不法行为"可归于"某国家①。本文使用"归责(于)"一词试图更清晰地说明由某国家承担某国际不法行为的责任。

国际不法行为的归责是区分国家责任与非国家责任的关键。国家作为国际不法行为的主体,其本身是一个抽象的概念,或者说,是拟制政治实体。国家行为是通过其代表实施而体现,成为可证实的客观事件。国际法的"一般规则是只有国家政府的机关或作为国家代理人的行为才可归于国家"②。《国家责任条款》第四条第二款规定:"机关包括依该国国内法具有此种地位的任何个人或实体。"因此,在决定哪个机关为承担国家责任的机关时,国内法及其实践具有首要的重要性。

譬如,按照我国宪法和法律法规,哪些机构有权实施可归责于国家的行为?首先是中央政府的组成机构,包括国务院以及所属各部委与直辖机构,同时,全国的立法机构(全国人大以及常委会与下属各机构)、政治协商机构(全国政协与下属各机构)、最高司法机关(最高人民法院与最高人民检察院)也行使不同的国家权力;其次是地方国家机构,其中以省一级为主和数量众多的区县一级乃至农村乡镇的国家机构,包括地方政府、人大、政协、法院和检察院或相应机构③。对于地方国家机构可能引起的国家责任问题,国际法委员会根据已有国际法实践指出:《国家责任条款》第四条所说的国家机构"具有最宽泛的意义。这不限于中央政府的机构,也不限于高级官员或负责国家对外关系的官员。这种机构扩大到无论什么类别或范畴的政府机构,以及无论履行何种职能与处于什么层级的政府机构,包括省一级乃至地方的政府机构"④。

尽管哪些机构是可归责的国家机构,首先由国内法决定,但是,《国家责任条

---

① Draft Articles on Responsibility of States for International Wrongful Acts with commentaries 2001, Art. 3,(12).

② Ibid., Part Ⅱ,(2).

③ 参见《中华人民共和国宪法》第三章国家机构有关条款。

④ Draft Articles on Responsibility of States for International Wrongful Acts with commentaries 2001, Art. 4,(6).

款》原则上对这种国内法予以严格限制，该条款第三条规定："在把一国行为定性为国际不法行为时须遵守国际法。这种定性不因国内法把同一行为定性为合法行为而受到影响。"这不仅指国际不法行为本身的性质由国际法决定（国际法优先于国内法），[①]而且指不能以国内法所规定的不可归责国家机构为由不承担应负的国家责任。为此，《国家责任条款》对可归责的国家机构作了如下延伸规定，包括，但不局限于：(1)行使政府权力要素的个人或实体，[②]即，不是国内法规定的政府机构，但从事了国际法上可归责国家行为的个人或实体，因为"这些实体履行着国家机构的政府权力要素，以及处于以前国家公司私人化后仍保留公共或管制职能的实体"，[③]即便这些实体逾越权限实施了可归责国家的国际不法行为；[④](2)事实上在国家指示或控制下实施国际不法行为的个人或团体，[⑤]包括具有法人地位的公司或企业；(3)在正式当官不存在或缺席时，事实上履行政府权力要素的个人或团体，[⑥]尽管这是非常事件（如国内革命、武装冲突或外国占领）的情况下才会发生；(4)在实施行为时不可归责国家，但后来得到该国家认可或采纳而成为国际不法行为的个人或团体。[⑦]

由上可见，在我国，国有大中型企业的商业行为是否会引起国家责任的问题，值得我们高度重视。国际法委员会在解释"可归于"时，指出：国家机构的行为是否属于"商业的"，与归责问题无关，因为按照《国家责任条款》第四条，国家行为是指任何国家机构的行为，不论其立法、行政、司法或任何其他职能，包括商业职能。这并不仅仅是当代国际法才碰到的问题。十七世纪初，荷兰东印度公司作为私人股份公司从事海外贸易，但获得政府授权行使武力，其行为具有了国家行为的性质，从而引起了表面上是私人发动的战争，实质是以国家为主体的国与国之间的公战。

我国原先的国有企业直接隶属政府，政企不分，以致当年许多中外合资企业的合同中方是政府，而不是企业本身。如今，大中型国有企业仍是由国家授权管理资

---

① 这是指从国际法角度看待国际法与国内法的关系，因而某国不能以其任何国内法作为抗辩其国际不法行为的根据。在这个意义上，国际法优于国内法。参见 Peter Malanczuk, *Akehurst's Modern Introduction to International Law*, 7th. Ed. London: Routledge, 1997, p.64。

② 《国家责任条款》第 5 条。

③ Draft Articles on Responsibility of States for International Wrongful Acts with commentaries 2001, Art. 5,(1).

④ 《国家责任条款》第 7 条。

⑤ 《国家责任条款》第 8 条。

⑥ 同上，第 9 条。

⑦ 同上，第 11 条。

产运行的实体。①其中，隶属中央与地方政府管辖的大中型国有企业分别受国家与地方的国有资产管理委员会领导，包括人事任命，资产处置等。随着全球经济一体化，我国骨干大型国有企业更多地在海外拓展市场，根据《国家责任条款》，其商业行为可能引起的国家责任，将影响、制约或阻碍其正常的商业运作，以及造成不利于我国的国家利益的政治、经济后果。

国际法委员会在解释国有企业实施的国际不法行为与国家责任的关系时所强调："某实体可按某法律制度划分为公共或私人性，以及国家在该实体中拥有资本比例，或更一般而言，拥有该实体的资产所有权比例的事实，以及该实体不属于国家控制的事实，对于就该实体行为可归因于该国家这一目的而言，都不是决定性标准。"②"具有特别重要性的不是授权内容，而是授权该实体的方式，行使该授权的目的以及就实施而言，该实体可看作是政府的范围。这些才是将一般标准适用于各种情况的实质问题。"③根据该解释，不论国家对某公司资本所有权如何，只要政府对该公司的授权方式、目的以及结果，该公司的行为可视为政府的范围内，其企业的商业行为就可能归责国家。上述我国国有企业在国家授权下从事资本的商业运行，其人事任命和资产处置权均由政府的国家资产管理机构行使。这样的授权方式，使该类国有企业置于政府控制下，因而其行为成为《国家责任条款》中延伸规定可归责的国家行为。

近年来，我国国有企业在海外的商业活动，包括企业购兼，常因有嫌政府背景而遭质疑，乃至其商业运作受挫。我们应研究在国家继续实质性地拥有大中型国有企业资产所有权的前提下，如何改善授权方式，尤其是采取市场经济运行方式，改变人事任命制度。企业的经理人员，包括总经理或首席执行官应通过人才市场，采取商业运行方式聘任，而不是传统的干部任命方式。④在改进国内机制，尽可能避免企业行为导致国家责任的同时，我们应充分利用起草《国家责任条款》的机会，争取对我国有利的国际立法。就目前国际法委员会对国有企业的解释而言，似乎并没有考虑转型经济中的特殊体制问题。总体上，这对于我国，利大于弊。因此，本文认为，我们应继续抓紧国内体制改革，适应日益激烈的全球经济竞争，同时主

---

① 国务院国有资产委员会(简称国资委)是代表国务院履行出资人职责、负责监督管理企业国有资产的直属特设机构。目前国资委管理 166 户中央企业，资产总额 10.6 万亿元，大多分布在关系到国家安全和国家经济命脉的重要行业和关键领域，一批重要骨干企业在国家经济基础领域和支柱产业中，占有重要地位并发挥着关键作用。参阅 http://www.sasac.gov.cn/gzjg/zcfg/200607060138.htm[2006-08-16]。

②③ Draft Articles on Responsibility of States for International Wrongful Acts with commentaries 2001, Art. 5, (3).

④ 我在十多年前研究国有企业体制改革时就主张废止企业经理人员的任命制。参阅拙文:《国家股为何难以上市》,《探索与争鸣》1994 年第 2 期，第 14—16 页。

张《国家责任条款》不涉及转型经济中的特殊体制问题。

结　论

1. 根据“国际不法行为”的含义，一旦《国家责任条约》成为公约，加入该公约的缔约国就必须承担包括已加入的条约法义务和强行法义务在内的国际义务，以及因其国家行为违背这些义务所产生的国家责任；2. 既然《国家责任条款》按照“初级规则”与“次级规则”的划分，旨在有助于认定国际不法行为成立的一般条件，那么，将行为的主观条件作为形式要件加以明确，是完全必要的；3. 我国国有企业在国家授权下从事资本的商业运行，其人事任命和资产处置权均由政府的国家资产管理机构行使。这样的授权方式，使该类国有企业置于政府控制下，因而其行为可能成为《国家责任条款》中延伸规定归责国家的行为。

The Analysis of “International Wrongful Acts” in the Draft Articles on States Responsibility

Abstract: The responsibility of states for international wrongful acts is one of key issues of contemporary international law. In last a half century, the United Nations International Law Commission made great efforts to codify the Articles of States Responsibility. In 2001, the United Nations General Assembly adopted the Draft Articles on States Responsibility with a recommendation to conclude a convention accordingly. In 2004, the General Assembly called for responses from governments of Member States. Chinese government paid high attention for this request. It becomes a hot topic for international law scholars. This article analyzes the meanings of “international wrongful acts” and conditions to constitute such acts as well as attribution to states responsibility by linguistic analysis of “international wrongful acts”, distinguishing “the primary rules” and “the secondary rules”, discussing relation of international laws and domestic laws.

Keywords: United Nations; States responsibility; International wrongful acts

外交保护中的公司国籍新论*

内容摘要：外交保护是当代国际法的重大问题之一。自1995年联合国大会决定起草《外交保护条款》，至今已13年。第六十二届联大于2007年12月6日通过关于外交保护的大会决议，强调外交保护是对国家间关系至关重要的主题，建议在《外交保护条款草案》的基础上制定一项公约。外交保护是指一国对于另一国国际不法行为给属于本国国民的自然人或法人造成损害，通过外交行动或其他和平解决手段援引另一国的责任，以期使该国责任得到履行。公司国籍的确认是涉及公司法人的外交保护之前提。本文第一部分概述外交保护中的公司国籍问题，以联合国国际法院有关经典判例作为国际法的权威根据，试图通过较清晰的判例分析，归纳外交保护中的公司国籍三个主要问题。本文第二部分着重分析最新通过的《外交保护条款草案》的有关公司国籍款项，并力求通过研究该草案工作组的若干主要报告，揭示今后起草外交保护公约有关公司国籍条款的方向。本文第三部分结合我国新的《企业所得税法》等国内法和签署的双边投资或税收协定等国际条约，论述有关外交保护中的公司国籍制度若干新问题，最后建议制定《中华人民共和国海外投资保护法》，对我国的海外投资企业和公司行使必要的外交保护。

关键词：外交保护；公司国籍；海外投资

1995年联合国大会第五十届会议通过决议，决定邀请各国政府就国际法委员会关于将“外交保护”专题列入其议程的建议，提出意见以供第六委员会在联大第五十一届会议期间加以审议。①联大第六十二届会议②于2007年12月6日通过关于《外交保护条款草案》的决议，强调“外交保护是对国家间关系至关重要的主题”，建议在该草案的基础上制定一项公约，③近年来，随着我国加入世界贸易组织，进一步扩大改革开放，不仅外商在华投资仍稳步增长，④而且我国企业也纷纷走出国

---

* 原载《变化中的国际环境：机制、形象、竞争力》，上海人民出版社2008年版，第151—161页。

① 联合国大会决议(A/RES/50/45，26 January 1996)。

② 2007年8月20日，在第62届联大前夕，我国外交部条法司发给本人的“关于就第62届联大有关议题征求意见的函”(条函〔2007〕441号)，其中包括外交保护议题。本人对该议题提出若干意见。

③ 联合国大会决议(A/RES/62/67，8 January 2008)。

④ 据国家统计公报，2002年至2007年，外商在华投资实际金额分别为527亿、535亿、605亿、603亿、694亿和748亿美元。数据来源：http://www.stats.gov.cn/tjgb[2008-08-08]。

门，加大对外直接投资，呈现新的发展态势。[①]跨国投资难免带来各类争端，外交保护中的公司国籍问题愈显突出，因此，深入研究这一问题，不仅对于我国积极参与外交保护公约的制定，而且对于继续吸收外商在华投资和保护我国企业的海外权益，都是非常必要的。[②]本文首先概述外交保护中的公司国籍问题，然后着重分析《外交保护条款草案》的有关公司国籍款项，最后结合我国的国内法和签署的国际条约，对有关外交保护中的公司国籍制度若干新问题，加以论述。

一、外交保护中的公司国籍问题概述

(一) 国际法院的经典判例：外交保护中的公司国籍主要问题

外交保护是指一国对于另一国国际不法行为给属于本国国民的自然人或法人造成损害，通过外交行动或其他和平解决手段援引另一国的责任，以期使该国责任得到履行。[③]第二次世界大战后，外交保护中的公司国籍问题首先突出地反映于联合国国际法院的“有关巴塞罗那电车、电灯与电力有限公司案”（简称“巴塞罗那电车公司案”）。[④]该案原告比利时政府于1958年向国际法院起诉，指控该案被告西班牙政府损害了巴塞罗那电车公司的比利时国民股东利益，为此行使外交保护权，请求国际法院责成西班牙政府负损害赔偿责任。后因双方希望通过外交谈判解决，该案终止。但是，谈判未成，1962年7月19日，比利时政府又向国际法院起诉。1970年2月5日，国际法院对“巴塞罗那电车公司案”作出判决。该判决涉及如下外交保护中的公司国籍问题：

第一，比利时政府是否有权对一家在加拿大注册成立的（incorporated）公司中比利时股东，基于所指控与任何比利时国民无关，而与该公司有关的措施，行使外交保护？

---

① 据2006年度中国对外直接投资统计公报，当年中国对外直接投资净额211.6亿美元，其中，新增股本投资51.7亿美元，占24.4％。截至2006年底，中国5000多家境内投资主体设立对外直接投资企业近万家。又据商务部2007年我国非金融类对外直接投资统计快报，当年我国非金融类对外直接投资187.2亿美元，同比增长6.2％。

② 国内学界的最近研究成果，参见周忠海：《海外投资的外交保护》，《政法论坛》2007年第3期；黄涧秋：《论外交保护制度中的公司国籍规则》，《甘肃政法学院学报》2007年第6期；董萧：《对跨国公司行使外交保护的条件》，《社会科学论坛》2007年第8期；殷敏：《中国应大力加强与研究外交保护法律制度》，《特区经济》2008年第2期。

③ 与国家责任有关的国际不法行为问题，参见张乃根：《试析〈国家责任条款〉的“国际不法行为”》，《法学家》2007年第3期（转载中国人民大学书报资料中心《国际法》2007年第10期）。

④ *Case concerning the Barcelona Traction, Light and Power Company, Limited* (Second Phase), the Judgment of 5 February 1970. ICJ Report 1970.

国际法院认为："当一个国家接纳外国投资或外国国民进入其领土时，该国必须给予它们或他们法律保护并承担有关给予它们或他们待遇的义务。但这种义务不是绝对的。为了要对违反这样一种义务的行为提出索赔要求，这个国家必须首先确立它有这样做的权利。"①这种权利就是国际法上的外交保护权。国际法院指出："在外交保护方面，国际法在不断演变之中，并被要求承认国内法的体制。"②这意味着外交保护既是国际法问题，又与有关国内法休戚相关。在涉及公司国籍方面，更是如此，因为公司作为商业组织，原本完全是国内法的问题。为此，国际法院认为："在国内法中，关于公司的概念是建立在对公司权利和股东权利的严格区分的基础之上。对于公司的不法行为往往给它的股东造成损害，但这并不意味着公司的不法行为往往给它的股东造成损害，并不意味着公司及其股东都有权要求赔偿。每当一个股东的利益因针对公司的行为而受到损害时，股东应当指望由公司提起适当的诉讼。"③由于在"巴塞罗那电车公司案"中，比利时政府要求对其国民股东行使外交保护，因此，国际法院强调："一项只侵犯到公司的权利的行为并不涉及对股东的责任，即便股东们的利益受到影响。要使情况有所不同，所指控的行为必须是针对股东的直接利益（这里不是这种情况，因为比利时政府自己就承认它提出的要求不是基于股东的直接利益受到侵害）。"④

根据上述理由，国际法院确认了国际法上的一般规则："如果是一个对一家代表外国资本的公司犯下不法行为的问题，那么，国际法的一般规则只认可该公司所属的国家为寻求赔偿的目的而行使外交保护。没有一条国际法规则明确授予股东所属的国家此种权利。"⑤

可见，在涉及外交保护中的公司国籍问题时，首先应严格区分公司权利与股东利益，对公司本身权利的侵害，应由公司国籍国政府行使外交保护权；其次应进一步区分股东的直接利益（实质是权利，rights）与间接利益（仅仅是利益 interests）。只有在股东的权利，而非仅仅是利益受损害的情况下，股东国籍国政府才有权行使外交保护。本文限于讨论外交保护中的公司国籍，对股东国籍问题，存而不论。

第二，"巴塞罗那电车公司案"是否存在"对公司本身权利的侵害，应由公司国籍国政府行使外交保护"这条国际法上一般规则的例外？

国际法院认为，在考虑该一般规则的例外时，必须研究两种情况：其一，公司已停止存在；其二，公司国籍国不具备起诉能力。

关于第一种情况。在"巴塞罗那电车公司案"中，"虽然巴塞罗那电车公司已失

①②③④⑤ 《国际法院判决、咨询意见和命令摘要》1948—1991，联合国 1993 年，纽约，第 96 页。

去了它在西班牙的所有资本，并在加拿大被置于破产案产业管理人的管理之下，但还不能认为该公司的法人实体已停止存在或该公司已失去进行公司诉讼的能力。”①公司是否存续，以及是否具备诉讼能力的问题，原本也完全是国内法问题，但是，由于这涉及公司国籍国政府是否应对并不存续或失去诉讼能力的公司行使外交保护，因此，在考虑行使外交保护时必须对被保护主体的存在及其行为能力进行认定。这就是国际法上的公司的持续国籍问题。

关于第二种情况，在“巴塞罗那电车公司案”中，“没有争议的是，该公司是在加拿大注册成立的并在加拿大设有经注册的办事处，而且它的加拿大国籍是得到普遍承认的。”②这表明：以注册成立及注册办事处地作为确定公司国籍国的标准早已得到普遍承认。在该案中，依据这一标准认定的该公司加拿大国籍，也是毫无争议的。

归纳“巴塞罗那电车公司案”，不难发现在国际法上，外交保护中的公司国籍涉及三个主要问题，即公司国籍国、公司的持续国籍、公司权利与股东利益。这正是《外交保护条款草案》所规定的内容。

（二）外交保护中的公司国籍与其他国际法相关问题的区别

在私人国际投资领域③，资本输出国（母国）与输入国（东道国）之间政府为促进、保护投资者的权利与利益所签订的双边投资协定（BITs）④，通常约定东道国承诺保护外国投资者的义务。如果东道国违背其承诺，外国投资者的母国政府可以在一定条件下行使外交保护。⑤正如国际法院在巴塞罗那电车公司案判决中所称：“就本案的事态而言，这样一个权利只能是一项条约或特别协定的结果，而比利时和西班牙之间不存在这样一种现行有效的文书。”⑥

---

①②　《国际法院判决、咨询意见和命令摘要》1948—1991，第96页。

③　私人国际投资（private international investment），又称外国直接投资（Foreign Direct investment，FDI）。国际货币基金组织（IMF）对FDI的定义为：一国企业在另一国企业中投资并占其股份的25%以上者。我国《关于外国投资者并购境内企业的规定》（2006年9月8日起施行）第9条采用了这一定义，规定：“外国投资者在并购后所设外商投资企业注册资本中的出资比例高于25%的，该企业享受外商投资企业待遇。”

④　根据联合国贸易与发展会议《2007年全球直接投资趋势与展望》报告，截至2006年底，中国签署的BITs已超过110个。仅次于德国。

⑤　这通常是指：在权益受损害的公司用尽东道国提供的当地补救后，该公司国籍国政府方可行使外交保护权。但是，如果东道国未能提供，则不适用这一前提条件。参见西西里电子公司（西电公司）案判决：“由于意大利必须表明存在着当地的补救办法，又由于意大利未能使分庭确信明显存在着某种雷西恩和马奇莱特公司本应独立于西电公司及其破产管理人进行和充分使用的当地补救办法，分庭因而驳回了对未首先使用当地补救办法的反对意见。”《国际法院判决、咨询意见和命令摘要》1948、1991，第234页。当然，此案原告美国以被告意大利政府违反两国《友好、通商和航运条约》为由，本身不属于行使外交保护，因而也不存在先用尽当地补救的前提条件。

⑥　《国际法院判决、咨询意见和命令摘要》1948—1991，第96页。

在解决私人国际投资争端方面，除了国与国之间争端解决涉及外交保护时必须确定有关公司国籍，由《关于解决国家与他国国民间投资争端公约》设立的“投资争端解决国际中心”(CISID)仲裁缔约国与其他缔约国国民之间的投资争端时，也会碰到公司国籍的确认①。但是，这不涉及外交保护，因而不是本文所研究的问题。

此外，在与 BITs 有关的双边税收协定方面，同样也会碰到有关公司国籍问题，②但也不涉及外交保护。

总之，在研究外交保护中的公司国籍问题，应留意区别国际投资以及税收方面的其他一些公司国籍问题。《外交保护条款草案》有关公司的国籍国规定是“为对公司行使外交保护的目的”而言。

二、《外交保护条款草案》的公司国籍条款及其分析

(一)《外交保护条款草案》的公司国籍条款

由起草委员会于 2006 年 6 月 1 日二读通过，并经联大第六十二届会议 2007 年 12 月 6 日决议通过的《外交保护条款草案》对公司国籍规定如下：

> “第九条　公司的国籍国
>
> 为对公司行使外交保护的目的，国籍国是指公司依照其法律成立的国家。然而，当公司受另一国或另外数国的国民控制，并在成立地国没有实质性商务活动，而且公司的管理总部和财务控制权均处另一国时，那么该国应视为国籍国。
>
> 第十条　公司的持续国籍
>
> 1 一国有权从发生损害之日到正式提出求偿之日持续为该国或其被继承国国民的公司行使外交保护。如果在上述两个日期该公司都持有该国籍，则

---

① 《关于解决国家与他国国民间投资争端公约》第 25 条第 2 款(2)规定：“在争端双方同意将争端交付调解或仲裁之日，具有作为争端一方的国家以外的某一缔约国国籍的任何法人，以及在上述日期也具有争端当事国的缔约国国籍的法人，而该法人因受外国控制，双方同意为了本公约的目的，应看作是另一缔约国国民。”转引陈安主编：《国际投资争端仲裁》，复旦大学出版社 2001 年版，第 575 页。

② 自 1984 年中国与日本签订第一项双边税收协定以来，已与美国等 60 多个国家签订了类似协定。比如，国家税务总局《关于执行中美避免双重税收协定若干条文解释的通知》〔86〕财税协字第 033 号规定：“对于确定公司、企业和其他经济组织是否为缔约国的居民，在《中美税收协定》第 4 条第 1 款同时列有总机构所在地和注册所在地两个标准，这是适应双方国家法律的实际需要商定的。在判断其是否为我国的居民时，应按照我国法律规定，只适用总机构所在地的标准；在判断其是否为美国的居民时，可以适用注册所在地的标准，凡是按美利坚合众国联邦的法律或州的法律，在美国注册的公司，可以承认其为美国的居民。”

推定该国籍是持续的。

2 一国对于在提出求偿后获得被求偿国国籍的公司不再享有为其行使外交保护的权利。

3 尽管有第一款的规定，一国继续有权为在发生损害之日为其国民，但由于损害的原因，按照成立国法律终止存在的公司行使外交保护。”[①]

（二）公司国籍条款的起草及分析

为进一步理解上述条款，尤其是第九条，有必要回顾其起草的历史。1997 年国际法委员会第四十九届会议通过的外交保护专题工作组报告首次将法人国籍列为外交保护的依据，也就是“受益人和行使外交保护的国家之间的必要连带关系”，并提出了“多重国籍情况下的交涉权利（因素：法人的国籍、控制的理论或股东的国籍）”问题。[②]虽然《外交保护条款草案》已排除了公司的多重国籍问题，但是，对公司的外交保护最初碰到的问题就是两个或两个以上国家均声称某公司的国籍国，造成了如同自然人的双重或多重国籍问题。如何排除公司的多重国籍，确定其唯一的国籍国，是对公司的外交保护必须解决的问题。

2003 年国际法委员会第五十五届会议通过的关于外交保护的第四次报告对公司国籍问题作了专门的详细阐述。该报告指出：“在关于这一主题的所有讨论中，‘巴塞罗那电车公司案’的判决占有主导地位。只有充分考虑到国际法院 1970 年的判决及其影响和对判决的批评意见，才能严肃地尝试就一主题拟订一项或多项规则。”[③]该报告认为，国际法院遵循国内法律体系中关于有限责任公司中的公司与股东之分的一般法律原则，并解释“如公司受到伤害，外交保护权属于根据该国法律注册公司，以及该国境内设立注册办事处的国家”[④]。该报告强调：国际法院在裁定公司注册国，而非公司股东国籍国，为公司受到伤害时行使外交保护的适当国家时，遵循了若干项政策考虑，首先，当股东对一家在外国开展业务的公司投资时，他们承担了风险，包括这家公司可能行使酌情处理权、拒绝代表其行使外交保护的风险。其次，如果允许股东国籍国行使外交保护，可能导致各国提出繁多的索赔，因为大公司常常由多国股东控股。再次，法院不愿以类推的方式适用有关公司和股东双重国籍的规则，也不愿允许两者的国籍国行使外交保护。该报告也概述了国际社会对“巴塞罗那电车公司案”的批评，包括：“国际法院断然拒绝‘一套规

---

① 起草委员会二读通过的外交保护条款草案的标题和案文，A/CN.4/L.684(1 June 2006)。

② 外交保护工作组报告，A/CN.4.L.537(3 July 1997)。

③ 《关于外交保护的第四次报告》特别报告员：约翰・杜加尔德先生，A/CN。4/530(13 March 2003)。

④ 《关于外交保护的第四次报告》第 3 页。

范股东索赔的传统国际惯例，认为它与本案案情无关'，选择了'完全采用规定对公司的不法行为并不一定使股东拥有可以强制执行的权利的国内公司法'。"[①]

值得高度关注的是，"巴塞罗那电车公司案"对外交保护的限制，促使各国订立双边投资条约，以使投资者能够通过CISID解决与东道国之间的争端，而绕开外交保护。[②]上世纪七十年代后，CISID得到越来越多的外国投资者青睐，乃至目前呈现了一定程度上滥用国际投资仲裁的倾向。[③]

尽管近四十年来，对"巴塞罗那电车公司案"的批评不断，但是它依然是起草外交保护条款中公司国籍款项的最重要的法律基础。"人们依然普遍认为此案不仅精辟阐述了有关公司外交保护的法律，还真正反映了习惯国际法。"[④]

该报告对外交保护中如何确认公司国籍，提出了7种可供选择的方案，其中包括：(1)该公司注册国；(2)该公司的注册国并与之要有真正联系（通常为经济控制形式）。后来，第二种方案得到了起草委员会的采纳。然而，这一方案带来的直接难题是如何认定"真正联系"以及时间点。[⑤]按照起草委员会最初拟定的外交保护条款第十八条，这一"直接联系"是指在行使外交保护的国家"领域内设有注册办事处"，"时间点"则是"在公司受损害"时，在该注册地此公司是否存在。[⑥]但是，从受损之日到求偿之日的期间，该公司是否存续，也是十分重要的，这涉及外交保护中的公司国籍的持续性问题。

2006年国际法委员会第五十八届会议通过的关于外交保护的第七次报告全面总结了外交保护条款的起草工作，其中对公司国籍问题作了详细的分析。[⑦]该报告认为，一读通过的《外交保护条款草案》第九条在确定公司国籍的标准是"公司依照该国法律规定成立，并在该国境内设立注册办事处或管理机构或某种类似联系的国家"，其中短语"某种类似联系"会导致被解释为等同于要求存在真正联系，因此建议删除该短语。可见，起草委员会倾向于回到上述最初的第一种方案，以免产生任何公司双重或多重国籍的问题。

---

① 《关于外交保护的第四次报告》第6页。

② 国际协会，第七十届会议的报告，新德里(2002)，第265页，转引《关于外交保护的第四次报告》第7页。

③ 参见刘笋：《晚近国际投资仲裁对国家主权的挑战及相关评析》，载《全球化时代国际经济法：中国的视角国际研讨会》(论文集，武汉大学，2008年5月3日至4日)，第264页。

④ 《关于外交保护的第四次报告》第11页。

⑤ Christopher Stalker, "Diplomatic Protection of Private Business Companies: Determining Corporate Personality for International law Purposes", (1990) 61 *British year Book of International Law*, 157。参见《关于外交保护的第四次报告》第13页。

⑥ 《关于外交保护的第四次报告》第19页。

⑦ 《关于外交保护的第七次报告》特别报告员：约翰·杜加尔德先生，A/CN.4/567(7 March 2006)。

在国际法委员会第五十八届会议上同时通过的《外交保护条款草案》及评注对公司国籍做了进一步评析。①首先，该评注分析了草案最终未完全采用“巴塞罗那电车公司案”关于外交保护中的公司国籍的确定必须同时满足公司注册地和公司注册办事处所在地的两项标准，而仅规定公司注册成立地为其国籍国。该评注指出：“草案第九条接受了‘巴塞罗那电车公司案’的基本前提，即就外交保护而言，公司国籍国取决于公司注册成立地（incorporation）。但是，该草案也规定了某些情况下的例外，即注册成立国与该公司本身不存在其他明显联系，而在另一国却存在某些明显联系，该另一国应被视为国籍国。”②这样，既采用了单一标准，又充分兼顾了公司与其国籍国的真正联系要求。换言之，就外交保护而言，公司国籍只有一个，通常为其注册成立地，但也不排除其真正联系地。真正联系地必须满足三项条件：“第一，该公司须由另一国国民控制。第二，该公司在注册成立地没有实质性商业活动。第三，其管理及财务控制地须在另一国。只有同时满足这三项，该公司的管理总部和财务控制权均处另一国时，该国才应视为就外交保护而言的公司国籍国。”③

其次，该评注分析公司的持续国籍款项。通常公司只在另一国被重新组织或再注册成立时才会改变其国籍。因此，持续国籍问题与公司国籍的改变有关。就外交保护而言，要求某公司在受损害时和在正式提出求偿时均拥有其原国籍，也就是有持续的国籍。如在国家继承的情况下，公司国籍国也要求持续性。需留意，该评注解释：“在[第十条]第一款中的‘求偿’（claim），包括通过外交途径提出和向某司法机构起诉。”④

回顾外交保护条款有关公司国籍款项的起草过程以及分析迄今二读通过的《外交保护条款草案》相关款项，可以看到在近三十年来，经济加速全球化的背景下，国际社会在协调外交保护中的公司国籍问题上所作出的巨大努力。尽管今后人们对此仍会进一步探讨更好的协调方案，但是，基于“巴塞罗那电车公司案”的基本原则而形成的国际法一般规则，不会有实质的，或重大的改变。本文认为，这是今后起草外交保护公约的公司国籍条款的方向，应以此来考虑我国有关外交保护中的公司国籍制度。

三、我国有关外交保护中的公司国籍制度若干新问题

我国现行法律法规中尚无有关外交保护中的公司国籍的明确规定，仅散见于

① Draft Articles on Diplomatic Protection with commentaries(2006).

②③ Ibid., p.54.

④ Ibid., p.56.

相关法律法规的若干制度性规定之中。为了更好地保护我国企业在海外的权益，促进外国在华投资，有必要建立健全我国有关外交保护中的公司国籍制度。

(一) 2008年《企业所得税法》与外交保护中的公司国籍

《中华人民共和国企业所得税法》第二条规定："企业分为居民企业和非居民企业。本法所称居民企业，是指依法在中国境内成立，或者依照外国(地区)法律成立但实际管理机构在中国境内的企业。"[①]虽然，这里所说的"居民企业"是对企业交纳其所得税而言，但是，显然，确定在中国企业或公司"居民"籍的标准与《外交保护条款草案》的公司国籍国规定是完全一致的，即以该企业"依法在中国境内成立"为一般标准，同时，对于依照外国(地区)法律成立的企业，以实际管理机构在中国境内作为中国"居民"籍的补充标准。可见，我国以企业"依法成立"地为企业或公司国籍国的确认标准。而且，补充标准与《外交保护条款草案》相比，实质上也是一致的。该草案规定："当公司受另一国或另外数国的国民控制，并在成立地国没有实质性商务活动，而且公司的管理总部和财务控制权均处另一国时，那么该国应视为国籍国。"其中，对以一国之法律成立，但具有另一国国籍的公司，似乎给予更多的限制，而根据我国《企业所得税法》的规定，只要实际管理机构在中国境内的企业均可能被视为中国"居民企业"而负交纳所得税之义务，但是，根据《企业所得税法实施条例》第四条规定："企业所得税法第二条所称实际管理机构，是指对企业的生产经营、人员、财务、财产等实施实质性全面管理和控制的机构。"可见，这与《外交保护条款草案》的规定实质是一致的。[②]

(二) 我国与他国双边协定涉及有关外交保护中的公司国籍问题

我国与其他国家(地区)的双边税收协定中为了避免双重征税的目的，也采用"总机构所在地"标准。譬如，《关于执行中美税收协定的解释》第一条规定："对于确定公司、企业和其他经济组织是否为缔约国的居民，在中美税收协定第四条第一款同时列有总机构所在地和注册所在地两个标准，这是适应双方国家法律的实际需要商定的。在判断其是否为我国的居民时，应按照我国法律规定，只适用总机构所在地的标准；在判断其是否为美国的居民时，可以适用注册所在地的标准，凡是按美利坚合众国联邦的法律或州的法律，在美国注册的公司，可以承认其为美国的

---

① 《中华人民共和国企业所得税法》(2008年1月1日起施行)。

② 《中华人民共和国企业所得税法实施条例》(2008年1月1日起施行)。

居民。”[①]也就是说，为了避免双重征税，我国执行《中美税收协定》时，就判断在中国的美国公司国籍而言，放弃了在我国注册的标准，只要在美国注册的均为美国籍公司，除非其总机构在中国。这是有利于美国政府的双边安排，但仅限于避免双重征税之目的。

在我国与其他国家（地区）签署的双边投资协定中也包括了公司国籍规定。譬如，《中印关于促进和保护投资协定》第一条第三款规定：“‘公司’一词，在中华人民共和国方面，系指依照其法律设立，其住所在中华人民共和国领土内的经济组织；在印度尼西亚共和国方面，系指依照其法律在印度尼西亚共和国领土内组成的有限责任公司或设立的任何法人。”[②]

（三）我国其他法律涉及外交保护中的公司国籍问题

“依法在中国境内成立”的“法”是指什么法律法规呢？《中外合资经营企业法》规定：由外国或外商在华直接投资，中外双方各拥有一定比例股份的中外合资经营企业为有限责任公司。该法第一条规定，此类企业须：“经中国政府批准，在中华人民共和国境内，同中国公司、企业或其他经济组织共同举办。”[③]《中外合资经营企业法实施条例》第二条明文规定：“依照《中外合资经营企业法》批准在中国境内设立的合营企业是中国法人，受中国法律的管辖和保护。”[④]因此，中外合资经营企业的公司国籍国。其确认标准包括“批准”和“设立”。与之不同的是，非中外合资经营企业的其他公司，包括有限责任公司和股份有限公司，根据我国《公司法》第二条，“依照本法在中国境内设立”（无须批准），就是中国法人。[⑤]

与《中外合资经营企业法》有关的《关于外国投资者并购境内企业的规定》第二条规定：外国投资者并购境内企业的“股权并购”，“系指外国投资者购买境内非外商投资企业（以下称‘境内公司’）股东的股权或认购境内公司增资，使该境内公司变更设立为外商投资企业”。[⑥]也就是一旦外商在被并购企业的股权超过该企业注册资本的25％，即该企业须变更为中外合资经营企业，依照《中外合资经营企业

---

① 《财政部税务总局关于执行〈中美避免双重税收协定〉若干条文解释的通知》〔86〕财税协字第033号。

② 《中印关于促进和保护投资协定》（1994年11月18日）。

③ 《中华人民共和国中外合资经营企业法》（2001年3月15日修改）。

④ 《中华人民共和国中外合资经营企业法实施条例》（2001年7月22日修订）。

⑤ 《中华人民共和国公司法》（2005年10月27日修订，自2006年1月1日起施行）。根据该法第218条，“外商投资的有限责任公司和股份有限公司适用本法，有关外商投资的法律另有规定。适用其规定”。在中外合资经营企业注册设立之前，必须获得中国政府批准。该特别规定优先于公司法第2条关于公司设立的一般规定。

⑥ 《关于外国投资者并购境内企业的规定》（2006年9月8日起施行）。

法》批准后设立为中国法人。

可见,依照现行中国法律确定公司国籍国的标准是注册成立地为主,以实际管理机构地为辅。这与《外交保护条款草案》是一致的。

(四) 涉及外交保护中公司国籍的我国国内法之适用

问题在于:一旦涉及外交保护,如何适用上述中国法律?这包括外国公司在中国的情况和中国公司在外国的情况。依照《中外合资经营企业法》《中外合作经营企业法》[①]和《外资企业法》[②]以及《公司法》,在前者情况下,具有外国国籍或居民籍的公司排除了在中国的三类外商投资企业,只有那些在中国境内设立分支机构,而其母公司在外国或地区注册成立的,才是外国籍或居民籍公司。或者依照《关于外国投资者并购境内企业的规定》,购买中国境内公司的股东股权或认购境内公司增资尚未达到25%的那些公司是在外国或地区组册成立的,才是外国籍或居民籍公司。同样,在后者情况下,凡是依照中国法律在中国境内成立的公司均为中国公司。

在这两种情况下,怎样会引起类似于"巴塞罗那电车公司案"的外交保护呢?在中国的外国公司只有其利益受到损害,经中国政府提供的当地补救仍无法得到补偿,其公司国籍国政府可以行使外交保护,在该外国与中国政府签订双边投资协定的情况下,更具有行使外交保护的理由。由于中国在恢复联合国合法地位后未接受国际法院的任意管辖,也未曾自愿或协定接受过国际法院的管辖,因此,至少目前或可预见的未来而言,这种外交保护仍通过双方外交途径实现。正如《中印促进和保护投资协定》第十条所规定的:"缔约双方对本协定的解释或适用所产生的争端应通过外交谈判友好解决。"[③]至于外国投资者通过CISID或其他国际仲裁机构,解决与我国政府之间关于在华投资争端,则不属于外交保护。[④]

---

① 《中华人民共和国中外合作经营企业法》(2000年10月31日修正)第2条第2款:"合作经营企业符合中国法律关于法人条件的规定的,依法取得中国法人资格。"

② 《中华人民共和国外资企业法》(2000年10月31日修正)第2条规定:"外资企业是指依照中国有关法律在中国境内设立的全部资本由外国投资者投资的企业,不包括外国的企业和其他经济组织在中国境内的分支机构。"

③ 《中印关于促进和保护投资协定》(1994年11月18日)。

④ 有关国际投资争端解决,参见余劲松主编:《国际投资法》,法律出版社2007年第3版,第八章国际投资争议的解决;王贵国:《国际投资法》,北京大学出版社2001年版,第十四章争端解决;刘笋:《国际投资保护的国际法制若干重要问题研究》,法律出版社2002年版,第五章国际投资争议的解决;曾华群主编:《国际投资法学》,北京大学出版社1999年版;张庆麟主编:《国际投资法问题专论》,武汉大学出版社2007年版,第九章国际投资争议解决机制研究。

（五）制定《中华人民共和国海外投资保护法》的建议

如今，随着我国企业的海外投资日益增多，对其合法利益的外交保护更值得我们关注。中国境内投资主体设立对外直接投资企业已数以万计，其中，按企业登记注册类型统计，有限责任公司为33%，国有企业为26%，私营企业为12%，外商投资企业（含港澳台投资企业）为6%。[①]这些中国国籍的企业或公司的海外投资遍布世界七大洲172个国家或地区，其中以在中国香港（15.7%），美国（10.1%），俄罗斯（5.4%），日本（3.6%），越南和阿拉伯联合酋长国（各3.4%），德国（3.1%）和澳大利亚（2.9%）为主。[②]按设立方式，我国对外直接投资企业分为境外子公司、联营公司、分支机构。[③]其中，境外子公司应为投资东道国国籍的公司，由此会产生我国国籍的母公司与外国国籍的子公司之间的利益关系。诸如此类我国企业的海外投资利益保护，是摆在我们面前的新问题。

为了建立、健全对我国海外投资的外交保护，除了与投资东道国（地区）签署双边促进和保护投资协定，建议应制定《中华人民共和国海外投资保护法》，明确规定有关中国公司或企业的国籍或居民籍归属、持续国籍的确认，有限责任公司的中国国籍股东等，以便在必要行使外交保护，给予我国企业和公司在国外投资以更多、更好的保护。

New Discussion on Nationality of a Corporation for Diplomatic Protection

Abstract: Diplomatic protection is one of the key issues of contemporary international law. It has been thirteen years since the United Nations General Assembly decided to draft the articles on diplomatic protection in 1995. The 62th General Assembly adopted the resolution on diplomatic protection on December 6, 2007, which emphasizes that it is an extremely important for international relation and recommends that a convention would be based on the Draft Articles of Diplomatic Protection. The diplomatic protection means that a state is entitled to take diplo-

① 《2006年度中国对外直接投资统计公报》，第20页，图11。

② 同上，第22页，图12。

③ 子公司是指"境内投资主体拥有该境外企业50%以上的股东或成员表决权，并具有该境外企业行政、管理或监督机构主要成员的任命权或罢免权"；联营公司是指"境内投资主体拥有该境外企业10%—50%的股东或成员表决权"；分支机构是指"境内投资主体在国（境）外的非公司型企业，境内投资主体在国（境）外的常设机构或办事处、代表处视同分支机构"，参见《2006年度中国对外直接投资统计公报》，第47页。

matic action or any peaceful means to claim compensation from another state if whose international wrongful act injured nationals of claiming state, and it shall have state responsibility. The identified nationality of a company is a precondition to exercise diplomatic protection for the company. Firstly, this paper briefly introduces to the issues of nationality of company related to diplomatic protection with some leading cases of the ICJ as practices of international laws so as to summaries three main issues in this regard. Secondly, it is focused on analysis of recent adopted Draft Articles on Diplomatic Protection, in particular, the Articles on nationality of company. The analysis is based on several drafting reports, indicating possible agreement on relevant Articles. Thirdly, it discusses the new issues of diplomatic protection of company, concerning China's new tax law of company incomes and bilateral taxation or investment agreements. Finally, it suggests that China should make a law of oversea investment and exercise diplomatic protection for Chinese companies abroad in the cases they are injured by international wrongful acts of another country.

Keywords: Diplomatic protetion; Company nationality; Overses investment

试析国际法院的管辖权先决程序规则*

内容摘要:本文从理论与实践结合的角度,首先探析和平解决国际争端中管辖权先决程序规则的理论基础以及国际法院初步反对意见相关规则的基本内容;其次,分析国际法院的管辖权先决程序规则如何产生于其前身国际常设法院的早期司法实践以及近百年来演变至今的来龙去脉,从而加深理解该规则"纯属的初步性质"以区别于其他可能被并入实质问题审理的初步反对意见;再次考察国际法院适用该规则的晚近实践,以进一步把握其适用条件;最后就中国可能适用该规则提出具体应对建议。本文的核心观点包括:国际法院的管辖权先决程序规则的实质是高度尊重相关当事国,尤其是被告国对于接受法院管辖权的意愿,以免在当事国不愿意接受管辖的情况下,强行解决有关争端。这一先决程序规则虽起因于国际司法实践,但根源于国际法上的国家主权平等理论,符合四百多年以来支配现代国际法的共同同意原则。国际法院适用该规则的晚近实践表明认定当事国之间是否存在涉案法律争端,该争端是否属于当事国双方对涉案条约解释或适用问题产生的对立看法或立场,此类争端是否已经谈判或条约规定其他方式未解决者,至关重要。在当前错综复杂的国际关系中,考虑到中国可能适用国际法院的管辖权先决程序规则,有必要做好以不出庭或出庭方式适用该规则的应对预案。

关键词:国际法院;管辖权;初步反对意见;规则;应对

联合国国际法院(简称"ICJ")诉讼程序中关于初步反对意见的附带程序,首先且主要是指被告国对法院的管辖提出异议引起的先决程序,[①]即,当事国质疑 ICJ 是否有管辖权对案件实质问题作出判决,ICJ 因而中止有关案件实质问题的审理,对该争端先行裁决的诉讼程序。本文采用的"初步反对意见"这一表述依据 1985 年 ICJ《法院规则》中译本。[②]有学者将之译为"先决性抗辩",即,"为阻止对案件实

---

* 原载《国际法学刊》2021 年第 2 期,第 1—33 页。

① 联合国国际法院《法院规则》第 79 条(2001 年 2 月 1 日修改生效)"初步反对意见"的法文、英文为 exceptions préliminaites, preliminary objections. See Rules of Court(1978), at I.C.J. Acts and Documents No.6. 2007, pp.91 - 159。这包括被告对法院的"管辖权"(jurisdiction)和"可受理性"(admissibility)以及对"实质问题"(merits)审理的任何下一步程序的初步反对意见。2019 年 10 月 21 日修改生效的该规则为第 79 条以及之二、之三。本文限于分析 ICJ 对管辖权初步反对意见的先决程序规则。

② 由于 ICJ 沿袭其前身国际常设法院以英法两文为正式文字,因此中译本不是作准本。参见《国际法院规则》(1978 年 4 月 14 日通过),1985 年。联合国中文官网:https://www.icj-cij.org/files/rules-of-court/rules-of-court-ch.pdf, 2020 年 9 月 29 日访问。也有将之译为"初步反对主张"。参见《国际法院规则》(1946 年 5 月 6 日),载《国际条约集》(1945—1947),世界知识出版社 1961 年版,第 235 页。

质问题的决定而由当事者一方所提起的否定法院权限的妨诉抗辩”。①与 ICJ 相似，其他国际裁判机构也有此类规则，如 1965 年成立的“解决投资争端国际中心”(简称“ICSID”)仲裁庭应决定是否将争端一方对其管辖权提出的异议作为“先决问题”处理。②1996 年开始运行的国际海洋法法庭(简称“ITLOS”)以及《联合国海洋法公约》(简称“UNCLOS”)下临时仲裁庭应以“裁定”解决对其管辖权的争端。③历史最悠久的常设仲裁法院(简称“PCA”)则将管辖权争端可否作为初步反对意见先决处理，交由依照其规则的仲裁庭酌定。④国际法学界对 ICJ 的初步反对意见规则已有相当研究。⑤本文旨在探讨和平解决国际争端中因初步反对意见引起管辖权先决程序的规则及其理论依据，回顾 ICJ 的管辖权先决程序规则的由来和发展，分析 ICJ 适用管辖权先决程序规则的晚近实践，并建言当前复杂多变的国际关系背景下中国可能适用 ICJ 的管辖权先决程序规则之应对。

一、和平解决国际争端中管辖权先决程序规则及理论依据

以和平方式解决国家间争端是现代国际法的宗旨。格劳秀斯在欧洲三十年战争期间发表的《战争与和平法》中指出：“有三种可防止争端引发战争的方法”，包括通过“会议”协商和第三方“协议仲裁”和平解决国际争端。⑥1648 年《威斯特

---

① [日]杉原高嶺著:《国际司法裁判制度》，王志安、易平译，中国政法大学出版社 2007 年版，第 244 页。

② 《ICSID 公约》第 41 条 2 款，“先决问题”的英文为 preliminary question。参见 ICSID Convention, Regulations and Rules, ICSID /15, April 2006。该公约无中文作准本，参见陈安主编:《国际投资争端仲裁》，复旦大学出版社 2001 年版，第 569 页，《解决国家与他国国民间投资争端公约》。

③ UNCLOS 第 288 条第 4 款规定对于该公约项下法院或法庭的管辖权发生争端，应由该法院或法庭以“裁定”(decision)解决。该公约中英文本，参见《联合国海洋法公约》(汉英)，海洋出版社 1996 年版。虽然该公约以及附件 6《国际海洋法法庭规约》和附件 7《仲裁》均未明文规定此类“裁定”管辖权争端的程序之先决性，但是，1997 年《国际海洋法法庭规则》第 97 条就规定了“初步反对意见”程序。该规则英文本 Rules of the Tribunal(ITLOS/8), as adopted on 28 October 1997 and amended on 15 March 2001, 21 September 2001, 17 March 2009 and 25 September 2018, ITLOS 官网：https://www.itlos.org/en/basic-texts-and-other-documents/，2020 年 10 月 4 日访问。

④ 1900 年成立的 PCA《仲裁规则》(2012)第 23 条第 3 款规定：仲裁庭可以将对其管辖权的异议“作为初步反对意见或在实体问题裁决”中裁定。Permanent Court of Arbitration, Arbitration Rules 2012, PCA 官网：https://pca-cpa.org/en/documents/pca-conventions-and-rules/pca-arbitration-rules/[2020-10-04]。

⑤ See Shabtai Rosenne, *The Law and Practice of the International Court 1920 - 2005*, 4th edition, Martinus Nijhoff Publishers, 2006, pp.829 - 898. Xinjun Zhang, Bifurcation in Inter-States Cases, 983 *University of Pennsylvania Journal of International Law*. Vol.40:4(2017). 还可参见叶兴平:《和平解决国际争端》，武汉测绘科技大学出版社 1994 年版，第 120—121 页；王林彬:《国际司法程序价值论》，法律出版社 2009 年版，第 42—45 页。

⑥ 除了通过“会议”(by a conference)和“协议仲裁”(by agreement to arbitrate)，还有“抽签”(by lot)。Hugo Grotius, *The Law of War and Peace*, The Clarendon Press, 1925, pp.560 - 563。

伐利亚和约》第5条规定应提交仲裁、签订条约或其他友好的方法解决争议而不使用武力。[①]优先采用外交谈判乃至缔结条约的和平方式来解决国际争端被认为是"国际法上的格劳秀斯传统"特点之一[②],而且,外交方法依然当代国际社会"解决争端的最好方法",[③]或者说,"最简单的并为各国在使用其他方法以前通常使用的方法"。[④]这表明和平解决国际争端首先基于当事国的同意,其根本原因在于各国主权平等是现代国际社会的基石。作为诉诸第三方的仲裁或司法解决国际争端方法,同样离不开当事国的同意。正如研究国际司法制度的著名学者萨布泰·罗森尼(Shabtai Rosenne)所说:"这是一般国际法上无可争议的原则,即,任何国家均无义务就其与另一国家的争端向任何国际法庭起诉或者应诉。"[⑤]

二十世纪上半叶两次世界大战的惨痛经历迫使人们曾不得不思考建立具有普遍强制管辖权的国际法院之可能性。以主张国际法优先于国内法的"一元论"著称的凯尔森在1944年发表的《经由法律而至和平》一书中主张:"我们的努力必须集中于缔结一项由尽可能多的国家(战胜国及战败国)参加的条约,建立一个拥有强制管辖权的国际法院。这意味着根据该条约设立的联盟所有国家有义务放弃战争与报复作为解决冲突的方法,而将其所有争端无例外地交由该法院裁决,并善意地执行之。"[⑥]然而,国际社会最终还是选择了《联合国宪章》所规定的先以谈判等外交方法和平解决国际争端,并由ICJ依其规约解决法律争端的司法方法。[⑦]作为该宪章的"构成部分",ICJ规约在尊重各国主权平等的原则基础上规定其管辖案件的依据是各当事国的特别协议,或加入的条约,或接受任择强制管辖的声明。[⑧]如

---

① 《威斯特伐利亚条约——神圣罗马帝国和法兰西国王以及他们各自的同盟之间的和平条约》(1648年10月24日订于蒙斯特),载《国际条约集(1648—1871)》,世界知识出版社1984年版,第3页。

② See H. Lauterpact, "The Grotian Tradition in International Law", at *Grotius Volumes I*, edited by John Dunn and Ian Harris, Edward Elgar Publishing Limited, 1997, p.417. 劳特派特归纳的"国际法上的格劳秀斯传统"之一是"允诺"(promise)的约束力。这是缔约的基础,因而涵盖了格劳秀斯推崇的以谈判、缔约来解决国际争端的方法。

③ [奥]阿·菲得罗斯等著:《国际法》,李浩培译,商务印书馆1981年版,第494页。

④ [英]劳特派特修订:《奥本海国际法》(下卷第一分册),王铁崖、陈体强译,商务印书馆1981年版,第3页。

⑤ Shabtai Rosenne, *The Law and Practice of the International Court 1920-2005*, 4th edition, Martinus Nijhoff Publishers, 2006, p.549.

⑥ Hans Kelsen, *Peace Through Law*, The University of North Carolina Press, 1944, p.14.

⑦ 《联合国宪章》第六章争端之和平解决,其中第33条第1款规定和平解决国际争端的方法首先是谈判,第36条第3款规定:"具有法律性质之争端,在原则上,理应由当事国依国际法院规约之规定提交国际法院。"该宪章中文本,参见《国际条约集(1945—1947)》,世界知识出版社1961年版,第35页。

⑧ 《国际法院规约》第36条规定:"一、法院之管辖包括各当事国提交之一切案件,及联合国宪章或现行条约及协约中所特定之一切事件。二、本规约各当事国得随时声明关于下列性质之一切法律争端,对于接受同样义务之任何其他国家,承认法院之管辖为当然而具有强制性,不须另订特别协定"。该规约中文本,参见《国际条约集》(1945—1947),世界知识出版社1961年版,第60页。

著名国际法学家贺其治所言:ICJ 的"管辖权建立在国家自愿接受之上"①。

正是基于各国主权平等和明示同意的原则,ICJ《法院规则》第 79 条具体规定了初步反对意见的管辖权先决程序规则。根据该规则,被告国对 ICJ 的管辖,有任何反对意见,应尽早以书面形式递交,最迟不晚于在送交辩诉状之后三个月内;初步反对意见应列举其根据的事实和法律以及可资佐证的文件目录;在收到该初步反对意见时,ICJ 应暂时停止关于案件实质问题的程序;除 ICJ 另有裁定,下一步程序应是口述程序;为了使 ICJ 能在程序的初步阶段确定其管辖,ICJ 在必要时得要求当事国双方辩论所有与争端有关的法律和事实问题,并提出所有与争端有关的证据;ICJ 在听取当事国双方意见后,应以判决形式予以裁定支持或驳回该反对意见,或宣告该反对意见在该案中不具有纯属初步的性质;当事国双方也可协议将此类反对意见并入案件实质问题的审理一起判决。可见,该程序原则上先于案件实质问题的审理程序,除非当事国双方协议将此纳入实质问题的审理阶段,一并裁决,亦即,管辖权先决程序作为初步反对意见程序虽是 ICJ 的附带程序,但如被告国提出,则应成为相对于案件实质问题的审理程序而言的先决性程序。

作为联合国主要司法机构的 ICJ,其主要包括管辖权先决程序的初步反对意见规则为其他国际裁判机构的相关程序规则提供了范本,②且更加明确和详尽。这充分表明 ICJ 对各国主权平等和明示同意的尊重,也进一步体现了作为现代国际法基础的"共同同意"。从十七世纪初到十九世纪中叶,在欧美国际法学界最有影响的"格劳秀斯学派"认为经自然法的正确理性指引而制定的实证国际法以各国"同意"为基础,③十八世纪该学派代表人物瓦特尔曾指出:"实证国际法的所有形式均来自于各国的协约;自愿法基于其假定的同意;条约法源于其明示的同意;习惯法出于其暗示的同意。"④十九世纪末二十世纪初至今占主导地位的实证国际法

① 贺其治:《国际法院在解决争端中的角色》,载《中国国际法年刊(2005)》,世界知识出版社 2007 年版,第 13 页。

② ICSID《仲裁规则》第 41 条"初步反对意见",共 6 款,参见 ICSID Convention, Regulations and Rules, ICSID /15, April 2006, p.119; ITLOS《规则》第 97 条"初步反对意见",共 7 款,参见 Rules of the Tribunal (ITLOS/8), pp.35–36; PCA《仲裁规则》第 23 条"有关仲裁庭管辖权的请求",共 3 款。参见 Permanent Court of Arbitration, Arbitration Rules 2012, p.14。

③ 格劳秀斯在《战争与和平法》中认为自然法存在的后天证据是人类的共同同意,而实证国际法则是根据所有或许多民族国家的意志而具有义务约束力的法,因此,国际法是基于人类"共同同意"(common consent),并体现所有或许多国家"意志"(will)的法。参见 Hugo Grotius, *On the Law of War and Peace*, the Clarendon Press, 1925, p.42, p.44。

④ E. de Vattel, *The Law of Nations or the Principles of Natural Law*, the Carnegie Institution of Washangton, 1916, p.9.

学派排除自然法，仅承认体现各国共同同意的条约、习惯国际法等为调整国际关系的可适用法。该学派代表作《奥本海国际法》认为："'共同同意'可以说是国际法作为法律体系的根据。"[①]其理由在于现代国际法及其体系，过去、现在和可预见的将来，都是以各国主权平等为基础。我国国际法学界的传统观点认为国际法的效力依据在于各国意志的协调（协约）。[②]其实，国际法上的"共同同意"与"意志协调"并无本质区别。这种"共同同意"是指主权国家之间以独立表达的（明示或暗示）同意方式，对相互间权利与义务关系设置或形成具有一定约束力的规范。这种设置或形成通常是一个主观上努力实现或客观上实际促成的协调过程。长期以来，即便有人对国际法上的主权观念会有这样或那样的批评甚至否定，但仍然无法回避实证国际法的这一根据。譬如，美国国际法学家亨金曾提出："至少就法律的目的而言，我们最好将'主权'这一术语作为早期时代的遗留品放到历史文档的架上。"[③]但是，他又承认："国家的同意是国际法的基础。国际法只对已经同意的国家具有约束力这一原则仍然是国际政治体系的公理。"[④]可以说，这一公理是不言而喻的，也是和平解决国际争端中管辖权先决程序规则的理论依据。ICJ 的管辖权以当事国的特别协议，或加入的条约，或接受任择强制管辖权的声明为"同意"的依据，就是明证。[⑤]

问题在于实践中往往当事国对有关接受国际裁判机构管辖的"同意"产生争议。这也是 ICJ 及其前身——国际常设法院（以下简称"PCIJ"）规约本身并无有关管辖权先决程序规则，而是在实践中碰到当事国提起管辖权争端，通过法院相关规则逐步建立健全这一程序的缘故。下文将扼要回顾该规则的由来及其演变，并归纳其内容与特点。

---

① ［英］詹宁斯、瓦茨修订：《奥本海国际法》（第一卷第一分册），王铁崖等译，中国大百科全书出版社 1995 年版，第 8 页。

② 参见周鲠生：《国际法》，商务印书馆 1976 年版，第 8 页；王铁崖：《国际法引论》，北京大学出版社 1998 年版，第 35 页。

③ ［美］路易斯·亨金著：《国际法：政治与价值》，张乃根等译，中国政法大学出版社 2005 年版，第 11 页。

④ 同上书，第 36 页。

⑤ 有学者将 PCIJ 和 ICJ 统称为"世界法院"（World Court），并将其诉讼管辖权的基本特征归纳为"国家中心"（state-centrism，仅处理国家之间争端），"延伸管辖权"（derivative jurisdiction，涵盖其他条约或一般国际法为依据的争端解决）和"缺少自动管辖"（lack of automatic jurisdiction，基于当事国的同意）。See Christian J. Tams, The Contentious Jurisdiction of the Permanent Court, at *Legacies of the Permanent Court of International Justice*, edited by Christian J. Tams and Malgosia Fitzmaurtice, Martinus Nijhoff Publishers, 2013, p.13.

二、国际法院的管辖权先决程序规则由来及其演变

1922 年 PCIJ 第一份《法院规则》[①]没有规定任何有关管辖权的先决程序。但是,该法院在 1924 年受理的第二起诉讼案件——“马夫罗马蒂斯在巴勒斯坦的特许案”,就碰到了当事国对其管辖权的质疑,由此产生了相关争端的先决程序。可以说,国际法院的管辖权先决程序是实践在先,规则在后。规则的产生和演变是不断发展的实践总结,而这种实践完全基于国家同意原则。

(一) 管辖权先决程序规则的产生:“马夫罗马蒂斯在巴勒斯坦的特许案”与 1926 年《法院规则》第三十八条

该案原告国希腊依据 PCIJ 规约及其规则起诉英国,而英国则以 PCIJ 对该案没有管辖权而提出初步反对意见,其理由在于依据 1922 年英国对巴勒斯坦的《托管协定》第二十六条,凡是托管国与其他国际联盟成员国就该协定的解释或适用而发生的任何争端,如未能经谈判解决,方可诉诸 PCIJ。该案诉由是否与该协定的解释或适用有关? 涉案争端是否未能经谈判解决? 为解决这些管辖权有关问题,PCIJ 中止了该案实质问题的审理,先就管辖权争端作出裁决并阐明其理由:其一,英国“表示其主管谈判部门已充分和仔细审查了有关问题”[②],因而该案当事国已通过谈判,但未解决涉案争端;其二,就该案争端是否与托管协定的解释或适用有关,从而属于 PCIJ 规约第三十六条所列该法院可解决的有关条约解释或适用的法律争端。PCIJ 强调:“其管辖权是有限的,完全基于应诉方的同意,并且也只有在确认存在该同意的基础上才可先作出该争端是否在其职权范围的结论。”[③]通过对涉案争端是否落入《托管协定》的解释或适用范畴的详细分析,PCIJ 认为,该案部分争端,即马夫罗马蒂斯在耶路撒冷从事的公共工程特许引起的争端与该协定的解释或适用有关,因而受 PCIJ 管辖。

PCIJ 在该案中承认:“法院的规约和规则均未包括任何有关对本法院管辖权提出反对意见的情况下程序规则。因此,本法院自行采纳该原则,即,为确保正义的执行起见调整国际法庭的程序之最佳考虑,并最为符合国际法的各项基本原则。”[④]在该法院规约和规则意义上虽“无法可依”,但在符合国际法基本原则,尤其

---

① Rules of Court(adopted March 24 1922) PCIJ, Series D. No.1.

② *The Mavrommatis Palestine Concessions*, Judgment of 30 August 1924(Objection to the Jurisdiction of the Court) PCIJ, Series A-No.2, p.15.

③④ 前引 *The Mavrommatis Palestine Concessions*, p.16。

在基于各国主权平等和共同同意的一般国际法意义上，却“有法可依”的情况下，PCIJ 在 1925 年“波兰上西里西亚的某些德国人权益案”中就该案被告国波兰对法院管辖权以及可受理性的质疑，再次作出判决，并重申该程序的先决性：“本法院首先注意到波兰政府提起管辖权异议时尚无提交任何有关实质问题的程序文件，因而作为异议的结果，暂时中止有关实质问题的程序。”①

鉴于初步反对意见接踵而至，PCIJ 于 1926 年修改其规则。该规则第三十八条规定：“(1)当以申请方式启动程序时，任何初步反对意见应在申请人提交诉状之后并在送交辩诉状的期限内提出。(2)提出反对的文件应包含该请求所依据的事实与法律，结论性陈述以及可资佐证的文件目录；证件的副本应随文送致；并应指明当事国拟提出的证据。(3)当书记官处接到提出反对的文件，法院，或法院不开庭时，院长应确定当事国他方提出其意见及结论的书面陈述的期限；可以佐证的文件应随文送致，并应指明拟提出的证据。(4)除法院另有规定，下一步程序应是口述程序。本规则第六十九条第四款和第五款[简易程序]之规定应予适用。”②

初步反对意见程序第一次被纳入 PCIJ 规则时，隶属诉讼书面程序，即，被告国在送交辩诉状的期限内可提出此请求。但是，该规则未明确这是暂时中止实质问题审理的先决程序，只是规定采用简易程序加以处理。尽管“波兰上西里西亚的某些德国人权益案”已涉及案件可受理性(应否归属咨询意见程序)，但是，该规则也未指明初步反对意见是针对法院管辖权抑或可受理性。③根据该规则，当事国应提供有关事实及法律依据，并经单独的口述程序审理。这实际上是管辖权先决程序，只是未明确规定先行判决。正如 IPCIJ 在 1928 年“少数民族学校案”中所阐明的：第三十八条“旨在规定对管辖权的有效反对意见只得作为初步问题提交，亦即，被告国请求对该反对意见作出裁决应在任何有关实质问题的实体程序之前。在此类情况下，该条款规定只是为了使得该程序不同于有关实质问题的程序。”④1931 年

① *Case Concerning Certain German Interests in Polish Upper Silesia*, Judgment of 30 August 1925 (Preliminary Objection), PCIJ, Series A-No.6, p.15.

② Rules of Court(as amended on July 31st 1926) PCIJ, Series D. No.1. 为便于理解该条，增添各款的序号。

③ “波兰上西里西亚的某些德国人权益案”和“马夫罗马蒂斯在巴勒斯坦的特许案”主要与涉案管辖权所依据的条约解释或适用争端有关。1927 年至 1931 年期间适用 1926 年修订的《法院规则》第 38 条的案件——“霍如夫工厂(管辖)案”(1927 年)和“马夫罗马蒂斯在耶路撒冷的特许案再审(管辖)案”(1927 年)也分别与这两起案件有关。

④ *Rights of Minorities in Upper Silesia (Minority Schools)*, Judgment of 26 April 1928, PCIJ, Series A-No.15, p.22. 在该案中，被告国波兰请求将管辖权的反对意见与实质问题一并审理，ICJ 判决包括驳回该反对意见。

PCIJ 第二次修订其规则,但第三十八条未变动。①

(二) 管辖权先决程序规则的修改:"普莱斯行政管理案"与 1936 年及 1946 年《法院规则》第六十八条

1933 年 PCIJ 在"普莱斯行政管理案"(初步反对意见)中碰到的问题是,被告国波兰针对德国诉告对待德裔波兰人普莱斯的收入税违反有关国际条约义务,根据《法院规则》第三十八条,在规定送交辩诉状的期限内提出该诉由可受理性的初步反对意见。如上所述,PCIJ 之前审理的初步反对意见案主要与管辖权异议有关,而该第三十八条只是规定被告国可提出"任何反对意见"而未指明针对法院管辖权抑或可受理性。该案是 PCIJ 受理首起单独的可受理性初步反对意见案,且又是法无明文规定者。虑及该可受理性问题与涉案国际条约的适用,即,"一国作为[国联]行政院成员可否主张给予应诉国国民作为少数民族成员以赔偿"涉及实质问题,因而 PCIJ 认为这应与实质问题一并审理解决。②该裁决以司法命令而非判决形式作出。

主要基于该案的实践,PCIJ 于 1936 年 3 月再次修订其规则时将原先第三十八条改为第六十二条,新增第五款:"法院在听取当事国双方意见后,应对该反对意见作出裁决,或应将该反对意见并入实质问题。法院如果驳回反对意见或将之并入实质问题,应规定下一步程序的期限。"③不同于管辖权的初步反对意见是就法院对被告国同意接受其管辖与否而言,可受理性的初步反对意见则仅针对原告国起诉申请应否受理而并不涉及同意与否,因此,该新增款项规定法院可合并审理初步反对意见,实际上是对可受理性而言。同时,再次修订的该规则第三条明确当书记官处接到初步反对意见时,"关于实质问题的程序应暂时停止"。也就是说,在法院依据新增第五条酌定处理反对意见之前,暂时中止实质问题的程序,因而确立了初步反对意见引起的先决程序,尤其是管辖权先决程序规则。1946 年《法院规则》第六十二条未改,不赘。

根据 PCIJ 的实践与规则,初步反对意见可与实质问题一并审理,但实际上对可受理性而言,有关管辖权的初步反对意见则按单独的先决程序判决之。譬如,该新规则刚生效,PCIJ 在"帕基斯案(初步反对意见)"中就适用第六十二条第五款,认为被告方辩状所含初步反对意见与该案实质问题"休戚相关",④遂以司法命令

---

① Modification of the Rules, PCIJ Series D, second addendum to No.2, 1931.

② *Case concerning the Administration of the Prince von Pless* (Preliminary Objection), Order of 4 February 1933, PCIJ Series A/B No.52, p.15.

③ The Rule of Court of March 11th, 1936, PCIJ Series D, third addendum to No.2, 1936.

④ *The Pájzs, Csáky, Esterhazy Case* (Preliminary Objection) Order of May 23rd, 1936, PCIJ, Series A/B.No.66, p.9.

决定一并审理。该案争议涉及管辖权与可受理性,但侧重于可受理性。又如,1937年"博尔奇格雷夫案(初步反对意见)"①当事国双方签订了接受PCIJ管辖的特别协议,但被告国仍以原告国的诉状与该协议抵触,提出管辖权与可受理性的初步反对意见,并明确如前者被驳回,后者可与该案实质问题一并审理。PCIJ要求被告国撤回后者,仅对前者先决,并判决驳回。再如,在1939年"索菲娅电力公司与保加利亚案(初步反对意见)"中,被告国提出对该案管辖权的初步反对意见,PCIJ暂时停止实质问题程序,并通过涉案管辖权的条约以及任择强制管辖权声明的解释,作出对部分反对意见成立,部分不成立而应与该案实质问题一并审理的判决。②可见,无论有关管辖权的反对意见是否被驳回,相应的先决程序规则在PCIJ的司法实践中得到进一步的适用。

(三) 管辖权先决程序规则的完善:"巴塞罗那电力公司案"与1972年《法院规则》第六十七条及1978年规则第七十九条

1946年ICJ成立后继续沿用PCIJ的规约③和包括初步反对意见的规则,直至1972年基于其实践,尤其关于初步反对意见的管辖权和可受理性之分以及并入实质问题审理的经验总结,修改该规则。

自1947年第一起诉讼案至1972年修改其规则,ICJ共受理39起诉讼案,④包括13起提出初步反对意见的案件。⑤其中,"巴塞罗那电力公司案"对于管辖权先决程序规则的修改和完善尤为重要。该案涉及在加拿大组建而在西班牙营业的涉

---

① See the Borchgrave Case(Preliminary Objection) Judgment of November 6th, 1937, PCIJ Series A/B. No.72.

② 参见 *the Electricity Company of Sofia and Bulgaria* (Preliminary Objection) Judgment of April 4th, 1939, PCIJ A/B Series 77。

③ 该规约除增加与《联合国宪章》有关表述,其他未变。参见《国际法院规约》。

④ Shabtai Rosenne ed., *Documents on the International Court of Justice*, second edition, Sijthoff & Noordhoff, 1979, Judicial Statistics(B), p.472.

⑤ *Corfu Channel* (Preliminary objection) Judgment, ICJ Reports 1948; *Anglo-Iranian Oil Co* (jurisdiction), Judgment, ICJ Reports 1952; *Ambatielos* (jurisdiction), Judgment, ICJ Reports 1952; *Nottbohm* (Preliminary objection), Judgment, ICJ Reports 1953; *Monetary Gold* (Preliminary objection), Judgment, ICJ Reports 1954; *Norwegian Loans*, Judgment of July 6th, 1957, ICJ Reports 1957; *Right of Passage over Indian Territory* (Preliminary Objection), Judgment, ICJ Reports 1957; *Interhandel* (Preliminary objection), Judgment, ICJ Reports 1959; *Aerial Incident of July 27th, 1955* (Preliminary Objection), Judgment, ICJ Reports 1959; *Temple of Preah Vihear* (Preliminary Objection), Judgment, ICJ Reports 1961; *South West Africa Cases* (Preliminary Objection), Judgment, ICJ Reports 1962; *Northern Cameroons* (Preliminary Objection), Judgment, ICJ Reports 1963; *Barcelona Traction, Light and Power Company, Limited* (Preliminary Objection), Judgment, ICJ Reports 1964.

案公司因破产致使比利时股东受损引起比利时与西班牙的国际争端。1958 年，比利时在 ICJ 起诉西班牙，但于 1961 年撤诉，[①]翌年再次起诉。西班牙对此提出 4 项初步反对意见：ICJ 对该已终止审理的案件无管辖权；两国有关调解、司法解决及仲裁条约也不构成接受 ICJ 任择强制管辖权的依据；比利时无权对不具有其法人国籍的涉案公司比利时股东行使外交保护权；比利时无权索赔。其中，前两项涉及 ICJ 的管辖权，后两项是该案诉由的可受理性。ICJ 在解释其有关已终止审理而再次起诉的规则以及 PCIJ 时期接受任择强制管辖权声明的效力之后，对管辖权先决与可受理性并入实质问题审理的程序，作了如下阐述："保障被告国的权利同样是'正义之善治'的重要方面，并且，这也是《法院规则》第六十二条允许提出初步反对意见的被告方利益所在。然而，不容忽视的是由此赋予了被告方宽泛的权力，因为只要提起初步反对意见，实质问题的审理程序即自动中止（第六十二条第三款）。这使得被告国确保法院将在审理实质问题之前考虑其反对意见；法院在听证当事方之前不会作出任何下一步决定（第六十二条第五款）。"[②]这清楚地表明审理初步反对意见的程序之先决性。这一先决性就是基于国家同意原则，充分尊重当事国是否接受国际司法管辖的意愿。

值得特别注意的是 ICJ 对其规则第六十二条第五款的进一步解释："本法院可决定反对意见实际上不具有初步性，因而在不影响被告国在另一如有的程序中提出同样问题的权利，该反对意见不可作为'初步反对意见'。本法院也可认定该反对意见具有初步性，如对本法院的管辖权异议，并且，对此可判定支持抑或驳回。"[③]可见，应予先决的是有关管辖权初步反对意见，而可受理性问题则可并入实质问题审理。正是虑及这样的区分，ICJ 将西班牙在该案所提两项可受理性异议，并入实质问题审理。不过，在经实质问题审理后，ICJ 仍以比利时缺乏"主体适格"（*jus standi*）为由驳回对涉案加拿大国籍公司中比利时国籍股东的外交保护诉求。[④]问题在于：这一可受理性问题与 ICJ 的管辖权有关，也就是说，如认定比利时无权对涉案公司股东行使外交保护，那么就不具备向 ICJ 起诉的主体资格，因而 ICJ 实际上对该起诉也无管辖权。

正是在总结该案以及之前十多起有关初步反对意见案的基础上，1972 年修改

---

① *Barcelona Traction, Light and Power Company, Limited* (Belgium v. Spain), Order of 10 April 1961, ICJ Reports 1961. 据此，ICJ 将该案从法院案件清单中除名。

② *Barcelona Traction, Light and Power Company, Limited* (Preliminary Objection), Judgment, ICJ Reports 1964, p.41.

③ 前引 *Barcelona Traction, Light and Power Company, Limited*, p.41。

④ Ibid., Judgment, ICJ Reports 1970, p.44, para.76, p.51, para.101.

的《法院规则》将第六十二条改为第六十七条。其一，第六十七条第一款进一步具体规定："被告国对法院的管辖或请求书可否接受的任何反对意见，或对实质问题的下一步程序进行前要求作出裁定的其他反对意见，应在为送交辩诉状所规定的期限内以书面提出。被告国以外的当事方的任何这类反对意见应在规定该当事方送交第一项书状的期限内提出。"[①]该新规则第一次明确区分管辖权和可受理性的初步反对意见，并增加可提出其他反对意见；该新规则还允许被告国以外的当事国提出反对意见，[②]以便充分顾及当事国在进入实质问题的审理之前希望法院先行解决相关问题的意愿。其二，第六十七条新增第五款和第六款，在保留的第二款和第三款规定反对意见应包含该请求所依据的事实与法律，结论性陈述以及可资佐证的文件目录等基础上，进一步要求该反对意见的书状有关事实和法律的陈述以及听证时陈述等均应限于与反对意见有关的事项，而法院为裁定有关管辖权起见，必要时可要求当事国双方辩论所有相关法律与事实问题，并提供所有相关证据。由此带来管辖权先决程序的复杂性往往不亚于实质问题的审理。其三，第六十七条第七款将原第六十二条第五款修改为法院以判决形式作出决定，或支持、或驳回反对意见、或宣告该反对意见在涉案情况中不具有"纯属初步的性质"(an exclusively preliminary character)。据此，只要不属于此类情况的反对意见，无论事关管辖权抑或可受理性，均应先决，以避免重蹈"巴塞罗那电力公司案"覆辙。其四，第六十条新增第八款规定当事国双方可协议将反对意见并入实质问题审理。这也体现当事国的共同同意原则。

1978 年《法院规则》除将第六十七条改为第七十九条归入附带程序，并对个别款项的语句或用词稍作调整，未作任何实质修改。[③]2001 年修改生效的该规则第七十九条第一款将提起初步反对意见的时限改为"尽早且不迟于诉状送达之日起 3 个月内"，并新增第二款"本法院可决定分开审理管辖权与可受理性的任何问题"和第三款"一旦本法院作出此决定，当事国应在规定期限提出任何有关管辖权与可受理性的请求以便法院裁定"。[④]

---

① The Rules of 1946/1972, at Shabtai Rosenne edited, *Documents on the International Court of Justice*, second edition, Sijthoff & Noordhoff, 1979, p.173.

② 该新规则以 Monetary Gold(Preliminary objection) Judgment, ICJ Reports 1954 的实践为基础。该案原告国为意大利，但意大利又提出初步反对意见，请求 ICJ 就该案管辖权是否涉及非当事国阿尔巴尼亚的同意，先行裁决。

③ Rules of Court(1978), at I.C.J. Acts and Documents No.6. 2007, pp.139 - 141.

④ 前引 I.C.J. Acts and Documents No.6. 2007，修改后第 79 条共 10 款于 2001 年 2 月 1 日起生效，有关修改款项说明，参见该第 79 条脚注。2019 年 10 月 21 日修改后生效的规则将第 79 条第 1 款的时限规定分开，为第 79 条之二第 1 款。

综上所述,ICJ 管辖权先决程序规则基于 PCIJ 及其本身实践而产生,经数次修改完善,可归纳为:(1)作为通常由被告国提出初步反对意见的主要内容,管辖权异议应在其收到经法院转送的原告国起诉书之日起,尽早且不迟于 3 个月内书面提出;(2)法院一经收到有关管辖权的初步反对意见,有关实质问题审理的程序即自动中止,因而管辖权争议解决程序具有绝对先决的特点,在任何情况下不应并入实质问题审理;(3)有关管辖权的初步反对意见不仅应提供相关事实和法律依据及其任何证据和文件,而且法院可要求当事国双方在听证时就有关事实和法律问题进行充分的辩论,因此,有关管辖权初步反对意见的书面陈述及听证时抗辩的要求难度和复杂性具有不亚于实质问题审理的特点;(4)经管辖权先决程序的审理,法院应以判决书形式支持或驳回有关管辖权初步反对意见。这一先决程序说明 ICJ 尊重当事国是否接受其管辖的意愿,充分体现了国家同意的国际法基本原则。至于可受理性及其他任何初步反对意见,如不具有"纯属的初步性质",则可能被并入实质问题审理。换言之,管辖权争议具有"纯属的初步性质",应绝对先于实质问题审理而判决之。

三、国际法院适用管辖权先决程序规则的晚近实践考察

自 1972 年 ICJ 第一次修改其规则迄今近半个世纪,已审结 93 起诉讼案,其中初步反对意见案 19 起。①ICJ 判决支持 10 起②,驳回 9 起。③就适用管辖权先决程

① ICJ 官网:https://www.icj-cij.org/en/contentious-cases[2020-09-23]。

② *Nuclear Tests*, Judgment, ICJ Reports 1974,澳大利亚和新西兰同时分别起诉法国核试验案,ICJ 亦同时就管辖权问题分别判决,认定该案争端已不存在而不予继续审理;*Aegean Sea Continental Shelf*, Judgment, ICJ Reports 1978; *Fisheries Jurisdiction*, Judgement, ICJ Reports 1998; *Certain Property* (Preliminary Objection), Judgment, ICJ Reports 2005; *Armed Activities on the Territory of the Congo* (Jurisdiction and Admissibility), Judgment, ICJ Reports 2006; *Racial Discrimination* (Preliminary Objection), Judgment, ICJ Reports 2011; ICJ 对被告分别为英国、印度和巴基斯坦的 *Nuclear Disarmament* (Jurisdiction and Admissibility), Judgment, ICJ Reports 2016 驳回初步反对意见。

③ *Fisheries Jurisdiction*, Jurisdiction of the Court, Judgment, ICJ Reports 1973,英国和德国先后分别起诉冰岛扩大其专属捕渔区,ICJ 就此同时判决,驳回冰岛关于管辖权初步反对意见;*US Diplomatic and Consular Staff in Tehran*, Judgment, ICJ Reports 1980; *Military and Paramilitary Activities in and against Nicaragua* (Jurisdiction and Admissibility), Judgement, ICJ Reports 1984, ICJ 先后就 *Application of Convention on the Prevention and Punishment of Crime of Genocide* (Preliminary Objections), Judgment, ICJ Reports 1996, 2008 驳回南斯拉夫及塞尔维亚为被告的初步反对意见;*Ahmadou Sadid Dillo* (Preliminary Objection), Judgement, ICJ Reports 2007; *Territorial and Maritime Dispute* (Preliminary Objection), Judgment, ICJ 2007; *Obligation to Negotiate Access to the Pacific Ocean* (Preliminary Objection), Judgment, ICJ 2015。

序规则的晚近实践而言，主要是指近十多年来 ICJ 支持有关初步反对意见的典型案例。通过考察这些案例，有助于我们进一步理解有关规则的适用条件。

（一）“核裁军案”：适用管辖权先决程序规则所涉争端事项

2014 年 4 月 24 日，马绍尔群岛共和国向 ICJ 诉告英国、印度和巴基斯坦违反条约和习惯法的善意谈判通过全面核裁军或其他措施尽早停止核军备竞赛的义务，其主张依据当事国任择的 ICJ 强制管辖权。[①]被告国均在规定期限以书状或信函提起初步反对意见，ICJ 依据其规则第七十九条第二款，启动管辖权先决程序。ICJ 判决回顾了第二次世界大战后国际社会为全面禁止核武器作出的努力，解释了 1968 年《不扩散核武器条约》有关条款以及 1996 年“有关核武器使用的合法性咨询案”强调的国际社会成员应开展有关核裁军的善意谈判，并认定该案缺少争端事项。下文以英国的初步反对意见以及 2016 年 ICJ 有关判决为例。

按照英国的反对意见，习惯国际法要求一国主张他国应承担国家责任，必须将该主张告知该他国。这一书面告知是构成国际争端的条件之一。马绍尔在 2013 年 9 月和 2014 年 2 月有关核裁军的国际会议上声明要求所有拥核武器国家履行其加快有效保证核裁军的义务，并未具体针对英国，马绍尔与英国之间也没有任何涉案争端的外交谈判或换文，因此马绍尔起诉之际两国不存在“具有正当性的争端”(justiciable dispute)。[②]

ICJ 指出：“根据《法院规约》第三十六条第二款，本法院对依据该条款作出声明的国家之间可能产生的所有‘法律争端’具有管辖权。因此，当事国之间存在争端是本法院管辖权之条件。”[③]ICJ 明确该争端的存在是一个实体问题，而非形式或程序问题，并归纳其判理学，认为在该条款下提起诉讼不以另行的事先告知为必要前提。因此，涉案当事国之间争端应基于事实的客观认定为准。在该案中，马绍尔以其曾长期深受核试验地之苦作为特别关心核裁军的理由。但是，这一事实本身并不构成满足 ICJ 管辖权的条件。马绍尔应举证基于该事实的涉案争端存在。ICJ 认为在马绍尔在多边国际场合的声明可以作为交换不同立场的证据，但是，此类声明的内容应与涉案当事国“明确持有相反立场”(clearly opposite views)有关。

---

① 马绍尔还针对中国、美国、法国和俄罗斯以及以色列、朝鲜民主人民共和国，只是缺乏任择强制管辖权的依据，无法诉告。ICJ 于 2016 年 10 月 5 日同时判决无管辖权驳回马绍尔对英国、印度和巴基斯坦的起诉。以被告英国的判决为例，*Nuclear Disarmament* (Jurisdiction and Admissibility) Judgment, ICJ Reports 2016, p.833。

② 前引 *Nuclear Disarmament*, p.847, para.29。

③ Ibid., p.849, para.36.

因此,该案关键在于马绍尔能否证明其声明具有这样的内容。经分析涉案声明的内容,ICJ 予以否定:“在所有的情况下,根据这些声明——个别抑或全体——均不能说明英国了解或可以了解马绍尔指控英国违反了其义务。”①此外,涉案争端应该是对起诉之际而言,至于当事国在多边国际场合的投票纪录本身不是涉案争端存在的决定因素,而应根据表决内容酌定。

可见,根据 ICJ 管辖权先决程序规则,如当事国双方均声明接受任择强制管辖权,则原告国应证明存在一定的涉案法律争端,否则,被告国有关管辖权的初步反对意见成立。ICJ 明确一旦双方接受任择强制管辖权,毋需事先告知而起诉,并基于诸多案例的判理学,否定马绍尔仅以在多边国际场合的声明以及有关投票为依据的争端事项存在理由,强调未经任何双方外交谈判或换文,无法确认争端存在与否。该案关键否定了原告国以多边国际场合的一般立场声明代替与被告国在起诉前的双边外交交涉以确定法律争端的存在,从而支持了英国的管辖权初步反对意见。

(二)“刚果领土上武装活动案”:适用管辖权先决程序规则所涉条约解释

2002 年民主刚果(简称 DRC)向 ICJ 起诉卢旺达在 DRC 境内武装活动严重侵犯人权和国际人道主义法。该起诉以 ICJ 规约第 36 条第 1 款为依据,亦即,“联合国宪章或现行条约及协约中所特定之一切争端”,包括 11 项相关国际公约。卢旺达提出管辖权初步反对意见。2006 年 ICJ 判决该反对意见成立,涉案所有条约均缺乏管辖权依据。ICJ 强调:“根据其已确定的判理学,本法院仅在认定对申请拥有管辖权的前提下审查可受理性。”②因此,本案不审理可受理性问题。下文择要分析 ICJ 对涉案条约管辖权条款的解释。

卢旺达是否撤回对《预防和惩治种族灭绝罪公约》第 9 条的保留,ICJ 指出:根据源于法律保障性的国际法规则和公认的实践,除非有相反的协定,一缔约国撤回对多边公约的保留只有在其他缔约国收到有关通报后对其生效。卢旺达国内法上的撤回不等于这一通报。其司法部长在国际场合所称将撤回有关保留具有非特定性,也不构成有效的撤回。至于 DRC 主张该公约具有“强行法”(*jus cogens*)性质而不可保留,ICJ 认为一般国际法规范的强行法性质与本法院的管辖权是两个问题:“某争端与符合具有该特征的规范,即有关禁止种族灭绝的情况本身并不提供

---

① 前引 *Nuclear Disarmament*, p.854, para.51。

② *Armed Activities on the Territory of the Congo* (Jurisdiction and Admissibility), Judgment, ICJ Reports 2006, p.17, para.18.

法院解决该争端的管辖权根据。根据法院规约,该管辖权总是基于当事方的同意。"[①]可见,ICJ 管辖权以当事国同意为唯一依据。

《消除种族歧视公约》第二十二条的保留。该条款规定两个及以上缔约国之间就该公约的解释或适用的任何争端经谈判或其他该公约下程序未解决者,经争端任何一方请求,可由 ICJ 解决。ICJ 认定卢旺达也未撤回对该条款的保留,且该公约具有强行法特点也与管辖权无关。

《消除歧视妇女公约》第二十九条第一款规定两个及以上缔约国之间就该公约的解释或适用的任何争端经谈判未解决者,经争端任何一方请求,应诉诸仲裁;如自该请求之日起 6 个月内未能建立仲裁庭,则经任一当事方请求,可诉诸 ICJ。卢旺达辩称:ICJ 行使该条款下管辖权的累进性前提条件是争端必须事关该公约的解释或适用,必须证明无法经谈判解决,必须是当事一方已请求仲裁,但仲裁庭无法建立,且必须自请求之日起已过 6 个月。在本案中,这些前提条件均未得到满足。这一主张得到了 ICJ 的支持。《蒙特利尔公约》第十四条第一款下可诉诸 ICJ 的条件与《歧视妇女公约》第二十九条第一款相同,DRC 起诉也未满足这些条件。

《世界卫生组织(以下简称"WHO")组织法》第七十五条规定:"任何有关本组织法的解释或适用问题或争端,经谈判或世界卫生大会未解决,应根据 ICJ 规约提交该法院,除非当事方另行规定其他解决方式。"DRC 诉称卢旺达违反了该组织法有关宗旨与职责的第一条和第二条。卢旺达辩称这些条款并未直接设置成员国的义务,而且该第七十五条规定诉诸 ICJ 的前提条件尚未满足。ICJ 指出:该第七十五条规定了本法院的管辖权,但是"要求某问题或争端必须特定地与该组织法的解释或适用有关。DRC 未证明存在有关该组织法解释或适用的问题以及与卢旺达存在该问题上的对立看法,或与卢旺达产生有关该事项的争端"[②]。即便证明了存在此类问题,DRC 也未尝试经谈判或世界卫生大会解决之。可见,该第七十五条作为 ICJ 行使其管辖权的条件是:首先,诉由须为该组织法本身的解释或适用问题;其次,当事国之间须发生该问题的对立看法或相关争端;再次,该对立或争端须经谈判或世界卫生大会未解决者。

关于《联合国教科文组织法》第十四条第二款,ICJ 认为本法院依据该条款仅对该组织法的解释争端有管辖权,而 DRC 起诉仅提及该组织宗旨的第一条,而非该组织法本身的解释争端,因而不属于该第十四条第二款的适用范围。

《维也纳条约法公约》第六十六条规定该公约第五十三条或第六十四条有关强

---

① 前引 *Armed Activities on the Territory of the Congo*, p.32, para.64。

② Ibid., p.43, para.99.

行法的适用或解释之争端，在当事国提出反对之日 12 个月内经谈判等未解决者可诉诸 ICJ。ICJ 依据该公约第四条，认为该公约对当事国生效前的涉案《种族灭绝公约》和《种族歧视公约》的适用均无溯及力，因而驳回 DRC 以该条款为依据的起诉。同时，ICJ 再次强调："仅仅以某争端事项为'对全体'(*ergo omnes*)或一般国际法的强行法规范下义务本身并不构成其管辖权总是基于当事国同意的例外。"①

总之，本案清楚表明；就 ICJ 管辖权而言，平等主权的国家同意是绝对的。这也是上文阐述 ICJ 管辖权先决程序规则的理论依据实质所在。

(三)"消除种族歧视公约案"：适用管辖权先决程序规则所涉谈判条件

2008 年 8 月，格鲁吉亚向 ICJ 诉告俄罗斯违反《消除种族歧视公约》(以下简称"CERD")，其一般条约依据为该公约第二十二条。俄罗斯对此提出初步反对意见。该第二十二条规定两个及以上缔约国之间就该公约的解释或适用的任何争端经谈判或其他该公约下程序未解决者，经争端任何一方请求，可由 ICJ 解决。上述"刚果领土上武装活动案"也涉及该条款解释，只是 ICJ 认定卢旺达对该条款的保留有效，未对之进一步解释。

在本案，ICJ 除了解释该条款下"争端"，并根据当事国双方提交的证据，认定在格鲁吉亚起诉之时，双方存在有关 CERD 的解释或适用的争端，对该"和谈条款"(compromissary clause)是否确定诉诸法院的程序性条件，作了进一步解释。

首先，关于 CRRD 第二十二条的通常含义。俄罗斯认为该条款规定"未解决者"的英文(which is not settled)不仅表述一种事实，而且表明先前解决该争端的努力尚未真诚地作出；其法文(qui n'aura pas été réglé)还提示先前尝试解决争端的努力必须在诉诸法院之前发生。俄罗斯援引条约解释的有效原则，认为格鲁吉亚的相关解释不仅有悖于该条约用语的通常含义，而且使得该用语的"适当效果"(apropriate *effet utile*)丧失殆尽。ICJ 予以肯定："CERD 第 22 条项下符合将'某争端'提交本法院管辖的权利受制于经具体规定的和平方式解决而'未解决者'。这些用语必须赋予其效果。"②如果按照格鲁吉亚诉称，这只是作为一个事实问题，指的是该争端尚未经谈判或 RECD 规定的程序解决，那么这一条款就变得没有什么效果了。而且，如果仅作为事实问题，某争端已得到解决，也就不复存在。于是，假如将"未解决者"解释为只要事实上存在争端，就可诉诸法院，那么该表述就没有

---

① 前引 *Armed Activities on the Territory of the Congo*, p.50, para.125。

② *Racial Discrimination* (Preliminary Objection), Judgment, ICJ Reports 2011, p.125, para.133. 在这一段，ICJ 援引 PCIJ 有关判例，认为有效解释是"业已确定的条约解释原则"。有关条约的有效解释原则，参见张乃根：《条约解释的国际法》(上卷)，上海人民出版社 2019 年版，第 91—106 页。

什么用处了。同样地，对两种争端解决方式的选择表述提示了诉诸法院之前加以采用的肯定义务，否则，该第二十二条包括该表述就失去意义了。ICJ 对俄罗斯对有关该条款的法文本解释，也予以肯定：这“强化了这一观念，即，前一行为（尝试解决争端）须发生在另一行为（诉诸法院）之前”①。显然，该第二十二条的通常含义是：当事国一方诉诸国际司法之前应尝试经谈判或公约规定的其他程序解决涉案争端而“未解决者”。ICJ 特别以“刚果领土上武装活动案”对《WHO 组织法》第七十五条的解释为例，强调此类因“未解决者”而诉诸法院的前提条件。如当事国起诉未满足此类前提条件，ICJ 就不得行使其管辖权。这是管辖权先决程序规则的最重要内容。基于条约的“和谈条款”设置的前提条件体现了缔约国对于诉诸国际司法的真实意愿。只有符合该意愿，方才构成相关的国家同意。因此，ICJ 在管辖权先决程序中认定有关前提条件是否得到充分满足，旨在确认该国家同意的存在与否。这就是 ICJ 对管辖权初步反对意见必须先于实质问题而解决的根本原因。

ICJ 还结合该公约起草情况，尤其在 CERD 谈判时，许多国家不愿接受法院的强制管辖该公约下争端解决，对上述条款有效解释作了扼要补充。ICJ 认为这表明缔约国虽可保留强制管辖，但可合理推论：“采用前置谈判和其他解决程序方式作为诉诸司法解决的额外限制而不规定时限，这有助于各国接受 CERD。”②

在澄清 CERD 第二十二条的前置条件后，ICJ 对该案是否满足作为该条件之一的谈判作了分析。俄罗斯认为根据 ICJ 的判理，评估是否尝试进行谈判以及是否陷入僵局，应考虑谈判的时期与努力达成谈判的真诚性。无论谈判行使如何，实质是就有关法律和事实问题进行会晤，相互妥协以达成协议。ICJ 认为谈判的含义要求争端一方“真正地”（genuinely）尝试与争端另一方展开旨在解决该争端的讨论。这并不要求争端双方达成实际的协议。“为了满足某条约和谈条款要求作为前提条件的谈判，这些谈判必须与包含该和谈条款的条约主题有关。换言之，该谈判的主题必须与该争端的主题有关，反过来，又必须考虑涉案条约包含的实体义务。”③根据这样一个门槛较高，作为满足可诉诸国际司法的先决条件之谈判要求，ICJ 审查了相关事实证据，认定格鲁吉亚未真正与俄罗斯进行谈判。

本案说明：适用管辖权先决程序规则所涉谈判条件是指争端国双方依据涉案条约所含“和谈条款”，一方诉诸 ICJ 之前应与另一方真正地展开与解决该条约实体义务有关争端的谈判而“未解决者”。

---

① 前引 *Racial Discrimination*，p.126，para.135。

② Ibid.，p.129，para.147.

③ Ibid.，p.133，para.161.

综上 ICJ 适用管辖权先决程序规则的晚近实践，可见有关管辖权初步反对意见聚焦三个问题：第一，任择强制管辖权的当事国双方是否存在涉案法律争端，该争端不得仅依据起诉方在多边国际场合的一般立场声明或某事项的投票纪录，而应基于起诉前的双边外交交涉予以酌定；第二，依据一般条约“和谈条款”的诉因是否属于涉案条约的解释或适用的任何争端，该争端应是当事国双方对相关解释或适用问题产生的对立看法或立场；第三，此类争端经谈判或条约规定其他方式未解决者而诉诸 ICJ，应是起诉方已真诚地与被告方进行谈判或已按其他方式尝试解决而未解决者，此类谈判是起诉的必要前提条件。ICJ 适用管辖权先决程序规则，旨在审理涉案实质问题之前认定被告国是否同意其管辖权。

四、中国可能适用国际法院的管辖权先决程序规则之应对

中国是联合国安理会常任理事国之一，也是 ICJ 规约的原始缔约国，并于 1946 年声明接受 ICJ 任择强制管辖权。[①]中国于 1972 年宣布不再承认该声明。[②]迄今为止，中国未参与 ICJ 的任何诉讼。[③]当前国际关系错综复杂，尤其是国外少数不良政客利用 2020 年全球大流行的 COVID-19 疫情，挑动向 ICJ 起诉中国。[④]尽管此类企图完全缺乏事实与法律依据，但是未雨绸缪，有必要顾及中国可能适用 ICJ 的管辖权先决程序规则，建言应对。

（一）以不出庭方式适用管辖权先决程序规则之应对

基于国家同意原则，被告国有权以不出庭方式适用 ICJ 管辖权先决程序规则。

---

① 1946 年 10 月 26 日当时中国政府声明：“承认依据国际法院规约第 36 条第 2 款和第 3 款，在与其他接受同样条件的国家关系中根据事实的管辖权并以对等为条件而毋需特别协议，为期 5 年，并在通知终止后 6 个月该期限届满之前继续有效。”Declaration accepting the Compulsory Jurisdiction(China), Original English, Deposited on 26 October 1946, 1 UNTS 36.

② 1972 年 12 月 5 日，中华人民共和国恢复在联合国的合法席位之后，致函联合国秘书长，宣布：“不再承认已被废除的原中国政府于 1946 年 10 月 26 日作出的有关依据国际法院规约第 36 条第 2 款对法院强制管辖权的接受。”Original Chinese, Circulated in C.N. 232. 1972. Treaties-2 dated 8 December 1972.

③ 但是，中国先后参与了 ICJ 关于“科索沃单方面宣布独立是否符合国际法咨询意见案”（2010 年）和“查戈斯群岛咨询意见案”（2018 年）的审理。参见张乃根：《条约解释的国际法》（下），上海人民出版社 2019 年版，第 1029—1035 页。

④ 2020 年 4 月 2 日，一位自称曾参与包括南海仲裁案等国际争端案件的外国律师在《欧洲国际法学刊》发文《就 COVID-19 将中国告上国际法院》。参见 Peter Tzeng, Taking China to the International Court of Justice over COVID-19, at *European Journal of International Law*: Talk, Blog of the European Journal of International Law, April 2, 2020。

譬如,1972 年 ICJ 第一次修改其规则之后,接连就有 5 起(含 2 起诉由相同)管辖权先决程序案件出现被告国不出庭的情况。

在 1973 年"渔业管辖权案"中,英国和德国分别以 1961 年与冰岛的换文作为 ICJ 规约第三十六条第一款项下协约管辖权的依据,诉告冰岛扩大其捕鱼区管辖权违反相关国际法。冰岛在收到 ICJ 递送的诉状后,其外交部长致函 ICJ 称:涉案换文所含协议已终止,且虑及环冰岛海域的渔业资源遭日益增加的开发所致情势变化,英国和德国向 ICJ 起诉已无任何依据。冰岛政府认为所涉利益对其人民极为重要,因而通知法院,无意接受任何涉及冰岛渔业区扩大的诉讼管辖权,尤其是英国和德国的起诉。为此,"冰岛政府将不委派任何代表出庭。"①ICJ 根据其规约第五十三条第二款,在被告国不出庭的情况下,如支持原告国诉求,则应查明对该案有管辖权,且诉求具有事实及法律依据。"然而,本法院在查明拥有管辖权时,得考虑可能对其管辖权提出的反对意见。"②因此,ICJ 将冰岛不愿接受其管辖权的信函作为其规则第七十九条的初步反对意见,先行裁决,判定涉案换文所含管辖权协约依然有效,该情势变化尚不足以使得该协议无效,遂驳回该反对意见。

在 1974 年"核试验案"中,澳大利亚和新西兰分别以 1928 年《和平解决国际争端总议定书》第十七条作为 ICJ 规约第三十六条第一款项下协约管辖权的依据,诉告法国在其南太平洋的领地从事核试验违反相关国际法。法国遂即致函称 ICJ 显然对该起诉没有管辖权,并表示不出庭。同样,ICJ 将该信函作为对其管辖权的初步反对意见,先行审理。ICJ 认为此案根本性的初步问题是涉案争端存在与否。鉴于原告国均只是要求法国保证不再进行相关核试验,而法国通过单方声明或双边信函也承诺 1974 年之后不再进行,"如此类承诺公开作出并具有约束意图,虽不是经国际谈判作出,仍有拘束力。"③因此,ICJ 判定该案争端已不存在,法国的初步反对意见得以成立。

在 1978 年"爱琴海大陆架案"中,希腊就与土耳其在爱琴海大陆架的划界争端,主要依据 1928 年《和平解决国际争端总议定书》第十七条作为 ICJ 规约第三十六条第一款项下协约管辖权的依据,在 ICJ 起诉之后,土耳其外交部秘书长给 ICJ 的两次信函包含管辖权初步反对意见,且不出庭听证。尽管土耳其并没有对协约管辖权的依据本身提出具体异议,但是 ICJ 还是审查了希腊作出的该第十七条保留之一:"根据国际法纯粹属于各国国内管辖事宜的争端,且尤其与希腊的领土地

① *Fisheries Jurisdiction*, Jurisdiction of the Court, Judgment, ICJ Reports 1973, p.7, para.10.

② Ibid., p.8, para.12.

③ *Nuclear Tests*, Judgment, ICJ Reports 1974, p.267, para.43; p.472, para.46.

位有关争端”不属于该总议定书规定的程序下争端。ICJ 认为该保留的“尤其与希腊的领土地位有关争端”不是“各国国内管辖事宜的争端”的列举,而是并列的两类保留事项,因为如果是列举,通常采用“包括”(including),而非“且尤其”(and in particular)的连接词。ICJ 进一步指出希腊在先前作出接受 PCIJ 任择强制管辖权声明中也将“与希腊的领土地位有关争端”作为单独保留事项,因而在同样作为涉案保留条款中的该事项不应理解为从属于“各国国内管辖事宜的争端”范畴。然后,ICJ 就“领土地位”的演进含义作了解释:“希腊加入文件所采用的‘希腊的领土地位’表述一旦确认,作为一般术语包含了一般国际法下领土地位的概念具有的任何事项,这必然产生这一假定,即,旨在使其含义随法律演变而演变以适应任何时期特定有效法律的表述。”[①]ICJ 最终判定希腊起诉的协约管辖权依据所含“与希腊的领土地位有关争端”保留包括与土耳其在涉案爱琴海大陆架的争端,因而不属于 ICJ 管辖权范围。可见,ICJ 极端重视管辖权先决问题,哪怕被告国在该案中虽提出管辖权异议而未提交具体抗辩主张,ICJ 还是审查原告国起诉的管辖权协约依据,对其中保留事项作出了在其实践中首次采用“演进的”(evolutionary)条约解释,[②]认定希腊曾保留的领土地位相关事项在二十世纪七十年代应涵盖作为陆地领土自然延伸之大陆架地位相关事项,因而不属于 ICJ 管辖范围。

综上判例,可归纳 ICJ 对待被告国不出庭的实际做法及其判理。其一,ICJ 尊重被告国不出庭的立场。虽然根据管辖权先决程序规则,被告国应在送交辩诉状的期限内提交书面的初步反对意见,并列举法律依据和事实证据等,但是,被告国亦可致函 ICJ,仅明确表示有关管辖权异议的立场而不必陈述相关法律和事实,且不出庭听证。其二,ICJ 对被告国不出庭仅表示遗憾,但根据有关规约要求仍应审查原告国起诉的管辖权依据。在这种情况下,管辖权先决程序实际上成了 ICJ 与原告国围绕管辖权问题展开的审理过程。可以说,被告国出庭与否不具决定性,原告国起诉是否具有管辖权依据才是关键。其三,如被告国不出庭而在庭外表示解决涉案争端之承诺等,ICJ 也会酌情认定涉案争端实际不存在而支持初步反对意见。其四,被告国不出庭对其进一步抗辩和提供相关法律及事实证据,可能带来一定不利。

从 1972 年 ICJ 第一次修改其适用管辖权先决程序规则以来的实践看,除上述案例,自 1980 年“美国驻德黑兰外交与领事人员案”被告国伊朗不出庭之后,迄今

---

① *Aegean Sea Continental Shelf*, Judgment, ICJ Reports 1978, p.37, para.77.

② 有关演进的条约解释实践溯源,参见张乃根:《条约解释的国际法》(上卷),上海人民出版社 2019 年版,第 74—75 页。

在 ICJ 的管辖权先决程序中再也没有不出庭的情况。因此，一旦中国可能适用 ICJ 管辖权先决程序规则，则应充分顾及 ICJ 的晚近实践及不出庭的利弊。只有在原告国起诉十分明显地缺乏管辖权依据的情况下，才应采取不出庭的立场。而且，不出庭不等于不应诉，一旦收到 ICJ 送达诉状，中国应在递交辩状的期限内致函 ICJ，明确表示有关管辖权初步反对意见。根据 ICJ 的实践，应诉而不出庭，相关信函就不必具体陈述反对意见的法律依据和列举事实证据。

（二）以出庭方式适用管辖权先决程序规则之应对

如前所述，根据 ICJ 管辖权先决程序规则，在被告国出庭的情况下，有关管辖权的初步反对意见不仅应提供相关事实和法律依据及其任何证据和文件，而且法院可要求当事国双方在听证时就有关事实和法律问题进行充分的辩论，因此，有关管辖权初步反对意见的书面陈述及听证时抗辩的要求难度和复杂性不亚于实质问题审理。下文假设收到涉华 COVID-19 疫情，且以《WHO 组织法》第七十五条为协约管辖权依据的起诉状，中国以出庭方式应诉，在规定期限内提交书面的管辖权初步反对意见为例分析，并借鉴晚近“消除种族歧视公约案”管辖权初步反对意见的成功经验，有所建言。

首先，中国书面反对意见应概述涉案基本事实、中国与《WHO 组织法》的关系和假设的起诉缺乏任何事实证据和法律依据。COVID-19 是 WHO 命名的 2019 冠状病毒病，该新型病毒感染的肺炎，又称新冠肺炎。2019 年 12 月 31 日中国武汉市卫健委报告了该市发现不明病因肺炎病例。2020 年 1 月 12 日中国向 WHO 提交新冠病毒基因组序列信息。同年 1 月 20 日中国卫健委发布公告将新冠肺炎定为乙级传染病和采取甲级防控措施，1 月 23 日武汉市采取“封城”措施以防疫情扩散。1 月 30 日和 3 月 11 日，WHO 根据《国际卫生条例》（2005）先后宣布 COVID-19 为国际关注的突发公共卫生事件和大流行病。[①]5 月 19 日第 73 届世界卫生大会一致通过决议，决定“适当时尽早逐步启动公正、独立和全面评估进程”，回顾总结 WHO 协调全球应对新冠肺炎疫情的经验教训。[②]“中国支持各国科学家开展病毒源头和传播途径的全球科学研究”。[③]事实表明：中国根据《国际卫生条例》第六条、第七条，完全履行了及时通报疫情和共享新冠病毒信息的义务。中国于 1946 年 7 月 22 日接受《WHO 组织法》，1978 年 8 月起参加该组织活动，1979 年 6 月 1 日起

① See WHO: Coronavirus disease(COVID-19) Situation Report-131, 30 May 2020；另参见《中国发布新冠肺炎疫情信息、推进疫情防控国际合作纪事》，《人民日报》2020 年 4 月 7 日，第 5—7 版。

② WHA73.1：《应对 COVID-19 疫情》，2020 年 5 月 19 日。

③ 习近平在第 73 届世界卫生大会视频会议开幕式上致辞，《人民日报》2020 年 5 月 19 日，第 1 版。

承认《国际卫生条例》(1969),①并于2007年5月14日声明《国际卫生条例》(2005)适用中国全境。②中国对上述组织法和条例的“和谈条款”未作保留。③但是,在WHO有关疫情评估进程尚待启动,有关病毒源头和传播途径尚待全球科学研究确定的情况下,以中国未履行《国际卫生条例》下有关义务致使COVID-19疫情蔓延全球为由在ICJ提起诉讼,完全没有事实根据和法律依据。

然后,中国书面反对意见应参照“刚果领土上武装活动案”的判理,分别陈述三项管辖权异议,即,有关诉由与《WHO组织法》的解释或适用无关;即便有关,也不存在相关问题或争端;即便存在,也未满足经谈判或世界卫生大会未解决者。

管辖权异议之一是有关诉由与《WHO组织法》的解释或适用无关。《WHO组织法》第七十五条规定:“任何有关本组织法的解释或适用问题或争端,经谈判或世界卫生大会未解决,应根据ICJ规约提交该法院,除非当事方另行规定其他解决方式。”涉华疫情有关义务与该组织法下任何条款的解释或适用都没有关系。前述策划诉告中国的文章企图将该组织法与《国际卫生条例》挂钩,将所谓中国违反该条例有关义务作为该组织法的解释问题。譬如,该组织法第二十一条规定有权通过《国际卫生条例》此类规章,第二十二条规定此类规章通报各会员国后即生效,因而此类规章的解释也与该组织法有关。④然而,该第二十一条和第二十二条明文规定的是世界卫生大会通过有关国际卫生规章的权限及其通知各会员国的职责,本身与通过的有关规章项下义务没有任何关系,因而将所谓中国违反该条例有关义务作为该两条款的解释问题,明显缺乏任何条约法上的依据。根据《维也纳条约法公约》第二十六条第一款,“凡有效之条约对其各当事国有拘束力,必须由各该国善意履行”。⑤如联合国国际法委员会的评注所言:“条约必须遵守”(*pacta*

① 《中国参加国际公约情况一览表》(1875—2003),外交部官网:https://www.fmprc.gov.cn/web/ziliao_674 904/tytj_674911/tyfg_674913/t4985.shtml[2020-09-29]。《WHO组织法》(含中文作准本),Constitution of the World Health Organization, U.N.T.S.vol.9, p.3。

② 《国际卫生条例》(2005)中文作准本,第三版,2016年,世界卫生组织,第65页,中国声明。

③ 《WHO组织法》第75条和《国际卫生条例》(2005)第56条分别规定可通过ICJ、国际仲裁解决有关争端。ICJ官网所列该法院规约第36条第1款项下含协约管辖权的现行条约并无《WHO组织法》,但是,“刚果领土上武装活动案”提及在满足该组织法第75条规定的前提条件下,ICJ可行使管辖权。《国际卫生条例》(2005)第56条仅明确规定可提交国际仲裁,而ICJ所列的是《国际卫生条例》(1969),因为该条例第93条第2款规定可提请国际法院裁决有关争端,迄今尚无任何ICJ判决涉及该条例(1969)。有关管辖权现行条约,参见ICJ官网:https://www.icj-cij.org/en/treaties[2020-09-29]。

④ Peter Tzeng, Taking China to the International Court of Justice over COVID-19, at *European Journal of International Law*: Talk, Blog of the European Journal of International Law, April 2, 2020.

⑤ 《维也纳条约法公约》签署作准本(含中文本),Vienna Convention on the Law of Treaties. U.N.T.S. vol.1155, p.331。

sunt servanda)的规则,“这一条约法的基本原则是指条约对缔约方有效,且必须善意履行。”①也就是说,“条约对缔约国的效力是:只有它们才受条约规定的拘束,并且必须善意履行。”②因此很清楚,条约必须履行的前提是每项条约仅对其缔约国具有约束力。《WHO组织法》与《国际卫生条例》是两项不同的条约,对各自缔约国有效。将后者项下义务可能产生的争端作为前者的解释和适用问题,从根本上混淆了两者的效力性质:《WHO组织法》是有关WHO的组织宗旨、会员、机关、运行机制(世界卫生大会、执行委员会、秘书处、委员会、会议、总部、预算与费用、表决、各国提出之报告书)和法律行为能力、特权及豁免等规定,第七十五条规定“任何有关本组织法的解释或适用问题或争端”,毫无疑问是对这些规定而言。《国际卫生条例》是关于管控国际疾病传播的具体条约。虽然该条例序言“考虑到《WHO组织法》第二条第十一款、第二十一条第一款和第二十二条”,也就是该组织法授权世界卫生大会制定该条例,但是,该条例是一项单独的条约,这就是该条例第五十六条规定了与《WHO组织法》第七十五条完全不同的“和谈条款”之重要缘故。因此,将《国际卫生条例》有关义务可能产生的解释和适用争端作为《WHO组织法》第七十五条下可能由ICJ管辖的诉由,完全缺乏国际法上的任何依据。

管辖权异议之二是不存在与《WHO组织法》的解释或适用的争端。如前归纳晚近适用管辖权先决程序规则的实践,依据一般条约“和谈条款”的诉因应是属于涉案条约的解释或适用的任何争端,该争端应是当事国双方对相关解释或适用问题产生的对立看法或立场。否则,ICJ对该起诉案件没有管辖权。在2005年“某些财产案”的管辖权先决中,ICJ就该案所涉一般条约“和谈条款”下的争端强调:按照ICJ和PCIJ的一致判理,“争端是当事方之间有关法律或事实的异议,有关法律观点或利益的冲突。……进而言之,就认定属于本法院裁判的法律争端之存在而言,这是指‘一方主张与另一方完全对立’。”③前述策划诉告中国的文章除了将《国际卫生条例》有关条款下义务可能产生的解释和适用争端作为《WHO组织法》第七十五条下由ICJ管辖的诉由(管辖权异议之一,已加以分析),还声称“中国破坏了《WHO组织法》第一条‘求各民族企达卫生之最高可能水平’的宗旨”④。然而,如存在相关该第一条的解释或适用的争端或问题,哪一国家已通过双边外交途径

---

① Draft Articles on the Law of Treaties with commentaries, 1966, in *Yearbook of the International Law Commission*, 1966, vol.II. para.211(1).

② [英]詹宁斯、瓦茨修订:《奥本海国际法》(第一卷第二分册),王铁崖等译,中国大百科全书出版社1998年版,第652页。

③ *Certain Property*(Preliminary Objection), Judgment, ICJ Reports 2005, p.18, para.24.

④ Peter Tzeng, Taking China to the International Court of Justice over COVID-19, at *European Journal of International Law*: Talk, Blog of the European Journal of International Law, April 2, 2020.

与中国正式交换过，并确认了有关该第一条解释或适用的完全对立主张？没有。在迄今唯一以应对 COVID-19 疫情为主题的第七十三届世界卫生大会上，中国阐明的“团结合作战胜疫情，共同构建人类卫生健康共同体”立场，[①]与该第一条宗旨完全一致。也没有哪一个国家在该会上对此持完全对立主张。以美国代表在会上发言及世界卫生大会通过决议和说明为例。[②]该发言及说明没有提及该第一条。因此，根本不存在与《WHO 组织法》的解释或适用的争端或问题。本文假设某国就涉华疫情在 ICJ 起诉中国，即便发生，该某国也完全无法证明存在相关争端。

管辖权异议之三是即便存在有关《WHO 组织法》相关解释和适用争端，也未满足经谈判或世界卫生大会未解决者的前提条件。如前分析的“消除种族歧视公约案”所明确的，此类“未解决者”是指一方诉诸 ICJ 之前应与另一方真诚地展开与解决该条约实体义务有关争端的谈判而“未解决者”。该案也没有如前述策划诉告中国的文章所认为已明确该组织法第七十五条“经谈判或世界卫生大会”具有选择性，[③]而是判定该案所涉 CERD 规定的“经谈判或其他该公约下程序未解决者”这两项前提条件均未得到满足，因此 ICJ“没有必要审查这两项前提条件是累加或替代的。”[④]该案表明 ICJ 对管辖权前提条件的审查极为严格，即便“和谈条款”的用语是“或”，也同样考虑原告国是否都真诚地尝试过，以便判定有关管辖权的行使是否具有无可置疑性。就假设某国诉告中国涉疫情案而言，该某国至少应真诚地尝试与中国就相关事宜进行谈判。但是，迄今没有任何此类谈判，而在第七十三届世界卫生大会上也没有任何明确涉华疫情的议程。可见，可起诉的“未解决者”前提条件完全没有得到满足。

最后，中国书面反对意见应附相关证据和文件，不赘。

值得中国借鉴的是俄罗斯应对“消除种族歧视公约案”并取得管辖权先决程序的胜诉经验。俄罗斯提交的书面反对意见根据 ICJ 规则第七十九条所提供的事实证据和法律依据十分详尽，包括事实陈述和争端真相、四项初步反对意见，亦即，不存在当事方有关解释或适用 CERD 的争端、不符合 CRED 第二十二条的程序条件、法院缺乏属地管辖权（*ratione loci*，对当事国领土内行为管辖权）和属时管辖权

---

① 《习近平在第 73 届世界卫生大会视频会议开幕式上致辞》，《人民日报》2020 年 5 月 19 日第 1 版。

② United States of America WHA 73 Plenary Statement; WHA 73 United States of America Explanation of Position “Covid-19 Response” Resolution. WHO 官网：https://apps.who.int/gb/statements/WHA73/ [2020-10-02]。

③ Peter Tzeng, Taking China to the International Court of Justice over COVID-19, at *European Journal of International Law*: Talk, Blog of the European Journal of International Law, April 2, 2020.

④ *Racial Discrimination* (Preliminary Objection), Judgment, ICJ Reports 2011, p.140, para.184.

(*ratione temporis*)等 7 章及附件目录等,共 250 页。①如前所述,ICJ 支持了其中关键的第二项管辖权异议,从而驳回了格鲁吉亚的起诉。一旦有国家在 ICJ 诉告中国涉疫情案,关键的管辖权异议应该是有关《WHO 组织法》的解释或适用问题。为此,中国国际法学人必须对该组织法及《国际卫生条例》之间关系和相关解释与适用问题的研究给予高度关注。

五、结 论

ICJ 诉讼管辖权的先决程序规则秉承上世纪二十年代 PCIJ 通过总结其实践中所碰到的管辖权争端解决经验基础上制定的相关法院规则,又经数次修改。历经上百年国际关系风云变幻的该规则,实质是高度尊重相关当事国,尤其是被告国对于是否接受法院管辖权的意愿,关键是在涉案实质问题审理之前,先行判定,以免在当事国不愿意接受管辖的情况下,强行解决有关争端。这一先决程序规则虽起因于国际司法实践,但根源于国际法的国家主权平等理论,完全符合四百多年以来支配现代国际法的共同同意原则。在《联合国宪章》载明的国家主权平等原则仍是当代国际社会基石的情况下,在和平解决国际争端中,管辖权先决程序规则具有普遍的适用性,在实践中并将得到进一步完善。中国一贯主张和平解决国际争端,但尚无在 ICJ 参与诉讼的经历。在当前复杂多变的国际关系背景下,有必要深入全面地研究 ICJ 的管辖权先决程序规则,并针对国外确有图谋借全球大流行的疫情挑动在 ICJ 诉告中国,借鉴 ICJ 已有相关判例的经验,充分做好应对预案,防患于未然。

Analysis on ICJ Procedural Rules for Preliminary Objection against Its Jurisdiction

Abstract: This article prefers the perspective of combination of theory and practice. First, it analyzes the theoretical basis of the procedural rule of preliminary objection for jurisdiction in peaceful settlement of international disputes and the essentials of the ICJ relevant rules of preliminary objection. Secondly, it is focused on the origin of the ICJ rule of preliminary objection for jurisdiction from the earlier practices of the PCIJ and its evolutionary changes in last century so as

① Preliminary Objections of the Russian Federation, 1 December 2009.

to understand its "exclusively preliminary character" distinguishing the other preliminary objection which may be treated as the issues of merits. Thirdly, it observes the recent practices of the ICJ application of this rule to make sure what are the conditions of its application. Finally, it provides China with the suggestions to possible respondence before the ICJ to apply the rule of preliminary objection for jurisdiction. The main ideas of this article include that the essence of the ICJ preliminary objection for jurisdiction is to highly respect the will of the relevant parties, in particular, the responding party to accept the ICJ jurisdiction in order to avoid taking the case without such will of parties. The rule of preliminary objection for jurisdiction was originated from the practices of international adjudications. However, it has been based on theory of international law on sovereign equality and complies with the principle of common consent as the cornerstone of the modern international law in last four centuries. The recent practices of the ICJ application of this rule indicate the significant importance to determine whether there are the legal disputes between parties, and whether there are opposite views or positions arising from interpretation or application of relevant treaties for parties, as well as whether such disputes have not been settled by negotiation or other ways in accordance with the relevant treaties. Concerning that China may have to apply the rule of preliminary objection for jurisdiction of the ICJ in the contemporary international relation with complicated situation, it is necessary to prepare the application of this rule in the manner either appearing or non-appearing before the ICJ.

Keywords: The ICJ; Jurisdiction; Preliminary objection; Rule; Despondence

参考文献索引*

一、著　作

1. 中文

马克思:《〈政治经济学批判〉序言》,载《马克思恩格斯选集》第二卷,人民出版社 2012 年版。98

马克思、恩格斯:《费尔巴哈:唯物主义和唯心主义观点的对立〈德意志意识形态〉第一卷第一章》,载《马克思恩格斯选集》第一卷,人民出版社 1972 年版。128

恩格斯:《家庭、私有制和国家的起源》,载《马克思恩格斯选集》第四卷,人民出版社 1972 年版。128

恩格斯:《路德维希·费尔巴哈与德国古典哲学的终极》,载《马克思恩格斯选集》第四卷,人民出版社 1972 年版。135

《史记·汉书》,《二十五史》(1),上海古籍出版社、上海书店 1986 年版。36

《后汉书》,《二十五史》(2),上海古籍出版社、上海书店 1986 年版。36

《清史稿》上,《二十五史》(11),上海古籍出版社、上海书店 1986 年版。37

《历代刑法志》,群众出版社 1988 年版。36

[苏联]Г·В·伊格纳钦科、Д·Д·奥斯塔频科主编:《国际法》,求是等译,法律出版社 1982 年版。84

[苏联]Ф·И·科热夫尼科夫主编:《国际法》,刘莎等译,商务印书馆 1985 年版。115

[美]D.布迪、C.莫里斯:《中华帝国的法律》,朱勇译,江苏人民出版社 1995 年版。142

[德]E-U.彼德斯曼:《国际经济法的宪法功能与宪法问题》,何志鹏等译,高等教育出版社 2004 年版。405

[英]J.H.C.莫里斯主编:《戴西和莫里斯论冲突法》,李双元等译,中国大百科全书出版社 1998 年版。828

[德]K.茨维格特、H.克茨:《比较法总论》,潘汉典等译,贵州人民出版社 1992 年版。142

[英]M.阿库斯特《现代国际法概论》,汪瑄等译,中国社会科学出版社 1981 年

* 除个别例外,参考文献中文以姓氏或标题首字笔画,外文以字母排序;索引限首次援引的底端页码。

版。71

万鄂湘等:《国际条约法》,武汉大学出版社 1998 年版。609

[德]马丁·沃尔夫:《国际私法》,李浩培、汤宗舜译,法律出版社 1988 年版。828

马作武:《清末法制变革思潮》,兰州大学出版社 1997 年版。142

[德]马蒂亚斯·赫蒂根:《欧洲法》,张恩民译,法律出版社 2003 年版。348

王可菊主编:《国际人道主义法及其实施》,社会科学文献出版社 2004 年版。856

王若水:《为人道主义辩护》,三联书店 1986 年版。857

王林彬:《国际司法程序价值论》,法律出版社 2009 年版。11

王贵国:《世界贸易组织法》,法律出版社 2003 年版。413

王贵国主编:《涉外经济法律文书》,法律出版社 1992 年版。38

王贵国:《国际投资法》,北京大学出版社 2001 年版。896

王贵国:《国际货币金融法》,中国香港地区广角镜出版社有限公司 1993 年版。365

王贵国:《国际货币金融法》,北京大学出版社 1996 年版。23

王勇:《完善我国条约保留制度研究》,法律出版社 2014 年版。325

王铁崖主编:《国际法》,法律出版社 1981 年版。20

王铁崖主编:《国际法》,法律出版社 1995 年版。20

王铁崖名誉主编、李兆杰主编:《国际人道主义法文选》,法律出版社 1999 年版。856

王铁崖:《国际法引论》,北京大学出版社 1998 年版。56

王绳祖主编:《国际关系史:十七世纪中叶——一九四五年》,法律出版社 1986 年第二版。9

王新奎等:《世界贸易组织十周年:回顾与展望》,人民出版社 2005 年版。418

王曦主编:《国际环境法资料汇编》,民主与建设出版社 1999 年版。71

(唐)长孙无忌等撰:《唐律疏义》,刘俊文点校,中华书局 1983 年版。37

尤先迅:《世界贸易组织法》,立信会计出版社 1997 年版。20

中国国际问题研究所编:《论和平共处五项原则——纪念和平共处五项原则诞生 50 周年》,世界知识出版社 2004 年版。226

方连庆等主编:《战后国际关系史(1945—1995)》,北京大学出版社 1999 年版。16

孔祥俊:《WTO 知识产权协定及其国内适用》,法律出版社 2002 年版。277

古祖雪:《国际法:作为法律的存在与发展》,厦门大学出版社 2018 年版。76

[美]布鲁斯·E.克拉伯:《美国对外贸易法和海关法》,蒋兆康等译,法律出版社 2000 年版。424

[法]卡路、佛罗利、朱依拉:《〈国际经济法〉目录》,石蒂译,《国外法学》(北京大学法律学系)1980 年第 6 期。37

叶兴平:《和平解决国际争端》,武汉测绘科技大学出版社 1994 年版。900

叶孝信主编:《中国民法史》,上海人民出版社 1993 年版。142

白桂梅:《国际法上的自决》,中国华侨出版社 1999 年版。194

外交部条法司编:《中国国际法实践案例选编》,世界知识出版社 2018 年版。38

[美]汉斯·凯尔森:《国际法原理》,王铁崖译,华夏出版社 1989 年版。145

冯寿波:《WTO 协定与条约解释》,知识产权出版社 2014 年版。661

[英]弗兰西斯·斯奈德:《欧洲联盟法概论》,宋英编译,北京大学出版社 1996 年版。20

[美]弗兰克·伊斯特布鲁克、丹尼尔·费希尔:《公司法的经济结构》,张建伟等译,北京大学出版社 2005 年版。164

[英]边沁:《道德与立法原理导论》,时殷弘译,商务印书馆 2000 年版。100

[法]亚历山大·基斯著:《国际环境法》,张若思译,法律出版社 2000 年版。71

[古希腊]亚里士多德:《雅典政制》,颜一译,苗力田主编:《亚里士多德全集》第十卷,中国人民大学出版社 1997 年版。215

[古罗马]西塞罗:《论共和国论法律》,王焕生译,中国政法大学出版社 1997 年版。147

[美]迈克尔·赖斯曼:《国际法:领悟与构建》,万鄂湘等译,法律出版社 2007 年版。292

朱文奇等:《国际条约法》,中国人民大学出版社 2008 年版。609

[宋]朱熹撰:《四书章句集注》,中华书局 1983 年版。99

[古罗马]优士丁尼:《法学阶梯》,徐国栋译,中国政法大学出版社 1999 年版。689

[英]伊恩·布朗利:《国际公法原理》,曾令良等译,法律出版社 2003 年版。113

刘丁:《国际经济法》,中国人民大学出版社 1984 年版。36

刘丹:《海洋生物资源保护的国际法》,上海人民出版社 2012 年版。839

刘笋:《国际投资保护的国际法制若干重要问题研究》,法律出版社 2002 年

版。896

[英]汤因比:《历史研究》,曹末风等译,上海人民出版社 1959 年版。131

[英]安托尼・奥斯特:《现代条约法与实践》,江国青译,中国人民大学出版社 2005 年版。609

[美]约翰・H.杰克逊:《世界贸易体制:国际经济关系的法律与政策》,张乃根译,复旦大学出版社 2001 年版。14

[美]约翰・H.杰克逊:《国家主权与 WTO:变化中的国际法基础》,赵龙跃等译,社会科学文献出版社 2009 年版。531

[美]约翰・罗尔斯:《万民法》,张晓辉等译,吉林人民出版社 2001 年版。282

[美]约翰・鲁杰:《多边主义》,苏长和等译,浙江人民出版社 2003 年版。360

孙南申等:《中国涉外经济法》,南京大学出版社 1998 年版。36

[英]劳特派特修订:《奥本海国际法》上卷第一分册,王铁崖、陈体强译,商务印书馆 1981 年版。8

[德]克劳塞维茨著:《战争论》,解放军出版社 1964 年版。857

[法]克劳德若・贝尔、亨利・特雷莫:《海关法学》,黄胜强译,中国社会科学出版社 1991 年版。494

杜涛:《涉外民事关系法律适用法释评》,中国法制出版社 2011 年版。828

[日]村濑信也:《国际立法:国际法的法源论》,秦一禾译,中国人民公安大学出版社 2012 年版。299

[日]杉原高嶺:《国际司法裁判制度》,王志安等译,中国政法大学出版社 2007 年版。193

杨松:《国际货币基金协定研究》,法律出版社 2000 年版。365

杨松:《国际法与国际货币新秩序研究》,北京大学出版社 2002 年版。407

杨国华:《中国入世第一案:美国钢铁保障措施案研究》,中信出版社 2004 年版。738

杨国华、李咏箑:《WTO 争端解决程序详解》,中国方正出版社 2004 年版。415

杨泽伟:《主权论——国际法上的主权问题及其发展趋势研究》,北京大学出版社 2006 年版。9

杨泽伟:《国际法析论》(第二版),中国人民大学出版社 2007 年版。76

杨泽伟:《联合国改革的国际法问题研究》,武汉大学出版社 2009 年版。210

杨鸿烈:《中国法律发达史》上,《民国丛书》选印,上海书店 1990 年版。128

李仁真主编:《国际金融法》,武汉大学出版社 1999 年版。408

李双元、温世扬:《比较民法学》,武汉大学出版社 1998 年版。51

李民:《尚书与古史研究》,中州书画社 1981 年版。127

李国豪、张孟闻和曹天钦主编:《中国科技史探索》(国际版),上海古籍出版社 1982 年版。582

李浩培:《条约法概论》,法律出版社 1987 年第 1 版,2003 年第 2 版(重印)。265

李浩培:《国际民事程序法概论》,法律出版社 1996 年版。38

吴焕宁主编:《海商法》(第二版),法律出版社 1996 年版。47

何力主编:《一带一路战略与海关国际合作法律机制》,法律出版社 2015 年版。488

何志鹏:《国际法治论》,北京大学出版社 2016 年版。354

何志鹏:《国际法哲学导论》,社会科学文献出版社 2013 年版。89

何志鹏等著:《国际法的中国理论》,法律出版社 2017 年版。76

[美]何塞·E.阿尔瓦雷斯:《作为造法者的国际组织》,蔡从燕译,法律出版社 2011 年版。299

余先予编著:《国际经济法》,南京大学出版社 1991 年版。571

余劲松主编:《国际投资法》,法律出版社 1994 年版。38

余劲松、吴志攀主编《国际经济法》,北京大学出版社、高等教育出版社 2000 年版。406

余敏友:《世界贸易组织争端机制法律与实践》,武汉大学出版社 1998 年版。415

汪尧田、周汉民:《世界贸易组织总论》,上海远东出版社 1995 年版。20

汪尧田、周汉民主编:《关税与贸易总协定总论》,中国对外经济贸易出版社 1992 年版。408

[德]沃尔夫刚·格拉夫·魏智通:《国际法》,吴越等译,法律出版社 2002 年版。35

沈四宝、王军、焦津洪编著:《国际商法》,对外经济贸易大学出版社 2002 年版。873

沈达明、刘大同:《国际贸易法新论》,法律出版社 1989 年版。38

沈宗灵:《现代西方法理学》,北京大学出版社 1992 年版。143

宋杰:《国际法院司法实践中的解释问题研究》,武汉大学出版社 2008 年版。619

张乃根:《WTO 争端解决机制论:以 TRIPS 协定为例》,上海人民出版社 2008 年版。610

张乃根、马忠法主编:《清洁能源与技术转移》,上海交通大学出版社 2011 年版。562

张乃根主编:《与贸易有关的知识产权协定》,北京大学出版社 2018 年版。524

张乃根主编:《中国知识产权法》,三联书店(香港)有限公司 1998 年版。160

张乃根主编:《当代国际法研究》,上海人民出版社 2002 年版。856

张乃根主编:《新编国际经济法导论》,复旦大学出版社 2001 年版。406

张乃根:《西方法哲学史纲》(第四版),中国政法大学出版社 2008 年版。58

张乃根:《当代西方法哲学主要流派》,复旦大学出版社 1993 年版。143

张乃根:《条约解释的国际法》(上下卷),上海人民出版社 2019 年版。50

张乃根:《国际法原理》(第二版),复旦大学出版社 2012 年版。49

张乃根:《国际贸易的知识产权法》,复旦大学出版社 1999 年版。158

张乃根:《法经济学》,中国政法大学出版社 2003 年版。168

张乃根编著:《美国—精炼与常规汽油标准案》,上海人民出版社 2005 年版。90

张文显:《二十世纪西方法哲学思潮研究》,法律出版社 1996 年版。143

张玉卿主编:《WTO 法律大辞典》,法律出版社 2006 年版。405

张玉卿:《国际反倾销法律与实务》,中国对外经济贸易出版社 1993 年版。414

张玉卿编著:《国际货物买卖统一法:联合国国际货物销售合同公约释义》(第三版),中国商务出版社 2009 年版。42

张东平:《WTO 司法解释论》,厦门大学出版社 2005 年版。636

张生:《国际投资仲裁中的条约解释研究》,法律出版社 2016 年版。685

张幼文等:《多哈发展议程:议题与对策》,上海人民出版社 2004 年版。418

张庆麟主编:《国际投资法问题专论》,武汉大学出版社 2007 年版。896

张建伟:《转型、变法与比较法律经济学:本土化语境中法律经济学理论思维空间的拓展》,北京大学出版社 2004 年版。164

张晋藩:《清律研究》,法律出版社 1992 年版。142

张潇剑:《国际强行法论》,北京大学出版社 1995 年版。305

[奥]阿·菲德罗斯等:《国际法》,李浩培译,商务印书馆 1981 年版。21

[美]阿瑟·努斯鲍姆:《简明国际法史》,张小平译,法律出版社 2011 年版。79

陈一峰:《论当代国际法上的不干涉原则》,北京大学出版社 2013 年版。226

陈安主编:《国际投资争端仲裁》,复旦大学出版社 2001 年版。378

陈安主编:《国际经济法学》,北京大学出版社 1994 年版。25

陈安主编:《国际经济法总论》,法律出版社 1991 年版。38

陈安:《美国对海外投资的法律保护及典型案例分析》,鹭江出版社 1985 年版。435

陈如彪:《国际金融概论》(第 3 版),华东师范大学出版社 1996 年版。407

陈利强:《中国特色自贸区(港)法治建构论》,人民出版社 2019 年版。498

陈欣:《WTO 争端解决中的法律解释》,北京大学出版社 2010 年版。636

陈泽宪主编:《当代中国国际法研究》,中国社会科学出版社 2010 年版。83

陈治东:《国际贸易法》,高等教育出版社 2009 年版。792

邵津主编:《国际法》,北京大学出版社高等教育出版社 2000 年版。165

武树臣等:《中国传统法律文化》,北京大学出版社 1994 年版。142

范健、王建文:《商法论》,高等教育出版社 2003 年版。873

林欣、刘楠来:《国际刑法问题研究》,中国人民大学出版社 2000 年版。307

[英]杰弗里・巴拉克拉夫:《泰晤士世界历史地图册》(中文版编辑邓蜀生),三联书店 1985 年版。26

[美]杰克・戈德史密斯、埃里克・波斯纳:《国际法的局限性》,龚宇译,法律出版社 2010 年版。216

[荷]雨果・格劳秀斯:《论海洋自由》,马忠法译,上海人民出版社 2005 年版。8

[荷兰]雨果・格劳秀斯:《战争与和平法》第一卷,马忠法等译,上海人民出版社 2022 年版。110

[荷]雨果・格劳秀斯:《捕获法》,张乃根等译,上海人民出版社 2006 年版。8

[美]罗纳德・哈里・科斯:《企业、市场与法律》,盛洪等译,上海三联书店 1990 年版。169

罗国强:《论自然国际法的基本原则》,武汉大学出版社 2011 年版。97

罗国强:《国际法本体论》,法律出版社 2008 年版。76

[英]罗素:《西方哲学史》下卷,马元德译,商务印书馆 1963 年版。135

[英]帕特莎・波尼、埃论・波义尔:《国际法与环境》,那力等译,高等教育出版社 2007 年版。71

[意]彼得罗・彭梵得:《罗马法教科书》,黄风译,中国政法大学出版社 1992 年版。150

周阳:《美国海关法律制度研究》,法律出版社 2010 年版。500

周枏:《罗马法原论》,商务印书馆 1994 年版。149

周鲠生:《国际法大纲》,周莉勘校,中国方正出版社 2004 年版。83

周鲠生:《国际法》(上册),商务印书馆 1976 年版。83

郑斌:《国际法院与法庭适用的一般法律原则》,韩秀丽、蔡从燕译,法律出版社 2012 年版。65

赵承璧编著:《国际贸易统一法》,法律出版社 1998 年版。51

赵理海:《海洋法问题研究》,北京大学出版社 1996 年版。151

赵维田主编:《美国—对某些虾及虾制品的进口措施案》,上海人民出版社 2003 年版。624

赵维田等著:《WTO 的司法机制》,上海人民出版社 2004 年版。415

[罗马]查士丁尼:《法学总论——法学阶梯》,张企泰译,商务印书馆 1989 年版。96

[古希腊]柏拉图:《理想国》,郭斌和、张竹明译,商务印书馆 1986 年版。98

[美]威廉·M.兰德斯、理查德·A.波斯纳:《知识产权法的经济结构》,金海军译,北京大学出版社 2005 年版。164

[美]哈罗德·J.伯尔曼:《法律与革命——西方法律传统的形成》,贺卫芳等译,中国大百科全书出版社 1993 年版。142

段洁龙主编:《中国国际法实践与案例》,法律出版社 2012 年版。90

饶戈平主编:《全球化进程中的国际组织》,北京大学出版社 2005 年版。13

饶戈平主编:《国际法》,北京大学出版社 1999 年版。88

[英]洛克:《政府论》(下篇),叶启芳、瞿菊农译,商务印书馆 1964 年版。351

姚梅镇主编:《比较投资法》,武汉大学出版社 1994 年版。585

姚梅镇主编:《国际经济法概论》,武汉大学出版社 1989 年版。36

姚梅镇:《国际投资法》,武汉大学出版社 1985 年版。37

贺其治:《国家责任法及案例浅析》,法律出版社 2003 年版。103

[法]莱昂·狄骥:《宪法学教程》,王文利等译,辽海出版社 1999 年版。118

[荷]格劳秀斯:《战争与和平法》(第一卷),马呈元译,中国政法大学出版社 2015 年版。56

[荷]格劳秀斯:《战争与和平法》(第二卷),马呈元译,中国政法大学出版社 2016 年版。56

[瑞典]格德门德尔·阿尔弗雷德松、[挪威]阿斯布佐恩·艾德编:《〈世界人权宣言〉:努力实现的共同目标》,中国人权研究会组织翻译,四川人民出版社 1999 年版。59

夏征农主编:《辞海》,上海辞海出版社 2000 年版。119

倪世雄主编:《当代西方国际关系理论》,复旦大学出版社 2001 年版。727

倪世雄、金应忠主编:《当代美国国际关系理论流派文选》,学林出版社 1987 年

版。727

徐觉非主编:《海关法学》,中国政法大学出版社 1995 年版。25

高铭暄、赵秉志主编,王秀梅执行主编:《国际刑事法院:中国面临的抉择》,中国人民公安大学出版社 2005 年版。615

高道蕴、高鸿均、贺卫芳:《美国学者论中国法律文化》,中国政法大学出版社 1994 年版。142

郭寿康主编:《国际技术转让》,法律出版社 1989 年版。38

凌岩:《卢旺达国际刑事法庭的理论与实践》,世界知识出版社 2010 年版。233

[意]桑德罗·斯奇巴尼选编:《民法大全选译——正义与法》,黄风译,中国政法大学出版社 1992 年版。144

[法]勒内·达维德:《当代主要法律体系》,漆竹生译,上海译文出版社 1984 年版。20

黄惠康:《中国特色大国外交与国际法》,法律出版社 2019 年版。76

黄瑶:《论禁止使用武力原则》,北京大学出版社 2003 年版。63

[英]梅因:《古代法》,沈景一译,商务印书馆 1959 年版。283

曹建明主编:《WTO 与中国的司法审判》,法律出版社 2001 年版。812

曹建明主编:《国际经济法概论》,法律出版社 1994 年版。406

曹建明、陈治东主编:《国际经济法专论》第一卷,法律出版社 1999 年版。405

龚祥瑞:《比较宪法与行政法》,法律出版社 1985 年版。211

盛愉、魏家驹:《国际法新领域简论》,吉林人民出版社 1984 年版。89

[奥]曼弗雷德·诺瓦克:《国际人权制度导论》,柳文华译,北京大学出版社 2010 年版。221

[美]康马杰编辑:《美国历史文献选萃》,今日世界出版社 1979 年版。10

[德]康德:《永久和平论》,何兆武译,载《历史理性批判文集》,商务印书馆 1990 年版。57

《商子译注》,齐鲁书社 1982 年版。128

[古罗马]盖尤斯:《法学阶梯》,黄风译,中国政法大学出版社 1996 年版。148

梁西主编:《国际法》,武汉大学出版社 1993 年版。165

梁西:《国际组织法》,武汉大学出版社 1998 年修订第四版。21

梁慧星:《民法解释学》,中国政法大学出版社 1995 年版。152

[美]斯塔夫里阿诺斯:《全球通史:1500 年以后的世界》,吴象婴、梁赤民译,上海社会科学出版社 1992 年版。79

董世忠主编、张乃根执行主编:《国际经济法》,复旦大学出版社 2004 年

版。869

董世忠主编:《国际金融法》,法律出版社 1989 年版。38

董世忠主编:《国际经济法导论》,复旦大学出版社 1997 年版。405

[英]蒂莫西·希利尔:《国际公法原理》,曲波译,中国公安大学出版社 2006 年版。629

韩龙:《国际金融法前沿问题》,清华大学出版社 2010 年版。365

韩立余主编:《〈跨太平洋伙伴关系协定〉全译本导读》(上下册),北京大学出版社 2018 年版。520

韩立余:《既往不咎——WTO 争端解决机制研究》,北京大学出版社 2009 年版。415

韩德培主编:《国际私法新论》,武汉大学出版社 1997 年版。577

韩燕煦:《条约解释的要素与结构》,北京大学出版社 2015 年版。662

[美]惠顿著:《万国公法》,[美]丁韪良译,京都崇实馆同治三年,何勤华点校,中国政法大学出版 2003 年版。143

[瑞士]雅各布·布克哈特:《意大利文艺复兴时期的文化》,何新译,商务印书馆 1979 年版。430

曾令良:《世界贸易组织法》,武汉大学出版社 1997 年版。20

曾令良主编:《21 世纪初的国际法与中国》,武汉大学出版社 2005 年版。15

曾令良:《欧洲联盟法总论》,武汉大学出版社 2007 年版。519

曾令良等主编:《国际公法学》,高等教育出版社 2016 年版。83

曾华群主编:《国际投资法学》,北京大学出版社 1999 年版。896

曾华群:《国际经济法导论》,法律出版社 1997 年版。406

[美]路易斯·亨利·摩尔根:《古代社会》,杨东莼等译,商务印书馆 1977 年版。128

[美]路易斯·亨金:《国际法:政治与价值》,张乃根等译,中国政法大学出版社 2005 年版。7

[英]詹宁斯、瓦茨修订:《奥本海国际法》(第九版)第一卷第一分册,中国大百科全书出版社 1995 年版。20

[德]塞缪尔·冯·普芬道夫:《自然法与国际法》,罗国强、刘瑛译,北京大学出版社 2012 年版。102

[古希腊]赫西俄德:《工作与时日、神谱》,张竹明、蒋平译。商务印书馆 1991 年版。127

[英]赫·乔·韦尔斯:《世界史纲》,吴文藻等译,人民出版社 1982 年版。108

蔡枢衡:《中国刑法史》,广西人民出版社 1983 年版。36
谭其骧主编:《简明中国历史地图集》,中国地图出版社 1991 年版。36
潘抱存:《中国国际法理论探讨》,法律出版社 1988 年版。89
潘抱存:《中国国际法理论新探索》,法律出版社 1999 年版。89
潘抱存、潘宇昊:《中国国际法理论新发展》,法律出版社 2010 年版。76
[英]霍布斯:《利维坦》,黎思复等译,商务印书馆 1985 年版。282
瞿同祖:《瞿同祖法学论著集》,中国政法大学出版社 1998 年版。99

2. 外文

Adam Smith, *Lectures on Jurisprudence*, Liberty Fund, 1982. 429

Alan B. Morrison, *Fundamentals of American Law*, Oxford University Press, 1996. 211

Alan S. Alexandroff and Andrew F. Cooper, *Rising States, Rising Institutions: Challenges for Global Governance*, Brookings Institution Press, 2010. 224

A. LeRoy Bennet and James K. Oliver, *International Organizations: Principles and Issues*, Pearson Education, Inc., 2002. 531

Alexander Orakhelashvili, *Peremptory Norms in International Law*, Oxford University Press 2008. 329

Alexandre Kiss and Dinah Shelton, *Guide to International Environmental Law*, Martinus Nijhoff Publishers, 2007. 469

Alex J. Bellamy, *Responsibility to Protect: The Global Effort to End Mass Atrocities*, Polity Press, 2009. 112

Allen Buchanan, *Justice, Legitimacy and Self-Determination: Moral Foundation of International Law*, Oxford University Press, 2004. 112

Allen Buchanan, *The Legitimacy of International Law*, in Samantha Besson & John Tasioulas(eds.), *The Philosophy of International Law*, Oxford University Press 2013. 97

Amos S. Hershey, *The Essentials of International Public Law*, the Macmillan Company, 1919. 145

Andreas F. Lowenfeld, *International Economic Law*, Oxford University Press, 2002. 869

Andrew Clapham ed., *Brierly's Law of Nations*, 7th edition, Oxford University Press, 2012. 299

Anthony Aust, *Handbook of International Law*, Cambridge University

Press, 2005. 404

Antony Taubman et al.(ed.), *A Handbook on the WTO TRIPS Agreement*, Cambridge University Press, 2012. 525

Aristotle, *The Athenian Constitution*, Penguin Books, 1984. 128

Bardo Fassbender and Anne Peters et al eds., *The Oxford Handbook of the History of International Law*, Oxford University Press, 2012. 78

Bardo Fassbender, *The United Nations Charter as the Constitution of the International Community*, Martinus Nijhoff Publishers, 2009. 114

Bernard Rudden and Berrick Wyatt, *Basic Community Laws*, 6th edition, the Clarendon Press, 1996. 20

Brian D. Lepara, *Customary International Law: A New Theory with Practical Applications*, Cambridge University Press, 2010. 328

Carlo Panara and Gary Wilson ed., *The Arab Spring: New Patterns for Democracy and International Law*, Martinus Nijhoff Publishers, 2013. 259

Chadwick F. Alger, *The Future of the United Nations System: Potential for the Twenty-first Century*, the United Nations University Press, 1998. 203

Charles Covell, *Kant and the Law of Peace: A Study in the Philosophy of International Law and International Relations*, Macmillan Press, 1998. 257

Cicero, *On the Commonwealth*, trans. by Gerge Holland Sabine and Stanley Barney Smith, Macmillan/Library of Liberal Arts, 1976. 166

Cicero, The Treaties of M. T. Cicero: *On the Laws*, literally translated, chiefly by the editor, C.D. Yonge, B.A., George Bell and Sons, 1876. 147

Clive Archer, *International Organization*, 3rd ed., Routledge, 2001. 282

Congyan Cai, *The Rise of China and International Law*, Oxford University Press, 2019. 76

Curtis A. Bradley ed., *The Oxford Handbook of Comparative Foreign Relations Law*, Oxford University Press, 2019. 461

David Bederman, *International Economic Law*, Foundation Press, 2001. 404

David J. Bederman, *Classical Cannons: Rhetoric, Classicalism and Treaty Interpretation*, Ashgate, 2001. 662

David Palmeter and Petros C. Mavroidids, *Dispute Settlement in the World Trade Organization: Practice and Procedure*, Cambridge University Press, 2nd edition, 2004. 526

David Palmeter, *The WTO as A Legal System: Essays on International Trade Law and Policy*, Cameron May Ltd., 2003. 424

D. Carreau, P. Juillard & P. Floy, *Droit International Economique*, 3rd. Paris: LGDJ, 1990. 575

D. Costelloe, *Legal Consequences of Peremptory Norms in International Law*, Cambridge University Press, 2017. 305

D. Lasok & Bridge, *Law & Institutions of the European Union*, 6th edition, Butterworths, 1994. 20

Duncan B. Hollis ed., *The Oxford Guide to Treaties*, Oxford University Press, 2012. 663

D.W. Greig, *Intertemporality and the Law of Treaties*, BIICL, 2001. 609

E. Lauterpacht ed., *International Law being the collected papers of Hersch Lautepacht*, Volume I, the general works, Cambridge University Press, 1970. 98

Emerich de Vattel, *The Law of Nations or the Principle of Natural Law Applied to the Conduct and the Affairs of Nations and of Sovereigns*, trans. Charles G. Fenwick, Carnegie Institution of Washington, 1916. 77

Encyclopedia of Public International Law, Vol.7, Elsevier Science Publishers B.V. 1984. 281

Ernst-Ulrich Petersmann, *The GATT/WTO Dispute Settlement System*, Kluwer Law International, 1997. 425

Fernando R. Teson, *A Philosophy of International Law*, Westview Press, 1997. 859

Francis Snyder, *International Trade and Customs Law of the European Union*, Butterworths, 1998. 475

Frist Kalshocen and Liesbeth Zegveld, *Constraints on the Waging of War: An Introduction to International Humanitarian Law*, 3rd edition ICRC, 2001. 864

Georg Cavallar, *Kant and the Theory and Practice of International Rights*, University of Wales Press, 1999. 211

Guenther Dahlhoff, *International Court of Justice, Digest of Judgments and Advisory Opinions, Canon and Case Law 1946 - 2012*, Martinus Nijhoff Publishers, 2012. 328

Hans Kelsen, *Peace Through Law*, the University of North Carolina Press,

1944. 11

Hans Kelsen, *Pure Theory of Law*, Translated by Max Knight, University of California Press, 1967. 145

Hazel Fox Qc, *The Law of State Immunity*, Oxford University Press, 2002. 867

Helmut Philipp Aust and Georg Nolte, *The Interpretation of International Law by Domestic Courts: Uniformity, Diversity, Convergence*, Oxford University Press, 2016. 50

Hersch Lauterpacht, *An International Bill of the Rights of Man*, Oxford University Press, 1945. 59

H. L. A. Hart, *The Concept of Law*, the Clarendon Press, 1961. 102

Hugo Grotius, *Commentary on the Law of Prize and Booty*, A translation of the original Manuscript of 1604 by Gwladys L. Williams, the Clarendon Press, 1950. 96

Hugo Grotius, *The Freedom of the Seas*, trans. Ralph van Deman Magoffin, Oxford University Press, 1916. 77

Hugo Grotius, *On the Law of War and Peace*, the Clarendon Press, 1925. 8

Ignaz Seedl-Hohenveldern, *International Economic Law*, 3rd rev. edition, Kluwer Law International, 1999. 404

Immanuel Kant, *Groundwork of the Metaphysic of Morals*, translated and analyzed by H. J. Paton, Harper & Row, Publishers, 1964. 859

Immanuel Kant: *Perpetual Peace*, Edited by Lewis White Beck, Bobbs-Merril Educational Publishing, 1957. 859

Immanuel Kant, *The Philosophy of Law*, translated from the German by W. Hanstie, B.D., T. & T. Clark, 1887. 859

Irina Buga, *Modification of Treaties by Subsequent Practice*, Oxford University Press 2018. 748

Isaac B. Kardon, China's Law of the Sea: the New Rules of Maritime Order, Yale University Press, 2023. 837

Jagdeep S. Bhandari and Alan O. Sykes ed., *Economic Dimensions in International Law: Comparative and Empirical Perspective*, Cambridge University Press 1997. 163

James Crawford, *Brownlie's Principles of Public International Law*, 8th

itic, Values and Functions: *International Law in the 21st Century*: *Essays in Honor of Professor Louis Henkin*, Kluwer Law International, 1997. 80

Josephine Steiner & Lorna Woods, *EC Law*, 6th edition, Blackstone Press Limited, 1998. 20

Junwu Pan, Toward a New Framework for Peaceful Settlement of China's Territorial and Boundary Disputes, Martinus Nijhoff Publishers, 2009. 837

Kant, *Perpetual Peace*, the Bobbs-Merrill Company, Inc. 1957. 10

Kenneth Manusama, *The United Nations Security Council in the Post-Cold War Era*: *Applying the Principle of Legality*, Martinus Nijhoff Publishers, 2006. 348

Konrad Zweigert and Hein Kotz, *An Introduction to Comparative Law*, Vol. I: The framework, Translated by Tony Weir, North-Holland Publishing Company, 1987. 146

Lassa Oppenheim, *International Law*, Longmans, Green and Company, 1905. 77

L. Hannikainen, *Peremptory Norms* (*Jus Cogens*) *in International Law*: *Historical Development*, *Criteria*, *Present Status*, Helsinki, Finnish Lawyers' Publishing Company, 1988. 305

Lord McNair, *The Law of Treaties*, Clarendon Press, 1961. 638

Loris Fisher Damrosch, Louis Henkin, etc., *International Law*: *Cases and Materials*, 4th edition, West Group, 2001. 40

Louis Henkin, *Foreign Affairs and the United States Constitution*, Clarendon Press, 2nd edition, 1996. 472

Louis Henkin, *International Law*: *Politics and Value*s, Martinus Nijhoff Publishers, 1995. 71

L.S. Stavrianos, *The World Since 1500*: *A Global History*, Prentice-Hall International, Inc., 2nd edition, 1966. 81

Malcolm D. Evans ed., *International Law*, 5th edition, Oxford University Press, 2018. 299

Marco Sassou and Antoine A. Bouvier, *How Does Law Protect in War*: *cases*, *documents*, *and teaching materials on contemporary practice in International Humanitarian Law*, Geneva: International Committee of the Red Cross, April 1999. 856

Mervyn Martin, *WTO Dispute Settlement Understanding and Development*, Martinus Nijhoff Publishers, 2013. 425

Mohammad Taghi Karoubi, *Just or Unjust War? International Law and Unilateral Use of Armed Force by States at the Turn of the 20th Century*, Ashgate Publishing Company, 2004. 15

Mortimer Sellers ed., *The New World Order*, BERG, 1996. 21

Moses Hadas ed., *Gibbon's Decline and Fall of the Roman Empire*, Fawcett Premier, 1962. 131

Paul Frederic Girard, *A Short History of Roman Law*, translated by H.F. Lefroy & J.H. Cameron Hyperion Press, Inc., 1906. 149

Perter Malanczuk, *Akehurst's Modern Introduction to International Law*, 7th edition, Routledge, 2002. 71

Peter G. Danchin and Horst Fischer, *United Nations Reform and the New Collective Security*, Cambridge University Press, 2010. 368

Peter Van den Bossche, *The Law and Policy of the World Trade Organization: Text, Cases and Materials*, Second Edition, Cambridge University Press, 2008. 413

Petros C. Mavroidis and Mark Wu, *The Law of the World Trade Organization (WTO): Documents, Cases and Analysis*, Wast Academic Publishing, 2013. 423

Philip C. Jessup, *A Modern Law of Nations: An Introduction*, the Macmillan Company, 1948. 117

Philip C. Jessup, *Transnational Law*, Yale University Press, 1956. 77

Philipp Kastner, *International Criminal Justice in bello?* Martinus Nijhoff Publishers, 2012. 307

Philips Sands, *Lawless World: America and the Making and Breaking of Global Rules*, Allen Lane, 2005. 15

Philip Wood, *Law and Practice of International Finance*, Sweet & Maxwell, 1980. 365

Plato, *The Republic and other Works*, Translated by B. Jowett, Anchor Books, 1973. 99

Rene Provost ed., *State Responsibility in International Law*, Ashgate/Dartmonth, 2002. 878

Régis Bismuth, Dominique Carreau, Andrea Hamann, Patrick Juillard, *Droit international économique*, 6e edition, LGDJ, 2017. 427

Richard A. Posner, *Economic Analysis of Law*, Little, Brown and Company, 1973. 163

Richard Gardiner, *Treaty Interpretation*, Oxford University Press, 2010. 320

Richard Gardiner, *Treaty Interpretation*, Second Edition, Oxford University Press, 2017. 747

Richard Tuck, *The Rights of War and Peace: Political Thought and the International Order from Grotius and Kant*, Oxford University Press, 1999. 861

Robert E. Dalton, Provisional Application of Treaties, at Duncan B. Hollis ed., *The Oxford Guide to Treaties*, Oxford University Press, 2012. 326

Robert Jennings and Arthur Watts ed., *Oppenheim's International Law*, Longman Group UK Limited, 9th edition, 1992. 79

Ronald Dworkin, *A Matter of Principle*, Harvard University Press, 1985. 100

Rudolf B. Schlesinger,*Comparative Law*, Foundation Press, 1980. 146

Rudolf Dolzer and Christoph Schreuer, *Principles of International Investment Law*, Oxford University Press, 2012. 428

Rufus Yerxa and Bruce Wilson, ed., *Key Issues in WTO Dispute Settlement: the first ten years*, Cambridge University Press, 2005. 425

Samantha Besson & John Tasioulas(ed.), *The Philosophy of International Law*, Oxford University Press, 2010. 366

Sebastián Mantilla Blanco and Alexander Pehl, *National Security Exceptions in International Trade and Investment Agreements*, Springer International Publishing, 2020. 727

Shabtai Rosenne edited, *Documents on the International Court of Justice*, second edition, Sijthoff & Noordhoff, 1979. 907

Shabtai Rosenne, *The Law and Practice of the International Court 1920-2005*, 4th edition, Martinus Nijhoff Publishers, 2006. 901

Sienho Yee, *Towards an International Law of Co-progressiveness, Part II: Membership, Leadership and Responsibility*, Brill Nijhoff, 2014. 76

Sir Ivor Roberts ed., *Satow's Diplomatic Practice*, Sixth edition, Oxford University Press, 2009. 108

Stephen Fietta and Robin Cleverly, *A Practitionar's Guide to Maritime Boundary Delimitation*, Oxford University Press, 2016. 837

Terry Nardin and Melissa S. Williams, *Humanitarian Intervention*, New York University Press 2006. 239

Tetsuya Toyoda, *Theory and Politics of the Law of Nations*, Martinus Nijhoff Publishers, 2011. 56

The Holy Bible(King James Version), IVY Books, 1991. 149

The Institutes of Justinian, Translated into English by J. B. Moyle. the Clarendon Press, 1913. 96

The Law of Plato, Translated by Thomas L. Pangle, the University of Chicago Press, 1988. 99

The Law of Treaties Beyond the Vienna Convention, Edited by Enzo Cannizzaro, Oxford University Press, 2011. 636

The Oxford Guide to Treaties, Edited by Duncan B. Hollis, Oxford University Press, 2012. 636

The United Nations, *Seventy Years of the International Law Commission: Drawing a Balance for the Future*, Brill Nijhoff, 2020. 321

Thomas Christiano, Democratic Legitimacy and International Institutions, at *The Philosophy of International Law*, edited by Samantha Besson and John Tasioulas, Oxford University Press, 2013. 289

Thomas G. Weiss, *What's Wrong with the United Nations and How to Fix It*, Polity Press 2009. 343

Thomas Hobbes, *Leviathan*, Collier Books, 1962. 143

Todd Weiler, *The Interpretation of International Investment Law*, Martinus Nijhoff Publishers, 2013. 685

Tom Ginsburg and Aziz Z. Huq, *How to Save a Constitutional Democracy*, University of Chicago Press, 2018. 133

Tom Ginsburg, *Democracies and International Law*, Cambridge University Press, 2021. 126

Ulf Linderfalk, *On the Interpretation of Treaty: The Modern International Law as Expressed in the 1969 Vienna Convention on the Law of Treaties*, Springer, 2007. 636

Vaughan Lowe, *International Law*, Oxford University Press 2007. 113

Vladimir Degan, *Sources of International Law*, Kluwer Law International, 1997. 246

Weeramantry J. Romes, *Treaty Interpretation in Investment Arbitration*, Oxford University Press, 2012. 685

Xue Hanqin, *Chinese Contemporary Perspectives on International Law: History, Culture and International Law*, Martinus Nijhoff Publishers, 2012. 93

二、论　文

1. 中文

"人类命运共同体与国际法"课题组:《人类命运共同体的国际法构建》,《武大国际法评论》2019 年第 1 期。87

马忠法:《百年变局下涉外法治中"涉外"的法理解读》,《政法论丛》2023 年第 1 期。479

马忠法:《论构建人类命运共同体的国际法治创新》,《厦门大学学报》(哲学社会科学版)2019 年第 6 期。337

马忠法:《论国际贸易领域中的"私法行为公法化"》,《政法论丛》2022 年第 1 期。130

马忠法:《构建人类命运共同体理念的国际法实践》,《贵州省党校学报》2019 年第 6 期。369

王林彬、邓小婷:《"一带一路"基础设施建筑中的国际软法之治》,《江苏大学学报》(社会科学版)2023 年第 1 期。470

王振华:《论意识形态在国际关系中的作用——国际关系非意识形态化剖析》,《西欧研究》2000 年第 1 期。127

王铁崖:《中国与国际法——历史与当代》,邓正来编:《王铁崖文选》,中国政法大学出版社 2003 年版。361

王铁崖:《第三世界与国际法》,载《中国国际法年刊(1982)》,中国对外翻译出版公司 1982 年版。85

王海峰、张丝路:《〈联合国国际货物销售合同公约〉在中国法院的适用》,《人民司法》2021 年第 31 期。788

王淑敏、冯明成:《〈贸易便利化协定〉与〈京都公约〉(修订)比较及对中国自由贸易港的启示》,《大连海事大学学报》(社会科学版)2019 年第 2 期。498

王新奎:《融入经济全球化之路:中国入世 15 周年回顾与展望》,《国际商务研

刘洋:《〈联合国宪章〉的解释规则》,载《中国国际法年刊(2007)》,世界知识出版社 2008 年版。636

刘振民:《从“国际立法”看国际法的未来发展》,载《中国国际法年刊(2000/2001)》,法律出版社 2005 年版。12

刘振民:《国际法与国际秩序:在 2001 年学术年会的发言》,载《中国国际法年刊(2000/2001)》,法律出版社 2005 年版。18

刘振民:《遵循五项原则携手构建命运共同体——在纪念和平共处五项原则 60 周年国际法研讨会上的讲话》,载《中国国际法年刊(2014)》,法律出版社 2015 年版。484

刘瑛:《论〈联合国国际货物销售合同公约〉在中国法院的直接适用》,《法学评论》2009 年第 1 期。788

刘楠来:《条约在国内的适用与我国的法制建设》,载朱晓青、黄列主编:《国际条约与国内法的关系》,世界知识出版社 2000 年版。46

刘楠来:《国际条约是中国特色社会主义法律体系不可或缺的一部分》,载赵建文主编:《国际法研究》第四卷,中国人民公安大学出版社 2011 年版。39

刘衡:《中国关于国际海洋争端解决的政策与实践》,《国际法研究》2022 年第 6 期。837

米哈依洛夫、王向东、郑文:《国际卫生法——目前的地位和未来的发展》,《中国卫生事业管理》1989 年第 6 期。384

那力:《国际卫生法的新使命:全球卫生健康治理》,载《中国环境科学学会环境法学分会首届全国代表大会论文集》(2008 年 12 月 7 日)。384

孙世彦:《克里米亚公投入俄的国际法分析》,载《中国国际法学会 2014 年学术年会论文集》(重庆,2014 年 5 月)。241

杜焕芳:《美国最高法院的条约解释方法与阿伯特案的影响》,《法学评论》2013 年第 5 期。799

杨国华:《WTO 上诉机构危机中的法律问题》,《国际法学刊》(创刊号)2019 年第 1 期。517

李寿平:《论联合国框架下“保护责任”法律制度的构建》,载《中国国际法学会 2012 年学术年会论文集》(西安,2012 年 5 月)。239

李鸣:《合作与斗争:国际法的双重功能》,《地方立法研究》2022 年第 4 期。463

李适时:《夯实人类命运共同体的国际法治基础》,载《中国国际法年刊》(2017),法律出版社 2018 年版。139

李浩培:《强行法与国际法》,载《中国国际法年刊(1982)》,中国对外翻译出版公司 1982 年版。79

李赞:《建设人类命运共同体的国际法原理与路径》,《国际法研究》2018 年第 6 期。56

吴卡:《国内法院解释条约的路径选择与优化生成》,《法商研究》2021 年第 4 期。799

何志鹏:《人类命运共同体理念中的底线思维》,《国际法学刊》2019 年第 1 期。369

何志鹏:《国内法治与涉外法治的统筹与互动》,《行政法学研究》2022 年第 5 期。479

何志鹏:《国际法治何以必要——基于实践与理论的阐释》,《当代法学》2014 年第 2 期。342

何志鹏:《国际法治的理论逻辑》,载《中国国际法年刊》(2008),世界知识出版社 2009 年版。298

汪道涵:《经济全球化与中国经济增长的前景展望》(在达沃斯世界经济论坛上的演讲,1999 年 1 月 30 日),《解放日报》1999 年 2 月 15 日第 5 版。22

宋英:《欧洲经济共同体的缔约权》,载《中国国际法年刊(1992)》,中国对外翻译出版公司 1993 年版。475

宋杰:《从英美实践来看我国参与国际法律事务的有效性》,《比较法研究》2015 年第 2 期。310

张乃根:《ICSID 仲裁中的有效解释原则:溯源、适用及其略比》,《武大国际法评论》2017 年第 1 期。691

张乃根:《RCEP 等国际经贸协定下的专利申请新颖性宽限期研究》,《知识产权》2022 年第 2 期。481

张乃根:《“一带一路”视野下〈贸易便利化协定〉的实施问题》,《海关与经贸研究》2017 年第 5 期。440

张乃根:《“一带一路”倡议下国际经贸规则之重构》,《法学》2016 年第 5 期。70

张乃根:《人类命运共同体入宪的若干国际法问题》,《甘肃社会科学》2018 年第 6 期。87

张乃根:《人类命运共同体视角的国际法治论》,《国际法学刊》2022 年第 1 期。138

张乃根:《上诉机构的条约解释判理或先例之辨——兼论 WTO 争端解决机制

改革》,《国际经济评论》2019 年第 2 期。548

张乃根:《互不干涉内政原则及其在当代国际法实践中的适用》,载《中国国际法年刊(2014)》,法律出版社 2015 年版。64

张乃根:《中国特色自由贸易试验区建设的国际法问题》,《国际商务研究》2023 年第 1 期。480

张乃根:《中国涉案 WTO 争端解决的条约解释及其比较》,《世界贸易组织动态与研究》2012 年第 3 期。636

张乃根:《反思 WTO:全球化与中国入世》,《当代法学研究》2001 年第 3 期。606

张乃根:《正确处理国际法与国内法的关系》,《中国社会科学报》2011 年 3 月 29 日第 8 版。275

张乃根:《关于 WTO 未来的若干国际法问题》,《国际法研究》2020 年第 5 期。345

张乃根:《论 TRIPS 协议义务》,《浙江社会科学》2002 年第 5 期。524

张乃根:《论 WTO 与我国的法律保障机制》,《复旦学报》(社会科学版)1999 年第 5 期。605

张乃根:《论 WTO 争端解决的条约解释》,《复旦学报》(社会科学版)2006 年第 1 期。610

张乃根:《论 WTO 法下的中国法制变化》,《法学家》2011 年第 1 期。39

张乃根:《论 WTO 法与域内法的关系:以 WTO 争端解决机制为例》,载朱晓青、黄列主编:《国际条约与国内法的关系》,世界知识出版社 2000 年版。166

张乃根:《论中美知识产权案的条约解释》(上下),《世界贸易组织动态与研究》2008 年第 1、2 期连载。627

张乃根:《论中美知识产权案焦点的"商业规模"》,《世界贸易组织动态与研究》2008 年第 9 期。627

张乃根:《论西方法的精神——一个比较法的初步研究》,《比较法研究》1996 年第 1 期。143

张乃根:《论全球电子商务中的知识产权》,《中国法学》1999 年第 2 期。589

张乃根:《论条约批准的宪法程序修改》,《政治与法律》2004 年第 1 期。42

张乃根:《论条约的"立法"解释及有关问题——以 WTO 争端解决为视角》,《法治研究》2017 年第 1 期。776

张乃根:《论非多边经贸协定下知识产权新规则》,《武大国际法评论》2020 年第 1 期。44

张乃根:《论国际法与国际秩序的“包容性”》,《暨南学报》2015 年第 9 期。65

张乃根:《论统筹国内法治与涉外法治的若干国际法问题》,载《中国国际法年刊(2021)》,法律出版社 2022 年版。479

张乃根:《论联合国“三重”理事会——以改革中的人权理事会为视角》,《国际法研究》2014 年第 3 期。64

张乃根:《条约解释规则的理论渊源及其演变》,载《中国国际法年刊(2013)》,法律出版社 2014 年版。662

张乃根:《条约解释的国际法实践及理论探讨》,载《国际法研究》第三卷,中国人民公安大学出版社 2009 年版。636

张乃根:《国际法上的多边主义及其当代涵义》,《国际法研究》2021 年第 3 期。139

张乃根:《国家股为何难以上市》,《探索与争鸣》1994 年第 2 期。884

张乃根:《试论人类命运共同体制度化及其国际法原则》,载《中国国际法年刊(2019)》,法律出版社 2020 年版。87

张乃根:《试论国际经济法律秩序的演变与中国的应对》,《中国法学》2013 年第 2 期。423

张乃根:《试论康德的国际人道法理论及其现实意义》,载上海市社会科学联合会编:《当代中国:发展、安全、价值》(上),上海人民出版社 2004 年版。189

张乃根:《试析 WTO 争端解决的国际法效力》,《复旦学报》(社科版)2003 年第 6 期。173

张乃根:《试析人类命运共同体视野下的国际立法——以联合国国际法委员会晚近专题为重点》,《国际法学刊》2020 年第 1 期。120

张乃根:《试析条约解释规则在我国法院的适用》,《国际法学刊》2023 年第 1 期。827

张乃根:《试析国际法院的管辖权先决程序规则》,《国际法学刊》2021 年第 2 期。122

张乃根:《试析国际经济法学的性质》,《复旦学报》(社科版)1999 年第 2 期。404

张乃根:《试析〈国家责任条款〉的“国际不法行为”》,《法学家》2007 年第 3 期。887

张乃根:《试析美国针对我国的 TRIPS 争端解决案》,《世界贸易组织动态与研究》2007 年第 7 期。627

张乃根:《试析联合国宗旨下的国际秩序及其演变》,《东方法学》2012 年第 2

期。250

张乃根:《试探人类命运共同体的国际法理念》,载《中国国际法年刊(2017)》,法律出版社 2018 年版。117

张乃根:《重视国际法与国内法关系的研究》,《政治与法律》1999 年第 3 期。42

张乃根:《美国国内恶诉违背习惯国际法》,《人民日报》2020 年 6 月 27 日第 3 版。384

张乃根:《涉华经贸协定下知识产权保护相关国际法问题》,《河南财经政法大学学报》2021 年第 3 期。46

张丽娟、郭若楠:《国际贸易规则中的"国家安全例外"条款探析》,《国际论坛》2020 年第 3 期。727

张国斌:《"解释一致"方法在国际条约适用中的实践及其启示》,载陈金钊、谢晖主编:《法律方法》(第 19 卷),山东人民出版社 2016 年版。792

张辉:《人类命运共同体:国际法社会基础理论的当代发展》,《中国社会科学》2018 年第 5 期。89

陈立虎:《自由贸易试验区的特点和立法问题》,《法治研究》2014 年第 10 期。498

陈安:《论国际经济法学科的边缘性、综合性和独立性》,载《国际经济法论丛》第 1 卷,法律出版社 1998 年版。570

陈治东、吴佳华:《论〈联合国国际货物销售合同公约〉在中国的适用》,《法学》2004 年第 10 期。788

陈晖:《从中国(上海)自由贸易试验区看我国综合保税区的建立和发展》,载《海关法评论(第 4 卷)》,法律出版社 2014 年版。497

罗欢欣:《人类命运共同体思想对国际法的理念创新——与"对一切人的义务"的比较分析》,《国际法研究》2018 年第 2 期。297

罗国强:《从〈战争与和平法〉看"和平崛起"的国际法基础》,《比较法研究》2005 年第 6 期。86

[日]金泽良雄:《国际经济法的结构》,姚梅镇译,《国外法学》1982 年第 2 期。37

周忠海:《中国的和平崛起需要加强对国际法的研究》,《河南师范大学学报》(哲学社会科学版)2004 年第 4 期。86

周忠海:《国际法及其在国际关系中的作用》,载《周忠海国际法论文集》,北京出版社 2006 年版。7

周忠海:《海外投资的外交保护》,《政法论坛》2007 年第 3 期。887

赵建文:《中国对外关系法在国家法律体系中的地位》,载《中国国际法年刊(2016)》,法律出版社 2017 年版。462

赵建文:《周恩来关于互不干涉内政原则的思想》,《郑州大学学报》(哲学社会科学版)1998 年第 2 期。226

赵俊:《构建人类命运共同体与国际法治变革》,《光明日报》2019 年 5 月 10 日。337

赵洲:《"保护的责任"与国家主权》,载《中国国际法年刊(2013)》,法律出版社 2014 年版。238

赵理海:《论联合国安全理事会常任理事国否决权》,载《中国国际法年刊(1982)》,中国对外翻译出版公司 1982 年版。190

胡加祥:《我国自由贸易港建设的法治创新及其意义》,《东方法学》2018 年第 4 期。498

柳华文:《习近平法治思想中的国际法要义》,《比较法研究》2021 年第 1 期。35

柳华文:《论进一步加强国际法研究和运用》,《国际法研究》2020 年第 1 期。36

钟英通:《WTO 改革视角下的诸边协定及其功能定位》,《武大国际法评论》2019 年第 1 期。539

宣增益、王延妍:《我国法院对〈联合国国际货物销售合同公约〉的适用》,《法学杂志》2012 年第 5 期。788

宦乡:《为创建新中国的国际法学而努力》,载《中国国际法年刊(1982)》,中国对外翻译出版公司 1982 年版。17

姚梅镇:《国际投资的法律保护》,载《中国国际法年刊》(1982),中国对外翻译出版公司 1982 年版。37

贺小勇:《中国(上海)自由贸易试验区法治建设的评估与展望》,《海关与经贸研究》2015 年第 2 期。498

贺其治:《国际法院在解决争端中的角色》,载《中国国际法年刊(2005)》,世界知识出版社 2007 年版。902

秦亚青:《多边主义研究:理论与方法》,《世界经济与政治》2001 年第 10 期。360

秦倩、罗天宇:《国际造法:中国在国际法委员会的参与》,《复旦国际关系评论》(第 21 辑),上海人民出版社 2018 年版。310

徐忆斌:《中国自由贸易试验区立法问题探析》,林中梁等主编:《WTO 法与中国论坛年刊(2020)》,知识产权出版社 2021 年版。511

徐宏:《人类命运共同体与国际法》,《国际法研究》2018 年第 5 期。280

殷敏:《中国应大力加强与研究外交保护法律制度》,《特区经济》2008 年第 2 期。887

唐家璇:《加强国际法研究与运用,推进构建和谐世界》,载《中国国际法年刊(2007)》,世界知识出版社 2008 年版。18

黄进:《论统筹推进国内法治和涉外法治》,《中国社会科学》2022 年第 12 期。479

黄进:《坚持统筹推进国内法治和涉外法治》,《光明日报》2020 年 12 月 9 日第 11 版。36

黄进:《彻头彻尾的违反国际法行为》,《人民日报》2020 年 5 月 27 日第 17 版。384

黄涧秋:《论外交保护制度中的公司国籍规则》,《甘肃政法学院学报》2007 年第 6 期。887

黄惠康:《平等者之间无管辖权》,《光明日报》2020 年 5 月 28 日第 14 版。384

黄惠康:《论习近平法治思想关于国际法治系列重要论述的实践逻辑、历史逻辑和理论逻辑》,《国际法研究》2021 年第 1 期。35

黄惠康:《论国际法的编纂与逐渐发展——纪念联合国国际法委员会成立七十周年》,《武大国际法评论》2018 年第 6 期。120

黄惠康:《国际法委员的工作与国际法的编纂及发展》,《湖南师范大学社会科学学报》1998 年第 6 期。310

黄惠康:《统筹推进国内法治与涉外法治》,《学习时报》2021 年 1 月 27 日第 2 版。36

曹刚:《人类命运共同体与全球伦理和国际法治》,《北京大学学报》(哲学社会科学版)2019 年第 2 期。337

曹建明:《努力运用国际法,为构建和谐世界服务》,载《中国国际法年刊(2006)》,世界知识出版社 2007 年版。59

龚柏华:《"三共"原则是构建人类命运共同体国际法基石》,《东方法学》2018 年第 1 期。56

龚柏华:《中国自由贸易试验区到自由贸易港法治理念的转变》,《政法论坛》2019 年第 3 期。498

龚柏华:《论 WTO 规则现代化改革中的诸边模式》,《上海法学研究》集刊

(2019年第4卷)。532

崔晓静:《国际税收解释的困境及其纾解》,《法学研究》2021年第1期。799

商震:《论外空软法的发展和功能》,载《中国国际法年刊(2014)》,法律出版社2015年版。469

梁咏:《国际投资仲裁中的涉华案例研究——中国经验和完善建议》,《国际法研究》2017年第5期。708

梁治平:《"法"辩》,《中国社会科学》1986年第4期。143

彭芩萱:《人类命运共同体的国际法制度化及其实现路径》,《武大国际法评论》2019年第4期。369

彭岳:《一致性解释原则在国际贸易行政案件中的适用》,《法学研究》2019年第1期。49

彭岳:《一致解释原则的功能及适用要件》,《法学研究》2023年第2期。807

彭岳:《国内法院对税收协定的解释:一个体系整合的视角》,《法治研究》2018年第1期。798

董萧:《对跨国公司行使外交保护的条件》,《社会科学论坛》2007年版。第8期。887

韩立余:《习近平法治思想的涉外法治观》,载《中国国际法学会2021年学术年会论文集》(第一卷),2021年5月22日。35

韩立余:《善意原则在WTO争端解决中的适用》,《法学家》2005年第6期。624

韩永红:《"一带一路"国际合作软法保障机制论纲》,《当代法学》2016年第4期。470

韩永红:《中国对外关系法论纲——以统筹推进国内法治与涉外法治为视角》,《政治与法律》2021年第10期。462

韩逸畴:《从欧洲中心主义到全球文明——国际法中"文明标准"概念的起源、流变与现代性反思》,《清华大学学报》(社会哲学科学版)2020年第5期。127

曾令良:《全球治理与国际法的时代特征》,载《中国国际法年刊》(2013),法律出版社2014年版。298

曾令良:《克里米亚"脱乌入俄"引发的国际法问题》,载《中国国际法学会2014年学术年会论文集》(重庆,2014年5月)。241

曾令良:《现代国际法的人本化发展趋势》,《中国社会科学》2007年第1期。213

曾华群:《论国际经济法的发展》,载《国际经济法论丛》第2卷,法律出版社

1999 年版。404

谢海霞:《人类命运共同体的构建与国际法的发展》,《法学论坛》2018 年第 1 期。297

谢新胜:《中国的条约缔结程序与缔约权——以〈缔结条约程序法〉立法规范为中心的考察》,《华东政法大学学报》2012 年第 1 期。270

蔡从燕:《中国对外关系法:一项新议程》,《中国法律评论》2022 年第 1 期。462

蔡从燕:《论"以国际法为基础的国际秩序"》,《中国社会科学》2023 年第 1 期。97

蔡从燕:《和平崛起、对外关系法与中国法院的功能再造》,《武汉大学学报》(哲学社会科学版)2018 年第 5 期。462

廖奕:《人类命运共同体的法理阐释》,《法学评论》2017 年第 5 期。56

端木正:《国际法发展史的几个问题》,黄瑶、赵晓雁编:《明德集:端木正教授八十五华诞祝寿文集》,北京大学出版社 2005 年版。83

谭观福:《WTO 改革的诸边协定模式探究》,《现代管理科学》2019 年第 6 期。539

潘汉典:《比较法在中国:回顾与展望》,载江平主编:《比较法在中国》第一卷,法律出版社 2001 年版。129

薛捍勤:《国家责任与"对国际社会整体的义务"》,载《中国国际法年刊(2004)》,法律出版社 2005 年版。330

魏敏:《和平共处五项原则在国际法上的意义》,载《中国国际法年刊》(1985),中国对外翻译出版公司 1985 年版。84

2. 外文

Alexandra Huneeus, Human Rights and the Future of Being Human, *American Journal of International Law*, Vol.112, No.4, 2018. 337

Amanda Perreau-Saussine, Immanuel Kant on International Law, in Samantha Besson & John Tasioulas(eds.), *The Philosophy of International Law*, Oxford University Press 2013. 116

Andreas F. Lowenfeld, The International Monetary System: a Look Back over Seven Decades, *Journal of International Economic Law*, 13(3) 2010. 417

Anne-Laurence Graf-Brugere, Book Reviews on United Nations Reform and the New Collective Security(2010) and United Nations Reform: Heading North or South? (2009),*European Journal of International Law*, 22(2011). 218

Anne Peters, Introduction: Towards a Global History of International Law, at Bardo Fassbender, *The Oxford Handbook of the History of International Law*, Oxford University Press, 2012. 132

Anthony J. Bellia, Restating the Charming Betsy as a Canon of Avoidance, in Paul B. Stephan and Sarah H. Cleveland(eds.), *The Restatement and Beyond: The Past, Present, and Future of U.S. Foreign Relations Law 203 - 230*, Oxford University Press, 2020. 806

Chantal Thomas, Trade-related Labor and Environment Agreement, *Journal of International Economic Law*, Vol.5 No.4(December 2002). 176

Christian J. Tams, The Contentious Jurisdiction of the Permanent Court, at *Legacies of the Permanent Court of International Justice*, edited by Christian J. Tams and Malgosia Fitzmaurtice, Martinus Nijhoff Publishers, 2013. 903

Christina M. Cerna, Universal Democracy: An international Legal Right or the Pipe Dream of the West?, 27 *N.Y.U. J. Int'l L & Pol* 289(1994 - 1995). 126

Congyan Cai, Chinese Foreign Relations Law, (2017) 111 *American Journal of International Law Unbound* 315. 476

Congyan Cai, International Law in Chinese Courts During the Rise of China, 110 *American Journal of International Law*(2016). 792

Congyan Cai, International Law in Chinese Courts, in Curtis A. Bradley ed., *The Oxford Handbook of Comparative Foreign Relations Law*, Oxford University Press, 2019. 462

Curtis A. Bradley, Introduction to Symposium on Comparative Foreign Relations Law, (2017) 111 *American Journal of International Law Unbound* 315, pp.314 - 315. 466.

Curtis A. Bradley, The Charming Betsy Canon and Separation of Powers: Rethinking the Interpretive Role to Invoke the Presumable Law, 86 *Geo. L.J.* 479(1998). 807

Daniel Bethlehem, The End of Geography: The Changing Nature of the International System and the Challenge to International Law, *The European Journal of International Law*, Vol.25, No.1(2014). 245

Edmund W. Kitch ed., The Fire of Truth: a Remembrance of Law and Economics at Chicago, 1932 - 1970, *Journal of Law and Economics* Vol.26(April 1983). 163

Ernst Ulrich Petersmann, How Should WTO Members React to Their WTO Crises? (2019), 18 *World Trade Review* 503. 517

Ernst-Ulrich Petersmann, How to Promote the International Rule of Law? Contributions by the World Trade Organization Appellate Review System. *Journal of International Economic Law*, Vol.1, No.1, 1998. 353

Ernst-Ulrich Petersmann, International Economic Law without Human and Constitutional Rights? Legal Methodology Questions for my Chinese Critics, *Journal of International Economic Law*, Vol.21, No.1, 2018. 354

Ernst-Ulrich Petersmann, The WTO Constitution and Human Rights, *Journal of International Economic Law*, Vol.3, No.1, 2000. 354

Francis G. Jacobs, Varieties of Approach to Treaty Interpretation: with Special Reference to the Draft Convention on the Law of Treaties before the Vienna Diplomatic Conference, 18 *Int'l & Comp. L. Q.* 324

Gary Wilson, The UN Security Council, Libya and Resolution 1973, at The Arab Spring: *New Patterns for Democracy and International Law*, Edited by Carlo Panara and Gary Wilson, Martinus Nijhoff Publishers, 2013. 235

Gerald Fitzmaurice, The Law and Practice of the International Court of Justice 1951 - 1954: Treaty Interpretation and other Treaty Points, 33 *Brit. Y. B. Int'l L*, 203 1957. 323

Gilbert Guillaume, The Use of Precedent by International Judges and Arbitration, *Journal of International Dispute Settlement*, Vol.2, No.1(2012). 747

Hersch Lauterpacht, The Grotian Tradition in International Law, *British Yearbook of International Law*, 23(1946). 110

Hugo Thirlway, Concepts, Principles, Rules and Analogies: International and Municipal Legal Reasoning, in *Recueil des Cours*, Volume 294(2002). 97

Ingrid Rrunk Wuerth, Authorizations for the Use of Force, International Law, and the Charming Betsy Canon, 46 *B.C.L. Rev.* 293(2005). 806

Isabelle Van Damme, *Treaty Interpretation by the WTO Appellate Body*, Oxford University Press, 2009. 636

Jackson H. Ralston, Book Reviews, International Law, Treaties by L. Oppenheim, *The American Journal of International Law*, Vol. 2, No. 1 (Jan. 1908). 82

James Crawford, Democracy and International Law, 64 *BYIL*(1993). 126

Jan Klabbers, etc., International Law and Democracy Revisited: Introduction to the Symposium, *EJIL*(2021). 126

Jeffery L. Dunoff and Joel P. Trachtman, The Law and Economics of Humanitarian Law Violation in Internal Conflict, *The American Journal of International Law*, Vol.93, No.2,(April 1999). 177

Jeffrey L. Dunoff and Joel P. Trachtman, Economic Analysis of International Law, *The Yale Journal of International Law*, Vol.24:1(1997). 164

Jie Huang, Direct Application of International Commercial Law in Chinese Courts: Intellectual Property, Trade, and International Transportation, 5(3) *Manchester Journal of International Economic Law*(2008). 788

Joel P. Trachtman, The International Economic Law Revolution, 17 *UPJIEL*. 33(1996). 164

John Dugard, The choice before us: International law or a "rules-based international order"?, *Leiden Journal of International Law*(2023). 112

John H. Jackson, International Economic Law in Times That are Interesting, *Journal of International Economic Law*, Vol.3, No.1(March 2000). 164

John H. Jackson, Sovereignty, Subsidiarity, and Separation of Powers; The High-Wire Balancing Act of Globalization; At Daniel M. Kennedy and James D. Southwick, ed., *The Political Economy of International Trade Law: Essays in Honor of Robert E. Hubec*, Cambridge University Press, 2002. 438

Joost Pauwelyn, WTO Dispute Settlement Post 2019: What to Expect?, (2019) 22 *Journal of International Economic Law* 297. 517

Josep Borrell, The Sinatra Doctrine. How the EU Should Deal with the US-China Competition, IAI Papers 20/24, September, 2020. 360

Kristen Peters, The Clean Air Act and the Amendments of 1990, *Santa Clara High Technology Law Journal*, Vol.8, Issue 1(1992). 816

L. A. Alexidze, Legal nature of jus cogens in contemporary international law, *Collected Courses of the Hague Academy of International Law*, Vol.172 (1981). 305

Liliana Obregón, The Civilized and Uncivilized, at Bardo Fassbender, *The Oxford Handbook of the History of International Law*, Oxford University Press 2012. 131

L. Oppenheim, The Science of International Law: Its Task and Method,

The American Journal of International Law, Vol.2, No.2(May 1908). 82

Mahmoush H. Arsanjani and W. Michael Reisman, Provisional Application of Treaties in International Law: The Energy Charter Treaty Awards, at Enzo Cannizzaro ed., *The Law of Treaties Beyond the Vienna Convention*, Oxford University Press, 2011. 326

Pedro Roffe, Intellectual Property Chapters in Free Trade Agreements: Their Significance and Systemic Implications, in Josef Drexl, et al.(ed.), *EU Bilateral Trade Agreements and Intellectual Property: For Better or Worse?*, Springer, 2014. 525

Peter Tzeng, Taking China to the International Court of Justice over COVID-19, at *EJIL*: Talk, Blog of the European Journal of International Law, April 2, 2020. 387

Philip Allot, State responsibility and the unmaking of international law, *Harvard International law Journal*, Vol.29, No.1(Winter 1988). 875

Rajib Pal, Has the Appellate Body's Decision in Canada-Renewable Energy/Canada-Feed-in-Tariff Program Opened the Door for Production Subsidies?, *Journal of International Economic Law*, Vol.17, Issue 1 March 2014. 563

Richard H. Steinberg, Judicial Lawmaking at the WTO: Discursive, Constitutional, and Political Constraints, *The American Journal of International Law*, Vol.98, No.2(Apr., 2004). 774

Richard Steinberg, In the Shadow of Law or Power? Consensus-Based Bargaining and Outcomes in the GATT/WTO, *International Organization* Vol.56, No.2 Spring 2002. 418

Ronald H. Coase, The Nature of Firm, from *The Nature of Firm: Origins, Evolution, and Development*(ed., by Oliver E. Williamson, Sidney G. Winter), Oxford University Press, 1993. 173

Ruth Wedgwood, Al Qaeda, Terrorism, and Military Commissions, *American Journal of International Law*, Vol.96. No.2(2002). 349

Ruth Wedgwood, The Fall of Saddam Hussein: Security Council Mandates and Preemptive Self-Defense, *American Journal of International Law*, Vol.97, No.3(2003). 343

Sienho Yee, The International Law of Co-Progressiveness as a Response to the Problems Associated with "Relative Normativity", *American Journal of In-*

ternational Law, unbound, Vol.114, No.2(2020). 90

Sir Gerald Fitzmaurice, the Law and Procedure of the International Court of Justice 1951 – 4: Treaty Interpretation and other Treaty Points, 33 *Brit. Y.B. Int'l L*. 203 1957. 715

S. Kadelbach, Genesis, function and identification of jus cogens norms, *Netherlands Yearbook of International Law* 2015, Vol.46(2016). 305

Steve Charnovitz, What is International Economic Law? 14(1) *Journal of International Economic Law*(2011). 404

Steven P. Croley and John H. Jackson, WTO Dispute Procedures, Standard of Review, and Deference to National Governments, 90 *AJIL* 2(1996). 807

Steven Wheatley, A Democratic Rule of International Law, *The European Journal of International Law*, Vol.22, No.2, 2011. 337

Theresa Reinold, State Weakness, Irregular Warfare, and the Right to Self-Defense Post-9/11, *The American Journal of International Law*, Vol. 105, No.2(April 2011). 112

Thomas M. Franck, The Emerging Right to Democratic Governance, 86 *AJIL*(1992) 46. 126

Thomes W. Merrill, Judicial Deference to Executive Precedent, 969(101) *Yale L.J*. 971(1992). 806

Tom Ginsburg, Authoritarian International Law, 114 *AJIL* Unbound 221 (2020). 126

Wang Tieya, International Law in China: Historical and Contemporary Perspectives, 221 *Recueil Des Cours* 195(1990-II). 92

Warren F. Schwartz and Alan O. Skeys, The economics of the most favored nation clause, at Jagdeep S. Bhandari and Alan O. Sykes ed., *Economic Dimensions in International Law: Comparative and Empirical Perspective*, Cambridge University Press 1997. 172

Weihuan ZHOU, In Defense of the WTO: Why Do We Need a Multilateral Trading System? (2020) 47 *Legal Issues of Economic Integration* 9. 517

Xiao Yongping, Long Weidi, Selected Topics on the Application of the CISG in China, 20 *Pace Int'l L Rev*. 61 2008. 788

Xinjun Zhang, Bifurcation in Inter-States Cases, 983 *University of Pennsylvania Journal of International Law*. Vol.40:4(2017). 900

Zhang Naigen, Dispute Settlement Under the TRIPS Agreement from the Perspective of Treaty Interpretation, (2003) *Temple International & Comparative Law Journal*, Vol.17, No.1. 610

Zhang Naigen, Distinguish Jurisprudence from Precedent Regarding Appellate Body's Treaty Interpretation—On Reform of the WTO, *Journal of WTO and China*, Vol.9, No.1, 201. 748

Zhang Naigen, Institutionalization of a Human Community with a Shared Future and Principles of International Law, (2020) 15 *Frontiers of Law in China* 84. 87

Zhang Naigen, The Principle of Non-interference and its Application in Practices of Contemporary International Law, (2016) 9 *Fudan Journal of the Humanities and Social Science* 449. 64

三、文　件

1. 中文

邓小平:《邓小平在联合国大会第六届特别会议上的发言》,人民出版社 1974 年版。85

胡锦涛:《努力建设持久和平、共同繁荣的和谐世界——在联合国成立 60 周年首脑会议上的讲话》(2005 年 9 月 15 日,美国纽约),《人民日报》2005 年 9 月 16 日第 1 版。86

习近平:《推动全球治理体制更加公正更加合理　为我国发展和世界和平创造有利条件》,《人民日报》2015 年 10 月 13 日,第 1 版。482

习近平:《让多边主义火炬照亮前行之路》,《人民日报》2021 年 1 月 26 日第 2 版。369

习近平:《共担时代责任,共促全球发展——世界经济论坛 2017 年年会开幕式上的主旨演讲》(2017 年 1 月 17 日,达沃斯),《人民日报》2017 年 1 月 18 日第 3 版。66

习近平:《携手构建合作共赢新伙伴　同心打造人类命运共同体——在第七十届联合国大会一般性辩论时的讲话》(2015 年 9 月 28 日),《人民日报》2015 年 9 月 29 日第 2 版。54

习近平:《共同构建人类命运共同体——在联合国日内瓦总部的演讲》(2017 年 1 月 19 日),《人民日报》2017 年 1 月 20 日第 2 版。54

习近平:《携手推进“一带一路”建设——在“一带一路”国际合作高峰论坛开幕式上的演讲》(2017 年 5 月 14 日,北京),《人民日报》2017 年 5 月 15 日第 3 版。70

习近平:《坚定信心　共克时艰　共建更加美好的世界——在第七十六届联合国大会一般性辩论上的讲话》,《人民日报》2021 年 9 月 22 日第 2 版。121

习近平:《携手抗疫共克时艰——在二十国集团领导人特别峰会上的发言》,《人民日报》2020 年 3 月 27 日第 2 版。382

习近平:《团结合作战胜疫情共同构建人类卫生健康共同体——在第 73 届世界卫生大会视频会议开幕式上的致辞》,《人民日报》2020 年 5 月 19 日第 2 版。382

习近平:《携手迎接挑战,合作开创未来——在博鳌亚洲论坛 2022 年年会开幕式上的主旨演讲》,《人民日报》2022 年 4 月 22 日第 2 版。121

习近平:《携手同行现代化之路——在中国共产党与世界政党高层对话会上的主旨讲话》,《人民日报》2023 年 3 月 16 日第 2 版。121

习近平:《习近平在中央全面依法治国工作会议上强调坚定不移走中国特色社会主义法治道路,为全面建设社会主义现代化国家提供有力法治保障》,《人民日报》2020 年 11 月 18 日第 1 版。34

习近平:《习近平在中央外事工作会议上讲话》,《人民日报》2018 年 6 月 24 日第 1 版。280

王毅:《坚定不移走和平发展道路推动构建人类命运共同体》,《人民日报》2018 年 3 月 14 日第 15 版。263

王毅:《贯彻对外关系法,为新时代中国特色大国外交提供坚强法治保障》,《人民日报》2023 年 6 月 29 日第 6 版。462

《中共中央关于构建社会主义和谐社会若干重大问题的决定》(2006 年 10 月 11 日),《求是》2006 年第 20 期。60

《中共中央关于全面推进依法治国若干重大问题的决定》(2014 年 10 月中国共产党第十八届四中全会通过)。35

《中共中央关于坚持和完善中国特色社会主义制度、推进国家治理体系和治理能力体系现代化若干重大问题的决定》(2019 年 10 月中国共产党第十八届四中全会通过)。35

《中国共产党第十九次全国代表大会关于十八届中央委员会报告的决议》(2017 年 10 月 24 日),《人民日报》2015 年 10 月 25 日第 2 版。55

《中国人民政治协商会议共同纲领》(1949 年 9 月 29 日中国人民政治协商会议第一届全体会议通过)。265

《中华人民共和国宪法》(2018 年 3 月 11 日第十三届全国人民代表大会第一次

会议通过的《中华人民共和国宪法修正案》修正)。34

《中华人民共和国缔结条约程序法》(1990 年 12 月 28 日第七届全国人民代表大会常务委员会第十七次会议通过)。269

《中华人民共和国涉外民事关系法律适用法》(2010 年 10 月 28 日第十一届全国人民代表大会常务委员会第十七次会议通过)。35

《中华人民共和国涉外经济合同法》(1985 年 3 月 21 日第六届全国人民代表大会常务委员会第十次会议通过)。36

《中华人民共和国中外合资经营企业法》(1979 年 7 月 1 日第五届全国人民代表大会第二次会议通过)。825

《中华人民共和国立法法》(2015 年 3 月 15 日第九届全国人民大会第三次会议通过修正)。38

《中华人民共和国民法典》(2020 年 5 月 28 日第十三届全国人民代表大会第三次会议通过)。42

《中华人民共和国与俄罗斯联邦关于进一步深化全面战略协作伙伴关系的联合声明》(2017 年 7 月 4 日于莫斯科),《人民日报》2017 年 7 月 5 日第 3 版。270

《中华人民共和国政府与瑞典王国政府关于相互保护投资的协定》(1982 年 3 月 29 日签订)。37

《中华人民共和国政府和德意志共和国关于促进和相互保护投资的协定及议定书》(1983 年 10 月 7 日,北京)。826

《中华人民共和国和匈牙利关于鼓励和相互保护投资协定》(1991 年 5 月 29 日签订,1993 年 4 月 1 日生效)。440

《中华人民共和国政府和土耳其共和国关于相互促进和保护投资协定》(2015 年 7 月 29 日签署,2020 年 11 月 11 日生效)。427

《中华人民共和国政府与加拿大政府关于促进和相互保护投资的协定》(2012 年 9 月 9 日签署,2014 年 10 月 1 日生效)。428

《中华人民共和国和美利坚合众国政府经济贸易协议》(2020 年 1 月 16 日)。44

《中华人民共和国和美利坚合众国联合公报》(1982 年 8 月 17 日)。66

《中华人民共和国条约集》(第一集 1949—1951),法律出版社 1957 年版。227

《中华人民共和国条约集》(第三集 1954),法律出版社 1958 年。114

《中华人民共和国对外关系文件集》1954—1955(3),世界知识出版社 1958 年版。114

《中国入世议定书》,上海人民出版社 2001 年版。44

中俄《关于丝绸之路经济带与欧亚经济联盟建设对接合作的联合声明》(2015年5月8日于莫斯科)。494

《中美元首气候变化联合声明》(2015年9月25日于华盛顿特区)。72

《凡尔赛和平条约》(1919年。6月28日),载董希白编译:《战后国际政治条约集》,商务印书馆1937年版。106

《全国人民代表大会常务委员会关于加强法律解释工作的决议》(1981年6月10日)。38

《全国人大常委会关于批准〈巴黎协定〉的决定》,《人民日报》2016年9月4日第4版。72

《全国法院涉外海商事审判工作座谈会会议纪要》,最高人民法院发布,2022年1月24日。807

《弘扬和平共处五项原则,建设合作共赢美好世界——习近平主席在和平共处五项原则发表60周年纪念大会上的讲话》(2014年6月28日),载《中国国际法年刊(2014)》,法律出版社2015年版。59

《决胜全面建成小康社会　夺取新时代中国特色社会主义伟大胜利——在中国共产党第十九次全国代表大会上的报告》(2017年10月18日),《人民日报》2017年10月28日第1版。60

《坚定不移沿着中国特色社会主义道路前进为全面建设小康社会而奋斗——在中国共产党第十八次全国代表大会上的报告》(2012年11月8日),《人民日报》2012年11月17日第1版。60

《上海合作组织宪章》(2002年6月7日,圣彼得堡)。442

外交部、最高人民法院、最高人民检察院、公安部、国家安全部、司法部《关于处理涉外案件若干问题的规定》(1995年6月20日外发〔1995〕17号)。276

《亚洲基础设施投资银行协定》(2015年6月29日签署,北京)。441

《成立新开发银行的协定》(2014年7月15日签订,巴西福塔雷萨)。441

国家发展改革委、外交部、商务部:《推动共建丝绸之路经济带和21世纪海上丝绸之路的愿景与行动》(经国务院授权发布),2015年3月。121

国务院新闻办:《抗击新冠肺炎疫情的中国行动》(2020年6月),《人民日报》2020年6月8日第10版。390

《国务院关于推广中国(上海)自由贸易试验区可复制改革试点经验的通知》,国发〔2014〕65号。457

国务院新闻办:《中国特色社会主义法律体系》(2011年10月)。39

《国际条约集(1969—1971)》,商务印书馆1980年版。264

《国际条约集(1960—1962)》,商务印书馆1975年版。372

《国际条约集(1948—1949)》,世界知识出版社1959年版。228

《国际条约集》(1945—1947),世界知识出版社1961年版。58

《国际条约集(1934—1944)》,世界知识出版社1961年版。65

《国际条约集(1924—1933)》,世界知识出版社1961年版。106

《国际条约集(1917—1923)》,世界知识出版社1961年版。65

《国际条约集(1872—1916)》,世界知识出版社1985年版。319

《国际条约集(1648—1871)》,世界知识出版社1984年版。62

《国际卫生条例(2005)第三版》,2016年版。385

《世界贸易组织乌拉圭回合多边贸易谈判结果法律文本》(中英文对照),法律出版社2000年版。289

《世界卫生组织组织法》(1948年4月7日生效,第四次修改于2005年9月15日生效)。382

秘书长的报告:《保护责任问题:国家责任与预防》,A/67/929-S/2013/399, 9 July 2013。235

《联合国教育、科学及文化组织组织法》,《联合国教育、科学及文化组织基本文件》,2014年。252

联合国大会第六届特别会议决议:《建立新的国际经济秩序宣言》(联合国大会第3201(S-VI)号决议,1974年5月1日通过)。428

联合国大会决议:《国际法之逐渐发展与编纂》,A/RES/94(I), 1946年12月11日。318

联合国大会决议:《国际法委员会之设置》,A/RES/174(II), 1947年11月21日。318

联合国大会决议:《国际人权法案甲,世界人权宣言》,A/RES /217, 1948年12月10日。352

联合国大会决议:《恢复中华人民共和国在联合国的合法权利》,A/RES/2758(XXVI),1971年10月25日。310

联合国大会决议:《纪念联合国成立七十周年宣言》,A/RES /70/3, 2015年11月3日。352

联合国大会决议:《纪念联合国成立七十五周年宣言》,A/RES/75/1, 2020年9月21日。114

联合国大会决议:《国内和国际的法治问题大会高级别会议宣言》,A/RES/67/1, 2012年11月30日。34

联合国大会决议:《关于各国依联合国宪章建立友好关系及合作之国际法原则之宣言》,A/RES/2625(XXV),1970 年 10 月 24 日。84

联合国大会决议:《习惯国际法的识别》,A/RES/73/203(2018),2019 年 1 月 11 日。93

联合国大会:《国际法委员会报告》,A/77/10。122

联合国大会决议:《安全理事会及经济暨社会理事会席位之公匀分配问题》(A/RES/ 1991),1963 年 12 月 27 日。216

联合国大会决议:《修正联合国宪章第一百零九条》(A/RES/2101),1965 年 12 月 20 日。216

联合国大会决议:《扩大经济暨社会理事会》(A/RES/2847),1971 年 12 月 20 日。216

联合国大会决议:《大会高级别全体会议成果文件草稿》,A/RES/59/314,2005 年 10 月 26 日。336

联合国大会决议:《联合国千年宣言》,A/RES/54/282,2000 年 9 月 18 日。339

联合国大会决议:《2005 年世界首脑会议成果》,A/RES/60/1,2005 年 10 月 23 日。137

联合国大会决议:《变革我们的世界:2030 年可持续发展议程》,A/RES/70/1,2015 年 10 月 21 日。137

联合国大会决议:《人权理事会》,A/RES/60/251,2006 年 3 月 15 日。187

联合国大会决议:《审查人权理事会》(A/RES/65/281),2011 年 6 月 17 日。209

联合国大会决议:《联合国国际法十年》及附件,A/RES/45/40,1990 年 11 月 28 日。339

联合国大会决议:《联合国国际法十年》,A/RES/54/28,2000 年 1 月 21 日。339

联合国大会决议:《加强法治》,A/RES/48/132,1994 年 2 月 18 日。339

联合国大会决议:《国内和国际的法治》,A/RES/61/39,2006 年 12 月 18 日。138

联合国大会决议:《联合国与全球经济治理》,A/RES/71/327,2017 年 9 月 21 日。482

联合国安全理事会决议:《打击恐怖主义》,S/RES/1368(2001)。343

联合国安全理事会:秘书长报告《冲突中和冲突后社会的法治和过渡司法》,

S/2004/616，2004 年 8 月 3 日。34

联合国安理会决议:《关于阿富汗局势》,S/RES/2344。55

联合国安理会决议:《不扩散/朝鲜民主主义人民共和国》,S/RES/2375(2017)。64

联合国人权理事会决议:《食物权》(A/HRC/34/L.21)。55

联合国人权理事会决议:《在所有国家实现经济、社会及文化权利问题》(A/HRC/34/L.4/Rev.1)。55

联合国人权理事会决议附件:《儿童权利公约关于设定来文程序的任择议定书》,A/HRC/RES/17/18，2011 年 7 月 14 日。123

联合国人类环境会议《人类环境宣言》(1972 年 6 月 5 日于斯德哥尔摩通过)。71

联合国贸易与发展会议:《2022 年世界投资报告:国际税收改革和可持续投资》，2022 年 6 月。427

《联合国国际法委员会报告:第七十一届会议》,A/74/10。76

《联合国国际法委员会报告:第七十二届会议》,A/76/10。76

联合国国际法委员会:《一般法律原则:起草委员会暂时通过的结论草案》,A/CN.4/L.955，2021 年 7 月 28 日。118

《联合国海洋法公约》(汉英),海洋出版社 1996 年版。378

联合国贸易与发展会议国际贸易和可持续发展中心编:《TRIPS 协定与发展:资料读本》,中国商务出版社 2013 年版。525

联合国贸易法委员会:《关于〈联合国国际货物销售合同公约〉判例法摘要汇编》(2016 年版)。791

《贸易法委员会法规的判例法》,2007 年 5 月 4 日,A/CN.9/SER.C/ABSTRATS/63。790

《乌拉圭回合多边贸易谈判成果》(总编审汪尧田),复旦大学出版社 1995 年版。22

《关于简化和协调海关业务制度的国际公约》(1973 年 5 月 18 日订于京都)。499

《改革世贸组织——建立可持续和有效的多边贸易体制》,布鲁塞尔,2021 年 2 月 18 日发布,文件号:COM(2021)66 final 附件(驻欧盟使团经商处编译)。551

《欧洲共同体条约集》(戴炳然译),复旦大学出版社 1993 年版。24

《美利坚合众国宪法》(1787 年颁布),载《外国法制史资料选编》(下册),北京大学出版社 1982 年版。40

《美国关于新冠肺炎疫情的涉华谎言与事实真相》,《人民日报》2020 年 5 月 10 日第 3 版。389

《辞海》,上海辞书出版社 1999 年版。58

《缔结条约管理办法》(中华人民共和国国务院令第 756 号,2022 年 10 月 16 日)。832

《最高人民法院关于适用〈中华人民共和国涉外民事关系适用法〉若干问题的解释(一)》(2012 年 12 月 10 日)。35

《最高人民法院关于适用〈中华人民共和国民事诉讼法〉的解释》(2022 年 3 月 22 日最高人民法院审判委员会第 1866 次会议通过修正)。828

《最高人民法院关于完善统一法律适用标准工作机制的意见》(法发〔2020〕35 号),2020 年 9 月 14 日。832

《最高人民法院关于司法解释工作的规定》(2021 年 6 月 8 日最高人民法院审判委员会第 1814 次会议修正)。831

《最高人民法院转发对外经济贸易部〈关于执行联合国国际货物销售合同公约应注意的几个问题〉的通知》(1987 年 12 月 10 日)。43

《最高人民法院关于执行我国加入的〈承认及执行外国仲裁裁决公约〉的通知》1987 年 4 月 10 日法(经)发〔1987〕5 号。47

《最高人民法院关于审理国际贸易行政案件若干问题的规定》法释〔2002〕27 号,2002 年 8 月 7 日。49

《最高人民法院关于人民法院为"一带一路"建设提供司法服务和保障的若干意见》法发〔2015〕9 号。49

《最高人民法院关于依法妥善审理涉新冠肺炎疫情民事案件若干问题的指导意见(三)》,2020 年 6 月 16 日。781

2. 外文

Agreement between the United Nations and the International Labour Organization(30 May 1946). 198

American Law Institute, *The Restatement*(*Third*) *of the Foreign Relations Law of the United States*, The American Law Institute Publishers, 1987. 80

A more secured world: *Our shared responsibility*. Report of the Security-General's High-level Panel on Threats, Challengers and Changes, A/59/565, 2 December 2004. 234

Articles of Agreement of the International Bank for Reconstruction and Development(*World Bank*), July 22, 1944, 2 U.N.T.S 39. 436

Articles of Agreement of the International Monetary Fund(*IMF*) *of July 22*,*1944*(716 U.N.T.S.266). 23

Basic Documents of International Economic Laws(general editors, Stephen Zamora and Ronald A. Brand), Commerce Clearing House, 1990. 21

Basic Documents on International Trade(edited by Chia-Jui Cheng), 2ed revision ed., Martinus Nijhoff Publishers, 1990. 21

Bibliography on the Law of Treaties, *29 Am. J. Int'l L*, *Supplement*(*1935*). 652

Chinese Proposals on Dumbarton Oaks Proposals, *in Documents of the United Nations Conference on International Organization*, San Francisco, 1945, Volume III, United Nations Information Organizations, 1945. 108

Clean Air Act Sections 101 - 403, 42 U.S.C. Sections 7401 - 7642(1989). 816

Dictionary of the Trade Policy Terms, Cambridge University Press, 4th edition, 2003. 373

Doha WTO Ministerial 2001, Ministerial Declaration, WT/MIN(01)/DEC/1, 20 November, 2001. 424

Draft Articles on Diplomatic Protection with commentaries(2006), *Yearbook of the International Law Commission*, 2006, vol.II, Part Two. 232

Draft articles on Responsibility of States for International Wrongful Acts, with commentaries, 2001, in *Yearbook of the International Law Commission*, 2001, Vol.II, Part Two. 103

Draft articles on the law of treaties: text as finally adopted by the Commission on 18 July 1966, A/CN.4/190. 325

Draft conclusions on identification and legal consequences of peremptory norms of general international law(*jus cogens*), with commentaries, in *Yearbook of the International Law Commission*, 2020. 104

Draft conclusions on identification of customary international law, with commentaries, 2018. 51

Draft conclusions on subsequent agreements and subsequent practice in relation to the interpretation of treaties, with commentaries, 2018, A/73/10. 326

Draft Convention on the Law of Treaty, 29 *Am. J. Int'l L*, Supplement (1935). 320

Draft guidelines and draft annex constituting the Guide to Provisional Application of Treaties, with commentaries thereto, 2021, A76/10. 326

ICSID Convention, Regulations and Rules(2006). 700

Instrument for the Prolongation of the Peace between the Emperor of the Holy Roman Empire and the Sultan of Turkey, 1 July 1649, 1 CTS 457. 249

Joint Initiative on Services Domestic Regulation, Reference Paper on Service Domestic Regulation, Note by the Chairperson, INF/SDR/1, 27 September 2021. 550

Joint Ministerial Statement on Investment Facilitation for Development, WT/MIN(17)/59, 13 December 2017. 428

Law of Treaties: Introductory Comment, 29 *Am. J. Int'l L*, Supplement (1935). 320

Letter of Acting Legal Advisor, Jack B. Tate, to Department of Justice, 19 May 1952, 26 Department of State Bulletin(1952). 394

Memorandum of Understanding Between the Government of the United States of America and the Government of the People's Republic of China on the Protection of Intellectual Property(January 17, 1992), at 34 ILM(1995). 272

Memorandum of Understanding between the United Nations Economic Commission for Europe and National Development and Reform Commission of China, signed in Beijing on 14 May 2017. 469

Modification of the Rules, PCIJ Series D, second addendum to No.2, 1931. 906

Multilateral Investment Guarantee Agency(MIGA), October 11, 1985. 435

Multi-Party Interim Appeal Arbitration Arrangement Pursuant to Article 25 of the DSU, 27 March 2020. 529

Official Records, United Nations Conference on the Law of Treaties, First and second sessions, Vienna, 26 March – 24 May 1968 and 9 April 1969, Vol.I. 323

Proposals for the Establishment of a General Organization (Dumbarton Oaks, October 7, 1944), at *Documents Pertaining To American Interest In Establishing A Lasting World Peace*: January 1941 – February 1946, the Book Department, Army Information School, 1946. 190

Report of International Law Commission, A/66/Add. 1, 2011, Guide to Practice on Reservations to Treaties. 325

Restatement of the Law, Third, Foreign Relations Law of the United States

(The American Law Institute, 1987). 461

Rome Statute of the International Criminal Court, UNTC vol.2087. 307

Rules of Court(1978), at I.C.J. Acts and Documents No.6. 2007. 909

Rules of Court(as amended on July 31st 1926) PCIJ, Series D. No.1. 905

Stockholm Declaration on the Human Environment(June 16, 1972), UN Doc.A/Conf.48/14/Rev.1(UN Pub. 73.II. A. 14). 174

The European Convention on State Immunity(1972). 868

The Future of the WTO: Addressing institutional challenges in the new millennium, Report by the Consultative Board to the former Director-General Supachi Panitchpakdi, 2004. 172

The Rule of Court of March 11th, 1936, PCIJ Series D, third addendum to No.2, 1936. 906.

The WTO Agreements: The Marrakesh Agreement Establishing the World Trade Organization and its Annexes, Cambridge University Press, 2017. 425

Treaty for the Promotion and Protection of Investment, Germany-Pakistan, November 25, 1959. 435

United Kingdom State Immunity Act(1978). 868

United States Foreign Sovereign Immunity Act(1976). 868

Working Procedures for Appellate Review, WT/AB/WP/6, 16 August 2010. 777

四、案　例

1. 中文

《大连市海洋与渔业局与昂迪玛海运有限公司、博利塔尼亚汽船保险协会海域污染损害赔偿纠纷再审审查案》,载最高人民法院中国应用法学研究所编:《人民法院案例选》2017 年第 6 辑,人民法院出版社 2017 年版。783

《广州飞机维修工程有限公司与泰国东方航空有限公司留置权纠纷一案民事裁定书》,〔2020〕最高法商初 4 号。50

《张兰、盛兰控股集团(BVI)有限公司与甜蜜生活美食集团控股有限公司申请撤销仲裁裁决一案民事裁决书》〔2019〕最高法民特 5 号。51

《中华人民共和国最高人民法院行政判决书》〔2007〕民二行提字第 2 号,2007 年 3 月 19 日。49

最高人民法院审判委员会讨论通过 2019 年 2 月 25 日发布指导案例 107 号《中化国际(新加坡)有限公司诉蒂森克虏伯冶金产品有限责任公司国际货物买卖合同纠纷案》。50

最高人民法院审判委员会讨论通过 2019 年 2 月 25 日发布指导案例 110 号《交通运输部南海救助局诉阿昌格罗斯投资公司、香港安达欧森有限公司上海代表处海难救助合同纠纷案》。50

最高人民法院审判委员会讨论通过 2019 年 12 月 24 日发布指导案例 114 号《克里斯蒂昂迪奥尔香料公司诉国家工商行政管理总局商标评审委员会商标申请驳回复审行政纠纷案》。49

最高人民法院审判委员会讨论通过,2021 年 7 月 23 日发布指导性案例 162《重庆江小白酒业有限公司诉国家知识产权局、第三人重庆市江津酒厂(集团)有限公司商标权无效宣告行政纠纷案》。52

2. 外文

Accordance with International Law of the Unilateral Declaration of Independence by the Provisional Institutions of Self-Government of Kosovo, Advisory Opinion, ICJ Report 2010. 232

Admission of a State to the United Nations (Charter, Art. 4), Advisory opinion, ICJ. Reports 1948. 256

Al-Bihani v. Obama, 619 F.3d 1(D.C. Cir. 2010). 808

Alexander Marry, Esq. v. Schooner Charming Betsy, 6 US(2 Cranch) 64, 118(1804). 806

Alfred Dunhill of London Inc. v. Republic of Cuba, 425 U.S. 682. 395

Ansung Housing Co., Ltd. v. People's Republic of China, ICSID Case No. ARB/14/25. 685

Application of International Convention on the Elimination of All Forms of Racial Discrimination (Georgia v. Russian Federation), Preliminary Objection, Judgment, ICJ Reports 2011. 753

Application of International Convention on the Elimination of All Forms of Racial Discrimination (Qatar v. UAE), Preliminary objections, 4 February 2021. 746

Application of the Convention on the Prevention and Punishment of the Crime of Genocide (Bosnia and Herzegovina v. Serbia and Montenegro), Judgement, ICJ Report 2007. 13

Application of the Convention on the Prevention and Punishment of the Crime of Genocide(Croatia v. Serbia), Judgement, ICJ Reports 2015. 306

Application of the International Convention for the Suppression of the Financing of Terrorism and of the International Convention on the Elimination of All Forms of Racial Discrimination (Ukraine v. Russian Federation), Preliminary Objections, Judgment, ICJ Reports 2019. 753

Arbitration Award of 31 July 1989 (*Guinea-Bissau v. Senegal*), Judgment, ICJ, Report 1991. 637

Armed Activities on the Territory of the Congo(Jurisdiction and Admissibility), Judgment, ICJ Reports 2006. 383

Arrest Warrant of 11 April 2000(*Congo v. Belgium*), ICJ Reports 2002. 308

Australia-Tobacco Plain Packaging, WT/DS435,441/AB/R, 29 June 2020. 755

Avena and Other Mexican Nationals(Mexico v. United States of America), Judgment, ICJ Report 2004. 645

Award Between the United States and United Kingdom related to the rights of jurisdiction of the United States in the Berling's sea and the preservation of the fur seals, 15 August 1893, reprinted in the United Nations Reports of International Arbitration Awards, 2007, Vol.28. 837

Banco National De Cuba v. Sabbatino(376 U.S. 398). 870

Barcelona Traction, Light and Power Company, Limited (Belgium v, Spain), Judgement of 5 February 1970, ICJ Reports 1970. 306

Barcelona Traction, Light and Power Company, Limited(Preliminary Objection), Judgment, ICJ Reports 1964. 908

Beijing Urban Construction Group Co. Ltd. v. Republic of Yemen, ICSID Case No. ARB/14/30. 686

Case Concerning Certain German Interests in Polish Upper Silesia, Judgment of 30 August 1925(Preliminary Objection), PCIJ, Series A-No.6. 905

Case concerning the Barcelona Traction, Light and Power Company, Limited(Second Phase), ICJ Report 1970. 887

Chevron USA Inc. v. National Resources Defense Council Inc., 467 US 837 (1984). 806

China-Additional Duties on Certain Products from US, DS558. 522

China-Measures Affecting the Protection and Enforcement of Intellectual

Property Rights, WT/DS362/R. 627

CMS Gas Transmission Co., v. Argentina, ICSID Case No.ARB/01/8(Annulment Proceeding), September 25, 2007. 742

Condition of Admission of a State to Membership in the UN (Article 4 of the Charter), Advisory Opinion, I.C.J. Report 1948. 370

Daimler Financial Services AG v. Argentine, ICSID Case No. ARB 05/1, Award, 22 August 2012. 770

Dispute regarding Navigation and Related Rights (*Costa Rica v. Nicaragua*), Judgment, ICJ Report 2009. 645

Ekran Berhad v. People's Republic of China, ICSID Case No. ARB/11/15. 685

El Paso Energy International Company v. Argentine, ICSID Case No. ARB/03/15, Award, 2011. 123

Foster and Elam v. Neilson, 27 U.S.(2 Pet.) 253(1829). 666

Gabcikovo-Nagymaros Project (Hungary/Slovakia), Judgment, ICJ Reports 1997. 47

Immunity and Criminal Proceedings (Equatorial Guinea v. France), Preliminary Objections, Judgment, ICJ Reports 2018. 750

India-Tariff on ICT Goods, DS582, DS588. 522

Interpretation of Peace Treaties, Advisory Opinion, first phase, ICJ Reports 1950. 109

Jadhav Case (India v. Pakistan), Judgment, ICJ Reports 2019. 752

Japan-Alcoholic Beverages, WT/DS8,10,11/AB/R, 4 October 1996. 746

Jurisdictional Immunities of the State (Germany v. Italy; Greece Intervening), Judgment, I.C.J. Reports 2012. 93

Jurisdiction of the European Commission of the Danube between Galatz and Braila, Advisory Opinions, PCIJ Series B, No.14, December 8, 1927. 106

Kasikili/Sedudu Island (Botswana/Namibia), Judgement, ICJ Report 1999. 13

LaGrand (Germany v. USA), ICJ Reports 2001. 746

Legal Consequences for States of the Continued Presence of South Africa in Namibia (*South West Africa*) *notwithstanding Security Council Resolution 276* (*1970*), Advisory Opinion, ICJ Reports, 1971. 187

Legal Consequences of the Separation of the Chagos Archipelago from Mauritius in 1965, Advisory Opinion of 25 February 2019. 306

Marbury v. Madison, 5 U.S.(1 Cranch)137(1803). 129

Military and Paramilitary Activities in and against Nicaragua(*Nicaragua v. United States of America*, Merit, ICJ report 1986. 11

Mississippi Poultry Association v. Madigan, 992 F.2d 1359, 1365(5th Cir. 1993). 817

Monetary Gold(Preliminary objection) Judgment, ICJ Reports 1954. 909

Murry v. Schooner Charming, 6 U.S.(2 Cranch) 64. 51

Nationality Decrees Issued in Tunis and Morocco, Advisory Opinion of 7 February 1923, PCIJ, Series B, No.4. 231

North Sea Continental Shelf, Judgment, I.C.J. Reports 1969. 94

Nottebohm Case(Liechtenstein v. Guatemala) Second Phase Judgment, ICJ Reports 1955. 231

Oil Platforms(Iran v. USA), Judgment, I.C.J. Reports 2003. 93

Ping An Life Insurance and Group Company of China/Kingdom of Belgium, ICSID Case No. ARB/12/29 Award, April 30, 2015. 273

Preparations for Injuries Suffered in the Service of the United Nations Advisory Opinion, ICJ Report 1949. 187

Questions relating to the Obligation to Prosecute or Extradite(Belgium v. Senegal), Judgement, ICJ Reports 2012. 306

Racial Discrimination(Preliminary Objection), Judgment, ICJ Reports 2011. 384

Reference re Secession of Quebec, [1998] 2 S.C.R. 217. 233

Request for Interpretation of Judgment of 31 March 2004 in the Case concerning Avena and Other Mexican Nationals(Mexico v. United States of America), Judgment, I.C.J. Reports 2009. 355

Rights of Minorities in Upper Silesia(*Minority Schools*), Judgment of 26 April 1928, PCIJ, Series A-No.15. 905

Russia-Measures Concerning Traffic in Transit, WT/DS512/R, 5 April 2019. 731

Saudi Arabia-Measures Concerning the Protection of Intellectual Property Rights, WT/DS567/R, 16 June 2020. 731

四、网 站

中央人民政府 http://www.gov.cn/xinwen/2017-05/15/content_5194232.htm. 121

外交部 http://www.fmprc.gov.cn/web/ziliao_674904/1179_674909/t1300787.shtm. 121

亚投行 https://www.aiib.org/en/news-events/news/2016/annual-report/index.html. 70

国际法院 http://www.icj-cij.org/homepage/ch/icjstatute.php. 9

国际法委员会 http://untreaty.un.org/ilc/guide/gfra.htm. 12

国际贸易法委员会 http://www.uncitral.org/uncitral/zh/uncitral_texts.html. 12

IMF http://www.imf.org/external/np/sec/memdir/members.htm. 16

WTO http://www.wto.org/english/res_e/publications_e/wtr09_e.htm. 14

Yale Law School: https//avalon.law.yale.edu/17th_century/westph. 96

图书在版编目(CIP)数据

国际法与国际秩序 : 张乃根国际法文集 / 张乃根著. 上海 : 上海人民出版社, 2025. -- ISBN 978-7-208-19018-4

Ⅰ. D99-53

中国国家版本馆 CIP 数据核字第 2024XJ7915 号

责任编辑 徐晓明
封面设计 周剑峰

国际法与国际秩序
——张乃根国际法文集
张乃根 著

出　版	上海人民出版社 (201101　上海市闵行区号景路 159 弄 C 座)
发　行	上海人民出版社发行中心
印　刷	上海盛通时代印刷有限公司
开　本	720×1000　1/16
印　张	62
插　页	10
字　数	1,127,000
版　次	2025 年 1 月第 1 版
印　次	2025 年 1 月第 1 次印刷

ISBN 978-7-208-19018-4/D·4357

定　价 298.00 元(全二册)